KB093143

한자어원사전

하영삼(河永三)

한자어원사전

하영삼(河永三)

도서출판 3
3 publication

한국한자연구소
학술총서 01

한자어원사전(漢字語源辭典)

저자 하영삼(河永三)

표지 디자인 김소연

초판 1쇄 발행 2014년 8월 20일

개정 2쇄 발행 2021년 1월 5일

펴낸 곳 **도서출판 3**

등록번호 제2018-000017호

전화 070-7737-6738, 051-663-4266

전자우편 3publication@gmail.com

인쇄 호성 P&P

ISBN: 979-11-953378-0-4

이 도서의 국립중앙도서관 출판예정도서목록(CIP)은 서지정보유통지원시스템 홈페이지(http://seoji.nl.go.kr)와 국가자료공동목록시스템(http://www.nl.go.kr/kolisnet)에서 이용하실 수 있습니다.(CIP제어번호: CIP2014024252)

"한국 최초의 한자어원사전"

출토 자형과 한자학 지식에 근거한 과학적 해석

1. 5,226자(2017년 개정판)를 수록한 한국 최초, 최고의 한자어원사전
2. 최신 출토 한자 실물 자형을 재현한 한자어원사전
3. 중국 최고의 한자연구소 ECNU(화동사범대학) "중국문자 연구와 응용센터"의 최신 성과와 데이터베이스 자료 반영
4. 한자의 원시 자형에 근거한 본래 의미 규명과 의미의 파생 과정을 체계적으로 기술
5. 형성 구조의 소리부를 의미와 과학적으로 연계시켜 한자 특성을 극대화 함
6. 한자 관련 다양한 속성(자형, 훈독, 한어병음, 간화자, 이체자, 부수, 획수, 한자능력 검정시험 급수 등)을 제시하여 한자 학습, 한자교재, 한자강의, 한자능력 검정시험 등 다양한 목적에 사용하도록 함

목 차

머리말

동아시아를 일컬어 '한자 문화권'이라 부른다.

이들 지역의 특성이 무엇보다 '한자'라는 속성으로 묶일 수 있다는 말이다. 그래서 한자는 '유가' 사상과 함께 동아시아를 이해하는 핵심 코드이다. 중국은 물론 한국과 일본을 비롯해 동남아시아 제국은 한자라는 문자를 빌려 생활을 해 왔다. 이후 한국은 한글을, 일본은 히라가나와 가타카나를, 베트남은 쯔놈과 새로운 알파벳 문자를 만들어 사용하였지만, 지금도 상당 부분 한자를 혼용하고 있다. 게다가 이미 자국 문자로 표기된 어휘라 하더라도 기층 대다수는 한자어이다. 이렇듯 한자는 동아시아, 나아가 아시아를 이해하는 데 빠질 수 없는 문자이다.

그렇다면, 한자를 어떻게 익힐 것인가? 먼저, 한자의 특성을 이해해야 할 것이다.

한자는 지구상에 존재하는 많은 문자 체계와 다른 독특한 속성이 있다. 문자란 필사되는 부호 체계로, 어떤 개념을 그려서 해당 개념을 전달한다. 그래서 문자는 탄생부터 두 가지의 목적, 즉 개념을 잘 그려내야 하고, 또 '말'이라는 유성언어를 반영해야 한다는 근본적 목표를 둘 갖는데, 이 둘은 근본적으로 모순을 이룬다. 즉 개념을 잘 그려내려면 의미를 담아야 하고, 의미를 상세히 담으려면 '말'이라는 음성적 속성을 반영하기 어렵기 때문이다. 그래서 알파벳 문자는 처음에는 그림 문자에서 출발하였지만, 지금은 의미적 속성을 버리고 음성적 속성만 남겨 뜻이 없는 문자로 변했다. 이런 문자를 표음문자라고 하는데, 한글도, 일본의 히라가나와 가타카나도, 영어권의 각종 알파벳 문자도, 여러 이슬람 문자도 여기에 속한다.

그러나 한자는 다른 길을 걸었다. 이 둘 중 하나를 버리는 형식이 아니라, 불완전하나 이 둘을 하나의 형체 속에 함께 담는 형식으로 발전했다. 즉 의미적 속성도 담고 음성적 속성 모두를 담았다. 한자 구조의 대부분(약 **95%**로 알려졌다)을 차지하는 "형성" 구조는 한쪽은 의미를, 다른 한쪽은 발음을 담아 문자가 갖는 두 가지 본질적 목표를 동시에 구현했다. 그러나 어느 쪽도 완전하게 구현하지는 못했다는 한계를 가진다.

예컨대, 河^(강이름 하)는 水^(물 수)와 可^(옳을 가)로 구성되어, 왼쪽의 水는 '물'이라는 의미를, 오른쪽의 可는 '하'라는 발음을 나타낸다. 河는 원래 황하 강을 지칭하는 대명사였으나, 중국의 북방을 대표하는 대표적인 강의 하나였기에 '강'을 나타내는 보통 명사가 되었다. 여기서 '물'을 뜻하는 水가 이러한 의미

속성의 대강을 나타내기는 하지만 이것만으로 이의 완전한 의미를 표현하지는 못한다. 마찬가지로 발음을 나타내는 可도 河의 독음인 '하'와 비슷하기는 하지만(글자가 만들어질 당시는 같았다) 일치하지는 않는다. 한자는 이처럼 의미도 독음도 완전하지 않다.

그러나 한자에는 의미적 속성이 상대적으로 강하게 담겨 있기에, 다른 문자 체계와 비교하여 "표의 문자"라 불린다. 이 때문에 한자 그 자체 속에 해당 한자의 의미를 알 수 있는 정보가 들어 있다. 예컨대 한국어에서 '손', '머리', '입', '코' 등 가장 기초적인 어휘조차도 그것들이 왜 '손', '머리', '입', '코'로 표기되는지는 알 수가 없다. 그러나 한자에서 手^(손 수), 首^(머리 수), 口^(입 구), 自^(스스로 자, 코를 나타내는 鼻의 원래 글자)는 각각 '손', '머리', '입', '코'를 그대로 그렸고, 그것이 이들 글자의 의미이다.

이것이 한자의 특성이다. 그렇다면, 手, 首, 口, 自가 어떻게 해서 '손', '머리', '입', '코'를 그렸고, 이들 단어는 어떤 과정을 거쳐 어떤 의미로 확장되어갔는가를 살피면 해당 한자와 해당 한자로 구성된 다양한 단어를 쉽게 체계적으로 이해할 수 있게 된다.

이것을 가능하게 해 주는 것이 '어원적 접근'이다.

서구에서 이집트 문자나 쐐기 문자들이 발견되었지만, 이미 의미를 상실한 채 음가 표기로만 사용되는 문자이기에 원래 의미를 해독하기가 어렵다. 그러나 한자는 발생에서부터 지금까지 자형 상의 변화는 조금 있었지만, 놀라울 정도로 과거 형체와 의미적 연계성을 유지하고 있다. 순수 한글세대인 지금의 우리 학생들에게도 약 3천 년 전의 주나라 초기 청동기 명문[金文]을 보여 주면 그 자리에서 몇 글자는 충분히 인식하며, 설명이라도 한번 듣기만 하면 제법 많은 글자를 해독하게 된다. 만약 그것이 이집트 문자라면, 3천 년 전의 문자를 이 정도 숫자만 해독한다 해도 대단한 문자학자로 불릴 만할 것이다. 독자들도 시험해 보시라. 이 『한자어원사전』에 제시된 각종 원시 자형들을 설명과 함께, 한 번만 보면 지금의 한자와 바로 연결이 되고, 의미의 발전 과정도 일목요연하게 이해될 것이다. 이런 점에서 한자는 경이로운 문자라 해도 과언이 아니다. 그래서 서구 문명을 "단절의 문명"이라 하고 동양 문명을 "연속의 문명"이라 한다는 말도 나왔을 것이다.

이 때문에 한자를 이해하는 첩경은 바로 '어원의 이해'에 있다. 그래서 중국의 경우, 춘추 전국 시대 때부터 이에 대한 관심이 시작되었다. 기원전 6~7세기를 살았던 초(楚)나라 장왕(莊王)은 武^(군셀 무)가 戈^(창 과)와 止^(그칠 지)로 구성되었다고 하면서, "전쟁[戈]을 그치게[止] 할 수 있는 것은 '무력[武]'이다."라고 설파했다. 호전주의적 경향이 보이는 섬뜩한 해석이긴 하지만, 해당 글자의 의미를 구조적으로 풀어서 해석한 최초의 예다.

이를 이어, 한나라 때가 되면 유가 경전의 복원과 이를 체계적으로 이해하기 위해 『설문해자

『說文解字』라는 인류 최초의 위대한 한자어원사전이 만들어진다. 허신(許愼, 58?~147?)에 의해 서기 100년에 만들어진 이 책은 당시의 모든 글자라 할 9,353자를 대상으로 진나라 때의 표준 서체인 소전(小篆)체에 근거해 해당 글자의 구조, 원래 의미, 파생 의미, 이체자 등을 일일이 밝혀 놓았다. 어쩌면 지금까지도 가장 훌륭한 한자어원사전이며, 인류사에 길이 남을 저작이라 해도 지나치지 않는다. 이후 『설문해자』의 위대함 때문에 새로운 해석은 잘 나타나지 않고 이에 대한 해설서가 주류를 이루었다. 가끔 신법(新法)으로 유명한 왕안석(王安石, 1021~1086)의 『자설(字說)』 같은 새로운 해설서가 나오긴 했지만, 학술성이나 체계성에서 『설문해자』를 능가하지 못했고, 역사의 주류를 이루지도 못했다.

다만, 상(商)나라 때의 기록인 갑골문(甲骨文)이 1899년 우연히 발견됨으로써 『설문해자』의 오류를 바로잡고, 한자의 어원 연구에 커다란 진전을 이룰 수 있었다. 이후 갑골문뿐만 아니라 『설문해자』 이전의 새로운 한자 자료들이 대거 지속적으로 출토되었다. 지금은 『설문해자』에 근거하고 이러한 출토 자료에 근거해 한자 어원에 대한 다양한 연구가 이루어지고 있다. 특히 일본 학자들의 연구도 눈여겨볼만한데, 시라카와 시즈카(白川靜, 1910~2010)의 『자통(字統)』과 『자훈(字訓)』 등은 독특한 해석 체계를 가진 역작이라 하겠다.

한자 문화권을 살았던 우리도 예외는 아니었다.

일찍부터 한자의 학습뿐 아니라 한자 사전의 편찬 및 한자의 근원적 이해를 위한 어원에 관심을 뒀다. 이식(李植, 1584~1647)은 『초학자훈증집(初學字訓增輯)』(1639)에서 경서를 이해하기 위한 핵심어 150여 자를 어원과 함께 철학적으로 풀이하였고, 조선 최고의 학자라 일컫는 정약용(丁若鏞, 1762~1836)도 "경서에 통하려면 한문 문장을 이해해야 하고, 한문 문장을 이해하려면 한자어를 알아야 하고, 한자어를 알려면 글자를 알아야 한다."라고 하여 글자의 어원을 어휘를 이해하고 문장을 독해하고 경전을 이해하는 기초로 인식했다. 이와 비슷한 시기 홍량호(洪良浩, 1724~1802)는 당시의 상용자라 할 1,766자를 대상으로 『설문해자』에 기초해 원래 의미를 자세하게 해석하여 『육서경위(六書經緯)』(1800년 경)라는 책을 지었는데, 현전하는 조선 최고의 한자 어원 해설서이다. 이를 이어 심유진(沈有鎭, 1723~?)은 『제오유(第五游)』라는 책을 지어 1,535자(13자 중복)에 대해 어원을 풀이했는데, 『설문해자』에 얽매이지 않고, 한국인의 독특한 시각을 많이 담아 한자에 대한 당시 한국인들의 인식을 엿볼 수 있게 해준다. 또 이규경(李圭景, 1788~1856)도 한자 어원에 관한 많은 변증 자료를 남겼다. 이후 조선말의 박선수(朴瑄壽, 1821~1899)는 『설문해자익징(說文解字翼徵)』(1912년 출판)을 지어 『설문해자』에서 부정확하거나 부족한 832자를 금문에 근거해 해설했는데, 이를 위해 인용한 청동 기물이 35류 387종에 이를 정도로 방대했고 논증도 치밀하여, 금문(金文)에 근거한 최초의 『설문해자』 비평서로 알려졌다. 그런가 하면, 일제 강점기에 들어 이루어진 권병훈(權丙勳, 1867~1943)의 『육서심원(六書尋源)』(1936)은 무려 31책 8,766쪽 600여만 자에 이르고 해설 대상 글자만 해도 6만여 자나 되는, 조선 최고는 물론 전 세계적으로 찾아보기 어려운 방대한 한자 자원 해설서로, 한국인의 독특한 시각을 담아 세계인의 주목을 받기도 했다. 그러나 광복 이후에는 어원에 대한 몇몇 연구가 시도되었지만, 아쉽게도 독립적인 성과물이나 학술적으로 의미 있는 작업은 이루어지지 못했다.

중국을 제외하면 한국은 한자를 가장 이른 시기부터 빌려와 가장 오랫동안 사용한 나라이다. 경상남도 창원의 다호리(茶戶里) 유적에서 실물 붓 등이 발견된 것으로 보아 기원전 시기에 이미 한자가 한반도에 유입되었을 것으로 추정된다. 그렇다면, 지금까지 적어도 2천 년 이상의 한자 사용 역사를 가졌고, 특히 한글이 만들어지기 전 유일한 문자였고 한글이 만들어진 이후에도 근대까지 가장 중요한 문자 체계였으며 지금도 문자생활에 상당한 역할을 하는 한자, 이에 대한 보편적이고 체계적인 "어원사전"이 부재하다는 것은 세계경제 10위권에 진입한 "대한민국"의 부끄러운 모습이 아닐 수 없다.

한자학을 전공하는 한 사람으로서 "한자어원사전"의 편찬이라는 이러한 사명을 가지는 것은 당연한 일일 것이다.

이 『한자어원사전』을 엮게 된 시작은 이러했다. 그러나 실제 작업은 만만하지 않았다. 우선 국제화 시대를 사는 이 시대에는 학문적 경계가 없어진 지 오래인 터라, 중국과 일본을 비롯한 세계인이 공감하는 수준 있는 보편적 해설서가 되어야 한다는 것이 가장 큰 부담이었다. 게다가 최근 들어 대량으로 지속적으로 출토된 실물 한자 자료의 수집이 관건이고, 이들 자형과 역대 문헌의 용례에 근거한 의미 분석이 더없이 중요하다. 출토 한자 자료의 수집은 한국인으로서는 불가능하고, 용례 분석과 원래 의미와 파생 의미의 분석 등도 필자의 학문적 능력으로서는 부족하고 모자라기 그지없었다.

그러나 이를 책으로 묶을 생각을 감히 하게 된 것은 화동사범대학(ECNU) 장극화(臧克和) 소장의 적극적인 도움 덕택이 있었기 때문이다. 화동사범대학은 중국의 화동(East China) 지역을 대표하는 저명 대학으로, 특히 인문학과 교육학은 전국에서도 으뜸이다. 특히 장극화 교수가 운영하는 "중국문자 연구와 응용센터"(www.wenzi.cn)는 2000년 한자 관련 국가중점연구소로 지정된 중국의 최고의 한자연구소이며, 중국의 출토 한자 자료의 수집과 데이터베이스 구축을 주요 목표사업으로 삼고 있다. 1996년 처음 알게 되고서, 학문적으로나 정신적으로 큰 도움을 주었던 장극화 교수는 그간 수집하고 정리한 한자 자형 데이터베이스의 한국 배타적 사용권을 허락해 주었다.

이 덕에 『한자어원사전』의 실제 작업을 진행할 수 있었다. 물론 그전에 이러한 구상을 하고 부분적인 작업을 시작한 것은 『부산일보』에 1995년부터 1997년까지 2년간 "한자교실"을 연재하면서였다(연재물은 이후 『문화로 읽는 한자』로, 다시 『연상한자』로 출간되었다). 한자를 어원적 입장에서 문화적 해설과 곁들인 것인데, 주요 상용자의 어원적 해설은 이때 이루어졌다.

그리고 더욱 상세한 작업은 그 후 10년이 지난 2005년부터 2007년까지 『동아일보』에 "한자 뿌리 읽기"를 연재하면서였다(연재물은 이후 『한자야 미안해』(부수편/어휘편)으로 출간되었다). "한자의 뿌리"를 정리하면서 한자 어원에 대한 체계성을 확인하게 되었고, 이를 체계적 해석이 가능함을, 또 필요함을 확신하게 되었다.

이러한 과정을 통해 우선 한국이 행정전산망 용으로 만든 4,888자를 대상으로 어원사전을 만들게 되었다.

다만, 한국에서 통용되는 국가 공인의 상용한자는 교육부 지정 "교육용 1800한자"가 유일하고, 그보다 넓은 범위의 한자는 4888코드가 전부였다. 나머지는 한자검정시험을 위해 만든 각종 사설 기관의 급수 한자들이다.(국가가 전수 조사에 의한 현행 문자 생활에 필요한 상용한자와 통용한자의 지정이 급선무인데, 국가는 이를 방치하고 있다.) 그러나 4888코드를 대상으로 사전을 만들다 보니 4888코드에 들지 않은 글자라도 이들 한자의 해석을 위해 반드시 필요한 한자가 생겨났고, 그러한 한자를 넣다 보니 5,181자(2017년 개정판에서는 5,226자로 늘어남)가 되었다.

이를 대상으로 [1] 표제자 부분(①표제자, ②훈독, ③간화자 자형, ④이체자 자형, ⑤한어 병음, ⑥부수와 획수, ⑦총획수, ⑧한자능력검정시험 급수 등), [2] 글자의 해석 부분(①육서, ②구조 및 의미, ③의미의 파생 과정, ④이체자와 간화자 자형 설명), [3] 자형 정보 등으로 나누어 설명했다. 부록으로 검색의 편의를 위해 ①부수 색인, ②한글 독음 색인, ③한어 병음 색인, ④총획 색인 등의 네 가지를 덧붙였다.

특히 자형 정보에서는 갑골문(甲骨文)에서 시작해서 금문(金文), 고대 토기 문자[陶文], 석각(石刻) 문자, 간독(簡牘) 문자, 고대 도장문자[璽印文], 고대 화폐(貨幣)문자, 백서(帛書), 맹서(盟誓), 한나라 죽간문자[漢簡], 『설문해자(說文解字)』의 소전(小篆)체와 각종 이체자(혹체[或體], 주문[籒文], 고문[古文], 속체[俗體], 신부자[新附字] 포함)를 비롯해 한나라 도장문자 등, 각종 출토 한자 자료를 원형 그대로 시기 순으로 배열함으로써 한자 자형 변화를 일목요연하게 이해하도록 했다. 이는 세계에서 처음으로 공개되는 가장 상세한 실물 출토 한자 자료 목록이다. 이 자리를 빌려 다시 한 번 장극화 교수께 감사드린다.

실상, 목표는 거대했으나 막상 책으로 내려고 보니 내용도 소략하고 수록 글자 수도 부족하고 해설도 미진한 곳이 여럿 보인다. 그러나 이미 본격적인 집필로부터 10년이 지난 지금, 그대로 둘 수는 없다고 생각하여 감히 책으로 내게 되었다. 그것은 책이 완벽하고 훌륭해서가 아니라, 제대로 된 한자어원사전 한 권 없는 이 땅에서 한자가 더는 어렵고 체계가 없고 비과학적인 문자 체계가 아니라 어느 문자보다 쉽고 체계적이며 과학적이라는 것을 조금이나마 보여주고자 함이다. 또 이러한 어원사전의 부재로 해서 시중에 갖가지 상상에 의한 어원 해설서 등이 난무하는 현실이 세계의 경제 문화 대국이자 한자 최고 사용국의 문화적 학술적 위상을 깎아내리고 있다는 점에서 용기를 내게 되었다.

한자는 어떤 면에서 열려 있는 부호체계이다.

그래서 다양한 해석이 가능해진다. 그러나 한자는 엄밀한 체계와 사용 역사를 가진 문자이기에 그들에 근거한 해석이어야 설득력이 있게 될 것이다. 나름대로 온 힘을 기울여 고문자 자료에 근거하고, 『설문해자』와 선배 학자들의 연구 성과에 기대고, 또 관련 한자군의 의미 지향을 분석한 결과를 제시하려 노력했다.

이제 책으로 나오는 만큼 내용이나 형식 등에서의 오류나 잘못은 전체적으로 필자의 몫이다. 선배 제현들의 준엄한 비판과 질정을 부탁한다. 그러나 『한자어원사전』은 여기서 머물지 않을 것이다. 선배 독자 제현들의 질정을 거름 삼아 적어도 7,000자 이상의 더욱 완비된 "한자어원사전"을 만들 것임을 이 자리를 빌려 약속드린다.

그간 이 어원사전이 나오기까지 많은 분의 도움과 격려에 힘을 입었다. 가족과 재직 학교는 물론 한국한자연구소(CSCCK)의 여러 동료와 연구원, 세계한자학회(WACCS)의 여러 한자 학자들, 그리고 최근 우리 연구소에서 6년간 재직하며 갖가지 도움을 주다가 중국으로 귀국한 왕평(王平) 교수, 출판을 도와준 장현정 도서출판 호밀밭 대표, 세심한 편집을 맡아준 김윤수 팀장께도 특별히 감사의 말씀을 드린다.

2007년 2월 28일 1차 원고를 완성하고,
2008년 2월 22일 고문자 자형 추가 등 수정본을 만들고,
2010년 9월 9일 용례 보충 및 내용을 다시 수정하고,
2014년 3월 15일 출판용 교정을 완료하고,
2014년 7월 28일 4종 색인과 인쇄 판형 본문 수정 등을 완성하다.
2015년 1월 5일 초판 1쇄의 일부 오류를 바로잡다.
2017년 12월 25일 일부 글자를 수정 보완한 개정판을 만들다.
2020년 12월 20일 개정 2쇄의 일부 오자 탈자를 바로잡다.

도고재(渡古齋)에서 하영삼(河永三) 씀

"한자어원사전" 범례

본 『한자어원사전』은 출토 한자 자료에 근거해 한자 어원을 밝히고 의미 파생과정을 체계적으로 설명한 사전으로 행정전산망 한자 4,888자를 포함하여 총 5,226자를 수록하여, 한자의 어원과 의미를 파악하는 데 요긴한 사전이다.

1. 표제자

표제자 난은 다음의 순서로 나열되었으며, 각 항목의 정보는 다음과 같다.

① 대표 자형: 한국에서 사용되는 한자 자형을 기준으로 하였으며(예컨대 眞은 한국 자형, 真은 중국 자형이다), 총 5,226자를 수록하였다. 진한 색으로 된 것은 4888 행정전산망 한자(행망코드)에 포함되는 한자이고, 나머지 옅은 색으로 표시된 것은 이 범위를 벗어나는 한자이다. 또 乭(이름 돌)과 같이 한국에서 만들어진 음역자도 일부 포함했다.

② 훈독: 대표적이 훈독(의미와 독음)을 제시했고, 필요한 경우 복수의 훈독을 제시했다.

③ 간화자: 현대 중국에서 사용되는 간화자(簡化字)를 제시하여 간화자 학습은 물론 한국 한자자형과 대비가 되도록 했다.

④ 이체자: [ ] 속에 넣어 간화자와 구분이 되도록 하였으며, 『설문해자』를 비롯해 역대 한자자전에서 사용된 대표적인 이체자를 제시하였으며, 夕(夢)이나 丐(墓)나 丑(募)와 같이 한국에서 만들어진 이체자도 포함시켰다.

⑤ 한어 병음: 현대 중국에서 사용되는 한어병음을 제시하여 중국어 학습은 물론 한국 한자음과의 대비를 통해 한자음에 대한 이해를 돕도록 했다. 주요 이독자도 함께 제시했다.

⑥ 부수: 해당 한자가 속하는 부수와 부수를 제외한 획수를 제시했다. 중국과 차이를 보일 때에는 한국 획수를 기준으로 삼았다. 臣(한국 6획, 중국 7획)

⑦ 총획수: 해당 한자의 총 획수를 제시했다. 이 역시 중국과 차이를 보일 때에는 한국 획수를 기준으로 삼았다. 臣(한국 6획, 중국 7획)

⑧ 한자 검정시험 급수표시: 한자 검정시험 급수는 "한국어문회"의 8급~1급(읽기, 쓰기)까지의 한자 급수(2007년 기준)를 표시했다. 예컨대, 60은 6급 읽기 한자, 62는 6급 쓰기 한자를 뜻하며, 1급을 벗어난 한자는 따로 표기하지 않았다.

2. 자해(字解)

① 육서: 해당 글자를 허신(許愼)의 "육서"(상형, 지사, 회의, 형성, 전주, 가차)에 근거해 제시했다. 다만 乭(이름 돌)이나 뿐(뿐) 같이 한국의 독음을 표시하기 위해 만들어진 한자는 "음역자"로 따로 분류했다.

② 의미 해석: 제일 먼저 해당 글자의 구조를 설명하고, 이 구조에 근거해 해당 글자의 원래 의미를 제시했다. 의미 해석은 주로 중국 최초의 어원사전인 『설문해자(說文解字)』에 근거했고, 『설문해자』의 해석이 갑골문 등 출토 문헌의 자형과 들어맞지 않을 경우, 여러 최신 연구 성과를 반영해 해석했다. 특히 소리부가 갖는 의미적 속성을 강조해 풀이했다. 즉 소리부가 단순히 독음만 나타내는 것이 아니라 해당 글자의 의미에 깊숙하게 관여하였음을 강조하고, 소리부의 원래 의미가 해당 글자의 의미에 어떻게 관여하는가를 세밀하게 분석했다. 이어서 해당 한자의 원래 의미에서 파생되어 가는 파생 의미를 설명했고, 자형의 변화 과정, 각종 이체자의 의미를 설명했고, 마지막으로 현재 중국의 간화자 자형에 대해 설명했다.

③ 의미해석의 특징: 한자 특성에 근거해 형성 구조의 소리부를 의미와 과학적으로 연계시켰다. 기존의 한자 어원 풀이에서는 한자 대부분을 차지하는 형성구조(의미부+소리부)의 소리부를 단순한 독음 기능으로만 해석한 것이 많으나, 본 어원사전에서는 가능한 의미와 연계시키려 노력했다. 이를 위해 동일 소리부로 구성된 한자군 간의 의미적 연계성에 천착하였으며, 이를 실현하게 하였다. 이를 통해 본 사전은 철저하게 자형에 근거하여 원래 의미를 추정, 원래 의미에서 파생의미로의 전이과정을 상세히 설명했으며, 세밀한 연구에 의해 기존의 해설과는 다른 해설을 제공했다.

▶ 예시 ◀	
谷^(골 곡)	= (+계곡) (+목욕하는 장소) (+텅 빈 큰 공간)
浴^(목욕할 욕)	= 水^(물)+谷^(+계곡)→목욕하다
俗^(풍속 속)	= 人^(사람)+谷^(+계곡, +목욕하는 장소)→풍속(봄이 되면 계곡에 모여 함께 목욕하던 풍속)
峪^(골 욕)	= 山^(산)+谷^(+계곡)→산의 계곡
容^(얼굴 용)	= 宀^(집)+谷^(+텅 빈 큰 공간)→용납하다, 받아들이다, 얼굴
裕^(여유로울 유)	= 衣^(옷)+谷^(+텅 빈 큰 공간)→옷의 품이 넓다→여유롭다
欲^(하고자할 욕)	= 欠^(입을 크게 벌리다, 하품)+谷^(+텅 빈 큰 공간)→계곡이나 벌린 입처럼 "욕심"이 많음→하고자 하다
慾^(욕심 욕)	= 欲^(욕망)+心^(마음)→욕심

3. 자형(字形)

① 갑골문(甲骨文)에서 시작해서 금문(金文), 고대 토기 문자[陶文], 석각(石刻) 문자, 간독(簡牘) 문자, 고대 도장문자[璽印文], 고대 화폐(貨幣)문자, 백서(帛書), 맹서(盟書), 한나라 죽간 문자[漢簡], 『설문해자(說文解字)』의 소전(小篆)체(혹체[或體], 주문[籀文], 고문[古文], 속체[俗體], 신부자[新附字] 포함)를 비롯해 한나라 도장문자 등, 각종 출토 한자 자료를 원형 그대로 시기 순으로 배열함으로써 한자 자형 변화를 일목요연하게 이해하도록 했다. 또한 『설문해자』 이후 출현 한자에 대해서는 『옥편(玉篇)』이나 『광운(廣韻)』 등을 따로 제시함으로써 해당 한자의 생성시기를 추정 가능하게 하였다.

② 각종 자형은 중국의 한자 관련 최고 국가중점연구소인 화동사범대학(ECNU) "중국문자연구와 응용센터"(www.wenzi.cn)에서 제공하였으며, 최신 연구 성과를 망라한 것으로, 지금까지 전 세계에서 공개된 한자 자형 자료 중 가장 상세하다.

4. 색인

검색의 편의를 위해, ①부수색인, ②한글 독음 색인, ③한어병음 색인, ④총획색인의 네 가지를 제시했다.

① 부수색인: 현행 옥편의 214부수 체계를 준용했으며, 같은 부수 내에서는 획수의 과다 순서에 따라 배열했다.

② 한글 독음 색인: 한글 독음 순에 의해 배열했으며, 같은 독음 내에서는 부수의 순서에 따라 배열했고, 부수도 획수도 같을 때에는 한글 독음의 순서에 따라 배열했다.

③ 한어병음 색인: 현대 중국의 현행 한어병음을 알파벳순에 따라 배열했고, 동일 음절에서는 제1성~제4성의 순서에 따라 배열했다.

④ 총획색인: 해당 한자의 총 획수 순(1획~30획)에 따라 배열했으며, 같은 획수 내에서는 부수의 순서와 획수에 따라 배열했고, 부수의 획수도 같을 때에는 한글 독음의 순서에 따라 배열했다.

5. 예시

[1] 표제 자 정보	①地 ②(땅 지): ③ ④[坔, 埅, 坔], ⑤dì, ⑥土-3, ⑦6, ⑧70	①표제자: 지(地) ②훈독: 훈(땅) 독(지) ③간화자: 표제자와 같은 경우는 생략 ④이체자: (坔, 埅, 坔), [ ]에 넣어 표기 ⑤한어병음: dì ⑥부수와 획수: 土부수 3획 ⑦총획수: 6획 ⑧한자능력검정시험급수: 70(7급 읽기용 한자), 1급 이상은 표기 제외
[2] 자해 정보	**字解** ①형성. ②土^(흙 토)가 의미부이고 也^(어조사 야)가 소리부로 '땅'을 말하는데, 만물을 생산하는^(也) 대지^(土)라는 의미를 담았으며, ③이로부터 대지, 지구, 육지, 영토, 토지, 지방, 지위, 바탕 등의 뜻이 나왔다. ④달리 '대지'는 물^(水수)과 흙^(土)으로 구성되었다는 뜻에서 坔, 산^(山)과 물^(水)과 흙^(土)으로 구성되었다는 뜻에서 坔, 혹은 흙^(土)으로 둘러싸였다^(防·방)는 뜻에서 埅 등으로 쓰기도 했다.	①육서: 형성 ②구조 및 의미: 본래 의미와 의미 형성 근거 ③의미 파생: 파생 의미와 파생 과정 ④이체자
[3] 자형 정보	**字形** [金文] [盟書] [簡牘文] [說文小篆] [說文籀文]	각종 출토문자 및 『설문해자(說文解字)』의 소전(小篆), 혹체(或體), 주문(籀文), 고문(古文) 등을 시기 순으로 배열

6. 기타

① 본 사전은 상세한 한자의 자형과 자형에 근거한 해당 한자의 의미 파생과정에 대한 설명을 비롯해, 해당 한자의 훈독, 한어병음, 간화자, 이체자, 부수, 필획 수, 한자능력 검정시험 급수 등 관련 속성을 상세하게 제시함으로써, 한자 학습, 한자교재 편찬, 한자 강의, 한자능력 검정시험용 등 다양한 계층의 다양한 목적에서 사용 가능하도록 하였다.

② 특히 한자 자형 자료는 한국한자연구소(CSCCK)와 (사단법인)세계한자학회(WACCS)가 한국 독점 사용권을 가지며, 저작권의 보호를 받는다.

한자어원사전 (본문편)

ㄱ

가

可(옳을 가): kě, 口-2, 5, 50

字解 회의. 갑골문에서 괭이와 입$^{(口·구)}$을 그렸다. 괭이는 농기구를 상징하여 농사일을, 口는 노래를 뜻한다. 그래서 可는 농사일할 때 불렀던 勞動歌$^{(노동가)}$를 말한다. 노래를 부르면서 일을 하면 고된 일도 쉽게 느껴지고 힘든 일도 쉽게 이루어졌기에 可에는 '적합하다'나 可能$^{(가능)}$하다 등의 뜻이 생겼을 것이다. 이후 肯定$^{(긍정)}$을 나타내는 대표적 단어로 사용되어, '옳다', '마땅하다' 등의 뜻이 나왔고, 그러자 원래 의미는 木$^{(나무 목)}$을 더해 柯$^{(자루 가)}$로 분화했다.

字形 〔甲骨文〕〔金文〕〔古陶文〕〔盟書〕〔簡牘文〕〔帛書〕〔石刻古文〕〔說文小篆〕

柯(자루 가): kē, 木-5, 9, 12

字解 형성. 木$^{(나무 목)}$이 의미부이고 可$^{(옳을 가)}$가 소리부로, '괭이$^{(可)}$'와 같은 연장의 자루로 쓸 수 있는 나무$^{(木)}$를 말한다. 이로부터 '자루', '나무의 줄기' 등의 뜻이 나왔

으며, 또 3자$^{(尺)}$ 길이를 나타내는 단위로도 쓰였다. ☞ 可$^{(옳을 가)}$

字形 〔古璽文〕〔說文小篆〕

呵(꾸짖을 가): [訶], hē, 口-5, 8, 10

字解 형성. 口$^{(입 구)}$가 의미부이고 可$^{(옳을 가)}$가 소리부로, 입$^{(口)}$으로 '꾸짖음'을 말하며, 이로부터 '크게 소리치다'의 뜻도 나왔다. 달리 口 대신 言$^{(말씀 언)}$이 들어간 訶$^{(꾸짖을 가)}$로 쓰기도 한다.

字形 〔說文小篆〕

苛(매울 가): kē, 艸-5, 9, 10

字解 형성. 艸$^{(풀 초)}$가 의미부이고 可$^{(옳을 가)}$가 소리부로, '매운 맛을 내는 풀$^{(艸)}$'을 말하며, 이로부터 '독하다', '심하다' 등의 뜻이 나왔다.

字形 〔金文〕〔簡牘文〕〔古璽文〕〔說文小篆〕

軻(굴대 가): 轲, kē, 車-5, 12, 12

字解 형성. 車$^{(수레 거)}$가 의미부이고 可$^{(옳을 가)}$가 소리부로, 수레$^{(車)}$가 갈 수 있도록$^{(可)}$ 하는 중요한 장치인 '굴대', 즉 수레바퀴의 한가운데에 뚫린 구멍에 끼우는 긴 나무 막대나 쇠막대를 말한다. 옛날에는 柯$^{(자루 가)}$와 통용되기도 했다.

字形 軻 說文小篆

珂(흰 옥돌 가): kē, 玉-5, 9

字解 형성. 玉^(옥 옥)이 의미부이고 可^(옳을 가)가 소리부로, 질 좋은^(可) 흰 옥돌^(玉)을 말한다.

字形 珂 古璽文   珂 說文新附字

訶(꾸짖을 가): 诃, hē, 言-5, 12

字解 형성. 言^(말씀 언)이 의미부이고 可^(옳을 가)가 소리부로, 옳게 가도록^(可) 말^(言)로 꾸짖음을 말한다. 달리 言 대신 口^(입 구)가 들어간 呵^(꾸짖을 가)로 쓰기도 한다.

字形 訶訶 金文   訶 簡牘文   訶 說文小篆

哥(노래 가): gē, 口-7, 10, 10

字解 회의. 두 개의 可^(옳을 가)로 구성되었는데, 可는 농사일을 하면서 부르는 노래를 뜻한다. 그래서 『설문해자』의 해석처럼 "노래^(可)가 계속해서 이어지는 것"을 말하며, '계속해 노래 부르다'가 원래 뜻이다. 하지만, 위진 남북조 이후 북방의 鮮卑^(선비)족이 중국의 중원 지역에 진입하면서 哥에 '따꺼^(大哥큰 형님)'처럼 '형'이라는 전혀 다른 뜻이 생겼다. 그것은 선비족의 말에서 형이나 아버지 항렬을 부르는 호칭인 '아간'을 한자로 쓰면서 '아꺼^(阿哥)'로 표기하였기 때문이다. 그 이후로 부모나 형은 물론 나이 많은 남자에 대한 존칭이나 애칭으로 쓰였다. 그러자 원래 뜻은 欠^(하품 흠)이나 言^(말씀 언)을 더한 歌^(노래 가)나 謌^(노래 가)로 분화하였다.

字形 哥 簡牘文   哥 說文小篆

歌(노래 가): [謌], gē, 欠-10, 14, 70

字解 형성. 欠^(하품 흠)이 의미부이고 哥^(노래 가)가 소리부로, 입을 벌려^(欠) 부르는 '노래^(哥)'를 말하며, 이로부터 '노래하다', '찬미하다'의 뜻이 나왔다. 또 시의 형식의 하나를 지칭하기도 한다. 원래는 謌^(노래 가)로 썼으며, 달리 呵^(꾸짖을 가)로 쓰기도 한다.
☞ 哥^(노래 가)

字形 歌 金文   歌歌 簡牘文   歌 古璽文   歌 說文小篆   謌 說文或體

謌(노래 가): gē, 言-10, 17

字解 형성. 言^(말씀 언)이 의미부이고 哥^(노래 가)가 소리부로, 말^(言)로 하는 '노래^(哥)'를 말하여 가요나 노래함을 뜻하였고, 歌^(노래 가)의 원래 글자로 歌와 같이 쓰인다. ☞ 哥^(노래 가)

字形 謌 說文小篆

加(더할 가): jiā, 力-3, 5, 50

字解 회의. 力(힘 력)과 口(입 구)로 구성되어, 말이 늘어나다가 원래 뜻이다. 힘(力)이 들어간 말(口)은 '誇張(과장)'되기 마련이고, 이로부터 없던 것을 '더하다'는 뜻이 생겼다.

字形 ㄐㄅ ㄐㄅ金文 ㄉㅂ簡牘文 ㄅㅂ古璽文 ㄐㅂ 說文小篆

駕(멍에 가): jià, 馬-5, 15, 10

字解 형성. 馬(말 마)가 의미부이고 加(더할 가)가 소리부로, 말(馬)에 덧씌우는(加) 멍에를 말한다. 말 위에다 앉을 것을 올려놓고 타고 다녔다는 뜻에서 '가마'의 뜻이 나왔고, 높은 사람들이 타고 다녔다는 뜻에서 '임금'의 뜻까지 나왔다.

字形 ㄱㅏ ㄱㅏ盟書 ㄱㅏ ㄱㅏ ㄱㅏ簡牘文 ㄱㅏ 說文小篆 ㄱㅏ 說文籀文

迦(막을 가): jiā, 辵-5, 9, 12

字解 형성. 辵(쉬엄쉬엄 갈 착)이 의미부이고 加(더할 가)가 소리부로, 장애물을 더하거나(加) 더 좋은 대우를 해주어 떠나가는(辵) 것을 막는다는 뜻이다. 불교가 중국으로 들어간 이후 釋迦(석가)나 迦葉(가섭)에서처럼 산스크리트어의 음역자로도 쓰였다.

伽(절 가): qié, 人-5, 7, 12

字解 형성. 人(사람 인)이 의미부이고 加(더할 가)가 소리부인 음역자로, 중이 살면서 불도를 닦는 곳(伽藍·가람)을 말한다. 伽藍은 僧伽藍摩(승가람마)의 준말인데, 이는 산스크리트어의 '상가라마(Sangharama)'를 번역한 것이다. 僧伽란 중(衆), 람마(藍摩)란 원(園)의 뜻으로, 본래 많은 승려가 한 장소에서 불도를 수행하는 장소를 지칭하며, 달리 중원(衆園)이라 번역하기도 했다.

袈(가사 가): [裟], jiā, 衣-5, 11, 10

字解 형성. 衣(옷 의)가 의미부이고 加(더할 가)가 소리부인 음역자로, 스님들이 옷의 겉에 걸쳐 입는(加) 옷(衣)인 '袈裟(가사)'를 말한다. 袈裟는 승려들이 입는 옷을 뜻하는 산스크리트어의 '카사야(Kasāya)'를 번역한 말이다. '카사야'는 '不正色(부정색)'을 뜻하는데, 袈裟가 청색·황색·적색·백색·흑색의 다섯 가지 정색을 제외한 나머지 잡색으로만 염색하여 쓰도록 규정하였기 때문에 이렇게 불린다.

架(시렁 가): jià, 木-5, 9, 32

字解 형성. 木(나무 목)이 의미부이고 加(더할 가)가 소리부로, 나무(木)를 걸쳐 무엇인가를 올려놓도록(加) 설계된 '시렁'을 말하며, 이로부터 물체의 틀(frame) 등을 뜻하게 되었다.

耞(도리깨 가): jiā, 耒-5, 11

字解 형성. 耒(쟁기 뢰)가 의미부이고 加(더할 가)가 소리부로, 곡식을 두드려 타는 농기구(耒)

의 하나인 '도리깨'를 말한다. 『설문해자』에서는 未 대신 木^(나무 목)이 들어간 枷^(도리깨 가)로 썼다.

字形 枷 說文小篆

枷(책상다리 할 가): jiā, 足-5, 12

字解 형성. 足^(발 족)이 의미부이고 加^(더할 가)가 소리부로, 다리^(足)를 포개^(加가) '책상다리'하여 앉는 것^(跏趺坐·가부좌)을 말하며, 이로부터 단정하게 앉다, 조용하게 앉다 등의 뜻이 나왔다.

痂(헌데 딱지 가): jiā, 疒-5, 10

字解 형성. 疒^(병들어 기댈 녁)이 의미부이고 加^(더할 가)가 소리부로, 병^(疒)으로 헐었던 곳이 아물고 그 위에 더해져^(加) 앉은 '딱지'를 말한다.

字形 痂 說文小篆

茄(연 줄기 가): jiā, 艸-5, 9

字解 형성. 艸^(풀 초)가 의미부이고 加^(더할 가)가 소리부로, 식물^(艸)의 일종인 연의 줄기를 말하며, 荷^(연 하)와 통용하여 사용되었다. 또 안휘성 鳳陽^(봉양)현 서쪽에 있었던 옛날의 나라 이름이다.

字形 茄 說文小篆

枷(도리깨 가): jiā, 木-5, 9

字解 형성. 木^(나무 목)이 의미부이고 加^(더할 가)가 소리부로, 나무^(木) 작대기 끝에 2~3개의 휘추리를 더해^(加) 보리 등을 타작할 때 쓰는 농기구인 '도리깨'를 말하는데, 耒^(쟁기 뢰)가 들어간 耞^(도리깨 가)와 같이 쓴다. 또 옛날 형벌 기구의 하나로 목에 씌우는 칼을 말하며, 이로부터 '가두다'는 뜻도 나왔다.

字形 枷 說文小篆

嘉(아름다울 가): jiā, 口-11, 14, 10

字解 형성. 壴^(북 주)가 의미부이고 加^(더할 가)가 소리부로, 북소리^(壴)를 더함^(加)으로써 만들어지는 '즐거움'을 더욱 구체화했다. 그래서 '좋다', '아름답다'가 원래 뜻이며, 이로부터 '즐겁다', '경사', 혼례^(嘉禮·가례) 등의 뜻이 나왔다. 그러나 갑골문에서는 女^(여자 여)와 力^(힘 력)으로만 구성되어, 쟁기질^(力)을 할 수 있는 사내아이를 낳은 여성^(女)을 형상화해, 그런 일이 '좋고' '훌륭한' 것임을 말했다. 또 다른 형태에서는 장식이 달린 북^(壴·주)과 쟁기^(力·력)를 그려 쟁기질^(力)로 상징되는 생산을 위한 노동과 북^(壴)으로 대표되는 즐거운 음악이라는 두 개념을 결합해 '즐거움'을 형상화했다. 금문에 들면서 지금처럼 壴와 加의 결합으로 변했다.

字形 嘉 金文 嘉 古陶文 盟書 簡牘文

嘉 說文小篆

佳(아름다울 가): jiā, 人-6, 8, 32

字解 형성. 人^(사람 인)이 의미부이고 圭^(홀 규)가
소리부로, 훌륭하다는 뜻인데, 홀^(圭)을
지닌 신분 있는 사람^(人)이라는 뜻을 담았
다. 이로부터 아름답다, 좋다, 만족스럽
다, 찬상하다 등의 뜻이 나왔다. ☞ 圭<sup>(홀
규)</sup>

字形 佳 說文小篆

街(거리 가): jiē, 行-6, 12, 42

字解 형성. 行^(갈 행)이 의미부이고 圭^(홀 규)가 소
리부로, 사방으로 길이 나^(行) 여러 사람
이 다닐 수 있는 '길'을 말하며, 이로부터
市街地^(시가지)나 시장 등의 뜻도 나왔다.
또 한의학 용어로 쓰여, 氣^(기)가 다니는
경로를 말하기도 한다.

字形 街 簡牘文 街 說文小篆

賈(값 가앉은장사 고): 贾, gǔ, 貝-7, 13,
12

字解 형성. 貝^(조개 패)가 의미부이고 襾^(덮을 아)가
소리부로, 화폐나 재물^(貝)을 덮어^(襾) 보
관하는 모습을 형상화했다. 『설문해자』의
고문체에서는 冃^(쓰개 모)와 貝가 의미부이
고 古^(옛 고)가 소리부인 구조로, 화폐나
재물^(貝)을 덮개로 덮은^(冃) 모습을 그렸는

데, 소전체에서 들어 소리부인 古^(옛 고)가
襾로 바뀌어 지금처럼 되었다. 점포를 개
설해 값나가는 물건을 덮어 놓고 팔다는
뜻에서 '장사'의 뜻이, 다시 그런 상행위
를 하는 '앉은장사'를 말했다. 이후 상인
을 두루 칭하게 되었고, 다시 '가격'이라
는 뜻까지 나왔다. 또 성씨로도 쓰이는데
그때에는 '가'로 읽힌다.

字形 賈 古陶文 賈 賈 簡牘文 賈 說文小篆

價(값 가): 价, jià, 人-13, 15, 52

字解 형성. 人^(사람 인)이 의미부이고 賈^(값 가)가
소리부로, 물건의 값을 말하는데, 물건의
가격^(賈)이란 물건 자체의 절대적 가치보
다는 사람^(人)에 의해 결정된다는 뜻을 담
았다. 이후 몸값이나 명성, 가치 등의 뜻
이 나왔는데, 원래의 賈^(값 가)에서 人을
더해 분화한 글자이다. 간화자에서는 价
^(착할 개)에 통합되었다. ☞ 賈^(값 가)

字形 價 說文新附字

叚(빌 가): 假, jiǎ, 又-7, 9

字解 회의. 금문에서 왼쪽은 벼랑을 오른쪽은
두 손을 그려, 두 손을 이용해 벼랑을 기
어오르는 모습을 그린 것으로 추정된다.
이로부터 '빌다', '의지하다'의 뜻이 나왔
고, 가정을 나타내는 문법소로도 쓰였다.
이후 사람^(人, 인)의 힘을 빌다^(叚)는 뜻에서
人을 더한 假^(거짓 가)가 나왔고, '빌다', '가
짜' 등의 뜻으로 분화했다. ☞ 假^(거짓 가)

字形 屌 廣 屌 臼 金文 戾 簡

牘文 叚 說文小篆 閈 說文古文

戾 說文小篆

暇(겨를 가): xiá, 日-9, 13, 40

字解 형성. 日^(날 일)이 의미부이고 叚^(빌 가)가 소
리부로, 시간^(日)을 빌려^(叚) 만들어낸 틈
이나 '겨를'을 말하며, 이로부터 '閑暇^{(한}
^{가)}하다', '한가한 마음', '조용하다' 등의
뜻이 나왔다.

字形 暇 說文小篆

假(거짓 가): [叚], jiǎ, 人-9, 11, 42

字解 형성. 人^(사람 인)이 의미부이고 叚^(빌 가)가 소
리부로, '거짓'을 말한다. 이후 '의지하다',
'기대다', '빌리다' 등의 뜻도 나왔는데,
사람^(人)의 힘을 빌려^(叚) 하는 일이란 인
위적이고, 그런 것은 모두 '거짓'이라는
인식을 반영했다.

字形 假 說文小篆

家(집 가): jiā, 宀-7, 10, 70

字解 회의. 宀^(집 면)과 豕^(돼지 시)로 구성되어, 집
안^(宀)에 돼지^(豕)가 있는 모습을 그렸는
데, 아래층에는 돼지가 위층에는 사람이
살던 옛날의 가옥 구조를 반영했다. 이후
일반적인 '가옥'을 뜻하게 되었고, 다시

'가정' 등의 뜻도 나왔다. 또 학술상의 유
파를 지칭하기도 하며, 어떤 직업에 종사
하는 전문가를 뜻하기도 한다.

字形 㝩 㝩 㝩 㝩 㝩 甲骨文 㝩 㝩 㝩

㝩 㝩 金文 㝩 家 家 家 簡牘文

家 石刻古文 家 說文小篆 㝩 說
文古文

嫁(시집갈 가): jià, 女-10, 13, 10

字解 형성. 女^(여자 여)가 의미부이고 家^(집 가)가
소리부로, '시집가다'는 뜻인데, 여자^(女)가
결혼하여 집^(家)을 이루다는 뜻을 담았다.
이로부터 '가다', '이동하다', '팔다', '가지
에 접을 붙이다' 등의 뜻이 나왔다.

字形 嫁 嫁 簡牘文 嫁 說文小篆

稼(심을 가): jià, 禾-10, 15, 10

字解 형성. 禾^(벼 화)가 의미부이고 家^(집 가)가 소
리부로, '곡식을 심다'는 뜻인데, 곡식^(禾)
을 심어 가정^(家)을 이루다는 뜻을 담았
다. 이후 '곡식'을 통칭하게 되었고, '농사
일을 하다', '익은 이삭' 등의 뜻도 나왔
다.

字形 稼 簡牘文 稼 說文小篆

斝(술잔 가): [斚], jiǎ, 斗-8, 12

字解 상형. 갑골문에서 세 개의 뾰족한 발(足·족)과 둥근 배(腹·복)와 두 개의 기둥(柱주)을 가진 술잔을 그렸는데, 자형이 변해 지금처럼 되었다.

字形 𣁐𣁋𣁋 甲骨文 斝 金文 斝 說文小篆

각

刻(새길 각): kè, 刀-6, 8, 40

字解 형성. 刀(칼 도)가 의미부이고 亥(돼지 해)가 소리부로, '새기다'는 뜻인데, 제사에 희생으로 쓸 돼지의 머리와 발을 자르듯(亥) 칼(刀)로 파내다는 뜻을 담았다. 이로부터 기물 등에 '글자를 새기다'는 뜻이 생겼고, 비석이나 판각 등의 뜻도 나왔다. 물시계 등의 눈금을 새기다는 뜻에서 하루의 시간을 재는 단위로 쓰였고, 4분의 1을 뜻하는 쿼터(quarter)의 음역어로 쓰여 15분을 뜻하기도 한다. 또 칼로 파내다는 뜻에서 刻薄(각박)하다, 엄격하게 요구하다는 뜻도 나왔다. ☞ 劾(캐물을 핵)

字形 㓝 簡牘文 𣂭 說文小篆

却(물리칠 각): què, 卩-5, 7, 30

字解 회의. 去(갈 거)와 卩(병부절)로 구성되어, 물러나다(去)는 뜻이며, 卻(물리칠 각)의 속자이다. 卻은 卩이 의미부이고 谷(웃을 각)이 소리부로, 꿇어앉는(卩) 행위에서 '다리'를 뜻하게 되었고, 다시 '물러나다'는 의미가 생겼다. 그러자 의미를 더욱 분명하게 하고자 去(갈 거)를 더한 却(물리칠 각)을 만들었고, 원래의 '다리'는 肉(고기 육)을 더한 脚(다리 각)으로 구분했다. ☞ 卻(물리칠 각)

字形 卻 簡牘文 卻 說文小篆

脚(다리 각): [腳, 踋], jiǎo, 肉-7, 11, 32

字解 형성. 肉(고기 육)이 의미부이고 却(물리칠 각)이 소리부로, 신체(肉)의 일부인 '다리'를 말하며, 腳(다리 각)의 속자이다. 이후 '걸음걸이'의 뜻이 나왔고, 물건을 지탱하는 사물의 다리까지 지칭하기도 했다. ☞ 卻(물리칠 각)

字形 腳 簡牘文 腳 說文小篆

各(각각 각): gè, 口-3, 6, 60

字解 회의. 口(입 구)와 夊(뒤져서 올 치)로 구성되어, 집의 입구(口)로 들어오는 발(夊)로써 집으로 '오다'는 의미를 형상화했다. 夊는 발을 그린 止(발 지)와 상대해서 만들어진 글자로, 止가 위쪽으로 올라가다나 앞쪽으로 가는 것을 나타내는 것에 반해 夊는 아래로 내려가는 것이나 앞쪽으로 오는 것을 그려낸 글자이다. 그래서 各은 이후 자신의 집단과 구별되는, 즉 바깥에서 들어오는 따로 분리된 이질적 집단을 지칭

함으로써 '각자'나 '각각'과 같은 뜻이 생겼다. 그러자 원래의 '오다'는 뜻을 나타내려고 彳^(조금 걸을 척)을 더하여 洛^(이를 객)으로 분화했다.

字形 甲骨文

金文

簡牘文 帛書 說文小篆

閣(문설주 각): 阁, gé, 門-6, 14, 32

字解 형성. 門^(문 문)이 의미부이고 各^(각각 각)이 소리부로, 사람의 발길이 도착하는^(各) 곳에 세워진 문^(門)을 말하며, 이후 문을 세워 만든 '樓閣^(누각)'도 뜻하게 되었다. 또 누각을 만들어 책을 보관했던 藏書樓^(장서루)를 지칭하였으며, 중앙 정부의 관청 이름으로 內閣^(내각)을 말하기도 했다.

字形 說文小篆

恪(삼갈 각): [愙, 愘], kè, 心-6, 9, 10

字解 형성. 心^(마음 심)이 의미부이고 各^(각각 각)이 소리부이나, 『설문해자』에서는 원래 愙^(공경할 각)으로 써, 손님^(客 객)을 접대할 때처럼 '공경하고' 예의 바른 마음^(心)을 말했다. 이후 客이 各으로 줄고, 상하구조가 좌우구조로 변해 지금의 恪이 되었다.

覺(깨달을 각): 觉, jué, 見-13, 20, 40

字解 형성. 見^(볼 견)이 의미부이고 學^(배울 학)의 생략된 모습이 소리부로, '깨닫다'^(寤 오)는 뜻인데, 끊임없는 배움^(學)이 보는 것에 선행한다는 의미를 담고 있다. 즉 이전에 보이지 않던 것이 학습을 통해 보이게 되는 것, 이것이 바로 깨달음임을 말해주고 있다. 이로부터 깨달음을 얻은 선각자나 선현을 뜻하게 되었고, 느끼다, 살펴서 알다 등의 뜻이 나왔다. 간화자에서는 윗부분을 줄여 觉으로 쓴다.

字形 簡牘文 說文小篆

角(뿔 각): jiǎo, 角-0, 7, 60

字解 상형. 갑골문에서 짐승의 뿔을 그렸는데, 무늬가 든 것이 특징이며, 모양으로 보아 소뿔로 보인다. 뿔은 머리에 달렸기 때문에 頭角^(두각)에서처럼 '머리'를, 뾰족하거나 모난 모습 때문에 角度^(각도)를, 머리를 뿔 모양으로 맸다는 뜻에서 總角^(총각)을, 뿔피리로 쓰였기 때문에 五音^(오음) 즉 宮^(궁), 商^(상), 角^(각), 徵^(치), 羽^(우)의 하나를 지칭하게 되었다. 뿔은 겉은 단단하지만 속은 부드러워 속을 파내면 잔이나 악기는 물론 다양한 장식물로 쓸 수 있기에 그런 것들을 지칭하기도 한다.

字形 甲骨文 金文 古陶文 盟書 簡牘文 古璽文 說文小篆

珏(쌍 옥 각): jué, 玉-4, 9, 12

字解 회의. 두 개의 玉(옥 옥)으로 구성되어, 옥 (玉)이 둘 모인 '쌍 옥'을 말하는데, 『설문해자』의 혹체자에서는 玉이 의미부이고 㱿(내려칠 각)이 소리부인 구조로 되었다. ☞ 玉(옥 옥)

字形 甲骨文 石刻古文 說文 小篆 說文或體

㱿(껍질 각): 壳, qiào, 殳-8, 12, 10

字解 형성. 殳(창 수)가 의미부이고 㱿(껍질 각)이 소리부로, 조개껍데기(㱿) 등으로 만든 악기와 채를 손에 쥔 모습(殳)으로써 악기를 치는 모습을 그렸다. 악기를 '치다'가 원래 뜻이고, 악기의 단단한 표면이라는 뜻에서부터 '껍질'이라는 뜻이 나왔다. 간화자에서는 壳으로 쓴다.

愨(성실할 각): què, 心-11, 15

字解 형성. 心(마음 심)이 의미부이고 㱿(껍질 각)이 소리부로, 마음(心)이 껍질(㱿)처럼 단단해 흔들리지 않고 '성실함'을 말한다.

字形 簡牘文 說文小篆

간

姦(간사할 간): 奸, jiān, 女-6, 9, 30

字解 회의. 세 개의 女(여자 여)로 구성되어, 여자 (女)가 많이 모이면 '간사해진다'라는 뜻을 그렸는데, 여성이 사회의 약자로 지위가 변하면서 간사하고 투기 잘하는 비천한 존재로 그려졌다. 이로부터 '사악하다', '악한 사람', '흉악함', '외도', '절도' 등의 뜻이 나왔다. 간화자에서는 奸(범할 간)에 통합되었다.

字形 金文 說文小篆 說文古文

干(방패 간): [乾 幹], gān, 干-0, 3, 40

字解 상형. 갑골문에서 긴 대가 있는 끝이 갈라진 사냥도구의 모습을 그렸다. 그러나 어떤 학자는 윗부분이 돌 구슬(石球석구)을 맨 줄을 던져 짐승의 뿔이나 다리를 묶을 수 있도록 고안된 사냥 도구를 그렸고, 아랫부분은 큰 뜰채를 그린 畢(홑 단)의 원래 글자라고 보기도 한다. 『설문해자』에서 '범하다(犯범)'라고 풀이한 것으로 미루어 볼 때, 이는 짐승을 잡던 사냥도구에서 이후 적을 공격하는 무기로 변했음을 추정할 수 있다. 갑골문에는 방패처럼 보이는 자형도 보이는데, 이는 짐승을 잡을 때나 적을 공격할 때 초기 단계에서 방패 따로 무기 따로 존재했던 것이 아니라 방패와 무기의 기능이 하나로 통합되었기 때문일 것이다. 이것이 이후의 문헌에서 干을 '방패(盾순)'라고 풀이하게 된 이유일 것이다. 干이 긴 대를 갖춘 사냥도구라는 점에서 '크다'나 '근간'의 뜻을 갖게 되었으며, 간지자로도 가차되었다.

현대 중국에서는 乾^(하늘 건)과 幹^(줄기 간)의 간화자로도 쓰인다.

字形 ￥ Ψ 甲骨文 ￥ ￥ Ψ 金文 ￦ 古陶文 ￦ ￦ 簡牘文 ￦ 說文小篆

肝(간 간): gān, 肉-3, 7, 32

字解 형성. 肉^(고기 육)이 의미부이고 干^(방패 간)이로 소리부로, 장기^(肉)의 하나인 '간'을 뜻하는데, 생명을 유지하는 근간^(干)이라는 뜻이 담겼다. 이후 속마음의 비유로도 쓰였다.

字形 肝 說文小篆

幹(줄기 간): 干, [榦], gàn, 干-10, 13, 32

字解 형성. 干^(방패 간)이 의미부이고 㫃^(깃발 나부끼는 모양 언)이 소리부인 구조인데, 㫃이 倝^(해 뜰 간)으로 바뀌었다. 이는 황토 담을 쌓을 때 양쪽 곁으로 대던 큰^(干) 나무^(木·목)로, 황토를 다질 때 황토가 밖으로 빠져나가지 못하도록 대는 나무판의 축이 되는 '커다란 통나무'를 말한다. 榦^(담 곁 기둥 간)의 속자이며, 때로는 韓처럼 幹을 구성하는 干을 韋^(에워쌀 위, 圍의 원래 글자)로 바꾸어 쓰기도 했는데 의미에는 변화가 없다.

字形 倝 金文 榦 斡 簡牘文 韓 說文小篆

竿(장대 간): gān, 竹-3, 9, 10

字解 형성. 竹^(대 죽)이 의미부이고 干^(방패 간)이 소리부로, 대^(竹)로 만든 긴 장대^(干)를 말하며, 이로부터 장대에 깃발 등을 내걸다는 뜻이, 다시 낚싯대, 죽간 등의 뜻이 나왔다. ☞ 干^(방패 간)

字形 竿 說文小篆

奸(범할 간): gān, 女-3, 6, 10

字解 형성. 女^(여자 여)가 의미부이고 干^(방패 간)이 소리부로, 여자^(女)를 범하는 행위를 말한다. 이후 '요구하다'의 뜻도 나왔으며, 현대 중국에서는 姦^(간사할 간)의 간화자로도 쓰인다.

字形 奸 奸 簡牘文 奸 說文小篆

杆(나무이름 간): gàn, 木-3, 7, 12

字解 형성. 木^(나무 목)이 의미부이고 干^(방패 간)이 소리부로, 나무 이름으로 산뽕나무^(柘木·자목)를 말하며, 끝이 갈라진 사냥 도구^(干)의 대로 쓰이는 나무^(木)라는 뜻을 담았다. 달리 박달나무^(檀木·단목)를 말한다고도 한다.

刊(책 펴낼 간): [栞], kān, 刀-3, 5, 32

字解 형성. 刀(칼 도)가 의미부이고 干(방패 간)이 소리부로, 나무(干)에 칼(刀)로 새겨 册版(책판)을 만들던 모습을 반영했다. 이로부터 '판각하다', '출판하다', '개정하다' 등의 뜻이 나왔다.

字形 𠜾簡牘文 𣂕說文小篆

玕(옥돌 간): gān, 玉-3, 7

字解 형성. 玉(옥 옥)이 의미부이고 干(방패 간)이 소리부로, 琅玕(낭간) 즉 옥과 비슷한 아름다운 돌을 말한다.

字形 𤥨簡牘文 玕說文小篆 㺨說文古文

稈(볏짚 간): gǎn, 木-7, 11

字解 형성. 木(나무 목)이 의미부이고 旱(가물 한)이 소리부로, 杆(나무이름 간)의 속자이다. 또 달리 稈(볏짚 간)으로 쓰기도 한다. 이후 영어의 길이단위인 'pole'(=5.0292미터)의 번역자로도 쓰인다. ☞ 杆(나무이름 간)

字形 稈說文小篆

稈(볏짚 간): [稈], gǎn, 禾-7, 12

字解 형성. 禾(벼 화)가 의미부이고 旱(가물 한)이 소리부로, 벼(禾) 같은 초목식물의 줄기, 즉 뿌리 윗부분부터 이삭까지를 지칭한다. 달리 禾 대신 木(나무 목)이 들어간 稈(볏짚 간)으로 쓰기도 한다.

字形 稈說文小篆

倝(해가 뜰 때 햇빛이 빛나는 모양 간): gàn, 人-8, 10

字解 형성. 旦(아침 단)이 의미부이고 㫃(깃발이 나부끼는 모양 언)이 소리부이다. 『설문해자』의 해설처럼 '해가 처음 떠올라 햇빛이 환하게 비추는 모양(日始出, 光倝倝)'을 말한다.

字形 倝說文小篆

看(볼 간): [䁅], kàn, 目-4, 9, 40

字解 회의. 手(손 수)와 目(눈 목)으로 구성되어, 손(手)으로 눈(目) 위를 가리고 먼 곳을 봄을 말하며, 『설문해자』의 혹체에서는 䁅으로 되어, 나부끼는 깃발(㫃.언)을 눈(目)으로 보다는 뜻을 그렸다. 이로부터 보다, 관찰하다, 살피다, 감상하다, (사람 등을) 대하다, 모시다 등의 뜻이 나왔다.

字形 看說文小篆 䁅說文或體

侃(강직할 간): [偘], kǎn, 人-6, 8

字解 회의. 금문에서 人^(사람 인)과 口^(입 구)와 彡^(터럭 삼)으로 이루어졌는데, 소전체에 들면서 彡이 川^(내 천)으로 변해 지금의 자형이 되었다. 사람^(人)의 말^(口)이 격조 있고 멋져야 함^(彡)을 말했으며, 이로부터 당당하게 말한다는 뜻이, 다시 강직하다는 뜻이 나왔다. 달리 偘^(강직할 간)으로 쓰기도 한다.

字形 [金文] [盟書] [說文小篆]

間(사이 간틈 한): 间, jiàn, jiān, 門-4, 12, 70

字解 회의. 門^(문 문)과 日^(날 일)로 구성되었으나, 문^(門) '틈'으로 스며드는 햇빛^(日)을 그려 '틈새^(隙·극)'를 말했다. 원래는 閒^(틈 한사이 간)으로 써 문^(門) '틈'으로 스며드는 달빛^(月·월)이라는 의미를 그렸으나, 이후 달빛^(月)이 햇빛^(日)으로 바뀌어 이 자형이 되었다. 여기서 '사이'와 中間^(중간) 혹은 空間^(공간)의 뜻이 나왔고, 나아가 時間^(시간)이라는 추상적 개념까지 뜻하게 되었다. 간화자에서는 间으로 쓴다.

字形 [金文] [古陶文] [簡牘文] [古璽文] [說文小篆] [說文古文]

簡(대쪽 간): 简, jiǎn, 竹-12, 18, 40

字解 형성. 竹^(대 죽)이 의미부이고 間^(사이 간)이 소리부로, 종이가 없던 시절 글씨를 쓸 수 있도록 대^(竹)로 만든 얇은 널빤지를 말한다. 이로부터 책이나 편지라는 뜻이 나왔고, 좁은 대쪽에 글씨를 쓰려면 가능한 한 줄여 써야 했기에 간략하다, 소략하다, 드물다 등의 뜻도 나왔다. 간화자에서는 简으로 쓴다.

字形 [簡牘文] [說文小篆]

澗(계곡의 시내 간): 涧, jiàn, 水-12, 15, 10

字解 형성. 水^(물 수)가 의미부이고 間^(사이 간)이 소리부로, 계곡의 중간^(間)으로 물^(水·수)이 흘러 만들어진 '시내'를 말하며, 달리 水 대신 石^(돌 석)이 들어간 磵^(계곡의 시내 간)으로 쓰기도 한다.

字形 [說文小篆]

磵(계곡의 시내 간): [澗], jiàn, 石-12, 17

字解 형성. 石^(돌 석)이 의미부이고 間^(사이 간)이 소리부로, 암벽^(石)으로 이루어진 계곡 사이^(間)로 흐르는 시내를 말하며, 石 대신 水^(물 수)가 들어간 澗과 같은 글자이다.
☞ 澗^(계곡의 시내 간)

癇(간질 간): 痫, [癇], xián, 疒-12, 17, 10

字解 형성. 疒(병들어 기댈 녁)이 의미부이고 閒(사이 간)이 소리부로, 간질병(疒)을 말하는데, 평소에는 정상적인 것처럼 보이다가 간 간이(閒) 발작하는 병이라는 뜻을 담았다.

字形 癇 說文小篆

艮(어긋날 간): gèn, 艮-0, 6, 12

字解 회의. 이의 자원은 명확하지 않지만, 『설문해자』에서는 匕(비수 비)와 目(눈 목)으로 구성되어, "복종하지 않는다는 뜻이다. 서로 노려보며 양보하지 않음을 말한다."라고 했다. 갑골문을 보면 크게 뜬 눈으로 뒤돌아보는 모습을 그렸고, 금문에서는 눈을 사람과 분리해 뒤쪽에 배치하여 의미를 더 구체화했으며, 간독문에서는 目이 日(날 일)로 변해 해(日)를 등진 모습으로 변했다. 이들 자형을 종합해 보면, 艮은 '눈을 크게 뜨고 머리를 돌려 노려보는 모습'을 그린 것으로 추정된다. 그래서 艮의 원래 뜻은 부라리며 노려보는 '눈'이다. 그러나 艮이 싸움하듯 '노려보다'는 의미로 확장되자, 원래의 뜻은 目을 더한 眼(눈 안)으로 분화했는데, 眼이 그냥 '눈'이 아니라 眼球(안구)라는 뜻이 있는 것도 이의 반영일 것이다. 그래서 艮에서 파생된 글자 중 '노려보다'는 뜻이 있는 경우가 많으며, 이 때문에 서로 양보하지 않아 일어나는 싸움과 '어긋나다', '거스르다' 등의 뜻이 있으며, 여기서부터 발전하여 '곤란하다'는 뜻을 담기도 한다.

字形 甲骨文 金文 簡 牘文 艮 說文小篆

艱(어려울 간): 艰, jiān, 艮-11, 17, 10

字解 형성. 堇(노란 진흙 근)이 의미부이고 艮(어긋날 간)이 소리부로, 일상과는 달리(艮) 사람을 희생으로 바쳐(堇) 제사를 드려야 할 만큼 '어려움'을 말한다. 갑골문과 금문에서는 堇과 壴(북 주)로 구성되어 음악과 사람 희생을 바쳐 제사를 드리며 신에게 '어려움'을 호소하다는 의미를 담았다. 이로부터 '어려움(艱難간난)', '험난함', '재난'의 뜻이 나왔고, 다시 부모상을 뜻하게 되었다. 간화자에서는 앞부분을 又(또 우)로 간단히 줄인 艰으로 쓴다.

字形 甲骨文 金文 艱 說文小篆 艱 說文籒文

墾(따비할 간): 垦, kěn, 土-13, 16, 10

字解 형성. 土(흙 토)가 의미부이고 豤(간절할 간)이 소리부로, 온 정성을 다해(豤) 땅(土)을 開墾(개간)함을 말했으며, 개간으로 인해 원래의 땅이 파헤쳐져 '손상되다'는 뜻도 나왔다. 간화자에서는 豸(발 없는 벌레 치)를 생략한 垦으로 쓴다. ☞ 豤(간절할 간)

懇(정성 간): kěn, 心-13, 17, 32

字解 형성. 心(마음 심)이 의미부이고 狠(간절할 간)이 소리부로, 간절하고(狠) 정성이 든 성실한 마음(心)을 말하며, 이로부터 진실하다, 부탁하다의 뜻이 나왔다. ☞ 狠(간절할 간)

字形 [그림] 說文小篆

柬(가릴 간): jiǎn, 木-5, 9

字解 지사. 양끝을 동여맨 자루에 두 점이 더해진 모습인데, 제련에 쓰고자 광물을 포대속에 넣고 물속에 불려 불순물을 제거하는 모습을 그렸다. 이로부터 불순물을 '가려내다', '고르다', '제련하다' 등의 뜻이 나왔으며, 이후 초대장, 청첩장, 명함 등의 총칭이 되었다. 그러자 원래의 '가려내다'는 뜻은 手(손 수)를 더한 揀(가릴 간)으로 분화했다.

字形 [그림] 金文 [그림] 簡牘文 [그림] 說文小篆

揀(가릴 간): 拣, jiǎn, 手-9, 12, 10

字解 형성. 手(손 수)가 의미부이고 柬(가릴 간)이 소리부로, 손(手)으로 불순물을 가려냄(柬)을 말한다. 이로부터 선택하다, 골라내다, 줍다 등의 뜻이 나왔다. 원래는 柬(가릴 간)으로만 썼으나 의미를 명확하게 하려고 手를 더해 분화한 글자이며, 간화자에서는 拣으로 쓴다. ☞ 柬(가릴 간)

字形 [그림] 金文 [그림] 說文小篆

諫(간할 간): 谏, jiàn, 言-9, 16, 10

字解 형성. 言(말씀 언)이 의미부이고 柬(가릴 간)이 소리부로, 말(言)을 정확하게 가려서(柬) 충고하여 옳지 못하거나 잘못된 일을 고치도록 함을 말한다. 이로부터 '바로 잡다'의 뜻이 나왔고, 임금에게 諫言하는 관리나 그 직책을 지칭하게 되었다. 간화자에서는 谏으로 쓴다. ☞ 柬(가릴 간)

字形 [그림][그림] [그림] 金文 [그림] 古陶文 [그림] 簡牘文 [그림] 說文小篆

갈

曷(어찌 갈): hé, 曰-5, 9

字解 회의. 소전체에서 曰(가로 왈)과 匃(빌 개)로 구성되었는데, 曰은 입(口구)에 가로획[一]이 더해져 입에서 나오는 말을 형상화했고, 匃는 갑골문에서 이미 바라다나 祈求(기구)의 뜻으로 쓰였다. 그래서 曷은 입을 벌린 모습(曰)에 바라다(匃)는 뜻이 더해져, 목소리를 높여 어떠하라고 요구함을 말한다. 그러나 曷이 '어찌'라는 의문사로 가차되자 원래 의미는 다시 口를 더한 喝(꾸짖을 갈)로 표현했다. 따라서 喝은 喝采(갈채)에서와 같이 입을 벌려 목소리를 높이는 것을 말한다. 이 때문에 曷로 구성된 합성자는 대부분 입을 크게 벌리고 어떠하라고 요구함을 뜻한다.

字形 說文小篆

葛(칡 갈): gé, 艸-9, 13, 20

字解 형성. 艸^(풀 초)가 의미부이고 曷^(어찌 갈)이 소리부로, '칡'을 말하며, 칡넝쿨로 짠 베나 옷을 지칭한다. 칡은 쩍 벌린 입처럼 넝쿨손을 벌려가며 갈래 지어^(曷) 자라는 식물^(艸)이자 자신의 성장을 위해 다른 나무나 받침대를 요구하는 대표적 넝쿨 식물이기에, 葛藤^(갈등)의 뜻이 나왔다. 또 하남성 睢縣^(휴현)이나 郾城^(언성)의 북쪽에 있던 나라 이름으로도 쓰였다. ☞ 曷^(어찌 갈)

字形 古璽文 石刻古文 說文小篆

鞨(오랑캐 이름 갈): hé, 革-9, 18, 12

字解 형성. 革^(가죽 혁)이 의미부이고 曷^(어찌 갈)이 소리부로, 북방 이민족의 하나인 靺鞨^(말갈)족을 일컫는데, 말갈족은 유목 민족이므로 짐승의 가죽^(革)을 다양한 곳에 많이 사용하는 사람들이라는 뜻을 담았다. ☞ 曷^(어찌 갈)

蝎(전갈 갈·나무 굼벵이 할): [蠍], xié, 虫-9, 15

字解 형성. 虫^(벌레 충)이 의미부이고 曷^(어찌 갈)이 소리부로, 전갈이나 도마뱀류를 뜻하는

데, 크게 벌릴 수 있는^(曷) 집게나 입을 가진 벌레^(虫)라는 뜻을 담았다. 달리 曷 대신 歇^(쉴 헐)이 들어간 蠍^(전갈 갈)로 쓰기도 한다. ☞ 曷^(어찌 갈)

字形 說文小篆

渴(목마를 갈): kě, 水-9, 12, 30

字解 형성. 水^(물 수)가 의미부이고 曷^(어찌 갈)이 소리부로, 목이 말라 입을 크게 벌리고^(曷) 물^(水)을 애타게 그리는 모습을 그렸다. 이로부터 '목이 마르다', '급박하다', '渴望^(갈망)' 등의 뜻이 나왔으며, 消渴病^(소갈병)을 지칭하기도 한다. 달리 竭^(다할 갈)과 같이 쓰기도 한다. ☞ 曷^(어찌 갈)

字形 金文 古璽文 說文小篆

竭(다할 갈): jié, 立-9, 14, 10

字解 형성. 立^(설 립)이 의미부이고 曷^(어찌 갈)이 소리부로, 목이 말라 입을 크게 벌리고^(曷) 선 사람^(立)으로부터 기력이 소진한 상태를 그렸으며, 물이 마르다, 소진하다, 다하다, 없다, 사라지다 등의 뜻이 나왔다. 달리 水^(물 수)로 구성된 渴^(목마를 갈)과 같이 쓰기도 한다. ☞ 曷^(어찌 갈)

字形 說文小篆

喝(꾸짖을 갈): hè, 口-9, 12, 10

字解 형성. 口^(입 구)가 의미부이고 曷^(어찌 갈)이 소리부로, 입^(口)을 크게 벌려^(曷) '꾸짖음'을 말하며, 이로부터 위협하다, 큰 소리로 부르다, 크게 소리 내어 읽거나 노래하다 등의 뜻이 나왔다.

字形 〔說文小篆〕 說文小篆

碣(비 갈): jié, 石-9, 14

字解 형성. 石^(돌 석)이 의미부이고 曷^(어찌 갈)이 소리부로, 돌^(石)로 만든 둥근 모양의 '비석'을 말하며, 이로부터 비석에 새겨진 문자, 경계비, 비석을 세우다 등의 뜻이 나왔고, 비석처럼 우뚝 선 모양도 뜻하게 되었다.

字形 說文小篆

褐(털옷 갈): hè, 衣-9, 14, 10

字解 형성. 衣^(옷 의)가 의미부이고 曷^(어찌 갈)이 소리부로, 칡 줄기^(曷, 葛과 통함) 같은 거친 섬유로 짠 옷^(衣)을 말하며, 이로부터 빈천한 사람의 비유로도 쓰였다.

字形 簡牘文 說文小篆

乫(땅이름 갈): jiā, 乙-5, 6

字解 음차. 加^(더할 가)와 乙^(새 을)이 소리부로, 한국에서 '갈'이라는 독음을 표기하기 위해,

加에다 'ㄹ' 받침을 가진 乙을 더해 만든 한국 고유의 음역자이다.

감

凵(입 벌릴 감): kǎn, 凵-0, 2

字解 상형. 凵은 소전체에서부터 등장하는데, 땅을 파 만든 구덩이의 모습을 그렸다. 고대 사회에서 구덩이는 동물, 특히 덩치가 큰 동물을 잡는 대단히 유효한 장치의 하나였다. 갑골문의 기록에 의하면, 함정을 파서 잡은 짐승으로는 주로 돼지^(豕시), 곰^(熊웅), 사슴^(鹿록), 사불상^(麋미), 호랑이^(虎호), 무소^(兕시) 등이 있으며, 후대의 문헌 기록에 의하면 코끼리^(象상)도 잡았다고 한다. 이러한 방법으로 잡은 짐승의 양도 많아 한 번은 사불상 7백 마리를 잡은 적도 있고, 또 사슴과 사불상을 합해 2백9마리를 잡은 적도 있다고 기록되어 있다. 현대 한자에서 出^(날 출)은 부수를 알아보기가 매우 어려운 글자의 하나인데, 갑골문에서는 반 지하식으로 파서 만든 움집^(凵)과 발^(止지, 趾의 원래 글자)을 그려, 집^(凵)으로부터 나가는 동작을 그린 글자이다. 그리고 凹^(오목할 요)는 움푹 들어간 모습을 사실적으로 그려, 볼록 튀어나온 모습을 그린 凸^(볼록할 철)과 대칭을 이루며, 凷^(흙덩이 괴)는 구덩이^(凵)를 파면서 덜어낸 흙^(土토) 덩이를 말한다. 그런가 하면 函^(함 함)과 凶^(흉할 흉)은 凵과 의미적 연관을 하지 않은 글자들인데, 형체의 유사성 때문에 凵부수에 들었다.

字形 ∪ 說文小篆

龕(감실 감): 龛, kān, 龍-6, 22

字解 형성. 龍^(용 룡)이 의미부이고 合^(합할 합)이 소리부로, 사당 안에 신주를 모셔두는 '감실'을 말하는데, 뚜껑을 가진 용기^(合)에 담아 높은 곳에 귀중하게^(龍) 모셔두는 장이라는 뜻을 담았다. 이후 담벼락 위나 탑 속 굴을 파 만든 작은 방을 말했으며, 승려의 관을 지칭하기도 했다. 간화자에서는 龛으로 쓴다.

字形 龕 龕 龕 金文 龕 說文小篆

敢(감히 감): [䃼, 𢽤, 𣤶], gǎn, 攴-8, 12, 40

字解 회의. 금문에서 손에 갈퀴를 쥐고 바위언덕에서 광석을 캐내는 모습을 그렸다. 이러한 작업은 勇敢^(용감)함을 필요로 하고 위험이 따르는 일이었기에, '勇敢하다'의 뜻이, 다시 '감히'라는 뜻이 생겼다. 『설문해자』에서는 소전체에 근거하여, 殳^(떨어질 표)가 의미부이고 古^(옛 고)가 소리부인 형성구조로 풀이하였다. ☞ 巖^(바위 암)

字形 敢 敢 敢 敢 敢 敢 金文 敢 敢 古陶文 敢 敢 盟書 敢 簡牘文 敢 石刻古文 敢 說文小篆 敢 說文籀文 敢 說文古文

瞰(볼 감): [矙], kàn, 目-12, 17, 10

字解 형성. 目^(눈 목)이 의미부이고 敢^(감히 감)이 소리부로, 보다^(目)는 뜻이며, 이로부터 조망하다, 살피다 등의 뜻이 나왔다.

橄(감람나무 감): gǎn, 木-12, 16

字解 형성. 木^(나무 목)이 의미부이고 敢^(감히 감)이 소리부로, 팔레스타인 지역에 자생하는 나무^(木)의 하나인 올리브 나무^(橄欖감람)를 말하며, 이후 그렇게 생긴 모양이나 물체를 말하기도 했다.

感(느낄 감): gǎn, 心-9, 13, 60

字解 형성. 心^(마음 심)이 의미부이고 咸^(다 함)이 소리부로, 감동을 뜻하는데, 함께^(咸) 느끼는 감정^(心)이 '感動^(감동)'임을 말한다. 이후 感應^(감응), 感謝^(감사), 感慨^(감개), 感染^(감염) 등의 뜻이 나왔다.

字形 感 說文小篆

憾(한할 감): hàn, 心-13, 16, 20

字解 형성. 心^(마음 심)이 의미부이고 感^(느낄 감)이 소리부로, '한하다'는 뜻인데, 대단히 강하게 느끼는^(感) 감정^(心)이라는 뜻을 담았다. 이는 기쁨보다는 한스럽고 분한 감정이 더 심하게 느껴지기 때문일 것이다. 이후 한을 품은 사람, 遺憾^(유감) 등의 뜻이 나왔다. ☞ 感^(느낄 감)

減(덜 감): [减], jiǎn, 水-9, 12

字解 형성. 水^(물 수)가 의미부이고 咸^(다 함)이 소리부로, 물^(水)이 줄다는 뜻에서 줄다, 減少^(감소)하다는 뜻이 나왔다. 이후 氵^(水)를 冫^(얼음 빙)으로 바꾼 減^(덜 감)으로 쓰기도 했다.

字形 𣱆 說文小篆

減(덜 감): jiǎn, 冫-9, 11

字解 형성. 冫^(얼음 빙)이 의미부이고 咸^(다 함)이 소리부로, 減^(덜 감)의 속자이며, 물^(水)이 줄다, 減少^(감소)하다는 뜻이다. ☞ 減^(덜 감)

字形 𣱆 說文小篆

甘(달 감): gān, 甘-0, 5, 40

字解 지사. 입^(口·구)에 가로획^(一)을 더해, 무엇인가 '맛있는 것'을 입속에 머금은 모습으로부터 '달다'의 뜻을 그렸고, 이로부터 맛있다. 아름답다, 嗜好^(기호), 탐하다 등의 뜻이 나왔다.

字形  甲骨文 古陶文 簡牘文 石刻篆文 說文小篆

柑(사탕수수나무 감): gān, 木-5, 9, 10

字解 형성. 木^(나무 목)이 의미부이고 甘^(달 감)이 소리부로, 감귤나무나 그 열매인 감귤을 말하는데, 단맛^(甘)이 나는 열매를 맺는 나무^(木)나 과실이라는 뜻을 담았다. 이후 설탕의 재료이자 단 것의 상징인 사탕수수가 수입되자 '사탕수수'를 지칭하게 되었다.

紺(감색 감): 绀, gàn, 糸-5, 11, 10

字解 형성. 糸^(가는 실 멱)이 의미부이고 甘^(달 감)이 소리부로, 비단^(糸·멱)에 물들인 '감색'을 말한다.

字形 紺 說文小篆

疳(감질 감): gān, 疒-5, 10, 10

字解 형성. 疒^(병들어 기댈 녁)이 의미부이고 甘^(달 감)이 소리부로, 어린이의 병^(疒)의 하나인데, 젖이나 음식 조절의 잘못으로 생기는 얼굴이 누렇게 뜨고 몸이 여위며 배가 불러 끓고, 영양 장애, 소화 불량 등이 일어나는 '감병'을 말한다.

嵌(산 깊을 감): 嵌, qiàn, 山-9, 12

字解 형성. 山^(뫼 산)이 의미부이고 欠^(음식 나쁠 감)의 생략된 모습이 소리부로, 산^(山)이 험준한 모양을 말하며, 이로부터 산이 '깊다'는 뜻도 나왔다. 또 위가 오목한 모양을 말하기도 하는데, 이로부터 '벌린' 모습을, 다시 오목한 곳을 채워 넣는다는 뜻의 象嵌^(상감)을 뜻하게 되었다.

字形  說文小篆

坎(구덩이 감): [埳], kǎn, 土-4, 7

字解 형성. 土(흙 토)가 의미부이고 欠(하품 흠)이 소리부로, 벌린 입처럼(欠) 흙(土)을 움푹하게 파내 만든 '구덩이'를 말한다. 坎坷(감가)는 땅이 울퉁불퉁하다는 뜻으로, 뜻을 이루지 못하거나 불우함의 비유로 쓰인다.

字形  說文小篆

戡(칠 감): kān, 戈-9, 13

字解 형성. 戈(창 과)가 의미부이고 甚(심할 심)이 소리부로, 창(戈·과)으로 대표되는 무력이 강하여 남을 '칠' 수 있음을 말하며, 이로부터 '평정하다', '이기다'의 뜻이 나왔다. ☞ 甚(심할 심)

字形  說文小篆

勘(헤아릴 감): kān, 力-9, 11, 10

字解 형성. 力(힘 력)이 의미부이고 甚(심할 심)이 소리부로, 있는 힘(力)을 다해 살피고 관찰하는 것을 말했는데, 勘當(감당)에서처럼 힘(力)이 강해(甚) '견딜 수 있다'는 뜻도 생겼다. ☞ 甚(심할 심)

堪(견딜 감): kān, 土-9, 12, 10

字解 형성. 土(흙 토)가 의미부이고 甚(심할 심)이 소리부로, 흙(土)으로 만든 성이나 담이 튼튼하여 '견뎌 냄'을 말하며, 이로부터 '이기다'의 뜻도 나왔다. ☞ 甚(심할 심)

字形 簡牘文  說文小篆

監(볼 감): 监, jiān, 皿-9, 14, 42

字解 형성. 皿(그릇 명)이 의미부이고 覽(볼 람)의 생략된 부분이 소리부로, 그릇(皿)에 물을 담고 그 위로 얼굴을 비추어 보는(覽) 모습을 그렸다. 이로부터 거울의 뜻이, 다시 보다, 監視(감시)하다의 뜻이 나왔다. 이후 '보다'는 뜻으로 자주 쓰이자 거울은 청동기를 뜻하는 金(쇠 금)을 더한 鑑(鑒·거울 감)으로 분화했다. 또 태자나 원로대신이 국정을 대신 장악하는 것을 뜻하기도 했고, 國子監(국자감)처럼 관청의 이름으로도 쓰였다. 간화자에서는 윗부분을 줄여 监으로 쓴다.

字形  甲骨文 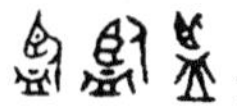 金文 古陶文  簡牘文 石刻古文  說文小篆  說文古文

鑑(거울 감): 鉴, [鑑, 鑒], jiàn, 金-8, 22, 32

字解 형성. 金^(쇠 금)이 의미부이고 監^(볼 감)이 소리부로, 쇠^(金)로 만든 큰 그릇을 말하는데, 이는 물을 채워 넣어 얼굴을 비춰 보는^(監) 거울로 사용했기에 '거울'이라는 뜻이 나왔다. 달리 상하구조로 된 鑒으로 쓰기도 한다. 간화자에서는 鑒의 윗부분을 줄인 鉴^(거울 감)으로 쓴다. ☞ 監^(볼 감)

字形 說文小篆

鑒(거울 감): 鉴, jiàn, 金-14, 22

字解 형성. 金^(쇠 금)이 의미부이고 監^(볼 감)이 소리부로, 쇠^(金)로 만든 큰 그릇을 말하는데, 물을 채워 넣어 얼굴을 비춰 보는^(監) 거울로 사용했기에 '거울'이라는 뜻이 나왔다. 달리 좌우구조로 된 鑑으로 쓰기도 한다. 간화자에서는 윗부분을 줄여 鉴^(거울 감)으로 쓴다. ☞ 鑑^(거울 감)

字形 說文小篆

衉(선짓국 감): kàn, kào, 血-8, 14

字解 형성. 血^(피 혈)이 의미부이고 臽^(함정 함)이 소리부이다. 『설문해자』에서는 '양의 어혈^(羊凝血)'을 말한다고 했다. 이로부터 선짓국의 뜻도 나왔다.

字形 說文小篆

甲(첫째 천간 갑): jiǎ, 田-0, 5, 40

字解 상형. 갑골문에서는 십자형^(十)으로 그려 가죽이 갈라진 모습을 그렸다. 하지만, 그 모습이 十^(열 십, 옛날의 七)자와 닮아 십자형의 둘레로 네모^(口) 테두리를 그려 넣었다. 하지만, 이 글자 또한 田^(밭 전)자와 비슷해 소전체에서부터 자형을 변화시켜 지금의 甲이 되었다. 그래서 가죽으로 만든 '갑옷'이 원래 뜻이며, 갑옷은 단단함의 상징이다. 이후 간지자로 가차되어 쓰이게 되자, 원래 뜻은 갑옷을 주로 쇠로 만든다는 뜻에서 金^(쇠 금)을 더한 鉀^(갑옷 갑)으로 분화했다.

字形 甲骨文 金文 古陶文 盟書 簡牘文 石刻古文 說文小篆 說文古文

鉀(갑옷 갑): 钾, jiǎ, 金-5, 13, 12

字解 형성. 金^(쇠 금)이 의미부이고 甲^(첫째 천간 갑)이 소리부로, 쇠^(金)를 덧붙여 만든 갑옷^(甲)을 말하며, 이후 화학 원소의 이름인 칼륨^(potassium; kalium)의 번역자로 쓰기도 한다. ☞ 甲^(첫째 천간 갑)

匣(갑 갑): xiá, 匚-5, 7, 10

字解 형성. 匚^(상자 방)이 의미부이고 甲^(첫째 천간 갑)이 소리부로, 갑옷^(甲) 등을 넣어두는 작고 덮개를 갖춘 상자^(匚)를 말하며, 상자 속에 감추다는 뜻도 나왔다.

字形 ⊟ 說文小篆

閘(물 문 갑): 闸, [牐], zhá, 門-5, 13, 10

字解 형성. 門^(문 문)이 의미부이고 甲^(첫째 천간 갑)이 소리부로, 갑옷^(甲)처럼 단단하게 만든 수문^(門)을 말하며, 물을 마음대로 조절하는 장치라는 뜻에서 '조절 장치'의 뜻도 나왔다.

字形 閘 說文小篆

岬(산허리 갑): jiǎ, 山-5, 8, 12

字解 형성. 山^(뫼 산)이 의미부이고 甲^(첫째 천간 갑)이 소리부로, 산^(山)의 허리를 말한다. 또 岬角^(갑각)에서처럼 바다 쪽을 향해 부리 모양으로 뾰족하게 뻗은 산을 말하기도 한다.

胛(어깨 갑): jiǎ, 肉-5, 9

字解 형성. 肉^(고기 육)이 의미부이고 甲^(첫째 천간 갑)이 소리부로, 신체^(肉)의 일부인 어깨^(肩胛견갑)를 말하며, 짐승을 헤아리는 단위사로도 쓰인다.

강

江(강 강): jiāng, 水-3, 6, 70

字解 형성. 水^(물 수)가 의미부이고 工^(장인 공)이 소리부로, 도구^(工)로 흙을 다져 물길^(水)을 다스려야 하는 것이 '강'임을 그렸다. 江은 일찍부터 중국에서 가장 길고 큰 강인 長江^(장강)을 지칭하는 고유명사로 쓰였는데, 이후 '강'을 지칭하는 일반적인 명사가 되었다. 그러나 江은 중국의 고유어가 아니라 원래 남아시아 어에서 온 외래어로 알려졌으며, 그 때문에 남쪽의 長江^(장강) 유역에 있는 강들은 黃河^(황하) 유역의 강들이 河^(강 하)로 이름 붙여진 것과 대조적으로 '江'으로 이름 붙여진 경우가 일반적이다. 음역과정에서 工^(장인 공)을 소리부로 채택된 것은, 황토 흙을 다지는 도구를 그린 工으로 흙을 다져 강둑을 쌓아 강의 범람을 막던 모습이 반영되었기 때문이다. 또 주나라 때의 나라 이름으로도 쓰이는데, 嬴^(영)씨 성의 나라였으며 하남성 正陽^(정양)현 서남쪽에 있었고, 주나라 襄王^(양왕) 23년에 楚^(초) 나라에 멸망했다. ☞ 工^(장인 공)

字形 江 金文 古陶文 簡牘文 古璽文 說文小篆

舡(오나라 배 강): chuán, 舟-3, 9

字解 형성. 舟(배 주)가 의미부이고 工(장인 공)이 소리부로, 작은 배(舟)를 말하며, 船(배 선)과 같은 뜻으로도 쓰인다.

杠(깃대 강): gāng, 木-3, 7

字解 형성. 木(나무 목)이 의미부이고 工(장인 공)이 소리부로, 땅을 다질 때 쓰는 절굿공이(工)처럼 크고 굵은 나무(木)를 말하며, 이로부터 침상 앞쪽의 가름 목, 깃대 등의 뜻이 나왔다.

字形 金文 簡牘文 說文小篆

羌(종족 이름 강): [羗, 羌], qiāng, 羊-2, 8

字解 형성. 儿(사람 인)이 의미부이고 羊(양 양)이 소리부로, 원래 양(羊)을 치며 토템으로 삼아 감숙성·청해성·사천성 일대에 살던 중국 서북쪽 사람(儿)들인 '강족'을 말했다. 이후 儿을 女(여자 여)로 바꾼 姜(성 강)으로 분화해 성씨를 따로 지칭했다.

字形 甲骨文 金文 古陶文 說文小篆 說文古文

姜(성 강): jiāng, 女-6, 9, 12

字解 형성. 女(여자 여)가 의미부이고 羊(양 양)이 소리부로, 원래 양(羊)을 치며 토템으로 삼아 감숙성·청해성·사천성 일대에 살던 중국 서북쪽의 '羌族(강족)'을 말했는데, 이후 성씨를 지칭하기 위해 儿(사람 인)을 女로 바꾸어 분화한 글자이다. 『설문해자』에서는 "神農(신농)씨가 姜水(강수)에 살았다"라고 했는데, 사람은 여성(女)에게서 태어나기 때문에 女가 의미부로 채택되었다. ☞ 羌(종족 이름 강)

字形 甲骨文 金文 帛書 古璽文 說文小篆

强(굳셀 강): [強], qiáng, 弓-9, 12, 60

字解 형성. 虫(벌레 충)이 의미부이고 弘(넓을 홍)이 소리부로, 원래는 쌀벌레(虫) 이름이었으나 생명력이 '강하다'는 뜻으로 확장되었다. 이로부터 크고(弘) 힘이 있다, 견고하다, 强力(강력)하다, 强制(강제)하다 등의 뜻이 나왔다. ☞ 弘(넓을 홍)

字形 簡牘文 說文小篆 說文籀文

襁(포대기 강): qiǎng, 衣-12, 17

字解 형성. 衣(옷 의)가 의미부이고 强(굳셀 강)이 소리부로, 아이를 업을 때 쓰는 '포대기'를 말하는데, 단단하게(强) 동여매어야 하는 이불(衣)이라는 뜻을 반영했다.

字形 說文小篆

繈(포대기 강): qiáng, 糸-11, 17

字解 형성. 糸^(가는 실 멱)이 의미부이고 强^(굳셀 강)이 소리부이다. 『설문해자』의 해설처럼 '거칠게 짠 실^(桍類)'을 말한다.

字形 〔繈〕 說文小篆

降(내릴 강항복할 항): jiàng, xiáng, 阜-6, 9, 40

字解 형성. 阜^(언덕 부)가 의미부이고 夅^(내릴 강)이 소리부로, 흙 계단^(阜) 아래로 내려가는 것^(夅)을 말한다. 이후 전쟁에서 지면 언덕에 설치된 보루나 산에서 내려오게 되므로, '降伏^(항복)하다'는 뜻을 갖게 되었는데, 이때에는 '항'으로 구분하여 읽는다. ☞ 夅^(내릴 강)

字形 〔降〕 說文小篆

絳(진홍 강): jiàng, 糸-6, 12

字解 형성. 糸^(가는 실 멱)이 의미부이고 夅^(내릴 강)이 소리부로, 비단^(糸)에 진한 홍색으로 물들임을 말하며, 이로부터 진한 홍색을, 또 그런 색을 물들일 수 있는 풀이름을 뜻하게 되었다.

字形 〔絳〕 說文小篆

岡(산등성이 강): 冈, gāng, 山-5, 8, 12

字解 형성. 山^(뫼 산)이 의미부이고 网^(그물 망)이 소리부로, 그물망^(网)처럼 이어진 산맥^(山)의 '산등성이'를 말하며, 이후 돌을 드러낸 산등성이처럼 '강함'을 뜻하게 되었다. 그러자 원래의 '산등성이'라는 뜻은 山을 다시 더해 崗^(산등성이 강)이나 崗^(언덕 강)으로 분화했다. 간화자에서는 冈으로 쓴다.

字形 〔岡〕金文 〔岡〕 說文小篆

剛(단단할 강): 刚, gāng, 刀-8, 10, 32

字解 형성. 刀^(칼 도)가 의미부이고 岡^(산등성이 강)이 소리부로, 산등성이^(岡)와 칼^(刀)처럼 '단단함'을 말하며, 이로부터 견고함, 剛直^(강직)함, 강성함 등을 뜻하게 되었다. 또 음양 개념에서, 음을 뜻하는 부드러움^(柔·유)에 대칭되는 양의 개념을 뜻하였고, 이로부터 낮, 짝수, 임금 등의 상징으로 쓰였다. 간화자에서는 刚으로 쓴다. ☞ 岡^(산등성이 강)

字形 〔剛〕甲骨文 〔剛〕 〔剛〕金文 〔剛〕古陶文 〔剛〕盟書 〔剛〕簡牘文 〔剛〕說文小篆 〔剛〕說文古文

崗(언덕 강): 岗, gāng, gǎng, 山-8, 11, 12

字解 형성. 山^(뫼 산)이 의미부이고 岡^(산등성이 강)이 소리부로, 원래 岡으로 썼는데, 岡이 '강하다'는 뜻으로 쓰이자 다시 山을 더

해 원래의 산등성이라는 뜻을 표현했다. 산의 등성이에 주로 적을 관찰하는 초소를 세웠고, 초소는 언제나 지켜야 하는 곳이었기에 '초소', '보초를 서다', '직장' 등의 뜻도 나왔다. 간화자에서는 岗으로 쓴다. ☞ 岡^(산등성이 강)

고, 다시 강함의 비유로 쓰였다. 간화자에서는 钢으로 쓴다. ☞ 岡^(산등성이 강)

字形 岡 金文 岡 說文小篆

綱(벼리 강): 纲, gāng, 糸-8, 14, 32

字解 형성. 糸^(가는 실 멱)이 의미부이고 岡^(산등성이 강)이 소리부로, '벼리'를 말하는데, 그물을 버티는 강한^(岡) 줄^(糸)이라는 뜻을 담았다. 이로부터 三綱五倫^(삼강오륜)에서처럼 사물의 요체나 법도 등의 뜻이 나왔고, 다시 약속이나 다스림 등을 뜻하게 되었다. 간화자에서는 纲으로 쓴다. ☞ 岡^(산등성이 강)

字形 綱 說文小篆 綱 說文古文

堈(언덕 강): gāng, 土-8, 11

字解 형성. 土^(흙 토)가 의미부이고 岡^(산등성이 강)이 소리부로, 산등성이^(岡)의 흙^(土) 언덕을 말하며, 그 흙으로 만든 독이나 질그릇의 뜻도 나왔다.

鋼(강철 강): 钢, gāng, 金-8, 16, 32

字解 형성. 金^(쇠 금)이 의미부이고 岡^(산등성이 강)이 소리부로, 산등성이^(岡)처럼 강한 쇠^(金)를 말하며, 이로부터 '철'의 뜻이 나왔

彊(굳셀 강): 强, qiáng, 弓-13, 16, 12

字解 형성. 弓^(활 궁)이 의미부이고 畺^(지경 강)이 소리부로, 활^(弓)의 시위처럼 굳세다는 뜻이다. 이후 굳다, 억지로 시키다, 힘쓰다, 억지로 등의 뜻이 나왔다. 또 土^(흙 토)가 더해진 彊과 같이 쓰여 나라의 국경을 뜻하기도 한다. 간화자에서는 强^(굳셀 강)에 통합되었다. ☞ 畺^(지경 강)

字形 彊 甲骨文 彊 金文 彊 彊 彊 古陶文 彊 彊 簡牘文 彊 古璽文 彊 說文小篆

畺(지경 강): jiāng, 田-14, 19, 12

字解 형성. 弓^(활 궁)과 土^(흙 토)가 의미부이고 畺^(지경 강)이 소리부로, 토지^(土)의 경계^(畺)를 말한다. 원래는 田^(밭 전)이 둘 모여 밭 사이의 경계를 말했으나, 이후 길이를 뜻하는 가로획이 더해져 畺^(지경 강)이 되었고, 다시 弓이 더해져 彊^(굳셀 강)이 되었는데, 그것은 활^(弓)이 당시 대표적 휴대품이었고 그것으로 땅의 길이를 쟀기 때문이다. 하지만, 이후 彊이 활^(弓)의 시위처럼 '굳셈'을 뜻하게 되자 다시 土를 더해 疆^(지경 강)으로 분화했다.

字形 畺 畺 甲骨文 畺 畺 畺 畺 畺 畺 畺 畺 畺 畺 畺 畺 畺 金

文 𤲬古陶文 𤲬簡牘文 畺 說文小篆 𤲬 說文或體

畺(지경 강): jiāng, 田-8, 13

字解 회의. 원래 두 개의 田^(밭 전)으로 구성되어, 밭^(田)과 밭^(田) 사이의 '경계'를 말했는데, 이후 길이를 뜻하는 가로획^(一)이 더해져 지금의 畺이 되었다. ☞ 疆^(지경 강)

字形 畺 說文小篆

薑(생강 강): jiāng, 艸-13, 17, 10

字解 형성. 艸^(풀 초)가 의미부이고 畺^(지경 강)이 소리부로, 식물^(艸)의 일종인 '생강'을 말한다.

繮(고삐 강): 缰, jiāng, 糸-13, 19

字解 형성. 糸^(가는 실 멱)이 의미부이고 畺^(지경 강)이 소리부로, 짐승을 잡아매는 실^(糸)로 만든 고삐를 말한다. 또 고삐는 주로 가죽^(革·혁)으로 만들기도 한다는 뜻에서 革^(가죽 혁)을 더한 韁^(고삐 강)으로 쓰기도 한다.

字形 𤲬古陶文 𤲬簡牘文 繮 說文小篆

康(편안할 강): kāng, 广-8, 11, 42

字解 지사. 갑골문에서 庚^(일곱째 천간 경)과 네 점

으로 구성되었는데, 庚의 자원에 대해서는 의견이 분분하다. 혹자는 곡식을 체에 거르는 모습을 그렸는데, 네 점은 떨어지는 곡식의 낱알을 형상화했으며, 이러한 의미를 강화하고자 禾^(벼 화)나 米^(쌀 미)를 더해 穅^(겨 강)과 糠^(겨 강)으로 발전하였다고 한다. 하지만, 이보다는 종처럼 매달린 악기를 그렸으며, 여러 개의 점은 악기를 연주할 때 나는 소리를 형상화한 것으로 보는 것이 일반적이다. 네 점은 소전체에서 米^(쌀 미)로 변했고, 예서체에서는 다시 氺^(水·물 수)로 변해 지금의 형체로 고정되었다. 따라서 '악기를 연주해' 마음을 즐겁게 하다는 뜻에서 편안함과 즐거움의 뜻이, 다시 健康^(건강)의 뜻이 나온 것으로 추정된다.

字形 𤲬𤲬甲骨文 𤲬簡牘文 𤲬 𤲬古璽文 𤲬 說文或體

慷(강개할 강): [忼], kāng, 心-11, 14, 10

字解 형성. 心^(마음 심)이 의미부이고 康^(편안할 강)이 소리부로, 의롭지 못한 것을 보고 의기가 북받쳐 원통하고 슬픔을 뜻하는데, 그것이 건강한^(康) 마음^(心)임을 말해 준다.

糠(겨 강): [穅], kāng, 米-11, 17, 10

字解 형성. 米^(쌀 미)가 의미부이고 康^(편안할 강)이 소리부로, 나락을 찧을 때 쌀^(米)에서 나오는 '겨'를 말한다. 달리 米를 禾^(벼 화)로 바꾼 穅^(겨 강)으로 쓰기도 한다.

字形 甲骨文 古璽文 說文小篆 說文或體

鱇(아귀 강): kāng, 魚-11, 22

字解 형성. 魚^(고기 어)가 의미부이고 康^(편안할 강)이 소리부로, 물고기^(魚)의 일종인 '아귀'를 말한다.

腔(속 빌 강): qiāng, 肉-8, 12, 10

字解 형성. 肉^(고기 육)이 의미부이고 空^(빌 공)이 소리부로, 口腔^(구강), 鼻腔^(비강), 腹腔^(복강)처럼 몸속^(肉)의 빈^(空) 부분을 말한다. 이후 몸속의 공간을 통해 기류가 흘러 만들어지는 '소리'라는 뜻이 나와, 南腔北調^(남강북조·남북의 방언이 뒤섞인 말)처럼 쓰이기도 한다.

字形 簡牘文 說文小篆

講(익힐 강): 讲, jiǎng, 言-10, 17, 42

字解 형성. 言^(말씀 언)이 의미부이고 冓^(짤 구)가 소리부로, 말^(言)을 엮어^(冓) 조화롭게 풀어 주다는 뜻이며, 이로부터 화해하다, 의논하다, 講究^(강구)하다의 뜻이 나왔다. 이후 구조물을 엮듯 말^(言)을 잘 엮은^(冓) 해설이라는 뜻에서 講義^(강의)나 講論^(강론) 등의 뜻이 나왔다. 간화자에서는 冓를 井^(우물 정)으로 줄인 讲으로 쓰는데, 형성구조로 바뀌었다. ☞ 冓^(얽을 구)

字形 說文小篆

개

凱(즐길 개): 凯, kǎi, 几-10, 12, 10

字解 형성. 豈^(어찌 기)가 의미부이고 几^(안석 궤)가 소리부로, 豈는 원래 대 위에 올려놓고 옮겨 다닐 수 있도록 고안된 장식용 술 달린 북^(효주)을 그렸다. 북은 전쟁에서 대단히 중요한 악기로, 공격과 후퇴는 물론 병사의 사기를 북돋우는 데 매우 유용하게 쓰였음은 물론 전쟁 신에게 제사를 드릴 때도 사용되었다. 그래서 군사들이 전쟁에서 이기고 돌아올^(凱旋·개선) 때 흥겨움에 겨워 연주하는 곡이 원래 뜻이며, 이로부터 즐거워하다, 온화하다 등의 뜻이 나왔다. 간화자에서는 豈를 줄여 凯로 쓴다.

字形 甲骨文 凱 玉篇

愷(즐거울 개): 恺, kǎi, 心-10, 13

字解 형성. 心^(마음 심)이 의미부이고 豈^(어찌 기)가 소리부로, 즐겁다는 뜻인데, 군사들이 전쟁에서 이기고 돌아올 때^(凱旋·豈)의 기쁜 마음^(心)이라는 뜻을 담았다. 간화자에서는 豈를 줄여 恺로 쓴다. ☞ 豈^(어찌 기)

字形 說文小篆

鎧(갑옷 개): 铠, kǎi, 金-8, 18

字解 형성. 金^(쇠 금)이 의미부이고 豈^(어찌 기)가 소리부로, 갑옷을 말하는데, 쇠^(金)로 만든 갑옷이 전쟁에서 이기고 즐거이 돌아올 수^(豈) 있게 해주는 수단이라는 뜻을 담았다. 간화자에서는 铠로 쓴다. ☞ 豈^(어찌 기)

字形 [說文小篆 글자] 說文小篆

塏(높고 마른 땅 개): 塏, kǎi, 土-10, 13, 12

字解 형성. 土^(흙 토)가 의미부이고 豈^(어찌 기)가 소리부로, 군사들이 전쟁에서 이기고 돌아올 때의 사기처럼^(豈) 높고 시원하게 뚫린 땅^(土)을 말했고, 이로부터 높고 건조한 지대를 뜻하게 되었다.

字形 [說文小篆 글자] 說文小篆

改(고칠 개): gǎi, 攴-3, 7, 50

字解 회의. 원래는 巳^(여섯째 지지 사)와 攴^(칠 복)으로 구성되어, 아이^(巳)를 매로 때려가며^(攴) 옳은 길을 가도록 '바로 잡음'을 말했는데, 巳가 己^(몸 기)로 바뀌어 지금의 자형이 되었다. 이후 '바꾸다', '고치다', '수정하다', '다시' 등의 뜻이 나왔다.

字形 [盟書 글자들] 盟書 [簡牘文 글자] 簡牘文

[說文小篆 글자] 說文小篆

皆(다 개): jiē, 白-4, 9, 30

字解 회의. 지금은 比^(견줄 비)와 白^(흰 백)의 결합이나, 원래는 白이 自^(스스로 자, 鼻의 원래 글자)로 되어 있었다. 그래서 皆는 코^(自)를 나란히 하여^(比) 함께 숨을 쉬다는 의미로, 숨을 같이 쉬며 운명을 함께 나누는 것을 말한다. 이로부터 '모두'나 '전부' 등의 뜻이 생겼다. 대부분의 현대 옥편에서는 皆를 白부수에 귀속시켰지만, 자원을 고려하면 현대 중국의 『新華字典^(신화자전)』처럼 比부수에 귀속시키는 것이 더 옳아 보인다.

字形 [金文 글자] 金文 [古陶文 글자들] 古陶文 [簡牘文 글자들] 簡牘文 [說文小篆 글자] 說文小篆

介(끼일 개): jiè, 人-2, 4, 32

字解 지사. 갑골문에서 人^(사람 인)과 여러 점으로 구성되었는데, 여러 점은 갑옷을 뜻해, 갑옷을 입은 사람^(人)을 그렸다. 갑옷을 '끼워 입다'는 뜻으로부터 '끼다'는 뜻이 생겼으며, 이로부터 사이에 끼어들다, 介入^(개입)하다, 紹介^(소개)하다, 틈, 간극 등을 의미하게 되었다.

字形 [甲骨文 글자들] 甲骨文 [簡牘文 글자] 簡牘文 [說文小篆 글자] 說文小篆

疥(옴 개): jiè, 疒-4, 9

字解 형성. 疒^(병들어 기댈 녁)이 의미부이고 介^(끼일 개)가 소리부로, 옴벌레가 기생하여 일으키는 전염성 피부병^(疒)의 하나인 '옴'을 말한다.

字形 𤵸古璽文 疥說文小篆

芥(겨자 개): jiè, 艸-4, 8, 10

字解 형성. 艸^(풀 초)가 의미부이고 介^(끼일 개)가 소리부로, 초목^(艸)의 일종인 '겨자'를 말한다. 또 작은 풀을 말하기도 했는데, 이로부터 매우 미미한 존재를 뜻하게 되었다.

字形 𦬞簡牘文 𦱿古璽文 芥說文小篆

价(착할 개): [價], jiè, jià, 人-4, 6, 12

字解 형성. 人^(사람 인)이 의미부이고 介^(끼일 개)가 소리부로, 착한 사람^(人)을 말하는데, 옛날 소식을 전해주던 사람을 지칭하기도 했다. 달리 價^(값 가)의 약자로도 쓰인다. 또 중국의 일부 방언에서는 '이것'이라는 뜻으로도 쓰인다. ☞ 價^(값 가)

字形 价說文小篆

開(열 개): 开, kāi, 門-4, 12, 60

字解 회의. 門^(문 문)과 廾^(두 손으로 받들 공)과 가로획^(一)으로 구성되어, 문^(門)의 빗장^(一)을 두 손^(廾)으로 여는 모습을 그렸다. 이로부터 '열다'는 뜻이, 다시 회의를 開催^(개최)하다, 展開^(전개)하다, 전시하다, 꽃이 피다^(開花·개화), 눈이나 얼음이 녹다 등의 의미가 나왔다. 간화자에서는 門을 생략한 开로 쓴다.

字形 𦱿𦱿簡牘文 開說文小篆 閞說文古文

蓋(덮을 개): 盖, gài, 艸-10, 14, 32

字解 회의. 艸^(풀 초)와 盍^(덮을 합)으로 구성되었는데, 금문에서 윗부분은 뚜껑을 아래는 그릇^(皿·명)을 그렸고 그 중간으로 어떤 물체가 들어 있는 모습이며, 이로써 뚜껑으로 그릇 속의 물체를 '덮었다'는 의미를 그렸다. 이후 소전체에 들면서 太^(클 태)와 皿이 상하로 결합한 구조로 변했고, 다시 太가 去^(갈 거)로 잘못 변해 盍이 되었다. 그러나 盍이 '어찌'라는 부사어로 가차되어 쓰이자 원래의 '덮다'는 뜻은 艸^(풀 초)를 더해 다시 蓋로 분화했다. 달리 盖로 줄여 쓰기도 하며, 간화자에서도 이렇게 쓴다.

字形 𥁐金文 𥁖𥁖𦳍古璽文 𦳍簡牘文 蓋說文小篆

盖(덮을 개): gài, 皿-6, 10

字解 蓋(덮을 개)의 속자이다. ☞ 蓋(덮을 개)

愾(성낼 개한숨 쉴 희): 忾, kài, 心-11, 14, 10

字解 형성. 心(마음 심)이 의미부이고 氣(기운 기)가 소리부로, 마음(心) 속에 울분(氣)이 가득함을 말한다. 이로부터 성내다, 분개하다, 가득하다, 차다, 한숨을 쉬다, 한탄하다 등의 뜻이 나왔다. 간화자에서는 忾로 쓴다.

字形 [그림] 說文小篆

槪(평미레 개): gài, 木-11, 15, 32

字解 형성. 木(나무 목)이 의미부이고 旣(이미 기)가 소리부로, 말이나 되에 곡식을 담고 그 위를 평평하게 밀어 고르게 하는 데 쓰는 방망이 모양의 나무(木)로 만든 '평미레'를 말한다. 곡식의 고봉을 평평하게 깎다는 뜻에서 槪括(개괄)의 뜻도 나왔다. 달리 상하구조로 된 槩(평미레 개)로 쓰기도 한다.

字形 [그림] 古璽文 [그림] 說文小篆

慨(분개할 개): 慨 kǎi, 心-11, 14, 30

字解 형성. 心(마음 심)이 의미부이고 旣(이미 기)가 소리부로, 분개한 마음(心) 상태를 말하며, 이로부터 분개한 모습이나 격양된 모습

등을 뜻하게 되었다.

字形 [그림] 說文小篆

漑(물 댈 개): gài, 水-11, 14, 10

字解 형성. 水(물 수)가 의미부이고 旣(이미 기)가 소리부로, 논 등에 물(水)을 대는 것을 말하여 이후 '씻다'는 뜻도 나왔다. 또 산동성 濰坊(유방)시의 동남쪽에서 발해로 흘러드는 강 이름으로도 쓰인다.

字形 [그림] 金文 [그림] 簡牘文 [그림] 說文小篆

個(낱 개): 个, [箇], gè, 人-8, 10, 42

字解 형성. 人(사람 인)이 의미부이고 固(굳을 고)가 소리부로, 고정된(固) 사람(人)으로부터 개별적인 존재라는 뜻이 나왔고, 다시 개별 사물을 세는 단위로 쓰였다. 箇(낱 개)와 같이 쓰이며, 간화자에서는 个로 쓴다.

箇(낱 개): 个, gè, 竹-8, 14, 10

字解 형성. 竹(대 죽)이 의미부이고 固(굳을 고)가 소리부로, 대(竹죽)로 만든 고정된(固고) 물건이라는 뜻으로부터 개별의 사물이라는 뜻이 나왔고, 다시 사물을 세는 단위로 쓰였으며 個(낱 개)와 같이 쓰인다. ☞ 個(낱 개)

字形 [그림] 說文小篆

匃(빌 개): [匄], gài, 勹-3, 5

字解 회의. 원래는 人^(사람 인)과 亡^(망할 망)으로 구성되었는데, 자형이 변해 지금처럼 되었다. 『설문해자』의 해설처럼 '구하다^(걸, 乞)'라는 뜻인데, 한나라 때의 녹안^(逯安)은 '사람^(人)이 없으면^(亡) 구하게 되는 법, 그래서 구하다^(匃)는 뜻이 나왔다.'라고 했다. 기^(气)는 원래 구름을 그린 상형자로 운기^(雲氣)를 말했는데, 이후 기구하다는 뜻으로 가차되었다.

字形 ⬚ 說文小篆

鍇(쇠 개): kǎi, 金-9, 17

字解 형성. 金^(쇠 금)이 의미부이고 皆^(다 개)가 소리부로 '쇠'를 말한다. 『설문해자』에서는 '구강^(九江) 지역에서는 철^(鐵)을 개^(鍇)라고 부른다'라고 하여, 개^(鍇)를 철^(鐵)의 방언어로 보았다.

字形 ⬚ 說文小篆

객

客(손 객): kè, 宀-6, 9, 52

字解 형성. 宀^(집 면)이 의미부이고 各^(각각 각)이 소리부로, 집^(宀)으로 들어오는 발걸음^(各)으로부터 집을 찾아오는 '손님'을 그렸다. 이로부터 귀빈의 뜻이, 또 손님의 예로 모시다는 뜻이 나왔으며, 상대방에 대한

존중의 표현으로도 쓰인다. ☞ 各^(각각 각)

字形 ⬚⬚⬚⬚金文 ⬚⬚簡牘文 ⬚ 說文小篆

喀(토할 객): kā, 口-9, 12

字解 형성. 口^(입 구)가 의미부이고 客^(각각 각)이 소리부로, '캑캑' 입^(口)으로 토하는 소리를 말하며, 이로부터 '토하다', '게우다', '구토', '(침을) 뱉다' 등의 뜻도 나왔다.

虩(범이 성내는 소리 객): gé, 虍-15, 21

字解 형성. 虎^(범 호)가 의미부이고 𩔖^(부딪칠 격)이 소리부이다. 『설문해자』의 해설처럼, '호랑이의 우는 소리^(虎聲)'를 말한다.

字形 ⬚ 說文小篆

갱

羹(국 갱): [鬻, 𩹋], gēng, 羊-13, 19, 10

字解 회의. 羔^(새끼 양 고)와 美^(아름다울 미)로 구성되어, 양^(羔)을 넣어 고운 맛있는^(美) '수프'를 말한다. 이후 수프의 통칭으로 쓰였으며, 羊羹^(양갱)에서처럼 고아 농축한 식품을 지칭하기도 한다. 『설문해자』의 혹체자에서는 美 대신 수프를 끓이는 도구인 鬲^(솥 력)을 첨가하여 끓이는 모습을 강조

하기도 했고, 양쪽으로 피어오르는 김을 그려 넣어 국이 끓는 모습을 형상화하기도 했다.

字形  簡牘文  說文篆文   說文或體

坑(구덩이 갱): [阬], kēng, 土-4, 7, 20

字解 형성. 土(흙 토)가 의미부이고 亢(목 항)이 소리부로, 움푹하게 판 흙(土) 구덩이를 말하며, 구덩이에 산 채로 묻다, 위험하다는 뜻도 나왔다. 『설문해자』에서는 土 대신 阜(언덕 부)가 들어간 阬(구덩이 갱)으로 썼다. ☞ 亢(목 항)

字形  說文小篆

更(다시 갱) ☞ **更**(고칠 경)

粳(메벼 갱): [稉, 秔, 稉], jīng, 米-7, 13

字解 형성. 米(쌀 미)가 의미부이고 更(고칠 경·다시 갱)이 소리부로, 멥쌀(米)을 생산하는 메벼를 말하며, 달리 의미부 米를 禾(벼 화)로 바꾼 稉(메벼 갱)이나 소리부 更을 亢(목 항)으로 바꾼 粇(메벼 갱)으로 쓰기도 한다.

字形  說文小篆  說文或體

갹

醵(술잔치 갹) ☞ **醵**(추렴할 거)

거

車(수레 거·차): 车, chē, 車-0, 7, 70

字解 상형. 갑골문에서 마차를 간략하게 그렸는데, 금문에서는 두 바퀴와 중간의 차체와 이를 가로지르는 굴대(軸·축)에다 멍에(軛·액)와 끌채(轅·원)까지 완벽하게 표현되었다. 소전체에 들면서 지금처럼 두 바퀴는 가로획으로 차체는 네모꼴로 변했으며, 『설문해자』의 주문체에서는 戔(해칠 잔)을 더해 그것이 전쟁을 위한 전차임을 구체화했다. 고대 중국에서 마차는 다양한 용도로 쓰였다. 사람과 물건을 나르는 본래의 기능은 물론 전차나 사냥 수레로서의 기능도 함께 했다. 이 때문에 이후 수레처럼 軸에 의해 움직이는 동력장치를 지칭하여 水車(수차)나 自動車(자동차) 등까지 지칭하게 되었다. 다만, 사람이나 동물이 끄는 수레는 '거'로, 동력기관인 차는 '차'로 구분해 읽음에 유의해야 한다. 간화자에서는 초서체를 해서화한 车로 쓴다.

字形  甲骨文   金文   古陶文  簡牘文 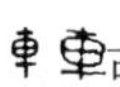 古璽文

車 說文小篆　輚 說文籒文

去(갈 거): qù, ㅿ-3, 5, 50

字解　회의. 원래는 大^(큰 대)와 凵^(입 벌릴 감)으로 구성되어, 반 지하로 파 들어간 구덩이^(凵)와 사람의 정면 모습^(大)을 그려, 구덩이를 뛰어넘거나 구덩이로부터 나오는 사람^(大)을 그렸고, 이로부터 가다, 떠나다, 벗어나다 등의 뜻을 갖게 되었다. 이후 자형이 조금 변해 지금처럼 되었으며, 현대 옥편에서 ㅿ^(사사 사)부수에 귀속되었지만 ㅿ와는 관계없는 글자이다.

字形　〔甲骨文〕〔金文〕〔古陶文〕〔古璽文〕〔簡牘文〕〔說文小篆〕

祛(떨어 없앨 거): [袪], qū, 示-5, 10

字解　형성. 示^(보일 시)가 의미부이고 去^(갈 거)가 소리부로, 제거하다, 재앙을 떨쳐 없애다는 뜻인데, 제사^(示)를 지내 재앙이나 액을 떨어 없앰^(去)을 반영했다.

舉(들 거): 举, jǔ, 手-13, 17, 50

字解　형성. 手^(손 수)가 의미부이고 與^(마주들 여)가 소리부로, 손^(手)으로 드는^(與) 것을 말한다. 이로부터 들다, 일으키다, 행하다, 흥기하다, 천거하다, 擧行^(거행)하다의 뜻이 나왔고, 온 나라 온 국민이 함께 하다는

뜻에서 '擧國的^(거국적)으로'라는 의미도 나왔다. 간화자에서는 윗부분을 간단히 줄이고 아래 부분의 手도 줄여 举로 쓴다.
☞ 與^(마주들 여)

字形　〔簡牘文〕〔說文小篆〕

居(있을 거): jū, 尸-5, 8, 40

字解　형성. 尸^(주검 시)가 의미부이고 古^(옛 고)가 소리부로, 居住^(거주)하다는 뜻인데, 예로^(古)부터 조상 대대로 寄居^(기거)하며 살아온 조상의 주검^(尸)이 모셔진 곳이라는 의미를 담았다. 이로부터 앉다, 살다, 사는 곳 등의 뜻이 나왔다.

字形　〔金文〕〔古陶文〕〔簡牘文〕〔說文小篆〕〔說文俗體〕

倨(거만할 거): jù, 人-8, 10, 10

字解　형성. 人^(사람 인)이 의미부이고 居^(있을 거)가 소리부로, 오만불손함을 말하는데, 한곳에 웅크리고 앉아^(居) 꼼짝하지 않는 사람^(人)으로부터 자신의 의지를 바꾸지 않는 고집불통의 '倨慢^(거만)한 사람'이라는 뜻을 그렸다.

字形　〔說文小篆〕

踞(웅크릴 거): jù, 足-8, 15

☞ 字解 형성. 足^(발 족)이 의미부이고 居^(있을 거)가 소리부로, 오랫동안 살아온^(居) 것처럼 한 곳에 '웅크리고 앉음^(足)'을 말하며, 이후 앉다, 점거하다 등의 뜻까지 나왔다.

☞ 字形 𦒶 說文小篆

据(일할 거): [據], jū, 手-8, 11

☞ 字解 형성. 手^(손 수)가 의미부이고 居^(있을 거)가 소리부로, 손^(手)을 이용해 일을 하다는 뜻이다. 원래는 據^(의거할 거)로 썼는데, 소리부인 豦^(원숭이 거)가 居^(있을 서)로 바뀌었다.

☞ 字形 據 說文小篆

鋸(톱 거): 锯, jù, 金-8, 16

☞ 字解 형성. 金^(쇠 금)이 의미부이고 居^(있을 거)가 소리부로, 나무나 돌을 자르는 쇠^(金)로 만든 기구인 '톱'을 말하며, 톱 모양의 물건이나 다리를 자르던 옛날의 형벌 도구를 지칭하기도 한다.

☞ 字形 鋸 說文小篆

巨(클 거): jù, 工-2, 5, 40

☞ 字解 회의. 갑골문에서 大^(큰 대)나 夫^(지아비 부)와 工^(장인 공)으로 구성되어 성인 남성^(夫)이 톱이나 자 같은 공구^(工)를 쥔 모습을 그

렸으며, 이후 힘이 세고 몸집이 큰 성인 남성이라는 뜻에서 '크다'의 의미를, 공구로 하는 토목공사 등은 규정된 법칙을 지켜야 한다는 뜻에서 '규칙'을 의미하게 되었다. 다만, 전자는 공구를 그린 부분만 남아 巨로 쓰이게 되었고, 후자는 성인 남성^(夫)을 그린 부분이 矢^(화살 시)로 잘못 변해 矩^(곱자 구矩의 본래 글자)가 되어 두 개의 다른 글자로 분화했다.

☞ 字形 𢀜 𢀝 𢀛 𢀞 𢀟 𢀠 𢀡 金文 巨 𢀢 古陶文 巨 簡牘文 工 說文小篆 𢀣 說文古文

距(떨어질 거): jù, 足-5, 12, 32

☞ 字解 형성. 足^(발 족)이 의미부이고 巨^(클 거)가 소리부로, 원래는 수탉의 발^(足) 뒤쪽에 발가락 모양으로 커다랗게^(巨) 돌출된 부분을 말했다. 이후 커다란^(巨) 발걸음^(足)의 상징처럼 앞뒤 사이가 '떨어졌음'을 말했으며, 이로부터 공간적 시간적 距離^(거리)를 뜻하게 되었다.

☞ 字形 距 金文 距 說文小篆

渠(도랑 거): qú, 水-9, 12, 10

字解 형성. 木^(나무 목)이 의미부이고 洰^(수중 물 많을 거)가 소리부로, 톱이나 자 같은 공구^(巨)로 토목^(木) 공사를 벌여 만든 인공의 물길^(水)을 말하며, 이로부터 물길을 파다, 넓고 깊은 모양 등의 뜻이 나왔다. ☞ 巨^(클 거)

字形 渠 渠 古陶文 渠 簡牘文 渠 說文小篆

拒(막을 거): jù, 手-5, 8, 40

字解 형성. 手^(손 수)가 의미부이고 巨^(클 거)가 소리부로, 손^(手)에 거대한^(巨) 무엇인가를 든 모습에서 '막다'는 의미를 그렸다. 이후 拒否^(거부)하다, 저항하다 등의 뜻이 나왔다.

炬(횃불 거): [苣], jù, 火-5, 9

字解 형성. 火^(불 화)가 의미부이고 巨^(클 거)가 소리부로, '횃불'을 말하는데, '크게^(巨) 밝힌 불^(火)'이라는 의미를 담았다. 이후 '촛불'의 의미도 나왔으며, 풀을 묶어 횃불을 만들었다는 뜻에서 달리 火를 艸^(풀 초)로 바꾼 苣^(상추·횃불 거)로 쓰기도 했다.

字形 苣 說文小篆

鉅(클 거): 巨, jù, 金-5, 13

字解 형성. 金^(쇠 금)이 의미부이고 巨^(클 거)가 소리부로, '철'을 말하는데, 강도가 대단히 강한^(巨) 금속^(金)이라는 뜻을 담았다.

字形 鉅 說文小篆

柜(고리버들 거): [欅], jǔ, 木-5, 9

字解 형성. 木^(나무 목)이 의미부이고 巨^(클 거)가 소리부로, 欅^(고리버들 거)와 같은 글자로 欅柳^(거류)라고도 불리는 나무^(木) 이름이다. 말 등이 집안으로 들어가지 못하도록 문 앞에 걸어 놓던 큰^(巨) 나무^(木)라는 뜻을 담았다. ☞ 匱^(함 궤)

字形 柜 古璽文 柜 說文小篆

劇(심할 극): 剧, jù, 刀-13, 15

字解 형성. 刀^(칼 도)가 의미부이고 豦^(원숭이 거)가 소리부로, 호랑이^(虍 호)와 돼지^(豕 시)가 칼부림^(刀)을 하듯 심하게 싸우는 모습에서 '심하다'는 뜻을 그렸으며, 이로부터 격렬하다는 뜻이, 다시 그런 내용을 줄거리로 공연하는 무대 예술인 演劇^(연극), 喜劇^(희극) 등을 지칭하게 되었다. 간화자에서는 豦을 居^(있을 거)로 바꾸어 剧으로 쓴다. ☞ 豦^(원숭이 거)

字形 劇 說文小篆

據(의거할 거): 据, jù, 手-13, 16, 40

字解 형성. 手(손 수)가 의미부이고 豦(원숭이 거)가 소리부로, 원래는 据(점거할 거)로 썼는데, 소리부인 居(있을 거)가 豦로 바뀌었다. 차지하다, 雄據(웅거)하다, 의지하다, 依據(의거)하다는 뜻이 나왔고, 다시 根據(근거), 證據(증거) 등의 뜻이 나왔다. 자리를 차지하고 어떤 지역을 점거하려면 격렬한(豦) 싸움이 필수적이었기에 居를 豦로 바꾸어 據로 변한 것으로 보인다. 간화자에서는 원래의 据으로 되돌아갔다.

字形 🖿 說文小篆

遽(갑자기 거): jù, 辵-13, 17

字解 형성. 辵(쉬엄쉬엄 갈 착)이 의미부이고 豦(원숭이 거)가 소리부로, 소식을 전하는 마차나 역마를 말했는데, 날쌘 원숭이(豦)처럼 빨리 움직이는(辵) 것임을 반영했다. 이후 신속하다, 급박하다, 창졸간에, 경황이 없다 등의 뜻이 나왔다.

字形 🖿🖿🖿 金文 🖿 簡牘文 🖿 說文小篆

醵(추렴할 거·술잔치 갹): jù, 酉-13, 20, 10

字解 형성. 酉(닭 유)가 의미부이고 豦(원숭이 거)가 소리부로, 모임이나 놀이나 잔치 따위의 비용으로 여럿이 각각 얼마씩의 돈을 내어 거두는 것을 말하는데, 원래 술(酉)을 거둔 데서 유래해 酉가 의미부로 채택되었다. 술잔치를 뜻할 때에는 '갹'으로 구분해 읽어야 하지만, 국어에서는 醵出을 '거출'과 '갹출'로 같이 읽고 있다.

字形 🖿 說文小篆

虡(쇠북 거는 틀 거): [虡], jù, 虍-12, 18

字解 회의. 虍(호피 무늬 호)와 異(다를 이)로 구성되었는데, 『설문해자』의 해설처럼, '종과 북을 거는 나무 기둥(鐘鼓之柎)'을 말한다. 虎는 쇠북을 거는 틀의 무늬가 호랑이 등의 맹수 무늬로 되었기 때문이고, 異는 쇠북을 거는 아래쪽 받침대를 그렸다고 한다. 虡(쇠북 걸이 틀 기둥 거)와 같이 쓴다.

☞ 虡(쇠북 걸이 틀 기둥 거)

字形 🖿 說文小篆

虡(쇠북 거는 틀 거) ☞ 虡(쇠북 거는 틀 거)

건

建(세울 건): jiàn, 廴-6, 9, 50

字解 회의. 聿(붓 율, 筆의 원래 글자)과 廴(길게 걸을 인)으로 구성되었는데, 聿은 붓을 그렸고 廴은 彳(조금 걸을 척)에서 아랫부분의 획을 확장시켜 만든 글자로 길이나 길을 가는 것을 뜻한다. 그래서 建은 길(廴)에서 손으로 붓(聿)을 잡고 무엇인가를 그리는 모

습인데, 도로의 설계도이거나 길가에 세워질 건축물의 설계도를 그리는 모습일 것으로 추정된다. 설계도가 만들어져야 건물을 세울 수 있는 법, 그래서 建設^(건설)하다는 뜻이 나왔고, 建築^(건축) 등의 뜻도 생겼다.

字形 🔡🔡🔡金文 🔡古陶文 🔡

🔡🔡簡牘文 🔡說文小篆

健(튼튼할 건): jiàn, 人-9, 11, 50

字解 형성. 人^(사람 인)이 의미부이고 建^(세울 건)이 소리부로, 튼튼하다, 健壯^(건장)하다는 뜻인데, 사람^(人)은 등과 가슴을 곧추세우고 똑바로 설^(建) 수 있을 때가 健壯하고 튼튼한 것이라는 의미를 담았다.

字形 🔡說文小篆

腱(힘줄 밑동 건): [𦜕], jiàn, 肉-9, 13, 10

字解 형성. 肉^(고기 육)이 의미부이고 建^(세울 건)이 소리부로, 근육^(肉·육)에서 튼튼한^(建) 힘줄의 밑동을 말하며, 식용으로 쓰는 소·양·돼지의 발굽 뒤의 굵은 근육을 지칭하게 되었다. 『설문해자』에서는 筋^(힘줄 근)이 의미부이고 夗^(누워 뒹굴 원)의 생략된 모습이 소리부인 𦜕으로 썼다.

字形 🔡說文小篆 🔡說文或體

鍵(열쇠 건): 键, jiàn, 金-9, 17, 12

字解 형성. 金^(쇠 금)이 의미부이고 建^(세울 건)이 소리부로, 문을 잠글 때 가로로 거는 튼튼한^(建) 쇠^(金) 막대를 말하며, 이로부터 자물통의 '열쇠'라는 뜻이 나왔다. 이후 어떤 사물이나 사건을 푸는 가장 중요한 부분^(關鍵·관건)의 비유로도 쓰였으며, 鍵盤^(건반) 등의 뜻도 나왔다.

字形 🔡說文小篆

楗(문빗장 건): jiàn, 木-9, 13

字解 형성. 木^(나무 목)이 의미부이고 建^(세울 건)이 소리부로, 문을 튼튼하게^(建) 걸어 잠글 수 있는 나무^(木)로 만든 빗장을 말하며, 이로부터 문을 걸어 잠그다, 막다 등의 뜻이 나왔다.

字形 🔡🔡古璽文 🔡說文小篆

件(사건 건): jiàn, 人-2, 6, 50

字解 회의. 人^(사람)과 牛^(소 우)로 구성되었는데, 『설문해자』에서 "나누다는 뜻이다. 소는 몸집이 크기 때문에 분할할 수 있다."라고 풀이한 것으로 보아, 사람^(人)이 소^(牛)를 분해하는 모습을 형상화한 것으로 보인다. 이로부터 '나누다'와 '나누어진 개체'라는 뜻이 나왔고, 다시 사물이나 事件^(사건)을 헤아리는 단위사로 쓰이게 되었다.

字形 🔡說文小篆

虔(정성 건): qián, 虍-4, 10, 10

字解 형성. 虍^(호랑이 호)가 의미부이고 文^(글월 문)이 소리부로, 거대한 몸집의 호랑이^(虍)가 걸어가는 아름다운^(文) 모습에서부터 위엄과 武勇^(무용)을 갖춘 '의젓함'을 그렸고, 다시 '敬虔^(경건)하다', '정성을 다하다', '공경하다'는 뜻으로 발전하였다.

字形 ![金文][古陶文][說文小篆] 金文 古陶文 說文小篆

巾(수건 건): jīn, 巾-0, 3, 10

字解 상형. 허리에 차는 수건을 그렸는데, 자락이 아래로 드리운 모습이다. 수건은 베로 만들기에 '베'라는 뜻, 비단은 고대중국의 가장 대표적인 베였기에 '비단'의 뜻이 나왔고, 다시 그 용도에 근거해 옷감은 물론 깃발이나 휘장, 帶^(띠 대)에서처럼 옷감을, 다시 帳幕^(장막)에서처럼 깃발이나 휘장, 장막, 돛 등의 재료를 지칭하였다. 또 帛^(비단 백)에서처럼 비단은 귀한 베였기에 화폐의 대용으로, 종이가 보편화하기 이전에는 최고급의 필사재료로 쓰이기도 했다.

字形 ![甲骨文][金文][簡牘文][說文小篆] 甲骨文 金文 簡牘文 說文小篆

乾(하늘 건): qián, 乙-10, 11, 32

字解 형성. 乙^(새 을)이 의미부이고 軗^(해 돋을 간)이 소리부로, 『설문해자』에서 "乙은 식물이 자라는 모습을, 軗은 태양^(日·일)이 숲 사이 솟아오를 때 온 사방으로 햇빛이 뻗는 모습을 그렸다."라고 풀이했다. 이를 고려하면, 乾은 초목^(乙)이 햇빛을 받으며^(軗) 자라는 모습을 형상화했으며, 초목을 자라게 해주는 해가 있는 '하늘'을 뜻하게 된 것으로 추정할 수 있다. 나아가 땅 아래는 축축하지만 땅 위로 올라오면 건조하므로 '마르다'의 뜻까지 생겼을 것이다.

字形 ![說文小篆] 說文小篆

愆(허물 건): [諐], qiān, 心-9, 13

字解 형성. 心^(마음 심)이 의미부이고 衍^(넘칠 연)이 소리부로, 분수를 지키지 못하고 마음^(心)이 도를 넘어^(衍) '허물'이 됨을 말하며, 이로부터 넘치다, 초과하다, 과실, 잃어버리다 등의 뜻이 나왔다. ☞ 衍^(넘칠 연)

字形 ![金文][說文小篆][說文或體][說文籀文] 金文 說文小篆 說文或體 說文籀文

蹇(절 건): jiǎn, 足-10, 17

字解 형성. 足^(발 족)이 의미부이고 寒^(찰 한)의 생략된 모습이 소리부로, 추위^(寒)에 발이 얼어 발^(足)을 잘 걷지 못한다는 뜻에서 '절다'는 뜻을 그렸다.

字形 ![說文小篆] 說文小篆

蹇(이지러질 건): 蹇, qiān, 馬-10, 20

字解 형성. 馬^(말 마)가 의미부이고 寒^(찰 한)의 생략된 모습이 소리부로, 추위^(寒)로 말^(馬)이 잘 달리지 못한다는 뜻에서 허약한 말^(馬)을 말했고, 다시 부상을 당한 것처럼 '이지러지다'는 뜻이 나왔다.

字形 說文小篆

걸

桀(뛰어날 걸): jié, 木-6, 10, 12

字解 회의. 舛^(어그러질 천)과 木^(나무 목)으로 구성되어, 두 발^(舛)이 나무^(木) 위에 올라간 모습이며, 이로부터 '높다'의 뜻이, 다시 높은 곳에 올라선 사람이라는 뜻에서 '뛰어나다'의 의미가 나왔다. 이후 닭이 올라서도록 만들어진 '홰'까지 뜻하게 되었다. 그러자 뛰어난^(桀) 사람^(人)을 전문적으로 표현하기 위해 人을 더한 傑^(뛰어날 걸)이 만들어졌고, '홰'를 구체적으로 표현하기 위해 木을 더한 榤^(홰 걸)이 만들어졌다.

字形 簡牘文 古璽文 說文小篆

傑(뛰어날 걸): 杰, jié, 人-10, 12, 40

字解 형성. 人^(사람 인)이 의미부이고 桀^(뛰어날 걸)이 소리부로, 나무의 높은 곳에 올라선

것^(桀)처럼 뛰어난 사람^(人)을 말하며, 특출한 물건을 지칭하기도 한다. 간화자에서는 杰^(뛰어날 걸)에 통합되었다. ☞ 桀^(뛰어날 걸)

字形 簡牘文 古璽文 說文小篆

榤(홰 걸): jié, 木-10, 14

字解 형성. 木^(나무 목)이 의미부이고 桀^(뛰어날 걸)이 소리부로, 새장이나 닭장 속에 새나 닭이 올라설 수 있도록^(桀) 가로질러 놓은 나무^(木) 막대를 말한다. ☞ 桀^(뛰어날 걸)

杰(뛰어날 걸): jié, 木-4, 8, 12

字解 회의. 傑^(뛰어날 걸)의 속자로, 木^(나무 목)과 火^(불 화)로 구성되었으며, 사람의 이름에 자주 사용되었다. ☞ 傑^(뛰어날 걸)

乞(빌 걸): qǐ, 乙-1, 3, 30

字解 상형. 갑골문에서 원래 구름층을 셋 그린 气^(기운 기, 氣의 원래 글자)와 같이 썼으나, 이후 '기구하다'는 뜻을 나타내고자 한 획을 줄여 气와 구분해 사용했다. '기구하다'는 뜻으로부터 남에게 '빌다', '求乞^(구걸)하다'는 뜻으로까지 확장되었다.

字形 甲骨文 金文 乞 廣韻

朅(갈 걸): qie, 曰-10, 14

字解 형성. 去(갈 거)가 의미부이고 曷(어찌 갈)이
소리부이다. 『설문해자』의 해설처럼, '떠
나가다(去)가 원래 뜻이다.

字形 朅 說文小篆

검

檢(봉함 검): 检, jiǎn, 木-4, 17, 42

字解 형성. 木(나무 목)이 의미부이고 僉(다 첨)이
소리부로, 봉인하다는 뜻인데, 옛날 종이
가 나오기 전 글씨를 쓰던 얇은 나무쪽
(木)을 봉인하던 관습에서 유래했다. 이로
부터 중간에 뜯기지 않았는지 檢查(검사)
하다는 뜻이 나왔으며, 이후 법도, 품행,
절제하다 등의 뜻도 나왔다. 간화자에서
는 检으로 쓴다.

字形 檢 簡牘文　檢 說文小篆

儉(검소할 검): 俭, jiǎn, 人-13, 15, 40

字解 형성. 人(사람 인)이 의미부이고 僉(다 첨)이
소리부로, 儉素(검소)하다는 뜻인데, 勤儉
(근검)과 청렴은 모든(僉) 사람(人)이 함께
모범으로 삼아야 할 가치임을 반영했다.
이후 소박하게 살다는 뜻에서 적다, 작다
등의 뜻도 나왔다. 간화자에서는 俭으로
쓴다.

字形 儉 簡牘文　儉 說文小篆

劍(칼 검): 剑, [劒], jiàn, 刀-13, 15, 32

字解 형성. 刀(칼 도)가 의미부이고 僉(다 첨)이 소
리부로, 모든 병사가 다(僉) 차고 다니는
무기의 하나인 크고 긴 칼(刀)을 말한다.
소전체에서는 刀 대신 刃(날 인)이, 금문에
서는 이들 대신 金(쇠 금)이 쓰이기도 했
다. 간화자에서는 剑으로 쓴다.

字形 劍 金文　劍 簡
牘文　劍 說文小篆　劍 說文籀文

劒(칼 검): jiàn, 刀-14, 16

字解 형성. 刃(날 인)이 의미부이고 僉(다 첨)이 소
리부로, 모든 병사가 다(僉) 차고 다니는
무기의 하나인 예리한 날(刀)을 가진 크고
긴 '칼'을 말하며, 劍(칼 검)과 같이 쓰인다.
☞ 劍(칼 검)

字形 劍 金文　劍 簡
牘文　劍 說文小篆　劍 說文籀文

瞼(눈꺼풀 검): 睑, jiǎn, 目-13, 18

字解 형성. 目^(눈 목)이 의미부이고 僉^(다 첨)이 소리부로, 눈^(目)의 꺼풀을 말한다. 또 행정 단위로 쓰여, 당나라 때의 南詔^(남조)에서는 州^(주)를 瞼^(검)이라 불렀다. 간화자에서는 睑으로 쓴다.

字形 [그림] 說文小篆

黔(검을 검): qián, 黑-4, 16

字解 형성. 黑^(검을 흑)이 의미부이고 今^(이제 금)은 소리부로, 검은^(黑) 색을 말한다. 黔首^(검수)는 '백성'을 뜻하는 말인데, 관을 쓴 귀족들과는 달리 관을 쓰지 않아 검은^(黔) 머리^(首)를 그대로 드러내는 존재라는 뜻이다.

字形 [그림] 說文小篆

鈐(비녀장 검): 钤, qián, 金-4, 12

字解 형성. 金^(쇠 금)이 의미부이고 今^(이제 금)은 소리부로, 바퀴가 벗어나지 않도록 굴대머리 구멍에 끼는 큰 쇠^(金)로 만든 못, 즉 '비녀장'을 말한다. 이후 '도장'을 뜻하게 되었고, '억누르다'는 뜻도 나왔다.

字形 [그림] 說文小篆

劫(위협할 겁): [刦], jié, 力-2, 7, 10

字解 형성. 力^(힘 력)이 의미부이고 去^(갈 거)가 소리부로, 억지 힘^(力)으로 가도록 하는^(去) 것을 말하며, 이에서 위협하다, 劫奪^(겁탈)하다, 겁박하다 등의 뜻이 생겼고, 도적의 비유로도 쓰였다. 불교가 들어오면서 가장 길고 영원하며 무한한 시간을 의미하는 산스크리트어의 'kalpa^(劫波·겁파)'를 뜻하기도 하였다.

字形 [그림] 說文小篆

怯(겁낼 겁): [㹤], qiè, 心-5, 8, 10

字解 형성. 心^(마음 심)이 의미부이고 去^(갈 거)가 소리부로, 심장^(心)이 떨어져 나가다^(去)는 뜻으로부터 '겁내다'는 의미를 그렸으며, 이로부터 용기가 없다, 두려워하다, 허약하다 등의 뜻이 나왔다. 또 북경 사람들이 북경 이외 지역의 북방 발음을 낮추어 부르는 말로도 쓰인다. 『설문해자』에서는 犬^(개 견)이 의미부이고 去^(갈 거)가 소리부인 㹤으로 써, 개^(犬)가 겁을 먹고서 물러남^(去)을 형상화했다.

字形 [그림] 說文小篆 [그림] 說文或體

迲(갈 겁): qiè, 辵-5, 9

字解 형성. 辵^(쉬엄쉬엄 갈 착)이 의미부이고 去^(갈 거)가 소리부로, 어떤 것으로부터 떨어져^(去) 가는^(辵) 것을 말하며, 이로부터 가다는 뜻이 나왔다.

게

偈(쉴 게): jié, 人-9, 11, 10

字解 형성. 입을 벌린^(曷) 사람^(人)의 모습에서부터, 숨을 가쁘게 내쉬며^(曷) '쉬는' 사람^(人)의 모습을 그렸으며, 이로부터 빨리 달리는 모양, 용감한 모양 등을 나타내게 되었다. 또 산스크리트어의 'gatha^(偈陀게타)'의 줄임말로 불경에서의 찬송사를 말한다.

揭(들 게): jiē, 手-9, 12, 20

字解 형성. 手^(손 수)가 의미부이고 曷^(어찌 갈)이 소리부로, 손^(手)으로 '들다'는 뜻이다. 입을 벌린^(曷) 채 가쁜 숨을 내쉬며 손으로 장대 등을 든 모습을 형상화했다. 이로부터 높이 치켜들다, 민중 봉기를 일으키다 등의 뜻이 나왔으며, 숨겨진 것을 '드러내다'는 뜻도 나왔다.

字形 [圖] 說文小篆

憩(쉴 게): qì, 心-12, 16, 20

字解 회의. 舌^(혀 설)과 息^(숨 쉴 식)으로 구성되었는데, 舌은 원래 피리의 혀^(reed)에서부터 '혀'라는 뜻이 나와 악기를 상징하며, 息은 가쁜 숨이 심장^(心)에서부터 출발하여 코^(自)로 나오는 모습을 형상화한 글자이다. 음악^(舌)을 들으며 씩씩거리며 가쁜 숨을 가라앉히며^(息) '쉬는' 모습을 형상화했고, 이로부터 쉬다, 멈추다의 뜻이 나왔다.

격

鬲(막을 격): ☞ 鬲(솥 력)

隔(사이 뜰 격): gé, 阜-10, 13, 32

字解 형성. 阜^(언덕 부)가 의미부이고 鬲^(솥 력·막을 격)이 소리부로, 칸막이 벽^(隔壁격벽)처럼 어떤 공간을 담^(阜)으로 가로막아^(鬲) 隔離^(격리)시킨 것을 말한다. 이로부터 격리하다, 서로 떨어지다, 시간적 거리가 멀다 등의 뜻이 나왔다.

字形 [圖] 說文小篆

膈(횡격막 격): gé, 肉-10, 14, 10

字解 형성. 肉^(고기 육)이 의미부이고 鬲^(솥 력·막을 격)이 소리부로, 동물체의 기관이나 조직

을 가로막고 있는^(扁) 막^(肉)인 '橫膈膜^(횡격막)'을 말한다. ☞ 隔^(사이 뜰 격)

擊(부딪힐 격): 击, jī, 手-13, 17, 40

字解 형성. 手^(손 수)가 의미부이고 毄^(부딪힐 격)이 소리부로, 원래 바퀴가 회전하며 격렬하게 부딪힘^(毄)을 말했는데, 격렬하게 부딪히듯^(毄) 손^(手)으로 '치는' 것도 지칭하게 되었으며, 이로부터 치다, 攻擊^(공격)하다, 탄핵하다, 죽이다 등의 뜻이 나왔다. 간화자에서는 击으로 줄여 쓴다. ☞ 毄^(부딪힐 격)

字形 𗎕 說文小篆

轚(굴대 서로 부딪힐 격): jí, 車-13, 20

字解 형성. 車^(수레 거차)가 의미부이고 毄^(부딪힐 격)이 소리부로, 원래 바퀴가 회전하며 격렬하게 부딪힘^(毄)을 말했는데, 車를 더해 그것이 수레^(車)의 바퀴와 굴대임을 강조했다. ☞ 毄^(부딪힐 격)

字形 𨍭 說文小篆

檄(격문 격): xí, 木-13, 17, 10

字解 형성. 木^(나무 목)이 의미부이고 敫^(노래할 교)가 소리부로, 관청에서 병력 등을 소집하기 위해 2자^(尺) 되는 길이의 나무 판에다 쓴 글을 말한다. 이로부터 '성토하다'는 뜻이 나왔고, 군대에서 급히 소집하는 문서를 檄文^(격문)이라 불렀다. 최치원^{(崔致}

遠⁾이 중국 당^(唐)나라에서 벼슬하며 황소^(黃巢)를 치고자 지었다는 '討黃巢檄文^(토황소격문)'이 유명하다.

字形 𣜩 說文小篆

激(물결 부딪혀 흐를 격): jī, 水-13, 16, 40

字解 형성. 水^(물 수)가 의미부이고 敫^(노래할 교)가 소리부로, 물^(水)이 흘러갈 때 장애물을 만나 그 옆에 세찬 물결이 이는 것을 말했는데, 이후 激烈^(격렬)하다, 激情^(격정), 過激^(과격)하다 등의 뜻이 나왔다.

字形 𣲖 說文小篆

覡(박수 격): 觋, xí, 見-7, 14, 10

字解 회의. 巫^(무당 무)와 見^(볼 견)으로 이루어져, 남자 무당 즉 박수를 말하는데, 무술 도구^(巫)를 통해 신의 계시를 드러내 보이는^(見) 일을 하는 사람이라는 뜻을 담았다. 여자 무당은 巫^(무당 무)라 구분해 불렀다. ☞ 巫^(무당 무)

字形 𢍰 𢍱 𢍲 𢍳 盟書 𧠲 說文小篆

格(바로 잡을 격): gé, 木-6, 10, 52

字解 형성. 木^(나무 목)이 의미부이고 各^(각각 각)이 소리부로, 원래는 긴 나무막대^(木)를 말했으며, 이후 나무로 만든 난간이나 창문틀처럼 네모꼴의 규격화된 '틀'을 뜻하게 되었고, 이로부터 格子^(격자)나 '바로잡다'

는 뜻이 나왔다.

字形 甲骨文　　金文　古
陶文　簡牘文　說文小篆

字形 說文小篆

견

犬(개 견): quǎn, 犬-0, 4, 40

字解 상형. 개를 그렸는데, 치켜 올라간 꼬리가 특징적이다. 개는 청각과 후각이 뛰어나고 영리해 일찍부터 가축화되어 인간의 곁에서 사랑을 받아왔으며, 인간과 가장 가까운 동물의 하나가 되었다. 그래서 犬으로 구성된 글자는 개는 물론, 단독 생활을 즐기고 싸움을 좋아하는 개의 속성, 후각이 발달한 개의 기능 등을 뜻한다.

字形 甲骨文　金文
古陶文　盟書　
簡牘文　說文小篆

牽(끌 견): 牽, qiān, 牛-7, 11, 30

字解 형성. 牛^(소 우)가 의미부이고 玄^(검을 현)이 소리부로, 희생에 바칠 소^(牛)를 줄^(玄)로 매어 끌고 가는 모습을 그렸고, 이로부터 '고삐'와 '끌다'는 뜻이 나왔다. 간화자에서는 牵으로 줄여 쓴다.

見(볼 견·드러날 현): 见, jiàn, 見-0, 7, 52

字解 회의. 눈^(目·목)을 크게 뜬 사람^(儿·인)을 그려, 대상물을 보거나 눈에 들어옴을 형상화했으며, 이로부터 보다, 만나다, 드러나다 등을 뜻이 나왔다. 다만 '드러나다'나 '나타나다' 등의 뜻으로 쓰일 때에는 '현'으로 구분해 읽는다.

字形 甲骨文　
金文　古陶文　盟書
簡牘文　帛書
說文小篆

甄(질그릇 견): zhē, 瓦-9, 14, 12

字解 형성. 瓦^(기와 와)가 의미부이고 垔^(막을 인)이 소리부로, 가마에서 질그릇^(瓦)을 구울 때 나는 연기^(垔, 煙의 원래 글자)를 형상화했다. 불에 구워야 질그릇이 탄생한다는 뜻에서 '질그릇'의 뜻이 나왔고, 제대로 굽혔는지를 꼼꼼히 살피는 모습에서 '나타나다', '살피다' 등의 뜻도 생겨났다.

字形 說文小篆

絹(명주 견): juàn, 糸-7, 13, 30

字解 형성. 糸^(가는 실 멱)이 의미부이고 肙^(장구벌레 연)이 소리부로, 비단^(糸)의 일종인 '명주'를 말하는데, 『설문해자』에서는 "보리 줄기 색으로 된 비단을 말한다"라고 했다.

字形 絹 說文小篆

肩(어깨 견): jiān, 肉-4, 8, 30

字解 회의. 戶^(지게 호)와 肉^(고기 육)으로 구성되어, 신체 부위^(肉)의 하나인 어깨를 말한다. 소전체에서 윗부분은 어깻죽지 뼈^(肩胛骨·견갑골)를 그렸고, 아랫부분에 肉을 더해, '어깨'라는 뜻을 그렸는데, 윗부분이 戶로 잘못 변해 지금처럼 되었다.

字形 肩 簡牘文 肩 說文小篆 肩 說文俗體

鵑(두견이 견): 鹃, juān, 鳥-7, 18, 10

字解 형성. 鳥^(새 조)가 의미부이고 肙^(장구벌레 연)이 소리부로, 새^(鳥)의 일종인 '두견새'를 말한다. 이후 두견새가 울 때 만발하는 꽃인 杜鵑花^(두견화)를 뜻하게 되었는데, 두견화는 달리 映山紅^(영산홍)으로 부르기도 한다.

繭(고치 견): 茧, [䌓, 蠒], jiǎn, 糸-13, 19, 10

字解 회의. 원래는 爾^(너 이)의 생략된 모습과 糸^(가는 실 멱)과 虫^(벌레 충)으로 구성되었다. 爾는 누에가 실을 토해 만든 고치의 모습으로 추정되는데, 글자를 구성하는 冖^(덮을 멱)은 어떤 테두리를, 爻^(효 효)는 실이 교차한 모습을, 나머지 윗부분은 실을 토해 내는 누에의 모습으로 해석할 수 있다. 또 糸은 누에가 만들어낸 '비단 실'을, 虫은 누에의 상징이다. 이들이 합쳐지는 과정에서 형체가 약간 변해 繭이 되었으며, '누에고치'를 뜻한다. 달리 누에고치를 그린 爾^(너 이)와 벌레를 뜻하는 虫으로 구성된 蠒^(누에고치 견)으로 쓰기도 한다. 간화자에서는 아랫부분을 虫으로 줄인 茧으로 쓴다.

字形 䌓 簡牘文 繭 說文小篆 蠒 說文古文

遣(보낼 견): qiǎn, 辵-10, 14, 30

字解 회의. 금문에서 아랫부분은 自^(사, 師의 원래 글자)이고 윗부분은 두 손^(臼구)으로 구성되었으며, 군사^(自)를 석방하다, 派遣^(파견)하다가 원래 뜻인데, 간혹 口^(입 구)가 더해지기도 하였다. 이후 소전체에서 의미를 더 분명하게 하고자 辵^(쉬엄쉬엄 갈 착)을 더하여 지금의 遣이 되었다.

字形 甲骨文 金文 簡牘文 遣 說文小篆

譴(꾸짖을 견): 谴, qiǎn, 言-14, 21, 10

字解 형성. 言(말씀 언)이 의미부이고 遣(보낼 견)이 소리부로, 譴責(견책꾸짖고 나무라다)하다, 죄 등을 뜻하는데, 상대방에게 야단치거나 힐난하는 말(言)을 보낸다(遣)는 뜻을 담았으며, 간화자에서는 谴으로 쓴다.

字形 譴譴簡牘文 譴說文小篆

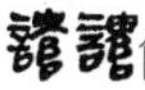

堅(굳을 견): 坚, jiān, 土-8, 11, 40

字解 형성. 土(흙 토)가 의미부이고 臤(어질 현굳을 간)이 소리부로, 흙(土)이 단단하게(臤) 굳어 견고함을 말한다. 이로부터 堅固(견고)하다, 堅實(견실)하다, 단결하다 등의 뜻이 나왔다. 간화자에서는 윗부분을 줄여 坚으로 쓴다.

字形 堅簡牘文 堅說文小篆

결

夬(깍지 결·터놓을 쾌): guài, 大-1, 4

字解 회의. 고대 간독문에서 손(又·우)과 '깍지'(활을 쏠 때에 시위를 잡아당기려고 엄지손가락의 아랫마디에 끼는 뿔로 만든 기구)를 그렸으며, 소전체에서 叏로 썼다가 자형이 줄어 지금처럼 되었다. 깍지를 끼고 쏜 화살이 시위를 떠난다는 뜻에서 '떨어져 나가다'는 뜻이 나왔으며, 이후 64괘

의 이름의 하나로도 쓰였다. ☞ 缺(이지러질 결)

字形 夬夬夬簡牘文 叏說文小篆

缺(이지러질 결): [缼, �], quē, 缶-4, 10

字解 형성. 缶(장군 부)가 의미부이고 夬(터놓을 쾌깍지 결)가 소리부로, 질그릇(缶)이 깨어져 떨어져 나간(夬) 것을 말하며, 이로부터 불완전함을 말하였고 缺陷(결함)이나 缺點(결점)의 뜻까지 나왔다.

字形 缺缺缺簡牘文 缺說文小篆

決(터질 결): 决, jué, 水-4, 7, 52

字解 형성. 水(물 수)가 의미부이고 夬(터놓을 쾌깍지 결)가 소리부로, 물(水)이 터져(夬) 저장되었던 곳으로부터 쏟아져 나감을 말한다. 속자나 간화자에서는 水를 氵(얼음 빙)으로 바꾼 决로 쓴다.

字形 決簡牘文 決說文小篆 決玉篇

抉(도려낼 결): jué, 手-4, 7

字解 형성. 手(손 수)가 의미부이고 夬(터놓을 쾌깍지 결)가 소리부로, 손(手)으로 떼어 발라냄(夬)을 말하며, 이로부터 '도려내다'는 뜻이 나왔다. ☞ 缺(이지러질 결)

字形 抉抉抉簡牘文 抉說文小篆

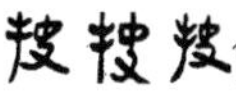

訣(이별할 결): 诀, jué, 言-4, 11, 32

字解 형성. 言^(말씀 언)이 의미부이고 夬^(터놓을 쾌, 깍지 결)가 소리부로, 서로 떨어져^(夬) 말^(言)을 나누지 못함을 말하며, 이로부터 '이별하다'는 뜻이 나왔다. 또 오랫동안 숨겨져 격리되어 있던 말이라는 의미에서 秘訣^(비결)이라는 뜻이 나왔고, 비결 등을 쉽게 기억하거나 외울 수 있도록 운을 맞춘 글 등을 지칭하게 되었다. ☞ 缺^(이지러질 결)

玦(패옥 결): jué, 玉-4, 8

字解 형성. 玉^(옥 옥)이 의미부이고 夬^(터놓을 쾌, 깍지 결)가 소리부로, 옛날 패옥의 하나로 둥근 모양에 한쪽이 떨어져 나간 모습의 옥^(玉)을 말하며, 활을 쏠 때 손에 끼는 '옥 깍지'를 말하기도 한다. ☞ 缺^(이지러질 결)

字形 玦 說文小篆

結(맺을 결): 结, jié, 糸-6, 12, 52

字解 형성. 糸^(가는 실 멱)이 의미부이고 吉^(길할 길)이 소리부로, 실^(糸)로 묶어 매듭을 짓고 연결함을 말하며, 이로부터 매듭, 매듭짓다, 연결하다, 모으다 등의 뜻이 나왔다. 이후 함께 모여 엉켜 있는 사물이나 서로 관계 지어지는 일 등을 뜻하게 되었고, 어려운 일의 가장 중요한 부분을 비유하는 데도 쓰였다.

字形 結 結古陶文 結 結盟書 結 結簡牘文 結 說文小篆

潔(깨끗할 결): 洁, jié, 水-12, 15, 42

字解 형성. 水^(물 수)가 의미부이고 絜^(헤아릴 혈)이 소리부로, 물^(水)처럼 깨끗함^(絜)을 말하며, 이로부터 깨끗하다, 純潔^(순결)하다, 潔白^(결백)하다, 簡潔^(간결)하다 등의 뜻이 나왔다. 간화자에서는 소리부 絜을 吉^(길할 길)로 바꾼 洁로 쓴다.

字形 潔 說文小篆

絜(헤아릴 혈): jié, 糸-6, 12

字解 형성. 糸^(가는 실 멱)이 의미부이고 㓞^(교묘히 새길 갈)이 소리부로, 『설문해자』에 의하면 다듬질을 마치고 '묶어 놓은 삼대'를 말한다고 했다. 삼베를 만들려고 깨끗하게 정리를 마친 묶어 놓은 삼대로부터, '깔끔하다'의 뜻이 나왔고, 묶어 놓은 삼대를 '헤아리다'는 뜻도 나왔다.

字形 絜 說文小篆

겸

兼(겸할 겸): [傔], jiān, 八-8, 10, 32

字解 회의. 원래 禾^(벼 화)와 秉^(잡을 병)으로 구성되어, 벼^(禾)를 손으로 움켜쥔^(秉) 모습으로부터 함께 쥐다는 뜻을 그렸고, 이로부터 '겸하다'의 뜻이 나왔으며, 합병하다, 다하다, 모두 등의 뜻도 나왔다.

字形 兼金文 兼兼古陶文 兼兼簡牘文 兼說文小篆

謙(겸손할 겸): 谦, qiān, 言-10, 17, 32

字解 형성. 言^(말씀 언)이 의미부이고 兼^(겸할 겸)이 소리부로, 謙遜^(겸손)하다는 뜻인데, 말^(言)을 제멋대로 나오지 않도록 묶어 두는^(兼) 것이 바로 謙遜의 의미임을 보여준다. 이는 말을 많이 하는 것보다 말을 적게 하는 것, 즉 침묵이 미덕으로 간주하고 그 무엇보다 중요한 행동규범으로 기능을 해온 전통을 형상적으로 그려낸 글자이다. 동양 사회에서는 전통적으로 모든 불행은 입 즉 말^(言)로부터 나오기에, 말을 삼가는 것을 최고의 덕목으로 삼아왔기 때문이다.

字形 謙 說文小篆

慊(흡족하지 않을 겸): xián, 心-10, 13

字解 형성. 心^(마음 심)이 의미부이고 兼^(겸할 겸)이 소리부로, 어떤 감정을 풀지 않고 마음^(心) 속에 묶어두는^(兼) 것을 말하며, 이로부터 '싫어하다'는 뜻이 나왔다.

字形 慊 說文小篆

鎌(낫 겸): [鐮], lián, 金-10, 18

字解 형성. 金^(쇠 금)이 의미부이고 兼^(겸할 겸)이 소리부로, 볏단을 움켜쥐고^(兼) 베는 금속^(金) 도구인 낫을 말한다.

字形 鎌 說文小篆

歉(흉년들 겸): qiàn, 欠-10, 14

字解 형성. 欠^(하품 흠)이 의미부이고 兼^(겸할 겸)이 소리부로, 배불리 먹지 못한다는 뜻인데, 배불리 먹지 못해 입을 벌린^(欠) 모습을 반영했다. 이로부터 부족하다, 수확이 좋지 않다, 흉년이 들다 등의 뜻이 나왔다.

字形 歉歉古陶文 歉說文小篆

縑(합사 비단 겸): 缣, jiān, 糸-10, 16

字解 형성. 糸^(가는 실 멱)이 의미부이고 兼^(겸할 겸)이 소리부로, 두 줄^(糸)을 합해^(兼) 짠 가느다란 비단을 말하는데, 옛날에는 상이나 보답용으로 사용되었으며, 또 화폐나 그림을 그리는 재료로도 쓰였다.

字形 縑簡牘文 縑說文小篆

箝(재갈 먹일 겸): qián, 竹-8, 14

字解 형성. 竹^(대 죽)이 의미부이고 拑^(입 다물 겸)이 소리부로, 소리를 내거나 말을 하지 못하도록 대^(竹)로 만든 재갈로 입을 채움을 말한다.

字形 𥫗 說文小篆

鉗(칼 겸): 钳, qián, 金-5, 13

字解 형성. 金^(쇠 금)이 의미부이고 甘^(달 감)이 소리부로, 목에 채우는 쇠^(金)로 만든 형벌 기구를 말한다. 이로부터 끼우는 도구를 말하며, '강제하다'는 뜻도 나왔다. 목을 칼로 채운 모습이 입속에 단 것이 든 모습을 그린 甘과 닮아 지금의 자형이 되었다.

字形 鉗 說文小篆

경

冂(먼데 경): jiōng, 冂-0, 2

字解 지사. 『설문해자』에서는 "邑^(읍)의 바깥쪽을 郊^(교)라 하고, 郊의 바깥을 野^(야)라 하고, 野의 바깥을 林^(임)이라 하고, 林의 바깥을 冂이라 한다."라고 했는데, 수도에서 멀리 떨어진 먼 곳을 冂이라 불렀다. 蔡信發^(채신발)의 『辭典部首淺說^(사전부수천설)』에서는 冂을 구성하는 가로획은 경계를, 양쪽의 대칭되는 두 획은 공간의

확장을 상징하며, 육서에서는 (독체)지사에 해당한다고 했다. 현대 한자자전에서는 冂부수에 冊^(책 책), 冉^(늘어질 염, 冄의 원래 글자), 再^(두 번 재), 冏^(빛날 경), 冒^(가릴 모), 冑^(투구 주), 冕^(면류관 면) 등이 수록되었으나, 모두 자형의 유사성에 의해 귀속되었을 뿐 의미와는 전혀 관련을 하지 않는다.

字形 冂 說文小篆

坰(들 경): jiōng, 土-5, 8

字解 형성. 土^(흙 토)가 의미부이고 冋^(들 경)이 소리부로, 수도로부터 멀리 떨어져^(冂, 冋의 원래 글자) 있는 들판^(土)이라는 뜻을 그렸다.

☞ 冋^(들 경)

字形 冂 說文小篆 冋 說文古文 坰 說文或體

炯(무더울 경): [烱], jiōng, 火-7, 11

字解 형성. 火^(불 화)가 의미부이고 冏^(빛날 경)이 소리부로, 불빛^(火)을 말하며 불빛이 밝다는 뜻도 가진다. 이후 날이 찌는 듯 무덥다는 뜻도 나왔으며, 달리 烱^(빛날 형)으로 쓰기도 한다. 한국 한자음에서 '형'으로 읽기도 하지만, 이는 '경'의 잘못이다.

字形 炯 說文小篆

絅(당길 경·홑옷 형): jiōng, 糸-5, 11

字解 형성. 糸^(가는 실 멱)이 의미부이고 冋^(들 경)이

소리부이나, 금문에서는 糸대신 絲^(실 사)로 구성되었으며, 마^(麻)로 짠 옷을 말했다. 달리 同 대신 耿^(빛날 경)이 들어간 褧^(홑옷 경)으로 쓰기도 한다. 이후 '급하다', '급히 낚아채다'는 뜻도 생겼다.

字形 絅 說文小篆

經(날 경): 经, jīng, 糸-7, 13, 42

字解 형성. 糸^(가는 실 멱)이 의미부이고 巠^(지하수 경)이 소리부로, 날실 즉 베틀^(巠)의 세로선^(糸)을 말한다. 날실은 베를 짤 때 가장 중요하여, 날실의 분포가 베의 길이와 넓이와 조밀도를 결정한다. 이 때문에 일의 가장 중요한 부분, 변하지 않는 것 등을 뜻하게 되었고, 이로부터 經書^(경서)나 經典^(경전) 등의 뜻도 나왔다. 또 베를 짜듯 일이나 사람을 관리하고 운영함을 비유하게 되었다. 간화자에서는 经으로 쓴다.
☞ 巠^(지하수 경)

字形 巠 經 經金文 經絰 絰簡牘文 經說文小篆

輕(가벼울 경): 轻, qīng, 車-7, 14, 50

字解 형성. 車^(수레 거차)가 의미부이고 巠^(지하수 경)이 소리부로, 간단한 베틀^(巠)처럼 날렵하고 가벼운 수레^(車)를 말한다. 이후 나이가 젊다는 뜻도 가지는데, 농경사회를 살았던 중국에서 경험이 부족한 젊은 사람은 '가볍고' 경솔한 존재로 인식했기 때문이다. 간화자에서는 轻으로 줄여 쓴

다.

字形 輕 輕輕簡牘文 輕說文小篆

脛(정강이 경): 胫, jìng, 肉-7, 11, 10

字解 형성. 肉^(고기 육)이 의미부이고 巠^(지하수 경)이 소리부로, 몸^(肉)에서 날줄처럼^(巠) 세로로 곧게 뻗은 다리의 '정강이' 부분을 말한다. 간화자에서는 胫으로 줄여 쓴다.

字形 脛 說文小篆

痙(심줄 당길 경): 痉, jìng, 疒-7, 12, 10

字解 형성. 疒^(병들어 기댈 녁)이 의미부이고 巠^(지하수 경)이 소리부로, 날줄처럼^(巠) 된 심줄이 당겨 통증을 느끼게 하는 병^(疒)을 말하며, 이로부터 痙攣^(경련)의 뜻이 나왔다. 간화자에서는 痉으로 줄여 쓴다.

字形 痙 說文小篆

莖(줄기 경): 茎, jīng, 艸-7, 11, 10

字解 형성. 艸^(풀 초)가 의미부이고 巠^(지하수 경)이 소리부로, 날줄처럼^(巠) 세로로 곧게 뻗은 식물^(艸)의 '줄기'를 말하며, 이로부터 곧게 선 기둥이나 장대, 기물의 손잡이 등을 뜻하게 되었다. 간화자에서는 茎으로 줄여 쓴다.

字形 莖古璽文 莖說文小篆

頸(목 경): 颈, jǐng, 頁-7, 16, 10

💬字解 형성. 頁^(머리 혈)이 의미부이고 巠^(지하수 경)이 소리부로, 날줄처럼^(巠) 머리^(頁) 아래로 세로로 곧게 뻗은 '목'을 말한다. 간화자에서는 颈으로 줄여 쓴다.

💬字形 頸 頸 頸 簡牘文 頸 說文小篆

逕(좁은 길 경): 径, [逕], jìng, 辵-7, 11

💬字解 형성. 辵^(쉬엄쉬엄 갈 착)이 의미부이고 巠^(지하수 경)이 소리부로, 베틀의 날줄^(巠)처럼 똑 발라 빠르고 가까운 지름길을 가다^(辵)는 뜻이다. 지름길은 큰길보다 보통 작고 좁기 마련이기에 '좁은 길'이라는 뜻이 나왔다. 달리 徑으로도 쓰며, 간화자에서는 径으로 줄여 쓴다.

徑(지름길 경): 径, jìng, 彳-7, 10, 32

💬字解 형성. 彳^(조금 걸을 척)이 의미부이고 巠^(지하수 경)이 소리부로, 베틀의 날줄^(巠)처럼 곧바로 갈 수 있는 길^(彳)이 빠른 길이자 지름길^(捷徑·첩경)임을 보여준다. 달리 逕^(좁은 길 경)으로도 쓰며 간화자에서는 径으로 줄여 쓴다.

💬字形 徑 說文小篆

勁(굳셀 경): 劲, jìn, jìng, 力-7, 9, 10

💬字解 형성. 力^(힘 력)이 의미부이고 巠^(지하수 경)이

소리부로, 베틀의 날줄^(巠)처럼 강인하고 힘^(力)이 있다는 뜻에서 '굳세다'는 의미가 나왔으며, 힘이나 전투력, 세력, 바람 등이 강하다는 뜻도 가진다. 간화자에서는 劲으로 줄여 쓴다.

💬字形 勁 古璽文 勁 說文小篆

涇(통할 경): 泾, jīng, 水-7, 10

💬字解 형성. 水^(물 수)가 의미부이고 巠^(지하수 경)이 소리부로, 섬서성 安定^(안정)의 涇陽^(경양)에서 흘러나와 동쪽으로 흘러 渭水^(위수)로 흘러드는 강 이름을 말한다. 또 물의 直派^(직파)를 말하기도 한다. 간화자에서는 泾으로 줄여 쓴다.

💬字形 涇 金文 涇 說文小篆

敬(공경할 경): jìng, 攴-9, 13, 52

💬字解 회의. 갑골문에서 苟^(진실로 구)로 썼으나 금문에 들면서 손에 몽둥이를 든 모습인 攴^(칠 복)을 더하여 지금의 자형이 되었다. 苟는 머리에 羊^(양 양)이 그려진 꿇어앉은 사람을 그렸는데, 羊은 양을 토템으로 삼던 고대 중국의 서북쪽의 羌族^(강족)을 뜻하고, 꿇어앉은 사람은 포로가 되었다는 것을 상징한다. 羌族은 갑골문 시대 때 商族^(상족)과 가장 치열하게 싸웠고 위협이 되었던 강력한 적대 민족이었다. 전쟁에서 져 포로로 붙잡혀 꿇어앉은 羌族에게 商族은 '진실하고' '공경하는' 마음으로 복종하길 요구했을 것이다. 그것이 잘 지

켜지지 않았던지 攵을 더하여 매를 들어 강제로 굴복시키는 모습을 강조했다. 이후 敬은 자신의 마음속에 들어 있는 여러 욕망을 억제하여 언제나 敬虔^(경건)한 자세를 가지게 하는 정신을 말하는 철학적인 용어로 변했다.

字形 〔甲骨文 金文 古陶文 敬 簡牘文 帛書 古璽文 敬 說文小篆〕

儆(경계할 경): jǐng, 人-13, 15, 12

字解 형성. 人^(사람 인)이 의미부이고 敬^(공경할 경)이 소리부로, 사람^(人)을 공경하다^(敬)는 뜻에서, '조심스레 대하다', '경계하다'의 뜻이 나왔다.

字形 〔金文 說文小篆〕

驚(놀랄 경): 惊, jīng, 馬-10, 23, 40

字解 형성. 馬^(말 마)가 의미부이고 敬^(공경할 경)이 소리부로, 말^(馬)이 두려워^(敬)하며 놀라는 모습을 말했는데, 이후 '놀라다'는 일반적인 의미로 확장되었으며, 경황이 없다, 재빠르다 등의 뜻이 나왔다. 간화자에서는 惊^(슬플 량)에 통합되었다.

字形 〔說文小篆〕

警(경계할 경): jǐng, 言-13, 20, 42

字解 형성. 言^(말쏨 언)이 의미부이고 敬^(공경할 경)이 소리부로, '경계하다'는 뜻인데, 말^(言)은 언제나 공경^(敬)함을 유지해야 하는 경계^(警)의 대상임을 반영했다. 이후 警告^(경고)하다, 매우 급한 상황이나 소식 등의 뜻이 나왔고, 警察^(경찰)을 줄여 부르는 말로도 쓰인다.

字形 〔說文小篆〕

擎(들 경): qíng, 手-13, 17

字解 형성. 手^(손 수)가 의미부이고 敬^(공경할 경)이 소리부로, 손^(手)으로 공경하듯^(敬) 높이 들어 올리다는 뜻이며, 이로부터 취하다, 지탱하다 등의 뜻이 나왔다.

璥(경옥 경): jǐng, jìng, 玉-13, 17

字解 형성. 玉^(옥 옥)이 의미부이고 敬^(공경할 경)이 소리부로, 옥^(玉) 이름을 말한다.

字形 〔說文小篆〕

慶(경사 경): 庆, qìng, 心-11, 15, 42

字解 회의. 금문에서는 文^(글월 문)과 鹿^(사슴 록)으로 구성되어 무늬^(文) 든 사슴^(鹿) 가죽을 말했는데, 이후 사슴^(鹿)이 머리와 몸통부분^(严·록)과 뒷다리^(夂·치)로 분리되고 文 대신 心^(마음 심)이 들어가 지금의 자형이 되

ㄱ | 51

었다. 고대 중국에서는 결혼 축하 선물로 무늬가 든 아름다운 사슴 가죽을 가져가던 전통이 있었는데, 이로부터 慶事^(경사), 축하하다, 慶祝^(경축)하다는 뜻이 나왔다. 사슴 가죽은 중국 신화에서 인류 탄생의 시조가 되는 복희와 여와가 교접할 때 사용했던 상징물이었기에 이런 전통이 생겼다. 이후 무늬를 뜻하는 文이 마음을 뜻하는 心으로 바뀌어 그런 축하가 마음^(心)으로부터 우러나와야 함을 표현했다. 간화자에서는 간단하게 줄인 庆으로 쓴다.

字形 金文 古陶文 簡牘文 古璽文 說文小篆

磬(경쇠 경): qìng, 石-5, 16, 10

字解 형성. 石^(돌 석)이 의미부이고 殸^(소리 성)의 생략된 모습이 소리부로, 石磬처럼 돌^(石)을 쳐서 소리^(聲)를 내는 악기를 말한다. 돌은 쇠^(金), 실^(絲), 대^(竹), 박^(匏), 흙^(土), 가죽^(革), 나무^(木)와 함께 '8가지 악기 재료'의 하나로 불렸듯 악기를 만드는 주된 재료의 하나였다. ☞ 馨^(향기 형)

字形 甲骨文 說文小篆 說文籀文 說文古文

竟(다할 경): jìng, 立-5, 11, 30

회의. 갑골문에서는 辛^(매울 신)과 입을 크게 벌린 사람으로 구성되어 형벌을 받은 노예가 경주를 벌이는 모습을 그렸다. 이후 소전체에서 지금처럼 音^(소리 음)과 儿^(사람 인)의 구성으로 변해 악기^(音)를 부는 사람^(儿)의 모습을 그렸고, 악기의 연주가 끝나다는 뜻에서 '끝, 완료, 궁극 등의 의미가 나왔다. 또 시작부터 끝까지의 전체 시간을 의미하며, '뜻밖에'라는 부사로도 쓰였다. 현대 중국에서는 競^(겨룰 경)의 간화자로도 쓰인다.

字形 甲骨文 說文小篆

境(지경 경): jìng, 土-11, 14, 42

형성. 土^(흙 토)가 의미부이고 竟^(다할 경)이 소리부로, 영역과 境界^(경계)를 말하는데, 영토^(土)가 끝나는^(竟) 곳이 바로 경계이자 국경이라는 뜻을 담았다. ☞ 竟^(다할 경)

字形 金文 說文新附字

鏡(거울 경): 镜, jìng, 金-11, 19, 40

형성. 金^(쇠 금)이 의미부이고 竟^(다할 경)이 소리부로, 거울을 말하는데, 존재물을 남김없이^(竟) 그대로 보여주는 청동^(金)으로 된 물건이라는 뜻을 반영했다. 이후 광학 원리에 의한 광학실험 도구 전체를 지칭하게 되었고, 맑게 빛나는 평평한 것의 비유로도 사용되었다. ☞ 竟^(다할 경)

字形 說文小篆

競(겨룰 경): 竞, jìng, 立-15, 20, 50

字解 회의. 두 개의 竟^(다할 경)으로 구성되어, 두 사람 간의 연주 競爭^(경쟁)을 나타냈으며 이로부터 '다투다'의 뜻이 나왔는데, 달리 竸^(겨룰 경)으로도 쓴다. 이후 달려가다, 논쟁을 벌이다 등의 뜻도 나왔다. 간화자에서는 竞^(다할 경)에 통합되었다. ☞ 竟^(다할 경)

字形 甲骨文 金文 說文小篆

傾(기울 경): 倾, qīng, 人-11, 13, 40

字解 형성. 人^(사람 인)이 의미부이고 頃^(밭 넓이 단위 경)이 소리부로, 사람^(人)의 목이 기울어진^(頃) 모습에서 '기울다'는 뜻을 그렸으며, 이로부터 편향되다, 공정하지 않다, 바르지 않은 행위 등의 뜻이 나왔다. ☞ 頃^(밭 넓이 단위 경)

字形 說文小篆

頃(밭 넓이 단위 경): 顷, [傾], qīng, 頁-9, 11, 32

字解 회의. 匕^(변할 화, 化의 원래 글자)와 頁^(머리 혈)로 구성되었는데, 匕는 바로 선 사람^(人·인)의 거꾸로 된 모습을 그린 글자이다. 이로부터 머리^(頁)를 거꾸로^(匕) '기울이다'의 뜻이 나왔고, 잠시 '기울어지다'는 뜻에서 다시 짧은 시간을 지칭하게 되었다. 이후 가차되어 면적의 단위를 지칭하게 되었

으며, 그러자 원래의 '기울이다'는 뜻을 나타낼 때에는 다시 人을 더해 傾으로 분화했다.

字形 古陶文 簡牘文 說文小篆

耕(밭 갈 경): [畊], gēng, 耒-4, 10, 32

字解 형성. 耒^(쟁기 뢰)가 의미부이고 井^(우물 정)이 소리부로, 쟁기^(耒)로 경지 정리된^(井) 논밭을 耕作^(경작)함을 말하며, 이로부터 씨를 뿌리다, 어떤 일에 매진하다 등의 뜻이 나왔다. 달리 耒 대신 田^(밭 전)이 들어간 畊^(밭 갈 경)으로 쓰기도 했는데, 논밭^(田)을 가지런하게^(井) 갈무리한다는 뜻을 담았다.

字形 說文小篆

卿(벼슬 경): qīng, 卩-10, 12, 30

字解 회의. 갑골문에서 식기^(皀·향)를 중간에 두고 마주 앉은 두 사람^(卩·절)을 그려 손님을 대접하는 모습을 그렸다. 이후 손님을 대접한다는 뜻에서 상대를 존중해 부르는 말로 쓰였고, 이로부터 卿大夫^(경대부)나 고급 관료를 지칭하게 되었다. 그러자 원래의 '대접하다'는 뜻은 食^(밥 식)을 더한 饗^(잔치할 향)으로 분화했다. ☞ 卽^(곧 즉)

字形 甲骨文 金文 古陶文 簡牘

文 說文小篆

庚(일곱째 천간 경): gēng, 广-5, 8, 30

(字解) 상형. 탈곡에 쓰는 농기구를 그렸다는 등, 庚의 자원에 관한 해설이 분분하지만, 요령과 같이 매달 수 있는 악기를 그렸다는 것이 일반적이다. 이른 시기부터 7번째 천간자로 가차되어 사용되었고, 악기라는 원래 뜻은 쓰이지 않았다.

(字形) 甲骨文 金文 古陶文 簡牘文 古璽文 說文小篆

更(고칠 경): gēng, 曰-3, 7, 40

(字解) 형성. 원래는 又^(또 우)가 의미부이고 丙^(남녘 병)이 소리부로, 손^(又)으로 어떤 받침대^(丙)를 옮기는 모습을 그렸는데 자형이 조금 변해 지금처럼 되었다. 이로부터 '옮기다'의 뜻이 나왔고, 다시 更新^(경신), 更迭^(경질), 變更^(변경)에서와 같이 '고치다'는 뜻도 나왔다. 옮기는 것은 다시 시작하기 위함이기에 '다시'라는 뜻도 나왔다. 다만, '다시'나 '더욱이'라는 뜻으로 쓰일 때에는 更生^(갱생)에서처럼 '갱'으로 읽는다.

(字形) 甲骨文 金文 古陶文 簡牘文 說文小篆

梗(대개 경): gěng, 木-7, 11, 10

(字解) 형성. 木^(나무 목)이 의미부이고 更^(고칠 경·다시 갱)이 소리부로, 가시가 있는 느릅나무^(楡 유)를 말했는데, 이후 가시가 있는 나무 모두를 통칭하게 되었다. 이후 곧게 자라는 느릅나무처럼 곧다, 똑바로 서다 등의 뜻이 나왔으며 '대강'이라는 뜻으로 가차되기도 했다.

(字形) 簡牘文 說文小篆

硬(굳을 경): 硬 yìng, 石-7, 12, 32

(字解) 형성. 石^(돌 석)이 의미부이고 更^(고칠 경·다시 갱)이 소리부로, 돌^(石)처럼 '단단함'을 뜻하며 이로부터 견고하다, 고집스럽다, 강행하다, 융통성이 없다 등의 뜻이 나왔다. 현대 중국어에서는 '소프트^(soft)'의 대역어인 軟^(연할 연)과 대칭되어 '하드^(hard)'의 대역어로도 쓰인다.

(字形) 說文小篆

京(서울 경): jīng, 亠-6, 8, 60

字解 상형. 갑골문에서 기단 위에 높다랗게 지어진 집을 그렸으며, 이로부터 높은 집의 뜻이 나왔고, 높은 집들이 즐비하게 늘어선 '서울'까지 지칭하게 되었다. 또 즐비하다는 뜻에서 10조를 뜻하는 큰 숫자의 단위로 쓰이기도 한다.

字形 甲骨文 金文 古陶文 石刻古文 說文小篆

鯨(고래 경): 鲸, [鱷], jīng, 魚-8, 19, 10

字解 형성. 魚(고기 어)가 의미부이고 京(서울 경)이 소리부로, 높다란 집(京)처럼 큰 어류(魚)인 '고래'를 말한다. 고래는 사실 동물에 속하지만, 물에 사는 바람에 어류로 인식하여 魚의 범주에 귀속시켰음을 알 수 있다. 『설문해자』에서는 魚가 의미부이고 畺(지경 강)이 소리부인 鱷(수고래 경)으로 썼다.

字形 說文小篆 說文或體

倞(굳셀 경): jìng, 人-8, 10

字解 형성. 人(사람 인)이 의미부이고 京(서울 경)이 소리부로, 굳세다, 강건하다는 뜻인데, 높이 솟은 집(京)처럼 굳세고 힘 있는 사람(人)이라는 뜻을 담았다.

字形 甲骨文 說文小篆

勍(셀 경): qíng, 力-8, 10

字解 형성. 力(힘 력)이 의미부이고 京(서울 경)이 소리부로, 높이 솟은 집(京)처럼 힘(力)이 센 것을 말하며, 倞(굳셀 경)과도 같이 쓰인다.

字形 說文小篆

黥(묵경할 경): qíng, 黑-8, 20

字解 형성. 黑(검을 흑)이 의미부이고 京(서울 경)이 소리부로, 고대 형벌의 하나이다. 이마에 먹물(黑)을 들이는 형벌을 말하며, 이후 문신이라는 뜻까지 나왔다.

字形 簡牘文 說文小篆 說文或體

景(볕 경): jǐng, 日-8, 12, 50

字解 형성. 日(날 일)이 의미부이고 京(서울 경)이 소리부로, 태양(日)이 높은 집(京)들 위를 비추는 모습으로부터 '빛'이라는 뜻이 나왔고, 다시 풍경이나 '景致(경치)', 우러러 보다(景仰경앙) 등의 뜻이 나왔다. 이후 의미를 더 강조하고자 강렬한 햇살을 뜻하는 彡(터럭 삼)을 더하여 影(그림자 영)으로 분화했다. ☞ 影(그림자 영)

字形 說文小篆

暻(밝을 경): jǐng, 日-12, 16

字解 형성. 日^(날 일)이 의미부이고 景^(볕 경)이 소리부로, 태양^(日)이 밝게 비추는 모습^(景)으로부터 밝다는 뜻을 그렸으며, 깨닫는 뜻도 나왔다. 『正字通^(정자통)』에서는 景^(볕 경)의 속자로 보기도 했다. ☞ 景^(볕 경)

憬(깨달을 경): jǐng, 心-11, 15, 10

字解 형성. 心^(마음 심)이 의미부이고 景^(볕 경)이 소리부로, 태양이 환하게 비추듯^(景) 마음^(心)에서 깨닫게 됨을 말한다. ☞ 景^(볕 경)

字形 🔣 說文小篆

璟(옥 광채 날 경): jǐng, 玉-12, 16, 12

字解 형성. 玉^(옥 옥)이 의미부이고 景^(볕 경)이 소리부로, 옥^(玉)이 광채를 내며 빛나는^(景) 모습을 말한다. ☞ 景^(볕 경)

瓊(옥 경): 琼, qióng, 玉-15, 19, 12

字解 형성. 玉^(옥 옥)이 의미부이고 夐^(멀 형)이 소리부로, 붉은색의 아름다운 옥^(玉)을 말한다. 이후 아름다운 사물의 비유로 쓰이게 되었는데, 옥구슬로 만든 주사위 비슷한 博具^(박구)도 지칭하기도 했다. 간화자에서는 소리부 夐을 京^(서울 경)으로 바꾼 琼으로 쓴다.

字形 🔣 簡牘文 🔣 說文小篆 🔣 🔣 🔣 說文或體

炅(빛날 경·성씨 계): jiǒng, 火-4, 8, 12

字解 회의. 日^(날 일)과 火^(불 화)로 이루어져, 태양^(日)과 불^(火)이 결합하여 환하게 '빛나는' 모습을 그렸으며, 이로부터 빛, 뜨겁다 등의 뜻이 나왔다. 또 성씨로도 쓰이는데, 이 때에는 '계'로 읽힘에 유의해야 한다.

字形 🔣 古璽文 🔣 說文小篆

耿(빛날 경): gěng, 耳-4, 10

字解 형성. 『설문해자』에서는 耳^(귀 이)가 의미부이고 炷^(심지 주)의 생략된 모습이라고 했지만 그다지 설득력이 있어 보이지 않는다. 청나라 朱駿聲^(주준성)의 『說文通訓定聲^(설문통훈정성)』에서는 火^(불 화)가 의미부이고 聖^(성스러울 성)의 생략된 모습이 소리부라고 했는데, 큰 귀^(耳)를 가진 성인^(聖)처럼 불^(火)처럼 밝게 빛나다는 뜻을 그린 것으로 보인다.

字形 🔣 金文 🔣 古璽文 🔣 說文小篆

계

크(돼지머리 계): [彑], jì, 크-0, 3

字解 지사. 크는 돼지머리를 그렸는데, 윗부분은 돼지머리이고, 아랫부분의 가로획은 절단된 것임을 나타낸다. 먼저, 멧돼지는 유용한 식량이자 조상신에게 바치는 훌륭한 제수품이었다. 그래서 彘(돼지 체)는 갑골문에서 화살(矢·시)이 꽂힌 멧돼지를 그렸는데, 이후 돼지가 머리 부분은 크로 몸통 부분은 比(견줄 비)로 분리되어 지금의 자형으로 변했다. 또 彝(떳떳할 이)는 갑골문과 금문에서 날개가 묶인 새나 돼지를 두 손으로 받든 모습을 그렸는데, 아래쪽으로 핏방울이 떨어지는 모습과 머리 부분에 삐침 획(丿)이 더해져 제사상에 바쳐지는 죽인 희생물임을 형상화했다. 그러나 彗(비 혜)는 원래 눈(雪·설)의 결정과 손을 그려 눈을 쓸어내는 비(箒·추)를 형상화했는데, 아랫부분의 손(又·우)과 크의 자형이 비슷해 크부수에 귀속되었다.

字形 彑 說文小篆

界(경계 계): [堺, 畍], jiè, 田-4, 9, 60

字解 형성. 田(밭 전)이 의미부이고 介(끼일 개)가 소리부로, 논밭(田) 사이에 끼인(介) 둑으로 만들어진 境界(경계)를 뜻한다. 이로부터 주위, 접경, 영역 등의 뜻이 나왔다. 현대에 들어서는 學界(학계)에서처럼 직업이나 지위, 성별 등의 차이에 따라 구분된 집단을 의미하기도 한다. 달리 좌우구조로 된 畍나 土(흙 토)가 더해진 堺(지경 개)로 쓰기도 한다.

字形 畍 簡牘文 畍 說文小篆

堺(지경 계): jiè, 土-9, 12

字解 형성. 土(흙 토)가 의미부이고 界(경계 계)가 소리부로, 나라나 지역 따위의 영역(土)을 가르는 경계(界)를 말하며, 界(지경 계)와 같이 쓰인다. ☞ 界(지경 계)

戒(경계할 계): jiè, 戈-3, 7, 40

字解 회의. 戈(창 과)와 廾(두 손 마주잡을 공)으로 구성되어, 창(戈)을 두 손으로 들고(廾) 警戒(경계)를 서는 모습을 그렸으며, 이로부터 경계를 서다, 준비하다, 齋戒(재계)하다 등의 뜻이 나왔다.

字形 甲骨文 金文 帛書 簡牘文 說文小篆

誡(경계할 계): 诫, jiè, 言-7, 14

字解 형성. 言(말씀 언)이 의미부이고 戒(경계할 계)가 소리부로, 말(言)로 경계함을 말한다. 이로부터 箴言(잠언)을 뜻하게 되었으며, 교훈성의 내용을 담은 글을 뜻하는 문체 이름으로 쓰였고, 불교에서는 '계율'을 뜻하기도 한다.

說文小篆

械(형틀 계): xiè, 木-7, 11, 32

字解 형성. 木^(나무 목)이 의미부이고 戒^(경계할 계)가 소리부로, 나무^(木)로 만든 형벌 도구를 말한다. 『설문해자』에서는 장강 이남에서 나는 나무^(木)로 최고의 약재로 쓰인다고 했다.

字形 說文小篆

桂(계수나무 계): [筀], guì, 木-6, 10, 32

字解 형성. 木^(나무 목)이 의미부이고 圭^(홀 규)가 소리부로, 나무^(木)의 일종인 '계수나무'를 말하며, 달에 계수나무가 있다는 전설 때문에 달의 비유로도 쓰였다. 또 광서 壯族^(장족)자치구를 줄여 부르는 말로도 쓰인다.

字形 簡牘文 古璽文 說文小篆

計(꾀 계): 计, jì, 言-2, 9, 60

字解 회의. 言^(말씀 언)과 十^(열 십)으로 구성되었는데, 사람들이 일하는 시간을 숫자^(十)로써 보다 자세하게 일러준다^(言)는 의미를 담고 있다. 이로부터 計算^(계산)이라는 뜻이 나왔고, 다시 미리 계산해 둔다는 의미에서 計略^(계략)에서처럼 '꾀'라는 뜻까지 나왔다.

字形 簡牘文 說文小篆

季(끝 계): jì, 子-5, 8, 40

字解 회의. 禾^(벼 화)와 子^(아들 자)로 구성되어, 곡식^(禾)의 수확에 동원 가능한 마지막 단계의 어린 아이^(子)까지 내보내 수확한다는 뜻에서 '마지막'의 뜻이 나왔다. 이로부터 季父^(계부)처럼 형제 중 막내, 季春^(계춘)처럼 계절의 마지막 달, 季節^(계절) 등의 뜻을 갖게 되었다.

字形 甲骨文 金文 古陶文 簡牘文 帛書 說文小篆

悸(가슴 두근거릴 계): [瘈], jì, 心-8, 11, 10

字解 형성. 心^(마음 심)이 의미부이고 季^(끝 계)가 소리부로, 심장^(心)이 두근거림을 말하며, 이로부터 놀라다는 뜻이 나왔고, 그런 병을 지칭하기도 한다. 이 때문에 心 대신 疒^(병들어 기댈 녁)이 들어간 瘈로 쓰기도 한다.

字形 說文小篆

契(맺을 계·사람 이름 설): qì, 大-6, 9, 32

字解 회의. 丰^(예쁠 봉)과 刀^(칼 도)와 大^(큰 대)로 구

성되었는데, 大는 廾^(두 손으로 받들 공)이 변한 결과이다. 두 손^(廾)으로 칼^(刀)을 쥐고 칼집을 내 부호^(丰)를 '새기는' 것을 말했으며, 여기서부터 '새기다'는 뜻이 나왔다. 문자가 만들어지기 전 기억의 보조수단으로 나무에 홈을 파는 방식을 사용했는데 이를 書契^(서계)라 했다. 이후 서로 간의 약속이나 이행해야 할 의무 등을 나무에 새겨 표시했고, 이후 문자가 만들어지면서 문서로 기록했기에 다시 '契約^(계약)'이라는 뜻이 나왔다. 또 상나라 선조의 이름으로 쓰이는데 이때에는 '설'로 읽힌다.

字形 𥔷簡牘文 契說文小篆

髻(상투 계): jì, 髟-6, 16

字解 형성. 髟^(머리털 드리워질 표)가 의미부이고 吉^(길할 길)이 소리부로, 머리를 우뚝하게 묶어 올린 '상투'를 말하는데, 吉이 남성 상징물^(士사)을 집 입구^(口구)에 세워두고 숭배하던 모습을 그린 것임을 고려해 본다면, 髻는 성인 남성^(吉)을 상징하는 머리^(髟)의 모습을 뜻한다고 할 수 있다.

字形 髻說文小篆

鷄(닭 계): 鸡, [雞], jī, 鳥-10, 21, 40

字解 형성. 鳥^(새 조)가 의미부이고 奚^(어찌 해)가 소리부로, 새^(鳥)의 일종인 '닭'을 말하는데, 머리를 묶인 여자 포로^(奚)와 같이 생긴 볏을 가진 새^(隹추)라는 뜻을 담았다.

의미부인 鳥를 隹로 바꾼 雞^(닭 계)로 쓰기도 한다. 간화자에서는 소리부 奚를 又^(또 우)로 간단하게 줄인 鸡로 쓴다.

字形 𩾏𩿗𪆗𪆁𪅂甲骨文 𩿝古陶文 雞雞簡牘文 雞說文小篆 𪆑說文籀文

溪(시내 계): [谿], xī, 水-10, 13, 32

字解 형성. 水^(물 수)가 의미부이고 奚^(어찌 해)가 소리부로, 골짜기를 흐르는 작은 내를 말하며, 이로부터 작은 길의 뜻도 나왔다. 원래 谿^(시내 계)로 썼으나 의미부인 谷^(골 곡)이 水로 대체되었다. ☞ 谿^(시내 계)

字形 溪簡牘文 𤀎說文小篆 溪玉篇

谿(시내 계): [溪, 磎], xī, 谷-10, 17

字解 형성. 谷^(골 곡)이 의미부이고 奚^(어찌 해)가 소리부로, 골짜기^(谷)를 흐르는 자그마한 내를 말하는데, 달리 의미부인 谷 대신 水^(물 수)나 石^(돌 석)이 들어간 溪^(시내 계)나 磎^(시내 계)로 쓰기도 한다.

字形 𧯿說文小篆

磎(시내 계): [溪], xī, 石-10, 15

字解 형성. 石^(돌 석)이 의미부이고 奚^(어찌 해)가 소리부로, 돌^(石)로 패어진 골짜기를 흐르는 자그마한 내를 말한다. 원래는 谿^{(시내}

계)로 썼으나 의미부인 谷이 石으로 대체
되었다. 또 水^(물 수)가 들어간 溪^(시내 계)와
같은 글자이다. ☞ 溪^(시내 계)

字形 ⬚簡牘文 ⬚說文小篆 溪玉篇

啓(열 계): 启, [啟 唘], qǐ, 口-8, 11, 32

字解 회의. 원래 戶^(지게 호)와 又^(또 우)로 구성되
어, 손^(又)으로 문^(戶)을 열어젖히는 모습
에서 '열다'의 뜻을 그렸고, 이로부터 열
다, 개척하다, 통하다, 알리다, 啓導^(계도)
하다, 가르치다 등의 뜻까지 나왔다. 이
후 소리를 지르며 문을 열어 달라고 요
구한다는 뜻에서 口^(입 구)를 더했고, 又가
攵^(칠 복)으로 변해 의미가 더욱 구체화
되었다. 간화자에서는 攵을 생략한 启로
쓴다.

字形 ⬚甲骨文 ⬚簡牘文 ⬚說文小篆

棨(창 계): [棨], qǐ, 木-8, 12

字解 형성. 木^(나무 목)이 의미부이고 啓^(열 계)의
생략된 모습이 소리부로, 적흑색의 비단
으로 싼 목제로 된 의장용 창이나 관문
을 출입할 때 증명서로 쓰던 나무로 만
든 부절을 말했으며, 덩어리로 된 차를
뜯는 차칼^(茶刀·차도)을 지칭하기도 한다.

字形 ⬚說文小篆

繼(이을 계): 继, [繼], jì, 糸-14, 20, 40

字解 형성. 糸^(가는 실 멱)이 의미부이고 𢇍^(이을 계)
가 소리부로, '잇다'는 뜻이다. 이는 칼^{(刀·}
^{도)}로 실^(幺·작을 요)을 끊는 모습을 그린 𢇍
_(끊을 斷^단의 원래 글자)의 반대 모양인 𢇍로써
'끊어짐'의 반대 의미를 그렸고, 여기에
다시 糸을 더해 끊어진 것을 '실로 잇다'
는 뜻을 나타냈다. 간화자에서는 继로 쓴
다. ☞ 𢇍^(이을 계)

字形 ⬚金文 ⬚簡牘文 ⬚說文小篆

稽(헤아릴 계): jī, 禾-10, 15

字解 형성. 禾^(벼 화)와 尤^(더욱 우)가 의미부이고
旨^(맛있을 지)가 소리부인 구조이다. 그러나
원래는 禾와 尤로 이루어져 곡식^(禾)이 손
상을 입어^(尤) 일정 단계에서 머문 채 더
자라지 않는 모습으로부터 머리 숙여 그
원인을 '살피고' '따지다'는 의미를 그려냈
는데, 이후 소리부인 旨가 더해져 지금처
럼 되었고, 뜻도 맛^(旨)으로 살피고 헤아
려 봄을 강조하게 되었다.

字形 ⬚簡牘文 ⬚說文小篆

癸(열째 천간 계): guǐ, 癶-4, 9, 30

字解 상형. 갑골문의 자형에서 이것이 무엇을
그렸는지에 대해서는 의견이 분분하다.
혹자는 나무막대를 교차시킨 것이라거나
컴퍼스처럼 생긴 거리를 재는 도구라고
도 한다. 하지만, 점에 쓸 시초처럼 묶은
풀이나 나무가 교차한 모습으로 보는 것
이 일반적이다. 점괘를 풀어줄 풀이나 나

무막대를 손으로 골라 '점괘를 해석하다'는 뜻으로부터 '재다', '추측하다'의 뜻이 나왔다. 이후 癸가 간지자로 가차되어 쓰이게 되자, 원래 의미는 手(손 수)를 더해 揆(헤아릴 규)로 분화했다.

字形 甲骨文 金文 古陶文 簡牘文 古璽文 石刻古文 說文小篆 說文籀文

系(이을 계): xì, 糸-1, 7, 40

字解 회의. 원래 손(爪·조)으로 실(糸)을 잡은 모습을 그렸는데, 爪가 삐침 획(丿)으로 줄어 지금처럼 되었다. 누에고치를 삶고 거기서 실을 뽑아내는 모습이며, 고치에서 나온 실들이 서로 연이어진 모습에서 '이어지다'의 뜻이 나왔다. 현대 중국에서는 繫(맬 계)나 係(걸릴 계)의 간화자로도 쓰인다.

字形 甲骨文 金文 古陶文 說文小篆 說文或體 說文籀文

係(걸릴 계): 系, xì, 人-7, 9, 42

字解 형성. 人(사람 인)이 의미부이고 系(이을 계)가 소리부로, 사람(人)들 사이를 서로 묶다

(系)는 뜻으로, 인간 서로 간에 얽히고설킨 關係(관계)를 말한다. 간화자에서는 系에 통합되었다.

字形 甲骨文 說文小篆

繫(맬 계): 系, jì, 糸-13, 19, 30

字解 형성. 毄(부딪힐 격)이 의미부이고 系(이을 계)가 소리부로, 굴대의 끝 연결 부분(毄)을 실로 잡아매다(系)는 뜻으로부터 '묶다'는 의미를 그렸다. 이로부터 매다, 마음에 넣어 두다, 구금하다 등의 뜻도 나왔다. 간화자에서는 系에 통합되었다. ☞ 毄(부딪힐 격)

字形 說文小篆

階(섬돌 계): 阶, [堦], jiē, 阜-9, 12, 40

字解 형성. 阜(언덕 부)가 의미부이고 皆(다 개)가 소리부로, 흙 언덕(阜)에 일정한 높이로 나란히(皆) 만들어진 '階段(계단)'을 말하며, 이로부터 계단, 오르다, 사다리, 관직의 品階(품계) 등을 뜻하게 되었다. 간화자에서는 소리부인 皆를 介(끼일 개)로 바꾼 阶로 쓴다. ☞ 皆(다 개)

字形 說文小篆

屆(이를 계): 届, jiè, 尸-5, 8

字解 형성. 尸(주검 시)가 의미부이고 凷(흙덩이 괴)가 소리부로, 굳은 시신(尸)이나 흙덩이

^(凷)처럼 굳어 행동이 불편함을 말한다. 이외에도 '극한'이라는 뜻 외에도, '이르다'의 뜻으로 쓰여 '차례'를 나타내기도 한다. 간화자 등에서는 아랫부분을 줄여 届^(이를 계)로 쓰기도 한다.

字形 屆 說文小篆

屵(점칠 계): jī, 乙-5, 6

字解 회의. 占^(차지할 점)과 乙^(새 을)로 구성되어, 길흉을 묻고자 점^(占)을 한번^(乙) 쳐 보다는 뜻이다. 금문에서는 점복에 쓰는 뼈를 그대로 그렸는데, 예서 이후로 지금의 자형이 되었다.

字形 屵 金文

洎(물 부을 계): jì, 水-6, 9

字解 형성. 水^(물 수)가 의미부이고 自^(스스로 자)가 소리부로, 갑골문에서는 주로 지명으로 쓰였는데 강^(水) 이름을 말했던 것으로 보인다. 이후 물^(水)을 붓다는 뜻이 나왔다.

字形 洎 洎 洎 洎 甲骨文 洎 石刻古文 洎 說文小篆

고

古(옛 고): gǔ, 口-2, 5, 60

字解 회의. 十^(열 십)과 口^(입 구)로 구성되었는데, 『설문해자』에서는 십^(十) 대 이전부터 구전되어^(口) 오던 오래된 옛날이야기라는 뜻이라고 했다. 이로부터는 '옛날'이라는 의미가 나왔고, 이후 오래되다, 소박하다 등의 뜻도 나왔다. 갑골문에서는 口에 세로획^(|)이 더해진 형태였는데, 이후 세로획이 十으로 변해 지금의 자형이 되었다.

字形 古 古 古 甲骨文 古 古 古 金文 古 古 古陶文 古 古 簡牘文 古 說文小篆 古 說文古文

故(옛 고): gù, 攴-5, 9, 42

字解 형성. 攴^(칠 복)이 의미부이고 古^(옛 고)가 소리부로, 회초리를 쳐가며^(攴) 옛것^(古)으로 되돌아가게 하다는 뜻이며, 이로부터 '옛 것'의 뜻이, 다시 '억지로^(故意·고의)'라는 뜻이 나왔다.

字形 故 故 故 金文 故 古陶文 故 故 簡牘文 故 帛書 故 石刻古文 故 說文小篆

苦(쓸 고): kǔ, 艸-5, 9, 60

字解 형성. 艸^(풀 초)가 의미부이고 古^(옛 고)가 소리부로, 쓴맛이 나는 풀^(艸)의 하나인 '씀바귀'를 말하며, 이후 맛이 쓰다, 어렵다, 힘들다 등의 뜻이 나왔다.

字形 𠧪 古璽文 𠧪 說文小篆

枯(마를 고): kū, 木-5, 9, 30

字解 형성. 木^(나무 목)이 의미부이고 古^(옛 고)가 소리부로, 오래된^(古) 나무^(木)를 말하며, 이로부터 마르다의 뜻이 나왔다. 나무^(木)를 비롯한 모든 사물은 오래되면^(古) 마르기 마련이고, 마르면 죽고 만다는 불변의 이치를 반영했다.

字形 枯 簡牘文 枯 敱 古璽文 枯 說文小篆

姑(시어미 고): gū, 女-5, 8, 32

字解 형성. 女^(여자 여)가 의미부이고 古^(옛 고)가 소리부로, 남편의 어머니를 말하는데, 시집에 원래부터 있던 오래된^(古) 어머니^(女)라는 뜻을 담았다. 이후 고모나 남편의 여형제를 뜻하였고 또 여성의 통칭으로도 쓰였으며, '잠시'라는 부사로도 가차되어 쓰였다.

字形 姑 古 姑 姑 金文 姑 姑 簡牘文 姑 帛書 姑 說文小篆

辜(허물 고): gū, 辛-5, 12, 10

字解 형성. 辛^(매울 신)이 의미부이고 古^(옛 고)가 소리부로, 허물을 말하는데, 형벌 칼^(辛)로 벌을 받게 되는 '죄'라는 뜻을 반영했

다. 이로부터 허물, 잘못, 재난, 원한 등의 뜻도 나왔다.

字形 辜 金文 辜 辜 簡牘文 辜 石刻古文 辜 說文小篆 辜 說文古文

沽(팔 고): gū, 水-5, 8

字解 형성. 水^(물 수)가 의미부이고 古^(옛 고)가 소리부로, 강^(水)의 이름으로 하북성의 白河^(백하)를 말하며, 天津^(천진)에서 바다로 흘러들기 때문에 天津을 줄여 부르는 이름으로도 쓰인다. 이후 估^(값 고)와 賈^(장사 고)와 발음이 같아, '팔다'는 뜻으로 가차되어 쓰이기도 했다.

字形 沽 沽 金文 沽 古陶文 沽 盟書 沽 沽 古璽文 沽 說文小篆

估(값 고): gū, 人-5, 7

字解 형성. 人^(사람 인)이 의미부이고 古^(옛 고)가 소리부로, 오래된^(古) 사람^(人)이어야만 믿고 물건을 살 수 있다는 의미로부터 '장사'라는 뜻을 그렸으며, 이로부터 '값'을 뜻하게 되었다. 이후 評估^(평고)에서처럼 값을 추정하고 평가하다는 뜻도 생겼다.

鴣(자고 고): gū, 鳥-5, 16

_{字解} 형성. 鳥^(새 조)가 의미부이고 古^(옛 고)가 소리부로, 꿩 과에 딸린 메추리 비슷하나 크기가 조금 큰 새^(鳥)인 鷓鴣^(자고)를 말한다.

_{字形} 鴣 說文小篆

固(굳을 고): gù, 囗-5, 8, 50

_{字解} 형성. 囗^(나라 국·에워쌀 위)가 의미부이고 古^(옛 고)가 소리부로, 옛것^(古)에 둘러싸여^(口위) 밖으로 나가지 못하는 모습으로부터 고루함과 頑固^(완고)함이나 固執^(고집)을 그렸다. 옛것에 얽매여 새로운 사고를 하지 못함은 바로 굳음이요, 굳음은 바로 '노자'의 말처럼 죽어가는 모습에 다름 아니다.

_{字形} 固金文 固 固 固古陶文 固 盟書 固 固 固 固 古 簡牘文 固 固 古璽文 固 說文小篆

痼(고질 고): [痼] gù, 疒-8, 13, 10

_{字解} 형성. 疒^(병들어 기댈 녁)이 의미부이고 固^(굳을 고)가 소리부로, 오래도록^(固) 지속되어 굳어버린^(固) 질병^(疒), 즉 痼疾病^(고질병)을 말한다. 달리 소리부를 古^(옛 고)로 바꾼 痛로 쓰기도 한다.

_{字形} 痼 說文小篆

錮(땜질할 고): 锢, gù, 金-8, 16, 10

_{字解} 형성. 金^(쇠 금)이 의미부이고 古^(옛 고)가 소리부로, 쇠^(金)를 이용해 단단하게 고정하는^(固) '땜질'을 말한다. 이로부터 단단히 '붙들어 매다', '가로막다' 등의 뜻도 생겼다.

_{字形} 錮 說文小篆

罟(그물 고): gǔ, 网-5, 10

_{字解} 형성. 网^(그물 망)이 의미부이고 古^(옛 고)가 소리부로, 물고기를 잡는 그물^(网)을 말하는데, 이후 그물로 잡다, 法網^(법망) 등의 뜻이 생겼다.

_{字形} 罟 罟古璽文 罟 說文小篆

詁(주낼 고): 诂, gǔ, 言-5, 12

_{字解} 형성. 言^(말씀 언)이 의미부이고 古^(옛 고)가 소리부로, 옛날^(古) 말^(言)이나 옛말의 뜻을 말하며, 또 지금의 통용되는 말로 어려운 옛날의 뜻을 풀이하는 일, 註釋^(주석) 작업을 말한다.

_{字形} 詁 古璽文 詁 說文小篆

盬(그릇 고): gǔ, què, 皿-11, 16

_{字解} 형성. 皿^(그릇 명)과 缶^(장군 부)가 의미부이며, 고^(古)가 소리부이다. 『설문해자』의 해설

처럼, '그릇^(器)'을 말한다.

字形 ![image] 說文小篆

考(상고할 고): kǎo, 老-0, 6, 50

字解 형성. 老^(늙을 로)의 생략된 모습이 의미부이고 丂^(공교할 교)가 소리부로, 머리를 풀어 헤친 채 지팡이를 짚고 서 있는 모습의 '노인'을 형상화했다. 노인이라는 뜻으로부터 돌아가신 아버지라는 뜻이 나오기도 하였고, 경험이 많은 노인처럼 깊이 생각하다는 뜻에서 '詳考^(상고)하다', 깊이 살피다 등의 뜻이 나왔다. 『설문해자』에서는 老와 같은 뜻이라고 했는데, 老와 考의 고대 한자음은 같았을 것으로 추정된다.

字形 ![image] 甲骨文 ![image] 金文 ![image] 簡牘文 ![image] 說文小篆

拷(칠 고): kǎo, 手-6, 9, 10

字解 형성. 手^(손 수)가 의미부이고 考^(상고할 고)가 소리부로, 손^(手)으로 노인^(考)을 치다는 뜻으로부터 '치다', '拷問^(고문)하다' 등의 뜻이 나왔는데, 옛날 원시 사회에서 생식 압력을 완화하기 위해 존재했던 '老人棒殺^(노인봉살·나이 든 노인을 몽둥이로 쳐 죽임)'의 습속을 반영한 것으로 보인다.

告(알릴 고): gào, 口-4, 7, 52

字解 회의. 牛^(소 우)와 口^(입 구)로 이루어져, 희생 소^(牛)를 바치고 기도하는^(口) 모습에서 '알리다'의 뜻을 그렸다. 이후 의미를 더욱 강조하기 위해 言^(말씀 언)을 더하여 誥^(고할 고)를 만들기도 했다.

字形 ![image] 甲骨文 ![image] 金文 ![image] 古陶文 ![image] 簡牘文 ![image] 說文小篆

誥(고할 고): gào, 言-7, 14

字解 형성. 言^(말씀 언)이 의미부이고 告^(알릴 고)가 소리부로, 신에게 희생물을 바치며^(告) 말^(言)로 보고함을 말하며, 이로부터 알리다의 뜻이 나왔다. 이후 권고하다, 황제의 칙령 등의 뜻이 나왔고, 권고나 권면의 내용을 담은 글을 지칭하기도 했다. ☞ 告^(알릴 고)

字形 ![image] 金文 ![image] 簡牘文 ![image] 說文小篆 ![image] 說文古文

靠(기댈 고): kào, 非-7, 15

字解 형성. 非^(아닐 비)가 의미부이고 告^(알릴 고)가 소리부로, 옳지 않은^(非) 사실을 알리다^(告)는 뜻에서 서로 척을 지다는 뜻이 나왔다. 또 그렇게 할 때에는 반드시 '신빙성'을 확보해야 한다는 의미에서 의거하

다, 신뢰하다, 기대다 등의 뜻이 나왔다.

字形 ![蒿] 說文小篆

郜(나라이름 고): gào, 邑-7, 10

字解 형성. 邑^(고을 읍)이 의미부이고 告^(알릴 고)가 소리부로, 周^(주)나라 때의 제후국 이름으로, 지금의 산동성 武城^(무성)현에 있었다. 또 성씨로도 쓰인다.

字形 ![郜]金文 ![郜]簡牘文 ![郜]說文小篆

叩(두드릴 고): [敂], kòu, 口-2, 5, 10

字解 형성. 卩^(병부절)이 의미부이고 口^(입 구)가 소리부로, 사람을 꿇어 앉혀 사람^(卩)을 '치다'는 뜻이다. 『설문해자』에서는 원래 攴^(칠 복)이 의미부이고 句^(글귀 구)가 소리부인 구조였으나, 攴이 口로 변해 지금의 자형이 되었다.

皐(부르는 소리 고): 皋, [嘷], gāo, háo, 白-5, 11, 12

字解 형성. 원래는 白^(흰 백)이 의미부이고 夲^(나 갈 도)가 소리부인 皋로 썼는데 자형이 조금 변해 지금처럼 되었다. 신 앞에 나아가^(夲) 수확한 곡물을 바치면서 '축원함^(白)'을 말했다. 지금은 皋가 皐의 속자가되었다. 달리 口^(입 구)를 더한 嘷^(고함지를 호)로 쓰기도 한다.

字形 ![皋]簡牘文 ![皐] 說文小篆

庫(곳집 고): 库, kù, 广-7, 10, 40

字解 회의. 广^(집 엄)과 車^(수레 거차)로 구성되어, 전차나 수레^(車)를 넣어두는 집^(广)이라는 뜻으로부터 무기를 넣어두던 무기고라는 뜻이 나왔다. 이후 倉庫^(창고)나 감옥의 뜻이 나왔고, 송나라 때에는 술집을 뜻하기도 했다. 간화자에서는 库로 쓴다.

字形 ![庫]金文 ![庫]簡牘文 ![庫]![庫]![庫]古璽文 ![庫] 說文小篆

尻(꽁무니 고): kāo, 尸-2, 5

字解 형성. 尸^(주검 시)가 의미부이고 九^(아홉 구)가 소리부로, 신체^(尸)의 엉덩이 부위를 말하며, 이로부터 항문이나 끝 부분을 지칭하게 되었다.

字形 ![尻] 說文小篆

攷(상고할 고): [考], kǎo, 攴-2, 6

字解 형성. 攴^(칠 복)이 의미부이고 丂^(공교할 교)가 소리부로, 막대를 쥐고^(攴) 치다는 뜻으로부터 두드리다의 뜻이 나왔고, 다시 돌다리도 두드리고 건너듯 자세히 살피다는 뜻까지 나왔다. 考^(상고할 고)와 같이 쓰기도 한다. ☞ 考^(상고할 고)

字形 ![攷] 說文小篆

睪(못 고): gāo, 目-9, 14

字解 회의. 血^(피 혈)과 幸^(다행 행)으로 구성되었음은 분명하나, 『설문해자』에 등장하지 않아 자원이 분명하지 않다. 혹자는 睪^(엿볼 역)자에서 변형된 것으로 추정하기도 하는데, 현대 옥편에서는 血^(피 혈)이 아닌 目^(눈 목)부수에 편입되었다.

字形 [그림] 簡牘文

蠱(독 고): 蛊, gǔ, 虫-17, 23

字解 회의. 蟲^(벌레 충)과 皿^(그릇 명)으로 구성되어, 뱃속 벌레^(蟲)를 말한다. 사람을 해칠 목적으로 그릇^(皿) 안의 음식 속에 인공 배양하여 음식과 함께 뱃속으로 들어가게 하는 독충^(蠱)을 말하며, 이로부터 독기라는 뜻이 나왔다. 간화자에서는 蟲을 虫^(벌레 충·훼)으로 줄인 蛊로 쓴다.

字形 [그림] 甲骨文 [그림] 盟書 [그림] 說文小篆

賈(장사 고) ☞ 賈^(값 가)

高(높을 고): [髙], gāo, 高-0, 10, 60

字解 상형. 갑골문에서처럼 윗부분은 지붕이고, 중간은 몸체를, 아랫부분은 기단으로, 땅을 다져 만든 기단 위에 높게 지은 건축물을 그렸는데 자형이 변해 지금처럼 되

었다. 금문에 들면서는 2층 구조로 변했는데, 한나라 때 출토된 건물 모형에서는 이미 5-6층 건물까지 등장했다. 그래서 高는 '높다'가 원래 뜻이고, 이로부터 高尚^(고상)함이나 지위의 높음까지 뜻하게 되었다.

字形 [그림] 甲骨文 [그림] 金文 [그림] 古陶文 [그림] [그림] 簡牘文 [그림] 石刻古文 [그림] 說文小篆

敲(두드릴 고): qiāo, 攴-10, 14, 10

字解 형성. 攴^(칠 복)이 의미부이고 高^(높을 고)가 소리부로, 높게 지은 집^(高)의 문을 두드리는 모습을 그렸다. 이후 推敲^(퇴고)에서처럼 글을 지을 때 여러 번 생각하여 고치고 다듬음을 말하기도 했다. 『설문해자』에서는 攴 대신 殳^(창 수)가 들어갔는데 의미는 같다.

字形 [그림] 說文小篆

膏(기름 고): gāo, 肉-10, 14, 10

字解 형성. 肉^(고기 육)이 의미부이고 高^(높을 고)가 소리부로, 지방을 말하는데, 기름기가 적당히 든 고기^(肉)가 최고^(高)라는 뜻을 담았다. 이후 살찐 고기의 뜻이 나왔고, 사물의 정수를 뜻하기도 했다.

字形 [그림] 甲骨文 [그림] 古陶文 [그림] 說文

小篆

稿(볏짚 고): [稾], gǎo, 禾-10, 15, 32

字解 형성. 禾^(벼 화)가 의미부이고 高^(높을 고)가 소리부로, 탈곡을 위해 높이^(高) 쌓아 놓은 볏단^(禾)을 말했는데, 이후 가공이 필요한 것이라는 뜻에서 '草稿^(초고)'의 의미가 나왔고, 다시 原稿^(원고)나 글 등을 지칭하게 되었다.

字形 [圖] [圖] 簡牘文 [圖] 說文小篆

暠(흴 고): gǎo, hào, 日-10, 14

字解 형성. 日^(날 일)이 의미부이고 高^(높을 고)가 소리부로, 해^(日)가 높이^(高) 떠 밝은 모습을 말하며, 이로부터 '희다'는 뜻이 나왔다.

槁(마를 고): [稾], gǎo, 木-10, 14

字解 형성. 木^(나무 목)이 의미부이고 高^(높을 고)가 소리부로, 고목처럼 나무^(木)가 높이 자라 말라 죽다는 뜻을 담았다. 달리 상하구조로 된 稾^(마를 고)로, 다시 艸^(풀 초)가 더해진 藁^(마를 고)로 쓰기도 한다.

字形 [圖] 甲骨文 [圖] 古璽文 [圖] 說文小篆

藁(마를 고): [槁], gǎo, 艸-14, 18

字解 형성. 艸^(풀 초)가 의미부이고 蒿^(쑥 호)가 소리부로, 마르다는 뜻인데, 나무^(木)가 쑥^(蒿)처럼 높이 자라 '말라 죽다'는 뜻을 담았다. 달리 지명으로도 쓰였는데, 藁城^(고성)은 하북성에 있다. 또 槁^(마를 고)와 같이 쓰기도 한다.

鼓(북 고): gǔ, 鼓-0, 13, 32

字解 회의. 壴^(악기이름 주)와 攴^(칠 복)으로 구성되었는데, 壴는 윗부분이 술로 장식된 대 위에 놓인 북을 그렸고 攴^(攵)은 북채를 쥔 손을 그려, 북을 치는 모습을 그렸다. 여기에서 북은 들고 다니거나 매달아 쓰는 북이 아니라, 굽이 높은 받침대 위에 올려놓은 북이다. 전쟁터에서는 받침대에 바퀴를 달아 이동하기 쉽게 했을 것이다. 북은 鼓吹^(고취)에서처럼 전쟁터에서 군사들의 사기를 북돋우는 주요한 악기였으며, 시계가 없던 시절에 시간을 알려주던 도구이기도 했다. 그래서 성에는 鼓樓^(고루)가 설치되었다.

字形 [圖] [圖] [圖] [圖] 甲骨文 [圖] [圖] [圖] 金文 [圖] 古陶文 [圖] [圖] [圖] 簡牘文 [圖] 說文小篆

羔(새끼 양 고): [羗], gāo, 羊-4, 10

字解 회의. 羊^(양 양)과 火^(불 화)로 구성되어, 구이^(火)에 쓸 '어린 양^(羊)'을 말하며, 이후 어린 새끼를 뜻하게 되었다. 달리 羗^(새끼 양 고)로 쓰기도 한다.

字形 甲骨文 金文 古陶文 簡牘文 古璽文 說文小篆

觚(술잔 고): gū, 角-5, 12

字解 형성. 角^(뿔 각)이 의미부이고 瓜^(오이 과)가 소리부로, 아래위가 오이(瓜)처럼 길고 나팔처럼 벌어진 뿔^(角)로 만든 키가 큰 잔을 말한다. 이후 글을 쓰다는 뜻으로도 가차되었다.

字形 說文小篆

孤(외로울 고): gū, 子-5, 8, 40

字解 형성. 子^(아들 자)가 의미부이고 瓜^(오이 과)가 소리부로, 孤兒^(고아)를 말하는데, 어린 나이에 아버지를 여의고 홀로 달린 오이^(瓜)처럼 혼자 남은 아이^(子)와 같이 '외로운' 존재라는 뜻을 담았다. 이후 혼자라는 뜻이 나왔고, 나라를 위해 죽은 사람의 자손을 뜻하기도 했다.

字形 簡牘文 說文小篆

呱(울 고): gū, 口-5, 8, 10

字解 형성. 口^(입 구)가 의미부이고 瓜^(오이 과)가 소리부로, 어린 아이^(瓜, 孤와 통함)의 우는^(口) 소리를 말하며, 이로부터 '울다'는 뜻이 나왔다.

字形 說文小篆

苽(줄 고): gū, 艸-5, 9

字解 형성. 艸^(풀 초)가 의미부이고 瓜^(오이 과)가 소리부로, 식물 이름인 '줄'을 말한다. 이는 볏과의 여러해살이 풀^(艸)의 하나로 높이는 2미터 정도이며, 잎은 좁은 피침 모양이고 모여난다. 연못에서 자라며, 땅속줄기는 흰색이고 땅위줄기는 곧게 서, 자홍색의 작은 꽃을 피운다. 어린줄기는 모종의 균이 기생하고 나서 팽창하게 되는데 이것이 식용하는 茭白^(교백)이라는 것이며, 열매는 菰米^(고미)라 불린다. 옛날 6가지 대표 곡식의 하나로 쳤으며, 열매와 어린 싹은 식용하고 잎은 사료나 도롱이, 차양, 자리를 만드는 데에 쓴다. 달리 줄풀, 진고^(眞菰), 침고^(沈苽) 등으로 부른다.

字形 說文小篆

菰(향초 고): gū, 艸-8, 12

字解 형성. 艸^(풀 초)가 의미부이고 孤^(외로울 고)가 소리부로, 식물의 하나인 '줄'을 말하는데, 이후 곰팡이류를 지칭하는 말로도 쓰였으며, 달리 孤 대신 瓜^(오이 과)가 들어간 苽로도 썼다. ☞ 苽^(줄 고)

雇(품 살 고): [僱], gù, 隹-4, 12, 20

字解 형성. 隹^(새 추)가 의미부고 戶^(지게 호)가 소리부로, 농사철이 되면 문^(戶) 위에 만들어

놓은 집으로 돌아오는 철새(隹)를 말한다. 여기서 매년 농사철이 되면 돈을 주고 불러와 일을 시키는 사람을 뜻하게 되었고, 이로부터 품삯을 주고 '雇傭(고용)하다'는 뜻이, 다시 '돌아오다'는 뜻이 나왔다. 나아가 그런 사람을 특별히 뜻할 때에는 人(사람 인)을 더한 僱(품 팔 고)를 만들었다.

字形 甲骨文 簡牘文 說文小篆 說文或體 說文籒文

顧(돌아볼 고): 顾, gù, 頁-12, 21, 30

字解 형성. 頁(머리 혈)이 의미부이고 雇(품 살 고)가 소리부로, 머리(頁)를 돌려(雇) 되돌아봄을 말하며, 이로부터 살피다, 생각하다, 반성하다 등의 뜻이 나왔다. 간화자에서는 顾로 쓴다. ☞ 雇(품 살 고)

字形 金文 簡牘文 說文小篆

袴(바지 고): kù, 衣-6, 11, 10

字解 형성. 衣(옷 의)가 의미부이고 夸(자랑할 과)가 소리부로, 높이(夸) 타고 넘을 수 있게 한 옷(衣)의 일종으로, 바지를 말한다. ☞ 夸(자랑할 과)

股(넓적다리 고): gǔ, 肉-4, 8, 10

字解 형성. 肉(고기 육)이 의미부이고 殳(창 수)가 소리부로, 신체(肉)의 일부인 넓적다리(髀비)를 말한다. 이후 신체의 일부분을 말했고, 다시 재물이나 자본 일부를 뜻했는데 股票(고표)는 '주식'을 말한다.

字形 簡牘文 說文小篆

杲(밝을 고): gǎo, 木-4, 8

字解 회의. 日(날 일)과 木(나무 목)으로 구성되어, 해(日)가 나무(木) 위에 자리한 모습에서 해가 나무 위에 걸린 때인 한낮의 '밝음'을 뜻했다.

字形 簡牘文 帛書 說文小篆

곡

谷(골 곡): gǔ, 谷-0, 7, 32

字解 회의. 윗부분은 水(물 수)의 일부가 생략된 모습이고 아랫부분의 口(입 구)는 입구를 상징하여, 물이 흘러나오되 아직 큰 물길을 이루지 못한 산에 있는 샘의 입구를 그렸다. 그래서 『설문해자』에서도 "물이 솟아 나와 내(川천)로 통하는 곳을 谷이라 하며, 水의 반쪽 모습으로 구성되었다."라고 했다. 이처럼 谷은 내가 시작되는 산 속 샘의 입구라는 뜻으로부터 산 사이로 우묵 들어간 '골짜기'를 의미하게 되었다. 골짜기는 '물길'이자 사람이 다니는 좁은 통로이기도 했으며, 깊게 팬 골짜기는 크

고 텅 빈 공간으로 넉넉함과 수용을 상징하기도 했다. 그러나 크고 깊은 협곡에 빠져 적의 매복이라도 만나는 날이면 나아가지도 물러서지도 못한다는 뜻에서 進退維谷^(진퇴유곡)처럼 困境^(곤경)을 뜻하기도 하였다. 하지만, 谷의 자형에 유의해야 하는데, 윗부분이 물을 그렸기 때문에 사실은 갑골문에서처럼 아래위 획 모두 중간이 분리되어야 하는데, 예서에 들면서 지금처럼 되어 버렸다. 이와 반대로 아래위 획 모두 붙어 人^(사람 인)처럼 되면 '입^(口) 둘레로 난 구비'를 뜻하는 '谷'자가 되는데, 卻^(물리칠 각), 峪^(새가 울 곡) 등은 이 글자로 구성되었다. 이처럼 谷은 계곡을 지칭하거나 계곡의 상징을 말한다.

字形 ![甲骨文][金文][古陶文][簡牘文][古璽文][石刻古文][說文小篆]

穀(곡식 곡): 谷, gǔ, 禾-9, 14, 40

字解 형성. 禾^(벼 화)가 의미부이고 殼^(껍질 각)이 소리부로, 벼^(禾)로 대표되는 '穀食^(곡식)'을 통칭한다. 옛날에는 곡식을 봉급으로 받았으므로 봉록, 봉양하다의 뜻이, 다시 좋다, 살아 있다 등의 뜻도 나왔다. 간화자에서는 독음이 같은 谷^(골 곡)에 통합되었다.

字形 ![簡牘文][說文小篆]

斛(휘 곡): hú, 斗-7, 11

字解 형성. 斗^(말 두)가 의미부이고 角^(뿔 각)이 소리부로, 열 말^(斗) 들이 용기인 '휘'를 말하는데, 1말^(斗)은 10되^(升)요, 10말이 1휘^(斛)이다.

字形 ![金文][說文小篆]

曲(굽을 곡): [麯, 麴], qū, 曰-2, 6, 50

字解 상형. 갑골문에서 대나 버들을 굽혀 엮어 놓은 광주리의 모습을 그렸는데, 이로부터 '굽다'는 뜻이 나왔고, 曲線^(곡선), 歪曲^(왜곡), 曲解^(곡해) 등의 의미도 나왔다. 『설문해자』에서도 '물건을 담을 수 있게 한 네모진 기물을 말하는데, 일설에는 누에 칠 때 쓰는 채반을 말한다.'라고 했다. 현대 중국에서는 麯^(누룩 국)과 麴^(누룩 국)의 간화자로도 쓰인다.

字形 ![金文][簡牘文][說文小篆][說文古文][玉篇]

哭(울 곡): kū, 口-7, 10, 32

字解 회의. 吅^(부르짖을 훤)과 犬^(개 견)으로 이루어져, 너무나 슬픈 나머지 인간의 이성을 상실한 채 짐승^(犬)처럼 슬피 울부짖다^(吅)는 뜻을 담았다. 『설문해자』에서는 "슬퍼하는 소리를 말한다. 吅이 의미부이고 犬은 獄^(옥 옥)의 생략된 모습으로 소리부로 쓰였다."라고 했는데, 믿기 어렵다.

字形 𤬛 𩵋 古陶文 𤬚 𤬛 𤬚 𤬚 簡牘文 𤬚 說文小篆

梏(쇠고랑 곡): gù, 木-7, 11, 10

字解 형성. 木(나무 목)이 의미부이고 告(알릴 고)가 소리부로, 나무(木)로 만든 손에 채우는 형틀을 말했는데, 이후 쇠로 만들어졌다. 이로부터 신체를 구속하다의 뜻이 나왔고, 桎梏(질곡)에서처럼 몹시 속박하여 자유를 가질 수 없는 고통의 상태를 비유적으로 나타내기도 했다.

字形 𣏓 簡牘文 𤮰 古璽文 梏 說文小篆

鵠(고니 곡): 鹄, hú, 鳥-7, 18, 10

字解 형성. 鳥(새 조)가 의미부이고 告(알릴 고)가 소리부로, 새(鳥)의 일종인 고니를 말하며, 흰색을 상징하였다. 또 산서성 聞喜(문희)현에 있던 지명으로도 쓰였다.

字形 𪁗 說文小篆

곤

丨(뚫을 곤): gǔn, 丨-0, 1

字解 지사. 丨은 세로획으로, 『설문해자』의 해석처럼 "위아래로 관통한 것"을 말한다. 현대 한자에서 단독으로 쓰이는 경우는 없으나, 한자를 구성하는 중요한 획이어서 214부수의 하나로 확정되었다. 丨으로 구성된 글자들은 모두 '관통하다'는 뜻이 있다. 예컨대 中(가운데 중)은 어떤 지역에다 깃대를 꽂아 놓은 모습이고 串(꽂을 꿸 천)은 어떤 물건을 꼬챙이로 꿰어놓은 모습을 했다.

字形 丨 說文小篆

昆(형 곤): kūn, 日-4, 8, 10

字解 회의. 日(날 일)과 比(견줄 비)로 구성되어, 태양(日) 아래로 두 사람이 나란히 선(比) 모습을 그렸고, 두 사람(比)의 머리 위로 태양이 위치한 데서 '정오'의 뜻이 나왔다. 태양이 가장 높게 뜬 '하늘의 끝, 북반구에 살았던 중국인의 처지에서 '정 남쪽' 등의 뜻이 나왔다. 이후 昆蟲(곤충)이라는 뜻도 나왔고, 이로부터 형, 자손, 후사 등을 뜻하게 되었다. 현행 옥편에서는 日부수에 넣었지만 『설문해자』에서는 比부수에 넣었으며, 현대 중국에서는 崑(곤륜산 곤)의 간화자로도 쓰인다.

字形 𣇵 金文 昆 簡牘文 𣇷 說文小篆

崑(곤륜산 곤): 昆, [崐], kūn, 山-8, 11

字解 형성. 山^(뫼 산)이 의미부이고 昆^(형 곤)이 소리부로, 崑崙山^(곤륜산)을 말하는데, 태양의 바로 아래^(昆) 선, 땅의 중심에 서서 하늘과 통하는 산^(山)이라는 뜻을 담았다. 지명으로도 쓰이며, 달리 좌우구조로 된 崐^(곤륜산 곤)으로도 쓰는데, 간화자에서는 昆^(형 곤)에 통합되었다.

字形 說文小篆

棍(몽둥이 곤): gùn, 木-8, 12, 10

字解 형성. 木^(나무 목)이 의미부이고 昆^(형 곤)이 소리부로, 나무^(木)로 만든 몽둥이를 말하며, 악한 무리나 무뢰한의 비유로도 쓰였다.

琨(옥돌 곤): kūn, 玉-8, 12

字解 형성. 玉^(옥 옥)이 의미부이고 昆^(형 곤)이 소리부로, 옥돌^(玉)을 말하며, 佩玉^(패옥)이라는 뜻도 생겼다.

字形 說文小篆

鯤(곤이 곤): 鲲, kūn, 魚-8, 19

字解 형성. 魚^(고기 어)가 의미부이고 昆^(형 곤)이 소리부로, 전설 속의 큰^(昆) 물고기^(魚)를 말하는데, 『莊子^(장자)』에 의하면 北溟^(북명)이라는 곳에 사는 물고기로 그 크기가 몇천 리가 되는지 모를 정도의 큰 것으

로 등장한다. 달리 물고기의 '곤이'를 말하기도 한다.

字形 金文 古陶文 簡牘文

輥(빨리 구를 곤): 辊, gǔn, 車-8, 15

字解 형성. 車^(수레 거·차)가 의미부이고 昆^(형 곤)이 소리부로, 수레의 바퀴가 구르는 모습을 말하며, 이로부터 '구르다'의 뜻이 나왔고, 수레바퀴처럼 둥근 모양의 부속품을 지칭하기도 한다. 간화자에서는 辊으로 쓴다.

字形 金文 說文小篆

困(괴로울 곤): kùn, 囗-4, 7, 40

字解 회의. 囗^(나라 국·에워쌀 위)와 木^(나무 목)으로 구성되었는데, 囗은 네모로 둘러쳐진 집이나 방을 상징하여, 변변한 가재도구도 없이 선반과 같은 나무^(木)만 덩그러니 남은 困窮^(곤궁)한 모습을 담았고, 다시 힘들다, 疲困^(피곤)하다, 어려움에 부닥치다 등의 뜻이 나왔다.

字形 甲骨文 簡牘文 說文小篆 說文古文

梱(문지방 곤): kǔn, 木-7, 11

字解 형성. 木^(나무 목)이 의미부이고 困^(괴로울 곤)

이 소리부로, 텅 빈 방^(困)으로 들어가는 나무^(木)로 만든 '문지방'을 말한다.

字形 [說文小篆]

坤(땅 곤): [堃], kūn, 土-5, 8, 30

字解 형성. 土^(흙 토)가 의미부이고 申^(아홉째 지지 신)이 소리부로, 흙^(土)과 번개^(申)가 더해져 음과 양의 기운이 만나 무한한 에너지를 만들어 내는 번개^(申)처럼 모든 생물을 생장 가능하게 하는 흙^(土)을 가진 '땅'을 말한다. 여성, 어머니, 서쪽의 상징으로도 쓰이며, 『주역』에서 땅을 뜻하는 팔괘의 하나^(☷)이기도 하다. 달리 堃^(땅 곤)으로 쓰기도 하는데, 사방^(方·방) 팔방^(方)으로 흩어진 땅^(土)이라는 뜻을 담았다.

字形 [古璽文] [石刻古文] [坤 說文 小篆]

袞(곤룡포 곤): 衮, gǔn, 衣-5, 11, 10

字解 형성. 금문에서부터 衣^(옷 의)가 의미부이고 公^(공변될 공)이 소리부인 구조로 이루어졌는데, 천자가 제사를 드릴 때와 같이 공공의 장소에서 공적으로^(公) 입는 옷^(衣)을 말했으며, 이후 천자나 三公^(삼공)이 입는 옷을 지칭했다. 간화자에서는 衮으로 쓴다.

字形 [金文] [盟書] [說文 小篆]

滾(흐를 곤): gǔn, 水-11, 14

字解 형성. 水^(물 수)가 의미부이고 袞^(곤룡포 곤)이 소리부로, 곤룡포^(袞)처럼 큰물^(水)이 세차게 흐르는 모습을 말한다. 이후 물이 가열되어 끓어오르는 것을 뜻하기도 했고, 끓어오르면 대기 중으로 날아가므로 '떠나가다'의 뜻도 나왔다. 『설문해자』에서는 소리부인 袞 대신 官^(벼슬 관)이 들어간 涫^(끓을 관)으로 썼다.

字形 [說文小篆]

골

骨(뼈 골): gǔ, 骨-0, 10, 40

字解 회의. 冎^(살 베어내고 뼈만 앙상히 남을 과, 剮와 같은 글자)에 肉^(고기 육)이 더해진 모습으로, 살이 붙은 '뼈'를 잘 형상화했다. 冎는 갑골문에서 卜^(점 복)과 뼈로 구성되어, 당시 거북 딱지와 함께 점복에 주로 사용되었던 소의 어깻죽지 '뼈'를 그렸다. 그래서 骨은 원래는 『설문해자』의 해석처럼 '살이 붙은 뼈'를 지칭했으나 이후 '뼈'의 통칭으로 변했다. 뼈는 사람의 몸을 구성하는 근간이며, 기풍을 나타내는 상징이기도 하다. 그래서 骨에는 氣骨^(기골)이라는 뜻이 생겼고, 風骨^(풍골)처럼 문학작품에서 기풍과 필력이 웅건한 스타일을 가리키기도 했다. 이처럼 骨로 구성된 글자는 주로 뼈와 관련된 의미나 신체부위, 기풍 등을 나타낸다.

字形 [字形] 簡牘文 [古璽] 說文小篆

泪(빠질 골강 이름 멱): [湏], mì, 水-4, 7, 10

字解 형성. 水(물 수)가 의미부이고 日(날 일)이 소리부로, 물(水) 흐르는 소리나 물결 소리를 말한다. 또 洞庭湖(동정호)로 흘러드는 호남성의 강(水) 이름으로 고대 중국의 위대한 시인이었던 屈原(굴원)이 빠져 죽었다는 곳으로 유명한데, 이때에는 '멱'으로 읽는다.

字形 [帛書] 帛書 [說文小篆] 說文小篆

滑(어지러울 골) ☞ 滑(미끄러울 활)

공

公(공변될 공): gōng, 八-2, 4, 60

字解 회의. 厶(사사 사, 私의 원래 글자)와 八(여덟 팔)로 구성되어, 공변됨을 말하는데, 사사로움(厶)에 반대되는(八) 개념을 公으로 보았다. 즉 그런 사적인 테두리나 영역을 없애버리거나 그러한 사적인 개념에 배치된다(八)는 개념을 그렸다. 그래서 公에는 公的(공적)이라는 뜻과 公平(공평), 公共(공공)이라는 뜻이 생겼고, 다시 '公開的(공개적)

인', '公式(공식)적'이라는 뜻도 생겼는데, 공적인 일은 반드시 은밀하지 않은 공개적인 방법에 의해서 진행되어야 하기 때문이다. 또 고대의 작위 이름으로 쓰였고, 할아버지뻘의 남성이나 시아버지를 부르는 호칭으로도 쓰였다.

字形 [甲骨文] 甲骨文 [金文] 金文 [古陶文] 古陶文 [古幣文] 古幣文 [簡牘文] 簡牘文 [古璽文] 古璽文 [石刻古文] 石刻古文 [說文小篆] 說文小篆

蚣(지네 공): gōng, 虫-4, 10

字解 형성. 虫(벌레 충)이 의미부이고 公(공변될 공)이 소리부로, 벌레(虫)의 하나인 지네(蜈蚣오공)를 말한다.

廾(두 손 마주잡을 공): gǒng, 廾-0, 3

字解 회의. 廾은 두 손을 마주 잡은 모습을 그렸는데, 이후 손을 마주 잡고 높이 들어 공손함을 표시했다. 해서에 들면서 廾은 오래된 술을 담은 술독(酋추)을 두 손으로 받들고 바치는 모습을 그린 奠(제사지낼 전)이나 어떤 물건을 함께 든 모습인 共(함께 공)에서처럼 大(큰 대)나 八(여덟 팔)로 변하기도 했다. 廾이 든 글자를 보면, 弄(희롱할 롱)은 옥(玉옥)을 두 손으로 '갖고 노는 모

습에서 '戲弄^(희롱)'의 뜻이 나왔고, 弈^(바둑 혁)은 두 손으로 바둑을 두는 모습을 형 상화했으며, 弁^(고깔 변)은 두 손으로 모자를 든 모습을 그렸고, 弇^(덮을 엄)은 두 손으로 단지의 뚜껑을 덮는^(弇) 모습을 그렸다. 그러나 彝^(떳떳할 이)는 실^(糸사)로 묶은 돼지머리^(彐계)와 쌀^(米미)을 두 손으로 받들고 제단에 바치는 모습으로부터 '제사'와 '제단에 바치는 청동기'라는 의미를 그렸지만, 현대 한자자전에서는 彐^(돼지머리 계)부수에 귀속되었다.

字形 ㉿甲骨文 ㉿說文小篆 ㉿說文或體

共(함께 공): gòng, 八-4, 6, 60

字解 형성. 갑골문에서 口^(입 구)가 의미부이고 廾^(두 손으로 받들 공)이 소리부로, 어떤 물체^(口)를 두 손^(廾)으로 '함께' 받쳐 든 모습을 그렸는데, 자형이 변해 지금처럼 되었다. 이로부터 共同^(공동), 함께 등의 뜻이 나왔고, 합계, 모두라는 뜻으로도 쓰였다.

字形 ㉿甲骨文 ㉿金文 ㉿簡牘文 ㉿古璽文 ㉿說文小篆 ㉿說文古文

拱(두 손 마주 잡을 공): gǒng, 手-6, 9, 10

字解 형성. 手^(손 수)가 의미부이고 共^(함께 공)이 소리부로, 두 손^(手)을 함께^(共) 마주 잡음을 말하며, 이로부터 손을 맞잡다, 손을 묶다, 둘러싸다, 수수방관하다, 왕이 정사를 챙기지 않다 등의 뜻도 나왔다.

字形 ㉿簡牘文 ㉿說文小篆

供(이바지할 공): gōng, 人-6, 8, 32

字解 형성. 人^(사람 인)이 의미부이고 共^(함께 공)이 소리부로, 함께^(共) 할 수 있는 사람^(人)을 뜻하는데, 함께 할 수 있는 사람이려면 자신보다는 남을 먼저 배려하고 가진 것을 남에게 나누어주고 인류의 발전에 '이바지할 수 있는 존재여야하기 때문이다. 이로부터 모시다, 提供^(제공)하다 등의 뜻이 나왔다.

字形 ㉿簡牘文 ㉿說文小篆

恭(공손할 공): gōng, 心-6, 10, 32

字解 형성. 心^(마음 심)이 의미부이고 共^(함께 공)이 소리부로, 함께^(共) 할 수 있는 마음^(心)을 뜻하는데, 모두가 함께할 수 있으려면 상대를 존중하고 자신을 낮추는 겸허하고 '恭遜^(공손)한' 마음이 필요하기 때문이다. 이후 존중하다, 뜻을 받들어 시행하다 등의 뜻이 나왔다.

字形 ㉿金文 ㉿帛書 ㉿石刻古文 ㉿說文小篆

龔(공손할 공): 龚, gōng, 龍-6, 22

字解 형성. 龍^(용 룡)이 의미부이고 共^(함께 공)이 소리부로, 받들다는 뜻인데, 용^(龍)같이 귀한 존재를 함께^(共) 받들다는 의미를 담았고, 이후 '공손하다' 등의 뜻도 나왔다. 간화자에서는 龚으로 쓴다.

字形 [金文] [簡牘文] [說文小篆]

珙(큰 옥 공): gǒng, 玉-6, 10

字解 형성. 玉^(옥 옥)이 의미부이고 共^(함께 공)이 소리부로, 커다란 壁玉^(벽옥)을 말하는데, 함께 들어야^(共) 할 정도로 큰 옥^(玉)이라는 뜻을 담았다.

字形 [古璽文] [說文新附字]

工(장인 공): gōng, 工-0, 3, 70

字解 상형. 이의 자원에 대해 도끼를 그렸다느니 자를 그렸다는 등 의견이 분분하지만, 갑골문을 보면 땅을 다질 때 쓰던 돌 절굿공이를 그렸음이 분명하다. 윗부분은 손잡이고 아랫부분이 돌 절굿공이인데, 딱딱한 거북 딱지에 칼로 새긴 갑골문에서 새기기 편하도록 아랫부분이 네모꼴로 변했을 뿐이다. 지금도 황하 유역을 가면 집터를 만들거나 담을 쌓아 올릴 때 진흙을 다져 만드는 방법^(版築法판축법)을 자주 볼 수 있는데, 이때 가장 유용하게 쓰이는 도구가 바로 돌 절굿공이다. 그러한 절굿공이가 그 지역의 가장 대표적이고 기본적인 도구라는 뜻에서 工具

^(공구)의 뜻이 나왔고, 공구를 전문적으로 다루는 사람을 工匠^(공장), 공구를 사용한 작업을 工程^(공정)이나 工作^(공작)이라 부르게 되었으며, 어떤 일에 뛰어나다는 뜻도 갖게 되었다.

字形 [甲骨文] [金文] [古陶文] [簡牘文] [石刻古文] [說文小篆] [說文古文]

功(공 공): gōng, 力-3, 5, 60

字解 형성. 力^(힘 력)이 의미부이고 工^(장인 공)이 소리부로, 온 힘^(力)을 다해 돌 절굿공이^(工)로 흙담을 쌓는 모습을 그렸다. 工^(장인 공)은 중원지역에서 황토를 다져 성과 담을 쌓던 절굿공이를 그렸고, 그것이 가장 중요한 도구였기에 '도구'의 대표가 되었다. 그래서 功은 적으로부터 자신들을 지켜줄 울이나 성을 절굿공이^(工)로 힘껏^(力) 다져 만드는 모습이며, 이로부터 '일'이나 작업, 노력, 효과 등의 뜻이 생겼다. 이는 고대 사회에서 功이 전쟁에서 세운 공^(戰功전공)보다 토목 등 구성원의 안정된 생활을 위한 것이 더욱 근원적인 '공'이었음을 보여준다.

字形 [金文] [簡牘文] [石刻古文] [說文小篆]

攻(칠 공): gōng, 攴-3, 7, 40

字解 형성. 攴^(칠 복)이 의미부이고 工^(장인 공)이 소리부로, 절굿공이 같은 도구(工)로 내려치는^(攴) 것을 말하며, 이로부터 상대를 攻擊^(공격)하고 侵攻^(침공)하다는 뜻이 나왔으며, 남의 잘못을 지적하다, 열심히 연구하다의 뜻도 나왔다.

字形 金文 古陶文 簡牘文 帛書 古璽文 說文小篆

貢(바칠 공): 贡, gòng, 貝-3, 10, 32

字解 형성. 貝^(조개 패)가 의미부이고 工^(장인 공)이 소리부로, 백성이 그 지방에서 나는 특산물을 조정에 바치던 일^(貢納공납)을 말하는데, 공납으로 바치던 것이 노동력^(工)과 각지에서 나는 돈^(貝) 되는 중요 산물이었음을 말해 준다. 이로부터 공물, 바치다 등의 뜻이 나왔다.

字形 簡牘文 說文小篆

空(빌 공): kōng, 穴-3, 8, 70

字解 형성. 穴^(구멍 혈)이 의미부이고 工^(장인 공)이 소리부로, 공구^(工)로 황토 언덕에 굴^(穴)을 파 만든 '空間^(공간)'을 뜻하며, 이후 큰 공간인 '하늘'과 '텅 빔', 틈, 공간이나 칸을 비우다 등의 뜻도 나왔다.

字形 金文 古陶文 簡牘文 說文小篆

箜(공후 공): kōng, 竹-8, 14

字解 형성. 竹^(대 죽)이 의미부이고 空^(빌 공)이 소리부로, 속이 빈^(空) 대^(竹)로 만든 악기의 하나인 箜篌^(공후)를 말한다.

恐(두려울 공): kǒng, 心-6, 10, 32

字解 형성. 心^(마음 심)이 의미부이고 巩^(안을 공)이 소리부로, 흙을 다질 때 나는^(巩) 큰 소리처럼 마음^(心)이 쿵덕거리며 놀라거나 두려운 상태를 말한다. 갑골문에서 心^(마음 심)이 의미부이고 工^(장인 공)이 소리부이던 구조가 금문에 들면서 손에 공구를 쥔 모습을 그린 巩으로 바뀌어 이러한 의미를 더욱 형상적으로 그렸다. 이로부터 놀라다, 무서워하다, 걱정하다 등의 뜻이 나왔으며, 혹시, '아마도'라는 뜻으로도 쓰였다.

字形 金文 古陶文 簡牘文 說文小篆 說文古文

鞏(묶을 공): gǒng, 革-6, 15, 10

字解 형성. 革(가죽 혁)이 의미부이고 巩(알 공)이 소리부로, 가죽(革) 끈으로 튼튼하게(巩·공) 묶다는 뜻인데, 巩은 황토를 다지는 돌 절굿공이(工)를 손에 든 모습이다.

字形 𩍓 金文 鞏 說文小篆

孔(클 공): kǒng, 子-1, 4, 40

字解 회의. 子(아이 자)와 乙(새 을)로 구성되었는데, 乙은 원래 젖을 그린 것이 소전체에 들면서 바뀐 것이다. 그래서 원래 아이(子)가 젖을 빠는 모습을 그렸고, 이이를 키우는 위대한 존재라는 뜻에서 '크다'는 뜻이, 젖이 나오는 구멍이라는 뜻에서 '구멍'의 뜻까지 나왔다.

字形 𬐚 𬐚 𬐚 𬐚 𬐚 𬐚 𬐚 金文 𬐚 𬐚 簡牘文 𬐚 說文小篆

곶

串(곶 곶꿸 천): chuàn, │-6, 7, 12

字解 상형. 어떤 물건을 꼬챙이로 꿰놓은 모습을 했는데, 지금의 꼬치와 같은 것으로 생각하면 될 것이다. 나아가 串은 꼬치처럼 바다로 쏙 뻗어 나온 곳을 지칭하기도 하는데, 우리말에서는 '장산곶'·'장기곶'·'호미곶'처럼 곶이라 부른다. 곶은 바다가 육지 쪽으로 쏙 들어가 배가 머무르고 갖가지 정보를 교환할 수 있는, 그래서 온갖 문화가 한곳으로 모이는 灣(물굽이 만)과는 달리 배도 정착할 수 없는 그래서 타문화와의 교류가 정지된 고립된 순수한 지역이다.

字形 串 簡牘文 串 玉篇

贛(줄 공강 이름 감): 赣, gàn, 貝-17, 24

字解 형성. 貝(조개 패)가 의미부이고 竷(노래부르고 춤출 감)의 생략된 모습이 소리부로, 패물(貝)을 주다, 하사하다는 뜻이며, 이후 강서성을 관통하는 강 이름으로도 쓰였다.

字形 贛 古陶文 贛 簡牘文 贛 說文小篆 贛 說文籀文

과

科(과정 과): kē, 禾-4, 9, 60

字解 형성. 斗(말 두)가 의미부이고 禾(벼 화)가 소리부로, 말(斗)로 곡식(禾)의 양을 잼을 말한다. 곡식의 양을 재려면 분류가 이루어질 것이고, 분류된 곡식은 그 질에 따라 等級(등급)이 매겨지기 마련이다. 이 때문에 科에 매기다, 等級, 분류 등의 뜻이 함께 생겼다. 그래서 科學(과학)은 곡식(禾)을 용기(斗)로 잴 때처럼 '정확하게' 하는

학문(學)이라는 뜻으로, 사람들의 이해관계에 따라 척도가 달라져서는 아니 되는 것이 바로 科學의 정신임을 천명하고 있다. 이는 '지식'이라는 어원을 가지는 영어에서의 '사이언스(science)'보다 더욱더 현대적 의미의 科學 정신을 잘 반영하고 있다.

字形 秕 說文小篆

瓜(오이 과): [苽], guā, 瓜-0, 5, 20

字解 상형. 참외나 오이 같은 원뿔꼴의 열매가 넝쿨에 달린 모습인데, 가운데가 열매, 양쪽이 넝쿨이다. 이후 채소든 과수든 열매를 모두 지칭하는 개념으로 변했다. 과일은 결실의 상징인데, 瓜熟蒂落(과숙체락오이가 익으면 꼭지는 저절로 떨어진다)은 水到渠成(수도거성물이 흐르면 도랑이 생긴다)과 함께 잘 쓰이는 성어로 조건이 성숙하면 일은 자연스레 이루어진다는 말이다. 瓜가 의미부로 구성된 글자들은 주로 '외'처럼 생긴 열매나 그것으로 만든 제품 등과 의미적 관련을 맺는다.

字形 瓜金文 瓜古陶文 瓜說文小篆

戈(창 과): gē, 戈-0, 4, 20

字解 상형. 갑골문에서 긴 손잡이가 달린 낫 모양의 창을 그렸는데, 자형이 조금 변해 지금처럼 되었다. 이는 찌르기 좋도록 만들어진 矛(창 모)와는 달리 적을 베거나 찍기에 편리하도록 고안되었다. 戈는 고대 중국에서는 가장 대표적인 무기였고, 그

래서 戈로 구성된 한자는 대부분 무기나 전쟁과 관련되어 있다.

字形 🡒🡒🡒🡒甲骨文 🡒🡒🡒金文 🡒🡒🡒🡒古陶文 🡒🡒🡒🡒簡牘文 🡒帛書 🡒古璽文 戈說文小篆

寡(적을 과): guǎ, 宀-11, 14, 32

字解 회의. 宀(집 면)과 頁(머리 혈)과 分(나눌 분)으로 구성되어, 집(宀)에 나누어져(分) 홀로 남은 사람(頁)을 그려, '홀로'라는 의미를 형상화했다. 일부 금문에서는 分이 없었으나 이후 分이 더해져 의미를 더욱 명확하게 했다. 이로부터 홀로 남다, '적다'는 뜻이 나왔다. 鰥寡孤獨(환과고독)에서처럼 寡는 나이가 들어 남편이 없는 寡婦(과부)를 말하며, 寡人(과인)에서처럼 임금이 자신을 낮추어 쓰는 말이기도 하다.

字形 寡寡寡金文 寡寡簡牘文 寡說文小篆

果(열매 과): [菓], guǒ, 木-4, 8, 60

字解 상형. 나무(木·목)에 과실이 열린 모습을 그렸는데, 과실을 그린 윗부분이 田(밭 전)으로 변해 지금의 자형이 되었다. 열매가 원래 뜻이며, 결실을 보다, 성과물, 이루다 등의 뜻이 나왔고, 다시 果斷性(과단성)이 있다, 확실히, 果然(과연) 등의 뜻도 나

왔다. 그러자 원래 뜻은 艸^(풀 초)를 더해

菓^(열매 과)로 분화했다.

字形 ☆甲骨文 ☆☆金文 ☆☆☆簡

牘文 ☆古璽文 ☆說文小篆

菓(열매 과): 果, guǒ, 艸-8, 12, 20

字解 형성. 艸^(풀 초)가 의미부이고 果^(열매 과)가
소리부로, 식물^(艸)에 열리는 열매^(果)를
말하며, 果^(열매 과)에서 분화한 글자이다.
간화자에서는 果에 통합되었다. ☞ 果<sup>(열
매 과)</sup>

課(매길 과): 课, kè, 言-8, 15, 52

字解 형성. 言^(말씀 언)이 의미부이고 果^(열매 과)가
소리부로, 어떤 결과나 성과^(果)를 말^(言)
로 '시험하고' 평가하다는 뜻이며, 이로부
터 등급을 매기다, 세금을 매기다, 평가
하다, 계산하다, 課題^(과제) 등의 뜻이 나
왔으며, 教務課^(교무과)에서처럼 기관이나
학교 등의 행정 단위로도 쓰인다.

字形 ☆☆簡牘文 ☆說文小篆

顆(낱알 과): 颗, kē, 頁-8, 17, 10

字解 형성. 頁^(머리 혈)이 의미부이고 果^(열매 과)가
소리부로, 작고 둥근^(頁) 열매^(果) 모양의
'낱알'을 말하며, 낱알을 헤아리는 양사로
도 쓰인다.

字形 ☆說文小篆

過(지날 과): 过, guò, 辵-9, 13, 52

字解 형성. 辵^(쉬엄쉬엄 갈 착)이 의미부이고 咼<sup>(입 비
뚤어질 괘)</sup>가 소리부로, 咼는 점복에 쓰이는
동물 뼈를 그린 冎^(뼈 발라낼 과)에 물음을
뜻하는 口^(입 구)가 더해진 모습이다. 갑골
문에서 過는 '잘못'이나 '재앙' 등의 뜻으
로 쓰였고, 이후 지나가다^(辵), 지나치다,
넘어서다, 과거 등의 뜻이 나왔으며, 현
대 한어에서는 과거 경험을 나타내는 조
사로 쓰인다. 간화자에서는 소리부인 咼
를 寸^(마디 촌)으로 간단하게 줄인 过로 쓴
다.

字形 ☆☆金文 ☆盟書 ☆☆☆☆
簡牘文 ☆古璽文 ☆說文小篆

鍋(노구 솥 과): 锅, guō, 金-9, 17

字解 형성. 金^(쇠 금)이 의미부이고 咼<sup>(입 비뚤어질
괘)</sup>가 소리부로, 자유로이 옮기면서 따로
걸고 쓸 수 있는 쇠^(金)로 만든 솥을 말
한다. 주로 제사 때에 메 짓는 데 사용했
으며, 지금은 밥솥이나 그렇게 생긴 기물
을 지칭한다. 간화자에서는 咼를 呙<sup>(입 비
뚤어질 괘)</sup>로 줄인 锅로 쓴다.

夸(자랑할 과): kuā, 大-3, 6

字解 형성. 大^(큰 대)가 의미부이고 亏^(어조사 우)가
소리부이다. 『설문해자』의 해설처럼 '두

다리를 크게 벌리다^(奢)가 원래 뜻이다. 이후 발걸음을 억지로 크게 벌리다는 뜻에서 과장하다, 자랑하다는 듯이 나왔다. 여기서 파생된 跨^(타넘을 과)는 발^(足족)을 크게 벌리고^(夸) '타고 넘음'을, 誇^(자랑할 과)는 말^(言언)을 크게 떠벌려^(夸) '과장함'을 말한다.

字形 **扶** 甲骨文 **夳夲夲** 金文 **夲夲**
古陶文 **夲** 簡牘文 **夲** 說文小篆

誇(자랑할 과): 夸, kuā, 言-6, 13, 32

字解 형성. 言^(말씀 언)이 의미부이고 夸^(자랑할 과)가 소리부로, 말^(言)을 높이 올려^(夸) 자랑하거나 과장함을 말하며, 이로부터 칭찬하다는 뜻도 나왔다. 간화자에서는 夸에 통합되었다. ☞ 夸^(자랑할 과)

字形 **扶** 甲骨文 **夳夲夲** 金文 **夲夲**
古陶文 **夲** 簡牘文 **誇** 說文小篆

跨(타넘을 과): kuà, 足-6, 13

字解 형성. 足^(발 족)이 의미부이고 夸^(자랑할 과)가 소리부로, 발^(足)을 들어 높이^(夸) '타고 넘어감'을 말하며, 이로부터 넘다, 능가하다, 건너다, 차지하다 등의 뜻이 나왔으며, 시간이나 지역이나 영역을 넘는 것도 지칭하게 되었다. ☞ 夸^(자랑할 과)

字形 **跨** 說文小篆

곽

郭(성곽 곽): guō, 邑-8, 11, 30

字解 회의. 享^(누릴 향)과 邑^(阝고을 읍)으로 구성되었는데, 享^(=亯)은 종묘 같이 높게 지은 건물을 말하고, 邑은 성을 말한다. 그래서 郭은 종묘 등 중요 건물을 에워싼 '城郭^(성곽)'을 말한다. 갑골문에서 주위에 설치된 망루를 가진 네모꼴의 성을 그려, '외성'의 모습을 구체적으로 표현했는데, 이후 邑을 더해 지금의 郭이 되었다. 그래서 郭은 내성의 바깥으로 다시 만들어진 넓은 외성을 말하며, 이로부터 '바깥'이나 '넓다'는 뜻도 나왔다.

字形 **㙫 ㆆㆆ㙫** 甲骨文 **㙫㙫㙫** 金文
郭 簡牘文 **郭** 說文小篆

廓(둘레 곽): kuò, 广-11, 14, 10

字解 형성. 广^(집 엄)이 의미부이고 郭^(성곽 곽)이 소리부로, 바깥으로 넓게 둘러쳐진 외성^(郭)처럼 만들어진 구조물^(广)의 '둘레'를 말하며, 이로부터 '테두리'의 뜻이 생겼다. ☞ 郭^(성곽 곽)

槨(덧널 곽): [椁], guǒ, 木-11, 15, 10

字解 형성. 木(나무 목)이 의미부이고 郭(성곽 곽)이 소리부로, 관을 둘러싸 덧씌우는 나무(木)로 만들어진 바깥(郭)의 관을 말하며, 이로부터 견고함을 위해 바깥으로 덧댄 물체도 말하게 되었다. 달리 椁으로 쓰기도 한다. ☞ 郭(성곽 곽)

霍(빠를 곽): huò, 雨-8, 16,

字解 회의. 雨(비 우)와 隹(새 추)로 구성되어, 빗속(雨)에서 나는 새(隹)의 모습을 그렸고, 이로부터 '빠르다'는 뜻이 나왔으며, 또 그때 나는 소리를 형상한 의성어로 쓰였다. 갑골문에서는 雨와 세 개의 隹로 구성되어 새 여럿이 떼 지어 함께 나는 모습을 형상적으로 그렸다.

藿(콩 잎 곽): huò, 艸-16, 20, 10

字解 형성. 艸(풀 초)가 의미부이고 霍(빠를 곽)이 소리부로, 콩(艸)의 잎을 말하며, 다년생 초본 식물인 藿香(곽향)을 말하기도 한다. 또 臛(고깃국 확)과 통하여 고깃국을 말하기도 한다. 『설문해자』에서는 靃으로 썼다.

字形 ![靃] 說文小篆

관

冠(갓 관): guān, guàn, 冖-7, 9, 32

字解 회의. 冖(덮을 멱)과 元(으뜸 원)과 寸(마디 촌)으로 구성되어, 사람의 머리(元)에다 손(寸)으로 '갓을 씌워 주는(冖) 모습을 그렸으며, 이로부터 갓을 뜻하게 되었고 모자의 총칭이 되었다. 또 옛날에는 남자가 성년이 되는 20살이면 갓을 썼으므로, 성년이나 20살의 비유로도 쓰였다. 또 모자를 씌워 주다는 뜻으로부터 '일등'이라는 뜻도 나왔다.

字形 ![簡讀文] 簡讀文 ![說文小篆] 說文小篆

毌(꿰뚫을 관): guàn, 毌-0, 4

字解 상형. 『설문해자』의 해설처럼 '물체를 관통하여 지속함(穿物持之)'을 말한다. 일(一)로써 관통된 것을 의미하는데(橫貫), 보화(寶貨)를 꿰어 놓은 모습을 말한다. 이후 화폐를 뜻하는 貝(조개 패)가 더해져 貫(꿸 관)으로 분화했다.

字形 ![毌] 說文小篆

貫(꿸 관): 贯, guàn, 貝-4, 11, 32

字解 형성. 貝(조개 패)가 의미부고 毌(꿰뚫을 관)이 소리부로, 조개 화폐(貝)를 꿰어 놓은(毌) 모습을 그렸다. 이로부터 다른 물건을 꿰는 끈이나 동전 꾸러미 등을 뜻하게 되었으며, 꿰다, 연속되다, 연관되다는 뜻도 나왔다. 또 여럿을 하나로 꿰다는 뜻에서 '一貫(일관)되다'는 뜻이 나왔다.

字形 ⊕⊕⊕⊕白甲骨文 貫 說文小篆

慣(버릇 관): guàn, 心-10, 14, 32

字解 형성. 心(마음 심)이 의미부이고 貫(꿸 관)이 소리부로, 習慣(습관)을 말하는데, 일관되어(貫) 지속적으로 이어지는 마음(心)이 바로 버릇이자 慣習(관습)임을 보여준다.

官(벼슬 관): guān, 宀-5, 8, 42

字解 회의. 宀(집 면)과 自(군사 사, 師의 원래 글자)로 구성되어, 군대(自)의 주둔지에 만들어진 집(宀)이라는 뜻으로부터 官公署(관공서), 官舍(관사), 官府(관부) 등의 뜻이 나왔으며, 거기를 관리하는 사람까지 뜻하게 되었다. 이후 官僚(관료)는 물론 국가에 속하는 것의 비유로도 쓰였다.

字形 𠈱𠈱𠈱𠈱甲骨文 𠈱𠈱𠈱金文
𠈱𠈱古陶文 𠈱𠈱簡牘文
𠈱𠈱古璽文 𠈱說文小篆

館(객사 관): 馆, [舘], guǎn, 食-8, 17, 32

字解 형성. 食(밥 식)이 의미부이고 官(벼슬 관)이 소리부로, 음식(食)을 제공하며 손님을 접대하는 관공서(官)라는 의미로, 『설문해자』에서는 "客舍(객사)를 말한다. 『주례』에 의하면 50리마다 시장이 있고 시장에는 객사가 마련되었는데, 거기서는 음식을 준비해두어 손님을 맞았다."라고 했다. 食은 임시로 만들어진 집이라는 뜻에서 舍(집 사)로 바뀌어 舘(객사 관)으로 쓰기도 한다. 이후 손님을 접대하는 집이나 외국의 公館(공관), 旅館(여관), 문화적 장소 등을 뜻하게 되었다.

字形 𠈱古璽 𠈱說文小篆

管(피리 관): [筦, 琯], guǎn, 竹-8, 14, 40

字解 형성. 竹(대 죽)이 의미부이고 官(벼슬 관)이 소리부로, 대(竹)로 만든 악기의 하나인 피리를 말하며, 이로부터 관악기 전체를 뜻하게 되었으며, 피리처럼 생긴 관(파이프)도 뜻하게 되었다. 또 옛날의 열쇠가 파이프처럼 생겨 '중요하다'는 뜻이, 다시 管轄(관할)하다, 관리하다는 뜻도 나왔다. 달리 옥으로 만들기도 한다는 뜻에서 玉이 들어간 琯(옥관 관), 완벽한 음을 낸다는 뜻에서 官 대신 完(완전할 완)이 들어간 筦(피리 관) 등으로 쓰기도 한다.

字形 𠈱簡牘文 𠈱說文小篆 𠈱說文古文

棺(널 관): guān, 木-8, 12, 10

字解 형성. 木(나무 목)이 의미부이고 官(벼슬 관)이 소리부로, 나무(木)로 만든 관을 말한다.

字形 𠈱金文 𠈱說文小篆

琯(옥피리 관): guǎn, 玉-8, 12, 12

字解 형성. 玉^(옥 옥)이 의미부이고 官^(벼슬 관)이 소리부로, 옥^(玉)으로 만든 피리를 말하며, 玉 대신 竹^(대 죽)이 들어간 管^(피리 관)과 같이 쓴다.

字形 <그림>簡牘文 <그림>說文小篆 <그림>說文古文

菅(골풀 관): jiān, 艸-8, 12

字解 형성. 艸^(풀 초)가 의미부이고 官^(벼슬 관)이 소리부로, 풀^(艸)의 일종인 '골풀'을 말하는데, 들의 물가나 습지에서 자라고, 방석이나 돗자리 등의 재료로 쓰이며, 일본에서는 다다미 판 위를 덮는 자리의 재료로 쓴다.

字形 <그림><그림>古璽文 <그림>說文小篆

綰(얽을 관): 绾, wǎn, 糸-8, 14

字解 형성. 糸^(가는 실 멱)이 의미부이고 官^(벼슬 관)이 소리부로, 베^(糸)의 옅은 진홍색을 말했는데, 물건을 맬 수 있는 굵은 실, 실로 매다는 뜻 등이 나왔다.

字形 <그림><그림><그림><그림>金文 <그림><그림>古陶文 <그림>金文 <그림><그림>古璽文 <그림>說文小篆

寬(너그러울 관): 宽, kuān, 宀-12, 15, 32

字解 형성. 宀^(집 면)이 의미부이고 莧^(패모 한)이 소리부로, 화려하게 화장을 한 제사장^(莧)이 종묘^(宀)에서 천천히 춤추는 모습을 그렸고, 이로부터 느긋하다, 寬待^(관대)하다, 넓다 등의 뜻이 나왔다. 간화자에서는 宽으로 쓴다.

字形 <그림><그림>簡牘文 <그림>石刻古文 <그림>說文小篆

罐(두레박 관): [礶, 鑵], guàn, 缶-18, 24

字解 형성. 缶^(장군 부)가 의미부이고 雚^(황새 관)이 소리부로, '두레박'을 말한다. 缶가 의미부로 채택된 것은 처음에는 두레박이 질그릇^(缶)으로 만들어졌기 때문이다. 달리 石^(돌 석)이나 金^(쇠 금)이 들어간 礶이나 鑵으로 쓰기도 하는데, 재질에 따라 만들어진 글자이다.

字形 <그림>說文小篆

灌(물 댈 관): guàn, 水-18, 21, 10

字解 형성. 水^(물 수)가 의미부이고 雚^(황새 관)이 소리부로, 논밭 등에 물^(水)을 대는 것을 말하며, 사람의 이동을 비유하기도 한다. 또 옛날 신에게 제사 지내고 술을 땅에 뿌리던 의식을 말하기도 한다.

字形 <그림>簡牘文 <그림>說文小篆

觀(볼 관): 观, guān, 見-18, 25, 52

字解 형성. 見^(볼 견)이 의미부이고 雚^(황새 관)이 소리부로, 큰 눈을 가진 수리부엉이^(雚)가 목표물을 응시하듯 뚫어지게 바라다봄을 말하며, 이로부터 觀察^(관찰)하다, 본 모습, 사물에 대한 인식이나 觀點^(관점), 觀念^(관념)의 뜻이 나왔고, 도교사원을 지칭하기도 했다. 간화자에서는 雚을 간단한 부호로 又^(또 우)로 줄인 观으로 쓴다.

字形 (甲骨文) (金文) (簡牘文) (說文小篆) (說文古文)

瓘(옥 이름 관): guàn, 玉-18, 22

字解 형성. 玉^(옥 옥)이 의미부이고 雚^(황새 관)이 소리부로, 옥^(玉)의 이름을 말하는데, 달리 珪^(홀 규)라고도 한다.

字形 (說文小篆)

灌(물 댈 관): guàn, 水-18, 21, 10

字解 형성. 水^(물 수)가 의미부이고 雚^(황새 관)이 소리부로, 하남성 商城^(상성)현에서 발원하여 흐르는 강^(水) 이름을 말한다. 이후 논밭 등에 물^(水)을 대다, 물을 주다는 뜻이 나왔다. 또 줄기가 발달하지 않고 뭉쳐나는 왜소한 나무 즉 灌木^(관목)을 뜻하기도 한다.

關(빗장 관): 关, guān, 門-11, 19, 52

字解 회의. 門^(문 문)과 빗장을 실^(幺.요)로 꽁꽁 묶어 놓은 모습을 그렸고, 이로부터 '빗장', '잠그다', '폐쇄하다' 등의 뜻이 나왔다. 이후 출입을 통제하며 문을 잠그고 여는 성문이나 요새, 關門^(관문), 關稅^(관세) 등을 뜻하게 되었고, 중국의 函谷關^(함곡관)이나 潼關^(동관)을 말하기도 한다. 간화자에서는 关으로 쓴다.

字形 (金文) (古陶文) (簡牘文) (古璽文) (說文小篆)

款(정성 관): [欵, 欸], kuǎn, 欠-8, 12, 20

字解 회의. 갑골문에서 손^(又)에 나무^(木)를 들고 제단^(示) 앞에서 불에 태워 제사 드리는 모습을 그렸다. 이후 손^(又)이 입을 크게 벌리고 기도한다는 뜻에서 欠^(하품 흠)으로 변해 款^(정성 관)이 되었으나, 나무^(木)를 태운 연기를 매개로 무엇인가를 내려준다는 뜻에서 出^(날 출)로, 다시 士^(선비 사)로 잘못 변해 지금의 款이 되었다. 그래서 款에는 복을 기원하기 위해 제사를 드릴 때처럼 '정성을 다하다'는 뜻이 담기게 되었다. 또 무엇인가 분명한 목적을 갖고 기도하다는 뜻에서 분명하다는 뜻이, 이로부터 落款^(낙관), 형식, 조례, 조항, 經費^(경비) 등의 뜻이 나왔다.

字形 (說文小篆)

串(익힐 관) ☞ 串(곶 곶)

盥(대야 관): guàn, 皿-11, 16

字解 회의. 皿^(그릇 명)과 臼^(절구 구)와 水^(물 수)로 구성되어, 그릇^(皿)에 담긴 물^(水)로 두 손^(臼)을 '씻다'는 뜻을 그렸다. 그래서 『설문해자』에서도 "손을 씻다^(澡手)라는 뜻이다. 두 손^(臼구)으로 물^(水수)을 떠 그릇^(皿명)에 갖다 대는 모습을 그렸다."라고 했다. 또 『춘추전』 희공 23년^(B.C. 637)에서는 "[진^(秦)나라 희공의 부인이었던 회영^(懷嬴)이 직접 진^(晉)나라 공자 중이^(重耳)에게 세수용 물주전자를 들고 대야에 물을 부어주었다^(奉匜沃盥)"라고 했다.

이후 물건을 씻다, 빨다는 뜻으로까지 의미가 확장되었다. 또 제사 이름으로 쓰여 땅에 술을 뿌리며 강신제를 지내는 灌祭^(관제)를 지칭하였으며, 이로부터 물을 뿌리다는 뜻도 나왔다.

字形 甲骨文 金文 說文小篆

괄

括(묶을 괄): [捪], kuò, 手-6, 9, 10

字解 형성. 手^(손 수)가 의미부이고 舌^(혀 설)이 소리부로, 소리를 낼 수 있는 혀^(reed, 舌)가 만들어진 피리를 손^(手)으로 묶어 笙^(생황 생)처럼 생긴 다관 피리를 만드는 모습을 형상화했으며, 이로부터 함께 '묶다'나 包括^(포괄)하다는 뜻이 나왔다.

字形 說文小篆

刮(깎을 괄): [颳], guā, kuò, 刀-6, 8, 10

字解 형성. 刀^(칼 도)가 의미부이고 舌^(혀 설)이 소리부로, '깎다'는 뜻인데, 칼^(刀)로 대를 깎아 피리의 혀^(reed, 舌)를 만드는 모습을 형상화했다. 이후 깎아내다, 제거하다, 문지르다의 뜻이 나왔고, 남녀가 서로 집적거리는 것을 말하기도 했다. 달리 의미부 刀 대신 風(바람 풍)이 들어간 颳^(모진 바람 괄)로 쓰기도 하는데, 태풍 등과 같은 센 바람에 의해 모든 것이 날아가 버림을 형상화했다.

字形 說文小篆

适(빠를 괄): kuò, 辵-6, 10

字解 형성. 辵^(쉬엄쉬엄 갈 착)이 의미부이고 舌^(혀 설)이 소리부로, '빠르다'는 뜻인데, 피리 소리^(舌)가 재빠르게 멀리 퍼져나가다^(辵)는 뜻을 담았다.

字形 說文小篆

栝(노송나무 괄): kuò, 木-6, 10

字解 형성. 木^(나무 목)이 의미부이고 舌^(혀 설)이 소리부로, 노송나무^(木)를 말하며, 대나무 등을 바로 잡는 기구나 화살 끝의 활시위를 얹는 부위를 지칭하기도 한다.

字形 **慁** 古璽文 **慁** 說文小篆

恝(걱정 없을 괄): jiá, 心-6, 10

字解 형성. 心^(마음 심)이 의미부이고 㓞^{교묘히 새길 갈}이 소리부로, 걱정이 없다는 뜻인데, 마음속^(心)에 새겨두고 ^(㓞) 잊지 않으면 걱정이 없게 된다는 뜻을 담았다.

광

匡(바룰 광): [筐], kuāng, 匚-4, 6, 10

字解 형성. 匚^(상자 방)이 의미부이고 王^(임금 왕)이 소리부로, 그릇을 담는 대그릇^(匚)을 말했으나 네모꼴의 상자처럼 '반듯하다'는 뜻을 갖게 되었다. 그러자 원래 뜻은 竹^(대 죽)을 더한 筐^(광주리 광)으로 분화했으며, 木^(나무 목)이 더해진 框^(문테 광)도 같은 뜻이다.

字形 **匩匡** 金文 **匡** 古陶文 **匡** 說文小篆 **筐** 說文或體

框(문테 광): kuàng, 木-6, 10

字解 형성. 木^(나무 목)이 의미부이고 匡^(바룰 광)이 소리부로, 나무^(木)로 만든 테^(匡)를 말하며, 이로부터 주위를 둘러싼 테두리라는 뜻이 나왔으며, 범위, 고유한 격식 등을

뜻하게 되었다. ☞ 匡^(바룰 광)

筐(광주리 광): [筐, 匡], kuāng, 竹-6, 12

字解 형성. 竹^(대 죽)이 의미부이고 匡^(바룰 광)이 소리부로, 대^(竹)로 만든 문 테^(匡) 모양의 '광주리'를 말한다. ☞ 匡^(바룰 광)

字形 **匩匡** 金文 **匡** 古陶文 **匡** 說文小篆 **筐** 說文或體

廣(넓을 광): 广, guǎng, 广-12, 15, 52

字解 형성. 广^(집 엄)이 의미부이고 黃^(누를 황)이 소리부로, 사방으로 벽이 없는 큰 집^(广)을 말하며, 이로부터 크고 廣闊^(광활)하다, 멀다, 광대하다 등의 뜻이 만들어졌다. 간화자에서는 소리부 黃을 생략한 广으로 쓴다.

字形 **廣廣廣廣** 金文 **廣廣** 古陶文 **廣廣廣** 簡牘文 **廣** 說文小篆

曠(밝을 광): 旷, kuàng, 日-15, 19, 10

字解 형성. 日^(날 일)이 의미부이고 廣^(넓을 광)이 소리부로, 햇빛^(日)이 넓게^(廣) 퍼져 온 사방이 '밝음'을 말하며, 이로부터 마음이나 땅이 탁 '트이다'는 뜻도 나왔다. 간화자에서는 소리부 廣을 广으로 줄인 旷으로 쓴다.

字形 曠 說文小篆

壙(광 광): 圹, kuàng, 土-15, 18, 10

字解 형성. 土^(흙 토)가 의미부이고 廣^(넓을 광)이 소리부로, 시체를 묻도록 흙^(土)을 파내어 만든 넓은^(廣) '광'을 말한다. 간화자에서는 소리부 廣을 广으로 줄인 圹으로 쓴다.

字形 壙 說文小篆

鑛(쇳돌 광): 矿, [礦], kuàng, 金-15, 23, 40

字解 형성. 金^(쇠 금)이 의미부이고 廣^(넓을 광)이 소리부로, 구리나 철과 같은 금속^(金)이 든 쇳돌을 말하며, 근대에 들어서는 硫黃^(유황)을 지칭하기도 했다. 달리 의미부인 金을 石^(돌 석)으로 바꾸고 소리부인 廣^(넓을 광)을 黃으로 바꾸어 礦^(쇳돌 광)으로 쓰기도 한다. 간화자에서는 소리부 廣을 广으로 줄인 矿으로 쓴다.

字形 鑛 說文小篆

狂(미칠 광): kuáng, 犬-4, 7, 32

字解 형성. 犬^(개 견)이 의미부이고 王^(임금 왕)이 소리부로, '미치다'는 뜻인데, 狂犬病^(광견병)에서와 같이 미친 것은 개^(犬)가 최고^(王)이자 대표적이라는 의미를 담았다. 이로부터 '미치다'는 일반적인 뜻으로 확장되었고, 맹렬하다, 대담하다는 뜻도 나왔다.

다.

字形 甲骨文 簡牘文 古璽文 說文小篆 說文古文

炗(햇볕 뜨거울 광): guāng, 火-4, 8

字解 회의. 日^(날 일)과 火^(불 화)로 구성되어, 해^(日)가 불^(火) 같이 밝게 비춘다는 뜻이며, 이로부터 햇볕이 불같이 뜨겁다는 뜻도 나왔다. 달리 火와 化^(될 화)로 구성된 炛^(햇빛 뜨거울 광)으로 쓰기도 한다.

光(빛 광): [炗, 芡], guāng, 儿-4, 6, 60

字解 회의. 원래는 火^(불 화)와 儿^(사람 인)으로 구성되어, 불^(火)을 들고 곁에서 시중드는 사람^(儿)을 그린 글자로 炗^(빛 광)으로 쓰기도 했는데 자형이 조금 변해 지금처럼 되었다. 종^(儿)으로 하여금 등불^(火)을 들게 했던 옛날의 모습을 형상화했으며, 이로부터 빛, 밝히다, 비추다, 떨치다 등의 뜻이 나왔다.

字形 甲骨文 金文 古陶文 簡牘文 說文小篆 說文古文

胱(오줌통 광): guāng, 肉-6, 10, 10

字解 형성. 肉^(고기 육)이 의미부이고 光^(빛 광)이 소리부로, 인체^(肉) 장기의 하나인 오줌통^(膀胱방광)을 말한다.

洸(물 용솟음 칠 광): guāng, 水-6, 9

字解 형성. 水^(물 수)가 의미부이고 光^(빛 광)이 소리부로, 물^(水)이 용솟음쳐 빛^(光)을 발함을 말한다. 이로부터 씩씩하고 위엄이 있는 모양을 뜻하기도 했다. 달리 산동성에 있는 강 이름으로도 쓰인다.

字形 說文小篆

珖(옥피리 광): guāng, 玉-6, 10

字解 형성. 玉^(옥 옥)이 의미부이고 光^(빛 광)이 소리부로, 옥^(玉)의 이름을 말하며, 옥으로 만든 피리를 지칭하기도 한다.

侊(성한 모양 광): guāng, 人-6, 8

字解 형성. 人^(사람 인)이 의미부이고 光^(빛 광)이 소리부로, 광채^(光)를 내뿜는 사람^(人)처럼 '크고' '성한' 모양을 말한다.

字形 說文小篆

괘

卦(점괘 괘): guà, 卜-6, 8, 10

字解 형성. 卜^(점 복)이 의미부이고 圭^(홀 규)가 소리부로, 점^(卜)을 쳐서 얻는 占卦^(점괘)를 말하는데, 單卦^(단괘)는 8개이며, 이들이 중복되어 총 64개의 괘를 만들어낸다.

字形 說文小篆

掛(걸 괘): 挂, guà, 手-8, 11, 30

字解 형성. 手^(손 수)가 의미부이고 卦^(점괘 괘)가 소리부로, 손^(手)을 이용해 그림 등을 '내걸다'는 뜻이며, 이로부터 마음속에 두다, 등기하다 등의 뜻이 나왔다. 간화자에서는 挂^(그림족자 괘)에 통합되었다.

字形 說文小篆

罫(줄 괘): 挂, guà, 网-8, 13, 10

字解 형성. 网^(그물 망)이 의미부이고 卦^(점괘 괘)가 소리부로, 그물망^(网)처럼 가로 세로로 그린 선^(罫線·괘선)을 말한다. 간화자에서는 挂^(그림 족자 괘)에 통합되었다.

괴

魁(으뜸 괴): kuí, 鬼-4, 14, 10

字解 형성. 斗^(말 두)가 의미부이고 鬼^(귀신 귀)가 소리부로, 으뜸을 말하는데, 귀신^(鬼) 중에서도 우두머리^(魁斗태두) 귀신이라는 뜻을 담았다. 이로부터 첫 번째, 일등, 최고, 근본 등의 뜻이 나왔다. 또 별 이름으로 쓰여 북두칠성의 첫 번째 별을 지칭하기도 한다.

字形 𩯞 說文小篆

傀(허수아비 괴): guī, 人-10, 12, 20

字解 형성. 人^(사람 인)이 의미부이고 鬼^(귀신 귀)가 소리부로, '허수아비'를 말하는데, 귀신^(鬼귀)처럼 꾸며 가짜로 만든 사람^(人)이라는 뜻을 담았다.

字形 傀 說文小篆

塊(흙덩이 괴): 块, kuài, 土-10, 13, 30

字解 형성. 土^(흙 토)가 의미부이고 鬼^(귀신 귀)가 소리부인 구조로, 커다란^(鬼) 흙^(土)덩어리가 원래 뜻이다. 이후 덩어리처럼 뭉쳐진 것이나 그런 것을 헤아리는 단위사로도 사용되었으며, 또 응어리진 마음을 뜻하기도 한다. 『설문해자』에서는 土^(흙 토)와 凵^(입 벌릴 감)으로 된 凷^(흙덩이 괴)로 써, 구덩이^(凵) 속의 흙덩이^(土)를 그렸는데, 凵이 鬼로 변해 지금의 자형이 되었다. 간화자에서는 새로운 형성구조인 块로 쓰는데, 떼어낸^(夬쾌) 흙덩이^(土)라는 뜻을 담았다.

字形 凷 說文小篆 塊 說文或體

愧(부끄러워할 괴): [媿], kuì, 心-10, 13, 30

字解 형성. 心^(마음 심)이 의미부이고 鬼^(귀신 귀)가 소리부로, 마음^(心)으로 '부끄러워함'을 말하며, 이로부터 수치감을 느끼다의 뜻이 나왔다. 『설문해자』에서는 女^(계집 녀)가 의미부이고 鬼가 소리부인 媿^(창피줄 괴)로 썼다.

字形 媿 說文小篆 愧 說文或體

槐(홰나무 괴): huái, 木-10, 14, 12

字解 형성. 木^(나무 목)이 의미부이고 鬼^(귀신 귀)가 소리부로, 홰나무^(木)를 말하는데, 홰나무는 오래 살아 귀신^(鬼)이 기거하는 나무^(木)라는 뜻을 담았다. 또 續斷^(속단)이라 불리는 여러해살이풀을 말하기도 한다.

字形 槐 古陶文 槐 古璽文 槐 說文小篆

瑰(구슬이름 괴): [瓌, 瓖], guī, 玉-10, 14

字解 형성. 玉^(옥 옥)이 의미부이고 鬼^(귀신 귀)가 소리부로, 최고^(鬼)로 아름다운 옥^(玉)이라는 뜻을 담았으며, 이로부터 진귀하다, 아름답다의 뜻이 나왔다.

字形 瑰 瓌 瓌 古璽文 瑰 說文小篆

壊(무너질 괴): 坏, huài, 土-16, 19, 32

字解 형성. 土^(흙 토)가 의미부이고 襄^(품을 회)가 소리부로, 흙^(土)이 '무너지다'는 뜻이며, 이로부터 붕괴, 파괴, 실패 등의 뜻이 나왔고, 다시 변질되다, 나쁘다, 심하다는 뜻까지 나왔다. 간화자에서는 회의구조인 坏로 쓰는데, 잘못된^(不 불) 흙^(土)이라는 뜻을 담았다.

字形 簡牘文 說文小篆 說文古文 說文籀文

怪(기이할 괴): [恠], guài, 心-5, 8, 32

字解 형성. 心^(마음 심)이 의미부이고 조^(힘쓸 골)이 소리부로, 이상하게 느끼다^(心)는 뜻이며, 이로부터 놀라다, 이상하다, 怪異^(괴이)한 것 등의 뜻이, 다시 '비난하다', 대단하다 등의 뜻이 나왔다. 달리 조을 在^(있을 재)로 바꾼 恠로 쓰기도 한다.

字形 簡牘文 說文小篆

拐(속일 괴): [枴], guǎi, 手-5, 8, 10

字解 회의. 手^(손 수)와 另^(나눌 과, 咼와 같은 글자)로 구성되어, 손^(手)에 따로^(另) 쥐고 다니는 '지팡이'를 말했으며, 달리 木^(나무 목)으로 구성된 枴로 썼다. 이후 '절뚝거리다'는 뜻이 나왔고, 다시 비정상적인 방법으로 남을 '속임'을 말했다.

乖(어그러질 괴): guāi, 丿-7, 8, 10

字解 회의. 소전체에서 兆^(조짐 조)가 의미부이고 芈^(양 뿔 벌어질 개)가 소리부인 菲로 썼으며, '갈라지다'는 뜻을 그렸는데, 자형이 변해 지금처럼 되었다. 芈는 양의 뿔이 갈라지다는 뜻이고, 兆는 불로 지져 뼈에 갈라지는 금을 말하여 모두 '갈라짐'을 말하는데, 이로부터 '어그러지다'는 뜻이 나왔고, 성정이나 행동이 정상과 반대되는 것을 말하게 되었다. 또 영리하다, 착하다의 뜻도 가진다.

字形 說文小篆

块(흙덩이 괴): [塊], kuài, 土-4, 7

字解 형성. 土^(흙 토)가 의미부이고 夬^(터놓을 쾌, 깍지 결)가 소리부로, 塊의 속자이며, 떼어낸^(夬) 흙덩이^(土)를 말한다. 현대 중국에서는 塊^(흙덩이 괴)의 간화자로도 쓰인다. ☞ 塊^(흙덩이 괴)

凷(흙덩이 괴): kuài, 凵-3, 5

字解 회의. 土^(흙 토)와 凵^(입 벌릴 감)으로 구성되었다. 『설문해자』의 해설처럼 "흙덩어리^(塊)"를 말한다. 토^(土)가 의미부이고, 일^(一)을 굽혀서 [감^(凵)이 되었는데 흙을 담은 모습을] 그렸다." 달리 塊^(흙덩이 괴)로도 쓰는데, 凵이 鬼로 변해 만들어진 자형이다. 이후 덩어리처럼 뭉쳐진 것이나 그런 것을 헤아리는 단위사로도 사용되었으며,

또 응어리진 마음을 뜻하기도 한다. ☞塊
(흙덩이 괴)

字形 說文小篆

괵

馘(벨 괵): [聝], guó, 首-8, 17

字解 형성. 首^(머리 수)가 의미부이고 或^(혹시 혹)이 소리부로, 적이나 포로의 귀를 베다는 뜻인데, 옛날의 전쟁에서는 이로써 전공을 헤아렸다. 자신의 영역^(或)을 지키는 싸움^(戈)에서 필연적으로 일어나게 되는 '목^(首) 베기'를 형상화한 글자이며, 이로부터 베다, 포로, 끊다, 살육하다 등의 뜻이 나왔다. 목 대신 자른 귀^(耳·이)로 戰功^(전공)을 헤아렸다는 뜻에서 베어낸 귀를 뜻하기도 했다. 달리 首 대신 耳가 들어간 聝^(벨 괵)으로 쓰기도 한다.

字形 金文 說文小篆
說文或體

聝(귀 벨 괵): guó, 耳-8, 14

字解 형성. 耳^(귀 이)가 의미부이고 或^(혹시 혹)이 소리부이다. 『설문해자』의 해설처럼 "군대의 전쟁에서 [적의] 귀를 자르다^(軍戰斷耳)'라는 뜻이며", 『춘추좌전』성공 3년에 "[신의] 포로가 되었습니다^(以爲俘聝)"라고 했다. 옛날의 전쟁에서는 자른 목이나 귀

로써 전공을 헤아렸다. 그래서 聝은 자신의 영역^(或)을 지키는 싸움^(戈)에서 필연적으로 일어나게 되는 '귀^(耳) 베기'를 형상화한 글자이며, 이로부터 베다, 포로, 끊다, 살육하다 등의 뜻이 나왔다. 귀 대신 자른 머리^(首·수)로 戰功^(전공)을 헤아렸다는 뜻에서 耳 대신 首가 들어간 馘^(귀 벨 괵)으로 쓰기도 한다.

字形 金文 說文小篆

虢(범 발톱 자국 괵): guó, 虍-7, 15

字解 회의. 회의. 虎^(범 호)와 寽^(취할 률)로 이루어져, 범^(虎)과 맨손^(寽)으로 싸우는 모습을 그렸다. 이후 나라 이름과 성씨로 쓰였는데, 서주 때 文王^(문왕)의 아우인 虢仲^(괵중)의 봉읍지로 지금의 섬서성 寶雞^(보계)시 동쪽에 있던 것을 西虢^(서괵), 虢叔^(괵숙)의 봉읍지로 하남성 成皋^(성고)현 虢亭^(괵정)에 있던 것을 東虢^(동괵)이라 했다. 『설문해자』에서는 虎가 의미부이고 寽이 소리부라고 했지만, 寽이 다섯 손가락으로 꽉 쥐다는 뜻임을 고려하면, 의미부로 보아야 할 것이다. 『설문해자』에서는 '호랑이가 움켜잡았던 분명한 흔적, 즉 범 발톱자국^(虎所攫畫明文)'을 말한다고 풀이했다.

字形 金文
說文小篆

굉

觥(뿔잔 굉): gōng, 角-6, 13

字解 형성. 角(뿔 각)이 의미부이고 光(빛 광)이 소리부로, 빛(光)을 발하듯 겉면을 화려한 무늬로 장식한 코뿔소의 뿔(角)로 만든 잔을 말하는데, 이후 동물모양을 한 술 담는 청동 기물의 이름으로 쓰였다.

字形  說文小篆  說文俗體

轟(울릴 굉): 轰, hōng, 車-14, 21, 10

字解 회의. 세 개의 車(수레 거·차)로 구성되었는데, 셋은 많음을 상징한다. 수레(車)가 여럿 달릴 때 나는 轟音(굉음)을 말하며, 이로부터 크게 울리다, 대포알이나 폭탄이 터지다, 몰아가다 등의 뜻도 나왔다. 간화자에서는 아래쪽의 車를 간단한 부호로 줄인 轰으로 쓴다.

字形  說文小篆

宏(클 굉): hóng, 宀-4, 7, 10

字解 형성. 宀(집 면)이 의미부이고 厷(팔뚝 굉)이 소리부로, 팔뚝(厷)처럼 커다란 집(宀)을 말하며, 이로부터 크다, 확대하다, 보편적이다 등의 뜻이 나왔다. ☞ 厷(팔뚝 굉)

字形 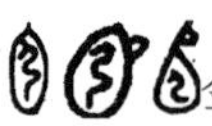金文  說文小篆

肱(팔뚝 굉): gōng, 肉-4, 8, 10

字解 형성. 肉(고기 육)이 의미부이고 厷(팔뚝 굉)이 소리부로, 신체(肉)의 일부인 팔뚝(厷)을 말하는데, 이후 임금을 보좌하는 믿을만한 신하(股肱:고굉)의 비유로도 쓰였다. ☞ 厷(팔뚝 굉)

字形  說文小篆  說文古文  說文或體

紘(갓끈 굉): hóng, 糸-4, 10

字解 형성. 糸(가는 실 멱)이 의미부이고 厷(팔뚝 굉)이 소리부로, 갓을 단단하게 고정하는 끈(糸)을 말하는데, 이후 編磬(편경)을 달아매는 단단한 끈도 지칭하게 되었다.

字形  說文小篆

교

交(사귈 교): jiāo, 亠-4, 6, 60

字解 상형. 다리가 교차한 사람의 모습을 그렸으며, 이로부터 交叉(교차)하다, 交流(교류)하다, 상대에게 주다 등의 뜻이 나왔다. 이후 만나다, 복잡하게 얽히다 등의 뜻도 나왔으며 친구, 성교 등의 비유로 쓰였으며, 나무 등을 교차시켜 만든 울을 뜻하기도 한다.

字形 甲骨文 金文 古陶文 簡牘文 石刻古文 說文小篆

較(견줄 교): 较, jiào, 車-6, 13, 32

字解 형성. 車^(수레 거·차)가 의미부이고 交^(사귈 교)가 소리부로, 원래는 찻간^(車箱) 양쪽으로 댄 가름 목을 말했다. 이후 比較^(비교)하다, 겨루다 등의 뜻이 나왔는데, 수레^(車)가 앞서거니 뒤서거니 교차하면서^(交) 달리는 모습을 담았다. 간화자에서는 较로 쓴다.

字形 金文 較 玉篇

蛟(교룡 교): jiāo, 虫-6, 12, 10

字解 형성. 虫^(벌레 충)이 의미부이고 交^(사귈 교)가 소리부로, 파충류^(虫)의 일종인 蛟龍^(교룡)을 말한다. 또 鮫^(상어 교)와도 통용되어 '상어'를 뜻하기도 한다.

字形 說文小篆

狡(교활할 교): jiǎo, 犬-6, 9, 10

字解 형성. 犬^(개 견)이 의미부이고 交^(사귈 교)가 소리부로, 원래는 작은 개를 지칭하거나 전설상의 짐승 이름으로 쓰였는데, 이후 여우^(犬)처럼 狡猾^(교활)하다, 의심이 많다, 광폭하다 등의 뜻이 나왔다.

字形 簡牘文 說文小篆

齩(깨물 교): 咬, yǎo, 齒-6, 21

字解 형성. 齒^(이 치)가 의미부이고 交^(사귈 교)가 소리부로, 아래윗니^(齒)를 교차시켜^(交) 꽉 '깨물다'는 뜻이며, 한번 인정하면 바꾸지 않는다는 뜻도 나왔다.

字形 說文小篆

皎(달빛 교): [皦], jiǎo, 白-6, 11, 10

字解 형성. 白^(흰 백)이 의미부이고 交^(사귈 교)가 소리부로, 달빛이 환하게^(白) 미치는 모습을 말하며, 이로부터 밝다, 결백하다, 분명하다 등의 뜻이 나왔다.

字形 說文小篆

絞(목맬 교): 绞, jiǎo, 糸-6, 12, 20

字解 형성. 糸^(가는 실 멱)이 의미부이고 交^(사귈 교)가 소리부로, 두 가닥 이상의 실^(糸)을 교차시켜^(交) 꼰 끈을 말하며, 이로부터 꼬다, 둘둘 감다의 뜻이 나왔다. 또 絞殺^(교살)이나 絞首^(교수)에서처럼 목을 매달아 죽이는 법을 지칭하였고, 이로부터 급박하다의 뜻도 나왔다.

字形 說文小篆

咬(새소리 교): yǎo, 口-6, 9, 10

字解 형성. 口^(입 구)가 의미부이고 交^(사귈 교)가 소리부로, 입^(口) 속의 아래윗니를 교차시켜^(交) 물거나 끊다는 뜻이며, 이로부터 상해를 입히다, 무고하다 등의 뜻이 나왔다. 또 소리를 내다, 개가 짖다 등의 뜻도 나왔다.

郊(성 밖 교): jiāo, 邑-6, 9, 30

字解 형성. 邑^(고을 읍)이 의미부이고 交^(사귈 교)가 소리부로, 郊外^(교외)를 말하는데, 그곳은 거주의 중심부인 邑과 바깥 지역인 鄙가 교차하는^(交) 지역^(阝)임을 보여 준다. 『설문해자』에서는 "왕성에서 1백 리 떨어진 지역을 말한다"라고 했다.

字形 🖼簡牘文 🖼說文小篆

校(학교 교): xiào, jiào, 木-6, 10, 80

字解 형성. 木^(나무 목)이 의미부이고 交^(사귈 교)가 소리부로, 나무^(木)를 교차시킨^(交) 울타리를 말하는데, 그런 울타리를 둘러 학교를 만들었기에 '學校^(학교)'라는 의미가 나왔으며, 군영도 뜻한다. 원래는 사냥에서 잡은 짐승을 울에 임시로 가두어 놓고서 사냥이 끝난 다음 결과를 비교하던 데서, 비교하다, 따지다, 견주다의 뜻이 나왔다. 『설문해자』에서는 "나무^(木)로 만든 사람을 가두는 '울'을 말한다"라고 했으며, 목에 쓰는 칼과 같은 형벌 도구를 지칭하기도 했다.

字形 🖼古陶文　🖼🖼簡牘文
🖼🖼古璽文　🖼說文小篆

鮫(상어 교): 鲛, jiāo, 魚-6, 17

字解 형성. 魚^(고기 어)가 의미부이고 交^(사귈 교)가 소리부로, 상어를 말하는데, 어긋난^(交) 모양의 강한 이빨을 가진 어류^(魚)라는 뜻을 담았다. 상어는 이후 가죽에 모래 같은 점들이 있다고 해서 沙魚^(사어)라 불렸고, 다시 鯊魚^(사어)로 부르게 되었다. 또 무게가 2천근이나 되는 전설상의 큰 물고기를 말하기도 한다.

字形 🖼說文小篆

餃(경단 교): 饺, jiào, 食-6, 15

字解 형성. 食^(밥 식)이 의미부이고 交^(사귈 교)가 소리부로, 반원형에 소를 넣어 빚은 음식^(食)의 일종인 만두를 말하는데, 달리 餃子^(교자)나 餃餌^(교이)라 부르기도 한다.

教(가르칠 교): [敎], jiào, jiāo, 攴-7, 11, 80

字解 형성. 子^(아들 자)와 攵^(攴, 칠 복)이 의미부이고 爻^(효 효)가 소리부로, 아이^(子)에게 새끼 매듭^(爻) 지우는 법을 회초리로 치며^(攵) 가르치는 모습을 그렸는데, 새끼 매듭^(結繩·결승)은 문자가 출현하기 전 기억을 보조하던 주요 수단이었고, 그것을 가르치는 것이 敎育^(교육)이었다. 이로부터 지식

이나 기능 등을 전수하다는 뜻이 생겼고, 학술 등의 유파를 뜻하여 宗敎^(종교)라는 뜻도 나왔으며, 이후 사역동사로도 쓰였다. 달리 孝^(효도 효)가 소리부이고 攵이 의미구조로 된 敎로 쓰기도 하는데, 가르침의 최고 대상의 하나가 '효'임을 천명했다.

字形 ![甲骨文] 甲骨文 ![金文] 金文 ![敎] 敎 ![簡牘文] 簡牘文 ![石刻古文] 石刻古文 ![說文小篆] 說文小篆 ![說文古文] 說文古文

巧(공교할 교): qiǎo, 工-2, 5, 32

字解 형성. 工^(장인 공)이 의미부이고 丂^(공교할 교)가 소리부로, 훌륭한 솜씨를 말하며, 이로부터 技巧^(기교), 기능, 영민하다, 훌륭하다, 마침맞다 등의 뜻이 나왔다. 황토평원을 살았던 고대 중국인들에게 집터나 담이나 성은 정교하고 튼튼하게 다지고 쌓아야만 무너지지 않을 수 있었다. 工은 그러한 황토를 다지는 절굿공이를 그렸고, 丂^(공교할 교)도 어떤 물체를 바치는 지지대나 괭이와 같이 자루가 긴 도구를 그린 것으로 추정된다.

字形 ![簡牘文] 簡牘文 ![說文小篆] 說文小篆

喬(높을 교): 乔, qiáo, 口-9, 12, 10

字解 형성. 高^(높을 고)의 생략된 모습이 의미부이고 夭^(어릴 요)가 소리부로, 높음^(高)을 말한다. 금문에서는 止^(발 지)가 의미부이고 高

의 생략된 모습이 소리부로, 발^(止, 趾의 원래 글자)을 높이^(高) 든 모습에서 '높다'는 의미를 그려냈으며, 멀리 옮겨가다는 뜻으로 쓰였는데, 止가 夭^(어릴 요)로 변해 지금의 자형이 되었다. 이후 키가 큰 나무^(喬木·교목)를 형용하기도 한다. 간화자에서는 아랫부분을 간단하게 줄인 乔로 쓴다.

字形 ![金文] 金文 ![盟書] 盟書 ![古璽文] 古璽文 ![說文小篆] 說文小篆

轎(가마 교): 轿, jiào, 車-6, 13, 10

字解 형성. 車^(수레 거·차)가 의미부이고 喬^(높을 교)가 소리부로, 가마를 말하는데, 달리는 수레가 아닌 높이^(喬) 들고 다니는 수레^(車)라는 뜻을 담았다. 간화자에서는 喬를 乔로 줄인 轿로 쓴다.

矯(바로잡을 교): 矫, jiǎo, 矢-12, 17, 30

字解 형성. 矢^(화살 시)가 의미부이고 喬^(높을 교)가 소리부로, 화살^(矢)이 곧바르게^(喬·교) 펴질 수 있도록 바로잡는 도구를 말하며, 이로부터 바로 잡다^(矯正·교정), 억제하다, 격려하다 등의 뜻이 나왔다. 간화자에서는 喬를 乔로 줄인 矫로 쓴다.

字形 ![說文小篆] 說文小篆

驕(교만할 교): 骄, jiāo, 馬-12, 22, 10

字解 형성. 馬^(말 마)가 의미부이고 喬^(높을 교)가 소리부로, 6척 높이의 키 큰 ^(喬교) 말^(馬)을 뜻한다. 키가 큰 말^(驕)은 다른 말보다 잘 달리므로 뛰어남을 자랑삼을 만하기에, '驕傲^(교오)'에서처럼 자긍심을, 또 驕慢^(교만)에서처럼 '남을 업신여기다'는 뜻이 나왔다. 간화자에서는 喬를 乔로 줄인 骄로 쓴다.

字形 𩣽 金文 𩤉 𩤅 簡牘文 驕 說文小篆

橋(다리 교): 桥, qiáo, 木-12, 16, 50

字解 형성. 木^(나무 목)이 의미부이고 喬^(높을 교)가 소리부로, 배 등이 아래로 지나갈 수 있도록 높다랗게^(喬) 아치형으로 설계된 나무^(木)로 만든 다리를 말하며, 이로부터 橋梁^(교량), 架橋^(가교) 등의 뜻이 나왔다. 간화자에서는 喬를 乔로 줄인 桥로 쓴다.

字形 橋 古陶文 𣠧 𣠸 簡牘文 橋 說文小篆

僑(높을 교): 侨, qiáo, 人-12, 14, 20

字解 형성. 人^(사람 인)이 의미부이고 喬^(높을 교)가 소리부로, 키가 큰^(喬) 사람^(人)으로부터 '높다'는 의미를 그려냈다. 喬는 높이^(高)든 다리^(止)로부터 옮겨가다는 뜻도 가져, 僑胞^(교포)에서처럼 다른 곳으로 옮겨가^(喬) 사는 사람^(人)이라는 뜻도 나왔다. 간화자

에서는 喬를 乔로 줄인 侨로 쓴다. ☞ 喬^(높을 교)

字形 僑 簡牘文 𠊱 古璽文 僑 說文小篆

嬌(아리따울 교): 娇, jiāo, 女-12, 15, 10

字解 형성. 女^(여자 여)가 의미부이고 喬^(높을 교)가 소리부로, 키가 늘씬한^(喬) 여자^(女)로부터 '아름다움'을 그렸고, 이로부터 미녀, 요염함, 목소리 등이 맑고 부드럽다는 뜻이 나왔다. 간화자에서는 喬를 乔로 줄인 娇로 쓴다.

字形 嬌 說文小篆

嶠(뾰족하게 높을 교): 峤, qiáo, 山-12, 15

字解 형성. 山^(뫼 산)이 의미부이고 喬^(높을 교)가 소리부로, 뾰족하고 높게^(喬) 치솟은 산^(山)이나 고개, 산길 등을 말한다. 간화자에서는 喬를 乔로 줄인 峤로 쓴다.

字形 嶠 說文小篆

蕎(메밀 교): 荞, [荍], qiáo, 艹-12, 16

字解 형성. 艹^(풀 초)가 의미부이고 喬^(높을 교)가 소리부로, 메밀을 말하는데, 『본초강목』의 말처럼 줄기는 약하지만 고개를 쳐든^(喬) 식물^(艹)이라는 뜻을 담았다. 간화자에서는 喬를 乔로 줄인 荞로 쓴다.

攪(어지러울 교): 搅, jiǎo, 手-20, 23, 10

字解 형성. 手(손 수)가 의미부이고 覺(깨달을 각)이 소리부로, 매듭 지우는 법(結繩·결승)을 배우기(學) 위해 손(手)을 어지럽게 움직임을 말하며, 이로부터 휘저어 섞다, 반죽하다, 어지럽다, 얽히다 등의 뜻이 나왔다. 간화자에서는 搅로 쓴다.

字形 攪 說文小篆

敫(노래할 교·그림자 지나갈 약): jiǎo, 攴-9, 13

字解 회의. 白(흰 백)과 放(놓을 방)으로 구성되었는데, 白은 밝은 빛을, 放은 멀리 내쫓다는 뜻을 가진다. 그래서 敫는 밝은(白) 빛이 '교교하게' 멀리까지(放) 비치는 것을 말하며, 번쩍이다는 뜻도 나왔다.

字形 敫 敫 簡牘文 敫 說文小篆

膠(아교 교): 胶, jiāo, 肉-11, 15, 20

字解 형성. 肉(고기 육)이 의미부이고 翏(높이 날 료)가 소리부로, 짐승의 가죽(肉)을 고아 만든 阿膠(아교)를 말하며, 이로부터 풀로 붙이다, 단단하다, 정체되다, 고집스럽다 등의 뜻이 나왔으며, 아교 성질을 가진 약물을 지칭하기도 하였다. 간화자에서는 소리부인 翏를 交(사귈 교)로 바꾼 胶로 쓴다.

字形 膠 膠 簡牘文 膠 說文小篆

鐈(데우는 그릇 교): jiǎo, 皿-14, 19

字解 형성. 皿(그릇 명)이 의미부이고 漻(맑을 류)가 소리부이다. 『설문해자』의 해설처럼, '데우는데 쓰는 그릇(器)'을 말한다.

字形 鐈 說文小篆

翹(꼬리 긴 깃털 교): 翘, qiáo, 羽-12, 18

字解 형성. 羽(깃 우)가 의미부이고 堯(요임금 요)가 소리부로, 새의 긴 꼬리털을 말하는데, 높이 치켜 든(堯) 깃(羽)이라는 뜻을 담았다. 이로부터 새의 꼬리, 치켜들다, 계발하다, 드러내다 등의 뜻이 나왔다. 간화자에서는 소리부인 堯를 간단히 줄인 翘로 쓴다.

字形 翹 說文小篆

窖(움 교): jiào, 穴-7, 12

字解 형성. 穴(구멍 혈)이 의미부이고 告(알릴 고)가 소리부이다. 『설문해자』의 해설처럼 '땅 속의 저장고(地藏)'를 말한다. 달리 窌(움 교)로도 쓰는데, 穴이 의미부이고 卯(넷째 지지 묘)가 소리부이다.

字形 窖 說文小篆

ㄱ | 99

구

字形 𝕸古陶文 𝕸 說文小篆

丘(언덕 구): [坵], qiū, 一-4, 5, 32

字解 상형. 갑골문에서 언덕과 언덕 사이의 움푹 들어간 丘陵地^(구릉지)를 그려 커다란 언덕을 말했는데, 산봉우리가 두 개 그려져 산봉우리가 세 개인 산지^(山)보다 작은 규모의 구릉지임을 반영했다. 이로부터 丘陵^(구릉), 무덤, 전답, 거주지 등의 뜻이 나왔다. 또 면적이나 행정 단위로 쓰여, 9夫^(부)를 1井^(정)이라 하고 4井을 1邑^(읍)이라 하며 4邑을 1丘라 했으며 4방 4리 되는 땅을 지칭하기도 했다. 달리 북쪽^(北·북)에 자리한 땅^[一]이라는 뜻의 北로도 쓰며, 의미를 강조하기 위해 土^(흙 토)나 阜^(언덕 부)를 더해 坵^(언덕 구)나 邱^(땅이름 구) 등으로 분화했다.

字形 甲骨文 金文 古陶文 簡牘文 古璽文 石刻古文 說文小篆 說文古文

邱(땅이름 구): qiū, 邑-5, 8, 12

字解 형성. 邑^(고을 읍)이 의미부이고 丘^(언덕 구)가 소리부로, 丘에서 파생한 글자로, 구릉^(丘)으로 둘러싸인 지형^(邑)을 말한다. ☞ 丘 ^(언덕 구)

坵(언덕 구): 丘, qiū, 土-6, 9

字解 형성. 土^(흙 토)가 의미부이고 丘^(언덕 구)가 소리부로, 丘에서 파생한 글자로, 기복이 낮은 구릉^(丘)처럼 생긴 흙^(土) 언덕을 말한다. 『설문해자』에서는 丘^(언덕 구)로 썼으며, 간화자에서도 丘^(언덕 구)에 통합되었다. ☞ 丘^(언덕 구)

字形 說文小篆 說文古文

九(아홉 구): jiǔ, 乙-1, 2, 80

字解 지사. 자원에 대해서는 의견이 분분하여, 끝이 굽은 낚싯바늘을 그렸다고 하기도 하고 팔꿈치를 그려, 肘^(팔꿈치 주)의 원래 글자라고는 하나 모두 분명하지 않다. 갑골문이나 금문에서 이미 숫자를 나타내는 '아홉'의 뜻으로만 쓰였다. 중국에서 9는 최고의 숫자로 알려져, 완성이나 많음의 비유로 쓰인다.

字形 甲骨文 金文 古陶文 簡牘文 古璽文 石刻古文 說文小篆

仇(원수 구): [讐, 讎], qiú, 人-2, 4, 10

字解 형성. 人^(사람 인)이 의미부이고 九^(아홉 구)가

소리부로, 원한이 맺혀 만나기를 꺼리는 대상^(人)을 말하는데, 간독문자에서는 戈^(창 과)로 구성되어 죽여야 할^(戈) 적대 관계임을 더욱 명확하게 표현했다.

字形 〔簡牘文〕 〔說文小篆〕

究(궁구할 구): jiū, 穴-2, 7, 42

字解 형성. 穴^(구멍 혈)이 의미부이고 九^(아홉 구)가 소리부로, 구멍^(穴)의 끝까지^(九) 들어간다는 뜻으로, 사물의 가장 깊은 곳까지 파헤침을 말하며, 이로부터 끝까지 파헤치다, 探究^(탐구)하다 등의 뜻이 나왔다.

字形 〔說文小篆〕

鳩(비둘기 구): 鳩, jiū, 鳥-2, 13, 10

字解 형성. 鳥^(새 조)가 의미부이고 九^(아홉 구)가 소리부로, 비둘기를 말하는데, 여럿^(九)이 함께 모여 사는 새^(鳥)라는 의미를 그렸고, 이로부터 모이다, 안정되다 등의 뜻도 나왔다.

字形 〔說文小篆〕

具(갖출 구): jù, 八-6, 8, 52

字解 회의. 갑골문에서 鼎^(솥 정)과 廾^(두 손 마주잡을 공)으로 구성되어, 두 손^(廾)으로 솥^(鼎)을 드는 모습으로, 가장 대표적인 음식 그릇^(鼎)을 갖추었음^(具備구비)을 그렸고, 이로부터 갖추다, 완비하다, 옷 등을 갖추어 입

다, 기물, 기구 등의 뜻이 나왔다. 이후 鼎이 모습이 유사한 貝^(조개 패)로 변해 지금의 자형이 되었는데, 재산^(貝)을 갖추다는 의미를 부각시켰다.

字形 〔甲骨文〕 〔金文〕 〔簡牘文〕 〔古璽文〕 〔說文小篆〕

俱(함께 구): jù, 人-8, 10, 30

字解 형성. 人^(사람 인)이 의미부이고 具^(갖출 구)가 소리부로, 두 손^(廾)으로 솥^(鼎)을 들듯 힘을 모아 함께^(具) 하는 사람^(人)이라는 뜻으로부터 함께하다, 함께, 모두 등의 뜻이 나왔다.

字形 〔金文〕 〔簡牘文〕 〔說文小篆〕

瞿(볼 구): [戵, 瞿], jù, 目-13, 18

字解 형성. 隹^(새 추)가 의미부이고 䀠^(두리번거릴 구)가 소리부로, 눈^(目)을 또렷하게 뜨고 사물을 주시하는 부엉이^(隹)로부터 놀라 뚫어지게 보다는 뜻을 그렸다. 달리 戈^(창 과)나 火^(불 화)가 더해진 戵^(창 구)나 瞿^(여윌 구)로 쓰기도 하는데, 날이 세 개로 된 창처럼 생긴 무기의 이름으로도 쓴다.

字形 〔說文小篆〕

懼(두려워할 구): 惧, jù, 心-18, 21, 30

字解 형성. 心^(마음 심)이 의미부이고 瞿^(볼 구)가 소리부로, 마음^(心)이 놀라 눈이 동그래져^(瞿) 두려워하는 모습을 그렸다. 이후 瞿는 소리부를 具^(갖출 구)로 바꾸어 惧^(두려워할 구)로 쓰기도 했는데, 간화자에서도 惧로 쓴다.

字形 🪡金文 🪡簡牘文 🪡說文小篆 🪡說文古文

衢(갈림길 구): qú, 行-18, 24, 10

字解 형성. 行^(갈 행)이 의미부이고 瞿^(볼 구)가 소리부로, 어느 길^(行)로 가야 할지를 살피는^(瞿) '갈림길'을 말하며, 이로부터 사거리처럼 큰길이나 경로 등을 뜻하게 되었다.

字形 🪡說文小篆

句(글귀 구): [勾], jù, 口-2, 5, 42

字解 형성. 갑골문에 의하면 口^(입 구)가 의미부이고 니^(얽힐 구)가 소리부로, 말^(口)을 서로 얽어서^(니) 만들어낸 '문장'이나 그 단위를 말했고, 이로부터 '글'이라는 의미가 나왔는데, 이후 배가 불러 허리를 굽힌 사람의 모습인 勹^(쌀 포)와 口의 결합으로 변했다. 句로 구성된 합성자에서는 句와 勾를 서로 바꾸어 쓰기도 한다.

字形 🪡甲骨文 🪡🪡🪡🪡金文

🪡🪡 古陶文 🪡🪡 簡牘文 🪡 員說文小篆

勾(굽을 구): [句], gōu, 勹-2, 4

字解 형성. 句^(글귀 구)의 속자로, 원래는 口^(입 구)가 의미부이고 니^(얽힐 구)가 소리부로, 句가 문장이나 글의 의미로 자주 쓰이게 되자 얽히고 굽다는 원래 뜻을 나타내려고 자형을 변화시켜 만든 글자이며, 句^(글귀 구)와 같이 쓰기도 한다. ☞ 句^(글귀 구)

字形 🪡說文小篆

拘(잡을 구): jū, 手-5, 8, 32

字解 형성. 手^(손 수)가 의미부이고 句^(글귀 구)가 소리부로, 손^(手)을 얽어 굽혀놓은^(句) 모습에서 拘束^(구속)의 의미가 나왔고, 다시 제한하다, 제지하다, 구금하다 등의 의미가 생겼다.

字形 🪡說文小篆

枸(호깨나무 구): jǔ, 木-5, 9, 10

字解 형성. 木^(나무 목)이 의미부이고 句^(글귀 구)가 소리부로, 나무^(木)의 일종인 호깨나무^(枳椇 지구) 즉 헛개나무를 말한다. 또 枸杞^(구기)를 지칭하기도 한다.

字形 🪡🪡簡牘文 🪡說文小篆

苟(진실로 구): gǒu, 艸-5, 9, 30

字解 형성. 艸(풀 초)가 의미부이고 句(글귀 구)가 소리부로, 『설문해자』에서 풀(艸)의 이름이라고 했다. 하지만, 갑골문에서는 양을 토템으로 삼던 중국 서북쪽의 羌族(강족)이 꿇어앉은 모습을 그려, 은나라의 강력한 적이었던 그들이 '진정으로' 굴복하는 모습을 그렸고, 이로부터 진실하다, 구차하다 등의 뜻이 나온 것으로 추정된다. 또 '정말로 …하다면'의 의미를 나타내는 문법소로도 쓰인다.

字形 ❋古陶文 ❧簡牘文 ❦說文小篆

狗(개 구): gǒu, 犬-5, 8, 30

字解 형성. 犬(犭·개 견)이 의미부이고 句(글귀 구)가 소리부로, 개(犬)를 말하는데, 등이 굽은(句) 짐승(犭)이라는 의미를 담았다. 이후 나쁜 사람, 욕 등의 비유로도 쓰인다. 혹자는 수입 개(犬)의 번역어라고도 하고 방언의 차이라고도 여기지만, 『禮記(예기)』의 주석처럼 "큰 개를 犬, 작은 개를 狗라고 한다."라는 것이 일반적인 해석이다.

字形 ❋盟書 ❋❋簡牘文 ❋古璽文 ❋說文小篆

駒(망아지 구): 驹, jū, 馬-5, 15, 10

字解 형성. 馬(말 마)가 의미부이고 句(글귀 구)가 소리부로, 아직 완전하게 성장하지 않아 등을 구부린(句) 채 다니는 2살짜리 말(馬)을 말하며, 이로부터 어린 말의 뜻이 나왔고, 나이 어린 인재의 비유로도 쓰였다.

字形 ❋❋❋❋金文 ❋古陶文 ❋盟書 ❋簡牘文 ❋說文小篆

鉤(갈고랑이 구): 钩, [鉤], gōu, 金-5, 13, 10

字解 형성. 金(쇠 금)이 의미부이고 句(글귀 구)가 소리부로, 쇠(金)를 구부려(句) 만든 갈고랑이를 말하며, 이로부터 낚시, 帶鉤(대구·버클) 등의 뜻이 나왔다. 간화자에서는 钩로 쓴다.

字形 ❋說文小篆

耇(늙을 구): gǒu, 老-5, 11

字解 형성. 老(늙을 로)가 의미부이고 句(글귀 구)가 소리부로, 나이 든 노인을 말하며, 이로부터 나이가 들다는 뜻이 나왔는데, 등이 굽은(句) 노인(老)이라는 뜻을 담았다.

字形 ❋說文小篆

矩(곱자 구): [巨, 榘], jǔ, 矢-5, 10, 10

字解 형성. 矢(화살 시)가 의미부이고 巨(클 거)가 소리부로, 직각이나 네모꼴을 그리는 곱자(曲尺·곡척)를 말한다. 원래는 사람(大·대)이

큰 곱자^(巨)를 손에 든 모습이었으나, 이후 大^(큰 대)가 자형이 비슷하고 '잣대'를 뜻하는 矢로 변했다. 여기서 木^(나무 목)을 더해 분화한 榘^(곱자 구)는 곱자를 나무^(木)로 만든다는 의미를 더욱 강조한 글자이다.

字形 說文小篆 說文或體 說文古文

榘(곱자 구): jǔ, 木-10, 14

字解 형성. 木^(나무 목)이 의미부이고 矩^(곱자 구)가 소리부로, 나무^(木)로 만든 곱자^(矩)를 말하며, 矩^(곱자 구)에서 분화한 글자이다. ☞ 矩^(곱자 구)

字形 說文小篆 說文或體 說文古文

垢(때 구): gòu, 土-6, 9, 10

字解 형성. 土^(흙 토)가 의미부이고 后^(임금 후)가 소리부로, 흙^(土) 먼지에 의해 만들어진 '때'를 말하며, 이후 '더럽다', 세상의 때가 묻다, 치욕 등의 뜻이 나왔다.

字形 說文小篆

龜(나라 이름 구) ☞ 龜(거북 귀)

韭(부추 구): [韮], jiǔ, 韭-0, 9

字解 상형. 땅위로 자라난 '부추'를 그렸는데, 아래쪽의 가로획은 땅을, 안쪽의 두 세로획은 줄기를, 양쪽으로 뻗어난 나머지 부분은 잎을 상징하며, 셋을 그려 많음을 표시했다. 이후 의미를 더 강화하고자 艸^(풀 초)를 더한 韮^(부추 구)를 만들었다.

字形 簡牘文 說文小篆

寇(도둑 구): [冦, 寇, 窛], kòu, 宀-8, 11, 10

字解 회의. 宀^(집 면)과 元^(으뜸 원)과 攴^(칠 복)으로 구성되어, 사람^(元)을 종묘^(宀)로 끌고 와 매로 다스리는^(攴) 모습을 그렸는데, 이 사람은 적이나 도적으로 보인다. 이로부터 적대관계에 있는 적이나 도적을 뜻하게 되었고, 다시 겁탈하다, 침략하다 등의 뜻이 나왔다.

字形 金文 古陶文 盟書 簡牘文 說文小篆

久(오랠 구): jiǔ, 丿-2, 3, 32

字解 지사. 소전체에 근거해 볼 때 윗부분이 사람이고 엉덩이 쪽에 뾰족한 침 같은 것을 꽂은 모습이다. 엉덩이 부위에 침이나 뜸을 뜨는 모습을 그린 것으로 추정되며, 이로부터 '뜸'이나 '뜸을 들이다' 등의 뜻을 갖게 되었고, 다시 '오래'라는 뜻도 나왔다. 그러자 원래 뜻은 火^(불 화)를 더한

灸^(뜸 구)로 분화했다.

字形 ᄀ 說文小篆

灸(뜸 구): jiǔ, 火-3, 7, 10

字解 형성. 火^(불 화)가 의미부이고 久^(오랠 구)가 소리부로, 쑥 같은 약초를 길게 말아 아픈 부위에 놓고 불^(火)을 붙여 오랫동안^(久) 지져 약기운이 향을 통해 스며들도록 하는 '뜸'이라는 치료법을 형상했다.

字形 炎 簡牘文 灸 說文小篆

玖(옥돌 구): jiǔ, 玉-3, 7, 12

字解 형성. 玉^(옥 옥)이 의미부이고 久^(오랠 구)가 소리부로, 옅은 검은색의 옥 비슷한 돌을 말하며, 옷에 다는 장식용으로 주로 쓰였는데, 영구토록^(久) 간직할 수 있는 옥돌^(玉)이라는 의미를 담았다. 또 九^(아홉 구)의 갖은자로도 쓰인다.

字形 玖 說文小篆

柩(널 구): [柾, jiù, 木-5, 9, 10

字解 형성. 木^(나무 목)이 의미부이고 匛^(널 구)가 소리부이다. 원래 匛로 써, 시신을 오래토록^(久) 보존하기 위해 넣은 상자^(匚·방), 즉 널을 그렸는데, 주로 돌이나 질그릇으로 만들었다. 이후 나무로 만든 널이 유행하게 되면서 木을 더해 柩로 분화했다. 달리 나뭇결이 곧바른^(正) 나무^(木)를 널로

써야 한다는 뜻에서 柾^(나무 바를 정)으로 쓰기도 한다.

字形 柩 說文小篆

廄(마구간 구): 厩, jiù, 广-11, 14

字解 형성. 广^(집 엄)이 의미부이고 旣^(이미 기)가 소리부로, 건축물^(广)의 하나로 말을 기르는 마구간을 말하며, 소나 말이 모여 있음을 말하기도 한다. 또 소나 말 키우는 것을 담당하던 관직 이름으로도 쓰였다. 간화자에서는 广을 厂^(기슭 엄)으로 줄인 厩로 쓴다.

字形 廄 金文 廄 厩 古陶文 廄 廄 簡牘文 廄 說文小篆 廄 說文古文

冓(짤 구): gòu, 冂-8, 10

字解 상형. 이의 갑골문의 형상을 두고 물고기 두 마리가 입을 맞추는 모습을 그린 것으로 풀이하기도 하지만, 대나무 같은 것을 서로 얽어 놓은 모습을 그린 것으로 보인다. 그래서 冓는 구조물이 원래 뜻이며, 冓로 구성된 글자들은 모두 '교차시켜 엮다'는 의미가 있다. 이후 의미를 더욱 구체화하기 위해 木^(나무 목)을 더한 構^(얽을 구)로 나무^(木)로 얽은^(冓) 구조물을, 竹^(대 죽)을 더한 篝^(배롱 구)로 대^(竹죽)로 엮은^(冓) 광주리를 표현했다.

字形 冓 甲骨文 冓 說文小篆

構(얽을 구): 构, [搆], gòu, 木-10, 14, 40

字解 형성. 木(나무 목)이 의미부이고 冓(짤 구)가 소리부로, 나무(木)로 얽은(冓) 구조물을 말하며, 이로부터 구조, 집, 구조물을 만들다, 구성하다 등의 뜻이 나왔다. 간화자에서는 소리부인 冓를 勾(굽을 구)로 바꾼 构로 쓴다.

字形 構 說文小篆

溝(봇도랑 구): 沟, gōu, 水-10, 13, 10

字解 형성. 水(물 수)가 의미부이고 冓(짤 구)가 소리부로, 논에 물(水)을 잘 댈 수 있도록 이리저리 구조물(冓)처럼 파 놓은 도랑이나 그렇게 생긴 구조물을 말하며, 물을 대듯 소통하다는 뜻도 나왔다. 간화자에서는 소리부인 冓를 勾(굽을 구)로 바꾼 沟로 쓴다.

字形 溝 簡牘文 溝 說文小篆

購(살 구): 购, gòu, 貝-10, 17, 20

字解 형성. 貝(조개 패)가 의미부이고 冓(짤 구)가 소리부로, 돈(貝)으로 상대를 엮어(冓) 다른 물건으로 바꾸는 행위를 말하며, 이로부터 돈으로 사다, 상을 주다, 상금 등의 뜻이 나왔다. 간화자에서는 소리부인 冓를 勾(굽을 구)로 바꾼 购로 쓴다.

字形 購 購 購 簡牘文 購 說文小篆

媾(겹혼인 할 구): gòu, 女-10, 13

字解 형성. 女(여자 여)가 의미부이고 冓(짤 구)가 소리부로, 혼인관계(女)가 복잡하게 얽힌(冓) '겹혼인'을 말하며, 이로부터 회합하다, 교합하다 등의 뜻이 나왔다.

字形 媾 甲骨文 媾 媾 媾 金文 媾 說文小篆

遘(만날 구): gòu, 辵-10, 14

字解 형성. 辵(쉬엄쉬엄 갈 착)이 의미부이고 冓(짤 구)가 소리부로, 길을 가면서(辵) 서로 교차되어(冓) 만나는 것을 말한다.

字形 遘 遘 遘 遘 遘 遘 遘 甲骨文 遘 遘 金文 遘 說文小篆

覯(만날 구): 觏, gòu, 見-10, 17

字解 형성. 見(볼 견)이 의미부이고 冓(짤 구)가 소리부로, 대나무 등을 얽어 놓은 구조물(冓)처럼 서로 만나서 보는(見) 것을 말한다. 간화자에서는 觏로 쓴다.

字形 覯 說文小篆

區(지경 구): 区, qū, ōu, 匸-9, 11, 60

字解 회의. 品^(물건 품)과 匸^(상자 방)으로 구성되었는데, 많은 물품^(品)들이 상자^(匸) 속에 든 모습으로부터 물건을 감추다는 뜻을 그렸고, 이로부터 물건을 감추어 두는 곳이라는 뜻이 나왔다. 갑골문에서는 여러 기물^(品)에 선을 그어 그곳을 다른 곳과 구분해 둠으로써 '區別^(구별)하다', '區域^(구역)'이라는 의미를 강조했다. 이후 지역의 뜻이, 다시 행정 단위까지 지칭하게 되었으며, 성으로도 쓰인다. 간화자에서는 品을 간단한 부호로 줄인 区로 쓴다.

字形 〔갑골문〕甲骨文 〔금문〕金文 〔맹서〕盟書 〔간독〕簡牘文 〔고새문〕古璽文 〔설문소전〕說文小篆

驅(몰 구): 驱, [駈, 歐], qū, 馬-11, 21, 30

字解 형성. 馬^(말 마)가 의미부이고 區^(지경 구)가 소리부로, 말^(馬)을 정해진 어떤 구역^(區)으로 몰아감을 말하며, 이로부터 짐승을 몰다, 몰아내다, 나아가다 등의 뜻이 나왔다. 달리 소리부를 丘^(언덕 구)로 바꾼 駈^(몰 구)로 쓰기도 하며, 몰아내다는 의미를 강조하기 위해 攴^(칠 복)을 사용한 歐^(몰 구)로 쓰기도 한다. 간화자에서는 驱로 쓴다.

字形 〔수호진간〕睡虎秦簡 〔설문소전〕說文小篆 〔설문고문〕說文古文

毆(때릴 구): 殴, ōu, 殳-11, 15, 10

字解 형성. 殳^(창 수)가 의미부이고 區^(지경 구)가 소리부로, '때리다^(毆打·구타)'는 뜻인데, 어떤 구역^(區)으로 몰아내고자 몽둥이나 창^(殳)으로 때리는 모습을 그렸다. 간화자에서는 殴로 쓴다.

字形 〔금문〕金文 〔간독〕簡牘文 〔설문소전〕說文小篆

嘔(노래할 구): 呕, ōu, 口-11, 14, 10

字解 형성. 口^(입 구)가 의미부이고 區^(지경 구)가 소리부로, 악기의 반주 없이 입^(口)으로 소리 내어 노래함을 말하며, 口 대신 言^(말씀 언)이 들어간 謳^(노래할 구)와 같이 쓴다. 간화자에서는 呕로 쓴다. ☞ 謳^(노래할 구)

字形 〔설문소전〕說文小篆

謳(노래할 구): 讴, ōu, 言-11, 18, 10

字解 형성. 言^(말씀 언)이 의미부이고 區^(지경 구)가 소리부로, 악기의 반주 없이 말^(言)로 노래함을 말하며, 이로부터 찬송하다, 가수, 가곡 등의 뜻이 나왔으며, 言 대신 口^(입 구)가 들어간 嘔^(노래할 구)와 같이 쓴다. 간화자에서는 讴로 쓴다.

字形 〔설문소전〕說文小篆

鷗(갈매기 구): 鸥, ōu, 鳥-11, 22, 20

字解 형성. 鳥^(새 조)가 의미부이고 區^(지경 구)가 소리부로, 새^(鳥)의 일종인 갈매기를 말한다. 간화자에서는 鸥로 쓴다.

字形 (전서) 說文小篆

歐(토할 구): 欧, ǒu, 欠-11, 15, 20

字解 형성. 欠^(하품 흠)이 의미부이고 區^(지경 구)가 소리부로, 입을 벌려^(欠) 토해냄을 말하는데, 달리 欠 대신 口^(입 구)가 들어간 嘔^(노래할 구)로 쓰기도 한다. 또 유럽^(歐羅巴·구라파)의 줄임 형으로도 쓰인다. 간화자에서는 欧로 쓴다.

字形 (고도문)(고도문)古陶文 (전서)說文小篆

軀(몸 구): 躯, qū, 身-11, 18, 10

字解 형성. 身^(몸 신)이 의미부이고 區^(지경 구)가 소리부로, 사람의 신체^(身)를 말하며, 이로부터 생명을 뜻하게 되었고 임신하다의 뜻도 나왔다. 간화자에서는 躯로 쓴다.

字形 (전서) 說文小篆

嶇(험할 구): 岖, qū, 山-11, 14, 10

字解 형성. 山^(뫼 산)이 의미부이고 區^(지경 구)가 소리부로, 산^(山)이 험준한 모양이나 산길이 험함을 말하며, 달리 岴^(산 험준할 구)로

쓰기도 한다. 간화자에서는 岖로 쓴다.

口(입 구): kǒu, 口-0, 3, 70

字解 상형. 벌린 입을 사실적으로 그렸으며, 口^(입 구)는 먹고 말하는 인간과 동물의 신체 기관은 물론 집의 入口^(입구)나 기물의 아가리까지 지칭하는 다양한 의미로 확장되었다. 口로 구성된 글자들은 다양하지만 대체로 味^(맛 미)와 같이 '먹는' 행위, 占^(점칠 점)과 같이 '말을, 命^(목숨 명)과 같이 명령과 권위의 상징, 器^(그릇 기)처럼 집의 입구나 아가리를 말하기도 했다.

字形 (갑골문)甲骨文 (금문)金文 (고도문)古陶文 (고폐문) (고폐문)古幣文 (간독문)簡牘文 (고새문)古璽文 (한인) 漢印 (전서) 說文小篆

扣(두드릴 구): [釦], kòu, 口-3, 6

字解 형성. 手^(손 수)가 의미부이고 口^(입 구)가 소리부로, 말의 재갈을 손^(手)으로 당겨 입^(口)에 갖다 대다는 뜻이며, 이로부터 어떤 장치를 구멍^(口)에다 맞추다는 뜻이 나왔고, 다시 뚜껑을 덮다, 버클을 채우다는 뜻도 나왔다. 또 叩^(두드릴 고)와 같이 써 두드리다, 가르침을 구하다 등의 뜻으로도 쓰인다.

字形 (간독문)簡牘文 (전서) 說文小篆

咎(허물 구): jiù, 口-5, 8

(字解) 회의. 人(사람 인)과 各(각각 각)으로 구성되어, 사람(人)에게 이르는(各) '재앙'을 말하며, 이로부터 죄를 짓다, 허물 등의 뜻이 나왔다.

(字形) 咎 咎 簡牘文 𠂤 說文小篆

臼(절구 구): jiù, 臼-0, 6, 10

(字解) 상형. 곡식을 찧는 절구의 단면을 그렸으며, 좌우로 표시된 돌출된 획을 『설문해자』에서는 쌀이라고 했지만 찧기 좋도록 만들어진 돌기로 보인다. "나무를 잘라 절굿공이를 만들고, 땅을 파 절구로 썼다."라고 한 『주역』의 말로 보아 옛날에는 땅을 파 절구로 쓰다가 점차 나무나 돌로 만들어 썼을 것으로 보인다. 이로부터 절구나 절구처럼 생긴 기물을 뜻하게 되었다.

(字形) 𦥑 古陶文 𦥑 簡牘文 臼 說文小篆

舅(외삼촌 구): jiù, 臼-7, 13, 10

(字解) 형성. 男(사내 남)이 의미부이고 臼(절구 구)가 소리부로, 어머니의 남자(男) 형제인 외삼촌을 말하며, 시아버지, 장인을 지칭하기도 하며, 처의 형제를 지칭하기도 한다. 또 옛날 천자가 姓(성)이 다른 제후를 부르는 호칭으로 사용되었다.

(字形) 舅 說文小篆

舊(옛 구): 旧, jiù, 臼-12, 18, 52

(字解) 형성. 萑(부엉이 환 풀 많을 추)이 의미부이고 臼(절구 구)가 소리부로, 원래는 부엉이처럼 솟은 눈썹을 가진 새(萑)를 말했는데, '옛날'이라는 의미로 가차되었다. 이로부터 오래되다, 낡다, 장구하다, 이전의, 원래의, 여전히 등의 뜻을 갖게 되었다. 이후 소리부인 臼(절구 구)를 더해 지금의 舊가 되었으며, 약자와 간화자에서는 旧로 쓴다.

(字形) 萑 萑 萑 甲骨文 舊 舊 舊 金文 舊 舊 簡牘文 舊 說文小篆 𦾵 說文或體

求(구할 구): qiú, 水-3, 7, 42

(字解) 상형. 원래는 가죽 옷 위로 털(毛모)이 삐져나온 모습을 그렸는데, 자형이 변해 지금처럼 되었다. 털이 달린 가죽 옷을 그렸다. 가죽옷은 지금도 귀한 옷이지만 난방 시설이 열악했던 옛날에는 추위를 나는데 더욱 귀한 존재였을 것이다. 그래서 가죽 옷은 모든 사람이 '구하고자 하는' 대상이었다. 이 때문에 求에는 追求(추구)하다, 要求(요구)하다, 請求(청구)하다 등의 뜻이 담기게 되었다. 그러자 원래 의미는 衣(옷 의)를 더해 裘(갓옷 구)로 분화했다.

(字形) 求 求 金文 求 簡牘文 裘 說文古文

裘(갓옷 구): qiú, 衣-7, 13

字解 형성. 衣^(옷 의)가 의미부이고 求^(구할 구)가 소리부로, 털이 삐져나온^(求) 옷^(衣) 즉 갓옷을 말했다. 원래는 求로 썼는데, 의미를 강화하기 위해 衣를 더해 분화한 글자이다. ☞ 求^(구할 구)

字形 🔾甲骨文 🔾🔾🔾🔾 🔾🔾金文 🔾🔾簡牘文 🔾說文小篆 🔾說文古文

救(건질 구): jiù, 攴-7, 11, 50

字解 형성. 攴^(칠 복)이 의미부이고 求^(구할 구)가 소리부로, 손에 막대기^(攴)를 쥐고 털 달린 짐승^(求)이 해치지 못하도록 몰아내 사람을 구해 주는 모습을 그렸고, 이로부터 돕다, 구제하다는 뜻이 나왔다.

字形 🔾🔾🔾金文 🔾🔾簡牘文 🔾石刻古文 🔾說文小篆

逑(짝 구): qiú, 辵-7, 11

字解 형성. 辵^(쉬엄쉬엄 갈 착)이 의미부이고 求^(구할 구)가 소리부로, 가서^(辵) 원하는^(求) 사람을 만난다는 뜻이며, 이로부터 회합하다, 짝, 배우자 등의 뜻이 나왔다.

字形 🔾簡牘文 🔾古璽文 🔾說文小篆

球(공 구): [毬], qiú, 玉-7, 11, 60

字解 형성. 玉^(옥 옥)이 의미부이고 求^(구할 구)가 소리부로, 옥^(玉)을 깎거나 털 달린 가죽^(求, 裘의 원래 글자)을 뭉쳐 둥글게 만든 '공'을 말했는데, 달리 玉 대신 毛^(털 모)가 들어간 毬^(공 구)로 써 옥이 아닌 털로 만들었음을 강조하기도 했다. 이후 둥글게 만든 것을 두루 부르게 되었으며, 공으로 하는 운동^(球技·구기)이나 地球^(지구)와 星體^(성체) 등을 지칭하기도 한다.

字形 🔾說文小篆

毬(공 구): 球, qiú, 毛-7, 11

字解 형성. 毛^(털 모)가 의미부이고 求^(구할 구)가 소리부로, 털^(毛)을 짜서 둥글게 만든 '공'을 말한다. 간화자에서는 球^(공 구)에 통합되었다.

字形 🔾說文新附字 🔾說文小篆 🔾說文籀文

絿(급박할 구): qiú, 糸-7, 13

字解 형성. 糸^(가는 실 멱)이 의미부이고 求^(구할 구)가 소리부로, 줄^(糸)을 던져 구해주다^(求)는 뜻에서 '구해주다'의 뜻이, 다시 도움이 필요할 정도로 '다급하다'의 뜻이 나왔다.

字形 🔾說文小篆

鍒(끌 구): qiú, 金-7, 15

字解 형성. 金^(쇠 금)이 의미부이고 求^(구할 구)가 소리부로, 금속^(金) 도구의 하나인 '끌'을 말하는데, 달리 獨頭斧^(독두부)라 부르기도 한다.

履(신 구): 屨, jù, 尸-14, 17

字解 형성. 履^(신 리)의 생략된 모습이 의미부이고 婁^(별 이름 루)가 소리부로, 옛날의 신^(履)을 말하며, 이로부터 신을 신다, 밟다, 짊어지다 등의 뜻이 나왔다. 간화자에서는 婁를 간단하게 줄인 屨로 쓴다.

字形 屨簡牘文 屨說文小篆

糗(볶은 쌀 구): qiǔ, 米-10, 16

字解 형성. 米^(쌀 미)가 의미부이고 臭^(냄새 취)가 소리부로, 고소한 냄새가 나도록^(臭) 볶은 쌀^(米)을 말한다.

字形 糗簡牘文 糗說文小篆

廄(마구간 구): jiù, 广-11, 14

字解 형성. 广^(집 엄)이 의미부이고 既^(구부릴 구)가 소리부이다. 『설문해자』의 해설처럼 '마구간^(馬舍)'을 말한다. 『주례』에서는 "말 216필^(馬有二百一十六匹)이 1구^(廄)이고, 구^(廄)에는 노비 1인^(僕夫)이 배치된다."라고 하였다

字形 廄說文小篆

국

鞠(공 국): jū, 革-8, 17, 12

字解 형성. 革^(가죽 혁)이 의미부이고 匊^(움켜 뜰 국)이 소리부로, 가죽^(革)을 뭉쳐 둥글게^(匊) 만든 '공'을 말하는데, 이후 두 손으로 감싸듯 받들어 키우다는 뜻이, 다시 몸을 굽히다는 뜻이 나왔다. 匊은 두 손으로 쌀^(米미)을 '움켜 뜨는' 모습을 그려 움켜 쥔 두 손 모양의 동그란 모습을 그린 글자다.

字形 鞠古陶文 鞠說文小篆 鞠說文或體

菊(국화 국): jú, 艸-8, 12, 32

字解 형성. 艸^(풀 초)가 의미부이고 匊^(움켜 뜰 국)이 소리부로, 국화를 말하는데, 동그란^(匊) 모양의 꽃을 피우는 식물^(艸)이라는 뜻을 담았다. ☞ 鞠^(공 국)

字形 菊說文小篆

麴(누룩 국): [麵], qū, 麥-8, 19

字解 형성. 麥^(보리 맥)이 의미부이고 匊^(움켜 뜰 국)이 소리부로, 보리^(麥)를 둥글게 뭉쳐^(匊) 발효시켜 술 만들 때 쓰는 '누룩'을 말한다. 달리 소리부인 匊을 曲^(굽을 곡)으로 바꾸어 麯^(누룩 국)으로 쓰기도 했다. ☞ 麯^(공 국)

字形 [小篆] 說文小篆　[小篆] 說文小篆

鞫(국문할 국): jū, 革-9, 18

字解 회의. 革^(가죽 혁)과 訇^(큰 소리 굉)으로 구성되어, 가죽^(革) 채찍으로 고문을 당해 큰 소리를 내다^(訇)는 뜻에서 죄인을 심문하여 끝까지 캐물음^(鞫問국문)의 뜻이 나왔고, 이로부터 어렵다, 곤궁에 처하다 등의 뜻도 나왔다.

字形 [小篆] 說文小篆　[或體] 說文或體

國(나라 국): 国, [国], guó, □-8, 11, 80

字解 형성. 囗^(에워쌀 위)가 의미부이고 或^(혹시 혹)이 소리부로, 성으로 둘러싸인^(囗) '나라'를 말한다. 원래는 或^(혹 혹)으로 써 무기^(戈과)를 들고 성^(口)을 지키는 모습이며, 성을 지키려면 무기^(戈)가 필수적임을 강조했다. 그것은 지금과 달리 고대사회에서 국가의 경계가 유동적이었음을, 지킬수 없을 때에는 곧바로 사라질 수 있었음을 시사한다. 이는 날이 여럿인 창^(戈)을 그린 我^(나 아)로 '우리'를 나타냈던 것을 보면 더욱 명확해진다. 我가 지금은 '나'를 뜻하지만, 옛날에는 '우리'라는 집단을 의미했다. 이렇게 볼 때, 或은 '혹시' 있을지도 모를 만일의 사태에 대비하여 방어를 굳건히 해야 하는 것이 '나라'라는 의미일 터, 이것이 或이 단순한 가차를 넘어선 그 이면에 숨겨진 맥락이요 상황일 것이다. 그 후 或이 '혹시'로 널리 쓰이자 다시 囗을 더한 國으로 분화했으며, 혹시^(或)나 하는 것에 기대를 거는 마음^(心심)이 바로 '미혹됨^(惑혹)'이다. 한국의 속자에서는 王^(왕 왕)과 囗이 결합한 구조인 国으로 쓰며, 간화자에서는 玉^(옥 옥)이 들어간 国으로 쓴다.

字形 [甲骨文] 甲骨文　[金文] 金文　[古陶文] 古陶文　[盟書] 盟書　[簡牘文] 簡牘文　[古璽文] 古璽文　[石刻古文] 石刻古文　[說文小篆] 說文小篆

局(판 국): [侷, 跼], jú, 尸-4, 7, 51

字解 형성. 『설문해자』에서는 口^(입 구)가 의미부이고 尺^(자 척)이 소리부로, '재촉하다^(促)는 뜻이라고 풀이했다. 하지만, 간독문자를 보면 시^(尸)가 의미부이고 구^(句)가 소리부로, 시^(尸)는 시신의 다리를 굽혀 묻던 '굴신장'을 반영해 '굽다'는 뜻이 있고, 구^(句)에도 어떤 '물체'를 구부린다는 뜻이 있어, '굽다'는 뜻이 담기게 되었다. 어떤 물체를 굽힌다는 것은 본성을 변형시키는 것이고, 이 때문에 '局限^(국한)하다'의 뜻이, 다시 국한된 '일부분'이라는 뜻이

나왔을 것이고, 다시 전체 조직이나 행정 기관의 일부 단위를 지칭하는 말로도 쓰였다. 이후 장기나 바둑놀이를 뜻하기도 했는데, 이로부터 '판'이나 '局面^(국면)', '정세' 등의 뜻도 나왔다.

字形 局 簡牘文 局 說文小篆

군

軍(군사 군): 军, jūn, 車-2, 9, 80

字解 형성. 원래 車^(수레 거차)가 의미부이고 勻^(고를 균. 均의 원래 글자)이 소리부로, 전차^(車)를 고르게^(勻) 배치함을 말했는데, 자형이 줄어 지금처럼 되었다. 이후 전차^(車)가 고르게 배치된^(勻) 軍隊^(군대)나 무장한 부대를 지칭하게 되었고, 군대 단위로 쓰여 師^(사)보다 큰 단위의 군대를 지칭하는데, 옛날에는 4천 명 정도의 규모였다. 간화자에서는 军으로 쓴다.

字形 軍 軍 軍 軍 金文 軍 古陶文 軍 簡牘文 軍 說文小篆

君(임금 군): jūn, 口-4, 7, 40

字解 형성. 口^(입 구)가 의미부이고 尹^(다스릴 윤)이 소리부로, 명령^(口)을 내릴 수 있는 문서 관리자^(尹)라는 뜻을 그렸고, 이로부터 '임금'과 통치자의 의미가 나왔고, 다시 상

대방에 대한 존칭으로 쓰여 君子^(군자)라는 의미가 나왔다.

字形 君 君 君 甲骨文 君 君 君 君 君 金文 君 古陶文 君 君 盟書 君 簡牘文 君 古璽文 君 漢印 君 石刻古文 君 說文小篆 君 說文古文

群(무리 군): [羣], qún, 羊-7, 13, 40

字解 형성. 羊^(양 양)이 의미부이고 君^(임금 군)이 소리부로, 무리지어 생활하는 양^(羊)으로부터 '무리'의 의미를 그렸으며, 이로부터 집단, 집체 등의 뜻이 나왔다. 원래는 상하구조인 羣^(무리 군)으로 썼는데, 좌우구조로 바뀌어 지금처럼 되었다.

字形 群 群 金文 群 羣 盟書 群 群 群 簡牘文 羣 帛書 群 說文小篆

羣(무리 군): qún, 羊-7, 13

字解 형성. 羊^(양 양)이 의미부이고 君^(임금 군)이 소리부인 상하구조로, 群^(무리 군)과 같은 글자이다. ☞ 群^(무리 군)

字形 羣 說文小篆

郡(고을 군): jùn, 邑-7, 10, 60

字解 형성. 邑^(고을 읍)이 의미부이고 君^(임금 군)이 소리부로, 우두머리^(君)가 통치하는 영역^(邑)이라는 뜻으로부터 행정단위의 하나인 '군'을 지칭하게 되었다. 周^(주)나라 지방 행정제도에 의하면, 천자의 사방 1천 리 지역을 1백 개의 縣^(현)으로 나누고, 현마다 4개의 郡^(군)을 두었다 한다. 하지만 秦^(진)나라에 이르면 현을 통괄하는 단위가 군이 되어 현보다 큰 행정단위로 변하였다.

字形 〔古陶文〕 〔簡牘文〕 〔說文小篆〕

窘(막힐 군): [窘], jiŏng, 穴-7, 12, 10

字解 형성. 穴^(구멍 혈)이 의미부이고 君^(임금 군)이 소리부로, 끝이 막힌 것의 상징인 굴^(穴)로부터 '막히다'의 의미를 그렸고, 이로부터 窘乏^(군핍)에서처럼 앞길이 막막할 정도로 곤란함을 뜻하기도 했다.

字形 〔說文小篆〕

裙(치마 군): [帬, 裠], qún, 衣-6, 12

字解 형성. 衣^(옷 의)가 의미부이고 君^(임금 군)이 소리부로, 하의^(衣)를 말했으며, 이로부터 아랫도리를 감싸는 옷이라는 뜻의 치마를 지칭하게 되었다. 간독문자에서는 衣 대신 巾^(수건 건)으로 구성된 帬으로 쓰기도 했다.

字形 〔簡牘文〕 〔說文小篆〕 〔說文或體〕

굴

屈(굽을 굴): qū, 尸-5, 8, 40

字解 형성. 尸^(주검 시)가 의미부이고 出^(날 출)이 소리부로, 집을 나설 때^(出) 몸을 굽힌 시신^(尸)처럼 몸체를 굽히다는 뜻에서부터 굽다, 굽히다는 뜻이 나왔고, 다시 屈服^(굴복)하다, 위축되다 등의 뜻도 나왔다. 금문 등에서는 尾^(꼬리 미)가 의미부였는데, 이후 尸로 변해 지금의 자형이 되었다.

字形 〔金文〕 〔古陶文〕 〔簡牘文〕 〔說文小篆〕

窟(굴 굴): [堀], kū, 穴-8, 13, 20

字解 형성. 穴^(구멍 혈)이 의미부이고 屈^(굽을 굴)이 소리부로, '굴'을 말하는데, 몸을 굽혀야^(屈) 들어갈 수 있는 작은 구멍^(穴)이라는 뜻을 담았다. 달리 穴 대신 土^(흙 토)가 들어간 堀^(굴 굴)로 쓰기도 한다.

字形 〔說文小篆〕

堀(굴 굴): [窟], kū, 土-8, 11

字解 형성. 土^(흙 토)가 의미부이고 屈^(굽을 굴)이 소리부로, 土 대신 穴^(구멍 혈)이 들어간 窟^(굴 굴)과 같이 쓰며, 몸을 굽혀야^(屈) 들어갈 수 있는 흙^(土)으로 된 '굴'을 말하며, 굴을 뚫다는 뜻도 가진다. ☞ 窟^(굴 굴)

字形 堀 說文小篆

掘(팔 굴): jué, 手-8, 11, 20

字解 형성. 手^(손 수)가 의미부이고 屈^(굽을 굴)이 소리부로, 손^(手)을 구부려^(屈) 흙이나 물체를 '파내다'는 뜻이며, 이로부터 후벼파다, 發掘^(발굴)하다는 의미도 나왔다.

字形 掘 說文小篆

궁

宮(집 궁): 宫, gōng, 宀-7, 10, 42

字解 회의. 갑골문에서 창문을 낸 집^(宀)을 그려 '가옥'이라는 의미를 그렸는데, 두 개의 창문이 呂^(음률 려)로 변해 지금의 자형이 되었다. 진시황 때 이르러 자신이 사는 궁궐을 宮이라 하고, 일반인들이 사는 집은 家^(집 가)로 구분하여 썼고, 이후 궁궐이라는 의미로 축소 사용되었다. 달리 五音^(오음, 궁·상·각·치·우)의 하나를 지칭하기도 했다. 간화자에서는 宫으로 써, 원래의 자형으로 되돌아갔다.

字形 宮甲骨文 宮宮宮宮宮金文 宮宮古陶文 宮宮宮宮簡牘文 宮說文小篆

弓(활 궁): gōng, 弓-0, 3, 32

字解 상형. 갑골문에서 활을 그렸는데, 활시위가 얹힌 때도 있고 풀린 경우도 보인다. 활은 고대사회에서 식량으로 쓸 짐승을 잡는 도구로 쓰였으며, 야수나 적의 침입을 막아내는 유용한 무기이기도 했다. 弓으로 구성된 한자는 활을 직접 지칭하거나, 활과 관련된 여러 기능 및 특성과 의미적 관련을 맺는다.

字形 弓弓弓甲骨文 弓弓弓金文 弓古陶文 弓簡牘文 弓古璽文 弓石刻古文 弓說文小篆

穹(하늘 궁): [穹], qióng, 穴-3, 8, 10

字解 형성. 穴^(구멍 혈)이 의미부이고 弓^(활 궁)이 소리부로, 활^(弓)이나 동굴^(穴)처럼 중앙이 높고 주위가 차차 낮아지는 돔^(dome)의 형상을 말하며, 이로부터 하늘, 둥근 천장 등을 지칭하게 되었다.

字形 穹 說文小篆

躬(몸 궁): [躳], gōng, 身-3, 10, 10

🗨 **字解** 형성. 身^(몸 신)이 의미부이고 弓^(활 궁)이 소리부로, 활^(弓)처럼 약간 휜 몸체^(身)라는 의미를 그렸으며, 몸을 굽히다는 뜻도 나왔다. 달리 躬으로 쓰기도 하는데 몸체^(身)와 등뼈^(呂)의 결합으로써 인간의 '몸'을 나타냈다.

🗨 **字形** 躬 簡牘文 躬 說文小篆 躳 說文或體

窮(다할 궁): 穷, [竆], qióng, 穴-10, 15, 40

🗨 **字解** 형성. 穴^(구멍 혈)이 의미부이고 躬^(몸 궁)이 소리부로, 『설문해자』의 해설처럼 동굴^(穴) '끝까지' 몸소^(躬) 들어가 보다는 의미를 그렸다. 여기서 '끝'이나 窮極^(궁극), 끝까지 가다 등의 뜻이 나왔으며, 다시 궁핍함이나 열악한 환경 등을 뜻하게 되었다. 원래는 穴과 躬^(躬몸 궁)으로 이루어졌고, 躬은 다시 身^(몸 신)과 呂^(등뼈·음률 려)의 결합으로 '몸'을 나타냈으나, 이후 呂가 소리부인 弓^(활 궁)으로 바뀐 글자이다. 간화자에서는 소리부인 躬을 力^(힘 력)으로 바꾼 穷으로 써, 회의구조로 변했다.

🗨 **字形** 窮 簡牘文 窮 說文小篆

竆(다할 궁): 穷, [窮], qióng, 穴-14, 19

🗨 **字解** 형성. 穴^(구멍 혈)이 의미부이고 躬^(몸 궁)이 소리부이다. 『설문해자』의 해설처럼 '끝까지 다하다^(極)'라는 뜻이다. 달리 窮^{(다할}

---

^(궁)으로도 쓰는데, 窮은 穴이 의미부이고 소리부인 躬이 躬^(몸 궁)으로 바뀐 구조이다. 동굴^(穴) '끝까지' 몸소^(躬) 들어가 보다는 의미로부터 '끝'이나 窮極^(궁극), 끝까지 가다 등의 뜻이 나왔으며, 다시 궁핍함이나 열악한 환경 등을 뜻하게 되었다. 간화자에서는 소리부인 躬을 力^(힘 력)으로 바꾼 穷으로 써, 회의구조로 변했다.

🗨 **字形** 竆 簡牘文 竆 說文小篆

芎(궁궁이 궁): xiōng, 艸-3, 7

🗨 **字解** 형성. 艸^(풀 초)가 의미부이고 弓^(활 궁)이 소리부로, 미나리과의 여러해살이풀^(艸)의 하나로 어린 순은 식용으로 쓴다. 약용으로 쓰이는 사천성의 궁궁이는 '川芎^(천궁)'이라는 이름으로 잘 알려졌다.

궁

卷(굽을 권): [捲], juǎn, juàn, 卩-6, 8, 40

🗨 **字解** 형성. 원래는 廾^(두 손으로 받들 공)과 卩^(병부 절)이 의미부이고 釆^(분별할 변)이 소리부로, 두 손을 모으고^(廾) 무릎을 오므린 채 꿇어앉은^(卩) 사람의 모습에서 굽히다, 굽다, 접다 등의 뜻이 나왔고 다리의 접히는 부분인 '오금'을 뜻하게 되었다. 이후 죽간이나 종이에다 글을 쓰고 이를 말아놓은 것이 옛날의 '책'이었으므로, 책을

헤아리는 단위로도 쓰이게 되었다. 따라서 卷으로 구성된 글자들은 '말다'는 의미와 관련되어 있다.

字形 🖼簡牘文 🖼說文小篆

捲(말 권): 卷, juǎn, 手-7, 11, 10

字解 형성. 手(손 수)가 의미부이고 卷(굽을 권)이 소리부로, '말다'는 뜻의 卷에다 손동작을 강조한 手가 더해져 '말다'는 동작의 의미를 강조했다. 간화자에서는 卷(굽을 권)에 통합되었다.

字形 🖼說文小篆

倦(게으를 권): [勌], juàn, 人-8, 10, 10

字解 형성. 人(사람 인)이 의미부이고 卷(굽을 권)이 소리부로, 몸을 구부린 채(卷) 누운 사람(人)의 모습에서 '피곤함'과 '게으름'의 뜻을 그렸다. 달리 人 대신 力(힘 력)이 들어간 勌으로 쓰기도 하는데, 힘(力)을 쓰지 않고 몸을 구부린 채(卷) 드러누운 사람이라는 뜻을 담았다.

字形 🖼說文小篆

眷(돌아볼 권): [睠], juàn, 目-6, 11, 10

字解 형성. 目(눈 목)이 의미부이고 卷(굽을 권)의 생략된 모습이 소리부로, 되돌아(卷) 보다(目)는 뜻이며, 돌아보며 보살피는 관계라는 뜻에서 '가족'의 뜻이 나왔고, 은총이

나 보살핌 등의 뜻도 나왔다. 달리 좌우 구조로 된 睠으로 쓰기도 한다.

字形 🖼說文小篆

淃(물 돌아 흐를 권): juàn, 水-8, 11

字解 형성. 水(물 수)가 의미부이고 卷(굽을 권)이 소리부로, 물(水)이 감기며(卷) 돌아 흐르는 것을 말하며, 그런 모양을 지칭한다.

圈(우리 권): juàn, □-8, 11, 20

字解 형성. □(나라 국·에워쌀 위)가 의미부이고 卷(굽을 권)이 소리부로, 둥글게(卷) 에워싼(□) 가축의 '우리'를 말하며, 이로부터 구역이나 권역, 둘레 등의 뜻이 나왔다.

字形 🖼🖼🖼簡牘文 🖼說文小篆

拳(주먹 권): [搩], quán, 手-6, 10, 32

字解 형성. 手(손 수)가 의미부이고 卷(굽을 권)이 소리부로, 손(手)을 말아(卷) 놓은 모습의 '주먹'을 말한다. 이후 짐승의 손발도 지칭하였고, 힘이나 拳術(권술) 등의 뜻이, 다시 구부리다는 뜻도 나왔다. 달리 手를 추가한 搩으로 쓰기도 한다.

字形 🖼簡牘文 🖼說文小篆

券(문서 권): quàn, 刀-6, 8, 40

字解 형성. 소전체에서 廾(두 손으로 받들 공)과 刀(칼 도)가 의미부이고 釆(분별할 변)이 소리부였는데, 자형이 변해 지금처럼 되었다. 자세히 살펴가며(釆) 두 손(廾)으로 칼(刀)로 새겨 넣다는 뜻이고, 이로부터 새겨 넣은 것이 바로 '契約書(계약서)'이자 '문서'임을 나타냈으며, 증명서를 지칭하기도 했다.

字形 券券 簡牘文 券 說文小篆

權(저울추 권): 权, quán, 木-18, 22, 42

字解 형성. 木(나무 목)이 의미부이고 雚(황새 관)이 소리부인데, 雚은 갑골문에서 볏이 나고 눈이 크게 그려진 수리부엉이의 모습을 그렸다. 權은 처음에는 노란 꽃이 피는 黃華木(황화목)을 지칭했으나 이후 양쪽의 평형을 잡아 무게를 재는 기구인 저울의 추를 뜻하게 되었다. 저울추라는 뜻에서 다시 권세나 권력, 권리 등의 뜻이 나왔는데, 인간 사회의 힘이나 세력을 재는 기구라는 뜻을 담았다. 간화자에서는 소리부인 雚을 간단한 부호 又(또 우)로 바꾼 权으로 쓴다.

字形 權權 簡牘文 權 說文小篆

勸(권할 권): 劝, [勌, 勸], quàn, 力-18, 20, 40

字解 형성. 力(힘 력)이 의미부이고 雚(황새 관)이 소리부로, 힘(力)으로 강권하다, 설득하다는 뜻이며, 이로부터 권하다, 권력의 뜻

이 나왔다. 간화자에서는 소리부인 雚을 간단한 부호 又(또 우)로 바꾼 劝으로 쓴다.

字形 勸 簡牘文 勸 說文小篆

궐

丨(갈고리 궐): jué, 丨-0, 1

字解 상형. 『설문해자』에서는 '낚시 고리'를 말한다고 했는데, 소전체를 보면 낚싯바늘과 대단히 닮았으며, 이로부터 낚싯바늘 모양으로 생긴 '갈고리'를 지칭하게 되었을 것이다. 丨은 단독으로 사용되지 못하며, 해서체에서 了(마칠 료), 子(나 여), 事(일 사) 등과 같은 글자들을 한 곳으로 묶는 부수로 사용되었다. 현대 중국의 『辭海(사해)』나 『新華字典(신화자전)』 등에서는 丨부수를 폐기하였다.

字形 丨 說文小篆

厥(그 궐): jué, 厂-10, 12, 30

字解 형성. 厂(기슭 엄)이 의미부이고 欮(그 궐)이 소리부로, 큰 바윗덩어리(厂)를 뽑아냄을 말했는데, 이후 '그(것)'이라는 의미로 가차되었으며, 突厥(돌궐)에서처럼 음역자로도 쓰였다.

字形 厥 金文 厥 帛書 厥 簡牘文 厥 石刻

古文 膼 說文小篆

闕(대궐 궐): 阙, què, 門-10, 18, 20

字解 형성. 門^(문 문)이 의미부이고 欮^(그 궐)이 소리부로, 높은 대문^(門)이 즐비한 '大闕^(대궐)'을 말한다. 이후 대궐의 높고 큰 문은 충분한 공간을 가지므로 '(텅) 비다'는 뜻도 나왔다. 간화자에서는 阙로 쓴다.

字形 闕 說文小篆

蹶(넘어질 궐): jué, 足-12, 19, 10

字解 형성. 足^(발 족)이 의미부이고 厥^(그 궐)이 소리부로, 발^(足)이 걸려 넘어짐을 말하며, 이로부터 좌절하다, 실패하다의 뜻이 나왔고, 빨리 달려가다, 갑자기 등의 뜻도 나왔다.

字形 蹶 說文小篆

蕨(고사리 궐): jué, 艹-12, 16

字解 형성. 艹^(풀 초)가 의미부이고 厥^(그 궐)이 소리부로, 고사리과 식물^(艹)의 일종인 '고사리'를 말한다.

字形 蕨 說文小篆

獗(날뛸 궐): [蹶], jué, 犬-12, 15

字解 형성. 犬^(개 견)이 의미부이고 厥^(그 궐)이 소리부로, 미친개^(犬)처럼 미쳐 날뜀을 말했고, 이로부터 '넘어지다'의 뜻이 나왔으며, 이 때문에 犬 대신 足^(발 족)이 들어간 蹶^(넘어질 궐)과 같이 쓰이기도 한다.

궤

几(안석 궤): jī, jǐ, 几-0, 2

字解 상형. 几는 앉아서 기댈 수 있도록 고안된 탁자를 그렸다. 이후 의미를 더 정확하게 하고자 木^(나무 목)을 더한 机^(책상 궤)로 분화했다. 그래서 凳^(걸상 등)은 올라가^(登등) 걸터앉을 수 있는 등 없는 의자, 즉 스툴^(stool)을 말한다. 나머지, 几부수에 귀속된 다른 글자들은 사실 "案席^(안석)"과는 전혀 관계없는 글자들이 많은데, 해서체의 형체가 유사해 같은 부수에 들게 되었거나, 소리부로 쓰인 글자들이다. 예컨대, 凡^(무릇 범, 帆의 원래 글자)은 갑골문에서 베로 만든 네모꼴의 '돛'을 그린 글자고, 凰^(봉황새 황)은 배를 가게 하는 장치인 돛을 뜻하는 凡이 의미부이고 皇이 소리부인 구조로, 암컷 봉 새를 말하며, 凱^(즐길 개)는 豈^(어찌 기)가 의미부이고 뒷부분의 几가 소리부인 구조로, 豈는 원래 대 위에 올려놓고 옮겨 다닐 수 있도록 고안된 술 달린 북^(효주)을 그렸다. 현대 중국에서는 幾^(기미 기)의 간화자로도 쓰인다. ☞ 幾^(기미 기)

字形 几 說文小篆

机(책상 궤): jī, 木-2, 6, 10

字解 형성. 木(나무 목)이 의미부이고 几(안석 궤)가 소리부로, 나무(木)로 만든 안석(几)을 말하며, 이로부터 책상을 뜻하게 되었다. 이후 고무래나 모탕(나무를 패거나 자를 때 받쳐 놓는 나무토막)을 뜻하기도 했다. 현대 중국에서는 機(틀 기)의 간화자로도 쓰인다. ☞ 几(안석 궤)

字形 机 說文小篆

軌(바퀴사이 궤): 轨, guǐ, 車-2, 9, 30

字解 형성. 車(수레 거차)가 의미부이고 九(아홉 구)가 소리부로, 수레(車)의 폭을 말했으며, 이로부터 전국 각지(九州구주)로 달려갈 수 있는 도로, 軌道(궤도), 길의 뜻이 나왔고, 정해진 수레의 폭으로부터 법칙, 고상한 도덕 등을 뜻하게 되었다. 간화자에서는 轨로 쓴다.

字形 軌金文 軌說文小篆

櫃(함 궤): 柜, guì, 木-14, 18, 10

字解 형성. 木(나무 목)이 의미부이고 匱(함 궤)가 소리부로, 귀한 물건을 넣어두는 나무(木)로 만든 함(匱)을 말한다. 간화자에서는 柜(고리버들 거)에 통합되었다. ☞ 匱(함 궤)

潰(무너질 궤): 溃, kuì, 水-12, 15, 10

字解 형성. 水(물 수)가 의미부이고 貴(귀할 귀)가 소리부로, 둑이 무너져(貴) 물(水)이 터져 나감을 말하며, 이로부터 붕괴하다, 물 등이 제멋대로 흐르다, 성난 모습 등의 뜻이 나왔다. ☞ 貴(귀할 귀)

字形 潰簡牘文 潰說文小篆

饋(보낼 궤): 馈, kuì, 食-12, 21

字解 형성. 食(밥 식)이 의미부이고 貴(귀할 귀)가 소리부로, 먹을 것(食)을 골라내 貴 남에게 보내는 것을 말하며, 이로부터 음식물, 보내다, 요리하다 등의 뜻이 나왔다.

字形 饋說文小篆

詭(속일 궤): 诡, guǐ, 言-6, 13, 10

字解 형성. 言(말씀 언)이 의미부이고 危(위태할 위)가 소리부로, 곧 드러나게 될 진실을 위태로운(危) 말(言)로써 '속이는' 것을 말하며, 이로부터 남을 속이다, 詭辯(궤변), 기이하다 등의 뜻이 나왔다. ☞ 危(위태할 위)

字形 詭說文小篆

簋(제기 이름 궤): guǐ, 竹-11, 17

字解 회의. 竹^(대 죽)과 皿^(그릇 명)과 皀^(고소할 급)으로 구성되어, 대^(竹)로 만든 음식 담는^(皀) 그릇^(皿)을 말하는데, 皀은 食^(밥 식)의 아랫부분으로 굽 달린 그릇에 음식물이 담긴 모습을 그렸다. 원래는 청동으로 만들었으나 이후 대^(竹)로 만들었던 것으로 추정된다. 금문에서는 음식이 가득 담긴 그릇을 손으로 만지는 모습이고, 『설문해자』의 고문체에서는 軌^(바퀴 사이 궤)나 九^(아홉 구)가 소리부로 된 구조도 보인다.

字形 金文 簋 說文小篆 說文古文

귀

龜(거북 귀·갈라질 균·나라 이름 구): 龟,
[亀], guī, jūn, qiū, 龜-0, 16

字解 상형. 거북을 그대로 그렸는데, 갑골문에서는 측면에서 본 모습을 금문에서는 위에서 본 모습을 그렸다. 볼록 내민 거북의 머리^(龜頭·귀두), 둥근 모양에 갈라진 무늬가 든 등딱지, 발, 꼬리까지 구체적으로 잘 그려졌다. 소전체와 예서체에서 거북의 측면 모습이 정형화되었고 지금의 龜가 되었다. 거북은 수 천 년을 산다고 할 정도로 장수의 상징이었기 때문에 그

어떤 동물보다 신비한 동물로, 그래서 신의 계시를 잘 전해줄 수 있다고 생각했다. 게다가 중앙을 중심으로 동서남북의 네 방향으로 튀어나와 모가 진 모습은 당시 사람들이 생각했던 땅의 모형과 유사했기 때문에, 이 지상 세계에서 일어나는 모든 일을 신과 교통시킬 수 있다고 생각했으며, 그것이 거북 딱지를 가지고 점을 치게 된 주된 이유였을 것이다. 거북 딱지를 점복에 사용할 때에는 먼저 홈을 파, 면을 얇게 만들고 그곳을 불로 지지면 卜^(점 복)자 모양의 균열이 생기는데, 이 갈라진 모습을 보고 길흉을 점친다. 그래서 龜는 '거북'이 원래 뜻이지만 龜裂^(균열)에서처럼 '갈라지다'는 뜻도 가지는데, 이때에는 '균'으로 읽힘에 유의해야 한다. 또 지금의 庫車^(고차) 부근의 실크로드 상에 있던 서역의 옛 나라 이름인 '쿠짜^(龜茲·구자)'를 표기할 때도 쓰이며, 龜尾^(구미)와 같이 국명이나 지명으로 쓰이면 '구'로 읽힌다. 간화자에서는 龟로 쓴다.

字形 甲骨文 金文 古陶文 簡牘文 說文小篆 說文古文

鬼(귀신 귀): guǐ, 鬼-0, 10, 32

字解 상형. 원래 얼굴에 커다란 가면을 쓴 사람을 그린 글자다. 곰 가죽에다 눈이 네 개 달린 커다란 쇠 가면을 덮어쓴 『주례』에 등장하는 方相氏^(방상시)의 모습처럼, 鬼는 역병이나 재앙이 들었을 때 이를 몰아내

는 사람의 모습에서 형상을 가져왔다. 그래서 鬼는 두 가지 의미를 동시에 가진다. 첫째는 재앙이나 역병과 관련된 부정적 의미가 하나요, 둘째는 인간이 두려워하고 무서워해야 할 인간보다 위대한 어떤 존재를 칭하는 의미이다. 고대 한자에서 여기에다 제단^(示·시)을 더한 모습은 후자의 의미로 '鬼神^(귀신)'이 제사의 대상임을 나타내었고, 攴^(칠 복)이나 戈^(창 과)를 더해 내몰아야 하는 대상이라는 전자의 의미를 표현하기도 했다. 그래서 鬼는 '귀신'과 관련된 의미가 있는데, 귀신은 단지 몰아내어야만 하는 존재이기도 했지만, 동시에 인간이 두려워해야 할 위대한 존재이기도 했으며, 그래서 嵬^(높을 외)에서처럼 '높다'는 뜻을 가진다. 아울러 인간의 조상으로 섬겨야 할 대상, 제사의 대상이기도 했다.

字形 甲骨文 金文 盟書 簡牘文 說文小篆 說文古文

貴(귀할 귀): 贵, guì, 貝-5, 12, 50

字解 회의. 갑골문에서 두 손과 광주리와 흙^(土·토)을 그려 흙 속에서 뭔가를 파거나 건져내는 모습을 그렸는데, 자형이 변해 지금처럼 되었다. 이후 광주리는 종종 생략되기도 했으며, 흙^(土) 대신 조개^(貝·패)가 들어가 지금처럼 변했다. 그래서 貴는 '흙 속에서 어떤 것을 파내다'가 기본적인 뜻으로 추정된다. 고대인들의 문명은 큰 강을 중심으로 이루어졌기에, 흙이나

갯벌에서 파내는 것들은 고대인들의 주요 먹을거리인 동시에 생필품의 조달에 반드시 필요한 것들이었을 것이다. 따라서 흙이나 갯벌에서 파낸 것들은 조개^(貝)와 마찬가지로 아주 귀한 것들이었을 것이고, 이로부터 貴하다, 가격이 높다는 뜻이 생겼다. 그리고 여기서 확장되어, 파내어 다른 곳으로 '옮기다'나 파낸 곳이 '무너지다'는 의미도 함께 생겼다. 또 조개 등을 건져내는 광주리에 주목하여 그 도구인 삼태기도 지칭했다. 이후 貴하다는 뜻은 가장 중심이 된 의미였기에 그대로 남았지만, 다른 곳으로 '옮기다'는 뜻을 나타낼 때에는 辵^(쉬엄쉬엄 갈 착)을 더하여 遺^(끼칠 유)로, '무너지다'는 뜻을 나타낼 때에는 阜^(언덕 부)를 더하여 隤^(무너질 퇴)나 水^(물 수)를 더하여 潰^(무너질 궤)로, '삼태기'를 나타낼 때에는 竹^(대 죽)을 더하여 簣^(삼태기 궤) 등으로 분화했다.

字形 古陶文 簡牘文 說文小篆

句(구절 귀) ☞ **句**(글귀 구)

晷(그림자 귀): guǐ, 日-8, 12

字解 형성. 日^(날 일)이 의미부이고 咎^(허물 구)가 소리부로, 해^(日)의 그림자를 말한다. 해의 그림자는 시간을 재는 데 유용한 기준이 되었으므로 '시간'을 뜻하기도 하였고, 해의 그림자에 근거해 시간을 재는 기구인 '해시계'를 말하기도 했다.

字形 𣦵 說文小篆

歸(돌아갈 귀): 归, [嫃], guī, 止-14, 18, 40

字解 회의. 원래는 婦^(며느리 부)의 생략된 모습과 𠂤^(사, 師의 원래 글자)로 구성되어, 출정했던 군대^(𠂤)가 돌아오고 시집갔던 딸^(婦)이 친정집으로 돌아옴을 말하며, 이로부터 돌아오다, 歸還^(귀환)하다, 돌려주다, 합치다 등의 뜻이 나왔다. 이후 동작을 강조하기 위해 止^(발 지)가 더해져 지금의 자형이 되었다. 간화자에서는 초서체로 줄인 归로 쓴다.

字形 𢓊 𢓊 𢓊 𢓊 𢓊 甲骨文 𢓊 𢓊 𢓊 𢓊 𢓊 金文 𢓊 盟書 𢓊 𢓊 𢓊 簡牘文 𢓊 石刻古文 歸 說文小篆 嫃 說文籀文

宄(도둑 귀): guǐ, 宀-2, 5

字解 형성. 宀^(집 면)이 의미부이고 九^(아홉 구)가 소리부로, 집 안^(宀)에서 난을 일으키다는 뜻이며, 이로부터 바르지 않다는 뜻도 나왔다. 금문에서는 宀 대신 宮^(집 궁)으로 구성되어 궁^(宮) 내에서 난을 일으키다는 의미를 그렸다.

字形 𡨄 𡨄 𡨄 𡨄 𡨄 金文 𡨄 說文小篆 𡨄 𡨄 說文古文

劌(상처 입힐 귀): guì, 刀-13, 15

字解 형성. 刀^(칼 도)가 의미부이고 歲^(해 세)가 소리부이다. 『설문해자』의 해설처럼 '날카롭게 찔린 상처^(利傷)'를 말하는데, 칼^(刀)에 베인^(歲) 상처나 살로 입힌 상처라는 뜻을 담았다. ☞ 歲^(해 세)

字形 劌 說文小篆

규

揆(헤아릴 규): kuí, 手-9, 12, 12

字解 형성. 手^(손 수)가 의미부이고 癸^(열째 천간 계)가 소리부인데, 손^(手)으로 X자 모양의 컴퍼스^(癸)로 거리를 재는 모습을 그렸고, 이로부터 '헤아리다'의 뜻이 나왔다. ☞ 癸^(열째 천간 계)

字形 揆 說文小篆

葵(해바라기 규): kuí, 艸-9, 13, 10

字解 형성. 艸^(풀 초)가 의미부이고 癸^(열째 천간 계)가 소리부로, 해바라기과 식물^(艸)의 일종인 '해바라기'를 말한다.

字形 葵 簡牘文 葵 說文小篆

睽(사팔눈 규): kuí, 目-9, 14

字解 형성. 目^(눈 목)이 의미부이고 癸^(열째 천간 계)가 소리부로, 눈^(目)의 시선이 서로 갈려^(癸) 한 사물에 집중하지 못하는 것을 말한다. 이로부터 어긋나다, 괴리되다, 분리되다 등의 뜻이 나왔으며, 『주역』의 64괘의 하나를 지칭하기도 한다. 睽睽는 눈동자를 크게 뜨고 주시하는 모양을 말한다.

字形 [金文] 金文 [說文小篆] 說文小篆

叫(부르짖을 규): [呌], jiào, 口-2, 5, 30

字解 형성. 口^(입 구)가 의미부이고 丩^(얽힐 구)가 소리부로, 입^(口)으로 큰 소리를 내어 부르다는 뜻이며, 이로부터 부르짖다, 시키다, 새가 울다, 악기를 연주하다 등의 뜻이 나왔다.

字形 [說文小篆] 說文小篆

糾(얽힐 규): 纠, [糺], jiū, 糸-2, 8, 30

字解 형성. 糸^(가는 실 멱)이 의미부이고 丩^(얽힐 구)가 소리부로, 실^(糸)이 서로 얽혀^(丩) '꼬인' 것을 말하며, 이로부터 얽히다, 紛糾^(분규) 등의 뜻이 나왔고, 다시 얽힌 것은 풀어야 한다는 뜻에서 '풀다'의 뜻도 나왔다. ☞ 丩^(얽힐 구)

字形 [簡牘文] 簡牘文 [說文小篆] 說文小篆

赳(헌걸찰 규): jiū, 走-2, 9

字解 형성. 走^(달릴 주)가 의미부이고 丩^(얽힐 구)가 소리부로, 걸어가는^(走) 모습이 매우 풍채가 좋고 의기가 당당함을 말한다.

字形 [說文小篆] 說文小篆

圭(홀 규): guī, 土-3, 6, 12

字解 회의. 두 개의 土^(흙 토)로 구성되었는데, 토지신에게 제사 지내고자 뭉쳐놓은 흙^(土)에 그림자가 드리운 모습을 형상했다. 혹자는 생식기^(土사)가 둘 겹쳐진 것으로 보기도 하고, 해의 그림자를 재려고 세워놓은 흙^(土)과 드리운 그림자로 보기도 한다. 흙은 정착 농경을 일찍부터 시작했던 고대 중국에서 생명의 상징으로 그 어느 것보다 중요한 존재였다. 이 때문에 흙^(土)이 둘 겹쳐진 것은 훌륭하고 아름다움의 상징이었다. 이후 뭉쳐 세워 놓은 흙^(土)은 시간의 측정을 위해 해의 그림자를 재는 데도 사용되었다. 또 관리들이 자신의 신분을 나타내는 '홀'을 지칭하기도 하였는데, 홀이 생명과 대지를 상징하기 위해 뭉쳐 세워놓은 흙의 모습을 본떠 만들었기 때문이다. 이로부터 청결하다, 선명하다, 아름답다 등의 뜻까지 나왔으며, 해 그림자를 재는 의기^(圭表규표)나 중량 단위로도 쓰였다. 그러자 원래 의미를 더 분명하게 하고자 玉^(옥 옥)을 더한 珪^(홀 규)를 만들어 분화했다.

字形 [金文] 金文 [簡牘文] 簡牘文 [說文小篆] 說文小篆

珪 說文古文

奎(별이름 규): 奎, kuí, 大-6, 9, 12

〔字解〕 형성. 大^(큰 대)가 의미부이고 圭^(홀 규)가 소리부로, 奎星^(규성)이라는 큰^(大) 별을 말한다. 奎星은 28宿^(수) 중 열 15번 째 별이며, 立夏節^(입하절)의 중성^(中星)으로 서방에 위치한다. 文運^(문운)을 맡아보며 이 별이 밝게 빛나는 때는 천하가 태평해진다고 한다. 이 때문에 글이나 문장을 뜻하기도 하였다.

〔字形〕 奎奎金文 奎奎簡牘文 奎說文小篆

珪(홀 규): guī, 玉-6, 10, 12

〔字解〕 형성. 玉^(옥 옥)이 의미부이고 圭^(홀 규)가 소리부로, 서옥^(瑞玉)을 말하는데, 圭에서 玉을 더해 분화한 글자이다. 이후 제후를 봉할 때 사용하던 옥^(玉)으로 만든 홀^(圭)을 뜻하게 되었으며, 현대에 들어 炭素族^(탄소족) 원소의 하나인 '규소^(Si)'를 지칭하기도 한다. ☞ 圭^(홀 규)

〔字形〕 珪 說文小篆

硅(규소 규): [矽], guī, 石-6, 11, 10

〔字解〕 형성. 石^(돌 석)이 의미부이고 圭^(홀 규)가 소리부로, 규소^(Si)를 표기하기 위해 만들어진 글자이다. 규소가 비금속 탄소족 원소의 하나이기 때문에 金^(쇠 금)이 아닌 石이 의미부로 채택되었다.

閨(규방 규): 闺, guī, 門-6, 14, 20

〔字解〕 형성. 門^(문 문)이 의미부이고 圭^(홀 규)가 소리부로, 궁궐의 작은 문^(門)을 뜻하며, 이로부터 문의 일반적 이름으로 쓰였고, 궁실이나 실내를 뜻하게 되었다. 또 여인들이 거주하는 방을 말하기도 하는데, 위가 둥글고 아래가 네모진 홀^(圭)과 비슷한 모양으로 특별히 세운 작은 문^(門) 안으로 들어가 집의 깊숙한 곳에 자리한 '閨房^(규방)'을 말한다.

〔字形〕 閨 說文小篆

規(법 규): 规, guī, 見-4, 11, 50

〔字解〕 회의. 夫^(지아비 부)와 見^(볼 견)으로 구성되어, 法規^(법규)나 規則^(규칙)을 말하는데, 성인 남성^(夫)이 보는^(見) 것이 바로 당시 사회의 잣대이자 '법규'였음을 말해 준다. 일찍부터 정착 농경을 시작해 경험이 중시되었던 고대 중국에서는 나이 든 성인의 지혜를 최고의 판단 준거로 인식했다. 그래서 성인이 된 남성^(夫)이 보고^(見) 판단하는 것, 그것을 당시 사람들은 그들이 따라야 할 사회의 法度^(법도)이자 규범으로 생각되었으며, 그 결과 規에는 法度나 典範^(전범)이라는 뜻이 생겼고, 이후 일정한 규격대로 정확하게 원을 그려 내는 '그림쇠'를 뜻하기도 했다.

窺(엿볼 규): 窥, kuī, 穴-11, 16, 10

字解 형성. 穴^(구멍 혈)이 의미부이고 規^(법 규)가 소리부로, 구멍^(穴) 속으로 들여다보거나 엿봄을 말하며, 이로부터 살피다, 꿰뚫어 보다 등의 뜻이 나왔다.

字形 窺 說文小篆

槻(물푸레나무 규): guī, 木-11, 15

字解 형성. 木^(나무 목)이 의미부이고 規^(법 규)가 소리부로, 나무^(木)의 일종인 '물푸레나무'를 말하는데, 나뭇결이 아름답고 목질이 단단하여 활의 재료로 쓰였다.

坴(언덕 륙): liù, 土-5, 8

字解 형성. 土^(흙 토)가 의미부이고 圥^(버섯 록)이 소리부로, 언덕이나 땅을 말한다. 이후 阜^(언덕 부)가 더해져 만들어진 陸^(뭍 륙)과 같은 글자이다. 갑골문에 의하면 흙 언덕^(阜)과 두 층으로 만들어진 집이 그려졌고, 금문에 들어서는 土^(흙 토)를 더해 이것이 흙 언덕에 만들어진 집임을 더욱 구체화했다. 황토 대평원지대를 살았던 고대 중국인들은 황토 언덕에 굴을 판 동굴 집을 많이 지었으며, 동굴집이 여러 층으로 만들어지고 거기를 올라가는 흙 계단^(阜)을 형상화한 것으로 추정된다. 이후 호수나 강에 비교해 이러한 '언덕'은

집을 지을 수 있는 곳이라는 뜻에서 '뭍'의 뜻까지 나왔다.

字形 坴 說文小篆

逵(한길 규): [馗], kuí, 辵-8, 12, 10

字解 형성. 辵^(쉬엄쉬엄 갈 착)이 의미부이고 坴^(언덕 륙)이 소리부로, 사람이 다닐 수 있는^(辵) 뭍^(坴)의 길을 말한다. 달리 馗^(거리·광대뼈 규)와 같이 쓰는데, 여러 갈래^(九)로 나 사방팔방으로 통하는 길^(首, 道와 통합)이라는 뜻을 담았다.

字形 馗 說文小篆 逵 說文或體

竅(구멍 규): 窍, qiào, 穴-13, 18

字解 형성. 穴^(구멍 혈)이 의미부이고 敫^(노래할 교)가 소리부로, 구멍^(穴)이 원래 뜻이며, 이로부터 구멍을 뚫다, 소통하다의 뜻이 나왔고, 다시 이목구비 등 신체의 구멍이나 악기의 소리 구멍, 주사위의 파진 홈 등까지 뜻하게 되었다. 간화자에서는 소리부인 敫를 巧^(공교할 교)로 바꾼 窍로 쓴다.

字形 竅 說文小篆

嬀(성 규): 妫, guī, 女-12, 15

字解 형성. 女^(여자 여)가 의미부이고 爲^(할 위)가 소리부로, 성씨^(女)의 하나이며, 하북성에 있는 강 이름으로도 쓰였다.

字形 𡤩 𡤩 𡤩 金文 𤲬 說文小篆

균

勻(고를 균): yún, 勹-2, 4

字解 회의. 원래 손(又)과 두 점(二)으로 이루어졌는데, 두 점은 동등함을 상징하여 손으로 균등하게 나누다는 의미를 형상했는데, 이후 손이 勹(쌀 포)로 변해 지금의 글자가 되었다. 그래서 勻은 '똑같이 둘(二)로 나누어지는 것'을 의미하며, 均分(균분)하다는 뜻을 가진다. 여기서 파생된 均(고를 균)은 고르게 하는 대상이 '흙(土·토)'임을, 畇(밭 일굴 균)은 그런 행위가 밭(田·전)을 일구는 것임을, 鈞(서른 근고르게 할 균)은 쇠(金·금)로 만든 저울추를 달아 양쪽이 균등되게 한 장치를, 韻(운 운韻과 같은 글자)은 글자를 고르게 배치하여 리듬감을 살리게 하는 문학적 기교를 말한다. 또 軍(군사 군)은 금문에서 車와 勻으로 구성되어 '전차(車)를 고르게(勻) 배치하는 것'을 의미한다.

字形 𠣫 𠣫 𠣫 金文 𠣫 說文小篆

均(고를 균): jūn, 土-4, 7, 40

字解 형성. 土(흙 토)가 의미부이고 勻(고를 균)이 소리부로, 흙(土)을 고르게 하다(勻)는 뜻이며, 이로부터 고르다, 공평하다, 平均(평균)

균), 전면적인, 보편적인, 동등하다, 조화롭다 등의 뜻이 나왔다. ☞ 勻(고를 균)

字形 𤱯 金文 𤱯 𤱯 簡牘文 𤱯 𤱯 古璽文 𤱯 說文小篆

畇(밭 일굴 균): yún, 田-4, 9

字解 형성. 田(밭 전)이 의미부이고 勻(고를 균)이 소리부로, 밭(田)을 고르게(勻) 일구는 것을 말한다. ☞ 勻(고를 균)

鈞(서른 근고르게 할 균): 钧, jūn, 金-4, 12

字解 형성. 金(쇠 금)이 의미부이고 勻(고를 균)이 소리부로, 쇠(金)로 만든 저울추를 달아 양쪽이 균등 되게(勻) 하는 장치를 말하며, 여러 의견을 고르게 조정한다는 뜻에서 국정의 비유로도 쓰였다. 또 악기의 소리를 조절하는 표준을 말하며 이로부터 소리를 조절하다의 뜻도 나왔다. 또 무게의 단위로도 쓰여 30근을 말하기도 하였으며, 질그릇을 빚을 때 쓰는 轉輪(전륜)을 지칭하기도 하며, 편지글에서는 경어로 쓰이기도 한다. ☞ 勻(고를 균)

字形 𨥏 說文小篆

筠(대나무 균): yún, 竹-7, 13

字解 형성. 竹^(대 죽)이 의미부이고 勻^(고를 균)이 소리부로, 대^(竹)의 푸른 껍질을 말했는데, 이후 대나무나 대로 만든 악기까지 지칭하게 되었다.

囷(곳집 균): qūn, 囗-5, 8

字解 회의. 禾^(벼 화)와 囗^(에워쌀 위)로 구성되었는데, 곡식^(禾)이 에워싼 담^(囗) 속에 있는 모습을 형상했다. 그래서 『설문해자』에서도 '둥글게 만들어진 곡식 창고^(廩之圓者)'를 말고 했다. 곡식 창고 중 둥근 것^(圓)을 균^(囷)이라 하고, 네모진 것^(方)을 경^(京)이라 한다.

字形 囷 說文小篆

菌(버섯 균): jùn, 艸-6, 12, 32

字解 형성. 艸^(풀 초)가 의미부이고 囷^(곳집 균)이 소리부로, 식물^(艸)의 일종인 '버섯'을 말한다.

字形 菌 說文小篆

麇(노루 균): [麇], jūn, 鹿-5, 16

字解 형성. 鹿^(사슴 록)이 의미부이고 囷^(곳집 균)의 생략된 모습이 소리부로, 사슴^(鹿)의 일종인 '노루'를 말하는데, 원래의 생략되지 않은 소리부^(囷)로 구성된 麇^(노루 균)으로 쓰기도 한다.

字形 甲骨文 金文 說文小篆 說文籒文

龜(틀 균) ☞ 龜(거북 귀)

귤

橘(귤나무 귤): jú, 木-12, 16, 10

字解 형성. 木^(나무 목)이 의미부이고 矞^(송곳질할 율)이 소리부로, 나무^(木)의 일종인 '귤나무'를 말한다.

字形 古璽文 橘 說文小篆

극

戟(창 극): jǐ, 戈-8, 12, 10

字解 회의. 戈^(창 과)와 幹^(줄기 간)의 생략된 모습으로 구성되어, 갈래 창^(戈)을 말한다. '갈래 창'은 적을 베도록 고안된 낫 창^(戈)과 찌르기에 편하도록 고안된 뾰족 창^(矛)의 기능을 하나의 손잡이^(幹)에 합친 '다기능 창'을 말하며, 이로부터 찌르다, 치다 등의 뜻도 나왔다.

字形 𩰱 說文小篆

隙(틈 극): xì, 阜-10, 13, 10

字解 회의. 阜(ß, 언덕 부)와 日(날 일)과 두 개의 小(작을 소)로 구성되어, 흙 담(阜)의 작은(小) '틈' 사이로 비쳐드는 햇빛(日)을 그렸으며, 이로부터 틈새, 틈, 여가, 갈라지다, 원한 등의 뜻이 나왔다.

字形 𨻶 說文小篆

棘(멧대추나무 극): jí, 木-8, 12, 10

字解 회의. 朿(가시 자)가 둘 겹쳐진 모습인데, 朿는 원래 화살처럼 하늘로 솟은 나무(木목) 모양에 양쪽으로 가시가 그려진 모습이며 이로써 '가시나무'를 형상화했다. 그래서 朿가 세로로 둘 합쳐진 棗(대추나무 조)가 위로 크게 자라는 모습을 반영한 반면, 朿가 가로로 둘 합쳐진 棘은 탱자나무처럼 옆으로 우거져 자라는 가시나무의 특성을 잘 반영했다.

字形 𣓀 金文 𣓁 𣓂 簡牘文 𣓃 說文小篆

亟(빠를 극): jí, 二-7, 9

字解 지사. 갑골문에서 땅 위에 선 사람의 측면 모습과 사람의 끝 부분인 머리 위로 가로획이 더해진 모습으로부터 가장 높은 곳이라는 뜻을 그렸고, 이로부터 極端(극

단)이라는 뜻이 나왔다. 이후 금문에서는 口(입 구)가 더해졌고 다시 攴(칠 복)이 더해져, 빨리 말하도록(口) 매를 치는(攴) 모습을 그렸는데, 이로부터 '빠르다'는 뜻이 나왔고, 자형이 조금 변해 지금처럼 되었다. 그러자 원래 뜻은 木(나무 목)을 더한 極(다할 극)으로 분화했는데, 極은 집을 지을 때 가장 위쪽 끝에다 거는 마룻대(棟동)를 말한다.

字形 𠄌 甲骨文 𠄍 𠄎 𠄏 金文 𠄐 𠄑 𠄒 盟書 𠄓 𠄔 簡牘文 𠄕 說文小篆

極(다할 극): 极, jí, 木-9, 13, 42

字解 형성. 木(나무 목)이 의미부이고 亟(빠를 극)이 소리부로, 집을 지을 때 가장 위쪽 끝(亟)에다 거는 나무(木) 마룻대(棟동)를 말하며, 집에서 가장 높은 곳에 위치하므로 '極限(극한), 궁극, 점, 있는 힘을 다하다 등의 뜻이 나왔다. 간화자에서는 소리부인 亟을 及(미칠 급)으로 바꾼 极으로 쓴다. ☞ 亟(빠를 극)

字形 𣓄 簡牘文 𣓅 古璽文 𣓆 說文小篆

劇(심할 극): 剧, [劇], jù, 刀-13, 15, 40

字解 형성. 刀(칼 도)가 의미부이고 豦(원숭이 거)가 소리부로, 호랑이(虍호)와 멧돼지(豕시)가 서로 극렬하게 싸움(刀)을 말한다. 원래는 力(힘 력)과 豦의 결합으로, 호랑이(虍)와

멧돼지^(豕)가 서로 있는 힘^(力)을 다해 싸우는 모습에서 '極烈^(극렬)'함의 의미를 그려냈는데, 이후 싸움의 상징인 刀로 바뀌어 지금의 자형이 되었다. 극렬한 싸움을 주로 소재 삼아 하는 무대 공연이라는 뜻에서 '극'을 뜻하게 되었고, 다시 희극이나 연극 등을 지칭하게 되었다. 간화자에서는 소리부인 豦를 居^(있을 거)로 바꾼 剧으로 쓴다.

字形 勶 說文小篆

克(이길 극): kè, 儿-5, 7, 32

字解 상형. 갑골문에서 머리에는 투구를 쓰고 손에는 창을 쥔 사람의 모습을 그렸으며, 완전하게 무장한 병사는 전쟁에서 이길 수 있다는 뜻에서 '이기다'는 의미가 생겼다. 이후 의미를 더욱 강화하기 위해 刀^(칼 도)를 더한 剋^(이길 극)을 만들었다.

字形 甲骨文 金文 簡牘文 石刻古文 說文小篆 說文古文

剋(이길 극): [尅], kè, kēi, 刀-7, 9, 10

字解 형성. 刀^(칼 도)가 의미부이고 克^(이길 극)이 소리부로, 칼^(刀)로 상대를 이기다^(克)는 뜻이며, 이로부터 전쟁에서 이기다, 구속하다, 엄격하게 한정하다, 깎아내다 등의 뜻이 나왔다. ☞ 克^(이길 극)

근

斤(도끼 근): jīn, 斤-0, 4, 30

字解 상형. '도끼'를 그렸다고 풀이하지만, 갑골문을 보면 '자귀'를 그렸다는 것이 더 정확해 보인다. 도끼는 날이 세로로 되었지만 자귀는 가로로 되었으며, 나무를 쪼개거나 다듬을 때 사용하던 대표적 연장이다. 그래서 斤에는 도끼가 갖는 일반적 의미 외에도 쪼아 다듬거나 끊다는 의미까지 함께 들어 있다. 이후 斤이 무게의 단위로 가차되자, 원래 뜻은 金^(쇠 금)을 더한 釿^(자귀 근)으로 분화했다.

字形 甲骨文 金文 古陶文 簡牘文 說文小篆

近(가까울 근): jìn, 辵-4, 8, 60

字解 형성. 辵^(쉬엄쉬엄 갈 착)이 의미부이고 斤^(도끼 근)이 소리부로, 가까운 거리를 말하는데, 일상 도구인 도끼^(斤)를 가지러 갈^(辵) 수 있는 가까운 거리라는 뜻을 담았다. 이후 가까운 시간도 뜻하게 되었고, 近接^(근접)하다, 親近^(친근)하다의 뜻이 나왔고, 총애나 실력자 가까이 있는 사람의 비유로도 쓰였다.

字形 簡牘文 說文小篆 說文古文

劤(힘 근): jìn, 力-4, 6

字解 형성. 力(힘 력)이 의미부이고 斤(도끼 근)이 소리부로, 도끼(斤)를 마음껏 휘두를 정도의 강한 힘(力)을 말한다.

芹(미나리 근): qín, 艸-4, 8

字解 형성. 艸(풀 초)가 의미부이고 斤(도끼 근)이 소리부로, 식물(艸)의 일종인 미나리를 말하며, 미약함의 비유로도 쓰였다.

字形 𦮼 說文小篆

靳(가슴걸이 근): jìn, 革-4, 13

字解 형성. 革(가죽 혁)이 의미부이고 斤(도끼 근)이 소리부로, 가죽(革)으로 만든 말 등의 가슴에 거는 걸이를 말한다.

字形 𩎾 簡牘文 靳 說文小篆

根(뿌리 근): gēn, 木-6, 10, 60

字解 형성. 木(나무 목)이 의미부이고 艮(어긋날 간)이 소리부로, 위쪽으로 하늘을 향해 무성한 가지를 뻗으며 자라나는 나무(木)의 속성과 배치되어(艮) 아래의 땅속으로 뻗어나가는 '뿌리'를 뜻한다. 이로부터 사물의 기초나 根據(근거), 根本(근본) 등을 뜻하게 되었고, 뿌리까지라는 뜻에서 철저하다는 뜻이 나왔다. 또 나무처럼 긴 것을 헤아리는 단위사로도 쓰인다.

字形 𣐳 簡牘文 根 說文小篆

堇(노란 진흙 근): jìn, 土-8, 11

字解 회의. 금문에서 두 손이 뒤로 묶인 채 불(火·화)에 태워지는 사람의 모습을 그렸는데, 입을 크게 벌린 모습으로 고통을 강조했다. 아마도 산 사람을 희생으로 바쳐 제사지내는 모습을 그렸을 것이다. 이로부터 '고통스럽다'는 뜻이 나왔는데, 원래 뜻이다. 그러나 소전체에 들면서 火가 土(흙 토)처럼 변했고, 자형도 지금처럼 변했다. 이후 '노란 진흙'이라는 뜻도 나왔는데, 『설문해자』에서는 "土가 의미부이고 黃(누를 황)의 생략된 모습이 소리부인구조로, 황토 진흙을 말한다."라고 했다.

字形 �€ 𡨚 金文 堇 說文小篆

菫(제비꽃 근): [蓳], jìn, 艸-8, 12

字解 형성. 艸(풀 초)가 의미부이고 堇(노란 진흙 근)이 소리부로, 풀(艸)의 일종인 '제비꽃'이나 '오랑캐꽃'을 말한다. 달리 蓳으로 쓰기도 한다.

字形 𦬊 𦱷 金文 菫 說文小篆

謹(삼갈 근): jǐn, 言-11, 18, 30

字解 형성. 言^(말씀 언)이 의미부이고 堇^(노란 진흙 근)이 소리부로, 신중하다, 정중하다, 공경하다, 삼가다는 뜻인데, 말^(言)은 사람을 제물로 바쳐 지내는 제사^(堇)처럼 항상 정성스럽고 신중하고 삼가야 함을 말한다.

字形 [古陶文] [簡牘文] [說文小篆]

饉(흉년들 근): 饉, jǐn, 食-11, 20, 10

字解 형성. 食^(밥 식)이 의미부이고 堇^(노란 진흙 근)이 소리부로, 먹을 음식^(食)의 마련이 어려울^(堇) 정도의 '흉년'을 말하며, 이로부터 흉년이 들다, 결핍되다, 부족하다 등의 뜻이 나왔다.

字形 [甲骨文] [臼鼎] [說文小篆]

勤(부지런할 근): [懃, 廑], qín, 力-11, 13, 40

字解 형성. 力^(힘 력)이 의미부이고 堇^(노란 진흙 근)이 소리부로, 정성스레^(堇) 온 힘^(力)을 다해 부지런히 일함을 말하며, 사력을 다하다, 정성을 다하다, 힘들다 등의 뜻이 나왔다.

字形 [金文] [簡牘文] [石刻古文] [說文小篆]

懃(은근할 근): qín, 心-13, 17

字解 형성. 心^(마음 심)이 의미부이고 勤^(부지런할 근)이 소리부로, 부지런히^(勤) 마음^(心)을 쓰다는 뜻이며, 달리 勤^(부지런할 근)과 같이 쓰인다.

槿(무궁화 나무 근): jǐn, 木-11, 15, 12

字解 형성. 木^(나무 목)이 의미부이고 堇^(노란 진흙 근)이 소리부로, 나무^(木)의 일종인 무궁화 나무^(木槿목근)를 말하며, 무궁화 꽃도 지칭한다.

瑾(아름다운 옥 근): jǐn, 玉-11, 15, 12

字解 형성. 玉^(옥 옥)이 의미부이고 堇^(노란 진흙 근)이 소리부로, 아름다운 옥^(玉)의 이름이며, 아름다운 덕의 비유로도 쓰였다.

字形 [金文] [說文小篆]

僅(겨우 근): 仅, jǐn, 人-11, 13, 30

字解 형성. 人^(사람 인)이 의미부이고 堇^(노란 진흙 근)이 소리부로, 정성을 다해^(堇) 노력하는 사람^(人)으로부터 '재주'라는 뜻이 나왔고, 온 정성을 다해 노력해야만 '겨우' 사람 노릇을 할 수 있다는 의미에서 '간신히'라는 뜻까지 나왔다. 간화자에서는 소리부인 堇을 간단한 부호 又^(또 우)로 바꾼 仅으로 쓴다.

字形 [簡牘文] [說文小篆]

覲(뵐 근): 覲, jìn, 見-11, 18, 10

💬 형성. 見^(볼 견)이 의미부이고 菫^(노란 진흙 근)이 소리부로, 옛날 제후가 천자를 찾아뵈는 것을 말하며 이로부터 알현이나 회견 등의 뜻이 나왔는데, 삼가 정성을 다하는^(菫) 마음으로 만나보다^(見)는 뜻을 담았다.

💬 字形 菫 金文 覲 說文小篆

筋(힘줄 근): jīn, 竹-6, 12, 40

💬 형성. 竹^(대 죽)이 의미부이고 肋^(갈비 륵)이 소리부로, 신체^(肉) 부위인 갈비나 갈빗살을 말하는데, 댓가지^(竹)처럼 마디와 가지런한 가지로 이루어진 갈비^(肋)라는 뜻을 담았다.

💬 字形 筋 筋 簡牘文 筋 說文小篆

졸(술잔 근): jīn, 己-6, 9

💬 회의. 己^(자기 기)와 丞^(도울 승)으로 구성되었는데, 丞은 承^(받들 승)과 같아 신의 몸^(己)을 받들다^(丞)는 뜻이다. 그래서 『설문해자』에서 '몸을 삼가하여 받드는 바가 있게 하다^(謹身有所承)'라는 뜻이라고 하였다. 옛날 결혼할 때 부부가 잔을 주고받는 것^(合졸합근)을 말하기도 했다.

💬 字形 졸 說文小篆

금

金(쇠 금성 김): jīn, 金-0, 8

💬 상형. 금문에서 청동 기물을 제조하는 거푸집을 그렸는데, 거푸집 옆의 두 점^(7.빙, 氷의 원래 글자)은 청동의 재료인 원석을 상징한다. 이는 얼음⁽⁷⁾이 녹아 물이 되듯 동석을 녹여 거푸집에 붓고 이를 굳혀 청동 기물을 만들어 낸다는 뜻이다. 소전체에 들면서 두 점이 거푸집 안으로 들어가 지금의 자형이 되었다. 세계의 그 어떤 지역보다 화려한 청동기 문명을 꽃 피웠던 중국이었기에 청동 거푸집을 그린 金이 모든 '금속'을 대표하게 되었고, 청동보다 강한 철이 등장했을 때에도 '쇠'의 통칭으로, 나아가 가장 값비싼 금속으로, 黃金^(황금)과 現金^(현금)에서처럼 '돈'까지 뜻하게 되었다.

💬 字形 金文 古陶文 簡牘文 古璽文 石刻 古文 說文小篆 說文古文

禽(날짐승 금): qín, 禸-8, 13, 32

💬 형성. 禺^(긴 꼬리 원숭이 우)가 의미부이고 今^(이제 금)이 소리부로, 날짐승을 말하지만, 원래는 손잡이와 그물이 갖추어진 '날짐승'

을 잡을 수 있는 뜰채를 그렸으며, 이후 소리부인 今이 더해지고 자형이 변해 지금처럼 되었다. 사로잡다가 원래 뜻이며, 이후 날짐승을 뜻하게 되었고, 짐승의 통칭으로도 쓰였다. 그러자 원래 의미는 다시 手(손 수)를 더해 擒(사로잡을 금)으로 분화했다.

字形 ꖐ ꖑ 甲骨文 ꖒ ꖓ ꖔ 金文 ꖕ 說文小篆

鐘(종)의 불알을 그린 것으로 추정된다. 종은 옛날 명령을 내리는 데 사용되었으며, 명령을 내리는 그때가 '현재 시점'이 되므로 '지금'이나 '곧' 등의 의미가 나온 것으로 추정된다.

字形 ꖖ ꖗ ꖘ 甲骨文 ꖙ ꖚ ꖛ ꖜ 金文 ꖝ 盟書 ꖞ ꖟ ꖠ 簡牘文 ꖡ 石刻古文 ꖢ 說文小篆

擒(사로잡을 금): [捦], qín, 手-13, 16, 10

字解 형성. 手(손 수)가 의미부이고 禽(날짐승 금)이 소리부로, 손(手)으로 뜰채 같은 사냥 도구(禽)를 사용해 '사로잡다'는 뜻을 그렸다. ☞ 禽(날짐승 금)

字形 ꖐ ꖑ 甲骨文 ꖒ ꖓ ꖔ 金文 ꖕ 說文小篆

衾(이불 금): qīn, 衣-4, 10, 10

字解 형성. 衣(옷 의)가 의미부이고 今(이제 금)이 소리부인 상하구조로, 이불을 말한다. 낮에 걸치면 옷이요 밤에 덮으면 이불이 되듯, 이불을 옷(衣)의 범주로 보았기 때문에 衣가 의미부로 선택되었다.

字形 ꖣ 說文小篆

檎(능금나무 금): qín, 木-13, 17

字解 형성. 木(나무 목)이 의미부이고 禽(날 짐승 금)이 소리부로, 능금나무(木)를 말하는데, 10미터 정도의 높이로 자라는 장미과의 낙엽 활엽 교목이며, 열매는 사과보다 작고 맛이 덜하다.

琴(거문고 금): [珡, 琹], qín, 玉-8, 12, 32

字解 형성. 소전체에서 줄이 여럿 달린 '거문고'를 그린 상형자였지만, 『설문해자』의 고문에서는 여기에 소리부인 金(쇠 금)이 더해진 모습을 했다. 이후 소리부인 金이 今(이제 금)으로, 윗부분의 거문고가 玉(옥 옥)이 두 개 합쳐진 모습으로 변해 지금의 자형이 되었다.

字形 ꖤ 簡牘文 ꖥ 說文小篆 ꖦ 說文古文

今(이제 금): jīn, 人-2, 4, 60

字解 상형. 이의 자원에 대해서는 의견이 분분하다. 『설문해자』에서는 曰(가로 왈)자를 거꾸로 그린 것이라고 하나, 갑골문을 보면

姈(외숙모 금): [㛦], jì, 女-4, 7

字解 형성. 女(여자 여)가 의미부이고 今(이제 금)이 소리부로, 외숙모(女)를 말하며, 이후 처형이나 처제도 뜻하게 되었다.

字形 ㉿ 說文小篆

昑(밝을 금): qǐn, 日-4, 8

字解 형성. 日(날 일)이 의미부이고 今(이제 금)이 소리부로, 해(日)가 밝다는 뜻이다.

芩(풀 이름 금): qín, 艸-4, 8

字解 형성. 艸(풀 초)가 의미부이고 今(이제 금)이 소리부로, 꿀풀과의 여러해살이풀(艸)로 속서근풀(黃芩황금)을 말하는데, 습한 곳에 야생하는 갈대(蘆葦노위)와 비슷하며 줄기는 댓가지를, 잎은 댓잎을 닮았다.

字形 ㉿ 說文小篆

衿(옷깃 금): [紟], jīn, 衣-3, 9

字解 형성. 衣(옷 의)가 의미부이고 今(이제 금)이 소리부인 좌우구조로, 옷의 깃을 말하며, 홑옷(禪衣·단의)이라는 뜻도 가지며, 옛날 지식인들이 입던 옷을 지칭하기도 한다.

字形 ㉿ 說文小篆 ㉿ 籒文

禁(금할 금): jìn, 示-8, 13, 42

字解 회의. 林(수풀 림)과 示(보일 시)로 구성되어, 숲(林)에 대한 제사(示)를 형상화했다. 숲은 산신이 사는 곳이라 하여 제사의 대상이 되기도 했겠지만, 이 글자가 秦(진)나라 때의 죽간에서부터 나타나고 당시의 산림 보호에 관한 법률을 참고한다면, 산림의 남벌이나 숲 속에 사는 짐승들의 남획을 '禁止(금지)'하기 위해 산림(林)을 신성시하였던(示) 전통을 반영한 글자일 가능성이 크다. 이로부터 禁止하다는 일반적인 의미로 확장되었고, 禁書(금서)나 禁錮(금고) 등과 같은 어휘를 만들게 되었다.

字形 ㉿ 簡牘文字 ㉿ 說文小篆

襟(옷깃 금): [裣], jīn, 衣-12, 18, 10

字解 형성. 衣(옷 의)가 의미부이고 禁(금할 금)이 소리부로, 옷(衣)의 깃을 말하는데, 깃이 옷의 앞쪽에 위치하므로 앞쪽의 비유로도 쓰였다.

字形 ㉿ 說文小篆

錦(비단 금): 锦, jǐn, 金-8, 16, 32

字解 형성. 帛(비단 백)이 의미부이고 金(쇠 금)이 소리부로, 찬란한 금빛을 내는 청동(金)처럼 여러 가지 화려한 무늬가 놓인 비단(帛)을 말하며, 여기서 '아름답다'는 뜻이 나왔다.

字形 ㉿ 說文小篆

官爵^(관작)의 '等級^(등급)'을 말하게 되었다.

字形 **絆絟絟** 簡牘文 **絟** 說文小篆

급

及(미칠 급): jí, 又-2, 4, 32

字解 회의. 人^(사람 인)과 又^(또 우)로 구성되어, 사람^(人)의 뒤쪽을 손^(又)으로 잡은 모습에서 '잡다'의 뜻을 그렸고, 다시 어떤 목표에 '이르다'의 뜻이 생겼다. '不狂不及^(불광불급, 미치지 않으면 미치지 못한다)'은 '미쳐야 미친다'는 말이다. 이후 대상물에 미치다는 뜻으로부터 '…및'이라는 접속사로 쓰였다.

字形 甲骨文 金文 古陶文 簡牘文 石刻古文 說文小篆 說文古文

笈(책 상자 급): jí, 竹-4, 10

字解 형성. 竹^(대 죽)이 의미부이고 及^(미칠 급)이 소리부로, 책을 넣거나 짊어질 수 있도록^(及) 만든 작은 대^(竹) 상자를 말하며, 이후 책을 뜻하기도 했다.

級(등급 급): 级, jí, 糸-4, 10, 60

字解 형성. 糸^(가는 실 멱)이 의미부이고 及^(미칠 급)이 소리부로, 비단^(糸)의 등급을 말했는데, 이후에 비단으로 만든 옷으로 상징되는

扱(미칠 급): chā, xī, qì, 手-4, 7, 10

字解 형성. 手^(손 수)가 의미부이고 及^(미칠 급)이 소리부로, 손^(手)이 어떤 것에 미침^(及)을 말하며, 이로부터 끌어당기다, 옮기다, 꼽다 등의 뜻이 나왔다.

字形 **扳** 說文小篆

汲(길을 급): jí, 水-4, 7, 10

字解 형성. 水^(물 수)가 의미부이고 及^(미칠 급)이 소리부로, 물^(水)이 있는 곳으로 가^(及) 물을 긷는다는 뜻이며, 이로부터 끌어당기다, 인도하다의 뜻도 나왔다.

字形 **汲** 說文小篆

伋(속일 급): jí, 人-4, 6

字解 형성. 人^(사람 인)이 의미부이고 及^(미칠 급)이 소리부로, 사람^(人)을 '속이다'는 뜻이며, 공자의 손자인 子思^(자사)의 이름자로도 사용되었다.

字形 **伋** 說文小篆

急(급할 급): jí, 心-5, 9, 60

字解 형성. 원래는 心^(마음 심)이 의미부이고 及^(미칠 급)이 소리부로, 자형이 약간 변해 지금의 자형이 되었다. 마음^(心)이 어떤 걱정에 이르다^(及)는 뜻으로부터 '躁急^(조급)하다'는 의미를 그렸고, 이로부터 急迫^(급박)하다, 요긴하다, 중요시하다 등의 뜻이 나왔다.

字形

給(넉넉할 급): 给, jǐ, 糸-6, 12, 50

字解 형성. 糸^(가는 실 멱)이 의미부이고 合^(합할 합)이 소리부로, 끊어진 실^(糸)을 연결하여 합치다^(合)는 뜻이며, 이로부터 넉넉하다, 풍족하다는 뜻이 나왔고, 다시 넉넉하도록 '주다', '供給^(공급)하다'는 뜻도 나왔다.

字形

긍

矜(불쌍히 여길 긍): [矝], qín, 矛-4, 9, 10

字解 형성. 矛^(창 모)가 의미부이고 今^(이제 금)이 소리부이다. 矜이 어떻게 해서 '불쌍히 여기다'와 自矜心^(자긍심)에서처럼 자신을 스스로 자랑스럽게 생각한다는 의미의 '矜持^(긍지)'라는 뜻까지 갖게 되었는지는 명확하지 않다. 하지만 창^(矛)은 상대를

찔러 죽이는 원시시절부터 사용되어왔던 가장 대표적 무기의 하나였기에, 이에 의해 죽어가는 상대를 '불쌍히 여겨야 한다'는 의미를 그린 것으로 추정된다. 그러나 전쟁은 냉정한 현실 그 이상과 이하도 아닌 법, 적을 찔러 죽인 전공으로부터 스스로 자랑스럽게 생각하고 '긍지'를 느낄 수 있었다는 뜻에서 '긍지'의 의미가 나왔을 것이다.

字形

肯(옳게 여길 긍): [肎], kěn, 肉-4, 8, 30

字解 회의. 원래 冎^(冎과, 骨의 원래 글자)의 생략된 모습과 肉^(고기 육)으로 구성되어 '뼈^(冎)에 붙은 살^(肉)'을 말했는데, 冎가 止^(발 지)로 변해 지금처럼 되었다. 뼈에 붙은 살을 뜯는 즐거움이 쉬 상상이 되며, 이로부터 肯에 肯定^(긍정)의 뜻이 생겼다. 그러자 원래 뜻은 口를 더한 啃^(입 다시는 소리 삽)으로 분화했다.

字形

兢(삼갈 긍): jīng, 儿-12, 14, 12

字解 형성. 두 개의 兄^(맏 형)이 의미부이고 丰^(예쁠 봉)이 소리부로, 삼가다는 뜻인데, 자형이 줄어 지금처럼 되었다. 두 형^(兄)이 서로 경쟁하는 모양을 그렸으며, 이로부터 '다투다'는 뜻이 생겼고, 형제간의 경쟁은 서로 '공경심'을 가져야 한다는 뜻에서

'공경하다'의 뜻이, 다시 戰戰兢兢^(전전긍긍)에서처럼 경쟁 때문에 조바심하여 어쩔 줄 모르다는 뜻도 나왔다.

字形 𤼤𤼤𤼤𤼤 甲骨文 𤼤𤼤 金文
𧫦 說文小篆

亙(뻗칠 긍): gèn, 二-4, 6, 10

字解 형성. 원래는 回^(돌 회)와 二^(두 이)로 구성되어, 물길이 휘감기어 '선회함^(回)'을 그렸다. 亘^(펼 선·굳셀 환)에서 분화한 글자로, 물길이 끊임없이 이어짐을 말했고, 다시 '두루 미치다', '가로 지르다', '끝까지 가다' 등의 뜻을 갖게 되었다. 亘과는 다른 글자임에 유의해야 한다.

字形 ⬚⬚⬚ 甲骨文 ⬚ 金文 ⬚
說文小篆

기

气(기운 기): [氣], qì, 气-0, 4

字解 상형. 갑골문에서 세 가닥의 구름 띠가 하늘에 펴져 있는 모습을 그렸다. 갑골문의 자형이 三^(석 삼)과 닮아 금문에서는 아래위 획을 조금씩 구부려 三과 구분했다. 气는 이후 소리부인 米^(쌀 미)가 더해져 氣^(기운 기)가 되었다. 이 때문에 气가 밥 지을 때 피어오르는 蒸氣^(증기)를 그렸으며,

이후 의미를 정확하게 하려고 米가 더해졌다고 보기도 한다. 하지만, 갑골문이 만들어졌던 中原^(중원) 지역의 대평원에서는 해가 뜨고 질 때 얇은 층을 이룬 구름이 온 하늘을 뒤덮은 모습을 쉽게 볼 수 있다. 낮에는 그런 현상이 잘 나타나지 않지만, 아침저녁으로는 습한 공기 때문에 자주 만들어진다. 气가 밥 지을 때 나는 蒸氣라면 갑골문처럼 가로로 그리지는 않았을 것이다. 그래서 雲氣^(운가·엷게 흐르는 구름)가 氣의 원래 뜻이다. 구름의 변화가 大氣^(대기)의 상태를 가장 잘 말해주기에 天氣^(천가·날씨)나 氣運^(기운)이라는 말이 나왔다. 천체를 흐르는 기운, 그것이 바로 동양학에서 말하는 氣라 할 수 있다. 현대에 들어서는 서양에서 들어 온 화학 원소 중 기체로 된 이름을 표기하는데도 쓰인다. 현대 중국의 간화자에서 다시 원래의 气로 되돌아갔다.

字形 ⬚⬚⬚⬚ 甲骨文 ⬚⬚⬚
金文 ⬚⬚ ⬚簡牘文 ⬚ 石篆 ⬚
說文小篆

汽(김 기): 汽 [滊], qì, 水-4, 7, 50

字解 형성. 水^(물 수)가 의미부이고 气^(기운 기)가 소리부로, 기운^(气)처럼 하늘로 올라가는 수증기^(水)를 말한다. 달리 滊^(소금 못 할·김 오를 기)로 쓰기도 한다.

字形 ⬚ 說文小篆

氣(기운 기): 气, qì, 气-6, 10, 70

字解 형성. 气^(기운 기)가 의미부이고 米^(쌀 미)가 소리부로, 기운^(气)을 말한다. 원래는 气로 써 구름 띠가 하늘에 퍼진 모습을 그렸다. 이후 米를 더해 지금의 자형이 되었고, 쌀^(米)로 밥을 지을 때 피어오르는 것과 같은 증기라는 의미를 담았다. 달리 氖^(기운 가사랑할 애)로 쓰기도 하며, 간화자에서는 원래의 气^(기운 기)에 통합되었다.
☞ 气^(기운 기)

字形 𣱛 說文小篆

夔(짐승이름 기): kuí, 夊-17, 20

字解 상형. 夔는 상나라 사람들이 열심히 제사를 드렸던 상 민족 선조의 하나로 帝嚳^(제곡)을 지칭하는 것으로 보기도 한다. 갑골문에서는 원숭이 모양을 한 사람이 앉았거나 선 모습을 했는데, 아마도 아득히 먼 시절 類人猿^(유인원) 단계의 그들 선조를 그린 것으로 추정된다. 그 때문에 夒^(원숭이 노)도 이와 비슷한 모습인데, 갑골문에서 夒가 손을 위로 들고 있는데 비해 夔는 아래로 내린 차이만 있을 뿐 같은 모습으로 등장하고 있으며, '원숭이'라는 뜻으로 사용되었다. 갑골문에 보이는 夔는 이후 머리가 頁^(머리 혈)로, 손과 꼬리가 각각 止^(발 지)와 巳^(여섯째 지지 사)로, 아랫부분의 발이 이후 夊로 변해 지금의 자형이 되었으며, 달리 夒^(조심할 기)로 쓰기도 한다.

字形 𡕬 甲骨文 𡕦 說文小篆

夒(조심할 기): kuí, 夊-17, 20

字解 회의. 윗부분은 몸통을 아랫부분은 다리를 그렸는데, 자형이 변해 지금처럼 되었다. 『설문해자』의 해설처럼, '신기한 괴물^(神魖)'을 말한다. 용^(龍)과 비슷하며 다리가 하나인 상상의 동물을 말한다. 『설문해자』에서 인용한 소전체에 근거하면, 夒는 제일 윗부분은 두 점과 頁^(머리 혈)과 止^(발 지)와 巳^(여섯째 지지 사)와 夊^(천천히 걸을 쇠)로 구성되었는데, 다리가 하나라는 뜻에서 夊가 들었고, 윗부분은 뿔이 난 사람의 얼굴 모양을, 중간부분은 두 손을 그린 것이 변한 것으로 추정된다. 『廣韻^(광운)』에서는 夒라는 신령스런 동물은 정주^(汀州)라는 곳에서 나는데, 다리가 하나이며, 소처럼 생긴 몸을 가졌다고 한다. 또 물에 들어가면 반드시 바람과 비를 몰고 오고, 내뿜는 빛은 해와 달과 같고, 우는 소리는 우레와 같이 크다고 한다. 황제^(黃帝)가 夒의 가죽으로 북을 만들었는데, 소리가 5백리 밖까지 들렸다고 한다.

字形 𡕦 說文小篆

妓(기생 기): jì, 女-4, 7, 10

字解 형성. 女^(여자 여)가 의미부이고 支^(지탱할 지)가 소리부로, 娼妓^(창기·몸을 팔던 천한 기생)를 말하는데, 사람들에 붙어서^(支) 기생하며 사는 비천한 여자^(女)라는 뜻을 담았다.

字形 𦏵 說文小篆

岐(갈림길 기): [歧, 𨙕], qí, 山-5, 7, 12

字解 형성. 山^(뫼 산)이 의미부이고 支^(지탱할 지)가 소리부로, 가지^(支, 枝의 원래 글자)처럼 여러 갈래로 나뉜 산^(山)의 길을 말한다. 이후 소리부인 支 대신 止^(발 지)가 들어간 歧^(갈림길 기)와 같이 쓰기도 했으며, 『설문해자』에서는 의미부인 山 대신 邑^(고을 읍)이 들어간 𨙕로 썼다.

字形 𨙕 說文小篆 岐 說文古文 𪩘 說文或體

歧(갈림길 기): qí, 止-4, 8

字解 형성. 止^(발 지)가 의미부이고 支^(지탱할 지)가 소리부로, 발길^(止)이 가지^(支, 枝의 원래 글자)처럼 여러 갈래로 나뉘는 갈림길을 말한다.

字形 𧾷 簡牘文 歧 玉篇

伎(재주 기): jì, 人-4, 6, 10

字解 형성. 人^(사람 인)이 의미부이고 支^(지탱할 지)가 소리부로, 솜씨를 부려 생활용기를 만들어 내듯^(支) 재주를 가진 사람^(人)을 말하며, 이로부터 사람^(人)의 '재주'라는 뜻으로 쓰였다. ☞ 技^(재주 기)

字形 伎 簡牘文 𢼍 說文小篆

技(재주 기): jì, 手-4, 7, 50

字解 형성. 手^(손 수)가 의미부이고 支^(지탱할 지)가 소리부로, 손^(手)으로 댓가지를 제거하고 갈라^(支) 여러 가지 생활용품을 만들다는 뜻에서 '손재주'의 뜻이, 다시 '솜씨'와 技術^(기술), 技巧^(기교), 技能^(기능) 등의 뜻이 나왔다.

字形 技 說文小篆

伎(재주 기): jì, 人-4, 6, 10

字解 형성. 人^(사람 인)이 의미부이고 支^(지탱할 지)가 소리부로, 솜씨를 부려 생활용기를 만들어 내듯^(支) 재주를 가진 사람^(人)을 말하며, 이로부터 사람^(人)의 '재주'라는 뜻으로 쓰였다. ☞ 技^(재주 기)

字形 伎 簡牘文 𢼍 說文小篆

棄(버릴 기): 弃, qì, 木-8, 12, 30

字解 회의. 갑골문에서 윗부분은 피를 흘리는 아이^(𠫓돌)를, 중간 부분은 키^(箕)를, 아랫부분은 두 손을 그려, 아이를 죽여 내다 버리는 모습을 형상했는데 자형이 변해

지금처럼 되었다. 이로부터 '버리다', 放棄^(방기)하다, 廢棄^(폐기)하다 등의 뜻이 나왔으며, 간화자에서는 아랫부분을 廾^(두 손으로 받들 공)으로 바꾼 弃로 쓴다.

字形 甲骨文 金文 簡牘文 說文小篆 說文古文 說文籀文

甲骨文 金文 古陶文 簡牘文 石刻 古文 說文小篆 說文古文古文 說文籀文

羈(굴레 기): 羁, [羇], jī, 网-19, 24, 10

字解 회의. 网^(그물 망)과 革^(가죽 혁)과 馬^(말 마)로 구성되어, 원래는 말^(馬)에 채우는^(网罒) 가죽^(革)으로 만든 '고삐'를 말했다. 고삐가 채워진 말은 '구속되어' 마음껏 뛰어다니지 못하고 제한된 곳에 '멈추어' 서 있어야 한다. 그래서 굴레라는 뜻이 나왔고, 羈旅^(기려)처럼 고향에 가지 못하고 타향에 머무는 '나그네'의 뜻까지 생겼다.

字形 簡牘文 說文小篆 說文或體

其(그 기): qí, 八-6, 8, 32

字解 상형. 箕^(키 기)의 원래 글자로 '키'를 그렸으며, 간혹 두 손을 더해 키를 까부는 동작을 강조하기도 했다. 이후 '그'라는 의미로 가차되어 쓰이자 원래의 뜻은 竹^(대 죽)을 더하여 箕로 분화했다. 고대 한자에서는 윗부분을 줄여 亓^(그 기)로 쓰기도 한다.

基(터 기): jī, 土-8, 11, 52

字解 형성. 土^(흙 토)가 의미부이고 其^(그 기)가 소리부로, 키^(其)처럼 생긴 삼태기로 흙^(土)을 들어내고 땅을 다져 만든 건축물의 基礎^(기초) 터를 말한다. 이로부터 가장 아래쪽, 사물의 근본, 시작, 기초를 놓다, 사업 등의 뜻이 나왔다.

字形 金文 古陶文 說文小篆

期(기약할 기): [朞], qī, 月-8, 12, 50

字解 형성. 月^(달 월)이 의미부이고 其^(그 기)가 소리부로, 달^(月)의 순환처럼 일정한 '週期^(주기)'를 말한다. 이로부터 定期^(정기)에서처럼 정해진 기간이 되면 만나는 것을 말했으며, 이로부터 期約^(기약)의 뜻이 나왔다. 달리 상하구조로 된 朞^(돌 기)로 쓰기도 했으며, 금문에서는 月 대신 日^(날 일)로 쓰기도 했으나, 의미는 같다.

字形 金文 古陶文

期 簡牘文 古璽文 說文小
篆 說文古文

箕(키 기): [䇫, 具, 笸, 簊], jī, 竹-8, 14,
12

字解 형성. 竹^(대 죽)이 의미부이고 其^(그 기)가 소
리부로, 대^(竹)로 만든 키^(其)를 말하는데,
其^(그 기)에서 의미를 강화하기 위해 분화
한 글자이다. ☞ 其^(그 기)

字形 甲骨文 金文 古陶文 簡牘文 石刻古文 說文小篆 說文古
文 說文籀文

琪(옥 기): qí, 玉-8, 12, 12

字解 형성. 玉^(옥 옥)이 의미부이고 其^(그 기)가 소
리부로, 옥^(玉)의 이름으로 東夷^(동이) 지역
에서 나는 아름다운 옥인 珛玗琪^(순우기)를
말한다.

淇(강 이름 기): qí, 水-8, 11, 12

字解 형성. 水^(물 수)가 의미부이고 其^(그 기)가 소
리부로, 강물^(水)의 이름이다. 하남성의
북부에 있는데, 옛날에는 황하의 지류였

으며, 남쪽으로 흘러 汲縣^(급현)의 동북에
있는 淇門鎭^(기남진)에서 황하로 흘러들었
다.

字形 說文小篆

棋(바둑 기): [棊, 檱, 橀, 簶], qí, 木-8, 12,
20

字解 형성. 木^(나무 목)이 의미부이고 其^(그 기)가
소리부인 좌우구조로, '바둑'을 말하는데,
이전에는 상하구조로 된 棊^(바둑 기)로 쓰
기도 했다. 처음에는 바둑알이 나무^(木)로
만들어졌기 때문에 木이 의미부로 채택
되었지만, 이후 돌로 만든 것이 보편화
되면서 石^(돌 석)을 더한 碁^(바둑 기)를 쓰기
도 했다.

字形 甲骨文 說文小篆

祺(복 기): qí, 示-8, 13

字解 형성. 示^(보일 시)가 의미부이고 其^(그 기)가
소리부로, 제단^(示) 앞에서 복을 비는 것
을 말하며, 이로부터 길상의 뜻이 나왔
다. 또 편지글에서 축복을 비는 용어로도
쓰인다.

字形 石刻篆文 汗簡 說文小篆 說文籀文

欺(속일 기): qī, 欠-8, 12, 30

字解 형성. 欠(하품 흠)이 의미부이고 其(그 기)가 소리부로, 입을 크게 벌려 침을 튀기며(欠) 말을 하는 모습에서 '속이다'는 뜻을 그렸으며, 이로부터 은폐하다의 뜻도 나왔다.

字形 𣢨 說文小篆

朞(돌 기): jī, 月-8, 12, 10

字解 형성. 月(달 월)이 의미부이고 其(그 기)가 소리부로, 달(月)의 주기처럼 일정한 시간적 주기를 말하며, 좌우구조로 된 期(기약할 기)와 같이 쓴다. ☞ 期(기약할 기)

字形 𣍯 說文小篆 𣍯 說文古文

騏(털총이 기): 骐, [驥], qí, 馬-8, 18, 12

字解 형성. 馬(말 마)가 의미부이고 其(그 기)가 소리부로, 청 흑색의 무늬가 든 말(馬)을 말하며, 그런 무늬를 뜻하기도 한다. 달리 驥(가라말 려)로 쓰기도 한다.

字形 𩣵 簡牘文 𩣺 說文小篆

碁(바둑 기): [棋], qí, 石-8, 13

字解 형성. 石(돌 석)이 의미부이고 其(그 기)가 소리부로, 돌(石)로 만든 바둑알로 두는 '바둑'을 말하며, 石 대신 木(나무 목)이 들어간 棋(바둑 기)와 같다. ☞ 棋(바둑 기)

鏦(호미 기): jī, 金-8, 16

字解 형성. 金(쇠 금)이 의미부이고 其(그 기)가 소리부로, 쇠(金)로 만든 연장의 하나인 '호미'를 말한다.

旗(기 기): [旂], qí, 方-10, 14, 70

字解 형성. 㫃(깃발 날릴 언)이 의미부이고 其(그 기)가 소리부로, 나부끼는 깃발(㫃)을 말하며, 이로부터 표명하다, 표지, 호령하다 등의 뜻이 나왔다. 또 청나라 때에는 깃발의 명칭으로 병사와 백성을 구분하던 조직체를 지칭하기도 했으며, 내몽골 자치구의 행정단위로도 쓰인다.

字形 𣄦 𣄦 古陶文 𣄦 𣄦 簡牘文 𣄦 𣄦 𣄦 𣄦 𣄦 𣄦 古 璽文 𣄦 說文小篆

麒(기린 기): qí, 鹿-8, 19, 12

字解 형성. 鹿(사슴 록)이 의미부이고 其(그 기)가 소리부로, 중국에서 상상의 동물인 麒麟(기린)을 말하는데, 중국인들은 기린을 사슴의 뿔을 가진 짐승으로 묘사해 사슴과(鹿)에 포함시켰다.

字形 𪊽 說文小篆

萁(콩깍지 기): qí, 艸-8, 12

형성. 艸^(풀 초)가 의미부이고 其^(그 기)가 소리부로, 콩의 깍지나 콩대를 말하는데, 키^(其의 원래 글자)로 까불어 쭉정이를 골라내는 곡식^(艸)임을 반영했다. 또 식물^(艸)의 이름으로 쓰여 其服^(기복)을 지칭하기도 한다.

字形 ꕀ古璽文 ꕀ說文小篆

器(그릇 기): qì, 口-13, 16, 42

字解 회의. 犬^(개 견)과 品^(여러 사람의 입 집)으로 구성되어, 장독 같은 여럿 놓인 기물^(品) 주위를 개^(犬)가 어슬렁거리며 지키는 모습을 그렸다. 이로부터 '器物^(기물)'이라는 뜻이 나왔고, 신체의 기관을 말하기도 한다. 옛날에는 관직이나 작위의 등급을 헤아리는 단위로도 쓰였으며, 이로부터 관직이나 작위를 뜻하기도 하였다. 또 구체적 사물을 뜻하여 형이상학적인 道^(도)와 대칭되는 개념으로 쓰이기도 한다.

字形 金文 古陶文 簡牘文 說文小篆

奇(기이할 기): qí, 大-5, 8, 40

字解 형성. 大^(큰 대)가 의미부이고 可^(옳을 가)가 소리부로, 大는 두 팔을 벌리고 선 사람의 정면 모습이다. 사타구니를 크게 벌리고 선 사람의 모습^(大)에서부터 『설문해자』의 해석처럼 외발로 선 '절뚝발이'의 이미지를 그린 것으로 추정된다. 여기서부터 일반사람보다 '奇異^(기이)하고 특이하

다는 뜻이, 다시 짝수^(偶數·우수)와 대칭하여 홀수^(奇數·기수)의 뜻이 나왔으며, 이후 불완전함까지 뜻하게 되었다. 그러자 원래 뜻은 足^(발 족)을 더하여 踦^(절뚝발이 기)로 분화했다.

字形 古陶文 ꕀꕀ簡 牘文 古璽文 說文小篆

寄(부칠 기): jì, 宀-8, 11, 40

字解 형성. 宀^(집 면)이 의미부이고 奇^(기이할 기)가 소리부로, 절름발이^(奇)가 불완전한 몸을 의지하듯 집^(宀)에 몸을 맡겨 '寄託^(기탁)함'을 말하며, 이로부터 기탁하다, 의지하다, 맡기다 등의 뜻이 나왔다.

字形 簡牘文 說文小篆

琦(옥 이름 기): qí, 玉-8, 12, 12

字解 형성. 玉^(옥 옥)이 의미부이고 奇^(기이할 기)가 소리부로, 옥^(玉)의 이름을 말한다.

騎(말 탈 기): 骑, qí, 馬-8, 18, 32

字解 형성. 馬^(말 마)가 의미부이고 奇^(기이할 기)가 소리부로, 다리를 벌리고 걸터앉아^(奇) 말^(馬)을 타는 것을 말하며, 이로부터 타다, 걸터앉다의 뜻이 나왔고, 말이나 騎兵^(기병) 등을 뜻하게 되었다.

字形 古璽文 說文小篆

綺(비단 기): 绮, qǐ, 糸-8, 14, 10

字解 형성. 糸^(가는 실 멱)이 의미부이고 奇^(기이할 기)가 소리부로, 무늬가 든 특이한^(奇) 비단^(糸)을 말하며, 이로부터 광채, 화려하다 등의 뜻이 나왔다.

字形 綺 說文小篆

錡(솥 기): 锜, qí, 金-8, 16

字解 형성. 金^(쇠 금)이 의미부이고 奇^(기이할 기)가 소리부로, 쇠^(金)로 만든 '솥'을 말하는데, 사타구니를 크게 벌리고 선 사람^(奇)처럼 받침대 위에 우뚝 선 모습을 형상했다.

字形 錡 說文小篆

畸(떼기밭 기): jī, 田-8, 13, 10

字解 형성. 田^(밭 전)이 의미부이고 奇^(기이할 기)가 소리부로, 떼기밭을 말하는데, 독립되지 못하고 큰 토지에 기대어^(奇) 딸린 조그만 밭^(田)이라는 뜻을 담았다. 경지 정리가 되지 않은 자투리 밭이라는 뜻에서 나머지의, 비정상적인, 규격화되지 않은, 편파적인 등의 뜻이 나왔다.

字形 𤲶簡牘文 畸說文小篆

崎(험할 기): qí, 山-8, 11, 10

字解 형성. 山^(뫼 산)이 의미부이고 奇^(기이할 기)가

소리부로, 다리를 크게 벌리고 선 사람^(奇)처럼 깊은 계곡을 가진 '험한' 산^(山)을 말하며, 이로부터 험하다는 뜻이 나왔다.

埼(험할 기): qí, 土-8, 11

字解 형성. 土^(흙 토)가 의미부이고 奇^(기이할 기)가 소리부로, 다리를 크게 벌리고 선 사람^(奇)처럼 깊은 계곡을 가진 험한 흙^(土) 언덕을 말하며, 이로부터 험하다는 뜻이 나왔다.

企(꾀할 기): qǐ, 人-4, 6, 32

字解 형성. 人^(사람 인)이 의미부이고 止^(발 지)가 소리부로, 사람^(人)이 발돋움^(止)을 한 채 무엇인가를 간절히 바라는 모습을 그렸고, 이로부터 발돋움을 하다, 바라보다, 企圖^(기도)하다 등의 뜻이 생겼다.

字形 𠈌𠈌𠈌𠈌甲骨文 企說文小篆 𠈌說文古文

耆(늙은이 기): qí, 老-4, 10, 12

字解 회의. 日^(날 일)과 老^(늙을 로)로 구성되어, 예순 살이 된 노인^(老)을 말하는데, 세월^(日)이 흘러 나이가 든^(老) 노인이라는 뜻을 담았다. 옛날에는 60살 된 노인을 지칭했고, 이로부터 나이가 든 사람이나 연장자를 뜻하게 되었다.

字形 耆金文 耆耆簡牘文 耆說文小篆

嗜(즐길 기): [嗜], shì, 口-10, 13, 10

字解 형성. 口(입 구)가 의미부이고 耆(늙은이 기)가 소리부로, 세월(日)이 흘러 나이가 든(老) 노인의 입맛(口)이라는 의미인데, 오랜 세월을 거쳐 까다로워지고 전문화된 나이든 사람(耆)의 입맛으로부터 嗜好(기호)에서처럼 애호나 '즐기다'는 뜻을 그렸다. 달리 口가 의미부이고 示(보일 시)가 소리부인 眎(즐길 기)로 쓰기도 한다.

字形 嗜 說文小篆

己(몸 기): jǐ, 己-0, 3, 52

字解 상형. 이의 자원에 대해선 의견이 분분하다. 갑골문을 보면 구불구불하게 놓인 실로 보이는데, 곡선으로 그려야 했지만 딱딱한 거북 딱지나 동물 뼈에 칼로 새겨야 했던 갑골문의 특성상 직선으로 그려졌다. 실은 무엇인가를 묶는 데 쓰였으며, 문자가 탄생하기 전 실을 묶고 매듭을 지어 약속 부호로 사용했는데, 소위 結繩(결승)이라는 것이 그것이다. 남아메리카 인디언들이 사용하던 결승인 페루의 '퀴푸(quipu)'는 대단히 복잡하여 등장하는 매듭의 종류가 3백여 개에 이르고 있다. 이러한 매듭을 짓는 법을 배우고 매듭이 대표하는 의미를 이해해야만 구성원들 사이의 의사 교환이 가능했을 것이다. 그래서 己의 원래 뜻은 결승으로 상징되는 끈이다. 이후 이를 더욱 구체화하기 위해 糸(가는 실 멱)을 더해 紀(벼리 기)를 만들어 '기록하다'는 의미로 사용했다. 記(기록할 기)

는 사람의 말(言)을 결승(己)으로 기록해 두는 모습이다. 이후 己는 起(일어날 기)에서처럼 '몸'이라는 뜻으로 가차되었고, 自己(자기)에서처럼 자신을 지칭하는 일인칭 대명사로 사용되었다.

字形 [갑골문, 금문, 고도문, 간독문, 고새문, 석각고문, 說文小篆, 說文古文]
甲骨文 金文 古陶文 簡牘文 古璽文 石刻古文 說文小篆 說文古文

記(기록할 기): 记, jì, 言-3, 10, 70

字解 형성. 言(말씀 언)이 의미부이고 己(몸 기)가 소리부로, 사람의 말(言)을 결승(己)으로 기록해 두는 모습을 그렸다. 이로부터 記錄(기록)하다, 잊지 않다, 공문서, 저작물 등의 뜻이 나왔고, 서사를 위주로 하는 문체의 이름으로도 쓰였다. ☞ 己(몸 기)

字形 記 說文小篆

紀(벼리 기): 纪, jì, 糸-3, 9, 40

字解 형성. 糸(가는 실 멱)이 의미부이고 己(몸 기)가 소리부로, 끈을 그린 己가 일인칭 대명사로 가차되어 쓰이자 糸을 더해 분화한 글자이다. 새끼 매듭(己)으로 사건을 기록할 수 있는 줄(糸)을 말하며, 이로부터 사물의 뼈대나 중심이라는 뜻이 나왔다. ☞ 己(몸 기)

甲骨文 金文 古陶文 簡牘文 帛書 說文小篆

杞 (나무이름 기): qǐ, 木-3, 7, 10

字解 형성. 木^(나무 목)이 의미부이고 己^(몸 기)가 소리부로, 나무^(木)의 일종인 '산버들'을 말한다.

字形 甲骨文 金文 石刻古文 說文小篆

玘 (패옥 기): qǐ, 玉-3, 7

字解 형성. 玉^(옥 옥)이 의미부이고 己^(몸 기)가 소리부로, 장식용 옥^(玉)의 일종을 말하며, 이름자에 자주 쓰인다.

字形 說文小篆

起 (일어날 기): qǐ, 走-3, 10, 42

字解 형성. 走^(달릴 주)가 의미부이고 己^(몸 기)가 소리부인데, 금문 등에서는 己가 아닌 巳^(여섯째 지지 사)로 그려졌다. 巳가 아직 팔이 나지 않은 뱃속의 태아를 그린 것임을 고려하면, 아이^(巳)가 걷는^(走) 것을 말한다. 아이가 첫 걸음을 떼려면 자리에서부터 '일어설' 줄 알아야 하며, 자리에서 일어서고 나서 한 걸음 한 걸음 발을 내디디며 걷고 이것이 모든 것의 '시작'이 된다. 이로부터 일어나다, 시작, 출발점 등

의 뜻이 나왔다.

字形 簡牘文 說文小篆 說文古文

忌 (꺼릴 기): [惎], jì, 心-3, 7, 30

字解 형성. 心^(마음 심)이 의미부이고 己^(몸 기)가 소리부로, 자신의 몸^(己)과 마음^(心)에서 꺼리고 싫어하는 것을 말하며, 이로부터 증오하다, 원한을 가지다, 시기하다 등의 뜻이 나왔고, 다시 피하다, 禁忌^(금기) 등의 뜻도 나왔다.

字形 金文 古陶文 簡牘文 說文小篆

跽 (꿇어앉을 기): jì, 足-7, 14

字解 형성. 足^(발 족)이 의미부이고 忌^(꺼릴 기)가 소리부로, 두 무릎^(足)을 땅에 대고 상반신을 곧게 편 채 꿇어앉는 것을 말하며, 이로부터 삼가 받들다 등의 뜻도 나왔다.

字形 甲骨文 說文小篆

冀(바랄 기): jì, 八-14, 16, 12

字解 형성. 北(북녘 북)이 의미부이고 異(다를 이)가 소리부로, 고대 중국에서 중국을 9개의 주(州)로 나누었을 때 북방 지역인 지금의 하북성 지역을 지칭하던 말이다. 이 때문에 지금도 하북성을 줄여 부르는 말로 쓰인다. 이후 '바라다'나 '희망하다'는 뜻으로 가차되었다.

字形 𦬊 𤳊 金文 冀 說文小篆

驥(천리마 기): 骥, jì, 馬-17, 27, 12

字解 형성. 馬(말 마)가 의미부이고 冀(바랄 기)가 소리부로, 하루에 천 리를 달릴 수 있는 뛰어난 말(馬)을 말하며, 뛰어난 인재의 비유로도 쓰였다.

字形 𩣡 簡牘文 𩣡 說文小篆

祈(빌 기): qí, 示-4, 9, 32

字解 회의. 원래는 單(홑 단)과 斤(도끼 근)의 결합으로 이루어져 사냥도구인 뜰채(單)와 도끼(斤)를 놓고 순조로운 사냥을 비는 모습을 그렸다. 이후 示(보일 시)와 斤의 결합으로 변해, 도끼(斤)를 놓고 사냥의 성공을 빌다(示)는 의미를 더욱 강조했다.

字形 𥘅 𥙃 𥘼 𥚥 𥙟 金文 𥚼 陶文
𥙅 簡牘文 𥘸 古璽文 祈 說文小篆

沂(물 이름 기): yí, 水-4, 7, 12

字解 형성. 水(물 수)가 의미부이고 斤(도끼 근)이 소리부로, 산동성에서 발원하여 泗水(사수)로 흘러드는 강(水)의 이름이다.

字形 𣲚 說文小篆

圻(경기 기): qí, 土-4, 7

字解 형성. 土(흙 토)가 의미부이고 斤(도끼 근)이 소리부로, '京畿(경기)'를 말하는데, 도성을 중심으로 1천 리 이내의 가까운(斤, 近과 통함) 주변 지역(土)을 뜻한다. ☞ 近(가까울 근)

旂(기 기): qí, 方-6, 10

字解 형성. 㫃(깃발이 나부끼는 모양 언)이 의미부이고 斤(도끼 근)이 소리부이다. 『설문해자』의 해설처럼, '방울이 여럿 달린 깃발(旗有衆鈴)'을 말한다. 旂는 깃대 끝에다 방울 달고 깃대에는 두 마리 용을 교차되게 그린 기로, 대중에게 어떤 명령을 내릴 때 썼다고 한다.

字形 𣂑 說文小篆

幾(기미 기): 几, jǐ, 幺-9, 12, 30

字解 회의. 금문에서 베틀에 앉아 실(幺)로 베를 짜는 사람(人)을 그렸는데, 이후 베틀이 戈(창 과)로 변해 지금의 자형이 되었다. 베 짜기는 대단히 섬세한 관찰과 손이

많이 가는 작업이기에 '세밀함'의 뜻이 생겼고, 그러자 원래의 '베틀'은 다시 木^(나무 목)을 더한 機^(기계 기)로 분화했다. 고대 사회에서 베틀은 가장 중요하고 복잡한 구조를 가진 機械^(기계)의 대표였고 이 때문에 기계의 총칭이 되었다. 이후 '얼마'라는 의문사로 가차되어 쓰이자 원래 뜻은 木을 더한 機^(틀 기)로 분화했다. 간화자에서는 几에 통합되었다.

字形 𣲃 𢆶 𢆶 金文 𣬛 𢆶 𢆶 簡牘文 𣬛 說文小篆

機(기계 기): 机 jī, 木-4, 16, 40

字解 형성. 木^(나무 목)이 의미부이고 幾^(기미 기)가 소리부로, 나무^(木)로 만든 '베틀^(幾)'을 말했는데, 이후 모든 機械^(기계)의 총칭이 되었다. 간화자에서는 机^(책상 궤)에 통합되었다. ☞ 幾^(기미 기)

字形 𣬛 古璽文 𣬛 說文小篆

畿(경기 기): jī, 田-10, 15, 32

字解 형성. 田^(밭 전)이 의미부이고 幾^(기미 기)가 소리부로, 임금이 사는 서울 주위의 토지^(田)를 말하는데, 임금이 직접 담당하여 경영할^(幾) 수 있는 땅^(田)이라는 뜻을 담았다.

字形 𣬛 說文小篆

譏(나무랄 기): 讥 jī, 言-12, 19, 10

字解 형성. 言^(말씀 언)이 의미부이고 幾^(기미 기)가 소리부로, 말^(言)로 꾸짖고 나무람을 말한다. 간화자에서는 소리부인 幾를 几^(안석 궤)로 바꾼 讥로 쓴다.

字形 𣬛 說文小篆

璣(구슬 기): 玑 jī, 玉-12, 16, 12

字解 형성. 玉^(옥 옥)이 의미부이고 幾^(기미 기)가 소리부로, 옥^(玉)의 일종을 말한다. 또 옛날 천체관측기의 회전 부분이 옥으로 되었기에 이를 지칭하기도 했으며, 북두의 세 번째 별을 뜻하기도 한다. 간화자에서는 소리부인 幾를 几^(안석 궤)로 바꾼 玑로 쓴다.

字形 𣬛 古璽文 𣬛 說文小篆

耭(갈 기): jī, 耒-12, 18

字解 형성. 耒^(쟁기 뢰)가 의미부이고 幾^(기미 기)가 소리부로, '밭을 갈다'는 뜻인데, 쟁기^(耒)로 밭을 가는 것을 말한다.

磯(물가 기): 矶 jī, 石-12, 17

字解 형성. 石^(돌 석)이 의미부이고 幾^(기미 기)가 소리부로, '물가'를 말하는데, 『설문해자』에서는 물에 부딪히는 큰 돌^(石)을 말한다고 했다. 계곡이나 물이 흐르는 곳에 물에 침식되어 높이 선 돌^(石)을 말한다. 간

화자에서는 소리부인 幾를 几^(안석 궤)로 바꾼 矶로 쓴다.

字形 說文小篆

饑(주릴 기): 饥, jī, 食-12, 21

字解 형성. 食^(밥 식)이 의미부이고 幾^(기미 기)가 소리부로, 饑饉^(기근)에서처럼 먹을 것^(食)이 없어 굶주림을 말한다. 소리부인 幾를 几^(안석 궤)로 바꾸어 飢^(주릴 기)로 쓰기도 하며, 간화자에서는 소리부인 幾를 几^(안석 궤)로 바꾼 饥로 쓴다.

字形 簡牘文 說文小篆

衊(찌를 기): jī, 血-12, 18

字解 형성. 血^(피 혈)이 의미부이고 幾^(기미 기)가 소리부이다. 『설문해자』의 해설처럼, '끊긴 부위를 피로 바르는 제사^(以血有所刉除祭)'를 말한다.

字形 說文小篆

豈(어찌 기): 岂, qǐ, 豆-3, 10, 30

字解 상형. 원래 받침대가 있는 술 달린 북을 그려, 군사들이 전쟁에서 이기고 돌아올 때 흥거움에 겨워 연주하는 곡을 뜻했다. ^(凱旋·개선) 이후 '어찌'라는 의문이나 반어를 나타내는 어기사로 쓰이게 되었으며, 그러자 원래 뜻은 발음부인 几^(안석 궤)를 더한 凱^(즐길 개)로 분화했는데, 金^(쇠 금)

이나 心^(마음 심)을 더한 鎧^(갑옷 개)와 愷^(즐거울 개)도 여기서 파생했다.

字形 甲骨文 簡牘文 古陶文 說文小篆

旣(이미 기): 既, jì, 无-7, 11, 30

字解 회의. 旡^(목멜기)와 皀^(고소할 급)으로 구성되어, 식기^(皀, 食에서 뚜껑이 생략된 모습)를 앞에 둔 채 고개를 뒤로 돌린 사람^(旡)을 그려, 식사가 '이미' 끝났음을 나타냈으며, 사실은 无^(없을 무)와 전혀 관련이 없는 글자들인데 형체가 비슷해 '无'부수에 귀속되었다. ☞ 卽^(곧 즉)

字形 甲骨文 金文 古陶文 盟書 簡牘文 帛書 石刻古文 說文小篆

肌(살 기): jī, 肉-2, 6, 10

字解 형성. 肉^(고기 육)이 의미부이고 几^(안석 궤)가 소리부로, '근육'을 말하는데, 안석^(几)처럼 볼록 솟은 고깃살^(肉)이라는 의미를 담았다. 先秦^(선진) 시대에만 해도 사람의 살은 肌로, 짐승의 살은 肉으로 구분해 불렀으나, 이후 구별 없이 사용했다.

字形 說文小篆

飢(주릴 기): 饥, jī, 食-2, 11, 30

字解 형성. 食(밥 식)이 의미부이고 几(안석 궤)가 소리부로, 굶주리다는 뜻이며, 饑(주릴 기)와 같은 글자이다. 간화자에서는 饥로 쓴다. ☞ 饑(주릴 기)

字形 飢 簡牘文　飢 說文小篆

祁(성할 기): 祁, qí, 示-3, 8

字解 형성. 邑(고을 읍)이 의미부이고 示(보일 시)가 소리부로, 땅(邑) 이름으로, 산서성 太原(태원)의 祁縣(기현)을 말한다. 그곳이 제사(示)를 드리는 곳(邑)이었던지 이후 '크다', '성대하다' 등의 뜻을 갖게 되었다. 달리 안휘성의 祁門(기문)현, 호남성의 祁陽(기양)현을 지칭하기도 한다.

字形 祁 簡牘文　祁 說文小篆

祇(토지 신 기): 祇, qí, 示-4, 9

字解 형성. 示(보일 시)가 의미부이고 氏(성씨 씨)가 소리부로, 땅(氏)의 신(示)을 말한다. 이후 위대한 신이라는 뜻에서 '크다', 공경해야 할 대상이라는 뜻에서 '공경하다'의 뜻도 나왔다.

字形 祇 說文小篆

暨(미칠 기): jì, 日-10, 14

字解 형성. 旦(아침 단)이 의미부이고 旣(이미 기)가 소리부이다. 『설문해자』의 해설처럼, '떠오르는 해가 지평선 상으로 약간 미미하게 보이다(日頗見)'라는 뜻이다. 이후 다 비치는 것이 아니라는 뜻에서 '다소', '조금'이라는 뜻으로, 또 '이르다', '미치다', '이미' 등의 뜻으로 쓰였다. 그러다 지금처럼 '~와'나 '및'이라는 접속사로 쓰이게 되었다.

字形 暨 說文小篆

旡(목멜 기): jì, 旡-0, 4

字解 상형. 목을 뒤로 하여 머리를 돌린 모습을 그렸는데, 『설문해자』에서는 '들이 마시거나 음식을 먹을 때, 기가 역류하여 숨을 쉴 수 없는 것(飮食气屰不得息)을 기(旡)라고 한다.' 입을 벌린 모습을 그린 欠(하품 흠)의 뒤집은 모습이라고 했다. 㱃(마실 음, 飮의 옛날 글자)이 술을 들이키는 모습을 그렸고, 卽이 식사를 하려는 모습에서 '곧'이라는 뜻이 나왔고, 旣는 식사를 마쳤다는 뜻에서 '이미'라는 뜻이 나온 것을 고려할 때, '머리를 돌린' 모습이 분명하다.

字形 旡 說文小篆

긴

緊(굳게 얽을 긴): 紧, jǐn, 糸-8, 14, 32

字解 형성. 糸^(가는 실 멱)이 의미부이고 臤^(굳을 간)이 소리부로, 실^(糸)로 단단하게^(臤) 잡아매는 것을 말했고, 이로부터 緊要^(긴요)하다, 緊張^(긴장)하다, 緊急^(긴급)하다 등의 뜻이 나왔다. 간화자에서는 紧으로 줄여 쓴다.

字形 ⬚ 說文小篆

길

吉(길할 길): jí, 口-3, 6, 50

字解 회의. 口^(입 구)와 士^(선비 사)로 구성되었는데, 이의 자원에 대해서는 의견이 분분하다. 혹자는 위가 화살촉 모양을 하였고 아래쪽은 그런 병기를 담는 그릇으로, 병기를 보관하는 그릇은 튼튼해야 하고 튼튼한 것은 '좋은 것'이라는 뜻에서 '길상'의 의미가 나왔다고 풀이하기도 한다. 또 윗부분은 제사를 지내는 사당을 그렸고 아랫부분은 거기로 들어가는 입구^(口)로 보아, 사당에서 '좋은' 일이 일어나기를 비는 행위로부터 '길하다'는 뜻이 나왔다고도 한다. 하지만, 원시 시절 집의 입구^(口)에 설치한 남성 숭배물^(士)로부터 '길함과 吉祥^(길상), 상스러움 등의 뜻이 나

왔다는 것이 더욱 설득력이 있다. 좋다, 단단하다가 원래 뜻이고, 이로부터 훌륭하다, 길하다 등의 뜻이 나왔다.

字形 ⬚⬚⬚⬚⬚⬚⬚甲骨文 ⬚⬚⬚⬚⬚⬚金文 ⬚⬚古陶文 ⬚⬚古幣文 ⬚盟書 ⬚⬚⬚簡牘文 ⬚⬚古璽文 ⬚ 說文小篆

佶(건장할 길): jí, 人-6, 8

字解 형성. 人^(사람 인)이 의미부이고 吉^(길할 길)이 소리부로, 건장한^(吉) 사람^(人)이라는 뜻으로부터 '건장하다'는 뜻이 나왔다. ☞ 吉^(길할 길)

字形 ⬚ 說文小篆

拮(일할 길): jié, 手-6, 9, 10

字解 형성. 手^(손 수)가 의미부이고 吉^(길할 길)이 소리부로, 손^(手)을 이용하여 일을 하다는 뜻이다.

桔(도라지 길): jié, 木-6, 10

字解 형성. 木^(나무 목)이 의미부이고 吉^(길할 길)이 소리부로, 초본^(木) 식물의 일종인 '도라지'를 말한다. 여러해살이 풀이어서 艸^(풀 초)가 아닌 木부수에 귀속시킨 것으로 보

인다.

字形 **桔** 簡牘文 桔 說文小篆

姞(성 길): jí, 女-6, 9

字解 형성. 女^(여자 여)가 의미부이고 吉^(길할 길)이
소리부로, 성씨^(女)의 하나인데, 옛날 黃
帝^(황제) 후손의 12가지 姓^(성)의 하나이다.
달리 신중하다는 뜻도 가진다.

字形 姞姞姞姞 金文 姞 說文小篆

김

金(성 김) ☞ 金(쇠 금)

끽

喫(마실 끽): 吃, chī, 口-9, 12, 10

字解 형성. 口^(입 구)가 의미부이고 契^(맺을 계)가
소리부로, 입^(口)으로 마시는 것을 말하며,
吃^(말 더듬을 흘)과 같이 쓴다. 간화자에서는
吃^(말 더듬을 흘)에 통합되었다.

字形 喫 說文小篆

ㄴ

나

懦(나약할 나): [愞, 㦘], nuò, 心-13, 17, 10

字解 형성. 心^(마음 심)과 需^(구할 수)로 이루어져, 마음^(心)이 부드러워^(需) 懦弱^(나약)함을 말하며, 이로부터 유연하다, 겁쟁이 등의 뜻이 나왔다. 달리 愞^(약할 나)로 쓰기도 한다. ☞ 需^(구할 수)

字形 𡕾 說文小篆

糯(찰벼 나): [稬, 穤], nuò, 米-14, 20

字解 형성. 米^(쌀 미)와 需^(구할 수)로 이루어져, 부드럽고^(需) 점성이 뛰어난 찰진 찹쌀^(米)을 말하며, 이로부터 찹쌀로 빚은 술의 뜻도 나왔다. 『설문해자』에서는 米 대신 禾^(벼 화)가 들어간 稬^(찰벼 나)로 썼고, 달리 稬^(찰벼 나), 穤^(찰벼 나) 등으로 쓰기도 한다. ☞ 需^(구할 수)

字形 𥝌 金文 𥞇 說文小篆

拿(붙잡을 나): ná, 手-6, 10, 10

字解 회의. 手^(손 수)와 合^(합할 합)으로 구성되어, 손^(手)을 합쳐^(合) 물건을 쥐다는 뜻이며, 이로부터 붙잡다, 체포하다, 장악하다, 파악하다, 제압하다 등의 뜻이 나왔다.

拏(붙잡을 나): ná, 手-5, 9, 10

字解 형성. 手^(손 수)가 의미부이고 奴^(종 노)가 소리부로, 종^(奴)이 도망치지 못하도록 손^(手)으로 '붙잡다'는 뜻을 그렸고, 이로부터 잡아끌다, 휴대하다 등의 뜻이 나왔다.

字形 𡩔 說文小篆

懶(게으를 나): lǎn, 心-16, 19

字解 형성. 心^(마음 심)이 의미부이고 賴^(힘입을 뢰)가 소리부로, 남에게 의지하고 기대는^(賴) 마음^(心)으로부터 성정이 게으르고 懶怠^(나태)하다는 의미를 그렸으며, 이로부터 흥미가 없다, 원하지 않다 등의 뜻도 나왔다.

癩(문둥병 나): lài, 疒-16, 21

字解 형성. 疒^(병들어 기댈 녁)이 의미부이고 賴^(힘입을 뇌)가 소리부로, 질병^(疒)의 일종인 癩瘋^(마풍)병을 말했고, 이후 문둥병이나 문둥이처럼 피부와 털이 떨어져 나간 얼굴을 말하기도 했다.

螺(소라 나): [蠃], luó, 虫-11, 17, 10

字解 형성. 虫^(벌레 충)이 의미부이고 累^(묶을 루)가 소리부로, 연체동물^(虫)의 일종으로 나선형

의 포개진^(累) 집을 가진 '달팽이'나 '소라'를 말하며, 그렇게 생긴 물건이나 무늬 등을 지칭하기도 한다.

儺(역귀 쫓을 나): nuó, 人-19, 21, 10

字解 형성. 人^(사람 인)이 의미부이고 難^(어려울 난)이 소리부로, 『설문해자』에서는 절도 있게 걸어가는 사람^(人)을 뜻한다고 했다. 이후 여러 장식물을 달고 위엄을 갖추고 절도 있는 행위로 '역귀를 내쫓다'는 뜻도 가지게 되었는데, 그런 의식을 儺禮^(나례)라 했으며, '푸닥거리'를 총칭하기도 했다.

字形 說文小篆

那(어찌 나): nà, 邑-4, 7, 30

字解 회의. 원래는 冄^(가는 털 늘어질 염)과 邑^(고을 읍)으로 구성되었는데, 자형이 조금 변해 지금처럼 되었다. 『설문해자』에 의하면 중국 서쪽 지역^(邑)에 거주하는 이민족을 지칭하며, 지금의 감숙성 서북쪽인 安定^(안정)이라는 곳에 朝那縣^(조나현)이 있었다고 한다. 아마도 그 지역에 사는 사람들이 털을 수북하게 길러 늘어뜨렸기^(冄) 때문에 붙여진 이름으로 추정된다. 이후 '어찌'라는 부사어로 가차되어 쓰였으며, '어느 것'이나 '어디'라는 의문 대명사로 쓰일 때에는 다시 口^(입 구)를 더하여 哪^(어느 나)로 분화했다.

娜(아리따울 나): nuó, 女-7, 10

字解 형성. 女^(여자 여)가 의미부이고 那^(어찌 나)가

소리부로, 가냘프고 연약한 여자^(女)의 모습에서부터 '아리땁다'는 뜻이 나왔고, 주로 인명에 쓰인다.

奈(어찌 나) ☞ **奈**(어찌 내)

喇(나팔 나): lǎ, 口-9, 12

字解 형성. 口^(입 구)가 의미부이고 剌^(어그러질 랄)이 소리부로, 喇叭^(나팔)을 말하는데, 입^(口)으로 부는 자극적인^(剌, 剌와 통함) 소리를 가진 악기라는 뜻을 담았다. 이후 라마^(lama·티베트 불교에서 영적 지도자)의 음역어로 쓰이기도 하였다.

낙

諾(대답할 낙): 诺, nuò, 言-9, 16, 32

字解 형성. 言^(말씀 언)이 의미부이고 若^(같을 약)이 소리부로, 말^(言)로 동의하여^(若) '許諾^(허락)함'을 말하며, 이로부터 순종하다, 허락하다, 동의하다의 뜻이 나왔다. 또 옛날 공문의 마지막 부분에 쓰여 그 내용을 허락하고 결재하였음을 뜻하는 말로도 쓰였다.

字形 甲骨文 金文 簡牘文 說文小篆

樂(즐길 낙) ☞ **樂**(풍류 악)

난

鸞(난새 난): 鸾, luán, 鳥-19, 30

字解 형성. 鳥(새 조)가 의미부이고 䜌(어지러울 련)이 소리부로, 새(鳥)의 일종인 '난새'를 말한다. 간화자에서는 栾(나무이름 난)에 통합되었다.

字形 𪄕 說文小篆

欒(나무 이름 난): 栾, luán, 木-19, 23

字解 형성. 木(나무 목)이 의미부이고 䜌(어지러울 련)이 소리부로, 나무(木)의 일종인 欒華(난화), 즉 난목(欒木)을 말한다. 無患子(무환자)과에 속하는 낙엽교목으로 깃털모양의 복엽이며, 꽃은 담황색이고 蒴果(삭과)를 맺는다. 『本草綱目(본초강목)』에서는 漢中(한중)의 계곡에서 주로 자라며, 5월에 꽃을 채취하여 노랑 물을 들이는 데 쓴다고 했다. 간화자에서는 윗부분을 간단하게 줄여 栾(나무이름 난)으로 쓴다.

字形 𤣥金文 𤣥古璽文 欒說文小篆

暖(따뜻할 난): [煖, 煊], nuǎn, 日-9, 13, 42

字解 형성. 日(날 일)이 의미부이고 爰(이에 원)이 소리부로, 해(日)를 끌어당기다(爰)는 뜻으로부터 '따뜻하다'는 의미를 그렸고, 이로부터 따뜻하게 하다, 열기 등의 뜻이 나왔다. 원래는 日 대신 火(불 화)를 쓴 煖(따뜻할 난)으로 썼으며, 『설문해자』에서는 日 대신 火(불 화)가 들어간 煖으로 썼다. ☞ 爰(이에 원)

字形 𤍠簡牘文 𤓎說文小篆 暖 玉篇

煖(따뜻할 난): xuān, nuǎn, 火-9, 13, 10

字解 형성. 火(불 화)가 의미부이고 爰(이에 원)이 소리부로, 불(火)을 끌어당기다(爰)는 뜻으로부터 '따뜻하다'는 의미를 그렸으며, 이후 火 대신 日(날 일)이 들어간 暖(따뜻할 난)을 만들어 같이 썼다. ☞ 爰(이에 원)

字形 𤓎說文小篆

難(어려울 난): 难, nán, nàn, 隹-11, 19, 42

字解 형성. 隹(새 추)가 의미부이고 堇(노란 진흙 근)이 소리부로, 원래는 새(隹) 이름이었다. 堇이 제물로 바치고자 손이 위로 묶인 채 입을 크게 벌리고 고통스러워하는 사람을 그린 것을 보면, 難은 날개가 묶여 고통스러워하는(堇) 새(隹)로 볼 수 있고, 이로부터 (날기가) 쉽지 않다, 어렵다 등의 뜻이 나온 것으로 추정된다. 이로부터 어려움, 사고, 변란, 詰難(힐난)하다 등의 뜻도 나왔다. 『설문해자』에서는 隹 대신 鳥(새 조)를 쓰기도 했으며, 간화자에서는 堇을 간단한 부호 又(또 우)로 줄인 难으로 쓴다.

字形 𦫶𨿳𪆁金文 𤡮𤡮 𩁍 𩁆 𩁰 說文小篆

簡牘文　🖋️石刻古文　🖋️說文小篆

🖋️說文或體　🖋️🖋️🖋️說文古
文

亂(어지러울 난): 乱, luàn, 乙-12, 13, 40

字解 회의. 금문에서 두 손으로 엉킨 실을 푸는 모습을 그렸는데, 윗부분^(爪·조)과 아랫부분^(又·우)은 손이고, 중간 부분은 실패와 실^(糸·요)을 그렸다. 이후 秦^(진)나라와 楚^(초)나라의 竹簡^(죽간)에서는 의미의 정확성을 위해 다시 손을 나타내는 又가 더해졌는데, 소전체에 들면서 乙^(새 을)로 잘못 변해 지금처럼 되었다. 엉킨 실만큼 복잡하고 풀기 어려운 것도 없을 것이다. 이 때문에 亂은 뒤엉키고 混亂^(혼란)한 것의 대표가 되었다. 하지만, 엉킨 실은 반드시 풀어야만 베를 짤 수 있기에 亂은 '정리하다', '다스리다'의 뜻으로도 쓰였다. 간화자에서는 왼쪽 부분을 간단하게 줄여 乱으로 쓴다.

字形 🖋️金文 🖋️🖋️🖋️ 🖋️🖋️簡牘文
🖋️帛書 🖋️🖋️ 🖋️石刻古文 🖋️說
文小篆

날

捺(누를 날): 捺, nà, 手-8, 11, 10

字解 형성. 手^(손 수)가 의미부이고 奈^(어찌 나내)가

소리부로, 손^(手)으로 무겁게 누르다는 뜻이며, 이로부터 억제하다, 마찰시키다는 의미가 나왔다. 또 한자 필획에서 오른 삐침 획을 지칭하기도 한다.

捏(이길 날): [捏], niē, 手-7, 10, 10

字解 형성. 手^(손 수)가 의미부이고 圼^(막을 녈)이 소리부로, 손^(手)으로 누르다는 뜻이며, 손가락으로 물건을 가볍게 쥐거나 집어 내다는 뜻도 가진다.

남

南(남녘 남): nán, 十-7, 9, 80

字解 상형. 이의 자원에 대해서는 해설이 분분하지만, 악기를 매달아 놓은 모습임은 분명해 보이며, 이 악기가 남방에서 온 것이어서 '남쪽'을 뜻하게 된 것으로 보인다. 이 때문에 남쪽, 남방 등의 뜻 이외에도 남방의 음악이나 춤이라는 뜻도 가진다. 이후 성씨로도 쓰였으며, 명나라 때에는 南京^(남경)을 지칭하기도 했다.

字形 🖋️🖋️🖋️🖋️甲骨文 🖋️🖋️🖋️🖋️金文
🖋️🖋️🖋️🖋️🖋️古陶文 🖋️
🖋️🖋️🖋️簡牘文 🖋️古璽文 🖋️石
刻古文 🖋️說文小篆 🖋️說文古文

楠(녹나무 남): [枏, 柟], nán, 木-9, 13

字解 형성. 木^(나무 목)이 의미부이고 南^(남쪽 남)이 소리부로, 녹나무를 말하며 달리 枏^(녹나무 남)이나 柟^(녹나무 남)으로도 쓴다. 樟^(장)과에 속하는 상록 대교목으로 잎은 타원형이며 아래쪽에 털이 나 있고, 꽃은 작으며 녹색이다. 목질이 단단하고 향기가 나 귀한 건축재나 선박 건조에 사용된다. 운남성·사천성·귀주성·호남성 등지에서 생산되어 남방^(南)의 나무^(木)로 알려졌다.

字形 𣏣金文 𣏟說文小篆

湳(강 이름 남): nǎn, 水-9, 12

字解 형성. 水^(물 수)가 의미부이고 南^(남쪽 남)이 소리부로, 강^(水) 이름인데, 황하의 지류로 지금의 내몽골자치구 伊克昭盟^(이극소맹) 准格爾旗^(준격이기)의 북쪽에서 나와 동남쪽으로 흘러 황하로 들어간다.

字形 𣽼說文小篆

枏(녹나무 남): [楠, 柟], nán, 木-4, 8

字解 형성. 木^(나무 목)이 의미부이고 冄^(가는 털 늘어질 염)이 소리부로, 녹나무를 말하며, 잎의 아래쪽에 털이 수염처럼 난^(冄) 나무^(木)라는 뜻을 담았다. 달리 소리부를 南^(남녘 남)이나 冉^(가는 털 늘어질 염)으로 구성된 楠^(녹나무 남)이나 柟^(녹나무 남)과 같이 쓰기도 한다.

字形 𣏟說文小篆

男(사내 남): [俖], nán, 田-2, 7, 70

字解 회의. 田^(밭 전)과 力^(힘 력)으로 구성되어, 논밭에서 쟁기^(力)를 부리는 남자를 말하는데, 밭^(田)에 나가 쟁기^(力)를 끄는 것은 전통적으로 남자^(男)의 몫이었고, 그런 힘은 남성의 상징이었다. 男은 이후 남성의 존칭으로 쓰였으며, 고대 중국에서는 公^(공)·侯^(후)·伯^(백)·子^(자)와 함께 주요 지배 계급의 하나를 뜻하기도 했다.

字形 甲骨文 金文 古陶文 簡牘文 石刻古文 說文小篆

납

納(바칠 납): 纳, nà, 糸-4, 10, 40

字解 형성. 糸^(가는 실 멱)이 의미부이고 內^(안 내)가 소리부로, 비단^(糸)을 들여오다^(內)는 뜻을 담았으며, 이로부터 받아들이다, 바치다, 收納^(수납)하다, 취하다 등의 뜻이 나왔다. ☞ 內^(안 내)

字形 甲骨文 金文 簡牘文 石刻古文 納說文小篆

衲(기울 납): nà, 衣-4, 9, 10

字解 형성. 衣(옷 의)가 의미부이고 內(안 내)가 소리부로, 바늘 등을 끼워 넣어(內) 옷(衣)을 '깁다'는 뜻이며, 이후 중의 옷이 누더기처럼 '기운' 옷(衣)으로 되었다는 뜻에서 '중의 옷(僧衣·승의)'을 뜻하게 되었다. ☞ 內(안 내)

낭

囊(주머니 낭): náng, 口-19, 22, 10

字解 형성. 橐(전대 탁)의 생략된 모습이 의미부이고 襄(도울 양)의 생략된 모습이 소리부로, 行囊(행낭)에서처럼 끝을 동여맨 포대기(橐)를 말한다. 이로부터 주머니를 지칭하게 되었고, 다시 포대기에 넣다는 뜻이 나왔으며, 포대기에 담긴 물건 등을 헤아리는 단위사로도 쓰였다.

字形 𧄍 說文小篆

내

內(안 내): nèi, 入-2, 4, 70

字解 회의. 宀(덮을 멱)과 入(들 입)으로 이루어져 덮개(宀) 속에 든(入) 어떤 물건을 형상화하여 '안쪽'의 의미를 그렸다. 금문에서는 宀(집 면)과 入으로 구성되어 집으로(宀) 들어가는

(入) 것이 바로 '안쪽(內)'임을 더욱 직접 표현하기도 했다. 이후 內心(내심)에서처럼 모든 것의 '안쪽'이나 '속'이라는 의미로 확대되었다. 그리하여 納(바칠 납)은 비단(糸·멱)을 나라 안(內)으로 들여오는 것을, 訥(말 더듬을 눌)은 말(言·언)을 넣어둔(內) 채 어눌하게 함을 말한다.

字形 𠙶𠁥𠙶甲骨文 𠔿𠔿𠔿𠔿金文 𠔿古陶文 𠔿 𠙶盟書 𠔿𠔿簡牘文 𠙶說文小篆

乃(이에 내): [迺, 廼], nǎi, 丿-1, 2, 30

字解 상형. 자원에 대해서는 낫처럼 생긴 수확도구를 그렸다는 등 설이 분분하지만, 선 사람의 측면 모습에 유방을 돌출시킨 모습으로 해석하여, 아이에게 젖을 먹이는 사람의 모습을 그렸다고 보는 것이 일반적이다. 이후 발어사나 이인칭 대명사로 가차되어 쓰이게 되자, 원래 뜻을 나타낼 때에는 女(계집 녀)를 더한 奶(젖유모 내)를 만들어 분화했다. 乃에 子(아이 자)가 더해진 孕(아이 밸 잉)은 뱃속에 아이가 든 모습을 그렸다. 달리 迺(이에 내)와 통용하기도 한다.

字形 𠄏𠄏𠄏甲骨文 𠄏𠄏金文 𠄏𠄏古陶文 𠄏𠄏𠄏𠄏簡牘文 𠄏帛書 𠄏石刻古文 𠄏說文小篆 𠄏說文古文 𠄏𠄏說文籀文

耐(견딜 내): nài, 而-3, 9, 32

字解 회의. 而^(말 이을 이)와 寸^(마디 촌)으로 구성되어, 다른 사람의 손^(寸)에 의해 수염^(而)이 잘리는 모습을 그렸다. 고대의 형벌의 하나인 수염을 잘리는 모욕을 참고 견뎌내야 하는데서 '견디다'는 뜻이 나왔다. 소전체에서는 而와 彡^(터럭 삼)의 결합으로 썼다. ☞ 而^(말 이을 이)

字形 耐 耏 耐 耐 簡牘文   耏 說文小篆   耏 說文或體

柰(어찌 내): nài, 木-5, 9

字解 회의. 원래는 木^(나무 목)과 示^(보일 시)로 구성되어, 나무^(木)를 태워 하늘에 지내는 제사^(示)라는 의미였는데, 이후 능금나무 열매를 지칭하기도 했고, '어찌'라는 뜻으로 가차되었다. 예서 이후로는 木을 大^(큰 대)로 바꾸어 奈^(어찌 나내)로 쓰기도 한다.

字形 柰 柰 簡牘文 柰 說文小篆

奈(어찌 나나): nài, 大-5, 8, 30

字解 회의. 원래는 木^(나무 목)과 示^(보일 시)로 구성되어, 나무^(木)를 태워 하늘에 지내는 제사^(示)라는 의미였는데, 나무를 태워 지내는 큰^(大) 제사^(示)라는 뜻에서 木을 大^(큰 대)로 바꾸어 지금의 자형이 되었다. 이후 어쩔 수 없음을 나타내는 부사나 어기사로 자주 사용되었다.

字形 柰 簡牘文 柰 玉篇

냉

冷(찰 냉) ☞ **冷**(찰 랭)

녀

女(여자 녀): nǚ, 女-0, 3, 80

字解 상형. 두 손을 앞으로 모으고 점잖게 앉은 여인의 모습을 그렸으며, 이로부터 '여자'의 통칭이 되었다. 이후 이인칭 대명사로도 사용되었다. 한자에서 女의 상징은 시대를 따라 변해왔다. 后^(임금 후)에서처럼 처음에는 인류의 기원이자 무한한 생산성을 가진 위대한 존재로 인식되었으며, 母^(어미 모)에서처럼 어미는 아이를 양육하고 문화를 전승하고 창조해 가는 주체로 인식되었다. 그래서 妍^(고울 연)에서처럼 여성은 위대한 존재였고, 아름다움의 상징이었다. 하지만, 이후 인류사회가 부권 중심으로 옮아가면서 여성은 모권사회에서 생산 활동의 절대 대부분을 책임질 만큼 강인하고 활동적인 존재였음에도 如^(같을 여)에서처럼 나약하고 조용한 힘없는 존재로 인식되었다. 나아가 여성에 대한 인식 변화는 여기서 그치지 않았는데, 사회의 약자로 그 지위가 변하면서 여성은 姦^(간사할 간)에서처럼

간사하고 투기 잘하는 비천한 존재로 그려졌다.

字形 甲骨文 金文 古陶文 盟書 簡牘文 帛書 石刻古文 古璽文 說文小篆

疒(병들어 기댈 녁): nè, 疒-0, 5

字解 상형. 疒은 갑골문에 의하면 병상^(牀 장)에 사람^(人 인)이 아파 누워있는 모습인데, 때로는 흐르는 피나 땀을 더하여 사실성을 높이기도 했다. 이후 소전체에 들면서 사람과 병상이 하나로 합쳐져 지금의 疒이 되었으며, 주로 질병과 관련된 의미를 나타낸다. 예컨대, 疾^(병 질)과 病^(병 병)은 모두 병에 대한 통칭이며, 疫^(돌림병 역), 瘧^(학질 학), 疥^(옴 개) 등은 구체적인 병명을, 痛^(아플 통), 痒^(앓을 양) 등과 같이 질병의 정황을 나타낸다.

字形 疒 說文小篆

年(해 년): [秊], nián, 干-3, 6, 80

字解 형성. 원래 禾^(벼 화)가 의미부이고 人^(사람 인)이 소리부로, 사람^(人)이 볏단^(禾)을 지고 가는 모습에서 수확의 의미를 그렸는데, 자형이 다소 변해 지금처럼 되었다. 곡식이 익다, 수확하다가 원래 뜻이며, 수확에서 다음 수확까지의 시간적 순환으로부터 '한 해'라는 개념이 나왔으며, 年代^(연대), 나이 등도 지칭하게 되었다. 달리 人을 千^(일천 천)으로 바꾼 秊^(해 년)으로 쓰기도 한다.

字形 甲骨文 金文 古陶文 簡牘文 石刻古文 說文小篆

秊(해 년): nián, 禾-3, 8

字解 형성. 원래 禾^(벼 화)가 의미부이고 千^(일천 천)이 소리부로, 年의 다른 글자이다. 원래는 사람^(人 인)이 볏단^(禾)을 지고 가는 모습에서 수확의 의미를 그렸는데 人이 千으로 변해 지금처럼 되었다. 수확에서 수확까지의 한 주기로부터 '한 해'라는 개념을 그려냈다. ☞ 年^(해 년)

字形 秊 說文小篆

撚(비틀 년): niǎn, 手-12, 15, 10

字解 형성. 手^(손 수)가 의미부이고 然^(그럴 연)이 소리부로, 손^(手)으로 잡다, 손으로 비틀다는 뜻이며, 이후 비파를 타는 방법의 하나를 지칭하기도 했다.

字形 撚 說文小篆

녈

矢(머리가 기울 녈): zè, 大-1, 4

字解 상형. 머리를 기울이고 선 모습을 그렸다. 『설문해자』의 해설처럼, '머리가 기울어지다^(傾頭)'라는 뜻이며, 大^(큰 대)에서 파생하여 글자를 변화시켰다. 『설문해자』 540부수 중의 하나이다.

字形 大 說文小篆

념

念(생각할 념): [唸], niàn, 心-4, 8, 52

字解 형성. 心^(마음 심)이 의미부이고 今^(이제 금)이 소리부로, 그리워하다, 생각하다, 念頭^(염두)에 두다는 뜻인데, 언제나 마음에 두는 지금^(今)의 마음^(心)이 바로 그리워함이자 생각임을 보여주고 있다. 이후 마음으로 생

각하며 읽는 것이 '공부'임을 강조하여 '공부'라는 뜻까지 가지게 되었다. 달리 口^(입 구)를 더한 唸^(글 소리 내어 욀 념)으로 쓰기도 한다.

字形 金文 簡牘文 石刻古文 說文小篆

捻(비틀 념): niǎn, 手-8, 11

字解 형성. 手^(손 수)가 의미부이고 念^(생각할 념)이 소리부로, 손^(手)으로 집어 비틀다는 뜻이다. 이후 실 등을 '꼬다'는 뜻도 나왔다.

字形 捻 說文小篆

拈(집을 념): niān, 手-5, 8

字解 형성. 手^(손 수)가 의미부이고 占^(차지할 점)이 소리부로, 손가락^(手)으로 집다는 뜻이며, 붙잡다는 뜻도 나왔다.

字形 拈 說文小篆

恬(편안할 념): tián, 心-5, 9

字解 형성. 心^(마음 심)이 의미부이고 甛^(달 첨)의 생략된 부분이 소리부로, 단 것을 입에 문 것^(甛)처럼 마음^(心)이 '편안함'을 말하며, 안정되다, 담박하다 등의 뜻이 나왔다.

字形 恬 說文小篆

녕

寧(편안할 녕): 宁, [寍, 甯], níng, 宀-11, 14, 32

字解 형성. 宀^(집 면)과 心^(마음 심)과 皿^(그릇 명)이 의미부이고 丁^(넷째 천간 정)이 소리부인 구조로, 원래는 집안^(宀)에 그릇^(皿)이 놓인 모습으로부터 '먹을 것이 있어 편안하게 지낼 수 있음'을 그렸다. 금문에서 心^(마음 심)이 더해져 심리적 '편안함'을 강조하여 지금의 자형이 되었다. 이후 '차라리'라는 양보를 나타내는 부사로 가차되어 쓰였다. 간화자에서는 宁^(쌓을 저)와 통합해 쓴다. ☞ 宁^(쌓을 저)

字形 𡦦𡦨𡦦甲骨文 𡩋𡩋𡩋𡩋𡩋 金文 𡩋𡩋𡩋古陶文 寧寧寧寍簡牘文 寍石刻古文 寧寍說文小篆

澤(진창 녕): 泞, nìng, 水-14, 17

字解 형성. 水^(물 수)가 의미부이고 寧^(편안할 녕)이 소리부로, 물^(水)이 가득 찬 진창을 말하며, 진창에 빠지다, 진창처럼 엉겨 붙다 등의 뜻도 가진다. 간화자에서는 소리부인 寧을 宁^(쌓을 저)로 바꾼 泞으로 쓴다.

字形 𤰒甲骨文 𤰓說文小篆

甯(차라리 녕): nìng, 宀-10, 13

字解 회의. 원래 宀^(집 면)과 心^(마음 심)과 用^(쓸 용)으로 구성된 甯^(차라리 녕)으로 썼는데, 자형이 조금 변해 지금처럼 되었다. 집안^(宀)에 쓸 것^(用)이 갖추어져 심리적^(心)으로 안정되고 편안함을 강조하여, '편안하다'는 뜻을 그렸다. 또 그러한 것은 반드시 갖추어져야 한다는 뜻에서 心이 必^(반드시 필)로 변하고, 用이 형체가 비슷한 冉^(나아갈 염)으로 잘못 변해 지금의 자형이 되었다. 달리 寧^(편안할 녕)과 같이 쓴다. 이후 '차라리'라는 부사어로 가차되었다. ☞ 寧^(편안할 녕)

字形 甯說文小篆

佞(아첨할 녕): nìng, 人-5, 7

字解 형성. 女^(여자 녀)가 의미부이고 信^(믿을 신)의 생략된 모습이 소리부이다. 『설문해자』의 해설처럼, '교묘하고 아첨 잘하면서 입담이 좋다^(巧讇高材)'라는 뜻이다. 이후 아첨하다, 미혹하다, 간사하다는 부정적인 의미로 바뀌었다.

字形 佞說文小篆

노

奴(종 노): nú, 女-2, 5, 32

字解 회의. 女(여자 여)와 又(또 우)로 이루어져, 손(又)으로 여자(女)를 잡아 일을 시키는 모습을 그렸으며, 이로부터 '종'과 奴婢(노비), 奴役(노역) 등의 뜻이 나왔다. 이후 자신을 겸손하게 낮추어 부르는 말로도 쓰였다.

字形 ...金文 ...古陶文 ...簡牘文 ...古璽文 ...說文小篆 ...說文古文

駑(둔할 노): 驽, nú, 馬-5, 15, 10

字解 형성. 馬(말 마)가 의미부이고 奴(종 노)가 소리부로, 노비(奴)처럼 질 낮은 말(馬)을 말하며, 이로부터 둔하다의 뜻이 나왔고, 무능함의 비유로도 쓰였다.

怒(성낼 노): nù, 心-5, 9, 42

字解 형성. 心(마음 심)이 의미부이고 奴(종 노)가 소리부로, 분노하다는 뜻인데, 노비(奴)들의 마음속 깊이 자리한 분한 마음(心)을 말한다. 이로부터 나무라다, 기세가 등등하다, 맹렬하다 등의 뜻도 나왔다.

字形 ...簡牘文 ...石刻篆文 ...說文小篆

弩(쇠뇌 노): nǔ, 弓-5, 8, 10

字解 형성. 弓(활 궁)이 의미부이고 奴(종 노)가 소리부로, 화살을 여러 개 연속해서 쏘도록 고안된 활(弓)의 일종인 '쇠뇌'를 말하며, 쇠뇌를 쏘는 사수, 힘을 쓰다 등의 뜻도 나왔다.

字形 ...簡牘文 ...古璽文 ...說文小篆

砮(돌살촉 노): nǔ, 石-5, 10)

字解 형성. 石(돌 석)이 의미부이고 奴(종 노)가 소리부이다. 『설문해자』에서는 "화살촉을 만들 수 있는 돌의 일종(石可以爲矢鏃)"라고 하면서, 『서하서(夏書)·우공(禹貢)』에서 "양주(梁州) 지역에서는 화살촉을 만드는데 쓰는 노석(砮石)과 연료로 쓰는 단석(丹石)을 공물로 바쳤다"라고 했다. 『춘추국어(春秋國語)』에서는 "숙신씨(肅愼氏)가 고목으로 만든 화살(楛矢)과 돌로 남든 화살촉(石砮)을 공납으로 바쳤다"라고 했다. 화살촉을 만들 수 있는 단단한 돌을 말했으나, 이후 주로 돌로 만든 화살촉의 의미로 쓰였으며, 칼을 가는 숫돌이라는 의미도 나왔다.

字形 ...說文小篆

努(힘쓸 노): nǔ, 力-5, 7, 42

字解 형성. 力(힘 력)이 의미부이고 奴(종 노)가 소리부로, 힘을 쓰다는 뜻인데, 노비(奴)처럼 힘(力)을 다해 일하다는 뜻을 담았다. 또 서예 용어의 하나로 세로획을 지칭한다.

夒(원숭이 노): náo, 夊-15, 18

字解 회의. 『설문해자』의 해설처럼, '탐욕스런 짐승^(貪獸)'을 말한다. 일설에는 '원숭이^(母猴)'를 말한다고도 한다. 사람^(人·인)과 닮은 동물로 알려졌는데, 이후 주로 '원숭이'라는 뜻으로 쓰였다. 頁^(머리 혈)과 巳^(여섯째 지지 사)와 止^(발 지)와 夊^(천천히 걸을 쇠)가 의미부인데, 그것의 머리와 두 손과 발을 지칭한다.

字形 夒 說文小篆

농

農(농사 농): 农, [辳], nóng, 辰-6, 13, 70

字解 회의. 갑골문에서 林^(수풀 림)과 辰^(때 신·별 진)으로 이루어져, 조개 칼^(辰)로 숲^(林)의 풀을 베어 내고 농작물을 키우는 모습을 그렸고, 이로부터 '農事^(농사)'의 뜻이 나왔으며 농사나 農民^(농민)을 지칭하게 되었다. 고대 중국에서 농사가 모든 산업의 핵심이었으므로 '진정한'이라는 의미도 가진다. 금문에 들면서 田^(밭 전)이 더해졌고, 소전체에 들면서 林이 두 손을 그린 臼^(절구 구)로 변했으며, 예서에서부터 지금의 자형으로 변했다. 간화자에서는 초서체로 줄여 쓴 农으로 쓴다.

字形 甲骨文 金文

濃(짙을 농): 浓, nóng, 水-13, 16, 20

字解 형성. 水^(물 수)가 의미부이고 農^(농사 농)이 소리부로, 액체^(水)의 농도가 진함^(農)을 말하며, 이로부터 두텁다, 정도가 심하다 등의 뜻도 나왔다. 간화자에서는 소리부인 農을 农으로 줄인 浓으로 쓴다.

字形 濃 說文小篆

膿(고름 농): 脓, nóng, 肉-13, 17, 10

字解 형성. 肉^(고기 육)이 의미부이고 農^(농사 농)이 소리부로, 살^(肉) 속에 든 걸죽한^(農) 액체인 '고름'을 말한다. 『설문해자』에서는 血^(피 혈)이 의미부이고 農의 생략된 모습이 소리부인 䘌으로 썼다. 간화자에서는 소리부인 農을 农으로 줄인 脓으로 쓴다.

字形 䘌 說文小篆 膿 說文俗體

盥(고름 농): nóng, 血-13, 19

字解 형성. 血^(피 혈)이 의미부이고, 農^(농사 농)의 생략된 모습이 소리부이다. 『설문해자』의 해설처럼, '혹에 든 농혈^(膿血)'을 말한다. 달리 膿^(고름 농)으로 쓰기도 한다. ☞ 膿^(고름 농)

字形 盥 說文小篆

뇌

腦(뇌 뇌): 脑, nǎo, 肉-9, 13, 32

字解 형성. 肉^(고기 육)이 의미부이고 甾^(뇌 뇌)가 소리부로, 육신^(肉)의 일부인 뇌^(甾)를 말한다. 원래는 甾로 써 머리^(囟신)에 머리칼^(巛·천)이 더해진 모습이었으나, 이후 신체 부위라는 뜻에서 肉이 추가되어 지금의 자형이 되었다. 뇌는 고등동물의 전신운동과 감각을 주관하는 기관으로 신경계통의 주요한 부분이다. 이 때문에 사물의 최고나 중심 부위의 비유로도 쓰였다. 간화자에서는 甾를 囚로 줄여 脑로 줄여 쓴다.

惱(괴로워할 뇌): 恼, [嫇], nǎo, 心-9, 12, 30

字解 형성. 心^(마음 심)이 의미부이고 甾^(뇌 뇌)가 소리부로, 마음^(心)과 머리^(甾)가 아파 괴로워하는 모습을 그렸으며, 이로부터 화를 내다, 번뇌하다, 귀찮다 등의 뜻이 나왔다. 간화자에서는 甾를 囚로 줄여 恼로 줄여

쓴다.

賂(뇌물 줄 뇌) ☞ 賂(뇌물 줄 뢰)

뇨

尿(오줌 뇨): niào, 尸-4, 7, 20

字解 회의. 尸^(주검 시)와 水^(물 수)로 구성되어, 오줌^(水) 누는 사람^(尸)의 모습을 그렸으며, 이로부터 오줌, 오줌을 누다는 뜻이 나왔다. 『설문해자』에서는 尸 대신 尾^(꼬리 미)로 구성되기도 했다.

字形 尿 『汗簡』古文字 尿 說文小篆

누

耨(괭이·김맬 누): [槈, 鎒], nòu, 耒-10, 16

字解 회의. 耒^(쟁기 뢰)와 辱^(욕볼 욕)으로 구성되어, 농기구^(耒)로 김을 매는^(辱) 것을 말하며, 이로부터 액을 제거하다는 뜻도 나왔다. 또 김을 매는 도구인 호미를 지칭하기도 하며, 호미가 쇠나 나무로 만들어짐을 강조하여 鎒^(괭이 누), 槈^(괭이 누) 등으로 쓰기도 한다. ☞ 辱^(욕볼 욕)

字形 **橘** 說文小篆 **饌** 說文或體

눈

嫩(어릴 눈): [嫩], nèn, 女-11, 14

字解 형성. 女^(여자 여)가 의미부이고 敕^(조서 칙)이 소리부로, 생물이 어미^(女)로부터 처음 태어날 때의 연약함과 부드러움을 말하며, 이로부터 보드랍다, 좋다, 어리다 등의 뜻이 생겼다. 소전체에서는 女가 의미부이고 耎^(가냘플 연)이 소리부인 구조로, 어미^(女)로부터 태어날 때의 부드러움^(耎)을 더욱 강조했다.

눌

訥(말 더듬을 눌): 讷, nè, 言-4, 11, 10

字解 형성. 言^(말씀 언)이 의미부이고 内^(안 내)가 소리부로, 말^(言)을 밖으로 내뱉지 않고 안^(内)으로 넣어 두다는 뜻으로부터 '말을 더듬다'는 뜻을 그렸다. 이후 큰 소리^(口구)로 고함을 치다는 뜻도 나왔다. 달리 言을 口로 바꾸어 吶^(말 더듬을 눌)로 쓰기도 한다. ☞ 内^(안 내)

字形 **訥** 說文小篆

뉴

紐(끈 뉴): 纽, niǔ, 糸-4, 10, 10

字解 형성. 糸^(가는 실 멱)이 의미부이고 丑^(소 축)이 소리부로, 손으로 잡을^(丑) 수 있도록 꿰거나 묶어 놓은 끈^(糸)을 말하며, 이로부터 묶다, 단추 등의 뜻도 나왔다.

字形 **紐** 說文小篆

杻(감탕나무 뉴): niǔ, 木-4, 8

字解 형성. 木^(나무 목)이 의미부이고 丑^(소 축)이 소리부로, 감탕나무^(木)를 말한다. 바닷가의 산기슭에서 자라며, 가지는 긴 가지와 짧은 가지가 있고 털이 없으며 갈색이며 높이는 10미터에 달한다. 어린잎은 나물로 먹고 재목은 가구, 도장, 세공의 재료로 쓰이며, 껍질은 찧으면 진득진득하여 끈끈이, 반창고, 페인트 등의 재료로 이용된다.

妞(성 뉴): niū, 女-4, 7

字解 형성. 女^(여자 여)가 의미부이고 丑^(축)가 소리부로, 성씨^(女)의 하나이다.

字形 **妞** 古陶文

狃(친압할 뉴): niǔ, 犬-4, 7

字解 형성. 犬(개 견)이 의미부이고 丑(추)가 소리부로, 잘 훈련된 개(犬)를 말하며, 이로부터 너무 친하여 중요하게 여기지 않음을 뜻하게 되었고, 다시 습관적이다, 교만하다, 답습하다 등의 뜻도 나왔다.

字形 𤡭 古璽文 𤢖 說文小篆

뉵

衄(코피 뉵): nǜ, 血-4, 10

字解 형성. 血(피 혈)이 의미부이고 丑(소 축)이 소리부이다. 『설문해자』의 해설처럼, '코피를 흘리다(鼻出血)'가 원래 뜻이다. 이후 기세가 꺾이다, 움츠러들다, 오그라들다, 모욕을 당하다 등의 뜻까지 나왔다.

字形 衄 說文小篆

능

能(능할 능): néng, 肉-6, 10, 52

字解 상형. 원래는 곰의 모습을 그렸는데, 자형이 많이 변했다. 지금의 자형을 구성하는 厶(사사 사)는 곰의 머리를, 月(肉고기 육)은 몸통을, 두 개의 匕(비수 비)는 다리를 말한다. 곰은 몸집에 걸맞지 않게 나무를 잘 타며 엄청난 힘을 갖고 있으며, 특히 불곰은 사

나워 호랑이도 범하지 못할 정도이다. 그래서 곰의 이러한 가공할 만한 힘과 용맹스러움 때문에 '곰에 能力(능력)과 才能(재능)이라는 뜻이 생겼으며, 능하다, 可能(가능)하다는 뜻으로도 쓰였다. 그러자 원래 뜻인 '곰'을 나타낼 때에는 소리부인 炎(불탈 염)의 생략된 모습인 火(불 화)를 더해 熊(곰 웅)을 만들어 분화했다.

字形 𤎫 𤏳 𤎐 𤎚 𤏯 𤏲 𤏵 金文 𤏖 能 能 簡牘文 𤏮 說文小篆

니

尼(중 니): ní, 尸-2, 5, 20

字解 회의. 尸(주검 시)와 匕(변할 화化의 원래 글자)로 구성되어, 사람(匕)이 사람(尸)을 등에 업은 모습에서 서로 '친밀하다'는 뜻을 그렸다. 이후 불교의 유입으로 '중'을 뜻하게 되었는데, 팔리어에서의 '비쿠니(bhikkuni)'의 음역어로 쓰였다.

字形 𡰪 古陶文 𡰫 𡰬 盟書 𡰤 說文小篆

泥(진흙 니): ní, 水-5, 8, 32

字解 형성. 水(물 수)가 의미부이고 尼(중 니)가 소리부로, 원래는 중원 북부의 郡郅(군질)에서 발원하는 강 이름을 지칭했으나, 이후 물(水)이 섞여 끈적끈적한(尼) '진흙'을 말했다.

字形 〔图〕 說文小篆

닉

匿(숨을 닉): nì, 匚-9, 11, 10

字解 형성. 匚^(상자 방)이 의미부이고 若^(같을 약)이 소리부로, 상자^(匚) 속에 '숨기다'는 뜻이며, 이로부터 감추다, 속이다, 숨다, 隱匿^(은닉) 등의 뜻이 나왔다.

字形 〔图〕〔图〕金文 〔图〕〔图〕簡牘文 〔图〕 說文小篆

溺(빠질 닉): [냇], ruò, 水-10, 13, 20

字解 형성. 水^(물 수)가 의미부이고 弱^(약할 약)이 소리부로, 물^(水)에 빠지다, 익사하다, 직책을 잃다 등의 뜻이 있다. 감숙성 북부에 있는 張掖河^(장액하)를 말하기도 하는데, 달리 黑河^(흑하)로 부르기도 한다. 달리 냇으로 써 물^(水) 속으로 들어가다^(入)는 의미를 직접적으로 표현하기도 했다.

字形 〔图〕甲骨文 〔图〕古陶文 〔图〕 說文小篆

다

多(많을 다): duō, 夕-3, 6, 60

字解 회의. 두 개의 夕^(저녁 석)으로 구성되었는데, 이의 의미에 대해서는 의견이 분분하다. 혹자는 夕이 중복되어 아침이 밤^(夕)이 되고 밤^(夕)이 다시 아침이 된다는 의미를 그렸고, 이로부터 무수한 밤과 낮이 계속되는, '많음'을 상징하였다고 풀이하기도 한다. 하지만, 고대 한자에서 多와 같은 형태가 들어간 組^(도마 조)나 宜^(마땅할 의) 등과 관련지어 볼 때, 多는 고깃덩어리를 그린 月^(=肉고기 육)이 중복된 모습이고, 고깃덩어리가 널린 모습으로부터 '많음'을 그린 것이라고 보는 것이 더 합당해 보인다. 많다가 원래 뜻이고, 이로부터 정도가 심하다, 지나치다 등의 뜻이 나왔다.

字形 [甲骨文] [金文] [古陶文] [簡牘文] [石刻古文] [說文小篆] [說文古文]

茶(차 다차): chá, 艸-6, 10, 32

字解 형성. 원래는 艸^(풀 초)가 의미부이고 余^{(나 여,}

途의 원래 글자)가 소리부인 荼^(씀바귀 도)로 써, 쓴맛을 내는 식물^(艸)인 씀바귀를 말했다. 이후 쓴맛을 내는 채소^(苦菜고채)를 지칭하게 되었고, 그런 맛을 내는 '차^(tea)'까지 지칭하게 되었고 음료라는 의미까지 나왔다. 그러자 의미를 구분하기 위해 '차'는 획을 줄여 茶로 구분해 쓰게 되었다.

字形 [說文小篆]

단

段(구분 단): duàn, 殳-5, 9, 40

字解 회의. 창과 유사한 모습을 한 갈고랑이 같은 도구^(殳수)로 언덕^(厂엄)에서 광석을 캐는 모습을 그렸는데, 캐낸 광물은 불로 녹이고 두드려 필요한 연장을 만든다. 그래서 段은 '두드리다'는 뜻과 '잘라낸' 광석이라는 뜻에서 어떤 구분된 사물이나 시간대의 段落^(단락)을 말하게 되었다. 여기서 파생된 鍛^(쇠불릴 단)은 연장을 만들고자 쇠^(金금)를 불에 녹여 불리는 것을, 碫^(숫돌 단)은 숫돌^(石석)로 쓰려고 잘라 놓은 돌을, 緞^(비단 단)은 일정한 길이로 재단해 놓은 비단^(糸멱)을 말한다.

字形 [金文] [古陶文] [說文小篆] [說文古文]

緞(비단 단): 缎, [韖], duàn, 糸-9, 15, 10

字解 형성. 糸^(가는 실 멱)이 의미부이고 段^(구분 단)이 소리부로, 신발 바닥에 붙이는 비단^(糸)이나 가죽을 말했는데, 일정한 길이^(段)로 재단해 놓은 비단^(糸)이라는 뜻을 담았다. 이후 이로부터 촘촘하고 두툼하며 광택이 나는 비단이라는 뜻도 나왔다. 『설문해자』에서는 韋^(에워쌀·다룸가죽 위)가 의미부이고 段이 소리부인 韖으로 썼다. ☞ 段^(구분 단)

字形 [韖] 說文小篆 [緞] 說文或體

鍛(쇠 불릴 단): 锻, duàn, 金-9, 17, 20

字解 형성. 金^(쇠 금)이 의미부이고 段^(구분 단)이 소리부로, 연장을 만들고자 금속^(金) 성분이 든 원석을 일정한 크기로^(段) 잘라 불에 녹여 불리는 것을 말한다. ☞ 段^(구분 단)

字形 [鍛] 說文小篆

碫(숫돌 단): duàn, 石-9, 14

字解 형성. 石^(돌 석)이 의미부이고 段^(구분 단)이 소리부로, 돌^(石)을 일정한 크기로^(段) 잘라 만든 '숫돌'을 말한다. ☞ 段^(구분 단)

耑(시초 단): duān, 而-3, 9

字解 형성. 而^(말 이을 이)가 의미부이고 山^(뫼 산)이 소리부로 되었으나, 원래는 돋아나는 싹과 곧게 뻗은 뿌리를 그려 '시초'나 '發端^(발단)'의 의미를 그렸다. 이후 아랫부분의 뿌리가 수염과 닮아 而로 변하고 윗부분이 山으로 변해 소리부로 기능을 하면서 지금처럼 되었으며, 端^(바를 단)의 원래 글자이다.

字形 [耑] 說文小篆

端(바를 단): duān, 立-9, 14, 42

字解 형성. 立^(설 립)이 의미부이고 耑^(시초 단)이 소리부로, 몸을 꼿꼿하게^(耑) 세운 사람^(立)에서 端正^(단정)하다는 의미를 그렸고, 이로부터 바르다, 공정하다, 정직하다 등의 뜻이 나왔고 그런 사람을, 또 사물의 한쪽 끝을 지칭하기도 했다.

字形 [端] 說文小篆

湍(여울 단): tuān, 水-9, 12, 12

字解 형성. 水^(물 수)가 의미부이고 耑^(시초 단)이 소리부로, 강의 바닥이 얕거나 좁아 물^(水)이 세차게 흐르는 곳을 말한다.

字形 [湍] 簡牘文 [湍] 說文小篆

旦(아침 단): dàn, 日-1, 5, 32

字解 지사. 해^(日)가 지평선^(一) 위로 떠오르는 모습을 그렸고, 이로부터 해가 떠오르는 아침의 이른 시간대를 지칭하게 되었으며, 날이 밝다, 새벽, 초하루, 처음 등의 뜻이 나왔다.

字形 [旦旦旦旦] 甲骨文 [旦旦旦旦] 金文

旦盟書 旦旦旦簡牘文

旦盟書 旦旦旦簡牘文

旦 說文小篆

但(다만 단): dàn, 人-5, 7, 32

字解 형성. 人^(사람 인)이 의미부이고 旦^(아침 단)이 소리부로, 지평선 위로 떠오르는 해^(旦)처럼 사람^(人)의 어깨가 드러난 상태를 말했는데, 이후 '단지'라는 부사어로 가차되었다. 그러자 원래 뜻은 옷^(衣)을 벗어 속살을 드러내다^(旦)는 뜻의 袒^(웃통 벗을 단)으로 표현했다.

字形 侶甲骨文 袒簡牘文 但說文小篆

袒(웃통 벗을 단): [襢], tǎn, 衣-5, 10

字解 형성. 衣^(옷 의)가 의미부이고 旦^(아침 단)이 소리부로, 지평선 위로 떠올라^(旦) 햇살을 드러내듯 옷^(衣)을 벗어 살을 드러내다는 뜻이다. 달리 소리부인 旦 대신 亶^(미쁠 단)이 들어간 襢으로 쓰기도 한다.

字形 袒說文小篆

亶(미쁠 단): dǎn, dàn, 亠-11, 13

字解 형성. 㐭^(곳집 름)이 의미부이고 旦^(아침 단)이 소리부로, 창고^(㐭)에 곡식이 가득 찬 것을 말했다. 이로부터 '속이 가득 차다', '충실하다' 등의 뜻이 나왔고, 다시 '신의'와 '믿음' 등을 뜻하게 되었다.

亶 說文小篆

檀(박달나무 단): tán, 木-13, 17, 42

字解 형성. 木^(나무 목)이 의미부이고 亶^(미쁠 단)이 소리부로, '박달나무'를 말하는데, 속이 가득 차^(亶) 단단한 나무^(木)라는 속성을 반영했다.

字形 檀 說文小篆

壇(단 단): 坛, tán, 土-13, 16, 50

字解 형성. 土^(흙 토)가 의미부이고 亶^(미쁠 단)이 소리부로, 신에게 제사를 드리려고 신실한 마음^(亶)으로 흙^(土)을 쌓아 높게 만든 '제단'을 말하며, 제사를 드리거나 신앙생활을 하는 장소를 뜻하기도 했고, 의화단의 기층조직을 지칭하기도 했다. 간화자에서는 소리부인 亶을 云^(이를 운)으로 바꾼 坛으로 쓴다.

字形 壇 說文小篆

短(짧을 단): duǎn, 矢-7, 12, 60

字解 회의. 矢^(화살 시)와 豆^(제기 두)로 구성되어, 굽 높은 제기의 일종인 豆가 화살^(矢)보다 키가 '작음'을 그렸고, 이로부터 '짧다', '모자라다', 短點^(단점) 등의 뜻이 나왔다.

字形 短 說文小篆

彖(판단할 단): tuàn, ⺕-7, 9

字解 회의. ⺕^(돼지 머리 계)와 豕^(돼지 시)로 구성되어, 원래는 길쭉한 주둥이를 내민 채 땅의 냄새를 맡으며 이리저리 돌아다니는 멧돼지의 모습을 말했다. 후각이 대단히 발달한 멧돼지가 먹이를 찾으려고 주둥이를 땅에 대고 쿵쿵거리며 이리저리 찾아 헤매면 그 속에 든 것이 무엇인지를 '판단해' 낼 수 있다는 의미에서 '판단하다'는 의미가 나오게 되었고, 멧돼지의 주둥이처럼 앞으로 툭 튀어나온 '새의 부리'까지 뜻하게 되었다. 그러자 새의 부리는 口^(입 구)를 더한 喙^(부리 훼)로 분화했다. 따라서 椽^(서까래 연)은 처마 쪽으로 길게 뻗어 나온 서까래를, 緣^(가선 연)은 바깥 가장자리의 실을, 篆^(전자 전)은 진시황 때의 통일 서체를 일컫는 小篆^(소전)에서와 같이 세로로 길게 늘여 쓴 서체를 말한다.

字形 彖 說文小篆

蛋(새알 단): dàn, 虫-5, 11, 10

字解 형성. 虫^(벌레 충)이 의미부이고 疋^(민족이름 단)의 생략된 모습이 소리부로, 새나 파충류^(虫)의 알을 말한다. 알의 난황과 난각막 사이를 메우는 겔 모양의 물질을 蛋白^(단백)이라 하며, 이로부터 '蛋白質^(단백질)'이라는 뜻도 나오게 되었다. 달리 소리부를 延^(끌 연)으로 바꾼 蜑^(오랑캐 단)으로 쓰기도 한다.
☞ 疋^(민족이름 단)

斷(끊을 단): 断, duàn, 斤-14, 18, 42

字解 회의. 원래는 斤^(도끼 근)과 繼^(끊을 절)로 이루어져, 끊는 도구^(斤)로 실을 끊음^(繼)을 말했으나, 繼이 𢇍^(이을 계)로 변해 지금처럼 되었다. 繼은 네 개의 幺^(작을 요)와 한 개의 刀^(칼 도)로 이루어져, 칼^(刀)로 실^(幺)을 끊음을 말했으며, 이후 의미를 강화하고자 斤이 더해졌다. 끊다, 자르다가 원래 뜻이며, 이후 단정하다의 뜻도 나왔다. 繼을 뒤집어 반대의 의미를 그려낸 것이 𢇍인데, 이후 다시 糸^(가는 실 멱)을 더해 繼^(이을 계)를 만들었는데, 실^(糸)로 잇는^(𢇍) 뜻이다. 간화자에서는 𢇍를 간단하게 줄여 断으로 쓴다. ☞ 𢇍^(이을 계)

字形 𤲬 金文 斷 帛書 斷 斷 簡牘文 𢇍 說文小篆 𢇍 𢇍 說文古文 斷 玉篇

丹(붉을 단): dān, ⼂-3, 4, 32

字解 지사. 井^(우물 정)에 점^(丶)이 더해진 형상인데, 여기에서 井은 광물을 캐내는 鑛井^(광정)을 뜻하고 점^(丶)은 그곳에 무엇인가 있다는 의미를 나타내는 지사 부호이다. 『설문해자』의 고문에서는 광채를 뜻하는 彡^(터럭 삼)이 더해지기도 했다. 그래서 丹은 원래 붉은색을 내는 광석인 丹砂^(단사)를 캐던 광정을 말했고 이로부터 단사와 붉다는 뜻을 갖게 되었다. 한나라 때 유행했던 方士^(방사)들은 불로장생을 위해 단사를 많이 먹었는데, 단사를 약으로 보았기 때문에 丹藥^(단약)이라 부른다. 이후 丹은 대표적인 약물로 자리 잡게 되었으며, 지금도 '活絡丹^(활락단)'처럼 丹은 정교하게 만든 알약이나

가루약을 지칭하는 데도 쓰인다.

字形 甲骨文 金文 古陶文 簡牘文 古璽文 說文小篆 形 說文古文

單(홑 단): 单, dān, 口-9, 12, 42

字解 상형. 옛날의 사냥도구를 그렸는데, 윗부분은 남아메리카 인디언들의 유용한 수렵 도구인 '볼라스(bolas)'와 같은 것을, 아랫부분은 커다란 뜰채를 그렸다는 설이 유력하다. 볼라스는 줄의 양끝에 쇠 구슬을 매달고 이를 던져 짐승의 뿔이나 발을 걸어 포획하는 데 쓰는 도구를 말하는데, 고대 중국에서는 쇠 대신 돌 구슬이 많이 사용되었다. 單은 이러한 사냥 도구는 물론 그러한 사냥 조직을 말했으며, 여기서 單位^(단위)라는 뜻이 나왔다. 또 그러한 조직은 사냥을 위한 것이었지만 유사시에는 전쟁을 치르는 군사조직으로 전환되었다. 그래서 商^(상)나라 때는 씨족으로 구성된 사회의 기층단위를 單이라 불렀다. 單이라는 조직은 單一^(단일) 혈연으로 구성되었으며, 독립적으로 운용 가능한 기초 조직이었기에 '單獨^(단독)'이라는 뜻이 생겼을 것이다. 간화자에서는 윗부분을 줄인 单으로 쓴다.

字形 甲骨文 金文 簡牘文 古璽文 說文小篆

簞(대광주리 단): dān, 竹-12, 18, 10

字解 형성. 竹^(대 죽)이 의미부이고 單^(홑 단)이 소리부로, 대^(竹)나 갈대를 엮어 만든 작은 광주리를 말하며, 밥 등을 담는 데 쓰였다.

字形 說文小篆

鄲(조나라 서울 단): 郸, dān, 邑-12, 15

字解 형성. 邑^(고을 읍)이 의미부이고 單^(홑 단)이 소리부로, 지명^(邑)으로 하북성에 있는 趙^(조)나라의 수도였던 邯鄲^(한단)을 말한다.

字形 金文 古陶文 盟書 說文小篆

團(둥글 단): 团, tuán, 口-11, 14, 52

字解 형성. 口^(에워쌀 위)가 의미부이고 專^(오로지 전)이 소리부로, 성 둘레를 둥그렇게 에워싼^(口) 모습에서 '둥글다'의 뜻이 나왔다. 또 많은 사람이 마음과 힘을 똘똘 뭉쳐 성을 지킨다는 뜻에서 團結^(단결)과 집체를 뜻하는 團體^(단체)의 의미가 나왔으며, 경단과 같이 동글동글하게 빚은 떡도 지칭하게 되었다. 다만, 경단은 米^(쌀 미)를 더한 糰^(경단 단)으로 구분해 표시하기도 한다. 간화자에서는 소리부인 專을 才^(재주 재)로 줄인 团으로 쓴다.

字形 簡牘文 說文小篆

摶(뭉칠 단): 抟, tuán, 手-11, 14

字解 형성. 手(손 수)가 의미부이고 專(오로지 전)이 소리부로, 손(手)을 이용해 둥글게 만들다(專)는 뜻이며, 이로부터 뭉치다, 함께 모이다, 새 등이 원을 그리며 선회하다 등의 뜻이 나왔다. 간화자에서는 專을 초서체인 专으로 줄여 抟으로 쓴다.

字形 (簡牘文) (說文小篆)

달

達(통달할 달): 达, dá, 辵-9, 13, 42

字解 형성. 辵(쉬엄쉬엄 갈 착)이 의미부이고 羍(어린 양 달)이 소리부이나, 갑골문에서는 彳(조금 걸을 척)이 의미부이고 大(큰 대)가 소리부로, 사람(大)이 다니는(彳) '큰 길'을 말했는데 발을 뜻하는 止(발 지)가 더해져 의미를 분명하게 하기도 했다. 금문에 들면서 羊(양 양)이 더해져 羍로 되어 지금의 자형이 되었다. 막힘없이 뚫린 큰길은 어디든 통하고 이르게 하기에 '두루 통하다'는 뜻이 나왔고 이로부터 어떤 분야든 막힘없이 두루 아는 것을 말했고 또 그처럼 고급 지식과 높은 지위를 가진 사람을 지칭하기도 했다. 현대 중국의 간화자에서는 소리부인 羍 대신 大(큰 대)가 들어간 达로 써 다시 원래의 글자로 돌아갔다.

字形 (甲骨文) (金文) (說文小篆)

(簡牘文) (古璽文) (說文) 小篆 (說文或體)

撻(매질할 달): tà, 手-13, 16, 10

字解 형성. 手(손 수)가 의미부이고 達(통달할 달)이 소리부로, 어떤 곳이나 목표에 이르게(達) 하도록 손(手)으로 '매질하다'는 뜻이며, 이로부터 鞭撻(편달)의 뜻이 나왔다.

字形 (說文小篆)

澾(미끄러울 달): tà, 水-13, 16

字解 형성. 水(물 수)가 의미부이고 達(통달할 달)이 소리부로, 물가(水)에 이르면(達) 미끄럽다는 뜻을 담았고 이로부터 습윤하다는 뜻도 나왔다.

疸(황달 달): dǎn, 疒-5, 10, 10

字解 형성. 疒(병들어 기댈 녁)이 의미부이고 旦(아침 단)이 소리부로, 해가 떠오를 때(旦) 발하는 누른빛처럼 온몸과 눈 따위가 누렇게 변하는 병(疒)인 黃疸(황달)을 말한다.

字形 (說文小篆)

獺(수달 달): 獭, tǎ, 犬-16, 19

字解 형성. 犬^(개 견)이 의미부이고 賴^(의뢰할 뢰)가 소리부로, 작은 개^(犬)처럼 생긴 '水獺^(수달)'을 말한다.

字形 獺 說文小篆

담

談(말씀 담): 谈, tán, 言-8, 15, 50

字解 형성. 言^(말씀 언)이 의미부이고 炎^(불 탈 염)이 소리부로, 談話^(담화)나 談笑^(담소)를 말하는데, 불꽃 튀듯^(炎) 말^(言)을 활발하게 나눈다는 뜻을 담았다. ☞ 炎^(불 탈 염)

字形 [古陶文] [簡牘文] [古璽文] [說文小篆] 說文小篆

淡(묽을 담): dàn, 水-8, 11, 32

字解 형성. 水^(물 수)가 의미부이고 炎^(불 탈 염)이 소리부로, 타오르는 불^(炎)에 물^(水)이 더해지면 식고 약해진다는 뜻에서 묽고 담백함과 담담함을 그렸다. 이로부터 싱겁다의 뜻이 나왔고, 손님이 많지 않은 비수기를 뜻하기도 했다. ☞ 炎^(불 탈 염)

字形 [甲骨文] [說文小篆] 說文小篆

痰(가래 담): tán, 疒-8, 13, 10

字解 형성. 疒^(병들어 기댈 녁)이 의미부이고 炎^(불 탈 염)이 소리부로, 기관지에 병^(疒)이 났을 때 목에서 생기는 끈끈한 분비물을 말한다.

啖(먹을 담): [啗, 噉], dàn, 口-8, 11

字解 형성. 口^(입 구)가 의미부이고 炎^(불 탈 염)이 소리부로, 입^(口)으로 음식물을 씹어 먹음을 말한다.

字形 [金文] [說文小篆] 說文小篆

錟(창 담): 锬, tán, 金-8, 16

字解 형성. 金^(쇠 금)이 의미부이고 炎^(불 탈 염)이 소리부로, 쇠^(金)로 만든 긴 뾰족 창을 말하는데, 중국의 일부 지역에서는 달리 鈹^(파종 침 피)라 쓰기도 한다.

字形 [說文小篆] 說文小篆

郯(나라이름 담): tán, 邑-8, 11

字解 형성. 邑^(고을 읍)이 의미부이고 炎^(불 탈 염)이 소리부로, 옛날의 나라 이름으로, 『설문해자』에서는 東海^(동해)현에 있으며 少昊^(소호)의 후예가 봉읍으로 받은 곳이라 했다. 현재 산동성에 郯城^(담성)현이 있다.

字形 [金文] [簡牘文] [說文小篆] 說文小篆

湛(즐길 담): zhàn, 水-9, 12

(字解) 형성. 水^(물 수)가 의미부이고 甚^(심할 심)이 소리부로, 깊은 맛을 내는 오디^(甚, 椹의 원래 글자)의 즙^(水)을 맛있게 먹는다는 뜻에서 '즐기다'의 뜻이 나왔다. ☞ 甚^(심할 심)

(字形) 金文 簡牘文 說文小篆 說文古文

覃(미칠 담): tán, 襾-6, 12

(字解) 회의. 금문에서 아랫부분이 술을 거르는 기구를 윗부분은 대로 짠 광주리를 그려, 술 거르는 그릇을 형상화했다. 술을 거르면 진한 향기가 널리 퍼져 나가게 마련이다. 이로부터 냄새가 '미치다', 맛이 '진하다', 맛이나 생각 등이 '깊다'의 뜻이 생겼다. 『설문해자』에서는 厚^(두터울 후)가 의미부이고 鹹^(짤 함)의 생략된 모습이 소리부로, 짠맛^(鹹)처럼 진한^(厚) 맛을 말했는데, 예서 이후 자형이 변해 지금처럼 되었다.

(字形) 金文 說文篆文 說文古文

潭(깊을 담): tán, 水-12, 15, 20

(字解) 형성. 水^(물 수)가 의미부이고 覃^(미칠 담)이 소리부로, 원래는 武陵^(무릉)군 鐔成^(심성)현 玉山^(옥산)에서 발원하여 동쪽으로 흘러 鬱林^(울림)군으로 흘러드는 강을 지칭했으나, 이후 물^(水)이 깊은^(覃) 연못을 말했다.

(字形) 金文 說文小篆

譚(이야기 담): 谭, tán, 言-12, 19, 10

(字解) 형성. 言^(말씀 언)이 의미부이고 覃^(미칠 담)이 소리부로, 깊은^(覃) 말^(言)이 오가며 끊임없이 이어지는 '이야기'를 말하며, 이로부터 연속되다의 뜻도 나왔다. 또 지금의 산동성 濟南^(제남)시 동쪽의 龍山鎭^(용산진) 부근에 있던 나라 이름으로도 쓰였다.

擔(멜 담): 担, dān, dàn, 手-13, 16, 42

(字解) 형성. 手^(손 수)가 의미부이고 詹^(이를 첨)이 소리부로, 손^(手)으로 잡고 어깨에 메는 것을 말하며, 이로부터 책임을 지다, 부담하다 등의 뜻이 나왔다. 간화자에서는 소리부인 詹을 旦^(아침 단)으로 바꾼 担^(떨칠 단)에 통합되었다.

膽(쓸개 담): 胆, dǎn, 肉-13, 17, 20

(字解) 형성. 肉^(고기 육)이 의미부이고 詹^(이를 첨)이 소리부로, 장기^(肉)의 일부인 '쓸개'를 말하며, 이후 膽囊^(담낭쓸개), 肝膽^(간담간과 쓸개) 등의 뜻이 나왔다. 간화자에서는 소리부인 詹을 旦^(아침 단)으로 바꾼 胆으로 쓴다.

(字形) 說文小篆

澹(담박할 담): dàn, 水-13, 16, 10

字解 형성. 水(물 수)가 의미부이고 詹(이를 첨)이 소리부로, 물(水)이 맑고 깨끗하여 '澹泊(담박)함'을 말한다.

字形 [金文] 金文 [說文小篆] 說文小篆

憺(편안할 담): dàn, 心-13, 16, 10

字解 형성. 心(마음 심)이 의미부이고 詹(이를 첨)이 소리부로, 마음(心)이 맑고 깨끗하여 '편안함'을 말한다. 이후 참담하다는 뜻도 나왔다.

字形 [說文小篆] 說文小篆

曇(흐릴 담): 昙, tán, 日-12, 16, 10

字解 회의. 日(날 일)과 雲(구름 운)으로 구성되어, 해(日)가 구름(雲)에 가려 날이 '흐림'을 말한다. 이후 불교 용어의 번역어로 쓰여, 산스크리트의 '우담바라(Udumbara)'의 대역어인 優曇華(우담화)에 쓰인다. 우담화는 인도 전설 중에 나오는 꽃으로서, 삼천 년에 한 번씩 꽃이 피며, 이 꽃이 필 때는 金輪明王(금륜명왕)이 나타난다고 한다. 그래서 曇華一現(담화일현)은 3천 년에 한 번 개화한다고 하는 상상의 꽃인 우담화가 한 번 나타난다는 뜻으로, 좀처럼 만나기 어려운 것을 비유할 때 쓰이며, 나아가 잠시 나타났다가 사라짐도 비유한다. 간화자에서는 雲이 云(이를 운)으로 변한 昙으로 쓴다.

字形 [說文小篆] 說文小篆

坍(무너질 담): [坥], tān, 土-4, 7

字解 형성. 土(흙 토)가 의미부이고 丹(붉을 단)이 소리부로, 물에 의해 강 벽의 흙(土)이 무너짐을 말하며, 달리 坥(무너질 담)으로 쓰기도 한다.

聸(귓바퀴 없을 담): [聃], dān, 耳-5, 11

字解 형성. 耳(귀 이)가 의미부이고 冉(가는 털 늘어질 염)이 소리부로, 귀(耳)가 수염처럼 늘어져(冉) 길고 큼을 말했는데, 이는 장수의 상징으로 여겨졌다. 이후 귀를 늘여 크게 하다는 뜻으로도 쓰였다.

字形 [說文小篆] 說文小篆 [說文或體] 說文或體

薚(지모 담): 蕁, qián, 艸-12, 16

字解 형성. 艸(풀 초)가 의미부이고 尋(찾을 심)이 소리부로, 약용 식물(艸)의 하나인 知母(지모)를 말한다. 뿌리줄기를 약재로 쓰며, 해열제로 사용하고, 만성기관지염·당뇨병 등에 효과가 있다. 간화자에서는 尋을 寻으로 줄여 蕁로 쓴다.

字形 [說文小篆] 說文小篆

衉(육젓 담): tăn, 血-8, 14

字解 형성. 血^(피 혈)이 의미부이고 肷^(육장 탐)이 소리부이다. 『설문해자』의 해설처럼, '피를 석은 육장^(血醢)'을 말한다. 『예기』에 衉醢^(침해)라는 말이 나오는데, 말린 소고기^(牛乾脯)와 기장^(梁)과 누룩^(麴)과 소금^(鹽)과 술^(酒)로 만든다고 했다.

字形 衉 說文小篆

답

答(대답할 답): [荅, 畣, 畗], dá, 竹-6, 12, 70

字解 형성. 竹^(대 죽)이 의미부이고 合^(합할 합)이 소리부로, '응대하다'는 뜻이다. 종이가 보편적으로 쓰이기 전까지 주로 죽간에다 글을 썼기 때문에 대쪽^(竹)에다 물음에 들어맞도록^(合) 답을 써서 응대했다. 이 때문에 응답하다, 회신을 보내다가 원래 뜻이고 이로부터 報答^(보답)하다 등의 뜻이 나왔다. 『설문해자』에서는 艸^(풀 초)가 의미부이고 合이 소리부인 荅으로 썼다.

字形 合 金文 荅 簡牘文 畣 古璽文 荅 說文小篆

沓(유창할 답): tà, 水-4, 8

字解 형성. 水^(물 수)가 의미부이고 曰^(가로 왈)이 소리부로, 말을 하는 것^(曰)이 물^(水) 흐르듯 '유창함'을 말한다. 달리 요동성에 있는 지명으로도 쓰였다.

字形 沓 說文小篆

踏(밟을 답): tà, 足-8, 15, 32

字解 형성. 足^(발 족)이 의미부이고 沓^(유창할 답)이 소리부로, 발^(足)로 속련되게^(沓) 흙 등을 '밟아' 이기는 것을 말하며, 이로부터 안정되다의 뜻이, 다시 踏步^(답보)에서처럼 '천천히'라는 뜻도 나왔다.

畓(논 답): dá, 田-4, 9, 30

字解 회의. 水^(물 수)와 田^(밭 전)으로 구성되어, 논을 말하는데, 물^(水)을 대어 농사지을 수 있는 농경지^(田)라는 뜻이며, 한국에서 만들어진 고유한자이다.

遝(뒤섞일 답): tà, 辵-10, 14, 10

字解 형성. 辵^(쉬엄쉬엄 갈 착)이 의미부이고 眔^(눈으로 뒤따를 답)이 소리부로, 뒤쫓아^(眔) 가서^(辵) 따라 붙다는 뜻이며, 이로부터 뒤섞이다, 모이다의 뜻도 나왔다. 고대 한어에서는 병렬접속을 나타내는 연결사로도 쓰였다.

字形 遝 說文小篆

唐(당나라 당): táng, 口-7, 10, 32

字解 형성. 口^(입 구)가 의미부이고 庚^(일곱째 천간 경)이 소리부로, 악기^(庚) 소리처럼 '크게 말하다^(口)'가 원래 뜻이며, 큰 소리는 빈말이자 공허하기 일쑤라는 뜻에서 '허풍'과 '공허', 荒唐^(황당) 등의 뜻이 나왔다. 또 사람 이름으로 쓰여 상나라 제1대 왕^(成湯·성탕)을 말했고, 나라 이름으로도 쓰여 중고 시대의 唐나라와 오대 때의 後唐^(후당)을 지칭하기도 한다. ☞ 庚^(일곱째 천간 경)

字形 甲骨文 金文 簡牘文 古璽文 說文小篆 說文古文

糖(사탕 당): [餹], táng, 米-10, 16, 32

字解 형성. 米^(쌀 미)가 의미부이고 唐^(당나라 당)이 소리부로, 쌀^(米)을 고아 만든 '엿'을 말하며, 탄수화물을 지칭하기도 한다. 지금처럼 사탕수수나 사탕무로 설탕을 만들기 전에는, 보통 쌀^(米)로 밥을 지어 엿기름으로 삭히고서 겻불로 밥이 물처럼 되도록 끓이고 그것을 자루에 넣어 짜낸 다음 진득진득해질 때까지 고아 '엿'을 만들었다. 달리 식용이라는 뜻에서 食^(밥 식)이 들어간 餹^(엿 당)으로 쓰기도 한다.

字形 說文小篆

塘(못 당): táng, 土-10, 13, 12

字解 형성. 土^(흙 토)가 의미부이고 唐^(당나라 당)이 소리부로, 흙^(土)을 파내거나 쌓고 빈^(唐) 공간을 만들어 물을 채운 '못'을 말하며, 이로부터 흙을 쌓아 만든 제방, 방죽, 큰 도로 등의 뜻이 나왔다.

堂(집 당): táng, 土-8, 11, 60

字解 형성. 土^(흙 토)가 의미부이고 尙^(오히려 상)이 소리부로, 흙^(土)을 다진 기단 위에 높게^(尙) 세운 '집'이라는 뜻으로, 집의 前室^(전실)을 말한다. 어떤 의식을 거행하거나 근무를 하던 곳을 말했는데, 점차 '집'이라는 뜻으로 확장되었으며, 같은 집에서 산다는 뜻에서 '사촌'을 뜻하였고, 堂堂^(당당)에서처럼 크고 위엄이 있음을 말하기도 했다. 『설문해자』의 주문에서는 尙 대신 高^(높을 고)가 들어가 높다랗게^(高) 세워진 집임을 더욱 강조했다.

字形 金文 古陶文 簡牘文 說文小篆 說文古文 說文籒文

螳(사마귀 당): [蟷], táng, 虫-11, 17, 10

字解 형성. 虫^(벌레 충)이 의미부이고 堂^(집 당)이 소리부로, 벌레^(虫)의 일종인 사마귀^(螳螂·당랑)를 말하며, 달리 소리부 堂을 唐^(당나라 당)으로 바꾼 蟷^(씽씽 매미 당)으로 쓰기도 한다.

棠(팥배나무 당): táng, 木-8, 12, 10

(字解) 형성. 木(나무 목)이 의미부이고 尚(오히려 상)이 소리부로, 나무(木)의 일종인 '팥배나무'를 말하는데, 낙엽 교목으로 키가 보통 15미터까지 높게(尙) 자라는 나무(木)이다.

(字形) 𣚦 𣚦 𣚦 𣚦 𣚦古陶文 𣚦簡牘文 𣚦 古璽文 棠 說文小篆

黨(무리 당): 党, dǎng, 黑-8, 20, 42

(字解) 형성. 黑(검을 흑)이 의미부이고 尚(오히려 상)이 소리부로, '무리지어' 나쁜 것(黑)을 숭상(尙)하는 무리나 집단을 말하며, 이로부터 무리, 친족, 朋黨(붕당), 붕당을 짓다, 사적인 정에 치우치다 등의 뜻이 나왔다. 또 옛날의 기층 조직으로, 5家(가)를 隣(린), 5隣을 里(리), 5백家를 黨이라 했다. 黨同伐異(당동벌이)는 시비곡직을 불문하고 자기편 사람은 무조건 돕고 반대편 사람은 무조건 배격함을 말한다. 간화자에서는 의미부인 黑을 儿(사람 인)으로 바꾼 党으로 쓰는데, 사람(儿)을 숭상하고(尙) 존중하는 것이 '(중국공산)당'임을 천명했다. 하지만, 혹자는 사람들이 숭상해야 할 것이 '(중국공산)당'임을 나타낸다고도 한다.

(字形) 𪎭𪎭簡牘文 𪎭 說文小篆

當(당할 당): 当, [噹], dāng, 田-8, 13, 52

(字解) 형성. 田(밭 전)이 의미부이고 尚(오히려 상)이 소리부로, 논밭(田)의 가격이 서로 비슷하다는 뜻에서 '상당하다'의 뜻이 나왔고, 논밭을 저당 잡히고 그에 상당하는 가격을 받음을 말했다. 이로부터 抵當(저당)이나 典當(전당)의 뜻까지 나왔다. 간화자에서는 초서체로 간략하게 줄인 当으로 쓴다.

(字形) 𤲤𤲤金文 𤲤 𤲤古陶文 𤲤𤲤 𤲤𤲤簡牘文 𤲤 說文小篆

撞(칠 당): zhuàng, 手-12, 15, 10

(字解) 형성. 手(손 수)가 의미부이고 童(아이 동)이 소리부로, 손(手)으로 '치다'는 뜻이며, 이로부터 부딪히다, 예기치 않게 만나다 등의 뜻도 나왔다.

(字形) 𢲲 說文小篆

幢(기 당): chuáng, 巾-12, 15

(字解) 형성. 巾(수건 건)이 의미부이고 童(아이 동)이 소리부로, 옛날 군대의 지휘나 의장 행렬 등에 사용하던 깃과 비단(巾)으로 장식된 깃발을 말했는데, 이후 불교의 법회 따위의 의식이 있을 때에 절의 문 앞에 세우는 베(巾)로 만든 깃발도 지칭하게 되었다.

(字形) 𢄈 說文小篆

戇(어리석을 당): zhuàng, 心-14, 28

字解 형성. 心^(마음 심)이 의미부이고 贛^(줄 공)이 소리부로, 마음^(心)이 어리석음을 말하며, 우직하다는 뜻도 나왔다.

字形 贛 說文小篆

대

待(기다릴 대): dài, 彳-6, 9, 60

字解 형성. 彳^(조금 걸을 척)이 의미부이고 寺^(절 사내관 시)가 소리부로, 길^(彳)에서 시중들다^(寺)는 뜻으로부터 '기다리다', '招待^(초대)하다' 등의 뜻이 생겼고, 이로부터 接待^(접대)하다, 공급하다 등의 뜻도 나왔다.

字形 待 說文小篆

代(대신할 대): dài, 人-3, 5, 60

字解 형성. 人^(사람 인)이 의미부이고 弋^(주살 익)이 소리부로, 다른 사람^(人)으로 바꾸다는 뜻에서 교체하다, 代身^(대신)하다 등의 뜻이 나왔으며, 한 세대 한 세대 바뀌면서 역사가 이어진다는 뜻에서 世代^(세대)와 朝代^(조대)의 뜻도 나왔다.

字形 代代 簡牘文 代 說文小篆

貸(빌릴 대): 贷, dài, 貝-5, 12, 32

字解 형성. 貝^(조개 패)가 의미부이고 代^(대신할 대)가 소리부로, 돈이나 재물^(貝)을 다른 사람에게 대신^(代) '빌려주다'는 뜻이며, 이로부터 주다, 빌리다, 빌려주다, 빚 등의 뜻이 나왔다.

字形 貸 說文小篆

垈(터 대): dài, 土-5, 8, 20

字解 형성. 土^(흙 토)가 의미부이고 代^(대신할 대)가 소리부로, 垈地^(대지)에서와 같이 집을 지을 수 있는 터^(土)를 말하는데, 한국에서 만들어진 고유 한자로 알려졌다.

岱(대산 대): dài, 山-5, 8

字解 형성. 山^(뫼 산)이 의미부이고 代^(대신할 대)가 소리부로, 산^(山)의 이름으로 岱山을 말하는데, 산동성에 있으며 東岳^(동악)으로 불리는 泰山^(태산)의 다른 이름이다.

字形 岱 說文小篆

袋(자루 대): dài, 衣-5, 11, 10

字解 형성. 衣^(옷 의)가 의미부이고 代^(대신할 대)가 소리부로, 자루를 말하는데, 옷^(衣)을 대신해^(代) 뒤집어쓸 수 있는 커다란 '포대'라는 뜻을 담았다. 이로부터 자루에 담다는 뜻도 나왔고, 옷의 주머니를 뜻하기도 한다.

黛(눈썹 먹 대): dài, 黑-5, 17

字解 형성. 黑^(검을 흑)이 의미부이고 代^(대신할 대)가 소리부로, 진짜 눈썹을 대신해^(代) 눈썹을 검게^(黑) 그려주는 흑청색의 '눈썹 먹'을 말한다. 이로부터 흑청색을 뜻하게 되었고, 여인 눈썹의 비유로도 쓰였다.

玳(대모 대): dài, 玉-5, 9

字解 형성. 玉^(옥 옥)이 의미부이고 代^(대신할 대)가 소리부로, 옥^(玉)의 일종인 玳瑁^(대모)를 말한다.

臺(돈대 대): 台, [檯], tái, 至-8, 14, 32

字解 형성. 高^(높을 고)의 생략된 모습이 의미부이고 至^(이를 지)가 소리부로, 높은 평지를 뜻하는 墩臺^(돈대)를 말한다. 『설문해자』에서는 高^(높을 고)의 생략된 모습과 之^(갈 지)가 의미부이고 至가 소리부인 구조라고 했는데, 자형이 조금 변해 지금처럼 되었다. 사람들이 높은 곳 끝까지 올라가^(至) 사방을 살펴볼 수 있도록 높고 평탄하게 만든 樓臺^(누대)를 말했으며, 이로부터 舞臺^(무대), 플랫폼 등 그렇게 생긴 물체를 부르게 되었고, 정부의 관서나 정치 무대의 비유로 쓰이기도 했다. 간화자에서는 台^(별 태)에 통합되었다.

字形 古陶文 簡牘文 說文小篆

坮(대 대): tái, 土-5, 8

字解 형성. 土^(흙 토)가 의미부이고 台^(별 태)가 소리부로, 흙^(土)으로 높고 평평하게 쌓아올린 墩臺^(돈대)를 말하는데, 臺가 坮로 줄어 지금처럼 되었다. 이후 무대, 받침대, 탁자, 마을 등을 뜻하게 되었다.

擡(들 대): 抬, tái, 手-14, 17, 10

字解 형성. 手^(손 수)가 의미부이고 臺^(돈대 대)가 소리부로, 손^(手)으로 높이^(臺) '들어 올리다'는 뜻이며, 물가가 오르다, 몸값이 높다 등의 뜻도 나왔다. 간화자에서는 소리부 臺를 台^(별 태)로 줄인 抬^(볼기칠 태)로 쓴다. ☞ 臺^(돈대 대)

帶(띠 대): 带, dài, 巾-8, 11, 42

字解 상형. 허리띠 아래로 베^(巾)로 만든 술 같은 장식물이 드리운 모습으로 '허리띠'를 그렸다. 이로부터 매다는 뜻이 나왔고, 허리띠처럼 납작하고 길게 생긴 물체, 뱀 등도 지칭하게 되었다. 『설문해자』에서는 남자는 가죽으로 여자는 실로 띠를 만들었다고 했다. 간화자에서는 윗부분의 획을 줄여 带로 쓴다.

字形 簡牘文 說文小篆

隊(무리 대): 队, duì, zhuì, 阜-9, 12, 42

字解 형성. 阜^(언덕 부)가 의미부이고 㒸^(드디어 수)가
소리부로, 언덕^(阜)을 기어오르며 공격하던
군사들이 거꾸로 떨어지는^(㒸) 모습을 그렸
다. 원래는 队로 써 언덕^(阜)을 오르며 공
격하던 군사^(人)들이 거꾸로 떨어지는 모습
을 그렸는데, 금문에 들면서 언덕^(阜)과 줄
에 묶인 멧돼지^(豕)를 그려 잡은 돼지^(豕)를
언덕^(阜) 아래로 굴러 떨어지게 하는 모습
을 형상화 했다. 그래서 隊의 원래 뜻은
'떨어지다'인데, 이후 '무리', '隊伍^(대오)'라는
뜻으로 쓰이게 되자 원래 뜻은 다시 土^{(흙}
^{토)}를 더해 墜^(떨어질 추)로 분화했다. 현대 중
국의 간화자에서는 원래의 队로 다시 돌아
갔다.

字形 [甲骨文] [毛公鼎] [金文] [古陶文] [說文小篆]

大(큰 대): dà, 大-0, 3, 80

字解 상형. 팔과 다리를 벌린 사람의 정면 모습
을 그렸는데, 사람의 측면 모습을 그린 人
^(사람 인)과는 달리 크고 위대한 사람을 말한
다. 이로부터 크다, 偉大^(위대)하다는 뜻이,
다시 면적, 수량, 나이, 힘, 강도 등이 큰
것을 말했고, 정도가 심하다, 중요하다는
뜻도 나왔다. 또 상대를 존중할 때나 아버
지를 지칭할 때도 쓰인다.

字形 [甲骨文]

[金文] [古陶文] [簡牘文]
[石刻古文] [說文小篆]

對(대답할 대): 对, duì, 寸-11, 14, 60

字解 회의. 갑골문에서 丵^(풀 무성할 착)과 寸^(마디 촌)
으로 구성되었는데, 丵은 악기를 내걸기
위한 나무걸이 대(業에서 아랫부분의 木^{(나}
^{무 목)}이 생략된 형태로 叢^(모일 총)·鑿^(뚫을 착)
에도 들어 있다)를 그렸다. 그래서 對는
손^(寸)으로 악기의 걸이 대^(丵)를 내단 모습
이다. 이로부터 '올리다', '받들다'는 뜻이
생겼고, 이후 소전체에 들면서 '대답하다'
는 뜻을 강조하기 위해 丵의 아랫부분에
口^(입 구)가 더해졌고, 해서체에서는 口가 다
시 土^(선비 사)로 변해 지금의 자형이 되었
다. 간화자에서는 丵을 간단한 부호로 대
체한 对로 쓴다.

字形 [甲骨文] [金
文] [說文小篆] [說文或體]

戴(일 대): dài, 戈-14, 18, 20

字解 형성. 異^(다를 이)가 의미부이고 𢦏^(다칠 재)가
소리부인데, 𢦏는 戈^(창 과)에 소리부인 才
^(재주 재)가 결합한 모습이며, 異는 얼굴에
가면을 쓴 채 두 손으로 얼굴을 가리키는
모습이다. 그래서 戴는 큰 가면을 얼굴에

쓰듯^(異) 무엇인가를 얼굴에 '올려놓다'는 뜻이며, 이로부터 (머리에) '이다'는 뜻이 나왔다.

字形 ![甲骨文] 甲骨文 ![金文] 金文 ![說文小篆] 說文小篆 ![說文籀文] 說文籀文

댁

宅(집 댁): zhái, 宀-3, 6

字解 형성. 宀^(집 면)이 의미부이고 乇^(부탁할 탁)이 소리부로, '집'을 높여 부르는 말이며, 부탁을 할 수 있는^(乇) 곳^(宀)임을 말한다. 부탁을 하는 곳은 보통 높은 관직에 있는 사람의 집이었기에 '집'의 높임말로 쓰이게 되었다.

字形 ![甲骨文] 甲骨文 ![金文] 金文 ![簡牘文] 簡牘文 ![石刻古文] 石刻古文 ![說文小篆] 說文小篆 ![說文古文] 說文古文

덕

德(덕 덕): [悳], dé, 彳-12, 15, 52

字解 형성. 원래 彳^(조금 걸을 척)이 의미부이고 直^(곧을 직)이 소리부로, 길을 갈^(彳) 때 곁눈질

하지 않고 똑바로^(直) 본다는 의미를 그렸는데, 이후 心^(마음 심)이 더해져 지금의 자형이 되었다. 그렇게 되자 의미도 '똑바른^(直) 마음^(心)'이라는 도덕성을 강조하게 되었고, 도덕의 지향점이 德이라는 것을 형상적으로 보여주게 되었다. 달리 直과 心이 상하구조로 이루어진 悳^(덕 덕)으로 쓰기도 한다.

字形 ![甲骨文] 甲骨文 ![金文] 金文 ![古陶文] 古陶文 ![盟書] 盟書 ![簡牘文] 簡牘文 ![說文小篆] 說文小篆

悳(덕 덕): dé, 心-8, 12, 12

字解 형성. 心^(마음 심)이 의미부이고 直^(곧을 직)이 소리부로, '덕'을 말하는데, 곧은^(直) 마음^(心)이 곧 '덕'이라는 의미를 담았다. 德^(덕 덕)과 같은 글자이다. ☞ 德^(덕 덕)

字形 ![說文小篆] 說文小篆

도

道(길 도): dào, 辵-9, 13, 70

字解 회의. 首^(머리 수)와 辵^(쉬엄쉬엄 갈 착)으로 구성되었는데, 首에 대해서는 의견이 분분하지만 사슴의 머리를 그린 것으로 보인다. 사슴의 머리^(首)는 매년 자라나 떨어지는 뿔

을 가졌기에 순환의 상징이기도 하다. 그래서 道는 그런 순환의 운행(運) 즉 자연의 준엄한 법칙을 말했고, 그것은 인간이 따라야 할 '길'이었다. 이로부터 '道'라는 숭고한 개념이 담겼고, 이런 길(道)을 가도록 잡아(寸촌) 이끄는 것이 導(이끌 도)이다.

字形 金文 古陶文 盟書 簡牘文 說文小篆 說文古文

導(이끌 도): 导, dǎo, 寸-13, 16, 42

字解 형성. 寸(마디 촌)이 의미부이고 道(길 도)가 소리부로, 길(道)을 가도록 잡아(寸) 이끌어 인도하다는 뜻이며, 이로부터 교도하다, 유인하다, 개발하다 등의 뜻도 나왔다. 간화자에서는 윗부분의 道를 巳(여섯째지지 사)로 줄인 导로 쓴다.

字形 金文 簡牘文 石刻古文 說文小篆

稻(벼 도): [稲], dào, 禾-10, 15, 30

字解 형성. 禾(벼 화)가 의미부이고 舀(퍼낼 요)가 소리부로, 일년생 초본식물인 벼를 말하는데, 절구에 찧어 껍질을 벗기고 퍼내는(舀) 벼(禾)를 그렸다. 중국은 쌀을 주식으로 하였기에 생활의 필수품이라는 뜻도 생겼다.

字形 甲骨文 說文小篆

金文 簡牘文 說文小篆

蹈(밟을 도): dǎo, 足-10, 17, 10

字解 형성. 足(발 족)이 의미부이고 舀(퍼낼 요)가 소리부로, 절구에 넣고 곡식을 찧듯(舀) 발(足)로 짓뭉개다는 뜻이며, 이로부터 '밟다', 뛰다, 올라가다, 범하다 등의 뜻이 나왔다.

字形 說文小篆

滔(물 넘칠 도): tāo, 水-10, 13, 10

字解 형성. 水(물 수)가 의미부이고 舀(퍼낼 요)가 소리부로, 물(水)을 퍼내야 할(舀) 정도로 물이 가득해 출렁거림을 말하며, 이로부터 크다, 출렁거리다, 오만하다, 滔滔(도도)하다 등의 뜻이 나왔다.

字形 金文 古璽文 說文小篆

韜(감출 도): 韬, tāo, 韋-10, 19

字解 형성. 韋(다룸가죽 위)가 의미부이고 舀(퍼낼 요)가 소리부로, 절구처럼 생겨 움푹 들어간(舀) 무기를 넣는 가죽(韋)으로 만든 활집이나 칼집을 말한다. 무기를 넣는다는 뜻에서 '병법'의 뜻이, 활집에 넣어 감추다는 뜻에서 '비법'이라는 뜻까지 나왔다.

字形 說文小篆

桃(복숭아나무 도): táo, 木-6, 10, 32

字解 형성. 木^(나무 목)이 의미부이고 兆^(조짐 조)가 소리부로, 나무^(木)의 일종인 '복숭아나무'를 말하며, 이로부터 복숭아, 복숭아꽃, 복숭아색, 복숭아꽃이 피는 때 등을 지칭하게 되었다.

字形 〔〕〔〕簡牘文〔〕說文小篆

逃(달아날 도): táo, 辵-6, 10, 40

字解 형성. 辵^(쉬엄쉬엄 갈 착)이 의미부이고 兆^(조짐 조)가 소리부로, 멀리 가^(辵) 도망쳐 '달아남'을 말하며, 이로부터 逃亡^(도망)하다, 숨다, 이탈하다, 버리다 등의 뜻이 나왔다.

字形 〔〕金文 〔〕簡牘文 〔〕說文小篆

跳(뛸 도): tiào, 足-6, 13, 30

字解 형성. 足^(발 족)이 의미부이고 兆^(조짐 조)가 소리부로, 발^(足)을 이용해 '뛰어오름'을 말하며, 이로부터 뛰다^(跳躍도약), 뛰어넘다, 질주하다 등의 뜻이 나왔다.

字形 〔〕說文小篆

挑(휠 도): tiǎo, 手-6, 9, 30

字解 형성. 手^(손 수)가 의미부이고 兆^(조짐 조)가 소리부로, 挑發^(도발)이 원래 뜻인데, 손^(手)으로 남을 집적거려 일이 일어나게 하는 것을 말한다. 『설문해자』에서는 "달리 손^(手)으로 잡고 때리는 것을 말한다"라고도 했다.

字形 〔〕說文小篆

棹(노 도): [櫂, zhào, 木-8, 12

字解 형성. 木^(나무 목)이 의미부이고 卓^(높을 탁)이 소리부로, 상앗대나 노를 말하는데, 키가 큰^(卓) 나무^(木)로 만든 것임을 반영했다. 이후 배를 젓다는 뜻이 나왔고, 배를 지칭하기도 했다. 또 나무^(木)이름으로 쓰여 棹樹^(탁수)를 말하기도 한다. 달리 소리부 卓 대신 翟^(꿩 적)이 들어간 櫂로 쓰기도 한다.

悼(슬퍼할 도): 悼, dào, 心-8, 11, 20

字解 형성. 心^(마음 심)이 의미부이고 卓^(높을 탁)이 소리부로, 죽은 사람에 대한 애통한 마음을 말하는데, 떠나가는 사람을 버리는^(卓) 마음^(心)이라는 뜻을 담았다. 이로부터 슬퍼하다, 추념하다, 두려워하다는 뜻이 나왔으며, 옛날 시호법에서 일찍 죽은 자에게 붙이는 호칭으로도 쓰였다.

字形 〔〕說文小篆

掉(흔들 도): diào, 手-8, 11, 10

字解 형성. 手^(손 수)가 의미부이고 卓^(높을 탁)이 소리부로, 높이 있는 것^(卓)을 손^(手)으로 흔들어 '떨어뜨림'을 말하며 이로부터 '줄어들다', '내리다' 등의 뜻도 생겼다.

說文小篆

覩(볼 도): 睹, [覩], dǔ, 見-9, 16

字解 형성. 見^(볼 견)이 의미부이고 者^(놈 자)가 소리
부로, 살펴보다는 뜻인데, 솥에 삶는^{(者, 煮의}
^{본래 글자)} 내용물을 살피는^(見) 모습을 담았
다. 달리 見 대신 目^(눈 목)이 들어간 睹^{(볼}
^{도)}로 쓰기도 한다.

字形 說文小篆

睹(볼 도): dǔ, 目-9, 14, 10

字解 형성. 目^(눈 목)이 의미부이고 者^(놈 자)가 소리
부로, 솥에 삶는^(者놈 자, 煮의 본래 글자) 내용물
을 눈^(目)으로 '살펴보다'는 뜻이다. 달리
目 대신 見^(볼 견)이 들어간 覩^(볼 도)로 쓰기
도 한다.

字形 說文小篆

屠(잡을 도): tú, 尸-9, 12, 10

字解 형성. 尸^(주검 시)가 의미부이고 者^(놈 자)가 소
리부로, 짐승의 시체^(尸)를 솥에 삶아^(者)
'잡다'는 뜻을 그렸으며, 이로부터 屠殺^{(도}
^{살)}하다, 갈기갈기 찢다 등의 뜻이 나왔다.

字形 簡牘文 說文小篆

堵(담 도): dǔ, 土-9, 12, 10

字解 형성. 土^(흙 토)가 의미부이고 者^(놈 자)가 소리
부로, 흙^(土)을 쌓아 만든 '담'을 말한다. 이
로부터 '막다'의 뜻이 나왔고, 마음이 막혀
답답함도 뜻하게 되었다.

字形 金文 堵 簡牘文 說文小篆 說文籀文

賭(걸 도): 赌, dǔ, 貝-9, 16, 10

字解 형성. 貝^(조개 패)가 의미부이고 者^(놈 자)가 소
리부로, 賭博^(도박)처럼 돈^(貝)을 걸고 하는
'내기'를 말하며, 이로부터 돈을 따다는 뜻
이 나왔고, 승부의 비유로도 쓰였다.

字形 說文小篆

都(도읍 도): dū, 邑-9, 12, 50

字解 형성. 邑^(고을 읍)이 의미부이고 者^(놈 자)가 소
리부로, 선왕의 신주를 모신 종묘가 설치
된 읍^(邑), 즉 都城^(도성)을 말한다. 중요하고
큰 읍을 말한 데서 大都市^(대도시)의 뜻이,
다시 '완전하다', '모두'라는 뜻까지 나오게
되었다.

字形 金文 古陶文 盟書 簡牘文 說文小篆

途(길 도): tú, 辵-7, 11, 32

字解 회의. 辵^(쉬엄쉬엄 갈 착)과 余^(나 여)로 구성되었는데, 余는 여행객이 잠시 쉬었다 가도록 길가에 만들어진 집을 그린 舍^(집 사)에서 아랫부분의 기단이 빠진 모습이다. 그래서 途는 길을 갈^(辵) 때 쉬도록 만들어진 임시 막사^(余)를 그려 '길'의 이미지를 그려냈다.
☞ 舍^(집 사)

塗(진흙 도): 涂, tú, 土-10, 13, 30

字解 형성. 土^(흙 토)가 의미부이고 涂^(도랑 도)가 소리부로, 임시 막사^(余)가 지어진 길을 따라 물이 넘치지 않도록 흙^(土)을 쌓아 도랑^(涂)을 쌓을 때 쓰는 '진흙'을 말한다. 간화자에서는 土가 빠진 涂^(도랑 도)에 통합되었다.
☞ 途^(길 도)

涂(도랑 도): tú, 水-7, 10

字解 형성. 水^(물 수)가 의미부이고 余^(나 여)가 소리부로, 임시 막사^(余)가 지어진 길가로 물^(水)이 넘치지 않게 한 도랑^(涂)을 말한다. 현대 중국에서는 塗^(진흙 도)의 간화자로도 쓰인다. ☞ 舍^(집 사), 途^(길 도)

字形 甲骨文 金文 古陶文 簡牘文 古璽文 說文小篆

荼(씀바귀 도): tú, 艸-7, 11

字解 형성. 艸^(풀 초)가 의미부이고 余^(나 여)가 소리부이다. 『설문해자』의 해설처럼, '고도^(苦荼)' 즉 씀바귀를 말한다. 이후 쓴맛을 내는 '차'를 뜻하게 되었는데, 차가 보편화하면서 획을 하나 줄인 茶^(차 다차)로 분화했다.
☞ 茶^(차 다차)

字形 說文小篆

徒(무리 도): [迁], tú, 彳-7, 10, 40

字解 형성. 彳^(조금 걸을 척)이 의미부이고 走^(달릴 주)가 소리부로, 길^(彳)을 '함께' 가는^(走) 사람을 말하며, 이로부터 '무리'라는 뜻이 나왔다. 원래는 彳이 의미부이고 土^(흙 토)가 소리부인 구조였으나 이후 止^(발 지)가 더해져 지금의 구조로 변했으며, 달리 辵^(쉬엄쉬엄 갈 착)과 土로 구성된 迁로 쓰기도 한다.

字形 金文 古陶文 徒 盟書 簡牘文 徒 說文小篆

度(법도 도·잴 탁): dù, 广-6, 9, 60

字解 형성. 又^(또 우)가 의미부이고 庶^(여러 서)의 생략된 모습이 소리부로, 손^(又)으로 길이를 재다는 뜻으로부터 '재다'의 뜻이, 재는 기준이 된다는 뜻에서 표준과 尺度^(척도)의 뜻이 나왔다. 又는 寸^(마디 촌), 尺^(자 척), 尋^(찾을 심) 등 길이를 나타내는 단위들이 모두 又로 구성되었듯, 길이와 양을 재는 표준이자 법도였다. 다만 '재다'는 동사적 의미로

쓰일 때에는 '탁'으로 구분해 읽는다.

^{字形} ^{古陶文} 度 度^{簡牘文} 度^{說文小篆}

渡(건널 도): dù, 水-9, 12, 32

^{字解} 형성. 水^(물 수)가 의미부이고 度^(법도 도·잴 탁)가 소리부로, 물^(水)을 '건너다'는 뜻이며, 이로부터 나루터, 통과하다 등의 뜻도 나왔다.

^{字形} 渡^{簡牘文} 渡^{說文小篆}

鍍(도금할 도): dù, 金-9, 17, 10

^{字解} 형성. 金^(쇠 금)이 의미부이고 度^(법도 도·잴 탁)가 소리부로, 鍍金^(도금)을 말하는데, 물체에 금이나 은 같은 금속^(金) 가루를 입히는 것을 말한다.

禱(빌 도): 祷, dǎo, 示-14, 19, 10

^{字解} 형성. 示^(보일 시)가 의미부이고 壽^(목숨 수)가 소리부로, 제단^(示)에서 장수^(壽)를 비는 모습을 그렸으며, 이로부터 기도하다, 송축하다, 빌다 등의 뜻이 나왔다. 간화자에서는 소리부 壽를 초서체 寿로 줄여 쓴 祷로 쓴다.

^{字形} 禱 禱 禱^{簡牘文} 禱^{說文小篆} 祒^{說文或體} 禱^{說文籒文}

濤(큰 물결 도): 涛, tāo, 水-14, 17, 10

^{字解} 형성. 水^(물 수)가 의미부이고 壽^(목숨 수)가 소리부로, 波濤^(파도)처럼 큰 물결^(水)을 말하며, 파도처럼 나는 소리를 뜻하기도 한다. 간화자에서는 소리부 壽를 초서체 寿로 줄여 쓴 涛로 쓴다.

^{字形} 濤^{說文新附字}

燾(비출 도): 焘, tāo, 火-14, 18, 12

^{字解} 형성. 火^(불 화)가 의미부이고 壽^(목숨 수)가 소리부로, 『설문해자』에서는 '덮다'는 뜻이라고 했는데, 하늘의 햇빛과 달빛^(火)이 땅의 만물을 '비추어' 감싸고 덮어 주며 생장하게 하다는 뜻을 담았다. 이로부터 감싸주다, 받아들이다 등의 뜻도 나왔다. 간화자에서는 소리부 壽를 초서체 寿로 줄여 쓴 焘로 쓴다.

島(섬 도): 岛, [嶋, 隝], dǎo, 山-7, 10, 50

^{字解} 형성. 山^(뫼 산)이 의미부이고 鳥^(새 조)의 생략된 모습이 소리부로, 바다 위에 솟은 돌산^(山) 위에 갈매기 등 새^(鳥)들이 앉은 모습으로부터 그곳이 '섬'임을 나타냈다. 『설문해자』에서는 생략되지 않은 형태의 島로 썼으며, 달리 좌우구조로 된 嶋^(섬 도)이나 山 대신 阜^(언덕 부)가 들어간 隝^(섬 도)로 쓰기도 한다. 간화자에서는 岛로 줄여 쓴다.

^{字形} 島^{說文小篆}

搗(찧을 도): 捣, dǎo, 手-10, 13, 10

字解 형성. 手^(손 수)가 의미부이고 島^(섬 도)가 소리부로, 손^(手)을 사용해 '찧다'는 뜻이며, 공격하다, 엉망으로 만들다의 뜻도 나왔다. 또 소리부인 島를 壽^(목숨 수)로 바꾸어 擣^(찧을 도)로 쓰기도 한다. 간화자에서는 捣로 줄여 쓴다.

字形 [도상] 說文小篆

嶋(섬 도): dǎo, 山-11, 14

字解 형성. 山^(뫼 산)이 의미부이고 鳥^(새 조)가 소리부로, 島^(섬 도)와 같은 글자인데, 바다 위에 솟은 돌산^(山) 위에 갈매기 등 새^(鳥)들이 여럿 모여 앉은 모습을 그려 그곳이 '섬'임을 나타냈다. ☞ 島^(섬 도)

刀(칼 도): dāo, 刀-0, 2, 32

字解 상형. 칼의 모습을 그렸는데 자형이 조금 변해 지금처럼 되었다. 칼은 물건을 자르거나 약속부호를 새기던 도구였다. 또 적을 찌르는 무기였기에 '무기'를 지칭하기도 했고, 옛날의 돈이 칼처럼 생겼다고 해서 돈^(刀錢도전)을 뜻하기도 했다. 이후 칼같이 생긴 것의 통칭이 되었으며, 또 종이를 헤아리는 단위로도 쓰여 100장을 지칭했다.

字形 [도상]甲骨文 [도상]古陶文 [도상]簡牘文 [도상] 說文小篆

到(이를 도): dào, 刀-6, 8, 52

字解 형성. 至^(이를 지)가 의미부이고 刀^(칼 도)가 소리부로, 이르다^(至), 到着^(도착)하다는 뜻이며, 주도면밀하다는 뜻도 가진다. 원래는 화살^(矢)이 땅^(一)에 꽂힌 모습인 至로 썼으나 至가 지극이라는 의미로 자주 쓰이자 다시 刀를 더해 분화한 글자이다. 현행 옥편에서는 이를 소리부로 쓰인 刀부수에 귀속시켰다. ☞ 至^(이를 지)

字形 [도상][도상][도상][도상]金文 [도상]簡牘文 [도상]說文小篆

倒(넘어질 도): dǎo, 人-8, 10, 32

字解 형성. 人^(사람 인)이 의미부이고 到^(이를 도)가 소리부로, 서 있던 사람^(人)이 '넘어져' 땅에 이르다^(到)는 뜻이며, 이로부터 '거꾸로' 뒤집어지다는 의미도 나왔다.

字形 [도상] 說文小篆

盜(훔칠 도): 盗, dào, 皿-7, 12, 40

字解 회의. 次^(입 벌린 채 침을 흘릴 연)과 皿^(그릇 명)으로 구성되어, 값비싼 청동 그릇^(皿)을 탐하다^(次)는 의미를 그렸고, 이로부터 훔치다는 뜻이 나왔다. 이후 부정한 방법으로 취하다, 겁탈하다 등의 뜻도 나왔고, 도둑이나 침입자를 지칭하기도 했다. 간화자에서는 次을 次^(버금 차)로 줄인 盗로 쓴다.

字形 [도상] [도상]簡牘文 [도상] 說文小篆

圖(그림 도): 图, [圖], tú, □-11, 14, 60

字解 회의. □(에워쌀 위)와 啚(인색할 비, 鄙의 원래 글자)로 구성되었는데, 원래는 啚로 썼다. 啚는 높은 기단 위에 지어진 곡식 창고(㐭름)를 말했으며, 이후 다시 에워싼 담(□)을 더해 지금의 圖가 되었다. 그래서 啚는 곡식창고가 세워진 성의 변두리 지역을 말했고 이로부터 바깥쪽에 있는 변두리 '마을'을 뜻했고, 다시 중심지보다 啚賤(비천)하고 鄙陋(비루)하다는 뜻까지 갖게 되었다. 그래서 圖는 중심 되는 읍(□)과 변두리 지역(啚)을 함께 모두 그려 넣어야 하는 것이 地圖(지도)임을 말했고, 지도를 그리며 앞의 일을 설계하고 계획한다는 뜻에서 圖謀(도모)하다와 企圖(기도)하다는 뜻이 나왔다. 일본 한자에서는 図로, 현대 중국의 간화자에서는 图로 쓴다. ☞ 啚(마을 비), 鄙(마을 비)

字形 [金文] 金文 [簡牘文] 簡牘文 [說文小篆] 說文小篆

櫂(노 도): [棹], zhào, 木-14, 18

字解 형성. 木(나무 목)이 의미부이고 翟(꿩 적)이 소리부로, '노'를 말하는데, 새를 날게 하는 깃털(翟)처럼 배를 가볍게 나아가게 하는 나무(木)로 만든 장치라는 뜻을 담았다. 달리 翟을 卓(높을 탁)으로 바꾼 棹(노 도)로 쓰기도 한다.

字形 [說文小篆] 說文小篆

匋(질그릇 도): táo, 勹-6, 8

字解 형성. 缶(장군 부)가 의미부이고 包(쌀 포)의 생략된 모습이 소리부이다. 『설문해자』의 해설처럼, '질그릇(瓦器)'을 말하는데, 물레를 돌리며 그릇을 빚는 사람(匋)을 그렸다. 먼 옛날, 昆吾(곤오)라는 신화적 인물이 질그릇을 발명했다고 한다. 이후 의미를 더욱 강화하기 위해 흙을 뜻하는 阜(언덕 부)를 더해 陶(질그릇 도)로 발전했으며 새로운 형성구조로 변했다. 陶工(도공), 陶瓷器(도자기), 흙으로 굽다 등이 원래 뜻이며, 흙을 빚어 기물을 만든다는 뜻에서 陶冶(도야), 기르다 등의 뜻도 나왔다. 또 도기를 구울 때 큰불이 필요하므로 불이 성하다, 왕성하다, 무성하다, 기쁘다 등의 뜻도 나왔다. ☞ 陶(질그릇 도)

字形 [說文小篆] 說文小篆

陶(질그릇 도): táo, 阜-8, 11, 32

字解 형성. 阜(언덕 부)가 의미부이고 匋(질그릇 도)가 소리부이다. 원래는 물레를 돌리며 그릇을 빚는 사람(匋)을 그렸는데, 이후 의미를 더욱 강화하기 위해 흙을 뜻하는 阜가 더해져 형성구조로 변했다. 陶工(도공), 陶瓷器(도자기), 흙으로 굽다 등이 원래 뜻이며, 흙을 빚어 기물을 만든다는 뜻에서 陶冶(도야), 기르다 등의 뜻도 나왔다. 또 도기를 구울 때 큰불이 필요하므로 불이 성하다, 왕성하다, 무성하다, 기쁘다 등의 뜻도 나왔다.

字形 [說文小篆] 說文小篆

淘(일 도): táo, 水-8, 11, 10

字解 형성. 水^(물 수)가 의미부이고 匋^(질그릇 도)가 소리부로, 도기^(匋)를 빚으려고 흙을 물^(水)에 흔들어서 쓸 것과 쓰지 못하는 것을 구분해 내는 것을 말하며, 이로부터 '일다'는 뜻이 나왔다.

葡(포도 도): táo, 艸-8, 12, 10

字解 형성. 艸^(풀 초)가 의미부이고 匋^(질그릇 도)가 소리부로, 초목^(艸)의 일종인 葡萄^(포도)를 말하는데, 포도는 한나라 때 아프가니스탄으로부터 중국에 수입된 것으로 알려졌다.

字形 ⊕ 說文小篆

饕(탐할 도): [叨], tāo, 食-13, 22

字解 형성. 食^(밥 식)이 의미부이고 號^(부르짖을 호)가 소리부로, 음식을 탐하는 것을 말하는데, 포효하듯^(號) 먹을 것^(食)을 탐낸다는 뜻을 담았다. 이후 탐하다, 대단히 좋아하다, 맹렬하다의 뜻이 나왔고, 음식을 지칭하기도 했다. 饕餮^(도철)은 고대 청동기에 자주 등장하는 문양으로, 먹을 것과 재산을 탐하는 전설상의 동물을 말한다고 알려졌다.

字形 ﾖ 金文　饕 說文小篆　叨 說文或體
饕 說文籒文

虝(범 도): tú, 虍-10, 16

字解 형성. 虎^(범 호)가 의미부이고 兔^(토끼 토)가 소리부이다. '범'을 말하는데, 『설문해자』에서는 '초나라 사람들은 호랑이^(虎)를 오도^(烏虝)라고 부른다.'라고 했다. 이렇게 볼 때, 虎의 초나라 지역 방언이었던 것으로 보인다.

字形 虝 說文小篆

독

瀆(도랑 독): 渎, dú, 水-15, 18, 10

字解 형성. 水^(물 수)가 의미부이고 賣^(팔 매)가 소리부로, 물^(水)이 흐르는 '도랑'을 말하며, 강이나 하천의 뜻도 나왔다. 간화자에서는 賣를 卖로 줄여 쓴 渎으로 쓴다.

字形 瀆 說文小篆

犢(송아지 독): 犊, dú, 牛-15, 19

字解 형성. 牛^(소 우)가 의미부이고 賣^(팔 매)가 소리부로, 소^(牛)의 새끼, 즉 '송아지'를 말한다. 간화자에서는 賣를 卖로 줄여 쓴 犊으로 쓴다.

字形 [古璽文] [說文小篆]

讀(읽을 독이두 두): 读, dú, 言-15, 22, 60

字解 형성. 言^(말씀 언)이 의미부이고 賣^(팔 매)가 소리부로, 소리^(言) 내어 책을 읽다는 뜻이며, 이로부터 음미하다, 자세히 보다, 강설하다, 해설하다 등의 뜻이 나왔으며, 讀後感^(독후감) 등을 지칭하는 문체이름으로도 쓰였다. 또 문장에서 끊어 읽는 곳을 말하는데, 이때에는 句讀^(구두)에서처럼 '두'로 읽힘에 유의해야 한다. 간화자에서는 賣를 卖로 줄여 쓴 读으로 쓴다.

字形 [古文四聲韻] [說文小篆]

牘(편지 독): 牍, dú, 片-15, 19

字解 형성. 片^(조각 편)이 의미부이고 賣^(팔 매)가 소리부로, 나무를 쪼개 만든^(片) '편지'를 말한다. 종이가 보편화하기 전, 대나 나무판을 이용해 글자를 썼는데, 각각 竹簡^(죽간)과 木牘^(목독)이라 불렀다. 간화자에서는 賣를 卖로 줄여 쓴 牍으로 쓴다.

字形 [說文小篆]

櫝(함 독): 椟, [匵], dú, 木-15, 19

字解 형성. 木^(나무 목)이 의미부이고 賣^(팔 매)가 소리부로, 물건을 넣어두는 나무^(木) 상자나 함 등을 말하며, 이후 나무 상자 속에 넣어 수장하다는 뜻이 나왔고, 다시 관^(棺)이라는 뜻도 나왔다. 간화자에서는 賣를 卖로 줄여 쓴 椟으로 쓴다.

字形 [簡牘文] [說文小篆]

毒(독 독): dú, 毋-4, 8, 42

字解 지사. 이의 자원에 대해서는 설이 분분하나, 자형을 보면 毐^(음란할 애)에 비녀를 뜻하는 가로획^(一)이 하나 더 더해진 모습임이 분명하다. 머리에 비녀를 여럿 꽂아 화려하게 장식한 여인^(毋 모)에서부터 '농염하다'는 뜻을 그렸고, 그러한 여자는 남자를 파멸로 이끄는 '독' 같은 존재라는 뜻에서 '독'의 의미가 나왔다. 비녀를 꽂지 않은 모습이면 毋^(모)이고, 하나를 꽂은 모습이면 每^(매양 매)이고, 둘 꽂은 모습이면 毒이며, 여럿 꽂은 모습이 毒으로 표현되었다. 『설문해자』에서는 "屮^(떡잎 날 철)과 毒로 구성되어, 독초를 말한다."라고 했다. ☞ 毐^(음란할 애)

字形 [古陶文] [簡牘文] [說文小篆] [說文古文]

纛(둑기 독깃일산 도): dào, 糸-19, 25

字解 형성. 縣^(매달 현)이 의미부이고 毒^(독 독)이 소

리부로, 옛날 제왕의 수레에 내걸 수 있도록^(縣) 깃으로 만든 장식물을 말하며, 군대에서 의식 때나 의장대가 사용하던 큰 깃발, 춤 출 때 쓰는 소꼬리나 꿩의 꽁지로 장식한 도구 등의 뜻이 나왔다.

獨(홀로 독): 独, dú, 犬-13, 16, 52

字解 형성. 犬^(개 견)이 의미부이고 蜀^(나라 이름 촉)이 소리부인데, 개^(犬)는 무리지어 살지 않고 혼자서 살기를 좋아하기 때문에 '홀로'라는 뜻이 생겼으며, 이로부터 單獨^(단독), 고립, 獨特^(독특)하다 등의 뜻이 나왔다. 또 자식이 없거나 아내가 없는 사람의 지칭으로도 쓰였다. 간화자에서는 소리부인 蜀을 虫^(벌레 충)으로 줄인 独으로 쓴다.

字形 [金文] [金文] [金文] 簡牘文 [小篆] 說文小篆

督(살펴볼 독): dū, 目-8, 13, 42

字解 형성. 目^(눈 목)이 의미부이고 叔^(아재비 숙)이 소리부로, 눈^(目)으로 자세히 '살펴봄'을 말하며, 이로부터 감시하다, 監督^(감독)하다, 바로잡다, 나무라다, 권하다 등의 뜻이 나왔다.

字形 [小篆] 說文小篆

篤(도타울 독): 笃, dǔ, 竹-10, 16, 30

字解 형성. 馬^(말 마)가 의미부이고 竹^(대 죽)이 소리부로, 대^(竹)로 만든 말^(馬)을 함께 타고 놀던 옛 친구^(竹馬故友·죽마고우)처럼 '敦篤^(돈독)하

고 견고한' 관계를 말하며, 이로부터 '도탑다'는 뜻이 나왔다. 간화자에서는 笃으로 쓴다.

字形 [簡牘文] 簡牘文 [小篆] 說文小篆

禿(대머리 독): 秃, [痜], tū, 禾-2, 7, 10

字解 회의. 禾^(벼 화)와 儿^(사람 인)으로 구성되어, 대머리를 말하는데, 사람^(儿)의 머리칼이 벼^(禾) 심은 것처럼 드문드문하다는 뜻을 담았다. 이후 초목이 없는 민둥산을 지칭하였고, 떨어지다, 벗겨지다 등의 뜻도 나왔다. 간화자에서는 秃으로 쓴다. 또 일부 이체자에서는 이를 질병^(疒·녁)으로 여겨 痜으로 쓰기도 한다.

字形 [小篆] 說文小篆

돈

敦(도타울 돈): dūn, 攴-8, 12, 30

字解 형성. 원래는 攴^(칠 복)이 의미부이고 臺^(익을 순)이 소리부였으나, 예서에서 臺이 享^(누릴 향)으로 바뀌어 지금의 자형이 되었다. 매질을 해가며^(攴) '심하게 야단치다'는 뜻이며, 이후 '심하다', '두텁다' 등의 뜻이 나왔다.

字形 [金文] [金文] 金文 [簡牘文] [簡牘文] 簡牘文 [小篆] 說文小篆

暾(아침 해 돈): tūn, 日-12, 16

字解 형성. 日(날 일)이 의미부이고 敦(도타울 돈)이 소리부로, 강하게(敦) 햇살(日)을 비추며 떠오르는 '아침 해'를 말한다. 아침 해는 여명을 깨고 솟아오르며 내뿜는 햇살이었기에 더욱 강렬하고 눈부신 것으로 느껴졌을 것이다.

燉(이글거릴 돈): dùn, tún, 火-12, 16, 12

字解 형성. 火(불 화)가 의미부이고 敦(도타울 돈)이 소리부로, 불(火)이 강하게(敦) '이글거리며' 타오르는 것을 말한다. 또 불을 오랫동안 가해 뭉근하게 만드는 요리법을 말하기도 한다.

墩(돈대 돈): [墪], dūn, 土-12, 15

字解 형성. 土(흙 토)가 의미부이고 敦(도타울 돈)이 소리부로, 흙(土)을 단단하게(敦) 쌓아 만든 평평한 땅(墩臺돈대)을 말하는데, 주로 적을 막기 위한 대포 등 방어시설이 설치되었다.

惇(도타울 돈): dūn, 心-8, 11, 12

字解 형성. 心(마음 심)이 의미부이고 敦(도타울 돈)의 생략된 모습이 소리부로, 도타운(敦) 마음(心)을 말하며, 이로부터 중시하다, 근면하다 등의 뜻이 나왔다.

字形  說文小篆

焞(귀갑 지지는 불 돈): tūn, tuī, tuì, 火-8, 12

字解 형성. 火(불 화)가 의미부이고 敦(도타울 돈)의 생략된 모습이 소리부로, 거북점 때 거북 딱지를 갈라지게 하려고 사용하던 불을 말한다. 거북 딱지는 단단해 오랫동안 단단히(敦) 탈 수 있는 센 불(火)이어야만 했다.

字形  說文小篆

頓(조아릴 돈): 顿, dùn, 頁-4, 13, 12

字解 형성. 頁(머리 혈)이 의미부이고 屯(진 칠 둔)이 소리부로, 머리가 꾸부려진 채 땅을 비집고 올라오는 새싹(屯)처럼 머리(頁)를 숙여 '조아림'을 말하며, 이로부터 숙이다, 내려가다, 망하다, 整頓(정돈)하다, 힘에 부치다 등의 뜻이 나왔다.

字形  說文小篆

旽(밝을 돈): tūn, zhùn, 日-4, 8

字解 형성. 日(날 일)이 의미부이고 屯(진 칠 둔)이 소리부로, 땅을 비집고 올라오는 새싹(屯)처럼 해(日)가 드러나 '밝게' 비춤을 말한다.

沌(어두울 돈): dùn, 水-4, 7, 10

字解 형성. 水^(물 수)가 의미부이고 屯^(진 칠 둔)이 소리부로, 물^(水)이 통하지 않아 혼탁한 상태를 말하며, 또 천지가 나누어지기 전의 混沌^(혼돈) 상태를 말한다. 이로부터 '어둡다'의 뜻이 나왔으며, 강 이름으로도 쓰인다.

豚(돼지 돈): [独], tún, 肉-7, 11, 30

字解 회의. 豕^(돼지 시)와 肉^(고기 육)으로 구성되었는데, 고기^(肉)로 쓰이는 새끼 돼지^(豕)를 말하며, 이후 돼지의 통칭이 되었다. 갑골문에서는 돼지^(豕) 뱃속에 고기^(肉)가 든 모습으로써 '새끼돼지'를 형상했다. 달리 豕가 의미부이고 屯^(진 칠 둔)이 소리부인 独으로 쓰기도 한다.

字形 [갑골문] 甲骨文 [금문] 金文 [간독문] 簡牘文 [설문소전] 說文小篆 [설문전문] 說文篆文

돌

突(갑자기 돌): [突], tū, 穴-4, 9, 32

字解 형성. 犬^(개 견)이 의미부이고 穴^(구멍 혈)이 소리부로, 개^(犬)가 동굴 집^(穴)에서 '갑자기' 뛰어나오는 모습을 그렸으며, 이로부터 갑자기, 突發^(돌발)적인, 突擊^(돌격)하다, 격파하다 등의 뜻이 나왔다.

字形 [고도문] 古陶文 [간독문] 簡牘文 [설문소전] 說文小篆

乭(이름 돌): 乙-5, 6, 12

字解 음차. 한국에서 한국어의 '돌'이라는 말을 표시하기 위해 만들어진 한자이다. 한국의 훈인 '돌'에 해당하는 石^(돌 석)과 한국음의 받침인 '-ㄹ'을 표시할 수 있는 乙^(새 을)을 결합해 만든 글자이다. 乭釗^(돌쇠) 등과 같이 이름자를 표기하는 데 많이 사용되었다.

동

東(동녘 동): 东, dōng, 木-4, 8, 80

字解 회의. 日^(날 일)과 木^(나무 목)으로 구성되어, 해^(日)가 나무^(木)에 걸린 모습으로, 해가 뜨는 방향인 '동쪽'의 의미를 그렸다. 갑골문에서는 양끝을 동여맨 '포대기'나 '자루'를 그렸는데, 이후 '동쪽'이라는 의미로 가차되었고, 그러자 의미를 더욱 정확하게 표현하기 위해 해^(日)가 나무^(木)에 걸린 지금의 형태로 변했다. 이후 동쪽에 있는 집^(東家동 가)이라는 뜻에서 주인의 뜻이 나왔고, 다시 연회의 초대자 등을 뜻하게 되었다. 간화자에서는 초서로 줄여 쓴 东으로 쓴다.

字形 [갑골문] 甲骨文 [금문] 金文 [전문]

古陶文 **東 東** 簡牘文 **東** 帛書
東 東 古璽文 **東** 說文小篆

凍(얼 동): 冻, [涷], dòng, 冫-8, 10, 32

字解 형성. 冫^(얼음 빙)이 의미부이고 東^(동녘 동)이 소리부로, 물이 얼어 얼음^(冫, 氷의 원래 글자)이 되는 것을 말하며, 이로부터 얼음, 凍傷^(동상)을 입다 등의 뜻이 나왔다. 간화자에서는 東을 东으로 줄여 쓴 冻으로 쓴다.

字形 **𣲂** 說文小篆

棟(용마루 동): 栋, dòng, 木-8, 12, 20

字解 형성. 木^(나무 목)이 의미부이고 東^(동녘 동)이 소리부로, 나무^(木)로 만든 집의 '용마루^(屋脊·옥척)'를 말한다. 용마루는 서까래를 지탱하는 지붕의 가장 핵심 부위가 되므로, 옛날부터 한집안이나 한 나라의 기둥이 될 만한 인물^(棟梁之材·동량지재)을 지칭하기도 했다. 간화자에서는 東을 东으로 줄여 쓴 栋으로 쓴다.

字形 **𣠊** 說文小篆

童(아이 동): tóng, 立-7, 12, 60

字解 형성. 원래는 윗부분이 문신 칼^(辛·신)이고 중간이 눈^(目·목)이고 아랫부분이 소리부인 東^(동녘 동)인 구조로, 반항하는 힘을 줄이고자 한쪽 눈^(目)을 칼^(辛)로 도려낸 남자 노예

'아이'를 그렸는데, 자형이 줄어 지금처럼 되었다. 이후 어린이나 미성년의 통칭이 되었고, 아직 뿔이 나지 않은 짐승을 지칭하는 데도 쓰였다.

字形 **𩔖 𩔖 𩔖 𩔖** 金文 **𩔖 𩔖** 古陶文
𩔖 𩔖 𩔖 𩔖 簡牘文 **𩔖** 帛書
童 說文小篆 **𩔖** 籒文

憧(그리워할 동): chōng, 心-12, 15, 10

字解 형성. 心^(마음 심)이 의미부이고 童^(아이 동)이 소리부로, 마음^(心)으로 그리워함을 말하는데, 어린 아이^(童)의 마음^(心)처럼 정해지지 않고 흔들리는 상태를 말하며, 이로부터 현실에 정착하지 못하고 다른 세상을 그리워하다는 뜻이 나왔다.

字形 **𢘆** 說文小篆

潼(강 이름 동): tóng, 水-12, 15

字解 형성. 水^(물 수)가 의미부이고 童^(아이 동)이 소리부로, 강^(水)의 이름으로, 사천성 廣漢^(광한)에서 나와 남쪽으로 흘러 墊江^(점강)으로 흘러든다. 또 지명으로 쓰여 섬서성에 있는 潼關^(동관)현을 말하기도 한다.

字形 **𤁤** 說文小篆

瞳(눈동자 동): tóng, 目-12, 17, 10

字解 형성. 目^(눈 목)이 의미부이고 童^(아이 동)이 소리부로, 눈^(目)의 '동자'를 말하며, 이로부터 瞳孔^(동공눈동자), 눈빛, 보다 등의 뜻이 나왔다.

董(동독할 동): dǒng, 艸-9, 13, 12

字解 형성. 艸^(풀 초)가 의미부이고 重^(무거울 중)이 소리부로, 풀^(艸)의 이름이었다. 소전체에서는 원래 艸와 童^(아이 동)이 결합된 구조였으나, 이후의 속체에서 지금의 董으로 바뀌었다. 이후 '감독하다', 주관하다 등의 뜻으로 가차되었다.

字形 董 說文小篆

懂(심란할 동): dǒng, 心-13, 16

字解 형성. 心^(마음 심)이 의미부이고 董^(동독할 동)이 소리부로, 마음^(心)이 심란함을 말했다. 이후 마음으로^(心) '이해하다'는 뜻으로도 쓰였다.

動(움직일 동): 动, [働], dòng, 力-9, 11, 70

字解 형성. 力^(힘 력)이 의미부이고 重^(무거울 중)이 소리부로, 힘든 일^(重)을 힘껏^(力) 하다는 뜻으로부터 '움직이다'는 뜻이 나왔다. 重은 童^(아이 동)과 같은 字源^(자원)을 가져, 문신용 칼^(辛신)과 눈^(目목)과 土^(흙 토)가 의미부이고 東^(동녘 동)이 소리부인 구조이다. 죄를 짓거

나 전쟁에 패해 노예가 된 남자 종을 童이라 했듯, 重도 눈을 자해 당한 남자 종이 힘든 일을 하는 모습을 형상화했으며, 이로부터 '過重^(과중)하다'는 뜻이 생겼다. 이런 연유로 童과 重은 鍾이나 鐘^(종 종)에서처럼 지금도 종종 같이 쓰인다. 이후 重은 動作^(동작)을 강조하기 위해 辵^(쉬엄쉬엄 갈 착)이나 力이 더해졌으나, 결국에는 고된 일이나 强制^(강제)함을 뜻하는 力이 대표로 채택되어 지금의 動이 되었다. 따라서 動은 '고된 일을 강제하다'가 원래 뜻이며, '움직이다'는 뜻이 나왔다. 간화자에서는 소리부인 重을 云^(이를 운)으로 줄인 动으로 쓴다.

字形 董 金文 蓬 簡牘文 斬 說文小篆 蓬 說文古文

冬(겨울 동): dōng, 冫-3, 5, 70

字解 상형. 이의 자원에 대해서는 설이 분분하나, 갑골문에서 실 양쪽 끝으로 매달린 베틀 북을 그렸다는 설이 대표적이다. 베틀 북은 베 짜기를 대표하고, 베 짜는 계절이 바로 '겨울'이다. 혹자는 가지 끝에 매달린 잎사귀라고 풀이하기도 한다. 이후 '겨울'이라는 의미를 명확하게 하고자 얼음^(冫)을 더해 지금의 冬이 되었다. 또 끝이라는 의미를 강조하기 위해 糸^(가는 실 멱)을 더해 終^(끝날 종)으로 분화했다.

字形 甲骨文 金文 古陶文 簡牘文 石刻古文 說文小篆 說文古文

疼(아플 동): [痋], téng, 疒-5, 10, 10

字解 형성. 疒^(병들어 기댈 녁)이 의미부이고 東^(동녘 동)이 소리부로, 병^(疒·녁)이 들어 '아픔'을 말하며, 아플 정도로 대단히 사랑하다는 뜻도 나왔다.

彤(붉을 동): tóng, 彡-4, 7

字解 형성. 彡^(터럭 삼)이 의미부이고 丹^(붉을 단)이 소리부로, 단사^(丹)에서 나는 화려한^(彡) '붉은' 빛을 말한다.

字形 (金文) (簡牘文) (說文小篆)

同(한가지 동): [仝, 衕], tóng, 口-3, 6, 70

字解 회의. 갑골문에서 아랫부분은 입^(口)이고 윗부분은 가마처럼 생긴 들것을 그렸는데, 소전체에 들면서 윗부분이 冃^(쓰개 모)로 변해 지금의 자형이 되었다. 따라서 同은 가마처럼 무거운 것을 구령^(口)에 맞추어 '함께' 들어 올리는 모습을 형상화한 것으로 보인다. 가마는 드는 사람이 함께 호흡을 잘 맞추어 힘을 고르게 해야만 제대로 들 수 있다. 이로부터 '한 가지', '같다', '함께' 등의 뜻이 나왔다.

字形 (甲骨文) (金文) (古陶文) (簡牘文) (帛書) (說文小篆)

仝(한가지 동): tóng, 人-3, 5

字解 형성. 入^(들 입)이 의미부이고 工^(장인 공)이 소리부로, 완전하게 같다는 뜻이며, 同과 같은 글자이다. ☞ 同^(같을 동)

字形 仝 說文小篆

銅(구리 동): 铜, tóng, 金-6, 14, 42

字解 형성. 金^(쇠 금)이 의미부이고 同^(한 가지 동)이 소리부로, 금속^(金)의 일종인 구리^(Cu)를 말하며, 구리로 만든 기물이나 단단함의 비유로도 쓰였다.

字形 銅 說文小篆

桐(오동나무 동): tóng, 木-6, 10, 20

字解 형성. 木^(나무 목)이 의미부이고 同^(한 가지 동)이 소리부로, 나무^(木)의 일종인 '梧桐^(오동)나무'를 말한다. 또 오동나무로 거문고를 만들기 때문에 거문고의 비유로도 쓰였다.

字形 (金文) (簡牘文) (古璽文) (說文小篆)

胴(큰창자 동): dòng, 肉-6, 10, 10

字解 형성. 肉^(고기 육)이 의미부이고 同^(한 가지 동)이 소리부로, 신체^(肉)의 일부인 '큰창자'를 말한다.

洞(골 동): dòng, 水-6, 9, 70

字解 형성. 水^(물 수)가 의미부이고 同^(한 가지 동)이 소리부로, 물^(水)이 같은^(同) 방향으로 빠르게 흐름을 말하며, 이로부터 빠르다, 꿰뚫어보다, 통찰하다는 뜻이 나왔다. 또 물이 세차게 흘러 만든 '구멍'이라는 뜻도 나왔고, 중국 남부 소수민족의 촌락 단위를 말했으며, 한국에서는 기초 행정단위로 쓰인다.

字形 說文小篆

두

亠(두돼지해밑 두): tóu, 亠-0, 2

字解 미상. 亠는 『설문해자』에서도 부수로 설정되지 않았지만, 명나라 때의 『字彙^(자휘)』에서부터 부수로 설정되어 지금에까지 이르렀다. 하지만 『자휘』에서도 독음은 頭^(머리 두)와 같으나 뜻은 없다고 한 것으로 보아, 해서의 형체에 근거해 편의상 만들어 낸 부수로 보이며, 亠부수에 귀속된 글자도 많지 않다.

斗(말 두): dǒu, 斗-0, 4, 42

字解 상형. 술을 뜰 때 쓰던 손잡이 달린 국자 모양의 容器^(용기)를 그렸다. 이후 곡식을 나눌 때 쓰던 용기 즉 '말'을 지칭하여 열되^(升)를 뜻하였고, 다시 北斗七星^(북두칠성)이나 南斗星^(남두성)에서처럼 국자같이 생긴 것을 통칭하게 되었다.

字形 金文 古陶文 簡牘文 說文小篆

枓(주두 두): dǒu, 木-4, 8

字解 형성. 木^(나무 목)이 의미부이고 斗^(말 두)가 소리부로, 나무^(木)로 만든 기둥의 머리를 말한다. 달리 술이나 물 따위를 푸는 국자^(斗) 모양의 기구를 뜻하기도 한다.

字形 說文小篆

兜(투구 두): dōu, 儿-9, 11, 10

字解 상형. 소전체에서 皃^(얼굴 모)에 양쪽으로 덮개를 씌운 모양인데, 투구를 쓴 모습을 그렸으며, 이로부터 '투구'라는 뜻이 나왔다. 투구처럼 생긴 모자나 포대기처럼 생긴 것을 지칭하며, 덮어 쓰다는 뜻도 생겼다.

字形 說文小篆

杜(팥배나무 두): dù, 木-3, 7, 12

字解 형성. 木^(나무 목)이 의미부이고 土^(흙 토)가 소리부로, 나무^(木)의 일종인 '팥배나무'를 말했는데, 이후 杜絶^(두절)에서처럼 '가로막다'는 뜻으로 가차되었다.

字形 甲骨文 金文 古陶文 簡牘文 古璽文 說文小篆

豆(콩 두): dòu, 豆-0, 7, 42

字解 상형. 大豆^(대두)에서처럼 지금은 '콩'의 의미로 주로 쓰이지만, 원래는 곡식이나 음식을 담는 굽 높은 祭器^(제기)를 그렸다. 콩은 원래 넝쿨과 깍지를 그린 尗^(콩 숙, 叔의 본래 글자)으로 썼는데, 이후 '아재비'라는 뜻으로 가차되자 원래 뜻은 艸^(풀 초)를 더한 菽^(콩 숙)으로 분화했다. 한편, 豆에 콩을 주로 담았던 때문인지, 한나라 이후로 '콩'을 지칭할 때 菽 대신 豆가 주로 쓰였고, 그러자 원래의 굽 달린 제기는 木^(나무 목)을 더한 梪^(나무그릇 두)로 분화했으며, 콩을 뜻할 때에는 艸를 더하여 荳^(콩 두)로 쓰기도 한다. 그래서 豆에는 원래의 '제기'와 이후의 '콩'이라는 뜻이 함께 들어 있다. 또 豆는 아래로 받침대가 놓이고 위로 술 같은 장식물이 달린 '북^(효주)'과 닮아 壴와 서로 혼용되기도 했다.

字形 甲骨文 金文 古陶文 簡牘文 說文

小篆 說文古文

荳(콩 두): dòu, 艸-7, 11

字解 형성. 艸^(풀 초)가 의미부이고 豆^(콩 두)가 소리부로, 식물^(艸)의 일종인 콩^(豆)을 말한다. 원래는 豆로 썼지만, 의미를 명확하게 하고자 艸를 더하여 형성구조로 분화한 글자이다. ☞ 豆^(콩 두)

頭(머리 두): 头, tóu, 頁-7, 16, 60

字解 형성. 頁^(머리 혈)이 의미부이고 豆^(콩 두)가 소리부로, 사람의 가장 높은^(豆) 부분에 있는 머리^(頁)를 말하며, 머리칼을 뜻하기도 한다. 사람의 머리가 가장 위쪽에 위치하므로, 사물의 첫 부분이나 가장 앞부분, 최고 등을 뜻하기도 한다. 간화자에서는 초서체로 줄여 쓴 头로 쓴다. ☞ 頁^(머리 혈)

字形 金文 簡牘文 古璽文 說文小篆

逗(머무를 두): dòu, 辵-7, 11

字解 형성. 辵^(쉬엄쉬엄 갈 착)이 의미부이고 豆^(콩 두)가 소리부로, 가던 것^(辵)을 잠시^(豆) 멈추어 쉬다는 뜻이며, 이로부터 멈추다는 뜻이 나왔다. 또 문장에서 잠시 쉬어 읽는 부분을 뜻하기도 한다.

字形 簡牘文 說文小篆

痘(천연두 두): dòu, 疒-7, 12, 10

字解 형성. 疒^(병들어 기댈 녁)이 의미부이고 豆^(콩 두)가 소리부로, 피부에 작은^(豆) 점들이 생기는 병^(疒)의 일종인 天然痘^(천연두)를 말한다.

讀(이두구절 두) ☞ 讀(읽을 독)

竇(구멍 두): 窦, dòu, 穴-15, 20

字解 형성. 穴^(구멍 혈)이 의미부이고 瀆^(도랑 독)의 생략된 모습이 소리부로, 문 옆의 작은 문을 말하며, 이후 구멍을 통칭하게 되었는데, 물이 통할 수 있도록 뚫은^(瀆) 구멍^(穴)이라는 뜻을 담았다. 간화자에서는 賣^(팔 매)를 卖로 줄여 쓴 窦로 쓴다.

字形 竇 簡牘文 竇 說文小篆

蠹(좀 두): [蠧, 螙], dù, 虫-18, 24

字解 형성. 蚰^(벌레 곤)이 의미부이고 橐^(자루 탁)의 생략된 모습이 소리부로, 벌레^(蚰)의 하나인 '좀'을 말한다. 『설문해자』의 혹체자에서는 蚰과 木^(나무 목)으로 구성되어, 벌레^(虫)가 나무^(木) 속에 들어 있음을 형상화했으며, 蠧를 이의 이체자로 처리했으나 지금은 蠹가 통용되고 있다. 물건을 깎아 먹는 '좀'으로부터 좀을 먹다, 손해를 입히다 등의 뜻이 나왔으며, 나라나 국민에게 해를 끼치는 사람이나 일의 비유로도 쓰였다.

字形 蠹 簡牘文 蠹 說文小篆 蠧 說文或體

둔

屯(진칠 둔): zhūn, tún, 屮-1, 4, 30

字解 지사. 屮^(떡잎 날 철)과 가로획^(一)으로 구성되어, 싹^(屮)이 단단한 지면^(一)을 힘겹게 뚫고 올라오는 모습을 그렸다. 이로부터 '단단하다'와 '힘겹다'는 뜻이 생겼다. 대평원의 황토 지대를 살았던 고대 중국인들이 봄이 되어 새싹이 땅을 비집고 돋아나는 모습을 쉽게 관찰할 수 있었던 곳은 경사진 언덕이나 구릉이었을 것인데, 경사진 언덕은 평지보다 햇빛이 잘 비치기 때문이었다. 그래서 屯에 '언덕'이라는 뜻이 들게 되었고, 산지가 잘 발달하지 않았던 중원 지역에서 군대가 진을 치고 지형지물로 이용했던 곳도 '언덕'이었다. 이로부터 다시 군대의 진을 치다는 뜻도 나왔다.

字形 甲骨文 金文 古幣文 簡牘文 古璽文 說文小篆

芚(채소 이름 둔): tún, 艸-4, 8

字解 형성. 艸^(풀 초)가 의미부이고 屯^(진칠 둔)이 소리부로, 새싹^(艸)이 땅을 비집고 올라오는 ^(屯) 모습을 말했으며, 이후 채소의 이름으로도 쓰였다. ☞ 屯^(진칠 둔)

鈍(무딜 둔): 钝, dùn, 金-4, 12, 30

字解 형성. 金^(쇠 금)이 의미부이고 屯^(진칠 둔)이 소리부로, 쇠^(金)의 힘든^(屯) 상태인 '무딤'을 말하는데, 쇠^(金)의 정상적인^(윤태) 상태인 銳^(날카로울 예)와 대칭적 의미를 가진다. ☞ 屯^(진칠 둔)

字形 鈍 說文小篆

遁(달아날 둔): [遯], dùn, 辵-9, 13, 10

字解 형성. 辵^(쉬엄쉬엄 갈 착)이 의미부이고 盾^(방패 순)이 소리부로, 隱遁^(은둔)에서처럼 달아나서^(辵) 방패^(盾)로 가린 듯 숨는 것을 말하며, 이로부터 도망하다, 숨다의 뜻이 나왔다.

字形 遁 說文小篆

遯(달아날 둔): [遁, 踏], dùn, 辵-11, 15

字解 형성. 辵^(쉬엄쉬엄 갈 착)이 의미부이고 豚^(돼지 돈)이 소리부로, 돼지^(豚)가 달려가듯^(辵) 도망침을 말하며 이로부터 옮기다, 숨다, 도망하다의 뜻이 나왔다. 달리 소리부인 豚 대신 盾^(방패 순)이 들어간 遁^(달아날 둔)으로 쓰거나 다시 辵 대신 足^(발 족)이 들어간 踏^(달아날 둔) 등으로 쓰기도 한다.

字形 遯 說文小篆

臀(볼기 둔): [臋], tún, 肉-13, 17, 10

字解 형성. 肉^(고기 육)이 의미부이고 殿^(큰 집 전)이 소리부로, 뒤쪽 허리 아래, 허벅다리 위의 양쪽에 있는 큰 집^(殿)처럼 살^(肉)이 불룩한 부분을 말한다.

字形 臀 說文小篆 臋 說文或體

득

得(얻을 득): [㝵], dé, 彳-8, 11, 42

字解 회의. 원래 貝^(조개 패)와 寸^(마디 촌)으로 이루어져 조개 화폐^(貝)를 손^(寸)으로 줍는 모습을 그렸는데, 이후 그러한 행위가 길거리에서 행해졌음을 강조하기 위해 彳^(조금 걸을 척)을 더해 의미를 강화했고, 자형이 줄어 지금처럼 되었다. 줍다, 얻다는 뜻으로부터 가능하다, 적합하다, 만족하다의 뜻이 나왔고, 현대 중국어에서는 괜찮다, 됐다 등의 뜻으로도 쓰인다.

字形 甲骨文 金 文 古陶文

簡牘文 [漢자] 帛書 [漢자] 石刻古文 [漢자]

說文小篆 [漢자] 說文古文

등

登(오를 등): [登, 㽞], dēng, 癶-7, 12, 70

字解 회의. 癶^(등질 발)과 豆^(콩 두)로 구성되어, 굽 높은 제기^(豆)에 담긴 음식이나 곡식을 신전으로 가져가^(癶) '드리는' 모습을 그렸으며, 이로부터 올리다, 오르다, 곡식이 익다, 장부에 기록하다 등의 뜻이 생겼다. 이후 의미를 강조하기 廾^(두 손으로 받들 공)이 더해져 공손하게 올림을 강조하기도 했으나 지금의 다시 원래의 자형으로 돌아갔다.

字形 [甲骨文] 甲骨文 [金文] 金文 [古陶文] 古陶文 [簡牘文] 簡牘文 [說文小篆] 說文小篆 [說文籀文] 說文籀文

嶝(비탈 길 등): [隥], dèng, 山-12, 15

字解 형성. 山^(뫼 산)이 의미부이고 登^(오를 등)이 소리부로, 산^(山)으로 오르는^(登) '비탈길'을 말한다. 달리 山 대신 阜^(언덕 부)가 들어간 隥으로 쓰기도 한다. ☞ 登^(오를 등)

字形 [簡牘文] 簡牘文 [說文小篆] 說文小篆

燈(등잔 등): 灯, dēng, 火-12, 16, 42

字解 형성. 火^(불 화)가 의미부이고 登^(오를 등)이 소리부로, 불^(火)을 올리는^(登) '등잔'을 말한다. 간화자에서는 소리부 登을 丁^(넷째 천간 정)으로 바꾼 灯으로 쓴다. ☞ 登^(오를 등)

鐙(등자 등): dēng, 金-12, 20

字解 형성. 金^(쇠 금)이 의미부이고 登^(오를 등)이 소리부이다. 『설문해자』의 해설처럼, '음식물을 찌는 데 쓰는 발이 달린 기물^(錠)'이 원래 뜻이다. 음식을 찌는데 쓰는 굽 높은 기물이라는 뜻으로부터 제기, 등잔 등의 뜻이 나왔고, 다시 말의 등자, 즉 말을 타고 앉아 두 발로 디디게 되어 있는 물건을 지칭하게 되었다.

字形 [說文小篆] 說文小篆

鄧(나라 이름 등): 邓, dèng, 邑-12, 15, 12

字解 형성. 邑^(고을 읍)이 의미부이고 登^(오를 등)이 소리부로, 중국 하남성 鄧縣^(등현)에 있던 옛날의 나라^(邑) 이름이며, 성씨로도 쓰인다. 간화자에서는 登을 간단한 부호 又^(또 우)로 줄인 邓으로 쓴다.

字形 [金文] 金文 [古陶文] 古陶文 [簡牘文] 簡牘文 [說文小篆] 說文小篆

橙(등자나무 등): chéng, 木-12, 16, 10

字解 형성. 木^(나무 목)이 의미부이고 登^(오를 등)이 소리부로, 나무^(木)의 일종인 '등자나무'를 말한다.

字形 橙 說文小篆

等(가지런할 등): děng, 竹-6, 12, 60

字解 회의. 竹^(대 죽)과 寺^(절 사)로 이루어져, 대^(竹)를 쪼개 만든 竹簡^(죽간)을 손으로 잡고^(寺) 정리하는 모습을 그렸다. 정리를 거친 죽간은 경전을 기록한 크고 질 좋은 것, 그 다음의 것, 보통의 일반적인 것 등 내용에 따라 等級^(등급)을 정하게 되기 때문에 '등급'이나 '무리' 등의 뜻이 생겼다. 이렇게 정리된 죽간은 이후 글을 쓰게 될 재료가 된다는 점에서 '기다리다'는 뜻까지 나온 것으로 추정된다.

字形 等 芽 芽 簡牘文 箮 說文小篆

滕(물 솟을 등): téng, 水-10, 15

字解 형성. 水^(물 수)가 의미부이고 朕^(나 짐)이 소리부로, 물^(水)이 용솟음치는 것을 말한다. 朕은 갑골문에서 두 손^(廾)으로 불^(火)을 들고 배^(舟)를 수리하는 모습인데, 배가 파손되거나 구멍이 나 물이 들어 수리하는 모습으로 생각된다. 배에 구멍이 나 물이 펑펑 솟구치며 들어오는 모습을 상상한다면 소리부로 쓰인 朕도 의미의 결정에 일정 정도 관여하고 있다고 할 수 있다.

字形 鼎 滕 滕 滕 金文 滕 古陶文 臘 說文小篆

藤(등나무 등): [籐], téng, 艸-15, 19, 20

字解 형성. 艸^(풀 초)가 의미부이고 滕^(물 솟을 등)이 소리부로, 물이 용솟음치듯^(滕) 위로 타고 올라가는 초목^(艸)의 일종인 '등나무'를 말한다.

騰(오를 등): 腾, [駦, 驣], téng, 馬-10, 20, 30

字解 형성. 馬^(말 마)가 의미부이고 滕^(물 솟을 등)의 생략된 모습이 소리부로, 말^(馬)에 올라타고 달리는 것을 말하며, 이로부터 도약하다, 뛰어넘다, 올라가다, '…보다 낫다' 등의 뜻이 나왔다.

字形 騰 騰 簡牘文 騰 說文小篆

䵴(검은 범 등): téng, 虎-20, 26

字解 형성. 虎^(범 호)가 의미부이고 騰^(오를 등)이 소리부이다. 『설문해자』의 해설처럼, '검은 호랑이^(黑虎)'를 말한다.

字形 䵴 說文小篆

謄(베낄 등): 誊, téng, 言-10, 17, 20

字解 형성. 言^(말씀 언)이 의미부이고 朕^(물 솟을 등)의 생략된 모습이 소리부로, 말^(言)을 종이에 올려 謄寫^(등사)함을 말하며, 이로부터 베껴 쓰다는 뜻이 나왔다. 간화자에서는 月을 생략한 誊으로 쓴다.

字形 謄 說文小篆

ㄹ

라

羅(새그물 라): 罗, luó, 网-14, 19, 42

字解 형성. 糸^(가는 실 멱)이 의미부이고 羅^(어리 조)가 소리부로, 새를 잡는 그물을 말했다. 원래는 网^(그물 망)과 隹^(새 추)로 구성되어 새^(隹)를 잡는 그물^(网)을 그렸으나, 이후 糸이 더해져 지금의 羅가 되었다. 의미도 새뿐 아니라 짐승을 잡는 그물을 통칭하게 되었고, 이로부터 網羅^(망라)하다, 포함하다, 구속하다, 저지하다의 뜻도 나왔다. 간화자에서는 아랫부분의 維^(바 유)를 간단한 부호 夕^(저녁 석)으로 줄인 罗로 쓴다.

字形 🦌甲骨文 🦌🦌古陶文 🦌 🦌🦌 🦌簡牘文 🦌說文小篆

邏(순행할 라): 逻, luó, 辵-19, 23, 10

字解 형성. 辵^(쉬엄쉬엄 갈 착)이 의미부이고 羅^(새그물 라)가 소리부로, 새그물^(羅)처럼 촘촘하게 하나도 빠짐없이 돌아다니며^(辵) 순찰하고 순시하다는 의미를 담았으며, 이로부터 순행하다는 뜻까지 나왔다. 간화자에서는 羅를 罗로 줄인 逻로 쓴다.

字形 🦌說文小篆

蘿(무 라): 萝, luó, 艹-19, 23

字解 형성. 艹^(풀 초)가 의미부이고 羅^(새그물 라)가 소리부로, 식물^(艹)의 일종인 松蘿^(송라) 혹은 女蘿^(여라)를 말했는데, 이후 '무'도 지칭하게 되었다. 간화자에서는 羅를 罗로 줄여 萝로 쓴다.

字形 🦌說文小篆 🦌汗簡

裸(벌거벗을 라): [臝], luǒ, 衣-8, 13, 20

字解 형성. 衣^(옷 의)가 의미부이고 果^(과실 과)가 소리부로, 햇살에 몸을 드러낸 과실^(果·과)처럼 옷^(衣)을 벗어 몸체를 드러냄을 말한다. 달리 衣 대신 身^(몸 신)이 들어간 躶^(벌거벗을 나)로 쓰기도 하며, 『설문해자』에서는 臝로 썼다. 이후 털이나 비늘이 없는 동물도 지칭했다. ☞ 躶^(벌거벗을 라)

字形 🦌說文小篆 🦌說文或體

癩(약물중독 라): 癞, lài, 疒-16, 21, 10

字解 형성. 疒^(병들어 기댈 녁)이 의미부이고 賴^(의뢰할 뢰)가 소리부로, 질병^(疒)의 일종인 痲瘋病^(마풍병)을 말하며, 이후 나쁘다, 열악하다 등의 뜻도 생겼다.

락

로 '시작'이라는 뜻도 가진다.

字形 [篆] 說文小篆

酪(진한 유즙 락): lào, 酉-6, 13, 10

字解 형성. 酉^(닭 유)가 의미부이고 各^(각각 각)이 소리부로, 우유나 양유를 술^(酉)처럼 발효시킨 유즙을 말하며, 이후 식초, 잼, 술 등을 지칭하기도 하였다.

字形 [篆] 說文小篆

絡(헌 솜 락): 络, luò, 糸-6, 12, 32

字解 형성. 糸^(가는 실 멱)이 의미부이고 各^(각각 각)이 소리부로, 솜^(絮)을 뜻한다. 달리 아직 물에 불리지 않은 생사^(糸)를 말하기도 한다. 이후 經絡^(경락)이나 脈絡^(맥락)에서처럼 그물 모양으로 얽힌 사물을 지칭하게 되었다.

字形 [簡] 簡牘文 [篆] 說文小篆

洛(강 이름 락): luò, 水-6, 9, 20

字解 형성. 水^(물 수)가 의미부이고 各^(각각 각)이 소리부로, 강 이름인데, 左馮翊^(좌풍익)군 歸德^(귀덕)현 북쪽 변방 지역에서 나와서 동남쪽으로 흘러 渭水^(위수)로 흘러든다.

字形 [甲] [甲] 甲骨文 [金] [金] 金文 [陶] 古陶文 [篆] 說文小篆

駱(낙타 락): 骆, luò, 馬-10, 16, 10

字解 형성. 馬^(말 마)가 의미부이고 各^(각각 각)이 소리부로, 원래는 갈기가 검은 백마^(馬)를 말했으나, 이후 駱駝^(낙타)를 지칭하게 되었다. 낙타가 처음 중국에 수입되었을 때에는 峰牛^(봉우)라 하여 소^(牛)에 비유했으나, 이후 짐을 실어 나르다는 뜻에서 말^(馬)과 닮았다고 생각되어 駱駝라고 불렀다.

字形 [金] 金文 [篆] 說文小篆

落(떨어질 락): luò, 艸-9, 13, 50

字解 형성. 艸^(풀 초)가 의미부이고 洛^(강 이름 락)이 소리부로, 식물^(艸)의 잎이 떨어지다는 뜻이며, 이로부터 떨어지다, 脫落^(탈락)하다, 내려가다, 진입하다 등의 뜻이 나왔다. 원래는 풀^(艸)의 잎이 떨어지는 것을 零, 나무^(木)의 잎이 떨어지는 것을 落이라 구분했으나, 이후 落이 모든 것을 대표하게 되었다. 또 잎이 떨어지면 새순이 다시 나게 되듯, 떨어지는 것은 새로운 시작이 되므

烙(지질 락): lào, 火-6, 10, 10

字解 형성. 火^(불 화)가 의미부이고 各^(각각 각)이 소리부로, 불^(火)을 피부에 닿게 하여^(各) 흔적을 남긴다는 뜻을 담았으며, 이로부터 불로 지지다, 烙印^(낙인)을 찍다, 흔적이 남다는 뜻이 나왔다.

字形 炯 說文小篆

珞(구슬 목걸이 락): luò, 玉-6, 10

字解 형성. 玉^(옥 옥)이 의미부이고 各^(각각 각)이 소리부로, 옥^(玉) 구슬로 만든 목걸이를 말한다.

樂(즐길 락) ☞ **樂**(풍류 악)

濼(강 이름 락): 泺, luò, 水-15, 18

字解 형성. 水^(물 수)가 의미부이고 樂^(즐길 락풍류악)이 소리부로, 濟水^(제수)의 지류로 산동성에 있던 강 이름이다. 간화자에서는 樂을 초서체로 乐으로 줄여 泺으로 쓴다.

字形 甲骨文 金文 說文小篆

란

卵(알 란): luǎn, 卩-5, 7, 40

字解 상형. 卵^(알 란)은 수초에 붙어 있는 물고기의 알을 그렸는데, 이후 '알'을 총칭하게 되었으며, 기르다, 고환, 남성 생식기를 뜻하기도 한다. 현행 옥편에서는 卩^(병부 절)부수에 귀속시켰다.

字形 簡牘文 說文小篆

丹(붉을 란) ☞ **丹**(붉을 단)

欄(난간 란): 栏, lán, 木-17, 21, 32

字解 형성. 木^(나무 목)이 의미부이고 闌^(가로 막을 란)이 소리부로, 欄干^(난간)을 말하는데, 층계나 다리나 마루 따위의 가장자리에 일정한 높이로 더는 나가지 못하도록^(闌) 막아 세우는 나무^(木) 구조물이라는 뜻을 담았다. 간화자에서는 闌을 兰으로 줄여 栏으로 쓴다. ☞ 闌^(가로막을 란)

瀾(물결 란): 澜, lán, 水-17, 20, 10

字解 형성. 水^(물 수)가 의미부이고 闌^(가로 막을 란)이 소리부로, 흐르는 물^(水)이 가로막혀^(闌) 생기는 '물결'을 말한다. 간화자에서는 澜으로 쓴다. ☞ 闌^(가로막을 란)

字形 說文小篆

蘭(난초 란): 兰, lán, 艸-17, 21, 32

字解 형성. 艸^(풀 초)가 의미부이고 闌^(가로 막을 란)이 소리부로, 식물^(艸)의 하나인 '난초'를 말하며, 난초의 은은한 향기 때문에 훌륭함이나 군자의 비유로 쓰였다. 간화자에서는 초서체로 간단하게 줄여 쓴 兰으로 쓴다.

字形 古璽文 說文小篆

爛(문드러질 란): [爛], làn, 火-17, 21

字解 형성. 火^(불 화)가 의미부이고 蘭^(가로 막을 란)이 소리부로, 열^(火)에 오래도록 노출되어 너무 익거나 '문드러짐'을 말한다. 『설문해자』에서는 火가 의미부이고 蘭이 소리부인 爤으로 썼으며, 蘭은 閒^(間사이 간)으로 대체되기도 했다.

字形 〔그림〕 說文小篆 〔그림〕 說文或體

讕(헐뜯을 란): 谰, lán, 言-17, 24

字解 형성. 言^(말씀 언)이 의미부이고 闌^(가로 막을 란)이 소리부로, 말^(言)로 남을 헐뜯음을 말하며, 황당한 말을 뜻하기도 한다. 간화자에서는 谰으로 쓴다.

字形 〔그림〕金文 〔그림〕 說文小篆 〔그림〕 說文或體

랄

剌(어그러질 랄): là, 刀-7, 9, 10

字解 회의. 束^(묶을 속)과 刀^(칼 도)로 구성되었는데, 뜻을 거슬러 '위배하다'는 뜻이며, 이로부터 '어그러지다'의 뜻이 나왔는데, 실로 묶고^(束) 칼^(刀)로 찌르는 것보다 뜻을 거스르는 것은 없기 때문이다.

字形 〔그림〕 說文小篆

辣(매울 랄): [辢], là, 辛-7, 14, 10

字解 형성. 辛^(매울 신)이 의미부이고 剌^(어그러질 랄)의 생략된 부분이 소리부로, 칼로 도려내고^(辛) 칼로 찌르는^(剌) 듯한 '아픔'을 말하며, 이로부터 '맵다', 심하다 등의 뜻이 나왔다. 또 생강이나 마늘처럼 매운맛을 내는 채소를 지칭하기도 한다.

鑾(방울 란): luán, 金-19, 27

字解 형성. 金^(쇠 금)이 의미부이고, 鸞^(난새 란)의 생략된 부분이 소리부로 말에 다는 방울을 말한다. 『설문해자』에서는 "임금이 타는 수레는 네 마리 말이 끌고 8개의 방울을 다는데, 그 소리가 마치 난새가 우는 듯하고, 이는 화합과 공경을 상징한다^(人君乘車, 四馬鑣, 八鑾鈴, 象鸞鳥聲, 和則敬)."라고 풀이했다. 그렇다면 鸞은 의미의 결정에도 관여하는 셈이다.

字形 〔그림〕 說文小篆

람

嵐(남기 람): 岚, lán, 山-9, 12

字解 형성. 山^(뫼 산)이 의미부이고 風^(바람 풍)이 소리부로, 산^(山) 바람^(風풍)이라는 뜻이며, 산에 생기는 아지랑이 같은 기운을 말하기도 한다. 『玉篇^(옥편)』에서는 큰바람이라고 했다. 간화자에서는 岚으로 줄여 쓴다.

字形 𩇵 說文小篆

覽(볼 람): 览, lǎn, 見-14, 21, 40

字解 형성. 見^(볼 견)이 의미부이고 監^(볼 감)이 소리부로, '보다'는 뜻이다. 원래는 큰 그릇에 물을 담아 얼굴을 비추어 보는 모습을 그린 監으로 썼으나, 監이 '監視^(감시)'의 뜻으로 쓰이게 되자, 다시 見을 더해 '보다'는 의미를 강조한 글자이다. 이후 높은 곳에서 먼 곳을 바라보다, 현시하다, 열독하다, 조망하다, 시선 등의 뜻이 나왔다. 간화자에서는 監을 간단하게 줄여 览으로 쓴다. ☞ 監^(볼 감)

字形 𩁥 說文小篆

攬(잡을 람): 揽, lǎn, 手-21, 24

字解 형성. 手^(손 수)가 의미부이고 覽^(볼 람)이 소리부로, 볼 수 있도록^(覽) 자신 쪽으로 손^(手)으로 잡아당김을 말하며, 이후 손으로 쥐다, 따다, 불러 모으다 등의 뜻이 나왔다. 『설문해자』에서는 手가 의미부이고 監^(볼 감)이 소리부인 攬^(잡을 람)으로 썼다. 간화자에서는 揽으로 쓴다.

字形 𢹏 說文小篆

纜(닻줄 람): 缆, lǎn, 糸-21, 27

字解 형성. 糸^(가는 실 멱)이 의미부이고 覽^(볼 람)이 소리부로, 여러 가닥의 실을 얽어 배를 묶

는 줄을 말하며, 이로부터 '묶다', 케이블 등의 뜻이 나왔다. 간화자에서는 缆으로 쓴다.

欖(감람나무 람): 榄, lǎn, 木-21, 25

字解 형성. 木^(나무 목)이 의미부이고 覽^(볼 람)이 소리부로, 橄欖^(감람) 나무를 말한다. 간화자에서는 榄으로 줄여 쓴다.

擥(잡을 람): lǎn, 手-14, 18

字解 형성. 手^(손 수)가 의미부이고 監^(볼 감)이 소리부로, 攬^(잡을 람)의 원래 글자로, 볼 수 있도록^(監) 자신 쪽으로 손^(手)으로 잡아당김을 말한다. ☞ 攬^(잡을 람)

字形 � 說文小篆

濫(퍼질 람): 滥, làn, 水-14, 17, 30

字解 형성. 水^(물 수)가 의미부이고 監^(볼 감)이 소리부로, 물^(水)이 汎濫^(범람)함을 말하며, 이로부터 만연하다, 제멋대로 하다, 질이 낮다 등의 뜻이 나왔다. 간화자에서는 滥으로 줄여 쓴다.

字形 𥰲 簡牘文 𤁰 說文小篆

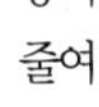

籃(바구니 람): 篮, lán, 竹-14, 20, 10

字解 형성. 竹^(대 죽)이 의미부이고 監^(볼 감)이 소리부로, 대^(竹)로 만든 손잡이가 달린 큰 광주리를 말하며, 이후 농구의 링을 말하기도 했다. 간화자에서는 篮으로 줄여 쓴다.

字形 [그림] 說文小篆

襤(누더기 람): 褴, lán, 衣-14, 19

字解 형성. 衣^(옷 의)가 의미부이고 監^(볼 감)이 소리부로, 가장자리가 없는 옷^(衣)을 말했는데, 이후 헝겊을 여럿 연결해 만든 옷이라는 뜻으로 쓰였다. 간화자에서는 褴으로 줄여 쓴다.

字形 [그림] 說文小篆

藍(쪽 람): 蓝, lán, 艸-14, 18, 20

字解 형성. 艸^(풀 초)가 의미부이고 監^(볼 감)이 소리부로, 쪽빛 염색에 쓰는 식물^(艸)의 일종인 '쪽'을 말한다. 진한 청색을 말하며, 절의 기와 색깔이 이와 같아 '절^(伽藍가람)'을 뜻하기도 한다. 간화자에서는 蓝으로 줄여 쓴다.

字形 [그림]古陶文 [그림] 簡牘文 [그림]古璽文 [그림]古璽文 [그림] 說文小篆

婪(탐할 람): [惏], lán, 女-8, 11

字解 형성. 女^(여자 여)가 의미부이고 林^(수풀 림)이 소리부로, 욕심을 내어 탐함을 말하는데, 여성^(女)을 그런 존재로 인식했음이 반영되었다. 또 술잔이 한 순배 도는 것을 지칭하기도 한다.

字形 [그림]甲骨文 [그림] 說文小篆

랍

拉(꺾을 랍): lā, 手-5, 8, 20

字解 형성. 手^(손 수)가 의미부이고 立^(설 립)이 소리부로, 손^(手)으로 '꺾다'는 뜻인데, 이후 선 채로^(立) 끌어내다^(手)는 뜻으로부터 拉致^(납치) 등의 뜻이 나왔다.

字形 [그림] 說文小篆

蠟(밀 랍): 蜡, là, 虫-15, 21

字解 형성. 虫^(벌레 충)이 의미부이고 巤^(목 갈길 렵)이 소리부로, 꿀벌 등과 같은 벌레^(虫)에서 추출되는 기름을 말하며, 이후 '초'나 '초' 같은 담황색을 말하게 되었다. 간화자에서는 巤을 昔^(예 석)으로 바꾸어 蜡으로 쓰는데, 회의구조로 바뀌었다.

臘(납향 랍): 腊, là, 肉-15, 19, 10

字解 형성. 肉^(고기 육)이 의미부이고 巤^(목 갈길 렵)이 소리부로, 臘享^(납향) 즉 臘日^(납일)에 지내는

제사를 말한다. 『설문해자』에 의하면, 동지 후 세 번째 되는 술일^(戌日)에 온갖 신에게 새나 짐승의 고기^(肉)를 바치며 종묘 사직에 지내는 제사를 말한다. 또 臘^(포 석)과 통용되어 소금에 절여서 말린 고기를 말하기도 한다. 현대 중국의 간화자에서도 腊으로 쓰는데, 회의구조로 바뀌었다.

字形 𦝠 說文小篆

랑

朗(밝을 랑): [朖, 朤], lǎng, 月-7, 11, 52

字解 형성. 月^(달 월)이 의미부이고 良^(좋을 양)이 소리부로, 집으로 가는 길^(良)을 비추어 주는 달빛^(月)을 말한다. 밤길을 걸어본 사람이라면 달빛이 얼마나 밝고 유용한 길잡이가 되는지 쉽게 이해할 것이다. 이 때문에 '밝다'는 뜻이 나왔다. ☞ 良^(좋을 양)

字形 朖 說文小篆

郎(사나이 랑): láng, 邑-7, 10, 32

字解 형성. 阝^(阜언덕 부)가 의미부이고 良^(좋을 양)이 소리부로, 집으로 가는 길^(良)처럼 길게 만들어진 흙길^(阝)이 원래 뜻으로, 이로부터 궁궐의 '회랑' 등을 뜻하게 되었다. 이후 궁궐에서 일을 보는 최측근을 郎中^(낭중)이라 했던 것처럼 '훌륭하고 뛰어난 남자'를 뜻하게 되자, 다시 广^(집 엄)을 더해 廊^(복도 랑)

으로 분화했다. ☞ 朗^(밝을 랑)

字形 𦣞甲骨文 𦣞簡牘文 郎說文小篆

廊(복도 랑): láng, 广-10, 13, 32

字解 형성. 广^(집 엄)이 의미부이고 郎^(사나이 랑)이 소리부로, 궁궐 등에 중요한 시설을 둘러싸고자 만든, 바깥쪽은 벽이나 연자 창을 만들고 안쪽은 기둥만 세워 개방한 긴 길^(郎)을 가진 건축물^(广)의 일종인 '回廊^(회랑)'을 말한다. ☞ 朗^(밝을 랑)

字形 𦣞甲骨文 𦣞簡牘文 廊說文新附字

瑯(고을이름 랑): láng, 玉-10, 14

字解 형성. 玉^(옥 옥)이 의미부이고 郎^(사나이 랑)이 소리부로, 산동성에 瑯玡^(낭아)라는 지명^(邑)이 있다. 달리 琅^(옥 이름 랑)으로 쓰기도 한다.

字形 瑲琩瑝瑝古璽文 瑯說文小篆

螂(사마귀 랑): [蜋], láng, 虫-10, 16

字解 형성. 虫^(벌레 충)이 의미부이고 郎^(사나이 랑)이 소리부로, 곤충^(虫)의 일종인 '사마귀'를 말한다.

浪(물결 랑): láng, 水-7, 10, 32

字解 형성. 水^(물 수)가 의미부이고 良^(좋을 양)이 소

리부로, 남쪽으로 흘러 장강으로 흘러드는 滄浪水^(창랑수)를 말했으나, 물^(水)의 움직임에 의해 긴 회랑^(良)처럼 만들어지는 물결을 말한다.

字形 ⟨그림⟩ 說文小篆

狼(이리 랑): láng, 犬-7, 10, 10

字解 형성. 犬^(개 견)이 의미부이고 良^(좋을 양)이 소리부로, 동물^(犬)의 일종인 '이리'를 말하며, 흉포하거나 잔악한 사람의 비유로도 쓰인다.

字形 ⟨그림⟩簡牘文 ⟨그림⟩說文小篆

娘(아가씨 랑낭): niáng, 女-3, 10, 32

字解 형성. 女^(여자 여)가 의미부이고 良^(좋을 양)이 소리부로, 젊은 여자를 말하는데, 좋은^(良) 여성^(女)이라는 뜻을 담았다. 이후 여성에 대한 총칭으로 쓰였고, 어머니라는 뜻까지 갖게 되었다.

琅(옥 이름 랑): láng, 玉-7, 11

字解 형성. 玉^(옥 옥)이 의미부이고 良^(좋을 양)이 소리부로, 옥처럼 질 좋은 돌^(琅玕낭간)을 말한다. 또 산동성 諸城^(제성)현 동남쪽 바닷가에 있는 琅琊^(낭아)를 지칭하며, 달리 琅邪^(낭아), 瑯琊^(낭아) 등으로 쓰기도 한다.

字形 ⟨그림⟩⟨그림⟩⟨그림⟩⟨그림⟩古璽文 ⟨그림⟩說文小篆

來(올 래): 来, [俫], lái, 人-6, 8, 70

字解 상형. 麥^(보리 맥)의 원래 글자로, 이삭이 팬 보리의 모습을 그렸다. 보리는 식량 혁명을 일으킬 정도의 변혁을 가져다준 중앙아시아로부터 들어 온 외래종이었기에 '오다'는 뜻을 갖게 되었고 이로부터 다가올 미래라는 시간적 개념을 말하였고, 또 숫자에서의 개략 수를 지칭하기도 한다. 그러자 원래 뜻은 땅속 깊이 뿌리를 내리는 보리의 특성을 반영해 뿌리를 그려 넣은 麥으로 분화했다. 간화자에서는 초서체로 줄여 来로 쓴다.

字形 ⟨그림⟩⟨그림⟩⟨그림⟩⟨그림⟩甲骨文 ⟨그림⟩⟨그림⟩⟨그림⟩金文 ⟨그림⟩⟨그림⟩⟨그림⟩古陶文 ⟨그림⟩簡牘文 ⟨그림⟩石刻古文 ⟨그림⟩說文小篆

萊(명아주 래): 莱, lái, 艸-8, 12, 12

字解 형성. 艸^(풀 초)가 의미부이고 來^(올 래)가 소리부로, 식물^(艸)의 일종인 '명아주'를 말한다. 이후 잡초, 거칠다, 묵정밭, 밭을 묵히다 등의 뜻이 나왔다.

字形 ⟨그림⟩古璽文 ⟨그림⟩說文小篆

崍(산 이름 래): 崍, lái, 山-8, 11

  字解 형성. 山^(뫼 산)이 의미부이고 來^(올 래)가 소리부로, 사천성 岷江^(민강)과 大渡河^(대도하) 사이에 있는 산^(山)의 이름을 말한다.

徠(올 래): 徠, lái, 彳-8, 11

  字解 형성. 彳^(조금 걸을 척)이 의미부이고 來^(올 래)가 소리부로, 길^(彳)을 오다^(來)는 뜻인데, 往^(갈 왕)과 대칭되는 개념으로 쓰인다.

랭

冷(찰 랭): lěng, 冫-5, 7, 50

  字解 형성. 冫^(얼음 빙)이 의미부이고 令^(영 령)이 소리부로, 차다, 冷靜^(냉정)하다, 冷冷^(냉랭)하다 등의 뜻을 가지는데, 우두머리가 내리는 명령^(令)은 얼음^(冫)처럼 찬^(冷) 것임을 그렸다.

  字形 𣲿 說文小篆

략

略(빼앗을 략): lüè, 田-6, 11, 40

  字解 형성. 田^(밭 전)이 의미부이고 各^(각각 각)이 소리부로, 바로 남의 농경지^(田)에 들어가서

^(各) 제 것인 양 측정하고 경영하는 행위를 말한다. 이때에는 침략자의 이해관계에 맞지 않는 것은 모조리 생략하고 대략으로 처리해 버리기 마련이다. 이로부터 侵略^(침략)이라는 뜻 이외에도 省略^(생략)의 뜻이 생겼다.

  字形 𤱿 簡牘文 略 說文小篆

掠(노략질할 략): lüě, lüè, 手-8, 11, 30

  字解 형성. 手^(손 수)가 의미부이고 京^(서울 경)이 소리부로, 빼앗는 행위^(手) 즉 노략질을 말하며, 이로부터 고문하다, 베다 등의 뜻도 나왔다.

  字形 掠 說文新附字

량

良(좋을 량): liáng, 艮-1, 7, 52

  字解 상형. 良의 자원에 대해서는 풀이가 다양하지만, 갑골문에서 원형이나 네모꼴로 된 (동굴) 집과 그 아래위로 길이 난 모습이어서, 집으로 통하는 길을 그린 것으로 추정된다. 이후 집으로 가는 길은 흡족함의 상징이기에 良에 '좋다'는 뜻이 생겼고, 원래 뜻은 阜^(언덕 부)가 더해져 郎^(사나이 랑)이 되었다. 하지만, 郎도 궁궐의 회랑^(郎)에서 일을 보는 최측근을 郎中^(낭중)이라 했던 것처럼 '훌륭하고 뛰어난' 신하를 뜻하게 되

자, 다시 广^(집 엄)을 더한 廊^(복도 랑)으로 발전했다.

字形 甲骨文 金文 古陶文 簡牘文 說文小篆 說文古文

亮(밝을 량): liàng, 亠-7, 9, 12

字解 회의. 儿^(사람 인)과 高^(높을 고)의 생략된 모습으로 구성되어, 높은^(高) 곳에 선 사람^(儿)처럼 '드러남'을 말하며, 이로부터 빛나다, 밝다, 분명하다, 믿음직스럽다, 성실하다, 보좌하다 등의 뜻이 나왔다.

涼(서늘할 량): [凉], liáng, 冫-8, 10

字解 형성. 冫^(얼음 빙)이 의미부이고 京^(서울 경)이 소리부로, '서늘하다'는 뜻인데, 높은 집^(京)에 올라서면 바람 때문에 얼음^(冫)처럼 서늘하게^(涼) 느껴짐을 그렸다. 서늘하다, 차다가 원래 뜻이며, 마음이 슬프다, 냉대하다, 조용하다, 냉담하다 등의 뜻이 나왔다. 『설문해자』에서는 冫 대신 水^(물 수)가 들어간 凉^(서늘할 량)으로 썼다.

字形 說文小篆

諒(믿을 량): 谅, liàng, 言-8, 15, 30

字解 형성. 言^(말씀 언)이 의미부이고 京^(서울 경)이 소리부로, 신실함을 말하는데, 말^(言)에 믿

음이 있음을 뜻한다. 이후 '믿다', 확실하다, 諒解^(양해)하다 등의 뜻이 나왔다.

字形 簡牘文 說文小篆

椋(푸조나무 량): liáng, 木-8, 12

字解 형성. 木^(나무 목)이 의미부이고 京^(서울 경)이 소리부로, 푸조나무^(木)를 말한다.

字形 古璽文 說文小篆

量(헤아릴 량): liáng, liàng, 里-5, 12, 50

字解 회의. 원래 윗부분이 깔때기^(다 왈)이고 아랫부분이 포대기^(東·동)로 곡식을 포대에 담는 모양을 그렸는데, 자형이 변해 지금처럼 되었다. 이로부터 부피의 양을, 다시 부피를 재는 도구를 뜻하게 되었다. 또 부피를 재다는 뜻으로부터 '헤아리다'의 뜻이 나왔다.

字形 金文 古陶文 簡牘文 說文小篆 說文古文

糧(양식 량): 粮, liáng, 米-12, 18, 40

字解 형성. 米^(쌀 미)가 의미부이고 量^(헤아릴 량)이 소리부로, 쌀^(米) 등 곡식을 용기에 담아 재는^(量) 모습에서 '양식'이라는 의미를 그렸으며, 곡물의 총칭, 세금 등의 뜻으로 쓰였다. 달리 소리부인 量을 良^(좋을 량)으로 바꾼 粮으로 쓰기도 했는데, 간화자에서는

粮^(양식 량)에 통합되었다.

字形 簡牘文 糧 說文小篆

粮^(양식 량): [糧, liáng, 米-7, 13]

字解 형성. 米^(쌀 미)가 의미부이고 良^(좋을 양)이 소리부로, 식량으로 쓸 양질^(良)의 곡식^(米)을 말한다. 달리 소리부인 良을 量^(헤아릴 량)으로 바꾼 糧^(양식 량)으로 쓰기도 한다. 현대 중국에서는 糧의 간화자로도 쓰인다. ☞ 糧^(양식 량)

兩^(두 짝 량): 两, [両], liǎng, 入-6, 8, 42

字解 상형. 이의 자원에 대해서는 의견이 분분하여, 마차의 두 멍에를 묶은 모습이라거나 두 물체를 합쳐놓고 그 사이를 갈라놓은 모습이라고도 하지만, 입이 위로 쏙 들어간 종처럼 생긴 옛날 돈^(錢전)을 두 개 나란히 그린 모습으로 추정된다. 이로부터 兩^(양측)에서처럼 '둘'이나 '나란히'의 뜻이 나왔고, 돈을 헤아리는 단위로 쓰이게 되었다. 이후 兩은 또 두 개^(兩)의 錢에 해당하는 무게 단위 즉 24銖^(수)를 말하기도 했다. 간화자에서는 两으로 쓴다.

字形 金文 簡牘文 說文小篆

俩^(재주 량): liǎng, 人-8, 10, 10

字解 형성. 人^(사람 인)이 의미부이고 兩^(두 짝 량)이

소리부로, 두^(兩) 사람^(人)이라는 뜻 이외에도, 사람^(人)의 '재주'를 말했는데 이후 술수나 계략 등 나쁜 의미로 변했다.

輛^(수레 량): 辆, liàng, 車-8, 15, 20

字解 형성. 車^(수레 거차)가 의미부이고 兩^(두 짝 량)이 소리부로, 말 두 필이 짝을 이루어^(兩) 끄는 수레^(車)를 말하며, 이후 수레는 물론 자동차나 기차 등과 같은 탈것을 헤아리는 단위로 쓰이게 되었다. 간화자에서는 辆으로 쓴다.

梁^(들보 량): liáng, 木-7, 11, 32

字解 형성. 木^(나무 목)과 水^(물 수)가 의미부이고 刅^(다칠 창)이 소리부로, 나무^(木)로 된 '들보'를 말한다. 금문에서는 의미부인 水^(물 수)와 소리부인 刅^(다칠 창)으로 구성되었으나, 이후 의미를 더 구체화하기 위해 木이 더해져 梁이 되었다. 『설문해자』에서 "물에 설치한 다리^(水橋·수교)"라고 한 것처럼 '물^(水)을 건너가게 나무^(木)로 만든 다리'가 원래 뜻이다. 이후 허공을 가로질러 걸쳐 놓은 '들보'까지 뜻하게 되었는데, '들보'는 다시 木을 더한 樑^(들보 량)으로 구분해 표기하기도 했다.

字形 金文 盟書 簡牘文 古璽文 說文小篆 說文古文

ㄹ | 219

梁(기장 량): liáng, 米-7, 13, 10

字解 형성. 米^(쌀 미)가 의미부이고 梁^(들보 량)의 생략된 모습이 소리부로, 쌀^(米)의 일종인 기장을 말하며, 맛있는 밥이라는 뜻도 나왔다.

字形 [금문 자형들] 金文 梁 簡牘文 [고새문 자형] 古璽文 [설문소전 자형] 說文小篆

樑(들보 량): 梁, liáng, 木-11, 15, 12

字解 형성. 木^(나무 목)이 의미부이고 梁^(들보 량)이 소리부로, 강을 가로질러 놓은 다리^(梁)처럼 칸과 칸 사이의 두 기둥을 건너질러 걸쳐 놓은 나무^(木)로 만든 '들보'를 말한다. 현대 중국의 간화자에서는 梁^(들보 량)에 통합되었다. ☞ 梁^(들보 량)

려

黎(검을 려): lí, 黍-3, 15, 10

字解 형성. 黍^(기장 서)가 의미부이고 㓟^(챠날카로울 리)가 소리부로, '기장'을 말하는데, 쟁기질을 해 기장^(黍)을 빽빽하게 많이 심은 것을 형상했다. 기장은 옥수수처럼 건조한 지역에서도 잘 자라며 빽빽하게 자라는 속성을 가진다. 빽빽하게 자란 기장 밭에 들면 캄캄했을 것이며 이 때문에 黍에는 '많다'는 뜻도 생겼다. 그러자 원래 뜻은 黑^(검을 흑)을 더한 黧^(검을 려)로 분화했다. ☞ 黍^{(기장}

서)

字形 [간독문 자형들] 簡牘文 [설문소전] 說文小篆

藜(명아주나라 이름 려): [藜], lí, 艸-15, 19

字解 형성. 艸^(풀 초)가 의미부이고 黎^(검을 려)가 소리부로, 명아줏과의 한해살이풀을 말하는 풀^(艸)의 이름으로 '명아주'를 말했으며, 이후 흉노족의 북쪽에 있던 나라 이름으로 쓰이기도 했다.

字形 [설문소전 자형] 說文小篆

麗(고울 려): 丽, lí, 鹿-8, 19, 42

字解 형성. 鹿^(사슴 록)이 의미부이고 丽^(고울 려)가 소리부로, 쌍을 이루어^(丽) 가는 사슴^(鹿)이라는 의미에서 '짝'의 뜻이 나왔고(이후 儷^(짝 려)로 분화함), 아름다운 뿔^(丽)을 가진 사슴^(鹿)이라는 뜻에서 '아름답다'의 뜻이 나왔다. 사슴의 뿔을 부각시켜 사슴뿔의 화려한 모습을 그려냈고, 이로부터 '곱다', '멋지다' 등의 뜻이 나왔다. 간화자에서는 鹿을 생략하고 나머지만을 남겨 丽로 쓴다.

字形 [금문 자형들] 金文 [고도문 자형들] 古陶文 [간독문] 簡牘文 [설문소전] 說文小篆 [설문고문] 說文古文 [설문주문] 說文籒文

驪(가라말 려): 骊, lí, 馬-19, 29, 12

字解 형성. 馬^(말 마)가 의미부이고 麗^(고울 려)가 소리부로, 진한 검은 색의 말을 말하며 이로부터 검은색을 뜻하게 되었는데, 털빛이 온통 검어 빛을 내는 '화려한^(麗)' 말^(馬)이라는 뜻을 담았다. 간화자에서는 麗를 丽로 줄인 骊로 쓴다.

字形 🐴 說文小篆

儷(나란히 할 려): 俪, lì, 人-19, 21

字解 형성. 人^(사람 인)이 의미부이고 麗^(고울 려)가 소리부로, 나뭇가지가 무성하게 짝을 이루어 나서 아름다운^(麗) 모양을 말한다. 간화자에서는 麗를 丽로 줄인 俪로 쓴다.

字形 🧍 說文小篆

旅(군사 려): 旅, lǚ, 方-6, 10, 52

字解 회의. 나부끼는 깃발^(㫃언) 아래에 사람^(人인)이 여럿 모여 있는 모습을 그렸는데, 자형이 조금 변해 지금처럼 되었다. 깃발은 부족이나 종족의 상징이며, 전쟁과 같은 중대사가 생기면 사람들은 깃발을 중심으로 모여들었다. 그래서 旅는 軍隊^(군대)나 軍師^(군사)의 편제가 원래 뜻이며, 옛날에는 5백명의 군사를 旅라 했다. 군대는 함께 모여 출정을 하게 마련이며, 그래서 旅에는 '무리'나 '出行^(출행)'이라는 뜻이, 다시 '바깥을 돌아다니다'는 뜻까지 생겼다.

字形 金文

字形 🧩🧩 簡牘文 🧩 說文小篆 🧩 說文古文

膂(등골뼈 려): [䯓], lǚ, 肉-10, 14

字解 형성. 肉^(고기 육)이 의미부이고 旅^(군사 려)가 소리부로, 신체 부위^(肉)의 하나인 등골뼈를 말하며, 呂^(등뼈·음률 려)의 이체자로도 쓰인다.

字形 呂 甲骨文 呂 金文 呂 簡牘文 呂 說文小篆 膂 說文篆文

呂(등뼈·음률 려): 吕, lǚ, 口-4, 7, 12

字解 상형. 두 개의 네모 덩어리로 '등뼈'를 두 개 그렸는데, 이후 律呂^(율려)에서처럼 음률의 하나로 가차되었고, 하남성 南陽^(남양) 서쪽에 있던 나라 이름으로도 쓰였다. 금문에서는 金^(쇠 금)이 더해진 경우도 보이는데, 쇠^(金)로 만든 악기에서 나는 소리임을 보여준다. 이후 肉^(고기 육)이 의미부이고 旅^(군사 려)가 소리부인 膂^(등골뼈 려)로 변화했다. 간화자에서는 吕로 쓴다.

字形 呂 甲骨文 呂 金文 呂 簡牘文 呂 說文小篆 膂 說文篆文

侶(짝 려): lǚ, 人-7, 9, 10

字解 형성. 人^(사람 인)이 의미부이고 呂^(등뼈·음률 려)가 소리부로, 함께 사는 동반자나 반려자^(人)를 말하며, 이로부터 사람의 짝이라는 뜻이 나왔고, 수행을 함께하는 불도라는 뜻에서 僧侶^(승려)를 지칭하기도 한다.

字形 〔圖〕 說文小篆

閭(이문 려): 闾, lǘ, 門-7, 15, 10

字解 형성. 門^(문 문)이 의미부이고 呂^(등뼈·음률 려)가 소리부로, 동네 어귀에 세운 문^(門)을 말하며, 이로부터 '마을'이라는 뜻까지 나왔다. 간화자에서는 闾로 쓴다.

字形 〔圖〕金文 〔圖〕古陶文 〔圖〕說文小篆

櫚(종려나무 려): 榈, lǘ, 木-15, 19

字解 형성. 木^(나무 목)이 의미부이고 閭^(이문 려)가 소리부로, 종려나무를 말하는데, 열대상록 교목으로 목질이 단단해 기물이나 부챗살로 사용된다. 간화자에서는 榈로 쓴다.

厲(갈 려): 厉, lì, 厂-13, 15

字解 형성. 厂^(기슭 엄)이 의미부이고 萬^(일만 만)이 소리부로, 재질이 거친 칼 가는 숫돌이나 숫돌에 칼을 가는 행위를 말했는데, 이후 石^(돌 석)을 더한 礪^(거친 숫돌 려), 力^(힘 력)을 더한 勵^(힘쓸 려)로 분화했다. 간화자에서는 萬을 万^(일만 만)으로 대체한 厉로 쓴다.

字形 〔圖〕〔圖〕金文 〔圖〕〔圖〕〔圖〕簡牘文 〔圖〕說文小篆 〔圖〕說文或體

勵(힘쓸 려): 励, lì, 力-15, 17, 32

字解 형성. 力^(힘 력)이 의미부이고 厲^(갈 려)가 소리부로, 숫돌에 칼을 갈아^(厲) 날을 세우듯 온 힘^(力)을 다해 노력하고 격려함을 말한다. 간화자에서는 厲를 厉로 줄인 励로 쓴다.

礪(거친 숫돌 려): 砺, lì, 石-15, 20, 12

字解 형성. 石^(돌 석)이 의미부이고 厲^(갈 려)가 소리부로, 칼을 갈 수 있는^(厲) 재질이 거친 숫돌^(石)을 말한다. 간화자에서는 厲를 厉로 줄인 砺로 쓴다. ☞ 厲^(갈 려)

字形 〔圖〕說文小篆

蠣(굴 려): 蛎, lì, 虫-15, 21

字解 형성. 虫^(벌레 충)이 의미부이고 厲^(갈 려)가 소리부로, 연체동물 조개류^(虫)에 속하는 숫돌^(厲)처럼 거친 울퉁불퉁한 껍질을 가진 '굴'을 말한다. 『설문해자』에서는 虫이 의미부이고 萬^(일만 만)이 소리부인 蠇로 썼다. 간화자에서는 厲를 厉로 줄인 蛎로 쓴다.

字形 〔圖〕說文小篆

癘(창질 려): 疠, lì, 疒-13, 18

字解 형성. 疒(병들어 기댈 녁)이 의미부이고 萬(갈 려)가 소리부로, 질병(疒)의 일종인 악창이나 창질을 말한다. 간화자에서는 萬을 万(일만 만)으로 대체한 疠로 쓴다.

字形 癘 癘 簡牘文 癘 說文小篆

糲(현미 려): 粝, lì, 米-15, 21

字解 형성. 米(쌀 미)가 의미부이고 萬(갈 려)가 소리부로, 거칠게 도정한 '현미(米)'를 말한다. 간화자에서는 萬를 厉로 줄인 粝로 쓴다.

字形 糲 簡牘文 糲 說文小篆 糲 玉篇

慮(생각할 려): 虑, lǜ, 心-11, 15, 40

字解 형성. 思(생각할 사)가 의미부이고 虍(범 호)가 소리부로, 무슨 일을 꾸미려고 생각하다는 뜻인데, 호랑이(虍)를 만나 빠져나갈 궁리를 생각하다(思)는 뜻을 담았다. 금문에서는 思가 의미부이고 呂(등뼈·음률 려)가 소리부인 구조로 쓰기도 했다. 간화자에서는 思를 心(마음 심)으로 줄인 虑로 쓴다.

字形 慮 金文 慮 慮 慮 慮 簡牘文 慮 說文小篆

濾(거를 려): 滤, lǜ, 水-15, 18, 10

字解 형성. 水(물 수)가 의미부이고 慮(생각할 려)가 소리부로, 이런저런 궁리를 하듯(慮) 물(水) 속에 불순물을 체나 거름종이 따위에 받쳐서 걸러내는 것을 말한다. 간화자에서는 慮(생각할 려)를 虑로 줄인 滤로 쓴다.

字形 濾 濾 金文

盧(오두막 려): 庐, lú, 广-16, 19, 12

字解 형성. 广(집 엄)이 의미부이고 盧(성 로)가 소리부로, 화로(盧)가 갖추어져 음식물을 만들고 추위를 견딜 수 있는 설비가 갖추어진 집(广)을 말한다. 이로부터 누추한 집의 뜻이 나왔고, 옛날 시묘살이 하던 오두막을 지칭하기도 했다. 또 길을 따라 늘어선 여관이나 숙소를 지칭하기도 했다. 간화자에서는 盧를 户(지게 호)로 대체한 庐로 쓴다.

字形 盧 盧 金文 盧 說文小篆

驢(나귀 려): 驴, lǘ, 馬-16, 26

字解 형성. 馬(말 마)가 의미부이고 盧(성 로)가 소리부로, 말(馬)과 얼룩말과 같은 부류에 속하는 당나귀를 말하며, 명나라 이후로는 남을 욕하는 말로도 썼다. 간화자에서는 盧를 户(지게 호)로 대체한 驴로 쓴다.

字形 驢 說文小篆

臚(살갗 려): 胪, lú, 肉-16, 20

字解 형성. 肉(고기 육)이 의미부이고 盧(성 로)가 소리부로, 살가죽(肉)의 겉면을 말한다. 간화자에서는 盧를 戶(지게 호)로 대체한 胪로 쓴다.

字形 𦜼𦜼金文 𩏰𩏰簡牘文 𩏰石刻 古文 臚說文小篆 𩏰說文籀文

戾(어그러질 려): [㑦], lì, 戶-4, 8, 10

字解 회의. 戶(지게 호)와 犬(개 견)으로 구성되어, 개(犬)가 몸을 굽혀 문(戶) 아래를 나오는 모습처럼, 몸을 굽힌(曲) 모습을 말하며, 이로부터 '어그러지다', 죄행, 법 등의 뜻이 나왔다.

字形 戾簡牘文 㑦石刻古文 戾說文小篆

犂(쟁기 려·리): [犁], lí, 牛-8, 12

字解 형성. 牛(소 우)가 의미부이고 利(이할 리)가 소리부로, 소(牛)를 이용해 밭을 가는 날카로운(利) 날을 가진 '쟁기'를 말한다. 원래는 犁로 써 牛가 의미부이고 黎(검을 려)가 소리부인 구조였으나 이후 생략되어 지금의 자형이 되었다. ☞ 犁(쟁기 려)

字形 犂簡牘文 犁古璽文 犂說文小篆

歷(지낼 력): 历, lì, 止-12, 16, 52

字解 형성. 止(발 지)가 의미부이고 厤(다스릴 력)이 소리부로, 다스려 온(厤) 흔적(止)을 말한다. 원래는 두 개의 禾(나무 성글 력)과 止로 구성되어 곡식(禾)이 제대로 자랐는지를 걸어가며(止) 확인하는 모습에서 '지나감'을 그렸다. 인간이 걸어온 이 흔적이 바로 과거이며, 지나간 과거를 다 모은 것이 바로 歷史(역사)이다. 간화자에서는 소리부인 厤을 力(힘 력)으로 대체한 历으로 쓴다.

字形 歷歷甲骨文 厤歷金文 歷說文小篆

曆(책력 력): 历, lì, 日-12, 16, 32

字解 형성. 日(날 일)이 의미부이고 厤(다스릴 력)이 소리부로, 책력을 말한다. 책력은 일 년 동안의 월일, 해와 달의 운행, 월식과 일식, 절기, 특별한 기상 변동 따위를 날의 순서에 따라 적은 책을 말하며, 이는 고대 사회에서 다스림(厤)에 관한 일정표(日)라 할 수 있다. 간화자에서는 歷(지낼 력)에 통합되어 历으로 쓴다. ☞ 歷(지낼 력)

字形 曆簡牘文 曆說文新附字

瀝(거를 력): 沥, lì, 水-16, 19, 10

字解 형성. 水(물 수)가 의미부이고 歷(지낼 력)이 소리부로, 濾過(여과)를 말하는데, 거르는 장치를 지나온(歷) 물(水)이나 액체라는 뜻을 담았다. 달리 浚渫(준설)의 의미도 가진다. 간화자에서는 歷을 历으로 줄인 沥으로 쓴다.

字形 瀝 說文小篆

靂(벼락 력): 雳, lì, 雨-16, 24

字解 형성. 雨(비 우)가 의미부이고 歷(지낼 력)이 소리부로, 비(雨)가 올 때 자주 생기는 '벼락(霹靂벽력)'을 말한다. 간화자에서는 歷을 历으로 줄인 雳으로 쓴다.

礫(조약돌 력): 砾, lì, 石-15, 20, 10

字解 형성. 石(돌 석)이 의미부이고 樂(즐길 락풍류 악)이 소리부로, 작은 조약돌을 말하는데, 파도에 밀려 오가면서 아름다운(樂) 소리를 내는 돌(石)이라는 뜻을 담았다. 간화자에서는 樂을 乐으로 줄여 砾으로 쓴다.

字形 礫 說文小篆

轢(삐걱거릴 력): 轹, lì, 車-15, 22

字解 형성. 車(수레 거차)가 의미부이고 樂(즐길 락풍류 악)이 소리부로, 수레(車) 바퀴로 깔아 갈아 부순다는 뜻인데, 남을 짓밟다는 뜻에서 '업신여기다'는 뜻까지 나왔다. 간화자에서

는 樂을 乐으로 줄여 轹로 쓴다.

字形 轢 說文小篆

櫟(상수리나무 력): 栎, lì, 木-15, 19

字解 형성. 木(나무 목)이 의미부이고 樂(즐길 락풍류 악)이 소리부로, 상수리나무를 말하는데, 달리 柞樹(작수)라고도 한다. 간화자에서는 樂을 乐으로 줄여 栎으로 쓴다.

字形 櫟 金文 櫟 櫟 櫟 古陶文 櫟 簡牘文 櫟 說文小篆

力(힘 력): lì, 力-0, 2, 70

字解 상형. 갑골문에서 쟁기를 그렸다. 동물이 쟁기를 끌기 전 사람이 쟁기를 직접 끌었기에 '體力(체력)'이나 '힘'의 뜻이, 다시 능력이나 위력, 나아가 힘으로 제압한다는 의미까지 생겼다.

字形 力 力 力 甲骨文 力 力 金文 力 古陶文 力 力 力 簡牘文 力 力 古璽文 力 石刻古文 力 說文小篆

鬲(솥 력막을 격): lì, 鬲-0, 10

字解 상형. 鬲은 청동기의 대표인 세 발 솥(鼎정)과 닮았으되 다리(足족)의 속이 비어 물이 빨리 데워지도록 고안된 청동 솥을 그렸다. 제사의 희생으로 쓸 양을 자주 삶았던

지 羊^(양 양)이 더해진 자형도 종종 등장한다. 물론 모든 용기가 질그릇에서 시작하듯, 鬲도 陶器^(도기)에서 시작했으나 청동기가 유행하자 이를 강조하기 위해 金^(쇠 금)을 더한 鎘^(다리 굽은 솥 력)을 만들기도 했다. 그래서 鬲은 '솥'이나 '삶다'는 뜻과 관련된다. 중국 문명의 대표로 평가되는 청동기 문명은 그 역사가 오래되어 기원전 5천 년 경에 이미 천연동이 사용되었음이 확인되었고, 기원전 4천5백 년 경의 서안 반파 유적지에서 발견된 청동 조각은 동 65%, 아연 25%, 주석 2%, 납 6% 등으로 되어 이후의 청동에 근접해 있다. 이러한 역사를 가진 청동시대의 기술은 상나라에 이르러 최고조에 달하였으며, 다양하고 수준 높은 예술품들이 만들어졌다.

字形 甲骨文 金文 古陶文 簡牘文 石刻古文 說文小篆 說文俗體

련

練(익힐 련): 练, liàn, 糸-9, 15, 52

字解 형성. 糸^(가는 실 멱)이 의미부이고 柬^(가릴 간)이 소리부로, 원래는 생사^(糸)를 삶아 부드럽고 희게 만드는 작업을 말했으며, 이로부터 '익히다', '흰 명주'라는 뜻이 나왔다. 실^(糸)로 짠 포대에 넣어 불순물을 걸러내는^(柬) 작업은 숱한 반복과 練習^(연습) 끝에 이루어진다는 뜻에서 熟練^(숙련)이나 경험이

많다는 뜻이 나왔다. 간화자에서는 练으로 쓴다. ☞ 柬^(가릴 간)

字形 古陶文 簡牘文 說文小篆

鍊(불릴 련): 炼, liàn, 金-9, 17, 32

字解 형성. 金^(쇠 금)이 의미부이고 柬^(가릴 간)이 소리부로, 금속^(金)을 포대에 넣고 물에 불려^(柬) 불순물을 제거함을 말했는데, 이후 쇠^(金)를 달구어 두드리는 것도 말했다. 간화자에서는 煉^(불릴 련)에 통합되어 炼으로 쓴다. ☞ 柬^(가릴 간)

字形 說文小篆

煉(불릴 련): 炼, liàn, 火-9, 13, 20

字解 형성. 火^(불 화)가 의미부이고 柬^(가릴 간)이 소리부로, 불^(火)에 녹여 금속의 불순물을 제거함^(柬)을 말한다. 간화자에서는 炼으로 쓴다. ☞ 柬^(가릴 간)

字形 說文小篆

聯(잇닿을 련): 联, lián, 耳-11, 17, 32

字解 회의. 원래는 耳^(귀 이)와 絲^(실 사)로 구성되었는데, 絲가 絲으로 변해 지금처럼 되었다. 『설문해자』에서는 "귀가 뺨에 붙어 있다"라고 했는데, 얼굴의 양끝에 실^(絲)처럼 '연결된' 귀라는 이미지를 그렸다. 이로부터 연결되다는 뜻이, 다시 對聯^(대련)에서처럼

쌍을 이루다는 뜻도 나왔다. 간화자에서는
絲을 줄인 联으로 쓴다.

字形 古璽文 說文小篆

戀(사모할 련): 恋, liàn, 女-19, 22, 32

字解 형성. 心^(마음 심)이 의미부이고 絲^(어지러울 련)
이 소리부로, 서로의 마음^(心)이 이어지도
록^(絲) '그리워함'을 말한다. 이로부터 그리
워하는 감정, 남녀 간의 사랑, 애호 등의
뜻이 나왔다. 간화자에서는 絲을 亦^(또 역)
으로 간단하게 줄인 恋으로 쓴다.

字形 金文 說文小篆

攣(걸릴 련): 挛, luán, 手-19, 23

字解 형성. 手^(손 수)가 의미부이고 絲^(어지러울 련)이
소리부로, 피리에 술을 매어 놓은 것^(絲)처
럼 손^(手)으로 엮어^(絲) 연계시키다는 뜻이
며, 이로부터 관련되다의 뜻이 나왔다. 간
화자에서는 絲을 亦^(또 역)으로 간단하게 줄
인 挛으로 쓴다.

字形 說文小篆

孌(아름다울 련): 娈, luán, 女-19, 22

字解 형성. 女^(여자 여)가 의미부이고 絲^(어지러울 련)
이 소리부로, 여인^(女)의 아름다운 모습을
말한다. 간화자에서는 絲을 亦^(또 역)으로
간단하게 줄인 娈으로 쓴다.

字形 金文 說文小篆

憐(불쌍히 여길 련): 怜, lián, 心-11, 15, 30

字解 형성. 心^(마음 심)이 의미부이고 粦^(도깨비 불 린)
이 소리부로, 가련하게 여기는 마음^(心)을
말하며, 이로부터 불쌍히 여기다, 아끼다,
사랑하다 등의 뜻이 나왔다. 간화자에서는
소리부 粦를 令^(명령 령)으로 대체한 怜로 쓴
다.

字形 說文小篆

連(잇닿을 련): 连, lián, 辵-7, 11, 42

字解 회의. 車^(수레 거차)와 辵^(쉬엄쉬엄 갈 착)으로 구
성되어, 수레^(車)들이 연이어 가는^(辵) 모습
으로부터 '잇닿다'는 뜻을 그렸고, 이로부
터 連續^(연속)되다, 연락하다, 연루되다, 관
계되다 등의 뜻이 나왔다. 또 사람이 끄는
옛날의 수레^(車)를 지칭하기도 했다. 간화
자에서는 连으로 쓴다.

字形 金文 簡牘文 古璽文
說文小篆

蓮(연밥 련): 莲, lián, 艸-11, 15, 32

字解 형성. 艸(풀 초)가 의미부이고 連(잇닿을 련)이 소리부로, 연꽃(艸)의 열매를 말하며, '연'을 지칭하기도 한다. 간화자에서는 連을 连으로 줄여 莲으로 쓴다.

字形 ![古璽文]古璽文 ![說文小篆]說文小篆

漣(물놀이 련): 涟, lián, 水-11, 14, 12

字解 형성. 水(물 수)가 의미부이고 連(잇닿을 련)이 소리부로, 바람이나 충격으로 만들어지는 연속된(連) 물결(水)을 말했는데, 이후 눈물(水)이 끊임없이(連) 떨어지는 모습을 말하기도 했다. 간화자에서는 連을 连으로 줄여 涟으로 쓴다.

璉(호련 련): 琏, [槤], liǎn, 玉-11, 15

字解 형성. 玉(옥 옥)이 의미부이고 連(잇닿을 련)이 소리부로, 옛날 종묘의 제사에서 서직을 담던 옥(玉)으로 만든 기물을 말했는데, 하나라 때에는 瑚(호련 호), 상나라 때에는 璉을 썼다고 한다. 간화자에서는 連을 连으로 줄여 琏으로 쓴다.

輦(손수레 련): 辇, niǎn, 車-8, 15, 10

字解 회의. 車(수레 거차)와 扶(함께 갈 반)으로 구성되어, 걸이대(扶)로 수레(車)를 끄는 모습으로부터 '손수레'를 말했는데, 진한 시대 이후 제왕과 왕후가 타는 수레를 특별히 지칭하게 되었다. 간화자에서는 辇으로 쓴다.

字形 ![金文]![金文]金文 ![說文小篆]說文小篆

렬

劣(못할 렬): liè, 力-4, 6, 30

字解 회의. 少(적을 소)와 力(힘 력)으로 구성되어, 힘(力)이 적어(少) 남보다 못하고 남에게 뒤지는 劣等(열등)함을 말하며, 이로부터 나쁘다는 뜻도 나왔다.

字形 ![說文小篆]說文小篆

列(벌일 렬): liè, 刀-4, 6, 42

字解 회의. 歹(뼈 부서질 알)과 刀(칼 도)로 구성되어, 불로 지져 점을 칠 때 불로 지지면 일정한 모습으로 잘 갈라질 수 있도록 뼈(歹)에다 칼(刀)로 나란히 줄을 지어 홈을 파던 모습을 형상했는데, 이로부터 '열을 지우다', 陳列(진열)하다, 排列(배열)하다, 갈라지다, 나누어지다 등의 의미가 생겼다. 이렇게 가공된 거북 딱지나 동물 뼈를 불(火·화)로 지지면 쩍쩍 소리를 내면서 세차게(裂·열) 갈라지게 되고, 그 모양에 근거해 길흉을 점쳤다. 이후 기차 등 열을 지은 것을 헤아리는 단위사로도 쓰였다. 음역자로 쓰여 '레닌(列寧·V. Lenin)'을 지칭하기도 한다.

字形 ![簡牘文]![簡牘文]簡牘文 ![說文小篆]說文小篆

洌(찰 렬): liè, 冫-6, 8

字解 형성. 冫^(얼음 빙)이 의미부이고 列^(벌일 렬)이 소리부로, 얼음^(冫)처럼 찬 상태를 말하며, 이로부터 차다, 물이 맑다의 뜻이 나왔다. 『설문해자』에서는 水^(물 수)가 들어간 洌^(맑을 렬)로 썼다.

字形 說文小篆

洌(맑을 렬): [冽], liè, 水-6, 9

字解 형성. 水^(물 수)가 의미부이고 列^(벌일 렬)이 소리부로, 물^(水)이 맑음을 말하며, 달리 冫^(얼음 빙)이 들어간 冽^(찰 렬)로 쓰기도 한다.

字形 說文小篆

烈(세찰 렬): liè, 火-6, 10

字解 형성. 火^(불 화)가 의미부이고 列^(벌일 렬)이 소리부로, 갈라낸 뼈^(列)를 태우는 세찬 불^(火)을 말한다. 이로부터 猛烈^(맹렬)하다, 혁혁한 공을 세우다 등의 뜻이 나왔고, 강직하고 고상한 성품의 비유로도 쓰였다. ☞ 列^(벌일 렬)

字形 金文 說文小篆

裂(찢을 렬): liè, 衣-6, 12

字解 형성. 衣^(옷 의)가 의미부이고 列^(벌일 렬)이 소리부로, 뼈를 갈라내듯^(列) 베^(衣)를 잘라내는 것을 말하며, 이로부터 자르다, 잘라내

다, 확분하다, 分裂^(분열) 등의 뜻이 나왔다.

字形 說文小篆

렴

廉(청렴할 렴): [廉, 槏], lián, 广-10, 13, 30

字解 형성. 广^(집 엄)이 의미부이고 兼^(겸할 겸)이 소리부로, 집의 처마^(广)가 한곳으로 모이는^(兼) 곳이라는 의미에서 '모서리'의 뜻이 나왔다. 이후 모서리는 집에서 각진 곳이며, 각이 지다는 것은 품행이 올곧음을 상징하여 '淸廉^(청렴)'이라는 뜻까지 나왔다.

字形 簡牘文 說文小篆

簾(발 렴): 帘, lián, 竹-13, 19, 10

字解 형성. 竹^(대 죽)이 의미부이고 廉^(청렴할 렴)이 소리부로, 어떤 것을 가리고자 가늘고 긴 대^(竹)를 줄로 엮어 여러 개 나란히 늘어뜨려 만든 물건을 말한다. 간화자에서는 穴^(구멍 혈)과 巾^(수건 건)으로 구성된 帘으로 쓴다.

字形 說文小篆

濂(내 이름 렴): lián, 水-13, 16, 12

字解 형성. 水^(물 수)가 의미부이고 廉^(청렴할 렴)이 소리부로, 얕은 물^(水)을 말하며, 강서성 남부에 있는 濂江^(염강)을 지칭하기도 한다. 『설문해자』에서는 水가 의미부이고 兼^(겸할 겸)이 소리부인 濂^(물 얕을 렴)으로 썼다.

字形 𣺸 說文小篆

斂(거둘 렴): 敛, liǎn, 攴-13, 17, 10

字解 형성. 攵^(칠 복)이 의미부이고 僉^(다 첨)이 소리부로, 세금 등을 거두다는 뜻인데, 강제하여^(攵) 다 함께^(僉) 모이도록 한다는 의미를 담았다. 이로부터 세금, 징수하다 등의 뜻이 나왔다. 간화자에서는 僉을 간단하게 줄인 敛으로 쓴다.

字形 𣂏金文 𣂏簡牘文 𣂏說文小篆

殮(염할 렴): 殓, liàn, 歹-13, 17, 10

字解 형성. 歹^(뼈 부서질 알)이 의미부이고 僉^(다 첨)이 소리부로, 시신^(歹)을 수습하여^(僉, 斂과 통함) 씻기고 옷을 갈아 입혀 관에 넣는 것을 말한다. 간화자에서는 僉을 간단하게 줄인 殓으로 쓴다.

巤(목 갈길 렵·엽): liè, 巛-12, 15

字解 상형. 『설문해자』의 해설처럼, '털^(毛 巤)'을 말한다. 털이 정수리 위에서 자라나고 털이 떨리는 모습^(象髮在囟上及毛髮巤巤之形)을 형상했다. 이후 목 갈기 즉 말이나 사자 따위의 목덜미에 난 긴 털, 쥐털 등을 뜻하게 되었다.

字形 𨸏 說文小篆

獵(사냥 렵): 猎, liè, 犬-15, 18, 30

字解 형성. 犬^(개 견)이 의미부이고 巤^(목 갈길 렵)이 소리부로, 개^(犬)를 풀어놓고 털 달린 짐승^(巤)을 잡는 행위를 말하며, 이로부터 사냥하다, 탈취하다, 학대하다 등의 뜻이 나왔다. 간화자에서는 巤을 昔^(예 석)으로 바꾸어 猎으로 쓴다.

字形 𤜼金文 𤜼𤜼簡牘文 𤜼說文小篆

霝(비올 령): líng, 雨-9, 17

字解 회의. 雨^(비 우)와 세 개의 口^(입 구)로 구성되어, 비^(雨)가 오기를 여러 사람이 함께 입^(口)을 모아 함께 비는 모습을 그렸고, 여기에 기우제를 주관했던 巫^(무당 무)가 더해진 것이 靈^(신령 령)이었다. 비가 내리다는 뜻으로부터 물방울이 떨어지다의 뜻이, 다

시 떨어지다, 추락하다는 일반적인 개념으로 쓰였다.

字形 說文小篆

靈(신령 령): 灵, líng, 雨-16, 24, 32

字解 형성. 巫^(무당 무)가 의미부이고 霝^(비올 령)이 소리부로, 입을 모아 비가 내리기를 기원하는 기우제^(霝)가 무당^(巫)에 의해 치러지는 모습이다. 『설문해자』에서는 원래 玉^(옥옥)과 霝으로 구성되어, 주술 도구인 玉을 갖고서 비 내리기를 비는 행위를 구체화했다. 이후 신을 내리는 무당이나 신령, 영혼 등의 뜻이 생겨나게 되었으며, 무당의 주술행위에 의해 靈驗^(영험)이나 효험이 나타나기도 했기에 영험^(靈驗)을 뜻하게 되었다. 간화자에서는 霝을 간단하게 줄이고 巫를 火^(불화)로 바꾼 灵으로 쓰는데, 火는 불을 지펴 기우제를 지내던 이후의 관습이 반영된 것으로 보인다. ☞ 霝^(비올 령)

字形 金文 古陶文 簡牘文 石刻古文 古璽文 說文小篆 說文或體

逞(굳셀 령): chěng, 辵-7, 11

字解 형성. 辵^(쉬엄쉬엄 갈 착)이 의미부이고 呈^(드릴 정)이 소리부로, 『설문해자』에서는 "막힘없이 가다^(走)는 뜻이며, 초나라 지역에서는 빨리 가는^(走) 것을 말한다."라고 했다. 또 어떤 목적을 강하게 가지고 나아가다, 과

시하다 등의 뜻도 나왔다.

字形 甲骨文 金文 古陶文 簡牘文 說文小篆

令(우두머리 령): lìng, 人-3, 5, 50

字解 회의. 모자를 쓰고^(亼) 앉은 사람^(卪)의 모습으로부터 우두머리가 내릴 수 있는 '명령^(令)'의 의미를 그렸으며, 이로부터 命令^(명령), 명령을 내리다, 황제 등의 명령, 행정기관의 우두머리 등의 뜻이 나왔고, 命名^(명명)하다, 좋다, 훌륭하다의 뜻도 나왔다. 또 令尊^(영존)에서처럼 상대에 대한 존경을 나타내는 접두어로도 쓰였다.

字形 甲骨文 金文 盟書 簡牘文 說文小篆

齡(나이 령): 龄, líng, 齒-5, 20, 10

字解 형성. 齒^(이 치)가 의미부이고 令^(우두머리 령)이 소리부로, '나이'를 말하는데, 이빨^(齒)로 동물의 나이를 세던 습관에서 이러한 뜻이 나오게 되었다. 소나 말 등이 어릴 때에는 한 해에 이빨이 하나씩 나기 때문에 이빨의 숫자로 나이를 계산한다. 간화자에서는 龄으로 쓴다.

字形 說文小篆

鈴(방울 령): 铃, líng, 金-5, 13, 10

字解 형성. 金^(쇠 금)이 의미부이고 令^(우두머리 령)이 소리부로, 정부나 우두머리의 명령^(令)을 전하고 시행할 때 쓰는 청동^(金)으로 만든 방울을 말한다.

字形 鈴 說文小篆

軨(사냥 수레 령): líng, 車-5, 12

字解 형성. 車^(수레 거차)가 의미부이고 令^(우두머리 령)이 소리부로, 사냥용 수레^(車)를 말한다.

字形 軨 說文小篆

領(옷깃 령): 领, líng, 頁-5, 14, 50

字解 형성. 頁^(머리 혈)이 의미부이고 令^(우두머리 령)이 소리부로, 저고리나 두루마기에서 머리^(頁)와 맞닿은 목에 둘러대어 앞에서 여밀 수 있도록 한 부분을 말했는데, '옷깃'은 옷 전체 중심이 되므로 명령^(令)을 내릴 수 있는 '지도자', 통솔하다, 이끌다는 뜻이 나왔다.

字形 領 簡牘文 領 說文小篆

嶺(재 령): 岭, líng, 山-14, 17, 32

字解 형성. 山^(뫼 산)이 의미부이고 領^(옷깃 령)이 소리부로, 산^(山)의 목덜미^(領령)에 해당하는 '고개'를 말한다. 간화자에서는 소리부 領

을 令^(우두머리 령)으로 줄인 岭^(산 이름 령)으로 통합해 쓴다.

字形 嶺 說文小篆

零(조용히 오는 비 령): [霝], líng, 雨-5, 13, 30

字解 형성. 雨^(비 우)가 의미부이고 令^(우두머리 령)이 소리부로, 조용히 내리는 비^(雨)를 말하며, 이로부터 빗방울이나 눈물이 떨어지다, 잎이 지다는 뜻이 나왔고, 다시 죽음이나 말년의 비유로도 쓰였다.

字形 零 說文小篆

聆(들을 령): líng, 耳-5, 11

字解 형성. 耳^(귀 이)가 의미부이고 令^(우두머리 령)이 소리부로, '듣다'는 뜻인데, 명령^(令)을 귀^(耳) 담아 들음을 말한다.

字形 聆 說文小篆

怜(영리할 령): líng, 心-5, 9

字解 형성. 心^(마음 심)이 의미부이고 令^(우두머리 령)이 소리부로, 영리함을 말하는데, 우두머리^(令)의 말을 잘 따르는 마음^(心)이라는 의미를 담았다. 현대 중국에서는 憐^(불쌍히 여길 련)의 간화자로도 쓰인다.

羚(영양 령): líng, 羊-5, 11

字解 형성. 羊^(양 양)이 의미부이고 令^(우두머리 령)이 소리부로, 양^(羊)의 일종인 '영양'을 말한다.

囹(옥 령): líng, 囗-5, 8

字解 형성. 囗^(나라 국·에워쌀 위)이 의미부이고 令^(영 령)이 소리부로, 법이나 우두머리의 명령^(令)에 의해 범법자를 가두는 사방이 담으로 둘러싸인^(囗) '감옥^(囹圄영어)'을 말한다.

字形 囹 說文小篆

玲(옥 소리 령): líng, 玉-5, 9

字解 형성. 玉^(옥 옥)이 의미부이고 令^(우두머리 령)이 소리부로, '옥 소리'를 말하는데, 수령 등 우두머리^(令)의 옷에 다는 옥^(玉) 장식물의 맑은소리를 뜻한다.

字形 玲 說文小篆

伶(영리할 령): líng, 人-5, 7

字解 형성. 人^(사람 인)이 의미부이고 令^(우두머리 령)이 소리부로, 『설문해자』에서 갖고 놀다^(弄)는 뜻이라고 했는데, 영^(令)을 내려 사람을 갖고 놀 수 있는 영리한 사람^(人)을 말했으며, 이로부터 영리하다는 뜻이 나왔다.

字形 伶 說文小篆

岺(재 령): líng, 山-5, 8

字解 형성. 山^(뫼 산)이 의미부이고 令^(우두머리 령)이 소리부로, 산^(山)을 넘는 고개를 말한다. 令 대신 領^(옷깃 령)이 들어간 嶺^(재 령)과 같은 글자이다.

字形 嶺 說文小篆

笭(도꼬마리 령): líng, 竹-5, 11

字解 형성. 竹^(대 죽)이 의미부이고 令^(우두머리 령)이 소리부로, 『설문해자』에서 대^(竹)를 짜 수레의 난간에 붙인 것을 말하며, 달리 대로 만든 광주리의 뜻으로도 쓰인다고 했다. 또 선실에 물건을 쌓아 두는 시렁을 말하기도 한다.

字形 笭 說文小篆

翎(깃 령): líng, 羽-5, 11

字解 형성. 羽^(깃 우)가 의미부이고 令^(우두머리 령)이 소리부로, 긴 깃털^(羽)을 말하며, 화살에 쓰던 깃털을 말한다. 이후 청나라 때에는 관리들^(令)의 모자에 사용하던 孔雀^(공작)이나 鶡鳥^(갈조) 등의 꼬리 깃털을 말했다.

字形 翎 說文小篆

례

例(법식 례): lì, 人-6, 8, 60

字解 형성. 人^(사람 인)이 의미부이고 列^(벌일 렬)이 소리부로, 사람들^(人)이 차례로 열 지어^(列) 선 모습에서 의례나 법식 등의 뜻이 생겼다.

字形 𣎴 說文小篆

禮(예도 례): 礼, lì, 示-13, 18, 60

字解 형성. 示^(보일 시)가 의미부이고 豊^(예도·절·인사 례)가 소리부로, 옥과 북 등을 동원해^(豊) 경건하게 신을 모시던 제사^(示) 행위를 말하며, 이로부터 '예도'나 '예절'의 뜻을 갖게 되었으며, 예물이나 축하하다 등의 뜻도 나오게 되었다. 간화자에서는 豊을 줄여 乙^(새 을)로 쓴 礼로 쓰는데, 『설문해자』 고문체에서도 이렇게 썼다. ☞ 豊^(예도·절·인사 례)

字形 甲骨文 金文 石刻篆文 簡牘文 汗簡 說文小篆 說文古文

醴(단술 례): lì, 酉-13, 20, 12

字解 형성. 酉^(닭 유)가 의미부이고 豊^(예도·절·인사 례)가 소리부로, 제사 등 의식^(豊·예, 禮의 본래 글자) 때 쓰는 감미로운 술^(酉)을 말한다. 감미로운 술이라는 뜻에서 '단술'도 지칭하게 되었다.

字形 金文 簡牘文 醴 說文小篆

澧(강 이름 례): lǐ, 水-13, 16

字解 형성. 水^(물 수)가 의미부이고 豊^(예도·절·인사 례)가 소리부로, 강^(水)의 이름인데, 하남성 南陽^(남양)의 雉衡山^(치형산)에서 나와 동쪽으로 흘러 汝^(여)강으로 흘러든다.

字形 金文 澧 說文小篆

隸(종 례·노예 예): 隶, lì, 隶-8, 16

字解 형성. 隶^(미칠 이)가 의미부이고 柰^(柰어찌 내)가 소리부로, 손에 잡힌 짐승이란 뜻에서 '隸屬^(예속)'의 뜻이 나왔고, 제사에 쓰도록 이를 손질하던 천한 계층인 '奴隸^(노예)'나 '종'을 지칭하게 되었다. 하지만, 소리부로 쓰인 柰도 향을 사르며 올리는 오늘날의 제사처럼 원래는 나무^(木·목)를 태워 하늘에 지내는 제사^(示·시)나 그런 큰^(大·대) 제사^(示)였음을 고려하면 의미부의 기능도 함께 하고 있다. 진나라 때 초기 모습을 보이고 한나라 때 크게 유행했던 서체의 이름인 隸書^(예서)는 '종속적인 서체'라는 뜻이다. 진시황 때 獄事^(옥사)를 관리하던 程邈^(정막)이라는 사람이 늘어나는 獄事의 효율적인 처리를 위해 당시의 표준 서체였던 小篆^(소전)체를 줄여 만든 글자체로서, 아직 正體

234 | 한자어원사전

^(정체)로 자리 잡기 전 소전체에 종속된 보조적 서체를 말한다. 혹자는 옥관처럼 미관말직의 별 볼일 없는 관리^(隷)들이 쓰던 서체^(書)라 해서 隷書라는 이름이 붙여졌다고도 하지만, 隷書를 달리 '보조적인^(佐좌) 서체^(書)'라 불렀음을 상기해 보면 소전체를 보조해 쓰던 서체라는 뜻이 더 맞을 것이다. 간화자에서는 隶^(미칠 이)에 통합되었다.

字形 𣏟 𣏟 𣏟 簡牘文　𣏟 說文小篆　𣏟 說文篆文

로

路(길 로): lù, 足-6, 13, 60

字解 형성. 足^(발 족)이 의미부이고 各^(각각 각)이 소리부로, 사람의 발^(足)이 이르는^(各각) 곳, 즉 '길'을 말하며, 이후 생각이나 행위의 經路^(경로)나 방향 등도 뜻하게 되었다. ☞ 各^(각각 각)

字形 𧾷 金文　𧾷 簡牘文　𧾷 說文小篆

露(이슬 로): lù, 雨-13, 21, 32

字解 형성. 雨^(비 우)가 의미부이고 路^(길 로)가 소리부로, 비^(雨)와 같이 하늘에서 내리는 '이슬'을 말하는데 이로부터 드러나다, 폭로하다의 뜻도 나왔다. 『설문해자』에서는 윤택하게 한다는 뜻이라고 했다. 이후 露天^(노천)에서처럼 지붕이 없는 것을 말했고, 또 지

표면에 그대로 드러나는 샘물이나 약재나 과즙을 이용해 만든 음료를 지칭하기도 했다.

字形 𩄑 說文小篆

鷺(해오라기 로): 鹭, lù, 鳥-13, 24, 12

字解 형성. 鳥^(새 조)가 의미부이고 路^(길 로)가 소리부로, 새^(鳥)의 일종인 '해오라기'를 말한다.

字形 𪇰 說文小篆

勞(일할 로): 劳, láo, 力-10, 12, 52

字解 형성. 力^(힘 력)이 의미부이고 熒^(등불 형)의 생략된 모습이 소리부인데, 금문에서는 두 개의 火^(불 화)와 衣^(옷 의)로 구성되었다. 火는 등불을 뜻하고 衣는 사람을 의미하여, 불을 밝혀 밤새워 일하는 모습을 형상화했다. 금문에서는 衣 대신 心^(마음 심)이 더해지기도 했지만, 소전체로 들면서 지금처럼 力으로 고정되었다. 이는 세월이 지나면서 힘든 일로 고생스런 정신적^(心) 노동보다 육체적^(力) 노동이 勞動^(노동)의 대표가 되었음을 보여준다. 간화자에서는 윗부분을 간단하게 줄여 劳로 쓴다.

字形 𤇾 𤇾 金文　𤇾 𤇾 簡牘文　𤇾 說文小篆　𤇾 說文古文

撈(잡을 로): 捞, lāo, 手-12, 15, 10

字解 형성. 手^(손 수)가 의미부이고 勞^(일할 로)가 소리부로, 漁撈^(어로)에서처럼 손^(手)으로 잡는 노동^(勞)을 지칭한다. 간화자에서는 勞를 劳로 줄인 捞로 쓴다.

盧(밥그릇 로): 卢, lú, 皿-11, 16, 12

字解 형성. 皿^(그릇 명)이 의미부이고 盧^(양병 로)가 소리부로, 식기^(皿)를 말한다. 『설문해자』에서도 '밥그릇^(飯器)'을 말한다고 했다. 하지만, 갑골문에서는 아랫부분이 화로를, 윗부분은 소리부인 虎^(범 호)로 구성되었고, 금문에 들어 아랫부분의 화로가 皿으로 바뀌었다. '火爐^(화로)'가 원래 뜻이고, 화로 위에 놓아 음식을 만드는 '그릇'의 뜻, 다시 재에 그을렸다는 뜻에서 '검다'는 의미가 나왔다. 중국의 간화자에서는 卢로 줄여 쓴다.

字形 甲骨文 金文 石刻古文 說文小篆 說文籀文

爐(화로 로): 炉, [鑪], lú, 火-16, 20, 32

字解 형성. 火^(불 화)가 의미부이고 盧^(성 로)가 소리부로, '화로'를 말하며, 불^(火)을 담아두는 그릇^(盧)이라는 뜻이다. 달리 쇠^(金)로 만들었다는 뜻에서 鑪^(화로 로)로 쓰기도 한다. 간화자에서는 소리부인 盧를 戶^(지게 호)로 줄인 炉로 쓴다.

字形 金文 說文小篆

蘆(갈대 로): 芦, lú, 艸-16, 20, 12

字解 형성. 艸^(풀 초)가 의미부이고 盧^(성 로)가 소리부로, 원래는 채소^(艸)의 일종인 '무'를 말했으나, 이후 '갈대'를 지칭하게 되었다. 간화자에서는 소리부인 盧를 戶^(지게 호)로 줄인 芦로 쓴다.

字形 古陶文 說文小篆

瀘(강 이름 로): 泸, lú, 水-16, 19

字解 형성. 水^(물 수)가 의미부이고 盧^(성 로)가 소리부로, 강^(水) 이름을 말하는데, 金沙江^(금사강) 하류 일부분을 지칭하여 사천성 宜賓^(의빈) 이상부터 운남사천 경계까지의 지역을 부르는 이름이다. 또 사천성 瀘州^(노주)시를 지칭하기도 한다. 간화자에서는 소리부인 盧를 卢^(밥그릇 로)로 줄인 泸로 쓴다.

字形 說文新附字

魯(나라 이름 로): 鲁, lǔ, 魚-4, 15, 12

字解 회의. 원래 魚^(고기 어)와 口^(입 구)로 이루어져, 생선^(魚)의 맛^(口)을 상징적으로 표현했고 이로부터 '훌륭하다'는 뜻이 나왔다. 이후 우둔하다, 멍청하다의 뜻도 나오게 되었는데, 이는 훌륭하다는 뜻과는 대칭되는 의미로, 고대 중국에서 자주 보이는 反訓^{(반훈}서로 대칭되는 의미가 한 글자 속에 같이 든 경우)의 결과로 보인다. 또 지금의 산동성 지역을 지칭

하기도 하였는데, 이는 가차 의미로 보는 것이 일반적이다. 하지만, 그곳은 공자의 고향으로 유명한 魯나라가 있던 곳이고, 황하 유역에서 유일하게 해안과 접해 신선한 해산물이 많이 생산되던 '훌륭한' 곳이었기 때문에 그런 뜻이 담기게 되었다는 풀이도 참조할 만하다. 간화자에서는 鲁로 줄여 쓴다.

字形 甲骨文 金文 古陶文 簡牘文 古璽文 說文小篆

櫓(방패 로): 橹, [艣, 樐, 艪], lǔ, 木-15, 19

字解 형성. 木^(나무 목)이 의미부이고 魯^(노둔할 로)가 소리부로, 나무^(木)로 만든 방패를 말한다. 『설문해자』의 혹체자에서는 樐로 적어 소리부가 鹵^(소금 로)로 되어 있다. 배를 젓는 도구로, 槳^(상앗대 장)보다 길고 큰 것을 말한다. 간화자에서는 橹로 줄여 쓴다.

字形 金文 說文小篆 說文或體

虜(포로 로): 虏, lǔ, 虍-6, 12, 10

字解 형성. 원래 毌^(꿰뚫을 관)과 力^(힘 력)으로 구성되어, 꿰놓은 조개 화폐^(毌-관, 貫의 본래 글자) 등 재산을 범^(虍)처럼 강한 힘^(力)으로 '빼앗

음'을 말했는데, 지금은 男^(사내 남)이 의미부이고 虍가 소리부인 구조로 되었다. 여기서 전쟁에서 상대의 재산과 인명을 강탈하다는 뜻이 나왔고, 그 동작을 강조하기 위해 手^(손 수)를 더한 擄^(사로잡을 로)가 만들어졌다. 간화자에서는 男을 力^(힘 력)으로 줄인 虏로 쓴다.

字形 說文小篆

擄(사로잡을 로): 掳, lǔ, 手-13, 16, 10

字解 형성. 手^(손 수)가 의미부이고 虜^(포로 로)가 소리부로, 상대의 재산과 인명을 강탈하기^(虜) 위해 손^(手)으로 '사로잡음'을 말한다. 간화자에서는 虜를 虏로 줄여 掳로 쓴다. ☞ 虜^(포로 로)

老(늙을 로): lǎo, 老-0, 6, 70

字解 상형. 갑골문에서 긴 머리칼과 굽은 몸, 내민 손에 지팡이를 든 모습이 상세히 그려졌다. 금문부터는 지팡이가 匕^(될 화)로 변했는데, 이는 化^(될 화)의 생략된 모습이며 '머리칼이 하얗게 변했다는 의미를 담고 있다고 풀이할 수 있다. 나이가 들다가 원래 뜻이고, 이로부터 늙다, 老鍊^(노련)하다, '경험이 많다'의 뜻이, 다시 오랜 시간, 언제나 등의 뜻이 나왔다. 현대 후기 산업사회에서 노인은 생산력을 상실한, 그래서 사회의 구성에 부담을 주는 존재로 전락하고 있지만, 정착 농경사회를 살았던 고대 중국에서 老人^(노인)은 지혜의 원천이었다. 축적된 경험이 곧 지식이었던 그 사회에서

는 풍부한 경험을 확보한 노인은 그 사회의 지도자였고 대소사를 판단하는 준거를 제공했다. 그래서 노인은 존경의 대상이었으며, 그 때문에 노인에 대한 구분도 상세하게 이루어졌다. 노인(老)을 몇 살부터 규정했는가에 대해서는 의견이 분분하지만, 일반적으로는 쉰 이상을 부른 것으로 알려졌다. 나이 쉰이 되면 신체가 쇠약해지며, 예순이 되면 노역이 면제되는 대신 국가에서 받았던 농지도 반환해야 했으며, 일흔이 되면 모든 일에서 은퇴하는 것이 고대 중국의 관습이었다. 老는 나이 든 모든 노인을 포괄하는 통칭이었다. 이러한 노인들은 개인은 물론 국가에서도 모시고 봉양해야만 하는 대상이었으며, 노인을 모시는 '孝(효)'는 국가를 지탱하는 중심 이념으로 설정되기도 했다.

字形 ⟨갑골문 자형들⟩甲骨文 ⟨금문 자형들⟩金文 ⟨고도문⟩古陶文 ⟨간독문 자형들⟩簡牘文 ⟨설문소전⟩說文小篆

鹵(소금 로): 卤, [滷], lǔ, 鹵-0, 11

字解 상형. 금문에서부터 등장하는데, 소금을 정제하는 모습을 그렸는데, 안쪽의 ※는 巖鹽(암염·돌소금)과 같은 소금의 원재료를 바깥쪽은 포대를 형상화한 것으로 보인다. 현대 중국의 간화자에서는 ※를 ×로 줄여 卤로 만들었다. 이후 소금물에서 소금이 만들어짐을 강조하여 水(물 수)를 더한 滷(소금밭 로)가 만들어지기도 했다. 『설문해자』에서는 鹵를 두고 "西(서녘 서)의 생략된 모습을 그렸고 (중간의 ※는) 소금을 그렸다."

라고 했는데, 西가 새의 둥지처럼 얽은 대광주리를 지칭함을 고려한다면, 이는 소금 호수나 웅덩이에서 퍼낸 소금물을 대광주리에 담아 불순물을 제거하고, 다시 불에 끓여 만들어 내는 중국 전통의 소금 제조 방법(再製鹽·재제염)을 염두에 둔 해석이라 생각된다. 『설문해자』에 의하면 그 당시 이미 安定(안정·지금의 감숙성에 있는 지명)이라는 곳에 소금을 생산하는 鹵縣(노현)이 있었고, 산서성 서남부의 中條山(중조산) 북쪽 기슭에는 길이 51리, 넓이 7리, 둘레 1백16리에 이르는 解也(해지)라는 유명한 소금 호수가 있었다고 한다. 간화자에서는 卤로 줄여 쓴다.

字形 ⟨금문⟩金文 ⟨석각고문⟩石刻古文 ⟨설문소전⟩說文小篆

輅(수레 로): 辂, lù, 車-6, 13

字解 형성. 車(수레 거·차)가 의미부이고 各(각각 각)이 소리부로, 수레(車)의 車輪(거령) 앞에 가로지르는 나무를 말한다. 달리 路(길 로)의 생략된 모습을 소리부로 보기도 하며, 간화자에서는 辂로 쓴다.

字形 ⟨금문⟩金文 ⟨고새문⟩古璽文 ⟨설문소전⟩說文小篆

록

彔(나무 깎을 록): 录, lù, 彐-5, 8

字解 상형. 갑골문에서 위쪽은 도르래를, 중간은 두레박을, 아래쪽은 떨어지는 물방울을 그려 물 긷는 장치를 그렸음이 분명하다. 하지만, 역대 문헌에서 그런 장치라는 뜻으로 쓰인 경우는 없으며, 『설문해자』에서도 이미 '또렷하게 새기다'는 뜻으로 사용되었다. 이후 쇠 등 영원히 변치 않도록 '새겨 넣다'는 의미를 강조하기 위해 金(쇠 금)을 더한 錄(기록할 록)을 만들었다. 그러나 물을 길어(彔) 논밭에 대면 풍성한 수확을 올릴 수 있고, 그것이 바로 복록(祿록)이자 윤택함이었을 것이다. 간화자에서는 录으로 쓴다.

字形 [甲骨文] [金文] [古陶文] [說文小篆]

祿(복 록): 禄, lù, 示-8, 13, 32

字解 형성. 示(보일 시)가 의미부이고 彔(나무 깎을 록)이 소리부로, 제사(示)를 드려 비는 복을 말하며, 이로부터 복의 뜻이 나왔다. 또 관리들의 봉급(祿俸녹봉)을 뜻하기도 한다. 간화자에서는 禄으로 쓴다.

綠(초록빛 록): 绿, lǜ, lù, 糸-8, 14, 60

字解 형성. 糸(가는 실 멱)이 의미부이고 彔(나무 깎을 록)이 소리부로, 파란색과 노란색을 섞어 만든 초록빛의 비단(糸)을 말했는데, 이후 초록색의 통칭으로 쓰였다. 간화자에서는 绿으로 쓴다.

字形 [甲骨文] [簡牘文] [說文小篆]

錄(기록할 록): 录, [録], lù, 金-8, 16, 42

字解 형성. 金(쇠 금)이 의미부이고 彔(나무 깎을 록)이 소리부로, 원래는 쇠(金)의 색깔을 말했으나, 이후 쇠(金)에다 파 넣어(彔) 영원히 변치 않도록 기록해 둠을 말했다. 간화자에서는 录(나무 깎을 록)에 통합되어 录으로 쓴다. ☞ 彔(나무 깎을 록)

字形 [甲骨文] [金文] [說文小篆]

菉(푸를 록): lù, 艸-8, 12

字解 형성. 艸(풀 초)가 의미부이고 彔(나무 깎을 록)이 소리부로, 조개풀을 말하며, 풀(艸) 색깔처럼 '푸르름'을 말한다.

字形 [說文小篆]

碌(돌 모양 록): 碌, lù, 石-8, 13, 10

字解 형성. 石(돌 석)이 의미부이고 彔(나무 깎을 록)이 소리부로, 돌(石)의 생김새를 말한다.

字形 [說文小篆]

逯(갈 록): 逯, lù, 辵-8, 12

字解 형성. 辵^(쉬엄쉬엄 갈 착)이 의미부이고 彔^(나무 깎을 록)이 소리부로, 제멋대로 가다^(辵)는 뜻이며, 이후 제멋대로 해서는 아니 된다는 뜻에서 '근신하다'의 뜻도 나왔다.

字形 🖾簡牘文 🖾說文小篆

鹿(사슴 록): lù, 鹿-0, 11, 30

字解 상형. 사슴을 그렸는데, 화려한 뿔과 머리와 다리까지 사실적으로 그려졌다. 그래서 '사슴'이 원래 뜻인데, 이후 사슴의 종류는 물론 사슴과에 속하는 짐승을 통칭하거나 사슴의 특징과 관련된 의미를 표시하게 되었다.

字形 🖾🖾🖾🖾甲骨文 🖾🖾🖾金文 🖾🖾🖾🖾簡牘文 🖾說文小篆

麓(산기슭 록): lù, 鹿-8, 19, 10

字解 형성. 林^(수풀 림)이 의미부이고 鹿^(사슴 록)이 소리부로, '산기슭'을 말하는데, 그곳이 사슴^(鹿)이 서식하는 숲^(林) 지대임을 반영했다. 이후 산기슭의 숲은 물론 삼림을 관리하던 관리를 지칭하기도 했다.

字形 🖾說文小篆

론

論(말할 론): 论, lùn, lún, 言-8, 15, 42

字解 형성. 言^(말씀 언)이 의미부이고 侖^(둥글 륜)이 소리부로, 事理^(사리)를 분석하여 조리 있게^(侖) 말^(言)로 설명하고 논의하는 것을 말한다. 이로부터 의논하다, 가늠하다, 차례를 매기다, 연구하다, 조사하다 등의 뜻이 나왔다. 간화자에서는 侖을 줄여 论으로 쓴다.

字形 🖾金文 🖾🖾🖾簡牘文 🖾說文小篆

롱

籠(대그릇 롱): 笼, lóng, lǒng, 竹-16, 22, 20

字解 형성. 竹^(대 죽)이 의미부이고 龍^(용 룡)이 소리부로, 대^(竹)를 엮어 만든 그릇을 말하며 새장이나 만두 찌는 그릇처럼 대로 만든 큰 상자를 지칭했는데, 큰 상자에 대충대충 다 집어넣는다는 뜻에서 분명하지 않다, 대충대충 하다 등의 뜻도 나왔다. 간화자에서는 龍을 龙으로 줄여 笼으로 쓴다.

字形 🖾說文小篆

聾(귀머거리 롱): 聋, lóng, 耳-16, 22, 10

　字解　형성. 耳^(귀 이)가 의미부이고 龍^(용 룡)이 소리부로, 귀^(耳)가 먼 사람을 말한다. 간화자에서는 龍을 龙으로 줄여 聋으로 쓴다.

　字形　甲骨文 金文 古陶文 簡牘文 帛書 古璽文 說文小篆

壟(언덕 롱): 垄, [壠], lǒng, 土-16, 19

　字解　형성. 土^(흙 토)가 의미부이고 龍^(용 룡)이 소리부로, 『설문해자』의 해설처럼, '흙 언덕^(丘壠)'을 말한다. 『방언』에 의하면, '흙 언덕'을 "秦^(진)·晉^(진) 지역에서는 墳^(무덤 분)이나 壟이라 했고, 함곡관 동쪽 지역에서는 丘^(언덕 구)라고 불렀다."라고 한다. 이후 주위보다 높게 만든 밭두둑이나 밭두렁을 지칭하게 되었고 또 墩臺^(돈대)를 뜻하기도 하였다. 壟斷^(농단)은 '깎아 세운 듯이 높이 솟은 언덕'을 말했는데, 지세가 높은 곳에 올라서서 아래를 내려 보듯, 유리한 지위를 이용해 이익을 독점함을 말하게 되었다. 간화자에서는 龍을 龙으로 줄이고 좌우구조로 바꾼 垄으로 쓴다.

　字形　說文小篆

瓏(옥 소리 롱): 珑, lóng, 玉-16, 20, 10, 10

　字解　형성. 玉^(옥 옥)이 의미부이고 龍^(용 룡)이 소리부로, 굽은 용^(龍) 모양으로 만든 옥기^(玉)의 소리를 말하며, 이로부터 그 소리처럼 '玲瓏^(영롱)하다'는 뜻도 나왔다. 간화자에서는 龍을 龙으로 줄인 珑으로 쓴다.

　字形　說文小篆

朧(흐릿할 롱): 胧, lóng, 月-16, 20

　字解　형성. 月^(달 월)이 의미부이고 龍^(용 룡)이 소리부로, 달빛^(月)이 흐릿함을 말한다. 간화자에서는 龍을 龙으로 줄인 胧으로 쓴다.

　字形　說文小篆

瀧(비 올 롱): 泷, lóng, 水-16, 19

　字解　형성. 水^(물 수)가 의미부이고 龍^(용 룡)이 소리부로, 비가 내리거나 그 모양을 말하는데, 降雨^(강우)의 신인 용^(龍)이 내려주는 물^(水)이라는 뜻을 담았다. 간화자에서는 龍을 龙으로 줄인 泷으로 쓴다.

　字形　說文小篆

弄(희롱할 롱): nòng, 廾-4, 7, 32

字解 형성. 玉(옥 옥)이 의미부이고 廾(두 손 마주잡을 공)이 소리부로, 옥(玉)을 두 손으로(廾) '갖고 노는' 모습으로부터 '戱弄(희롱)하다', 갖고 놀다, 감상하다의 뜻이 나왔다. 상해 지역에서는 작은 골목을 지칭하기도 한다.

字形 (甲骨文) (金文) (簡牘文) (說文小篆)

뢰

賴(힘입을 뢰): 赖, [頼], lài, 貝-9, 16, 32

字解 형성. 貝(조개 패)가 의미부이고 剌(어그러질 랄)이 소리부로, 재산(貝)이나 이익에 '기대다'는 뜻을 그렸으며, 이후 그러한 데 기대어 오만하게 굴다는 뜻에서 '무례하다'는 의미가 나왔다.

字形 (簡牘文) (說文小篆)

瀨(여울 뢰): 濑, [瀬], lài, 水-16, 19

字解 형성. 水(물 수)가 의미부이고 賴(힘입을 뢰)가 소리부로, 여울(水)을 말하며, 여울에서는 물의 흐름이 빨라지므로 '급류'라는 뜻도 나왔다.

字形 (說文小篆)

儡(영락할 뢰): léi, 人-15, 17, 10

字解 형성. 人(사람 인)이 의미부고 畾(밭 갈피 뢰)가 소리부로, 사람(人)의 피곤하고 피폐한 모습을 말하며, 여기서 여위고 약하다의 뜻이 나왔다.

字形 (說文小篆)

賂(뇌물 줄 뢰): 赂, lù, 貝-6, 13

字解 형성. 貝(조개 패)가 의미부이고 各(각각 각)이 소리부로, '뇌물을 주다'는 뜻이며 이로부터 賂物(뇌물)을 뜻하게 되었는데, 재물(貝)이 도착하다(各)는 의미를 담았다.

字形 (說文小篆)

牢(우리 뢰): láo, 牛-3, 7, 10

字解 회의. 宀(집 면)과 牛(소 우)로 이루어져, 소(牛)를 우리(宀)에 가두어 둔 모습을 그렸으며, 이로부터 우리를 지칭하였고, 집이나 감옥의 뜻까지 나왔다. 또 제사에 쓰고자 우리에 가두어 놓고 기른 희생을 지칭하기도 하였다.

字形 (甲骨文) (金文) (古陶文) (貨幣文) (簡牘文) (說文小篆)

耒(쟁기 뢰): lěi, 耒-0, 6

字解 상형. 갑골문에서 손잡이와 보습이 달린 쟁기를 그렸는데, 금문에서는 손^(又우)을 더하기도 했으며, 소전체에서는 아랫부분의 나무^(木목) 위가 가름대 모양으로 변해 나무로 만든 쟁기를 상징화했다. 쟁기는 논밭의 흙을 파 일으키는 농기구를 말하는데, 정착 농경을 일찍부터 시작한 중국에서 쟁기의 발명은 농업 혁명에 비견될 정도로 생산력 향상에 획기적인 전기를 마련했으며, 중국 문명을 선도한 신기술의 상징이었다. 그래서 쟁기는 농기구의 대표였다. 耒가 단순한 '쟁기'에서 농기구의 상징이 되자, 원래의 뜻은 犁^(쟁기 려)로 표현했다.

字形 [金文] 耒 [說文小篆]

雷(우레 뢰): léi, 雨-5, 13, 32

字解 회의. 雨^(비 우)와 田^(밭 전)으로 구성되었는데, 田은 천둥소리를 형상화한 것이 변한 자형이다. 원래는 번개 치는 모습을 그린 申^(아홉째 지지 신)과 그때 나는 우렛소리를 형상한 여러 개의 田으로 구성되었는데, 이후 번개는 주로 비가 올 때 치기 때문에 申이 雨로 바뀌고, 田도 하나로 줄어 지금처럼 되었다. 우렛소리를 말하며, 우렛소리처럼 큰 소리를 지칭하기도 한다.

字形 [甲骨文] [金文] [簡牘文] [說文小篆] [說文古文]

[說文籒文]

賚(줄 뢰): 赉, lài, 貝-8, 15

字解 형성. 貝^(조개 패)가 의미부이고 來^(올 래)가 소리부로, 재물^(貝)이 오다^(來)는 뜻으로부터 '주다', 하사하다는 뜻을 그렸다. 간화자에서는 赉로 쓴다.

字形 [金文] [簡牘文] [說文小篆]

磊(돌무더기 뢰): [礧, 礌], lěi, 石-10, 15, 10

字解 회의. 세 개의 石^(돌 석)으로 구성되어, 돌^(石)이 셋 포개진 모습인데, 셋은 여럿을 상징한다. 그래서 돌이 여럿 포개어져 쌓여 있음을 그렸고, 이로부터 '돌무더기'라는 의미가 나왔다. 이후 크다, 웅위하다의 뜻도 나왔고, 탁월한 재주의 비유로도 쓰였다.

字形 [說文小篆]

料(되질할 료): liào, 斗-6, 10, 50

(字解) 회의. 米^(쌀 미)와 斗^(말 두)로 구성되어, 쌀^(米)을 용기^(斗)로 재는 모습이다. 쌀을 말로 되면서 그 양을 '헤아리게' 되고, 그래서 '추측하다'는 뜻까지 나왔다. 따라서 料理^(요리)는 음식을 만들 때 재료의 양을 정확하게 헤아려^(料) 갈무리^(理) 함을 말한다. 훌륭한 料理란 배합될 재료의 양을 정확하게 斟酌^(짐작)하는 것이 무엇보다 중요함을 보여주고 있다. 이후 헤아림의 원료이자 재료의 대상이라는 뜻에서 '재료'나 어떤 물건의 원료를 뜻하게 되었고, 사람의 재질의 비유로도 쓰였다.

(字形) 米金文 🏺古陶文 粀 粀 簡牘文 粀 說文小篆

了(마칠 료): le, liǎo, 亅-1, 2, 30

(字解) 지사. 이의 자형을 두고 손을 굽힌 모습의 변형이라거나 子^(아들 자)의 다른 필사법으로 子에서 양손 부분을 제외한 모습이라고들 하지만, 자원이 분명하지 않다. 일찍부터 '분명하다'나 '完了^(완료)'의 뜻으로 쓰였는데, 이는 가차 의미이다. 또 부사어로 쓰여 '전혀'라는 의미로도 쓰인다. 현대 중국에서는 瞭^(밝을 료)의 간화자로도 쓰여 '알다', '이해하다'의 뜻으로도 쓰인다.

(字形) 了 說文小篆

尞(횃불 료): liáo, 小-9, 12

(字解) 상형. 갑골문에서 아랫부분은 불^(火·화)을 그렸고 윗부분은 묶어 세워 놓은 나뭇단을 그려, 불이 타오르는 모습을 그렸는데, 나무를 태워 하늘에 지내는 제사의 모습을 형상화했다. 이후 의미를 강화하고자 다시 火를 더하여 燎^(화톳불 료)를 만들기도 했다.

(字形) 尞 說文小篆

燎(화톳불 료): liǎo, 火-12, 16, 10

(字解) 형성. 火^(불 화)가 의미부이고 尞^(횃불 료)가 소리부로, 불^(火)을 놓다는 뜻이며, 尞^(횃불 료)에서 의미를 명확하게 하고자 火를 더해 분화한 글자이다. ☞ 尞^(횃불 료)

(字形) 燎 說文小篆

僚(동료 료): liáo, 人-12, 14, 30

(字解) 형성. 人^(사람 인)이 의미부이고 尞^(횃불 료)가 소리부로, 좋고 훌륭한 모습을 말하며 同僚^(동료)라는 뜻이 있는데, 제사^(尞)를 함께 지내는 사람^(人)이라는 의미를 담았다.

(字形) 僚 說文小篆

療(병 고칠 료): 疗, [療], liáo, 疒-12, 17, 20

(字解) 형성. 疒^(병들어 기댈 녁)이 의미부이고 尞^{(횃불}

료)가 소리부로, 치료하다는 뜻인데, 하늘에 제사를 지내며 병이 낫기를 바라는 모습이나 불을 지펴놓고 밤을 새워가며 병을 고치는 모습을 담았다. 『설문해자』에서는 疒이 의미부이고 樂^(즐거울 락)이 소리부인 療로 써, 병^(疒)이 나아 즐거워지길^(樂) 바란다는 의미를 강조했다. 간화자에서는 소리부인 尞를 了^(마칠 료)로 대체한 疗로 쓴다.

字形 𤻲 說文小篆 𤸷 說文或體

遼(멀 료): 辽, liáo, 辵-12, 16, 12

字解 형성. 辵^(쉬엄쉬엄 갈 착)이 의미부이고 尞^(횃불 료)가 소리부로, 멀리 가다^(辵)는 뜻에서 멀다^(遼)는 뜻이 나왔다. 이후 요녕성에 있는 강 이름으로 쓰이게 되었으며, 요녕성을 지칭하는 말로도 쓰였다. 간화자에서는 소리부인 尞를 了^(마칠 료)로 바꾼 辽로 쓴다.

字形 𨖲 說文小篆

瞭(밝을 료): 了, liǎo, 目-12, 17, 10

字解 형성. 目^(눈 목)이 의미부이고 尞^(횃불 료)가 소리부로, 지펴 놓은 불^(尞)처럼 눈^(目)이 밝음을 말한다. 간화자에서는 了^(마칠 료)에 통합되었다. ☞ 了^(마칠 료)

寮(벼슬아치 료): liáo, 宀-12, 15, 10

字解 형성. 宀^(집 면)이 의미부이고 尞^(횃불 료)가 소리부로, 한 지붕^(宀) 아래서 함께 제사를 드리며^(尞) 일하는 벼슬아치를 말했고, 이

로부터 同僚^(동료)의 뜻이 나왔다. 僚^(동료 료)와 통용해 쓰기도 한다.

字形 𡫑 帛書 寮 玉篇

潦(큰 비 료): lǎo, 水-12, 15

字解 형성. 水^(물 수)가 의미부이고 尞^(횃불 료)가 소리부로, 큰 비를 말하는데, 비^(水)가 들길에 번진 불^(尞)처럼 세차게 내리다는 뜻에서 '큰 비'를 뜻하게 되었다.

字形 𣶒 甲骨文 𤄷 古陶文 𤅷 簡牘文 𤅽 說文小篆

聊(귀 울 료): liáo, 耳-5, 11, 10

字解 형성. 耳^(귀 이)가 의미부이고 卯^(넷째 지지 묘)가 소리부로, 귀^(耳)의 고막이 갈라져^(卯) 몸 밖에 소리가 없는데도 잡음이 들리는 병적인 상태^(耳鳴·이명)를 말한다. 이후 약간, 대체로, 잠시라는 부사로도 쓰였으며, 한담을 나누다는 뜻도 나왔다.

字形 𦖪 說文小篆

鬧(시끄러울 료): 闹, nào, 鬥-5, 15

字解 회의. 鬥^(싸울 투)와 市^(저자 시)로 이루어져, 다툼과 싸움^(鬥)이 항시 벌어지는 시장^(市) 바닥의 '시끌벅적함'을 그렸고, 이로부터 '소란을 일으키다' 등의 뜻이 나왔다. 이후 간화자에서는 鬥가 형체가 비슷한 門으로 변했고 이를 줄여 闹^(시끄러울 료)로 쓴다.

廖(공허할 료): liào, 广-11, 14

字解 형성. 广(집 엄)이 의미부이고 翏(높이 날 료)가 소리부로, 집(广) 위로 높이 날아오르면 텅 빈 곳이 전개된다는 뜻에서 비다, 공허하다는 의미를 담았다. 또 옛날의 나라 이름이나, 성씨의 하나로도 쓰인다.

字形 廖 說文小篆

蓼(여뀌 료): liǎo, 艸-11, 15

字解 형성. 艸(풀 초)가 의미부이고 翏(높이 날 료)가 소리부로, 여뀌를 말하는데, 높이 자라는(翏) 식물(艸)이라는 의미를 담았다. 잎과 줄기는 매운맛이 나 달리 신채(辛菜)라고도 하며, 짓이겨 물에 풀어서 고기를 잡는 데 쓴다.

字形 蒃 金文 蓼 說文小篆

룡

龍(용 룡): 龙, lóng, 龍-0, 16, 40

字解 상형. 갑골문에서 龍을 그렸는데, 뿔과 쩍 벌린 입과 곡선을 이룬 몸통이 특징적으로 표현되었다. 금문에서는 입 속에 이빨이 더해졌고, 소전체에서는 입이 肉(고기 육)으

로 변해 지금의 자형이 대체로 갖추어졌다. 용을 두고 "비늘로 된 짐승의 대표이다. 숨어 몸을 드러내지 않을 수도 있고, 나타나 드러낼 수도 있다. 가늘게 할 수도 있고 크게 할 수도 있으며, 짧게 할 수도 있고 길게 할 수도 있다. 춘분이 되면 하늘로 올라가고, 추분이 되면 연못으로 내려와 잠긴다."라고 했다. 『설문해자』에서는 용을 이렇게 신비한 존재로 표현했는데, 용은 실존하는 동물이 아니라 상상 속의 동물이기 때문에 그랬을 것이다. 龍이 서구에서는 악의 화신으로 묘사되지만, 중국 등 동양에서는 더 없이 귀하고 좋은 길상의 존재로 여겨져, 황제의 상징이기도 하다. 임금의 얼굴을 龍顔(용안), 임금이 입는 옷을 龍袍(용포), 임금이 앉는 의자를 龍床(용상)이라 한다. 중국인들은 자신들을 스스로 '용의 후예'라고 표현한다. 용은 물과 관련되어 비를 내려주는 존재로 알려졌는데, 瀧(비 올 롱)은 용이 내리는 비를 형상적으로 그렸다. 이 때문에 기우제를 지낼 때 용을 만들어 강에 넣고, 虹(무지개 홍)이 갑골문에서 두 마리의 용이 연이어져 물을 빨아들이는 모습으로 표현되기도 했다. 龍으로 구성된 한자들은 모두 '용'을 뜻하거나 '용'이 갖는 이미지와 관련되어 크고 높다는 뜻을 가진다. 현대 중국의 간화자에서는 龍의 초서체를 해서체로 고친 龙으로 쓴다.

字形 甲骨文 金文 古陶文 簡牘文 帛書 古璽文 說文小篆

루

婁(별 이름 루): 娄, [嬰], lóu, 女-8, 11

(字解) 회의. 갑골문에서 여성(女)의 머리 위로 두 손으로 무엇인가를 얹은 모습이며, 금문에서는 그것이 대를 엮어 만든 광주리임을 구체화했다. 소전체에 들면서 윗부분의 광주리가 毌(꿰뚫을 관)으로, 중간의 따리가 中(가운데 중)으로 변하여 지금의 자형이 되었다. 그래서 여자들이 머리에 이는 '대광주리'가 원래 뜻이다. 광주리를 머리에 일 때에는 따리를 받치고 얹어야 한다는 뜻에서 '겹치다', 중첩되다 등의 뜻을 가진다. 이후 별자리 이름으로 가차되어 28수(宿)의 하나를 지칭하게 되었다. 그러자 원래의 '광주리'라는 뜻은 竹(대 죽)을 더한 簍(대 채롱 루)로 분화했다. 간화자에서는 娄로 쓴다.

(字形) 簡牘文 石刻古文 說文小篆 說文古文

樓(다락 루): 楼, lóu, 木-11, 15, 32

(字解) 형성. 木(나무 목)이 의미부이고 婁(별 이름 루)가 소리부로, 다락을 말하는데, 겹쳐(婁) 만들어진 목조(木) 구조물이라는 뜻을 담았다. 간화자에서는 婁를 娄로 줄인 楼로 쓴다.

(字形) 簡牘文 說文小篆

縷(실 루): 缕, lǚ, 糸-11, 17

(字解) 형성. 糸(가는 실 멱)이 의미부이고 婁(별 이름 루)가 소리부로, 비단 실(糸)을 겹겹이(婁) 꼬아 만든 '실'을 말한다. 간화자에서는 婁를 娄로 줄인 缕로 쓴다.

(字形) 簡牘文 說文小篆

屢(창 루): 屡, lǚ, 尸-11, 14, 30

(字解) 형성. 尸(주검 시)가 의미부이고 婁(별 이름 루)가 소리부로, 집(尸)에 층층이(婁) 만들어 놓은 '창문'을 뜻했고, 이로부터 여러 차례, 자주 등의 뜻이 나왔다. 간화자에서는 婁를 娄로 줄인 屡로 쓴다.

(字形) 說文小篆

髏(해골 루): 髅, lóu, 骨-11, 21

(字解) 형성. 骨(뼈 골)이 의미부이고 婁(별 이름 루)가 소리부로, 해골을 말하는데, 살이 썩고 뼈(骨)만 남아 광주리처럼(婁) 얽힌 뼈라는 뜻을 담았다. 간화자에서는 婁를 娄로 줄인 髅로 쓴다.

(字形) 說文小篆

褸(남루할 루): 褛, lǚ, 衣-11, 16

字解 형성. 衣^(옷 의)가 의미부이고 婁^(별 이름 루)가 소리부로, 누더기를 말하는데, 옷^(衣)이 헤져 조각조각^(婁) 기워 붙여 만든 것이라는 뜻이다. 간화자에서는 婁를 娄로 줄인 褛로 쓴다.

字形 說文小篆

瘻(부스럼 루): 瘘, lòu, 疒-11, 16

字解 형성. 疒^(병들어 기댈 녁)이 의미부이고 婁^(별 이름 루)가 소리부로, 질병의 일종인 瘻病^(루병·임파 결핵)을 말하며, 부스럼이라는 뜻도 가진다. 간화자에서는 婁를 娄로 줄인 瘘로 쓴다.

字形 說文小篆

蔞(쑥 루): 蒌, lóu, 艸-11, 15

字解 형성. 艸^(풀 초)가 의미부이고 婁^(별 이름 루)가 소리부로, 식물^(艸)의 일종인 '산쑥'을 말한다. 간화자에서는 婁를 娄로 줄인 蒌로 쓴다.

字形 古璽文 說文小篆

鏤(새길 루): 镂, lòu, 金-11, 19

字解 형성. 金^(쇠 금)이 의미부이고 婁^(별 이름 루)가 소리부로, 쇠^(金)의 일종인 강철을 말하며, 영원히 지워지지 않도록 쇠^(金)에다 새기거나 장식하는 것을 말한다. 간화자에서는

婁를 娄로 줄인 镂로 쓴다.

字形 說文小篆

嘍(시끄러울 루): 喽, lóu, lòu, 口-11, 14

字解 형성. 口^(입 구)가 의미부이고 婁^(별 이름 루)가 소리부로, 시끄럽다는 뜻인데, 말^(口)이 많음^(婁)을 말한다. 이후 동사의 뒤에 놓여 예상이나 가설의 의미를, 또 동작이 완성됨을 나타내며, 확정의 어기나 긍정적 사태의 출현을 나타내기도 한다. 간화자에서는 婁를 娄로 줄인 喽로 쓴다.

字形 說文小篆

壘(진 루): 垒, lěi, 土-15, 18, 10

字解 형성. 土^(흙 토)가 의미부이고 畾^(밭 갈피 뢰)가 소리부로, 흙^(土)을 쌓아^(畾) 만든 군대의 성루나 堡壘^(보루)를 말하며, 돌이나 벽돌 등을 쌓다는 뜻도 가진다. 간독문자에서는 네 개의 田으로 구성되었으며, 간화자에서는 畾를 厽^(담쌓을 루)로 줄인 垒로 쓴다.

字形 簡牘文 說文小篆

累(묶을 루): [纍], lěi, 糸-5, 11, 32

字解 형성. 원래는 糸^(가는 실 멱)이 의미부이고 厽^(담쌓을 루)가 소리부로, 실을 사용해 여려 겹으로 묶다는 뜻을 그렸고, 이로부터 중첩과 누적이라는 뜻이 나왔다. 예서 단계에서 厽가 畾^(밭 갈피 뢰)로 변했고, 다시 하나

로 줄어 지금의 자형이 되었다. 달리 鸝^{(묶}^{을 루)}로 쓰기도 한다.

字形 簡牘文 說文小篆

漏(샐 루): [屚], lòu, 水-11, 14, 32

字解 형성. 水^(물 수)가 의미부이고 屚^(샐 루)가 소리부로, 빗물^(雨)이 집^(尸) 아래로 떨어지듯^(屚) 좁은 구멍으로 물을 일정한 속도로 떨어지게 하고 그 분량을 재어 시간을 계산하게 한 장치를 말한다. 『설문해자』에서는 "구리로 된 용기에 물을 받는데, 눈금이 새겨져 있고, 하루의 길이를 1백 개의 눈금으로 구분했다."라고 했다.

字形 屚 屚簡牘文 漏 說文小篆

陋(좁을 루): [陋], lòu, 阜-6, 9, 10

字解 형성. 阜^(언덕 부)가 의미부이고 匧^(천할 루)이 소리부인데, 자형이 조금 변해 지금처럼 되었다. 흙^(阜)으로 만든 담과 담 사이의 길이 좁다는 뜻이며, 이로부터 좁다, 작다, 조잡하다, 鄙陋^(비루)하다, 陋醜^(누추)하다 등의 뜻이 나왔다.

字形 陋 說文小篆

淚(눈물 루): 泪, lèi, 水-8, 11, 30

字解 형성. 水^(물 수)가 의미부이고 戾^(어그러질 려)가 소리부로, 눈물^(水), 눈물을 흘리다, 눈물을 흘리는 모양 등을 말한다. 간화자에서는

水와 目^(눈 목)으로 구성되어 눈^(目) 물^(水)이라는 뜻의 회의구조인 泪로 쓴다.

류

謬(그릇될 류): 谬, miù, 言-11, 18, 20

字解 형성. 言^(말씀 언)이 의미부이고 翏^(높이 날 료)가 소리부로, 그릇되다는 뜻인데, 말^(言)이 높이 날면^(翏) 妄言^(망언)이나 '오류'가 되고 만다는 인식을 담았다. 이후 잘못, 誤謬^(오류) 등의 뜻이 나왔다.

字形 謬 說文小篆

類(무리 류): 类, lèi, 頁-10, 19, 52

字解 형성. 犬^(개 견)이 의미부이고 頪^(빠를 뢰)가 소리부로, '무리'를 말한다. 같은 종류끼리는 비슷하기 마련인데, 여러 동물 중 개가 특히 그러한 특징이 두드러지기에 犬이 의미부로 채택되었다. 이로부터 部類^(부류)나 種類^(종류) 등의 뜻이 나왔다. 간화자에서는 頁^(머리 혈)을 생략하여 类로 쓴다.

字形 類 類 類簡牘文 頪 說文小篆

劉(죽일 류): 刘, liú, 刀-13, 15, 12

字解 형성. 金^(쇠 금)과 刀^(칼 도)가 의미부이고 卯^(넷째 지지 묘)가 소리부로, '죽이다'는 뜻이다. 劉는 원래 卯에서 분화한 글자이다. 즉 卯는 희생물의 몸을 두 쪽으로 대칭되게 갈라 제사 지내던 방법을 말했는데, 이후 卯가 간지자로 차용되자 칼로 자른다는 뜻에서 刀^(칼 도)를 더하고 다시 칼이 쇠로 만들어졌다는 의미에서 金^(쇠 금)을 더하여 劉^(죽일 류)를 만들었다. 성씨로도 쓰인다. 간화자에서는 왼쪽부분을 간단하게 文^(글월 문)으로 줄여 刘로 쓴다. ☞ 卯^(넷째지지 묘)

瀏(맑을 류): 浏, liú, 水-15, 18

字解 형성. 水^(물 수)가 의미부이고 劉^(죽일 류)가 소리부로, 물^(水)이 깊고 맑음을 말하며, 호남성 남부에 있는 강 이름으로 호남성과 강서성의 경계에 있는 九嶺山^(구령산)에서 나와 서쪽으로 흘러 瀏陽^(유양)현을 거쳐 長沙^(장사)시에서 湘江^(상강)과 합류한다. 간화자에서는 劉를 刘로 줄여 浏로 쓴다.

字形 說文小篆

柳(버들 류): [栁], liǔ, 木-5, 9, 40

字解 형성. 木^(나무 목)이 의미부이고 卯^(넷째지지 묘)가 소리부로, 버드나무를 말하는데, 버드나무는 껍질과 속 몸체가 잘 분리되는^(卯) 특성이 있는 나무^(木)의 하나이다. 또 별자리 이름으로 가차되어 28수^(宿)의 하나를 지칭한다.

字形 甲骨文 金文 古陶文 盟書 簡牘文 說文小篆

留(머무를 류): [畱, 畄], liú, 田-5, 10, 42

字解 형성. 田^(밭 전)이 의미부이고 卯^(넷째 지지 묘)가 소리부로, 전답^(田)에 머물다는 뜻으로부터, 머물다, 남다, 마음속에 두다, 받아들이다, 물이 흐르다 등의 뜻이 나왔다.

字形 金文 古陶文 簡牘文 古璽文 說文小篆

瑠(유리 류): 琉 [珋, 璢], liú, 玉-10, 14

字解 형성. 玉^(옥 옥)이 의미부이고 留^(머무를 류)가 소리부로, 옥^(玉)처럼 빛나는 '유리'를 말하며, 소리부를 充^(깃발 류)로 대체한 琉^(유리 류)와 같이 쓴다. ☞ 琉^(유리 류)

字形 說文小篆

溜(방울져 떨어질 류): liù, 水-10, 13, 10

字解 형성. 水^(물 수)가 의미부이고 留^(머무를 류)가 소리부로, 광서성 북부를 관통하는 강 이름으로 柳江^(류강)으로도 불린다. 또 물^(水)이 아래로 흐르다는 뜻이 있으며, 이로부터 빠져나가다, 몰래 도망하다의 뜻도 나왔다. 또 요리법의 하나로 전분 등을 넣어

걸쭉하게 볶는 것을 말한다.

字形 [說文小篆]

榴(석류나무 류): liú, 木-10, 14

字解 형성. 木^(나무 목)이 의미부이고 留^(머무를 류)가 소리부로, 石榴^(석류) 나무를 말하는데, 5월에 꽃을 피우는데 紅^(홍)·黃^(황)·白^(백)의 세 가지 색이 있고, 열매는 단맛신맛쓴맛의 세 가지가 있다.

瘤(혹 류): [癅], liú, 疒-10, 15, 10

字解 형성. 疒^(병들어 기댈 녁)이 의미부이고 留^(머무를 류)가 소리부로, '혹'을 말하는데, 피가 흐르다가 한곳에 모여 머무르면서^(留) 생긴 병^(疒)의 일종이라는 뜻을 담았다.

字形 [說文小篆]

流(흐를 류): liú, 水-7, 10, 52

字解 형성. 水^(물 수)가 의미부이고 㐬^(깃발 류)가 소리부로, 어린 아이^(㐬)와 물^(水)로 구성되었으며, 금문과 『설문해자』의 소전체에서는 水가 하나 더 더해졌으며, 아이가 거꾸로 나올 때 양수가 쏟아져 내림을 그렸다. 이로부터 물이 흐르다, 피가 흐르다는 의미가 나왔고, 액체가 이동하다, 미끄럽다, 흐르다, 흐르는 물체, …을 향해 가다, 내쫓다, 流派^(유파) 등의 뜻이 나왔다.

字形 [金文] [古陶文] [說文小篆]

[簡贖文] [說文小篆] [說文篆文]

硫(유황 류): liú, 石-7, 12, 20

字解 형성. 石^(돌 석)이 의미부이고 㐬^(깃발 류)가 소리부로, 비금속^(石) 원소인 硫黃^(유황)을 말하며, 화약 재료와 피부병 치료에 쓰인다. 『본초강목』에 의하면, 유황은 돌^(石)의 정기를 모아 만들어지며, 그 성질은 통하여 흐르게^(流) 하며 색깔이 누른색을 띠므로 '硫黃'이라 부르게 되었다고 했다.

琉(유리 류): [瑠], liú, 玉-7, 11, 10

字解 형성. 玉^(옥 옥)이 의미부이고 㐬^(깃발 류)가 소리부로, 옥^(玉)처럼 광택을 내는 '유리'를 말하며, 산스크리트 표준어에서의 "vaidurya"의 번역어로 달리 璧珋^(벽류), 璧流離^(벽유리), 琉离^(유리) 등으로 번역된다. 『설문해자』에서는 珋로 썼다.

字形 [說文小篆]

旒(깃발 류): liú, 方-9, 13

字解 형성. 㫃^(깃발 나부끼는 모양 언)이 의미부이고 㐬^(깃발 류)가 소리부로, 나부끼는 깃발^(㫃)을 말한다.

륙

六(여섯 륙): liù, 八-2, 4, 80

字解 상형. 갑골문에서 땅 위에 만들어진 집의 모습으로 보이지만, 자원은 정확하지 않다. 갑골문 당시 이미 숫자 6을 뜻해, 원래의 의미를 상실했다. 이후 숫자 6은 물론, 『주역』 괘의 陰爻(음효)를 지칭하기도 했으며, 중국 전통 악보인 工尺譜(공척보)에서 음을 기록하는 부호의 하나로도 쓰였다.

字形 人人人人人人大 甲骨文 ㄇ金文 ㅆ人ㅆㅆㅆㅅ古陶文 六盟書 六六六木木簡牘文 ㅆ 石刻古文 ㅆ 說文小篆

陸(뭍 륙): 陆, lù, 阜-8, 11, 52

字解 형성. 阜(언덕 부)가 의미부이고 坴(언덕 륙)이 소리부로, 집이 겹겹이 만들어진(坴) 언덕배기(阜)라는 의미로부터 사람이 기거할 수 있는 '뭍'의 뜻이, 다시 대륙을 뜻하게 되었다. 달리 六(여섯 륙)의 갖은자로 쓰이기도 한다. 간화자에서는 陆으로 줄여 쓴다. ☞ 坴(언덕 륙)

字形 陸 說文小篆 陸 說文籀文

戮(죽일 륙): lù, 戈-11, 15, 10

字解 형성. 戈(창 과)가 의미부이고 翏(높이 날 료)가 소리부로, 무기(戈)로 사람을 죽이다는 뜻이며, 징벌하다, 잔악하다, 시신을 군중에게 내보이다 등의 뜻이 나왔다.

字形 戮金文 戮戮帛書 戮 說文小篆

륜

侖(둥글 륜): 仑, lún, 人-6, 8

字解 상형. 금문에서 多管(다관)으로 된 피리를 그린 龠(피리 약)의 모습을 닮았는데, 윗부분은 입을 아랫부분은 대를 엮어 놓은 모습을 그렸으며, 多管(다관) 피리와 같은 악기를 불 때의 條理(조리)나 순서를 형상화한 것으로 보인다. 이로부터 순서나 條理라는 의미로 쓰이게 되었고, 그런 순서가 한 바퀴 도는 주기, 즉 사이클을 뜻하기도 했다. 간화자에서는 간단하게 줄여 仑으로 쓴다.

字形 侖金文 侖簡牘文 侖 說文小篆 侖 說文籀文

綸(낚싯줄 륜): 纶, lún, 糸-8, 14, 10

字解 형성. 糸(가는 실 멱)이 의미부이고 侖(둥글 륜)이 소리부로, 낚싯줄이나 현악기의 줄 등 여러 다양한 용도로 돌려가며(侖) 쓸 수 있는 실(糸)을 말한다. 간화자에서는 侖을 仑으로 줄여 纶으로 쓴다.

輪(바퀴 륜): 轮, lún, 車-8, 15, 40

字解 형성. 車^(수레 거차)가 의미부이고 侖^(둥글 륜)이 소리부로, 회전할 수 있도록^(侖) 고안된 수레^(車)의 바퀴를 말하며, 이로부터 수레, 수레를 만드는 장인 등을 지칭하기도 했다. 수레바퀴는 여러 부속품으로 구성되어 그 장착에는 일정한 순서가 필요하기 때문에 侖이 소리부로 채택되었다. 간화자에서는 侖을 仑으로 줄여 轮으로 쓴다.

字形 [이미지] 簡牘文 [이미지] 說文小篆

倫(인륜 륜): 伦, lún, 人-8, 10, 32

字解 형성. 人^(사람 인)이 의미부이고 侖^(둥글 륜)이 소리부로, 같은 무리^(人) 사이에서의 次序^{(차서·차례)(侖)}를 말하는데, 정착 농경을 일찍 시작한 고대중국은 경험에 의한 나이 중심의 사회였기에 사람들 간의 次序가 倫理^(윤리)의 핵심 개념으로 자리 잡았고, 이후 이는 사람^(人)들에게 두루^(侖) 미칠 수 있는 윤리 개념으로 발전하였다. 간화자에서는 侖을 仑으로 줄여 伦으로 쓴다.

字形 [이미지] 簡牘文 [이미지] 說文小篆

崙(산 이름 륜): 崀, lún, 山-8, 11, 12

字解 형성. 山^(뫼 산)이 의미부이고 侖^(둥글 륜)이 소리부로, 티베트에 있는 崑崙山^(곤륜산)을 말

하며, 높고 험하다는 뜻도 나왔다. 간화자에서는 侖을 仑으로 줄여 崀으로 쓴다.

字形 [이미지] 說文小篆

淪(잔물결 륜): 沦, lún, 水-8, 11, 10

字解 형성. 水^(물 수)가 의미부이고 侖^(둥글 륜)이 소리부로, 둥글게^(侖) 원을 그리며 퍼져 나가는 물^(水)의 결을 말한다. 간화자에서는 侖을 仑으로 줄여 沦으로 쓴다.

字形 [이미지] 金文 [이미지] 說文小篆

률

栗(밤나무 률): lì, 木-6, 10, 32

字解 상형. 원래는 나무^(木)에 밤이 주렁주렁 열린 모습으로, 열매의 바깥으로는 뾰족한 침으로 되었고 속에는 알이 들어 그것이 밤송이임을 구체적으로 형상했다. 소전체에 들면서 셋으로 되었던 밤송이가 하나로 줄었고, 예서체에서 西로 변해 지금의 자형이 되었다. 밤나무가 원래 뜻이며, 그 열매인 밤, 곡식이나 과식이 가득 여물다, 단단하다, 엄숙하다 등의 뜻도 나왔다.

字形 [이미지] 甲骨文 [이미지] 簡牘文 [이미지] [이미지] 古璽文 [이미지] 石刻古文 [이미지] 說文小篆 [이미지] 說文古文

慄(두려워할 률): [溧], lì, 心-10, 13, 10

字解 형성. 心(마음 심)이 의미부이고 栗(밤나무 률)이 소리부로, 밤송이(栗)를 무서워하는 심리(心)라는 뜻에서 두려워하다, 두려움에 떨다(戰慄전율)는 뜻이 나왔다. 또 그런 심리상태를 강조하기 위해 心 대신 氵(얼음 빙)을 더한 溧(찰 률)로 쓰기도 한다.

率(헤아릴 률) ☞ 率(거느릴 솔)

聿(붓 률): yù, 聿-0, 6

字解 상형. 손으로 붓을 잡은 모습을 그렸다. 이후 붓대는 주로 대(竹·죽)로 만들어졌기에 竹을 더한 筆(붓 필)로 분화했고, 현대 중국의 간화자에서는 대(竹)로 된 붓대와 털(毛·모)로 된 붓 봉을 상징화한 笔로 변했다. 붓은 필기구의 대표이다. ☞ 筆(붓 필)

字形 ![甲骨文] 甲骨文 ![金文] 金文 ![簡牘文] 簡牘文 ![說文小篆] 說文小篆

律(법 률): lǜ, 彳-6, 9, 42

字解 형성. 彳(조금 걸을 척)이 의미부이고 聿(붓 률)이 소리부로, 길(彳)에서 붓(聿)으로 '법령'을 써 붙이는 모습이고, 이로부터 온 백성에게 고르게 펼치는 법령이라는 뜻이 생겼으며, 이로부터 규범, 기율 등의 뜻이 나왔다. 또 음악의 고저를 정하는 표준을 말하는데, 성음을 6律과 6呂(려)로 나누고 이를 12律이라 했다.

字形 ![甲骨文] 甲骨文 ![簡牘文] 簡牘文 ![說文小篆] 說文小篆

륭

隆(클 륭): lóng, 阜-9, 12, 32

字解 형성. 生(날 생)이 의미부이고 降(내릴 강·항복할 항)이 소리부인데, 자형이 줄어 隆으로 되었다. 간독문자에서는 生 대신 土(흙 토)가 들어갔다. 만물을 생성해 내는(生) 대지(土)로부터 크고 위대함의 뜻이, 다시 많다, 융성하다는 뜻이 나왔다.

字形 ![說文小篆] 說文小篆

癃(느른할 륭): lóng, 疒-12, 17

字解 형성. 疒(병들어 기댈 녁)이 의미부이고 隆(클 륭)이 소리부로, 병(疒)의 하나인 癃閉(륭폐)를 말하는데, 한의학에서는 소변이 잘 나오지 않거나 방울져 나오는 것을 말한다. 이로부터 노쇠함, 병약함, 혹은 그런 사람을 뜻하게 되었다.

字形 ![簡牘文] 簡牘文 ![說文小篆] 說文小篆 ![說文籀文] 說文籀文

륵

勒(굴레 륵): lè, 力-9, 11, 10

(字解) 형성. 革^(가죽 혁)이 의미부이고 力^(힘 력)이 소리부로, 말이나 소 따위를 부리고자 억지로^(力) 머리와 목에서 고삐에 걸쳐 얽어매는, 가죽^(革)으로 만든 줄을 말한다.

(字形) 〔금문·간독문·설문소전 자형〕 金文 簡牘文 勒 說文小篆

肋(갈비 륵): lèi, lē, 肉-2, 6, 10

(字解) 형성. 肉^(고기 육)이 의미부이고 力^(힘 력)이 소리부로, 몸체^(肉)의 일부인 '갈비'를 말하는데, 신체에서 힘^(力)을 받는 부위^(肉)임을 반영했다.

(字形) 肋 說文小篆

름

靣(곳집 름): lǐn, 亠-6, 8

(字解) 상형. 갑골문에서 곡식 창고의 모습을 그렸는데, 지붕과 저장 칸과 습기를 막으려고 기단 위에 지어진 다리가 고스란히 그려졌다. 『설문해자』에서는 入^(들 입)과 창문이 난 창고^(回)가 더해진 구조로 변해 창고^(回) 속에 곡식을 저장한다는 의미를 그렸다. 이후 곳집 저장의 의미를 강화하기 위해 禾^(벼 화)를 더해 稟^(줄 품)으로, 다시 창고임을 강조하기 위해 广^(집 엄)을 더해 廩^(곳집 름)으로 분화했다.

(字形) 〔갑골문 자형〕甲骨文 回 說文小篆

廩(곳집 름): 廪, [回], lǐn, 广-13, 16

(字解) 형성. 广^(집 엄)이 의미부이고 稟^(줄 품)이 소리부로, 곡식을 저장하는^(稟) 창고^(广)를 말한다. 稟은 기단 위에 세워진 곡식창고를 그린 靣^(곳집 름)에다 禾^(벼 화)가 더해져 그것이 '곡식 창고'임을 강조했는데, 이후 广을 더해 廩이 되었다. 달리 稟^(줄 품)이 들어간 廩으로 쓰기도 한다.

(字形) 〔갑골문 자형〕甲骨文 稟 說文小篆 廩 說文或體

凜(찰 름): lǐn, 冫-13, 15, 10

(字解) 형성. 冫^(얼음 빙)이 의미부이고 稟^(줄 품)이 소리부로, 곡식을 저장하는 곳집^(稟)은 늘상 서늘하게^(冫) 하여 습기로부터 보호해야 한다는 뜻에서 '차다'는 의미를 그렸다.

릉

夌(언덕 릉): líng, 夊-5, 8

字解 형성. 夊^(천천히 걸을 쇠)가 의미부이고 兂^(버섯 록)이 소리부로, 사람이 거처할 수 있는^(夊) 땅을 말하는데, 습기가 끼거나 물이 들지 않는 '언덕'이나 '구릉'이 적합한 곳이었다. 갑골문에서 사람^(人)과 余^(나 여)의 생략된 모습과 屮^(왼손 좌)의 결합으로, 집^(余)이 사람^(人) 위에 있는 모습으로부터 사람보다 위에 있음을 그렸고, 이로부터 능가하다와 능멸하다 등의 뜻이 나왔다. 금문에서는 사람의 발이 다시 더해졌고, 소전체에서는 발^(夊)만 남아 지금의 자형이 되었다.

字形 ![소전] 說文小篆

陵(큰 언덕 릉): líng, 阜-8, 11, 32

字解 형성. 阜^(언덕 부)가 의미부이고 夌^(언덕 릉)이 소리부로, 높고 큰^(夌) 언덕^(阜)을 말한다. 갑골문에서 한쪽 발은 땅에 다른 한쪽 발은 흙 계단에 올려져, 흙 계단^(阜)을 오르는 모습을 그렸는데, 왕릉 같은 큰 언덕에 만들어진 계단일 것이다. '큰 언덕'이 원래 뜻이고, 이후 시신을 묻고 큰 언덕처럼 봉분을 만든 '무덤'까지 지칭하게 되었다.

字形 ![소전] 說文小篆

凌(능가할 릉): líng, 冫-8, 10, 10

<!-- 우측 컬럼 -->

字解 형성. 冫^(얼음 빙)이 의미부이고 夌^(언덕 릉)이 소리부로, 원래는 얼음^(冫)을 말했으나 이후 凌駕^(능가)에서처럼 '뛰어넘다'의 뜻으로 가차되었다.

字形 ![소전] 說文小篆

綾(비단 릉): 绫, líng, 糸-8, 14, 10

字解 형성. 糸^(가는 실 멱)이 의미부이고 夌^(언덕 릉)이 소리부로, 무늬를 가진 가늘고 얇은 비단을 말하는데, 뛰어난^(夌) 품질의 비단^(糸)임을 반영했다. 『설문해자』에서는 "가는 비단"을, 『정자통』에서는 "거울처럼 빛나면서 무늬를 넣은 비단을 말한다"라고 했다.

字形 ![소전] 說文小篆

菱(마름 릉): [蔆], líng, 艸-8, 12, 10

字解 형성. 艸^(풀 초)가 의미부이고 夌^(언덕 릉)이 소리부로, 연못이나 늪에서 주로 자라는 1년생 수생 초목^(艸)의 하나인 '마름'을 말한다. 『설문해자』에서는 艸가 의미부이고 淩^(달릴 릉)이 소리부인 蔆^(마름 릉)으로 썼다.

字形 ![소전] 說文小篆 ![소전] 說文小篆

稜(모 릉): léng, 禾-8, 13, 10

字解 형성. 禾^(벼 화)가 의미부이고 夌^(언덕 릉)이 소리부로, 곡식^(禾)을 생산하는 논밭 사이의 '두둑을 말했는데, 이후 논밭의 면적을 나타내는 단위로 쓰였다. 달리 棱^(모 릉)과 같이 쓰여 물체의 거죽으로 쑥 나온 귀퉁이를 말한다.

字形 𥝆 㮫 㮦 古陶文 𣏣 古璽文 㮦 說文小篆

棱(모 릉): [楞], léng, 木-8, 12

字解 형성. 木^(나무 목)이 의미부이고 夌^(언덕 릉)이 소리부로, 나무^(木)의 모서리를 말하며, 이후 물체의 '모서리'라는 뜻으로 확대되었다. 달리 楞^(모릉)으로도 쓴다.

字形 𥝆 㮫 㮦 古陶文 𣏣 古璽文 㮦 說文小篆

㥄(다른 곳으로 갈 릉): líng, 夊-10, 13

字解 형성. 去^(갈 거)가 의미부이고 夌^(언덕 릉)이 소리부이다. 『설문해자』의 해설처럼, '떠나가다^(去)라는 뜻이다.

字形 㦮 說文小篆

楞(모 릉): léng, 木-9, 13, 12

字解 회의. 木^(나무 목)과 四^(넉 사)와 方^(모 방)으로 구성되어, 나무^(木)로 만든 기물의 네^(四) 모서리^(方)라는 뜻을 담았으며 이로부터 모서리라는 뜻이 나왔다. 원래는 棱^(모 릉)으로 써 木이 의미부이고 夌^(언덕 릉)이 소리부인 구조였으나, 해서체에서부터 지금의 자형인 楞으로 변했다. ☞ 棱^(모릉)

字形 𥝆 㮫 㮦 古陶文 𣏣 古璽文 㮦 說文小篆

리

罹(근심 리): lí, 网-11, 16, 10

字解 회의. 心^(마음 심)과 罹^(어리 조)로 구성되어, 그물에 잡힌 새^(罹)의 마음^(心)을 통해 근심과 우환의 의미를 그려 냈다. 이로부터 근심, 걱정, 병, 우환의 뜻이 나왔고, 그런 일을 당하다는 의미로도 쓰였다. ☞ 離^(떼놓을 리)

字形 𦌤 說文小篆

魑(도깨비 리): chī, 鬼-11, 21

字解 형성. 鬼^(귀신 귀)가 의미부이고 离^(산신 리)가 소리부로, 귀신^(鬼)의 일종인 도깨비를 말한다. ☞ 离^(산신 리)

字形 𩴆 說文小篆

離(떼놓을 리): 离, lí, 隹-11, 19, 40

字解 형성. 隹(새 추)가 의미부이고 离(산신 리)가 소리부로, 원래는 꾀꼬리(隹)를 말했으나 이후 떠나가다, 떨어지다의 뜻으로 쓰였다. 离는 윗부분이 새(隹)이고 아랫부분이 새를 잡는 뜰채로 새를 잡는 모습을 형상화했는데 禽(날짐승 금·擒의 원래 글자)에도 들어 있다. 뜰채로 새를 잡게 되면 새는 가능한 한 도망칠 것이고, 이 때문에 '도망하다'는 뜻이 나왔고, 다시 의미를 강조하고자 隹를 덧보태어 離가 되었다. 또 잡히는 새의 처지에서 보면 여간 걱정거리가 아니었을 것인데, 이는 心을 더해 罹(근심 리)로 분화한 것으로 보인다. 간화자에서는 离에 통합되었다.

字形 簡牘文 說文小篆

籬(울타리 리): 篱, lí, 竹-19, 25, 10

字解 형성. 竹(대 죽)이 의미부이고 離(떼놓을 리)가 소리부로, '울타리'를 말하는데, 어떤 영역이 서로 나누어지도록(離) 대(竹)로 만든 장치를 말한다. 간화자에서는 離를 离로 줄여 篱로 쓴다.

璃(유리 리): [瓈, 瑠], lí, 玉-11, 15

字解 형성. 玉(옥 옥)이 의미부이고 离(산신 리)가 소리부로, 옥(玉)처럼 빛나는 '琉璃(유리)'를 말한다.

里(마을 리): lǐ, 里-0, 7, 70

字解 회의. 금문에서 田(밭 전)과 土(흙 토)로 이루어졌다. 田은 경작 가능한 농지를, 土는 농작물을 생장케 해주는 상징이다. 정착 농경을 일찍 시작했던 고대 중국에서 농지가 갖추어진 곳이 바로 정착할 수 있는 '마을'이었다. 고대 문헌에서 "다섯 집(家가)을 鄰(이웃 린)이라 하고, 다섯 鄰을 里라고 한다."라고 했으니, 대략 하나의 마을(里)은 25家로 이루어졌던 셈이다. 현대 중국에서는 옷(衣의)의 속을 뜻하는 裏(裏속 리)의 간화자로 쓰인다. 이처럼 里의 본래 뜻은 마을이고, 이로부터 鄕里(향리)라는 말이 나왔다. 나아가 里는 마을과 마을 사이의 거리를 재는 단위로 쓰였으며, 현대에 들어서는 물길(水수)의 거리(里)를 재는 단위인 浬(해리 리)가 생겨났다.

字形 金文 古陶文 簡牘文 說文小篆

理(다스릴 리): lǐ, 玉-7, 11, 60

字解 형성. 玉(옥 옥)이 의미부이고 里(마을 리)가 소리부로, 원래 玉(옥 옥)에 난 무늿결을 뜻했고 玉을 다듬을 때는 무늿결을 따라 쪼아야 옥이 깨지지 않는다는 뜻에서 '다스리다'의 뜻이 나왔다. 또 옥의 무늿결처럼 짜인 것이라는 의미에서 하늘이나 세상의 '理致(이치)', 事理(사리), 道理(도리), 본성 등의 뜻이 나왔다.

字形 古陶文 簡牘文 說文小篆

鯉(잉어 리): 鲤, lǐ, 魚-7, 18

字解 형성. 魚^(고기 어)가 의미부이고 里^(마을 리)가 소리부로, '잉어'를 말하는데, 마을^(里) 가까이서 자라는 물고기^(魚)라는 뜻을 담았다.

字形 說文小篆

浬(해리 리): lǐ, hǎilǐ, 水-7, 10

字解 형성. 水^(물 수)가 의미부이고 里^(마을 리)가 소리부로, 바닷길^(水)에서의 거리 단위^(里)로 海里^(해리)를 말한다. ☞ 里^(마을 리)

俚(속될 리): lǐ, 人-7, 9, 10

字解 형성. 人^(사람 인)이 의미부이고 里^(마을 리)가 소리부로, 서로 의탁하다는 뜻인데, 서로가 의탁해 가며 사는 곳이 바로 사람^(人)이 사는 마을^(里)임을 반영했다. 이후 그런 곳이 '민간'이며, 평범하고 '속된' 곳이라는 뜻도 나왔다.

字形 說文小篆

裏(속 리): 里, [裡], lǐ, 衣-7, 13, 32

字解 형성. 衣^(옷 의)가 의미부이고 里^(마을 리)가 소리부인 상하구조로, 옷^(衣)의 안쪽을 말했는데, 이후 안쪽이나 속, 어떤 시간의 안 등을 뜻하게 되었다. 裡^(속 리)로도 쓰며, 간화자에서는 里에 통합되었다. ☞ 里^(마을 리)

字形 金文 古陶文 簡牘
文 說文小篆

裡(속 리): 里, [裏], lǐ, 衣-7, 12, 10

字解 형성. 衣^(옷 의)가 의미부이고 里^(마을 리)가 소리부인 좌우구조로, 옷^(衣)의 안쪽을 말했는데, 이후 안쪽이나 속, 어떤 시간의 안 등을 뜻하게 되었다. 裏^(속 리)와 같은 글자이며, 간화자에서는 里에 통합되었다. ☞ 裏^(속 리)

字形 金文 古陶文 簡牘
文 說文小篆

釐(다스릴 리): 厘, lí, 里-11, 18, 10

字解 형성. 里^(마을 리)가 의미부이고 𠩺^(터질 이)가 소리부로, 마을^(里)을 다스리다는 뜻이었는데, 마을을 다스리려면 대단히 세세한 부분까지 신경 써야 하므로 '세세하다'는 뜻이 나왔다. 이후 극히 작은 단위를 나타내는 데 쓰였는데, 무게는 兩^(양)의 1천분의 1을, 길이는 자^(尺)의 1천분의 1을, 면적은 畝^(무)의 1백분의 1을 말했다. 간화자에서는 윗부분을 생략하여 厘로 쓴다.

字形 金文 古陶文 簡牘文 說文小篆

犛(야크 리): [犛, 氂], máo, 牛-11, 15

字解 형성. 牛^(소 우)가 의미부이고 斄^(터질 이)가 소리부로, 소^(牛)의 일종인 '야크'를 말하며, 간화자에서는 牦^(소 모)에 통합되었다. 몸에 검고 긴 털^(毛)이 많은 소^(牛)를 닮은 짐승이라는 뜻을 담았다.

字形 古陶文 說文小篆

厘(다스릴 리): lí, 厂-7, 9

字解 형성. 厂^(기슭 엄)이 의미부이고 里^(마을 리)가 소리부로, 100畝^(무) 넓이의 밭을 말한다. 또 규정을 정리하다^(厘定·리정)는 뜻으로도 쓰인다. 달리 廛^(가게 전)의 속자로도 쓰인다.

狸(살쾡이 리): [貍], lí, 犬-7, 10

字解 형성. 犬^(개 견)이 의미부이고 里^(마을 리)가 소리부로, 살쾡이를 말하는데, 마을^(里)까지 출몰하는 들짐승^(犬)이라는 뜻을 담았다. 달리 犬 대신 豸^(발 없는 벌레 치)가 들어간 貍^(살쾡이 리)와 같이 쓰기도 한다.

字形 古陶文 簡牘文 說文小篆

李(자두나무 리): lǐ, 木-3, 7, 60

字解 형성. 木^(나무 목)이 의미부이고 子^(아들 자)가 소리부로, 자두나무^(木)를 말하며, 이의 열매^(子)인 자두를 지칭하고, 또 성씨로도 쓰인다.

字形 金文 古陶文 簡牘文 說文小篆 說文古文

利(날카로울 리): lì, 刀-5, 7, 60

字解 회의. 禾^(벼 화)와 刀^(칼 도)로 구성되어, 곡식^(禾)을 자르는 칼^(刀)로부터 '날카롭다'는 뜻이 나왔고, 이로부터 순조롭다, 날이 날카롭다, 언변이 뛰어나다 등의 뜻이 나왔다. 갑골문에서는 칼^(刀) 주위로 점이 더해지거나 土^(흙 토)까지 더해져 이것이 쟁기임을 형상화하기도 했다. 예리한 날을 가진 쟁기는 땅을 깊게 잘 갈아 곡식을 풍성하게 해 주고, 날이 예리한 칼은 곡식의 수확에 유리하기에 '利益^(이익)'의 뜻이, 다시 利潤^(이윤)이나 利子^(이자) 등의 뜻이 나왔다.

字形 甲骨文 金文 古陶文 簡牘文 帛書 說文小篆

梨(배나무 리): [棃], lí, 木-7, 11, 30

字解 형성. 木^(나무 목)이 의미부이고 利^(이할 리)가 소리부로, 배나무^(木)의 열매, 즉 배를 말한다.

字形 簡牘文 古璽文 說文小篆

恦(영리할 리): lì, 心-7, 10, 10

字解 형성. 心^(마음 심)이 의미부이고 利^(이할 리)가 소리부로, 이익^(利)에 밝은 마음^(心)이라는 뜻으로부터 '영리하다'는 뜻을 그렸으며, 달리 俐^(똑똑할 리)로 쓰기도 한다.

痢(설사 리): lì, 疒-7, 12, 10

字解 형성. 疒^(병들어 기댈 녁)이 의미부이고 利^(이할 리)가 소리부로, 설사하는 병^(疒), 즉 痢疾^(이질)을 말한다.

唎(가는 소리 리): lì, 口-7, 10

字解 형성. 口^(입 구)가 의미부이고 利^(이할 리)가 소리부로, 이를 가는 소리처럼 입^(口)에서 나는 예리한^(利) 소리를 말하며, 이후 긍정을 나타내는 어조사로 쓰였다.

莉(말리 리): lì, 艸-7, 11

字解 형성. 艸^(풀 초)가 의미부이고 利^(이할 리)가 소리부로, 木犀^(목서)과에 속하는 상록관목으로 여름에 진한 향을 가진 흰색 꽃을 피우며, 향료나 차의 재료로 쓰인다. 또 'jasmine'^(茉莉·재스민)을 뜻하기도 한다.

犁(얼룩소 라·쟁기 려): [犂], lí, 牛-7, 11

字解 형성. 牛^(소 우)가 의미부이고 利^(이할 리)가 소리부로, 곡식^(禾·화) 심을 밭을 소^(牛)의 힘으로 갈아엎는 칼^(刀·도)처럼 생긴 '쟁기'와 우경을 하는 '소'라는 의미를 함께 담았다. 『설문해자』에서는 牛가 의미부이고 黎^(검을 려)가 소리부인 犛로 썼다.

字形 犂 說文小篆

履(신 리): lǚ, 尸-12, 15, 32

字解 형성. 復^(돌아올 복)이 의미부이고 尸^(주검 시)가 소리부로, 신발을 말하는데, 발에 착용하고 왔다 갔다^(復) 할 수 있게 하는 물건이라는 뜻이다. 소전체에서는 舟^(배 주)가 더해져, 비 올 때 신는 신발이 배^(舟) 같은 효용을 가짐을 강조하였다.

字形 履 履 履 簡牘文 履 說文小篆 題 說文古文

詈(꾸짖을 리): lì, 言-5, 12

字解 회의. 网^(그물 망)과 言^(말씀 언)으로 구성되어, 잡아들인^(网) 죄인을 말^(言)로 꾸짖음을 말한다.

字形 詈 石篆 詈 說文小篆

吏(벼슬아치 리): 叓, lì, 口-3, 6, 32

字解 회의. 장식된 붓을 손^(又)에 쥔 모습을 그렸는데, 자형이 조금 변해 지금처럼 되었다. 붓을 쥐고 문서를 기록하는 일을 하는 '관리'의 뜻이 나왔고 관원에 대한 통칭으로

쓰였으며 다스리다는 뜻도 나왔다. 史^{(역사}
^{사)}와 事^(일 사) 등과 같은 근원을 가지는 글
자이다. ☞ 史^(역사 사), 事^(일 사)

字形 甲骨文 金文 古璽文 說文小篆

贏(여윌 리): léi, 羊-13, 19

字解 형성. 羊^(양 양)이 의미부이고 贏^(짐승이름 라)가
소리부로, 야윈 양^(羊)을 말했는데, 이후 사
람이 야윈 것까지 지칭하게 되었으며, 병
약하거나 그런 사람을 말하게 되었다.

字形 簡牘文 說文小篆

莅(다다를 리): [蒞, 涖], lì, 艸-7, 11

字解 형성. 艸^(풀 초)가 의미부이고 位^(자리 위)가 소
리부로, 이르다, 다다르다는 뜻이며, 가서
보다, 다스리다의 뜻도 나왔다. 달리 蒞^{(다}
^{다를 리)}로 쓰기도 한다.

字形 簡牘文 莅 玉篇

邐(이어질 리): 逦, lǐ, 辵-19, 23

字解 형성. 辵^(쉬엄쉬엄 갈 착)이 의미부이고 麗^{(고울}
^{려)}가 소리부로, 사슴^(麗)들이 떼를 지어 굽
이져 가는^(辵) 모습을 말하며, 이로부터 이
어지다는 뜻이 나왔다. 간화자에서는 麗를
丽^(고울 려)로 줄인 逦로 쓴다.

字形 金文 說文小篆

린

粦(도깨비불 린): lín, 米-6, 12

字解 형성. 炎^(불탈 염)과 舛^(어그러질 천)이 모두 의미
부이다. 얼굴에 불꽃^(炎)처럼의 발광체를
그리고 춤을 추는^(舛) 모양을 그렸다. 번쩍
거리는 빛을 내는 발광체를 말하는데, 『설
문해자』에서는 "병기에 찔려 죽은 사람의
피나 소나 말의 피가 도깨비불이 된다^{(兵死}
^{及牛馬之血爲粦)}. 린^(粦)은 도깨비 불^(鬼火)이라는
뜻이다."라고 했다.

字形 金文 說文小篆

麟(기린 린): lín, 鹿-12, 23, 12

字解 형성. 鹿^(사슴 록)이 의미부이고 粦^(도깨비불 린)
이 소리부로, '번쩍거리듯^(粦) 화려한 모습
을 한 사슴^(鹿)'처럼 생긴 상상의 동물인
'麒麟^(기린)'을 말한다. ☞ 粦^(도깨비불 인)

字形 說文小篆

鱗(비늘 린): 鳞, lín, 魚-12, 23, 10

字解 형성. 魚^(고기 어)가 의미부이고 粦^(도깨비불 린)이 소리부로, 물고기^(魚)나 파충류 등의 번쩍거리는^(粦) '비늘'을 말하며, 물고기나 비늘을 가진 동물의 대칭으로 쓰였으며, 비늘 모양의 물건을 지칭하기도 했다. ☞ 粦^(도깨비불 린)

字形 [소전] 說文小篆

磷(인 린): [燐], lín, 石-12, 17

字解 형성. 石^(돌 석)이 의미부이고 粦^(도깨비불 린)이 소리부로, 번쩍거리는^(粦) 빛을 내는 발광체^(石)로 화학원소의 하나인 '인^(P)'을 말한다. ☞ 粦^(도깨비불 린)

字形 [금문][금문] 金文 [소전] 說文小篆

隣(이웃 린): 邻, [鄰], lín, 阜-12, 15, 30

字解 형성. 阜^(언덕 부)가 의미부이고 粦^(도깨비불 린)이 소리부로, 鄰의 속자이다. 옛날에는 5집^(家)을 1隣이라 했는데, 이처럼 가까이 있는 '이웃'을 말하며, 이로부터 가깝다는 뜻도 나왔다. 간화자에서는 소리부인 粦을 令^(영 령)으로 대체한 邻으로 쓴다.

字形 [간독][간독] 簡牘文 [소전] 說文小篆

燐(도깨비불 린): lín, 火-12, 16, 10

字解 형성. 火^(불 화)가 의미부이고 粦^(도깨비불 린)이

소리부로, 불^(火)이 번쩍거리는^(粦) 도깨비불을 말하며, 반짝이는 불빛이나 반딧불의 빛을 지칭하기도 하였다. 또 磷^(인 린)과 같이 쓰여 번쩍거리는^(粦) 빛을 내는 화학원소의 하나인 '인^(P)'을 말한다. ☞ 粦^(도깨비불 린)

潾(맑을 린): lín, 水-12, 15

字解 형성. 水^(물 수)가 의미부이고 粦^(도깨비불 린)이 소리부로, 물^(水)이 맑아 반짝거림^(粦)을 말하며, 물이 계곡에서 막 흘러나옴을 지칭하기도 한다.

璘(옥빛 린): lín, 玉-12, 16

字解 형성. 玉^(옥 옥)이 의미부이고 粦^(도깨비불 린)이 소리부로, 옥^(玉)의 반짝거리는^(粦) 빛을 말한다.

粼(물 맑을 린): lín, 米-8, 14

字解 형성. 巛^(도랑 괴)가 의미부이고 粦^(도깨비불 린)이 소리부인데, 巛는 들 가운데를 흐르는 작은 도랑을 말하며 이후 흐르는 물을 형용할 때 쓰였다. 그래서 粼은 계곡 사이를 흘러나온 물^(巛)이 반짝일^(粦) 정도로 맑음을 말한다.

字形 [간독][간독] 簡牘文 [소전] 說文小篆

藺(골 풀 린): 蔺, lìn, 艸-16, 20

字解 형성. 艸^(풀 초)가 의미부이고 閵^(새 이름 린)이 소리부로, 풀^(艸)의 일종인 골풀^(莞완)을 말한다. 달리 성씨로도 쓰인다.

字形 簡牘文 說文小篆

躙(짓밟을 린): 躏, [躝], lìn, 足-20, 27, 10

字解 형성. 足^(발 족)이 의미부이고 藺^(골 풀 린)이 소리부로, 발^(足)로 밟다, 짓밟다, 짓뭉개다는 뜻이다.

吝(아낄 린): [咳, 恡, 悋], lìn, 口-4, 7, 10

字解 회의. 文^(무늬 문)과 口^(입 구)로 구성되어, 모름지기 아름다운^(文) 말^(口)이란 '아껴야 한다는 뜻에서, '아끼다'의 뜻이, 다시 吝嗇^(인색)하다는 뜻이 나왔는데, 고대 중국인들의 말과 음성에 대한 부정적 인식을 반영했다. 『설문해자』의 고문체에서는 咳으로써, 아름다운 말임을 강조하기 위해 文 대신 彣^(채색무늬 문)이 더 들어갔다.

字形 甲骨文 簡牘文 帛書 說文小篆 說文古文

림

林(수풀 림): lín, 木-4, 8, 70

字解 회의. 두 개의 木^(나무 목)으로 구성되어, 숲이나 평지에 나무^(木)가 모여 있는 곳을 말하며, 이로부터 무리지어 자라는 풀이나 사람, 혹은 사물이 한데 모여 있음을 뜻하기도 하였다.

字形 甲骨文 金文 古陶文 盟書 說文小篆

淋(물 뿌릴 림): lín, 水-8, 11, 10

字解 형성. 水^(물 수)가 의미부이고 林^(수풀 림)이 소리부로, 물^(水) 등이 숲^(林)처럼 세게 뻗어나감을 말하며, 이로부터 물이나 비 등이 끊임없이 떨어지거나 내리다는 뜻이 나왔다. 또 농경지에 물^(水)을 대거나, 물로 축임을 말하기도 한다.

字形 說文小篆

琳(아름다운 옥 림): lín, 玉-8, 12

字解 형성. 玉^(옥 옥)이 의미부이고 林^(수풀 림)이 소리부로, 숲^(林)처럼 푸른 비취색의 아름다운 옥^(玉)을 말한다.

字形 說文小篆

霖(장마 림): lín, 雨-8, 16

字解 형성. 雨^(비 우)가 의미부이고 林^(수풀 림)이 소리부로, 숲^(林)처럼 쏟아지는 장맛비^(雨)를

말하는데, 보통 3일 이상 연속해 내리는 비를 말했다. 이후 때에 맞추어 내리는 비를 말하기도 했고, 은혜나 음택의 비유로도 쓰였다.

字形 霖 說文小篆

臨(임할 림): 临, lín, 臣-11, 17, 32

字解 형성. 원래 臣^(신하 신)과 人^(사람 인)이 의미부이고 品^(물건 품)이 소리부로, 눈^(臣)으로 물품^(品)을 '살피는' 사람^(人)을 그렸다. 이로부터 높은 곳에서 아래를 살피다는 뜻이, 다시 監視^(감시)하다와 다스리다의 뜻이 나왔으며, 만나다, 기대다 등의 뜻도 나왔다. 간화자에서는 臣과 品을 간단하게 줄여 临으로 쓴다.

字形 金文 古陶文 簡牘文 石刻古文 說文小篆

립

立(설 립): lì, 立-0, 5, 70

字解 회의. 땅^(一) 위로 팔을 벌리고 선 사람^(大)의 모습으로부터 '서다'의 의미를 그렸으며, 이로부터 자리하다, 멈추다, 설치하다, 제정하다, 결정하다, 존재하다, 드러내다 등의 뜻이 나왔다.

字形 甲骨文 金文 古陶文 簡牘文 說文小篆

粒(알 립): lì, 米-5, 11, 10

字解 형성. 米^(쌀 미)가 의미부이고 立^(설 립)이 소리부로, 곡물^(米)의 독립된^(立) 단위인 '낱알'을 말하며, 알곡처럼 생긴 사물을 지칭하거나 그런 것을 헤아리는 단위사로도 사용되었다.

字形 粒 說文小篆

笠(우리 립): lì, 竹-5, 11, 10

字解 형성. 竹^(대 죽)이 의미부이고 立^(설 립)이 소리부로, 대^(竹)로 만든 삿갓을 말한다. 일부 방언에서는 가금을 가두어 키우는 대그릇을 말하기도 한다.

字形 笠 說文小篆

砬(돌 소리 립): lá, 石-5, 10

字解 형성. 石^(돌 석)이 의미부이고 立^(설 립)이 소리부로, 돌^(石) 무너지는 소리를 말하며, 砬^(돌 무너지는 소리 립)의 이체자이다. 또 돌^(石)로 만든 약제^(石藥석약)를 말하기도 했다.

마

麻(삼 마): [蔴], má, 麻-0, 11, 32

字解 회의. 广(집 엄)과 두 개의 朮(水삼나무 껍질 빈)으로 구성되어, '삼'을 말한다. 이는 삼나무에서 벗겨 낸 껍질(朮)을 작업장(广)에 널어놓고 말리는 모습을 그렸다. 삼나무에서 껍질이 분리된 모습(朮)이 사실적으로 표현되었으며, 广은 금문에서 의미와 형체가 비슷한 厂(기슭 엄)으로 표기되었다. 삼은 인류가 일찍부터 사용했던 자연 섬유의 하나이다. 중국의 경우, 갑골문이 사용되었던 殷墟(은허) 유적지에서 大麻(대마)의 종자와 삼베의 조각이 발견됨으로써 당시 삼베가 이미 방직의 원료로 사용되었음을 알 수 있다. 삼은 키가 3미터 정도까지 쑥쑥 자란다. 그래서 麻中之蓬(마중지봉)은 '삼(麻)밭의 쑥(蓬)'이라는 뜻으로, 곧게 자란 삼밭에서 자란 쑥은 저절로 곧게 자란다는 뜻이다. 이렇듯 큰 키로 곧게 자란 삼의 줄기를 삶은 물에 불려 껍질을 분리시키고 이를 잘게 찢어 실로 만들고 베를 짜서 사용한다. 달리 艸(풀 초)를 더한 蔴(삼 마)로 쓰기도 한다.

字形 [金文] 金文 [說文小篆] 說文小篆

磨(갈 마): mò, 石-11, 16, 32

字解 형성. 石(돌 석)이 의미부고 麻(삼 마)가 소리부로, 삼(麻) 실을 만들고자 삼 껍질을 여러 가닥으로 쪼개고 이를 비벼 꼬아 만들 듯 돌(石)을 갈아서 다듬다는 뜻이며, 이로부터 研磨(연마)하다, 연구하다의 뜻도 나왔다. 옛날에는 옥을 다듬는 것을 琢(쫄 탁), 돌을 다듬는 것을 磨라고 구분하여 사용했다.

字形 [簡牘文] 簡牘文 [磨] 磨 玉篇

魔(마귀 마): mó, 鬼-11, 21, 20

字解 형성. 鬼(귀신 귀)가 의미부고 麻(삼 마)가 소리부로, 마귀를 말하며 이로부터 괴물이나 사악한 세력을 지칭하며, 특이한 힘을 뜻하기도 하는데, 온 정신을 마비시키는(麻) 귀신(鬼)이라는 뜻을 담았다. 이후 산스크리트어의 마라(mara, 魔羅, 波羅악마)의 음역자로 쓰여 소란, 파괴, 장애를 지칭하기도 한다.

字形 [魔] 說文小篆

摩(갈 마): mó, 手-11, 15, 20

字解 형성. 手(손 수)가 의미부고 麻(삼 마)가 소리부로, 손(手)으로 마찰시키다는 뜻이며, 이로부터 갈다, 연마하다 등의 뜻이 나왔다.

字形 [摩] 說文小篆

麻(저릴 마): 麻, má, 广-8, 13, 20

字解 형성. 广^(병들어 기댈 녁)이 의미부고 麻^(삼 마)가 소리부로, 마비되다는 뜻인데, 대마^(麻)를 피운 듯 모든 신경이 마비되는 병^(广)적 현상을 말한다. 간화자에서는 麻에 통합되었다.

馬(말 마): 马, mǎ, 馬-0, 10, 50

字解 상형. 갑골문에서 '말'을 그렸는데, 긴 머리와 큰 눈, 멋진 갈기와 발과 꼬리가 모두 갖추어진 매우 사실적인 모습이다. 이후 단순화되긴 했지만 지금도 발이 네 점으로 바뀐 것을 제외하면 대략의 모습을 찾아볼 수 있다. 말은 거칠긴 하지만 훈련만 거치면 수레를 끌고 물건을 나르는 등 유용한 수송수단이 됨은 물론 속도가 빨라 전쟁을 치르는 데에도 대단히 적합한 동물이었다. 그래서 『설문해자』의 말처럼 말의 특성은 "포악한 성질^(怒노)과 강한 힘^(武무)"으로 개괄될 수 있을 것이다. 간화자에서는 초서체로 马로 쓴다.

字形
甲骨文 金文 古陶文 盟書 簡牘文 帛書 古璽文 說文小篆 說文古文 說文籀文

螞(왕개미 마): 蚂, mǎ, 虫-10, 16

字解 형성. 虫^(벌레 충)이 의미부고 馬^(말 마)가 소리부로, 말머리^(馬)처럼 길고 큰 머리를 가진 개미^(虫)를 특별히 지칭한다. 간화자에서는 蚂로 쓴다.

碼(마노 마): 码, mǎ, 石-10, 15

字解 형성. 石^(돌 석)이 의미부고 馬^(말 마)가 소리부로, 옥석^(石)의 일종인 瑪瑙^(마노)를 말하는데, 石을 玉^(옥 옥)으로 바꾼 瑪로 쓰기도 한다. 마노는 옥보다는 질이 떨어지는 옥돌로 숫자를 셈하는 데 사용되었기 때문에, 數碼^(digital·디지털)에서처럼 '숫자부호'를 뜻하기도 한다. 간화자에서는 码로 쓴다.

瑪(마노 마): [碼], mǎ, 玉-10, 14

字解 형성. 玉^(옥 옥)이 의미부고 馬^(말 마)가 소리부로, 옥^(玉)의 일종인 瑪瑙^(마노)를 말하는데, 달리 玉을 石^(돌 석)으로 바꾸어 碼로 쓰기도 한다. ☞ 碼^(마노 마)

막

莫(없을 막): mò, 艸-7, 11, 32

字解 회의. 茻^(풀 우거질 망)과 日^(날 일)로 구성되어, 풀숲^(茻) 사이로 해^(日·일)가 넘어가는 모습을 그렸고 이로부터 '저물다'는 뜻을 그렸다. 그래서 해가 저무는 '저녁'이 원래 뜻이다. 이후 莫이 '…하지 마라'는 부정사로 쓰이게 되자, 원래 뜻은 다시 日을 더해 暮^{(저물}

모)로 분화했다. ☞ 暮^(저물 모)

字形 甲骨文 金文 古陶文 簡牘文 帛書 古璽文 說文小篆

幕(막 막): [㡃], mù, 巾-11, 14, 32

字解 형성. 巾^(수건 건)이 의미부고 莫^(없을 막)이 소리부로, 장막을 말하는데, 물체를 덮어 아무것도 보이지 않게 하는^(莫막) 베^(巾)로 만든 설치물이라는 뜻을 담았다. 이후 닫다, 은폐하다의 뜻도 나왔다. 한국 속자에서는 入과 巾으로 구성된 㡃으로 써, 속으로 들어갈 수 있도록^(入) 고안된 베^(巾)로 만든 장치를 말하였다.

字形 說文小篆

漠(사막 막): mò, 水-11, 14, 32

字解 형성. 水^(물 수)가 의미부고 莫^(없을 막)이 소리부로, 사막을 말하는데, 물^(水)이 없는^(莫) 곳이라는 뜻을 담았다. 이후 넓고 크다, 적막하다, 냉담하다 등의 뜻도 나왔다.

字形 說文小篆

寞(쓸쓸할 막): mò, 宀-11, 14, 10

字解 형성. 宀^(집 면)이 의미부고 莫^(없을 막)이 소리부로, 적막함을 말하는데, 집^(宀)에 아무것도 없어^(莫) '쓸쓸함'을 그렸다. 달리 嗼^(고요할 막)으로 써, 말^(口)이 없어^(莫) 고요하고 쓸쓸함을 말하기도 했다.

字形 簡牘文 寞 廣韻

膜(막 막): mó, 肉-11, 15, 20

字解 형성. 肉^(고기 육)이 의미부고 莫^(없을 막)이 소리부로, 동식물 내의 박피 조직을 말하는데, 무엇인가를 보이지 않게^(莫) 덮어 주는 살^(肉)로 된 얇은 꺼풀이라는 뜻을 담았다. 이후 막처럼 생긴 것을 지칭하였고, 미세한 간격이라는 뜻도 나왔다.

字形 說文小篆

邈(멀 막): miǎo, 辵-14, 18

字解 형성. 辵^(쉬엄쉬엄 갈 착)이 의미부고 貌^(모양 모)가 소리부로, 길^(辵)이 대단히 먼 모양을 말하는데, 이후 공간적·시간적 거리가 큼을 말했고, 또 사이가 먼 것을 말하기도 했다.

字形 說文新附字

만

卍(만자 만): wàn, 十-4, 6, 10

字解 지사. 고대 인도의 길상 표지로, 부처의 가슴에 있던 표지로, 불꽃이 타오르는 모습을 그린 것으로 알려졌다. 산스크리트어의 '슈리밧사^(Shrivatsa)'의 번역어로, 부처님의 32相^(상)의 하나이며, 당나라 武則天^(무척천) 때 '만'이라는 독음으로 확정되었다.

娩(해산할 만): wǎn, miǎn, 女-7, 10, 20

字解 형성. 女^(여자 여)가 의미부고 免^(면할 면)이 소리부로, 해산하다, 아이를 낳다는 뜻인데, 分娩^(분만)을 하고 나면 여성^(女)이 고통에서 해방된다^(免)는 의미를 담았다.

挽(당길 만): [輓], wǎn, 手-7, 10, 10

字解 형성. 手^(손 수)가 의미부고 免^(면할 면)이 소리부로, 손^(手)으로 끌다는 뜻이며, 이로부터 당기다, 추천하다, 국면을 전환하다, 원래로 돌리다 등의 뜻이 나왔고, 手 대신 상여를 끄는 수레를 뜻하는 車^(수레 거)가 들어간 輓^(끌 만)과 같이 쓰여, 죽은 자를 '애도하다'는 뜻으로도 쓰였다.

輓(끌 만): 挽, wǎn, 車-7, 14, 10

字解 형성. 車^(수레 거·차)가 의미부고 免^(면할 면)이 소리부로, 수레^(車)를 끌다는 뜻이며, 이로부터 수레로 운반하다, 시신을 운반하며 죽은 자를 애도하다는 뜻도 나왔다. 간화자에서는 挽^(당길 만)에 통합되었다.

字形 輓 說文小篆

晚(저물 만): wǎn, 日-7, 11, 32

字解 형성. 日^(날 일)이 의미부고 免^(면할 면)이 소리부로, 해^(日)가 없어지다^(免)는 뜻으로부터 해가 지는 늦은 시간대를 말하며, 이로부터 늦다, 晚年^(만년), 후임 등의 뜻도 나왔다.

字形 晚 說文小篆

滿(찰 만): mǎn, 水-11, 14, 42

字解 형성. 水^(물 수)가 의미부고 㒼^(평평할 만)이 소리부로, 물^(水)이 넘칠 정도로 가득 찬 것을 말하며, 이로부터 가득 채우다, 충만, 飽滿^(포만) 등의 뜻이 나왔다.

字形 滿 古陶文 滿 說文小篆

瞞(속일 만): 瞞, mán, 目-11, 16, 10

字解 형성. 目^(눈 목)이 의미부고 㒼^(평평할 만)이 소리부로, 눈^(目)을 감은 모습을 말했는데, 이로부터 속이다, 기만하다 등의 뜻이 나왔다.

字形 瞞 說文小篆

曼(끌 만): màn, 日-7, 11

字解 회의. 이의 자원은 불분명하다. 그러나 금

문에 의하면 윗부분은 투구, 중간은 눈^(目·목), 아랫부분은 손^(又·우)으로 구성되어, 손^(又)으로 투구를 눈 위까지 끌어당겨 눌러쓴 모습을 그린 것으로 추정된다. 이로부터 손으로 끌어당기다, 덮다, 가리다, 늘어뜨리다 등의 뜻이 나왔다. 이후 윗부분의 손이 모자^(冃·모)로 변해 의미가 더욱 구체적으로 표현되었고 지금처럼 되었다.

字形 ![금문]![금문]金文 ![설문소전]說文小篆

漫(질펀할 만): màn, 水-11, 14, 30

字解 형성. 水^(물 수)가 의미부고 曼^(끌 만)이 소리부로, 물^(水)이 질펀하게 넘쳐 대지를 덮친 채^(曼) 흐름을 말하며, 이로부터 길다, 장구하다, 물이 가득하다, 물로 뒤덮다 등의 뜻이 나왔다. ☞ 曼^(끌 만)

幔(막 만): màn, 巾-11, 14

字解 형성. 巾^(수건 건)이 의미부고 曼^(끌 만)이 소리부로, 장막이나 휘장을 말하는데, 가리고자^(曼) 만들어진 베^(巾)로 된 가림막이라는 뜻을 담았다. ☞ 曼^(끌 만)

慢(게으를 만): màn, 心-11, 14, 30

字解 형성. 心^(마음 심)이 의미부고 曼^(끌 만)이 소리부로, 마음^(心)이 늘어져^(曼) 게으름을 말하며, 이로부터 가벼이 여기다, 교만하다, 느긋하다, 느슨하다 등의 뜻이 나왔다. ☞ 曼^(끌 만)

字形 ![설문소전]說文小篆

饅(만두 만): 馒, mán, 食-11, 20, 10

字解 형성. 食^(밥 식)이 의미부고 曼^(끌 만)이 소리부로, 만두를 말하는데, 만두는 넓적하게 늘여서^(曼) 만든 만두피에 소를 싸서 만든 식품^(食)이라는 뜻을 담았다. 이후 북방에서는 소가 들지 않은 빵을 말했는데, 소가 든 빵은 包子^(포자)라고 구분해 불렀다.

鰻(뱀장어 만): 鳗, mán, 魚-11, 22, 10

字解 형성. 魚^(고기 어)가 의미부고 曼^(끌 만)이 소리부로, 뱀장어를 말하는데, 늘어져^(曼) 긴 모습을 한 어류^(魚)라는 뜻을 담았다.

字形 ![설문소전]說文小篆

蔓(덩굴 만): màn, 艸-11, 15, 10

字解 형성. 艸^(풀 초)가 의미부고 曼^(끌 만)이 소리부로, 칡과 같은 덩굴 식물을 말한다. 길게 늘어지는^(曼) 식물^(艸)임을 반영했고, 이로부터 식물의 넝쿨이 널리 뻗듯 널리 퍼지다^(蔓延·만연)는 뜻이 나왔고, 鑛脈^(광맥)을 뜻하기도 하였다.

字形 ![고새문]古璽文 ![설문소전]說文小篆

縵(무늬 없는 비단 만): 缦, màn, 糸-11, 17

형성. 糸^(가는 실 멱)이 의미부고 曼^(끌 만)이 소리부로, 무늬 없이 짠 비단^(糸)을 말한다.

簡牘文 說文小篆

槾(흙손 만): màn, 木-11, 15

형성. 木^(나무 목)이 의미부고 曼^(끌 만)이 소리부이다. 『설문해자』의 해설처럼, '흙손^(杇)'을 말한다. 杇^(흙손 오)와 같다. ☞ 杇^(흙손 오)

說文小篆

彎(굽을 만): 弯, wān, 弓-19, 22, 10

형성. 弓^(활 궁)이 의미부고 絲^(어지러울 련)이 소리부로, 활^(弓)처럼 굽은 것을 말하며 이로부터 굽다, 굽히다, 굽은 것, 길모퉁이 등의 뜻이 나왔는데, 絲은 실^(糸 멱)로 만든 술이 장식된 대로 만든 퉁소^(言 언)를 그렸다. 간화자에서는 絲을 亦^(또 역)으로 간단히 줄여 弯으로 쓴다.

說文小篆

灣(물굽이 만): 湾, wān, 水-22, 25, 20

형성. 水^(물 수)가 의미부고 彎^(굽을 만)이 소리부로, 굽어 들어간^(彎) 물가^(水)를 말하며, 그것은 배를 댈 수 있는 곳이므로 정박하다는 뜻도 나왔다. 간화자에서는 彎을 弯으로 줄인 湾으로 쓴다. ☞ 彎^(굽을 만)

蠻(오랑캐 만): 蛮, mán, 虫-19, 25, 20

형성. 虫^(벌레 충)이 의미부고 絲^(어지러울 련)이 소리부로, 중국 남방의 이민족을 말하는데, 뱀^(虫)을 토템으로 삼던 민족이라 전해진다. 이민족을 멸시한 데서 야만적, 물정을 잘 알지 못하다 등의 뜻도 나왔다. 간화자에서는 絲을 亦^(또 역)으로 간단히 줄여 蛮으로 쓴다.

金文 說文小篆

巒(뫼 만): 峦, luán, 山-19, 22

형성. 山^(뫼 산)이 의미부고 絲^(어지러울 련)이 소리부로, 작고 뾰족한 산^(山)을 말한다. 간화자에서는 絲을 亦^(또 역)으로 간단히 줄여 峦으로 쓴다.

說文小篆

萬(일만 만): 万, wàn, 艸-9, 13, 80

상형. 원래 전갈^(蠆 채)을 그려 윗부분이 두 집게발을, 중간은 머리를, 아랫부분은 발과 꼬리를 그렸는데, 자형이 변해 지금처럼 되었다. 이후 전갈이 무리지어 있는 모습에서 '많다'는 뜻이 나왔고, 많은 숫자의 상징인 1만을 뜻하게 되었다. 그러자 원래 뜻은 虫^(벌레 충)을 더한 蠆^(전갈 채)로 분화했다. 금문에서부터 万으로 줄여 쓰기도 했는데, 간화자에서도 万으로 쓴다.

字形 〔갑골문 자형들〕甲骨文 〔자형들〕

〔金文 자형들〕万 金文 〔자형들〕 〔자형〕簡牘文

〔古 璽 文 자형들〕 〔자형〕古 璽 文

〔石刻古文 자형들〕石刻古文 〔자형〕說文小篆

万(일만 만): wàn, ㅡ-2, 3

字解 지사. 萬^(일 만)의 줄임 형으로, 萬과 같다.
☞ 萬^(일만 만)

말

末(끝 말): mò, 木-1, 5, 50

字解 지사. 가로획^(一)이 木^(나무 목)의 윗부분에 놓여, 그곳이 나무^(木)의 '끝'임을 말했다. 이후 나무의 뿌리^(本)와 대칭되어, 本末^(본말)에서처럼 본질에서 벗어난 지엽적인 것을 뜻하게 되었으며, 끝나다, 종료하다의 뜻도 나왔다.

字形 〔자형〕〔자형〕金文 〔자형〕簡牘文 〔자형〕說文小篆

抹(바를 말): [𢬪], mò, 手-5, 8, 10

字解 형성. 手^(손 수)가 의미부고 末^(끝 말)이 소리부로, 손^(手)을 이용해 물체의 끝^(末) 부분에 무엇인가를 바르는 행위를 말한다. 이로부터 진흙을 바르다, 겉을 닦다, 죽이다 등의

뜻이 나왔다.

沫(거품 말): mò, 水-5, 8, 10

字解 형성. 水^(물 수)가 의미부고 末^(끝 말)이 소리부로, 물^(水)의 끝^(末) 부분인 표면에 나타나는 '거품'을 말하며, 사천성에 있는 大渡河^(대도하)를 지칭하는 이름으로도 쓰였다.

字形 〔자형〕說文小篆

靺(버선 말): [襪, 韈, 韎, 韈, 袜], mò, 革-5, 14, 12

字解 형성. 革^(가죽 혁)이 의미부고 末^(끝 말)이 소리부로, 발의 끝^(末)에 신는 가죽^(革)으로 만든 '버선'을 말하며, 襪^(버선 말)과 같다. ☞ 襪^(버선 말)

茉(말리 말): mò, 艸-5, 9

字解 형성. 艸^(풀 초)가 의미부고 末^(끝 말)이 소리부로, 식물^(艸)의 일종인 '茉莉^(말리·jasmin)'를 말하는데, 산스크리트 어의 'malli'의 음역어로 알려졌다. 당나라 때에는 沒利^(몰리), 송나라 때에는 末麗^(말려) 등으로 썼는데, 이후 艸를 더한 茉莉로 썼다.

襪(버선 말): 袜, wà, 衣-15, 20, 10

字解 형성. 衣^(옷 의)가 의미부고 蔑^(업신여길 멸)이 소리부로, 의복^(衣)의 일종인 '버선'을 말한다. 주로 베로 만들지만, 가죽으로 만들기

도 하기 때문에 韋^(에워쌀·다룸가죽 위)를 더한 韤^(버선 말)로 쓰기도 하고, 다시 소리부 蔑을 발음이 같은 末^(끝 말)로 바꾸어 韈^(버선 말)로 쓰기도 했다. 간화자에서도 袜^(버선 말)에 통합되었다.

乻(끝 말): 口-7, 10

字解 음차. 이두에 쓰이던 한국 고유한자로, 末^(끝 말)의 뜻인 '끝'과 '-ㄹ'음을 나타내기 위한 叱^(꾸짖을 질)을 결합해 만든 글자이다. 인천시 강화군 西島^(서도)면에 乻島里^(말도리)라는 마을이 있다.

망

网(그물 망): [罒, 網], wǎng, 网-0, 6

字解 상형. 물고기나 새를 잡는 데 쓸 손잡이와 그물망을 갖춘 '그물'을 그렸다. 이후 소리부인 亡^(망할 망)이 더해져 罔^(그물 망)이 되었고, 다시 糸^(가는 실 멱)이 더해져 網^(그물 망)이 되었으나, 현대 중국의 간화자에서는 网으로 되돌아갔다. 그래서 网은 '그물'이 기본 뜻이며, 그물로 잡다는 뜻도 가진다. 그물은 대상물을 잡아 가두는 도구이기에 제한과 강제, 나아가 죄의 상징이 되었다. 그래서 网은 인간이 그물의 바깥에서 그물 안에 걸린 대상을 포획하는 주체라는 뜻도 담았지만, 인간이 그 그물에 걸려 근심하고, 불행에 빠진 대상이 될 수도 있음을 동시에 그려내고 있다. 이후 그물처럼 촘

촘하게 구성된 조직이나 계통을 말하게 되었다.

字形 甲骨文 金文 簡牘文 石刻古文 說文小篆 說文或體 說文古文 說文籀文

罔(그물 망): wǎng, 网-3, 8, 30

字解 형성. 网^(그물 망)이 의미부고 亡^(망할 망)이 소리부로, 그물^(罔)을 말하는데, 그물을 그린 网에서 소리부인 亡을 더하여 분화한 글자이다. ☞ 网^(罒·그물 망)

字形 甲骨文 金文 簡牘文 石刻古文 說文小篆 說文或體 說文古文 說文籀文

惘(멍할 망): wǎng, 心-8, 11

字解 형성. 心^(마음 심)이 의미부고 罔^(그물 망)이 소리부로, 마음^(心)이 그물^(罔) 속에 갇힌 듯 멍한 상태를 말한다.

輞(바퀴 테 망): 辋, [輮], wǎng, 車-8, 15

字解 형성. 車^(수레 거·차)가 의미부고 罔^(그물 망)이 소리부로, 수레^(車)의 바퀴를 그물처럼^(罔)

감싼 바깥 부분의 '테'를 말한다. 이후 궁전의 처마에 만들어진 둥근 테 모양의 장식물을 지칭하기도 했다.

綱(그물 망): 网, wǎng, 糸-8, 14, 20

字解 형성. 糸^(가는 실 멱)이 의미부고 罔^(그물 망)이 소리부로, 실^(糸)로 만든 그물^(罔)을 말하며, 그물로 잡다, 덮어 씌우다는 뜻도 나왔으며, 법률의 비유로도 쓰였다. 网^(그물 망)에다 소리부인 亡^(망할 망)을 더한 罔에 다시 糸를 더해 만든 글자였으나, 간화자에서는 원래의 网으로 되돌아갔다. ☞ 网^(罒그물 망)

字形 甲骨文 金文 簡牘文 石刻古文 說文小篆 說文或體 說文古文 說文籒文

亡(망할 망없을 무): [亾], wáng, 亠-1, 3, 50

字解 지사. 刀^(칼 도)와 점으로 이루어져, 칼^(刀)의 날이 있는 면을 가리켰으며, 이로부터 '날'이라는 뜻이 나왔다. 칼의 날은 어떤 것은 베거나 깎아낼 수 있다는 뜻에서 없다, 없어지다, 逃亡^(도망)하다, 망하다, 잃다, 죽다 등의 뜻이 나왔다. 그러자 원래 뜻은 金^(쇠 금)을 더한 鋩^(칼날 망)을 만들어 분화했다. '없다는 뜻으로 쓰일 때에는 '무'로 읽는다.

字形 甲骨文

古陶文 盟書 簡牘文 帛書 古璽文

石刻古文 說文小篆

忘(잊을 망): wàng, 心-3, 7, 30

字解 형성. 心^(마음 심)이 의미부고 亡^(망할 망)이 소리부인 상하구조로, 잊다, 마음에 두지 않다, 버리다는 뜻인데, 마음^(心)에서 사라져 없어지다^(亡)는 뜻을 담았다.

字形 金文 簡牘文 說文小篆

忙(바쁠 망): máng, 心-3, 6, 30

字解 형성. 心^(마음 심)이 의미부고 亡^(망할 망)이 소리부인 좌우구조로, 정신^(心) 없이^(亡) 바쁜 상태를 말하며, 이로부터 경황이 없다, 황망하다, 이상하다 등의 뜻이 나왔다.

妄(허망할 망): wàng, 女-3, 6, 32

字解 형성. 女^(여자 여)가 의미부고 亡^(망할 망)이 소리부로, 어지럽고 虛妄^(허망)하다는 뜻이며, 이로부터 불법의, 부실한, 평범한 등의 뜻이 나왔는데, 여자^(女)를 그런 존재로 인식했음을 반영했다.

字形 金文 說文小篆

芒(까끄라기 망): máng, 艸-3, 7, 10

字解 형성. 艸^(풀 초)가 의미부고 亡^(망할 망)이 소리부로, 식물^(艸)의 호영^(護穎) 앞 끝 부분^(亡)에 난 돌기를 말하는데, 까끄라기의 형태 및 크기, 유무는 분류학상 중요한 특징이며 까끄라기가 있는 것을 '유망종', 없는 것은 '무망종', 짧은 것은 '단망종', 긴 것은 '장망종'이라 구분하여 부른다.

字形 簡牘文 古璽文 說文小篆

茫(아득할 망): [沆], máng, 艸-4, 10, 30

字解 형성. 水^(물 수)가 의미부고 芒^(까끄라기 망)이 소리부로, 물^(水)이 푸르고 아득히 넓음을 말하며, 어렴풋하거나 몽롱함을 말하기도 한다.

邙(산 이름 망): máng, 邑-3, 6

字解 형성. 阜^(언덕 부)가 의미부고 亡^(망할 망)이 소리부로, 낙양 부근의 황하 강 양안으로 형성된 흙 언덕^(阜)을 말하는데, 죽은^(亡) 사람을 묻는 최고의 묏자리로 알려졌다.

字形 簡牘文 古璽文 說文小篆

望(바랄 망): [朢, 朢], wàng, 月-7, 11, 52

字解 형성. 月^(달 월)과 壬^(정)이 의미부이고 亡^(망할 망)이 소리부인데, 원래는 뒤꿈치를 들고 '보름' 달^(月)을 바라보는 사람의 모습을 그렸고 이로부터 바라보다, 기대하다의 뜻이 나왔고, 명성, 명망가 등의 뜻도 나왔다. 또 옛날 산천, 일월, 星辰^(성신) 등에게 지내던 제사를 지칭하기도 한다. 이후 소리부인 亡^(없을 망)이 더해져 지금처럼 되었으며, 그러자 달^(月)을 보며 존재하지 않는^(亡) 어떤 것을 渴望^(갈망)하고 기원하는 모습이 더욱 구체화 되었다.

字形 甲骨文 金文 簡牘文 石刻古文 說文小篆

莽(우거질 망): mǎng, 艸-6, 10

字解 형성. 犬^(개 견)이 의미부고 茻^(풀 우거질 망)이 소리부로, 우거진 풀숲^(茻) 사이로 사냥개^(犬)가 짐승을 잡으러 분주히 다니는 모습을 그렸는데, 아랫부분의 艸가 廾^(두 손으로 받들 공)으로 변해 지금의 자형이 되었다. '풀이 우거지다'가 원래 뜻이다. 고대 한자에서는 茻이 森^(나무 빽빽할 삼), 林^(수풀 림), 艸^(풀 초) 등으로 표현되기도 하는데 의미는 같다.

字形 簡牘文 古璽文 說文小篆

매

每(매양 매): [每], měi, 毌-2, 7, 70

字解 상형. 비녀를 하나 꽂은 성인 여성의 모습을 그렸다. 이로부터 어미(母)를 뜻했고, 每樣(매양언제나)의 뜻이 나왔다. 어머니라면 그 누구라도 언제나 자식에 대한 변함없는 마음을 가진 존재이기에 '매양'이라는 뜻이 나왔을 것으로 추정하기도 한다.

字形 <甲骨文> <金文> <古陶文> <簡牘文> <說文小篆>

梅(매화나무 매): [栂, 楳, 槑], méi, 木-7, 11, 32

字解 형성. 木(나무 목)이 의미부고 每(매양 매)가 소리부로, 매화나무(木)를 말하며 그 열매인 梅實(매실)을 지칭하기도 한다. 원래는 木이 의미부이고 某(아무 모)가 소리부인 구조였는데, 지금의 자형으로 바뀌었으며, 每는 달리 母(어미 모)로 바꾸어 栂로 쓰기도 한다.

字形 <金文> <簡牘文> <說文小篆> <說文或體>

霉(매우곰팡이 매): [黴], méi, 雨-7, 15

字解 형성. 雨(비 우)가 의미부고 每(매양 매)가 소리부로, 곰팡이를 말하는데, 오랫동안 비가 내려 습하게 되면 곰팡이가 핀다는 뜻을 담았으며, 이후 재수 없다는 뜻도 나왔다. 원래는 黑(검을 흑)이 의미부이고 微(작을 미)의 생략된 모습이 소리부인 구조의 黴(곰팡이 미)로 써, 습하고 은밀한 곳(微)에 두어 곰팡이가 펴 검게(黑) 변한 것을 말했는데, 지금의 구조로 바뀌었다.

買(살 매): 买, mǎi, 貝-5, 12, 50

字解 회의. 网(그물 망)과 貝(조개 패)로 구성되어, 그물(网·罒망)로 조개(貝)를 잡는 모습을 그렸고, 조개를 잡으면 필요한 물품을 '살' 수 있음을 말했다. 이로부터 구매하다, 수매하다, 매매하다, 세를 내다 등의 뜻이 나왔다. 간화자에서는 초서체로 줄여 쓴 买로 쓴다.

字形 <甲骨文> <金文> <古陶文> <盟書> <簡牘文> <說文小篆>

賣(팔 매): 卖, mài, 貝-8, 15, 50

字解 형성. 원래는 出(날 출)이 의미부고 買(살 매)가 소리부로, 사들인(買) 것을 내다(出) '파는' 것을 말했는데, 出이 士(선비 사)로 잘못 변해 지금처럼 되었다. 이로부터 팔아먹다, 자신을 드러내다, 과시하다의 뜻이 나왔다. 간화자에서는 초서체로 줄여 쓴 卖로 쓴다. ☞ 買(살 매)

罵(욕할 매): 骂, [駡], mà, 网-10, 15, 10

字解 형성. 皿(网그물 망)이 의미부고 馬(말 마)가 소리부로, 야성의 말에 그물을 씌워 제 능력을 발휘하지 못하게 하는 것을 말하며, 이로부터 모욕하다, 욕되게 하다, 욕하다, 벌하다 등의 뜻이 나왔다. 이후 큰소리로 하는 욕이라는 뜻에서 皿을 吅(소리지를 훤)으로 바꾸어 쓰기도 했다. 간화자에서는 骂로 쓴다.

字形 𩵋 古陶文 𩵋 盟書 𩵋 說文小篆

埋(묻을 매): mái, 土-7, 10, 30

字解 형성. 土(흙 토)가 의미부이고 里(마을 리)가 소리부인데, 원래는 제사를 위해 소나 양 등 희생을 흙(土) 구덩이에 묻는 모양을 그렸다. 땅(土)에 묻다가 원래 뜻이고, 이로부터 숨기다, 은폐하다, 원한을 품다 등의 뜻이 나왔으며, 산림에 지내던 옛날의 제사를 지칭하기도 한다.

枚(줄기 매): méi, 木-4, 8, 20

字解 회의. 木(나무 목)과 攴(칠 복)으로 구성되었는데, 갑골문 등에서는 도끼(斤근)를 잡고 나무(木)를 자르는 모습을 그렸다. 이후 물건을 두드리는 채(攴)로 쓸 수 있는 나무(木)의 줄기라는 뜻에서 斤이 攴으로 변해 지금의 자형이 되었다. 이후 나무에 앉은 새

나 댓가지 등을 헤아리는 단위사로 쓰였으며, 또 행군 중에 소리가 나지 않도록 군사들의 입에 물리는 나무로 된 재갈을 뜻하기도 하였다.

字形 𣪊 甲骨文 𣪊 𣪊 𣪊 金文 枚 說文小篆

玫(매괴 매): méi, 玉-4, 8

字解 형성. 원래는 玉(옥 옥)이 의미부이고 文(무늬 문)이 소리부로 아름다운(文문) 옥(玉)이라는 뜻이었는데, 文이 攵(칠 복)으로 잘못 변해 지금의 자형이 되었다. 玫瑰(매괴) 즉 붉은색의 옥(玉)을 말한다. '玫'는 고대음에서 明母(명모) 微部(미부)에 속하며, '文'은 고대음에서 明母(명모) 諄部(순부)에 속하여 陰陽(음양) 對轉(대전)에 해당한다. 당연히 '玟(옥돌 민)'으로 되어야 했으나, 예서로 변하는 과정에서 '玫'가 되었다. 玫과 玟는 지금 서로 다른 글자로 독립되어 쓰이는데, '玟'은 옥처럼 생긴 아름다운 돌을 말하며 달리 珉(옥돌 민)으로 쓰기도 한다. 이후 붉은색의 꽃을 피우는 장미(玫瑰매괴)를 지칭하기도 했다.

字形 𤨴 簡牘文 玟 古璽文 玫 說文小篆

昧(새벽 매): mèi, 日-5, 9, 10

字解 형성. 日(날 일)이 의미부고 未(아닐 미)가 소리부로, 원래는 해(日)가 무성한 나무(未)에 가려 '컴컴한' 것을 말했으나, 이후 해(日)가 아직(未) 뜨지 않은 '새벽'을 뜻하게 되었으

며, 애매하거나 모호함, 우매함 등을 말했다. ☞ 未^(아닐 미)

字形 舂金文 舂古璽文 ※石刻古文 ※ 說文小篆

妹(누이 매): mèi, 女-5, 8, 40

字解 형성. 女^(여자 여)가 의미부고 未^(아닐 미)가 소리부로, 같은 부모로부터 나서 자기의 나이에 미치지 못하는^(未) 여자^(女) 동생을 말하며, 이후 여성의 통칭으로 쓰이기도 했다.

字形 甲骨文 說文小篆

魅(도깨비 매): [鬽], mèi, 鬼-5, 15, 20

字解 형성. 鬼^(귀신 귀)가 의미부고 未^(아닐 미)가 소리부로, 도깨비를 말하는데, 鬽^(도깨비 매)와 같은 글자이며, 아직 귀신^(鬼) 반열에 들지 못한^(未) 존재라는 뜻을 담았다.

字形 甲骨文 說文小篆 說文或體 說文古文 說文籒文

寐(잠잘 매): mèi, 宀-9, 12, 10

字解 형성. 寢^(잠잘 침)의 생략된 모습이 의미부고 未^(아닐 미)가 소리부로, 잠이 들다, 잠을 자다는 뜻인데, 잠이 들어^(寢) 깨어 있지 않은^(未) 상태임을 뜻한다.

字形 說文小篆

媒(중매 매): méi, 女-9, 12, 32

字解 형성. 女^(여자 여)가 의미부고 某^(아무 모)가 소리부로, 중매쟁이를 말하며, 이로부터 중매하다, 연결하다 등의 뜻이 나왔는데, 남녀를 연결키는 일을 하는^(某, 謀의 원래 글자) 여자^(女)라는 뜻을 담았다.

字形 說文小篆

煤(그을음 매): méi, 火-9, 13, 10

字解 형성. 火^(불 화)가 의미부고 某^(아무 모)가 소리부로, 불^(火)이 탈 때 생기는 그을음을 말하며, 먹을 만드는 데 사용되었기에 '먹'을 지칭하기도 했다.

邁(갈 매): 迈, mài, 辵-13, 17, 10

字解 형성. 辵^(쉬엄쉬엄 갈 착)이 의미부고 萬^(일만 만)이 소리부로, 대단히^(萬) 먼 거리를 가다^(辵)는 뜻이며, 멀리 가려면 열심히 걸어야 한다는 뜻에서 전심전력을 다해 열심히 하다, 邁進^(매진)하다, 큰 걸음으로 가다 등의 뜻도 생겼다. 간화자에서는 萬을 万으로 줄인 迈로 쓴다.

字形 金文 古璽文 說文小篆 說文或體

맥

麥(보리 맥): 麦, mài, 麥-0, 11, 32

字解 형성. 夂^(뒤져서 올 치)가 의미부이고 來^(올 래)가 소리부로, '보리'를 말한다. 원래는 來^(올 래)만 썼다가 이후 긴 뿌리를 뜻하는 夂가 더해져 만들어진 글자인데, 來는 이삭이 핀 '보리'를 그렸다. 보리는 인류가 가장 보편적으로 재배한 식량으로, 메소포타미아 지역이 원산지이며, 거기서 서쪽으로는 그리스와 로마를 거쳐 유럽으로 퍼져 나갔으며, 동쪽으로는 중앙아시아를 거쳐 중국으로 들어왔다. 이 때문에 '보리'를 그린 來에 '오다'는 뜻이 생겼고, 그러자 다시 원래의 '보리'를 나타낼 때에는 보리의 특징인 긴 뿌리^(夂)를 그려 넣어 麥으로 분화한 것으로 추정된다. 그래서 麥은 보리와 관련된 의미를 지닌다. 간화자에서는 윗부분의 來를 초서체로 쓴 麦으로 쓴다.

字形 [甲骨文] [金文] [簡牘文] [說文小篆]

脈(맥 맥): 脉, [衇 脈], mài, 肉-6, 10, 42

字解 형성. 肉^(고기 육)이 의미부고 辰^(맥 맥)이 소리부로, 신체^(肉) 속을 물길^(辰, 水를 뒤집은 글자)처럼 여러 갈래로 퍼져 흐르는 신체의 기운이나 힘을 말한다. 피^(血·혈)가 흐른다는 뜻에서 衇으로, 흘러가는 물길^(永, 泳의 본래 글자)과 같은 신체의 조직^(肉)이라는 뜻에서 脉^(맥 맥)으로 쓰기도 한다. 맥, 맥박을 말하며, 山脈^(산맥)이나 葉脈^(엽맥)에서처럼 혈관처럼 생긴 조직을 지칭하기도 한다. 간화자에서는 脉^(훔쳐볼 맥)으로 통합되었다.

字形 [說文小篆] [說文或體] [說文籀文]

貊(북방 종족 맥): [貉] mò, 豸-6, 13, 12

字解 형성. 豸^(발 없는 벌레 치)가 의미부고 百^(일백 백)이 소리부로, 중국 동북방의 이민족을 말하는데, 호랑이나 곰 같은 짐승^(豸)을 토템으로 숭상하는 민족이라는 뜻을 담았다. 달리 소리부 百 대신 各^(각각 각)을 쓴 貉^(북방 종족 맥)으로 쓰기도 한다.

字形 [說文小篆]

貘(짐승이름 맥): [貊], mò, 豸-11, 18

字解 형성. 豸^(발 없는 벌레 치)가 의미부고 莫^(없을 막)이 소리부로, 곰처럼 생긴 흑황색의 동물을 지칭하는 이름인데, 『설문해자』에서는 蜀^(촉) 지방에서 서식한다고 했다. 또 표범의 다른 이름으로 쓰였으며, 북방 민족의 이름으로도 쓰여 貊^(북방 종족 맥)과도 통용되었다.

字形 [甲骨文] [金文] [古璽文] [說文小篆]

陌(두렁 맥): mò, 阜-6, 9

字解 형성. 阜^(언덕 부)가 의미부고 百^(일백 백)이 소리부로, 농경지의 경계에 만든 흙^(阜) 두렁을 말한다. 이로부터 논밭 사이로 난 작은 길이라는 뜻이 나왔고, 다시 길이나 도로를 지칭하게 되었다. 남북으로 된 것은 阡^(두렁 천)이라 하였는데, 주로 阡陌^(맥천)과 같이 결합한 형태로 사용된다.

驀(말 탈 맥): 蓦, mò, 馬-11, 21

字解 형성. 馬^(말 마)가 의미부고 莫^(없을 막)이 소리부로, 말^(馬)에 올라 타다는 뜻이며, 이로부터 도약하다, 뚫고 나가다, 갑자기, 홀연히 등의 뜻이 나왔다. 간화자에서는 蓦으로 쓴다.

字形 [古文] 簡牘文 [篆] 說文小篆

맹

孟(맏 맹): mèng, 子-5, 8, 32

字解 형성. 子^(아들 자)가 의미부고 皿^(그릇 명)이 소리부로, 큰아들^(子) 즉 장자를 말하는데, 아이^(子)를 그릇^(皿)에 담아 씻기는 모습을 그린 것으로 추정된다. 이후 항렬의 첫째, 우두머리, (계절의) 시작 등의 의미가 나왔으며, 성씨로도 쓰인다.

字形 [古文] 金文

[古陶文] [盟書] [簡牘文] 文 [古璽文] 說文小篆 說文古文

猛(사나울 맹): měng, 犬-8, 11, 32

字解 형성. 犬^(개 견)이 의미부고 孟^(맏 맹)이 소리부로, 크고 건장한^(孟) 개^(犬)를 말했고, 이로부터 건장하다, 사납다, 勇猛^(용맹)하다, 힘이 세다, 猛烈^(맹렬)하다의 뜻이 나왔다.

字形 [篆] 說文小篆

盲(소경 맹): máng, 目-3, 8, 32

字解 형성. 目^(눈 목)이 의미부고 亡^(망할 망)이 소리부로, 눈^(目)을 못쓰거나 없어^(亡) 보지 못하는 사람 즉 盲人^(맹인)을 말하며, 이로부터 사물이나 사태를 분간하지 못하다는 뜻도 나왔다.

字形 [古璽文] 說文小篆

盟(맹세할 맹): méng, 皿-8, 13, 32

字解 형성. 皿^(그릇 명)이 의미부고 明^(밝을 명)이 소리부로, 나라들끼리 서로 협약하여 맺는 약속 즉 盟約^(맹약)을 말했다. 원래는 그릇^(皿)에 피가 담긴 모습을 그렸으나 이후 피를 그린 부분이 소리부인 明^(밝을 명)으로 바뀌어 지금처럼 되었다. 盟誓^(맹서)라는 뜻으로부터 서약하다는 뜻이 나왔고, 맹약에

의해 맺어진 조직이나 연합체 등을 뜻하게
되었다. 몽골 등지에서는 집단 부락을 '盟'
이라 하며, 행정 단위로도 쓰인다.

字形 ⬚⬚ 甲骨文 ⬚⬚⬚⬚⬚ 金文 ⬚⬚⬚⬚ 簡牘文 ⬚ 石刻古文 ⬚ 說文小篆 ⬚ 說文古文 ⬚ 說文篆文

氓(백성 맹): méng, 氏-5, 9

字解 형성. 民⁽백성 민⁾이 의미부고 亡⁽망할 망⁾이 소
리부로, 일정한 거주지 없이 도망 다니는
⁽亡⁾ 백성⁽民⁾을 말했다. 이후 일정한 직업
없이 떠도는 유민이나 불량, 건달을 지칭
하게 되었으며, 질이 낮다는 뜻도 나왔다.

字形 ⬚ 說文小篆

萌(싹 맹): méng, 艸-8, 12, 10

字解 형성. 艸⁽풀 초⁾가 의미부고 明⁽밝을 명⁾이 소리
부로, 식물⁽艸⁾의 싹이 컴컴한 흙 속에서
밝은⁽明⁾ 땅 위로 싹을 틔어 돋아남⁽萌芽맹아⁾
을 말한다. 이로부터 식물의 싹, 싹이 트다
는 뜻이 나왔고, 사물 발단의 비유로도 쓰
였다.

字形 ⬚⬚⬚⬚ 甲骨文 ⬚ 古陶文 ⬚ 說文小篆

黽(맹꽁이 맹·힘쓸 민): měng, 黽-0, 8

字解 상형. 黽은 갑골문과 금문에서 개구리의 위
에서 본 모습을 그렸는데, 머리와 둥근 몸
통과 두 앞 다리와 뒷다리가 사실적으로
그려졌다. 소전체에 오면서 정형화되었는
데, 머리통과 불룩한 배를 가진 몸과 꼬리
까지 그려졌다. 개구리는 꼬리가 없지만,
올챙이 때 났던 꼬리로부터 변해왔음을 상
징적으로 표현했다. 黽은 '개구리'가 원래
뜻인데, 이후 '맹꽁이'를 뜻하게 되었다. 黽
으로 구성된 한자를 보면, 黿⁽자라 원⁾이나
鼇⁽자라 오⁾나 鱉⁽자라 별⁾에서처럼 개구리처럼
양서류이면서 모양도 비슷하게 생긴 '자라'
나 '거북'을, 다시 鼉⁽악어 타⁾에서처럼 '악어'
까지 뜻하게 되었다. 또 모양의 유사성 때
문인지 鼄⁽거미 주⁾에서처럼 '거미'를 나타내
기도 했다.

字形 ⬚⬚⬚ 甲骨文 ⬚⬚ 金文 ⬚ 說文小篆 ⬚ 說文籒文

멱

冖(덮을 멱): mì, 冖-0, 2

字解 상형. 『설문해자』에서는 冖을 덮다⁽覆복⁾는
뜻이라고 했다. 소전체를 보면, 수건 같은
것으로 어떤 물건을 덮었고 양쪽 끝이 축
늘어진 모습이어서 『설문해자』의 해설이
정확함을 보여 준다. 冃는 冖에 두 획이
더해져 어떤 물체를 덮고 있음을 형상화했
다. 그래서 冖으로 구성된 글자들은 모두

'덮다'나 '덮개'와 의미적 연관을 가진다. 예컨대, 冠(갓 관)은 사람의 머리(元 원) 부분에 손(寸 촌)으로 '갓을 씌워 주는 모습을 그렸고, 冡(덮어쓸 몽)은 돼지(豕 시)에다 풀이나 거적을 덮어 주는 모습이다. 또 冤(원통할 원)은 토끼(兔 토)가 덮개(冖)를 덮어쓴 모양으로, 재빠른 토끼가 제대로 운신하지 못하는 모습에서 '억울함'을 그렸다고 한다.

字形 ∩ 說文小篆

覓(찾을 멱): [覔], mì, 見-4, 11, 12

字解 회의. 爪(손톱 조)와 見(볼 견)으로 이루어져, 손(爪)으로 헤집어 보며(見) 무엇인가를 찾는 모습을 그렸으며, 이로부터 찾다, 구하다, 훔치다 등의 뜻이 나왔다. 때로는 爪가 형태가 비슷한 不(아닐 불)로 바뀐 覔으로 써, 보이지 않는(不) 것을 찾는다(見)는 의미를 그려내기도 했다.

字形 ╳ 金文

冪(덮을 멱): mì, 冖-14, 16

字解 형성. 冖(덮을 멱)이 의미부고 幕(막 막)이 소리부로, '덮다'는 뜻이며, 보자기를 뜻하기도 했다. 원래는 幕이 들지 않은 冖으로만 썼는데, 무엇인가로 덮어(冖) 아무것도 보이지 않는다는 뜻에서 莫(없을 막)을 더해 형성구조로 변했다. 또 수학 용어로 쓰여, 둘 이상의 수나 식을 서로 곱한 수를 뜻하기도 한다. ☞ 冖(덮을 멱)

糸(가는 실 멱): mì, 糸-0, 6

字解 상형. 이의 중간은 꼰 실타래를, 아래위는 첫머리와 끝머리를 그렸는데, 지금은 실타래와 끝머리만 남았다. 그래서 糸은 비단실(silk)이 원래 뜻이며, 糸이 둘 모인 絲(실 사)와 대비해 '가는' 것을 말한다. 여기서 파생된 系(이을 계)는 삶은 고치에서 손(爪 조)으로 뽑아낼 때 실(糸)의 '연이어진' 모습을, 幺(작을 요)는 아래위의 머리가 없는 실타래만 그려 '작음'을 나타냈다. '실크(silk)'가 絲의 대역어인 것에서도 볼 수 있듯, 비단은 중국의 대표적 물산이었고 갑골문이 쓰였던 상나라 때 이미 이의 제조 공정과 관련 글자들이 여럿 등장할 정도로 일찍부터 중요하고 다양한 기능을 담당해 왔다. 이 때문에 糸으로 구성된 글자들은 繩(줄 승), 索(동아줄 삭), 縷(실 루), 紀(벼리 기)에서처럼 각종 '실', 經(날 경)이나 織(짤 직)에서처럼 '베 짜기', 紫(자줏빛 자), 綠(초록빛 록), 紅(붉을 홍), 紺(감색 감)에서처럼 베의 염색과 관련하여 각종 '색깔'을 나타내게 되었다.

字形 ❊❊ 甲骨文 ❊ 金文 ❊ 說文小篆

❊ 說文古文

魕(흰 범 멱): mì, 虍-6, 12

字解 형성. 虎^(범 호)가 의미부이고, 昔^(예 석)의 생략된 모습이 소리부이다. 『설문해자』에서 "흰 호랑이^(白虎)를 말한다. 멱^(冪)과 같이 읽는다."라고 했다.

字形 ⿰虎昔 說文小篆

면

宀(집 면): mián, 宀-0, 3

字解 상형. 宀은 고대가옥의 형상을 따서 만든 글자로, 포괄적인 의미의 집을 뜻하지만, 갑골문에서의 宀은 처마와 기둥을 잇는 선이 부드럽게 처리되어 황토지대에 지어진 동굴집의 입구를 그렸다. 하지만, 금문에 이르면 지금처럼 담을 쌓고 그 위로 지붕을 걸쳐 처마를 남긴 구조가 보편화하였음을 보여준다. 황토 지역의 초기 가옥 형태를 그린 宀은, 첫째 家^(집 가)에서처럼 그곳이 인간이 생활하는 거주 '공간', 둘째 安^(편안할 안)이나 寧^(편안할 녕)에서처럼 그런 공간이 가져다주는 안락함, 셋째 宗^(마루 종)에서처럼 집을 중심으로 가족과 가문이 형성되었기에 조상의 위패를 모시는 '종묘'를 뜻한다.

字形 ⿱宀 說文小篆

面(얼굴 면): miàn, 面-0, 9, 70

字解 상형. 갑골문에서 얼굴의 윤곽과 눈^(目·목) 하나를 그렸다. 눈은 사물을 볼 수 있다는 점에서, 또 그 사람의 인상을 가장 잘 나타내 줄 수 있다는 의미에서 얼굴의 가장 중요한 부분이라 생각되었기에 얼굴의 상징이 되었고, 두 개를 중복해 그릴 필요가 없어 하나만 그렸다. 소전체에서는 目을 首^(머리 수)로 변화시켜 의미를 더욱 명확하게 표현했다. 하지만, 예서체에 들면서 다시 원래의 目으로 되돌아갔다. 그래서 面은 『설문해자』의 해석처럼 '얼굴^(顔前·안전)'이 원래 뜻이다. 눈과 눈썹, 코와 입이 갖추어진 '얼굴'은 한 사람을 가장 잘 대표해 줄 수 상징적인 부위이다. 그래서 즐거움은 물론 부끄러움^(覥·전)도 얼굴^(面)에 가장 먼저 나타났던^(見·견) 것이다. 그 때문인지 '멘즈^(面子·체면)'는 중국인들에게 목숨만큼이나 중요한 존재였다. 얼굴은 납작하며 옷으로 가려진 신체의 다른 부위와는 달리 겉으로 드러나는 부위이기에, 麵^(麪·밀가루 면)과 같이 납작한 것이나 사물의 表面^(표면) 등의 뜻까지 가지게 되었다. 한자에서 '얼굴'을 지칭하는 글자들이 몇 있는데, 현대 중국어에서는 面 대신 臉^(뺨 검)을 자주 쓴다. 하지만, 臉은 위진 시대 쯤 되어서야 등장한 글자로, 원래는 '눈 아래에서 뺨 위까지의 부분'을 지칭하여 '뺨'을 뜻했고 頰^(뺨 협)과 동의어로 사용되었다. 또 洗顔^(세안·얼굴을 씻다)에서처럼 顔^(얼굴 안)도 '얼굴'이라는 뜻으로 쓰였지만, 顔은 원래 眉間^(미간)을 지칭하여 '이마'를 뜻했고 額^(이마 액)과 같이 쓰였다. 이렇게 볼 때, 臉은 面보다 훨씬 뒤에 등장하였지만, 현대에 들면서 점점 面의 지위를 대신해 왔음을 알 수 있다. 또 顔은 顔色^(안색)에서처럼 주로 색깔이나

표정을 나타낼 때 주로 사용되지만, 面은 對面^(대면·마주 대하다)이나 面刺^(면자·면전에서 지적함) 등과 같이 '얼굴' 자체를 말하는데 자주 쓰인다는 차이를 가진다. 현대 중국에서는 麵^(밀가루 면)의 간화자로도 쓰인다.

字形 ⬤古陶文 ⬤簡牘文 ⬤說文小篆

麵(밀가루 면): 面, [麪], miàn, 麥-9, 20

字解 형성. 麥^(보리 맥)이 의미부고 面^(얼굴 면)이 소리부로, 보리^(麥)를 가루 내어 납작하게^(面) 만들어 자른 '국수'를 말한다. 달리 소리부 丏^(가릴 면)이 들어가 형성구조로 변한 麪^(밀가루 면)으로 쓰기도 하며, 간화자에서는 面^(얼굴 면)에 통합되었다.

字形 ⬤說文小篆

緬(가는 실 면): miǎn, 糸-9, 15, 10

字解 형성. 糸^(가는 실 멱)이 의미부고 面^(얼굴 면)이 소리부로, 가는 실^(糸)을 말한다. 길고 가는 실로부터 '멀다'는 뜻이, 다시 멀리 떨어져 '그리워하다'의 뜻도 나왔다.

字形 ⬤說文小篆

免(면할 면): miǎn, 儿-5, 7, 32

字解 형성. 금문에서 宀^(집 면)이 의미부이고 人^(사람 인)이 소리부로, 투구^(宀)를 쓴 사람^(人)의 모습을 그렸는데, 이후 자형이 변해 지금처럼 되었다. 투구는 전장에서 위험을 피

하게 해주는 도구이기에 '謀免^(모면)하다', '벗어나다'는 뜻이 생겼다.

字形 ⬤簡牘文 免 玉篇

冕(면류관 면): miǎn, 冂-9, 11, 12

字解 형성. 冃^(쓰개 모)가 의미부고 免^(면할 면)이 소리부로, 옛날 천자, 제후, 경대부 등이 조회나 제례 때 쓰던 의식용 '冕旒冠^(면류관)'을 말하는데, 투구처럼 덮어 쓰던^(免) 쓰개^(冃)의 일종임을 반영했다. ☞ 冒^(가릴 모)

字形 ⬤簡牘文 ⬤說文小篆 ⬤說文或體

勉(힘쓸 면): miǎn, 力-7, 9, 40

字解 형성. 力^(힘 력)이 의미부고 免^(면할 면)이 소리부로, 힘껏^(力) 노력하다는 뜻이며, 이로부터 勉勵^(면려)하다, 격려하다의 뜻이 나왔다.

字形 ⬤⬤簡牘文 ⬤說文小篆

沔(물 흐를 면): miǎn, 水-4, 7, 12

字解 형성. 水^(물 수)가 의미부고 丏^(가릴 면)이 소리부로, 강^(水)의 이름으로 武都^(무도) 沮縣^(저현)의 東狼谷^(동낭곡)에서 흘러나와 동남쪽으로 흘러 장강으로 흘러든다. 이후 물^(水)이 흐르다는 뜻으로 쓰였다.

字形 ⬤說文小篆

서 瞑^(눈 감을 명)으로 쓰기도 한다.

眄(애꾸눈 면): miǎn, 目-4, 9, 10

字解 형성. 目^(눈 목)이 의미부고 丏^(가릴 면)이 소리부로, 한쪽 눈^(目)을 감다가 원래 뜻인데, 한쪽 눈^(目)이 가림^(丏)을 말했다. 이후 한쪽 눈이 없는 애꾸눈을 지칭하기도 했다.

字形 眄 說文小篆

綿(이어질 면): 绵, [緜], mián, 糸-8, 14, 32

字解 회의. 糸^(가는 실 멱)과 帛^(비단 백)으로 구성되어, 가는 실^(糸)을 연결해 비단^(帛)을 짜다는 뜻에서, '연결하다', '이어지다' 등의 뜻이 나왔으며 달리 좌우로 위치를 바꾼 緜으로 쓰기도 한다.

字形 綿 簡牘文   緜 說文小篆

棉(목화 면): mián, 木-8, 12, 10

字解 회의. 木^(나무 목)과 帛^(비단 백)으로 구성되어, '목화'를 말하는데, 누에가 아닌 나무^(木)에서 만들어 내는 베^(帛)라는 뜻을 담았다.

眠(잠잘 면): [瞑], mián, 目-5, 10, 32

字解 형성. 目^(눈 목)이 의미부고 民^(백성 민)이 소리부로, '눈^(目)을 감고 잠을 자다'가 원래 뜻이나 永眠^(영면)과 같이 '죽다'는 뜻도 가진다. 달리 눈^(目)을 캄캄하게 감다^(冥)는 뜻에

멸

滅(멸망할 멸): 灭, miè, 水-10, 13, 32

字解 형성. 水^(물 수)가 의미부고 威^(멸망할 멸)이 소리부로, 물^(水)로 불을 꺼^(威) 완전히 불씨를 없애다는 뜻으로부터 '완전히 없어지다', 끝나다 등의 뜻이 나왔다. 간화자에서는 灭로 쓰는데, 불^(火)의 위를 무엇인가로 덮어버린 모습이다.

字形 滅 簡牘文 滅 石刻古文 滅 說文小篆

蔑(업신여길 멸): [衊], miè, 艸-11, 15, 20

字解 형성. 伐^(칠 벌)이 의미부이고 苜^(눈 바르지 못할 멸)이 소리부로, 눈을 내리깔며^(苜) 남을 업신여김을 말하는데, 자형이 변해 지금처럼 되었다. 갑골문에서는 창^(戈과)으로 사람^(人인)의 다리를 치는 모습이었다. 금문에 들면서면 苜과 戍^(지킬 수)로 구성되어, 수자리^(戍) 같은 고된 일로 너무 힘들어 눈^(目)에 정기가 없는 모습을 말했는데, 이후 蔑視^(멸시)에나 侮蔑^(모멸)에서와 같이 '업신여기다'는 뜻으로 쓰이게 되었다. 달리 血^(피 혈)을 더한 衊^(모독할 멸)로 쓰기도 한다.

字形 甲骨文 金文 簡牘文 古

籀文 ⿰ 說文小篆

蔑(모독할 멸): 蔑, miè, 血-15, 21

字解 형성. 血(피 혈)이 의미부이고 蔑(업신여길 멸)이
소리부이다. 『설문해자』의 해설처럼, '더럽
혀진 피(汚血)'를 말한다. 피(血)를 발라 적이
없어지기를(蔑) 저주하는 행위로부터 '멸시
하다'는 뜻을 그렸다. 이후 욕되게 하다,
모독하다, 모멸(侮蔑)하다, 업신여기다 등의
뜻이 나왔다. 그래서 汚衊(오멸)은 남의 명
예를 더럽히다는 뜻이다. 간화자에서는 蔑
(업신여길 멸)에 통합되었다.

字形 ⿰ 說文小篆

명

皿(그릇 명): mǐn, 皿-0, 5

字解 상형. 아가리가 크고 두루마리 발(卷足·권족)을
가진 그릇을 그렸는데, 금문에서는 金(쇠 금)
을 더하여 그것이 질그릇이 아닌 청동으로
만든 것임을 강조했다. 청동으로 만든 그
릇은 대단히 값 비싸고 귀하여 주로 제사
등에서 의례용으로 쓰였다. 그래서 皿(그릇
명)은 일반적인 그릇을 지칭하기도 하며,
나아가 청동 그릇은 제사를 드릴 때, 특히
맹약을 맺을 때 희생의 피를 받아 나누어
마시던 용도로 쓰이기도 했다. 또 그릇은
거울의 대용으로 쓰여 큰 대야에 물을 담

아놓고 수면에 얼굴을 비추어 보곤 했다.
그런가 하면 청동 기물은 고대 중국에서
신분의 상징이 될 정도로 귀하고 비싼 것
이었다.

字形 ⿰甲骨文 ⿰金文
⿰古陶文 ⿰說文小篆

命(목숨 명): mìng, 口-5, 8, 70

字解 형성. 口(입 구)가 의미부이고 令(우두머리 령)이
소리부인데, 令에서 口를 더해 분화한 글
자이다. 모자를 쓰고 앉은 모습의 우두머
리(令)의 입(口)에서 나오는 命令(명령)을 표
현했고, 이로부터 '시키다'는 뜻이, 다시 하
늘의 명령이 목숨이라는 뜻에서 '목숨'의
뜻이 나왔다.

字形 ⿰甲骨文 ⿰⿰金文
⿰金文 ⿰古陶文 ⿰令盟書 ⿰
⿰簡牘文 ⿰帛書 ⿰
⿰古璽文 ⿰說文小篆

㮊(홈통 명): míng, 木-8, 12

字解 형성. 木^(나무 목)이 의미부고 命^(목숨 명)이 소리부로, 처마 끝에 가로 둘러대 지붕에서 흘러 내려오는 빗물을 받는 나무^(木)로 만든 장치인 '홈통'을 말하는데, 한국에서 만들어진 고유한자로 알려졌다.

名(이름 명): míng, 口-3, 6, 70

字解 회의. 夕^(저녁 석)과 口^(입 구)로 이루어져, 캄캄한 밤^(夕)에 입^(口)으로 부르는 사람의 '이름'을 말하며, 이로부터 부르다, 姓名^(성명), 이름을 붙이다, 시호 등의 뜻이 나왔다. 또 사물의 명칭이나 物目^(물목)의 뜻도 나왔으며, 옛날에는 文字^(문자)라는 뜻으로도 쓰였다.

字形 甲骨文 金文 古陶文 簡牘文 石刻古文 古璽文 說文小篆

銘(새길 명): 铭, [名], míng, 金-6, 14, 32

字解 형성. 金^(쇠 금)이 의미부고 名^(이름 명)이 소리부로, 견고한 쇠^(金)에다 이름^(名)을 새겨 넣어 영원히 기록함을 말하며, 이로부터 기록하다는 뜻이 나왔고, 기물이나 비석에 새겨진 글, 그런 곳에 새겨 공덕 등을 칭송하던 문체를 지칭하기도 하였다.

字形 說文小篆

酩(술 취할 명): míng, 酉-6, 13, 10

字解 형성. 酉^(닭 유)가 의미부고 名^(이름 명)이 소리부로, 이름난^(名) 술^(酉)을 마시고 취함을 말하는데, 酩酊^(명정)은 술에 크게 취한 모습을 말한다.

字形 說文小篆

茗(차 싹 명): míng, 艸-4, 10

字解 형성. 艸^(풀 초)가 의미부고 名^(이름 명)이 소리부로, 차의 싹을 말하는데, 차의 싹은 예로부터 식물^(艸) 중에서도 이름 난^(名) 명품이라는 뜻을 담았다.

字形 說文小篆

冥(어두울 명): míng, 冖-8, 10, 30

字解 회의. 갑골문에서 윗부분은 자궁을, 중간 부분은 아이를, 아랫부분은 두 손을 그려, 자궁에서 나오는 아이를 두 손으로 받아내는 모습을 사실적으로 잘 그렸다. 그래서 갑골문 당시에는 '아이를 낳다'는 뜻으로 쓰였는데, 이후 아이는 트인 공간이 아닌 밀폐된 캄캄한 곳에서 받았기에 '어둡다'는 뜻을 갖게 되었다.

字形 甲骨文 說文小篆

暝(어두울 명): míng, 日-10, 14, 10

字解 형성. 日^(날 일)이 의미부고 冥^(어두울 명)이 소

리부로, 날^(日·일)이 저물어 어두움^(冥)을 말하며, 이로부터 암담하다는 뜻도 나왔다.
☞ 冥^(어두울 명)

溟(어두울 명): míng, 水-10, 13, 10

字解 형성. 水^(물 수)가 의미부고 冥^(어두울 명)이 소리부로, 물^(水)이 깊어 어두움^(冥)을 말하며, 이로부터 그러한 크고 깊은 '바다'를 지칭하게 되었다. ☞ 冥^(어두울 명)

字形 說文小篆

瞑(눈 감을 명): míng, 目-10, 14

字解 형성. 目^(눈 목)이 의미부고 冥^(어두울 명)이 소리부로, 눈^(目)이 어두움^(冥)을 말했는데, 이후 눈을 감다, 즉 '죽다'는 뜻도 갖게 되었다. ☞ 冥^(어두울 명)

字形 說文小篆

螟(마디충 명): míng, 虫-10, 16, 10

字解 형성. 虫^(벌레 충)이 의미부고 冥^(어두울 명)이 소리부로, 컴컴한^(冥) 구멍 속에서 식물의 줄기 속을 파먹고 사는 벌레^(虫)인 '마디충'을 말한다.

字形 說文小篆

蓂(명협 명): míng, 艸-10, 14

字解 형성. 艸^(풀 초)가 의미부고 冥^(어두울 명)이 소리부로, 신비로운 풀^(艸)로 알려진 蓂莢^(명협)을 말한다. 또 달력을 지칭하기도 한다.

字形 說文小篆

鳴(울 명): 鸣, míng, 鳥-11, 14, 40

字解 형성. 口^(입 구)와 鳥^(새 조)로 구성되어, 새^(鳥)의 입^(口)에서 나오는 '지저귐'을 말하며, 이로부터 '울다', 소리를 내다, 놀라다, 부르다 등의 뜻이 나왔다.

字形 甲骨文 金文 簡牘文 說文小篆

明(밝을 명): míng, 日-4, 8, 60

字解 회의. 日^(날 일)과 月^(달 월)로 구성되어, 햇빛^(日)과 달빛^(月)의 밝음을 형상화했다. 때로는 창^(囧·경)에 달^(月)이 비친 모습으로 '밝음'을 강조하기도 했다. 조명 시설이 없던 옛날, 창으로 휘영청 스며드는 달빛은 다른 그 무엇보다 밝게 느껴졌을 것이며, 이로부터 '밝다'는 의미가 나왔다. 이후 비추다, 밝게 비추는 빛, 태양, 分明^(분명)하다, 이해하다 등으로 의미가 확장되었다.

字形 甲骨文 金文 古陶文 盟書 簡牘文 帛書 石刻古

文 說文小篆 說文古文

몌

袂(소매 몌): mèi, 衣-4, 9, 10

字解 형성. 衣^(옷 의)가 의미부고 夬^(터놓을 쾌)가 소리부로, 옷^(衣)의 터진^(夬) 부분인 소매를 말한다.

字形 說文小篆

모

冒(무릅쓸 모): mào, 冂-7, 9, 30

字解 형성. 目^(눈 목)이 의미부고 冃^(쓰개 모)가 소리부로, 눈^(目) 위로 모자를 덮어쓴^(冃) 모습에서 '모자'와 '덮다'의 뜻을 그렸고, 눈까지 덮여 사물을 제대로 분간하지 못하다는 뜻에서 冒險^(모험)이나 '무모하다'는 뜻이 생겨났다. 이후 冒가 '무릅쓰다'는 뜻으로 자주 쓰이자 원래 뜻은 다시 巾^(수건 건)을 더한 帽^(모자 모)로 분화했다.

字形 金文 簡牘文 說文
小篆 說文古文

帽(모자 모): mào, 巾-9, 12, 20

字解 형성. 巾^(수건 건)이 의미부고 冒^(무릅쓸 모)가 소리부로, 모자나 모자처럼 생긴 것을 말하는데, 베^(巾)로 만든 덮어쓰는^(冒) 것이라는 의미를 담았다. ☞ 冒^(무릅쓸 모)

瑁(서옥 모): [瑂], mào, 玉-9, 13

字解 형성. 玉^(옥 옥)이 의미부고 冒^(무릅쓸 모)가 소리부로, 玳瑁^(대모)를 말하며 달리 瑇^(대모 대)로도 쓴다. 玳瑁는 바다거북 비슷한 파행 동물로 딱지는 황갈색을 띠며 검은 점이 있고 광택이 나 장식품으로 쓰이며 약재로도 쓰인다. 혹자는 제후가 圭玉^(규옥)을 갖고서 천자를 알현하면 천자는 瑁玉^(모옥)으로 규옥을 덮기 때문에, 冒가 의미부로 채택된 것으로 해석하기도 한다. ☞ 冒^(무릅쓸 모)

字形 古陶文 說文小篆 說文古文

暮(저물 모): [莫], mù, 日-11, 15, 30

字解 형성. 艸^(풀 초)가 의미부고 莫^(없을 막)이 소리부로, 해가 풀숲^(艸)으로 넘어가 아무것도 보이지 않는^(莫) 때를 말하며 이로부터 저녁, 밤의 뜻이 나왔으며, 노년의 비유로도 쓰였다. 원래는 풀 숲^(茻·망) 사이로 해^(日·일)가 지는 모습인 莫으로 썼으나 莫이 '없다', '……하지 말라'는 뜻으로 쓰이게 되자 다시 日을 더해 분화한 글자이다. 한국 속자에서는 入^(들 입)과 日로 구성되어 해^(日)가 들어가 버린^(入) 때라는 의미의 旲로 쓰기도 한다. ☞ 莫^(없을 막)

字形 🖼 簡牘文 暮 玉篇

模(법 모): mó, mú, 木-11, 15, 40

字解 형성. 木(나무 목)이 의미부고 莫(없을 막)이 소리부로, 나무(木)로 만든 거푸집을 말하며, 이로부터 법식이나 模範(모범)이라는 뜻이, 다시 模倣(모방)하다의 뜻까지 나왔다.

字形 🖼 說文小篆

募(부를 모): [丑], mù, 力-11, 13, 30

字解 형성. 力(힘 력)이 의미부고 莫(없을 막)이 소리부로, 부르다, 모으다는 뜻인데, 있는 힘(力)을 다해 제한을 두지 않고(莫) '널리 구하다'는 의미를 담았다. 한국 속자에서는 윗부분의 莫을 入(들 입)으로 줄여 인력(力)을 불러들인다(入)는 뜻을 담은 丑로 쓰기도 한다.

字形 🖼 簡牘文 🖼 說文小篆

謨(꾀 모): mó, 言-11, 18, 12

字解 형성. 言(말씀 언)이 의미부고 莫(없을 막)이 소리부로, 없는 것(莫)을 말(言)로 만들어 세우는 계략을 말하며, 이로부터 '꾀'나 '없다'는 뜻까지 나왔다.

字形 🖼 說文小篆

慕(그리워할 모): [慕], mù, 心-11, 15, 32

字解 형성. 心(마음 심)이 의미부고 莫(없을 막)이 소리부로, 어떤 일을 마음(心)으로 무한정(莫) 좋아해 그리워함을 말하며, 이로부터 欽慕(흠모)하다, 그리워하다는 뜻이 나왔다.

字形 🖼🖼🖼 金文 🖼 說文小篆

摸(찾을 모): mō, 手-11, 14, 10

字解 형성. 手(손 수)가 의미부고 莫(없을 막)이 소리부로, 보이지 않아(莫) 손(手)으로 만지거나 접촉하는 것을 말하며, 이로부터 탐색하다, 摸索(모색)하다, 더듬다, 보이지 않게 암암리에 진행하다 등의 뜻이 나왔다.

摹(베낄 모): mó, 手-11, 15

字解 형성. 手(손 수)가 의미부고 莫(없을 막)이 소리부로, 손(手)으로 모사하는 것을 말하며 이로부터 모방하다의 뜻이 나왔다. 달리 模(법 모)와도 같이 써 규범이나 법도, 널리 구하다 등의 뜻도 가진다.

字形 🖼 說文小篆

某(아무 모): mǒu, méi, 木-5, 9, 30

字解 회의. 甘(달 감)과 木(나무 목)으로 구성되어, 입 속에 물고 있으면(甘) 갈증이 해소되는 매실처럼 신맛이 나는 나무(木) 열매를 말했는데, 이후 '아무개'라는 뜻으로 가차되었다. 그러자 원래 뜻은 다시 木을 더해 楳

🖼 | 291

字形 𣎴𣎴金文 𣎴𣎴𣎴𣎴古陶文 𣎴 簡牘文 𣎴 說文小篆 𣎴 說文古文

謀(꾀할 모): móu, 言-9, 16, 32

字解 형성. 言^(말씀 언)이 의미부고 某^(아무 모)가 소리부로, 어려운 일을 깊이 의논하여^(言) 도모함을 말하며, 이로부터 계략을 세우다, 깊이 생각하다, '꾀하다' 등의 뜻이 나왔다.

字形 𧨾金文 𧨾古陶文 𧨾 𧨾𧨾簡牘文 𧨾 說文小篆 𧨾𧨾 說文古文

牟(소우는 소리 모): móu, 牛-2, 6, 12

字解 회의. 口^(입 구)와 牛^(소 우)로 구성되어, 소^(牛)의 울음소리^(口)를 말하는데, 口가 厶^(사사 사)로 변해 지금처럼 되었다. 이후 사리에 어둡다, 탐을 내다는 뜻도 나왔으며, 釋迦牟尼^(석가모니)를 번역하는 음역자로도 쓰였다.

字形 𠂒𠂒古璽文 𠂒 說文小篆

眸(눈동자 모): móu, 目-6, 11

字解 형성. 目^(눈 목)이 의미부고 牟^(소우는 소리 모)가 소리부로, 눈^(目)의 동자를 말한다.

字形 眸 說文小篆

牡(수컷 모): mǔ, 牛-3, 7, 10

字解 회의. 갑골문에서부터 士^(선비 사)와 牛^(소 우)로 구성되어, 소^(牛)의 수컷^(士)을 말하며 이로부터 수컷, 열매를 맺지 못하는 식물, 남성의 생식기, 양성 등을 지칭하였고, 크다, 건장하다는 의미도 나왔다. 남성의 생식기를 그린 士가 이후 형체가 비슷한 土^(흙 토)로 바뀌어 지금의 자형이 되었다. 당나라 이후 牧丹^(목단모란)을 지칭하게 되었는데, 크고^(牡) 붉은^(丹) 꽃을 가진 식물이라는 뜻을 담았다. ☞ 士^(선비 사)

字形 𤘘𤘘𤘘𤘘𤘘甲骨文 𤘘𤘘金文 牡𤘘簡牘文 牡 說文小篆

母(어미 모): mǔ, 母-0, 5, 80

字解 상형. 손을 모으고 앉은 여인^(女 여)에 유방을 의미하는 두 점이 더해져 '어미'를 형상했다. 이것은 여자와 어머니의 차이가 젖에 있기 때문이다. 어머니는 젖으로 아이를 키운다. 아이가 젖을 뗄 무렵이 되면, 회초리로 아이를 가르치고 훈육하는데, 이것을 어머니의 주된 역할로 보았다. 그래서 태어나면서 체득하는 것과 관련된 한자에는 모두 母가 들어간다. 예컨대 태어나서 바로 배우는 언어가 母國語^(모국어)이고, 태어나서 자신이 속한 문화를 체득하는 곳이 母國^(모국)이다. 그래서 어머니는 敏^(재빠를 민)

에서처럼 익숙하고 편안한 존재이지, 유혹하고 싶은 '여자'는 아니다. 하지만, 비녀 여럿을 꽂아 화려하게 치장한 모습을 그린 毒^(독 독)에서처럼 어머니^(每)가 본연의 의무를 망각하게 되면 이제는 어머니가 아니라 남자를 유혹하는 음란한 여성이 되고 사회의 '독'으로 변한다.

字形 ![甲骨文] 甲骨文 ![] ![] ![] ![金文] 金文 ![古陶文] 古陶文 ![] ![簡] 簡牘文 ![] 帛書 ![古璽文] 古璽文 ![] 說文小篆

侮(업신여길 모): wǔ, 人-7, 9, 30

字解 형성. 人^(사람 인)이 의미부고 每^(매양 매)가 소리부로, 사람^(人)을 능멸하고 업신여김을 말하며, 이로부터 남을 속이다는 뜻도 나왔다.

字形 ![甲骨文] 甲骨文 ![金文] 金文 ![簡牘文] 簡牘文 ![說文小篆] 說文小篆 ![說文古文] 說文古文

姆(여스승 모): [姆], mǔ, 女-5, 8

字解 형성. 女^(여자 여)가 의미부고 母^(어미 모)가 소리부로, 어미^(母)처럼 지혜를 주는 여자^(女) 스승을 말하며, 이후 유모나 손위 여자 동서를 부르는 말로도 쓰였다.

字形 ![說文小篆] 說文小篆

矛(창 모): máo, 矛-0, 5, 20

字解 상형. 끝이 뾰족해 상대를 찌를 수 있는 창을 그렸는데, 뾰족하게 난 창끝과 긴 창대와 오른편으로 손잡이가 그려졌다. 이에 비해 상대를 찍거나 베도록 고안된 창이 낫처럼 생긴 것은 戈^(창 과)이고 이 둘을 합친 것이 戟^(창 극)이다. 矛로 구성된 글자는 많지 않지만, 모두 창의 속성인 '찌르다'는 의미와 관련된다.

字形 ![金文] 金文 ![簡牘文] 簡牘文 ![說文小篆] 說文小篆

茅(띠 모): máo, 艸-5, 9, 12

字解 형성. 艸^(풀 초)가 의미부고 矛^(창 모)가 소리부로, 식물^(艸)의 일종으로 창^(矛)처럼 길게 자라는 '띠'나 띠를 이어 지은 띠 집을 말했는데, 띠가 집의 가장 높은 부분인 지붕을 이는 데 쓰인다는 뜻에서 지붕이나 최고 등의 뜻도 나왔다.

字形 ![金文] 金文 ![簡牘文] 簡牘文 ![古璽文] 古璽文 ![說文小篆] 說文小篆

毛(털 모): máo, 毛-0, 4, 42

字解 상형. 『설문해자』에서 '눈썹이나 머리칼 및 짐승의 털'이라고 했는데, 毛髮^(모발)은 바로 이런 뜻이다. 毛의 가운데 선의 아랫부분은 털의 뿌리^(毛根모근)를, 중간은 줄기^(毛幹모간)를, 윗부분은 끝자락^(毛梢모초)을 그렸고, 양쪽으로 갈라진 획은 펼쳐진 털의 모습이

다. 머리칼이나 짐승의 털은 대단히 가늘다. 지금은 '나노 섬유^(nano fiber)'처럼 10억분의 1미터 두께라는 상상하기조차 어려운 가늘고 섬세한 섬유가 개발되었지만, 그전에는 인간이 볼 수 있는 가장 가는 존재가 바로 이런 털이었을 것이다. 이로부터 毛에는 '털'과 모직물은 물론 대단히 작다는 의미가 담겼다.

字形 ¥ ¥ ¥ 金文 ¥ 古陶文 ¥ ¥

¥ ¥ 簡牘文 ¥ 說文小篆

耗(줄 모): [秏], hào, 耒-4, 10, 10

字解 형성. 원래 소전체에서 禾^(벼 화)가 의미부고 毛^(털 모)가 소리부로, 수확한 곡식^(禾)이 대단히 적음^(毛)을 말했는데, 한나라 에서 이후 禾가 耒^(쟁기 뢰)로 바뀌었다. 그것은 쟁기질^(耒)을 적게^(毛) 하면 수확이 감소한다는 의미를 담았으며, 이로부터 '줄어들다'는 뜻이 만들어졌다. 지금은 消費^(소비)가 미덕인 시대에 살지만, 생산이 부족하던 옛날에는 절약이 미덕이었고 써 없애는 소비는 가능한 한 줄여야 하는 대상이었다. 그래서 消耗에는 쓰면 사라지고^(消) 줄어든다^(耗)는 경계의 뜻이 담겼다.

字形 耗 秏 簡牘文 秏 說文小篆

芼(풀 우거질 모): mào, 艸-4, 8

字解 형성. 艸^(풀 초)가 의미부고 毛^(털 모)가 소리부로, 풀^(艸)이 털^(毛)처럼 우거진 상태를 말한다. 이후 풀을 지칭하기도 했으며, 고기에

채소를 섞어 끓인 '국', '채소' 등을 뜻하기도 하였다.

字形 芼 說文小篆

貌(모양 모): 豸, mào, 豸-7, 14, 32

字解 형성. 豸^(발 없는 벌레 치)가 의미부이고 皃^(얼굴 모)가 소리부로 容貌^(용모)를 뜻한다. 원래는 皃만 단독으로 썼는데, 윗부분은 머리를 묶어 올린 얼굴을 그렸고 아랫부분은 사람의 측면 모습^(儿·인)이다. 이로부터 容貌라는 뜻이 만들어졌고 '모양'을 대표하는 글자가 되었고, 이후 의미를 강화하기 위해 豸를 더해 지금의 貌가 되었으나, 간화자에서는 다시 원래의 皃로 돌아갔다.

字形 貌 簡牘文 皃 說文小篆 貌 說文或體

貌 說文籒文

皃(얼굴 모): mào, 白-2, 7

字解 회의. 貌^(모양 모)의 원래 글자로, 白^(흰 백)과 儿^(사람 인)으로 구성되었는데, 윗부분은 머리를 묶어 올린 밝은 얼굴^(白)을 그렸고 아랫부분은 사람의 측면 모습^(儿)을 형상화했으며, 이로부터 얼굴과 容貌^(용모)라는 뜻이 만들어졌다. 이후 의미를 강화하고자 豸^(발 없는 벌레 치)를 더해 貌로 분화했다. 현대 중국에서는 貌^(모양 모)의 간화자로도 쓰인다. ☞ 貌^(모양 모)

字形 皃 說文小篆

목

木(나무 목): mù, 木-0, 4, 80

字解 상형. 줄기를 중심으로 잘 뻗은 가지와 뿌리를 그려 '나무'를 형상했다. 木이 둘 셋 중첩되어 만들어진 林^(수풀 림)과 森^(나무 빽빽할 삼)은 '나무'의 의미를 강화한 경우로 '나무'의 원래 의미가 그대로 담겨 있는 경우이다. 나무는 인간 생활에서 빼놓을 수 없었기에 이를 이용해 '위치'나 '방향'을 표시하기도 했다. 예컨대 末^(끝 말)과 本^(밑 본)과 朱^(붉을 주) 등은 木에다 위, 아래, 가운데 부위를 표시하는 부호를 붙여 만든 글자들로, 末은 나무의 끝을, 本은 나무의 뿌리를 말하며, 朱는 나무의 속이 붉은 赤心松^(적심송)을 뜻한 데서 '붉다'는 의미를 그렸다. 또 東^(동녘 동)은 해가 나무에 걸린 모습에서 해 뜨는 쪽을, 杲^(밝을 고)는 해가 나무 위로 위치한 모습에서 한낮의 밝음을, 杳^(어두울 묘)는 해가 나무 아래로 떨어진 어둑해진 때를 말한다. 또 나무는 인간 생활의 기물을 만드는 더없이 중요한 재료로 쓰였다. 나무는 다양한 목제품은 물론, 울타리^(樊번)나 기둥^(柱주)이나 악기^(樂악)의 재료로, 염료^(染염)로, 심지어 저울추^(權권)나 거푸집^(模모), 술통^(樽준), 쟁반^(槃반) 등을 만드는 데 쓰였다. 그래서 材^(재목 재)는 갖가지 재주^(才재)로써 기물을 만들어 내는 나무^(木)라는 뜻이 담겼다.

字形 ✚ ✚甲骨文 ✚ ✚金文 ✚ ✚古

沐(머리감을 목): mù, 水-4, 7, 20

字解 형성. 水^(물 수)가 의미부고 木^(나무 목)이 소리부로, 沐浴^(목욕)을 말하는데, 나무^(木)로 이루어진 숲^(林) 속을 흐르는 물^(水)에 '머리를 감는 것'을 말한다. 이와 대를 이루는 浴은 흐르는 계곡^(谷) 물^(水)에 '몸 전체를 씻는 것'을 구분하여 말했다.

字形 甲骨文 簡牘文 說文小篆

目(눈 목): mù, 目-0, 5, 60

字解 상형. 눈동자가 또렷하게 그려진 눈의 모습인데, 소전에 들면서 자형이 세로로 변하면서 눈동자도 가로획으로 변해 지금처럼 되었다. '눈'이 원래 뜻이고, 눈으로 보다, 눈으로 볼 수 있는 目錄^(목록)을 말한다. 또 눈으로 보는 지금이라는 뜻에서 目前^(목전)에서처럼 현재 등의 뜻도 나왔다.

字形 甲骨文 金文 古陶文 簡牘文 說文小篆 說文古文

陶文 盟書 簡牘文 帛書 說文小篆

髣(잔무늬 목): mù, 彡-8, 11

字解 형성. 彡(터럭 삼)이 의미부이고, 髟(벽 틈 극)의 생략된 모습이 소리부이다. 『설문해자』의 해설처럼, '정교하고 세밀한 무늬(細文)'를 말한다.

字形 髣 說文小篆

穆(화목할 목): mù, 禾-11, 16, 12

字解 형성. 禾(벼 화)가 의미부고 髣(잔무늬 목)이 소리부로, 갑골문에서 이삭이 여물어 화려한 모습을 뽐내는(髣) 곡식(禾)을 그렸으며, 금문에 들어서는 화려함을 강조하기 위해 彡(터럭 삼)이 더해졌다. 농경사회를 살았던 중국인들에게 더없이 아름답고 평화로운 모습의 상징이었을 것이기에 화락하고 화목하다는 뜻이 나왔다. 혹자는 갑골문의 자형이 해바라기를 그렸다고 보기도 한다. ☞ 髣(잔무늬 목)

字形 甲骨文 金文 簡牘文 說文小篆

睦(화목할 목): mù, 目-8, 13, 32

字解 형성. 目(눈 목)이 의미부고 坴(언덕 륙)이 소리부로, 서로 부드러운 눈길(目)을 줘 가며 함께 모여 사는 집(坴)에서 서로 간에 和睦(화목)하고 우애 있음을 그렸다. ☞ 坴(언덕 륙)

字形 睦 說文小篆

牧(칠 목): mù, 牛-4, 8, 42

字解 회의. 牛(소 우)와 攴(칠 복)으로 구성되어, 회초리로 치며(攴) 소(牛)를 모는 모습으로부터 소 기르는 모습을 그렸으며, 이로부터 牧畜(목축)이라는 의미가 나왔는데, 이후 牧民(목민)에서처럼 백성(民)으로까지 그 대상이 확장되었다.

字形 甲骨文 金文 簡牘文 說文小篆

鶩(집오리 목): 鶩, wù, 鳥-9, 20

字解 형성. 鳥(새 조)가 의미부고 敄(힘쓸 무)가 소리부로, 새(鳥)의 일종으로 집에서 키우는 오리를 말한다. 야생 오리는 鳧(오리 부)라 구분해 불렀다.

字形 說文小篆

몰

沒(가라앉을 몰): méi, 水-4, 7, 32

字解 형성. 水^(물 수)가 의미부고 殳^(빠질 몰)이 소리부로, 물^(水)에 빠져^(殳) 죽다가 원래 뜻이다. 이후 물에 잠기다, 沒落^(몰락)하다, 없어지다 등의 뜻으로 확장되었고 다시 '없다'는 부정사로 쓰였다. 금문에서는 소용돌이 모양의 回^(돌 회)로 구성된 洄^(거슬러 올라갈 회)로 썼으나 소전체부터 又^(또 우)가 더해지고 자형이 조금 변해 지금처럼 되었다. ☞ 殳^(죽을 몰)

字形 〔金文〕〔簡牘文〕〔說文小篆〕

殳(죽을 몰): [歾], mò, 歹-4, 8, 10

字解 형성. 歹^(뼈 부서질 알)이 의미부고 殳^(빠질 몰)이 소리부로, 물에 빠져^(殳) 죽다^(歹)가 원래 뜻이고, 이로부터 '없어지다'는 뜻이 나왔다. 『설문해자』에서는 歹^(뼈 부서질 알)이 의미부고 勿^(말 물)이 소리부인 구조의 歾^(마칠 몰)로 썼고, 殳이 이체자로 제시되었다.

字形 〔說文小篆〕〔說文或體〕

몽

蒙(입을 몽): [濛, 矇], méng, 艸-10, 14, 32

字解 형성. 艸^(풀 초)가 의미부고 冢^(덮어쓸 몽)이 소리부로, 풀^(艸)이나 거적을 돼지에게 덮어 주는^(冢) 모습을 말하며, 여기서 덮다, 덮히

다의 뜻이 나왔다. 또 식물의 이름으로 兎絲^(토사)를 말하기도 한다. ☞ 冢^(덮어쓸 몽)

字形 〔甲骨文〕〔金文〕〔古璽文〕〔石刻古文〕〔說文小篆〕

懞(어두울 몽): méng, 心-14, 17

字解 형성. 心^(마음 심)이 의미부고 蒙^(입을 몽)이 소리부로, 무엇인가에 뒤덮여^(蒙) 마음^(心)이 '어두움'을 말한다. ☞ 冢^(덮어쓸 몽)

朦(풍부할·흐릴 몽): méng, 肉-14, 18

字解 형성. 肉^(고기 육)이 의미부고 蒙^(입을 몽)이 소리부로, 새끼를 낳을 때 거적을 돼지에게 덮어 주는 모습^(冢)에서 새끼를 밴 출산 직전의 돼지 몸^(肉)처럼 '풍만함'의 의미를 그렸다. 또 肉^(=月)이 형체가 비슷한 月^(달 월)로 구성되어, 달^(月)이 구름을 덮어 써^(蒙) '흐릿함'을 말하기도 했다. ☞ 冢^(덮어쓸 몽)

字形 〔說文小篆〕

夢(꿈 몽): 梦, [㝱], mèng, 夕-11, 14, 32

字解 형성. 夕^(저녁 석)이 의미부고 瞢^(어두울 몽)의 생략된 모습이 소리부로, 밤^(夕)에 몽롱하게^(瞢) 꾸는 '꿈'을 말한다. 갑골문에서는 원래 침상^(爿장) 위에 누워 자는 사람의 모습을 그렸으며, 눈과 눈썹이 생동적으로 표현되었다. 금문에 들면서 宀^(집 면)과 夕^(저녁 석)이 더해진 㝱으로 변함으로써 밤^(夕)

에 집(宀) 안의 침대(爿) 위에서 잠자는 모습을 더욱 구체적으로 그려낼 수 있게 되었다. 하지만 漢(한)나라 이후 寢은 도태되고 지금처럼 夢이 주로 쓰이게 되었다. 夢의 자형에서 특징적인 것은 눈을 키워 그려놓은 것인데, 눈의 모습이 見(볼 견)에서와 같이 그려졌다. 見이 눈을 크게 뜨고 무엇인가를 주시하는 모습을 그렸음을 고려할 때, 夢에 들어 있는 눈은 현실과 구분되지 않을 정도로 생생한 꿈속의 정황을 주시하고 있음을 나타낸다. 따라서 이것은 꿈을 꾸는 상태인 렘(rem) 수면상태에서의 움직이는 눈동자와도 관련성을 지닌다. 한국 속자에서는 윗부분을 入(들 입)으로 바꾸어 㝱으로 쓰며, 현대 중국의 간화자에서는 윗부분을 林(수풀 림)으로 줄인 梦으로 쓴다.

字形 甲骨文 簡牘文
帛書 說文小篆

묘

苗(모 묘): miáo, 艸-5, 9, 30

字解 회의. 艸(풀 초)와 田(밭 전)으로 이루어져, 논밭(田)에서 자라나는 어린 싹(艸)을 말한다. 이로부터 후손이나 후대라는 뜻도 나왔다.

字形 簡牘文 說文小篆

描(그릴 묘): miáo, 手-9, 12, 10

字解 형성. 手(손 수)가 의미부고 苗(모 묘)가 소리부로, 손(手)으로 그리는 행위를 말하며, 이로부터 描寫(묘사)하다는 뜻이 나왔는데, 원래 그림에 근거해 다시 그린 그림이라는 의미를 담았다.

猫(고양이 묘): [貓], māo, 犬-9, 12, 10

字解 형성. 犬(개 견)이 의미부고 苗(모 묘)가 소리부로, 짐승(犬)의 일종인 고양이를 말한다. 의미부인 犬을 豸(발 없는 벌레 치)로 바꾸어 貓로 쓰기도 한다.

字形 說文小篆

錨(닻 묘): 锚, máo, 金-9, 17

字解 형성. 金(쇠 금)이 의미부고 苗(모 묘)가 소리부로, 배를 고정하는 쇠(金)로 만든 장치인 닻을 말한다.

廟(사당 묘): 庙, [庿], miào, 广-12, 15, 30

字解 형성. 广(집 엄)이 의미부이고 朝(아침 조)가 소리부로, '사당'을 말하는데, 아침(朝)마다 찾아가 조상신께 문안을 드리고자 만든 건축물(广)이라는 의미를 담았으며, 일반 사대부들에게는 家廟(가묘)가, 국가에는 宗廟(종묘)가 설치되었다. 간화자에서는 소리부 朝를 由(말미암을 유)로 바꾼 庙로 쓴다.

字形 金文
簡牘文 說文小篆 說文古文

妙(묘할 묘): [玅, 竗], miào, 女-4, 7, 40

字解 형성. 女^(여자 여)가 의미부고 少^(적을 소)가 소리부로, 묘하다, 신비하다는 뜻인데, 묘한 매력을 느끼게 하는 나이 어린^(少) 여성^(女)이라는 뜻을 담았다. 『광아』에서는 '좋다'는 뜻이라고 했다. 소전체에서는 玅^(묘할 묘)로 썼는데 작고^(玄·현) 어리다^(少)는 뜻을 담았으며, 달리 女 대신 立^(설 립)이 들어간 竗^(땅이름 묘)로 쓰기도 한다.

字形 說文小篆

渺(아득할 묘): [淼], miǎo, 水-9, 12, 10

字解 형성. 水^(물 수)가 의미부고 眇^(애꾸눈 묘)가 소리부로, 보이지 않을^(眇) 정도로 물^(水)이 넓어 끝이 없는 모양을 말하며, 이로부터 멀다, 망망하다, 아득하다, 대단히 작다 등의 뜻이 나왔다.

竗(땅이름 묘): miào, 立-4, 9

字解 형성. 立^(설 립)이 의미부고 少^(적을 소)가 소리부로, 妙^(묘할 묘)와 같다. ☞ 妙^(묘할 묘)

卯(넷째지지 묘): [夘, 邜], mǎo, 卩-3, 5, 30

字解 상형. 卯는 희생물의 몸을 두 쪽으로 대칭되게 갈라 제사 지내던 방법을 말했는데 이후 간지자로 차용되었다. 그러자 원래 뜻은 칼로 자른다는 뜻에서 刀^(칼 도)를 더

하고 다시 칼이 쇠로 만들어졌다는 의미에서 金^(쇠 금)을 더하여 劉^(죽일 류)를 만들어 분화했다.

字形 甲骨文 金文 古陶文 盟書 簡牘文 古璽文 石刻古文 說文小篆 說文古文

昴(별자리 이름 묘): mǎo, 日-5, 9, 12

字解 형성. 日^(날 일)이 의미부고 卯^(넷째 지지 묘)가 소리부로, 별자리 이름으로 28수^(宿)의 하나를 말하는데, 천체에 관한 것이 해^(日)와 관련지어졌기에 日이 의미부가 되었다.

字形 說文小篆

杳(어두울 묘): yǎo, 木-4, 8, 10

字解 회의. 日^(날 일)이 木^(나무 목)의 아래쪽에 있는 모습으로부터, 해^(日)가 나무^(木) 밑으로 져 날이 '어두움'을 말했다.

字形 甲骨文 古陶文 簡牘文 說文小篆

墓(무덤 묘): [丐], mù, 土-11, 14, 40

字解 형성. 土^(흙 토)가 의미부고 莫^(없을 막)이 소리부로, 흙^(土) 속으로 모든 것을 남김없이^(莫) 묻고 봉분을 만들어 떼를 입혀 만든 '무덤'을 말한다. 한국 속자에서는 윗부분의 莫을 入^(들 입)으로 줄여 丐로 쓰는데, 흙^(土) 속으로 들어간다^(入)는 의미의 형성구조로 변했다.

字形 墓 說文小篆

무

巫(무당 무): wū, 工-4, 7, 10

字解 회의. 工^(장인 공)과 두 개의 人^(사람 인)으로 구성되어, 무당을 말하는데, 도구^(工)를 사용하여 점을 치는 사람^(人)이라는 의미를 담았다. 갑골문에서는 상형자로 무당들이 시초점에 사용하던 주술 도구를 그렸으며, 여자 무당을 말했다. 옛날에는 무당이 의사도 겸했기에 의사를 지칭하기도 했다. 이후 의미를 더욱 강조하기 위해 竹^(대 죽)을 더한 筮^(시초점 서)로써 그것이 대^(竹)로 만든 점 칠 때 쓰는 댓가지임을 표현했다. 巫를 두고 흔히 '하늘과 땅을 이어주는 사람'으로 해석하기도 하는데, 이는 이후의 자형인 소전체에 근거하여 "위의 가로획을 하늘, 아래의 가로획을 땅, 중간 세로획을 이어주다"라는 의미로 해석한 것이다.

字形 巫巫巫巫甲骨文 巫金文

巫巫巫古陶文 巫巫巫盟書
巫簡牘文 巫石刻古文 巫說文小篆
巫說文古文

誣(무고할 무): 诬, wū, 言-7, 14, 10

字解 형성. 言^(말씀 언)이 의미부고 巫^(무당 무)가 소리부로, 신에게 상대를 망하게 해달라고 저주하는 무당^(巫)의 말^(言)로부터, 저주와 誣告^(무고)의 의미를 그려냈다.

字形 誣誣簡牘文 誣說文小篆

武(굳셀 무): wǔ, 止-4, 8, 42

字解 회의. 戈^(창 과)와 止^(발 지)로 구성되어, 무기^(戈)를 메고 가는^(止) '씩씩한 모습'을 그렸다. 이후 戈가 弋^(주살 익)으로 변해 지금처럼 되었다. 이를 전쟁^(戈)을 그치게^(止) 하는 것이 바로 '무력^(武)'이라 풀이하기도 하지만 이는 대단히 위험한 생각이다. 무력보다 대화나 협상이 전쟁을 그치게 하는 더욱 유효한 수단일 수 있기 때문이다. '씩씩하다'가 원래 뜻이며, 이로부터 '용맹하다', '결단력이 있다' 등의 뜻이 나왔고, 다시 무력의 뜻도 나왔다. 또 동주 때에는 길이 단위로도 쓰여 6尺^(척)을 1步^(보)라 하였고 步의 절반 길이를 1武라 했다.

字形 武武武甲骨文 武武武武武金文 武武武古陶文 武帛書 武

簡牘文　古璽文

石刻古文　說文小篆

簡牘文　帛書　石刻古文

說文小篆　說文奇字

鵡(앵무새 무): 鹉, wǔ, 鳥-7, 18

字解 형성. 鳥^(새 조)가 의미부고 武^(굳셀 무)가 소리부로, 새^(鳥)의 일종인 鸚鵡^(앵무)새를 말한다.

珷(옥돌 무): wǔ, 玉-8, 12

字解 형성. 玉^(옥 옥)이 의미부고 武^(굳셀 무)가 소리부로, 옥^(玉) 돌을 말한다.

無(없을 무): 无, wú, 火-8, 12, 50

字解 상형. 갑골문자에서 無와 舞^(춤출 무)는 같은 글자였으며, 모두 손에 술 같은 장식물이나 불을 들고 춤추는 모습을 그렸다. 그래서 '춤추다'가 원래 뜻인데, 자형이 변해 지금처럼 되었으며, 아랫부분의 灬^(火, 불 화)는 사람의 발이 잘못 변한 것으로 불과는 관련이 없다. 이후 '없다'는 뜻으로 가차되어 주로 부정사로 쓰이게 되었고, 그러자 원래 뜻은 두 발을 그린 舛^(어그러질 천)을 더해 舞로 분화했다. 『설문해자』에서는 无^(없을 무)를 無의 奇字^(기자)로 제시하기도 했다. 현대 중국의 간화자에서는 无에 통합되었다. ☞ 无^(없을 무)

字形 甲骨文 金文 古陶文 盟書

舞(춤출 무): wǔ, 舛-8, 14, 40

字解 형성. 舛^(어그러질 천)이 의미부고 無^(없을 무)의 생략된 모습이 소리부로, 두 발^(舛)과 장식물을 들고 춤추는 모습^(無)이 합쳐진 모습이며, 이로부터 춤추다, 춤, 조롱하다 등의 뜻이 나왔다. 갑골문자에서는 無^(없을 무)와 같은 글자였는데, 이후 분화한 글자이다.

字形 甲骨文 金文 簡牘文 說文小篆 說文古文

廡(집 무): 庑, wǔ, 广-12, 15

字解 형성. 广^(집 엄)이 의미부고 無^(없을 무)가 소리부로, 원래는 堂^(당) 아래의 주위로 배치된 집^(广)을 말했는데, 이후 '집'을 지칭하게 되었다. 간화자에서는 無를 无^(없을 무)로 줄인 庑로 쓴다.

字形 簡牘文 說文小篆 說文籀文

无(없을 무): [無], wú, 无-0, 4

字解 지사. 『설문해자』에서는 無^(없을 무)자의 奇字^(기자)라고 했는데, 奇字는 古文^(고문)과 조금 다른 서체를 말한다고 했다. 허신이 말한 古文이 오늘날의 관점에서 볼 때 전국시대 때 산동성 지역의 齊^(제)나라나 魯^(노)나라에서 사용되던 문자임을 고려해 보면, 기자는 이와는 다른 지역의 전국문자로 추정된다. 여하튼 無는 손에 장식물을 들고 춤추는 모습으로부터 '춤추다'의 뜻이 나왔고, '없다'는 뜻으로 가차되자 다시 두 발^(舛천)을 보태 舞^(춤출 무)로 분화한 글자이다. 無가 획수가 많아 이를 줄여 쓴 약자가 无인데, 의미나 독음 상 아무런 차이가 없다. 현대 중국에서는 無의 간화자로 쓰인다. ☞ 無^(없을 무)

字形 [甲骨文] [金文] [古陶文] [盟書] [簡讀文] [帛書] [石刻古文] 說文小篆 說文奇字

撫(어루만질 무): 抚, [憮], fǔ, 手-12, 15, 10

字解 형성. 手^(손 수)가 의미부고 無^(없을 무)가 소리부로, 손^(手)으로 어루만져 아픔이나 걱정이 없어지도록^(無) 하는 것을 말한다. 간독문자에서 無 대신 亡^(없을 무)가 쓰였는데 의미는 같다. 간화자에서는 無를 无^(없을 무)로 줄인 抚로 쓴다.

字形 [簡讀文] 說文小篆

蕪(없어질 무): 芜, wú, 艸-12, 16, 10

字解 형성. 艸^(풀 초)가 의미부고 無^(없을 무)가 소리부로, 풀^(艸)로 뒤덮여 농지가 없어짐^(無), 즉 황폐해 짐을 말한다. 이로부터 웃자란 잡초 등을 뜻하게 되었다. 간화자에서는 無를 无^(없을 무)로 줄인 芜로 쓴다.

字形 說文小篆

憮(예쁠 무): 怃, wǔ, 心-12, 15, 10

字解 형성. 心^(마음 심)이 의미부고 無^(없을 무)가 소리부로, 걱정거리가 없어지도록^(無) 실의에 빠진 사람을 마음^(心)으로 위로하고 어루만져 줌을 말하며, 이로부터 예쁘다 등의 뜻이 나왔다. 간화자에서는 無를 无^(없을 무)로 줄인 怃로 쓴다.

字形 說文小篆

務(힘쓸 무): 务, wù, 力-9, 11, 42

字解 형성. 力^(힘 력)이 의미부고 敄^(굳셀 무)가 소리부로, 力은 쟁기를 그려 힘을 뜻하고 敄는 다시 矛^(창 모)와 攵^(칠 복)으로 구성되었다. 그래서 敄는 창^(矛)으로 찌르는^(攵) 모습에서부터 '강하다', '힘쓰다'의 뜻이 나왔다. 그리고 이후 의미를 명확하게 하고자 力이 더해졌으며, 있는 힘^(力)을 다해 창^(矛)을 찌르는^(攵) 모습을 그린 것이 務이다. 그러한

일은 적으로부터 자신들을 지켜내고 보존할 수 있는 가장 중요한 일의 하나였을 것이다. 그리하여 務에는 '일'이라는 의미까지 생겼다. 간화자에서는 矛를 생략하여 务로 쓴다.

字形 𠂤 金文 𥅤 𥆉 簡牘文 𥲤 說文小篆

霧(안개 무): 雾, wù, 雨-11, 19, 30

字解 형성. 雨^(비 우)가 의미부고 務^(힘쓸 무)가 소리부로, 안개를 말하는데, 『설문해자』에서는 땅의 기운으로부터 나와 아주 작은 물방울이 하늘로 올라가지 못하고 연기처럼 떠 있는 김^(雨)이라고 풀이했다. 간화자에서는 務를 务로 줄인 雾로 쓴다.

字形 𩄌 說文小篆

楙(무성할 무): mào, 木-9, 13

字解 형성. 林^(수풀 림)이 의미부고 矛^(창 모)가 소리부로, 나무가 숲^(林)처럼 무성함을 말하며, 茂^(무성할 무)의 옛날 글자이다. 또 나무 이름으로 木瓜樹^(목과수)나 그 열매를 지칭하기도 한다.

字形 𣏌 說文小篆

懋(힘쓸 무): mào, 心-13, 17

字解 형성. 心^(마음 심)이 의미부고 楙^(무성할 무)가 소리부로, 무성한 숲^(楙)처럼 온 마음^(心)을 다해 노력함을 말하며, 이로부터 노력하다,

근면하다, 성대하다, 아름답다 등의 뜻이 나왔다.

字形 𣏌 𢖺 𢜰 金文 𢜰 說文小篆 𢜰 說文或體

婺(별이름 무): wù, 女-9, 12

字解 형성. 女^(여자 여)가 의미부고 敄^(굳셀 무)가 소리부로, 여자^(女)가 순종하지 않음을 말했는데, 이후 별 이름으로 쓰여 婺女星^(무녀성)을 말했다. 지명으로도 쓰여, 강서성에 婺江^(무강), 절강성에 婺州^(무주)가 있다.

字形 𡢃 簡牘文 𡠶 說文小篆

戊(다섯째 천간 무): wù, 戈-1, 5, 30

字解 상형. 상형자로 날이 넓고 자루가 긴 도끼처럼 생긴 무기를 그렸는데, 이후 간지자의 하나로 가차되었고, 원래 뜻은 쓰이지 않게 되었다. 또 옛날에는 10干^(간)을 사용해 5方^(방)을 나타냈는데, 戊가 중간에 놓였기 때문에 중앙을 상징하였고, 또 땅을 뜻하게 되었다.

字形 𢦏 𢦏 𢦏 𢦏 𢦏 𢦏 甲骨文 𢦏 𢦏 𢦏 𢦏 𢦏 金文 𢦏 𢦏 𢦏 古陶文 𢦏 𢦏 𢦏 𢦏 簡牘文 𢦏 𢦏 古璽文 𢦏 石刻古文 𢦏 說文小篆

茂(우거질 무): mào, 艸-5, 9, 32

字解 형성. 艸(풀 초)가 의미부고 戊(다섯째 천간 무)가 소리부로, 초목(艸)이 우거져 무성함(戊)을 말하며, 이로부터 창성하다, 茂盛(무성)하다, 아름답다, 우수하다 등의 뜻도 나왔다.

字形 茂茂薦 古璽文 茂 說文小篆

畝(이랑 무): 亩, [畮], mǔ, 田-5, 10, 10

字解 형성. 금문에서 田(밭 전)이 의미부고 每(매양 매)가 소리부인 구조로, 밭(田)의 면적을 말했다. 『설문해자』의 혹체자에서 田과 十(가로 세로로 난 밭의 두둑을 상징)이 의미부고 久(오랠 구)가 소리부인 구조로 변했는데, 예서에서 十이 다시 亠(두돼지해밑 두)로 변해 지금의 자형이 되었다. 주로 면적의 단위로 쓰여, 周(주)나라 때에는 가로가 1步 세로가 1백 步인 넓이를 1畝라 하였는데, 6자(尺)가 1步(보)였다. 한나라 무제 때에는 가로가 1步 세로가 240步인 넓이를 1畝라 하였으며, 지금은 666.7제곱미터를 말한다. 달리 田이 의미부고 每(매양 매)가 소리부인 畮로 쓰기도 하며, 간화자에서는 소리부인 久를 생략해 亩로 쓴다.

字形 畞畮 金文 畮 簡牘文 畮 說文小篆 畮 說文或體

毋(말 무): wú, 毋-0, 4, 10

字解 지사. 母(어미 모)에서 변형된 글자로, 부정사로 쓰여 '없다', '…하지 말라' 등의 뜻으로 쓰인다.

字形 毋 金文 毋 毋 簡牘文 毋 毋 古璽文 毋 說文小篆

拇(엄지손가락 무): mǔ, 手-5, 8, 10

字解 형성. 手(손 수)가 의미부고 母(어미 모)가 소리부로, 손(手)에서 제일 큰(母) 엄지손가락을 말하며, 이후 엄지발가락도 뜻했다.

字形 拇 說文小篆

貿(바꿀 무): 贸, mào, 貝-5, 12, 32

字解 형성. 貝(조개 패)가 의미부고 卯(넷째 지지 묘)가 소리부로, 재물(貝)을 서로 바꾸다는 의미로부터 '교역'과 貿易(무역)의 뜻이 나왔다. 이후 '경솔하다'는 뜻으로 가차되기도 했다.

字形 貿 金文 貿 古陶文 貿 簡牘文 貿 說文小篆

繆(얽을 무): móu, 糸-11, 17

字解 형성. 糸(가는 실 멱)이 의미부고 翏(높이 날 료)가 소리부로, 실(糸)로 묶은 모시풀(枲) 10단을 말했으며, 일설에는 실(糸)로 짠 비단의 일종이라고 한다.

字形 繆 繆 古陶文 繆 繆 簡牘文 繆 說文小篆

袤(길이 무): mào, 衣-7, 11

字解 형성. 衣^(옷 의)가 의미부고 矛^(창 모)가 소리부로인데, 원래는 衣帶^(의대) 윗부분을 지칭했다. 하지만, 이후 길게 세운 창^(矛)처럼 남북 방향의 세로 길이를 지칭하게 되었다. 그래서 廣袤^(광무)는 땅의 넓이^(廣)와 길이^(袤)를 말했는데, 이후 광활하다는 뜻으로 확장되었다.

字形 簡牘文 說文小篆 說文籀文

묵

墨(먹 묵): mò, 土-12, 15, 32

字解 형성. 土^(흙 토)가 의미부이고 黑^(검을 흑)이 소리부로, 흙^(土)에서 나는 검은 색^(黑)을 내는 '먹^(墨炭·묵탄)'을 말했다. 이후 그을음과 송진을 섞어 만든 붓글씨용 '먹'을 지칭하였으며 서예나 회화를 비유적으로 지칭하기도 했다. 이후 묵형이나 '검은색'을 뜻하였고, 깨끗하지 못함이나 '비리'의 비유로도 쓰였다.

字形 金文 古陶文 簡牘文 帛書 古璽 說文小篆

黙(묵묵할 묵): mò, 黑-4, 16, 32

字解 형성. 犬^(개 견)이 의미부고 黑^(검을 흑)이 소리부로, 『설문해자』에서 개^(犬)가 짖지 않고 사람을 쫓아간다는 뜻이라고 했는데, 짖어야 할 개가 짖지 않음으로부터 말을 하지 않다, '沈黙^(침묵)' 등의 뜻이 나왔다.

字形 說文小篆

문

文(무늬 문): wén, 文-0, 4, 70

字解 상형. 『설문해자』에서는 "획을 교차시키다는 뜻으로, 교차한 무늬를 형상했다^(錯畫也. 象交文)"라고 하여, 획을 교차시킨 것이 文의 원래 뜻이라고 했다. 하지만, 갑골문에 근거해 보면 '文身^(문신)'이 원래 뜻이다. 바깥의 은 사람의 모습이고, 중간의 ×·∨·亼·丿 등은 가슴팍에 새겨진 무늬이다. 혹자는 금문의 용례를 중심으로 文을 제사지낼 때 신위 대신으로 그 자리에 앉혀 제사를 받게 했던 尸童^(시동)과 연계시켜 해석했지만 이러한 제사 제도가 확립되기 전으로 거슬러 올라가게 되면, 죽음이라는 것을 영혼이 육체에서 분리되는 과정이라 생각했고 그것은 피 흘림을 통해 이루어졌다는 원시인들의 죽음에 대한 인식에 근원한다. 당시에는 사고나 야수의 습격 등으로 피를 흘려 죽은 사고사가 대부분이었는데, 그런 경우가 아닌 자연사한 경우에는 인위적으로 칼집에 의한 피 흘림 의식을 행해 죽은 사람의 영혼이 육신으로부터 분리될 수 있게 하였고, '文은 죽은 사람에

대한 신성화한 기호를 말하며, 죽은 시신을 묻을 때에는 붉은색을 가슴팍에다 칠하기도 했다. 이처럼, 文의 옛 형태는 사람의 가슴에 어떤 무늬를 새겨 놓은 것을 형상했다. 고대 중국인들은 죽음을 육체로부터 영혼이 분리하는 것이라 생각했고, 이 분리는 피 흘림을 통해 이루어진다고 믿었기 때문에 피 흘림 없이 시체에다 문신을 그려 넣었다. 이것을 그린 것이 文이고 그래서 이의 처음 뜻은 '무늬'이다. 문자란 일정한 필획을 서로 아로새겨 어떤 형체들을 그려낸 것이다. 그래서 무늬라는 의미의 文에 '文字^(문자)', 즉 '글자'라는 의미도 담기게 되었다. 이후 이러한 글자로 쓰인 것, 즉 '글'을 '文章^(문장)'이나 '문학작품'이라 하게 되었다. 이렇게 되자 文은 '문자'나 '문장'이라는 의미로 주로 쓰이게 되었고, 처음의 '무늬'라는 의미를 나타낼 때에는 다시 糸^(가는 실 멱)을 더하여 紋^(무늬 문)으로 표시했다. 물론 糸이 더해진 것은 베를 짜는 과정에서의 무늬가 생활과 상당히 밀접하게 연관돼 있었기 때문으로 보인다. 그리하여 文은 시신에 낸 무늬로부터 시각적 아름다움이, 다시 시각은 물론 철학적 형식으로까지 발전하여 급기야 文學^(문학)과 문학 행위까지 지칭하는 의미로 확장되었다.

字形 甲骨文 金 文 古陶文 簡牘文 石刻古文 說

文小篆

紋(무늬 문): 纹, wén, 糸-4, 10, 32

字解 형성. 糸^(가는 실 멱)이 의미부고 文^(무늬 문)이 소리부로, 비단^(糸)에 아로새긴 무늬^(文)를 말했는데, 이후 주름이나 무늬의 통칭이 되었다. 文에서 糸을 더해 분화한 글자다. ☞ 文^(무늬 문)

汶(내 이름 문): wèn, 水-4, 7, 12

字解 형성. 水^(물 수)가 의미부고 文^(무늬 문)이 소리부로, 강^(水)의 이름을 말하는데, 지금의 大汶河^(대문하)로 산동성 萊蕪^(내무)시 북쪽에서 발원하여 서남쪽의 古嬴^(고영)현 남쪽으로 흘러들며 嬴汶^(영문)이라 불렸다.

字形 說文小篆

紊(어지러울 문): wěn, 糸-4, 10, 20

字解 형성. 糸^(가는 실 멱)이 의미부고 文^(무늬 문)이 소리부로, 비단^(糸)에 무늬^(文)가 '어지럽게' 아로새겨진 모습을 말한다.

字形 說文小篆

蚊(모기 문): [螡, 蟁, 蚉], wén, 虫-4, 10, 10

字解 형성. 虫^(벌레 충)이 의미부고 文^(무늬 문)이 소리부로, 벌레^(虫)의 일종인 '모기'를 말한다.

字形 𧖻金文 𧕅古陶文 𧑗 說文小篆 𧑐 說文或體 𧒭 說文俗體

雯(구름무늬 문): wén, 雨-4, 12

字解 형성. 雨^(비 우)가 의미부고 文^(무늬 문)이 소리부로, 구름^(雨)의 아름다운^(文) 무늬를 말한다.

門(문 문): 门, mén, 門-0, 8, 80

字解 상형. 문짝^(戶호)이 두 개로 구성된 양쪽 '문'을 그렸는데, 갑골문에서는 문틀까지 사실적으로 그렸다. 문은 벽이나 담에 의해 단절된 두 공간을 서로 통하게 한 소통의 장치였으며, 사람이나 물건이 드나드는 공간이었다. 그래서 門^(문 문)은 '소통'에 그 주된 의미가 있지만 닫으면 단절되기에 '단절'의 뜻도 함께 가진다. 그래서 '문'이 원래 뜻이며, 문처럼 생긴 조정 장치를 지칭하였으며, 또 같은 문을 사용한다는 뜻에서 가문의 뜻이 나왔으며, 다시 학술이나 종교의 '유파'를 지칭하게 되었다. 간화자에서는 门으로 줄여 쓴다.

字形 門丽甲骨文 門門金文 門 門 門古陶文 閒閒閒門門簡牘文

明日月古璽文 門 說文小篆

問(물을 문): 问, wèn, 口-8, 11, 70

字解 형성. 口^(입 구)가 의미부고 門^(문 문)이 소리부로, 입^(口)으로 묻는 것을 말하며, 이로부터 살피다, 힐문하다, 논란을 벌이다, 심문하다, 판결하다, 추구하다 등의 뜻이 나왔다. 간화자에서는 问으로 쓴다.

字形 問問甲骨文 李金文 問 說文小篆

聞(들을 문): 闻, [聞, 𦗃], wén, 耳-8, 14, 60

字解 형성. 耳^(귀 이)가 의미부고 門^(문 문)이 소리부로, 문^(門) 틈으로 귀^(耳)를 대고 '들음'을 말하며, 이로부터 듣다, 알다, 지식, 소식, 알림, 소문 등의 뜻이 나왔다. 갑골문에서는 손을 귀에 대고 귀 기울여 듣는 모습을 형상화했다. 간화자에서는 闻으로 쓴다.

字形 𦕓𦕔𦕕甲骨文 𦗂𦖥𦗃金文 𦗥𦗦簡牘文 𦗧古璽文 𦗨石刻古文 聞說文小篆 𦗩說文古文

們(들 문): 们, mén, 人-8, 10

字解 형성. 人^(사람 인)이 의미부고 門^(문 문)이 소리부로, 사람^(人)의 무리를 말한다. 현대 중국어에서는 복수를 나타내는 접미사로 쓰인다.

刎(목자를 문): wěn, 刀-4, 6

字解 형성. 刀^(칼 도)가 의미부고 勿^(말 물)이 소리부로, 칼^(刀)로 목을 자름을 말했고, 이후 다리 등을 자르다는 뜻으로도 쓰였다.

字形 〔說文小篆〕

吻(입술 문): [脗, 呡], wěn, 口-4, 7

字解 형성. 口^(입 구)가 의미부고 勿^(말 물)이 소리부로, 입^(口)을 맞춤을 말하며, 입술이라는 뜻도 가진다.

字形 〔簡牘文〕 〔說文小篆〕

물

勿(말 물): wù, 勹-2, 4, 32

字解 지사. 흩날리는 깃대를 그렸다는 등 이의 자원에 대해서는 의견이 분분하나, 갑골문을 보면 쟁기와 작은 점들로 이루어져, 쟁기질 때 갈라지는 흙덩이를 그린 것으로 보인다. 그래서 원래 뜻은 '쟁기질'과 관련

된 것으로 추정되지만, 이미 갑골문 때부터 '……하지 말라'는 부정사로 가차되어 쓰였고 원래 뜻으로는 쓰이지 않았다.

字形 〔甲骨文〕 〔金文〕 〔古陶文〕 〔盟書〕 〔簡牘文〕 〔帛書〕 〔說文小篆〕 〔說文或體〕

物(만물 물): wù, 牛-4, 8, 70

字解 형성. 牛^(소 우)가 의미부이고 勿^(말 물)이 소리부인데, 勿이 갑골문에서 쟁기질 때 갈라지는 흙덩이를 그린 것으로 추정됨을 고려하면, 物은 소^(牛)를 이용한 쟁기질^(勿)의 모습을 그린 것으로 추정된다. 그렇다면 쟁기질^(物)에 쓸 색깔^(色·색) 좋은 소^(牛)를 '고르다'는 뜻이 바로 物色^(물색)이다. 그리고 그러한 소는 색깔에 의해 구분되었기에 物에는 '여러 색깔의 소'라는 뜻이, 다시 만물은 자신의 색깔을 가진다는 뜻에서 각기 萬物^(만물)의 뜻이 나왔다. 또 자신 이외의 사람이나 事物^(사물)을 지칭하기도 한다.

字形 〔甲骨文〕 〔簡牘文〕 〔說文小篆〕

汩(아득할 물): mì, wù, 水-4, 7

字解 형성. 水^(물 수)가 의미부고 勿^(말 물)이 소리부로, 물^(水)이 크고 넓어 아무것도 보이지 않을^(勿) 정도로 '아득함'을 말하며, 서로 뒤섞여 아무것도 분간할 수 없음^(惚홀)도 뜻한다.

미

尾(꼬리 미): wěi, 尸-4, 7, 32

字解 회의. 尸^(주검 시)와 毛^(털 모)로 구성되어, 사람의 엉덩이^(尸) 부분에 꼬리 장식^(毛)이 달린 모습인데, 원시 축전 때 동물 모양을 흉내 내며 춤추던 모습을 그린 것으로 추정된다. 이후 '꼬리'로부터 '끝'이나 '뒤를 따라 가다'라는 의미까지 갖게 되었다.

字形 甲骨文 簡牘文 說文小篆

梶(나무 끝 미): wěi, 木-7, 11

字解 형성. 木^(나무 목)이 의미부고 尾^(꼬리 미)가 소리부로, 나무^(木)의 끝^(尾)을 말한다.

眉(눈썹 미): méi, 目-4, 9, 30

字解 상형. 눈^(目)과 그 위로 난 눈썹을 사실적으로 그렸으며, 이로부터 눈썹을 뜻하게 되었다. 이후 다시 미인을 지칭하게 되었으

며, 눈썹처럼 위쪽에 걸린 액자^(題籤제액)를 뜻하기도 했고, 또 '위쪽'이라는 뜻까지 나왔다.

字形 甲骨文 金文 說文小篆

媚(아첨할 미): mèi, 女-9, 12, 10

字解 형성. 女^(여자 여)가 의미부고 眉^(눈썹 미)가 소리부로, 큰 눈썹^(眉)을 가진 여인^(女)으로부터, 아름다운 여성상을 그렸고, 아름답다가 원래 뜻이었다. 그러나 이후 여성에 대한 부정 인식이 강화되면서 뜻도 '아첨하다'로 바뀌었는데, 눈을 흘기면서 아첨하거나 유혹하는 여성이라는 이미지를 반영했다.

字形 甲骨文 金文 說文小篆

嵋(산 이름 미): méi, 山-9, 12

字解 형성. 山^(뫼 산)이 의미부고 眉^(눈썹 미)가 소리부로, 사천성에 있는 산^(山)의 이름으로 峨嵋山^(아미산)을 말하는데, 五臺山^(오대산)과 普陀山^(보타산)과 함께 중국의 3대 불교 성지의 하나로 불린다.

楣(문미 미): méi, 木-9, 13

字解 형성. 木(나무 목)이 의미부고 眉(눈썹 미)가 소리부로, 눈 위의 눈썹(眉)처럼 창문 위로 벽의 무게를 받쳐주기 위해 가로 댄 나무(木) 즉 門楣(문미)를 말한다.

字形 (楣) 說文小篆

湄(물가 미): méi, 水-9, 12

字解 형성. 水(물 수)가 의미부고 眉(눈썹 미)가 소리부로, 눈과 눈썹(眉)이 만나듯 물(水)과 풀이 함께 만나는 '물가'를 말한다.

字形 (湄 湄) 甲骨文 (湄) 說文小篆

未(아닐 미): wèi, 木-1, 5, 42

字解 지사. 木(나무 목)에 가지가 하나 더해진 형상으로, 나무(木)의 가지와 잎이 무성함을 말했다. 무성하게 자란 나무는 햇빛을 가리므로 '어둡다'는 뜻을 갖게 되었는데, 이후 간지자로 가차되었고, 또 '아니다'는 부정사로 쓰이게 되면서 원래 뜻은 상실했다. 그러자 원래 뜻은 日(날 일)을 더한 昧(새벽 매)로 분화했다.

字形 (米 朱 半 米) 甲骨文 (米 米 米) 金文 (米 米 米 米) 古陶文 (半 半 半 米 米 米) 簡牘文 (米) 帛書 (米) 古璽文 (米) 說文小篆

味(맛 미): wèi, 口-5, 8, 42

字解 형성. 口(입 구)가 의미부고 未(아닐 미)가 소리부로, 입(口) 속에 느껴지는 갖가지(未) 맛을 말하며, 이로부터 맛을 보다, 먹다, 음식, 맛을 느끼다, 체득하다 등의 뜻이 나왔다.

字形 (味) 簡牘文 (味) 說文小篆

彌(두루 미): 弥, [瓕], mí, 弓-14, 17, 12

字解 형성. 弓(활 궁)이 의미부고 爾(너 이)가 소리부로, 활(弓)에서 화살을 내려놓다는 뜻이었는데, 이로부터 '그만두다'의 뜻이 나왔고, 다시 오래, 멀다, 두루 등의 뜻이 나왔다. 간화자에서는 爾를 尒(너 이)로 줄인 弥로 쓴다.

字形 (彌 彌 彌 彌) 金文 (彌) 簡牘文 (彌) 說文小篆

米(쌀 미): mǐ, 米-0, 6, 60

字解 상형. 갑골문에서의 米(쌀 미)가 무엇을 그렸는지에 대해서는 의견이 분분하다. 아래위의 세 점이 나락인지 나락을 찧은 쌀인지 분명하지 않고, 중간의 가로획도 벼의 줄기인지 쌀을 골라내기 위한 '체'인지 불분명하기 때문이다. 작은 점들이 나락이라면 중간의 획은 이삭 줄기일 테고 나락을 찧은 쌀이라면 체일 테지만, 전자일 가능성이 커 보인다. 쌀은 전 세계 인구의 40퍼센트 정도가 주식으로 삼고 있으며, 특히 아시아인들에게는 가장 대표적인 식량이다. 벼가 남아시아에서 중국으로 들어간 이후

쌀이 가장 중요한 식량으로 자리 잡으면서 米는 쌀은 물론 기장이나 조 등 일반 곡식까지 두루 지칭하게 되었다. 또 쌀처럼 껍질을 벗긴 것을 지칭하기도 하며, 길이 단위인 미터(m)의 음역어로도 쓰인다.

字形 ![字形] 甲骨文 ![字形] 古陶文 ![字形] 簡牘文 ![字形] 說文小篆

迷(미혹할 미): mí, 辵-6, 10, 30

字解 형성. 辵^(쉬엄쉬엄 갈 착)이 의미부고 米^(쌀 미)가 소리부로, 무엇에 홀려 정신을 차리지 못하거나 헷갈리어 갈팡질팡 제대로 가지^(辵) 못하게 하는 것을 말한다. 이로부터 迷惑^(미혹)되다, 어떤 것에 광적으로 빠지다는 뜻이 나왔고, 또 그런 사람을 지칭하기도 한다.

字形 ![字形] 金文 ![字形] 簡牘文 ![字形] 古璽文 ![字形] 說文小篆

謎(수수께끼 미): 谜, mí, 言-10, 17

字解 형성. 言^(말씀 언)이 의미부고 迷^(미혹할 미)가 소리부로, 수수께끼를 말하는데, 미혹시키는^(迷) 말^(言)이라는 뜻을 담았다. 달리 迷^(미혹할 미)로 쓰기도 하여, 분명하지 않거나 이해하기 어려운 사물의 비유로도 쓰인다.

字形 ![字形] 說文小篆

糜(죽 미): mí, 米-11, 17

字解 형성. 米^(쌀 미)가 의미부이고 麻^(삼 마)가 소리부로, '죽'을 말하는데, 쌀^(米)을 삼대^(麻) 문드러지듯 푹 삶아서 만든다는 뜻을 담았다. 이로부터 문드러지다, 상하다, 소비하다, 낭비하다는 뜻도 나왔다. 麻 부수에 귀속시키기 쉬우나 米를 부수로 보아야 한다.

字形 ![字形] 說文小篆

麋(큰사슴 미): mí, 鹿-11, 17

字解 형성. 鹿^(사슴 록)이 의미부이고 米^(쌀 미)가 소리부로, 사슴^(鹿)의 일종인 순록과 비슷한 '사불상'을 말한다.

字形 ![字形] 甲骨文 ![字形] 金文 ![字形] 簡牘文 ![字形] 石刻古文 ![字形] 說文小篆

靡(쓰러질 미): mǐ, 非-11, 19, 10

字解 형성. 非^(아닐 비)가 의미부이고 麻^(삼 마)가 소리부로, 곧게 높이 자란 삼^(麻)이 양옆^(非)으로 쓰러진 모습을 그렸으며, 이로부터 넘어지다, 쓰러지다, 물러나다, 순종하다, 좋다, 시작하다 등의 뜻이 나왔다.

字形 ![字形] 簡牘文 ![字形] 說文小篆

美(아름다울 미): měi, 羊-3, 9, 60

字解 회의. 羊^(양 양)과 大^(큰 대)로 구성되어, 양^(羊)의 가죽을 덮어쓴 사람^(大)의 모습에서 양

(羊)을 잡을 재주를 가진 '뛰어난' 사람(人)을 그렸고 이로부터 훌륭하다, 좋다는 뜻이 나왔는데, 큰(大) 양(羊)이 유용하며 유용한 것이 '아름다움'이라 풀이하기도 한다. 이로부터 아름답다, 선하다, 훌륭하다, 찬미하다, 좋게 여기다 등의 뜻이 나왔다. 또 아메리카 대륙(美洲·미주)을 지칭하며, 이로부터 미국을 지칭하게 되었다.

字形 甲骨文 金文 古陶文 簡牘文 古璽文 說文小篆

渼(물놀이 미): měi, 水-9, 12

字解 형성. 水(물 수)가 의미부고 美(아름다울 미)가 소리부로, 호수 이름인 渼陂(미피)를 말하는데, 지금의 섬서성 戶(호)현 서쪽에 있었으며 終南山(종남산)의 여러 계곡물이 모여 서북쪽으로 澇水(노수)로 흘러들었다. 물맛(水)이 좋아(美) 붙여진 이름이라고도 하고, 맛좋은(美) 물(水) 고기가 많이 나 붙여진 이름이라고도 한다.

微(작을 미): wēi, 彳-10, 13, 32

字解 회의. 원래 산발을 한 노인(長·장)과 攵(칠 복)으로 이루어져 노인을 몽둥이로 때려죽이는 모습을 그렸는데, 이후 彳(조금 걸을 척)이 더해져 지금의 자형이 되었다. 원시 시절 피를 통해 영혼이 육신으로부터 분리되는 것이 죽음이라 생각했던 탓에 아직 죽지 못한다고 생각했고, 생산력이 부족했던

때라 노인은 어린이와 마찬가지로 구성원의 생존에 부담을 주는 존재였기에 노인에 대한 타살이 이루어졌을 것이다. 나이가 든 노인에서 '미약함'의 뜻이 나왔고, 이후 彳이 더해져 이러한 행위가 길 등 공개적인 장소에서 행해졌음을 보여준다. 하지만, 사회의 발달로 이러한 습속은 숨겨진 곳에서 '몰래' '은밀하게' 진행되었다. 그리하여 미약하다, 작다, 쇠락하다, 숨다, 은밀하다, 몰래 등의 뜻이 나왔다. 또 단위로 쓰여 1백만 분의 일(micro)을 지칭하기도 한다.

字形 甲骨文 金文 簡牘文 說文小篆

黴(곰팡이 미): 霉, méi, 黑-11, 23

字解 형성. 黑(검을 흑)이 의미부고 微(작을 미)가 소리부로, 은밀한(微) 곳에서 자라나는 더러운(黑) '곰팡이'를 말한다. 간화자에서는 霉(곰팡이 매)에 통합되었다.

字形 說文小篆

弭(활고자 미): mǐ, 弓-6, 9

字解 형성. 弓(활 궁)이 의미부이고 耳(귀 이)가 소리부로, 양쪽 끝에 장식이 없는 활(弓)을 말한다. 이러한 활은 양쪽 끝이 반들반들하고 예리하며 장식이 되어 있지 않기 때문에 활의 시위를 얹고 풀기 쉽다. 그래서 분규를 풀다는 뜻이 나왔고, 다시 정지하다, 제거하다 등의 뜻도 나왔다.

字形 〔金文〕 〔說文小篆〕 〔說文或體〕

민

黽(힘쓸 민) ☞ **黽**(맹꽁이 맹)

敏(재빠를 민): mǐn, 攴-7, 11, 30

字解 회의. 每^(매양 매)와 攴^(칠 복)으로 구성되어, 자식을 가르치는 '어머니^(每)의 회초리^(攴)'를 형상화했으며, 이로부터 英敏^(영민)하다, 재빠르다는 뜻이 나왔다. 이는 어머니에게 매를 맞아 가며 지혜와 지식을 전수받던 옛날의 교육 모습으로부터 영민하다, 민첩하다, 지혜롭다, 재능이 있다 등의 의미를 그려낸 것으로 보인다.

字形 〔甲骨文〕 〔金文〕 〔說文小篆〕

民(백성 민): mín, 氏-1, 5, 80

字解 회의. 원래 포로나 노예의 반항 능력을 줄이고자 한쪽 눈을 예리한 침으로 자해한 모습으로부터 '노예'라는 뜻을 그렸고 이로부터 신하의 뜻이 나왔는데, 이후 '백성', 民衆^(민중), 대중 등의 의미로 확장되었다. 그리고 자형도 지금처럼 변했는데, 현대 옥편에서는 氏^(성씨 씨)부수에 편입되었다.

字形 〔金文〕 〔簡牘文〕 〔帛書〕 〔石刻古文〕 〔說文小篆〕 〔說文古文〕

珉(옥돌 민): mín, 玉-5, 9, 12

字解 형성. 玉^(옥 옥)이 의미부고 民^(백성 민)이 소리부로, 아름다운 옥^(玉)을 말한다. 혹 옥^(玉)과 비슷한 돌을 말한다고도 한다.

字形 〔古文四聲韻〕 〔說文小篆〕

泯(망할 민): mǐn, 水-4, 8

字解 형성. 水^(물 수)가 의미부고 民^(백성 민)이 소리부로, 물^(水)이 없어져 사라짐을 말했고 泯沒^(민몰)에서처럼 죽음을 완곡하게 표현하는 말로도 쓰였다. 이후 혼란이나 혼합 등의 뜻으로도 쓰였다.

字形 〔簡牘文〕 〔說文新附字〕

岷(산 이름 민): mín, 山-5, 8

字解 형성. 山^(뫼 산)이 의미부고 民^(백성 민)이 소리부로, 산^(山)의 이름을 말한다. 사천성 북쪽에서 감숙성 변경까지 뻗어 있으며, 장강과 황하강의 분수령이 되며, 岷江^(민강)과 嘉陵江^(가릉강)의 지류인 白龍江^(백룡강)의 발원지이기도 하다. 이로부터 岷江을 뜻하기

도 했다.

愍(근심할 민): mǐn, 心-9, 13

(字解) 형성. 心이 의미부고 敃이 소리부로, 노예나 백성^(民)에게 회초리질 하듯^(攴) 마음^(心)이 아픔을 말한다.

(字形) 💮 說文小篆

緡(낚싯줄 민): 缗, mín, 糸-9, 15

(字解) 형성. 糸^(가는 실 멱)이 의미부고 昏^(어두울 혼)이 소리부로, 낚싯줄^(糸)을 말하며, 이로부터 낚시로 고기를 잡다, 동전을 실로 꿰다 등의 뜻이 나왔다. 또 혼미하다의 뜻으로도 쓰였다.

(字形) 🧵 說文小篆

閔(위문할 민): 闵, mǐn, 文-8, 12, 12

(字解) 형성. 文^(무늬 문)이 의미부고 門^(문 문)이 소리부로, 가슴^(文) 속의 마음으로 위로하다는 뜻을 담았다. 『설문해자』에 思^(생각할 사)가 의미부고 民^(백성 민)이 소리부로 된 이체자가 수록되었는데, 백성^(民)을 생각하는^(思) 연민의 마음이라는 뜻을 더욱 형상화했다. 이후 閔이 주로 성으로 쓰이게 되자 원래 뜻은 心을 더한 憫^(근심할 민)으로 분화했다. 간화자에서는 闵으로 쓴다.

(字形) 🚪金文 🚪🚪🚪古璽文 🚪 說文小篆

🦂 說文古文

憫(근심할 민): 悯, mǐn, 心-12, 15, 30

(字解) 형성. 心^(마음 심)이 의미부고 閔^(위문할 민)이 소리부로, 閔^(위문할 민)에서 파생되었으며, 마음^(心)으로 백성들을 걱정하고 위로함^(閔)을 말한다. ☞ 閔^(위문할 민)

悶(번민할 민): 闷, mèn, 心-8, 12, 10

(字解) 형성. 心^(마음 심)이 의미부고 門^(문 문)이 소리부로, 닫힌 門처럼 마음^(心)이 '답답함'을 말하며, 이로부터 煩悶^(번민)하다, 우매하다, 밀폐하다 등의 뜻이 나왔다.

(字形) 🎋簡牘文 🚪 說文小篆

旻(화락할 민): mín, 日-4, 4, 12

(字解) 형성. 日^(날 일)이 의미부고 文^(무늬 문)이 소리부로, 화락함을 말하는데, 햇빛^(日)이 화사하게^(文, 炆과 통함) 내리쬐어 만물이 자라나는 평화롭고 화락한 모습을 반영했다.

玟(옥돌 민): mín, 玉-5, 9, 12

(字解) 형성. 玉^(옥 옥)이 의미부고 文^(무늬 문)이 소리부로, 아름다운^(文) 옥^(玉)을 말하며, 옥의 무늬^(文)도 뜻한다.

旻(하늘 민): mín, 日-4, 8, 12

字解 형성. 日^(날 일)이 의미부고 文^(무늬 문)이 소리부로, 아름다운^(文) 하늘^(天)을 말하며, 이후 푸른 하늘과 가을 하늘을 지칭하기도 했다.

字形 旻 說文小篆

閩(종족 이름 민): 闽, mǐn, 虫-8, 14

字解 형성. 虫^(벌레 충)이 의미부고 門^(문 문)이 소리부로, 중국 동남쪽에 사는 越^(월)족을 부르는 말로, 소수민족을 벌레^(虫) 같은 존재로 멸시하여 부르던 말이라고도 하나, 뱀^(虫)을 토템으로 삼는 민족이라는 뜻을 담은 것으로 보인다. 또 그들이 사는 곳이라는 뜻에서 복건성을 지칭하기도 한다. 간화자에서는 闽으로 쓴다.

밀

密(빽빽할 밀): mì, 宀-8, 11, 42

字解 형성. 宀^(집 면)이 의미부고 宓^(성 복)이 소리부로, 집^(宀)처럼 높게 늘어선 산^(山)을 말했는데, 높은 산이 빽빽하게 늘어섰다는 뜻에서 稠密^(조밀)하다, 細密^(세밀)하다, 親密^(친밀)하다는 의미가 나왔고, 또 그런 산속처럼 깊고 폐쇄된 곳이라는 뜻에서 깊다, 秘密^(비밀) 등의 의미가 나왔다.

字形 金文 簡牘文 說文小篆

蜜(꿀 밀): mì, 虫-8, 14, 30

字解 형성. 虫^(벌레 충)이 의미부고 宓^(성 복)이 소리부로, 곤충^(虫)의 하나인 벌이 만들어 내는 꿀을 말하며, 이후 감미롭다, 달다 등을 뜻하게 되었다. 달리 『설문해자』에서는 蚰^(벌레 곤)이 의미부고 鼏^(소댕 멱)이 소리부인 ^(꿀 밀)로 쓰기도 하는데, 벌떼가 만들어 놓은 꿀을 솥에 받아내는 모습을 형상적으로 표현했다.

字形 說文小篆 說文或體

謐(고요할 밀): 谧, mì, 言-10, 17, 10

字解 형성. 言^(말씀 언)이 의미부고 盜^(그릇 밀)이 소리부로, 말^(言)이 없이 조용하고 고요함을 말하고, 이로부터 편안하다는 뜻도 나왔다.

字形 說文小篆

盜(그릇 밀): mì, 皿-5, 10

字解 형성. 皿^(그릇 명)이 의미부이고 必^(반드시 필)이 소리부이다. 『설문해자』의 해설처럼, '물을 받아 머리를 씻는데 쓰는 그릇^(械器)'을 말한다.

字形 說文小篆

박

博(넓을 박): [愽], bó, 十-10, 12, 42

字解 형성. 十^(열 십)이 의미부이고 尃^(펼 부)가 소리부인데, 尃는 갑골문에 근거할 때 專^(오로지전)과 매우 닮았다. 專은 갑골문에서 윗부분의 세 가닥의 실, 중간 부분의 실패, 아래쪽의 원형으로 된 실패 추^(紡輪방륜), 옆쪽의 이를 쥔 손^(寸촌)으로 구성되어 베 짜는 모습을 상징화했고 이로부터 베 짜기와 같은 '專門的^(전문적)'인 일을 상징한 글자이다. 尃는 專에 비해 실패 아랫부분의 실패 추만 빠졌을 뿐 나머지는 같아서 이 둘은 서로 연계지어 해석해야만 할 것이며, 베를 짜기 전 실을 실패에 감아 베틀에 걸고 베 짤 준비를 하는 모습을 그린 것으로 추정된다. 따라서 博은 베 짜기^(尃)처럼 專門的인 학식을 두루 갖춘^(十) 것을 말하며, 이로부터 넓다, 크다, 광범위하다, 많다, 깊다, 많이 알다^(博識박식) 등의 뜻이 나왔다.

字形 [金文] [古陶文] [簡牘文] [說文小篆] 博

搏(잡을 박): bó, 手-10, 13, 10

字解 형성. 手^(손 수)가 의미부고 尃^(펼 부)가 소리부로, 실패^(尃)를 잡듯 손^(手)으로 붙잡음을 말하며, 이로부터 서로 붙잡고 싸우는 것도 뜻하게 되었다.

字形 [甲骨文] [金文] [說文小篆]

薄(엷을 박): bó, 艸-13, 17, 32

字解 형성. 艸^(풀 초)가 의미부고 溥^(넓을 보)가 소리부로, 『설문해자』에서는 '초목^(艸)이 빽빽하게 우거진 곳'이라고 하였고, 일설에는 누에를 칠 때 쓰는 채반을 말한다고도 한다. 이후 얇다는 뜻이 나왔고, 이로부터 엷다, 稀薄^(희박)하다, 약하다 등의 뜻이 나왔다.

字形 [簡牘文] [古璽文] [汗簡] [說文小篆]

縛(묶을 박): 缚, fù, 糸-10, 16, 10

字解 형성. 糸^(가는 실 멱)이 의미부고 尃^(펼 부)가 소리부로, 실패^(尃)를 감듯 실^(糸)로 묶음을 말하고, 이로부터 구속하다, 束縛^(속박)하다 등의 뜻이 생겼다.

字形 [簡牘文] [說文小篆]

脯(포 박): [膊], bó, 肉-10, 14, 10

字解 형성. 肉^(고기 육)이 의미부고 尃^(펼 부)가 소리부로, 고기^(肉)를 얇게 잘라 말린 것을 말하는데, 고기^(肉)를 실패^(尃)처럼 매달아 말리는 모습을 반영했다.

朴(후박나무 박): [樸], pò, pǔ, piáo, 木-2, 6, 60

字解 형성. 木(나무 목)이 의미부고 卜(점 복)이 소리부로, 나무(木) 이름으로 후박나무를 말한다. 후박나무는 거북 점 갈라지듯(卜) 잘 벗겨지며, 약재로 쓴다. 이로부터 나무의 껍질을 지칭하게 되었다. 또 성씨로 쓰이는데, 한국의 대표적인 성씨의 하나이다. 현대 중국에서는 樸(통나무 박)의 간화자로도 쓰인다.

字形 ⟨朴⟩ 說文小篆

樸(통나무 박): 朴, pǔ, 木-12, 16, 10

字解 형성. 木(나무 목)이 의미부고 業(번거로울 복, 僕의 원래 글자)이 소리부로, 가공을 거치지 않은 나무(木)를 말하며, 이로부터 질박하다, 순박하다, 중후하다 등의 뜻이 나왔다. 간화자에서는 朴(후박나무 박)에 통합되었다.

字形 ⟨樸⟩ 簡牘文 ⟨樸⟩ 說文小篆

撲(칠 박): 扑, pū, 手-12, 15, 10

字解 형성. 手(손 수)가 의미부고 業(번거로울 복)이 소리부로, 갑골문에서는 손(手)에 채찍이나 몽둥이 등을 들고 치는 모습으로 그려졌고, 금문에서는 業과 廾(두 손으로 받들 공)과 戈(창 과)로 구성되어 걸이대(業)에 악기를 올려놓고(廾) 치는(戈) 모습으로 구체화 되었다. 소

전체에 들면서 지금처럼 手가 의미부인 구조로 되었고, 손(手)으로 치는 행위를 보편적으로 지칭하게 되었다. 이로부터 가볍게 치다, 적을 향해 맹렬하게 나아가다의 뜻이 나왔다. 간화자에서는 扑(칠 복)으로 통합되었다.

字形 ⟨撲⟩ 甲骨文 ⟨撲⟩ ⟨撲⟩ 金文 ⟨撲⟩ 古陶文 ⟨撲⟩ 說文小篆

璞(옥돌 박): pú, 玉-12, 16

字解 형성. 玉(옥 옥)이 의미부고 業(번거로울 복)이 소리부로, 가공을 거치지 않은(業) 옥(玉)을 말한다. 갑골문에서는 옥의 원석을 칼 같은 도구로 산에서 파내서 두 손으로 광주리에 담는 모습을 그렸다.

字形 ⟨璞⟩ 甲骨文 璞 玉篇

剝(벗길 박): 剥, bō, 刀-8, 10, 10

字解 형성. 刀(칼 도)가 의미부고 彔(나무 깎을 록)이 소리부로, 칼(刀)을 이용해 깎아(彔) 파내다는 뜻이며, 이로부터 剝皮(박피)에서처럼 껍질 등을 '벗기다'의 뜻이 나왔다.

字形 ⟨剝⟩ 甲骨文 ⟨剝⟩ 說文小篆 ⟨剝⟩ 說文或體

駁(얼룩말 박): 驳, bó, 馬-4, 14, 10

字解 회의. 馬(말 마)와 爻(효 효)로 구성되어, 무늬가 교차되듯(爻) 뒤섞여 있는 얼룩말(馬)을 말했고, 무늬가 서로 뒤섞였다는 뜻에서 혼란스

럽다는 의미가, 다시 論駁^(논박)이나 反駁^(반박) 등의 뜻이 나왔다.

字形 ⬛⬛ 甲骨文 ⬛ 簡牘文 ⬛ 說文小篆

迫(다그칠 박): [廹], pò, 辵-5, 9, 32

字解 형성. 辵^(쉬엄쉬엄 갈 착)이 의미부고 白^(흰 백)이 소리부로, 가까이^(白) 가도록^(辵) 다그치고 압박함을 말하며, 이로부터 다가가다, 壓迫^(압박)하다, 逼迫^(핍박)하다, 재촉하다, 緊迫^(긴박)하다 등의 뜻이 나왔다. ☞ 白^(흰 백)

字形 ⬛ 說文小篆

泊(배 댈 박): bó, 水-5, 8, 30

字解 형성. 水^(물 수)가 의미부고 白^(흰 백)이 소리부로, 물^(水)에서 배를 육지 '가까이^(白) 대도록 하여 정박하는 것을 말하며, 이로부터 정박하다, 체류하다의 뜻이 나왔다. 또 淡泊^(담박)하다의 뜻으로도 쓰인다. ☞ 白^(흰 백)

字形 ⬛ 簡牘文 泊 玉篇

箔(발 박): bó, 竹-8, 14, 10

字解 형성. 竹^(대 죽)이 의미부고 泊^(배 댈 박)이 소리부로, 대^(竹)로 짜서 만든 '발'을 말하며 누에를 치는 데 쓰는 채반을 지칭하기도 한다.

珀(호박 박): pò, 玉-5, 9, 10

字解 형성. 玉^(옥 옥)이 의미부고 白^(흰 백)이 소리부로, 옥^(玉)의 일종인 '琥珀^(호박)'을 말한다.

粕(지게미 박): pò, 米-5, 11, 10

字解 형성. 米^(쌀 미)가 의미부고 白^(흰 백)이 소리부로, 쌀^(米)로 만든 미주에서 하얀^(白) 색깔의 술을 걸러내고 남은 '찌꺼기'를 말한다. ☞ 白^(흰 백)

字形 ⬛ 說文小篆

拍(칠 박): pāi, 手-5, 8, 40

字解 형성. 手^(손 수)가 의미부고 白^(흰 백)이 소리부로, 손^(手)을 쳐서 '소리가 나도록^(白)' 치는 동작을 말한다. 이로부터 치다, 두드리다 등의 뜻이 나왔고, 이후 다시 '리듬'을 말하기도 했다. 또 가깝다, 충만하다, 사진을 찍다 등의 뜻으로도 쓰인다. ☞ 白^(흰 백)

字形 ⬛ 簡牘文 拍 玉篇

舶(큰 배 박): [艀], bó, 舟-5, 11, 20

字解 형성. 舟^(배 주)가 의미부고 白^(흰 백)이 소리부로, 바다를 항해하는 으뜸가는^(白, 伯과 통합) 큰 배^(舟)를 말하며, 이후 그런 배를 통해 외국에서 들어온 수입품이라는 뜻도 생겼다.

雹(누리 박): báo, 雨-5, 13

字解 회의. 雨^(비 우)와 包^(쌀 포)로 구성되어, 둥글게^(包) 덩어리진 얼음이 하늘에서 비 오듯^(雨) 내리는 雨雹^(우박)을 말한다.

字形 雹 說文小篆

霅(비에 젖은 가죽 박): gé, 雨-9, 17

字解 회의. 雨^(비 우)가 의미부이고 革^(가죽 혁)도 의미부이다. 『설문해자』의 해설처럼, '비가 가죽을 적시다^(雨霑革)'라는 뜻이다.

字形 霅 說文小篆

亳(땅 이름 박): bó, 亠-8, 10

字解 형성. 高^(높을 고)의 생략된 모습이 의미부이고, 乇^(부탁할 탁)이 소리부이다. 『설문해자』의 해설처럼, '경조^(京兆) 지역에 있는 두릉정^(杜陵亭)'을 말한다. 또 땅의 이름으로, 은나라의 수도였다고 한다.

字形 亳 說文小篆

반

班(나눌 반): 班, bān, 玉-6, 10, 60

字解 회의. 刀^(칼 도)와 珏^(쌍옥 각)으로 구성되어, 증

표로 쓰려고 옥^(玉)을 칼^(刀)로 쪼개어 나눔을 말했고, 이후 나누어진 부류나 그룹을 뜻하게 되었다.

字形 班金文 班 班古璽文 班汗簡 班 說文小篆

斑(얼룩 반): bān, 文-8, 12, 10

字解 회의. 文^(무늬 문)과 珏^(쌍옥 각)으로 구성되어, 옥^(玉)의 무늬^(文)를 말하며, 이로부터 찬란하고 다채로운 모양이나 무늬, 반점 등의 뜻이 나왔다. ☞ 辬^(무늬 반)

盼(눈 예쁠 반): pàn, 目-4, 9

字解 형성. 目^(눈 목)이 의미부고 分^(나눌 분)이 소리부로, 눈^(目)의 검은자위와 흰자위가 분명하고^(分) 또렷하여 '예쁜' 모습을 그렸다. 이후 중시하다, 기대하다 등의 뜻이 나왔다.

字形 盼古陶文 盼 說文小篆

頒(나눌 반): 颁, bān, 頁-4, 13, 10

字解 형성. 頁^(머리 혈)이 의미부고 分^(나눌 분)이 소리부로, 큰 머리^(頁)가 원래 뜻이며, 머리^(頁)를 둘로 나눈다^(分)는 뜻에서 다시 '나누다', 나누어주다, 상을 내리다, 분담하다, 頒布^(반포)하다 등의 뜻이 나왔다.

字形 頒 說文小篆

攀(더위잡을 반): pān, 手-15, 19, 10

字解 형성. 手^(손 수)가 의미부고 樊^(울타리 번)이 소리부로, 어떤 물체를 잡고 손^(手)으로 '기어오르다'는 뜻이며, 높은 곳에 오르기 위해 무엇인가를 '끌어당기다'는 뜻도 가진다.

字形 𦠋 說文小篆 𢸶 說文或體

攀(명반 반): 矾, fán, 石-15, 20, 10

字解 형성. 石^(돌 석)이 의미부고 樊^(울타리 번)이 소리부로, 백반을 말하는데, 가죽, 종이, 안료, 염료 등의 제작에 사용된다. 일반적으로 白^(백), 青^(청), 黃^(황), 黑^(흑), 絳^(강)의 5가지 색이 있는데, 흰색의 것을 보통 明礬^(명반)이라 부른다. 간화자에서는 소리부 樊을 凡^(무릇 범)으로, 또 좌우구조로 바꾸어 矾으로 쓴다.

般(돌 반): pán, 舟-4, 10, 32

字解 회의. 舟^(배 주)와 殳^(창 수)로 구성되어, 상앗대를 손으로 잡고^(攴복) 배^(舟)를 '돌리는' 모습이었는데, 攴이 殳^(창 수)로 변해 지금의 자형이 되었다. 돌리다가 원래 뜻이고, 이로부터 회전하다, 실어 나르다, 놀다 등의 뜻이 나왔다. 또 般若^(반야)에서처럼 불교의 음역자로도 쓰였다.

字形 𦨕 𦨖 𦩍 甲骨文 𦩱 𦩹 𦪇 𦪂 金文 𦨟 說文小篆 𦨉 說文古文

盤(소반 반): 盘, pán, 皿-10, 15, 10, 32

字解 형성. 皿^(그릇 명)이 의미부고 般^(돌 반)이 소리부로, 소반, 배^(般)처럼 바닥이 평평한 그릇^(皿)이라는 뜻을 담았으며, 이로부터 쟁반을 지칭하게 되었다. 달리 皿을 金^(쇠 금)이나 木^(나무 목)으로 대체한 鎜^(쟁반 반)이나 槃^(쟁반 반)으로 쓰기도 하며, 간화자에서는 般을 舟^(배 주)로 줄여 盘으로 쓴다.

字形 𦨕 𦩱 𦪇 𦪂 𦩹 𦪲 𦪳 金文 𥂚 𥂛 𥃀 𥃁 𥃂 𥃃 簡牘文 𥃄 石刻古文 𥃅 𥃆 𥃇 唐寫本 槃 說文小篆 𥂜 說文古文 𥂝 說文籀文 盤 廣韻

磐(너럭바위 반): pán, 石-10, 15

字解 형성. 石^(돌 석)이 의미부고 般^(돌 반)이 소리부로, 쟁반^(般, 盤과 통함)처럼 편평하게 생긴 여럿이 앉을 수 있는 커다란 바위^(石)를 말하며, 이로부터 磐石^(반석)에서처럼 튼튼함의 비유로 쓰이게 되었다.

搬(옮길 반): [搫], bān, 手-10, 13, 20

字解 형성. 手^(손 수)가 의미부고 般^(돌 반)이 소리부로, 손^(手)으로 옮기는 것을 말하며, 이로부터 옮기다, 이사하다의 뜻이 나왔다.

槃(쟁반 반): pán, 木-10, 14, 10

字解 형성. 木^(나무 목)이 의미부고 般^(돌 반)이 소리부로, 배처럼^(般) 바닥이 평평한 나무^(木)로 만든 쟁반을 말하며, 盤^(소반 반)과 같은 글자이다. ☞ 盤^(소반 반)

字形 槃 說文小篆

瘢(흉터 반): bān, 疒-10, 15

字解 형성. 疒^(병들어 기댈 녁)이 의미부고 般^(돌 반)이 소리부로, 상처^(疒)가 낫고 난 뒤에 남는 흉터를 말한다. 이로부터 피부의 흉터라는 뜻이 나왔고, 결점이나 잘못 등의 비유로도 쓰였다.

字形 瘢 簡牘文 瘢 說文小篆

反(되돌릴 반): fǎn, 又-2, 4, 60

字解 회의. 厂^(기슭 엄)과 又^(또 우)로 구성되었는데, 이의 자원에 대한 해설은 분분하다. 혹자는 손^(又)을 이용해 언덕^(厂)을 기어오르는 모습이라거나, 달리 손^(又)으로 벽을 밀어 넘어뜨리는 모습이라고도 한다. 또 『설문해자』에서는 손^(又)을 '뒤집다'는 뜻이라고 했는데, 뒤집으면 원래의 위치와는 반대되기에 '反對^(반대)'라는 뜻이 나왔다. 이로부터 뒷면, 일상적인 것과의 반대됨, 반대하다, 되돌아가다 등의 뜻이 나왔다.

字形 反反 甲骨文 反反反 金文 反 古陶文 反反反 簡牘文 反 說文小篆

反 說文古文

返(돌아올 반): fǎn, 辵-4, 8, 30

字解 형성. 辵^(쉬엄쉬엄 갈 착)이 의미부고 反^(되돌릴 반)이 소리부로, 갔던^(辵) 길을 거꾸로^(反) 되돌아 오다는 뜻이며, 이로부터 귀환하다, 돌다, 바꾸다, 위배하다 등의 뜻이 나왔다.

字形 返返返 金文 返 簡牘文 返 說文小篆

返 說文古文

飯(밥 반): 饭, fàn, 食-4, 13, 32

字解 형성. 食^(밥 식)이 의미부고 反^(되돌릴 반)이 소리부로, 밥^(食)을 먹을 때에는 반복해서^(反) 씹어야 한다는 뜻을 담았으며, 이로부터 밥, 밥을 먹다, 밥을 먹이다, 음식 등의 뜻이 나왔다. 또 옛날 사람이 죽으면 입에다 쌀 등 곡식을 물렸는데 이를 飯含^(반함)이라 했다.

字形 飯 金文 飯 簡牘文 飯 說文小篆

半(반 반): bàn, 十-3, 5, 60

字解 회의. 牛^(소 우)와 八^(여덟 팔)로 구성되어, 소^(牛)를 양쪽으로 나누어^(八) 놓은 모습을 형상했으나 자형이 조금 변해 지금처럼 되었다. 양쪽으로 나누었다는 뜻에서 折半^(절반), 반쪽의 의미가 나왔다. 이후 중도, 중간, 불완전하다, 적다 등의 뜻도 나왔다.

叛(배반할 반): pàn, 又-7, 9, 30

字解 형성. 半^(반 반)이 의미부고 反^(되돌릴 반)이 소리부로, 『설문해자』에서의 말처럼 나누어지다^(半)가 원래 뜻이며, 이로부터 背叛^(배반)하다의 뜻이 나왔다. 혹자는 '배반하다'의 뜻에 중점을 두어 反을 의미부로 보기도 한다.

字形 叛簡牘文 叛說文小篆

伴(짝 반): bàn, 人-5, 7, 30

字解 형성. 人^(사람 인)이 의미부고 半^(반 반)이 소리부로, 절반^(半)으로 나눈 듯 서로를 합쳐야 완전함을 이루게 되는, 사람^(人)의 '짝'을 말했다. 이로부터 伴侶者^(반려자)의 뜻이, 다시 모시다, 隨伴^(수반)하다, 伴奏^(반주) 등의 뜻이 나왔다.

字形 伴說文小篆

畔(두둑 반): pàn, 田-5, 10, 10

字解 형성. 田^(밭 전)이 의미부고 半^(반 반)이 소리부로, 농지^(田)가 경계 지어져 나뉜^(半) 모습으로, 밭과 밭 사이의 경계를 말했으며, 이후 湖畔^(호반)에서처럼 '가장자리'라는 뜻도 나왔다. 또 배반하다, 이지러지다, 권세나 세력을 제멋대로 부리며 함부로 날뛰다 등의 뜻으로도 쓰였다.

字形 畔說文小篆

拌(버릴 반): bàn, 手-5, 8, 10

字解 형성. 手^(손 수)가 의미부고 半^(반 반)이 소리부로, 손^(手)으로 남은 절반^(半)을 '버리다'는 뜻이었는데, 이후 절반씩^(半) 손^(手)으로 서로 휘저어^(手) '뒤섞음'을 말했다.

絆(줄 반): 绊, bàn, 糸-5, 11, 10

字解 형성. 糸^(가는 실 멱)이 의미부고 半^(반 반)이 소리부로, 소나 말을 묶는 줄^(糸)을 말하며, 이로부터 구속하다의 뜻도 나왔다.

字形 絆說文小篆

潘(뜨물 반): pān, 水-12, 15, 12

字解 형성. 水^(물 수)가 의미부고 番^(순서 번)이 소리부로, 쌀을 씻은 뜨물^(水)을 말한다. 또 강 이름으로, 하남성 滎陽^(형양)현 변경에 있으며 汴水^(변수)라고도 불린다. 또 성씨로도 쓰이며, 광동성 茂名^(무명)시에 있는 산 이름으로도 쓰인다.

字形 潘金文 潘說文小篆

蟠(서릴 반): pán, 虫-12, 18, 10

字解 형성. 虫^(벌레 충)이 의미부고 番^(순서 번)이 소리부로, 서로 빙빙 감싼 뱀 모양의 벌레^(虫)로부터 에워싸다, 둘러싸다 등의 뜻을 그렸으며, 이로부터 두루, 주변 등의 뜻이 나왔다.

字形 蟠 說文小篆

磻(강 이름 반): pán, 石-12, 17, 12

字解 형성. 石^(돌 석)이 의미부고 番^(순서 번)이 소리부로, 繳矢^(격시)에 쓰는 돌^(石)를 말하며, 또 섬서성 寶鷄^(보계)시 동남쪽에 있는 계곡이름^(磻溪반계)으로, 주나라 강태공이 낚시했던 곳으로 유명하다.

字形 磻 說文小篆

彪(범 무늬 반): bīn, 虍-11, 17

字解 형성. 虍^(호피 무늬 호)가 의미부이고 彬^(빛날 빈)이 소리부이다. 『설문해자』의 해설처럼, '호랑이의 무늬^(虎文)를 말하는데, 달리 彪^(彪)와 같이 쓴다. 사람의 이름자로도 쓴다.

字形 彪 說文小篆

발

癶(등질 발): bō, 癶-0, 5

字解 회의. 발^(止지)이 서로 반대 방향으로 놓인 모습을 그렸으며, 이 때문에 癶은 '등지다', '떨어지다', '멀어지다' 등의 뜻이 생겼다. 예컨대, 登^(오를 등)은 그릇^(묘두)에 담긴 음식이나 곡식을 신전으로 가져가^(癶) '드리는' 모습을 그렸고, 發^(쏠 발)은 활^(弓)을 쏘아 멀리 나아가게^(癶) 함을 뜻한다.

字形 癶 說文小篆

勃(우쩍 일어날 발): bó, 力-7, 9, 10

字解 형성. 力^(힘 력)이 의미부고 孛^(살별 패)가 소리부로, 풀이 무성한^(孛) 것처럼 힘^(力)이 강함을 말하며, 勃興^(발흥)에서처럼 기운이 왕성함을 말하게 되었다.

字形 勃 說文小篆

渤(바다 이름 발): 淳, bó, 水-9, 12, 12

字解 형성. 水^(물 수)가 의미부고 勃^(우쩍 일어날 발)이 소리부로, 물^(水)이 용솟음치는^(勃) 모양을 말하며, 또 한국과 중국의 요녕성, 하북성, 산동성 사이에 있는 바다인 渤海^(발해)를 말한다.

髮(터럭 발): 发, fà, 髟-5, 15, 40

字解 형성. 髟^(머리털 드리워질 표)가 의미부고 犮^(달릴 발)이 소리부로, 머리칼을 말하며, 이로부터 가늘고 길다는 뜻이 나왔고, 1만분의 1을

나타내는 길이 단위로 쓰여 극히 작음을 나타냈고, 또 머리칼처럼 무성한 초목의 비유로도 쓰였다. 원래는 회의 구조인 髟로 썼으나 독음을 나타내고자 犮을 더해 지금의 글자가 되었고, 간화자에서는 發^(쏠 발)에 통합되었고, 이의 초서체인 发로 쓴다. ☞ 髟^(머리털 드리워 질 표)

字形 𢏒 𣬠金文 髟 髦簡牘文 𩮰 說文 小篆 𩭶 說文或體 𩮱 說文古文

跋(비틀거릴 발): bá, 足-5, 12, 10

字解 형성. 足^(발 족)이 의미부고 犮^(달릴 발)이 소리부로, 발^(足)이 걸려 넘어짐을 말했고, 이로부터 비틀거리다는 뜻이 나왔다. 또 책이나 그림 글씨 등에 간단하게 덧붙이는 '발문'을 뜻하며, 이로부터 논평이나 평론의 뜻도 나왔다. ☞ 犮^(달릴 발)

字形 𧼙 說文小篆

拔(뺄 발): bá, 手-5, 8, 32

字解 형성. 手^(손 수)가 의미부고 犮^(달릴 발)이 소리부로, 손^(手)을 이용해 '뽑(아내)다'는 뜻이며, 이로부터 골라내다, 拔擢^(발탁) 등의 뜻이, 다시 남보다 뛰어나다 등의 뜻이 나왔다. ☞ 犮^(달릴 발)

字形 𢪁 𢺴簡牘文 𢸁 說文小篆

魃(가물 귀신 발): bá, 鬼-10, 15, 10

字解 형성. 鬼^(귀신 귀)가 의미부고 犮^(달릴 발)이 소리부로, 가물 귀신을 말하는데, 모든 것을 뿌리 채 뽑아^(犮, 拔의 원래 글자) 말려버리는 귀신^(鬼)이라는 뜻을 담았다.

字形 𩲩 說文小篆

盋(사발 발): bō, 皿-5, 10

字解 형성. 皿^(그릇 명)이 의미부고 犮^(달릴 발)이 소리부이다. 『설문해자』의 해설처럼, '사발^(盋器)'을 말한다. 사발의 일종이다^(盂屬). 달리 금^(金)과 본^(本)으로 구성된 鉢^(바리때 발)로 쓰기도 한다.

字形 𥁃 說文小篆

發(쏠 발): 发, fā, 癶-7, 12, 60

字解 형성. 弓^(활 궁)이 의미부고 癹^(짓밟을 발)이 소리부로, 활^(弓)을 쏘아 멀리 나아가게^(癹) 하다는 뜻이며, 이로부터 發射^(발사)나 出發^(출발)의 뜻이 나왔다. 여기에 手^(손 수)가 더해진 撥^(튀길 발)은 시위를 튀겨 화살을 나아가게 하는 동작을 더욱 강조했고, 潑^(뿌릴 발)은 물^(水)을 흩뿌림을, 廢^(폐할 폐)는 '쏠' 수 있는 활을 창고^(广 엄) 속에 넣어 두어 사장함을 말한다. 간화자에서는 초서체인 发로 쓴다.

字形 𢵥金文 𤼩 𤼲 𤼳簡牘文 𤼸 說文小篆

ㅂ | 325

潑(뿌릴 발): 泼, pō, 水-12, 15, 10

字解 형성. 水^(물 수)가 의미부고 發^(쏠 발)이 소리부로, 물^(水)을 쏘아^(發) 뿌림을 말하며, 이로부터 액체 등이 뿜겨져 나오다, 가득하다, 힘차다 등의 뜻도 나왔다. 간화자에서는 發을 发로 줄여 泼로 쓴다. ☞ 發^(쏠 발)

撥(튀길 발): 拨, bō, 手-12, 15, 10

字解 형성. 手^(손 수)가 의미부고 發^(쏠 발)이 소리부로, 손^(手)으로 튀겨 쏘는^(發) 것을 말하며, 이로부터 튕기다, 나누어주다 등의 뜻도 나왔다. 간화자에서는 發을 发로 줄여 拨로 쓴다. ☞ 發^(쏠 발)

字形 〔그림〕 說文小篆

醱(술 괼 발): 酦, pō, 酉-12, 19, 10

字解 형성. 酉^(닭 유)가 의미부고 發^(쏠 발)이 소리부로, 술^(酉)을 다시 발효시키다^(發)는 뜻으로부터 술을 다시 거르다는 뜻도 나왔다. 간화자에서는 發을 发로 줄여 酦로 쓴다.

鉢(바리때 발): 钵, [盋, 缽, 盌], bō, 金-5, 13, 12

字解 형성. 金^(쇠 금)이 의미부고 本^(밑 본)이 소리부로, 물건을 담는 입이 큰 사발을 말한다. 또 산스크리트어의 파트라^(pātra)의 음역어로 중이 사용하는 식기를 말한다. 가사와 바릿대를 후계자에게 전한다는 뜻에서 역대로 전해지는 사상이나 학술 등을 뜻하기도 한다. 『설문해자』에서는 皿^(그릇 명)이 의미부이고 犮^(달릴 발)이 소리부인 盋^(사발 발)로 썼으며, 달리 盌^(사발 발)이나 缽^(바리때 발)로 쓰기도 한다.

字形 〔그림〕 說文新附字

방

匚(상자 방): fāng, 匚-0, 2

字解 상형. 匚은 물건을 넣어둘 수 있는 네모꼴의 상자를 그렸으며, 이로부터 '상자'를 지칭하게 되었다. 예컨대, 匠^(장인 장)은 자귀^(斤·근) 같은 연장을 상자^(匚) 속에 넣어 둔 모습을 그려 그것이 공구함임을 보여준다. 또 匣^(갑 갑)은 작고 덮개를 갖춘 상자를 말한다. 그리고 匡^(바룰 광)은 그릇을 담는 대그릇을 말했으나 네모꼴의 상자처럼 '반듯하다'는 뜻을 갖게 되었고, 그러자 竹^(대 죽)을 더한 筐^(광주리 광)으로 분화했으며, 木^(나무 목)이 더해진 框^(문테 광)도 같은 뜻이다. 匪^(대상자 비)도 筐과 비슷한 대상자를 말했으나, 匪賊^(비적)과 같이 非^(아닐 비)의 뜻으로 쓰이게 되자 다시 竹을 더해 篚로 분화했다. 그런가 하면, 匱^(함 궤)를 구성하는 貴^(귀할 귀)는 원래 두 손으로 삼태기를 이용해 흙을 들어내는 모습이며, 이로부터 '남겨두다', '귀한 것' 등의 뜻이 생긴 글자이다. 이에 비해, 匝^(돌 잡)과 匜^(주전자 이)는 '상자'와는 별 관계가 없는 글자들이다.

方(모 방): fāng, 方-0, 4, 70

字解 상형. 이의 자원은 확실치 않다. 『설문해자』는 '배(舟주)'를 둘 합쳐 놓은 것'이라고 했지만, 갑골문을 보면 쟁기가 분명하다. 위는 손잡이를 중간은 발판을 아래는 갈라진 날을 그린 碎土(쇄토)형 쟁기이다. 쟁기는 흙을 갈아엎는 유용한 농기구로, 중국의 쟁기는 세계의 다른 지역보다 수백 년이나 앞서 발명되고 응용되었을 정도로 선진적인 농업의 상징이기도 했다. 쟁기로 밭을 갈면 보습에 의해 각진 흙덩이가 올라오게 되는데, 이로부터 여러 뜻이 생겨났다. 흙은 땅의 상징이며, 농경을 주로 했던 중국에서 땅은 '나라' 그 자체였다. 게다가 하늘은 둥근 반면 땅은 네모졌다고 생각했기에 '네모'나 땅의 '가장자리'까지 뜻하게 되었다. 그래서 方에는 '나라'는 물론 地方(지방)에서처럼 땅, 方向(방향), 다시 方正(방정)에서처럼 '각 짐'과 '정직함'이나 입방체, 네모꼴로 된 종이에 처방(處方)을 내린다고 해서 '방법', 방식 등의 뜻까지 생겼다.

字形 ⟨갑골문⟩ 甲骨文 ⟨금문⟩ 金文 古陶文 簡牘文 帛書 石刻古文 說文小篆 說文或體

房(방 방): fáng, 戶-4, 8, 42

字解 형성. 戶(지게 호)가 의미부고 方(모 방)이 소리부로, 곁(方)에 위치한 방(戶)을 말하는데, 종묘의 문이나 큰 대문은 門(문 문)을 쓰고 곁으로 배치된 방들은 戶를 사용했다는 『주례』의 말은 이를 두고 한 것이다. 그래서 房은 집의 중앙에 놓인 正室(정실) 곁으로 배치된 側室(측실)을 말하며, 이후 이처럼 격자형으로 분할된 '방'을 뜻하게 되었다.

字形 簡牘文 房 說文小篆

彷(거닐 방): 仿, páng, 彳-4, 7, 10

字解 형성. 彳(조금 걸을 척)이 의미부고 方(모 방)이 소리부로, 땅의 가장자리(方)까지 왔다 갔다 하며 걸어 다니며(彳) 彷徨(방황)함을 말한다. 간화자에서는 彳을 人(사람 인)을 쓴 仿(헤맬 방)에 통합되었다.

放(놓을 방): fàng, 攴-4, 8, 60

字解 형성. 攴(칠 복)이 의미부고 方(모 방)이 소리부로, 변방(方)으로 강제로(攴) '내침'을 말하며, 이로부터 몰아내다, 追放(추방)하다, 버리다, 釋放(석방)하다는 뜻이 나왔고, 밖으로 내몰려 제멋대로 한다는 뜻에서 '放縱(방종)'의 의미가 나왔다.

字形 金文 簡牘文 說文小篆

倣(본뜰 방): 仿, fǎng, 人-8, 10, 30

字解 형성. 人^(사람 인)이 의미부고 放^(놓을 방)이 소리부로, 模倣^(모방)하다는 뜻이며, 표준 글씨를 베껴 쓰거나 쓸 때 사용하는 교본을 말하기도 한다. 간화자에서는 소리부 放을 方^(모 방)으로 쓴 仿^(헤맬 방)으로 통합되었다.

坊(동네 방): fāng, 土-4, 7, 10

字解 형성. 土^(흙 토)가 의미부고 方^(모 방)이 소리부로, '동네'를 말하는데, 나란히^(方) 난 흙^(土) '길'로부터 해당 의미를 만들어 냈다. 이후 동네의 입구에 세우던 牌坊^(패방)을 뜻하기도 했다. 또 工房^(공방)이나 동네에서 소규모로 경영하던 수공업 공장을 지칭하기도 한다.

字形 坊_{古陶文} 坊_{玉篇}

防(둑 방): fáng, 阜-4, 7, 42

字解 형성. 阜^(언덕 부)가 의미부고 方^(모 방)이 소리부로, 강가나 성 주위^(方)로 흙으로^(阜) 쌓은 둑을 말한다. 높다란 둑이나 흙벽은 홍수를 막고 적을 '방어'하기 위한 중요한 시설물이었다. 이로부터 둑, 堤防^(제방)의 뜻이, 다시 막다, 防禦^(방어)하다, 지키다 등의 뜻이 나왔다.

字形 防_{說文小篆}

妨(방해할 방): fáng, 女-4, 7, 40

字解 형성. 女^(여자 여)가 의미부고 方^(모 방)이 소리부로, 방해하다, 걸림돌이 되다는 뜻인데, 여자^(女)가 줄지어^(方) 있음에서 '妨害^(방해)하여' 해롭다는 뜻을 담았다.

字形 妨_{簡牘文} 妨_{說文小篆}

仿(비슷할 방): fǎng, 人-4, 6

字解 형성. 人^(사람 인)이 의미부고 方^(모 방)이 소리부로, 사람^(人)이 나란한^(方) 모습에서 '비슷함'을 그렸는데, 간화자에서는 倣^(본뜰 방)과 彷^(거닐 방)의 간화자로도 쓰인다.

字形 仿 仿_{簡牘文} 仿_{說文小篆} 仿_{說文籀文}

紡(자을 방): 纺, fǎng, 糸-4, 10, 20

字解 형성. 糸^(가는 실 멱)이 의미부고 方^(모 방)이 소리부로, 비단실^(糸)을 고치로부터 자아냄을 말하며, 자아낸 실, 紡織物^(방직물) 등을 뜻하기도 하였다.

字形 紡 紡_{簡牘文} 紡_{說文小篆}

訪(찾을 방): 访, fǎng, 言-4, 11, 42

字解 형성. 言^(말씀 언)이 의미부고 方^(모 방)이 소리부로, 좋은 의견을 구하려 주위^(方)의 다른 나라로 찾아가 묻고^(言) 의논함을 말하며, 이로부터 조사하다, 찾다, 訪問^(방문)하다, 모의하다 등의 뜻이 나왔다.

昉(마침 방): fǎng, 日-4, 8, 10

☜ 형성. 日^(날 일)이 의미부고 方^(모 방)이 소리부로, 해^(日)가 져 변방^(方)에 떠올랐을 때를 말하며, 해가 막 떠오른 시각이라는 의미에서 '마침'이라는 뜻이 나왔다.

字形 昉 說文小篆

枋(다목 방): fāng, 木-4, 8, 10

☜ 형성. 木^(나무 목)이 의미부고 方^(모 방)이 소리부로, 나무^(木) 이름인데 목질이 단단하여 수레를 만드는 데 주로 사용되었다. 또 네모꼴^(方)로 켜 놓은 목재^(木)를 말하기도 하고, 흙 언덕을 다질 때 쓰는 나무절구를 말하기도 한다.

字形 枋 簡牘文 枋 古璽文 枋 說文小篆

芳(꽃다울 방): fāng, 艸-4, 8, 32

☜ 형성. 艸^(풀 초)가 의미부고 方^(모 방)이 소리부로, 향기로운 풀을 말하는데, 향기를 사방^(方)으로 퍼져 나가게 하는 식물^(艸)이라는 뜻을 담았다. 이후 훌륭한 덕이나 젊은 나이의 비유로 쓰였고, 芳名^(방명)에서처럼 공경을 나타내는 접두어로도 쓰인다.

字形 芳 說文小篆

肪(기름 방): fáng, 肉-4, 8, 10

☜ 형성. 肉^(고기 육)이 의미부고 方^(모 방)이 소리부로, 脂肪^(지방)을 말하는데, 덩어리진^(方) 고깃덩이^(肉)라는 뜻을 담았다.

字形 肪 說文小篆

舫(배 방): fǎng, 舟-4, 10

☜ 형성. 舟^(배 주)가 의미부고 方^(모 방)이 소리부로, 배^(舟)를 여럿 연결하여 네모꼴^(方)로 만든 배를 말한다. 이후 '배를 젓다'는 뜻도 나왔다.

字形 舫 說文小篆

邡(고을이름 방): fāng, 邑-4, 7

☜ 형성. 邑^(고을 읍)이 의미부고 方^(모 방)이 소리부로, 옛날의 지명^(邑)으로, 什邡^(십방)을 말하는데, 사천성 什邡縣^(십방현) 남쪽에 있었다.

字形 邡 金文 邡 古陶文 邡 說文小篆

魴(방어 방): 鲂, fáng, 魚-4, 15

☜ 형성. 魚^(고기 어)가 의미부고 方^(모 방)이 소리부로, 물고기 이름으로 魴魚를 말하는데, 달리 赤尾魚^(적미어), 鯿魚^(편어) 등으로 불렸다.

字形 魴 魴 古璽文 魴 說文小篆 魴 說文

或體

旁(곁 방): páng, 方-6, 10, 12

字解 형성. 『설문해자』에서는 上^(위 상)이 의미부고 方^(모 방)이 소리부라 했으나, 갑골문에서는 方에 벼^(冂경)이 더해진 모습이다. 쟁기^(方)의 곁으로 벼을 덧댔다는 뜻에서 양면의 뜻이, 다시 주변, 주위, 곁 등의 뜻이 나왔다. 중국의 쟁기는 이 글자가 출현할 때쯤 이미 보습에 벼이 더해짐으로써 보습으로 일군 흙을 벼이 한쪽으로 조용히 뒤엎어 말끔한 이랑을 만들 수 있도록 발전하였을 것으로 보인다.

字形 甲骨文 金文
簡牘文 帛書 漢印 說文小篆
 說文古文 說文籒文

傍(곁 방): bàng, 人-10, 12, 30

字解 형성. 人^(사람 인)이 의미부고 旁^(곁 방)이 소리부로, 곁^(旁)에 있는 사람^(人)을 말했고, 이로부터 '가깝다'는 뜻이 나왔다.

字形 說文小篆

榜(매 방): bǎng, 木-10, 14, 10

字解 형성. 木^(나무 목)이 의미부고 旁^(곁 방)이 소리부로, 나무 조각^(木片·목편)을 말하며, 이로부터 편액이나 시험의 결과를 알리는 '방'의 뜻이 나왔다. 또 나무로 만든 상앗대를 뜻하기도 하고, 활과 쇠뇌의 몸체를 교정하는 기물을 지칭하기도 한다.

字形 說文小篆

謗(헐뜯을 방): 谤, bàng, 言-10, 17, 10

字解 형성. 言^(말씀 언)이 의미부고 旁^(곁 방)이 소리부로, 誹謗^(비방)하다, 남의 잘못을 나무라는 뜻인데, 곁^(旁)에서 말^(言)로 남의 잘못을 나무라는 뜻을 담았다.

字形 簡牘文 說文小篆

膀(방광 방): [髈], páng, 肉-10, 14, 10

字解 형성. 肉^(고기 육)이 의미부고 旁^(곁 방)이 소리부로, 몸^(肉)의 양쪽 곁^(旁)으로 형성된 어깨를 말하며, 새의 양쪽 날갯죽지를 뜻하기도 했다. 또 신체 기관의 하나인 膀胱^(방광)을 뜻하기도 한다.

字形 說文小篆

滂(비 퍼부을 방): pāng, 水-10, 13

字解 형성. 水^(물 수)가 의미부고 旁^(곁 방)이 소리부로, 물^(水)이 세차게 흐르는 모양을 말하며, 이로부터 비가 세차게 퍼붓다, 왕성하다, 물을 대다 등의 뜻을 갖게 되었다.

字形 說文小篆

磅(돌 떨어지는 소리 방): páng, 石-10, 15

字解 형성. 石^(돌 석)이 의미부고 旁^(곁 방)이 소리부로, 돌^(石)이 떨어지거나 돌을 치는 소리를 말한다. 이후 영국의 무게 단위인 파운드^(pound, 0.4536kg)의 음역어로도 쓰였다.

蒡(인동덩굴 방): bàng, 艸-10, 14

字解 형성. 艸^(풀 초)가 의미부고 旁^(곁 방)이 소리부로, 식물^(艸)의 하나인 忍冬^(인동)을 말하는데, 겨울에도 곳에 따라 잎이 떨어지지 않기 때문에 '겨울 추위를 견디다'는 뜻에서 '인동'이라고 한다. 2년생 초본식물로 뿌리와 잎은 사료로 쓰며 뿌리는 식용도 가능하며, 씨는 한약재로도 쓰인다. 열매의 모양이 못생겼고 가시가 많다고 해서 惡實^(악실)이라 부르기도 한다.

幇(도울 방): bāng, 巾-9, 12, 10

字解 형성. 巾^(수건 건)이 의미부고 封^(봉할 봉)이 소리부로, 幫^(도울 방)의 속자이다. 幫은 돈^(帛·백)을 주고 북돋아주며^(封) 서로 격려하다는 뜻을 담았으며, 현대 중국에서는 幫^(도울 방)의 간화자로 쓰인다. ☞ 幫^(도울 방)

幫(도울 방): 帮, [幇], bāng, 巾-14, 17

字解 형성. 帛^(비단 백)이 의미부고 封^(봉할 봉)이 소리부로, 돈^(帛)을 주고 북돋아주며^(封) 서로 격려함으로 말하며, 이로부터 돕다는 뜻이 나왔고, 그런 집단을 지칭하게 되었다. 달리

帛을 巾^(수건 건)으로 줄인 幇^(도울 방)으로 쓰며, 간화자에서는 封을 邦^(나라 방)으로 바꾼 帮으로 쓴다.

尨(삽살개 방): máng, 尢-4, 7, 10

字解 회의. 犬^(개 견)과 彡^(터럭 삼)으로 구성되어, 털이 수북한^(彡) 삽살개^(犬)를 그렸다. 삽살개가 원래 뜻이며, 얼룩얼룩하다, 색깔이 섞이다 등의 뜻이 나왔다. 厖^(클 방)과 같이 쓰기도 한다. 犬^(개 견) 부수에 귀속되어야 할 글자이나 형체의 유사성 때문에 현대 옥편에서는 尢^(절름발이 왕)부수에 잘못 귀속되었다.

字形 ![삽살개 방 설문소전] 說文小篆

厖(클 방): páng, 厂-7, 9

字解 형성. 厂^(기슭 엄)이 의미부이고 尨^(삽살개 방)이 소리부이다. 『설문해자』의 해설처럼, '돌이 크다^(石大)'라는 뜻이다. 이로부터 크다는 뜻이 나왔다. 厖大^(방대)는 형상이나 부피가 엄청나게 많고도 큼을 말한다.

字形 ![클 방 설문소전] 說文小篆

龐(클 방): 庞, páng, 龍-3, 19, 12

字解 형성. 广^(집 엄)이 의미부고 龍^(용 룡)이 소리부로, 크고 높은^(龍) 집^(广)으로부터 방대하고 크다는 의미를 그렸다. 간화자에서는 龍을 龙으로 줄여 庞으로 쓴다.

邦(나라 방): bāng, 邑-4, 7, 30

字解 형성. 邑^(고을 읍)이 의미부이고 丰^(예쁠 봉)이 소리부로, 읍^(邑)으로 둘러싸인 영토로 구성된 '나라'를 말했다. 갑골문에서는 밭^(田전)에 초목이 무성한^(丰) 모습으로, 아직 개간되지 않은 새로운 땅을 의미했는데, 이후 田이 邑으로 변해 제후들에게 새로 개척하도록 제공된 땅^(封邑·봉읍)임을 상징했으며, 이로부터 封建^(봉건)이라는 뜻도 나왔다. 이후 邦은 의미가 확대되어 '나라'까지 뜻하게 되었으나, 한나라에 들면서 태조 劉邦^(유방)의 이름을 피하고자^(避諱피휘), 뜻이 같은 國^(나라 국)으로써 邦을 대신했고 國이 邦보다 더 유행하게 되었다.

字形 ⟨갑골문·금문·고도문·맹서·간독문·백서·고새문·석각고문·설문소전·설문고문 글자들⟩ 甲骨文　金文　古陶文　盟書　簡牘文　帛書　古璽文　石刻古文　說文小篆　說文古文

蚌(씹 조개 방): [蜯], bàng, 虫-4, 10

字解 형성. 虫^(벌레 충)이 의미부고 丰^(예쁠 봉)이 소리부로, 씹 조개나 아름다운 구슬을 말하는데, 담수에 살며 진주를 생산하는 아름다운^(丰) 조개^(虫)라는 뜻을 담았다.

배

俳(광대 배): pái, 人-8, 10, 20

字解 형성. 人^(사람 인)이 의미부고 非^(아닐 비)가 소리부로, 보통 사람^(人)의 범주에서 배척된^(非) 존재라는 뜻으로, 비^(非) 인간적인^(人) 취급을 받던 존재인 광대를 그렸으며, 이로부터 俳優^(배우)의 뜻이 나왔다.

字形 ⟨설문소전 글자⟩ 說文小篆

徘(노닐 배): pái, 彳-8, 11, 10

字解 형성. 彳^(조금 걸을 척)이 의미부고 非^(아닐 비)가 소리부로, 양쪽^(非)을 이리저리 거닐며^(彳) 왔다 갔다 함을 말하며, 이로부터 노닐다, 徘徊^(배회)하다의 뜻이 나왔다.

輩(무리 배): 辈, bèi, 車-8, 15, 32

字解 형성. 車^(수레 거차)가 의미부고 非^(아닐 비)가 소리부로, 출정할 때 나란히 줄지어 선^(非, 排의 원래 글자) 전차^(車)로부터 '무리'의 뜻이, 다시 어떤 특성으로 한데 묶인 그룹이라는 뜻에서 '부류'와 '등급'의 뜻이 나왔고, 다시 長幼^(장유)나 尊卑^(존비)의 구분까지 말하게 되었다. 간화자에서는 車를 车로 줄인 辈로 쓴다.

字形 𢾷 說文小篆

排(밀칠 배): pái, 手-8, 11, 32

字解 형성. 手^(손 수)가 의미부고 非^(아닐 비)가 소리부로, 자신과 다르거나 위배된다^(非)고 하여 손^(手)으로 '밀쳐내' 排斥^(배척)함을 말하며, 이로부터 밀다, 배척하다, 격리하다는 뜻이 나왔으며, 소통하다는 뜻도 가진다. 또 양쪽으로 나란히 줄을 세우다는 뜻으로부터 줄을 지우다, 줄, 군대의 편제단위, 줄을 지어 공연하다는 뜻에서 '공연하다'의 뜻도 나왔다.

字形 𣔲 說文小篆

裴(옷 치렁치렁할 배): [裵], péi, 衣-8, 14

字解 형성. 衣^(옷 의)가 의미부고 非^(아닐 비)가 소리부인 상하구조로, 옷^(衣)이 양쪽으로^(非) 늘어져 치렁치렁한 모습을 말하며, 상하구조에서 내외구조로 바뀐 裵^(옷 치렁치렁할 배)와 같이 쓰기도 한다.

字形 裵 說文小篆

裵(옷 치렁치렁할 배): péi, 衣-8, 14, 12

字解 형성. 衣^(옷 의)가 의미부고 非^(아닐 비)가 소리부인 내외구조로, 옷^(衣)이 양쪽으로^(非) 늘어져 치렁치렁한 모습을 말하며, 裴^(옷 치렁치렁할 배)와 같다. 또 성씨로도 쓰인다.

字形 𢌞 說文小篆

背(등 배): [揹], bèi, 肉-5, 9, 42

字解 형성. 肉^(고기 육)이 의미부고 北^(북녁 북·달아날 배)가 소리부로, 몸^(肉)의 등진^(北) 쪽인 '등'을 뜻한다. 원래는 서로 등진 모습의 北으로 썼으나 北이 북쪽의 의미로 쓰이자 원래 뜻은 肉을 더해 분화했고, 이로부터 違背^(위배)하다, 등지다, 위반하다, 순조롭지 못하다, 뒤쪽 등의 뜻이 나왔다. 그러자 등짐이나 등짐을 지다는 뜻은 手^(손 수)를 더한 揹^(질 배)로 분화했다. ☞ 北^(북녁 북)

字形 伓 簡牘文 � 說文小篆

褙(속적삼 배): 褙, bèi, 衣-9, 14

字解 형성. 衣^(옷 의)가 의미부고 背^(등 배)가 소리부로, 길이가 짧은 속저고리^(衣)를 말하는데, 이후 종이나 헝겊을 얇게 한 층 한 층 겹으로 붙이다는 뜻도 갖게 되었다.

北(달아날 배) ☞ **北**(북녁 북)

拜(절 배): bài, 手-5, 9, 42

字解 형성. 원래는 手^(손 수)가 의미부이고 𡨄^(빠를 훼)가 소리부인 구조로, 새로 수확한 곡식^(𡨄)을 조상신에게 두 손^(手)으로 절을 하며 바치는 모습이었고, 이로부터 절을 하다, 받들다, 바치다 등의 뜻이 나왔다. 소전체

에서 두 손(手)과 下(아래 하)로 구성되어 두 손을 모아 자신을 낮추며 '공경'의 의미를 그려내기도 했다.

字形 𰀸 𰀹 𰀺 𰀻 𰀼 𰀽 𰀾 𰀿 𰁀 金文 𰁁 𰁂 𰁃 簡牘文 𰁄 說文小篆 𰁅 𰁆 說文古文

湃(물결 이는 모양 배): pài, 水-9, 12, 10

字解 형성. 水(물 수)가 의미부고 拜(절 배)가 소리부로, 물결(水)이 치거나 이는 모양을 말한다.

倍(곱 배): bèi, 人-8, 10, 50

字解 형성. 人(사람 인)이 의미부고 咅(침 부)가 소리부로, 사람(人)이 서로 등지다는 뜻으로부터 '배반하다', '뒤집다'의 뜻이 나왔고, 뒤집으면 두 개의 면이 생기므로 '갑절'을 뜻하게 되었다.

字形 𰁇 簡牘文 𰁈 說文小篆

培(북돋울 배): péi, 土-8, 11, 32

字解 형성. 土(흙 토)가 의미부고 咅(침 부)가 소리부로, 흙(土)을 두텁게 하여(咅) '북돋움'을 말하며, 이후 培養(배양)에서처럼 북돋우어 키우다는 뜻이 나왔다.

字形 𰁉 說文小篆

賠(물어줄 배): 賠, péi, 貝-8, 15, 20

字解 형성. 貝(조개 패)가 의미부고 咅(침 부)가 소리부로, 남에게 끼친 손해를 물어준다는 뜻인데, 잘못하여 배상할 때에는 배(咅, 倍와 통합)가 되는 돈(貝)을 물어주어야 한다는 뜻을 담았다.

陪(쌓아올릴 배): péi, 阜-8, 11, 10

字解 형성. 阜(언덕 부)가 의미부고 咅(침 부)가 소리부로, 중첩되게(咅, 倍와 통합) 쌓아올린 흙더미(阜)를 말하며, 이로부터 더하다, 보좌하다, 모시다 등의 뜻을 갖게 되었다.

字形 𰁊 說文小篆

焙(불에 쬘 배): bèi, 火-8, 12

字解 형성. 火(불 화)가 의미부고 咅(침 부)가 소리부로, 약한 불(火)로 굽다는 뜻이며, 차를 달이는 기구를 뜻하기도 한다.

盃(잔 배): bēi, 皿-4, 9

字解 형성. 皿(그릇 명)이 의미부고 不(아닐 불)이 소리부로, 그릇(皿)의 하나인 '잔'을 말하며, 杯(잔 배)의 속자이다. ☞ 杯(잔 배)

杯(잔 배): [盃], bēi, 木-4, 8, 30

字解 형성. 木(나무 목)이 의미부고 不(아닐 불)이 소리부로, 나무(木)로 만든 작은 술잔을 말하며, 달리 桮(술잔 배), 盃(잔 배) 등으로 쓰기도 한

다.

簡牘文　 說文小篆　 說文籀文

胚(아이 밸 배): [肧], pēi, 肉-5, 9, 10

字解 형성. 肉(고기 육)이 의미부고 丕(클 비)가 소리부로, 임신 1개월 된 상태의 아이를 말하는데, 처음 발육한(조) 생명체(肉)라는 뜻을 담았으며, 이로부터 '사물의 발단'을 뜻하게 되었다.

字形 說文小篆

衃(어혈 배): pēi, 血-4, 10

字解 형성. 血(피 혈)이 의미부이고 不(아닐 부)가 소리부이다. 『설문해자』의 해설처럼, '응혈(癥血)'을 말한다. 瘀血(어혈) 즉 타박상 따위로 살 속에 맺힌 피를 말하며, 썩은 피라는 뜻도 나왔다.

字形 說文小篆

配(아내 배): pèi, 酉-3, 10, 42

字解 형성. 酉(닭 유)가 의미부고 己(몸 기)가 소리부인 구조인데, 갑골문에서는 술독(酉)을 마주하고 앉은 사람(卩)의 모습을 그렸는데, 제사의 종류에 맞추어 술을 올리는 모습을 형상한 것으로 추정된다. 소전체에서부터 지금의 자형으로 변했는데, 『설문해자』에서 "술(酉)의 색깔을 말한다"라고 한 것으로 보아, 색깔에 맞는 술을 드리기 위한 모습으

로 보인다. 알맞은 술을 配合(배합)하다는 뜻에서부터 配匹(배필)의 의미가 나왔으며, 한 사람의 배필이라는 뜻에서 '아내'의 뜻이, 다시 부족한 부분을 메우다, 적당한 표준으로 조화롭게 만들다는 뜻이 나왔다.

字形 甲骨文 金文 說文解字

백

白(흰 백): bái, 白-0, 5, 80

字解 상형. 자원에 대한 의견이 분분하여, 이것이 껍질을 벗긴 쌀, 태양(日·일)이 뜰 때 비추는 햇빛, 엄지손가락을 그렸다는 등 여러 의견이 제시되었으나, 마지막 견해가 가장 통용되고 있다. 엄지손가락은 손가락 중에서 가장 큰 '첫 번째' 손가락이다. 그래서 白의 원래 의미는 '첫째'나 '맏이'로 추정되며, '맏이'의 상징에서 '가깝다'의 뜻이 나왔을 것이다. 이후 白은 告白(고백)처럼 속에 있는 것을 숨김없이 '말하다'는 뜻으로 의미가 확장되었는데, 그것은 祝(빌 축)에서처럼 '맏이(兄·형)'가 천지신명께 드리는 제사를 주관했기 때문이다. 이와 동시에 白은 속의 것을 숨기지 않고 죄다 밝힌다는 뜻에서 潔白(결백)과 '희다'의 뜻이 나왔고, 그러자 원래 뜻은 人(사람 인)을 더한 伯(맏 백)으로 분화했다.

字形 甲骨文 金文

白 白古陶文 🔲 🔲 🔲 🔲 🔲 🔲 🔲 簡牘文 ⬭帛書 🔲石篆文 🔲
說文小篆

字形 🔲 🔲甲骨文 🔲簡牘文 🔲古璽文
🔲 說文小篆

魄(넋 백): pò, 鬼-5, 15, 10

字解 형성. 鬼^(귀신 귀)가 의미부고 白^(흰 백)이 소리부로, 사람이 죽어서 되는 귀신^(鬼)의 일종으로 '넋'을 말하는데, 『설문해자』에서는 "양기는 魂^(넋 혼)이 되고 음기는 魄이 된다"라고 했다. ☞ 魂^(넋 혼)

字形 🔲 說文小篆

伯(맏 백): bó, 人-5, 7, 32

字解 형성. 人^(사람 인)이 의미부고 白^(흰 백)이 소리부로, 사람^(人)에서 첫째^(白)인 '맏이'를 말하며, 이로부터 우두머리라는 의미도 나왔다. ☞ 白^(흰 백)

字形 🔲 🔲甲骨文 🔲金文 🔲簡牘文 🔲石刻古文 🔲 說文小篆

柏(나무이름 백): [栢], bǎi, 木-5, 9, 20

字解 형성. 木^(나무 목)이 의미부고 白^(흰 백)이 소리부로, '측백나무'를 말한다. 속이 흰색^(白)을 띠는 나무^(木)라는 의미를 담았으며, 栢^(나무이름 백)으로 쓰기도 한다. 현대 중국에서는 栢^(나무이름 백)의 간화자로도 쓰인다.

帛(비단 백): bó, 巾-5, 8, 10

字解 형성. 巾^(수건 건)이 의미부고 白^(흰 백)이 소리부로, 아무런 무늬나 색깔을 넣지 않은 '흰^(白)' 비단 천^(巾)을 말한다. 흰 비단은 글쓰기에 좋았으며, 값이 비싸 돈의 대용으로도 쓰였다. 그래서 帛書^(백서)는 종이가 보편화되지 않았던 시절, 비단에 쓴 글을 말한다.

字形 🔲甲骨文 🔲金文 🔲🔲簡牘文 🔲 說文小篆

百(일백 백): bǎi, 白-1, 6, 70

字解 지사. 白^(흰 백)에 지사 부호인 가로획^(一)이 더해졌는데, 1백이라는 숫자를 나타내며, 이로부터 많은 것의 개략 수나 매우 많음을 뜻했고, 일체나 완전하다는 뜻도 나왔다.

字形 🔲🔲🔲🔲甲骨文 🔲🔲🔲🔲金文 🔲🔲古陶文 🔲🔲🔲簡牘文 🔲帛書 🔲 說文小篆

栢(나무이름 백): 柏, bǎi, bó, bò, 木-6, 10

字解 형성. 木^(나무 목)이 의미부고 百^(일백 백)이 소리부로, 측백나무^(木)를 말하며, 柏^(나무이름 백)과 같이 쓴다. 간화자에서는 柏^(나무이름 백)에 통합되었다. ☞ 柏^(나무이름 백)

字形 ☘ ☘ 甲骨文 ☘ 簡牘文 ☘ 古璽文 ☘ 說文小篆

佰(일백 백): bǎi, 人-6, 8

字解 형성. 人^(사람 인)이 의미부고 百^(일백 백)이 소리부로, 옛날 군대 편제 단위의 하나로, 1백^(百) 명의 군사^(人)를 말하며, 百의 갖은 자로도 쓰인다.

字形 ☘ 簡牘文 ☘ 說文小篆

번

烦(괴로워 할 번): 煩, fán, 火-9, 13, 30

字解 회의. 頁^(머리 혈)과 火^(불 화)로 구성되어, 머리^(頁)에 열^(火)이 남을 뜻했는데, 이후 가슴이 답답함과 煩悶^(번민)을 그렸고, 괴로움과 번거로움까지 말하게 되었다.

字形 ☘ ☘ 簡牘文 ☘ 說文小篆

番(순서 번): fān, 田-7, 12, 60

字解 형성. 田^(밭 전)이 의미부고 釆^(분별할 변)이 소리부로, 원래 들^(田)에 생긴 짐승이나 새의 발자국^(釆)을 그려, 그 발자국을 '자세히' 살펴 분별한다는 뜻을 표현했다. 이후 순서, 當番^(당번) 등의 뜻으로 가차되었다. 그러자 원래 뜻은 足을 더한 蹯^(짐승발자국 번)으로 분화했다. ☞ 釆^(분별할 변)

字形 ☘ ☘ ☘ ☘ ☘ 金文 ☘ ☘ ☘ 簡牘文 ☘ ☘ 古璽文 ☘ 說文小篆 ☘ 說文或體 ☘ 說文古文

蕃(우거질 번): fán, 艸-12, 16, 10

字解 형성. 艸^(풀 초)가 의미부고 番^(순서 번)이 소리부로, 짐승이 다닐^(番) 정도로 풀^(艸)이 우거지다는 뜻이며, 이로부터 불어나다, 많다 등의 뜻을 갖게 되었다.

字形 ☘ ☘ 金文 ☘ 簡牘文 ☘ 說文小篆

藩(덮을 번): [籓], fān, 艸-15, 19, 10

字解 형성. 艸^(풀 초)가 의미부고 潘^(뜨물 반)이 소리부로, 대나무 등 식물^(艸)을 심어 에워싸다는 의미로부터 울타리를 뜻하게 되었고, 이후 병풍처럼 둘러쳐진 장벽을 지칭하거나 덮다 등의 뜻을 갖게 되었다. 달리 艸 대신 竹^(대 죽)이 들어간 籓^(가릴 번)으로도 쓴다.

字形 ☘ ☘ 古璽文 ☘ 說文小篆

幡(기 번): fān, 巾-12, 15

字解 형성. 巾^(수건 건)이 의미부고 番^(순서 번)이 소리부로, 글씨 판의 글자를 지우는 걸레가 원래 뜻인데, 이후 베^(巾)로 만든 깃발이나 冠^(관)에 다는 巾飾^(건식)을 지칭하기도 했다.

字形 ![幡] 說文小篆

燔(구울 번): fán, 火-12, 16

字解 형성. 火^(불 화)가 의미부고 番^(순서 번)이 소리부로, 짐승^(番)을 불^(火)에 태우다, 굽다는 뜻이다. 이후 火 대신 月^(肉고기 육)이 들어간 膰^(제사 고기 번)과 같이 써, 제사에 쓰는 구운 육 고기^(肉)를 뜻하기도 했다.

字形 ![燔] ![燔] 簡牘文 ![燔] 說文小篆

翻(날 번): [飜], fān, 羽-12, 18

字解 형성. 羽^(깃 우)가 의미부고 番^(순서 번)이 소리부로, 날갯짓^(羽) 하며 마음껏 몸을 '뒤집으며' 날아다니는 새로부터 '뒤집다'나 '바꾸다'의 뜻이 나왔다. 이후 상징성을 더 직접적으로 표현하고자 羽 대신 飛^(날 비)를 더한 飜을 만들었다. 현대 중국에서는 飜^(날 번)의 간화자로도 쓰인다.

字形 ![翻] 說文小篆

飜(날 번): 翻, fān, 飛-12, 21, 30

字解 형성. 飛^(날 비)가 의미부고 番^(순서 번)이 소리

부로, 몸을 '뒤집으며' 마음껏 날아다니는 ^(飛) 새의 모습으로부터 '뒤집다'나 '바꾸다'의 뜻을 그렸으며, 해당 어휘를 다른 어휘로 '바꾸다'는 뜻에서 번역의 의미도 나왔다. 달리 飛 대신 羽^(깃 우)가 들어간 翻^(날 번)으로 쓰기도 하며, 간화자에서는 翻^(날 번)에 통합되었다. ☞ 翻^(날 번)

字形 ![飜] 說文小篆

樊(울타리 번): fán, 木-11, 15

字解 회의. 廾^(두 손 마주잡을 공)과 木^(나무 목)과 爻^(효 효)로 구성되어, 두 손^(廾)으로 나무^(木)를 교차되게^(爻) 엮어 '울타리'를 만드는 모습을 그렸으며, 울타리, 울타리 모양으로 엮은 '새 장'을 뜻하기도 한다. 또 나라 이름이나 성씨로도 쓰였다.

字形 ![樊] ![樊] ![樊] ![樊] 金文 ![樊] 說文小篆

繁(많을 번): [緐], fán, 糸-11, 17, 32

字解 형성. 糸^(가는 실 멱)이 의미부이고 敏^(재빠를 민)이 소리부인데, 금문에서는 비녀를 꽂은 여인^(每)과 실^(糸)로 만든 장식물을 꽂은 모습을 그렸으며, 이후 손동작^(攵)이 더해져 그러한 동작을 더욱 구체화했다. 비녀를 꽂은 데 다시 장식물을 더했다는 뜻에서 화려하고 '繁盛^(번성)함'을, 다시 번잡하다, 복잡하다는 뜻이 생겼다.

字形 ![繁] ![繁] ![繁] ![繁] ![繁] 金文 ![繁] 古陶文 ![繁] 說文小篆

벌

罰(죄 벌): 罚, [䍐], fá, 网-9, 14, 42

字解 형성. 刀^(칼 도)와 詈^(꾸짖을 리)로 구성되었는데, 詈는 말로 질책한다는 뜻이고, 刀는 칼 모양으로 된 화폐^(刀錢도전)를 뜻한다. 그래서 옥에 갇힌 모습을 그린 刑^(형벌 형)이 체형에 해당하는 '엄한 형벌'을 뜻하는 데 반해 罰은 질책하거나 벌금을 내는 정도의 '약한 벌'을 말한다. 이로부터 刑과 결합하여 刑罰의 뜻이, 다시 處罰^(처벌)하다 등의 뜻도 나왔다. 간화자에서는 罚로 쓴다. ☞ 詈^(꾸짖을 리)

字形 🔣🔣🔣🔣金文 🔣🔣🔣🔣簡牘文 🔣石刻古文 🔣說文小篆

伐(칠 벌): fá, 人-4, 6, 42

字解 회의. 人^(사람 인)과 戈^(창 과)로 구성되어, 무기^(戈)로 사람^(人)의 목을 베는 모습을 그렸고, 이로부터 '목을 베다'와 '征伐^(정벌)하다', 자르다 등의 뜻이 나왔고, 전공을 자랑하다는 뜻에서 '뽐내다', '자랑하다'의 뜻도 나왔다.

字形 🔣🔣🔣🔣🔣🔣甲骨文 🔣🔣金文 🔣盟書 🔣🔣簡牘文 🔣帛書 🔣🔣石

筏(떼 벌): [栰], fá, 竹-6, 12, 12

字解 형성. 竹^(대 죽)이 의미부고 伐^(칠 벌)이 소리부로, 대^(竹)나 나무 등을 엮어 만든 뗏목을 말하는데, 큰 것은 筏, 작은 것은 桴^(마룻대 부)라고 한다. 이후 대나 나무를 엮어 만든 '다리'를 지칭하기도 하였다. 달리 竹을 木^(나무 목)으로 바꾼 栰^(뗏목 벌)로 쓰기도 한다.

閥(공훈 벌): 阀, fá, 門-6, 14, 20

字解 형성. 門^(문 문)이 의미부고 伐^(칠 벌)이 소리부로, 적을 정벌해^(伐) 공을 세운 사람들이 함께 모여 살던 데서 유래했는데, 그들이 모여 살던 곳에는 커다란 문^(門)을 세워 자신들의 공적을 기념하고 과시했다. 이로부터 '공훈'의 뜻이, 다시 門閥, 派閥^(파벌), 특수한 지위를 가진 집단을 지칭하기도 했다.

字形 🔣 說文小篆

범

凡(무릇 범): [凡], fán, 几-1, 3, 32

字解 상형. 갑골문에서 베로 만든 네모꼴의 '돛'을 그렸다. 이후 凡이 '무릇', 일상적인, 평상의, 平凡^(평범)하다 등의 의미로 가차되자, 원래의 뜻을 나타낼 때에는 巾^(수건 건)을 더해 帆^(돛 범)을 만들어 분화했다.

字形 甲骨文 金文 簡牘文 說文小篆

帆(돛 범): [舤, 颿], fān, 巾-3, 6, 10

字解 형성. 巾^(수건 건)이 의미부고 凡^(무릇 범)이 소리부로, 베^(巾)로 만든 '돛^(凡)'을 말하며, 이로부터 帆船^(범선), 배 등의 뜻이 나왔다. 원래는 돛을 그린 凡^(무릇 범)으로 썼으나 의미의 분화를 위해 巾을 더해 분화한 글자이다. 때로는 배^(舟주)를 가도록 하는 동력 장치라는 뜻에서 舟을 더한 舤으로, 또 말^(馬마)처럼 빨리 가게 한다는 뜻에서 馬를 더한 颿으로 쓰기도 했다. ☞ 凡^(무릇 범)

汎(뜰 범): 泛 [氾], fàn, 水-3, 6, 20

字解 형성. 水^(물 수)가 의미부고 凡^(무릇 범)이 소리부로, 돛^(凡, 帆의 원래 글자)을 단 배가 물^(水)에 뜬 모습을 형상화했다. 물에 뜨다가 원래 뜻이며, 이로부터 액체, 기체, 연기 등이 가득 떠 다니다는 뜻이 나왔다.

梵(범어 범): fàn, 木-7, 11, 10

字解 형성. 林^(수풀 림)이 의미부고 凡^(무릇 범)이 소리부로, 곡물이 숲^(林)처럼 무성한 모양을 말했다. 이후 불교가 유입되면서 산스크리트어에서 '청정하다'는 뜻의 'Brahma'의 대역자로 쓰였으며, 불교와 관련된 것을 지칭하는데도 쓰인다.

字形 說文小篆

犯(범할 범): fàn, 犬-2, 5, 40

字解 형성. 犬^(개 견)이 의미부이고 卪^(꽃봉오리 함)이 소리부로, 개^(犬)로 대표되는 짐승을 굴복시켜 그 영역을 '침범하다'는 뜻을 그렸는데, 卪이 卩^(병부 절)로 변해 지금의 자형이 되었다. 『설문해자』에서는 "犬이 의미부이고 巳^(뱀 사)가 소리부"라고 했으나, 巳와 犯의 독음 차이가 너무 커 의심스럽다. 이 때문에 단옥재의 『설문해자주』에서는 卪이 소리부라고 수정했다. 이후 범하다, 잘못을 저지르다, 범죄자 등의 뜻이 나왔고, 다시 포위망을 깨트리다의 뜻도 나왔다.

字形 簡牘文 說文小篆

范(풀이름 범): fàn, 艸-5, 9, 12

字解 형성. 艸^(풀 초)가 의미부고 氾^(넘칠 범)이 소리

부로, 풀^(艸)의 이름이며, 달리 벌을 지칭하기도 한다. 또 范^(법 범)이나 範^(법 범)과 통하여 거푸집이나 모범을 뜻하기도 한다. 현대 중국에서는 範^(법 범)의 간화자로도 쓰인다.

字形 𦰩 古陶文 𦵴 說文小篆

範(법 범): 范, fàn, 竹-9, 15, 40

字解 형성. 車^(수레 거차)가 의미부고 范^(법 범)의 생략된 모습이 소리부로, 수레^(車)를 타고 길을 떠날 때 길의 신에게 지내던 제사 의식을 말했다. 이러한 제사는 정해진 절차와 규정대로 해야 했기에 '법도'라는 의미가 나왔고, 일정한 모양대로 기물을 만들어 내는 '거푸집'이라는 뜻도 나왔다. 또 지켜야 할 틀이나 범위라는 뜻에서 範疇^(범주), 範圍^(범위), 模範^(모범), 規範^(규범) 등의 뜻이 나왔다. 간화자에서는 范^(풀이름 범)에 통합되었다. ☞ 范^(풀이름 범)

字形 𨊠 說文小篆

泛(뜰 범): [汎], fàn, 水-5, 8

字解 형성. 水^(물 수)가 의미부고 乏^(가난할 핍)이 소리부로, 물^(水)에 뜨다는 뜻이며, 기체나 운무 등이 가득 끼어 있다는 뜻도 나왔다. 또 배 등이 떠 다니다는 뜻도 나왔고 배로 운송하는 것을 지칭하기도 했다. 달리 汎^(뜰 범)으로 쓰기도 한다.

字形 𣲗 簡牘文 𣲷 說文小篆

법

法(법 법): [灋], fǎ, 水-5, 8, 52

字解 회의. 水^(물 수)와 去^(갈 거)로 구성되어, '법'을 말하는데, 법이란 모름지기 물^(水)의 흐름^(去)처럼 해야 한다는 뜻을 담았다. 물은 언제나 높은 곳에서 낮은 곳으로 흐르지 낮은 곳에서 높은 곳으로 역류하지 않는 항상성을 가지기에 法은 항상 공평하고 또한 일정해야 한다. 금문 등에서는 法에 廌^(해치 치)가 덧붙여져 灋으로 썼다. 獬廌^(해치·해태)는 올바르지 않은 것을 만나면 그 무서운 뿔로 받아 죽여 버린다고 전해지는 상상의 동물이다. 그렇다면, 그들이 생각했던 법은 바로 바르지 않은 사람을 떠받아 죽여 버리는 해치나 항상 낮은 곳으로 임하는 물처럼 언제나 정의롭고 누구에게나 공평하게 집행되어야 하는 것이었다. 법이라는 뜻으로부터 法道^(법도), 표준, 규범, 方法^(방법) 등의 뜻이 나왔다.

字形 𤅫 𤅬 𤅭 𤅮 𤅯 𤅰 金文 𤅱 𤅲 古陶文 𤅳 𤅴 𤅵 簡牘文 𤅶 古璽文 𤅷 說文小篆 𤅸 說文或體 𤅹 說文古文

琺(법랑 법): 琺, fà, 玉-8, 12

字解 형성. 玉^(옥 옥)이 의미부고 法^(법 법)이 소리부로, 광물을 원료로 하여 만든 유약을 발라

구운 그릇을 말하는데, 마치 옥^(玉)을 깎아 만든 그릇처럼 보인다는 뜻을 담았다.

벽

辟(임금 벽): bì, 辛-6, 13

字解 회의. 辛^(매울 신)과 卩^(주검 시)와 口^(입 구)로 구성되었는데, 辛은 형벌 칼을, 卩는 사람을, 口는 떨어져 나온 살점을 상징하여, 형벌 칼^(辛)로 살점을 도려 낸 모습을 형상했다. 이로부터 갈라내다, 배척하다, 배제하다 등의 뜻이 생겼고, 최고 실력자인 '임금'이라는 뜻도 갖게 되었는데, 임금은 사형^(大辟대벽)과 같은 최고 형벌의 결정권을 가졌기 때문이다. 현대 중국에서는 闢^(열 벽)의 간화자로도 쓰인다.

字形 甲骨文 金文 簡牘文 古璽文 石刻古文 說文小篆

壁(벽 벽): bì, 土-13, 16, 42

字解 형성. 土^(흙 토)가 의미부고 辟^(임금 벽)이 소리부로, 어떤 영역을 서로 갈라놓은^(辟) 흙 담^(土)을 말하며, 이로부터 障壁^(장벽), 벽처럼 생긴 물체, 군대의 보루 등을 지칭하게 되었다.

字形 簡牘文 說文小篆

璧(둥근 옥 벽): bì, 玉-13, 18, 10

字解 형성. 玉^(옥 옥)이 의미부고 辟^(임금 벽)이 소리부로, 중간을 둥글게 잘라낸^(辟) 아름다운 玉^(옥)을 말하는데, 이는 옛날 임금^(辟)의 권위를 나타내는 상징물로 쓰이기도 했다.

字形 金文 石刻古文 說文小篆

闢(열 벽): 辟, pì, 門-13, 21, 10

字解 형성. 門^(문 문)이 의미부고 辟^(임금 벽)이 소리부로, 開闢^(개벽), 개척, 열다 등의 뜻인데, 門^(문)이 갈라져^(辟) 새로운 세계가 열린다는 뜻을 담았다. 간화자에서는 辟에 통합되었다. ☞ 辟^(임금 벽)

字形 金文 古陶文 古璽文 簡牘文 說文小篆 說文古文

擘(엄지손가락 벽): [擗], bò, 手-13, 17, 10

字解 형성. 手^(손 수)가 의미부고 辟^(임금 벽)이 소리부로, 손^(手)으로 찢다^(辟)는 뜻이며, 이로부터 가르다, 나누다 등의 뜻이 나왔다. 또 거문고를 타는 방법의 하나로 엄지손가락으로 줄을 튕기는 것을 말하며, 이 때문에 '엄지손가락'을 뜻하기도 한다.

字形 ✦ 說文小篆

劈(쪼갤 벽): pī, 刀-13, 15, 10

字解 형성. 刀^(칼 도)가 의미부고 辟^(임금 벽)이 소리부로, 칼^(刀)이나 도끼로 어떤 물체가 갈라지도록^(辟) 쪼개다, 가르다, 분할하다는 뜻이다. 또 속어에서 번개가 치는 것을 말하기도 한다.

字形 ✦ 說文小篆

癖(적취 벽): pǐ, 疒-13, 18, 10

字解 형성. 疒^(병들어 기댈 녁)이 의미부고 辟^(임금 벽)이 소리부로, 몸 안에 쌓인 기로 인하여 덩어리가 생겨서 아픈 병을 말하며, 한의학에서는 食癖^(식벽), 飮癖^(음벽), 寒癖^(한벽), 痰癖^(담벽), 血癖^(혈벽) 등으로 나눈다. 또 체하여 소화를 시키지 못하는 병을 말하여, 편집증 등을 뜻하기도 하였다.

僻(후미질 벽): pì, 人-13, 15, 20

字解 형성. 人^(사람 인)이 의미부고 辟^(임금 벽)이 소리부로, 피하다, 숨다는 뜻인데, 사람^(人)과 갈라서다^(辟)는 뜻을 담았다. 이후 偏僻^(편벽)되거나 사악하다는 뜻도 나왔다.

字形 ✦ 說文小篆

霹(벼락 벽): pī, 雨-13, 21

字解 형성. 雨^(비 우)가 의미부고 辟^(임금 벽)이 소리부로, 비^(雨)가 내릴 때 하늘을 가르며^(辟) 내리치는 '벼락'을 말하며, 이로부터 번개처럼 빠르다는 뜻도 나왔다. 晴天霹靂^(청천벽력)은 맑게 갠 하늘에서 치는 날벼락이라는 뜻으로, 뜻밖에 일어난 큰 변고나 사건을 비유적으로 이르는 말이다.

檗(황벽나무 벽): bò, 木-13, 17

字解 형성. 木^(나무 목)이 의미부고 辟^(임금 벽)이 소리부로, 欂^(황경나무 벽), 蘗^(황경나무 벽) 등으로도 쓰며, 黃檗^(황벽)나무 즉 黃柏^(황백) 나무, 황경나무를 말한다. 낙엽교목으로 목질이 견고하여 건축물이나 항공기나 세 목공 재료 등으로 사용된다. 줄기는 황색 염료로 쓰이며, 수피는 두껍고 부드러우며 코르크가 발달하여 깊은 홈이 진다. 그래서 檗은 깊은 홈이 져 갈라지는^(辟) 나무^(木)라는 뜻을 담았다.

字形 ✦ 古璽文 ✦ 說文小篆

蘗(황경나무 벽): bò, 艸-17, 21

字解 형성. 艸^(풀 초)가 의미부고 檗^(황벽나무 벽)이 소리부로, 깊은 홈이 져 갈라지는^(辟) 수피를 가졌고 황색 염료로 쓰이는 황경나무^(木)를 말한다. 달리 艸가 빠진 檗^(황벽나무 벽)으로도 쓴다. ☞ 檗^(황벽나무 벽)

字形 ✦ 古璽文 ✦ 說文小篆

碧(푸를 벽): bì, 石-9, 14, 32

字解 형성. 玉^(옥 옥)과 石^(돌 석)이 의미부고 白^(흰 백)이 소리부로, 청록색을 띠는 옥^(玉)이나 돌^(石)을 말하며, 그런 색깔을 지칭한다.

字形 琿陶文 瑂古璽文 碧說文小篆

변

釆(분별할 변): biàn, 釆-0, 7

字解 상형. 釆은 '짐승의 발자국'을 그렸다. 어떤 짐승의 발자국인지를 알려면 자세히 살피고 분별해야하기에 따져가며 '분별하다'는 뜻이 나왔다. 이후 의미를 구체화하기 위해 田^(밭 전)을 더한 番^(순서 번)으로 논밭^(田전)에 남은 짐승의 발자국을 그렸다. 하지만, 番마저도 '순서' 등을 뜻하게 되자 다시 足^(발 족)을 더한 蹯^(짐승발자국 번)을 만들었다. 釆에서 파생된 悉^(모두 실)은 마음^(心심)을 써 가며 '남김 없이' 자세히 살핌을 말하며, 이로부터 '모두'의 뜻이 나왔다. 또 釋^(풀 석)은 자세히 살펴서^(釆) 적합한 것을 선택해^(睪) '풀어냄'을 말한다.

字形 釆 說文小篆

卞(조급할 변): 卞, biàn, 卜-2, 4, 12

字解 미상. 자원이 분명하지 않으나 弁^(고깔 변)에서 변해 온 것으로 보기도 한다. 고깔, 법, 조

급하다, 성급하다 등의 뜻이 있으며, 성씨로도 쓰였다. ☞ 弁^(고깔 변)

字形 卞簡牘文 卞玉篇

抃(손뼉 칠 변): biàn, 手-4, 7

字解 형성. 手^(손 수)가 의미부이고 卞^(조급할 변)이 소리부로, 손뼉을 치다는 뜻이며, 손뼉을 쳐서 환영하다는 뜻도 나왔다. 拚^(칠 변)의 속자로, 소리부인 弁^(고깔 변)이 卞으로 대체되었다.

字形 抃簡牘文 拚說文小篆

駢(나란히 할 변): pián, 馬-6, 16

字解 형성. 馬^(말 마)가 의미부이고 幷^(어우를 병)이 소리부이다. 『설문해자』의 해설처럼, '말 두 마리가 [수레를] 몰다^(駕二馬)'라는 뜻이다. 이로부터 나란히 하다, 늘어놓다, 늘어서다 등의 뜻이 나왔다. 달리 騈^(나란히 할 변)으로도 쓴다.

字形 駢說文小篆

邊(가 변): 边, [邉], biān, 辵-15, 19, 42

字解 형성. 辵^(쉬엄쉬엄 갈 착)이 의미부고 臱^(보이지 않을 면)이 소리부로, '가장자리'를 뜻하는데, 자원은 분명하지 않다. 그러나 辵은 어떤 곳으로의 이동을 의미하고, 臱은 시신의 해골만 따로 분리해 코^(自)의 구멍^(穴혈)을 위로 향하게 하여 곁의 구석진 곳^(方방)에 안치해

두던 옛날의 髑髏棚^(촉루붕)이라는 습속을 반영한 것으로 보인다. 그래서 邊은 시신의 해골만 분리해 구석진 곳으로 옮긴다^(辵)는 뜻에서 '가'의 뜻이, 다시 '변두리'의 의미가 나왔다. 한국 속자에서는 소리부인 臱을 刀^(칼 도)로 간단하게 줄인 边^(가 변)으로 쓰며, 간화자에서는 臱을 力^(힘 력)으로 간단하게 줄여 边으로 쓴다.

字形 金文 簡牘文 說文小篆

弁(고깔 변): biàn, 廾-2, 5, 12

字解 회의. 厶^(사사 사)와 廾^(두 손 마주잡을 공)으로 구성되었는데, 厶는 모자의 변형이다. 손^(廾)으로 모자를 든 모습을 그렸다. 『설문해자』에서 "弁은 주나라 때의 명칭이며, 은나라 때에는 吁^(우), 하나라 때에는 收^(수)라 불렀다."라고 했다.

字形 簡牘文 說文小篆 說文籒文 說文或體

辡(따질 변): biàn, 辛-7, 14

字解 회의. 두 개의 辛^(매울 신)으로 구성되었는데, 『설문해자』의 해설처럼, '죄를 지은 사람이 서로 송사를 벌이다^(辠人相與訟)'라는 뜻이다. 辛은 형벌 칼을 그린 글자로, 형벌을 뜻한다. 『설문해자』에서 설정한 540부수의 하나로, 辯^(말 잘할 변), 辨^(분별할 변), 辮^(땋을 변), 辦^(외씨 판), 辦^(힘쓸 판) 등의 글자를 구성한다.

字形 說文小篆

辨(분별할 변): biàn, 辛-9, 16, 30

字解 형성. 刀^(칼 도)가 의미부고 辡^(따질 변)이 소리부로, 칼^(刀)로 분명하게 나누듯^(辡) '분별함'을 말하며, 이로부터 판별하다, 구분하다, 분명하다, 명료하다, 표명하다 등의 뜻이 나왔다. ☞ 辦^(힘쓸 판)

字形 金文 簡牘文 說文小篆

辯(말 잘할 변): biàn, 辛-14, 21, 40

字解 형성. 言^(말씀 언)이 의미부고 辡^(따질 변)이 소리부로, 말^(言)로 분별해^(辡) 명확하게 기술함을 말하며, 이로부터 辯護^(변호)하다, 반박하다, 다스리다 등의 뜻이 나왔다. ☞ 辦^(힘쓸 판)

字形 簡牘文 說文小篆

變(변할 변): 变, biàn, 言-16, 23, 52

字解 형성. 攴^(攵·칠 복)이 의미부고 䜌^(어지러울 련)이 소리부로, 강제하여^(攴) '바꾸다'는 뜻인데, 말^(言)은 항상성을 지닌 것이 아니라 언제나 변하여 믿을 수 없는 것임을 반영했다. 이로부터 변경하다, 변화하다, 事變^(사변) 등의 뜻이 나왔다. 간화자에서는 소리부 䜌을 亦^(또 역)으로 간단하게 줄이고 攵을 又^(또 우)로 줄여 变으로 쓴다.

字形 金文 簡牘文 說

文小篆

便(문득 변) ☞ 便(편할 편)

별

鼈(자라 별): biē, 黽-12, 25, 10

字解 형성. 黽^(힘쓸 민·맹꽁이 맹·땅이름 면)이 의미부고 敝^(해질 폐)가 소리부로, 鱉^(자라 별)과 같이 쓰며, '자라^(黽)'를 말한다. 거북과 비슷하나 몸체가 조금 둥글고 등이 볼록 솟았다. 식용이나 약용으로 쓰며, 甲蟲^(갑충)이나 甲魚^(갑어)로 불리는데, 속어에서는 '王八^(왕팔)'이라는 말로 이를 지칭하기도 한다.

字形 🐢 簡牘文 🐢 說文小篆

瞥(언뜻 볼 별): piē, 目-12, 17, 10

字解 형성. 目^(눈 목)이 의미부고 敝^(해질 폐)가 소리부로, 눈^(目)으로 언뜻 봄을 말하며, 이로부터 갑자기라는 뜻도 나왔다.

字形 🐢 說文小篆

鱉(자라 별): 鱉, [鼈], biē, 魚-12, 23

字解 형성. 魚^(고기 어)가 의미부고 敝^(해질 폐)가 소리부로, 鼈^(자라 별)과 같이 쓰며, '자라'를 말

한다. 간화자에서는 鳖로 쓴다. ☞ 鼈^(자라 별)

字形 🐢 簡牘文 🐢 說文小篆

別(나눌 별): bié, 刀-5, 7, 60

字解 회의. 원래 呙^(뼈 과, 骨의 원래 글자)와 刀^(칼 도)로 이루어져, 칼^(刀)로 뼈^(呙)를 발라내다는 모습을 그렸으며, 이로부터 '분리', '구분', '區別^(구별)'의 의미가, 다시 분류, 특별하다 등의 뜻이 나왔다. 현대 한어에서는 '…하지 말라'라는 부정사로 쓰인다.

字形 🐢 甲骨文 🐢 🐢 簡牘文 🐢 說文小篆

丿(삐침 별): piě, 丿-0, 1

字解 지사. 오른편에서 왼편으로 삐치는 한자의 획을 말하는데, 단독으로 쓰이지 않으며, 한자를 구성하는 한 부분으로 『설문해자』에서부터 부수의 하나로 설정되었다.

字形 丿 說文小篆

병

丙(남녘 병): bǐng, 一-4, 5, 32

字解 상형. 자원에 대한 의견이 분분하여, 물고기의 꼬리 모양이라고도 하나, 물건을 위에

얹고 옮겨 갈 수 있게 만든 받침대 모양의 이동식 기물을 그린 것으로 보인다. 이후 위에 가로획이 더해 지금의 자형이 되었는데, 가로획은 기물 위에 얹은 물건을 상징한다. '옮기다'가 원래 뜻이고, 이후 간지자로 가차되었으며, 이의 상징인 '남쪽'을 지칭하였고, 세 번째 천간을 말하기도 한다.

字形 內內甲骨文 內內內內內金文 內內古陶文 內盟書 內簡牘文 內石刻古文 內說文小篆

柄(자루 병): [棅], bǐng, 木-5, 9, 12

字解 형성. 木(나무 목)이 의미부고 丙(남녘 병)이 소리부로, 물건을 옮길(丙) 수 있는 나무(木)로 된 손잡이를 말한다. 『설문해자』의 혹체에서는 소리부 丙을 秉(잡을 병)으로 바꾼 棅(자루 병)으로 썼는데, 손으로 잡을 수 있는(秉) 나무(木)임을 강조했다.

字形 大大甲骨文 柄簡牘文 柄說文小篆 棅說文或體

炳(밝을 병): [昞, 昺], bǐng, 火-5, 9, 12

字解 형성. 火(불 화)가 의미부고 丙(남녘 병)이 소리부로, 불빛(火)처럼 밝다는 뜻이며, 이로부터 밝다, 드러나다, 분명하다 등의 뜻도 나왔다. 달리 火 대신 日(날 일)을 써, 昺(밝을 병)이나 昞(밝을 병)으로 쓰기도 한다.

字形 炳說文小篆

病(병 병): bìng, 疒-5, 10, 60

字解 형성. 疒(병들어 기댈 녁)이 의미부고 丙(남녘 병)이 소리부로, 병들어 누운 사람(疒)을 옮기는(丙) 모습으로부터 중환자의 의미를 그려내, 증세가 심각한 병을 따로 표현했다. 이후 병(疒)의 대표적 속성이 남에게 옮겨지는(丙) 전염에 있었기에 '질병'을 나타내는 대표 글자로 자리 잡게 되었다. 병이라는 뜻으로부터 잘못, 폐단, 病弊(병폐) 등의 뜻도 나왔다.

字形 病病病簡牘文 病說文小篆

昞(밝을 병): bǐng, 日-5, 9, 12

字解 형성. 日(날 일)이 의미부고 丙(남녘 병)이 소리부인 좌우구조로, 해(日)처럼 밝다는 뜻이며, 日 대신 火(불 화)가 들어간 炳(밝을 병)과 같이 쓴다. ☞ 炳(밝을 병)

昺(밝을 병): bǐng, 日-5, 9, 12

字解 형성. 日(날 일)이 의미부고 丙(남녘 병)이 소리부인 상하구조로, 해(日)처럼 밝다는 뜻이며, 日 대신 火(불 화)가 들어가고 좌우구조로 된 炳(밝을 병)과 같이 쓴다. ☞ 炳(밝을 병)

ㅂ

兵(군사 병): bīng, 八-5, 7, 52

字解 회의. 원래는 斤^(도끼 근)과 廾^(두 손 마주잡을 공)으로 구성되어, 두 손으로^(廾) 무기의 일종인 도끼^(斤)를 든 '병사의 모습을 그렸는데, 자형이 조금 변했다. 무기를 든 모습으로부터 兵士^(병사), 兵力^(병력), 兵器^(병기) 등의 뜻이 나왔으며, 군사나 전쟁에 관한 것을 지칭하기도 한다.

字形 甲骨文 金文 簡牘文 帛書 說文小篆 說文古文 說文籀文

浜(물가이름 병·빈): bāng, 水-7, 10

字解 형성. 水^(물 수)가 의미부고 兵^(군사 병)이 소리부로, 배를 세우는 작은 도랑^(水)을 말하며, 濱^(물가 빈)과 같이 써 '물가'를 뜻하기도 한다.

字形 金文 說文小篆

並(아우를 병): 幷, [並, 竝], bìng, 立-5, 10, 30

字解 회의. 두 개의 立^(설 립)으로 구성되어, 두 사람이 나란히 선^(立) 모습을 그렸고, 이로부터 나란하다, 竝列^(병렬), '아우르다', 합병 등의 뜻이 나왔다. 이후 속자에서는 필획을 합하여 並^(아우를 병), 幷^(아우를 병)으로 쓰기도 한다. 간화자에서는 幷으로 쓴다.

字形 甲骨文 金文 盟書 簡牘文 說文小篆

幷(아우를 병): 并, [竝], bìng, 干-5, 8

字解 竝^(아우를 병)의 줄임 형이다. ☞ 竝^(아우를 병)

字形 說文小篆

併(아우를 병): bìng, 人-8, 10, 20

字解 형성. 人^(사람 인)이 의미부고 幷^(아우를 병)이 소리부로, 사람^(人)을 나란히 세우다^(幷)는 뜻이며, 이로부터 倂合^(병합)하다, 함께 등의 뜻이 나왔다.

字形 說文小篆

屛(병풍 병): píng, 尸-8, 11, 30

字解 형성. 尸^(주검 시)가 의미부이고 幷^(어우를 병)이 소리부이다. 『설문해자』의 해설처럼, '병풍으로 가리다^(屛蔽)'라는 뜻이다. 屛風^(병풍)이 주검을 가리는데 사용되었음을 알 수 있는데, 시신^(尸)을 가리도록 키를 나란하게^(幷) 만든 '가림막'을 말한다. 이로부터 屛風^(병풍)은 물론 울이나 담, 변방, 시골, 감추다, 숨겨두다, 가리다, 숨기다 등의 뜻이 나왔다.

字形 簡牘文 石刻古文 說文小篆

騈(나란히 할 병) ☞ 騈(나란히 할 변)

餅(떡 병): bǐng, 食-8, 17, 10

字解 형성. 食^(밥 식)이 의미부이고 幷^(어우를 병)이 소리부이다. 『설문해자』의 해설처럼, '밀가루로 만든 떡^(麪餈)'을 말한다. 밀가루 떡으로부터 밀국수는 물론 일반적인 '떡'까지 지칭하게 되었다. 煎餅^(전병)은 부꾸미 즉 찹쌀가루나 밀가루 따위를 둥글넓적하게 부친 음식을 말한다.

字形 餅 說文小篆

瓶(병 병): píng, 瓦-6, 11, 10

字解 형성. 瓦^(기와 와)가 의미부고 幷^(아우를 병)이 소리부로, 나란한^(幷병, 並과 같은 글자) 높이로 세워진 질그릇^(瓦) '병'을 말했다. 금문에서는 瓦 대신 缶^(장군 부)가 들어갔으나, 의미는 같다.

字形 金文 瓶 說文小篆 說文或體

軿(거마 소리 병): píng, 車-8, 15

字解 형성. 車^(수레 거차)가 의미부고 幷^(아우를 병)이 소리부로, 덮개를 갖춘 수레^(車)를 뜻하며, 이로부터 수레의 덮개라는 뜻도 나왔다. 수레^(車)가 어우러져^(幷) 함께 가는 소리를 지칭하기도 한다.

字形 軿 說文小篆

秉(잡을 병): bǐng, 禾-3, 8, 12

字解 회의. 禾^(벼 화)와 又^(또 우)로 구성되어, 손^(又)으로 볏단^(禾)을 거머쥔 모습을 그렸고, 이로부터 '잡다', 장악하다, 주재하다 등의 뜻이 나왔다. 이후 용량 단위로도 쓰였는데, 16斛^(곡)을 말했다.

字形 甲骨文 金文 簡牘文 石刻古文 說文小篆

棅(자루 병): bǐng, 木-5, 9

字解 형성. 木^(나무 목)이 의미부고 秉^(잡을 병)이 소리부로, 잡을^(秉) 수 있게 만든 나무^(木)로 된 손잡이를 말하며, 이후 근본, 권세, 권력의 뜻까지 나왔다. 달리 柄^(자루 병)과 같이 쓰기도 한다.

字形 棅 說文或體

보

步(걸을 보): bù, 止-3, 7, 42

字解 회의. 갑골문에서 두 개의 止^(발 지)로 구성되었는데, 오른발과 왼발^(止)을 그려 걷는 모습을 그렸고, 이로부터 걸음, 밟다, 찾다,

일의 진행 순서 등의 뜻도 나왔다. 또 걸음 걸이나 두 발 간의 거리를 말하며, 길이 단위로도 쓰여 5尺^(척)을 말했다.

에서는 소리부 甫를 卜^(점 복)으로 바꾼 补로 쓴다.

字形 簡牘文 說文小篆

字形 甲骨文 金文 帛書 簡牘文 說文小篆

甫(클 보·채소밭 포): fǔ, 用-2, 7, 12

字解 형성. 用^(쓸 용)이 의미부이고 父^(아비 부)가 소리부인데, 갑골문에서는 田^(밭 전)과 屮^(싹 틀 철)로 구성되어 밭^(田)에 싹^(屮)이 돋은 '채소 밭'을 형상했고, 자형이 변해 지금처럼 되었다. 채소밭은 농경사회를 살았던 중국에서 주식은 아니지만, 부식을 제공해 주는 대단히 중요한 밭이었기에 '보완하다'는 뜻과 함께 '위대하다'는 뜻이 나왔다. 이후 孔子^(공자)를 尼甫^(니보)라 불렀듯 남성에 대한 미칭으로 쓰이게 되었는데, 이때에는 '보'라 구분해 읽는다. 그러자 원래 뜻은 울^(다위)을 더해 圃^(밭 포)로 분화했다.

字形 甲骨文 金文 古陶文 簡牘文 說文小篆

補(기울 보): 补, bǔ, 衣-7, 12, 32

字解 형성. 衣^(옷 의)가 의미부고 甫^(클 보)가 소리부로, 옷^(衣)을 기워 보완해^(甫) 완성하다는 뜻이며, 이로부터 깁다, 보완하다, 보수하다, 돕다, 보좌하다 등의 뜻이 나왔다. 간화자

輔(덧방나무 보): 辅, fǔ, 車-7, 14, 12

字解 형성. 車^(수레 거·차)가 의미부고 甫^(클 보)가 소리부로, 무거운 짐을 실을 때 수레^(車) 바퀴를 튼튼하게 하려고 바퀴에 묶어 보완하는^(甫, 補와 통합) 덧방나무를 말했고, 이로부터 '돕다', 補佐^(보좌)하다는 뜻이 나왔다. 간화자에서는 辅로 쓴다.

字形 金文 盟書 簡牘文 說文小篆

簠(제기 이름 보): fǔ, 竹-12, 18

字解 형성. 竹^(대 죽)과 皿^(그릇 명)이 의미부이고 甫^(클 보)가 소리부로, 대^(竹)로 만든 제사에 쓰는 그릇^(皿)을 말한다. 주로 장방형으로 4개의 짧은 다리와 두 개의 귀^(耳)를 가진 용기로 서직 등 곡식을 담아 신에게 바칠 때 쓰였다.

字形 金文 說文小篆 說文古文

寶(보배 보): 宝, [珤], bǎo, 宀-17, 20, 42

(字解) 형성. 宀^(집 면)과 玉^(옥 옥)과 貝^(조개 패)가 의미부고 缶^(장군 부)가 소리부로, 집^(宀) 안에 옥^(玉)과 조개 화폐^(貝) 같은 보물이 가득 든 모습을 그렸고, 이로부터 寶物^(보물), 보배, 귀한 물건의 뜻이 나왔고, 돈, 미덕, 아끼는 물건 등을 지칭하게 되었다. 간화자에서는 宀과 玉으로 구성된 宝로 쓴다.

(字形) 甲骨文 金文 古陶文 簡牘文 說文小篆 說文古文

珤(보배 보): bǎo, 玉-6, 10

(字解) 형성. 玉^(옥 옥)이 의미부고 缶^(장군 부)가 소리부로, 옥^(玉)과 같은 보물을 말하며, 寶^(보배 보)의 속자로도 쓰인다.

普(널리 보): pǔ, 日-8, 12, 40

(字解) 형성. 日^(날 일)이 의미부고 並^(아우를 병)이 소리부로, 『설문해자』에서는 "햇빛^(日)이 없는 상태를 말한다"라고 했지만, 햇빛^(日)이 모든 것을 두루^(並) 비춘다는 뜻에서 普遍^(보편)의 뜻이 나왔고, 전면적인, '두루' 등을 뜻하게 된 것으로 보인다.

(字形) 說文小篆

譜(계보 보): 谱, pǔ, 言-12, 19, 32

(字解) 형성. 言^(말씀 언)이 의미부고 普^(널리 보)가 소리부로, 사물의 소속을 보편적인^(普) 속성에 따라 체계적으로 분류하여 적은 기록^(言)을 말하며, 이로부터 그런 책이나 표나 曲譜^(곡보) 등을 지칭하였고, 배치하다, 준칙 등의 뜻도 나왔다. 『설문해자』에서는 普 대신 並^(아우를 병)이 들어갔는데, 사물의 공통된 특성을 두루^(並) 묶어 분류하여 기록한^(言) 것임을 구체화했다.

(字形) 說文小篆

潽(끓을 보): pū, 水-12, 15, 12

(字解) 형성. 水^(물 수)가 의미부고 普^(널리 보)가 소리부로, 물^(水) 같은 액체가 끓어 넘침을 말한다. 또 강 이름으로도 쓰인다.

洑(보 보·물이 돌아 흐를 복): fú, 水-3, 9, 10

(字解) 형성. 水^(물 수)가 의미부고 伏^(엎드릴 복)이 소리부로, '보'를 말하는데, 물^(水)의 흐름을 굴복시켜^(伏) 한데 모아 놓고 농수로 사용하던 관개시설이라는 뜻을 담았으며, 한국에서만 사용되는 뜻이다. 또 물^(水)의 흐름을 굴복시켜^(伏) 돌아 흐르게 하다는 뜻도 가진다.

報(갚을 보): 报, bào, 土-9, 12, 42

字解 회의. 금문에서 손에 채우는 형벌 기구를 그린 幸(놀랄 녑)과 꿇어앉은 사람(⺤·절)과 그 뒤로 손(又·우)이 놓인 모습을 그렸는데, 幸이 幸(다행 행)으로 변해 지금의 자형이 되었다. 포로나 죄인을 잡아다 꿇어 앉혀 놓고 조상신에게 죄상을 알리는 모습이며, 이로부터 고하다, 알리다, 報告(보고)하다의 뜻이, 다시 보답하다, 報復(보복)하다, 복수 등의 뜻이 나왔다. 간화자에서는 幸이 手(손 수)로 바뀐 报로 쓴다.

字形 ![금문][금문]金文 ![簡牘文]簡牘文 ![說文小篆]說文小篆

保(지킬 보): bǎo, 人-7, 9, 42

字解 회의. 금문에서 人(사람 인)과 子(아들 자)로 구성되어, 아이(子)를 등에 업은 사람(人)의 모습을 사실적으로 그렸는데 자형이 조금 변해 지금처럼 되었다. 아이를 업고 키우는 모습으로부터 기르다, 보호하다, 보육하다, 보증하다 등의 뜻이 나왔다.

字形 ![甲骨文]甲骨文 ![金文]金文 ![古陶文]古陶文 ![簡牘文]簡牘文 ![說文小篆]說文小篆 ![說文古文]說文古文

堡(작은 성 보): bǎo, 土-9, 12, 10

字解 형성. 土(흙 토)가 의미부고 保(지킬 보)가 소리부로, 堡壘(보루)를 말하는데, 보호하고(保) 지키기 위해 흙(土)을 쌓아 만든 '작은 성'을 말한다.

湺(보 보): bǎo, 水-9, 12

字解 형성. 水(물 수)가 의미부고 保(지킬 보)가 소리부로, 물(水)을 한데 모아 보호하면서(保) 농수로 사용하던 관개시설인 '보'를 말한다.

褓(포대기 보): [緥], bǎo, 衣-9, 14

字解 형성. 衣(옷 의)가 의미부고 保(지킬 보)가 소리부로, '포대기'를 말하는데, 아이를 보육할(保) 때 쓰는 이불(衣)이라는 뜻을 담았다. 『설문해자』에서는 衣 대신 糸(가는 실 멱)이 들어간 緥(포대기 보)로 썼다.

字形 ![說文小篆]說文小篆

복

伏(엎드릴 복): fú, 人-4, 6, 40

字解 회의. 人(사람 인)과 犬(개 견)으로 구성되었는데, 사람(人)의 옆에서 엎드려 지키는 개(犬)의 모습을 형상화했다. 개는 항상 '엎드린' 상태로 집을 지키다가 낯선 사람이 오면 반쯤 엎드린 상태로 노려보며 짖거나 문다. 여기에서 '엎드리다'는 뜻이 나왔고, 다시 埋伏(매복)에서처럼 '살피다'의 뜻이 나왔다. 혹은 개(犬)란 모름지기 사람(人)에게 엎드려

복종해야 한다는 뜻에서 이러한 뜻이 나왔다고도 한다. 이후 仆伏^(부복)에서처럼 상대를 높이거나 자신을 낮추는 말로 쓰기도 했다.

字形 金文 簡牘文 說文小篆

僕(시중꾼 복): 仆, pú, 人-12, 14, 10

字解 형성. 人^(사람 인)이 의미부고 菐^(번거로울 복)이 소리부이지만, 갑골문에서는 이마에 문신을 한 사람이 두 손으로 삼태기를 든 모습으로 되어, 잡일을 하는 비천한 노비를 그렸고, 이로부터 '종'이라는 뜻이 나왔다. 남을 모시는 존재라는 뜻으로부터 남 앞에서 자신을 낮추어 부르는 말로도 쓰였다. 『설문해자』 고문에서는 人 대신 臣^(신하 신)이 들어 '노복'임을 강조했고, 간화자에서는 소리부 菐이 卜^(점 복)으로 바뀐 仆^(엎드릴 부)에 통합되었다.

字形 甲骨文 金文 古陶文 簡牘文 石刻古文 說文小篆 說文古文

濮(강 이름 복): pú, 水-14, 17

字解 형성. 水^(물 수)가 의미부이고 僕^(시중꾼 복)이 소리부로, 東郡^(동군)의 濮陽^(복양)에서 흘러나와 남쪽으로 巨野^(거야)로 흘러들던 강 이름으로, 황하와 濟水^(제수)를 갈라놓던 강이었다.

字形 石刻古文 說文小篆

复(돌아올 복): [復], fù, 夂-6, 9

字解 회의. 갑골문에서 아래쪽은 발^(夂,치)이고, 위쪽은 긴 네모꼴에 양쪽으로 모퉁이가 더해졌는데, 포대 모양의 대형 풀무를 발^(夂)로 밟아 작동시키는 모습을 형상화한 글자이다. 풀무는 공간을 움직여 공기를 내뿜게 하는 장치로 밀었다가 당기는 동작이 反復^(반복)하는 특성을 가져 '오가다'의 의미가 생겼고, 돌아온다는 回復^(회복)의 의미도 생겼다. 그러자 彳^(조금 걸을 척)을 더한 復^(돌아올 복다시 부)을 만들어 '돌아오다'는 동작을 더욱 구체화했다.

字形 甲骨文 金文 盟書 簡牘文 石刻古文 說文小篆

復(돌아올 복다시 부): 复, fù, 彳-9, 12, 42

字解 형성. 彳^(조금 걸을 척)이 의미부고 复^(돌아올 복)이 소리부이다. 复은 갑골문에서 아래쪽은 발^(夂,치)의 모양이고, 위쪽은 긴 네모꼴에 양쪽으로 모퉁이가 더해졌다. 여기서 발^(夂)은 오가는 모습이고 나머지는 통로라고 해, 통로를 오가는 모습을 그린 것이라 풀이하기도 하지만 复은 청동을 제련할 때 쓰던 포대 모양의 대형 풀무를 발^(夂)로 밟아 작동시키는 모습을 그렸다는 것이 더 적절해 보인다. 풀무는 공간을 움직여 공기를 내뿜게 하는 장치이고, 밀었다 당기는 동작이

反復^(반복)하는 특성이 있다. 그래서 复에는 오가다나 反復의 의미가 생겼고, 갔다가 원 상태로 돌아온다는 回復^(회복)의 의미도 생 겼다. 그러자 彳을 더한 復을 만들어 '돌아 오다'는 동작을 더욱 구체화했다. 이로부터 '다시'라는 뜻도 나왔다. 다만 '다시'를 뜻할 때에는 復活^(부활)에서처럼 '부'로 읽힌다. 간 화자에서는 复^(돌아올 복)으로 쓴다. ☞ 复^(돌아 올 복)

字形 甲骨文 復 金文 復 復 復 盟書 復 復 簡 牘文 石刻古文 復 說文小篆

腹(배 복): fù, 肉-9, 13, 32

字解 형성. 肉^(고기 육)이 의미부고 复^(돌아올 복)이 소 리부로, '배'를 말하는데, 포대 모양의 풀무 처럼^(复) 부풀어 있는 신체^(肉) 부위라는 뜻을 담았다. 배가 몸의 중심이므로 해서 물체의 중심부분을 뜻하게 되었다. ☞ 复^(돌아올 복)

字形 腹 腹 盟書 腹 簡牘文 腹 說文小篆

覆(뒤집힐 복): fù, 襾-12, 18, 32

字解 형성. 襾^(덮을 아)가 의미부고 復^(돌아올 복)이 소 리부로, 어떤 물체를 뒤덮다^(襾), 가리다는 뜻이며, 이로부터 뒤엎다, 뒤집다, 뒤집히다 등의 뜻도 나왔다.

字形 覆 金文 覆 覆 簡牘文 帛書 覆 說文小篆

複(겹옷 복): 复, [複], fù, 衣-9, 14, 40

字解 형성. 衣^(옷 의)가 의미부고 复^(돌아올 복)이 소리 부로, 옷^(衣) 위에 다시^(复) 입는 '겹옷'을 말 하며, 달리 솜을 누빈 옷을 뜻하기도 한다. 간화자에서는 复^(돌아올 복)에 통합되었다.

字形 複 簡牘文 複 說文小篆

鰒(전복 복): 鳆, fù, 魚-9, 20, 10

字解 형성. 魚^(고기 어)가 의미부고 复^(돌아올 복)이 소 리부로, '全鰒^(전복)'을 말하는데, 바람 든 자 루처럼^(复) 배가 불룩한 어류^(魚)라는 뜻을 담았다.

字形 鰒 說文小篆

馥(향기 복): fù, 香-9, 18, 12

字解 형성. 香^(향기 향)이 의미부고 复^(돌아올 복)이 소 리부로, 향기, 향기 가득하다, 향기를 내뿜 다는 뜻인데, 불룩한 주머니^(复)에 향기^(香) 가 가득 찼다는 의미를 담았다.

字形 馥 說文小篆

輹(복토 복): fù, 車-9, 16

字解 형성. 車^(수레 거차)가 의미부고 复^(돌아올 복)이 소리부로, 수레^(車)의 바닥 밑에 장치하여 수레와 굴대를 연결 고정하는 나무를 말한 다.

字形 輻 說文小篆

福(복 복): fú, 示-9, 14, 52

字解 형성. 示^(보일 시)가 의미부고 畐^(가득할 복)이 소리부로, 술통^(畐)과 제단^(示)을 그려 제단 앞에서 신에게 술을 올려 '복'을 비는 모습을 형상화했다. 이로부터 복과 保佑^(보우)라는 뜻이, 다시 행복의 뜻이 나왔다. 또 福建省^(복건성)을 뜻하기도 한다.

字形 甲骨文 ... 金文 ... 古璽文 ... 簡牘文 ... 福 說文小篆

輻(바퀴살 복): fú, 車-9, 16,10

字解 형성. 車^(수레 거차)가 의미부고 畐^(가득할 복)이 소리부로, 수레^(車)의 바퀴살을 말하며, 달리 '복토'를 뜻하여 輹^(복토 복)으로 쓰기도 한다. ☞ 輹^(복토 복)

字形 輻 說文小篆

匐(길 복): fú, 勹-9, 11, 10

字解 형성. 勹^(쌀 포)가 의미부고 畐^(가득할 복)이 소리부로, 몸^(勹)을 땅에 엎드리는 것을 말하고, 이로부터 '기다'는 뜻이 나왔다.

字形 匐 說文小篆

菔(무 복): 卜, bǔ, 艸-11, 15

字解 형성. 艸^(풀 초)가 의미부고 匐^(길 복)이 소리부로, 채소^(艸)의 일종인 '무'를 말하며, 달리 匐 대신 服^(옷 복)이 들어간 菔^(무 복)으로 쓰기도 한다. 간화자에서는 卜^(점 복)에 병합되었다.

蝠(박쥐 복): fú, 虫-9, 15

字解 형성. 虫^(벌레 충)이 의미부이고 畐^(가득할 복)이 소리부이다. 『설문해자』의 해설처럼, '편복^(蝙蝠) 즉 박쥐'를 말하는데, 복익^(服翼)이라 부르기도 한다. 중국에서 蝠은 福^(복 복)과 독음이 같아, '복'을 상징하여 길상으로 여기며, 여러 장식 무늬로도 등장한다.

字形 蝠 說文小篆

服(옷 복): fú, 月-4, 8, 60

字解 형성. 月^(달 월)이 의미부이고 𠬝^(다스릴 복)이 소리부인 구조이다. 원래는 舟^(배 주)가 의미부로 되어, 사람을 꿇어 앉혀^(𠬝) 배^(舟)에 태우는 모습으로부터 屈服^(굴복)시킨다는 의미를 그렸고, 이로부터 '일을 시키다', 음식이나 약 등을 服用^(복용)하다의 의미가 나왔다. 이후 舟가 月^(달 월)로 잘못 변해 지금의 자형이 되었다. 또 옷이라는 뜻도 가지게 되었는데, 옷은 외양으로 사람의 행동거지를 제어하는 것이라는 의미를 담았다.

字形 甲骨文 ... 金文 ...

服 服簡牘文 爺石刻古文 胤說文

古文 肌說文小篆

卜(점 복): bǔ, 卜-0, 2, 30

字解 상형. 거북 딱지를 불로 지져 갈라진 모양을 사실적으로 그렸다. 상나라 때에는 거북 딱지에 홈을 파고 거기를 불로 지져 갈라지는 모습으로 길흉을 점치던 거북점이 유행했는데, 그 갈라진 모습이 卜이다. 이로부터 '점치다', 예측하다는 뜻이 나왔고, 갈라지는 금은 단단한 거북 딱지의 특성 때문에 직선으로 곧게 나타나기에 '곧다'는 의미도 생겼다. 현대 중국에서는 蔔(무 복)의 간화자로도 쓰인다.

字形 卜卜丫丿甲骨文 卜卜金文 卜古陶文 卜盟書 卦卜簡牘文 卜石刻古文 卜說文小篆 卟說文古文

宓(성 복): mì, 宀-5, 8

字解 형성. 宀(집 면)이 의미부고 必(반드시 필)이 소리부로, 안정과 편안함을 주는 집(宀)으로부터 '편안하다'는 뜻을 그렸는데, 이후 성으로 쓰였다.

字形 宓古陶文 宓說文小篆

攴(攵·칠 복): pū, 攴-0, 4

字解 형성. 又(또 우)가 의미부고 卜(점 복)이 소리부인 구조인데, 갑골문에서는 손에 막대나 연장을 들고 무엇인가를 치는 모습이었다. 이후의 『설문해자』에서는 攴을 두고 '가볍게 치는' 것이라고 했지만, 攴의 실제 의미는 훨씬 다양하다. 때로는 악기나 대상물을 치는 것을, 때로는 회초리로 상대를 굴복시킴을, 때로는 가르침의 수단을 뜻하기도 했다. 鼓(북 고)에서처럼 '치다'가 攴의 기본 의미이며, 敗(깨트릴 패)에서처럼 대상물을 깨트리다는 뜻으로 확장되었고, 改(고칠 개)에서처럼 대상물을 강제하고 다스리는 수단의 상징이기도 했다.

字形 攴甲骨文 攴古陶文 攴說文小篆

虙(위엄스러울 복): fú, 虍-5, 11

字解 형성. 虍(호피 무늬 호)가 의미부이고 必(반드시 필)이 소리부이다. 『설문해자』의 해설처럼, '호랑이의 위엄 있는 모습(虎兒)'을 말한다. 이로부터 범의 모양, 위엄스런 모양 등을 지칭하게 되었다.

字形 虙說文小篆

본

本(밑 본): [夲, 楍], běn, 木-1, 5, 60

字解 지사. 木^(나무 목)과 나무의 뿌리 부분을 지칭하는 점을 더해, 나무의 '뿌리'를 나타냈다. 이로부터 기저나 根本^(근본)의 뜻이 나왔고, 다시 사물의 주체나 대 종족, 본적, 국가 등의 뜻이 나왔다. 또 옛날에는 농업이 생산이 근본이었으므로 농업생산을 지칭하기도 했다. 달리 夲이나 楍 등으로 쓰기도 한다.

字形 朱金文 夲古陶文 𣗊 半 朱簡牘文 朱說文小篆 ᙁ說文古文

볼

𡶌(땅이름 볼): 乙-7, 8

字解 음차. 우리말의 '볼'을 음역하기 위해 만들어진 글자로, 甫^(클 보)와 乙^(새 을)로 구성되었는데 모두 독음 표기 기능만 담당한다. 乙은 우리말에서의 '-ㄹ'음을 표기하기 위해 가차되어 사용되었다.

봉

鳳(봉새 봉): 凤, fèng, 鳥-3, 14, 32

字解 형성. 鳥^(새 조)가 의미부이고 凡^(무릇 범, 帆의 원래 글자)이 소리부로, 바람을 일으키는 전설적인 새^(鳥)인 봉새를 말한다. 원래는 화려한 볏을 가진 전설상의 새인 '봉새'를 그렸는데, 이후 봉새가 鳥로 변하고 소리부인 凡이 더해져 지금의 자형이 되었다. 돛^(帆)은 바람에 의해 움직이는 대표적 장치였기에 凡이 더해진 것으로 보인다. 風^(바람 풍), 朋^(벗 붕), 鵬^(봉새 붕) 등은 모두 鳳과 같은 자원을 가지는 글자들인데, 風은 鳳의 鳥가 虫^(벌레 충)으로 대체되었고, 朋은 원래 봉새의 날개를 그렸으나 '벗'이라는 뜻으로 가차되자 鳥를 더해 鵬으로 분화했다. 간화자에서는 鳥를 간단한 부호 又^(또 우)로 고친 凤으로 쓴다. ☞ 風^(바람 풍)

字形 𤤴𤤴𤤴𤤴𤤴甲骨文 𪇳說文小篆 𤤴𪇳說文古文

封(봉할 봉): fēng, 寸-6, 9, 32

字解 회의. 圭^(홀 규)와 寸^(마디 촌)으로 구성되었는데, 원래는 손^(又)으로 나무를 잡고 흙^(土) 위에 심는 모습을 그렸다. 고대 사회에서 관할 지역의 경계를 표시할 때 주로 나무를 심어 표시했기에, 封은 임금이 제후들에게 작위의 수여와 함께 나누어 주는 땅^(封地봉지)을 뜻했고, 그런 행위를 分封^(분봉)이라 했다. 심은 나무가 잘 자라려면 나무를 중심으로 흙을 북돋우어주어야 한다. 이로부터 封墳^(봉분)에서처럼 흙을 북돋우어 볼록하게 만든 것으로 뜻하게 되었고, 자형도 土가 중복된 圭와 寸의 결합으로 변했다.

字形 金文 古陶文 簡牘文 古璽文 說文小篆 說文古文 說文籀文

丰(예쁠 봉): [豐], fēng, ㅣ-3, 4

字解 상형. 원래 흙덩이에 나무를 심는 모습을 그렸는데, 초목이 무성한 모습으로부터 '예쁘다'는 뜻이 나왔다. 이후 다시 손(又우)을 더한 封(봉돋울 봉)을 만들어 동작을 강조했으며, 奉(받들 봉)은 나무를 심기(丰) 위해 두 손(卄공)으로 '받든' 모습이다. 현대 중국에서는 豐(풍년 풍)의 간화자로도 쓰인다.

字形 甲骨文 金文 盟書 說文小篆

峰(봉우리 봉): [峯], fēng, 山-7, 10

字解 형성. 山(뫼 산)이 의미부고 夆(끌 봉)이 소리부로, 좌우구조로 써, 높고 뾰족한(夆) 산(山)의 '봉우리'를 말하며, 봉우리처럼 생긴 것을 지칭하거나 사물의 정점을 뜻하기도 한다. 달리 상하구조로 된 峯으로 쓰기도 한다.

字形 說文小篆

峯(봉우리 봉): 峰, [峰], fēng, 山-7, 10, 32

字解 형성. 山(뫼 산)이 의미부고 夆(끌 봉)이 소리부로, 높고 뾰족한(夆) 산(山)의 '봉우리'를 말하며, 봉우리처럼 생긴 것을 지칭하거나 사물의 정점을 뜻하기도 한다. 달리 좌우구조로 된 峰으로 쓰기도 하는데, 간화자에서도 峰으로 쓴다. ☞ 峰(봉우리 봉)

字形 說文小篆

烽(봉화 봉): [熢], fēng, 火-7, 11, 10

字解 형성. 火(불 화)가 의미부고 夆(끌 봉)이 소리부로, 나라에 병란이나 사변이 있을 때 신호로 올리던 봉화를 말하는데, 뾰족한(夆) 높은 산 위에서 피우는 불(火)이라는 의미를 담았다. 낮에는 연기를 사용해 烽이라 했고, 밤에는 불로 신호하여 舉火(거화)라 하였다. 『설문해자』에서는 火가 의미부이고 逢(만날 봉)이 소리부인 燮으로 썼으며, 이후 좌우구조로 된 熢으로 쓰기도 했다.

字形 說文小篆

蜂(벌 봉): [蠭], fēng, 虫-7, 13, 30

字解 형성. 虫(벌레 충)이 의미부고 夆(끌 봉)이 소리부로, 뾰족한(夆) 침을 가진 곤충(虫)이라는 뜻에서 벌을 말하며, 벌떼처럼 많고 혼란스러움을 비유하기도 한다. 『설문해자』에서는 蚰(벌레 곤)이 의미부이고 逢(만날 봉)이 소리부인 蠭으로 썼다.

字形 說文小篆 說文古文

鋒(칼 끝 봉): 锋, [鏠], fēng, 金-7, 15, 10

字解 형성. 金(쇠 금)이 의미부이고 夆(끝 봉)이 소리부로, 칼이나 검(金) 등의 끝을 말하는데, 쇠(金)로 만든 기물의 뾰족한(夆) 끝이나 뾰족한 모양이라는 뜻을 담았다. 『설문해자』에서는 金이 의미부이고 逢(만날 봉)이 소리부인 鏠으로 썼다.

字形 〔說文小篆〕

逢(만날 봉): féng, 辵-7, 11, 32

字解 형성. 辵(쉬엄쉬엄 갈 착)이 의미부이고 夆(끝 봉)이 소리부로, 가서(辵) 서로 함께 만나는 것을 말하며, 이로부터 相逢(상봉)하다, 영접하다 등의 뜻이 나왔다.

字形 〔金文〕 〔盟書〕 〔簡牘文〕 〔說文小篆〕

縫(꿰맬 봉): 缝, féng, 糸-11, 17, 20

字解 형성. 糸(가는 실 멱)이 의미부이고 逢(만날 봉)이 소리부로, 뾰족한(夆) 바늘을 이용해 실(糸)로 베나 옷 등을 꿰매는 것을 말하며, 이로부터 縫合(봉합)하다, 꿰맨 곳, 틈 등의 뜻이 생겼다.

字形 〔說文小篆〕

蓬(쑥 봉): péng, 艹-11, 15, 12

字解 형성. 艹(풀 초)가 의미부이고 逢(만날 봉)이 소리부로, 식물(艹)의 일종인 '쑥'을 말한다.

字形 〔古璽文〕 〔古文四聲韻〕 〔說文小篆〕 〔說文籒文〕

熢(연기 자욱할 봉): péng, fēng, 火-11, 15

字解 형성. 火(불 화)가 의미부이고 逢(만날 봉)이 소리부로, 烽(봉화 봉)과 같으며, 불(火)로 연기를 피워 위급함을 알리던 烽火를 말한다. ☞ 烽(봉화 봉)

字形 〔說文小篆〕

奉(받들 봉): fèng, 大-5, 8, 52

字解 형성. 금문에서 廾(두 손 마주잡을 공)이 의미부이고 丰(예쁠 봉)이 소리부인 구조로, 모나 어린 묘목(丰)을 두 손으로 받든(廾) 모습을 그렸는데 자형이 조금 변했다. 아마도 농경을 중심으로 살았던 고대 중국에서 농작물을 신에게 바쳐 한 해의 풍작을 비는 모습을 형상화한 것이라 추측된다. 이로부터 '받들다'는 뜻이, 다시 奉獻(봉헌)에서처럼 '바치다'는 뜻이 생겼다. 그러자 원래의 의미는 手(손 수)를 더한 捧(받들 봉)으로 분화했다.

字形 〔金文〕 〔盟書〕 〔簡牘文〕 〔帛書〕 〔說文小篆〕

捧(받들 봉): pěng, 手-8, 11, 10

字解 형성. 手^(손 수)가 의미부고 奉^(받들 봉)이 소리부로, 손^(手)으로 농작물을 받들어^(奉) 신에게 바쳐 풍작을 비는 모습을 그렸으며, 이로부터 받들다, 명을 받잡다 등의 뜻이 나왔다. ☞ 奉^(받들 봉)

俸(녹 봉): fèng, 人-8, 10, 20

字解 형성. 人^(사람 인)이 의미부고 奉^(받들 봉)이 소리부로, 봉사^(奉)의 대가로 사람^(人)에게 주는 '봉급'이나 녹봉을 말한다.

棒(몽둥이 봉): bàng, 木-4, 12, 10

字解 형성. 木^(나무 목)이 의미부고 奉^(받들 봉)이 소리부로, 나무^(木) 몽둥이를 말한다. 몽둥이로 때리다는 뜻도 가지며, 일부 방언에서는 '좋다', '훌륭하다'의 뜻으로도 쓰인다.

琫(칼집 장식 봉): běng, 玉-8, 12

字解 형성. 玉^(옥 옥)이 의미부고 奉^(받들 봉)이 소리부로, 칼집의 끝에 하는 옥^(玉) 장식을 말한다. 천자는 玉으로 장식하고 제후는 쇠^(金)로 한다고 했으며, 위쪽 부분에 하는 장식을 琫 아래 부분에 하는 장식을 珌^(칼 장식 옥 필)이라 했다.

字形 **珜**古璽文 **珜**說文小篆

부

不(아닐 부) ☞ 不(아닐 불)

否(아닐 부): fǒu, 口-4, 7, 40

字解 형성. 口^(입 구)가 의미부고 不^(아닐 불)이 소리부로, 아니다^(不)고 말하여^(口) 否定^(부정)함을 말하며, 부정사로 쓰인다. 또 괘의 이름으로 하늘과 땅이 서로 교류하지 않아, 아래위가 단절됨을 뜻한다.

字形 **否否否**金文 **否**說文小篆

罘(그물 부): [罦], fú, 网-4, 9

字解 형성. 网^(그물 망)이 의미부이고 不^(아닐 불)이 소리부로, 토끼를 잡는 그물을 말했으나 이후 사냥용 그물을 통칭하게 되었다. 또 문밖에 세우는 병풍처럼 생긴 가림 벽^(照壁·조벽)이라는 뜻도 가지며, 지명으로도 쓰였다. 『설문해자』에서는 不 대신 否^(아닐 부)로 구성된 罦로 썼다.

字形 **罘**古陶文 **罦**說文小篆

膚(살갗 부): 肤, [臚], fū, 肉-11, 15, 20

字解 형성. 肉^(고기 육)이 의미부고 盧^(성 로)의 생략된 모습이 소리부로, 몸^(肉)의 피부를 말한다. 원래는 肉^(月)과 盧의 좌우구조였으나, 상하구조로 바뀌면서 자형이 줄어 지금처럼

되었다. 간화자에서는 肉이 의미부이고 夫^(지아비 부)가 소리부인 胏로 쓴다.

字形 [金文] 金文 [簡牘文] 簡牘文 [石刻古文] 石刻古文

尃(펼 부): fū, 寸-7, 10

字解 형성. 寸^(마디 촌)이 의미부이고 甫^(클 보)가 소리부이다. 『설문해자』의 해설처럼, '배포하다^(布)'라는 뜻이다. 이로부터 퍼지다, 두루 알리다, 펴다, 깔다 등의 뜻이 나왔다. 傅^(스승 부), 溥^(넓을 부), 賻^(부의 부), 餺^(경단 부), 博^(넓을 박), 搏^(잡을 박), 縛^(묶을 박), 膊^(포 박), 餺^(수제비 박) 등을 구성한다.

字形 [說文小篆] 說文小篆

傅(스승 부): fù, 人-10, 12, 12

字解 형성. 人^(사람 인)이 의미부고 尃^(펼 부)가 소리부로, 스승을 말하는데, 실패를 손으로 잡은 모습이 尃이고, 이는 옛날 가장 전문적인 기술의 하나였던 방직 기술을 상징한다. 그래서 傅는 그러한 방직 기술^(尃)을 전수해 줄 수 있는 사람^(人)이라는 뜻을 담았다. 이로부터 보좌하다, 이끌다, 가르치다 등의 뜻이 나왔다.

字形 [金文] 金文 [簡牘文] 簡牘文 [說文小篆] 說文小篆

溥(클 부넓을 보): pǔ, 水-10, 13

형성. 水^(물 수)가 의미부고 尃^(펼 부)가 소리부로, 물^(水)이 넓고 광대함을 말하며, 이로부터 널리 두루 퍼지다, 물가 등의 뜻이 나왔다.

字形 [簡牘文] 簡牘文 [說文小篆] 說文小篆

敷(펼 부): fū, 攴-11, 15, 20

字解 형성. 攴^(칠 복)이 의미부고 尃^(펼 부)가 소리부로, '베풀다'는 뜻이다. 금문에서는 尃^(펼 부)로 썼으나 소전에서 攴을 더하여 지금의 자형이 되었다. 손으로 실패를 잡고 기술을 펼치는 모습을 그렸으며, 이로부터 '펴다', '전개하다', '베풀다' 등의 뜻이 생긴 것으로 추정된다.

字形 [金文] 金文 [古陶文] 古陶文 [石刻古文] 石刻古文 [說文小篆] 說文小篆

賻(부의 부): 賻, fù, 貝-10, 17, 10

字解 형성. 貝^(조개 패)가 의미부고 尃^(펼 부)가 소리부로, 喪家^(상가)에 부조로 보내는 돈이나 물품^(貝)을 말한다.

字形 [說文小篆] 說文小篆

簿(장부 부): bù, 竹-13, 19, 32

字解 형성. 竹^(대 죽)이 의미부고 溥^(클 부)가 소리부로, 죽간^(竹)을 널따랗게^(溥) 잘라 기록한 '帳簿^(장부)'를 말하며, 이로부터 등록하다, 문서 등의 뜻이 나왔고, 그런 일을 담당하던 관

리를 지칭하기도 했다.

字形 說文小篆

啚(침 부): pǒu, 口-5, 8

字解 형성. 소전체에서 丶(점 주)가 의미부이고 否(아닐 부)도 의미부인데, 否는 소리부도 겸한다. 이후 자형이 변해 지금처럼 되었다. 『설문해자』의 해설처럼, '서로 함께 이야기하면서, 한쪽이 침을 뱉으며 상대의 말을 거부하다(相與語, 唾而不受)'라는 뜻이다. 이로부터 침, 침을 뱉다의 뜻이 나왔다.

字形 說文小篆

部(거느릴 부): bù, 邑-8, 11, 60

字解 형성. 邑(고을 읍)이 의미부고 啚(침 부)가 소리부로, 天水郡(천수군)에 있던 狄部(적부)라는 지명을 말했다. 원래는 邑과 否(아닐 부)의 결합이었으나, 이후 否가 啚로 바뀌어 지금의 자형이 되었다. 일정 영역으로 나누어진(啚, 部의 생략된 모습) 행정구역(邑)을 말했으며, 이로부터 그곳을 관리하는 '관청'을, 다시 그에 소속된 영역을 '거느리고' 통괄함을 뜻하게 되었다.

字形 簡牘文 說文小篆

剖(쪼갤 부): pōu, 刀-8, 10, 10

字解 형성. 刀(칼 도)가 의미부고 啚(침 부)가 소리부로, 칼(刀)로 두 쪽(啚)으로 나누다는 뜻이며, 이로부터 '쪼개다'의 뜻이 나왔다.

富(부유할 부): fù, 宀-9, 12, 42

字解 형성. 宀(집 면)이 의미부고 畐(가득할 복)이 소리부로, 집안(宀)에 술독(畐) 같은 물건이 가득하여 재물을 많이 '갖춘' 부자와 부유함의 의미를 그렸고, 이로부터 財富(재부), 풍족함 등의 뜻이 나왔다.

字形 金文 古陶文 簡牘文 說文小篆

副(버금 부): fù, 刀-9, 11, 42

字解 형성. 刀(칼 도)가 의미부고 畐(가득할 복)이 소리부로, 칼(刀)로 잘라 두 쪽으로 만들다는 뜻이며, 이로부터 副本(부본), 복제본, 두 번째, 보조적 위치 등의 뜻이 나왔다.

字形 說文小篆

付(줄 부): fù, 人-3, 5, 32

字解 회의. 人(사람 인)과 寸(마디 촌)으로 구성되어, 사람(人)에게 손(寸)으로 어떤 물건을 건네주다는 뜻이며, 이로부터 付託(부탁)하다, 지불하다 등의 뜻도 생겼다.

字形 金文 簡牘文 說文小篆

府(곳집 부): fǔ, 广-5, 8, 42

> 字解 형성. 广^(집 엄)이 의미부고 付^(줄 부)가 소리부인데, 소장한 자료나 물건을 넣어두었다 꺼내 손으로 건네주는^(付) 건축물^(广)인 '창고'를 말했는데, 금문에서는 貝^(조개 패)가 더해져 보화^(貝)들이 보관된 곳임을 더욱 구체화하기도 했다. 이후 관청이나 저택 등을 뜻하게 되었다.

> 字形 斎 斎 府 府 府 府 金文 府 府 府 簡牘文 斎 古璽文 府 說文小篆

附(붙을 부): [坿], fù, 阜-5, 8, 32

> 字解 형성. 阜^(언덕 부)가 의미부고 付^(줄 부)가 소리부로, 『설문해자』에서는 작은 흙^(阜) 산이라고 했으며, 『옥편』에서는 '달라붙다'는 뜻이라고 했다. 큰 산 곁에 붙은 작은 산이라는 뜻에서 곁, 붙다 등의 뜻이, 다시 덧붙이다, 附錄^(부록), 가깝다 등의 뜻이 나왔다. 달리 土^(흙 토)가 들어간 坿^(붙일 부)로 쓰기도 한다.

> 字形 阱 說文小篆

咐(분부할 부): fù, 口-5, 8, 10

> 字解 형성. 口^(입 구)가 의미부고 付^(줄 부)가 소리부로, 분부하다는 뜻인데, 무엇인가를 건네주라^(付)고 명령을 내리다^(口)는 뜻을 반영했다.

俯(구부릴 부): [俛, 頫], fǔ, 人-8, 10, 10

> 字解 형성. 人^(사람 인)이 의미부고 府^(곳집 부)가 소리부로, 사람^(人)이 머리를 숙이고 몸을 굽힘을 말했는데, 자신을 낮춤을 뜻하기도 했다. 『설문해자』에서는 頫^(머리 숙일 부)나 俛^(머리 숙일 면) 등으로 썼다.

> 字形 頫 說文小篆 俛 說文或體

符(부신 부): 符, fú, 竹-5, 11, 32

> 字解 형성. 竹^(대 죽)이 의미부고 付^(줄 부)가 소리부로, 상대에게 줘서^(付) 신의를 나타내는 대^(竹)로 만든 증표 즉 符節^(부절)을 말한다. 한나라 때의 증표를 보면 6치 길이의 댓조각을 사용했고, 둘로 나누었다가 나중에 서로 합쳐 맞추어 볼 수 있게 되어 있었다.

> 字形 芧 芧 簡牘文 符 說文小篆

駙(곁마 부): 驸, fù, 馬-10, 15, 10

> 字解 형성. 馬^(말 마)가 의미부고 付^(줄 부)가 소리부로, 수레를 끄는 말곁에 예비로 붙여 다니는 말^(馬)을 말하며, 달리 수레의 덧방나무^(輔)를 지칭하기도 한다.

> 字形 駙 說文小篆

腑(장부 부): fǔ, 肉-8, 12, 10

> 字解 형성. 肉^(고기 육)이 의미부고 府^(곳집 부)가 소리부인 좌우구조로, 臟腑^(장부)를 말하는데, 신체의 위, 담, 방광, 三焦^(삼초), 대장, 소장 등을 총칭하는 말이다.

腐(썩을 부): fǔ, 肉-8, 14, 32

字解 형성. 肉^(고기 육)이 의미부고 府^(곳집 부)가 소리
부인 상하구조로, 고기^(肉)가 창고^(府)에 쌓
여 '썩어가는' 모습을 그렸고 여기에서 '썩
다', 부패하다는 뜻이 나왔다.

字形 腐 說文小篆

復(다시 부) ☞ 復(돌아올 복)

婦(며느리 부): 妇, [媍], fù, 女-8, 11, 42

字解 회의. 女^(여자 여)와 帚^(비 추)로 구성되어, 비를
든 여자의 모습을 그렸다. 집 청소 등의 가
사 일이 전통적으로 여자의 몫이었기에 '결
혼한 여자'를 지칭하게 되었다. 하지만, 갑
골문에서 婦가 임금의 부인을 지칭하는 것
으로 보아, 이는 단순한 집 청소가 아닌,
제사를 모시는 제단 청소를 말한 것으로
보인다. 여자의 출입이 엄격하게 금지되었
던 제단이나 종묘를 청소하고 관리할 수
있었던 특권을 가진 직위가 바로 婦였으며,
이후 결혼한 여자에 대한 통칭으로 쓰이게
되었으며, 며느리라는 뜻도 나왔다. 간화자
에서는 帚를 간단하게 줄여 쓴 妇로 쓴다.

字形 [甲骨文] [金文]
[簡牘文] 婦 說文小篆

負(질 부): fù, 貝-2, 9, 40

字解 회의. 원래는 人^(사람 인)과 貝^(조개 패)로 구성되
어, 자랑삼다는 뜻이었는데, 자형이 조금
변해 지금처럼 되었다. 사람^(人)이 재물^(貝)
을 갖고 있으면서 거기에 기대고 자랑함을
말한다. 돈이 많을 때는 등이나 어깨에 짊
어지기도 했는데, 이로부터 '짊어지다'의 뜻
이, 다시 負擔^(부담)이나 책무의 뜻이 나왔
다. 일설에는 대출을 받고 갚지 않는 것을
말하며, 이로부터 빚을 짊어지다와 책무의
뜻이 나왔다고도 한다. 이후 勝負^(승부)에서
처럼 '지다'는 뜻도 나왔다.

字形 負 負 負 簡牘文 負 說文小篆

賦(구실 부): 赋, fù, 貝-7, 14, 32

字解 형성. 貝^(조개 패)가 의미부고 武^(굳셀 무)가 소리
부로, 거두어들인다는 뜻이며, 이로부터 세
금이라는 뜻이 나왔는데, 각종 '구실'이나
무력^(武)을 동원해 세금^(貝)을 거두어들임을
말한다. 또 문체의 이름으로 쓰여 4자나 6
자로 대구를 이룬 운율로 된 문체를 말하
는데, 이로부터 詩^(시)의 뜻이, 다시 대구 되
는 어휘들을 나열한다는 뜻에서 나열하다,
진술하다의 뜻까지 나왔다.

字形 [金文] [簡牘文] 賦 說文小篆

孚(미쁠 부): fú, 子-4, 7

字解 회의. 爪(손톱 조)와 子(아들 자)로 구성되어, 알에서 막 깨어난 새끼(子)를 손끝(爪)으로 '들어 올리는 모습이다. 고대 사회에서 자식은 자신의 노후를 담보해 주는 가장 '미덥고' 더없이 사랑스러워 보이는 존재였을 것이고, 이로부터 '미쁘다'는 뜻이 생긴 것으로 보인다. 그러자 원래 뜻은 卵(알 란)을 더해 孵(알 깔 부)로 분화했다.

字形 甲骨文 金文 簡牘文 說文小篆 說文古文

浮(뜰 부): fú, 水-7, 10, 32

字解 형성. 水(물 수)가 의미부고 孚(미쁠 부)가 소리부로, 물(水)에 뜨는(孚) 것을 말한다. 이로부터 물에 떠다니는 것, 고정되지 않고 유동적인 것 등의 뜻이 나왔다. ☞ 孚(미쁠 부)

字形 金文 簡牘文 說文小篆

孵(알 깔 부): fū, 子-11, 14, 10

字解 형성. 卵(알 란)이 의미부고 孚(미쁠 부)가 소리부로, 알(卵)에서 막 깨어난 새끼(子)를 손끝(爪)으로 '들어 올리는' 모습이며, 이로부터 알을 까다는 뜻이 나왔고 孵化(부화)하다는 뜻도 나왔다. ☞ 孚(미쁠 부)

字形 甲骨文 金文 說文小篆 說文古文

莩(풀이름 부): fú, 艸-7, 11

字解 형성. 艸(풀 초)가 의미부고 孚(미쁠 부)가 소리부로, 浮萍草(부평초)를 말하는데, 물(水) 위로 떠다니는(孚) 풀(艸)이라는 의미를 담았다.

字形 說文小篆

艀(작은 배 부): fóu, fú, 舟-7, 13

字解 형성. 舟(배 주)가 의미부고 孚(미쁠 부)가 소리부로, 물 위로 떠다니는(孚) 배(舟)의 일종으로, 짧고 작은 배를 말한다. 달리 舟 대신 木(나무 목)으로 구성된 桴(마룻대 부)로 쓰기도 한다.

字形 金文 說文小篆

桴(마룻대 부): fú, 木-7, 11

字解 형성. 木(나무 목)이 의미부고 孚(미쁠 부)가 소리부로, 마룻대(木)를 말하며, 이후 큰 통나무로 엮었다는 뜻에서 뗏목이라는 뜻도 나왔다. 또 작은 배를 뜻하여, 艀(작은 배 부)와 같이 쓰기도 한다.

字形 金文 說文小篆

訃(부고 부): fù, fù, 言-2, 9, 10

字解 형성. 言(말씀 언)이 의미부고 卜(점 복)이 소리부로, 訃告(부고)나 부고문을 말하는데, 불길한 점괘(卜)를 말(言)로 알린다는 뜻을 담았

다. ☞ 赴^(알릴 부)

赴(알릴 부): fù, 走-2, 9, 30

字解 형성. 走^(달릴 주)가 의미부이고 卜^(점 복)이 소리부로, 점^(卜)의 결과를 빠른 걸음으로 달려가^(走) 알림을 말하며, 이로부터 알리다, 급하다, 달려나가다 등의 뜻이 나왔다. 『설문해자』에서는 仆^(엎드릴 부)의 생략된 모습이 소리부라고 했다.

字形 ![赴] 說文小篆

父(아비 부): fù, 父-0, 4, 80

字解 지사. 손^(又·우)으로 돌도끼^[ㅣ]를 쥔 모습인데 자형이 변해 지금처럼 되었다. 돌도끼는 석기시대를 살았던 고대인들에게 가장 중요하고 기본적인 생산도구이자, 전쟁도구였으며, 권위의 상징이기도 했다. 그래서 父는 돌도끼를 들고 밖으로 나가 수렵에 종사하고 야수나 적의 침입을 막던 성인 '남성'에 대한 통칭이 되었고, '아버지'와 아버지뻘에 대한 총칭이 되었다. 그러자 '돌도끼'는 斤^(도끼 근)을 더한 斧^(도끼 부)로 분화했다. 고대 문헌에서는 父와 같은 독음을 가진 甫^(클 보)도 '남자를 아름답게 부르는 말로 쓰였다.

字形 ![父 갑골문, 금문, 고도문, 간독문, 석각고문, 설문소전] 甲骨文 金文 古陶文 簡牘文 石刻古文 說文小篆

斧(도끼 부): fǔ, 斤-4, 8, 10

字解 형성. 斤^(도끼 근)이 의미부고 父^(아비 부)가 소리부로, 도끼를 말하는데, 바깥에서 도끼^(斤)를 들고 일하던 아버지^(父)라는 뜻을 담았다. 이후 도끼로 잘라내다, 글 등을 삭제하다 등의 뜻도 나왔다. ☞ 父^(아비 부)

字形 ![斧 금문, 간독문, 설문소전] 金文 簡牘文 說文小篆

釜(가마 부): [鬴], fǔ, 金-2, 10

字解 형성. 金^(쇠 금)이 의미부고 父^(아비 부)가 소리부로, 쇠^(金)로 만든 아비^(父) 같이 큰 '가마솥'을 말했는데, 상하 구조로 결합하면서 획이 생략되어 지금처럼 되었다. 금문 등에서는 金 대신 缶^(장군 부)가 쓰였는데, 이는 가마솥이 금속이 아닌 토기^(缶)로 만들어졌음을 보여준다. 전국 시대 때 제나라 등지에서는 용량의 단위로 쓰이기도 했는데 약 20.5킬로그램에 해당했다. 『설문해자』에서는 鬲^(솥 력)이 의미부이고 甫^(클 보)가 소리부인 鬴^(가마솥 부)로 썼는데, 역시 '큰 솥'이라는 의미를 담았다.

字形 ![釜 금문, 고도문, 간독문, 설문소전, 설문혹체] 金文 古陶文 簡牘文 說文小篆 說文或體

缶(장군 부): [罐], fǒu, 缶-0, 6

(字解) 회의. 午^(일곱째 지지 오)와 凵^(입 벌릴 감)으로 구성
되어, 절굿공이^(午, 杵의 본래 글자)로 그릇^(凵)에
담긴 흙을 찧는 모습을 형상화했다. 그 흙
은 질그릇을 만들기 위한 坯土^(배토)일 것이
고, 여기서 질그릇^(陶器·도기)의 의미가 나왔
다. 질그릇은 인류가 지금도 유용하게 쓰는
용기의 하나이다. 흙을 구우면 단단한 질그
릇이 만들어지고, 이후 물이 새지 않도록
유약을 발라 자기를 만들었다. 도자기는 중
국을 상징하는 대표적인 물산이었다. 도자
기를 뜻하는 '차이나^(china)'는 그것이 '중국'
에서 서양으로 건너갔으며, 서양인들에게
중국 하면 도자기가 떠올랐음을 반영한다.
그뿐만 아니라 도자기의 주재료인 高嶺土<sup>(고
령토)</sup>와 白土子^(백토자)도 이들의 중국식 발음
인 '카올린^(kaolin)'과 '퍼툰체^(petuntse)'로 남게
된 것도 같은 이유에서이다. 그래서 缶<sup>(장군
부)</sup>는 갖가지 질그릇을 지칭한다.

(字形) [갑골문·금문·고도문·간독문·설문소전 자형]

夫(지아비 부): fū, 大-1, 4, 70

(字解) 지사. 大^(큰 대)와 一^(한 일)로 구성되어, 사람의
정면 모습^(大)에 비녀를 상징하는 가로획^(一)
을 더해, 비녀 꽂은 '성인' 남성을 그렸다.
고대 중국에서는 남자도 어른이 되면 머리
에다 비녀를 꽂았고, 이로부터 '성인 남자',
'지아비'라는 의미를 갖게 되었다. 또 고대
한어에서는 발어사나 어말 조사로 쓰이기도
했다.

(字形) [甲骨文·金文·古陶文·盟書·簡·牘文·石刻古文·說文小篆 자형]

扶(도울 부): fú, 手-4, 7, 32

(字解) 형성. 手^(손 수)가 의미부고 夫^(지아비 부)가 소리
부로, 손^(手)으로 사람^(夫)을 옆에서 부축하
다는 뜻에서 '돕다', 기대다는 뜻이 나왔다.
금문에서는 手 대신 又^(또 우)나 攴^(칠 복)이
쓰였는데, 의미는 같다.

(字形) [金文·簡牘文·說文小篆·說文古文 자형]

芙(부용 부): fú, 艸-4, 8, 10

(字解) 형성. 艸^(풀 초)가 의미부고 夫^(지아비 부)가 소리
부로, 식물의 일종인 芙蓉^(부용)을 말하는데,
연꽃을 달리 이르는 말이다.

(字形) [簡牘文·說文新附字 자형]

趺(책상다리 할 부): fū, 足-4, 11

(字解) 형성. 足^(발 족)이 의미부고 夫^(지아비 부)가 소리
부로, 발^(足)의 등이나 바닥, 발, 두 다리를
포개 앉다 등의 뜻으로 쓰이며, 夫 대신 付
^(줄 부)가 들어간 跗^(발등 부)와 같이 쓰기도 한
다.

阜(阝·언덕 부): fù, 阜-0, 8, 12

〔字解〕 상형. 황토지대에 반 지하 식으로 만들어진 원시형태의 집에서 지하로 내려가는 흙 계단을 그렸는데, 세로 선은 수직 벽을 나머지는 흙을 깎아 만든 홈이다. 그래서 阜는 흙 계단이나 언덕, 흙으로 만든 구조물 등을 뜻한다. 예서체에 들면서 지금의 阜가 되었으며, 다른 글자들과 결합할 때는 계단을 하나 줄인 阝로 쓴다. 옛날, 황토 평원에서 집은 홍수를 피하고 적의 침입을 미리 관찰할 수 있도록 야트막한 언덕에 만들어졌고, 지상 건축물을 만드는 기술이 발달하기 전 반 지하식의 움막을 파 생활했다. 阜는 그런 움집을 드나드는 흙 계단을 말했다. 또 깎아지른 산이 없는 평원지대에서 이러한 언덕은 적을 막는 유용한 지형지물이기도 했다. 그래서 언덕은 군사 행동 때 진을 치는 중요한 근거지가 되기도 했다.

〔字形〕 🗿 說文小篆 🗿 說文古文

埠(선창 부): bù, 土-8, 11, 10

〔字解〕 형성. 土^(흙 토)가 의미부고 阜^(언덕 부)가 소리부로, 배를 댈 수 있는 埠頭^(부두)를 말하는데, 보통 물가의 흙^(土) 언덕^(阜)에 배를 닿게 했기 때문이다.

鳧(오리 부): 鳬, fú, 鳥-11, 13

〔字解〕 형성. 鳥^(새 조)가 의미부고 几^(무릇 범, 凡과 같음)이 소리부로, 야생 오리^(鳥)를 말하는데, 집오리는 鶩^(집오리 목)이라 구분해 불렀다. 또

오리처럼 물에 떠다닌다는 뜻도 가진다.

〔字形〕 🗿 🗿 🗿 金文 🗿 說文小篆

북

北(북녘 북·달아날 배): běi, 匕-3, 5, 80

〔字解〕 회의. 두 개의 人^(사람 인)으로 구성되어 두 사람^(人)이 서로 등진 모습을 그렸고, 이로부터 '등지다'는 의미가 나왔으며, 이후 자형이 조금 변해 지금처럼 되었다. 북반구에서 살았던 중국인들에게 북쪽이 등진 쪽이었으므로 '북쪽', 등지다 등의 뜻이 나왔다. 또 싸움에 져 도망할 때에는 등을 돌리고 달아났기에 '도망하다'는 뜻도 생겼는데, 이때에는 '배'로 읽힘에 유의해야 한다. 그러자 원래의 '등'은 肉^(고기 육)을 더한 背^(등 배)로 분화했다.

〔字形〕 🗿 🗿 🗿 甲骨文 🗿 🗿 金文 🗿 🗿 🗿 🗿 古陶文 🗿 🗿 🗿 簡牘文 🗿 帛書 🗿 說文小篆

분

分(나눌 분): fēn, 刀-2, 4, 60

〔字解〕 회의. 刀^(칼 도)와 八^(여덟 팔)로 구성되어, 칼^(刀)

로 무엇인가를 대칭되게^(八) '나누어' 놓은 모습이며, 이로부터 '갈라지다' 등의 뜻이 나왔다.

字形 ![갑골문] 甲骨文 ![금문] 金文 ![고도문] 古陶文 ![고폐문] 古幣文 ![백서] 簡牘文 ![백서] 帛書 ![설문소전] 說文小篆

盆(동이 분): pén, 皿-4, 9, 10

字解 형성. 皿^(그릇 명)이 의미부고 分^(나눌 분)이 소리부로, 아가리가 넓게 갈라진^(分) 기물^(皿)의 일종인 대야나 동이를 말한다. 그래서 『설문해자』에서도 '동이^(盎)'를 말한다고 했다. 이후 중간이 움푹 들어간 대야 모양의 물건을 통칭하게 되었고, 용량 단위로도 쓰여 12말 8되를 1盆이라 하였다. 이로부터 주발, 부피, 물이 솟구쳐 넘치다 등의 뜻이 나왔다. 盆地^(분지)는 산이 동이처럼 둘러싼 평지를 말하며, 盆栽^(분재)는 화초나 나무 등을 그릇에 심어 기르는 것을 말한다.

字形 ![금문] ![금문] 金文 ![설문소전] 說文小篆

粉(가루 분): fěn, 米-4, 10, 40

字解 형성. 米^(쌀 미)가 의미부고 分^(나눌 분)이 소리부로, 쌀^(米)을 나누어^(分) 만든 '가루'를 말하는데, 얼굴에 바르는 분을 뜻하기도 한다.

字形 ![간독문] 簡牘文 ![설문소전] 說文小篆

紛(어지러워질 분): 纷, fēn, 糸-4, 10, 32

字解 형성. 糸^(가는 실 멱)이 의미부고 分^(나눌 분)이 소리부로, 『설문해자』에서는 말꼬리를 잡아매는 데 쓰는 外皮^(외피)를 말한다고 했다. 이후 紛雜^(분잡)하다, 많다 등의 뜻이 나왔다.

字形 ![간독문] 簡牘文 ![설문소전] 說文小篆

芬(향기로울 분): [芬], fēn, 艸-4, 8, 12

字解 형성. 艸^(풀 초)가 의미부고 分^(나눌 분)이 소리부로, 식물^(艸)의 향이 흩어져^(分) '향기로움'을 말한다. 이로부터 향기나 향료를 뜻했고, 아름다운 이름이나 덕이 가득함을 비유하기도 한다.

字形 ![고새문] 古璽文 ![설문소전] 說文小篆 ![설문혹체] 說文或體

汾(클 분): fén, 水-3, 7

字解 형성. 水^(물 수)가 의미부고 分^(나눌 분)이 소리부로, 강 이름으로 汾河^(분하)를 말하는데, 산서성 寧武^(녕무)현 管涔山^(관잠산)에서 발원하여 河津^(하진)현에서 서쪽으로 황하로 흘러든다. 또 지명으로, 지금의 하남성 許昌^(허창)시 서남쪽의 潁水^(영수) 남쪽 강변에 있었다.

字形 ![설문소전] 說文小篆

扮(꾸밀 분): bàn, 手-4, 7, 10

字解 형성. 手(손 수)가 의미부고 分(나눌 분)이 소리부로, 나누어진(分) 것을 손(手)으로 쥐다는 뜻이며, 이로부터 합병하다의 뜻이 나왔다. 또 손으로 꾸미는 것을 말하며, 이로부터 분장하다, 화장하다 등의 뜻이 나왔다.

字形 扮 說文小篆

吩(뿜을 분): fēn, 口-4, 7, 10

字解 형성. 口(입 구)가 의미부고 分(나눌 분)이 소리부로, 噴(뿜을 분)의 속자이며, 입(口)을 통해 내뿜음(分)을 말한다. 이후 분부하다는 뜻도 가지게 되었다. ☞ 噴(뿜을 분)

昐(햇빛 분): fēn, 日-4, 8

字解 형성. 日(날 일)이 의미부고 分(나눌 분)이 소리부로, 해(日)에서 분산되어(分) 뿜어져 나오는 '햇빛'을 말한다.

雰(안개 분): fēn, 雨-4, 12, 10

字解 형성. 雨(비 우)가 의미부고 分(나눌 분)이 소리부로, 안개나 서리, 기운 등을 말하며, 氛(기운 분)과 같이 쓰기도 한다.

字形 雰 簡牘文 雰 說文小篆 雰 說文古文

忿(성낼 분): fèn, 心-4, 8, 10

字解 형성. 心(마음 심)이 의미부고 分(나눌 분)이 소리

부로, 성내다, 분노하다는 뜻인데, 심리적(心) 안정상태가 분열되어(分) 화가 나다는 뜻을 담았다.

字形 忿 古陶文 忿 簡牘文 忿 說文小篆

焚(사를 분): [燓, 燌], fén, 火-8, 12

字解 회의. 林(수풀 림)과 火(불 화)로 구성되어, 사냥이나 경작을 위해 숲(林)을 불(火)로 태우는 모습을 그렸다. 이로부터 태우다, '불사르다'는 뜻이 나왔고, 또 불을 질러 짐승을 잡는 사냥법이나 불에 태워 죽이는 옛날의 형벌을 지칭하기도 했다.

字形 焚焚焚焚焚焚 甲骨文 焚焚 金文 焚 簡牘文 燓 說文小篆

賁(클 분): 贲, bì, bēn, 貝-5, 12

字解 형성. 貝(조개 패)가 의미부고 卉(풀 훼)가 소리부로, 조개(貝)를 이용해 꽃처럼(卉) 아름답게 만든 장식을 말하며, 아름다운 광채가 나는 모양을 뜻하기도 한다. 또 '크다'는 뜻으로 쓰이며, 土(흙 토)가 더해진 墳(무덤 분)과 같이 써 簡策(간책)이나 전적을 뜻하기도 한다.

字形 賁 簡牘文 賁 說文小篆

墳(무덤 분): 坟, fén, 土-12, 15, 30

字解 형성. 土^(흙 토)가 의미부고 賁^(클 분)이 소리부로, 흙^(土)을 쌓아 만든 분묘를 말하는데, 평평한 것은 墓^(묘), 높게 만든 것은 墳이라고 했다. 또 무덤에 넣은 부장품의 목록이라는 뜻에서 簡策^(간책)이나 전적을 뜻하기도 한다. 간화자에서는 소리부 賁을 文^(글월 문)으로 바꾼 坟으로 쓴다.

字形 墳 說文小篆

噴(뿜을 분): 喷, pēn, 口-12, 15, 10

字解 형성. 口^(입 구)가 의미부고 賁^(클 분)이 소리부로, 입^(口)을 통해 내뿜음을 말하며, 달리 賁을 分^(나눌 분)으로 바꾼 吩^(뿜을 분)으로 쓰기도 한다.

字形 噴 說文小篆

憤(성낼 분): fèn, 心-12, 15, 40

字解 형성. 心^(마음 심)이 의미부고 賁^(클 분)이 소리부로, '성내다'는 뜻인데, 응어리진 마음^(心)이 크게 분출하다^(賁)는 뜻을 담았다.

字形 憤 說文小篆

糞(똥 분): 粪, fèn, 米-11, 17, 10

字解 회의. 米^(쌀 미)와 異^(다를 이)로 구성되었지만, 갑골문에서는 원래 두 손^(廾 공)과 키나 삼태기^(其 기)와 배설물을 상징하는 세 점으로 구

성되어, 배설물을 비로 쓸어 삼태기에 담아 갖다 버리는 모습을 형상화했다. 때로는 의미를 강화하기 위해 帚^(비 추)가 더해지기도 했다. 이후 세 점이 米로 변하고 帚가 생략되고 자형이 조금 줄어 지금의 자형이 되었다. 갖다 버리다가 원래 뜻이며, 청소하다, 배설물, 비료를 주다, 비료 등의 뜻도 나왔다. 간화자에서는 異를 共^(함께 공)으로 줄여 粪으로 쓴다.

字形 糞 甲骨文 糞 糞 簡牘文 糞 說文小篆

奮(떨칠 분): 奋, fèn, 大-13, 16, 32

字解 회의. 금문에서 衣^(옷 의)와 隹^(새 추)와 田^(밭 전)으로 구성되어, 잡은 새^(隹)를 옷^(衣) 속 품 안에 넣어 두었으나 발버둥 쳐 탈출해 들판^(田)으로 날아가 버린다는 의미를 그렸는데, 衣가 大^(큰 대)로 변해 지금의 자형이 되었다. 이로부터 奮發^(분발)이나 奮鬪^(분투) 등의 뜻이 나왔다. 간화자에서는 隹를 생략한 奋으로 쓴다.

字形 奮 金文 奮 奮 簡牘文 奮 說文小篆

奔(달릴 분): [犇], bēn, 大-6, 9, 32

字解 회의. 大^(큰 대)와 卉^(풀 훼)로 구성되어, 풀밭^(卉) 위를 사람^(大)이 손을 휘저으며 달려가는 모습을 그렸다. 금문에서는 팔을 크게 휘젓는 사람^(大)과 그 아래로 세 개의 발^(止 지)이 그려져, 팔을 크게 흔들며 '뛰어 달아나는' 모습을 그렸는데, 이후 자형이 변해

지금처럼 되었다. 속자에서는 세 개의 牛^(소 우)로 구성된 犇^(달아날 분)으로 써, 소^(牛)가 떼를 지어 힘차게 달려감을 표시하기도 했다. 이로부터 급히 달리다, 도망하다, 몰아내다 등의 뜻이 나왔다.

字形 金文

簡牘文

石刻古文 說文小篆

불

不(아닐 불부): bù, 一-3, 4, 70

字解 상형. 이의 자원에 대해서는 의견이 분분하여, 『설문해자』에서는 새가 하늘을 날아오르는 모습을 그렸고 하늘을 올라가 내려오지 '않음'에서 부정의 뜻이 나왔다고 했으며, 혹자는 식물의 뿌리를 본래 뜻이라고 했다. 하지만, 꽃대와 꽃받침이 갖추어졌으나 제대로 여물지 않은 씨방을 그린 것으로 보인다. 씨방이 여물지 않으면 씨가 만들어지지 않고, 씨가 만들어지지 않으면 곡식을 자라나게 할 수 없다. 이로부터 부정의 의미가 만들어졌다. 그러자 胚胎^(배태)하다는 원래 뜻은 가로획을 더해 丕^(클 비)로 분화했는데, 丕가 '위대하다'는 뜻으로 쓰이게 되자 다시 肉^(고기 육)을 더한 胚^(아이 밸 배)로 분화했다. 참고로 완전히 여문 씨방의 모습은 帝^(임금 제帝의 본래 글자)로 표현했다. ☞ 帝^(임금 제)

字形 甲骨文

金文 古陶文

簡牘文 帛書

古璽文 石刻古文

說文小篆

弗(아닐 불): fú, 弓-2, 5, 20

字解 상형. 제대로 굽지 않은 화살을 실^(己:기)로 동여매어 바로 잡는 모습을 그렸다. 이로부터 '바르지 않은' 것을 '바로잡다'는 뜻이 나왔고, 다시 부정사로 쓰였다. 또 미국 화폐 단위인 달러^($)를 표시하는 글자로도 쓰인다.

字形 甲骨文 金文

盟書 簡牘文

帛書 古璽文 石刻古文

說文小篆

佛(부처 불): [仏, 仸, 彿, fú, 人-5, 7, 42

字解 형성. 人^(사람 인)이 의미부고 弗^(아닐 불)이 소리부로, 원래는 진짜가 아닌^(弗) 비슷한 사람^(人)을 말했으며, 이로부터 '마치', 방불케 하다 등의 뜻이 나왔으며, 彿^(비슷할 불)이나 髴^(비슷할 불)과 같이 썼다. 그러나 불교 유입 이후 붓다^(Buddha)의 음역자로 쓰였는데, 이는 사람^(人)이되 사람이 아닌^(弗) 신의 경지에 오른 존재라는 뜻을 담았다. 유교를 숭

상했던 조선시대에는 仸로 쓰기도 했는데, '요상한^(天요) 사람^(人)'이라는 뜻을 담아 불교에 대한 부정적 인식을 반영했다. ☞ 弗^(아닐 불)

字形 ⟨佛⟩ 說文小篆

拂(떨칠 불): fú, 手-5, 8, 32

字解 형성. 手^(손 수)가 의미부고 弗^(아닐 불)이 소리부로, 손^(手)으로 떨쳐버려 없어지게^(弗) 만들다는 뜻이며, 이로부터 떨치다, 털어내다, 위배하다, 순조롭지 않다 등의 뜻이 나왔다.

字形 ⟨拂⟩ 說文小篆

彿(비슷할 불): fú, 彳-5, 8, 10

字解 형성. 彳^(조금 걸을 척)이 의미부고 弗^(아닐 불)이 소리부로, 彷佛^(방불)에서처럼 대체로 비슷함을 말한다.

黻(수 불): fú, 黹-5, 17

字解 형성. 黹^(바느질 할 치)가 의미부고 犮^(달릴 발)이 소리부로, 옛날 바느질하여^(黹) 옷에 놓던 '수'를 말하는데, 黻은 검은색과 푸른색의 실로 己^(자기 기)자 두 개를 서로 반대로 하여 놓던 수를 말한다. 이는 대단히 귀한 옷을 만들 때 놓던 수로, 黻衣^(불의)나 黻黼^(불보) 등은 모두 천자가 입던 예복을 뜻한다.

字形 ⟨黻⟩ 說文小篆

韍(슬갑 불): [市], fú, 韋-5, 14

字解 형성. 韋^(에워쌀다룸가죽 위)가 의미부고 犮^(달릴 발)이 소리부로, 옛날 바지 위에 껴입는 예복으로 무릎까지 닿는 가죽^(韋)으로 만든 옷의 일종인 '슬갑'을 말한다. 천자는 朱色^(주색)을, 제후는 赤色^(적색)을 썼다. 市^(슬갑 불)과 같은 글자이다.

字形 ⟨市⟩⟨韍⟩金文 ⟨市⟩ 說文小篆 ⟨韍⟩ 說文篆文

市(슬갑 불): fú, 巾-1, 4

字解 상형. 건^(巾)이 의미부인데, 기다란 띠 모양을 그렸다. 『설문해자』의 해설처럼, '폐슬^(韠)'을 말한다. 폐슬은 가죽으로 만든 슬갑을 말하는데, 슬갑은 옛날 바지 위에 껴입는 예복으로 무릎까지 닿는 가죽^(韋)으로 만든 옷의 일종을 말한다. 천자는 붉은 슬갑을, 제후는 진한 붉은색의 슬갑을, 대부는 비취색의 옥형을 사용했다^(天子朱市, 諸侯赤市, 大夫葱衡)고 한다. 韍^(폐슬 불)과 같이 쓰기도 한다.

字形 ⟨市⟩⟨韍⟩金文 ⟨市⟩ 說文小篆

붕

朋(벗 붕): péng, 月-4, 8, 30

字解 회의. 두 개의 月(달 월)로 구성되었지만, 갑골문에서 작은 조개를 두 줄로 꿰놓은 모습을 그렸고 꿴 조개 꾸러미가 지금의 자형으로 변했다. 갑골문 당시에는 조개 화폐를 헤아리는 단위로 쓰였으며, 옥을 다섯 개씩 꿴 것을 珏(쌍옥 각)이라 했다. 이후 여럿을 한데 꿴 것처럼 떼를 지어 다니는 친구나 무리를 말했고, 朋黨(붕당)이라는 뜻도 나왔다.

字形  甲骨文

崩(무너질 붕): bēng, 山-8, 11, 30

字解 형성. 山(뫼 산)이 의미부고 朋(벗 붕)이 소리부로, 엄청난 굉음과 후폭풍(朋)을 일으키며 산(山)이 무너져 내리다는 뜻이며, 이로부터 崩壞(붕괴)되다, 파괴되다는 뜻이 나왔고, 다시 천자의 죽음을 비유하는 데도 쓰였다.

鵬(붕새 붕): 鹏, péng, 鳥-8, 19, 12

字解 형성. 鳥(새 조)가 의미부고 朋(벗 붕)이 소리부로, 전설상의 새(鳥)의 일종인 '붕새'를 말한다. ☞ 鳳(봉새 봉)

棚(시렁 붕): péng, 木-8, 12, 10

字解 형성. 木(나무 목)이 의미부고 朋(벗 붕)이 소리부로, 나무나 대로 만든 시렁을 말하는데, 그런 모양으로 지었다는 뜻에서 누각을 뜻하기도 하고, 나무 등을 엮어 만든 원두막처럼 간단한 집을 뜻하기도 하였다.

字形  說文小篆

硼(붕산 붕): péng, 石-8, 13, 10

字解 형성. 石(돌 석)이 의미부고 朋(벗 붕)이 소리부로, 붕산을 말하는데, 무색무취에 광택이 나는 비늘 모양의 결정체(石)이다. 硼砂(붕사)에 황산을 작용시켜 만든 물질로 더운물에 잘 녹으며 수용액은 약한 산성을 띠며 살균 작용을 한다. 천연으로는 화산에서 분출하는 수증기 속에 들어 있다. 소독약, 방부제, 안료 따위를 만드는 데 쓴다.

繃(묶을 붕): 绷, [綳], bēng, 糸-11, 17, 10

字解 형성. 糸(가는 실 멱)이 의미부고 崩(무너질 붕)이 소리부로, 실(糸)이나 끈으로 묶다는 뜻이며, (압박)붕대를 말하기도 한다. 또 아이를 붕대 묶듯 꼭꼭 묶는 이불이라는 뜻에서 포대기를 뜻하기도 한다.

字形  說文小篆

비

匕(비수 비): bǐ, 匕-0, 2, 10

字解 상형. 匕의 자원에 대해서는 의견이 분분하다. 갑골문을 보면 손을 앞으로 모으고 선 사람의 모습이 분명해 보인다. 그러나 '숟가락'의 뜻으로 쓰였고, 예서에 오면서 자형도 숟가락을 닮았다. 이 때문에 匕로 구성된 글자들은 대체로 '사람'과 '숟가락'의 두 가지 의미로 나뉜다. 匕首(비수)에서처럼 숟가락처럼 생긴 길이가 짧고 작은 칼을 의미하는데, 그렇게 되자 원래의 뜻은 의미를 더 구체화하기 위해 소리부 是(이 시)를 더한 匙(숟가락 시)로 구분해 사용했다.

字形 𠤇𠤎𠤋甲骨文 𠤎𠤏金文 𠤎簡牘文 𠤎說文小篆

比(견줄 비): bǐ, 比-0, 4, 50

字解 회의. 두 개의 匕(비수 비)로 구성되었는데, 갑골문에서는 두 사람(匕)이 나란히 선 모습이다. 나란히 늘어선 사람으로부터 '나란하다'와 '견주다(比較비교)'의 뜻이 나왔으며, 친근하다, 순종하다, 긴밀하다, 돕다 등의 뜻도 나왔다.

字形 𣥖甲骨文 𣥖𣥖金文 𣥖古陶文 𣥖比𣥖𣥖簡牘文 𣥖說文小篆 𣥖說文古文

妣(죽은 어미 비): bǐ, 女-4, 7

字解 형성. 女(여자 녀)가 의미부이고 比(견줄 비)가 소리부이다. 『설문해자』의 해설처럼, '돌아가신 어머니(歿母)'를 말한다. 그래서 先妣(선비)는 돌아가신 어머니를, 祖妣(조비)는 돌아가신 할머니를, 考妣(고비)는 돌아가신 아버지와 어머니를 말한다.

字形 𡚱說文小篆

毗(도울 비): [毘], pí, 比-5, 9

字解 형성. 田(밭 전)이 의미부이고 比(견줄 비)가 소리부인 좌우구조로, 원래는 囟(정수리 신)이 의미부고 比가 소리부였는데, 예서 이후로 囟이 형체가 유사한 田으로 변했다. 사람(囟)의 배꼽을 말했는데, 이후 보좌하다, 아부하다, 기대다 등의 뜻으로 가차되었다. 달리 상하구조인 毘(도울 비)로 쓰기도 한다.

毘(도울 비): pí, 比-5, 9, 12

字解 형성. 田(밭 전)이 의미부고 比(견줄 비)가 소리부인 상하구조로, 毗(도울 비)와 같은 글자이다. ☞ 毗(도울 비)

琵(비파 비): pí, 玉-8, 12, 10

字解 형성. 珡(비파 슬)이 의미부이고 比(견줄 비)가 소리부로, 서역에서 들어 온 악기의 하나인 琵琶(비파)를 말한다. 원래는 珡(비파 슬)로 표기하여 '비파'를 그렸는데, 이후 소리부인

ㅂ

比가 더해져 형성구조로 변했다. "비파는 밖으로 내 타면 批^(칠 비), 안으로 들여 타면 把^(잡을 파)라고 했기에 붙여진 이름이다."라는 『釋名^(석명)』의 풀이처럼, '比'부수에 귀속시킬 수도 있으나, 현대 옥편에서는 지금의 자형에 근거해 王^(玉·구슬 옥) 부수에 넣었다.

字形 珡 說文小篆

粃^(쭉정이 비): 秕 bǐ, 米-4, 10

字解 형성. 米^(쌀 미)가 의미부고 比^(견줄 비)가 소리부로, 쌀^(米)에 비견되지만^(比) 껍질만 있고 제대로 여물지 않은 '쌀'이라는 의미를 담았다. 『설문해자』에서는 米 대신 禾^(벼 화)가 들어간 秕^(쭉정이 비)로 썼다. 혹자는 秕는 쭉정이를, 粃는 惡米^(악미)를 말한다고 구분해 쓰기도 한다.

字形 粃 說文小篆

庇^(덮을 비): bì, 广-4, 7, 10

字解 형성. 广^(집 엄)이 의미부고 比^(견줄 비)가 소리부로, 큰 건물^(广)이 나란히 선 사람^(比)을 '덮고' 있는 모습에서 보호하다의 뜻이, 다시 庇護^(비호)하다의 뜻이 나왔다.

字形 庇 說文小篆

批^(칠 비): [搒], pī, 手-4, 7, 40

字解 형성. 手^(손 수)가 의미부고 比^(견줄 비)가 소리부로, 손^(手)으로 치다는 뜻이고, 저촉되다,

잘라내다, 배제하다 등의 뜻이 나왔다. 『설문해자』에서는 手가 의미부이고 毘^(밝을 비)가 소리부인 搒로 썼다.

字形 搒 說文小篆

秕^(쭉정이 비): bǐ, 禾-4, 9, 10

字解 형성. 禾^(벼 화)가 의미부고 比^(견줄 비)가 소리부로, 알이 제대로 들지 않은 쭉정이를 말하며, 이로부터 조악하다, 나쁘다 등의 뜻이 나왔다. 달리 禾 대신 米^(쌀 미)로 구성된 粃^(쭉정이 비)로 쓰기도 한다. ☞ 粃^(쭉정이 비)

字形 秕 說文小篆

砒^(비상 비): pī, 石-4, 9, 10

字解 형성. 石^(돌 석)이 의미부고 比^(견줄 비)가 소리부로, 礶^(비상 비)로도 쓰며, 비소^(砷신)의 약칭인데, 흰색이나 회색의 고체로 된 독이 대단히 독한 무기화합물의 일종이다. 가공 전의 상태를 砒黃^(비황)이라 하고 가공 후의 상태를 砒霜^(비상)이라 한다. 성질이 비휴^(貔비)같이 독해 礶라 했고, 信州^(신주)에서 많이 나왔기에 信石^(신석)이라 부르기도 했다.

枇^(비파나무 비): pí, 木-4, 8

字解 형성. 木^(나무 목)이 의미부고 比^(견줄 비)가 소리부로, 장미과의 상록 소교목인 枇杷^(비파)나무를 말하는데, 열매가 비파를 닮았다. 달리 악기인 琵琶^(비파)를 말한다. 비파 타는 방법에 관해, 앞으로 미는 것을 批^(칠 비), 끌

어당기는 것을 把^(잡을 파)라고 구분해 말한다.

字形 ⿰ 說文小篆

丕(클 비): pī, 一-4, 5, 12

字解 지사. 不^(아닐 불)에 가로획^(一)이 더해진 모습인데, 가로획은 땅을 상징하여 땅^(一) 위로 자라난 꽃꼭지^(不)를 그렸고 이로부터 씨앗처럼 생명을 배태하다는 뜻을 그렸다. 이후 생명의 위대함으로부터 '위대하다'는 뜻으로 쓰이게 되었고, 그러자 원래의 뜻은 肉^(고기 육)을 더한 胚^(아이 밸 배)로 분화했다.

字形 ⿰金文 ⿰⿰古陶文 ⿰⿰⿰盟書 ⿰簡牘文 ⿰ 說文小篆

費(쓸 비): 费, fèi, 貝-5, 12, 50

字解 형성. 貝^(조개 패)가 의미부고 弗^(아닐 불)이 소리부로, 화폐나 재화^(貝)를 마구 써 없애버려^(弗) 消費^(소비)함을 말하며, 이로부터 재물이나 마음을 쓰다, 소비하다, 수고하다 등의 뜻이 나왔다.

字形 ⿰甲骨文 ⿰金文 ⿰⿰簡牘文 ⿰ 說文小篆

泌(샘물 흐르는 모양 비): bì, mì, 水-5, 8, 12

字解 형성. 水^(물 수)가 의미부고 必^(반드시 필)이 소리부로, 계곡으로 물^(水)이 흘러드는 모양을 말한다. 이로부터 거르다, 여과하다의 뜻이 나왔고, 지금은 분비한다는 뜻으로 쓰인다. 또 강 이름으로 하남성 서남부에 있는 唐河^(당하)의 상류를 지칭한다.

字形 ⿰ 說文小篆

秘(숨길 비): [祕], mì, 禾-5, 10, 40

字解 형성. 禾^(벼 화)가 의미부고 必^(반드시 필)이 소리부로, 원래는 祕^(귀신 비)로 썼는데, 示^(보일 시)와 禾가 비슷해 잘못 변한 결과이다. 神秘^(신비)하다가 원래 뜻인데, 예측 불가하고 비밀스러워 알 수 없는 것이 '신^(示)'의 필수적인^(必) 속성'임을 반영했다.

字形 ⿰ 說文小篆

毖(삼갈 비): bì, 比-5, 9, 12

字解 형성. 比^(견줄 비)가 의미부고 必^(반드시 필)이 소리부로, 사람이 사람을 따를 때^(比) 반드시^(必) 가져야 할 조심스럽고 '신중함'을 말한다.

字形 ⿰ 說文小篆

備(갖출 비): 备, [俻, 𤰇, 偹], bèi, 人-10, 12, 42

字解 형성. 人^(사람 인)이 의미부고 葡^(갖출 비)가 소

리부로, 갖추다, 具備$^{(구비)}$하다는 뜻이다. 갑골문과 금문에서는 葡로 써 화살 통에 화살이 담긴 모습을 그렸으며, 이후 人이 더해 지금의 자형이 되었다. 고대사회에서 화살 통 속의 활$^{(葡)}$은 사람$^{(人)}$이 언제라도 갖추고 준비해야 하는 것임을 반영했다. 간화자에서는 줄임 형태인 备로 쓴다.

字形 甲骨文 金文 簡牘文 說文小篆 說文古文

憊(고달플 비): bèi, 心-12, 16, 10

字解 형성. 心$^{(마음 심)}$이 의미부고 備$^{(갖출 비)}$가 소리부로, 고달프다는 뜻인데, 위험이나 미래를 위해 무엇인가를 준비하고 갖추는$^{(備)}$ 마음$^{(心)}$은 힘들고 고달픈 것임을 반영했다. 『설문해자』에서는 心이 의미부이고 葡$^{(갖출 비)}$가 소리부인 憊로 썼다.

字形 說文小篆 說文或體

妃(왕비 비): fēi, 女-3, 6, 32

字解 형성. 女$^{(여자 여)}$가 의미부고 己$^{(몸 기)}$가 소리부로, 자신$^{(己)}$의 배우자$^{(女)}$를 말하며 이로부터 '왕의 비'라는 뜻이 나왔는데, 남성 중심의 사고가 반영되었다. 혹자는 己가 남성을 뜻하여 남성$^{(己)}$과 여성$^{(女)}$이 서로 짝을 이룬 모습에서 '배필'의 뜻이 나온 것으로 풀이하기도 한다.

字形 甲骨文 金文 說文小篆

肥(살찔 비): féi, 肉-4, 8, 32

字解 형성. 肉$^{(고기 육)}$과 巴$^{(병부 절, 節의 원래 글자)}$이 소리부로, 살$^{(肉)}$이 많음을 말하는데, 巴이 巴$^{(땅이름 파)}$로 변해 지금의 자형이 되었다.

字形 簡牘文 說文小篆

非(아닐 비): fēi, 非-0, 8, 42

字解 지사. 이의 자원에 대해서는 의견이 분분하지만, 『설문해자』에서는 "위배되다$^{(違위)}$는 뜻이며, 飛$^{(날 비)}$자의 아랫부분 날개를 본떴다."라고 했다. 즉 날아가는 새의 모습을 그린 飛에서 머리와 몸통이 제외된 모습으로, 왼쪽은 왼쪽 날개를 오른쪽은 오른쪽 날개를 그렸으며, 양 날개가 서로 반대 방향으로 나란히 펼친 데서 '나란하다'와 '등지다'의 뜻이 나왔고, 다시 부정을 표시하는 단어로 쓰이게 되었다. 그래서 非로 구성된 글자들은 주로 '나란하다'와 '위배되다'의 두 가지 뜻을 가진다.

字形 說文小篆

悲(슬플 비): bēi, 心-8, 12, 42

字解 형성. 心$^{(마음 심)}$이 의미부고 非$^{(아닐 비)}$가 소리부로, 비통하고 애통한 마음$^{(心)}$을 말하는데,

슬픔이라는 것이 정상적이지 않은^(非) 특별한 마음^(心)의 상태임을 반영했다.

字形 說文小篆

匪(대상자 비): fěi, 匚-8, 10, 20

字解 형성. 匚^(상자 방)이 의미부고 非^(아닐 비)가 소리부로, 광주리^(筐·광)와 비슷한 대^(竹)상자를 말했으나, 匪賊^(비적)과 같이 아니다^(非), 옳지 않다의 뜻으로 가차되어 쓰이게 되자 원래 뜻은 竹^(대 죽)을 더한 箟^(대상자 비)로 분화했다.

字形 說文小篆

榧(비자나무 비): fěi, 木-10, 14

字解 형성. 木^(나무 목)이 의미부고 匪^(대상자 비)가 소리부로, 비자나무^(木)나 그 열매를 말한다.

箟(대상자 비): fěi, 竹-10, 16

字解 형성. 竹^(대 죽)이 의미부고 匪^(대상자 비)가 소리부로, 대^(竹)로 만든 상자^(匪)를 말한다. ☞ 匪^(대상자 비)

字形 金文 說文小篆

棐(도지개 비): fěi, 木-8, 12

字解 형성. 木^(나무 목)이 의미부고 非^(아닐 비)가 소리부로, '도지개'를 말하는데, 뒤틀린 활을 양

쪽^(非)으로 끼워 바로 잡는 나무^(木)로 된 틀을 말한다.

字形 說文小篆

扉(문짝 비): fēi, 戶-8, 12, 10

字解 형성. 戶^(지게 호)가 의미부고 非^(아닐 비)가 소리부로, '문짝'을 말하는데, 양쪽으로 나란히^(非) 열고 닫도록 고안 된 문^(戶)이라는 뜻을 담았다.

字形 說文小篆

斐(문채 날 비): fěi, 文-8, 12

字解 형성. 文^(무늬 문)이 의미부고 非^(아닐 비)가 소리부로, 『설문해자』의 해석처럼 '아롱진 무늬^(分別文·분별문)'를 말한다.

字形 說文小篆

誹(헐뜯을 비): 诽, fěi, 言-8, 15, 10

字解 형성. 言^(말씀 언)이 의미부고 非^(아닐 비)가 소리부로, 어떤 사실과 다르게^(非) 말하여^(言) 誹謗^(비방)함을 말하며, 이로부터 훼방하다의 뜻도 나왔다.

字形 說文小篆

蜚(바퀴 비): fěi, 虫-8, 14, 10

字解 형성. 虫^(벌레 충)이 의미부고 非^(아닐 비)가 소리부로, 멸구와 같이 날아다니는 작은 곤충으로 타원형에 악취를 내며 벼꽃을 먹어치우는 나쁜^(非) 벌레^(虫)를 말하며, 이로부터 '해충'의 뜻이 나왔고, 다시 바퀴벌레를 뜻하기도 한다. 『설문해자』에서는 蟲^(벌레 충)이 들어간 蟲로 썼는데, 蟲이 虫으로 줄어 지금의 자형이 되었다.

字形 🔲 說文小篆 🔲 說文或體

翡(물총새 비): fěi, 羽-8, 14, 10

字解 형성. 羽^(깃 우)가 의미부고 非^(아닐 비)가 소리부로, 물총새나 장식용 물총새의 깃털^(羽)을 말하는데, 수컷의 붉은 깃을 翡라 하고 암컷의 푸른 깃을 翠^(물총새 취)라 한다.

字形 🔲 說文小篆

緋(붉은 빛 비): 绯, fěi, 糸-8, 14, 10

字解 형성. 糸^(가는 실 멱)이 의미부고 非^(아닐 비)가 소리부로, 붉은색의 비단^(糸)을 말하며, 이로부터 붉은색을 뜻한다. 붉은색의 비단옷은 옛날 보통 사람들이 아닌^(非) 관리들이 입던 옷^(糸)임을 반영했다.

字形 🔲 簡牘文 🔲 說文新附字

菲(엷을 비): fěi, 艸-8, 12

字解 형성. 艸^(풀 초)가 의미부고 非^(아닐 비)가 소리부로, 무 비슷한 채소^(艸)를 말하며, 엷다는 뜻도 가진다. 또 향초를 뜻하기도 하는데, 보통의 풀^(艸)이 아닌^(非) 향초라는 뜻을 반영했다.

字形 🔲 說文小篆

沸(끓을 비): fèi, 水-4, 8, 10

字解 형성. 水^(물 수)가 의미부고 弗^(아닐 불)이 소리부로, '물이 끓다'는 뜻인데, 물이 끓으면 물^(水)이 아닌^(弗) 기체의 상태로 변한다는 뜻을 반영했다. 이로부터 물이 끓다, 물이 끓어오르다, 물이 용솟음치다 등의 뜻이 나왔다.

字形 🔲 說文小篆

騑(곁마 비): fēi, 馬-8, 18

字解 형성. 馬^(말 마)가 의미부이고 非^(아닐 비)가 소리부이다. 『설문해자』의 해설처럼, '참^(驂)'과 같은데, 곁말^(菊馬)을 말한다. 곁말 즉 마차 옆에 예비로 따라가는 말을 말한다. 또 세 살 된 말을 지칭하기도 한다.

字形 🔲 說文小篆

飛(날 비): 飞, fēi, 飛-0, 9, 42

字解 상형. 『설문해자』에서는 "새가 날갯짓하며 날아오르는 모습을 그렸다"라고 했다. 중심선은 몸체를, 아래는 양쪽으로 펼쳐진 새의 깃을, 윗부분은 머리와 새털을 형상화해, 하늘을 향해 세차게 날아오르는 새의 모습

을 잘 그렸다. 이후 새는 물론 蟲飛(충비), 飛雲(비운), 飛煙(비연) 등과 같이 곤충, 구름, 연기 등이 날아오르는 것까지도 통칭하게 되었으며, 나아가 飛閣(비각·높은 전각)에서처럼 날아오를 듯 '높게' 지어진 건물을, 飛報(비보·급한 통지)처럼 날아갈 듯 '빠른' 모습을 뜻하기도 했다. 또 飛廉(비렴)은 고대 중국에서 바람을 관장하던 신을 말했는데, 이것을 우리말 '바람'의 어원으로 보기도 한다. 飛가 세차게 위로 날아오르는 것을 말한다면, 翔(빙빙 돌아 날 상)은 날갯짓(翔우)을 하며 이리저리 빙빙 도는 것을 말하는데, 소리부로 쓰인 羊(양 양)을 한나라 때의 '석명'이라는 책에서는 사람이 이리저리 배회하다는 뜻의 佯(헤맬 양)과 같은 것으로 풀이했다. 또 蜚(바퀴 비)는 원래 곤충(蟲충)이 날아오르는(非비, 飛의 아랫부분) 것을 말했지만, 종종 飛와 같이 쓰인다. 간화자에서는 날개 털 하나만 남긴 飞로 쓴다.

字形 金文 簡牘文 說文小篆

卑(낮을 비): bēi, 十-6, 8, 32

字解 회의. 이의 자원은 아직 명확하지 않지만 왼손(屮좌)으로 사냥도구를 든 모습을 그린 것으로 추정된다. 일반적으로 田(밭 전)과 攴(칠 복)으로 구성된 것으로 보고, 밭(田)에서 일을 강제하는(攴) 모습을 그렸으며 이 때문에 '시키다'의 뜻이 나왔고, 시키는 일을 해야 하는 사람의 의미로부터 지위가 '낮다'는 뜻이 생긴 것으로 풀이한다. 하지만, 금문을 더 자세히 살펴보면 왼손(屮, 又의 반대 꼴)과 單(홑 단)의 아랫부분처럼 뜰채 모양의 사냥

도구로 구성되어, 왼손으로 뜰채를 잡고 사냥하는 모습을 그린 글자로 풀이하는 것이 더 타당해 보인다. 고대의 여러 그림을 보면 사냥대열에 언제나 말을 탄 지휘자가 있고 그 아래로 뜰채를 들고 이리저리 뛰어다니며 열심히 짐승들을 생포하는 사람들이 보인다. 뜰채를 든 사람은 말 탄 사람보다 지위가 낮고 힘든 일을 하기에 卑에 '낮음'과 일을 '시키다'는 의미가 담기게 되었으며, 돕다 보좌하다의 뜻도 나왔다. 소전체에 들면서 卑는 甲(첫째 천간 갑)과 왼손의 결합으로 변하는데, 뜰채를 그린 부분이 갑옷을 의미하는 甲으로 바뀌었는데, 이것은 자형의 유사성도 유사성이지만 사냥은 곧 전쟁이라는 고대인들의 심리적 무의식과도 연계되어 있음을 보여준다.

字形 金文 古陶文 盟書 說文小篆

碑(돌기둥 비): bēi, 石-8, 13, 40

字解 형성. 石(돌 석)이 의미부고 卑(낮을 비)가 소리부로, 하관할 때 관을 줄에 매어 내리도록(卑) 도와주는 돌(石) 기둥을 말했는데, 이후 묘지의 주인을 표기하는 용도로 변화되었다.

字形 說文小篆

婢(여자 종 비): bì, 女-8, 11, 32

字解 형성. 女(여자 여)가 의미부고 卑(낮을 비)가 소리부로, 수고스런 일을 하는 지위가 낮은(卑) 여자(女) 종을 말하며, 이로부터 여자를 낮추어 부르거나 여자가 자신을 낮추어 부를 때 사용되기도 했다.

字形 甲骨文 說文小篆

痺(암 메추라기 비): 痹, [疕], bì, 疒-8, 13, 10

字解 형성. 疒(병들어 기댈 녁)이 의미부고 卑(낮을 비)가 소리부로, 병의 하나인 痺症(비증)을 말하는데, 한의학에서는 風(풍), 寒(한), 濕(습) 등에 의해 일어나 지체에 통증이 오거나 마비가 일어나는 병을 말한다. 또 암 메추라기를 말하는데, 수컷을 鵯(수 메추리 개)라 하고 암컷을 痺라 한다. 『산해경』에 의하면, "櫃山(귀산)에 사는 새로 솔개(鴟치)처럼 생겼으나 손은 사람 손을 하였고, '비(痺)'라 소리를 내며 운다."라고 했다. 달리 소리부인 卑를 比(견줄 비)로 바꾼 疕로 쓰기도 하며, 간화자에서는 卑를 畀(줄 비)로 바꾸어 痹로 쓴다.

字形 古陶文 說文小篆

脾(지라 비): [腗], pí, 肉-8, 12, 10

字解 형성. 肉(고기 육)이 의미부고 卑(낮을 비)가 소리부로, 오장 중에서 土(토)에 속하는 장기로, 胃(위)의 아래에서 胃가 소화할 수 있도록 도와주는(卑) 장기(肉)라는 뜻을 담았다.

字形 古陶文 說文小篆

裨(도울 비): [襬], pí, 衣-8, 13, 10

字解 형성. 衣(옷 의)가 의미부고 卑(낮을 비)가 소리부로, 옛날 제사 때 입던 예복(衣)을 말했는데, 황제 다음가는(卑) 등급의 관리가 입던 옷이었기에, 보좌하다는 뜻이 나왔다. 또 옷을 깁다나 보충하다, 더하다 등의 뜻도 가진다.

字形 金文 說文小篆

俾(더할 비): bǐ, 人-8, 10

字解 형성. 人(사람 인)이 의미부고 卑(낮을 비)가 소리부로, 문지기를 뜻하고, 일을 시키거나 맡기다는 뜻도 가지는데, 사람(人)에게 뜰채로 사냥하는 것(卑)과 같은 수고스런 일을 '시키다'는 의미를 담았다. 또 성가퀴 즉 성 위에 낮게 쌓은 담을 말하기도 한다.

字形 金文 古陶文 說文小篆

椑(술통 비): pí, 木-8, 12

字解 형성. 木(나무 목)이 의미부고 卑(낮을 비)가 소리부로, 나무(木)로 만든 술통을 말한다.

字形 金文 古璽文 簡牘文 說文小篆

埤(더할 비): pí, 土-8, 11

字解 형성. 土^(흙 토)가 의미부이고 卑^(낮을 비)가 소리부이다. 『설문해자』의 해설처럼, '더하다^(增)'라는 뜻이다. 흙^(土)을 더해^(卑) 쌓은 '담'을 말하며 이로부터 낮은 담, 성 위에 낮게 쌓은 담을 말하는 성가퀴를 말하였고, 또 더하다, 낮다, 돕다 등의 뜻도 나왔다. 그렇다면 卑도 의미의 결정에 관여하고 있는 셈이다.

字形 埤 說文小篆

陴(성가퀴 비): pí, 阜-3, 11

字解 형성. 阜^(언덕 부)가 의미부이고 卑^(낮을 비)가 소리부이다. 『설문해자』의 해설처럼, '성가퀴, 즉 [몸을 숨기고 적을 감시하거나 공격하고재] 성 위에 낮게 쌓은 담^(城上女牆俾倪)'를 말한다. 이로부터 돕다, 보조하여 돌보다는 뜻이 나왔다. 그래서 陴屋^(비옥)은 城^(성) 위에 있는 낮은 담과 집을 말한다.

字形 陴 說文小篆

譬(비유할 비): pì, 言-13, 20, 10

字解 형성. 言^(말씀 언)이 의미부고 辟^(임금 벽)이 소리부로, 어떤 현상이나 사물을 다른 말^(言)로 빗대어서 설명함^(譬喻·비유)을 말하며, 이로부터 알게 하다, 알다의 뜻도 나왔다.

字形 譬 簡牘文 譬 說文小篆

臂(팔 비): bì, 肉-13, 17, 10

字解 형성. 肉^(고기 육)이 의미부고 辟^(임금 벽)이 소리부로, 신체 부위^(肉)의 하나인 팔을 말하며, 동물의 앞다리, 기계의 튀어나온 부분도 뜻하게 되었다.

字形 臂 臂 簡牘文 臂 說文小篆

鼻(코 비): bí, 鼻-0, 14, 50

字解 형성. 코를 그린 自^(스스로 자)와 소리부인 畀^(줄 비)로 구성된 형성자로, 自가 원래 의미인 '코'를 나타내지 못하고 일인칭 대명사로 쓰이게 되자 소리부를 더하여 분화한 글자이다. 그렇게 본다면 鼻는 이미 두 개의 글자가 합쳐져 만들어진 합성자에 해당하기 때문에 더는 분리될 수 없는 최소의 단위가 부수임을 고려할 때, 이는 부수로 세워져서는 아니 될 글자인데도 214부수로 설정되었다. 鼻는 鼻祖^(비조)에서처럼 '시초'나 '처음'이라는 뜻을 갖는데, 『正字通^(정자통)』에 의하면 태 안에서 일정 정도 자라서 나오는 "태생 동물은 코의 형태부터 먼저 형성되기 때문에 鼻祖라는 말이 생겼다."라고 했다. 鼻로 구성된 글자는 많지 않지만 모두 '코'와 관련된 의미를 갖는다.

字形 鼻 鼻 簡牘文 鼻 說文小篆

鄙(마을 비): bǐ, 邑-11, 14, 10

字解 형성. 邑^(고을 읍)이 의미부고 啚^(인색할 비)가 소리부로, 곡식 창고^(啚)가 설치되었던 都邑^(도읍)의 주위 지역을 말했는데, 그곳은 주변이자 변두리였으며 중심보다 덜 발달하고 '비루한' 곳이었기에 '지방'이라는 뜻까지 생겼다. 또 품질 등이 조악하다, 경멸하다는 뜻도 나왔고, 자신에 대한 겸칭 등으로도 쓰였다.

字形 [甲骨文] [金文] [簡牘文] [說文小篆]

轡(고삐 비): pèi, 車-15, 22

字解 회의. 絲^(실 사)와 軎^(굴대 끝 세)로 이루어져, 굴대 끝^(軎)에서 실^(絲)로 연결한 고삐를 말하며, 이후 재갈도 뜻하게 되었다.

字形 [甲骨文] [金文] [古陶文] [古璽文] [說文小篆]

畀(줄 비): [畁], bì, 田-3, 8

字解 형성. 丌^(책상 기)가 의미부이고 由^(귀신머리 비)가 소리부로, '주다'는 뜻이며, 이로부터 위탁하다, 위임하다의 뜻이 생겼다.

字形 [金文] [簡牘文] [石刻古文] [說文小篆]

淠(강 이름 비): pì, 水-8, 11

字解 형성. 水^(물 수)가 의미부이고 畀^(줄 비)가 소리부로, 강 이름이다. 하남성 潢州^(황주)현 동쪽에서 북으로 흘러 淮河^(회하)로 흘러든다. 또 안휘성에 있는 沘河^(비하)를 말하기도 한다.

字形 [金文] [說文小篆]

빈

貧(가난할 빈): 贫, pín, 貝-4, 11, 42

字解 형성. 貝^(조개 패)가 의미부고 分^(나눌 분)이 소리부로, 재화^(貝)를 나누어^(分) 재물이 부족함을 말하며, 이로부터 貧困^(빈곤)하다, 가난하다, 부족하다의 뜻이 나왔다.

字形 [說文小篆]

彬(빛날 빈): bīn, 彡-8, 11

字解 회의. 彡^(터럭 삼)과 林^(수풀 림)으로 구성되어, 문채^(彡)가 숲^(林)처럼 무성함을 말한다. 문채란 文^(글월 문)과 武^(굳셀 무)를 겸비해야 하는 것이었으며, 그래서 斌^(빛날 빈)과 같은 뜻으로 쓰였다. 『설문해자』에서는 份^(빛날 빈)의 고문이라고 했다.

字形 [說文小篆] [說文古文]

斌(빛날 빈): [彬, 份], bīn, 文-8, 12

字解 회의. 文^(무늬 문)과 武^(굳셀 무)로 구성되어, 彬^(빛날 빈)과 같은 글자인데, 文과 武^(굳셀 무)가 합쳐져 武를 겸한 완전한 인간상을 뜻하며, 여기서 文은 인간의 인문정신을 상징한다. 이러한 모습은 조선시대 문헌에 자주 등장하는 儒^(선비 유)자의 약자^(牛字반자)인 伩가 요샛말로 하면 인문학^(文)을 하는 사람^(人)이라는 뜻인 데서도 잘 드러난다. 이처럼 文의 의미는 단순한 '아름다움'만 지향하고 있지는 않다. 시신에 새긴 무늬가 원래 영혼을 육신으로부터 분리될 수 있도록 하려는 조치였던 것처럼, 文은 중국에서 언제나 정신^(心심)과 밀접하게 연결되는 전통을 보여 왔는데, 이를 '文心' 전통이라 부른다. 文이 단순한 무늬가 아니라 정신을 표명하게 된 것은 文의 어원이 시신에 칼집을 내어 영혼을 육체로부터 분리시키고 새로운 생명을 부여하고자 하는 원시 무속적 행위에서 출발했고, 그런 文은 출발부터 인간의 영혼이 출입하는 門^(문)으로서의 기능을 담았기 때문이다. 文의 이러한 속성은 文의 기능이 중국에서 文章^(문장), 文飾^(문식)을 넘어서 文心의 기능으로까지 옮겨간 데서도 잘 알 수 있다. ☞ 文^(글월 문)

牝(암컷 빈): pin, 牛-2, 6

字解 형성. 牛^(소 우)가 의미부고 匕^(비수 비)가 소리부로, 소^(牛)의 암컷^(匕)을 말한다. 농경사회에서 소가 짐승의 대표였으므로 '암컷'의 총칭으로 쓰였고, 여성의 성기, 여성의 뜻 이외에도 陽^(양)과 대칭되는 陰^(음)이나 계곡의 상징으로도 쓰였다.

字形 甲骨文 簡牘 文 說文小篆

玭(구슬이름 빈): pín, 玉-4, 8

字解 형성. 玉^(옥 옥)이 의미부고 比^(견줄 비)가 소리부로, 옥^(玉)의 이름을 말한다.

字形 說文小篆

賓(손 빈): 宾, bīn, 貝-7, 14, 30

字解 회의. 원래 宀^(집 면)과 人^(사람 인)과 止^(발 지)로 구성되어, 집^(宀)으로 찾아오는^(止) '손님^(人)'을 그렸다. 人은 때에 따라서 元^(으뜸 원)이니 兀^(우뚝할 올)이나 女^(계집 녀)로 표현되기도 했는데, 모두 '사람'을 지칭하여 같은 뜻이다. 방문에는 예물을 지참하는 것이 전통적인 예의였으므로 貝^(조개 패)가 더해져 지금의 자형인 賓이 되었다. 손을 맞아들이다는 뜻에서 접대하다, 모시다 등의 뜻도 나왔다. 간화자에서는 宀이 의미부이고 兵^(군사 병)이 소리부인 宾으로 쓴다.

字形 甲骨文 金文 簡牘文 說文小篆

嬪(아내 빈): 嫔, pín, 女-14, 17, 10

字解 형성. 女^(여자 여)가 의미부고 賓^(손 빈)이 소리

부로, 임금의 딸(女)이 남의 집으로 가는 것(賓)을 뜻해, 출가함을 말했는데, 이후 궁녀를 뜻하게 되었고, 다시 '아내'라는 뜻도 나오게 되었다. 간화자에서는 賓을 宾으로 바꾼 嬪으로 쓴다.

字形 𡜙𡟈𡢧 金文 𡢾 說文小篆

濱(물가 빈): 滨, bīn, 水-14, 17, 10

字解 형성. 水(물 수)가 의미부고 賓(손 빈)이 소리부로, 물가(水)를 뜻하며, 이후 변경이나 가깝다는 뜻까지 갖게 되었다. 간화자에서는 賓을 宾으로 바꾼 滨으로 쓴다.

字形 𤂖𤂋𣳫 金文 𤁴 說文小篆

殯(염할 빈): 殡, bìn, 歹-14, 18, 10

字解 형성. 歹(뼈 부서질 알)이 의미부고 賓(손 빈)이 소리부로, 靈柩(영구)를 세워두고 시신(歹)의 안장을 기다리는(賓) 것을 말하며, 이로부터 염하다의 뜻이 나왔다. 간화자에서는 賓을 宾으로 바꾼 殡으로 쓴다.

字形 𣩤 說文小篆

檳(빈랑나무 빈): 槟, bīng, 木-14, 18

字解 형성. 木(나무 목)이 의미부고 賓(손 빈)이 소리부로, 檳榔(빈랑)나무를 말하는데, 종려과 상록교목에 속하며 열매는 타원형으로 橙紅(등홍)색을 띠며 약용으로 쓰인다. 간화자에서

는 賓을 宾으로 바꾼 槟으로 쓴다.

頻(자주 빈): 频, pín, 頁-7, 16, 30

字解 형성. 금문에서 涉(건널 섭)과 頁(머리 혈)로 구성되었는데, 소전체에서 涉이 步(걸을 보)로 줄었다. 물을 건너갈(涉) 때 물이 깊어 얼굴(頁)을 찌푸리는 모습을 그려, 얼굴을 '찡그리다'가 원래 뜻이다. 이후 '자주'라는 부사로 가차되어 頻度(빈도)라는 뜻이 나왔으며, 원래 뜻은 口(입 구)를 더한 嚬(찡그릴 빈)으로 분화했다.

字形 𩠹𩡆𣲤 金文 𩕇 說文小篆

嚬(찡그릴 빈): pín, 口-16, 19, 10

字解 형성. 口(입 구)가 의미부고 頻(자주 빈)이 소리부로, 물을 건너면서 물길이 깊어 불평을 하면서(口) 얼굴을 찌푸리는(頻) 것을 말한다. 달리 口 대신 卑(낮을 비)가 들어간 顰(찡그릴 빈)으로 쓰기도 한다. ☞ 頻(자주 빈)

字形 𩕥 說文小篆

瀕(물가 빈): [頻], bīn, 水-16, 19, 10

字解 형성. 水(물 수)가 의미부고 頻(자주 빈)이 소리부로, 물가를 말하며, 이로부터 근접하다의 뜻도 나왔는데, 물길(水)을 건너갈(涉) 때 물이 깊어 얼굴(頁)을 찌푸리는 모습을 담았다.

字形 𤅷 說文小篆

빙

冫(얼음 빙): bīng, 冫-0, 2

(字解) 상형. 冫은 갑골문에서는 두 개의 얼음 덩어리를 그렸고, 금문에서는 얼음이 될 때 체적이 불어나 위로 부풀어 오른 모습을 형상화했다. 이후 얼음이 물에서 만들어짐을 강조하기 위해 다시 水^(물 수)를 더해 冰^(얼음 빙)이 되었고, 다시 氷으로 축약되었다. 물이 얼어 얼음이 되는 것, 즉 액체가 고체로 변하는 현상은 대단히 신비한 발견이었을 것이다. 그래서 이러한 변화를 표현할 글자가 필요했는데, 凝固^(응고)에서의 凝^(엉길 응)이 그것이다. 凝은 물인지 얼음^(冫)인지 아직 의심^(疑)이 가는 結氷^(결빙)의 진행 단계를 말한 것으로 보인다. 이외에도 冫부수에 귀속된 冬^(겨울 동), 冶^(불릴 야), 冷^(찰 냉), 凉^(서늘할 량) 등은 모두 얼음과 관련되어 있다.

氷(얼음 빙): bīng, 水-1, 5

(字解) 형성. 水^(물 수)가 의미부고 冫^(얼음 빙)이 소리부로, 물^(水)로부터 만들어진 얼음^(冫)을 말했다. 갑골문에서는 두 개의 얼음 덩어리를 그렸고, 금문에서는 仌으로 적어 얼음이 될 때 체적이 불어나 위로 부풀어 오른 모습을 형상화했다. 이후 얼음이 물에서 만들어짐을 강조하기 위해 다시 水를 더해 冰^(얼음 빙)이 되었고, 다시 축약되어 지금의 氷이 되었다.

(字形) 金文 說文小篆

馮(탈 빙·성 풍): féng, píng, 馬-2, 12

(字解) 형성. 馬^(말 마)가 의미부이고 冫^(얼음 빙)이 소리부다. 『설문해자』의 해설처럼, '말이 빨리 달리다^(馬行疾)'라는 뜻이다. 얼음^(冫) 위를 쏜살같이 달려가는 대단한 말^(馬)로부터 '뽐내다'는 뜻을 그렸으며, 이로부터 업신여기다, 걸어서 물을 건너다의 뜻도 나왔다. 또 성씨로도 쓰였다. 暴虎馮河^(포호빙하)는 "범을 맨손으로 두드려 잡고, 큰 강을 배 없이 걸어서 건넌다."라는 뜻으로, 용기는 있으나 무모하기 이를 데 없는 행위를 이르는 말로 쓰인다.

(字形) 說文小篆

憑(기댈 빙): píng, 心-12, 16, 10

(字解) 형성. 心^(마음 심)이 의미부고 馮^(성풍뽐낼 빙)이 소리부로, 마음^(心)으로 의지하다는 뜻으로부터 '의지하다', '들러붙다' 등의 뜻이 나왔다.

聘(찾아갈 빙): pìn, 耳-7, 13, 30

(字解) 형성. 耳^(귀 이)가 의미부고 甹^(말이 잴 병)이 소리부로, 방문하다, 초빙하다는 뜻인데, 물음을 구하고 귀담아듣기^(耳) 위해 말을 달려^(甹) 찾아가고 물어보다는 뜻을 그렸으며, 이로부터 招聘^(초빙)에서처럼 훌륭한 사람을 모시다는 뜻도 생겼다.

多裔骞簡牘文 聘 說文小篆

騁(달릴 빙): 骋, chěng, 馬-7, 17

字解 형성. 馬^(말 마)가 의미부고 甹^(말이 잴 병)이 소
리부로, 말^(馬)이 빠르게^(甹) 달리다는 뜻이
며, 제멋대로 달려댄다는 뜻에서 방종의 뜻
도 나왔다.

字形 騁 說文小篆

人

사

厶(사사 사): sī, 厶-0, 2

字解 지사. 한자의 어원 해석 대상이 되었던 최초의 글자 중의 하나로, 『설문해자』 이전 『韓非子』(한비자)에서 "창힐이 글자를 만들 때, 스스로 테두리를 지우는 것을 사사로움(私사, 厶의 분화자)이라 하고, 사사로움에 반대되는 것이 公(공변될 공)이다."라고 풀이했다. 厶는 갑골문에서는 아직 보이지 않고, 『설문해자』에서는 테두리가 지어진 모습을 그렸다. 하지만, 여기서 파생한 公은 이미 갑골문에서부터 등장하여 八(여덟 팔)과 厶로 구성되었는데, 사사로움(厶)을 없애 우리와 남, 안과 밖의 경계를 허문다(八)는 뜻을 담았다. ☞ 公(공변될 공)

字形 說文小篆

似(같을 사): [佀], sì, 人-5, 7, 30

字解 형성. 人(사람 인)이 의미부고 以(써 이)가 소리부로, 사람(人)이 쟁기(㠯, 以의 고자)를 든 모습으로 보이나, 정확한 자원은 밝혀져 있지 않다. 『설문해자』에서 '닮았다'는 뜻이라고 했으며, 이후 恰似(흡사)하다는 뜻 외에도 '마치 …같다'는 의미의 비교를 나타내는 개사로 쓰였다.

字形 金文 說文小篆 說文小篆

邪(간사할 사): yá, 邑-4, 7, 32

字解 형성. 邑(고을 읍)이 의미부고 牙(어금니 아)가 소리부로, 원래는 산동성에 위치한 琅邪郡(낭아군)을 지칭했다. 이후 琅邪를 琅琊(낭야)로 부르기도 하여, 玉(옥 옥)이 들어간 琊로 쓰기도 한다. 이후 부정하다, 邪惡(사악)하다는 뜻으로 가차되었다.

字形 簡牘文 說文小篆 說文小篆

蓑(도롱이 사): [簑], suō, 艸-10, 14, 10

字解 형성. 艸(풀 초)가 의미부고 衰(쇠할 쇠)가 소리부로, 풀(艸)이나 짚으로 만든 도롱이를 말한다. ☞ 衰(쇠할 쇠)

字形 簡牘文 簡牘文 蓑 玉篇

司(맡을 사): sī, 口-2, 5, 32

字解 회의. 갑골문에서 거꾸로 된 모습의 숟가락(匕)과 口(입 구)로 구성되어, 음식물을 숟가락으로 떠서 이에 넣어 '먹이다'는 뜻을 그렸다. 옛날 제사에서 제삿밥을 올리는 행위를 司라 했으며, 이후 有司(유사)에서처럼 그런 제의를 주관하는 사람을 지칭하게 되었다. 그러자 '먹이다'는 원래 뜻은 食(밥 식)을 더하여 飼(먹일 사)로 분화했다.

字形 甲骨文 甲骨文 金文 金文

ㄱㄹ ㄷ 古陶文 ㅋ ㅋ 盟書 ㄱ 帛書
ㄱㄱㄹ ㄱㅋ 簡牘文 ㄱ 古璽文 ㅋ
說文小篆

부로, 속에 담은 뜻을 갈무리 해$^{(司)}$ 입 밖
으로 말하다$^{(言)}$는 뜻이며, 이로부터 언사,
소송, 구실을 대다 등의 뜻이 나왔다. 또
현대 중국어의 문법 용어로 쓰여, 독음과
의미와 문법 기능을 가진 최소의 독립단위
인 '단어'를 뜻한다.

(字形) 簡牘文 說文小篆

飼(먹일 사): [飤], sì, 食-5, 14, 20

(字解) 형성. 食$^{(밥 식)}$이 의미부고 司$^{(맡을 사)}$가 소리
부로, 밥$^{(食)}$을 먹이다$^{(司)}$는 뜻이며, 이로부
터 기르다는 뜻도 나왔다. 원래는 다른 사
람$^{(人·인)}$에게 음식을 먹인다$^{(食)}$는 뜻의 飤$^{(먹}$
$^{일 사)}$로 썼으나 人이 司로 바뀌어 지금의
형성구조로 변했다. ☞ 食$^{(밥 식·먹일 사)}$

伺(엿볼 사): sì, 人-5, 7

(字解) 형성. 人$^{(사람 인)}$이 의미부고 司$^{(맡을 사)}$가 소리
부로, 사람$^{(人)}$이 어떤 일을 맡아 관리하면
서$^{(司)}$ 상태를 살핀다는 뜻이며, 이로부터
관찰하다, 엿보다, 기회 등의 뜻이 나왔고,
이후 기다리다 등의 뜻으로 발전했다.

(字形) 說文小篆

(字形) 金文
古陶文 簡牘文 說文小篆

嗣(이을 사): sì, 口-10, 13, 10

(字解) 형성. 口$^{(입 구)}$와 冊$^{(책 책)}$이 의미부고 司$^{(맡을}$
$^{사)}$가 소리부로, 명령서$^{(冊)}$를 입$^{(口)}$으로 읽
어 내리며 일을 맡기다$^{(司)}$는 뜻을 그렸다.
이후 '임금의 자리를 계승하다'는 뜻이 나왔
고, 이로부터 계승하다, 계승자 등의 뜻으
로 파생되었다.

祠(제당 사): cí, 示-5, 10, 10

(字解) 형성. 示$^{(보일 시)}$가 의미부고 司$^{(맡을 사)}$가 소리
부로, '사당'을 말하는데, 음식물을 떠서 올
리며$^{(司)}$ 제사$^{(示)}$를 지내는 곳임을 뜻한다.
또 옛날에는 봄에 올리는 제사 이름으로
쓰이기도 했다.

(字形) 金文 石刻古文
說文小篆 說文古文

(字形) 甲骨文 金文 簡牘文
說文小篆

詞(말씀 사): 词, cí, 言-5, 12, 32

(字解) 형성. 言$^{(말씀 언)}$이 의미부고 司$^{(맡을 사)}$가 소리

沙(모래 사): [砂], shā, 水-4, 7, 32

字解 형성. 水^(물 수)... 형성. 水^(물 수)가 의미부고 少^(적을 소)가 소리부로, 물^(水) 가에 있는 작은^(少) 모래알을 말하며, 이로부터 모래톱이나 沙洲^(사주), 사막 등의 뜻이 나왔다. 물가의 작은 모래알이라는 뜻에서 매우 가늘고 작은 입자나 사물을 뜻하기도 한다. 달리 石^(돌 석)으로 구성된 砂^(모래 사)로 쓰기도 한다. ☞ 小^(작을 소)

字形 [金文] [古陶文] [簡牘文] [說文小篆] [說文或體]

娑(춤 출 사): suō, 女-7, 10, 10

字解 형성. 女^(여자 여)가 의미부고 沙^(모래 사)가 소리부로, 춤추다는 뜻이며, 춤을 추는 여인^(女)처럼 사뿐사뿐 경쾌하게^(沙) 흩날리는 모습을 말한다. 또 불교 용어로 娑婆^(사바) 즉 娑婆世界^(사바세계)를 말하는데, 석가모니가 교화한 3천 大千^(대천) 세계의 총칭이다.

字形 [說文小篆]

砂(모래 사): [沙], shā, 石-4, 9

字解 형성. 石^(돌 석)이 의미부고 少^(적을 소)가 소리부로, 돌^(石)이 잘게^(少) 부수어져 만들어진 '모래'를 말하며, 沙^(모래 사)와 같다. 하지만, 중국에서는 모래가 주로 내륙에서 만들어지므로 石이 들어간 砂를 많이 쓰고, 한국에서는 바다에서 많이 만들어지므로 水^(물 수)

가 들어간 沙를 주로 쓴다. ☞ 沙^(모래 사)

紗(깁 사): 纱, shā, 糸-4, 10, 10

字解 형성. 糸^(가는 실 멱)이 의미부고 少^(적을 소)가 소리부로, 가볍고^(少) 섬세한 실로 짠 모직물이나 비단^(糸)을 말하여, 面紗布^(면사포) 등의 뜻이 나왔다. 이후 화학섬유까지 지칭하게 되었다.

莎(향부자 사): suō, 艸-7, 11

字解 형성. 艸^(풀 초)가 의미부고 沙^(모래 사)가 소리부로, 香附子^(향부자)를 말하는데, 다년생 초본식물로 대부분 습지나 강가의 모래^(沙) 땅에 잘 자라는 식물^(艸)이라는 뜻을 담았다. 줄기는 곧고 세모꼴이며, 잎은 가늘고 길며 진한 녹색이며, 재질이 강하고 광택이 난다. 여름에 이삭 모양의 적갈색의 작은 꽃을 피운다.

字形 [簡牘文] [說文小篆]

絲(실 사): 丝, sī, 糸-6, 12, 40

字解 회의. 두 개의 糸^(가는 실 멱)으로 결합되었는데, 糸은 비단 실타래를 그렸다. 그래서 絲는 비단 실을 뜻한다. 영어의 'silk'나 우리말의 '실'이라는 말은 모두 여기에서 근원한 것으로 알려졌다. 비단 실은 가늘고 세밀한 것이 특징이므로 '가늘다'는 뜻이 나왔고, 극히 미세한 부분을 뜻하게 되었다. 무게나 길이 단위로도 쓰였는데, 10絲가 1豪^(호)에 해당하였으니, 터럭보다 더 가늘고 가벼운

것으로 인식되었음을 볼 수 있다. 간화자에서는 아랫부분을 한 획으로 줄여 丝로 쓴다.

字形 𠂤 甲骨文　𠂤 金文

𠂤 簡牘文　絲 說文小篆

賜(줄 사): 赐, cì, 貝-8, 15, 30

字解 형성. 貝^(조개 패)가 의미부고 易^(바꿀 역·쉬울 이)가 소리부로, 윗사람이 아랫사람에게 상을 내리는 것을 말하는데, 상으로 받은 물건은 돈^(貝)으로 쉽게 바꿀 수 있다^(易)는 뜻을 반영했다. 이로부터 下賜^(하사)하다, 하사품, 은혜를 베풀다 등의 뜻이 나왔고, 상대를 높이는 경어로도 사용되었다.

字形 𧴪 金文　賜 古陶文

賜 簡牘文　賜 說文小篆

寫(베낄 사): 写, xiě, 宀-12, 15, 50

字解 형성. 宀^(집 면)이 의미부고 舄^(신 석)이 소리부로, 집안^(宀)에다 물건을 놓아두다, 집안으로 물건을 옮기다 등의 뜻을 그렸고, 이후 '옮겨 적다', 筆寫^(필사)하다, 베끼다 등의 뜻을 갖게 되었다. 간화자에서는 宀을 冖^(덮을 멱)으로 대신하고 舄를 초서체로 바꾼 写로 쓴다.

字形 寫 簡牘文　寫 說文小篆

瀉(쏟을 사): 泻, xiè, 水-15, 18, 10

字解 형성. 水^(물 수)가 의미부고 寫^(베낄 사)가 소리부로, 물^(水)을 기울여 붓는 것을 말하며, 이로부터 물이 급히 흐름의 뜻이 나왔고, 기울어지다, 배설하다, 감정을 쏟아 내다 등의 뜻도 나왔다. 간화자에서는 寫를 写로 바꾼 泻로 쓴다.

肆(늘어놓을 사): [肆], sì, 聿-7, 13

字解 회의. 镸^(長·길 장)과 隶^(미칠 이)로 구성되어, 잡은 짐승^(隶)을 길게^(镸) 늘어놓고 파는 '가게'를 말했는데, 隶가 聿^(붓 율)로 변해 지금의 자형이 되었다. 이로부터 진설하다, 드러내다의 뜻이, 길고 크게 늘어 놓다는 뜻에서 과시하다, 제멋대로 하다, 방종스럽다 등의 뜻이 나왔다. 또 길게 늘어놓고 파는 곳이라는 뜻에서 가게, 점포를 말하기도 한다. 四^(넉 사)와 발음이 같아 四의 갖은 자로도 쓰인다. 『설문해자』의 혹체자에서는 镸 대신 髟^(머리털 드리워질 표)가 들어가기도 했다.

字形 肆 金文　肆 說文小篆　髬 說文或體

蛇(뱀 사): [虵], shé, 虫-5, 11, 32

字解 형성. 虫^(벌레 충)이 의미부이고 它^(다를 타)가 소리부로, 뱀^(虫)을 말한다. 원래는 虫이 없는 它로 써 뱀을 그린 상형자였으며, 머리가 마름모꼴로 그려진 것으로 보아 살무사의 일종으로 보인다. 이후 '그것'이라는 대명사로 가차되어 쓰이게 되자 원래 뜻은 虫을 더해 蛇로 분화했다. 달리 它 대신 也

^(어조사 야)가 들어간 虵로 쓰기도 했다. ☞
虫^(벌레 충蟲)

字形 甲骨文 金文 古陶文 簡牘文 說文小篆 說文或體

使(부릴 사): shǐ, 人-6, 8, 60

字解 형성. 人^(사람 인)이 의미부고 吏^(벼슬아치 리)가
소리부로, 붓을 든 사관^(史사)으로 대표되는
관리^(吏)에게 일을 맡겨 시킴을 말하며, 이
로부터 시키다, 파견하다, 명령하다, 使臣^(사신)으로 가다 등의 뜻이 나왔으며, 使役^(사역)
을 나타내는 동사로도 쓰인다.

字形 甲骨文 金文 古陶文 簡牘文 石刻古文 說文小篆

斜(비낄 사): xié, 斗-7, 11, 32

字解 형성. 斗^(말 두)가 의미부이고 余^(나 여)가 소리
부로, '나^(余)'의 말^(斗)이라는 뜻이다. 자신
^(余)이 재는 용기^(斗)는 언제나 자신의 이익
을 중심으로 치우치기 마련이기에 斜에 '치
우치다', '비끼다', '비뚤다'는 뜻이, 다시 '올
바르지 않다^(不正부정)', '비스듬하다'는 뜻이
나왔다.

字形 說文小篆

史(사관 사): shǐ, 口-2, 5, 52

字解 회의. 원래는 장식된 붓을 손^(又)으로 쥔 모
습을 그렸는데, 자형이 조금 변해 지금처럼
되었다. 손에 붓을 쥔 모습으로부터 역사를
기록하는 史官^(사관)이라는 의미를 담았으며,
이후 문서 관리나 역사를 기록하는 관리의
일반적인 명칭이 되었다. 이로부터 歷史^(역사), 자연이나 사회의 발전과정을 지칭하게
되었으며, 또 『史記^(사기)』의 간칭으로도 쓰
인다. ☞ 事^(일 사)

字形 甲骨文 金文 古陶文 簡牘文 說文小篆

師(스승 사): 师, shī, 巾-7, 10, 42

字解 형성. 帀^(두를 잡)이 의미부이고 自^(군사 사, 師의 본래 글자)가 소리부로, 군사, 군대, 지도자, 스
승을 뜻한다. 갑골문에서는 自로만 써, 帀
^(두를 잡)이 빠진 모습이다. 自의 자원에 대해
서는 의견이 분분하지만, 이를 가로로 눕히
면 丘陵^(구릉)이 되고, 그래서 '작은 언덕'을
그린 것으로 추정된다. 끝없이 펼쳐진 황토
평원에서 丘陵은 여러 특수한 기능을 해
왔는데, 홍수로부터 침수를 막아 주기도 하
며, 주위에서 쳐들어오는 적을 조기에 발견
하여 방어할 수 있도록 해주었다. 심지어는
하늘과도 통할 수 있는 곳으로 생각되기도
했다. 그래서 고대 중국인들은 城^(성)을 이
러한 구릉에다 세웠으며, 王陵^(왕릉)도 이러
한 곳에다 만들었다. 都城^(도성)이나 왕릉이
위치한 곳은 반드시 軍師^(군사)들이 지키게

마련이다. 그래서 師에 '軍師'라는 뜻이 생겼으며, 옛날에는 2천5백 명의 軍隊^(군대)를 師라고도 했다. 금문에 들면서 이러한 의미를 더 강조하기 위해 '사방으로 둘러치다'는 뜻의 帀을 더해 지금처럼 師가 되었다. 이후 군대의 지도자를 뜻하였고, 이로부터 스승, 모범 등의 뜻이 나왔고, 다시 醫師^(의사)에서처럼 어떤 전문적인 기술을 가진 사람을 부르는 말로도 쓰였다. 간화자에서는 自를 간단히 줄인 师로 쓴다.

字形 甲骨文 金文 石刻古文 說文小篆 說文古文

獅(사자 사): 狮, shī, 犬-10, 13, 10

字解 형성. 犬^(개 견)이 의미부고 師^(스승 사)가 소리부로, 한나라 당시 이란 지역에서 수입된 동물인 獅子^(사자)를 말하는데, 百獸^(백수)의 우두머리로 최고가는^(師) 동물^(犭=犬)이라는 뜻을 담았다. 간화자에서는 師를 师로 줄여 狮로 쓴다.

篩(체 사): 筛, [籭], shāi, 竹-10, 16

字解 형성. 竹^(대 죽)이 의미부고 師^(스승 사)가 소리부로, 가루를 곱게 치거나 액체를 받거나 거르는 데 쓰는 기구를 말하는데, 쳇바퀴를 주로 대^(竹)로 만들었기에 竹이 들었다. 『설문해자』에서는 竹이 의미부고 麗^(고울 려)가 소리부인 籭^(체 사)로 썼는데, 소리부가 師로 바뀌어 지금의 자형이 되었다. 간화자에서는 師를 师로 줄여 筛로 쓴다.

字形 說文小篆

耜(보습 사): [梠], si, 耒-5, 11

字解 형성. 耒^(쟁기 뢰)가 의미부고 目^(써 이, 以의 고자)가 소리부로, 쟁깃술^(耒) 끝에 끼워 흙을 일구는데 쓰는 농기구인 '보습'을 말하며, 이로부터 흙을 일구다의 뜻도 나왔고, 농기구의 통칭으로도 쓰였다. 달리 耒 대신 木^(나무 목)이 들어간 梠^(보습 사)로 쓰기도 한다.

字形 古璽文 唐寫本 說文小篆 說文或體

唆(부추길 사): suō, 口-7, 10, 20

字解 형성. 口^(입 구)가 의미부고 夋^(천천히 걷는 모양 준)이 소리부로, 敎唆^(교사)에서처럼 말^(口)로 부추겨 종용함을 말한다. 이로부터 따르다, 반응을 보이다 등의 뜻이 나왔다.

梭(북 사): suō, 木-7, 11

字解 형성. 木^(나무 목)이 의미부고 夋^(천천히 걷는 모양 준)이 소리부로, 나무^(木) 이름으로 중국 서북쪽 嘉裕關^(가욕관) 밖의 哈密^(합밀)로부터 伊犁^(이리)에 이르는 길가에 많이 보이는 胡桐樹^(호동수)를 지칭하는 것으로 알려졌다. 또 '북'을 말하는데, 베를 짤 때 씨실^(緯絲)의 꾸리를 넣고 북 바늘로 고정하여 날실^(經絲)의 틈으로 왔다 갔다 하게 하여 씨실을 풀어주는 구실을 하는 배^(舟)처럼 생긴 나무통을

말한다.

字形 🔲 說文小篆

查(조사할 사): chá, 木-5, 9, 50

字解 형성. 木^(나무 목)이 의미부고 且^(또 차)가 소리부로, 원래는 나무(木)를 베어 만든 뗏목을 말했는데, 이후 調査^(조사)하다, 고찰하다, 사실대로 따지다 등의 뜻으로 가차되었다. 그러자 원래 뜻은 다시 木을 더해 楂^(뗏목 사)로 분화했다.

渣(찌끼 사): zhā, 水-9, 12

字解 형성. 水^(물 수)가 의미부고 査^(조사할 사)가 소리부로, 원래는 강 이름이었다. 이후 찌꺼기나 침전물을 말했는데, 제련을 할 때 물^(水)에 불려 찌꺼기가 제대로 분리되었는지를 자세히 살피던^(査) 모습을 담았다.

摣(잡을 사): 揸, zhā, 手-11, 14

字解 형성. 手^(손 수)가 의미부고 盧^(모질 차)가 소리부로, 손^(手)으로 모질게^(盧) 움켜쥐다, 잡다는 뜻이다. 갑골문 등에서는 손^(手)으로 호랑이 가죽을 쥔 모습을 그렸으며, 『설문해자』에서는 手 대신 又^(또 우)가 들어간 '叡^(취할 사)'로 표기되었다. 이후 엄지와 검지 간의 거리를 지칭하기도 했다. 간화자에서는 揸^(잡을 사)에 통합되었다.

字形 (甲骨文) (설문해자 자형들)

(金文) (簡牘文) (說文小篆)

四(넉 사): sì, 囗-2, 5, 80

字解 회의. 갑골문에서는 지사구조로, 네 개의 가로획으로 숫자 '넷'을 나타내었는데, 이후 囗^(나라 국)과 八^(여덟 팔)로 구성되어 지금처럼 변했다. 사방으로 나누어^(八) 펼쳐진 영역^(囗)이라는 뜻을 담았는데, 옛날에는 땅이 네모졌다고 생각했기 때문이다.

字形 (甲骨文) (金文) (古陶文) (簡牘文) (帛書) (石刻古文) (說文小篆) (說文古文) (說文籀文)

駟(사마 사): 驷, sì, 馬-5, 15

字解 형성. 馬^(말 마)가 의미부고 四^(넉 사)가 소리부로, 수레를 끄는 네 마리^(四) 말^(馬)을 말하며, 네 마리 말이 끄는 수레를 뜻하기도 했다.

字形 (金文) (簡牘文) (說文小篆)

泗(물 이름 사): sì, 水-5, 8, 12

字解 형성. 水^(물 수)가 의미부고 四^(넉 사)가 소리부로, 산동성에 있는 강^(水)의 이름을 말한다. 또 콧물이나 눈물이라는 뜻으로도 쓰인다.

字形 泗 說文小篆

柶(수저 사): sì, 木-5, 9

字解 형성. 木^(나무 목)이 의미부고 四^(넉 사)가 소리부로, 뿔이나 나무^(木) 등으로 만든 수저 비슷한 모양의 옛날 제사에 쓰던 기물을 말하는데, 음식물을 뜨는 것으로 썼다. 이후 놀이 도구인 '윷'을 뜻하기도 했다.

字形 柶 說文小篆

私(사사로울 사): sī, 禾-2, 7, 40

字解 형성. 禾^(벼 화)가 의미부고 厶^(사사 사)가 소리부로, 곡물^(禾)을 자신^(厶)의 것으로 만들다는 뜻으로부터 '私事^(사사)로움'을 그렸고, 이로부터 이기적인, 비공개적인, 비밀스런 등의 뜻이 나왔다. 또 자신을 낮추어 부르는 말로도 쓰였다. 원래는 厶로 써, 울타리를 지워 타자와 자신을 구분짓다는 뜻에서 '사사로움'의 의미를 그렸고, 이후 재산의 대표인 곡물^(禾)을 더해 私를 만들었다.

字形 私 古陶文 厶 私 私 私 簡牘文 厶 厶 厶 厶 古璽文 私 說文小篆

奢(사치할 사): shē, 大-9, 12, 10

字解 형성. 大^(큰 대)가 의미부고 者^(놈 자)가 소리부로, 奢多^(사치)하다는 뜻을 그렸는데, 물건을 필요보다 많이^(大) 삶는^(者, 煮의 본래 글자)다는 의미를 담았다. 이로부터 낭비하다, 교만하다, 크다, 많다, 과분하다 등의 뜻이 나왔다.

字形 奢 金文 奢 古陶文 奢 說文小篆 奓 說文籀文

思(생각할 사): [恖], sī, 心-5, 9, 50

字解 회의. 田^(밭 전)과 心^(마음 심)으로 구성되어, 농작물^(田)의 생산성을 높이고자 깊은 생각^(心)을 다하다는 뜻을 담았으며, 이로부터 생각하다, 思索^(사색), 思惟^(사유), 思想^(사상), 그리워하다 등의 뜻이 나왔다. 원래는 사람의 머리통을 그린 囟^(정수리 신)과 심장을 그린 心^(마음 심)으로 구성되어, '생각'이 머리와 심장 즉 가슴에서 나오는 것으로 생각했다. 이후 한나라 때의 예서체에 들면서 囟이 형체가 유사한 田^(밭 전)으로 변했는데, 이는 농경을 중심으로 삼았던 중국인들이 논밭^(田)에서 나는 농작물의 생산성을 높이고자 갖은 마음과 생각^(心)을 다 쏟아 고민하는 모습을 반영했다.

字形 思 古陶文 思 思 思 思 簡牘文 思 帛書 思 思 思 思 古璽文 思 說文小篆

士(선비 사): shì, 士-0, 3, 52

字解 상형. 이의 자형을 두고 어떤 사람은 도끼처럼 생긴 도구를, 어떤 사람은 단정히 앉은 법관의 모습을 그렸다고도 한다. 하지만 牛^(소 우)와 士가 결합된 牡^(수컷 모)가 소와 생식기를 그린 것을 보면 士는 남성의 생식기임이 분명하다. 이로부터 남성을 지칭하게 되었고, 다시 남성에 대한 미칭으로 쓰여 지식인은 물론 경대부와 서민 사이의 계층을 지칭하였다. 현대에 들어서는 학위, 군대의 하급관리, 군인 등을 지칭하였다.

字形 [甲骨文] [金文] [古陶文] [古幣文] [古璽文] [簡牘文] [漢印] [汗簡] [說文小篆]

仕(벼슬할 사): shì, 人-3, 5, 52

字解 형성. 人^(사람 인)이 의미부고 士^(선비 사)가 소리부로, 관리가 되다, 관직에 나아가다는 뜻이다. 이는 남성^(士)이라는 사람^(人)이 할 일이라는 의미로, 고대의 남성 중심사회에서 그것은 벼슬살이 즉 정치를 배워 남을 위해 일함을 상징했다. 이후 직위나 일의 통칭으로 사용되었다.

字形 [金文] [古陶文] [說文小篆]

乍(잠깐 사): zhà, 丿-4, 5

字解 상형. 원래는 바느질해 기워 놓은 베를 그렸고, 옷을 짓다는 뜻에서부터 '만들다'는 의미를 그렸다. 이후 '잠깐'이라는 의미로 가차되자, 원래 의미는 사람에 의해 만들어진다는 뜻에서 人^(사람 인)을 더해 作^(지을 작)으로 분화했다.

字形 [甲骨文] [金文] [簡牘文] [說文小篆]

詐(속일 사): 诈, zhà, 言-5, 12, 30

字解 형성. 言^(말씀 언)이 의미부고 乍^(잠깐 사)가 소리부로, 속이다, 가장하다는 뜻인데, 말^(言)이 만들어 내는^(乍, 作의 원래 글자) 것은 바로 속임^(詐)임을 보여 준다. 이로부터 속이다, 편취하다 등의 뜻이 나왔다.

字形 [金文] [簡牘文] [說文小篆]

射(쏠 사): [躲], shè, 寸-7, 10, 40

字解 회의. 원래는 弓^(활 궁)과 寸^(마디 촌)으로 구성되어, 손^(寸)으로 활^(弓)을 쏘는 모습을 그려, 활을 쏘다가 원래 뜻이다. 한나라 때의 예서에 들면서 弓이 자형이 비슷한 身^(몸 신)으로 잘못 변해 지금의 자형이 되었다. 그러나 활을 쏠^(寸) 때 몸^(身)을 꼿꼿하게 세워야 하며, 그것이 화살 쏠^(射) 때의 기본자세라는 뜻에서 身으로 구성된 射가 문자 사용자들의 환영을 받아 지금까지 계속 쓰이게 되었다. 이후 활쏘기나 활 쏘는 기술 등의 뜻이 나왔고, 投壺^(투호)를 뜻하기도 했다. 『설문해자』에서는 射를 身과 矢^(화살 시)로 구성된 躲로 쓰기도 한다.

甲骨文　金文

簡牘文　說文小篆

說文篆文

金文　說文新附字

麝(사향노루 사): shè, 鹿-10, 21, 10

字解 형성. 鹿^(사슴 록)이 의미부고 射^(쏠 사)가 소리
부로, 사향노루^(麝)를 말한다. 이는 사향노루
가 가진 사향 때문에 사향노루가 노루^(鹿)
중에서도 사냥^(射)의 주된 대상이 되었음을
말해준다.

字形 說文小篆

徙(옮길 사): xǐ, 彳-8, 11, 10

字解 회의. 彳^(조금 걸을 척)과 步^(걸을 보)로 구성되어,
길^(彳)을 걷는다^(步)는 뜻을 그렸는데, 자형
이 조금 변해 지금처럼 되었다. 이로부터
옮겨가다, 옮기다 등의 의미가 나왔으며,
교화나 승진의 비유로도 쓰였다.

字形 金文　簡牘文

帛書　古璽　說文小篆

說文或體　說文古文

謝(사례할 사): 谢, xiè, 言-10, 17, 42

字解 형성. 言^(말씀 언)이 의미부고 射^(쏠 사)가 소리
부로, '사례하다'는 뜻이다. 활쏘기^(射) 할 때
서로에게 사양하는 말^(言)을 건네는 예절로
부터 사양하다, 물러나다, 謝絶^(사절)하다, 거
절하다, 謝罪^(사죄)하다, 感謝^(감사)하다의 뜻
이 나왔다.

字形 說文小篆

赦(용서할 사): shè, 赤-4, 11, 20

字解 회의. 赤^(붉을 적)과 攴^(칠 복)으로 구성되어, 손
에 매를 든 攴^(攴·칠 복)으로 강제하다는 의미
를 그렸고, 赤은 기우제 등을 위해 사람을
불에 태우는 모습을 그렸다. 이렇게 볼 때
사람을 희생물^(赤)로 삼아 강제로 내몰다^(攴)
는 뜻을 담았으며, 이로부터 방치하다, 내
버려두다 등의 뜻이 생겼고, 나아가 赦免<sup>(사
면)</sup>에서처럼 용서하다의 뜻까지 나왔다.

字形 金文　簡牘文　說文小篆

說文古文

榭(정자 사): xiè, 木-10, 14

字解 형성. 木^(나무 목)이 의미부고 射^(쏠 사)가 소리
부로, 활쏘기^(射) 등 무술을 익히는 곳을 말
하는데, 정자가 주로 나무로 만들어 졌기에
木이 들어갔을 것이다. 이후 그런 것처럼
만든 '정자'를 지칭하게 되었다.

斯(이 사): [斯], sī, 斤-8, 12, 30

🗨 회의. 斤^(도끼 근)과 其^(그 기)로 구성되어, 대나무 등을 자귀^(斤)로 쪼개 키^(其, 箕의 원래 글자)와 같은 기물을 만들다가 원래 의미였다. 이후 '이것'이라는 뜻으로 가차되었으며, '여기'라는 뜻도 나왔고, '그리하여'라는 허사로 주로 쓰였다. 하지만 斯에서 파생된 撕^(쪼갤 시)는 손^(手수)으로 쪼갬^(斯)을, 嘶^(울 시)는 목소리^(口구)가 갈라짐^(斯)을 의미해, 원래의 뜻을 보존하고 있다.

🗨 字形 斯 斯金文 斯斯簡牘文 斯說文小篆

些(적을 사): xiē, 二-6, 8, 10

🗨 형성. 二^(두 이)가 의미부고 此^(이 차)가 소리부로, '몇몇', '조금', '다소' 등의 뜻인데, 二는 一^(한 일)보다는 많지만 三^(석 삼)보다는 적음을 뜻한다.

🗨 字形 些 說文小篆

祀(제사 사): [禩], sì, 示-3, 8, 32

🗨 형성. 示^(보일 시)가 의미부고 巳^(여섯째 지지 사)가 소리부로, 제사를 말하는데, 제단^(示) 앞에서 '제사'를 드리는 자손^(巳)의 모습을 그렸다. 또 상나라 때에는 제사의 한 주기를 가지고 일 년을 헤아렸으므로 일 년이라는 의미도 나왔고, 이로부터 한 세대의 뜻도 나왔다. 『汗簡^(한간)』에서는 巳 대신 異^(다를 이)가 들어간 禩로 쓰기도 했는데, 귀신처럼 기이한^(異) 존재에 제사를 드린다^(示)는 의미를 담았다.

🗨 字形 祀甲骨文 祀金文 祀陶文 祀祀簡牘文 禩汗簡 祀說文小篆

死(죽을 사): sǐ, 歹-2, 6, 60

🗨 회의. 歹^(부서진 뼈 알)과 匕^(변할 화, 化의 원래 글자)로 구성되어, 죽다는 뜻인데, 주검^(歹)으로 변한다^(匕)는 의미를 담았다. 갑골문에서는 앙상한 뼈^(歹) 앞에 꿇어앉아 애도하는 사람^(人)을 그렸는데, 이후 人이 匕로 변하고 匕가 다시 匕^(비수 비)로 변해 지금의 자형이 되었다. '죽다'의 의미로부터 생명을 상실하는 모든 행위를 지칭하였고, 이로부터 목숨을 바치다, 사물의 극단적 일부분을 지칭하였고, 死刑^(사형)이나 패망을 뜻하기도 한다.

🗨 字形 死死死甲骨文 死死死死金文 死盟書 死死死死死簡牘文 死說文小篆 死說文古文

舍(집 사): [捨], shè, 舌-2, 8, 42

字解 형성. 口(입 구)가 의미부이고 余(나 여)가 소리
부인데, 자형이 조금 변해 지금처럼 되었
다. 口는 건축물의 기단을 말하고, 余는 그 위
에 기둥을 세우고 지붕을 만든, 길을 가다
가 머물도록 임시로 지은 집을 말했다. 옛
날에는 30里(리) 마다 1舍를 만들었다. 임시
막사에 머물 손님은 잠시 있다가 떠나게
되므로 '떠나다', '버리다' 등의 뜻이 나왔고,
이때에는 手(손 수)를 더한 捨(버릴 사)로 구분
해 쓰기도 했다. 또 남에게 자신의 친척이
나 나이 어린 사람을 지칭할 때 낮추어 부
르는 말로도 쓰였다. 현행 옥편에서는 형체
의 유사함 때문에 舌(혀 설)부수에 귀속되었
다.

字形 [金文] [古陶文] [簡牘文] [說文小篆]

捨(버릴 사): shě, 手-8, 11, 30

字解 형성. 手(손 수)가 의미부고 舍(집 사)가 소리부
로, 놓다, 놓아주다, 석방하다, 사면한다는
뜻인데, 손(手)에서 떠나다(舍)는 의미를 담
았다. ☞ 舍(집 사)

字形 [說文小篆]

賒(외상으로 살 사): shē, 貝-7, 14

字解 형성. 貝(조개 패)가 의미부이고 余(나 여)가 소
리부로, '외상으로 사다'는 뜻인데, 돈(貝)을
다음에 주기로 하고 물건을 사는 것을 말

하며, 이로부터 사치하다는 뜻도 나왔다.

字形 [甲骨文] [說文小篆]

斜(비낄 사): xié, 斗-7, 11, 32

字解 형성. 斗(말 두)가 의미부이고 余(나 여)가 소리
부로, '나(余)의 말(斗)'이라는 뜻이다. 자신
(余)이 재는 용기(斗)는 언제나 자신의 이익
을 중심으로 치우치기 마련이기에 斜에 '치
우치다', '비끼다', '비뚤다'는 뜻이, 다시 '올
바르지 않다(不正부정)', '비스듬하다'는 뜻이
나왔다.

字形 [說文小篆]

社(토지 신 사): [祀], shè, 示-3, 8, 60

字解 회의. 土(흙 토)와 示(보일 시)로 구성되어, 숭배
(示) 대상으로 삼는 토지(土) 신을 말하며,
이로부터 토지 신을 모시는 제단이라는 뜻
도 나왔다. 또 25家(가)를 지칭하는 지역 단
위로 쓰였고, 이 때문에 어떤 단체나 社會
(사회)를 지칭하게 되었다. 농업 사회를 살았
던 중국에서 토지의 중요성 탓에 곡식 신
을 뜻하는 稷(기장 직)과 결합하여 '국가'를
상징하기도 했다. 달리 祉로 쓰기도 하는
데, 토지 신(土)과 강 신(水수)에게 제사를 드
림을 강조했다.

字形 [甲骨文] [金文] [帛書文] [簡牘文] [汗簡] [說文小篆] [說文古文]

辭(말 사): 辞, [辭, 辤], cí, 辛-12, 19, 40

字解 회의. 𤔔(어려울 난, 亂의 원래 글자)과 辛(매울 신)으로 구성되었는데, 訟事(송사)를 말하며, 송사에서 하는 말은 진실보다 과장되기에 수식된 말(言辭언사)이라는 뜻이 나왔다. 𤔔은 두 손으로 엉킨 실을 푸는 모습이다. 그래서 辭는 형벌 칼(辛)로 다스려야 할 만큼 복잡하고 뒤엉킨(𤔔) 다툼에 등장하는 '말을 지칭한다. 辭의 辛은 司(맡을 사)로 바꾸어 쓰기도 하는데, 이 경우에도 뒤엉킨 실타래처럼 복잡한 '말을 판단하고 관리한다(司)는 뜻을 반영했다. 말이나 뜻이라는 의미로부터 언사, 문사의 뜻이 나왔고, 다시 사직하다, 고별하다, 핑계를 대다 등의 뜻도 나왔다. 간화자에서는 𤔔을 舌(혀 설)로 간단하게 줄인 辞로 쓴다.

字形 [금문, 고도문, 석각고문, 설문소전, 설문주문 이미지] 金文 古陶文 石刻古文 說文小篆 說文籒文

巳(여섯째 지지 사): sì, 己-0, 3, 30

字解 상형. 손과 발이 아직 형성되지 않은 태아의 모습을 그렸는데, 이후 간지자로 가차되었다. 그러자 원래 뜻은 사람의 몸을 그린 勹(쌀 포)를 더해 包(쌀 포)를 만들어 분화했다. 그러나 包가 싸다는 뜻으로 주로 쓰이자 원래의 뜻은 다시 肉(고기 육)을 더한 胞(태포 포)로 분화했다.

字形 [갑골문, 금문 이미지] 甲骨文 金文

[고도문, 석각고문, 간독문, 설문소전 이미지] 古陶文 簡牘文 石刻古文 說文小篆

汜(지류 사): sì, 水-3, 6

字解 형성. 水(물 수)가 의미부이고 巳(여섯째지지 사)가 소리부로, 물(水)의 지류를 말하며, 이로부터 물가, 흐르지 않는 도랑 등의 뜻이 나왔다. 또 하남성 鞏(공)현 동남쪽에서 발원하여 북쪽의 滎陽(형양)현 汜水鎮(사수진)의 서쪽으로 해서 황하로 흘러드는 강 이름으로도 쓰였다.

字形 [갑골문, 설문소전 이미지] 甲骨文 說文小篆

事(일 사): shì, 亅-7, 8, 70

字解 회의. 원래 손(又·우)으로 장식이 달린 붓을 잡은 모습으로, 역사나 문서의 기록에 참여하는 행위를 형상화했다. 이로부터 관직, 직무, 직업, 사업, 업무 등의 뜻이 나왔고, '일'을 통칭하게 되었다. 원래는 史(사관 사), 吏(벼슬아치 리, 使의 본래 글자)와 같은 데서 분화한 글자이며, 고대 사회에서 붓을 잡고 국가의 문서를 기록할 수 있었던, 즉 문자를 점유하고 있었던 사람들이라면 당연히 벼슬아치(吏)였거나 남을 부리고(使) 다스리는 계층이었다는 것을 반영했다.

字形 [갑골문, 금문, 고도문 이미지] 甲骨文 金文 古陶文

盟書 文 簡牘文 石刻古文 事 說文小篆 說文古文

寺(절 사관청 시): sì, 寸-3, 6, 42

字解 형성. 又(또 우)가 의미부이고 之(갈 지)가 소리부로, 처리하다, '어떤 곳으로 가서 일을 처리하다'가 원래 뜻인데, 이후 又가 寸(마디 촌)으로 변하고 之가 士(선비 사)로 잘못 변해 지금의 자형이 되었다. 之는 어떤 정해진 곳으로 가는 것을, 손을 뜻하는 又는 인간의 일이 대부분 손에 의존했기 때문에 '일하다'는 뜻을 갖는다. 그래서 寺는 그러한 일을 처리함을 말했고, 임금을 곁에서 모시고 후궁의 일을 맡아 보던 그런 사람을 특별히 寺人(시인)이라 했으며 그런 관원들이 머무는 곳을 寺라고 하여 관청이나 부서를 뜻하기도 했는데, 이때에는 '시'로 읽힘에 주의해야 한다. 또 한나라 때 불교의 유입 이후에는 불교 사원인 '절'도 지칭하게 되었다.

字形 金文 古陶文 簡牘文 帛書 說文小篆

俟(기다릴 사): [竢], sì, 人-7, 9

字解 형성. 人(사람 인)이 의미부고 矣(어조사 의)가 소리부로, 사람(人)이 '기다리다'는 뜻을 그렸는데, 이후 떼를 지어 가다는 뜻도 나왔다.

달리 人을 立(설 립)으로 바꾼 竢(기다릴 사)로 쓰기도 한다.

字形 說文小篆

僿(잘게 부술 사): sài, 人-13, 15

字解 형성. 人(사람 인)이 의미부고 塞(변방 새.막힐 색)가 소리부로, 성채(塞)처럼 굳게 틀어막다는 뜻이며, 이로부터 그렇게 틀어 막힌(塞) 사람(人)을 뜻하게 되었다. 이 때문에 자잘하다, 질박하다, 성실하지 못하다, 경박하다 등의 뜻도 나왔다.

虒(뿔 범 사): sī, 虍-4, 10

字解 형성. 虎(범 호)가 의미부이고 厂(끌 예)가 소리부이다. 『설문해자』의 해설처럼, '위사(委虒)' 즉 뿔이 있는 호랑이(虎之有角者)'를 말한다. 뿔이 달린 전설상의 호랑이를 말하며, 이후 용맹스럽다는 뜻도 나왔다.

字形 說文小篆

삭

索(동아줄 삭.찾을 색): suǒ, 糸-4, 10, 32

字解 회의. 원래는 두 손으로 새끼(朿)를 꼬는 모습을 그려, 새끼를 꼬아 만든 '동아줄'을 말했는데, 굵은 줄의 통칭이 되었다. 이후 큰

동아줄은 특별할 때만 쓰였기에 고정된 장소에 항상 비치하지 않고 필요할 때마다 '찾아와' 내다 썼기에, '찾다'나 '구하다' 등의 뜻이 나왔다. 동아줄이라는 뜻으로 쓰일 때에는 索道^(삭도)에서처럼 '삭'으로, '찾다'는 뜻으로 쓰일 때에는 思索^(사색)이나 搜索^(수색)에서처럼 '색'으로 읽힌다.

字形 🔶🔶🔶簡牘文 🔶帛書 🔶說文小篆

朔(초하루 삭): shuò, 月-6, 10, 30

字解 형성. 月^(달 월)이 의미부고 屰^(거스를 역逆의 원래 글자)이 소리부로, 달^(月)은 초하루가 되면 원상태로 되돌아가^(屰) 다시 차기 시작한다는 뜻에서 '초하루', 시작, 새벽 등의 뜻이 나왔으며, 이후 북쪽이라는 의미까지 나왔다.

字形 🔶金文 🔶🔶簡牘文 🔶說文小篆

削(깎을 삭): xuē, 刀-7, 9, 32

字解 형성. 刀^(칼 도)가 의미부고 肖^(닮을 초)가 소리부로, '깎다'는 뜻인데, 어떤 물건을 칼^(刀)로 잘게^(肖) 깎아 내는 것을 말한다. 또 그러한 도구인 '창칼^(書刀서도)'을 말하기도 한다. ☞ 肖^(닮을 초)

字形 🔶🔶簡牘文 🔶說文小篆

數(자주 삭) ☞ **數**(셀 수)

산

珊(산호 산): shān, 玉-4, 9, 10

字解 회의. 玉^(옥 옥)과 册^(책 책)으로 구성되어, 대를 엮어 놓은^(册) 모습으로, 자라나는 '珊瑚^(산호)'를 말한다. 玉이 의미부로 채택된 것은 산호를 옥^(玉)의 일종으로 인식했음을 보여 준다.

字形 🔶說文小篆

删(깎을 산): shān, 刀-5, 7, 10

字解 회의. 刀^(칼 도)와 册^(책 책)으로 구성되어, '깎아내다', 삭제하다는 뜻인데, 옛날 종이가 보편화하지 않았던 시절, 대를 말려 만든 죽간^(册)에다 글을 썼고, 글을 잘못 썼을 때는 잘못 쓴 부분을 칼^(刀)로 깎아 내어 수정했으며, 이로부터 '삭제하다'의 뜻이 생겼다.

字形 🔶說文小篆

算(셀 산): [祘, 筭], suàn, 竹-8, 14, 70

字解 회의. 산가지를 뜻하는 竹^(대 죽)과 눈을 그린 目^(눈 목)과 두 손을 형상한 廾^(두 손 마주잡을 공)으로 구성되어, 눈^(目)으로 산가지^(竹)를 보며 두 손으로^(廾) 헤아려가며 숫자 셈을 하는 모습을 그렸다. 이로부터 '계산하다', 추정하다, …라고 여기다, 인정하다 등의 뜻

이 나왔다.

字形 說文小篆

箅(산가지 산): suàn, 竹-7, 13

字解 회의. 竹^(대 죽)이 의미부이고 弄^(희롱할 롱)도 의미부이다. 『설문해자』의 해설처럼, "길이가 6치 되는^(長六寸) 숫자를 계산하는데 쓰는 산가지^(計歷數者)"를 말한다. 대^(竹)로 만든 산가지는 항상 갖고 놀아야^(弄) 틀리지 않는다는 의미를 반영했다.

字形 說文小篆

産(낳을 산): 产, chǎn, 生-6, 11, 52

字解 형성. 生^(날 생)이 의미부고 彦^(선비 언)의 생략된 모습이 소리부로, 어떤 것을 '만들어 냄^(生)'에서 '낳다', '生産^(생산)하다', 제조하다는 뜻이 나왔으며, 생산품, 특산물, 산업 등의 뜻도 나왔다. 간화자에서는 生을 생략한 产으로 쓴다.

字形 說文小篆

山(뫼 산): shān, 山-0, 3, 80

字解 상형. 갑골문에서부터 세 개의 산봉우리를 그려 연이어진 '산'의 모습을 그려냈다. 산 뒤로 다시 산이 연이어진 모습을 그린 것이 岳^(큰 산 악)이다. 岳은 달리 嶽^(큰 산 악)으로도 쓰는데, 감옥^(獄 옥)처럼 사방이 빙 둘러쳐진 높은 산이라는 뜻을 담았다. 山으로

구성된 글자는 嵩^(높을 숭)에서처럼 '산'을 직접 지칭하기도 하고, 『설문해자』의 말처럼 '돌이 있으면서 높은 것'이 岩^(바위 암)이기에 암석과 높고 큰 것의 상징이기도 하다. 또 산은 산등성이와 고개, 깎아지른 절벽과 골짜기 등으로 이루어지고, 그를 따라 물길이 흐르며 길도 만들어지기에, 고개, 골짜기, 길 등의 뜻도 가진다.

字形 甲骨文 金文 古陶文 簡牘文 古璽文 說文小篆

汕(오구 산): shàn, 水-3, 6

字解 형성. 水^(물 수)가 의미부고 山^(뫼 산)이 소리부로, 고기가 물^(水)에서 노는 모양을 말하며, 물고기를 잡는 도구인 '오구', 또 오구를 이용해 물고기를 잡다, 물에 씻다 등의 뜻이 나왔다. 달리 광동성에 있는 도시 이름인 汕頭^(산두)를 줄여 쓰는 이름으로도 쓰인다.

字形 說文小篆

疝(산증 산): shàn, 疒-3, 8, 10

字解 형성. 疒^(병들어 기댈 녁)이 의미부고 山^(뫼 산)이 소리부로, 병^(疒)의 일종으로 생식기와 고환이 붓고 아픈 병증을 말하는데, 아랫배가 땅기며 통증이 있고 소변과 대변이 막히기도 한다.

說文小篆

蒜(달래 산): suàn, 艸-10, 14

字解 형성. 艸^(풀 초)가 의미부고 祘^(셀 산)이 소리부로, 다년생 숙근 초본의 하나인 葷菜^(훈채) 즉 마늘을 말한다. 마늘은 大蒜^(대산)과 小蒜^(소산)으로 나뉘는데, 大蒜은 한나라 때 서역으로부터 수입되었다. 또 식물의 鱗莖^(인경·비늘줄기)을 뜻하기도 한다.

字形 說文小篆

酸(초 산): suān, 酉-7, 14, 20

字解 형성. 酉^(닭 유)가 의미부고 夋^(천천히 걷는 모양 준)이 소리부로, 술^(酉)이 오래되어 만들어지는 '초'를 말하며, 초의 맛인 신맛을 지칭하기도 한다.

字形 說文小篆

傘(우산 산): 伞, sǎn, 人-10, 12, 20

字解 상형. 양산대가 갖추어진 펼쳐진 양산을 그렸고, 비를 막고 해를 가리는 접었다 폈다 하는 기구를 통칭하였다. 달리 繖^(일산 산)으로 쓰기도 한다. 간화자에서는 아랫부분을 간단하게 줄여 伞으로 쓴다.

散(흩을 산): [散], sǎn, 攴-8, 12, 40

字解 형성. 금문에서 月^(肉·고기육)이 의미부고 椒^{(갈}

라서 떼어 놀 산)이 소리부인 구조였는데, 자형이 조금 변해 지금처럼 되었다. 椒은 손에 막대를 쥐고^(攴·복) 삼^(麻·마)의 줄기를 때려 잎을 제거하는 모습을 그렸으며, 肉은 껍질이 벗겨진 속살을 말한다. 간혹 점을 여럿 그려 넣어 떨어져 나간 잎을 형상적으로 그리기도 했다. 그래서 散은 몽둥이로 삼대를 두들겨 잎을 분리시키는 모습을 그렸고, 이로부터 分離^(분리)와 分散^(분산)의 의미를 그려냈다.

字形 金文 簡牘文 說文小篆

霰(싸라기 눈 산): xiàn, 雨-12, 20

字解 형성. 雨^(비 우)가 의미부고 散^(흩을 산)이 소리부로, 흩어져^(散) 비^(雨)처럼 내리는 '싸락눈'을 말한다.

字形 說文小篆 說文或體

潸(눈물 흐를 산): shān, 水-12, 15

字解 형성. 水^(물 수)가 의미부고 散^(흩을 산)이 소리부로, 눈물^(水)이 흩어져^(散) 내리는 모습을 말하며, 이로부터 눈물을 흘리다는 뜻이 나왔다.

字形 金文 說文小篆

살

殺(죽일 살·빠를 쇄): 杀, shā, 殳-7, 11, 42

字解 형성. 殳^(창 수)가 의미부이고 㶱^(죽일 살)이 소리부로, 어떤 것을 때려^(殳) 죽임^(㶱)을 말한다. 원래는 짐승의 몸체에다 죽임을 상징하는 삐침 획을 더해 '죽이다'는 뜻을 그렸는데, 이후 殳를 더해 몽둥이로 쳐서 죽이는 방법을 구체적으로 표현했다. 죽이다는 뜻으로부터 분위기를 깨다, 쇠퇴하다의 뜻이 나왔고, 이후 빠르다 등의 뜻으로도 쓰였는데, 이때에는 殺到^(쇄도)처럼 '쇄'로 구분해 읽는다. 간화자에서는 殳를 생략한 杀로 쓴다.

字形 [甲骨文] [金文] [盟書] [簡牘文] [石刻古文] [說文小篆] [說文古文]

薩(보살 살): 萨, sà, 艹-14, 18, 10

字解 형성. 艹^(풀 초)가 의미부고 隆^(클 륭)이 소리부로, 음역어로 쓰이는데, 가차되어 불교 용어인 '菩薩^(보살)'이나 티베트의 수도인 '라싸^(拉薩Lhasa)'를 표기하는 데 쓰였으며, 성씨로도 쓰인다. 간화자에서는 産을 产으로 줄여 萨로 쓴다.

撒(뿌릴 살): [㪚], sǎ, 手-12, 15, 10

字解 형성. 手^(손 수)가 의미부고 散^(흩을 산)이 소리부로, 손^(手)으로 흩어지게^(散) 뿌리다는 뜻이며, 이로부터 '흩어지다'의 뜻이 나왔다.

煞(죽일 살): [殺], shā, 火-9, 13, 10

字解 회의. 急^(급할 급)과 攵^(칠 복)으로 구성되어, 다급하게^(急) 때려죽이다^(攵)는 의미를 그렸는데, 急을 구성하는 心^(마음 심)이 灬^(불 화)로 변해 지금의 자형이 된 것으로 추정된다. 殺^(죽일 살)의 속자로 쓰이며, 이후 죽이다, 끝나다의 뜻이 나왔다. 또 영혼이나 악귀를 지칭하여, 미신에서 흉신이나 악귀 같은 것을 뜻하기도 한다.

乷(음역자 살): 乙-7, 8

字解 음차. 沙^(모래 사)와 乙^(새 을)이 모두 소리부로, 한국어 발음의 '살'을 표기하기 위해 만든 한국 고유 한자로, 沙에 '-ㄹ'음을 대표하는 乙을 더해 만들었다.

삼

彡(터럭 삼): shān, 彡-0, 3

字解 상형. 『설문해자』에서는 彡을 두고 "터럭, 장식, 필획, 무늬" 등을 말한다고 했지만, 彡의 원래 의미는 '털'로 보인다. 인간이나 동물의 '터럭'으로부터 시작하여, 동물의 덥수룩한 털이나 인간의 머리칼과 수염 등이 개인의 특성을 표현한다는 뜻에서 '장식'의 의미가 생겼고, 다시 '무늬'라는 뜻까지 생

겼다. 그래서 彡은 화려한 무늬나 장식을 뜻하며, 彡이 들어가면 무성한 털이나 빛나는 문체나 힘차게 뻗어나가는 악기 소리 등을 뜻한다. 예컨대, 尨^(삽살개 방)은 삽살개처럼 털이 수북한 개^(犬·견)를, 玟^(채색 문)은 알록달록한 화려한 무늬를, 彫^(새길 조)는 조밀하고^(周·주) 화려하게^(彡) 새긴 무늬를, 彩^(무늬 채)는 화사하게 비치는 햇살 아래 이루어지는 채집 행위^(采)를 그렸다.

字形 ﹀ 說文小篆

三(석 삼): [參, 叁, 弎], sān, 一-2, 3, 80

字解 지사. 세 개의 가로획으로 숫자 '삼'을 나타냈는데, 三은 중국에서 天^(천)과 地^(지)와 人^(인)을 상징하는 길한 숫자로 쓰인다. 이후 소리부인 弋^(주살 익)을 더한 弎으로 쓰기도 했다.

字形 ≡≡甲骨文 ≡金文 ≡≡ 簡牘文 弍汗簡 ≡ 說文小篆 弎 說文古文

參(석 삼삼성 참간여할 참): 叁, cān, cēn, shēn, ㅿ-9, 11

字解 형성. 晶^(밝을 정)과 人^(사람 인)이 의미부이고 彡^(터럭 삼)이 소리부로, 별^(晶, 星의 원래 글자)이 사람^(人)의 머리 위를 환하게 비추는^(彡) 모습을 그렸고, 이로부터 서쪽 하늘에 나타나는 參星^(참성)을 말했다. 이후 晶이 厽^(담쌓을 루)로 변해 지금의 자형이 되었다. 三^(석 삼)

의 다른 표기법으로도 쓰이는데, '삼'이라는 숫자를 강조하기 위해 彡을 三으로 바꾸어 叁으로 쓰기도 하는데, 厽가 ㅿ^(사사 사)로, 人이 大^(큰 대)로 변했다. 별빛이 사람의 머리 위로 쏟아지는 모습에서부터 침투하다의 뜻이 생겼고, 다시 參與^(참여)의 뜻이 나왔다. 그러자 스며들다는 뜻은 물^(水·수)을 더해 滲^(스밀 삼)을 만들었는데, 틈을 비집고 스며드는 것에 물^(水)만 한 것이 없기 때문이다. 간화자에서는 叁으로 쓴다.

字形 ﹀﹀﹀﹀﹀﹀金文 ﹀﹀古陶文 ﹀﹀﹀﹀﹀簡牘文 ﹀帛書 ﹀﹀﹀﹀古璽文 ﹀說文小篆 ﹀說文或體

滲(스밀 삼): shèn, 水-11, 14, 10

字解 형성. 水^(물 수)가 의미부고 參^(석 삼삼성 참간여할 참)이 소리부로, 어떤 틈이라도 비집고 드는^(參) 물^(水)의 속성을 그렸다. ☞ 參^(석 삼삼성 참간여할 참)

字形 ﹀ 說文小篆

蔘(인삼 삼): shēn, sān, 艸-11, 15, 20

字解 형성. 艸^(풀 초)가 의미부고 參^{(석 삼삼성 참간여할} ^{참)}이 소리부로, 식물^(艸)의 일종인 '인삼'을 말한다. 또 인삼의 잔뿌리처럼 아래로 늘어진 모양을 말하기도 한다.

森(나무 빽빽할 삼): sēn, 木-8, 12, 32

字解 회의. 세 개의 木^(나무 목)으로 구성되어, 나무^(木)가 빽빽하여 많음을 그렸고, 이로부터 숲을 뜻하게 되었다.

字形 𣕃 𣓀 甲骨文 森 說文小篆

衫(적삼 삼): shān, 衣-3, 8

字解 형성. 衣^(옷 의)가 의미부고 彡^(터럭 삼)이 소리부로, '적삼^(衣)'을 말했는데, 이후 의복의 통칭으로도 쓰였다.

字形 衫 說文小篆

杉(삼나무 삼): shān, 木-3, 7

字解 형성. 木^(나무 목)이 의미부고 彡^(터럭 삼)이 소리부로, 키가 30미터 이상 자라는 삼과 상록 교목인 삼나무를 말하는데, 赤杉^(적삼)과 白杉^(백삼)이 있다.

芟(벨 삼): shān, 艸-4, 8

字解 회의. 艸^(풀 초)와 殳^(창 수)로 구성되어, 나무나 쇠몽둥이^(殳)로 길게 자란 풀^(艸)을 후려치며

자르는 모습을 그렸으며, 이로부터 풀을 베다, 제거하다, 목을 베다는 뜻이 나왔고, 낫을 지칭하기도 한다.

字形 芟 說文小篆

삽

鍤(가래 삽): 锸, chā, 金-9, 17

字解 형성. 金^(쇠 금)이 의미부고 臿^(가래 삽)이 소리부로, '가래'를 말하는데, 땅에 꽂아^(臿) 흙을 파헤치거나 떠서 던지는 쇠^(金)로 만든 공구라는 뜻을 담았다. ☞ 臿^(가래 삽)

字形 鍤 說文小篆

插(꽂을 삽): chā, 手-9, 12, 20

字解 형성. 手^(손 수)가 의미부고 臿^(가래 삽)이 소리부로, 손^(手)을 이용해 땅에 꽂다^(臿)는 뜻이며, 고기^(肉)를 찌르다는 뜻으로도 쓰였다. 원래는 臿으로 썼으나 동작을 강조하기 위해 手를 더해 분화한 글자이다. ☞ 臿^(가래 삽)

字形 插 說文小篆

颯(바람소리 삽): 飒, sà, 風-5, 14

字解 형성. 風^(바람 풍)이 의미부고 立^(설 립)이 소리

부로, 바람^(風)이 부는 소리를 말하며, 또 바람처럼 빠른 모습을 뜻하기도 한다.

(字形) 〔그림〕 說文小篆

澁(떫을 삽): sè, 水-12, 15, 10

(字解) 형성. 水^(물 수)가 의미부고 歮^(껄끄러울 색)이 소리부로, 달리 澀^(색)이나 濇^(껄끄러울 색) 등으로 쓴다. 미끄럽거나 매끄럽지 못함을 말하는데, 물^(水)이 잘 흐르지 못하고 멈춘다^(止지)는 의미를 담았다. 이로부터 맛이 달지 못함, 말이나 문장이 유창하지 못함, 길이 험함 등을 뜻하게 되었다.

(字形) 〔그림〕 甲骨文 〔그림〕 〔그림〕 說文小篆

歮(껄끄러울 삽): sè, 止-10, 14

(字解) 회의. 네 개의 止^(발 지)로 구성되었으며, 『설문해자』의 해설처럼, '껄끄럽다^(不滑)'라는 뜻이다. 止가 '그치다'는 뜻임을 고려하면, 제대로 나아가지 못하고 '막힘'을 말했고, 이로부터 어렵다, 힘들다, 끌끄럽다, 꺼리다 등의 뜻이 나왔고, 다시 (맛이) 떫다는 뜻도 나온 것으로 추정된다.

(字形) 〔그림〕 說文小篆

鈒(창 삽): sà, 金-4, 12

(字解) 형성. 金^(쇠 금)이 의미부고 及^(미칠 급)이 소리부로, 쇠^(金)로 만든 무기라는 뜻으로, 작은 창을 말한다. 달리 戟^(극)을 지칭하기도 하

며, 금은으로 상감한 무늬도 뜻한다.

상

上(위 상): shàng, 一-2, 3, 70

(字解) 지사. 원래는 二로 써, 기준점이 되는 획과 그 위로 가로획이 더해져 어떤 물체의 윗부분임을 그렸는데, 자형이 변해 지금처럼 되었다. 위쪽이 원래 뜻이며, 이로부터 물체의 윗부분, 윗자리, 上帝^(상제), 임금, 윗사람 등을 뜻하였으며, 시간이나 순서상 앞을 지칭하기도 한다.

(字形) 〔그림〕 甲骨文 〔그림〕 上金文 〔그림〕簡牘文 〔그림〕 說文古文 〔그림〕 說文篆文

牀(평상 상): [床], chuáng, 片-4, 8

(字解) 형성. 木^(나무 목)이 의미부고 爿^(나무 조각 장)이 소리부로, 나무^(木)를 잘라 누울 수 있도록 만든 평상^(爿)이나 평상을 닮은 것을 지칭한다. 원래는 爿으로만 썼는데, 이후 木을 더해 지금의 자형이 되었으며, 달리 床^(상 상)으로 쓰기도 한다.

(字形) 〔그림〕 說文小篆

狀(형상 상장): 狀, zhuàng, 犬-4, 8, 42

字解 형성. 犬^(개 견)이 의미부고 爿^(나무 조각 장)이 소리부로, 원래는 개^(犬)의 모양을 말했는데, 모양이나 형상 등 일반적은 형태나 상태를 나타내는 의미로 확장되었다. 또 賞狀^(상장)에서처럼 상황을 적은 문건이나 기록을 말하기도 한다. 간화자에서는 爿을 간단하게 줄여 状으로 쓴다.

字形 𤝢 犹狀古陶文 狀 狀簡牘文 狀 說文小篆

床(평상 상): [牀], chuáng, 广-4, 7, 42

字解 회의. 广^(집 엄)과 木^(나무 목)으로 구성되었으며, 牀^(평상 상)의 속자로, 집^(广)에 두는 나무^(木)로 만든 '평상'이라는 의미를 담았다. ☞ 牀^(평상 상)

字形 牀 說文小篆

翔(빙빙 돌아 날 상): [㹀, 羏], xiáng, 羽-6, 12, 10

字解 형성. 羽^(깃 우)가 의미부고 羊^(양 양)이 소리부로, 날갯짓^(翔)으로 둥글게 말린 양^(羊)의 뿔처럼 하늘을 빙빙 돌아 나는 것을 말한다.

字形 翔 說文小篆

祥(상서로울 상): xiáng, 示-6, 11, 30

字解 형성. 示^(보일 시)가 의미부고 羊^(양 양)이 소리

부로, '상서로움'을 말한다. 이는 길상의 상징인 양^(羊)을 숭배^(示)의 대상으로 삼았으며, 이로부터 길흉의 전조, 재앙의 뜻도 나왔음을 보여준다. 양은 美^(아름다울 미)나 善^(착할 선) 등을 구성하는 데서 보듯, 고대 중국에서 진실과 정의를 판별해 줄 수 있는 능력을 갖춘 대단히 길한 존재로 인식되었다.

字形 𢦏 𢦏甲骨文 羕 金文 祥簡牘文 祥石刻篆文 祥 說文小篆

詳(자세할 상): 详, xiáng, 言-6, 13, 32

字解 형성. 言^(말씀 언)이 의미부고 羊^(양 양)이 소리부로, '자세하다'는 뜻인데, 진실과 정의를 판별해 줄 수 있는 능력을 갖춘 양^(羊)이 제대로 審議^(심의)하여 판단할 수 있도록 '상세히' 말하다^(言)는 뜻을 담았다. 이로부터 심리하다, 분명하게 알다, 상세하다, 자세히 설명하다 등의 뜻이 나왔다.

字形 詳 說文小篆

庠(학교 상): xiáng, 广-6, 9, 12

字解 형성. 广^(집 엄)이 의미부고 羊^(양 양)이 소리부로, 주나라 때의 건축물^(广)인 '학교'를 부르던 말인데, 하나라 때에는 校^(학교 교), 상나라 때에는 序^(차례 서)라 구분해 불렀다.

字形 庠 說文小篆

相(서로 상): xiàng, xiāng, 目-4, 9, 52

字解 회의. 木^(나무 목)과 目^(눈 목)으로 구성되어, 나무^(木) 주위로 눈^(目)을 크게 그려, 눈^(目)으로 나무^(木)를 자세히 살피다는 뜻을 그렸다. 지금도 觀相^(관상)이나 手相^(수상)과 같은 단어에는 자세히 살피다는 원래의 뜻이 남아 있으며 이로부터 모습, 모양의 뜻이 나왔다. 옛날, 높은 건축물이 적었던 사회에서는 높게 자란 나무는 올라가 주위를 살피는데 좋은 곳이 되었을 것이다. 이처럼 높은 곳에서 살피다는 뜻으로부터 宰相^(재상)에서처럼 최고 통치자라는 뜻도 갖게 되었다.

字形 [甲骨文] [金文] [古陶文] [簡牘文] [帛書] [古璽文] [說文小篆]

箱(상자 상): xiāng, 竹-9, 15, 20

字解 형성. 竹^(대 죽)이 의미부고 相^(서로 상)이 소리부로, 사람이 서로^(相) 마주보고 앉을 수 있는 대^(竹)로 만든 '찻간'을 말했으며, 이후 찻간처럼 네모로 만들어진 커다란 '상자'를 지칭하게 되었다.

字形 [說文小篆]

想(생각할 상): xiǎng, 心-9, 13, 42

字解 형성. 心^(마음 심)이 의미부고 相^(서로 상)이 소리부로, 마음^(心)으로 자세히 살피며^(相) '생각함'을 말하며, 이로부터 사고하다, 사색하다, 그리워하다, 희망하다, 추측하다, 想像^(상상)

하다 등의 뜻이 나왔다.

字形 [說文小篆]

廂(행랑 상): 厢, xiāng, 广-9, 12

字解 형성. 广^(집 엄)이 의미부고 相^(서로 상)이 소리부로, 대문을 중심으로 양쪽으로 서로^(相) 마주 보며 늘어선 건축물^(广)을 말하며, 이로부터 행랑의 뜻이 나왔다. 또 행랑이 양쪽으로 있다고 해서 '곁'이나 '가장자리' 등을 뜻하게 되었다. 달리 广 대신 厂^(기슭 엄)이 들어간 厢^(행랑 상)으로 쓰기도 한다.

字形 [說文小篆]

霜(서리 상): shuāng, 雨-9, 17, 32

字解 형성. 雨^(비 우)가 의미부고 相^(서로 상)이 소리부로, 기후 현상^(雨)의 하나인 서리를 말한다. 이로부터 머리칼 등이 흰색으로 변하다는 뜻이 나왔고, 다시 고상하고 순결함이나 흰색의 비유로도 쓰였다.

字形 [說文小篆]

湘(강 이름 상): xiāng, 水-9, 12

字解 형성. 水^(물 수)가 의미부고 相^(서로 상)이 소리부로, 강 이름이다. 광서 장족 자치구에서 발원하여 동정호로 흘러드는 호남성 최대의 강이며, 호남성의 약칭으로도 쓰인다.

字形 [金文] [簡牘文] [說文小篆]

嬸(과부 상): shuāng, 女-17, 20, 10

字解 형성. 女^(여자 여)가 의미부고 霜^(서리 상)이 소리부로, 과부라는 뜻인데, 서리 맞은^(霜) 여자^(女)라는 뜻을 담았다.

爽(시원할 상): shuǎng, 爻-7, 11, 10

字解 회의. 원래는 大^(큰 대)와 두 개의 爻^(효 효)로 구성되어, 사람^(大)의 양 겨드랑이에 성글게 짠^(爻) 베를 그려 바람이 '시원하게' 통함을 형상화했고, 이로부터 爽快^(상쾌)하다, 쾌활하다, 편안하다, 밝다 등의 뜻이 나왔다.

金文 簡牘文
說文小篆 說文篆文

尚(오히려 상): shàng, 小-5, 8, 32

字解 형성. 八^(여덟 팔)이 의미부고 向^(향할 향)이 소리부인데, 八은 '갈라짐'을 뜻하고 向은 집에 창을 그려 창이 난 '방향을 말하여, 창을 통해 위로 퍼져 나가는 연기 등을 형상화했다. 그래서 向의 원래 뜻은 '위'이며 옛날에는 上^(윗 상)과도 통용되었으며, '위'는 높은 지위를 뜻하기에 崇尙^(숭상)이나 尙賢^(상현·어진 사람을 섬김) 등과 같이 '받들다'는 뜻도 나왔다. 현행 옥편에서는 小^(작을 소)와 의미적 관련이 없는데도 小부수에 귀속시켰다.

金文 古陶文

古幣文 盟書 簡牘文 帛書 古璽文 說文小篆

嘗(맛 볼일찍이 상): 尝, [噌, 甞], cháng, 口-11, 14, 30

字解 형성. 旨^(맛있을 지)가 의미부고 尙^(오히려 상)이 소리부로, 원래는 제사 이름으로, 맛있는^(旨) 음식을 신께 올려^(尙) 맛보게 한다는 뜻에서 맛보다, 시험해 보다, 경력 등의 뜻이 나왔다. 의미부로 쓰인 旨는 간혹 甘^(달 감)으로 바뀌어 쓰이기도 하며, 의미를 강조하기 위해 口^(입 구)를 더한 噌^(맛볼 상)으로 쓰기도 한다. 간화자에서는 尝으로 줄여 쓴다.

金文 簡牘文
說文小篆

裳(치마 상): cháng, 衣-8, 14, 32

字解 형성. 衣^(옷 의)가 의미부고 尙^(오히려 상)이 소리부로, 옷^(衣)의 일종인 치마를 말한다. 원래는 常으로 썼으나 常이 '일상'이라는 뜻으로 쓰이자 巾^(수건 건) 대신 衣를 넣어 분화한 글자이다. ☞ 常^(항상 상)

簡牘文 說文小篆 說文或體

常(항상 상): cháng, 巾-8, 11, 42

字解 형성. 巾^(수건 건)이 의미부고 尙^(오히려 상)이 소리부로, 베^(巾)로 만든 '치마'가 원래 뜻이다. 고대사회에서 바지가 나오기 전 '치마'는 언제나 입는 일상품이었기에 日常^(일상)의 뜻이 나왔고, 그러자 원래 뜻은 巾을 衣^(옷 의)로 대체하여 裳^(치마 상)으로 표현했다. 일상으로 입는 옷이라는 뜻에서 일상의, 평상의, 일반적인 등의 뜻이 나왔고, 다시 오랫동안, 변함없는 등의 뜻이 나왔다.

字形 [甲骨文] 簡牘文 [說文小篆] 說文或體

賞(상줄 상): 赏, shǎng, 貝-8, 15, 50

字解 형성. 貝^(조개 패)가 의미부고 尙^(오히려 상)이 소리부로, 공로가 있는 사람을 높여^(尙) 재물^(貝)로 '상'을 주는 것을 말하며, 이로부터 주다, 칭찬하다, 주다, 상으로 주는 물건 등을 뜻하게 되었다.

字形 金文 古陶文 簡牘文 說文小篆

償(갚을 상): 偿, cháng, 人-15, 17, 32

字解 형성. 人^(사람 인)이 의미부고 賞^(상줄 상)이 소리부로, 배상하다, 보상하다, 보답하다의 뜻인데, 다른 사람^(人)에게 재물^(貝) 등을 '돌려줌'을 말한다. 간화자에서는 偿으로 줄여 쓴

다.

字形 說文小篆

象(코끼리 상): xiàng, 豕-5, 12, 40

字解 상형. 원래 긴 코와 큰 몸집을 가진 코끼리를 사실적으로 그려 코끼리를 말했고, 이후 상아를 지칭했다. 현대 옥편에서는 거대한 몸집을 가진 코끼리와 멧돼지가 연계되어 豕^(돼지 시)부수에 통합되었다. 고대 중국에서 코끼리는 매우 유용한 동물이었다. 가죽과 고기 이외에도 상아는 아직도 매우 진귀한 물품으로 쓰였을 뿐 아니라 야생 코끼리는 사육되어 많은 노동력이 필요한 대규모의 토목 사업 등에 동원되었다. 이후 삼림의 파괴와 기후의 변화로 중원 지역에서 코끼리가 사라지자 눈으로 직접 볼 수 없게 되어 버린 이 특이한 동물을 놓고 여러 이야기가 나오게 되는데, 그중 가장 대표적인 것이 想像^(상상)이라는 말이다. 미루어 생각한다는 뜻의 '想像^(상상)'은 원래 '想象^(상상)'으로 썼으니, 즉 코끼리^(象)를 생각한다^(想)는 뜻이었다.

字形 甲骨文 金文 古陶文 簡牘文 說文小篆

像(형상 상): xiàng, 人-12, 14, 32

字解 형성. 人^(사람 인)이 의미부고 象^(코끼리 상)이 소리부로, 사람^(人)들이 상상하는 코끼리^(象)의 '모습'을 말하며, 이후 '비슷하다', '닮았다'는 뜻이 나왔다. ☞ 象^(코끼리 상)

字形 ![說文小篆] 說文小篆

橡(상수리나무 상): xiàng, 木-12, 16

字解 형성. 木^(나무 목)이 의미부고 象^(코끼리 상)이 소리부로, 상수리나무를 말하는데, 거대한 코끼리^(象)처럼 20~25미터의 높이로 크게 자라는 나무^(木)라는 뜻을 담았다.

桑(뽕나무 상): sāng, 木-6, 10, 32

字解 회의. 木^(나무 목)과 세 개의 厶^(사사로울 사)로 구성되었는데, 厶는 口^(입 구)가 잘못 변한 것이다. 갑골문에서는 높게 자란 뽕나무^(木)와 뽕잎을 딸 때 쓰는 광주리^(口)가 가지 사이로 놓인 모습을 그렸는데, 광주리를 그린 口가 厶로 변해 지금의 자형이 되었다. '뽕나무'가 원래 뜻이며, 이후 '뽕잎', '뽕잎을 따다'는 뜻이 나왔고, 누에가 뽕잎을 먹고 자라기 때문에 '누에를 치다'는 뜻도 나왔다.

字形 ![甲骨文 古陶文 簡牘文 說文小篆]

喪(죽을 상): 丧, sàng, 口-9, 12, 32

字解 형성. 원래는 亡^(망할 망)이 의미부고 桑^(뽕나무 상)이 소리부였으나, 소전체에 들면서 哭^(울 곡)이 의미부고 亡이 소리부인 구조로 변했다. 죽은 사람^(亡)을 위해 곡^(哭)을 하는 모습으로, '죽다', '잃다', 상실하다 등의 뜻을 그렸다. 이후 吅^(부르짖을 훤)과 衣^(옷 의)로 구성된 지금의 자형으로 변했고, 간화자에서는 吅을 간단히 줄여 丧으로 쓴다.

字形 ![甲骨文 金文 簡牘文 石刻古文 說文小篆]

商(헤아릴 상): shāng, 口-8, 11, 52

字解 상형. 이의 자원에 대해서는 설이 분분하지만, 갑골문과 금문 자형을 종합해 보면, 두 개의 장식용 기둥^(柱)과 세 발^(足)과 둥그런 배^(腹)를 갖춘 술잔을 그린 것으로 보인다. 이 글자가 商이라는 민족과 나라를 지칭하게 된 연유는 잘 알려지지 않았지만 일찍부터 하남성 동북부에 있던 殷墟^(은허)를 商이라 불렀는데, 그곳은 당시 中原^(중원)의 핵심 지역으로 교통이 편리해 교역이 성행했다. 商에 거점을 두었던 商族들은 장사수완이 대단히 뛰어났던 것으로 알려져 있다. 그래서 그들을 '商에 사는 사람'이라는 뜻의 '商人^(상인)'으로 불렀는데, 이후 '장사꾼'이라는 뜻으로 쓰였다. 장사에는 언제나 가격 흥정이 있게 마련이다. 그래서 商에는 商議^(상의)나 商談^(상담)에서처럼 '의논하다'는 뜻도 들게 되었던 것으로 추정된다.

字形 ![甲骨文 金]

文 ![古陶文] 古陶文 ![簡牘文] 簡牘文 ![石刻古文] 石刻古文
![說文小篆] 說文小篆 ![說文古文] 說文古文 ![]
說文籒文

傷(상처 상): 伤, shāng, 人-11, 13, 40

字解 형성. 人^(사람 인)이 의미부고 昜^(상처입을 상)이 소리부로, 사람^(人)에게 난 상처^(昜)를 말하며, 이로부터 상해, 손해, 슬픔, 비애, 죄를 짓다 등의 뜻이 나왔다. 昜은 다시 矢^(화살 시)의 생략된 모습이 의미부고 昜^(볕 양)이 소리부로, 화살^(矢)에 입은 '상처'를 말하며, 이로부터 손상, 상처, 깎다 등의 뜻이 나왔다. 간화자에서는 소리부 昜을 간단하게 줄여 伤으로 쓴다.

字形 ![] ![] ![] ![]簡牘文 ![]說文小篆

觴(잔 상): 觞, shāng, 角-11, 18, 10

字解 형성. 角^(뿔 각)이 의미부고 昜^(상처입을 상)이 소리부로, 뿔^(角)을 깎아^(昜) 만든 술잔을 말하며, 이로부터 술을 마시다는 뜻도 나왔다.

字形 ![] ![]金文 ![]說文小篆 ![]說文籒文

殤(일찍 죽을 상): 殇, shāng, 歹-11, 15

字解 형성. 歹^(부서진 뼈 알)이 의미부고 昜^(상처입을 상)이 소리부로, 몸이 상해^(昜) 성년이 되지 못

하고 죽음^(歹)을 말하며, 희생자를 뜻하기도 한다. 간화자에서는 昜을 간단하게 줄여 殇으로 쓴다.

字形 ![]簡牘文 ![]說文小篆

峠(고개 상): shàng, 山-6, 9

字解 회의. 山^(뫼 산)과 卡^(관 잡)으로 구성되어, 관문^(卡)이나 요새를 만들 수 있는 산^(山)의 '고개'를 말하며, 산꼭대기라는 뜻도 가진다. 달리 山^(뫼 산)과 卡으로 구성되어, 오르내릴^(卡) 수 있는 산^(山)의 고개를 말한다고도 한다. 일본에서 만들어진 한자로 알려졌다.

새

塞(변방 새막힐 색): sè, sāi, sài, 土-10, 13, 32

字解 형성. 土^(흙 토)가 의미부고 寒^(터질 하)가 소리부로, 외부의 침입을 막고자 흙^(土)으로 성을 쌓아 놓은 변방이나 변경을 말한다. 변방을 뜻할 때에는 邊塞^(변새)나 塞翁之馬^(새옹지마)에서처럼 '새로, 막다는 뜻으로 쓰일 때에는 塞音^(색음)에서처럼 '색'으로 구분해 읽는다. 간독문자에서는 宀^(집 면)과 4개의 工^(장인 공)과 廾^(두 손으로 받들 공)과 土로 구성되어 두 손으로^(廾) 흙^(土)을 다져^(工) 건축물^(宀)을 만드는 모습을 그렸는데, 초기 건축물은 적을 막으려고 변경에 구축한 토성이나 거주지 주변의 담이 대표적이었을 것이다. 이

로부터 막다, 변방, 변경 등의 뜻이 나왔다.

字形 🧿 簡牘文 🧿 說文小篆

賽(굿할 새): 赛, sài, 貝-10, 17

字解 형성. 貝^(조개 패)가 의미부고 塞^(변방 새·막힐 색)의 생략된 모습이 소리부로, 신령에게 돈 되는 물품^(貝)을 보답으로 바치며 하는 '제사'를 말했는데, 이후 좋고 나쁨이나 서로 견줌을 말했고, 다시 '시합'이라는 뜻까지 나왔다.

字形 🧿 簡牘文 🧿 說文新附字

璽(도장 새): 玺, [壐], xǐ, 玉-14, 19, 10

字解 형성. 玉^(옥 옥)이 의미부고 爾^(너 이)가 소리부로, 항상 가까이^(爾) 두어 신분을 상징하는 옥^(玉)으로 만든 '도장'을 말한다. 玉 대신 재료에 따라 金^(쇠 금), 缶^(장군 부), 土^(흙 토) 등이 들어가기도 한다. 후세에서 말하는 인장을 진나라 이전에는 璽라 불렀다. 하지만, 진시황 때에 이르러 천자의 인장만을 璽라 부르도록 규정함으로써 황제의 도장이 아닌 일반인의 도장은 따로 印^(도장 인)이라 구별하여 부르게 되었다. 간화자에서는 爾를 尒^(너 이)로 줄인 玺로 쓴다.

字形 🧿 🧿 古陶文 🧿 簡牘文 🧿 古璽文 🧿 說文小篆 🧿 說文籀文

壐(옥새 새): xǐ, 土-14, 17

字解 형성. 土^(흙 토)가 의미부이고 爾^(너 이)가 소리부이다. 『설문해자』의 해설처럼, '왕의 인장^(王者印)'을 말하며, 영토를 주관할 수 있는 상징이 된다. 항상 가까이^(爾) 두어 신분을 상징하는 흙^(土)으로 만든 '도장'을 말한다. 土 대신 재료에 따라 金^(쇠 금), 缶^(장군 부), 玉^(옥 옥) 등이 들어가기도 한다. 이후 璽^(도장 새)로 통합되었다. 후세에서 말하는 인장을 진나라 이전에는 璽라 불렀다. 하지만, 진시황 때에 이르러 천자의 인장만을 璽라 부르도록 규정함으로써 황제의 도장이 아닌 일반인의 도장은 따로 印^(도장 인)이라 구별하여 부르게 되었다. 간화자에서는 爾를 尒^(너 이)로 줄인 玺로 쓴다. ☞ 璽^(도장 새)

字形 🧿 🧿 古陶文 🧿 簡牘文 🧿 古璽文 🧿 說文小篆

색

色(빛 색): sè, 色-0, 6, 70

字解 회의. 소전체에서부터 등장하는데, 『설문해자』에서는 人^(사람 인)과 卩^(卩·병부 절)로 구성되었고 顏色^(안색)을 말한다고 했다. 하지만, 무릎 꿇은 사람^(卩) 위로 선 사람^(人)이 더해진 모습에서 어떻게 '낯빛'의 뜻이 나오게 되었는지는 달리 설명이 없다. 그래서 이에 대한 다양한 해설이 생겨났다. 『설문해자』의 최고 해석가였던 청나라 때의 단옥재는 "마음^(心·심)이 氣^(기)로 전달되며, 氣는 眉間^(미간)에 전달되는데, 이 때문에 色이라 한다."라고 풀이했고, 어떤 이는 몸을 편 기쁨과 무릎을 꿇은 비애가 얼굴에 나타나므로 '顏色'의 뜻이 생겼다고도 풀이했다. 그러나 色이 '빛'이나 '안색'은 물론, '여자' 특히 好色^(호색)이나 色骨^(색골) 등과 같이 성^(sex)의 의미를 강하게 가짐을 볼 때, 이러한 해석은 쉬 긍정하기 어렵다. 그래서 色을 後背位^(후배위)의 성애 장면을 그린 것으로 보는 것이 자형에 근접한 해석일 것이다. 『설문해자』에서 제시했던 頁^(머리 혈)과 彡^(터럭 삼)과 疑^(의심할 의)로 구성된 色의 이체자도 머리^(頁)를 돌려 뒤돌아보는^(疑) 모습에 강렬하게 나타난 얼굴빛^(彡)을 강조한 글자다. 이렇게 볼 때 色의 원래 뜻은 성애 과정에서 나타나는 흥분된 '얼굴색'이며, 이로부터 색깔은 물론 '성욕'과 성애의 대상인 '여자', 여자의 용모, 나아가 기쁜 얼굴색^(喜色·희색), 정신의 혼미함 등의 뜻이 나오게 된 것으로 보인다.

字形 簡牘文 說文小篆 說文古文

嗇(아낄 색): 嗇, sè, 口-10, 13, 10

字解 회의. 지금의 자형에서는 알아보기 어렵지만 갑골문이나 금문에서 윗부분은 보리를 그린 來^(올 래)이고 아랫부분은 기단이 만들어진 창고^(靣·름)를 그렸음이 분명한데, 자형이 줄어 지금처럼 되었다. 그래서 嗇은 '보리^(來)를 수확하여 기단이 만들어진 창고^(靣)에 보관하는 모습을 그린 글자다. 기단을 만든 것은 지면의 습기로부터 곡식을 보호하려는 조치였을 것이다. 하늘이 내려준 선물이라고 할 정도로 고대 중국에서 귀중한 곡물이었던 보리는 다른 어떤 곡물보다 아끼고 잘 보관해야만 했다. 이로부터 嗇에 '아끼다'는 뜻이 생겼고, 다시 곡식을 보관하는 '창고'나 담장을 둘러 창고를 만든 데서 '담'이라는 뜻까지 갖게 되었다. 간화자에서는 來를 간단하게 줄여 啬으로 쓴다.

字形 甲骨文 金文 古陶文 簡牘文 古璽文 說文小篆

穡(거둘 색): 穡, sè, 禾-13, 18

字解 형성. 禾^(벼 화)가 의미부고 嗇^(아낄 색)이 소리부로, 곡식^(禾)을 수확하여 창고에 보관하는 모습으로부터 '수확하다'는 의미를 그렸다.

간화자에서는 嗇을 啬으로 줄인 穡으로 쓴다. ☞ 嗇(아낄 색)

字形 [금문] 金文 [간독문] 簡牘文 [설문소전] 說文小篆

薔(물 여뀌 색) ☞ 薔(장미 장)

索(찾을 색) ☞ 索(동아줄 삭)

塞(막힐 색) ☞ 塞(변방 새)

생

生(날 생): shēng, 生-0, 5, 80

字解 회의. 소전체에서는 屮^(떡 잎날 철)과 土^(흙 토)로 구성되어, 대지^(土)에서 돋아나는 싹^(屮)으로부터 '생겨나다'는 의미를 그렸는데, 자형이 조금 변해 지금처럼 되었다. 갑골문에서는 땅^(一) 위로 솟아나는 싹^(屮)의 모습을 그렸는데, 이후 땅을 나타내는 가로획 대신 土를 넣어 그 의미가 더욱 구체화하였다. 그래서 生의 원래 뜻은 초목이 '자라나다'이며, 이로부터 出生^(출생)이나 生産^(생산) 등의 뜻이 생겼다. 여기서 다시 生物^(생물)처럼 '살아 있음'을, 生鮮^(생선)처럼 '신선함'을, 天生^(천생)처럼 '천부적임'을, 生疎^(생소)처럼 '낯설다'는 뜻을, 다시 書生^(서생·공부하는 사람)이나 小生^(소생·자신을 낮추어 부르는 말)처럼 '사람'을 뜻

하기도 하였다.

字形 [갑골문] 甲骨文 [갑골문] [갑골문] [갑골문] [금문] 金文 [고도문] 古陶文 [간독문] 簡牘文 [백서] 帛書 [설문소전] 說文小篆

眚(눈에 백태 낄 생): shěng, 目-5, 10

字解 형성. 目^(눈 목)이 의미부고 生^(날 생)이 소리부로, 눈^(目)에 생겨난^(生) 희끄무레한 막을 말한다. 이로부터 질병이나 어려움, 손해 등의 뜻이 나왔다. 또 일식을 뜻하기도 한다.

字形 [갑골문] 甲骨文 [간독문] 簡牘文 [설문소전] 說文小篆

笙(생황 생): shēng, 竹-5, 11

字解 형성. 竹^(대 죽)이 의미부고 生^(날 생)이 소리부로, '笙簧^(생황)'을 말하는데, 소리를 만들어 내는^(生) 대나무^(竹)로 만든 악기라는 의미를 담았다. 옛날에는 13~19개의 관으로 되었는데, 지금은 24개로 되어 있으며, 화음을 내는 유일한 국악기로 알려졌다.

字形 [설문소전] 說文小篆

甥(조카사위 생): shēng, 生-7, 12, 10

字解 형성. 男^(사내 남)이 의미부고 生^(날 생)이 소리

부로, 낯선^(生) 남자^(男)의 아이라는 의미로, '자매의 자식', '외손', '사위' 등을 뜻한다. 옛날 모계사회에서는 아이를 어머니 집안에서 키웠고, 외사촌들과의 결혼도 가능했다. 그래서 舅^(시아비 구)에 외삼촌과 장인의 뜻이, 甥에 조카와 사위의 뜻이 함께 담겨 있고, 조카^(甥)는 모계의 처지에서 볼 때 바깥의 다른 남자^(男)가 낳은 낯선^(生) 존재였다.

字形 ⊞⅓ 說文小篆

牲(희생 생): shēng, 牛-5, 9, 10

字解 형성. 牛^(소 우)가 의미부고 生^(날 생)이 소리부로, '희생을 말하는데, 제사 등에 희생물로 바칠 살아있는^(生) 소^(牛)를 말한다. 갑골문에서는 牛 대신 羊^(양)이 들기도 했다. 이후 희생을 올려 제사를 지내는 것을 말하기도 하였다.

字形 ⅄ 甲骨文 牪 金文 牲 簡牘文 ⬛ 帛書 牲 說文小篆

省(덜 생) ☞ **省**(살필 성)

서

署(관청 서): shǔ, 网-9, 14, 32

字解 형성. 网^(그물 망)이 의미부고 者^(놈 자)가 소리부로, 사냥할 그물^(网)과 포획물을 삶을^{(者, 煮}

의 본래 글자) 도구 등을 '배치하다'는 뜻을 그렸다. 이로부터 효율적인 관리를 위해 그물망처럼 잘 나누어 배치한 기관^(部署·부서)의 뜻이, 다시 서명하다, 대리, 署理^(서리) 등의 뜻도 나왔다.

字形 署 署 簡牘文 署 說文小篆

曙(새벽 서): shǔ, 日-14, 18, 10

字解 형성. 日^(날 일)이 의미부고 署^(관청 서)가 소리부로, 해가 뜨는 새벽을 뜻하는데, 관청^(署)은 해^(日)가 뜨는 아침 일찍 새벽부터 일해야 하는 곳임을 반영했다.

字形 曙 說文小篆

暑(더울 서): shǔ, 日-9, 13, 30

字解 형성. 日^(날 일)이 의미부고 者^(놈 자)가 소리부로, 해^(日)가 내리쬐어 솥에 삶듯^(者, 煮의 원래 글자) '더운' 상태를 말하며, 더운 체질을 뜻하는 한의학의 용어로도 쓰인다.

字形 暑 簡牘文 暑 說文小篆

薯(참마 서): [藷], shǔ, 艸-14, 18, 10

字解 형성. 艸^(풀 초)가 의미부고 署^(관청 서)가 소리부로, '참마'를 말하며, 고구마나 감자 등과 같은 식물^(艸)의 총칭으로도 쓰인다.

緒(실마리 서): 绪, xù, 糸-9, 15, 32

형성. 糸(가는 실 멱)이 의미부고 者(놈 자)가 소리부로, 감겨 있거나 헝클어진 실(糸)의 첫머리를 말하며, 이후 일이나 사건을 풀어나갈 수 있는 단서를 뜻했다. 누에고치에서 실을 뽑으려면 고치를 솥에 삶아(者, 煮의 원래 글자) 실 끝을 뽑아내면 실이 이어져 나온다. 이런 뜻에서 실마리, 사물의 시작이나 발단의 비유로 쓰였으며, 情緖(정서), 심정, 감정 등의 뜻도 나왔다.

字形 [圖] 簡牘文 [圖] 說文小篆

書(글 서): 书, shū, 日-7, 10, 60

字解 회의. 손에 붓을 쥔(聿율) 모습과 그릇(口구)을 그려, 그릇에 담긴 먹을 찍어 '글'을 쓰는 모습을 그렸는데, 口가 日(가로 왈)로 바뀌어 지금의 자형이 되었다. 이로부터 書寫(서사)하다, 기록하다, 글, 書體(서체), 文書(문서), 書籍(서적) 등의 뜻이 나왔다. 간화자에서는 초서체를 변형한 书로 쓴다.

字形 [圖] 金文 [圖] 古陶文 [圖] 簡牘文 [圖] 古璽文 [圖] 說文小篆

黍(기장 서): shǔ, 黍-0, 12, 10

字解 회의. 갑골문을 보면 가지가 여럿 난 '기장'을 그렸고, 여기에 水(물 수)가 더해진 모습이다. 기장은 옛날부터 술을 담그는 주요 재료였으므로 술을 상징하기 위해서 水가 더해진 것으로 풀이한다. 하지만 『설문해자』에서 黍를 두고 "조(禾화)에 속하는 것으로, 차진 것을 말한다."라고 풀이한 것처럼 水를 차진 것의 상징으로 풀이하기도 한다. 기장은 분명히 술을 담그는 주요한 재료였고, 조에 비해 차진 것도 사실이다. 그래서 기장의 주요 속성인 '차지다'는 것을 강조하기 위해 소리부인 占(차지할 점)을 더한 黏(차질 점)이 만들어졌는데, 이후 쌀(米미)이 생산됨으로써 粘(끈끈할 점)이 만들어졌다. 기장은 옥수수처럼 건조한 지역에서도 잘 자라며 빽빽하게 자라난다. 黎(검을 려)는 쟁기질을 해 기장을 빽빽하게 많이 심은 것을 말한다. 빽빽하게 자란 기장 밭에 들면 캄캄했을 것이다. 그래서 黍에는 '많다'는 뜻도 생겼다. 그러자 원래 뜻은 黑(검을 흑)을 더한 黧(검을 려)로 분화했다.

字形 [圖] 甲骨文 [圖] 金文 [圖] 簡牘文 [圖] 說文小篆

胥(서로 서): [縃], xū, 肉-5, 9, 10

字解 형성. 肉(고기 육)이 의미부고 疋(발 소)가 소리부로, 『설문해자』에서 "게로 담근 젓갈을 말한다"라고 했는데, 게 살(肉)과 다리(疋)를 함께 넣어 담근다는 의미를 담았으며, 이로부터 '함께', '서로'의 뜻이 나왔다. 또 胥吏(서리)에서처럼 발품(疋)을 팔아 육체(肉) 노동을 해야 하는 말단 관리를 말하기도 한다.

字形 [圖] 古陶文 [圖] 古璽文 [圖] 石刻古文 [圖] 說文小篆

壻(사위 서): 婿, xù, 士-9, 12, 10

（字解） 형성. 士(선비 사)가 의미부고 胥(서로 서)가 소리부로, 사위를 말한다. 원래는 婿(사위 서)로써 딸(女여)의 남편을 말했으나, 이후 女를 士로 바꾸어 썼는데, 건장한 남성(士)이라는 뜻이 담겼다. 간화자에서는 婿(사위 서)에 통합되었다.

（字形） 壻 說文小篆

鋤(호미 서): 锄, [鉏, 耡], chú, 金-7, 15

（字解） 형성. 金(쇠 금)이 의미부고 助(도울 조)가 소리부로, 농사일을 도우는(助) 쇠(金)로 만든 '호미'를 말하며, 이로부터 밭을 갈다는 뜻도 나왔다. 『설문해자』에서는 金 대신 耒(쟁기뢰)가 들어간 耡(호미 서)로 썼다. 달리 助를 且(또 차)로 줄인 鉏로 쓰기도 한다.

（字形） 鉏 說文小篆

西(서녘 서): xī, 襾-0, 6, 80

（字解） 상형. 원래 나뭇가지를 얽어 만든 새의 둥지를 그려 '서식하다'는 의미를 그렸다. 이후 둥지는 해가 지는 저녁이 되면 새가 어김없이 날아드는 곳이고, 해는 서쪽으로 진다는 뜻에서 '서쪽'의 의미가 나왔고, 다시 西洋(서양)이나 서양식을 뜻하게 되었다. 그러자 원래의 의미는 木(나무 목)을 더한 栖(새 깃들일 서)가 되었고, 사람이 살 경우 다시 소리부를 妻(아내 처)로 바꾸어 棲(살 서)로 분화했는데, 아내(妻)와 함께하는 가정이 인간의

'서식처'임을 보여주고 있다. 현대의 자형에서 西는 襾(덮을 아)와 닮아 보이지만, 전혀 다른 글자이다.

（字形） 甲骨文 金文 古陶文 帛書 簡牘文 石刻古文 說文小篆 說文或體 說文古文 說文籀文

栖(새 깃들일 서): [棲], qī, 木-6, 10

（字解） 형성. 木(나무 목)이 의미부고 西(서녘 서)가 소리부로, 나무(木)에 만들어진 둥지(西)에 새가 깃드는 모습을 그렸다. 이후 西를 妻(아내 처)로 바꾼 棲(살 서)로 쓰기도 했다. ☞ 棲(살 서)

棲(살 서): 栖, qī, xī, 木-8, 12, 10

（字解） 형성. 木(나무 목)이 의미부고 妻(아내 처)가 소리부로, 서식하다, 살다는 뜻인데, 나무(木)의 둥지(西)에 새가 살듯(栖), 아내(妻)와 함께 하는 곳이 사람의 서식처임을 보여준다. 간화자에서는 栖(새 깃들일 서)로 쓴다. ☞ 西(서녘 서)

（字形） 棲 說文小篆 栖 說文或體

捿(살 서): qī, 手-8, 11

字解 형성. 手^(손 수)가 의미부고 妻^(아내 처)가 소리부로, 棲^(살 서)와 같은 글자인데, 扌^(手)와 木^(나무 목)의 형체가 유사해 변한 것으로 추정된다. ☞ 棲^(살 서)

庶(여러 서): [庻], shù, 广-8, 11, 30

字解 회의. 금문에서는 石^(돌 석)과 火^(불 화)로 구성되어, 불^(火)에 돌^(石)을 올려놓고 굽는 요리법을 그렸는데, 이후 广^(집 엄)이 더해지고 자형이 조금 변해 지금처럼 되었다. 이후 불^(火)에 올려놓은 돌^(石) 주위로 여러 사람이 둘러앉았다는 뜻에서 '많다'는 의미가 나왔으며, 庶民^(서민), 庶子^(서자) 등의 뜻이, 다시 庶幾^(서기)에서처럼 '거의'라는 부사어로도 쓰였다.

字形 [金文] [古陶文] [簡牘文] [石刻古文] [說文小篆]

筮(점대 서): shì, 竹-7, 13

字解 형성. 竹^(대 죽)이 의미부고 巫^(무당 무)가 소리부로, 시초점을 칠 때 사용했던 대^(竹)로 만든 점술 도구^(巫)인 '점 대'를 말한다.

字形 [金文] [簡牘文] [石刻古文] [說文小篆]

鼠(쥐 서): shǔ, 鼠-0, 13, 10

字解 상형. 쥐를 그린 상형자인데, 갑골문에서는 벌린 입과 긴 꼬리를 특징적으로 그렸다. 소전체에서는 벌린 입과 이빨을 더욱 강조하여 앞니로 물건을 씹는 齧齒^(설치) 동물의 특징을 잘 표현했고, 털이 난 두 발과 긴 꼬리까지 잘 갖추어진 모습으로 변했는데, 지금의 鼠의 원형이 되었다. 『설문해자』에서 "쥐는 구멍을 파는 동물의 대표이다"라고 한 것처럼, 쥐는 구멍을 잘 파기 때문에 구멍을 파고 사는 동물의 대표가 되었다. 또 鼠牙雀角^(서아작각)은 쥐^(鼠)의 어금니^(牙)와 참새^(雀)의 부리^(角)라는 뜻인데, 이는 『시경·소남』의 「이슬 내린 길^(行露·행로)」이라는 시에 나온 이야기로 "쥐가 이가 없는데 어떻게 담장을 뚫었으며, 새가 부리가 없는데 어떻게 지붕을 뚫었겠는가?"라는 말에서부터, 진실 공방에 관한 소송을 뜻하게 되었다. 그런가 하면 鼠憑社貴^(서빙사귀)라는 말도 있는데, 쥐^(鼠)가 사당^(社)의 존귀함^(貴)에 기대어^(憑) 목숨을 보전한다는 뜻으로, 굴을 판 쥐는 이를 없애려 해도 사당을 부술까 두려워 내버려 둔다는 의미로, 狐假虎威^(호가호위)와 비슷한 말이다.

字形 [甲骨文] [簡牘文] [帛書] [說文小篆]

序(차례 서): xù, 广-4, 7, 50

字解 형성. 广^(집 엄)이 의미부고 予^(나줄 여)가 소리부로, 나란히 늘어서 있는^(予) 집^(广)을 말한다. 그래서 동서로 늘어서 있는 廂^(상집의 주체가 되는 간의 양쪽으로 늘어선 간살)을 지칭했는데, 그곳은 학생들을 가르치던 장소였다. 금문

에서는 广과 射^(활 쏠 사)로 이루어졌는데, 옛날 활쏘기^(射)는 학교 교육에서 주요 내용의 하나였기 때문이다. 이후 射가 소리부인 予로 바뀌어 지금의 序가 되었는데, 교육을 통해 사람살이에 필요한 지식을 제공해 주던^(予) 곳임을 더욱 형상화했다. 차례로 늘어선 廂房^(상방)의 모습으로부터 順序^(순서)나 序列^(서열) 등의 뜻이 생겼다.

字形 (金文) (簡牘文) (說文小篆)

舒(펼 서): shū, 舌-6, 12, 12

字解 형성. 舍^(집 사)가 의미부고 予^(나 여)가 소리부로, 펴다가 원래 뜻이며 느긋함을 말한다. 쉬는 집^(舍)에서 왔다갔다^(予) 하는 모습에서부터 '느긋함'이, 다시 '마음을 풀어놓다', '마음을 열다' 등의 뜻이 나왔다.

字形 (說文小篆)

抒(풀 서): shū, 手-4, 7, 10

字解 형성. 手^(손 수)가 의미부고 予^(나 여)가 소리부로, 손^(手)으로 풀어내는^(予) 것을 말하는데, 抒情^(서정)은 마음속의 情緒^(정서)를 풀어낸다는 뜻이다.

字形 (說文小篆)

瑞(상서 서): ruì, 玉-9, 13, 20

字解 형성. 玉^(옥 옥)이 의미부이고 耑^(시초 단)이 소리부로, 군신과 빈객이 만날 때 신의의 증

표로 삼던 옥기^(玉)로, 珪^(규), 璧^(벽), 琮^(종), 璜^(황), 璋^(장) 등을 총칭하는 이름이다. 상대를 처음^(耑)으로 인증하는 옥^(玉)으로 된 증표라는 의미에서 서로 간의 화기애애한 분위기를 표시하고, 이로부터 祥瑞^(상서)나 吉祥^(길상)의 뜻이 나온 것으로 추정된다.

字形 (簡牘文) (說文小篆)

徐(천천히 할 서): xú, 彳-7, 10, 32

字解 형성. 彳^(조금 걸을 척)이 의미부고 余^(나 여)가 소리부로, 길^(彳)에 설치된 임시 막사^(舍, 사)에서 편안하게 머물며 천천히 쉬어가는 것을 말하며, 이로부터 천천히, 느긋하다 등의 뜻이 나왔다. 또 옛날 九州^(구주)의 하나를 말했으며, 나라와 성씨로도 쓰였다.

字形 (金文) (簡牘文) (說文小篆)

敘(차례 서): 叙, [敍], xù, 攴-7, 11, 30

字解 형성. 攴^(칠 복)이 의미부고 余^(나 여)가 소리부이나 갑골문에서는 攴 대신 又^(또 우)가 들어간 叙로 표기하여, 손^(又)으로 임시막사^(余, 舍의 줄임 형) 등 집을 수리하다는 뜻을 그렸다. 집을 수리하는 데는 절차가 있어야 했기에 순서, 차례 등의 뜻이 나왔고, 다시 등급에 의해 규정된 관직이나 질서, 두서, 조리 등의 뜻이 나왔다. 달리 叙^(차례 서)로 쓰기도 한다. 간화자에서는 叙^(차례 서)에 통합되었다.

字形 (甲骨文) (簡牘文) (說文小篆)

叙(차례 서): [敍 敘], xù, 又-7, 9

字解 敍^(차례 서)의 속자이다. ☞ 敍^(차례 서)

誓(맹세할 서): shì, 言-7, 14, 30

字解 형성. 言^(말씀 언)이 의미부고 折^(꺾을 절)이 소리부로, 약속하다는 뜻이며, 이로부터 맹서하다, 서약하다의 뜻이 나왔다. 이는 전장에 나가기 전 활을 꺾어^(折) 결전의 의지를 표현하고 말^(言)로 기도를 올려 조상신이나 천지신명에게 어떤 필승을 약속하며 맹세하던 옛날의 풍습을 반영했다.

字形 金文 簡牘文 說文小篆

逝(갈 서): shì, 辵-7, 11, 30

字解 형성. 辵^(쉬엄쉬엄 갈 착)이 의미부고 折^(꺾을 절)이 소리부로, 다른 곳으로 가다^(辵)는 뜻이며, 이로부터 逝去^(서거)에서처럼 죽다, 달리다, 없어지다는 뜻도 나왔다.

字形 說文小篆

恕(용서할 서): shù, 心-6, 10, 32

字解 형성. 心^(마음 심)이 의미부고 如^(같을 여)가 소리부로, 용서하다, 관용을 베풀다는 뜻인데, 원래의 타고난 마음^(心)처럼^(如) 하는 것이 바로 '용서'임을 그렸다.

字形 說文小篆

絮(솜 서): xù, 糸-6, 12

字解 형성. 糸^(가는 실 멱)이 의미부고 如^(같을 여)가 소리부로, '솜'을 말하는데, 비단^(糸)처럼^(如) 부드럽고 포근한 물질임을 반영했다. 솜은 면화로부터 만들어지지만, 중국에서는 일찍부터 비단이 발달했기 때문에 糸이 들어갔고, 이후 '면화'를, 다시 면화를 타서 만든 '솜'을 뜻하게 되었다.

字形 簡牘文 說文小篆

嶼(섬 서): 屿, yǔ, 山-14, 17, 10

字解 형성. 山^(뫼 산)이 의미부고 與^(더불 여)가 소리부로, 산^(山)이 함께^(與) 줄을 지은 듯 이어지는 바다의 섬들을 말하며, 평지의 작은 산을 지칭하기도 한다. 간화자에서는 與를 与^(어조사 여)로 줄인 屿로 쓴다.

字形 說文小篆

墅(농막 서): shù, 土-11, 14

字解 회의. 土^(흙 토)와 野^(들 야)로 구성되어, '농막'을 말하는데, 살림살이를 하는 집 이외에 멀리 떨어진 야외^(野)에 따로 흙^(土)으로 만든 집이라는 의미를 담았으며, 이로부터 별장이라는 의미까지 나왔다.

犀(무소 서): xī, 牛-8, 12, 10

字解 형성. 牛^(소 우)가 의미부이고 尾^(꼬리 미)가 소리부로, 커다란 외뿔을 가진 무소^(牛)를 말하는데, 자형이 줄어 지금처럼 되었다. 무소는 강인함의 상징이므로 견고하고 단단하다는 뜻도 나왔다.

字形 甲骨文 簡牘文 說文小篆

석

石(돌 석): shí, 石-0, 5, 60

字解 상형. 갑골문에서 오른쪽은 암벽을, 왼쪽은 암벽에서 떨어져 나온 돌덩이를 그렸다. 돌은 인류가 최초로 사용했던 도구였고, 이후 갖가지 중요한 도구로 응용되었다. 그래서 돌은 침, 비석, 숫돌, 악기, 용기, 용량 단위 등 다양한 용도로 쓰였다.

字形 甲骨文 金文 古陶文 簡牘文 說文小篆

碩(클 석): 硕, shuò, 石-9, 14, 20

字解 형성. 頁^(머리 혈)이 의미부고 石^(돌 석)이 소리부로, 머리통^(頁)이 바위^(石)처럼 '큰' 것을 말한다. 옛날에는 머리통이 크면 두뇌가 발

달하여 여러 지식을 담을 수 있다고 생각했기에, 碩에는 碩學^(석학)에서처럼 박식하고 슬기롭고 총명하다는 뜻이 담기게 되었다.

字形 金文 說文小篆

析(가를 석): xī, 木-4, 8, 30

字解 회의. 木^(나무 목)과 斤^(도끼 근)으로 구성되어, 도끼^(斤)로 나무^(木)를 쪼개는 것을 말하였고, 이로부터 사물을 쪼개 分析^(분석)하다, 해체하다, 해석하다는 뜻까지 나왔다.

字形 甲骨文 金文 古陶文 簡牘文 說文小篆

晰(밝을 석): [晰, 晳], xī, 日-8, 12, 12

字解 형성. 日^(날 일)이 의미부고 析^(가를 석)이 소리부인 상하구조로, 해^(日)처럼 밝다는 뜻이며 이로부터 희다, 흰색, 분명하다의 뜻도 나왔다. 이후 좌우구조로 된 晰^(밝을 석)이 나왔는데 의미는 같으며, 日 대신 白^(흰 백)이 들어간 晳^(살결 흴 석)으로 쓰기도 했다.

淅(쌀 일 석): xī, 水-8, 11

字解 형성. 水(물 수)가 의미부고 析(가를 석)이 소리부로, '쌀을 일다'는 뜻인데, 도끼로 땔감으로 쓸 나무를 쪼개고(析) 밥을 지으려고 쌀을 물(水)에 담가 이는 모습을 반영했다. 또 강 이름으로 淅河(석하), 淅江(석강)을 말하는데, 하남성 서남부에 있으며, 盧氏(노씨)현의 熊耳山(웅이산)에서 나와 남으로 흘러 淅川(석천)현 雙河(쌍하)진 부근에서 丹江(단강)으로 흘러든다.

字形 🅰 說文小篆

昔(옛 석): xī, 日-4, 8, 30

字解 회의. 원래 巛(災·재앙 재)와 日(날 일)로 구성되어, '옛날'을 말하는데, 큰 '홍수가 났던(巛) 그때(日)'라는 의미를 담았다. 이로부터 다시 이전, 어제, 오래된 옛날 등의 뜻이 나왔다. 과거의 여러 기억 중에서도 가장 어려웠던 기억이 가장 오래 남는 법인데, 황하를 중심으로 살았던 고대 중국인들에게 홍수는 가장 큰 재앙이자 어려움이었다. 『설문해자』에서는 '말린 고기'를 뜻한다고 했는데, 윗부분을 고기조각, 아랫부분을 해(日)로 보아 '햇빛에 말린 고기'로 腊(포 석)의 원래 글자로 보기도 한다.

字形 🅰🅰🅰🅰🅰甲骨文 🅰🅰🅰金文 🅰古陶文 🅰🅰🅰簡牘文 🅰石刻古文 🅰說文小篆 🅰說文籀文

惜(아낄 석): xī, 心-7, 11, 32

字解 형성. 心(마음 심)이 의미부고 昔(옛 석)이 소리부로, 마음(心) 속에 오래(昔) 넣어둔 채 아끼다는 뜻을 그렸으며, 이로부터 애석해하다, 아끼다, 중시하다, 아쉬워하다 등의 뜻이 나왔다.

字形 🅰 說文小篆

夕(저녁 석): xī, 夕-0, 3, 70

字解 상형. 갑골문에서 반달의 모습을 그려 月(달 월)과 같이 썼는데, 달이 뜬 시간대, 즉 '밤'을 의미했다. 이후 '저녁'을 뜻하게 되었고, 그러자 '달'을 나타낼 때에는 역서 분화한 月로써 이를 구분했다. 또 일 년의 마지막 계절이나 한 달의 하순을 지칭하기도 했고, 저녁때 해가 지는 쪽이 서쪽이므로 해서 서쪽을 뜻하게 되었고, 서쪽으로 치우치다는 뜻도 나왔다.

字形 🅰🅰🅰🅰甲骨文 🅰🅰🅰金文 🅰🅰🅰簡牘文 🅰說文小篆

汐(조수 석): xī, 水-3, 6

字解 형성. 水(물 수)가 의미부고 夕(저녁 석)이 소리부로, 潮水(조수)를 말하는데, 달(夕)의 인력에 따라 밀려들었다 나갔다 하는 물(水)이라는 의미를 반영했다.

錫(주석 석): 锡, xī, 金-8, 16, 12

- 字解 형성. 金^(쇠 금)이 의미부고 易^(바꿀 역·쉬울 이)가 소리부로, 금속(金) 원소의 하나인 주석(Sn)을 말하는데, 청동(金)을 만들 때 넣어 단단한 성질로 바꾸어주는(易) 역할을 했던 금속임을 반영했다. 또 賜^(줄 사)와 같이 써 주다, 하사하다, 공급하다는 뜻으로도 쓰인다.

- 字形 錫 說文小篆

釋(풀 석): 释, shì, 釆-13, 20, 32

- 字解 형성. 釆^(분별할 변)이 의미부고 睪^(엿볼 역)이 소리부인데, 睪은 위가 눈^(目목)이고 아래가 형벌기구^(幸행)로 수갑을 찬 죄수를 감시하는 모습을 그렸으며, 이로부터 '감시'와 '감찰', 나아가 제대로 하는 자와 그렇지 못한 자를 '선별하다'는 뜻까지 나왔다. 그래서 釋은 자세히 살펴서^(釆) 적합한 것을 선택해^(睪) '풀어냄'을 말한다. 불교 유입 이후로는 '석가모니^(sākya-muni)'의 음역어로 쓰였고, 이 때문에 '불교'를 지칭하기도 한다. 간화자에서는 睪을 간단히 줄인 释으로 쓴다.

- 字形 釋 簡牘文 釋 石刻古文 釋 說文小篆

奭(클 석): shì, 大-12, 15, 12

- 字解 회의. 大^(큰 대)와 皕^(이백 벽)으로 구성되어, '백^(百)'이 둘 중복된 이백^(皕)이라는 숫자처럼 크다^(大)는 뜻을 그렸다. 갑골문에서는 '배우자'라는 뜻으로도 쓰였는데, 위대한^(奭) 존재

라는 의미를 담았다.

- 字形 奭 甲骨文 奭 古陶文 奭 簡牘文 奭 說文小篆 奭 說文古文

舃(신 석·까치 작): 舄, xì, què, 臼-6, 12

- 字解 상형. 금문에서 입을 크게 벌리고 날개를 퍼덕이는 '까치'를 그렸다. 그래서 『설문해자』의 해설처럼, '까치^(雒, 鵲)'가 원래 뜻이다. 이후 가차되어 신, 신발, 주춧돌 등의 뜻하게 되었다. 옛날, 신발 중에서 최고를 舃이라 하였는데, 그중에서도 赤舃^(적석)이 최고인데, 천자가 예를 행할 때 신었다. 그 아래로 白舃^(백석)과 黑舃^(흑석)이 있었다고 한다. '신발'이라는 의미로 가차되어 쓰이자 원래 뜻은 鵲^(까치 작)을 만들어 분화했다. 그리고 '까치'라는 뜻일 때에는 '작'으로, '신'이라는 뜻으로 쓰일 때에는 '석'으로 구분해 읽었다. 또 潟^(개펄 석)과 통용되어 소금밭, 개펄 등을 뜻하기도 했다.

- 字形 舃 金文 舃 簡牘文 舃 說文小篆 舃 說文篆文

潟(개펄 석): xì, 水-12, 15, 10

- 字解 형성. 水^(물 수)가 의미부고 舃^(신 석·까치 작)이 소리부로, 물가(水)에 만들어진 개펄을 말한다.

席(자리 석): xí, 巾-7, 10, 60

字解 형성. 巾^(수건 건)이 의미부고 庶^(여러 서)의 생략된 모습이 소리부로, 돌^(庶) 위에 까는 베^(巾)로 만든 깔개를 말했다. 금문에서는 돌^(厂)에다 자리를 깐 모습으로 그리기도 했다. 혹자는 이를 여러 사람^(庶)이 둘러앉을 수 있는 베^(巾)로 만든 자리라고 풀이하기도 한다. 이후 의미를 더 강조하기 위해 艸^(풀 초)를 더해 蓆^(자리 석)을 만들어 분화했다.

字形 席古陶文 蓆簡牘文 席說文小篆 囚說文古文

蓆(자리 석): xí, 艸-10, 14

字解 형성. 艸^(풀 초)가 의미부고 席^(자리 석)이 소리부로, 풀^(艸)을 짜서 만든 깔개^(席)를 말하며, 자리처럼 넓다, 크다는 뜻도 나왔다.

字形 蓆說文小篆

선

亘(펼 선·군셀 환): xuān, 二-4, 6

字解 상형. 갑골문에서 소용돌이치는 물의 모습을 그렸다. 이후 위쪽으로 가로획이 더해졌고, 소전체에서는 글자의 균형을 위해 아래쪽에도 가로획을 더해 지금의 자형이 되었다. 『설문해자』에 의하면, 回^(돌 회)와 같이 '돌다'가 원래 뜻이라고 했다. 또 길게 이어지다,

끝까지 가다 등의 뜻도 가진다. 亙^(뻗칠 긍)과는 다른 글자이므로 유의해야 한다.

字形 亘甲骨文 亘金文 亘說文小篆

宣(베풀 선): xuān, 宀-6, 9, 40

字解 형성. 宀^(집 면)이 의미부고 亘^(펼 선·군셀 환)이 소리부로, 천자가 머물던 궁실^(宀)로 회랑으로 둘러싸인^(亘) 政殿^(정전)을 말하는데, 천자가 백성을 위해 선정을 베풀며 기거하던 집^(宣室·선실)이라는 뜻을 담았다. 명령을 내려 정치를 하던 곳으로부터, '베풀다', '宣布^(선포)하다' 등의 뜻이 나왔다.

字形 宣甲骨文 宣金文 宣古陶文 宣簡牘文 宣說文小篆

渲(바림 선): xuàn, 水-9, 12

字解 형성. 水^(물 수)가 의미부고 宣^(베풀 선)이 소리부로, 동양화에서 그림 그리는 방법의 하나인데, 색채를 차차 엷게 하여 퍼져나가게^(宣) 하는 수묵화^(水)의 화법을 말한다.

瑄(도리옥 선): xuān, 玉-9, 13, 12

字解 형성. 玉^(옥 옥)이 의미부고 宣^(베풀 선)이 소리부로, 옛날 하늘에 제사 드릴 때 쓰던 직경 6치^(寸)짜리 큰 璧玉^(벽옥)을 말한다.

字形 瑄石刻古文 瑄說文新附字

璿(아름다운 옥 선): 璇 [琁, 瓊], xuán, 玉
-14, 18, 12

字解 형성. 玉(옥 옥)이 의미부고 睿(깊고 밝을 예)가 소리부로, 아름다운 옥을 말하며, 또 북두칠성의 두 번째 별을 뜻하기도 한다. 달리 璇(옥 선)이나 瓊(옥 경)으로 적기도 하며, 간화자에서는 璇(아름다운 옥 선)에 통합되었다. ☞ 璇(아름다운 옥 선)

字形 璿 說文小篆

選(가릴 선): 选, xuǎn, 辵-12, 16, 50

字解 형성. 辵(쉬엄쉬엄 갈 착)이 의미부고 巽(공손할손괘 손)이 소리부로, 제사에 쓸 것을 뽑아 보낸다는 뜻이다. 巽은 갑골문에서 꿇어앉은 두 사람의 모습을 그렸고, 辵은 구성원들 각자가 제사를 위해 마을이나 부족의 중심부로 물건을 보내는 것을 의미한다. 따라서 選은 제사상에 바치는 祭物(제물)처럼 구성원을 위해 희생할 사람을 뽑아(巽) 중앙으로 보낸다(辵)는 뜻이며, 이로부터 선발하다, 파견하다, 뽑다, 선거 등의 뜻이 나왔다. 간화자에서는 소리부 巽을 先(먼저 선)으로 바꾼 选으로 쓴다. ☞ 巽(공손할손괘 손)

字形 選 說文小篆

鮮(고울 선): 鲜, xiān, xiǎn, 魚-6, 17, 52

字解 회의. 원래 魚(고기 어)가 세 개 중첩된 鱻으로 써 물고기의 新鮮(신선)함을 그렸는데, 이후 魚와 羊(양 양)의 결합으로 변했다. 魚는 해산물의 대표요 羊은 육 고기의 대표로 이들 모두 '신선할' 때 고유의 맛을 낼 수 있었을 것이다. 신선한 고기는 때깔이 '곱고', 그런 고기는 '흔치 않은' 음식이었을 것이다. 다만 '드물다'는 뜻은 따로 尟(尟드물 선)으로 썼는데, 이는 대단히(甚심) 적다(少소), 정말(是시) 드문(少) 존재라는 뜻을 담았다. 간화자에서는 鲜으로 쓴다. ☞ 尟(尟적을 선)

字形 [金文] 羴 鱻 鱻 鮮 / [簡] 鲜 鮮 / 牘文 / 鮮 古璽文 / 鮮 說文小篆

鱻(생선 선): 鲜, [鮮], xiān, 魚-22, 33

字解 회의. 세 개의 魚(고기 어)로 구성되어, 선도를 유지해야 하는 생선(魚)을 말했으며, 鮮(고울 선)의 원래 글자이다. 간화자에서는 鲜에 통합되어 鲜으로 쓴다. ☞ 鮮(고울 선)

字形 鱻 金文 鱻 古陶文 鱻 說文小篆

蘚(이끼 선): 藓, xiǎn, 艸-17, 21

字解 형성. 艸(풀 초)가 의미부고 鮮(고울 선)이 소리부로, 이끼(苔蘚태선) 식물(艸)의 총칭인데, 습기가 있는 곳이면 파릇파릇(鮮) 돋아나는 식물(艸)이라는 뜻을 반영했다.

癬(옴 선): 癬, xuǎn, 疒-17, 22

字解 형성. 疒^(병들어 기댈 녁)이 의미부고 鮮^(고울 선)이 소리부로, 피부가 오염되어 일어나는 병^(疒)을 말하는데, 이러한 병은 피부 등을 깨끗하게^(鮮) 해야 막을 수 있음을 말해주고 있다.

字形 癬 說文小篆

善(착할 선): [譱], shàn, 口-9, 12, 50

字解 회의. 원래는 譱으로 써 誩^(말다툼 할 경)과 羊^(양 양)으로 구성되었다. 양^(羊)의 신비한 능력으로 말다툼^(誩·경)의 시시비비를 판정해 준다는 神判^(신판)의 의미로부터 길상과 훌륭함의 의미를 그렸는데, 자형이 변해 지금처럼 되었다. 이후 착하다, 善行^(선행), 좋은 일, 선하다, 훌륭하다, 좋아하다 등의 의미가 나왔고, 유가 철학의 핵심 개념의 하나로 자리 잡았다.

字形 [금문·고도문·설문소전·설문전문 자형들] 金文 金文 古陶文 簡牘文 說文小篆 說文篆文

膳(반찬 선): [饍], shàn, 肉-12, 16, 10

字解 형성. 肉^(고기 육)이 의미부고 善^(착할 선)이 소리부로, 음식을 말하며, 음식을 올리다, 먹다, 조리하다 등의 뜻이 나왔으며, 선물의 의미로도 쓰였는데, 고기^(肉)가 음식과 선물의 훌륭한^(善) 대표였음을 말해준다. 달리 肉을 食^(밥 식)으로 바꾼 饍^(반찬 선)으로 쓰기도 한다.

字形 [금문·설문소전 자형들] 金文 膳 說文小篆

饍(반찬 선): shàn, 食-12, 21

字解 형성. 食^(밥 식)이 의미부고 善^(착할 선)이 소리부로, 요리나 '반찬'을 말하며, 달리 食 대신 肉^(=月·고기 육)이 들어간 膳^(반찬 선)으로 쓰기도 한다. 음식^(食)의 맛을 훌륭하게^(善) 하는 것이 '요리'의 본질임을 웅변했다. ☞ 膳^(반찬 선)

字形 [금문·설문소전 자형들] 金文 饍 說文小篆

敾(글 잘 쓸 선): shàn, 攴-12, 16

字解 형성. 攵^(칠 복)이 의미부고 善^(착할 선)이 소리부로, 매질을 해가며^(攴) 잘하도록^(善) '다스리다'는 뜻이다. 『설문해자』에서는 繕^(기울 선)의 이체자로 '깁다'는 뜻을 가진다고도 했다.

鐥(복자 선): shàn, 金-12, 20

字解 형성. 金^(쇠 금)이 의미부고 善^(착할 선)이 소리부로, 기름을 되는 데 쓰는 쇠^(金)로 만든 그릇을 말하며, 모양이 접시와 비슷하며 한쪽에 귀때가 붙어 있다. 달리 淮水^(회수) 북쪽 지역에서 쓰던 보리 수확용 칼이나 이를 모방하여 만든 무기를 뜻하기도 한다.

繕(기울 선): 缮, shàn, 糸-12, 18, 20

字解 형성. 糸^(가는 실 멱)이 의미부고 善^(착할 선)이 소리부로, 실^(糸)로 잘^(善) 깁다는 뜻이며, 이로부터 修繕^(수선)하다는 뜻이 나왔다.

字形 繕簡牘文 繕說文小篆

旋(돌 선): xuán, 方-7, 11, 32

字解 형성. 疋^(발 소)가 의미부고 㫃^(깃발 나부끼는 모양 언)이 소리부로, 나부끼는 깃발^(㫃) 아래서 사람들이 발^(疋)을 움직여 빙글빙글 도는 모습으로부터 '돌다'는 의미를 그렸고 이로부터 나선형, 돌아오다, 개선 등의 뜻이 나왔다. 현행 옥편에서는 方부수에 귀속시켰지만 方과는 관계없는 글자이다.

字形 甲骨文 金文 旋 說文小篆

璇(아름다운 옥 선): xuán, 玉-11, 15, 12

字解 형성. 玉^(옥 옥)이 의미부고 旋^(돌 선)이 소리부로, 아름다운 옥^(玉)을 말한다. 달리 瓊^(옥 경)의 이체자나 간화자로 쓰이기도 한다. 또 별 이름으로도 쓰인다.

字形 璿 說文小篆 璇 璿 琁 說文或體

琁(옥 선): xuán, 玉-7, 11

字解 형성. 玉^(옥 옥)이 의미부고 旋^(돌 선)의 생략된 모습이 소리부로, 아름다운 옥^(玉)을 말한다.

璇^(아름다운 옥 선)이나 瓊^(옥 경)의 이체자로 쓰인다. ☞ 璇^(아름다운 옥 선)

字形 琁 說文小篆

腺(땀샘 선): xiàn, 肉-9, 13, 10

字解 형성. 肉^(고기 육)이 의미부고 泉^(샘 천)이 소리부로, 생체 내에서 샘^(泉)처럼 땀을 만들어 몸^(肉) 밖으로 내보내는 외분비선을 말한다.

線(줄 선): 线, [綫], xiàn, 糸-9, 15, 60

字解 형성. 糸^(가는 실 멱)이 의미부고 泉^(샘 천)이 소리부로, 누에고치로부터 샘물^(泉)이 흘러나오듯 길게 뽑아 만든 '실^(糸)'을 말하며, 이후 실의 통칭이 되었다. 또 실처럼 긴 것, 길게 뻗은 길, 사상이나 정치의 노선 등도 지칭하게 되었다. 달리 소리부 泉 대신 戔^(쌓일 전)을 쓴 綫^(실 선)으로 쓰기도 한다. 간화자에서는 綫을 다시 줄여 线으로 쓴다.

字形 綫 說文小篆 線 說文古文

蟬(매미 선): 蝉, chán, 虫-12, 18

字解 형성. 虫(벌레 충)이 의미부고 單(홀 단)이 소리
부로, '매미'를 말하는데, 목숨을 다해(單) 자
손을 번식시키는 곤충(虫)이라는 뜻을 담았
다. 수놈은 교미를 마치면 죽고 암놈은 알
을 낳으면 죽는 곤충이 매미이다. 또 매미
의 날개처럼 대단히 얇은 베를 지칭했으며,
매미 날개처럼 장식이 달린 옛날의 관(蟬冠
선관)을 지칭하기도 했다.

字形 ![소전] 說文小篆

禪(봉선 선): 禅, shàn, 示-12, 17, 32

字解 형성. 示(보일 시)가 의미부고 單(홀 단)이 소리
부로, 땅을 편평하게 하여(單) 산천의 신에
게 지내는 제사를 말한다. 이후 불교가 들
어오면서 '선(Zen)'을 뜻하는 산스크리트어의
'dhyānā'의 대역어로 쓰였다. 간화자에서는
單을 간단하게 줄인 禅으로 쓴다.

字形 ![간독문] 簡牘文 ![한간] 汗簡 ![소전] 禪 說文小篆

墠(제터 선): shàn, 土-12, 15

字解 형성. 土(흙 토)가 의미부고 單(홀 단)이 소리
부이다. 『설문해자』의 해설처럼, '교외 지역
의 땅(野土)'을 말한다. 사냥(單)이나 전쟁을
나갈 때 성공을 위해 흙(土)을 도다 만든
'제사 '라는 의미를 담았다. 그렇다면 單도
의미의 결정에 관여하고 있다.

字形 ![소전] 說文小篆

嬋(고울 선): 婵, chán, 女-12, 15

字解 형성. 女(여자 여)가 의미부고 單(홀 단)이 소리
부로, 주로 嬋娟(선연)이라는 복합어로 쓰여
아름다운 여자(女)를 말하며, '달'을 은유적
으로 지칭하기도 한다. 간화자에서는 單을
간단하게 줄인 婵으로 쓴다.

字形 ![소전] 說文小篆

羨(부러워 할 선): 羡, xiàn, 羊-7, 13, 10

字解 형성. 羊(양 양)이 의미부고 次(침 연선)이 소리
부로, 부러워한다는 뜻인데, 양고기(羊)에 군
침을 흘리는(次) 모습을 그렸다. 이로부터
부러워하다, 흠모하다, 여유가 있다, 풍족하
다의 뜻도 나왔다. 간화자에서는 次을 次(버
금 차)로 줄인 羡으로 쓴다.

字形 ![소전] 說文小篆

扇(부채 선): shàn, 戶-6, 10, 10

字解 회의. 羽(깃 우)와 戶(지게 호)로 구성되어, 깃털
(羽)로 만든 여닫이문(戶) 모양의 '부채를 말
한다. 이후 그런 모양의 문짝이나 가리개
등을 뜻하게 되었고, 문이나 창문 등을 헤
아리는 단위사로도 쓰였다.

字形 ![간독문] 簡牘文 ![소전] 扇 說文小篆

煽(부칠 선): shān, 火-10, 14, 10

字解 형성. 火^(불 화)가 의미부고 扇^(부채 선)이 소리
부로, 부채질을 해^(扇) 불^(火)을 일으키다는
뜻을 담았으며, 이로부터 불이 세차게 일다,
煽動^(선동)하다 등의 뜻이 나왔다.

字形 煽 說文小篆

仙^(신선 선): [仚, 僊], xiān, 人-3, 5, 52

字解 형성. 人^(사람 인)이 의미부고 山^(뫼 산)이 소리
부로, 신선을 말하는데, 산^(山)에 사는 사람
^(人)이 신선임을 말해 준다. 이로부터 신선
이 되다, 신선처럼 가볍다, 신선이 사는 세
계를 뜻하였고, 초월이나 죽음의 비유로도
쓰였다. 『설문해자』에서는 仚^{(사람 산 위에 있을}
^{헌)}으로 쓰기도 했고, 달리 山을 䙴^(오를 선)으
로 바꾼 僊으로 쓰기도 한다. ☞ 僊^(신선 선)

字形 仚 說文小篆 僊 說文小篆

僊^(신선 선): 仙, xiān, 人-11, 13

字解 형성. 人^(사람 인)이 의미부고 䙴^(오를 선)이 소
리부로, 신선을 말하는데, 오래 살다가 하
늘로 올라가^(䙴) 영원불멸하는 사람^(人)이라
는 의미를 그렸다. 이후 䙴을 山^(뫼 산)으로
바꾼 仙^(신선 선)으로 변해 산^(山)에 사는 사람
^(人)이 신선임을 그렸다. 간화자에서는 仙^{(신}
^{선 선)}에 통합되었다. ☞ 仙^(신선 선)

字形 僊 說文小篆

先^(먼저 선): xiān, 儿-4, 6, 80

字解 회의. 갑골문에서 발^(止·지)과 사람을 그려 발
^(止)이 사람^(人)의 앞^(先)으로 나갔음으로부터
'앞'의 의미를 그렸고, 다시 '이전'의 의미가
생겼는데, 공간개념에서 시간개념으로 확장
되는 과정을 잘 보여준다. 이후 앞서 나가
다, 먼저 차지하다, 이끌다, 초월하다, 처음
으로 시작하다, 소개하다 등의 뜻도 나왔다.

字形 [甲骨文][金文][盟書][簡牘
文][石刻古文][說文小篆]

詵^(많을 선): 诜, shēn, 言-6, 13

字解 형성. 言^(말씀 언)이 의미부고 先^(먼저 선)이 소리
부로, 말^(言)로 먼저^(先) 위문하다가 원래 뜻
인데, 이후 말^(言)이 앞서다, 말이 많다, 의
견이 분분하다 등의 뜻이 나왔다.

字形 詵 說文小篆

跣^(맨발 선): xiǎn, 足-6, 13

字解 형성. 足^(발 족)이 의미부고 先^(먼저 선)이 소리
부로, 신발을 신지 않은 맨발^(足)을 말하며,
이로부터 '벗다'는 뜻도 나왔다.

字形 跣 說文小篆

銑(끌 선): 铣, xiǎn, xǐ, 金-6, 14, 10

字解 형성. 金(쇠 금)이 의미부고 先(먼저 선)이 소리부로, 광택이 많이 나는 금속(金)을 말했는데, 이후 종 아가리의 양쪽 끝 부분이나 금속(金) 공구의 하나인 '끌'을 지칭했다.

字形 **銑** 說文小篆

船(배 선): [舩], chuán, 舟-5, 11, 50

字解 형성. 舟(배 주)가 의미부고 鉛(납 연)의 생략된 모습이 소리부로, 배(舟)를 뜻하는데, 이후 飛行船(비행선)에서처럼 운반하는 도구의 통칭으로 쓰였다. 『설문해자』에 의하면, '배'를 "함곡관 서쪽 지역에서는 船, 함곡관 동쪽 지역에서는 舟나 航(배 항)이라 불렀다."라고 한다.

字形 **𦪷** 金文 **𦨙 𦩷** 古陶文 **𦩍 𦩷 𦩷** 簡牘文 **𦩍** 說文小篆

燹(들불 선): xiǎn, 火-14, 18

字解 회의. 火(화)와 두 개의 豕(돼지 시)로 구성되어, 불로 태우다는 뜻이며, 병란이나 전쟁의 상징으로 사용되었는데, 들에 불(火)을 놓아 돼지(豕)를 몰아 잡는 사냥 법을 반영했다.

字形 **燹 燹 燹 燹 燹** 金文 **燹** 說文小篆

설

舌(혀 설): shé, 舌-0, 6, 40

字解 상형. 아랫부분은 입(口구)을, 윗부분은 길게 뻗어 두 갈래로 갈라진 어떤 것을 그렸다. 이는 "말을 하고 맛을 구분하는 기관"이라고 풀이한 『설문해자』의 해석을 참고하면 '혀'로 보인다. 하지만, 혀라면 끝이 둘로 갈라진 모습이 차라리 사람의 혀보다는 뱀의 혀를 닮았다고 해야 할 것이다. 그렇다면 말을 하는 기관과는 거리가 멀다. 게다가 뱀의 혀라면 가능하면 사람과 관계 지어 구체적 형태를 본뜨고 이미지를 그려내던 초기 한자의 보편적 형상 특징에도 위배된다. 한자에서 舌과 音(소리 음)과 言(말씀 언)은 형태나 의미에서 매우 밀접한 관계를 갖는다. 즉 갑골문에서 舌에 가로획을 더하면 音이 되고, 音에 다시 가로획을 더하면 言이 된다. 音은 舌에다 거기서 나오는 '소리'를 상징화하고자 가로획을 더했고, 그래서 音은 사람이 아닌 '악기의 소리'를 지칭한다. 또 音에다 다시 가로획을 더해 言을 만든 것은 악기의 소리와 사람의 '말을 구분하고자 분화한 것이지만, 言의 옛날 용법에는 여전히 대나무로 만든 관악기라는 뜻이 담겨 있다. 따라서 舌은 위쪽이 대나무 줄기(干간, 竿의 본래 글자)를, 아래는 대로 만든 악기의 혀(reed)를 그린 것으로 생각하는데, 소전체에서 舌이 干(방패 간)과 口로 구성된 것은 이를 반영한다. 그래서 舌은 피리처럼 생긴 관악기의 소리를 내는 '혀'가 원래 뜻이며, 이후 사람의 혀로 의미가 확대되었고, 다시 音을 만들어 악기 소리와 인간의 말

을 구분한 것으로 추정할 수 있다. 현행 옥편의 舌부수에 귀속된 글자는 대부분 '혀'의 동작이나 기능과 관련되어 있는데, 이는 인간의 '혀'로 파생된 이후의 의미를 담은 글자들이다.

字形 甲骨文 古陶文
簡牘文 說文小篆

雪(눈 설): xuě, 雨-3, 11, 60

字解 회의. 갑골문에서는 雨^(비 우)와 羽^(깃 우)로 구성되어, 깃털^(羽)처럼 사뿐사뿐 내려앉는^(雨) '눈'을 그렸다. 소전체에서 雨와 彗^(비 혜)로 구성되어 내린 눈을 비^(彗)로 쓰는 모습으로 변했고, 해서에서는 손^(又, 우)만 남아 지금의 雪이 되었는데, 이로부터 제거하다, 雪辱^(설욕)하다의 뜻이 나왔다.

字形 甲骨文 說文小篆

設(베풀 설): 设, shè, 言-4, 11, 42

字解 형성. 言^(말씀 언)이 의미부고 殳^(창 수)가 소리부로, '陳設^(진설)하다'가 원래 뜻이고, 이로부터 안치하다, 세우다 등의 뜻이 나왔다. 말^(言)로 사람을 부려^(又, 役과 통함) 물건 등을 배치하고 진설하다는 뜻에서부터 갖추다, 연회를 벌이다 등의 뜻이 나왔고, 이로부터 '베풀다'의 뜻도 나왔다.

字形 說文小篆

卨(사람 이름 설): xiè, 卜-9, 11, 12

字解 상형. 『설문해자』에서 벌레의 모습을 그려 벌레를 뜻한다고 했는데, 은나라 시조 이름으로 쓰였으며, 달리 契^(사람 이름 설·새길 계)이나 偰^(사람 이름 설)로 쓰기도 한다. 卨은 高辛氏^(고신씨)의 아들로서 요임금의 司徒^(사도)가 되어 王敎^(왕교)를 펼치고 萬事^(만사)를 이끌어 은나라의 시조가 되었다.

字形 說文小篆 說文古文

薛(맑은 대쑥 설): xuē, 艸-13, 17, 12

字解 형성. 艸^(풀 초)가 의미부고 辥^(임금 벽)이 소리부로, 풀이름으로 쑥의 일종인 藾蒿^(뇌호)를 말한다. 또 춘추 시대 때의 나라 이름으로 산동성 滕縣^(등현) 동남쪽에 있었다.

字形 金文 古陶文
古璽文 說文小篆

楔(문설주 설): xiē, 木-9, 13

字解 형성. 木^(나무 목)이 의미부고 契^(사람 이름 설·새길 계)이 소리부로, 틈을 메워 고정시키는 나무^(木)로 된 '쐐기'를 말하며, 이후 문 양쪽이 나무 기둥인 '문설주'의 뜻도 나왔다.

字形 說文小篆

齧(물 설): 啮, [嚙, 齧], niè, 齒-6, 21

字解 형성. 齒(이 치)가 의미부고 㓞(사람 이름 설·새길 계)이 소리부로, '물다'는 뜻인데, 나무 등에 새긴(㓞) 것처럼 이(齒)로 깨물어 흔적을 남기다는 의미를 담았다. 간화자에서는 口(입 구)와 齒로 구성된 嚙에서 齒를 齿로 줄인 啮로 쓴다.

字形 齧 說文小篆

洩(샐 설): [泄, xiè, 水-6, 9, 10

字解 형성. 水(물 수)가 의미부고 曳(끌 예)가 소리부로, 물(水)이 새는 것을 말했으며, 이로부터 배설하다, 감소하다, 흩어지다 등의 뜻이 나왔고, 또 긴장이 풀려져 마음이 느긋한 모양(洩洩)을 말하기도 한다. 달리 소리부 曳 대신 世(대 세)로 구성된 泄(샐 설)로 쓰기도 한다. ☞ 泄(샐 설)

屑(가루 설): xiè, 尸-7, 10, 10

字解 형성. 尸(주검 시)가 의미부고 㕭(떨릴 홀)이 소리부였으나, 㕭이 肖(닮을 초)로 바뀌어 지금의 자형이 되었다. 원래 몸(尸)의 동작이 떨려(㕭) 불안함을 말했으나, 이후 몸체(尸)의 작게 나누어진(肖) '가루'라는 의미로 쓰였고, 이로부터 가루로 만들다, 가루가 되다의 뜻이 나왔다.

字形 屑 說文小篆

泄(샐 설): xiè, 水-5, 8, 10

字解 형성. 水(물 수)가 의미부고 世(대 세)가 소리부로, 물(水)이 새다는 뜻으로부터 배설하다의 뜻이 나왔으며, 洩(샐 설)과 같이 쓰이기도 한다. 또 강의 이름으로 沘水(비수, 지금의 淠河(비하))의 지류로 오늘날의 汲河(급하)를 말하는데, 안휘성 六安(육안)현의 서남쪽에서 갈라져 북으로 芍陂(작피)의 서쪽을 거쳐 다시 沘水(비수)로 흘러든다.

字形 泄 說文小篆

渫(칠 설): xiè, 水-9, 12, 10

字解 형성. 水(물 수)가 의미부고 枼(나뭇잎 엽)이 소리부로, 물(水) 밑의 찌꺼기들을 쳐내다(浚渫준설)는 뜻이며, 이로부터 '흩다'의 뜻도 나왔다.

字形 渫 簡牘文 渫 說文小篆

褻(더러울 설): 亵, xiè, 衣-13, 17

字解 형성. 衣(옷 의)가 의미부고 埶(심을 예)가 소리부로, 집에서 입는 평상복(衣)을 말했다. 이후 항상 입는 옷이라는 뜻에서 친근하다의 뜻이, 자주 입는 옷이라 잘 더럽혀진다는 뜻에서 '더럽다' 등의 뜻이 나왔다. 간화자에서는 埶를 执(執의 간화자)으로 줄인 亵로 쓴다.

字形 褻 簡牘文 褻 說文小篆

說(말씀 설·달랠 세·기쁠 열): 说, shuō, shuì,

yuè, 言-7, 14, 52

字解 형성. 言^(말씀 언)이 의미부고 兌^(기쁠 태)가 소리부로, 말^(言)로 풀이하다가 원래 뜻이다. 어려운 내용을 말^(言)로 잘 풀어내면 상대에게 기쁨을 주기 마련이고, 상대가 이해하기 쉽게 풀어낸 말은 남을 설득시키기에 좋은 말이다. 이로부터 '기쁘다'와 설득하다, 遊說^(유세)하다의 뜻이 나왔다. 다만, 원래의 '말씀'을 뜻할 때에는 說明^(설명)에서처럼 '설'로, '기쁘다'는 뜻으로 쓰일 때는 悅^(기쁠 열)과 같아 '열'로, 遊說하다는 뜻으로 쓰일 때에는 '세'로 구분해 읽는다.

字形 〔古陶文〕 〔簡牘文〕 說文小篆

섬

瞻(넉넉할 섬): 贍, shàn, 貝-13, 20

字解 형성. 貝^(조개 패)가 의미부고 詹^(이를 첨)이 소리부로, 재산^(貝)이 극에 이를^(詹) 정도로 대단히 여유 있고 넉넉함을 말하며, 이로부터 충분하다, 충족하다, 공급하다, 풍부하다, 만족하다 등의 뜻이 나왔다. 또 문장의 내용이 화려하거나 저자의 지식이 넓고 감정이 풍부함을 뜻하기도 한다.

字形 說文小篆

蟾(두꺼비 섬): chán, 虫-13, 19, 12

字解 형성. 虫^(벌레 충)이 의미부고 詹^(이를 첨)이 소리부로, 파충류^(虫)의 하나인 두꺼비를 말하며, 달에 두꺼비가 산다는 전설 때문에 '달'이나 '달빛'의 비유로 쓰였다.

韱(산부추 섬): xiān, 韭-8, 17

字解 형성. 韭^(부추 구)가 의미부이고 戔^(다할 첨)이 소리부이다. 『설문해자』의 해설처럼, '산에서 나는 부추^(山韭)'를 말한다. 산부추를 말하며, 이로부터 가늘다, 섬세하다는 뜻이 나왔다.

字形 說文小篆

纖(가늘 섬): 纤, xiān, 糸-17, 23, 20

字解 형성. 糸^(가는 실 멱)이 의미부고 韱^(산 부추 섬)이 소리부로, 가는^(韱) 무늬를 가진 직물^(糸)을 말하며, 이로부터 가늘다, 미세하다의 뜻이 나왔다. 간화자에서는 소리부 韱을 千^(일천 천)으로 간단하게 줄인 纤으로 쓴다. ☞ 韱^(산 부추 섬)

殲(다 죽일 섬): 歼, [殱], jiān, 歹-17, 21, 10

字解 형성. 歹^(뼈 부서질 알)이 의미부고 韱^(산 부추 섬)이 소리부로, 부추를 자르듯^(韱) 사람을 모두 베어 죽임^(歹)을 말하며, 이로부터 칼로 찌르다, 죽다 등의 뜻도 나왔다. 간화자에서는 소리부 韱을 千^(일천 천)으로 간단하게 줄인 歼으로 쓴다.

字形 說文小篆

閃(번쩍할 섬): 闪, shǎn, 門-2, 10, 10

字解 회의. 門^(문 문)과 人^(사람 인)으로 구성되어, 문^(門) 사이로 사람^(人)이 언뜻 스쳐 지나가는 모습을 그렸으며, 이로부터 순간적으로 번쩍거리거나 번뜩임을 뜻하게 되었으며, 살짝 피하다는 뜻도 나왔다.

字形 閃 說文小篆

暹(해 돋을 섬): xiān, 日-12, 16, 12

字解 회의. 日^(날 일)과 進^(나아갈 진)으로 구성되어, 해^(日)가 나오는^(進) 것을 말하며, 이로부터 햇빛이 비치다는 뜻이 생겼다. 또 暹羅^(섬라)는 '시암^(Siam)'의 번역어로 쓰이는데 태국의 옛 이름이다.

剡(땅이름 섬): yǎn, 刀-8, 10

字解 형성. 刀^(칼 도)가 의미부고 炎^(불 탈 염)이 소리부로, 절강성 嵊縣^(승현) 서남쪽에 있는 땅이름이다. 또 칼^(刀)로 뾰족하게 '갈다'는 뜻을 가지며 이로부터 예리하다는 뜻도 나왔다.

字形 剡 說文小篆

陝(고을 이름 섬): shǎn, 阜-7, 10, 12

字解 형성. 阜^(언덕 부)가 의미부고 夾^(낄 협)이 소리부로, 땅이름이다. 지금의 하남성 陝縣^(섬현)에 있었으며, 虢國^(괵국) 王季^(왕계)의 아들에게 봉해진 땅이다. 지금은 섬서성에 편입되었으며, 섬서성의 간칭으로 쓰인다.

字形 陝 說文小篆

섬

涉(건널 섭): shè, 水-7, 10, 30

字解 회의. 水^(물 수)와 步^(걸을 보)로 구성되어, 발^(步)로 물^(水)을 '건너는' 모습을 그렸으며, 이로부터 건너다, 나루터, 이르다, 유람하다, 지나가다 등의 뜻이 나왔다. 갑골문 등에서는 두 발 사이로 물을 그려 넣은 한 발은 이미 물을 건넜고 한 발은 아직 건너지 않았음을 사실적으로 표현했다.

字形 涉 甲骨文 涉 涉 金文 涉 涉 簡牘文 涉 帛書 涉 說文小篆 涉 說文篆文

燮(불꽃 섭): [爕], xiè, 火-13, 17, 12

字解 회의. 갑골문에서 대통을 손^(又·우)으로 잡고 불 위에 돌려가며 굽는 모습을 그렸고, 이로부터 '고루 익히다', 고르다, 순조롭다, 화합하다 등의 뜻이 나왔다. 소전체에서는 손^(又)과 대^(辛신)와 불^(炎염)로 구성되었던 것이 예서에 들면서 辛이 言^(말씀 언)으로 변해 지금의 자형이 되었다.

字形 燮 甲骨文 燮 金文 燮 說文小篆

聶(소곤거릴 섭): 聂, niè, 耳-12, 18

字解 회의. 세 개의 耳^(귀 이)로 구성되어, 서로 귀^(耳)를 맞대고 소곤거림을 말한다. 또 산동성 聊城^(료성)현 동북쪽에 있던 지명과 성씨로도 쓰인다. 간화자에서는 아래쪽의 耳를 又^(또 우)로 바꾸어 聂으로 쓴다.

字形 聶 簡牘文 聶 說文小篆

攝(당길 섭): 摄, shè, 手-18, 21, 30

字解 형성. 手^(손 수)가 의미부고 聶^(소곤거릴 섭)이 소리부로, 소곤거릴^(聶) 수 있도록 손^(手)으로 잡고 가까이 끌어 당긴다는 뜻이며, 이로부터 당기다, 잡다, 보좌하다, 대신하다, 겸직하다의 뜻으로도 쓰인다. 간화자에서는 聶을 聂으로 줄인 摄으로 쓴다.

字形 攝 說文小篆

葉(성 섭) ☞ 葉(잎 엽)

성

星(별 성): [曐, 皨], xīng, 日-5, 9, 42

字解 형성. 日^(날 일)이 의미부이고 生^(날 생)이 소리부로, 원래 반짝거리는 별^(晶정)을 그렸으나, 이후 소리부인 生^(날 생)이 더해졌고, 晶이

日로 줄어 지금의 자형이 되었다. 그래서 恒星^(항성), 行星^(행성), 衛星^(위성), 彗星^(혜성) 등의 '별'이 원래 뜻이며, 별처럼 개수가 많으면서 분산된 것의 비유로 쓰이기도 했고, 밤이나 해를 뜻하기도 했다.

字形 晶 品 品 品 品 品 甲骨文 星 金文
星 簡牘文 星 星 帛書 曐 說文小篆
曐 說文古文 星 說文或體

醒(깰 성): xǐng, 酉-9, 16, 10

字解 형성. 酉^(닭 유)가 의미부고 星^(별 성)이 소리부로, 술^(酉)을 먹고 나서 반짝이는 별^(星)처럼 다시 맑은 상태로 돌아 오다는 뜻에서 '술을 깨다'는 뜻이 나왔고, 이후 수면이나 혼수상태에서 깨어나다, 병이 낫다는 뜻도 나왔다.

字形 醒 說文小篆

惺(영리할 성): xīng, 心-9, 12

字解 형성. 心^(마음 심)이 의미부고 星^(별 성)이 소리부로, '영리함'을 말하는데, 마음^(心)이나 생각이 별^(星)처럼 반짝이고 깨어 있음을, 그것이 영리함이며 총명함임을 반영했다. 이로부터 '깨닫다'는 뜻도 나왔다.

猩(성성이 성): xīng, 犬-9, 12

(字解) 형성. 犬^(개 견)이 의미부고 星^(별 성)이 소리부로, 몸은 개^(犬)처럼 생겼으나 얼굴은 사람처럼 생긴 '성성이'를 말하는데, 중국에서는 '똑똑한 개'라고 부르기도 한다.

(字形) 猩 說文小篆

腥(비릴 성): xīng, 肉-9, 13

(字解) 형성. 肉^(고기 육)이 의미부고 星^(별 성)이 소리부로, 생으로 된 고기^(肉)를 말하며, 생고기에서 나는 비린내, 날 것, 지방 등의 뜻도 나왔다. 『설문해자』에서는 "별^(星)이 보일 때 돼지에게 먹이를 먹이면 鼻腔^(비강)이나 창자 속에 굳은 살^(瘜肉식육)이 생긴다."라고 풀이했다. 달리 生^(날 생)과 肉^(月)으로 구성되어 生^(生)으로 된 고기^(肉)라는 뜻의 胜^(비릴 성)으로 쓰기도 한다.

(字形) 腥 說文小篆

鮏(비릴 성): xīng, 魚-5, 16

(字解) 형성. 魚^(고기 어)가 의미부이고 生^(날 생)이 소리부이다. 『설문해자』의 해설처럼, '생선의 비린내^(魚臭)'를 말한다.

(字形) 鮏 說文小篆

省(살필 성·덜 생): xīng, shěng, 目-4, 9, 60

(字解) 회의. 少^(적을 소)와 目^(눈 목)으로 구성되어, 자세히 보지 않고^(少) 대충대충 살핌^(目)을 말하며, 이후 행정단위를 나타내기도 했다. 갑골문에서 눈^(目)과 직선을 중심으로 좌우 방향이 더해진 시선을 그렸는데, 눈의 시선을 좌우로 돌려 두리번거리며 '살핌'을 말한다. 금문에서 시선을 그린 부분이 이후 生^(날 생)으로 바뀌어 소리부가 되었고, 『설문해자』의 고문체에서부터 生이 少로 변해 지금의 자형이 되었다. 살피다는 뜻이나 행정단위를 나타낼 때에는 反省^(반성)이나 省察^(성찰)에서처럼 '성'으로, 省略^(생략)의 의미로 쓰일 때에는 '생'으로 구분해 읽는다.

(字形) 古甲骨文 古 古 古 古金文 古 古 古 省 省 簡牘文 古 古璽文 省 說文小篆 省 說文古文

聖(성스러울 성): 圣, shèng, 耳-7, 13, 42

(字解) 형성. 耳^(귀 이)와 口^(입 구)가 의미부이고 王^(좋을 정)이 소리부로, 남의 말을 귀담아듣는 사람이라는 의미를 그렸다. 갑골문에서는 사람^(人)의 큰 귀^(耳)와 입^(口)을 그렸고, 금문에서는 사람^(人)이 발돋움을 하고 선^(王) 모습을 그렸는데, 귀^(耳)는 '뛰어난 청각을 가진 사람'을, 口는 말을 상징하여, 남의 말을 귀담아들어야 하는 존재가 지도자임을 형상화했다. 이로부터 보통 사람을 넘는 총명함과 지혜를 가진 존재나 성인을 말했으며, 학문이나 기술이 뛰어난 사람을 지칭하게 되었고, 특히 유가에서는 공자를 부르는 말로 쓰였다. 한국 속자에서는 文^(글월 문)과 王^(임금 왕)이 상하구조로 결합한 모습으로 쓰기도

하는데, 文王을 최고의 성인으로 인식하고
자 한 모습이 반영되었다. 간화자에서는 욷
으로 간단히 줄여 쓴다.

字形 甲骨文 金文 簡牘文 古璽文 說文小篆

姓(성 성): xing, 女-5, 8, 70

字解 형성. 女^(여자 여)가 의미부고 生^(날 생)이 소리
부로, '성'을 말하는데, 여자^(女)가 낳았다^(生)
는 뜻으로, 자식의 혈통이 여성 중심으로
이어지던 모계사회의 모습을 반영했다. 이
후 가족, 자손 등의 통칭으로도 쓰였다. 부
계사회에 들면서 부계중심으로 이어지는 혈
통을 氏^(성씨 씨)라 구분해 불렀고, 이 때문에
이 둘이 결합한 姓氏라는 단어가 나왔다.

字形 甲骨文 金文 簡牘文 古璽文 說文小篆

性(성품 성): xing, 心-5, 8, 52

字解 형성. 心^(마음 심)이 의미부고 生^(날 생)이 소리
부로, 사람의 본성을 말하는데, 사람이 태
어나면서부터 갖는 천성적인^(生) 마음^(心)이
바로 '性品^(성품)'임을 보여준다. 이후 天性<sup>(천
성)</sup>이나 사물의 本性^(본성), 생명, 性情^(성정)
등의 뜻이 나왔고, 명사 뒤에 놓여 사상 감
정이나 생활 태도, 일정한 범주 등을 나타
내는 접미사로 쓰인다.

字形 金文 簡牘文 說文小篆

聲(소리 성): 声, shēng, 耳-11, 17, 42

字解 형성. 耳^(귀 이)가 의미부이고 殸^(소리 성)이 소
리부로, 악기 연주^(殸)를 귀^(耳) 기울여 듣는
모습을 그렸고, 이로부터 '소리'를 지칭하게
되었다. 이후 음악, 소리, 명성, 소식 등의
뜻이 나왔고, 언어학 용어로 성모나 성조의
간칭으로 쓰이기도 한다. 간화자에서는 의
미부뿐만 아니라 소리부까지 간단하게 줄인
声으로 쓴다. ☞ 馨^(향기 형)

字形 甲骨文 簡牘文 說
文小篆

成(이룰 성): chéng, 戈-3, 7, 60

字解 형성. 戊^(다섯째 천간 무)가 의미부고 丁^{(넷째 천간}
^{정)}이 소리부로, 무기^(戊)로써 성을 단단하게
^(丁) 지키다는 뜻을 그렸고, 성을 튼튼하게
지킬 때 비로소 목적이 이루어진다는 의미
에서 '이루어지다', 成就^(성취) 등의 뜻을 갖
게 되었다. 이로부터 完成^(완성)되다, 성숙되
다, 成人^(성인) 등의 뜻이 나왔고, 능력이나
가능을 나타내는 조동사로도 쓰였다. 그러
자 원래 뜻인 '성'은 다시 土^(흙 토)를 더한
城^(재 성)으로 분화했다.

字形 甲骨文 金
文 古陶文 簡
牘文 石刻古文 說文小篆 說

文古文

城(재 성): chéng, 土-7, 10, 42

字解 형성. 土(흙 토)가 의미부고 成(이룰 성)이 소리
부로, 흙(土)을 쌓아 만든(成) '성'을 말했다.
또 중국의 중원지역은 황토 대평원으로 돌
이 귀하다. 그래서 집을 지을 때에도 황토
를 다져 짓거나 구운 벽돌을 사용하였고,
토성이나 담을 쌓을 때는 황토 흙을 다져
서 만들었다. 그래서 石城(석성)이 아닌 토성
(土城)이 주로 지어졌고, 이 때문에 石이 아
닌 土가 의미부로 채택되었다. 지극히 미세
한 황하의 황토 특성 덕분에 다져진 황토
는 대단히 단단하여 상나라 때의 성벽이 3
천 년이 지난 지금도 아직도 거의 완전하
게 남아 있을 정도이다. 고대 중국은 城을
중심으로 이루어진 나라였기 때문에 城이
'성'은 물론 '도시'나 '나라'나 '국가'의 뜻으
로도 쓰였다.

字形 [금문·고문·간독문·백서·설문소전·설문주문 자형들] 金文 古
陶文 簡牘文 帛書
說文小篆 說文籒文

盛(담을 성): [晠], chéng, 皿-7, 12, 42

字解 형성. 皿(그릇 명)이 의미부고 成(이룰 성)이 소리
부로, 다 자란(成) 곡식을 수확하여 그릇(皿)
에 가득 담아 제사를 지냄을 말했으며, 이
때문에 『설문해자』에서도 '제사 지낼 때 서
직을 담는 그릇(黍稷在器中以祀者)'을 말한다고
했다. 이로부터 담다, 기운이나 세력 등이
旺盛(왕성)하다, 盛大(성대)하다, 茂盛(무성)하

다, 豊盛(풍성)하다 등의 뜻이 나왔다.

字形 [갑골문·금문·간독문·고새문·설문소전 자형들] 甲骨文 金文 簡牘文
古璽文 說文小篆

誠(정성 성): 诚, chéng, 言-7, 14, 42

字解 형성. 言(말씀 언)이 의미부고 成(이룰 성)이 소리
부로, '믿음'이 원래 뜻이다. 말(言) 한 것이
이루어지려면(成), 믿음직스러워야 하고, 그
러려면 '정성'을 다해야 한다는 뜻에서 '정
성(精誠)'의 뜻이 나왔다. 이로부터 다시 진
실(眞實)이나 '참'을 뜻하게 되었다. 부사로
쓰여 만약(萬若)이나 과연(果然)을 뜻하기도
한다. 현대 중국의 간화자에서는 诚으로 쓴
다.

字形 [간독문·설문소전 자형들] 簡牘文 說文小篆

晟(밝을 성): shèng, 日-7, 11, 12

字解 형성. 日(날 일)이 의미부고 成(이룰 성)이 소리
부로, 그 무엇보다 밝은 햇빛(日)이 만들어
내는(成) '밝음'을 말하며, 이로부터 광명, 찬
미, 흥성의 뜻이 나왔다.

字形 [설문소전 자형] 說文小篆

筬(바디 성): chéng, 竹-7, 13

字解 형성. 竹(대 죽)이 의미부고 成(이룰 성)이 소리부로, 베틀을 말하는데, 베를 만드는(成) 대(竹)로 만든 기구라는 뜻을 담았다. 달리 대나무(竹)의 이름으로도 쓰인다.

宬(서고 성): chéng, 宀-7, 10

字解 형성. 宀(집 면)이 의미부고 成(이룰 성)이 소리부로, 완성된(成) 책을 수장하고 보관하던 건축물(宀)인 서고를 말하며, 이후 물건 등을 수용하다는 뜻도 나왔다.

字形  說文小篆

珹(옥 이름 성): chéng, 玉-7, 11

字解 형성. 玉(옥 옥)이 의미부고 成(이룰 성)이 소리부로, 옥(玉) 이름이며, 구슬처럼 생긴 옥을 지칭하기도 한다.

騂(붉은말 성): 骍, [騂], xīng, 馬-7, 17

字解 형성. 馬(말 마)가 의미부이고 辛(매울 신)이 소리부로, 붉은색의 말(馬)을 말하며, 이후 붉은색의 소나 양까지 지칭하였고, 붉은색을 뜻하게 되었다. 『설문해자』에서는 馬가 의미부이고 觲(뿔이 아래위로 뻗칠 성)의 생략된 모습이 소리부인 騂으로 썼다.

字形  甲骨文  盟書  說文新附字

세

稅(구실 세): shuì, 禾-7, 12, 42

字解 형성. 禾(벼 화)가 의미부고 兌(기쁠 태)가 소리부로, 곡물(禾)을 재배하고 내는 토지 경작세를 말했는데, 이후 稅金(세금)의 통칭이 되었다. 세금이란 기쁜 마음으로(兌) 낼 수 있어야 한다는 이념을 반영했으며, 갖가지 구실을 동원해 각종 세금을 징수했기에 '구실'이라는 뜻까지 생겼다.

字形  說文小篆

說(달랠 세) ☞ **說**(말씀 설)

歲(해 세): 岁, suì, 止-9, 13, 52

字解 회의. 步(걸을 보)와 戊(다섯째 천간 무)로 구성되어, 크고 둥근 날을 가진 낫(戊)으로 걸어가며(步) 곡식을 수확하는 모습을 그렸고 이로부터 베다, 자르다의 뜻이 나왔다. 하지만, 고대사회에서는 수확에서 다음 수확 때까지의 주기를 '1년'으로 인식했고 그 때문에 '한 해'와 '나이'의 뜻이 나왔다. 그러자 원래 뜻은 刀(칼 도)를 더하여 劌(벨상처 낼 귀)로 분화했다. 이후 歲星(세성)에서와 같이 歲는 목성을 지칭하기도 했는데, 그것은 목성의 자전 주기가 약 12년이고 고대 중국에서는 날짜를 나타내는데 사용했던 12간지와 맞아떨어졌기에 달리 '목성'을 지칭하게 되었

다. 간화자에서는 山^(뫼 산)과 夕^(저녁 석)의 상하구조로 된 岁로 쓴다.

字形 甲骨文 金文 古陶文 簡牘文 古璽文 說文小篆

世(대 세): [卋], shì, 一-4, 5, 70

字解 상형. 갑골문에서 매듭을 지은 세 가닥의 줄을 이어 놓은 모습이다. 이 줄은 새끼매듭^(結繩·결승)인데, 結繩은 문자가 탄생하기 전 인류가 보편적으로 사용하던 기억의 보조수단의 하나로 새끼에 여러 가지의 매듭을 지어 갖가지 의미를 나타내던 방식이다. 여기서 한 가닥의 매듭은 10을 상징하며, 이가 셋 모인 世는 30을 뜻한다. 그래서 世는 30년을 뜻하고, 이는 부모에서 자식으로 이어지는 한 世代^(세대)의 상징이었다. 이후 世는 世代라는 뜻으로부터 一生^(일생)의 뜻이, 다시 末世^(말세)와 같이 왕조나 세상을 뜻하기도 하였다. 이로부터 世는 사람이 사는 世上^(세상)이나 世界의 의미로 확장되었다.

字形 金文 簡牘文 說文小篆

貰(세낼 세): 贳, shì, 貝-5, 12, 20

字解 형성. 貝^(조개 패)가 의미부고 世^(대 세)가 소리

부로, 빌리다, 세를 내다는 뜻인데, 한 세대^(世) 즉 30년 동안 일정한 세금이나 금전적^(貝) 대가를 제공하고 빌려 쓰는 행위라는 뜻을 담았다.

字形 簡牘文 說文小篆

笹(조릿대 세): shì, 竹-5, 11

字解 형성. 竹^(대 죽)이 의미부고 世^(대 세)가 소리부로, 대^(竹)의 일종인 '조릿대'를 말한다.

勢(기세 세): 势, shì, 力-11, 13, 42

字解 형성. 力^(힘 력)이 의미부고 埶^(심을 예)가 소리부인데, 埶는 사람이 꿇어앉아^(丮·극) 나무^(木·목)나 풀^(屮·철)을 흙^(土·토)에 심는 모습을 그렸다. 권력^(力)이나 권세, 위력을 말하며, 이후 사물의 형세나 정세, 상태, 모양의 뜻이 나왔으며, 남자의 생식기를 지칭하기도 하였다. 간화자에서는 埶를 执^(執의 간화자)으로 줄인 势로 쓴다.

字形 簡牘文 說文新附字

細(가늘 세): 细, xì, 糸-5, 11, 42

字解 형성. 원래는 糸^(가는 실 멱)이 의미부고 囟^(정수리 신)이 소리부로, 비단 실^(糸)의 가닥이나 머리카락^(囟)처럼 '가늘다'는 뜻이었는데, 예서에서 囟이 형체가 비슷한 田^(밭 전)으로 변해 지금의 자형이 되었다. 가늘다는 뜻으로부터 纖細^(섬세)하다, 微細^(미세)하다, 정교하다, 중요하지 않다 등의 뜻까지 나왔다.

簡牘文 說文小篆

洗(씻을 세): xǐ, 水-6, 9, 52

字解 형성. 水(물 수)가 의미부고 先(먼저 선)이 소리부로, 발을 내밀어(先) 물(水)로 '씻다'는 뜻이었는데, '씻다'는 일반적인 의미로 확장되었으며, 사진을 현상하다는 뜻도 생겼다. 또 성씨로도 쓰인다.

字形 說文小篆

소

消(사라질 소): xiāo, 水-7, 10, 60

字解 형성. 水(물 수)가 의미부고 肖(닮을 초)가 소리부로, 물(水)이 수증기처럼 작은(肖) 크기의 물방울로 변하여 '사라져' 없어짐을 말하며, 이로부터 사라지다, 消失(소실)되다, 제거하다, 줄어들다, 消費(소비)하다 등의 뜻이 나왔다.

字形 說文小篆

銷(녹일 소): 销, xiāo, 金-7, 15

字解 형성. 金(쇠 금)이 의미부고 肖(닮을 초)가 소리부로, 광물(金)의 원석을 잘라 잘게 만들어(肖) '녹임'을 말한다. 광물을 녹이려면 불순물을 제거해야 하므로 '제거하다'의 뜻이,

다시 내다, 팔다, 소비하다 등의 뜻이 나왔다.

字形 說文小篆

逍(거닐 소): xiāo, 辵-7, 11, 10

字解 형성. 辵(쉬엄쉬엄 갈 착)이 의미부고 肖(닮을 초)가 소리부로, '거닐다'는 뜻인데, 큰 걸음이 아닌 작은(肖) 걸음으로 자유롭게 천천히 거닐며(辵) 돌아다니는 것을 말한다.

字形 說文小篆

宵(밤 소): xiāo, 宀-7, 10, 10

字解 형성. 금문에서 宀(집 면)과 夕(저녁 석)이 의미부고 小(작을 소)가 소리부였는데, 소전체에 들면서 宀이 의미부고 肖(닮을 초)가 소리부인 지금의 구조로 변했다. 밤(夕)이 되어 외부활동을 중단하고 집안(宀)에 머무는 모습으로부터 '밤'의 의미를 그렸으며, 달리 정월 대보름(元宵·원소)을 뜻하기도 한다.

字形 金文 簡牘文 說文小篆

霄(하늘 소): xiāo, 雨-7, 15

字解 형성. 雨(비 우)가 의미부이고 肖(닮을 초)가 소리부이다. 『설문해자』에서 "눈이 덩어리져 내리는 것(雨霓)을 소(霄)라고 한다. 제(齊)나라 지역 말이다."라고 했다. 그러나 『이아』에서는 비와 섞여 내리는 진눈깨비를 말하며, 霄는 곧 없어지다는 뜻의 消(사라질 소)와

같다고 했다. 이후 '꺼지다', '하늘', '구름', '태양의 곁에 일어나는 운기'라는 뜻도 나왔다. 그래서 九霄^(구소)는 九天^(구천) 즉 가장 높은 하늘을 뜻하고, 霄壤之差^(소양지차)는 하늘과 땅 사이와 같이 엄청난 차이를 말한다.

字形 ⊕ 說文小篆

搔(긁을 소): sāo, 手-10, 13, 10

字解 형성. 手^(손 수)가 의미부고 蚤^(벼룩 조)가 소리부로, 긁다는 뜻인데, 벼룩^(蚤)이 물어 가려운 곳을 손^(手)으로 긁는 모습을 반영했다.

字形 ⊕ 說文小篆

瘙(종기 소): sào, 疒-10, 15, 10

字解 형성. 疒^(병들어 기댈 녁)이 의미부고 蚤^(벼룩 조)가 소리부로, 옴이나 부스럼을 말하는데, 벼룩^(蚤)이 문 것처럼 가려운 병^(疒)이라는 뜻을 담았으며, 피부가 가렵다 등의 뜻이 나왔다.

騷(떠들 소): 骚, sāo, 馬-10, 20, 30

字解 형성. 馬^(말 마)가 의미부고 蚤^(벼룩 조)가 소리부로, 벼룩^(蚤)에 물린 말^(馬)이 펄쩍펄쩍 뛰듯 소란스럽고 시끄러움을 말하며, 이후 근심이라는 뜻까지 나왔다. 『설문해자』에서는 '말을 씻기다'는 뜻도 있다고 했는데, 비질하고 씻어 말^(馬)의 몸에 붙은 벼룩^(蚤)을 제거함을 말한다. 또 중국 고대의 詩體^(시체)의 하나를 말하기도 하는데, 屈原^(굴원)의 『離騷

^(이소)』에서 근원했으며, 이후 '문학'이라는 의미로 확장되었다.

字形 ⊕ 簡牘文 ⊕ 說文小篆

所(바 소): suǒ, 戶-4, 8, 70

字解 회의. 戶^(지게 호)와 斤^(도끼 근)으로 구성되었는데, 戶는 서민의 집을, 斤은 연장의 하나인 자귀를 나타낸다. 따라서 近은 고대 사회에서 가장 중요한 연장의 하나였던 도끼^(斤)가 놓인 그 곳^(戶)이 바로 사람이 '거처하는 處所^(처소)'임을 말했다. 이후 '…하는 곳(것, 사람, 바)'을 뜻하는 문법소로 쓰이게 되었다.

字形 ⊕⊕⊕⊕ 金文 ⊕⊕ 簡牘文 ⊕ 古璽文 ⊕ 說文小篆

甦(깨어날 소): sū, 生-7, 12, 10

字解 회의. 更^(다시 갱)과 生^(날 생)으로 구성되어, 다시^(更) 살아나다^(生)는 의미를 담았으며, 蘇와 같이 쓰인다. 간화자에서는 蘇^(차조 소)에 통합되었다. ☞ 蘇^(차조 소)

穌(긁어모을 소): sū, 禾-11, 16

字解 형성. 禾^(벼 화)가 의미부이고 魚^(고기 어)가 소리부이다. 『설문해자』의 해설처럼, '볏짚을 긁어모으다^(把取禾若)'가 원래 뜻이다. 이로부터 긁어모으다, 가득 차다, 살다, 깨다, 깨어나다, 蘇生^(소생)하다 등의 뜻이 나왔다.

字形 𧣲 說文小篆

蘇(차조 소): 苏, [甦, 囌], sū, 艸-16, 20, 32

字解 형성. 艸^(풀 초)가 의미부고 穌^(긁어모을 소)가 소리부로, 꿀 풀과 일년생 재배초에 속하는 식물^(艸)의 일종인 '차조기'를 말한다. 이후 蘇生^(소생)하다는 뜻으로 가차되었으며, 다시 ^(更)태어나다^(生)는 뜻은 甦^(깨어날 소)를 만들어 분화했다. 또 江蘇^(강소)성이나 蘇州^(소주)의 간칭으로도 쓰인다. 간화자에서는 소리부인 穌를 力^(辦의 간화자)으로 간단히 줄여 苏로 쓴다.

字形 금문 古陶文 古璽文 說文小篆

小(작을 소): xiǎo, 小-0, 3, 80

字解 상형. 갑골문에서 작은 점을 셋 그렸다. 셋은 많음의 상징이고, 작은 점은 모래알로 보인다. 『설문해자』에서는 小를 두고 갈라짐을 뜻하는 八^(여덟 팔)과 이를 구분 지어주는 세로획^(ㅣ·곤)으로 구성되었다고 했으나, 이는 소전체에 근거한 해석이다. 갑골문에 의하면 작은 모래알을 여럿 그렸으며, 이후 小가 '작다'는 보편적 개념을 나타내게 되자, '모래알'은 水^(물 수)를 더한 沙^(모래 사)로 구분해 표현했다.

字形 甲骨文 金文 小古

陶文 古幣文 簡牘文 說文小篆

少(적을 소): shǎo, 小-1, 4, 70

字解 지사. 小^(작을 소)에서 분화한 글자로, 양의 '적음'을 나타내고자 지사부호^(丿)를 더해 특별히 만들었으며 춘추시대 이후에야 나타난다. 그전의 갑골문이나 서주 때의 금문에서는 小로 써 이 둘을 구분 없이 사용했다.

字形 甲骨文 金文 古陶文 古幣文 盟書 簡牘文 帛書 古璽文 石刻古文 說文小篆

簫(퉁소 소): 箫, xiāo, 竹-12, 18, 10

字解 형성. 竹^(대 죽)이 의미부고 肅^(엄숙할 숙)이 소리부로, 대^(竹)로 만든 부는 악기를 말한다. 옛날에는 길이가 서로 다른 16에서 23개의 대나무 관을 음률에 따라 배열하여 만들어 排簫^(배소)라 불렸으나, 이후 이를 개량하여 하나의 관에 앞에 다섯 개의 구멍 뒤에 한 개의 구멍을 뚫어 만들었으며 '퉁소^(洞簫)'라 불렀다. 간화자에서는 소리부인 肅을 肃으로 간단하게 줄여 箫로 쓴다.

字形 說文小篆

人

蕭(맑은 대 쑥 소): 萧, [肅], xiāo, 艸-12, 16, 10

字解 형성. 艸^(풀 초)가 의미부고 肅^(엄숙할 숙)이 소리부로, 쑥의 일종인 맑은 대 쑥^(艾蕭·애호)을 말하며, 쑥의 대가 떨어지다는 뜻으로부터 '처량하다'의 뜻이 나왔다. 달리 肅^(엄숙할 숙)과도 통용되어 肅然^(숙연)함도 뜻한다. 간화자에서는 소리부인 肅을 肃으로 간단하게 줄여 萧로 쓴다.

字形 ⿕⿕古陶文 蕭說文小篆

嘯(휘파람 불 소): 啸, xiào, 口-12, 15

字解 형성. 口^(입 구)가 의미부고 肅^(엄숙할 숙)이 소리부로, 입^(口)으로 부는 휘파람을 말하며, 이로부터 '부르다'의 뜻이 나왔고, 새 등의 긴 울음소리를 뜻하기도 한다. 籀文^(주문)에서는 口 대신 欠^(하품 흠)이 들어갔지만, 뜻은 같다. 간화자에서는 소리부인 肅을 肃으로간단하게 줄여 啸로 쓴다.

字形 嘯說文小篆

瀟(강 이름 소): 潇, xiāo, 水-16, 19

字解 형성. 水^(물 수)가 의미부고 蕭^(맑은 대 쑥 소)가 소리부로, 호남성 寧遠^(녕원)현 남쪽의 九嶷山^(구의산)에서 발원하여 永州^(영주)시 서북쪽에서 湘^(상)강으로 흘러드는 강 이름이다. 또 물이 깊고 맑음이나 빠르게 흐르는 모습을 뜻하기도 한다. 간화자에서는 소리부인 蕭를 肃으로 간단하게 줄여 潇로 쓴다.

字形 瀟說文小篆

燒(사를 소): 烧, shāo, 火-12, 16, 32

字解 형성. 火^(불 화)가 의미부고 堯^(요임금 요)가 소리부로, 불^(火)을 질러 태우다는 뜻이며, 이로부터 불을 붙이다, 불로 지지다, 불에 말리다, 불에 비추다 등의 뜻이, 다시 열이 나다는 뜻이 나왔다. 간화자에서는 소리부 堯를 尧로 간단히 줄여 烧로 쓴다.

字形 燒說文小篆

梳(빗 소): shū, 木-7, 11, 10

字解 형성. 木^(나무 목)이 의미부고 疏^(트일 소)의 생략된 부분이 소리부로, '빗'을 말하는데, 빗질을 하다는 동사로도 쓰였으며, 머리칼을 소통시켜^(疏) 갈무리하는 나무^(木)로 만든 도구라는 뜻을 담았다.

字形 梳說文小篆

疏(트일 소): [疎], shū, 疋-7, 11, 32

字解 회의. 疋^(발 소)와 갓 낳은 아이의 모습을 그린 㐬^(임산 때 아이가 거꾸로 나올 돌)로 구성되어, 갓 낳은 아이^(㐬)의 다리^(疋)가 벌려져 사이가 '성긴' 모습을 형상회했으며, 이로부터 성기다, 흩어지다, 듬성듬성하다, 소홀하다의 뜻이 나왔다. 사이가 트이면 소통할 수 있어지므로 疏通^(소통)의 의미까지 나왔으며, 어려운 글자나 문장을 소통시키는 것이라는

뜻에서 '주석'의 의미도 나왔다. 이후 발음을 강조하기 위해 㐬 대신 소리부인 束^(묶을 속)이 더해진 疎^(트일 소)가 등장했다.

字形 [한자] 簡牘文 [한자] 說文小篆

疎(트일 소): shū, 疋-7, 12, 10

字解 형성. 疋^(발 소)가 의미부고 束^(묶을 속)이 소리부로, 疏^(트일 소)와 같은 글자이다. ☞ 疏^(트일 소)

字形 [한자] 簡牘文 [한자] 說文小篆

蔬(푸성귀 소): shū, 艸-11, 15, 30

字解 형성. 艸^(풀 초)가 의미부고 疏^(트일 소)가 소리부로, '푸성귀'를 말하는데, 부드러운 육고기에 비해 풀^(艸)로 된 거친^(疏) '채소'라는 뜻을 담았다.

字形 [한자] 說文小篆

掃(쓸 소): 扫, sǎo, sào, 手-8, 11, 42

字解 형성. 手^(손 수)가 의미부고 帚^(비 추)가 소리부로, 손^(手)으로 비^(帚)를 들고 비질하는 모습을 그렸으며, 이로부터 淸掃^(청소)하다, 쓸어 없애다, 제거하다 등의 뜻이 나왔다. 간화자에서는 帚를 간단하게 줄인 扫로 쓴다.

字形 [한자] 掃 玉篇

笑(웃을 소): [咲, 㗛, 𥬇], xiào, 竹-4, 10, 42

字解 형성. 竹^(대 죽)이 의미부고 夭^(어릴 요)가 소리부로, 관악기^(竹)로 연주되는 곡을 듣고 몸을 구부려^(夭) 기뻐하며 웃는 것을 말하는데, 여기에서 夭는 배를 잡고 몸을 구부린 사람의 모습으로 풀이된다. 하지만, 笑를 八^(여덟 팔)과 夭로 구성되어 배를 잡고^(夭) 웃는 바람에 웃음소리가 위로 퍼져나가는^(八) 모습을 그린 것이라 풀이하기도 한다. 당나라 때의 李陽氷^(이양빙)은 바람을 맞은 대나무^(竹)가 휘어지는 모습이 우스워 배를 잡고 몸을 구부려^(夭) 웃는 사람의 모습을 닮았다고 풀이하기도 했다. 달리 夭 대신 犬을 쓴 㗛로 쓰기도 하고, 웃음소리라는 의미를 강조하기 위해 口^(입 구)를 더한 咲^(웃을 소)로 쓰기도 한다.

字形 [한자] [한자] [한자] [한자] 簡牘文 [한자] 說文小篆

塑(토우 소): sù, 土-10, 13, 10

字解 형성. 土^(흙 토)가 의미부고 朔^(초하루 삭)이 소리부로, 흙^(土)으로 빚은 사람이나 동물의 상을 말하며, 흙으로 빚다^(彫塑·조소)는 뜻도 가진다.

遡(거슬러 올라갈 소): 溯, sù, 辵-10, 14, 10

字解 형성. 辵(쉬엄쉬엄 갈 착)이 의미부이고 朔(초하루 삭)이 소리부로, 역으로 거슬러 올라감(辵)을 말하며, 이후 찾아 나서다는 뜻도 나왔다. 『설문해자』에서는 水(물 수)가 의미부이고 㡀(물리칠 척)이 소리부인 㴳로 썼다. 또 물(水)을 거슬러 올라간다는 뜻에서 溯(거슬러 올라갈 소)로 쓰기도 한다. 간화자에서는 溯에 통합되었다.

字形 [說文小篆] 說文小篆 [說文或體] 說文或體

㴳(거슬러 올라갈 소): sù, 水-5, 8

字解 형성. 원래는 㴳로 써, 水(물 수)가 의미부이고 㡀(물리칠 척)이 소리부였는데, 㡀이 斥(물리칠 척)으로 변해 지금의 자형이 되었다. 『설문해자』에서 "역류해서 위로 올라가는 것(逆流而上)을 소회(㴳洄)라 한다. 소(㴳)는 향하다(向)라는 뜻이다. 물은 내려가려 하는데 이를 거슬러 위로 올라가다(水欲下達之而上)라는 뜻이다."라고 했다." 그렇다면 㴳는 물(水)을 척지면서(斥) '거슬러 올라감'을 말한다. 이후 斥을 朔(초하루 삭)으로 바꾼 㴳(거슬러 올라갈 소)가 나왔고, 가다는 뜻을 강조하여 辵(쉬엄쉬엄 갈 착)을 더한 遡(거슬러 올라갈 소)도 나왔다.

字形 [說文小篆] 說文小篆 [說文或體] 說文或體

溯(거슬러 올라갈 소): [遡, 㴳], sù, 水-10, 13

字解 형성. 水(물 수)가 의미부이고 朔(초하루 삭)이 소리부로, 물(水)을 거슬러 올라감을 말한다. 달리 가다는 뜻을 강조하여 辵(쉬엄쉬엄 갈 착)을 더한 遡(거슬러 올라갈 소)나 거스르다는 뜻을 강조한 斥(물리칠 척)을 쓴 㴳(거슬러 올라갈 소)로 쓰기도 한다. 현대 중국에서는 遡의 간화자로도 쓰인다. ☞ 遡(거슬러 올라 갈 소), 㴳(거슬러 올라갈 소)

字形 [說文小篆] 說文小篆 [說文或體] 說文或體

訴(하소연할 소): 诉, [愬, 愬], sù, 言-5, 12, 32

字解 회의. 言(말씀 언)과 斥(물리칠 척)으로 구성되어, 상대를 배척하고자(斥) 하는 말(言)이라는 뜻에서 讒訴(참소)의 의미를 그렸다. 원래는 言이 의미부고 朔(초하루 삭)이 소리부로, 거꾸로(朔) 말(言)을 하는 고소나 참소의 행위를 말했는데, 알리다, 기소하다는 뜻이 나왔으며, 朔이 斥으로 바뀌어 지금의 자형이 되었다.

字形 [說文小篆] 說文小篆

召(부를 소): zhào, 口-2, 5, 30

字解 회의. 갑골문에서는 위쪽의 숟가락(匕)과 아래쪽의 입(口)으로 구성되어, 기물의 아가리(口)로부터 뜰 것(匕)으로 술을 뜨는 모습을 그렸으나, 숟가락이 刀(칼 도)로 변해 지금의 자형이 되었다. 손님을 접대하기 위해 술을 뜨다는 뜻으로부터 '초청하다'의 뜻이 나왔고, 이로부터 부르다, 초대하다, 초치하다

등의 뜻도 나왔다. 이후 부르는 행위를 더욱 강조하기 위해 手^(손 수)를 더한 招^(부를 초)가 만들어졌다.

字形 甲骨文 金文 古陶文 簡牘文 石刻古文 說文小篆

紹(이을 소): 绍, shào, 糸-5, 11, 20

字解 형성. 糸^(가는 실 멱)이 의미부고 召^(부를 소)가 소리부로, 실^(糸)로 이어주다는 뜻으로부터 '계승하다'의 뜻이 나왔고, 사람을 불러^(召) 실^(糸)로 이어주듯 관계를 맺어 준다는 뜻에서 紹介^(소개)의 뜻도 나왔다.

字形 甲骨文 金文 古陶文 古璽文 石刻古文 說文小篆 說文古文

昭(밝을 소): zhāo, 日-5, 9, 30

字解 형성. 日^(날 일)이 의미부고 召^(부를 소)가 소리부로, 해^(日)가 밝게 빛나다는 뜻이며, 이후 분명하다, 명확하다, 일을 명쾌하게 처리하다 등의 뜻이 나왔다. 또 옛날의 제도인 昭穆^(소목)제도를 지칭하기도 하는데, 종묘나 사당에 조상의 신주를 모실 때, 왼쪽 줄은 昭라 하고, 오른쪽 줄을 穆이라 하여 1세를 가운데에 모시고 2세, 4세, 6세는 왼쪽 줄^(昭)에 모시고, 3세, 5세, 7세는 오른쪽 줄^(穆)에 모셨다.

字形 金文 簡牘文 說文小篆

沼(늪 소): zhǎo, 水-5, 8, 12

字解 형성. 水^(물 수)가 의미부고 召^(부를 소)가 소리부로, 물^(水) 길을 불러와^(召) 한 곳으로 모으는 못이나 늪을 말하는데, 『古今韻會擧要^(고금운회거요)』에서는 둥근 모양을 池^(못 지)라 하고 각진 것을 沼라 한다고 했다.

字形 說文小篆

炤(밝을 소): 照, zhào, 火-5, 9

字解 형성. 火^(불 화)가 의미부고 召^(부를 소)가 소리부로, '불이 밝다'나 '불을 밝히다'는 뜻인데, 사람을 불러^(召) 잔치를 하려고 불^(火)을 밝히다는 뜻을 담았다. 간화자에서는 照^(비출 조)에 통합되었다. ☞ 照^(비출 조)

邵(고을 이름 소): shào, 邑-5, 8, 12

字解 형성. 邑^(고을 읍)이 의미부고 召^(부를 소)가 소리부로, 땅 이름인데, 召伯^(소백)이 봉해졌던 땅^(邑)이라는 뜻을 담았다. 주나라 초기에 봉해졌는데, 지금의 섬서성 岐山^(기산)현 남쪽에 있었으며, 주나라가 동쪽으로 천도한 후에는 지금의 산서성 垣曲^(원곡)현 동쪽에 위치했다.

字形 金文 盟書 說文小

人

篆

韶(풍류 이름 소): sháo, 音-5, 14

字解 형성. 音^(소리 음)이 의미부고 召^(부를 소)가 소리부로, 舜^(순) 임금 때의 음악의 이름이며, 이로부터 아름답다의 뜻이 나왔고, 이어가야 할 대상이라는 뜻에서 계승하다는 뜻까지 나왔다. 召는 원래 손님 접대를 위해 숟가락^(匕비)으로 그릇에 담긴 술을 푸는 모습을 그렸고, 이에 音이 더해진 韶는 손님을 접대할 때 연주하는 곡임을 보여준다.

字形 簡牘文 說文小篆

素(흴 소): sù, 糸-4, 10, 42

字解 형성. 糸^(가는 실 멱)이 의미부고 垂^(드리울 수)의 생략된 모습이 소리부로, 물을 들이지 않은 생 명주^(生絹생견)를 말한다. 명주의 본래 색인 '흰색'을 뜻하며, 다시 본질이나 바탕, 素朴^(소박)함이나 벼슬을 하지 않은 사람을 뜻하게 되었다. 또 비단이 필사 재료로 사용되었던 데서 '종이'를 뜻하기도 한다.

字形 金文 簡牘文 說文小篆

巢(집 소): cháo, 巛-8, 11, 12

字解 회의. 아랫부분은 나무^(木목)를, 중간은 둥지를, 윗부분은 둥지 위로 머리를 내민 세 마리의 새를 그려 새가 서식하는 '둥지'를 형상적으로 그렸다. 이로부터 '집'이라는 뜻이 나왔는데, 이후 새의 머리가 巛^(개미허리변 천)으로 변하고 둥지가 田^(밭 전)으로 바뀌어 지금의 자형이 되었다. 현대 옥편에서는 巛부수에 귀속되었는데, 川^(내 천)과는 아무런 의미적 관련이 없으며, 형체적 유사성 때문에 그렇게 되었다.

字形 金文 古陶文 說文小篆

篠(조릿대 소): 筱, xiǎo, 竹-10, 16

字解 형성. 竹^(대 죽)이 의미부고 條^(가지 조)가 소리부로, 조릿대를 말하는데, 조리 등을 엮을 수 있도록 가지^(條)가 가느다란 대^(竹)라는 뜻을 담았다. 『설문해자』에서는 條 대신 攸^(바 유)가 들어간 筱^(조릿대 소)로 썼고, 현대 중국의 간화자에서도 이를 따랐다.

字形 說文小篆

속

贖(바칠 속): 赎, shú, 貝-15, 22, 10

字解 형성. 貝^(조개 패)가 의미부고 賣^(팔 육)이 소리부로, '재물을 바치고 죄를 면제받다'는 뜻인데, 賣이 賣^(팔 매)로 변해 지금의 자형이 되었으며 구조도 회의구조로 변했다. 저당 잡힌 물건이나 인질로 잡힌 사람을 돈^(貝)을 주고 사들이다^(賣)는 뜻을 담았으며, 빚이나 죄를 씻고자 돈이나 물품 따위로 대신 갚는 것을 말한다. 간화자에서는 賣를 초서체인 卖로 줄여 赎로 쓴다.

字形 🔸金文 🔸 🔸簡牘文 🔸說文小篆

續(이을 속): 续, xù, 糸-15, 21, 42

字解 형성. 糸^(가는 실 멱)이 의미부고 賣^(팔 육)이 소리부인데, 賣가 賣^(팔 매)로 변해 지금의 자형이 되었으며 구조도 회의구조로 변했다. 실^(糸)로 잇다는 뜻이며, 이로부터 계승하다, 연속되다는 뜻이 나왔다. 간화자에서는 賣를 초서체인 卖로 줄여 续으로 쓴다.

字形 🔸簡牘文 🔸說文小篆 🔸說文古文

束(묶을 속): shù, 木-3, 7, 52

字解 회의. 木^(나무 목)과 口^(에워쌀 위, 圍의 원래 글자)로 구성되어, 나무^(木)를 끈 등으로 둘러싸^(口) '묶다'는 뜻을 그렸다. 원래는 주머니나 전대처럼 두 끝을 '동여맨' 모습을 그렸는데, 이후 지금의 자형으로 변했다. 이로부터 묶다, 제약하다, 拘束^(구속)하다, 約束^(약속)하다 등의 뜻이 나왔다.

字形 🔸甲骨文 🔸金文 🔸簡牘文 🔸說文小篆

涑(헹굴 속): [漱, 㳈, sù, 水-7, 10

字解 형성. 水^(물 수)가 의미부고 束^(묶을 속)이 소리부로, 물^(水)로 입을 '헹구다'는 뜻이다. 또

산서성 서남부에 있는 황하 강 지류인 강 이름으로도 쓰인다. 달리 漱^(양치질할 수)나 㳈^(양치질할 수)로 쓰기도 한다.

字形 🔸說文小篆

速(빠를 속): sù, 辵-7, 11, 60

字解 형성. 辵^(쉬엄쉬엄 갈 착)이 의미부고 束^(묶을 속)이 소리부로, '빠르다'는 뜻인데, 헐렁한 옷 등을 묶으면^(束) 빨리 갈^(辵) 수 있다는 의미를 그렸다. 이후 速度^(속도)를 높이다, 성정이 급하다, 매우 급하다, 재촉하다, 불러오다 등의 뜻이 나왔다.

字形 🔸金文 🔸🔸🔸古陶文 🔸說文小篆 🔸說文籀文 🔸說文古文

屬(엮을 속): 属, zhǔ, 尸-18, 21, 40

字解 형성. 소전체에서 尾^(꼬리 미)가 의미부고 蜀^(나라 이름 촉)이 소리부로, 몸통과 '이어진' 부분이 꼬리^(尾)라는 의미에서 '이어지다'는 뜻이, 몸통에 붙어 있는 것이라는 의미에서 '속하다'는 뜻이 나왔다. 간화자에서는 의미부 尾를 尸^(주검 시)로 줄이고 소리부 蜀을 禹^(하우씨 우)로 바꾼 属으로 쓴다.

字形 🔸🔸簡牘文 🔸說文小篆

人 | 453

謖(일어날 속): 謖, sù, 言-10, 17

字解 형성. 言^(말씀 언)이 의미부고 畟^(보습 날카로울 측)이 소리부로, 일으키다, 일으켜 세우다는 뜻인데, 말^(言)로 격려하다는 뜻을 담았다.

粟(조 속): sù, 米-6, 12, 30

字解 회의. 갑골문에서 禾^(벼 화)와 여러 점으로 구성되어 조^(禾)의 알갱이를 형상화했으나, 소전체에 들면서 지금처럼 西^(서녘 서)와 米^(쌀 미)로 구성되어 광주리^(西)에 담아 놓은 조를 말했다. 이후 곡식의 대표가 쌀로 변하면서 의미도 '쌀'을 뜻하게 되었다.

字形 ❀ ❀ ❀ 甲骨文 ❈ 古璽文 ❊ 說文小篆 ❋ 說文籀文

俗(풍속 속): sú, 人-7, 9, 42

字解 형성. 人^(사람 인)이 의미부고 谷^(골 곡)이 소리부로, 習俗^(습속)이나 風俗^(풍속)을 말하는데, 봄이 오면 계곡^(谷)에 사람^(人)들이 함께 모여 목욕하던 옛날의 습속의 의미를 그렸다. 이로부터 풍속이나 습속 등의 뜻이 나왔고, 이후 일반인들이 즐기던 습속이라 하여 보통의, 대중의, 通俗^(통속)적인, 일반적인, 속되다 등의 뜻이 나왔다. 또 불교가 들어 온 후로는 世俗^(세속)의 뜻도 가지게 되었다.

字形 ❀❀ 金文 ❈❊ 簡牘文 ❋ 說文小篆

손

孫(손자 손): 孙, sūn, 子-7, 10, 60

字解 회의. 원래 子^(아들 자)와 糸^(가는 실 멱)으로 구성되어, 실^(糸)처럼 끊임없이 이어지는 손자^(子)를 말하며, 이로부터 자손, 후손의 뜻이 나왔다. 소전체에서 糸을 系^(이을 계)로 바꾸어 의미를 더욱 명확히 했고, 간화자에서는 系를 小^(작을 소)로 바꾼 孙으로 써, 어린^(小) 자손^(子)이라는 뜻을 그렸다.

字形 ❀❀❀❀ 甲骨文 ❈❈❈❈ 金文 ❊❊❊❊ 古陶文 ❋❋❋❋ 盟書 ❋❋ 簡牘文 ❊❊ 古璽文 ❋ 說文小篆

遜(겸손할 손): 逊, xùn, 辵-10, 14, 10

字解 형성. 辵^(쉬엄쉬엄 갈 착)이 의미부고 孫^(손자 손)이 소리부로, 손자^(孫) 된 마음처럼 행동하는^(辵) 것을 말하며, 이로부터 恭遜^(공손)과 謙遜^(겸손)의 뜻이, 다시 사양하다, 공순하다 등의 뜻이 나왔다. 간화자에서는 孫을 孙으로 줄여 逊으로 쓴다.

字形 ❀ 簡牘文 ❈ 石刻古文 ❋ 說文小篆

蓀(향 풀이름 손): 荪, sūn, 艸-10, 14

字解 형성. 艸^(풀 초)가 의미부고 孫^(손자 손)이 소리부로, 향내가 나는 풀^(艸) 이름이며, 아름답다는 뜻도 가진다. 간화자에서는 孫을 孙으로 줄여 荪으로 쓴다.

字形 [전] 說文小篆

巽(공손할손괘 손): xùn, 己-9, 12

字解 회의. 갑골문에서 꿇어앉은 두 사람의 모습을 그려 제사에 희생물로 바칠 사람을 뽑는 모습을 형상화했는데, 소전체에서 탁자를 그린 丌^(대 기)가 더해져 이를 더욱 구체화했다. 巽을 『설문해자』에서는 "祭需^(제수)를 갖추다"라는 뜻으로 해석했지만, 제사에 쓸 모든 재료는 가장 훌륭하고 흠 없는 것으로 구별해 뽑아야^(選別선별)하기 때문에 巽에는 揀擇^(간택)하다, 공손하다, 選拔^(선발)하다는 뜻이 생겼다. 巽에 辵^(쉬엄쉬엄 갈 착)이 더해진 選^(가릴 선)은 제사상에 바치는 祭物^(제물)처럼 구성원을 위해 희생할 사람을 뽑아^(巽) 중앙으로 보낸다^(辵)는 뜻이며, 撰^(지을 찬)은 手^(손 수)와 巽이 결합해 훌륭한 문장을 가려 뽑아^(巽) 글을 만들다^(手)는 뜻이며, 饌^(반찬 찬)은 제사상에 올릴 골라 뽑은^(巽) 맛있는 요리^(食식)를 뜻한다.

字形 [전]簡牘文 [전]說文小篆 [전]說文古文 [전]說文篆文

損(덜 손): 损, sǔn, 手-10, 13, 40

字解 형성. 手^(손 수)가 의미부고 員^(수효 원)이 소리부로, 손^(手)으로 들어내어 줄이는 것을 말하며, 이로부터 줄어들다, 損傷^(손상)되다, 야박하게 대하다, 병세가 나아지다 등의 뜻이 나왔다.

字形 [전][전]簡牘文 [전]說文小篆

飧(저녁밥 손): cān, 食-2, 11

字解 회의. 冫^(얼음 빙)과 食^(밥 식)으로 구성되어, 식어 얼음^(冫)처럼 찬밥^(食)을 말하며, 아침에 해두었다가 저녁때까지 남은 밥이라는 뜻도 가지게 되었다. 또 신라 때의 관직 이름으로 쓰였다.

솔

率(거느릴 솔법률 률): shuài, 玄-6, 11

字解 회의. 금문에서 중간은 실타래 모양이고 양쪽으로 점이 여럿 찍힌 모습이다. 중간의 실타래는 동아줄을 말하고 양쪽의 점은 동아줄에서 삐져나온 까끄라기를 상징한다. 동아줄은 비단실이 아닌 삼베나 새끼줄로 만들 수밖에 없다. 그래서 비단 실과는 달리 양쪽으로 삐져나온 까끄라기가 그려졌다. 그래서 率의 원래 뜻은 '동아줄'이다. 동아줄은 배를 묶거나 어떤 거대한 물체를 끄는 데 사용된다. 그래서 率에는 率先^(솔선)에서처럼 이끌다는 뜻이, 또 이끄는 것에

따라가다는 뜻이 생겼다. 이때에는 輕率^{(경}
^{솔)}에서처럼 '솔'로 읽힌다. 한편, 동아줄의 이끌다는 의미를 살려 무리를 이끄는 지도자나 우두머리라는 의미에서 '장수'라는 뜻이 파생되었고, 이 경우에는 '수'로 읽히며 帥^(장수 수준수할 솔)와 같이 쓰기도 한다. 지도자와 우두머리는 타인의 본보기가 되고 '모범'이 되어야 하며, 대중의 표본이 되어야 한다. 이러한 의미에서 率에는 다시 '표준'이라는 뜻이, 그리고 어떤 표준에 근거해 계산하다는 의미까지 생겼다. 이 경우에는 比率^(비율)이나 換率^(환율)에서처럼 '율'로 읽힌다.

字形 甲骨文 金文 簡牘文 古璽文 率 說文小篆

송

頌(기릴 송): 颂, sòng, 頁-4, 13, 40

字解 형성. 頁^(머리 혈)이 의미부고 公^(공변될 공)이 소리부로, 머리^(頁)를 조아리며 稱頌^(칭송)하다는 뜻인데, 그러한 칭송은 언제나 공정한^(公) 것이어야지 사사로워서는 아니 됨을 반영했다. 주나라 때 제사에 사용하던 무곡을 말했으며, 이후 수용, 관용 등의 뜻도 나왔다.

字形 金文 古陶文 簡牘文 說文小篆 說文籀文

松(소나무 송): sōng, 木-4, 8, 40

字解 형성. 木^(나무 목)이 의미부고 公^(공변될 공)이 소리부로, 소나무^(木)를 말하며, 사철 내내 지지 않는 잎 때문에 정절과 장수의 상징으로도 쓰였다. 간화자에서는 鬆^(더벅머리 송)의 간화자로도 쓰인다.

字形 金文 說文小篆 說文或體

訟(송사할 송): 讼, [訟], sòng, 言-4, 11, 32

字解 형성. 言^(말씀 언)이 의미부고 公^(공변될 공)이 소리부로, 다투다, 訴訟^(소송)을 벌이다, 논쟁을 벌이다는 뜻인데, 訟事^(송사)나 논쟁은 공정하게^(公) 논의되어야^(言) 한다는 뜻을 반영했다.

字形 金文 簡牘文 說文小篆 說文古文

淞(강 이름 송): sōng, 水-8, 11

字解 형성. 水^(물 수)가 의미부고 松^(송사할 송)이 소리부로, 강^(水)의 이름으로, 강소성 太湖^(태호)에서 발원하여 상해시를 거쳐 장강으로 흘러들며, 달리 吳淞江^(오송강)이라고도 부른다.

送(보낼 송): sòng, 辵-6, 10, 42

字解 회의. 원래 廾^(두 손 마주잡을 공)과 火^(불 화)와 辵^(쉬엄쉬엄 갈 착)으로 구성되어, 두 손(廾)으로 불(火)을 들고서 밤에 횃불을 밝히며 사람을 보내는(辵) 모습을 그렸고, 이로부터 보내다, 파견하다, 輸送^(수송)하다, 送別^(송별)하다 등의 뜻이 나왔다.

字形 [金文] [簡牘文] [說文小篆] [說文籀文]

宋(송나라 송): sòng, 宀-4, 7, 12

字解 회의. 宀^(집 면)과 木^(나무 목)으로 구성되어, 나무(木)로 만든 위패가 모셔진 건축물(宀)인 종묘를 말한다. 또 주나라 때의 제후국의 이름으로 주 무왕이 상나라를 멸망시키고서 상왕의 후예인 武庚^(무경)을 상의 옛 수도에 봉했던 나라이며, 기원전 286년 齊^(제)나라에 의해 멸망했다. 또 唐^(당)의 뒤를 이어 趙匡胤^(조광윤)에 의해 세워졌던 왕조 이름으로도 쓰이며, 서체 이름으로도 쓰여 송나라 때 유행했던 판각용 서체를 뜻하기도 한다.

字形 [甲骨文] [金文] [古陶文] [盟書] [簡牘文] [說文小篆]

誦(욀 송): 诵, sòng, 言-7, 14, 30

字解 형성. 言^(말씀 언)이 의미부이고 甬^(길 용)이 소리부로, 朗誦^(낭송)하다, 외우다는 뜻인데, 말(言)로 외어 바람 불듯(風) 술술 읊조리다는 뜻을 담았다.

字形 [說文小篆]

竦(삼갈 송): sǒng, 立-7, 12

字解 회의. 立^(설 립)이 의미부이고 束^(묶을 속)도 의미부이다. 『설문해자』에서는 "공경하다^(敬)라는 뜻이다. 속^(束)은 스스로를 구속하다^(自申束)라는 뜻이다."라고 했다. 이로부터 공경하다, 두려워하다, 놀라다, 움츠리다 등의 뜻도 나왔다.

字形 [說文小篆]

悚(두려워 할 송): sǒng, 心-7, 10, 10

字解 형성. 心^(마음 심)이 의미부이고 束^(묶을 속)이 소리부로, '두려워하다'는 뜻이며, 이후 '공경하다'는 뜻도 나왔는데, 두려워하거나 공경스러워 제멋대로 하지 않고 마음(心)을 묶어 두다(束)는 뜻을 담았다.

쇄

碎(부술 쇄): [䃽], suì, 石-8, 13, 10

字解 회의. 石^(돌 석)과 卒^(군사 졸)로 구성되어, 잘게 부수다, 쪼개다, 破碎^(파쇄)하다는 뜻인데, 돌^(石)을 부수어 돌의 최후의 단계^(卒)까지 가게 하는 공정을 형상화했다. 이후 낱개나 완전하지 않음을 뜻하기도 했다.

字形 𥖠 說文小篆

刷(쓸 쇄): [𠜶], shuā, 刀-6, 8, 32

字解 형성. 刀^(칼 도)가 의미부고 㕚^(닦을 쇄)의 생략된 모습이 소리부인데, 㕚는 수건^(巾·건)을 손^(又·우)으로 쥐고 몸^(尸·시)을 닦다는 뜻을 그렸다. 칼^(刀)로 파낸 부분을 고르게 되도록 닦다^(㕚)가 원래 뜻이며, 이후 印刷^(인쇄)하다는 뜻까지 가지게 되었는데, 옛날 목판 인쇄를 할 때에는 칼^(刀)로 파내고 면을 고르게 하려면 잔 찌꺼기를 쓸어내고 표면을 닦아야만 인쇄할 수 있었기 때문이다.

字形 𠜶 說文小篆

鎖(쇠사슬 쇄): 锁, suǒ, 金-10, 18, 32

字解 형성. 金^(쇠 금)이 의미부고 𧴪^(자개 소리 쇄)가 소리부인데, 𧴪는 작은^(小·소) 조개^(貝·패)로 엮은 목걸이를 말한다. 𧴪는 이후 옥으로 목걸이를 만들게 되자 玉^(옥 옥)을 더하여 瑣^(옥이 어울리는 소리 쇄)를 만들었고, 다시 금속으로 만든다는 뜻에서 金을 더한 鎖가 만들어졌다. 쇠사슬이나 쇠로 만든 자물쇠를 말하며, 사슬처럼 생긴 형벌 기구나 그런 무늬를 지칭하기도 했다.

字形 鎖 說文小篆

灑(뿌릴 쇄): 洒, sǎ, 水-19, 22, 10

字解 형성. 水^(물 수)가 의미부고 麗^(고울 려)가 소리부로, 물^(水)을 땅에다 뿌리다가 원래 뜻인데, 물^(水)을 '뿌릴' 때 햇빛을 받아 화려하게^(麗) 빛나는 모습을 형상화했다. 이후 '던지다'는 뜻이 나왔고, 다시 통쾌하다, (성격 등이) 시원시원하다 등의 뜻이 나왔다. 간화자에서는 소리부 麗를 西^(서녘 서)로 바꾼 洒로 쓴다.

字形 灑 說文小篆

殺(빠를 쇄) ☞ **殺**(죽일 살)

惢(꽃술 쇄): suǒ, 心-8, 12

字解 회의. 세 개의 心^(마음 심)으로 구성되었다. 『설문해자』에서는 '마음으로 의심하다^(心疑)'라는 뜻이라고 했다. 마음^(心)이 여럿인 모습으로부터 의심함을 그렸다. 心이 속의 핵심을 뜻하여 心이 여럿 모인 惢로 꽃술이나 꽃을 지칭하게 되었다. 물론 '꽃술'이라는 뜻은 艸^(풀 초)를 더한 蕊^(꽃술 예), 木^(나무 목)을 더한 蘂^(꽃술 예), 여기에 다시 여기에 다시 艸를 더한 蘂^(꽃술 예) 등으로 분화하였다.

쇠

夊(천천히 걸을 쇠): chuī, cuī, 夊-0, 3

字解 상형. 夊도 발(止지)의 거꾸로 된 모습을 그려, 천천히 걷는다는 뜻을 나타냈다. 夂(뒤져서 올 치)와 매우 유사한데, 오른쪽 삐침 획이 왼쪽으로 더 올라간 것이 夂와의 차이점이다. 그래서 夊로 구성된 글자들은 기본적으로 발의 동작과 관련된 의미를 지닌다. 예컨대 復(돌아올 복)은 갑골문에서 포대 모양의 대형 풀무를 발(夊)로 밟아 작동시키는 모습을 그렸고, 夏(여름 하)는 금문에서 크게 키워 그린 얼굴에 두 팔과 두 발이 그려진 사람의 모습을 했는데, 祈雨祭(기우제)를 지내는 제사장의 모습을 그렸다. 그런가 하면, 夔(夔짐승이름 기)에도 夊가 그려졌는데, 상나라 선조의 하나로 帝嚳(제곡)을 지칭하는 것으로 알려졌다. 나머지, 夐(멀 형)은 소전체에서 사람(人인)이 동굴(穴혈) 위에 서서 눈(目목)을 들어 멀리 바라다보는 모습을 그렸는데, 아랫부분이 발을 뜻하는 夊로 변해 지금의 자형이 되었다.

字形   說文小篆

衰(쇠할 쇠): shuāi, 衣-4, 10, 32

字解 상형. 원래 도롱이처럼 풀이나 짚으로 엮은 상복(衣)을 그렸는데, 이후 쇠약하다, 老衰(노

쇠)하다, 쇠퇴하다 등의 뜻이 나왔으며, 그러자 원래의 뜻은 艸(풀 초)나 糸(가는 실 멱)을 더해 蓑(도롱이 사)와 縗(상복이름 최) 등으로 분화했다.

字形   簡牘文   說文小篆   說文古文

釗(힘쓸 쇠·사람 이름 교·깎을 소): 钊, zhāo, 金-2, 10

字解 회의. 刀(칼 도)와 金(쇠 금)으로 구성되어, 쇠(金)로 된 칼(刀)로 '깎아내다'는 뜻이며, 이로부터 '노력하다'의 뜻도 나왔다. 또 주나라 康王(강왕)의 이름으로 쓰였다.

字形   說文小篆

수

垂(드리울·변방 수): chuí, 土-5, 8, 32

字解 형성. 土(흙 토)가 의미부고 巫(늘어질 수)가 소리부로, 초목이 아래로 드리워진 모습(巫)을 그렸고, 도성에서 멀리 떨어진 곳이 그러한 곳이라는 뜻에서 '변방의 의미가 나왔다. 이후 자형이 많이 변해 지금의 垂가 되었고, 다시 의미를 강조하기 위해 邑(고을 읍)을 더해 郵(역참 우)로 분화했다. ☞ 郵(역참 우)

字形   甲骨文   說文小篆

睡(잘 수): shuì, 目-8, 13, 30

《字解》형성. 目^(눈 목)이 의미부고 垂^(드리울변방 수)가 소리부로, 눈^(目)꺼풀을 드리운^(垂) 채 조는 것을 말했는데, 이후 '자다'는 일반적인 의미로 확장되었다.

《字形》睡 說文小篆

囚(가둘 수): qiú, □-2, 5, 30

《字解》회의. 人^(사람 인)과 □^(나라 국에워쌀 위)으로 구성되어, 사람^(人)이 감옥^(□)이나 울 속에 갇힌 모습이다. 이로부터 가두다, 구속하다, 罪囚^(죄수), 포로가 되다 등의 뜻이 나왔다.

《字形》甲骨文 古陶文 簡牘文 說文小篆

汓(헤엄칠 수): [汓], qiú, 水-5, 8, 80

《字解》형성. 水^(물 수)가 의미부이고 囚^(가둘 수)가 소리부로, 물^(水)에서 헤엄을 치다는 뜻이다. 갑골문과 『설문해자』의 소전체에서는 물^(水)에서 아이들^(子)이 헤엄을 치는 모습을 그렸다.

《字形》甲骨文 說文小篆 說文或體

隋(수나라 수제사 남은 고기 타): suí, 阜-9,

12, 12

《字解》형성. 肉^(고기 육)이 의미부고 陸^(폐할 휴)가 소리부로, 제사를 지내고 남은^(陸) 고기^(肉)를 말한다. 또 나라^(阜) 이름으로, 주나라 때의 제후국이었다. 또 581년 楊堅^(양견, 즉 隋 文帝)에 의해 세워져 618년 唐^(당)나라에게 망했던 나라 이름이다.

《字形》隋 說文小篆

隨(따를 수): 随, suí, 阜-13, 16, 32

《字解》형성. 辵^(쉬엄쉬엄 갈 착)이 의미부고 墮^(떨어질 타)의 생략된 모습이 소리부로, 따라가다^(辵)가 원래 뜻이며, 이로부터 따르다, 隨行^(수행)하다, 순응하다 등의 뜻이 나왔다. 당나라 말의 문자학자 徐鉉^(서현)은 隋^(수나라 수)가 소리부라고 풀이했다.

《字形》隨 說文小篆

髓(골수 수): [骽], suǐ, 骨-13, 23, 10

《字解》형성. 骨^(뼈 골)이 의미부고 遀^(따를 수)가 소리부로, 뼈^(骨)에 따라 붙은^(遀) 골수, 즉 뼈 속에 차 있는 누른빛의 기름 같은 물질을 말한다. 『설문해자』에서는 骨이 의미부이고 隓^(성이나 언덕이 무너질 휴)가 소리부인 骽로 썼다.

《字形》髓 說文小篆

遂(이룰 수): suì, 辵-9, 13, 30

字解 형성. 辵(쉬엄쉬엄 갈 착)이 의미부고 㒸^(드디어 수)가 소리부로, 달아나다^(走)는 뜻인데, 갑골문에서는 돼지^(豕)를 뒤쫓는^(辵) 모습의 逐^(쫓을 축)과 같은 글자였다. 遂이 인간의 처지에서 보면 뒤쫓는 것이지만, 짐승의 처지에서 보면 달아남을 말한다. 달아나던 짐승은 끝내 잡히기 마련이라는 뜻에서, '드디어', '마침내' 등의 뜻까지 나왔다.

字形 [甲骨文] [金文] [石刻古文] [說文小篆] [說文古文]

燧(부싯돌 수): [㸂], suì, 火-13, 17

字解 형성. 火^(불 화)가 의미부고 遂^(이룰 수)가 소리부로, 불^(火)을 일으키는 부싯돌을 말한다. 이로부터 태우다, 횃불, 불을 일으켜 위험을 알리는 烽燧^(봉수) 등의 뜻이 나왔다. 달리 遂를 㒸^(드디어 수)로 줄인 㸂로 쓰기도 한다.

邃(깊을 수): suì, 辵-14, 18

字解 형성. 穴^(구멍 혈)이 의미부고 遂^(이룰 수)가 소리부로, 동굴처럼^(穴) 깊고 먼 것을 말하는데, 이후 학문 등이 깊고 정밀함을 말하게 되었다.

字形 [說文小篆]

隧(길 수): suì, 阜-13, 16

字解 형성. 阜^(언덕 부)가 의미부고 遂^(이룰 수)가 소리부로, 무덤으로 통하는 길^(墓道묘도)을 말하는데, 땅속으로 사자를 따라 들어가는^(遂) 흙으로 만든^(阜) 길이라는 의미를 담았다. 이로부터 '길'이나 '터널' 등의 의미가 나왔다.

璲(패옥 수): suì, 玉-13, 17

字解 형성. 玉^(옥 옥)이 의미부고 遂^(이룰 수)가 소리부로, 옥^(玉)의 이름인데, 패옥의 일종이다.

輸(나를 수): 输, shū, 車-9, 16, 32

字解 형성. 車^(수레 거차)가 의미부고 俞^(점점 유)가 소리부로, 수레^(車)로 물건을 실어 나아가게^(俞) 함을 말하며, 이로부터 輸送^(수송)하다, 옮기다, 보내다의 뜻이 나왔으며, 남에게 보낸다는 뜻에서 '경기에 지다'는 뜻도 나왔다. 간화자에서는 输로 쓴다. ☞ 俞^(점점 유)

字形 [簡牘文] [說文小篆]

誰(누구 수): 谁, shuí, 言-8, 15, 30

字解 형성. 言^(말씀 언)이 의미부고 隹^(새 추)가 소리부로, '누구'라는 의문 대명사인데, 말^(言언)로 묻는 대상을 말한다.

字形 [金文] [簡牘文] [說文小篆]

雖(비록 수): 虽, suī, 隹-9, 17, 30

字解 형성. 虫^(벌레 충)이 의미부고 唯^(오직 유)가 소리부로, 벌레^(虫)의 이름으로 도마뱀처럼 생겼으나 그보다는 크다. 이후 唯와 같이 쓰여 어기 조사로 쓰였고, '누구'라는 의문 대명사로 가차되었다. 간화자에서는 隹^(새 추)를 생략한 虽로 쓴다.

字形 金文 簡牘文 說文小篆

讎(원수 수): 仇, [讐], chóu, 言-16, 23

字解 형성. 言^(말씀 언)이 의미부고 雔^(새 한 쌍 수)가 소리부로, 한 쌍의 새^(雔)가 서로 마주보고 싸우듯 말^(言)로 다툼을 벌이는 것을 말한다. 이로부터 '짝'이라는 뜻 이외에도 '怨讎^(원수)'의 뜻이 나왔으며, 좌우구조로 된 讐^(원수 수)의 이체자이다. 간화자에서는 仇^(원수 구)에 통합되었다.

字形 說文小篆

叟(늙은이 수): sǒu, 又-8, 10

字解 회의. 원래는 叜^(늙은이 수)로 써 집안^(宀면)에서 횃불^(火화)을 손^(又우)에 들고 무엇인가를 찾는 모습을 그렸는데, 이후 지금의 형체로 변했다. 그래서 叟는 '찾다'가 원래 뜻이었는데, 이후 '노인'이라는 뜻으로 가차되었다. 그러자 원래 의미는 手^(손 수)를 더한 搜^(찾을 수)로 분화했다.

字形 甲骨文 簡

牘文 說文小篆 說文籀文 說文或體

搜(찾을 수): [搊, 蒐], sōu, 手-10, 13, 30

字解 형성. 手^(손 수)가 의미부고 叟^(늙은이 수)가 소리부로, 손^(手)으로 횃불을 들고 무엇인가를 찾는^(叟) 모습을 그렸으며, 이로부터 찾다, 찾아 모으다, 수색하다, 수집하다의 뜻이 나왔다. 『설문해자』에서는 手가 의미부이고 叜^(늙은이 수)가 소리부인 搜로 썼으며, 달리 蒐^(꼭두서니 수)로 쓰기도 한다. ☞ 叟^(늙은이 수)

字形 說文小篆

瘦(파리할 수): [瘶], shòu, 疒-10, 15, 10

字解 형성. 疒^(병들어 기댈 녁)이 의미부고 叟^(늙은이 수)가 소리부로, 노인^(叟)처럼 '수척해짐'을 뜻한다. 노인이 되면 몸이 야위고 오그라들기에 '야위다'의 뜻을 갖게 되었으며, 필획 등이 가늘다, 옷 등이 몸에 꽉 끼다는 뜻도 나왔다. 그렇게 본다면 현대 여성들의 절대미로 추앙되는 야윔^(瘦)이 고대 사회에서는 '질병^(疒)'의 일종이었던 셈이다. 『설문해자』에서는 疒이 의미부이고 叜^(늙은이 수)가 소리부인 瘦로 썼다.

字形 說文小篆

嫂(형수 수): [㛼], sǎo, 女-10, 13, 10

字解 형성. 女^(여자 여)가 의미부고 叟^(늙은이 수)가 소리부로, 형의 처를 말하는데, 자기 아내보다 나이가 많은^(叟) 여성^(女)이라는 뜻을 담았으며, 이후 자기보다 나이가 많은 기혼 여성을 부르는 데 쓰였다. 『설문해자』에서는 女가 의미부고 燮^(늙은이 수)가 소리부인 嫂로 썼다.

字形 𡜰 說文小篆

修(닦을 수): [脩], xiū, 人-8, 10, 42

字解 형성. 彡^(터럭 삼)이 의미부고 攸^(바 유)가 소리부로, 목욕재계한^(攸) 후 치장하여 화려하게^(彡) 꾸미다는 뜻을 담았다. 修의 본래 글자는 攸로 추정되는데, 금문에 의하면 攸는 攴^(칠 복)과 人^(사람 인)과 水^(물 수)로 구성되어 손에 나무막대^(솔)를 쥐고^(攴) 사람^(人)의 등을 물^(水)로 '씻는' 모습을 그려 '씻다'가 원래 뜻이다. 이후 목욕재계를 위한 행위라는 뜻에서 '닦다'는 뜻이 나왔고, 다시 의미를 강조하기 위해 彡을 더해 지금의 修가 되었다. 그래서 修祓^(수발)이라 하면 목욕재계하여 악을 쫓아내는 의식을 말한다. 현대 중국에서는 脩의 간화자로도 쓰인다.

字形 𠈌 𢓷 古璽文 𠚣 𢓘 古陶文 𢕭 𢕊 簡牘文 𢕱 𢔻 古璽文 𢕮 說文小篆

蓨(수산 수): [蓚, 藗], xiū, 艸-10, 14

字解 형성. 艸^(풀 초)가 의미부고 修^(닦을 수)가 소리부로, 채소^(艸)의 일종으로, 羊蹄菜^(양제채)라고도 하는데, 무를 닮았으나 줄기가 붉고,

---

이뇨에 효과가 있다. 달리 蓚나 藗와 같이 쓴다. 이후 수산, 즉 옥살산^(oxalic酸)을 뜻하게 되었다.

脩(포 수): 修, xiū, 肉-7, 11

字解 형성. 肉^(고기 육)이 의미부고 攸^(바 유)가 소리부로, 말린 고기^(肉)를 말한다. 금문에서는 肉 대신 食^(밥 식)이 들어가 그것이 식용임을 강조했다. 나무 꼬챙이^(攸)에 끼워 고기^(肉)를 말리는 모습을 반영했다. 束脩^(속수)는 옛날에 선생님께 드리던 학비나 선물을 말하는데, 말린 고기^(脩)를 묶어^(束) 갖다 드렸던 것에서 유래했다. 이후 마르다, 길다 등의 뜻도 나왔다. 간화자에서는 修^(닦을 수)에 통합되었다.

字形 𦟔 說文小篆

首(머리 수): shǒu, 首-0, 9, 52

字解 상형. 자형에 대해서는 의견이 분분하다. 『설문해자』에서는 소전체에 근거해 "윗부분은 머리칼을 아랫부분은 얼굴로 사람의 '머리'를 그렸다."라고 했는데, 갑골문을 보면 비슷하다. 하지만, 갑골문의 首는 사람의 머리라기보다는 오히려 동물의 머리를 닮았고, 금문은 위가 머리칼이라기보다는 사슴 뿔을 닮았다. 그래서 최근에는 『설문해자』와는 달리 '사슴의 머리'를 그렸다는 설이 제기되었다. 청동기 문양 등에도 자주 등장하는 사슴은 전통적으로 중국인들에게 중요한 동물이었음이 분명하다. '무늬가 든 사슴 가죽'을 그린 慶^(경사 경)의 자원에서처럼, 사슴의 가죽을 결혼 축하선물로 보낼 정도로

사슴은 생명과 관련된 제의적 상징이 많이 들어 있는 동물이다. 그래서 사슴은 '죽음을 삶으로 되살리고, 사람들의 생명력을 충만하게 하며, 심지어 불로장생도 가능하게 하는' 동물이라 믿었으며, 옛날 전쟁에서는 전쟁의 승리를 점쳐주는 존재로 여겨지기도 했다. 지금도 여전히 중요한 약재로 쓰이는 사슴의 뿔은 매년 봄이면 새로 자라나는 특징 때문에 생명의 주기적 '순환'의 상징이었다. 그래서 道^(길 도)는 이러한 사슴의 머리^(首)가 상징하는 순환과 생명의 운행^(辵·착)을 형상화한 글자로 볼 수 있다. 금문에서 道는 首와 行^(갈 행)과 止^(발 지)로 구성되었지만, 이후 行과 止가 합쳐져 辵이 되어 지금의 道가 되었다. 그래서 철학적 의미의 '道'는 그러한 자연의 순환적 운행을 따르는 것, 그것이 바로 사람이 갈 '길'이자 '道'였다. 그리하여 道에는 '길'이라는 뜻까지 생겼고, 여기에서 파생된 導^(이끌 도)는 道에 손을 뜻하는 寸^(마디 촌)이 더해진 글자로, 그러한 길^(道)을 가도록 사람들을 잡아^(寸) 이끄는 모습을 형상화했다. 여하튼 首는 '머리'라는 뜻으로부터, 우두머리, 첫째, 시작 등의 뜻을 갖게 되었다.

字形 甲骨文 金文 古陶文 帛書 簡牘文 說文小篆

水(물 수): shuǐ, 水-0, 4

字解 상형. 굽이쳐 흐르는 물을 그렸다. 그래서 水^(물 수)는 '물'이나 물이 모여 만들어진 강이나 호수, 또 물과 관련된 동작을 비롯해 모든 액체로 그 의미가 확장되었다. 하지만 중국에서 '물'은 단순히 물리적 존재로서의 물의 의미를 넘어선다. "최고의 선은 물과 같다^(上善若水·상선약수)"라고 한 노자의 말이 아니더라도, 治^(다스릴 치)나 法^(법 법)에서처럼 물은 언제나 남이 꺼리는 낮은 곳으로 흐르며 모든 것을 포용하는, 사람이 살아가야 할 도리를 담은 지극히 철리적인 존재로 인식되었다.

字形 甲骨文 金文 古陶文 簡牘文 帛書 古璽文 說文小篆

羞(바칠 수): xiū, 羊-5, 11, 10

字解 형성. 지금은 羊^(양 양)이 의미부고 丑^(소 축·사람 이름 추)이 소리부지만, 원래는 양고기^(羊)를 들고^(又·우) '바치는' 모습인데, 맛난 음식을 드릴 때 하는 겸양 치레에서 '부끄러워하다'는 뜻이 나왔다. 이후 又가 무엇인가를 손에 든 모습을 그린 丑으로 바뀌어 지금처럼 되었다.

字形 甲骨文 金文 簡牘文 說文小篆

受(받을 수): shòu, 又-6, 8, 42

字解 회의. 원래는 손^(爪·조)과 손^(又·우) 사이에 배^(舟·주)가 놓여, 배 위에서 물건을 서로 주고받음을 그렸으나 자형이 조금 변해 지금처럼 되었다. 따라서 受는 원래 '주다'와 '받다'는 뜻을 함께 가졌는데, 이후 '주다'는 의미는 다시 手^(손 수)를 더한 授^(줄 수)로 구분함으로써 '받다'는 의미로 썼다. 이로부터 다시 어떤 상황을 만나다, 어떤 경우를 당하다, 견디다 등의 뜻이 나왔다.

字形 甲骨文 金文 古陶文 簡牘文 石刻古文 說文小篆

授(줄 수): shòu, 手-8, 11, 42

字解 형성. 手^(손 수)가 의미부고 受^(받을 수)가 소리부로, 손^(手)으로 무엇인가를 건네주는^(受) 모습을 그렸으며, 이로부터 주다, 傳授^(전수)하다 등의 뜻이 나왔다. 원래는 受로 썼는데, 의미의 분화를 위해 手^(손 수)를 더해 분화한 글자이다. ☞ 受^(받을 수)

字形 說文小篆

綬(인끈 수): 绶, shòu, 糸-8, 14

字解 형성. 糸^(가는 실 멱)이 의미부고 受^(받을 수)가 소리부로, 몸에 패옥이나 도장 등을 지닐 때 다는 끈^(糸)을 말하며, 이 끈의 색깔은 신분과 지위를 상징했기에 신분이나 등급을 부여받은^(受) 끈^(糸)이라는 의미를 담았다.

字形 金文 古陶文 說文小篆

祟(빌미 수): suì, 示-5, 10

字解 회의. 示^(보일 시)와 出^(날 출)로 구성되어, 귀신^(示)이 내리는^(出·출) '재앙'을 말하며, 몰래 남을 해치다는 뜻도 나왔다.

字形 陶文 簡牘文 說文小篆 說文籒文

秀(빼어날 수): xiù, 禾-2, 7, 40

字解 회의. 禾^(벼 화)와 乃^(이에 내)로 구성되었다. 乃의 자원에 대해서는 의견이 분분하지만, 낫 같은 모양의 수확 도구의 변형으로 보기도 한다. 낫은 칼과 비교하면 곡식을 수확하는 데 더없이 유익한 도구였다. 그래서 낫^(乃)은 곡식^(禾) 수확의 빼어난 도구라는 의미에서 '빼어나다', 훌륭하다, 아름답다, 優秀^(우수)하다 등의 뜻이 생겼다.

字形 簡牘文 說文小篆

琇(옥돌 수): [璓], xiù, 玉-7, 11

字解 형성. 玉^(옥 옥)이 의미부고 秀^(빼어날 수)가 소리부로, 옥^(玉)에 버금가는 빼어난^(秀) 돌을 말하며, 이로부터 '아름답다'의 뜻이 나왔다. 달리 璓^(옥돌 수)로 쓰기도 한다.

人

465

銹(녹슬 수): 锈, [鏽], xiù, 金-7, 15

字解 형성. 金(쇠 금)이 의미부고 秀(빼어날 수)가 소리부로, 낫과 같이 날이 예리한(秀) 금속(金)일수록 녹이 잘 슬게 마련이라는 뜻에서 '녹슬다'의 의미를 그려냈으며, 이로부터 '녹'을 뜻하게 되었다. 달리 秀를 肅(엄숙할 숙)으로 바꾼 鏽으로 쓰기도 한다.

手(손 수): shǒu, 手-0, 4, 70

字解 상형. '손'을 그렸으며, 금문에서부터 등장하는데, 손의 모습이 특이하게 그려졌다. 어찌 보면 나뭇잎의 잎맥이나 나뭇가지처럼 보이기도 하는 이 글자는 사실 손의 뼈대를 형상화하여, 가운뎃손가락을 중심으로 네 손가락이 대칭으로 균등하게 펼쳐진 모습이다. 인류가 직립 보행을 하게 되면서 해방된 손은 도구를 사용함으로써 문명을 발달시켜 나가는 가장 중요한 부위로 자리 잡았다. 그래서 手는 도구 사용의 상징이 되었고, 高手(고수)나 鼓手(고수)처럼 도구를 능수능란하게 사용하는 '사람' 그 자체를 말하기도 했다. 또 손은 그 자체로도 도구였지만 打(칠 타)에서처럼 도구를 사용하는 대표적 신체기관이었으며, 그런가 하면 拜(절 배)에서처럼 '손'은 자신을 낮추고 상대에게 존중을 표하는 부위이기도 했다.

字形 [金文 古陶文 簡牘文 說文小篆 說文古文 글자]

繡(수 수): 绣, [綉], xiù, 糸-12, 18, 10

字解 형성. 糸(가는 실 멱)이 의미부고 肅(엄숙할 숙)이 소리부로, 비단(糸)에 정교하게 새겨 넣은 수(肅)를 말하며, 이로부터 수를 놓다, 실로 무늬를 넣다의 뜻이, 다시 수를 놓은 옷이나 모직물, 문신 등의 뜻도 나왔다. 간화자에서는 綉(수놓을 수)에 통합되었다. ☞ 肅(엄숙할 숙)

字形 [簡牘文 說文小篆 글자]

需(구할 수): xū, 雨-6, 14, 32

字解 회의. 雨(비 우)와 而(말 이을 이)로 구성되었는데, 而는 大(큰 대)가 잘못 변한 것이다. 원래는 목욕재계하고 비(雨)를 내려달라고 하늘에 비는 제사장(大)의 모습으로부터 '구하다', '바라다'의 뜻을 그렸고, 이로부터 필요하다의 뜻이 나왔고, 갖추어야 할 것이라는 뜻에서 必需(필수) 등의 뜻이 나왔다. 이후 이런 제사장을 따로 표시하기 위해 人(사람 인)을 더한 儒(선비 유)가 만들어졌고, 이들이 지식의 대표 계층이라는 뜻에서 '학자'라는 의미가 나왔다. 그러한 학자들의 집단이 계파를 이루어 儒家(유가)가 되었고, 그들의 학문을 儒學(유학)이라 부르게 되었다. ☞ 儒(선비 유)

字形 [說文小篆 글자]

須(모름지기 수): 须, xū, 頁-3, 12, 30

字解 회의. 頁^(머리 혈)과 彡^(터럭 삼)으로 구성되어, 얼굴^(頁)에 달린 수염^(彡)을 말했다. 이후 '모름지기'라는 뜻으로 가차되자 다시 髟^(머리털 드리워질 표)를 더해 鬚^(수염 수)로 분화했는데, 髟 역시 털이 길고^(長長장) 수북함^(彡)을 말한다. ☞ 而^(말 이을 이)

字形 [金文] [簡牘文] [說文小篆]

鬚(수염 수): 须, xū, 髟-12, 22

字解 형성. 髟^(머리털 드리워질 표)가 의미부이고 須^(모름지기 수)가 소리부로, 원래 얼굴^(頁혈)에 더부룩하게^(彡삼) 자란 '수염^(髟)'을 말했다. 얼굴^(頁)에 달린 수염^(彡)을 그린 須가 '마땅히'라는 부사적 의미로 가차되자 다시 髟를 더해 만든 글자이다. 간화자에서는 須^(모름지기 수)에 통합되었다. ☞ 須^(모름지기 수)

字形 [金文] [簡牘文] [說文小篆]

盨(그릇 수): xǔ, 皿-12, 17

字解 형성. 皿^(그릇 명)이 의미부이고 須^(모름지기 수)가 소리부이다. 『설문해자』에서는 '공수^(橫盨)'를 말하는데, 짊어지거나 이고 다니는 기물^(負戴器)'을 말한다고 했다. 오늘날 고고 발굴 자료에 의하면, 盨는 음식을 담던 그릇으로, 몸체와 뚜껑이 대칭이고, 보통 두루마리 발

이나 네 개의 발이 달렸으며, 아가리가 타원형의 길쭉한 모습을 하였으며, 몸통에 두 개의 귀가 붙어 있다.

字形 [說文小篆]

殊(죽일 수): shū, 歹-6, 10, 32

字解 형성. 歹^(뼈 부서질 알)이 의미부고 朱^(붉을 주)가 소리부로, 시신^(歹)의 붉은^(朱) 피라는 의미를 담았으며, 이로부터 죽이다, 목을 매다, 끊다, 자르다의 뜻이 나왔고, 다시 특수하다, 대단하다의 뜻도 나왔다. 朱는 그 자체가 '붉은' 피를 상징하기도 하지만, 고대사회에서 피를 흘리지 않고 자연사한 사람의 영혼이 피를 타고 육신에서 분리될 수 있도록 칼집을 내거나 붉은 칠을 하던 '특이한' 피 흘림 행위를 상징하기도 하는데, 이로부터 '特殊^(특수)'의 의미가 나왔을 것으로 추정된다.

字形 [說文小篆]

銖(무게단위 수): 铢, zhū, 金-6, 14, 12

字解 형성. 金^(쇠 금)이 의미부고 朱^(붉을 주)가 소리부로, 금속^(金)의 무게를 재는 단위로, 24분의 1兩^(량)을 말하며, 이로부터 대단히 적다, 미세하다의 뜻도 나왔다.

字形 [說文小篆]

茱(수유 수): zhū, 艸-6, 10

人 467

字解 형성. 艸(풀 초)가 의미부고 朱(붉을 주)가 소리부로, 쉬 나무(艸)의 열매를 말하는데 자주색(朱)을 띠며 기름을 짜서 머릿기름으로 쓴다.

字形 ![소전] 說文小篆

洙(강 이름 수): zhū, 水-6, 9, 12

字解 형성. 水(물 수)가 의미부고 朱(붉을 주)가 소리부로, 산동성에 있는 강(水)의 이름이다.

字形 ![소전] 說文小篆

戍(지킬 수): shù, 戈-2, 6, 10

字解 회의. 戈(창 과)와 人(사람 인)으로 구성되어, 창(戈)을 들고 변방을 지키는 사람(人)을 그렸는데, 자형이 조금 변해 지금처럼 되었다. 지키다가 원래 뜻이고, 변방을 지키는 사람을 뜻하기도 하였다.

字形 ![갑골문·금문·고도문·간독문·석각고문·소전] 甲骨文 金文 古陶文 簡牘文 石刻古文 說文小篆

獸(짐승 수): 兽, shòu, 犬-15, 19, 32

字解 회의. 單(홑 단)과 犬(개 견)으로 구성되어, 뜰채(單)와 사냥개(犬)를 동원해 사냥하는 모습을 형상화했다. 이후 口(에워쌀 위, 圍의 원래 글자)가 더해져 지금의 자형이 되었는데, 어떤 지역을 에워싸(口) 짐승을 잡는 사냥 법임을 강조했다. '사냥하다'가 원래 뜻이며, 사냥의 대상인 '짐승'을 말했으며, 야만적이다, 수준이 낮다는 뜻도 나왔다. 이후 사냥 행위는 單 대신 소리부인 守를 넣어 狩(사냥 수)로 분화했다. 간화자에서는 犬을 생략하고 나머지를 조금 줄여 兽로 쓴다. ☞ 單(홑 단)

字形 ![갑골문·금문·간독문·석각·고문·소전] 甲骨文 金文 簡牘文 石刻 古文 說文小篆

守(지킬 수): shǒu, 宀-3, 6, 42

字解 회의. 宀(집 면)과 寸(마디 촌)으로 구성되었는데, 寸은 손이나 법칙 등을 뜻한다. 그래서 守는 규정된 규칙(寸)에 근거해 집안(宀)에서 일을 보거나 집무하는 것을 말하며, 이로부터 조정이나 창고의 문서 정리를 하다, 遵守(준수)하다는 뜻이, 다시 守官(수관)에서처럼 지방 장관 등의 뜻이 나왔다.

字形 ![금문·고도문·맹서·간독문·소전] 金文 古陶文 盟書 簡牘文 說文小篆

狩(사냥 수): shòu, 犬-6, 9, 10

字解 형성. 犬(개 견)이 의미부고 守(지킬 수)가 소리부로, 사냥개(犬)를 동원해 길목을 지키고(守) 있다가 짐승을 잡는 '사냥'을 말한다. 옛날 사냥은 전쟁 연습의 일환이었으므로 정벌하다의 뜻이, 다시 왕이 순시한다는 뜻도 나왔다. ☞ 獸(짐승 수)

甲骨文 說文小篆

殳(창 수): shū, 殳-0, 4

字解 회의. 갑골문에서 손(又·우)에 끝이 뾰족한 창을 든 모습인데, 자형이 변해 几(안석 궤)와 又의 구조로 변했다. 옛 기록에 의하면, 殳는 길이가 1丈(장) 8尺(척)에 8각형의 모서리를 가졌고, 군대가 전진할 때 전차의 양쪽에 꽂거나 보병이 들고 적의 근접을 막는 무기라 했는데, 1974년 진시황의 병마용 갱에서 실물이 발견되어 이를 증명해 주었다. 그래서 殳는 창, '때리다', 창과 유사한 도구 등의 뜻을 갖는다. 또 진시황 때 쓰였던 서체의 하나로, 병기에 쓰인 문자를 지칭하기도 한다.

字形 甲骨文 金文 簡牘文 說文小篆

收(거둘 수): shōu, 攴-2, 6, 42

字解 형성. 攴(칠 복)이 의미부고 丩(얽힐 구)가 소리부로, 收監(수감)에서와 같이 죄인 등을 잡아서(攴) 포승줄로 묶다(丩, 糾의 원래 글자)는 뜻을 그렸으며, 이로부터 잡아들이다, 거두어들이다, 收穫(수확)하다, 마치다 등의 뜻이 나왔다.

字形 簡牘文 說文小篆

壽(목숨 수): 寿, shòu, 士-11, 14, 32

字解 형성. 금문에서는 老(늙을 로)가 의미부이고 畴(목숨 수, 壽의 고자)가 소리부였으며, 가끔 口(입 구)나 寸(마디 촌) 등이 더해지기도 했는데, 소전에 들면서 老가 耂(늙을 로)로 줄었고, 예서에 들면서 老가 士(선비 사)로, 畴가 一(한 일), 工(장인 공), 口로 변하고 寸이 더해져 지금의 자형이 되었다. 전답(田·전) 사이로 구불구불하게(畴) 길게 놓인 수로를 말했으며, 이로부터 굽다, 길다, 오래 살아 허리가 굽은 노인의 뜻이, 다시 장수, 목숨 등의 뜻이 나왔고, 다시 나이, 해, 생일, 축복 등의 뜻도 나왔다. 그러자 원래 뜻은 田을 더한 疇(밭두둑 주)로 분화했다. 간화자에서는 초서체로 줄인 寿로 쓴다.

字形 金文 古陶文 陶文 簡牘文 古璽文 說文小篆

樹(나무 수): 树, shù, 木-12, 16, 60

字解 형성. 木(나무 목)이 의미부고 尌(세울 주)가 소리부로, 나무(木)를 말하는데, 나무(木)를 심을 때에는 곧게 세워(尌) 심어야 함을 반영했다. 이후 나무를 심다는 뜻으로부터 키우다, 세우다, 배양하다는 뜻이 나왔고, 나무처럼 곧바로 선 모습의 형용에도 쓰였다. 간화자에서는 중간부분의 壴(악기 이름 주)를 간단한 부호인 又(또 우)로 줄여 树로 쓴다.

字形 簡牘文 說文小篆 說文

籀文

帥(장수 수거느릴 솔): 帅, shuài, 巾-6, 9, 32

字解 형성. 巾^(수건 건)이 의미부고 自^(군사 사, 師의 원래 글자)가 소리부로, 『설문해자』에서는 허리에 차는 수건^(巾)이라 했는데, 장수^(自)들이 허리춤에 차던 수건^(巾)을 말한 것으로 보인다. 이로부터 '장수'를 뜻하게 되었고, 장수는 전장에서 제일 선봉에 서서 군대를 이끌었기에 '이끌다'는 뜻이 나왔다. 현대 중국에서는 '멋지다', 잘 생겼다 등의 뜻으로도 쓰인다. 다만 將帥^(장수)를 뜻할 때에는 '수'로, 이끌다, 거느리다는 뜻으로 쓰일 때에는 '솔'로 읽어 率과 같이 쓴다. 간화자에서는 自를 간단하게 줄인 帅로 쓴다.

字形 䏌 䏍 䏎 䏏 䏐 䏑 金文 帥 說文小篆 帨 說文或體

蒐(꼭두서니 수): sōu, 艸-10, 14, 10

字解 형성. 艸^(풀 초)가 의미부고 鬼^(귀신 귀)가 소리부로, 풀^(艸)의 일종으로 꼭두서닛과의 여러해살이 덩굴풀인 '꼭두서니'를 말한다. 이후 '숨기다', '찾다', '蒐集^(수집)하다' 등의 뜻도 나왔다.

字形 蒐 說文小篆

酬(갚을 수): [酧, 詶, 醻], chóu, 酉-6, 13,

10

字解 형성. 酉^(닭 유)가 의미부고 州^(고을 주)가 소리부로, 상대에게 술^(酉)을 권한다는 뜻이며, 이로부터 응하다, 보답하다의 뜻이 나왔고, 다시 보상하다, 報酬^(보수) 등의 의미까지 나왔다. 달리 醻^(갚을 수), 詶^(대답할 수), 酧^(잔 돌릴 수) 등으로 쓰기도 한다.

字形 酬 說文小篆 醻 說文或體

粹(순수할 수): cuì, 米-8, 14, 10

字解 형성. 米^(쌀 미)가 의미부이고 卒^(군사 졸)이 소리부로, 잡티가 섞이지 않은 쌀^(米)이 원래 뜻이고, 이로부터 純粹^(순수)하다는 뜻이 나왔다. 또 아름다운 것을 지칭하거나 어떤 것의 핵심을 뜻하기도 한다.

字形 粹 說文小篆

誶(욕할 수): 谇, suì, 言-8, 15

字解 형성. 言^(말씀 언)이 의미부이고 卒^(군사 졸)이 소리부로, 말^(言)로써 비난하거나 욕함을 말하며, 이로부터 책망하다, 힐문하다, 알리다 등의 뜻이 나왔다.

字形 誶 誶 簡牘文 誶 說文小篆

穗(이삭 수): [采], suì, 禾-12, 17, 10

字解 형성. 禾^(벼 화)가 의미부이고 惠^(은혜 혜)가 소리부로, 익어 고개를 숙인 곡식^(禾)의 이삭을 말한다. 갑골문에서는 흙^(土토) 위에 자라난 곡식^(禾)의 이삭을 칼^(刀도)이나 손^(爪조)을 이용해 따는 모습을 그렸다. 이후 爪와 禾로 구성된 회의구조로 변했으며, 『설문해자』의 이체자에서부터 禾가 의미부고 惠가 소리부인 구조로 바뀌어 지금의 자형이 되었다. 이삭을 따다는 뜻에서 이삭을, 이후 이삭 모양으로 된 꽃이나 열매도 지칭하게 되었으며, 실이나 끈으로 매듭을 지어 만든 장식품을 지칭하기도 한다.

字形 ⟨갑골문⟩ 甲骨文 ⟨간독문⟩ 簡牘文 ⟨고새문⟩ 古璽文 ⟨설문소전⟩ 說文小篆 ⟨설문혹체⟩ 說文或體

愁(시름 수): chóu, 心-9, 13, 32

字解 형성. 心^(마음 심)이 의미부고 秋^(가을 추)가 소리부로, 걱정이나 시름을 말하며, 이로부터 처량함이나 원망의 뜻이 나왔는데, 스산한 가을^(秋) 바람처럼 처량한 마음^(心)이라는 의미를 담았다.

字形 ⟨설문소전⟩ 說文小篆

綏(편안할 수): 绥, suí, 糸-7, 13

字解 회의. 糸^(가는 실 멱)과 妥^(온당할 타)로 구성되어, 원래는 수레에 올라탈 때 안정될^(妥) 수 있도록 손으로 잡는 끈^(糸)을 말했는데, 이로

부터 안정되다, 편안하다 등의 뜻이 나왔다.
☞ 妥^(온당할 타)

字形 ⟨갑골문⟩ 甲骨文 ⟨금문⟩ 金文 ⟨간독문⟩ 簡牘文 ⟨고⟩ 古
⟨새문⟩ 璽文 ⟨설문소전⟩ 說文小篆

豎(더벅머리 수): 竖, [豎], shù, 立-8, 13, 10

字解 형성. 臤^(굳을 견)과 立^(설 립)으로 이루어져, 언제나 곁에 서서^(立) 임금을 모시는 신하^(臣·신)인 '내시'를 말하며 이로부터 곧추 세우다의 뜻이 나왔고, 세로획을 지칭하기도 한다. 이후 천한 관직이나 남을 낮추어 부르는 말로도 쓰이며, 달리 豎^(수)로도 쓰고, 간화자에서는 臤을 간단하게 줄인 竖로 쓴다.

字形 ⟨설문소전⟩ 說文小篆 ⟨설문주문⟩ 說文籀文

岫(산굴 수): xiù, 山-5, 8

字解 형성. 山^(뫼 산)이 의미부고 由^(말미암을 유)가 소리부인 좌우구조로, 산^(山)에 딸린^(由) 굴을 말하는데, 달리 산이 연이어진 봉우리를 말하기도 한다. 또 상하구조로 된 峀^(산굴 수)와 같이 쓰기도 한다. ☞ 峀^(산굴 수)

字形 ⟨설문소전⟩ 說文小篆

峀(산굴 수): [岫], xiù, 山-5, 8

字解 형성. 山(뫼 산)이 의미부고 由(말미암을 유)가 소리부인 상하구조로, 산(山)에 딸린(由) 굴을 말하며, 岫(산굴 수)와 같이 쓰인다. 『字彙補(자휘보)』에서는 邦(나라 방)과 같은 글자라고 했다. 『설문해자』에서는 좌우구조로 된 岫로 썼고, 주문에서는 山 대신 穴(구멍 혈)이 들어갔다.

字形 岫 說文小篆 宙 說文籀文

袖(소매 수): [褏, 裒], xiù, 衣-5, 10, 10

字解 형성. 衣(옷 의)가 의미부고 由(말미암을 유)가 소리부로, 옷(衣)의 소매를 말하며, 소매 속에 물건을 감추다는 뜻도 나왔다. 『설문해자』에서는 褏(소매 수)로 썼다.

字形 褏 說文小篆 袖 說文俗體

嗽(기침할 수): sòu, 口-11, 14

字解 형성. 口(입 구)가 의미부고 欶(기침할 수)가 소리부로, 입(口)으로 기침을 하다는 뜻이다. 원래는 입을 벌려(欠) 기침하는 모습을 그린 欶(기침할 수)로 썼는데, 의미를 강화하기 위해 口를 더했다.

漱(양치질할 수): [涑], shù, 水-11, 14

字解 형성. 水(물 수)가 의미부고 欶(기침할 수)가 소리부로, 양치질을 하다는 뜻이다. 양치질할 때 물(水)로 입을 헹구며 기침하듯(欶) 물을 내뱉는 모습을 반영했다.

字形 漱 說文小篆

數(셀 수자주 삭빽빽할 촘): 数, shǔ, shù, shuò, 攴-11, 15, 70

字解 형성. 攴(칠 복)이 의미부고 婁(별 이름 루)가 소리부로, '세다'는 뜻이다. 갑골문에서 왼쪽 부분은 매듭을 여러 개 지어 놓은 모습을 그렸고, 오른쪽은 손으로 매듭을 짓는 모습을 표현했으며, 이로써 계산하다와 셈이 쓰이는 '숫자'를 뜻하게 되었다. 특히 왼쪽은 매듭과 함께 禾가 들어 있는 것으로 보아 매듭에 사용되었던 줄은 바로 다름 아닌 새끼였고 이는 숫자나 셈의 개념이 결승(새끼 매듭)에서 왔다는 것을 보여 준다. 다만, 숫자나 세다는 의미는 '수'로, 자주라는 의미는 '삭'으로, 빽빽하다는 뜻은 '촘'으로 구분해 읽는다. 소전체에서 왼쪽이 소리부인 婁로 변하고 오른쪽이 의미부인 攴으로 변해 지금의 자형이 되었고, 간화자에서는 婁를 娄로 줄인 数로 쓴다.

字形 數 數 數 簡牘文 數 說文小篆

藪(늪 수): 薮, sǒu, 艸-15, 19

字解 형성. 艸(풀 초)가 의미부고 數(셀 수자주 삭빽빽할 촘)가 소리부로, 늪이나 沼澤(소택)을 말하는데, 풀(艸)이 수없이(數) 무성하게 자라는 곳이라는 의미를 담았다. 이로부터 사람이나 물건이 운집하는 곳을 뜻하게 되었다. 간화자에서는 婁를 娄로 줄인 薮로 쓴다.

字形 **精** 說文小篆

售(팔 수): shòu, 口-8, 11

字解 형성. 口^(입 구)가 의미부이고 雔^(가죽나무 고치 수)의 생략된 모습이 소리부이다. 『설문해자』의 해설처럼, '내다 팔다^(賣去手)'가 원래 뜻이다. 『시·패풍·곡풍^(谷風)』에서 "팔리지 않는 물건 같은 나지요^(賈用不售)"라고 노래했다. 옛날, 물건은 입^(口)으로 선전해 가며 팔아야 했기에, 口가 의미부로 들었다. 또 雔는 讎^(짝 수)와 통하므로, 讎도 의미의 결정에 관여한다고 보인다.

字形 **雋** 說文小篆

숙

叔(아재비 숙): shū, 又-6, 8, 40

字解 회의. 尗^(콩 숙)과 又^(또 우)로 구성되어, 콩 넝쿨^(尗)을 손^(又)으로 잡고 콩을 따는 모습을 그렸는데, 갑골문에서는 나무를 타고 올라가는 콩 넝쿨을 그렸다. '콩'이 원래 뜻이었으나, 叔父^(숙부)에서처럼 '아재비'와 항렬에서 '셋째'를 뜻하는 의미로 가차되었다. 그러자 원래 뜻은 다시 艸^(풀 초)를 더해 菽^(콩 숙)으로 분화했다.

字形 **㞢 ⺕⺕⺕**甲骨文 **朳 朩 朳 鈫**金文

字形 **⺕⺕** 盟書 **朳朳朳** 簡牘文 **㞢** 石刻古文 **朳** 說文小篆 **朳** 說文或體

菽(콩 숙): shū, 艸-8, 12, 10

字解 형성. 艸^(풀 초)가 의미부고 叔^(아재비 숙)이 소리부로, 식물^(艸)의 일종인 '콩^(叔)'을 말하며, 叔에서 원래 의미를 강화하고자 艸를 더해 분화한 글자이다. ☞ 叔^(아재비 숙)

淑(맑을 숙): shū, 水-8, 11, 32

字解 형성. 水^(물 수)가 의미부고 叔^(아재비 숙)이 소리부로, 물^(水)이 맑음을 말했는데, 맑고 깨끗한 물처럼 '아름다움'이나 선량함을 말했고, 淑女^(숙녀)에서처럼 그런 여성을 지칭하기도 했다.

字形 **㞢**金文 **㞢**簡牘文 **朳** 說文小篆

琡(옥 이름 숙): chù, zhù, 玉-7, 12

字解 형성. 玉^(옥 옥)이 의미부고 叔^(아재비 숙)이 소리부로, 옥^(玉)의 이름을 말한다.

字形 **琡** 說文小篆

肅(엄숙할 숙): 肃, sù, 聿-6, 12, 40

字解 회의. 聿^(붓 율)과 淵^(못 연, 淵의 원래 글자)으로 구성되어, 붓^(聿)으로 수놓을 밑그림^(淵)을 그

人 | **473**

리는 모습을 형상화하여 '수를 놓다'는 뜻을 그렸다. 수를 놓을 때는 주의를 집중해야 하므로 이에 '엄숙'이나 진지하다의 뜻이 생겼다. 그러자 원래 뜻은 다시 糸^(가는 실 멱)을 더한 繡^(수놓을 수)로 분화했다. 간화자에서는 肃으로 줄여 쓴다.

字形 [金文] [簡牘文] [說文小篆] [說文古文]

潚(빠를 숙): sù, 水-12, 15

字解 형성. 水^(물 수)가 의미부고 肅^(엄숙할 숙)이 소리부로, 물^(水)이 깊고 맑은 모양을 말하며, 달리 물이 빨리 흐르는 모양을 말하기도 한다.

字形 [說文小篆]

孰(누구 숙): shú, 子-8, 11, 30

字解 회의. 享^(흠누릴 향)과 丮^(잡을 극)으로 구성되어, 제단^(享) 앞에서 제수를 받쳐 들고^(丮) 제사를 지내는 모습을 그렸으며, 丮이 丸^(알 환)으로 변해 지금의 자형이 되었다. 享은 원래 커다란 기단 위에 지어진 높은 집 모양으로 宗廟^(종묘)를 상징하고, 丮은 두 손을 받쳐 든 사람의 형상으로, 종묘에 祭物^(제물)을 올리는 모습을 그렸다. 익힌 고기를 祭物로 사용했던 때문인지 孰은 처음에 '삶은 고기'라는 뜻으로 쓰였다. 금문에 들면서 孰의 자형이 조금 복잡해지는데, 祭物의 내용을 구체화하기 위해 羊^(양 양)을 더하는가 하면, 동작을 강조하기 위해 발을 그려 넣기도

했다. 그러다가 隸書^(예서)에 들어 지금의 孰으로 고정되었다. 이후 孰이 '누구'나 '무엇'이라는 의문 대명사로 가차되어 쓰이자, 원래 뜻을 표현할 때에는 火^(불 화)를 더하여 熟^(익을 숙)으로 분화했다. 그리하여 熟은 '익(히)다'는 뜻을 전담하여 표현했고, 다시 成熟^(성숙)이나 熟練^(숙련) 등의 뜻은 물론 사람 간의 익숙함도 뜻하게 되었다.

字形 [甲骨文] [金文] [簡牘文] [說文小篆]

熟(익을 숙): shú, 火-11, 15, 32

字解 형성. 火^(불 화)가 의미부고 孰^(누구 숙)이 소리부로, 제단에 올리기 위해^(孰) 제수를 불^(火)에 삶는 모습을 그렸으며, 이로부터 익히다의 뜻이, 다시 낯이 익다, 익숙하다, 熟練^(숙련)되다, 정도가 깊다 등의 뜻이 나왔다. 孰이 '누구'라는 의문사로 가차되어 쓰이자, 火를 더해 분화한 글자이다. ☞ 孰^(누구 숙)

字形 [說文小篆]

塾(글방 숙): shú, 土-11, 14, 10

字解 형성. 土^(흙 토)가 의미부고 孰^(누구 숙)이 소리부로, 옛날 대문 양쪽으로 흙^(土)을 쌓아 만들어 놓은 방을 말했는데, 아이를 가르치는 방으로 썼기 때문에 私塾^(사숙)이나 家塾^(가숙)에서처럼 '개인의 글방'을 지칭하게 되었다.

字形 𩫖 說文新附字

璹(옥 그릇 숙): 璹, shòu, dào, 玉-14, 18

字解 형성. 玉^(옥 옥)이 의미부고 壽^(목숨 수)가 소리부로, 옥 그릇^(玉)을 말하는데, 『이아』에서는 크기가 8치 되는 璋^(반쪽 홀 장)을 말한다고 했다. 간화자에서는 壽를 寿로 줄인 璹으로 쓴다.

字形 璹 說文小篆

夙(일찍 숙): sù, 夕-3, 6, 10

字解 회의. 夕^(저녁 석)과 丮^(잡을 극)으로 구성되어, 달빛^(夕) 아래 앉아^(丮) 일을 하는 모습을 그렸는데, 자형이 변해 지금처럼 되었다. 아마도 해가 뜨기 전에 들에 나가 일하는 모습을 그렸을 것으로 추정되며, 이로부터 '일찍'이라는 뜻이 나왔고, 해가 뜨기 직전의 '밤'의 끝자락을 뜻했다.

字形 甲骨文 金文 簡牘文 說文小篆 說文古文

宿(묵을 숙별자리 수): sù, 宀-8, 11, 52

字解 회의. 원래는 사람^(人)이 집안^(宀)에서 자리 위에 누워 쉬거나 자는 모습을 그렸는데, 자형이 조금 변해 지금의 자형이 되었다. 자다, 쉬다가 원래 뜻이며, 옛날 관원들이 자고 갈 수 있게 한 宿泊^(숙박)시설도 지칭했다. 이후 밤새워 지키다, 안전하다 등의 뜻이 나왔고, 별자리를 지칭하기도 했다. 星宿^(성수)에서처럼 '별자리'를 뜻할 때에는 '수'로 읽힘에 유의해야 한다.

字形 甲骨文 金文 古陶文 簡牘文 說文小篆

虪(검은 범 숙): shù, 虍-20, 26

字解 형성. 虎^(범 호)가 의미부이고 儵^(빠를 숙)이 소리부이다. 『설문해자』의 해설처럼, '검은색 호랑이^(黑虎)'를 말한다.

字形 說文小篆

人

순

順(순할 순): 順, shùn, 頁-3, 12, 52

字解 형성. 頁^(머리 혈)이 의미부고 川^(내 천)이 소리부로, 물의 흐름^(川)처럼 순조롭게 머리^(頁)를 조아림을 말해, 順應^(순응)하다는 뜻이 나왔다. 이로부터 다시 순조롭다, 도리, 유순하다 등의 뜻이 나왔고, '…을 따라서', '…하는 김에' 등의 뜻도 나왔다.

字形 金文 古陶文 簡牘文 說文小篆

馴(길들 순): 驯, xùn, 馬-3, 13, 10

字解 형성. 馬^(말 마)가 의미부고 川^(내 천)이 소리부로, 말^(馬)을 길들여 물길 가듯^(川) 잘 따르도록 만들다는 뜻이며, 이로부터 말을 길들이다, 순하다, 순종하다, 복종하다, 아름답다 등의 뜻이 나왔다.

字形 𩢥 說文小篆

巡(돌 순): [巡], xún, 巛-4, 7, 32

字解 형성. 辵^(쉬엄쉬엄 갈 착)이 의미부고 川^(내 천)이 소리부로, 시찰이나 경계를 위해 강의 물길^(川)을 따라 가는^(辵) 것을 말하며, 이로부터 순시하다, 순찰하다, 자세히 살피다의 뜻이 나왔으며, 둘러앉아 순서대로 돌아가며 술을 마시다는 뜻도 나왔다. 달리 辵 대신 廴^(길게 걸을 인)이 들어간 巡으로 쓰기도 한다.

字形 㣲 㣲 古璽文 巡 說文小篆

旬(열흘 순): xún, 日-2, 6, 32

字解 형성. 日^(날 일)이 의미부이고 勻^(적을 균, 均의 원래 글자)의 생략된 모습이 소리부로, 날짜^(日)를 균등하게^(勻) 배분한 10일을 말한다. 갑골문에서는 十^(열 십)이 의미부이고 瓦^(돌 선)이 소리부인 구조로 되었는데, 한 주기를 도는^(瓦) 10일^(十)이 1순^(旬)임을 말했다. 금문에서부터 이것이 날짜의 순환 주기임을 강조하기 위해 日이 더해지고 자형이 변해 지금처럼 되었다. 10일이 원래 뜻이며, 이후

10년이라는 뜻도 나왔으며, 旬으로 구성된 글자들은 순환, 따라가다 등의 뜻을 가진다.

字形 勹 勹 甲骨文 勻 勻 金文 𤕤 簡牘文 旬 說文小篆 旬 說文古文

殉(따라 죽을 순): xùn, 歹-6, 10, 30

字解 형성. 歹^(뼈 부서질 알)이 의미부고 旬^(열흘 순)이 소리부로, '殉葬^(순장)'을 말하는데, 죽은^(歹) 사람을 따라^(旬) 산사람을 함께 묻는다는 뜻을 담았으며, 죽은 사람과 함께 묻는 기물을 말하기도 한다. 또 殉國^(순국)에서처럼 나라 등을 위해 자신의 목숨을 바치는 행위를 지칭하기도 한다.

洵(참으로 순): xún, 水-6, 9, 12

字解 형성. 水^(물 수)가 의미부고 旬^(열흘 순)이 소리부로, 지금의 섬서성 寧陜^(녕협)현 동북에 있는 강 이름인데, 鎮安^(진안)현과 旬陽^(순양)현을 거쳐 漢水^(한수)로 흘러든다. 이후 '진실로'라는 뜻으로 가차되었으며, '고르다^(均균)'는 뜻도 가진다.

字形 洵 說文小篆

筍(죽순 순): 笋, sǔn, 竹-6, 12, 10

字解 형성. 竹^(대 죽)이 의미부고 旬^(열흘 순)이 소리부로, 대^(竹)의 땅속줄기에서 돋아나는 어린 싹인 竹筍^(죽순)을 말한다. 이로부터 어린 싹

의 뜻이 나왔고, 여자의 가느다란 손의 비유로도 쓰였다. 간화자에서는 소리부인 旬을 尹^(다스릴 윤)로 바꾼 笋으로 쓴다.

字形 **苟苟苟**金文 **茓**簡牘文 **苟**說文小篆

珣(옥 이름 순): xún, 玉-6, 10, 12

字解 형성. 玉^(옥 옥)이 의미부고 旬^(열흘 순)이 소리부로, 옥^(玉)의 이름으로, 달리 珣玗琪^(순우기)나 夷玉^(이옥) 등으로 부른다. 중국의 동쪽 이민족 지역에서 나는 아름다운 옥을 말한다.

字形 **珣**說文小篆

恂(정성 순): xún, 心-6, 9

字解 형성. 心^(마음 심)이 의미부고 旬^(열흘 순)이 소리부로, 정성스런 마음^(心)을 말하며, 이로부터 '믿다', '확실히' 등의 뜻도 나왔다.

字形 **恂**說文小篆

荀(풀이름 순): xún, 艸-6, 10, 12

字解 형성. 艸^(풀 초)가 의미부고 旬^(열흘 순)이 소리부로, 이를 먹으면 미인이 된다는 전설상의 풀^(艸)이름이다. 또 나라 이름으로, 지금의 산서성 新絳^(신강)현 동북쪽에 있었으며, 춘추시대 때 晉^(진)에 의해 멸망되었다. 성씨로도 쓰인다.

字形 **詝**古璽文 **詝**說文新附字

詢(물을 순): 询, [呴], xún, 言-6, 13

字解 형성. 言^(말씀 언)이 의미부고 旬^(열흘 순)이 소리부로, 따라가며^(旬) 말^(言)로 물어보다는 뜻이며, 言 대신 口^(입 구)가 들어간 呴^(마실 순)으로도 쓴다. 이로부터 방문하다, 자문하다, 어떤 일을 도모하다, 조사하다 등의 뜻이 나왔다.

字形 **詝**簡牘文 **詢**說文新附字

徇(주창할 순): [狥], xùn, 彳-6, 9

字解 형성. 彳^(조금 걸을 척)이 의미부고 旬^(열흘 순)이 소리부로, 순시하다^(彳)는 뜻이며, 이로부터 대중들 앞에 어떤 것을 내보이거나 정령을 반포하다 등의 뜻도 나왔다. 『설문해자』에서는 彳이 의미부이고 勻^(고를 균)이 소리부인 徇으로 썼다.

字形 **徇**說文小篆

栒(가름대나무 순): sǔn, 木-6, 10

字解 형성. 木^(나무 목)이 의미부고 旬^(열흘 순)이 소리부로, 『山海經^(산해경)』에 의하면 繡山^(수산)이라는 곳에 많이 자라는 나무^(木)라고 했으며, 편종이나 석경 등 악기를 걸 때 쓰는 가로로 된 나무를 말했다.

盾(방패 순): dùn, 目-4, 9, 20

字解 회의. 금문에서 방패로 눈^(目)을 가린 모습을 그렸는데, 눈은 '얼굴'을 상징하며, 이로부터 '방패'를 뜻하게 되었다. 이후 방패처럼 생긴 물건이나 방패막이의 비유로도 쓰였다. 또 화폐 단위로 쓰여, 네덜란드의 길더^(guilder), 인도네시아의 루피^(Rupiah), 베트남의 동^(Dong) 등을 말하기도 한다.

字形 ![金文] 金文 ![簡牘文] 簡牘文 ![盾] 說文小篆

循(좇을 순): xún, 彳-9, 12, 30

字解 형성. 彳^(조금 걸을 척)이 의미부고 盾^(방패 순)이 소리부로, 길^(彳)을 따라 좇아가다는 뜻을 그렸고, 이로부터 따라가다, 준수하다, 찾아 나서다 등의 뜻이 나왔다.

字形 ![循] 簡牘文 ![循] 說文小篆

楯(난간 순): shǔn, 木-9, 13

字解 형성. 木^(나무 목)이 의미부고 盾^(방패 순)이 소리부로, '난간'을 말하는데, 층계다리·마루 따위의 가장자리에 일정한 높이로 방패^(盾)처럼 막아 세우는 나무^(木)로 만든 구조물이라는 뜻을 담았다.

字形 ![楯] 說文小篆

純(생사 순): 纯, chún, 糸-4, 10, 42

字解 형성. 糸^(가는 실 멱)이 의미부고 屯^(진칠 둔)이 소리부로, 비단실^(糸)을 말한다. 봄날 언덕에서 막 돋아나는 새싹^(屯)처럼 아무런 무늬나 색을 더하거나 가공하지 않은 '純粹^(순수)한 비단 실인 생사^(糸)를 말하며, 이로부터 순수하다, 純潔^(순결)하다의 뜻이 나왔다. ☞ 屯^(진칠 둔)

字形 ![甲骨文] 甲骨文 ![金文] 金文 ![簡牘文] 簡牘文 ![石刻古文] 石刻古文 ![純] 說文小篆

脣(입술 순): 唇, chún, 肉-7, 11, 30

字解 형성. 肉^(고기 육)이 의미부고 辰^(지지 진·때 신)이 소리부로, 입술을 말하는데, 조개^(辰, 蜃의 본래 글자)의 입수관^(肉)에서부터 '입술'의 이미지를 그려냈다. 달리 肉 대신 口^(입 구)가 들어간 唇^(놀랄 진)으로 쓰기도 한다. 간화자에서도 唇^(입술 순)에 통합되었다.

字形 ![簡牘文] 簡牘文 ![脣] 說文小篆 ![說文古文] 說文古文

淳(순박할 순): [湻], chún, 水-8, 11, 12

字解 형성. 水^(물 수)가 의미부고 享^(드릴 향)이 소리부로, 종묘의 제사 때 쓰는^(享) 술^(水)이라는 의미를 그렸으며, 이로부터 진하다, 맛이 깊다, 순수하다, 淳朴^(순박)하다 등의 뜻이 나왔다.

字形 ![淳] 簡牘文 ![淳] 說文小篆

錞(악기 이름 순): chún, 金-8, 16

字解 형성. 金(쇠 금)이 의미부고 享(드릴 향)이 소리부로, 청동(金)으로 만든 악기의 일종으로, 요령 비슷하게 생긴 錞于(순우)를 말한다. 또 창의 대 끝에 끼우는 쇠로 만든 틀을 말하기도 한다.

字形 錞 說文小篆

諄(타이를 순): 谆, [忳], zhūn, 言-8, 15

字解 형성. 言(말씀 언)이 의미부고 享(드릴 향)이 소리부로, 제사를 모시듯(享) 진실 되고 정성스레 말(言)로 '타이르다'는 뜻이다. 이로부터 정성스럽다, 보좌하다 등의 뜻도 나왔다. 달리 心(마음 심)이 의미부고 屯(진 칠 둔)이 소리부인 忳으로 쓰기도 한다.

字形 諄 說文小篆

醇(진한 술 순): [醕], chún, 酉-8, 15, 10

字解 형성. 酉(닭 유)가 의미부고 享(드릴 향)이 소리부로, 제사에 올릴(享) '진한' 술(酉)을 말한다. 원래는 酉가 의미부고 臺(익을 순)이 소리부인 회의구조였는데, 臺이 享으로 변해 지금의 자형이 되었다. 『설문해자』의 해설처럼, '물을 섞지 않은 진한 술(不澆酒)'을 말하는데, 익은(臺) 술(酉)이라는 의미를 담았음을 고려하면 臺도 의미의 결정에 관여하고 있다. 제사에 올릴(享) '진한' 술(酉)을 말한다. 이로부터 군물을 타지 아니한 진국의 술, 진한 술, 진하다, 진한 술은 잡스러운 것을 잘 걸러내야만 만들어지므로 醇化(순화)

에서처럼 잡스러운 것을 걸러 순수하게 하다, 순수하다, 도탑다, 순박하다 등의 뜻이 나왔다. 지금의 자형인 醇은 제사에도 쓰고 즐거이 누릴 수 있는(享) 술(酉)임을 더욱 적극적으로 반영했다.

字形 醇 說文小篆

舜(순임금 순): [蕣], shùn, 舛-6, 12, 12

字解 형성. 원래는 匚(상자 방)과 炎(불탈 염)이 의미부이고 舛(어그러질 천)이 소리부였는데, 자형이 변해 지금처럼 되었다. 『설문해자』에서는 메꽃(蕣蕣, 萶菨)이라고 했지만 자형과 어울려 보이지는 않는다. 소전체에서 舜으로써, 아랫부분은 두 발(舛)을, 윗부분은 상자(匚) 속에 炎이나 大(클 대) 사이로 점이 여럿 그려진 모습이다. 여기서 匚만 없다면 몸에 번쩍이는 발광체를 바르고 춤추는 모습을 그린 粦(도깨비불 린)과 같은 꼴이며, 匚은 가면의 상징으로 추정된다. 그래서 舜은 몸에 발광체를 칠한 채 춤을 추는 제사장을 그린 것으로 보이며, 이로부터 고대 중국의 전설상의 '舜 임금'을 지칭하게 되었을 것인데, 그 시대는 제사장이 부족장이거나 지도자였던 제정일치 사회였다.

字形 簡牘文 舜 說文小篆 舜 說文古文

瞬(눈 깜짝일 순): shùn, 目-12, 17, 32

字解 형성. 目^(눈 목)이 의미부고 舜^(순임금 순)이 소리부로, 눈^(目) 동자를 움직이다는 뜻이며, 이로부터 눈을 깜짝이다는 뜻도 나왔으며, 瞬間^(순간)에서처럼 매우 짧은 시간의 비유로도 쓰인다.

橓(무궁화나무 순): shùn, 木-12, 16

字解 형성. 木^(나무 목)이 의미부고 舜^(순임금 순)이 소리부로, 나무^(木)의 일종인 무궁화를 말하는데, 달리 舜^(무궁화 순)으로 쓰며, 木槿^(목근)이나 橓華^(순화) 등으로도 불린다.

蕣(무궁화나무 순): shùn, 艸-12, 16

字解 형성. 艸^(풀 초)가 의미부고 舜^(순임금 순)이 소리부로, 식물^(艸)의 일종인 무궁화를 말하며, 달리 橓^(무궁화나무 순)으로도 쓴다. ☞ 橓^(무궁화나무 순)

字解 𦼠 說文小篆

蓴(순채 순): chún, 艸-11, 15

字解 형성. 艸^(풀 초)가 의미부고 專^(오로지 전)이 소리부로, 식물^(艸)의 일종인 부들 꽃을 말하는데, 수련과의 여러해살이 풀이며, 잎은 타원형으로 수면에 떠다닌다. 줄기와 잎의 뒷면에 점액이 있으며, 암홍색의 꽃을 피우고, 여린 잎은 국을 끓여 먹을 수 있다. 달리 鳧葵^(부규)라고도 한다.

字解 𦿍 說文小篆

술

戌(개 술): xū, 戈-2, 6, 30

字解 상형. 갑골문에서 도끼 모양의 무기를 그렸는데, 자형이 조금 변해 지금처럼 되었다. 이후 간지자로 가차되어 12지지 중 11번째를 지칭하였고, 그의 상징 동물인 '개'를 뜻하게 되었다. ☞ 戍^(지킬 수)

字解 甲骨文 戌 戌 戌 金文 戌 戌 古陶文 戌 戌 戌 簡牘文 戌 帛書 戌 古璽文 戌 說文小篆

術(꾀 술): 术, shù, 行-5, 11, 60

字解 형성. 行^(갈 행)이 의미부고 朮^(차조 출)이 소리부로, 『설문해자』에서는 나라 안의 도로^(行)라고 했다. 길^(行)에서 농작물^(朮, 秫의 원래 글자)을 사고파는 모습을 그린 것으로 추정되며, 물건을 사고팔 때 쌍방 모두 '꾀'와 '기술'이 필요했기에 '꾀'나 방법, 戰術^(전술), 技術^(기술) 등의 뜻이 나왔다. 간화자에서는 行을 생략한 채 朮에 통합되었다.

字解 𧗿 簡牘文 術 說文小篆

述(말할 술): shù, 辵-5, 9, 32

字解 형성. 辵(쉬엄쉬엄 갈 착)이 의미부고 朮(차조 출)이 소리부로, 길을 다니며(辵) 곡물(朮, 秫의 본래 글자)을 내다 팔고 떠벌리며 선전함을 말했고, 이후 記述(기술)하다, 敍述(서술)하다 등의 뜻이 나왔다.

字形 簡牘文 古璽文 說文小篆 說文籀文

鉥(돗바늘 술): shù, 金-5, 13

字解 형성. 金(쇠 금)이 의미부고 朮(차조 출)이 소리부로, 돗자리·구두·가죽 따위의 단단한 것이나 이불처럼 두꺼운 것을 꿰매는 데 쓰는 쇠(金)로 만든 크고 굵은 바늘을 말한다.

字形 說文小篆

숭

崇(높을 숭): [崈], chóng, 山-8, 11, 40

字解 형성. 山(뫼 산)이 의미부고 宗(마루 종)이 소리부로, 높다, 崇高(숭고)하다, 추종하다, 높이다, 가득하다 등의 뜻인데, 신의 위패를 모셔 놓은 종묘(宗)처럼 위대하고 산(山)처럼 높다는 뜻을 담았다.

字形 簡牘文 石刻古文 說文小篆

嵩(높을 숭): sōng, 山-10, 13

字解 회의. 山(뫼 산)과 高(높을 고)로 구성되어, 嵩山(숭산)을 말하는데, 높게(高) 우뚝 솟은 산(山)이라는 뜻을 담았다. 숭산은 五嶽(오악) 중 중앙에 자리한 中嶽(중악)으로 불리며, 소림사가 있는 곳으로도 유명하다.

字形 簡牘文 說文新附字

崧(우뚝 솟을 숭): sōng, 山-8, 11

字解 형성. 山(뫼 산)이 의미부고 松(소나무 송)이 소리부로, 산이 우뚝 솟음을 말하는데, 소나무(松)가 곧게 자라듯 큰 키로 솟은 산(山)이라는 의미를 담았다. 嵩(높을 숭)과도 같이 쓴다.

슬

瑟(큰 거문고 슬): sè, 玉-9, 13, 12

字解 형성. 원래 거문고를 그린 상형자였으나, 『설문해자』의 소전체에서부터 珡(거문고 금)이 의미부고 必(반드시 필)이 소리부인 형성구조로 변했다. 고대의 타는 악기의 하나인 '거문고'를 말하는데, 춘추시대 때 이미 유행했으며, 언제나 琴(금)이나 笙(생)과 합주를 한다. 琴과 비슷하게 생겼으며, 50弦(현), 25

현, 15현 등의 여러 가지가 있었으나, 지금은 25현과 16현으로 된 두 종류가 있다.

字形 簡牘文　說文小篆　說文古文

膝(무릎 슬): [厀], xī, 肉-11, 15, 10

字解 형성. 肉^(고기 육)이 의미부고 㯟^(옻 칠)이 소리부로, 신체^(肉) 부위의 하나인 무릎, 즉 대퇴와 소퇴가 연결된 관절의 앞부분을 말한다. 『설문해자』에서는 卩^(병부 절)이 의미부이고 㯟이 소리부인 厀로 썼다.

字形 說文小篆

蝨(이 슬): 虱, shī, 虫-9, 15

字解 형성. 䖵^(벌레 곤)이 의미부고 卂^(빨리 날 신)이 소리부로, 벌레^(蝨)의 일종인 '이'를 말한다. 현대 중국의 간화자에서는 虫^(벌레 충)을 하나 생략한 虱로 쓴다.

字形 說文小篆

습

襲(엄습할 습): 袭, xí, 衣-16, 22, 32

字解 형성. 衣^(옷 의)가 의미부고 龖^(두 마리의 용 답습)의 생략된 모습이 소리부로, 왼쪽으로 옷깃을 여민 옷^(衣)이 원래 뜻으로 죽은 사람에게 입히는 옷을 말했다. 죽은 사람에게 여러 겹의 옷을 입힌다는 뜻에서 중복되다, 반복하다의 뜻이 나왔고, 또 습관, 世襲^(세습), 因襲^(인습) 등의 뜻이 나왔다. 이후 준비되지 않은 상태에서 공격하다는 襲擊^(습격)의 뜻으로 가차되었다. 간화자에서는 龍^(용룡)을 龙으로 줄인 袭으로 쓴다.

字形 金文　簡牘文　說文小篆 說文籀文

習(익힐 습): 习, xí, 羽-5, 11, 60

字解 회의. 원래 羽^(깃 우)와 日^(날 일)로 구성되어, '익히다'가 원래 뜻인데, 어린 새가 오랜 세월^(日) 동안 반복해 날갯짓^(羽)을 '익히는' 모습으로부터 반복 學習^(학습)과 중복의 의미를 그렸다. 이후 日이 白^(흰 백)으로 변해 지금처럼 되었는데, 白은 自^(스스로 자鼻의 원래 글자)의 잘못으로 보인다. 그렇다면 '스스로^(自) 배우는 날갯짓^(羽)'으로부터 자발적인 학습의 중요성을 강조한 것으로 해석될 수도 있다. 간화자에서는 白을 생략하고 羽의 한쪽만 남겨 习으로 쓴다.

字形 甲骨文　 簡牘文 古璽文　 說文小篆

褶(주름 습): [摺], zhě, 衣-11, 16

字解 형성. 衣^(옷 의)가 의미부고 習^(익힐 습)이 소리부로, 치마^(衣) 등의 주름을 말하며, 이로부터 이마의 주름살을 뜻하기도 하였다. 또 고대의 便服^(편복)을 뜻하기도 한다.

濕(축축할 습): 湿, shī, 水-14, 17, 32

字解 형성. 水^(물 수)가 의미부고 㬍^(드러날 현)이 소리부로, 원래는 강^(水) 이름으로 東郡^(동군)의 東武陽^(동무양)에서 출원하여 바다로 들어가는 강을 말했는데, 이후 물^(水)이 스며들어 축축함을 말했다. 간화자에서는 소리부 㬍을 간단하게 줄여 湿으로 쓴다.

字形 𤃴甲骨文 𤁴金文 𤁱簡牘文 𤁸說文小篆

隰(진펄 습): xí, 阜-14, 17

字解 형성. 阜^(언덕 부)가 의미부이고 㬍^(드러날 현)이 소리부이다. 『설문해자』의 해설처럼, '산비탈 아래의 습한 땅^(阪下濕)'을 말한다. 이후 땅이 질어 질퍽한 벌^(진펄), 물가, 따비밭 등의 뜻이 나왔다.

字形 𨻶說文小篆

拾(주울 습): shí, 手-6, 9, 32

字解 형성. 手^(손 수)가 의미부고 合^(합할 합)이 소리부로, 손^(手)을 이용해 '한곳으로 모으다^(合)'는 뜻이며, 이로부터 수습하다, 줍다, 정리

하다, 수거하다의 뜻이 나왔다. 또 十^(열 십)의 갖은자로도 쓰인다.

字形 𢪔說文小篆

승

繩(줄 승): 绳, shéng, 糸-13, 19, 12

字解 형성. 糸^(가는 실 멱)이 의미부고 黽^(힘쓸 민·맹꽁이 맹·땅이름 면)이 소리부로, 실^(糸)로 만든 줄을 말하며, 옛날 목공들이 직선을 잴 때 쓰던 繩墨^(승묵)을 말하며, 이로부터 곧다, 바로잡다, 재다, 법도 등의 뜻이 나왔다. 간화자에서는 黽을 黾으로 줄여 绳으로 쓴다.

字形 𦃟簡牘文 𦃚說文小篆

蠅(파리 승): 蝇, yíng, 虫-13, 19

字解 형성. 虫^(벌레 충)이 의미부고 黽^(힘쓸 민·맹꽁이 맹·땅이름 면)이 소리부로, '파리'를 말하는데, 맹꽁이^(黽)처럼 배가 볼록한 벌레^(虫)라는 의미를 담았다. 간화자에서는 黽을 黾으로 줄여 蝇으로 쓴다.

字形 𧒂說文小篆

乘(탈 승): [乗, 椉], chéng, 丿-9, 10, 32

字解 회의. 갑골문에서는 大^(큰 대)와 木^(나무 목)으로

구성되어, 나무^(木) 위에 발을 크게 벌리고 올라선 사람^(大)의 모습을 그렸다. 소전체에서 人^(사람 인)과 舛^(어그러질 천)과 木의 구성으로 변해 棄로 썼는데, 자형이 변해 지금처럼 되었다. 두 발을 벌린 사람이 나무 위에 올라선 모습을 그렸고, 이로부터 '타다', '오르다', '…에 기대다', 便乘^(편승)하다는 뜻이 나왔다. 고대사회에서 탈 것의 대표가 수레였으므로 萬乘^(만승)이나 千乘^(천승)에서처럼 수레를 헤아리는 단위로도 쓰였으며, 셈법에서 '곱하기'를 지칭하기도 한다.

字形 [甲骨文 ... 金文 ... 古陶文 ... 簡牘文 ... 說文小篆]

承(받들 승): chéng, 手-4, 8, 42

字解 회의. 갑골문에서 앉은 사람^(卩·절)을 두 손으로 받드는^(廾·공) 모습이었으나 소전체에 들면서 手^(손 수)가 더해졌고, 이후 자형이 조금 변해 지금처럼 되었다. 앉은 사람을 두 손으로 '받들다'가 원래 뜻이며, 이로부터 받들다, 받아들이다의 뜻이, 다시 繼承^(계승)에서처럼 이전의 경험을 존중하며^(承) 이어가다^(繼)는 뜻이 나오게 되었다.

字形 [甲骨文 ... 金文 ... 說文小篆]

升(되 승): [昇, 阩, 陞, shēng, 十-2, 4, 32, 20

字解 지사. 斗^(말 두)와 비슷한 모습의 손잡이가 달린 작은 용기와 그 속에 점을 더해 용기 속에 무엇인가 담긴 모습을 형상했다. 용량 단위인 '되'를 말하며, 10되^(升)가 1말^(斗)이고 1되는 10홉이다. 되로 곡식을 떠올려 붓는다는 뜻에서 '올리다'는 뜻까지 나왔다.

字形 [甲骨文 ... 金文 ... 古陶文 ... 簡牘文 ... 說文小篆]

昇(오를 승): shēng, 日-4, 8

字解 형성. 日^(날 일)이 의미부고 升^(되 승)이 소리부로, 해^(日)가 떠오르다^(升)는 뜻이며, 이로부터 올라가다, 昇進^(승진)하다, 죽다 등의 뜻이 나왔다. 간화자에서는 升^(되 승)에 통합되었다. ☞ 升^(되 승)

字形 [說文小篆]

陞(오를 승): shēng, 阜-7, 10

字解 형성. 阜^(언덕 부)가 의미부고 坴^(한되기기 승)이 소리부로, 흙 언덕^(阜) 등을 '오르다'는 뜻이다. 원래는 升^(되 승)으로 썼는데, 이후 의미를 더욱 강조하기 위해 土^(흙 토)가 더해지고 다시 阜가 더해졌다. 간화자에서는 升^(되 승)에 통합되었다. ☞ 升^(되 승)

丞(도울 승): chéng, 一-5, 6, 10

字解 회의. 갑골문에서 구덩이에 빠진 사람을 두 손으로 끌어 올리는 모습을 그렸는데, 예서 이후 자형이 많이 변했다. 구덩이에서 건져 주다가 원래 뜻이고, 이로부터 '돕다'와 '구제하다'의 뜻이 나왔고, 丞相^(승상)에서처럼 왕을 보필하는 관리를 뜻하기도 했다. 그러자 원래 뜻은 手^(손 수)를 더한 拯^(건질 증)으로 분화했다.

字形 甲骨文 古陶文 簡牘文 說文小篆

勝(이길 승): 胜, shèng, 力-10, 12, 60

字解 형성. 力^(힘 력)이 의미부고 朕^(나 짐)이 소리부로, '내^(朕)'가 스스로 맡은 바 일을 감당해 낼 수 있는 능력^(力)을 말하며, 이로부터 견디다, 이기다, 격파하다, '…보다 낫다', 아름답다 등의 뜻이 나왔다. 간화자에서는 '비린내 나는 생고기'라는 뜻의 胜^(비릴 성)에 통합되었다. ☞ 胜^(비릴 성)

字形 簡牘文 說文小篆

塍(밭두둑 승): [堘, 堘, 睦], chéng, 土-10, 13

字解 형성. 土^(흙 토)가 의미부이고 朕^(나 짐)이 소리부로, 흙^(土)을 돋아 만든 밭의 두둑을 말한다. 달리 堘이나 堘으로 쓰기도 한다.

字形 金文 說文小篆

僧(중 승): sēng, 人-12, 14, 32

字解 형성. 人^(사람 인)이 의미부고 曾^(일찍 증)이 소리부로, 산스크리트어 'sangha^(僧伽승가)'의 음역어로 불가에서 출가한 남성을 지칭한다. 또 스님^(和尙화상)을 속되게 부르는 말로도 쓰였다.

字形 說文小篆

시

翅(날개 시): [翄], chì, 羽-4, 10

字解 형성. 羽^(깃 우)가 의미부고 支^(지탱할 지)가 소리부로, 몸체 곁^(支)으로 난 날개^(羽)를 말한다.

字形 說文小篆 說文或體

豕(돼지 시): shǐ, 豕-0, 7

字解 상형. 튀어나온 주둥이와 뚱뚱하게 살진 몸통, 네 발과 아래로 쳐진 꼬리를 가진 돼지를 형상적으로 그렸는데, 이미 가축화한 집돼지로 보인다. 이에 비해 彘^(돼지 체)는 갑골문에서 화살^(矢시)이 돼지 몸에 꽂힌 모습이어서 사냥으로 잡은 야생돼지임을 보여 주며, 豚^(돼지 돈)은 '새끼 돼지'를 지칭하기 위해 豕^(돼지 시)에 肉^(고기 육)을 더해 만든 글자다. 야생 멧돼지는 육중한 몸을 가졌음에도

그 어떤 동물보다 빠르고 저돌적이며 힘이 센 것으로 유명하다. 이 때문에 豕는 사납고 힘이 넘치는 남성미의 상징으로 자리 잡았다.

字形 甲骨文 金文 簡牘文 說文小篆 說文古文

時(때 시): 时, [旹], shí, 日-6, 10, 70

字解 형성. 日^(날 일)이 의미부고 寺^(절 사)가 소리부인 구조이지만, 원래는 日과 之^(갈 지)로 구성되어 '태양^(日)의 운행^(之)'이라는 의미로부터 '시간'이라는 개념을 그려냈다. 이로부터 계절, 때, 역법, 時間^(시간), 세월 등의 뜻이 나왔고, 시간을 헤아리는 단위로도 쓰였다. 간화자에서는 寺를 寸^(마디 촌)으로 줄인 时로 쓴다.

字形 簡牘文 說文小篆 說文古文

蒔(모종 낼 시): 莳, shì, 艸-10, 14

字解 형성. 艸^(풀 초)가 의미부고 時^(때 시)가 소리부로, '모종을 내다'는 뜻인데, 벼^(艸)를 심어야 할 때^(時)라는 의미를 담았다. 간화자에서는 時를 时로 줄인 莳로 쓴다.

字形 說文小篆

侍(모실 시): shì, 人-6, 8, 32

字解 형성. 人^(사람 인)이 의미부고 寺^(절 사)가 소리부로, 받들어 모시다가 원래 뜻이다. '어떤 곳으로 가서 일을 처리하는^(寺)' 사람^(人)을 말하는데, 옛날에는 이런 사람을 寺人^(사인)이라 불렀고, 이로부터 곁에서 모시다의 뜻이 나왔다. ☞ 寺^(절 사)

字形 古陶文 簡牘文 說文小篆

恃(믿을 시): shì, 心-6, 9

字解 형성. 心^(마음 심)이 의미부고 寺^(절 사)가 소리부로, 믿다, 기대다는 뜻인데, '어떤 곳으로 가서 일을 처리하는^(寺)' 사람은 마음^(心) 속에 항상 믿음이 있어야 하며, 믿음을 줄 수 있어야 한다는 의미를 담았다. ☞ 寺^(절 사)

字形 金文 簡牘文 說文小篆

詩(시 시): 诗, shī, 言-6, 13, 42

字解 형성. 言^(말씀 언)이 의미부고 寺^(절 사)가 소리부로, 詩^(시)를 말하는데, 원래는 言과 之^(갈 지)로 이루어져, 말^(言)이 가는 대로^(之) 표현하는 문학 장르라는 의미를 담았다. 이후 言과 寺의 구성으로 변하면서 말^(言)을 가공하고 손질하는^(寺) 것이라는 의미로 변화되었다.

字形 簡牘文 說文小篆 說文古文

施(베풀 시): shī, 方-5, 9, 42

字解 형성. 㫃^(깃발 나부끼는 모양 언)이 의미부고 也^{(어조}
^{사 야)}가 소리부로, 바람에 나부끼며 펄럭이
는 모습의 깃발^(㫃)을 중심으로 사람을 모아
놓고 정령을 공표하거나 정책을 알리는 모
습을 그렸고, 이로부터 施行^(시행)하다, 주다,
普施^(보시) 등의 의미가 나왔다.

字形 [圖] 簡牘文 [圖] 說文小篆

示(보일 시): shì, 示-0, 5, 50

字解 상형. 갑골문에서 신에게 제사를 드리기 위
한 제단을 그렸으며 이후 제물을 뜻하는
가로획이 위에 추가되었고, 다시 『설문해자
』의 해석처럼 하늘이 내리는 화복을 상징
하기 위해 글자의 아랫부분 양편으로 획이
더해져 지금처럼 되었다. 이를 따라 글자의
뜻도 제단에서 신이 길흉을 내려준다는 의
미에서 '나타내다'와 '보여주다' 등으로 확장
되었다. 그래서 示^(보일 시)로 구성된 한자는
신이나 제사, 제사를 드리는 사당, 신이 내
리는 복이나 재앙 등과 관련된 의미를 갖
는다.

字形 [圖] 甲骨文 [圖]
簡牘文 [圖] 古幣文 [圖] 汗簡 [圖] 說文小篆
[圖] 說文古文

視(보일 시): 视, [眎, 眡], shì, 見-5, 12, 42

字解 형성. 見^(볼 견)이 의미부고 示^(보일 시)가 소리

부로, 눈을 크게 뜨고^(見) 보다는 뜻이며, 이
로부터 관찰하다, 監視^(감시)하다 등의 뜻이
나왔다.

字形 [圖] 甲骨文 [圖] 金文 [圖]
[圖] 簡牘文
[圖] 說文小篆 [圖] 說文古文

豺(승냥이 시): chái, 豸-3, 10, 10

字解 형성. 豸^(발 없는 벌레 치)가 의미부고 才^(재주 재)
가 소리부로, '승냥이'를 말하는데, 재주^(才)
와 꾀가 많은 짐승^(犬)이라는 뜻을 담았다.

字形 [圖] 簡牘文 [圖] 說文小篆

猜(시샘할 시): cāi, 犬-8, 11, 10

字解 형성. 犬^(개 견)이 의미부고 靑^(푸를 청)이 소리
부로, 개^(犬)가 상대를 몹시 미워하듯 '시샘
하다'는 뜻이며, 이후 의심하다, 추측하다는
뜻까지 나왔다.

字形 [圖] 說文小篆

是(옳을 시): [昰], shì, 日-5, 9, 42

字解 회의. 원래 日^(날 일)과 正^(바를 정)으로 구성되
어 해^(日)가 한가운데^(正) 위치할 때를 말했
는데, 자형이 변해 지금처럼 되었다. 바로
해가 한가운데 위치하는 '이때'를 말하며,
이로부터 '곧바르다'의 뜻이, 다시 '옳다', 바

르다, 치우치지 않다, 정확하다 등의 뜻이
나왔다. 전국문자에서는 日과 止^(발 지)로 구
성되어 해^(日)가 머무는^(止) 때임을 말했다.

字形 金文 古陶文
盟書 簡牘
文 帛書 說文小篆 說
文籀文

匙(숟가락 시): chí, 匕-9, 11, 10

字解 형성. 匕^(비수 비)가 의미부고 是^(옳을 시)가 소리
부로, 비수^(匕) 모양의 숟가락을 말한다. 원
래는 숟가락을 그린 匕로만 썼으나 이후
소리부인 是를 더해 분화한 글자이다. ☞
匕^(비수 비)

字形 說文小篆

嘶(울 시): sī, 口-12, 15

字解 형성. 口^(입 구)가 의미부고 斯^(이 사)가 소리부
로, '울다'는 뜻인데, 입^(口)에서 소리가 찢어
져^(斯) 나오는 것을 형상화했다. ☞ 斯^(이 사)

市(저자 시): shì, 巾-2, 5, 70

字解 형성. 원래는 凡^(무릇 범, 帆의 원래 글자)이나 舟^(배 주)
가 의미부고 止^(발 지)가 소리부인 구조였
는데, 八^(여덟 팔)과 丂^(기교 교)가 의미부이고
止가 소리부인 구조로 변했다가, 자형이 변
해 지금처럼 되었다. 止는 오가는 행위를

뜻하고, 돛^(凡)은 배를 상징하고 배^(舟)는 가
장 초기 형태의 교역인 물물교환의 장소를
뜻한다. 배는 옛사람들에게 동네와 동네를
이어주는 통로 구실을 했을 것이다. 그러던
것이 금문에 들면서 八과 丂가 의미부이고
止가 소리부인 구조로 되었는데, 근대의 林
義光^(임의광)은 "八은 나누다^(分분)는 뜻이고,
丂는 끌어들이다^(引인)는 뜻이다. 사고파는
이들이 물건을 나누어 벌려 놓고 사람을
끌어들인다."라고 풀이했는데, 서주 후기 때
에는 이미 여러 물건을 벌여 놓고 사람들
을 끌어들이는 진정한 의미의 시장이 출현
했음을 알려준다. 그 후 다시 지금의 자형
처럼 巾^(수건 건)이 들어간 구조로 변했는데,
巾은 깃발을 상징한다. 시라카와 시즈카<sup>(白川
靜)</sup>의 말처럼 巾은 "시장이 서는 장소를 표
시하기 위해 세워놓은 標識^(표지)"로서, 오늘
날 식으로 말하자면 공정거래가 이루어질
수 있도록 감독을 쉽게 하고, 많은 사람이
쉽게 찾을 수 있도록 한 것을 의미한다. 시
장이라는 의미로부터 사다, 팔다의 뜻이,
다시 시장이 설치된 곳, 대도시를 지칭하였
고, 또 도시에서 제정한 도량형 단위를 지
칭하여 市尺^(시척)이나 市斤^(시근)이라는 말도
나왔다.

字形 金文 古陶文
簡牘文 說文小篆

柿(감나무 시): [柹], shì, 木-5, 9, 10

字解 형성. 木^(나무 목)이 의미부고 市^(저자 시)가 소리부로, 감나무^(木)를 말하며, 감을 지칭하기도 한다.

字形 柿 簡牘文 柿 說文小篆

尸(주검 시): shī, 尸-0, 3

字解 상형. 『설문해자』에서는 "누운 사람의 모습"이라 했지만, 갑골문을 보면 다리를 구부린 사람의 모습이 분명하다. 혹자는 이를 책상다리하고 앉은 것이라고도 하지만, 우리나라 남부의 돌무덤에서 자주 발견되는 매장법의 하나인 '굽혀묻기^(屈葬굴장)'를 형상화한 것으로 보이며, 그것은 시신을 태어날 때의 모습으로 되돌림으로써 내세에서의 환생을 기원한 것이라고 한다. 그래서 尸는 '시체'가 원래 뜻이며, 이후 '주례'에서의 설명처럼 제사 때 신위 대신 그 자리에 앉혀 조상의 영혼을 대신하던 아이^(尸童시동)를 말했다. 여기서 '진열하다'의 뜻이, 다시 진열하는 장소인 '집'을 뜻하게 되었다. 따라서 尸는 산 사람보다는 죽은 사람을, 그래서 현재보다는 조상 대대로 살아온 '집'을 뜻한다. 해서체 이후로는 人^(사람 인)과 尸가 혼용되어 사용된 경우도 보인다. 따라서 屈^(굽을 굴), 屍^(주검 시) 등은 모두 '시체'와 관련되어 있다. 屈은 시신^(尸)의 '굽혀묻기'와 직접 관련되어 있고, 屍는 尸에 死^(죽을 사)를 더해 의미를 더욱 구체화했다.

字形 甲骨文 金文

古陶文 尸 簡牘文 尸 說文小篆

屍(주검 시): 尸, shī, 尸-6, 9, 20

字解 형성. 死^(죽을 사)가 의미부고 尸^(주검 시)가 소리부로, 죽어^(死) 무릎을 굽힌 시신^(尸)을 말하며, 이로부터 시체의 뜻이 나왔다. 간화자에서는 尸에 통합되었다. ☞ 死^(죽을 사)

字形 說文小篆

屎(똥 시): shǐ, 尸-6, 9

字解 형성. 尸^(주검 시)가 의미부이고 米^(쌀 미)가 소리부로, 배변을 말하다. 갑골문에서 사람이 똥을 누는 모습을 사실적으로 그렸으며, 소전체에서 똥이 米로 변해 지금의 형성구조로 바뀌었다. 대변이라는 뜻으로부터 배설하다, 기예 등이 조잡하다 등의 뜻이 나왔다.

字形 甲骨文

始(처음 시): shǐ, 女-5, 8, 60

字解 형성. 女^(여자 여)가 의미부고 台^(기뻐할 이별 태)가 소리부로, '아이를 가져 기뻐하는^(台) 어미^(女)'에서부터 만물의 '始^(시작)'이라는 의미를 그렸는데, 이는 만물의 시작이 여성 혹은 암컷에서 시작되며 생명의 탄생과 모성의 시작이 바로 여성이라는 인식이 동양의 사상의 연원이요, 시작임을 보여준다. 이로부터 시작, 막, 비로소 등의 의미가 나왔다.

金文 簡牘文

說文小篆

矢(화살 시): [笑], shǐ, 矢-0, 5, 30

字解 상형. 갑골문에서 화살의 촉과 대와 꼬리를 사실적으로 그렸다. 화살은 대표적인 사냥 도구이자 무기였으며, 때로는 화살의 곧음처럼 '정확함'을, 때로는 길이를 재는 척도를 나타내기도 했다. 원래 뜻인 '화살'의 의미로, 화살의 속성에서 파생된 의미로 쓰였으며, 활은 또 고대사회에서 언제나 휴대하는 물품이었기에 사물의 길이를 재는 잣대로 쓰이기도 했다.

字形 甲骨文 金文
古陶文 簡
牘文 說文小篆

試(시험할 시): 试, shì, 言-6, 13, 42

字解 형성. 言^(말씀 언)이 의미부고 式^(법 식)이 소리부로, 시험하여 사용한다는 뜻인데, 어떤 잣대^(式)에 맞는지를 말^(言)로 테스트하여 시험함을 말하며, 이로부터 시험해보다, 측정하다, 試驗^(시험) 등의 뜻이 나왔다.

字形 簡牘文 說文小篆

弑(죽일 시): shì, 弋-9, 12, 10

字解 형성. 殺^(죽일 살)의 생략된 모습이 의미부고

式^(법 식)이 소리부로, 弑害^(시해)에서처럼 '낮은 사람이 윗사람을 죽이는^(殺) 것'을 말한다.

字形 說文小篆

媤(시집 시): [媤], sī, 女-9, 12, 10

字解 형성. 女^(여자 여)가 의미부고 思^(생각할 사)가 소리부로, '시집'을 말하는데, 여성^(女)이 언제나 생각해야^(思) 할 곳이 친정이 아닌 시집임을 강조했다. 달리 思 대신 司^(맡을 사)가 들어간 姰^(여자 이름 시)로 쓰기도 한다.

柴(섶 시): chái, 木-6, 10, 12

字解 형성. 木^(나무 목)이 의미부고 此^(이 차)가 소리부로, '섶'을 말하는데, 잎나무·풋나무·물거리 따위의 이런^(此) 저런 땔나무^(木)를 통틀어 이르는 말이다.

字形 說文小篆

蓍(시초 시): shī, 艹-10, 14

字解 형성. 艹^(풀 초)가 의미부고 耆^(늙은이 기)가 소리부로, '시초'를 말하며, 달리 鋸齒草^(거치초)라고도 불리는데, 나이 든 제사장^(耆)이 점을 칠 때 사용하는 점대나 풀^(艹)임을 반영했다.

字形 古璽文 說文小篆

謚(시호 시): 谥, [諡], shì, 言-9, 16, 10

字解 형성. 言^(말씀 언)이 의미부이고, 益^(작은 쟁반 혜)가 소리부로, '謚號^(시호)' 즉 임금이나 재상이나 학자가 죽은 뒤 그 공덕을 기려 임금이 추증하던 이름을 말한다. 『설문해자』에서는 言^(말씀 언)과 兮^(어조사 혜)와 皿^(그릇 명)으로 구성되었다고 했지만, 청나라 때의 『설문해자』 연구자들은 言이 의미부고 益^(더할 익)이 소리부인 형성구조였는데 이후 자형이 변한 것으로 해석했다. 옛날 귀족이나 대부, 사대부, 기타 지위를 가진 사람이 죽고 나면 그 사람의 행적을 고려해서 더해 주는^(益) 호칭^(言)을 말한다. 달리 益 대신 益이 들어간 謚^(웃을 익·시호 시)로 쓰기도 한다.

字形 謚 說文小篆

兕(외뿔들소 시): [㺊], sì, 儿-6, 8

字解 상형. 갑골문에서 큰 뿔을 가진 '외뿔 소'를 그렸는데, 소전체에 들어오면서 지금의 자형으로 변해 윗부분은 뿔을 가진 머리를, 아랫부분은 몸통과 발과 꼬리를 뜻한다.

字形 (甲骨文) 甲骨文 (簡牘文) 簡牘文 (說文小篆) 說文小篆 (說文古文) 說文古文

㺊(외뿔들소 시): sì, 火-7, 11

字解 상형. 갑골문에서 큰 뿔을 가진 '외뿔 소'를 그렸는데, 소전체에 들어오면서 지금의 자형으로 변했는데, 윗부분은 뿔을 가진 머리를, 아랫부분은 몸통과 발과 꼬리를 뜻한다. 『설문해자』의 해설처럼, '들소처럼 생겼으나 푸른색을 띤 짐승^(如野牛而靑), 즉 외뿔소를 말한다. 달리 兕^(외뿔들소 시)로도 쓴다. ☞ 兕^(외뿔들소 시)

字形 (甲骨文) 甲骨文 (簡牘文) 簡牘文 (說文小篆) 說文小篆

啻(뿐 시): chì, 口-9, 12

字解 형성. 口^(입 구)가 의미부이고 帝^(임금 제)가 소리부로, '단지…뿐', '다만' 등의 부사 기능을 나타내는 말^(口)로 쓰인다.

字形 (金文) 金文 (古陶文) 古陶文 (簡牘文) 簡牘文 (帛書) 帛書 (石刻古文) 石刻古文 (說文小篆) 說文小篆

戠(찰진 흙 시): chì, shì, zhú, 戈-9, 13

字解 회의. 戈^(창 과)와 音^(소리 음)으로 구성되었는데, 章^(글 장)에서 볼 수 있는 것처럼, 音은 칼이나 날카로운 것으로 무늬를 새겨 넣었음을 말하고, 戈는 낫 모양으로 된 '창'을 뜻하여 새겨 넣는 도구를 상징한다. 그래서 戠는 어떤 문양이나 무늬를 새겨 넣다가 원래 뜻이다. 이는 識^(알 식), 幟^(기 치), 織^(짤 직), 職^(벼슬 직) 등에서 그 흔적을 찾을 수 있다. 戠에 그런 원래의 뜻은 사라지고 '찰흙'이나 '진흙'이라는 의미만 남았는데, 옛날 청동기 문양이나 글씨를 넣을 때 찰흙으로 만든 거푸집에다 새겨 넣었기 때문이 아닐까 추정된다.

人

蝕(좀먹을 식): 蚀, shí, 虫-9, 15, 10

字解 형성. 虫^(벌레 충)이 의미부고 食^(밥 식)이 소리부로, 좀 벌레^(虫)가 먹어^(食) 들어가듯 조금씩 파먹는 것을 말한다. 『설문해자』에서는 虫과 人^(사람 인)이 의미부이고 食이 소리부인 蝕으로 썼다.

字形 說文小篆

식

食(밥 식·먹일 사): shí, 食-0, 9

字解 상형. 그릇에 담긴 음식을 그렸다. 위는 그릇의 뚜껑이고, 아래는 두루마리 발^(卷足·권족)을 가진 그릇이며, 두 점은 피어오르는 김을 형상화했다. 소복하게 담긴 음식으로 보아 이는 '밥'으로 추정된다. 그래서 食의 원래 뜻은 '음식'이며, 이로부터 양식, 먹(이)다, 끼니 등을, 다시 양식을 받는다는 뜻에서 俸祿^(봉록)까지 뜻하게 되었다. 다만 '먹이다'는 뜻으로 쓰일 때에는 '사'로 읽는데, 이후 司^(맡을 사)를 더한 飼^(먹일 사)로 구분해 표현했다.

字形 甲骨文 金文 古陶文 簡牘文 說文小篆

篒(대 밥통 식): shí, 竹-9, 15

字解 형성. 竹^(대 죽)이 의미부고 食^(밥 식)이 소리부로, 음식^(食)을 넣어 쪄 먹을 수 있는 대^(竹) 통을 말한다.

飾(꾸밀 식): 饰, shì, 食-5, 14, 32

字解 형성. 『설문해자』에 의하면, 巾^(수건 건)과 人^(사람 인)이 의미부고 食^(밥 식)이 소리부로, 사람^(人)이 수건^(巾)으로 물건을 닦고 꾸미는 것을 말했으며, 이로부터 닦다, 修飾^(수식)하다, 裝飾^(장식)하다, 좋아 보이게 하다, 가리다, 장식물 등의 뜻이 나왔다. 혹자는 巾이 의미부고 飤^(먹일 사)가 소리부인 구조로 보기도 한다. 간화자로는 饰으로 쓴다.

殖(번성할 식): 殖, zhí, 歹-8, 12, 20

字解 형성. 歹^(뼈 부서질 알)이 의미부고 直^(곧을 직)이 소리부로, '시신^(歹)'이 원래 뜻이며, 이후 '增殖^(증식)'이라는 뜻을 갖게 되었다. 『설문해자』에서는 "오래된 기름진 살"이라 했다. 시체가 오래되면 기름진 살이 썩어 없어지고 뼈^(歹)만 삐죽삐죽^(直·직) 드러나게 되는데, 이러한 모습을 반영한 해석이다. 살이 썩어 문드러지는 '죽음'은 바로 새 생명의 상징이며, 정착 농경을 하면서 순환론적 사고에 익숙했던 고대 중국인들에게 죽음은 또 다른 생명의 시작으로 쉽게 이해되었을 것이고, 이 때문에 殖에 '자라나다'는 뜻이 담겼다.

說文小篆

植(심을 식): 植, zhí, 木-8, 12, 70

字解 형성. 木^(나무 목)이 의미부고 直^(곧을 직)이 소리부로, '심다'는 뜻이고 植物^(식물)을 지칭하기도 한다. 뛰어다니며 움직이는 존재가 動物^(동물)이라면 나무^(木)처럼 곧게^(直) 선 존재가 植物이며, 나무^(木)를 심을 때는 곧바르게^(直) 심어야만 제대로 자랄 수 있다는 뜻을 담았다.

盟書 簡牘文 說文小篆 說文或體

埴(찰흙 식): 埴, zhí, 土-8, 11

字解 형성. 土^(흙 토)가 의미부고 直^(곧을 직)이 소리부로, '찰흙'을 말하는데, 도기를 빚는 데 쓰이는 찰흙^(土)을 잘 이겨서 뭉쳐 세워 놓은^(直) 모습을 반영했다.

說文小篆

式(법 식): shì, 弋-3, 6, 60

字解 형성. 工^(장인 공)이 의미부고 弋^(주살 익)이 소리부인데, 工은 공구의 대표를 상징하여, 모범을 뜻하고, 이로부터 '모범으로 삼다', 法式^(법식), 格式^(격식), 形式^(형식), 儀式^(의식), 公式^(공식) 등의 뜻이 나왔다.

 簡牘文 說文小篆

軾(수레 앞턱 가로나무 식): 轼, shì, 車-6, 13, 12

字解 형성. 車^(수레 거차)가 의미부고 式^(법 식)이 소리부로, 옛날 수레^(車)의 사람 칸 앞에 서서 잡을 수 있게 한 가로로 된 나무를 말한다.

說文小篆

拭(닦을 식): shì, 手-6, 9, 10

字解 형성. 手^(손 수)가 의미부고 式^(법 식)이 소리부로, 손^(手)으로 깨끗하게 닦아내다는 뜻으로부터 '닦다'는 뜻이 나왔다.

息(숨 쉴 식): xī, 心-6, 10, 42

字解 회의. 自^(스스로 자)와 心^(마음 심)으로 구성되어, '숨을 쉬다'는 뜻인데, 심장^(心)에서 시작된 숨이 코^(自)로 나오는 모습을 형상화했다. 이는 폐와 코가 가장 주요한 호흡기라고 생각할 수 있지만, 심장^(心)이 펄떡펄떡 뛰면서 거친 숨을 코^(自)로 내몰아 쉬는 모습을 상상하게 한다. 그래서 休息^(휴식)은 내몰아 쉬는 숨^(息)을 가라앉혀 쉬게 하다^(休)는 뜻이다.

金文 簡牘文 古璽文 說文小篆

熄(꺼질 식): xī, 火-10, 14, 10

字解 형성. 火^(불 화)가 의미부고 息^(숨 쉴 식)이 소리부로, 불^(火)을 그치게 하다^(息)는 뜻으로부터 '불을 끄다', '불이 꺼지다'는 뜻이 나왔으며, 이로부터 없어지다, 사라지다 등의 뜻이 나왔다.

字形 熄 說文小篆

識(알 식표할 지): 识, zhì, shí, 言-12, 19, 52

字解 형성. 言^(말씀 언)이 의미부고 戠^(찰진 흙 시)가 소리부로, 알다는 뜻인데, 말^(言)을 머릿속에 새겨^(戠) 자신의 지식이 되게 하다는 뜻을 담았으며, 이로부터 知識^(지식), 알다, 분별하다 등의 뜻이 나왔다. 기록하다는 뜻으로 쓰일 때에는 標識^(표지)에서처럼 '지'로 구분해 읽는다. 간화자에서는 소리부인 戠를 간단히 只^(다만 지)로 줄인 识으로 쓴다.

字形 金文 簡牘文 古璽文 識 說文小篆

湜(물 맑을 식): shí, 水-9, 12, 12

字解 형성. 水^(물 수)가 의미부고 是^(옳을 시)가 소리부로, 밑바닥이 보일 정도로 물^(水)이 맑음을 말하는데, 이렇게 맑음이 물의 진정한^(是) 상태임을 반영했다.

字形 湜 說文小篆

寔(이 식): 实, shí, 宀-9, 12

字解 형성. 宀^(집 면)이 의미부고 是^(옳을 시)가 소리부로, 집^(宀) 안으로 들어와 멈추다는 뜻이었는데, 이후 '진실로', '사실' 등의 뜻이 생겼다. 간화자에서는 實^(열매 실)에 통합되어 实로 쓴다.

字形 寔 說文小篆

신

辰(때 산지지 진): chén, 辰-0, 7

字解 상형. 자원에 대한 해석이 일치하지 않아, 갑골문에서 왼쪽의 세모꼴은 대합조개의 껍데기이며 오른쪽은 내민 혀로, 땅 위를 기어가는 조개의 모습을 그렸다고 한다. 하지만 이를 돌칼처럼 손에다 조개껍데기를 두 줄로 묶은 조개 칼로 보기도 하는데, 조개 칼은 익는 시기가 일정치 않은 기장이나 조를 수확하는 데 유용했던 도구이다. 어쨌든 辰은 '조개'가 원래 뜻이며, 농사 도구로서의 '조개 칼'의 상징이다. 하지만, 이후 간지자의 하나로 가차되었고, 다시 시간을, 또 때를 알려주는 '별'이라는 뜻까지 가지게 되었다. 그러자 원래의 뜻은 虫^(벌레 충)을 더한 蜃^(대합조개 신)으로 분화했다.

字形 甲骨文 金文 古

陶文 莀 辰簡牘文 辰石刻古文 辰 說文小篆 辰 說文古文

蜃(대합조개 신): shèn, 虫-7, 13, 10

(字解) 형성. 虫^(벌레 충)이 의미부고 辰^(때 산지지 진)이 소리부로, '대합조개'를 말하는데, 조개를 그린 辰에 의미를 더욱 명확하게 하고자 虫을 더해 분화한 글자이다. ☞ 辰^(때 산지지 진)

(字形) 蜃 說文小篆

晨(새벽 신): [晨], chén, 日-7, 11, 30

(字解) 형성. 日^(날 일)이 의미부고 辰^(때 산지지 진)이 소리부로, 조개 칼^(辰)로 상징되는 농사일이 시작되는 이른 시간대^(日)인 '새벽'을 말하며, 28宿^(수)의 하나인 房星^(방성)을 지칭하기도 한다.

(字形) 茻 晨甲骨文 晨 晨 晨 晨 晨金文 晨帛書 晨 說文小篆

娠(애 밸 신): shēn, 女-7, 10, 10

(字解) 형성. 女^(여자 여)가 의미부고 辰^(때 산지지 진)이 소리부로, 임신하다는 뜻인데, 아이를 가져 배가 조개^(辰)처럼 불룩한 여인^(女)의 이미지를 그렸다.

(字形) 娠 說文小篆

宸(집 신): chén, 宀-7, 10, 10

(字解) 형성. 宀^(집 면)이 의미부고 辰^(때 산지지 진)이 소리부로, 조개껍데기^(辰)처럼 튼튼한 집^(宀)의 처마를 말했는데 이후 '큰 집'을 뜻했다.

(字形) 宸 說文小篆

申(아홉째 지지 신): shēn, 田-0, 5, 42

(字解) 상형. 갑골문에서 번개가 번쩍번쩍 치는 모습을 형상했으며, '번개'가 원래 뜻이다. 이후 번개^(申)가 뻗어나가듯 몸을 쭉 '펴다'는 뜻도 나왔고 속에 있는 말을 꺼내어 진술하다는 뜻도 생겼는데, 이때는 人^(사람 인)을 더한 伸^(펼 신)으로 분화하기도 했다. 그러나 이후 간지 이름으로 쓰여 아홉째 지지를 나타내는데 주로 쓰이자, 원래 뜻은 雨^(비 우)를 더하여 電^(번개 전)으로 분화하였다.

(字形) 申 申 申 申 申 申 申 申甲骨文 申 申金文 申 申古陶文 申 申簡牘文 申 申古璽文 申石刻古文 申 說文小篆 申 說文古文 申 說文籒文

神(귀신 신): shén, 示-5, 10, 60

字解 형성. 示^(보일 시)가 의미부고 申^(아홉째 지지 신)이 소리부로, 원래는 번개^(申, 電의 원래 글자) 신^(示)을 말했다. 하지만 계절에 맞지 않게 일어나는 예사롭지 않은 번개는 사악한 사람을 징계하며, 신의 조화가 생길 어떤 변화를 나타내 주는 계시로 생각되었고, 강력한 에너지를 내뿜는 번개로써 자연계에 존재하는 각종 '신'을 대표하게 되었다. 이후 鬼神^(귀신), 평범하지 않은 것, 神秘^(신비)하다, 神聖^(신성)함, 불가사의하다, 신경, 精神^(정신), 표정 등의 뜻까지 나왔다.

字形 甲骨文 祀 金文 帛書文 簡牘文 石刻篆文 汗簡 說文小篆

伸(펼 신): shēn, 人-5, 7, 30

字解 형성. 人^(사람 인)이 의미부고 申^(아홉째 지지 신)이 소리부로, 번개^(申)가 뻗어나가듯 사람^(人)의 몸을 쭉 '펴다'는 뜻이며, 속에 있는 말을 꺼내어 진술하다는 뜻도 생겼다.

字形 簡牘文 說文小篆

紳(끈 띠 신): 绅, shēn, 糸-5, 11, 20

字解 형성. 糸^(가는 실 멱)이 의미부고 申^(아홉째 지지 신)이 소리부로, 옛날 사대부들이 허리 사이에 쭉^(申) 늘어뜨려 매던 실^(糸)로 만든 큰 띠를

말하는데, 이후 이런 띠를 맨 사람이라는 의미에서 紳士^(신사)를 뜻하게 되었다.

字形 簡牘文 說文小篆

呻(끙끙거릴 신): shēn, 口-5, 8, 10

字解 형성. 口^(입 구)가 의미부고 申^(아홉째 지지 신)이 소리부로, 입^(口)으로 呻吟^(신음) 소리를 내며 끙끙거림을 말하며, 또 입으로 소리를 내어 읊조림도 뜻한다.

字形 說文小篆

辛(매울 신): xīn, 辛-0, 7, 30

字解 상형. 갑골문에서 肉刑^(육형)을 시행할 때 쓰던 형벌 칼을 그렸는데, 위쪽은 넓적한 칼날 아래쪽은 손잡이다. 辛은 죄인에게 형벌을 집행하고, 노예들에게 노예 표지를 새겨 넣던 도구로 쓰였다. 그래서 辛은 고통과 아픔^(辛苦신고)의 상징으로 쓰이며, 이 때문에 '맵다'는 뜻까지 지칭하였다.

字形 甲骨文 金文 古陶文 簡牘文 古璽文 說文小篆

莘(족두리 풀 신): xīn, 艸7, 11

字解 형성. 艸^(풀 초)가 의미부고 辛^(매울 신)이 소리부로, 쥐방울덩굴과의 여러해살이풀^(艸)로 뿌리는 거담제, 진통제, 이뇨제 등으로 쓴다.

新(새 신): xīn, 斤9, 13, 60

字解 형성. 원래 斤^(도끼 근)이 의미부이고 辛^(매울 신)이 소리부로, 도끼^(斤)로 대나무^(辛) 등을 쪼개는 모습으로부터 '땔감'의 의미를 그렸는데, 이후 의미를 강화하고자 木^(나무 목)이 더해져 지금의 자형이 되었다. 이 때문에 대^(辛)나 나무^(木)를 정교하게 자르고 다듬어 '새로운' 물건을 만든다는 의미가 나왔고, 새롭다는 의미가 주로 쓰였다. 그러자 '땔감'이라는 원래 의미는 艸^(풀 초)를 더한 薪^(땔감 신)으로 분화했다. 새롭다는 뜻으로부터 막, 아직 사용하지 않은 것, 新郎^(신랑), 新婦^(신부), 막 결혼한 사람 등을 지칭하게 되었다.

字形 [갑골문·금문·고도문·간독문·고새문·설문소전 字形들] 甲骨文 金文 古陶文 簡牘文 古璽文 說文小篆

薪(땔감 신): xīn, 艸13, 17, 10

字解 형성. 艸^(풀 초)가 의미부고 新^(새 신)이 소리부로, 초목^(艸)을 쪼개 불을 땔 때는 재료로 쓰는

땔감^(新)을 말하며, 땔감을 녹봉으로 주었기에 이후 월급, 생활비 등의 뜻도 나왔다. ☞ 新^(새 신)

字形 [字形들] 簡牘文 說文小篆

燼(깜부기 불 신): 烬, jìn, 火14, 18, 10

字解 형성. 火^(불 화)가 의미부고 盡^(다할 진)이 소리부로, 물체가 다 타고 난^(盡) 뒤의 남는 불^(火)을 말하는데, 갑골문에서 막대로 불을 뒤적거리는 모습을 그렸다. 간독문자와 『설문해자』에서는 火가 의미부고 聿^(붓 률)이 소리부인 肂으로 썼으며, 간화자에서는 盡을 尽으로 줄여 烬으로 쓴다.

字形 [字形들] 甲骨文 簡牘文 說文小篆

藎(조개풀 신): 荩, jìn, 艸14, 18

字解 형성. 艸^(풀 초)가 의미부고 盡^(다할 진)이 소리부로, 볏과의 한해살이풀^(艸)로 줄기와 잎을 노란색 염료로 써, 물감풀이라 불리기도 한다. 또 進^(나아갈 진)과 통용되어 추천하여 임용하다는 뜻으로 쓰였고, 이로부터 충성이라는 뜻이 나왔다. 간화자에서는 盡을 尽으로 줄여 荩으로 쓴다.

字形 [字形] 說文小篆

侁(걷는 모양 신): shēn, 人-6, 8

字解 형성. 人^(사람 인)이 의미부고 先^(먼저 선)이 소리부로, 사람^(人)이 발을 내밀어^(先) '걸어가는 모양'을 말한다.

字形 侁 說文小篆

身(몸 신): shēn, 身-0, 7, 60

字解 상형. '몸'을 그렸다. 금문에서는 임신해 배가 불룩한 모습을 그렸는데, 배에 그려진 점은 '아이'의 상징으로, 아직 구체적 형태가 만들어지지 않은 상태를 말한다. 이후 머리가 형성되면 巳^(여섯째 지지 사)로, 두 팔까지 생기면 子^(아이 자)가 된다. 간혹 다른 자형에서는 뱃속에 든 것이 '아이'임을 더 구체화하기 위해 점 대신 머리와 두 팔이 자란 아이^(子)를 넣은 경우도 보인다. 이처럼 身은 '임신하다'가 원래 뜻이며, 나아가 머리 아래부터 발 위까지의 '신체'를 지칭하게 되었는데, "사람의 몸을 그렸다"라고 한 『설문해자』의 해석은 이를 반영한다. 이후 사물의 주체나 자기 자신을 뜻했고, 自身^(자신)이 '몸소' 하는 것을 말하기도 했다. 그래서 身으로 구성된 한자들은 모두 '몸'과 관련된 의미를 가진다.

字形 甲骨文 金文 盟書 簡牘文 古璽文 說文小篆

信(믿을 신): xìn, 人-7, 9, 60

字解 형성. 言^(말씀 언)이 의미부이고 人^(사람 인)이 소리부로, 사람^(人)의 말^(言)은 언제나 진실하고^(信) 신뢰가 있어야 한다는 의미를 담았는데, 전국 시대 때의 일부 글자에서는 言이 口^(입 구)로 바뀐 구조가 되기도 했다. 이로부터 믿음, 信仰^(신앙), 진실하다, 편지, 소식, 信號^(신호) 등의 뜻이 나왔다.

字形 金文 古陶文 簡牘文 古璽文 石刻古文 說文小篆 說文古文

臣(신하 신): chén, 臣-0, 6, 52

字解 상형. 가로로 된 자연스런 눈과 달리 세워진 모습인데, 머리를 숙인 채 위로 쳐다보는 눈으로써 '노예'를 특징적으로 그렸다. 갑골문에서 臣은 항복했거나 포로로 잡힌 남자 노예를 뜻하며, 왕실의 노예를 감독하는 노예의 우두머리를 지칭하기도 했다. 이로부터 臣에 신하의 뜻이 담겼고, 군주제 시절 임금에게 자신을 낮추어 부르던 호칭으로 쓰이기도 했다. 그래서 臣은 目^(눈 목)이나 見^(볼 견)과 같이 눈을 그렸지만, '보다'는 의미보다는 굴복과 감시의 이미지를 강하게 담고 있다.

字形 甲骨文 金文 古陶文

簡讀文　帛書

石刻古文　 說文小篆

愼(삼갈 신): 慎, [昚, 睿], shèn, 心-10, 13, 32

字解 형성. 心^(마음 심)이 의미부고 眞^(참 진)이 소리부로, 조심하다는 뜻인데, 점복을 칠 때의 진실 된^(眞) 마음^(心)처럼 신중하고 삼가야 함을 말한다. 간화자에서는 慎으로 쓴다.

字形 金文 簡讀文 說文小篆 說文古文

迅(빠를 신): xùn, 辵-3, 7, 10

字解 형성. 辵^(쉬엄쉬엄 갈 착)이 의미부고 卂^(빨리 날 신)이 소리부로, 날아가듯^(卂) 빨리 감^(辵)을 말하며, 이로부터 迅速^(신속)하다, 빠르다의 뜻이 나왔다. 또 힘이 센 이리를 지칭하기도 한다.

字形 簡讀文 說文小篆

訊(물을 신): 讯, xùn, 言-3, 10, 10

字解 형성. 言^(말씀 언)이 의미부고 卂^(빨리 날 신)이 소리부로, 말^(言)로 재빨리^(卂) 심문함을 말한다. 갑골문에서 女^(여자 여)와 糸^(소·가는실 멱)과 口^(입 구)로 구성되어, 전쟁에서 잡은 포로^(女)를 줄^(糸)로 묶고 심문하는^(口) 모습을 그렸

고, 이로부터 캐묻다는 뜻이 나왔고, 소식, 통신 등의 뜻도 나왔다.

字形 甲骨文 金文 簡讀文 說文小篆 說文古文

腎(콩팥 신): 肾, shèn, 肉-8, 12, 20

字解 형성. 肉^(고기 육)이 의미부고 臤^(굳을 견)이 소리부로, 장기^(肉)의 하나인 腎臟^(신장)을 말하며, 고환을 지칭하기도 한다. 간화자에서는 臤을 간단하게 줄인 肾으로 쓴다.

字形 簡讀文 說文小篆

실

悉(모두 실): xī, 心-7, 11, 10

字解 회의. 釆^(분별할 변)과 心^(마음 심)으로 구성되어, 마음^(心)을 써 가며 '남김없이' 자세히 살핌^(釆)을 말하며, 이로부터 '자세하다', 분명하다, 다하다, '모두' 등의 뜻이 나왔다. 『설문해자』의 고문체에서는 心과 囧^(빛날 경)으로 구성되어, 확 틘 창문처럼^(囧) 마음으로^(心) 알다는 뜻을 그려내기도 했다.

字形 簡讀文 說文小篆 說文古文

室(집 실): shì, 宀-6, 9, 80

字解 형성. 宀^(집 면)이 의미부고 至^(이를 지)가 소리부로, 집이나 방을 말하는데, 사람들이 도착하여^(至) 머무는 곳^(宀)이라는 의미를 담았다. 옛날 가옥에서 큰 대청을 堂^(당)이라 하고, 堂 뒤쪽의 중간 방을 室, 室의 동서 양쪽의 방을 房^(방)이라 했다. 방이라는 뜻으로부터 室內^(실내), 작업실 등의 뜻이 나왔다.

字形 甲骨文 金文 古陶文 簡牘文 古璽文 說文小篆

實(열매 실): 实, [宲], shí, 宀-11, 14, 52

字解 회의. 금문에서 宀^(집 면)과 田^(밭 전)과 貝^(조개 패)로 구성되어 집 안^(宀)에 곡식^(田)과 화폐^(貝)가 가득 들어 있는 모습을 그렸다. 이후 소전체에서 田과 貝가 합쳐져 돈을 꿰놓은 형상인 貫^(꿸 관)으로 변해 지금의 자형이 되었다. 그래서 집안^(宀)에 곡물과 재물이 '가득 차다'가 원래 뜻이며 이로부터 充滿^(충만)과 充實^(충실)의 뜻이 생겼다. 이후 과일은 꽃이 수정되어 열매가 열리고 속이 가득 차 맛있는 먹을거리가 된다는 점에서 果實^(과실)이라는 뜻이, 다시 結實^(결실)에서처럼 열매를 맺다는 뜻까지 갖게 되었다. 속이 가득 찬 것은 속이 텅 빈 허구와 대칭을 이루면서 事實^(사실)이나 진실의 의미가 생겨났다. 현대 중국에서는 寔^(이 식)의 간화자로도 쓰이며, 간화자에서는 초서체를 응용한 实로 쓴다. 한국에서는 고자로 된 宲로

쓰기도 한다.

字形 金文 簡牘文 說文小篆

失(잃을 실): shī, 大-2, 5, 60

字解 형성. 원래는 手^(손 수)가 의미부고 乙^(새 을)이 소리부로, 『설문해자』의 해석처럼 "손^(手)에서 놓쳐 잃어버리다"라는 뜻이었으나, 자형이 변해 지금처럼 되었다. 이로부터 잃어버리다, 놓치다, 失手^(실수)하다, 위반하다 등의 뜻이 나왔다.

字形 簡牘文 說文小篆

심

心(마음 심): xīn, 心-0, 4, 70

字解 상형. 갑골문에서 심장의 실제 모습을 그대로 그렸는데, 안쪽은 심장의 판막을 바깥쪽은 대동맥을 그렸다. 소전체까지는 심장의 모습을 잘 유지했으나 예서 이후로 잘 알아볼 수 없게 변해버렸다. 편방으로 쓰일 때에는 忄^(심)으로 써 글자의 균형을 고려했다. 『설문해자』에서는 심장^(心)을 음양오행 중 土^(토)에 해당하는 장기라고 했다. 『설문해자』를 지은 許愼^(허신)은 당시의 금문^(今文) 학자들과는 달리 우리 몸의 五臟^(오장) 중 肝^(간)을 金^(금), 脾^(비)를 木^(목), 腎^(신)을 水^(수), 肺^(폐)를 火^(화), 心을 土에 속하는 것으

로 간주했다. 고대 중국인들은 思^(생각할 사)나 想^(생각할 상)에서처럼 사람의 생각이 머리가 아닌 심장에서 나온다고 생각했다. 그래서 心으로 구성된 한자들은 대부분 사상감정이나 심리 활동과 관련되어 있으며, 그 때문에 사람의 성품도 마음에서 결정된다고 생각했다.

字形 甲骨文 金文 古陶文 簡牘文 古璽文 石刻古文 說文小篆

芯(등심초 심): xīn, 艸-4, 8

字解 형성. 艸^(풀 초)가 의미부고 心^(마음 심)이 소리부로, '골풀'이라고도 불리는 풀^(艸)로, 말린 줄기는 약재나 자리를 만드는 데 쓴다.

沁(스며들 심): qìn, 水-4, 7

字解 형성. 水^(물 수)가 의미부고 心^(마음 심)이 소리부로, 산서성 沁源^(심원)현의 綿山^(면산)에서 발원하여 남으로 하남성 武陟^(무척)현에 이르러 황하로 흘러드는 강 이름이며, 산서성 沁源^(심원)현을 지칭하는 땅 이름으로도 쓰였다. 또 물^(水) 등이 침투하다 등의 뜻도 가진다.

字形 說文小篆

沈(가라앉을 심·침): shěn, 水-4, 7

字解 형성. 水^(물 수)가 의미부고 尤^(머뭇거릴 유)가 소리부로, 산의 고개 아래 움푹한 곳에 고인 물^(水)이 원래 뜻이며, 이후 깊다, 가라앉다 등의 뜻이 나왔다. 또 옛날 제물을 물에 빠트리며 강의 신에게 제사를 지내던 의식을 뜻하기도 한다. 현대 중국에서는 瀋^(즙 심)의 간화자로도 쓰인다.

字形 說文小篆

審(살필 심): 审, [案], shěn, 宀-12, 15, 32

字解 회의. 원래 宀^(집 면)과 釆^(분별할 변)과 口^(입 구)로 구성되어, 집안^(宀)에서 하나하나 따져가며^(釆) 물어봄^(口)을 형상화했다. 이후 口가 田^(밭 전)으로 변해 審이 되었으며, 달리 宀이 빠진 案^(살필 심)으로 쓰기도 한다. 이로부터 자세히 살피다, 따지다, 신중하다, 알다, 이해하다 등의 뜻이 나왔다. 간화자에서는 宀과 申^(아홉째지지 신)으로 구성된 审으로 쓴다.

字形 金文 簡牘文 說文小篆 說文籀文

瀋(즙 심): 沈, shěn, 水-15, 18, 12

字解 형성. 水^(물 수)가 의미부고 審^(살필 심)이 소리부로, 액체^(水)로 된 汁^(즙)을 말한다. 또 요녕성 瀋陽^(심양)시 남쪽에 있는 渾河^(혼하)로 흘러드는 강 이름으로, 달리 五里河^(오리하), 小瀋河^(소심하)라 불린다. 이 때문에 瀋陽시를 줄여 부르는 이름으로도 쓰인다. 간화자에서는 沈^(가라앉을 심)에 통합되었다.

字形 說文小篆

深(깊을 심): shēn, 水-8, 11, 42

字解 형성. 원래는 水^(물 수)가 소리부이고 罙^(깊을 삼)이 소리부로, 중국 호남성의 桂陽郡^(계양군) 南平^(남평)에서 흘러나와 서쪽으로 흘러 營道縣^(영도현)으로 흘러드는 강^(水) 이름이었으나, 이후 '깊다'는 뜻으로 쓰였으며, 이로부터 깊이, 시간상으로 오래되다, 정도가 심하다, 색깔 등이 진하다 등의 뜻도 나왔다.

字形 金文 簡牘文 說文小篆

尋(찾을 심): 큐, xún, 寸-9, 12, 30

字解 회의. 갑골문에서는 두 손과 막대 혹은 돗자리로 구성되어, 양팔을 벌려 길이를 재는 모습을 그렸다. 소전체에 들면서 오른손^(又·우)이 右^(오른쪽 우)로, 왼손^(寸·촌)이 左^(왼쪽 좌)로 변하면서 工^(장인 공)과 口^(입 구)가 더해졌고, 소리부인 彡^(터럭 삼)이 더해졌는데, 이후 彡이 빠져 지금의 자형이 되었다. 옛날의 길이 단위로 8자^(尺·척)를 1尋이라 했는데, 벌린 양팔 간의 길이에 해당한다. 팔을 벌려 길이를 가늠한다는 뜻에서 尋思^(심사)에서처럼 깊이 생각하다는 뜻이, 다시 '찾다'는 뜻이 나왔다. 간화자에서는 工과 口를 생략한 큐으로 쓴다.

字形 甲骨文 說文小篆

甚(심할 심): shèn, 甘-4, 9, 32

字解 회의. 금문에서 원래 甘^(달 감)과 匕^(비수 비)로 구성되어, 숟가락^(匕)이나 국자로 맛있는 것^(甘)을 떠먹는 모습을 그렸는데, 이후 匕가 匹^(필 필)로 바뀌어 지금처럼 되었다. 甚에서 숟가락으로 떠먹던 맛있는 것이 무엇인지에 대해서는 의견이 분분하지만, 斟^(술 따를 짐)이 국자^(斗·두)로 甚을 뜨는 모습이고, 甚^(오디 심)과 椹^(오디 심)이 직접 오디^(뽕나무 열매)를 지칭함을 고려해 볼 때, 이는 오디^(桑實·상실)로 담근 술로 추정된다. 甚으로 구성된 한자는 오디 외에도, '담그다', '깊다', '중후하다' 등의 뜻을 갖는데, 모두 오디로 담근 술에서 그 의미가 나왔다. 즉 오디를 담가 술을 만들고, 오디술은 짙은 검붉은 색과 깊은 맛을 가지기에 '깊다', '진하다', '중후하다'의 뜻이 나왔으며, 나아가 그러한 맛에 탐닉함까지 뜻하게 되었다.

字形 金文 簡牘文 說文小篆 說文古文

諶(참 심): 谌, chén, 言-9, 16

字解 형성. 言^(말씀 언)이 의미부고 甚^(심할 심)이 소리부로, 진실하다, 믿음직스럽다는 뜻인데, 말^(言)이란 중후하여야^(甚) '참되다'는 뜻을 담았다. ☞ 甚^(심할 심)

字形 金文 說文小篆

十(열 십): shí, 十-0, 2, 80

字解 지사. 원래 문자가 없던 시절 새끼 매듭을 묶어 '열 개'라는 숫자를 나타내던 약속 부호였는데, 문자로 정착된 글자이다. 갑골문에서는 단순히 세로획으로 나타났지만, 금문에서는 중간에 지어진 매듭이 잘 표현되었다. 이후 소전체에 들면서부터 매듭이 가로획으로 변해 지금처럼 되었다. 十^(열 십)이 둘 모이면 卄^(스물 입), 셋 모이면 卅^(서른 삽), 넷 모이면 卌^(마흔 십) 등이 된다. 十은 『설문해자』에서 말한 것처럼 十은 "숫자가 다 갖추어짐"을 뜻한다. 그래서 十美十全^(십미십전)은 모든 것이 완벽하게 다 갖추어졌다는 뜻이다. 여기서부터 '많다'는 뜻도 가지게 되었다.

字形 **╽╿**甲骨文 **╽╿╽**金文 **十**古陶文 **十**簡牘文 **十**說文小篆

什(열 사람 십·세간 집): shí, 人-2, 4, 10

字解 형성. 人^(사람 인)이 의미부고 十^(열 십)이 소리부로, 옛날 군대에서 사람^(人) 열^(十) 명이 한 조가 되는 군사 편제를 말했으며, 호적에서는 10家^(가)를 1什이라 했다. 또 여럿을 한데 모은 것을 지칭하기도 했으며, 이후 세간이라는 뜻으로도 쓰였다. 현대 중국에서는 '甚麼^(심마무엇)'라고 할 때의 甚의 간화자로도 쓰인다.

字形 **什**簡牘文 **什**說文小篆

拾(열 십) ☞ **拾**(주울 습)

从

쌍

雙(쌍 쌍): 双, shuāng, 隹-10, 18, 32

字解 회의. 두 개의 隹(새 추)와 又(또 우)로 구성되어, 새(隹) 두 마리를 손(又)으로 잡은 모습에서 새 두 마리를 말했고, 이로부터 '쌍'과 '짝'의 의미가 나왔다. 또 새나 배를 헤아리는 단위사로도 쓰였다. 간화자에서는 두 개의 又로 구성된 双으로 쓴다.

字形 **雙**古陶文 ▨簡牘文 **雙**說文小篆

씨

氏(성씨 씨·나라 이름 지): shì, zhī, 氏-0, 4, 40

字解 상형. 자원에 대해서는 이견이 많지만, 갑골문을 보면 허리를 숙인 채 물건을 든 모습이라는 해석이 비교적 타당해 보인다. 氏에 '씨', '뿌리', '낮다', '들다' 등의 의미가 들어있는 것으로 보아 손에 든 것은 '씨앗'이 아닌가라고 추정된다. 먼저, 씨를 뿌리는 모습에서 '씨'와 '뿌리'의 개념이 나왔는데, 氏族(씨족)이나 姓氏(성씨)는 이런 뜻을 반영

하였다. 이후 씨를 뿌리려 허리를 굽힌 데서 '낮(추)다'의 뜻이 나왔는데, 금문의 자형은 이를 적극적으로 반영하였다. 이후 氏는 '씨'를 뿌리는 곳인 땅을 강조한 지사 부호(丶)를 더해 氐(근본 저)로 분화하여 '낮다'는 의미를 주로 표현했다. 하지만 氏와 氐는 지금도 자주 섞여 쓰인다. 또 한나라 때 서역에 있던 이민족인 月氏(월지)를 지칭하며, 한나라 때 흉노족이 임금의 정실부인을 부르던 閼氏(알지)를 말할 때 쓰이기도 하는데, 이때에는 '지'로 읽힘에 유의해야 한다.

字形 ▨▨ ▨▨ 甲骨文 ▨▨▨▨ ▨金文 ▨▨▨▨ ▨古陶文 ▨ ▨▨▨ ▨ ▨氏簡牘文 ▨ 說文小篆

아

西(덮을 아): [襾], xiǎ, 襾-0, 6

字解 상형. 襾는 소전체에서부터 등장하는데, 冂은 보자기를, 그 윗부분은 묶어 놓은 손잡이로 보인다. 『설문해자』에서는 "冖^(덮을 멱)으로 구성되었고, 아래위를 덮은 모습을 그렸다."라고 했다. 이미 단독으로 사용되지 않고, 襾로 구성된 글자도 많지 않아 覆^(덮을 복) 정도가 있을 뿐이다. 현대 한자 자형에서 襾는 西^(서녘 서)와 닮았지만, 사실은 전혀 다른 글자이다. 西는 원래 새의 둥지를 그려 '서식하다'는 의미를 그렸고, 저녁이 되어 새가 둥지로 날아가는 방향이라는 뜻에서 '서쪽'의 의미가 나온 글자이다.

字形 ⻢ 說文小篆

我(나 아): wǒ, 戈-3, 7, 32

字解 상형. 원래 날이 여럿 달린 특수한 창을 그렸는데, 갑골문 당시 이미 '우리'라는 집체적 의미로만 쓰여, 원래의 의미를 추정하기가 쉽지 않다. 我^(나 아)가 '우리'라는 일인칭 대명사로 쓰이게 된 것을 보통 가차에 의한 것으로 보지만, 我에 羊^(양) 장식물이 더해진 의장용 칼인 義^(옳을 의)가 공동체 속에서 지켜야 할 '의리'를 그렸음을 고려해 볼 때, 我는 적을 치기 위한 대외용 무기가 아니라 내부의 적을 처단하고 내부(즉 우리)의 결속을 다지기 위한 대내용 무기로 보이며, 여기서부터 '우리'라는 뜻이 나왔을 것으로 보인다. 이러한 추정은 義^(숨 희)에서도 증명되는데, 義는 갑골문에서 義와 머리가 잘린 돼지의 모습을 그려, 조상신에게 공동체의 안녕을 빌고 단결을 도모하고자 치렀던 제사 때 쓰던 희생물을 말한다. 이후 희생물이 兮^(어조사 혜)로 변하고 뜻도 '숨'으로 가차되자, 원래의 '희생'이라는 뜻은 牛^(소 우)를 더한 犧^(희생 희)로 분화하였다.

字形 [갑골문 자형들] 甲骨文 [자형들] 金文 [자형] 古陶文 [자형들] 簡牘文 [자형] 石刻古文 [자형] 說文小篆 [자형] 說文古文

峨(높을 아): é, 山-7, 10

字解 형성. 山^(뫼 산)이 의미부고 我^(나 아)가 소리부로, 산세(山)가 의장용 칼(我)처럼 높고 빼어남을 말한다. 또 사천성에 있는 蛾帽山^(아미산)을 지칭하기도 한다.

字形 [자형] 說文小篆

餓(주릴 아): 饿, è, 食-7, 16, 30

字解 형성. 食^(밥 식)이 의미부고 我^(나 아)가 소리부로, 우리(我)가 먹을 음식(食)은 언제나 절약해 주린 듯 살아야 한다는 뜻에서 '굶주리다'는 뜻이, 다시 굶어죽다는 뜻이 나왔다.

字形 說文小篆

娥(예쁠 아): é, 女-7, 10

字解 형성. 女^(여자 여)가 의미부고 我^(나 아)가 소리부로, 아름다운 여자^(女)를 말하는데, 堯^(요) 임금의 딸로 舜^(순) 임금의 아내 이름이었다고 한다. 이후 미인을 지칭하였고, 특별히 달에 산다는 姮娥^(항아)를 지칭하기도 했다.

字形 甲骨文 說文小篆

蛾(나방 아): é, 虫-7, 13

字解 형성. 虫^(벌레 충)이 의미부고 我^(나 아)가 소리부로, 곤충^(虫)의 일종인 '나방'을 말한다. 이후 미인의 눈썹은 나방의 촉수를 닮았다고 해서 '미인'의 비유로도 쓰였다.

字形 說文小篆

莪(지칭개 아): é, 艸-7, 11

字解 형성. 艸^(풀 초)가 의미부고 我^(나 아)가 소리부로, 국화과의 두해살이풀^(艸)인 '지칭개'를 말하며, 어린잎은 식용으로 쓰인다.

字形 古璽文 說文小篆

俄(갑자기 아): é, 人-7, 9, 10

字解 형성. 人^(사람 인)이 의미부고 我^(나 아)가 소리부로, 매우 짧은 시간을 말했는데, 俄羅斯

^(아라사러시아)에서처럼 음역자로도 쓰였다.

字形 說文小篆

鵝(거위 아): 鵞, [鷖], é, 鳥-7, 18

字解 형성. 鳥^(새 조)가 의미부고 我^(나 아)가 소리부로, 가금^(鳥)의 일종인 '거위'를 말하며, 달리 鷖^(거위 아)로도 쓴다. 또 陳法^(진법)의 하나로 거위 모양으로 병력을 배치하는 법을 말하기도 했다.

字形 說文小篆

牙(어금니 아): yá, 牙-0, 4, 32

字解 상형. 아래위의 어금니가 서로 맞물린 모양을 그렸는데, 자형이 변해 지금처럼 되었다. 어금니는 음식물을 씹어 으깨는 중요한 역할을 하기에 '이빨'을 통칭하게 되었으며, 이빨처럼 생긴 것도 지칭하게 되었다. 『설문해자』의 고문체 등에서는 이것이 이빨임을 강조하기 위해 齒^(이 치)가 더해지기도 했다. 이빨은 다른 공격도구가 없는 사람에게 손톱과 함께 중요한 공격도구이자 방어도구였다. 그런가 하면 우리말에서도 말을 잘하는 사람을 두고 '이빨이 세다'고 표현하는 것처럼, 이빨은 언변의 상징이었다. 牙가 중매쟁이를 뜻하게 된 것도, 말로 상대방을 연결해 결합시키는 역할을 하기 때문이다.

字形 金文 古陶文 簡牘文 說文小篆 說文古文

雅(메 까마귀 아): yǎ, 隹-4, 12, 32

字解 형성. 隹^(새 추)가 의미부고 牙^(어금니 아)가 소리부로, 鴉^(갈 까마귀 아)와 같은 글자였다. 까마귀는 태양을 지키는 신성한 새로, 또 효성스런 새^(孝鳥효조)라 불리며 사람들의 사랑을 받았던 아름다운 성품을 지닌 새^(隹)였기에 '고상하다', '優雅^(우아)하다'는 뜻을 갖게 되었으며, 이로부터 정식의, 아름다운, 高雅^(고아)한, 대단하다 등의 뜻이 나왔다. 이후 사용의 편의를 위해 隹가 들어간 雅는 고상하다는 뜻으로, 鳥^(새 조)가 들어간 鴉는 까마귀라는 뜻으로 역할을 나누어 쓰였다.

字形 [簡牘文] [說文小篆]

鴉(갈 까마귀 아): 鸦, yā, 鳥-4, 15

字解 형성. 鳥^(새 조)가 의미부고 牙^(어금니 아)가 소리부로, 새^(鳥)의 일종인 까마귀를 말한다. 달리 鳥 대신 隹^(새 추)가 들어간 雅^(메 까마귀 아)로 쓰기도 한다. 이후 까마귀의 색깔에서부터 '검다'는 뜻도 나왔다. ☞ 雅^(메 까마귀 아)

字形 [簡牘文] [說文小篆]

芽(싹 아): yá, 艸-4, 8, 32

字解 형성. 艸^(풀 초)가 의미부고 牙^(어금니 아)가 소리부로, 식물^(艸)의 새싹을 말하며, 이로부터 싹이 트다, 사물의 시작 등을 뜻하게 되었다.

字形 [說文小篆]

訝(맞을 아): 讶, yà, 言-4, 11, 10

字解 형성. 言^(말씀 언)이 의미부고 牙^(어금니 아)가 소리부로, 말^(言)로 환영하며 '맞아들이다'는 뜻이며, 이로부터 칭송하다, 경탄하다 등의 뜻도 나왔다.

字形 [簡牘文] [說文小篆] [說文或體]

兒(아이 아): 儿, [児], ér, ní, 儿-6, 8, 52

字解 상형. 정수리가 아직 완전히 봉합되지 않은 아이의 모습을 그렸는데, 머리가 크게 그려져 머리가 몸체보다 큰 아이들의 비대칭 구조를 형상화했고 위쪽이 빈 것은 숨골을 상징한다. 어린 아이가 원래 뜻이고, 특별히 남자 아이를 지칭하기도 했으며, 자식들이 부모 앞에서 자신을 부르거나 부모가 자식을 부르던 말로도 쓰였다. 간화자에서는 아랫부분만 남긴 儿^(사람 인)으로 쓴다.

字形 [甲骨文] [金文] [簡牘文] [說文小篆]

阿(언덕 아): ē, 阜-5, 8, 32

字解 형성. 阜(언덕 부)가 의미부고 可(옳을 가)가 소리부로, 커다란 흙 언덕(阜)을 말하며, 이로부터 산이나 산비탈 등을 지칭하였고, 다시 산 아래로 흐르는 강의 언덕이라는 뜻도 나왔다.

字形 阿 說文小篆

衙(마을 아): yá, 行-7, 13, 10

字解 형성. 行(갈 행)이 의미부고 吾(나 오)가 소리부로, 사람들의 왕래가 빈번한 사거리(行)에 세워진 행정 관청(官衙관아)을 말했다.

字形 衙 說文小篆

亞(버금 아): 亚, yà, 二-6, 8, 32

字解 상형. 자원은 분명하진 않지만, 갑골문에서부터 지금의 모습과 유사하며, 무덤의 墓室(묘실)을 그린 것으로 알려져 있다. 즉 무덤의 玄室(현실·관을 놓는 곳)의 평면도를 그린 것이 亞이다. 亞에서 사방으로 뻗은 길은 동서남북의 방위를 뜻하며, 이는 당시 사람들이 네모졌다고 생각했던 동서남북 사방과 중앙으로 이루어진 땅의 모습이자 자신들이 살았던 영역의 상징이었다. 이후 왕의 무덤을 관리하던 관직으로부터 '버금'이라는 뜻이 나왔다. 또 亞細亞(아세아)에서처럼 'Asia'의 음역자로도 쓰인다. 간화자에서는 간단히 줄여 亚로 쓴다.

字形 亞甲骨文 亞 亞 亞金

文 亞 亞 古陶文 亞 亞 亞 簡牘文

亞 說文小篆

啞(벙어리 아): 哑, yǎ, è, 口-8, 11, 10

字解 형성. 口(입 구)가 의미부고 亞(버금 아)가 소리부로, '벙어리'를 말하며, 말을 하지 않거나 소리를 내지 않는 것의 비유로도 쓰였는데, 왕의 무덤(亞)에 관한 일은 입(口)을 다물어야 한다는 뜻을 담은 것으로 보인다. 간화자에서는 亞를 亚로 줄인 哑로 쓴다.

字形 啞 說文小篆

악

樂(풍류 악·즐거울 락·좋아할 요): 乐, yuè, 木-11, 15

字解 형성. 木(나무 목)과 두 개의 幺(작을 요)가 의미부이고 白(흰 백)이 소리부로, 나무(木)와 실(幺·요)로 만든 악기를 그렸다. 원래는 木과 幺로만 구성되었는데, 이후 소리부인 白이 더해져 지금의 자형이 되었다. '악기'나 음악이 원래 뜻이며, 이후 음악은 즐거움을 주는 것이라는 뜻에서 '즐겁다'의 뜻이, 사람들이 음악을 좋아하다는 뜻에서 '좋아하다'의 뜻이 나왔다. 音樂(음악)이나 樂器(악기)를 뜻할 때에는 '악'으로, 즐겁다는 뜻은 樂天(낙천)에서와 같이 '낙'으로, 좋아하다는 뜻은 樂山樂水(요산요수)에서처럼 '요'로 구분해

읽는다. 간화자에서는 초서체를 형상화한 乐으로 쓴다.

字形 〔甲骨文〕 〔金文〕 〔古陶文〕 〔盟書〕 〔簡牘文〕 〔古璽文〕 〔唐寫本說文〕 〔說文小篆〕

岳(큰 산 악): [嶽, 峚, 屳], yuè, 山-5, 8, 30

字解 회의. 갑골문에서 산이 겹겹이 중첩된 모습으로부터 '큰 산'을 그렸는데, 이후 丘^(언덕 구)와 山^(뫼 산)의 결합으로 바뀌어 지금의 자형이 되었다. 이후 다시 丘 대신 소리부인 獄^(옥 옥)을 더해 嶽을 만들기도 했다. 四嶽^(사악)이나 五嶽^(오악)과 같이 천하의 명산을 말했으며, 이후 높은 산을 지칭하기도 했다. 또 사방의 신에게 드리는 제사를 주관하는 관직의 이름으로도 쓰였다. 현대 중국에서는 嶽의 간화자로도 쓰인다. ☞ 山^(뫼 산)

字形 〔甲骨文〕 〔說文小篆〕 〔說文古文〕

嶽(큰 산 악): 岳, [峚, 屳], yuè, 山-14, 17

字解 형성. 山^(뫼 산)이 의미부고 獄^(옥 옥)이 소리부로, 岳과 같은 글자이며, 감옥^(獄)처럼 겹겹이 중첩된 큰 산^(山)을 말한다. 간화자에서는 丘^(언덕 구)와 山^(뫼 산)의 결합인 岳^(큰 산 악)으로 쓴다. ☞ 岳^(큰 산 악)

字形 〔說文小篆〕

幄(휘장 악): wò, 巾-9, 12

字解 형성. 巾^(수건 건)이 의미부고 屋^(집 옥)이 소리부로, 휘장을 말하는데, 베^(巾)를 여러 폭으로 이어서 집^(屋)이나 방을 빙 둘러치는 장막이라는 뜻을 담았다. ☞ 屋^(집 옥)

握(쥘 악): wò, 手-9, 12, 20

字解 형성. 手^(손 수)가 의미부고 屋^(집 옥)이 소리부로, 손^(手)으로 쥐다는 뜻이며, 이로부터 주먹을 쥐다, 掌握^(장악)하다 등의 뜻이 나왔다.

[字形] 〔說文小篆〕

渥(두터울 악): wò, 水-9, 12

字解 형성. 水^(물 수)가 의미부고 屋^(집 옥)이 소리부로, 밀폐시킨 집^(屋)이나 방에 수증기가 가득하다는 뜻이며, 이로부터 濕潤^(습윤)하다, 진하다, 두텁다 등의 뜻이 나왔다.

字形 〔說文小篆〕

齷(악착할 악): wò, 齒-9, 24

字解 형성. 齒^(이 치)가 의미부고 屋^(집 옥)이 소리부로, 이^(齒)로 단단히 물다는 뜻으로부터 齷齪^(악착)의 뜻이 나왔다.

惡(악할 악·미워할 오): 恶, è, 心-8, 12, 52

字解 형성. 心(마음 심)이 의미부고 亞(버금 아)가 소리부로, '미워하다'는 뜻인데, 亞는 시신을 안치하던 墓室(묘실)을 그린 것으로 알려져 있는데, 시신에 대한 두려움이나 거리낌 등으로부터 '흉측하다'나 '싫어하다'는 뜻이 담긴 것으로 추정된다. 이 때문에 惡을 "싫어하는(亞) 마음(心)"으로 풀이할 수 있고, 여기서 다시 善惡(선악)에서처럼 '나쁘다'는 뜻이 생긴 것으로 추정할 수 있다. 다만, 미워하다는 뜻으로 쓰일 때에는 憎惡(증오)에서처럼 '오'로 구분해 읽는다. 간화자에서는 亞를 亚로 줄인 恶으로 쓴다. ☞ 亞(버금 아)

字形 [金文 字形] [簡牘文] [說文小篆]

堊(백토 악): 垩, è, 土-8, 11, 10

字解 형성. 土(흙 토)가 의미부고 亞(버금 아)가 소리부로, 白土(백토)를 말하는데, 시신을 매장할 때 묘실(亞)에 수분이 스며들지 않도록 넣은 흙(土)이라는 뜻을 담았다. 간화자에서는 亞를 亚로 줄인 垩으로 쓴다. ☞ 亞(버금 아)

字形 [說文小篆]

咢(놀랄 악): è, 口-6, 9

字解 형성. 吅(부르짖을 훤)이 의미부이고 屰(거스를 역)이 소리부이다. 『설문해자』의 해설처럼, '여러 사람이 소송을 벌이다(譁訟)'는 뜻이다. 소송이 벌어지면 서로 큰 소리로 다투기 마련이다. 시끄럽게 다투다는 뜻으로부터 '놀라다'는 뜻까지 나왔다. 후자는 다시 心(마음 심)을 더하여 愕(놀랄 악)으로 분화했다.

字形 [說文小篆]

愕(놀랄 악): è, 心-9, 12, 10

字解 형성. 心(마음 심)이 의미부고 咢(놀랄 악)이 소리부로, 놀란(咢) 마음(心)을 말한다. 원래는 咢(놀랄 악)으로 썼으나 의미를 강조하고자 心을 더해 분화한 글자이다. ☞ 咢(놀랄 악)

顎(얼굴 높을 악): 颚, è, 頁-9, 18, 10

字解 형성. 頁(머리 혈)이 의미부고 咢(놀랄 악)이 소리부로, 얼굴(頁)이 높은 모양을 말했는데, 이후 '턱' 즉 얼굴(頁)에서 입 아래에 있는 뾰족하게 나온 부분을 말한다.

鄂(땅이름 악): è, 邑-9, 11

字解 형성. 邑(고을 읍)이 의미부고 咢(놀랄 악)이 소리부로, 은나라 때의 나라(邑) 이름으로 지금의 하남성 沁陽(심양)현 서북쪽에 있었다. 또 서주 때 楚(초)의 영역에 속했던 땅이름으로 지금의 호북성 鄂州(악주)시를 말한다.

字形 [甲骨文 字形] [金文 字形] [說文小篆]

鍔(칼날 악): 锷, è, 金-9, 17

> 字解 형성. 金^(쇠 금)이 의미부고 咢^(놀랄 악)이 소리부로, 쇠^(金)로 만든 칼이나 검의 날을 말한다.

鰐(악어 악): 鳄, [鱷], è, 魚-9, 20

> 字解 형성. 魚^(고기 어)가 의미부고 咢^(놀랄 악)이 소리부로, '악어'를 말하는데, 악어가 물에 산다고 해서 어류^(魚)로 인식했음을 보여 준다. 달리 咢 대신 噩^(놀랄 악)이 들어간 鱷으로 쓰기도 한다.

噩(놀랄 악): è, 口-13, 16

> 字解 형성. 네 개의 口^(입 구)가 의미부이고 屰^(거스를 역)이 소리부로, 입^(口)을 쩍 벌리고 '놀라다'는 뜻을 그렸는데, 자형이 변해 지금처럼 되었다. 달리 '咢^(놀랄 악)'이나 '愕^(놀랄 악)'으로 쓰기도 한다.

> 字形 ![] 簡牘文 噩 玉篇

鱷(악어 악): 鳄, [鰐], è, 魚-9, 20

> 字解 형성. 魚^(고기 어)가 의미부고 噩^(놀랄 악)이 소리부로, '악어'를 말하는데, 악어가 물에 산다고 해서 어류^(魚)로 인식했음을 보여 준다. 달리 噩 대신 咢^(놀랄 악)이 들어간 鰐으로 쓰기도 하며, 간화자에서는 鳄으로 쓴다.

雁(기러기 안): [鴈], yàn, 隹-4, 12, 30

> 字解 형성. 人^(사람 인)과 隹^(새 추)가 의미부고 厂^(기슭 엄)이 소리부로, 고대인들은 기러기를 인간^(人)의 덕성을 갖춘 새^(隹)로 생각했고, 그래서 기러기는 결혼의 상징물로 쓰이기도 했다. 소리부로 쓰인 厂^(기슭 엄)은 철새인 기러기가 둥지를 트는 언덕이나 바위 기슭을 상징하여, 독음 기능 뿐 아니라 의미도 함께 가진다. 隹는 鳥^(새 조)로 바뀌어 鴈으로 쓰기도 한다. 雁은 이후 '가짜'라는 뜻으로 가차되었는데, 돈벌이를 위해 만든 '짝퉁'임을 더욱 구체적으로 표현하고자 貝^(조개 패)를 더한 贋^(贗가짜 안)이 만들어졌다.

> 字形 ![] ![] 簡牘文 雁 說文小篆

眼(눈 안): yǎn, 目-6, 11, 42

> 字解 형성. 目^(눈 목)이 의미부고 艮^(어긋날 간)이 소리부로, 부라리며 노려보는^(艮) '눈^(目)'으로부터 眼球^(안구)의 뜻이 나왔고, 다시 '눈'을 지칭하게 되었다. 이후 눈처럼 움푹 파인 구멍을, 다시 눈처럼 중요하다는 뜻에서 관건, 요점 등을 지칭하게 되었다.

> 字形 ![] 說文小篆

岸(언덕 안): àn, 山-5, 8, 32

💬字解 형성. 山(뫼 산)이 의미부고 斤(굴 바위 엄)이 소리부로, 山에 만들어진 깎아지른(厂) 큰(千 간) 낭떠러지를 말했는데, 이후 물가의 언덕까지 지칭하게 되었다. ☞ 厂(기슭 엄)

💬字形 𡹤簡牘文 岸說文小篆

顔(얼굴 안): 颜, [顔], yán, 頁-9, 18, 32

💬字解 형성. 頁(머리 혈)이 의미부고 彦(선비 언)이 소리부로, 얼굴(頁)의 두 눈썹 사이 부분(彦)을 지칭했는데, 이후 '얼굴' 전체를 뜻하게 되었다. 이후 이로부터 다시 顔色(안색), 색깔, 용모, 체면 등의 뜻이 나왔다. 『설문해자』의 주문에서는 頁 대신 首(머리 수)가 들어간 𩠐으로 쓰기도 했다. ☞ 彦(선비 언)

💬字形 𩑒𩑣金文 顔簡牘文 顔說文小篆 𩠐說文籒文

安(편안할 안): ān, 宀-3, 6, 70

💬字解 회의. 宀(집 면)과 女(여자 여)로 구성되어, 여성(女)이 집(宀)에서 편안하게 머무는 모습으로부터 便安(편안)함과 安全(안전)함의 의미를 그렸다. 이후 편안하게 느끼다, 安定(안정)되다, 안정시키다 등의 뜻도 나왔다.

💬字形 𡧧𡧗𡧚𡧊甲骨文 𡩋𡩌𡩍金文 𡩎𡩏𡩐𡩑𡨢𡨣𡩒𡩓𡩔古陶文 𠑹𡩕盟書 𡨾𡩖𡩗簡牘

文 𡪇 說文小篆

鞍(안장 안): [鞌], ān, 革-6, 15, 10

💬字解 형성. 革(가죽 혁)이 의미부고 安(편안할 안)이 소리부로, '鞍裝(안장)'을 말하는데, 말에 안전하게(安) 앉을 수 있도록 고안된 가죽(革)으로 만든 장치라는 뜻을 담았다.

案(책상 안): àn, 木-6, 10, 50

💬字解 형성. 木(나무 목)이 의미부고 安(편안할 안)이 소리부로, 편안하게(安) 앉아 책을 보고 사무를 처리할 수 있는 나무(木)로 만든 책상을 말하며, 이로부터 공문서는 물론 공문서에 의해 처리되는 법률이나 정치적 사건 등을 지칭하게 되었다.

💬字形 𣎴簡牘文 𡩘古璽文 𡪈說文小篆

按(누를 안): àn, 手-6, 9, 10

💬字解 형성. 手(손 수)가 의미부고 安(편안할 안)이 소리부로, 편안하도록(安) 손(手)으로 누르다는 뜻이며, 이로부터 按摩(안마) 등의 뜻이 나왔다. 이후 조사하다, 살피다는 뜻으로 쓰였고, 다시 자신의 의견을 지칭하는 말로도 쓰였다.

💬字形 𢶍說文小篆

晏(늦을 안): yàn, 日-6, 10, 10

字解 형성. 日^(날 일)이 의미부고 安^(편안할 안)이 소리부로, 태양^(日)이 지고 편안하게^(安) 쉬거나 잠자리에 들 시간이라는 뜻으로부터 '늦은 때'라는 뜻이, 다시 '편안하다' 등의 뜻이 나왔다.

字形 𣊫 𣊫 簡牘文 𣌭 說文小篆

鮟(아귀 안): ān, 魚-6, 17

字解 형성. 魚^(고기 어)가 의미부고 安^(편안할 안)이 소리부로, 어류^(魚)의 일종인 '아귀'를 말한다.

알

歹(뼈 부서질 알): [歺, 冎], dǎi, 歹-0, 4

字解 상형. 앙상하게 남은 뼈를 그렸는데, 사람이 죽으면 시신을 숲에 버리고, 썩어 문드러져 뼈만 남으면 수습해 처리했던 옛 장례법을 반영했다. 그래서 歹에는 '뼈'와 '죽음'의 뜻이, 다시 죽음 뒤의 새 생명이라는 의미까지 생겼다. 달리 歺로 쓰기도 한다.

字形 𣦵 𣦵 甲骨文 𣦵 說文小篆 𠩺 說文古文

斡(관리할 알): wò, 斗-10, 14, 10

字解 형성. 斗^(말 두)가 의미부고 倝^(해 처음 빛날 간)이 소리부로, 말^(斗)처럼 생긴 국자의 손잡이를

말한다. 또 작은 수레의 바퀴를 지칭하기도 했으며, 이로부터 '구르다'의 뜻도 나왔고, 수레바퀴의 위를 덮는 금속을 말하기도 했다. 또 관리하다는 뜻으로도 쓰였다.

字形 𩏢 說文小篆

閼(가로막을 알): 阏, è, 門-8, 16, 12

字解 형성. 門^(문 문)이 의미부고 於^(어조사 어)가 소리부로, 문^(門)을 닫아 출입을 막음을 말했고, 이후 흉노족의 왕비를 부르던 말로도 쓰였다.

字形 𨵦 說文小篆

軋(삐걱거릴 알): 轧, yà, 車-1, 8, 10

字解 형성. 車^(수레 거차)가 의미부고 乙^(새 을)이 소리부로, 수레바퀴^(車) 등으로 도로를 다지다는 뜻인데, 지금은 프레스로 눌려 만든 것을 지칭하는 데 쓰인다.

字形 𨊠 說文小篆

謁(아뢸 알): 谒, yè, 言-9, 16, 30

字解 형성. 言^(말씀 언)이 의미부고 曷^(어찌 갈)이 소리부로, 높은 사람을 찾아뵙다^(謁見·알현)는 뜻인데, 어떤 것을 요구하기^(曷) 위해 찾아가서 말하다^(言)는 것을 의미한다. ☞ 曷^(어찌 갈)

字形 𧪡 𧪡 簡牘文 𧪡 說文小篆

암

岩(바위 암): [巖, 嵒, 巗], yán, 山-5, 8

字解 회의. 山^(뫼 산)과 石^(돌 석)으로 구성되어, 산^(山)에 있는 바위 돌^(石)을 말한다. 원래는 嵒^(바위 암)으로 써, 산^(山)과 돌덩이^(口)를 여럿 그려 '바위'를 나타냈으나, 山과 石의 결합으로 바뀌었다. 깎아지른 낭떠러지를 말하며, 산봉우리, 석굴, 험준한 곳 등의 뜻이 나왔다. 현대 중국에서는 巖^(바위 암)의 간화자로도 쓰인다. ☞ 巖^(바위 암)

字形 〔甲骨文〕 〔說文小篆〕

巖(바위 암): 岩, yán, 山-20, 23, 32

字解 형성. 山^(뫼 산)이 의미부고 嚴^(엄할 엄)이 소리부인데, 嚴^(엄할 엄)은 바위 언덕^(厂·엄)에서 광석을 캐내는^(敢·감) 모습을 그렸으며, 위의 두 개의 네모는 캐낸 광석을 상징한다. 그래서 巖은 광석을 채취하기^(嚴) 위해 부수고 조각낸 '바위^(石) 덩어리'를 말한다. 간화자에서는 岩^(바위 암)에 통합되었다. ☞ 岩^(바위 암)

字形 〔說文小篆〕

暗(어두울 암): [晻], àn, 日-9, 13, 42

字解 형성. 日^(날 일)이 의미부고 音^(소리 음)이 소리부로, 날^(日)이 캄캄하여^(音) '어두움'을 말하며, 이로부터 밤, 숨기다, 숨긴 곳, 드러나지 않다, 느끼지 못하다 등의 뜻이 나왔다. ☞ 音^(소리 음)

字形 〔說文小篆〕

闇(닫힌 문 암): àn, 門-9, 17, 10

字解 형성. 門^(문 문)이 의미부고 音^(소리 음)이 소리부로, 문^(門)이 닫혀 캄캄함^(音)으로부터 '닫힌 문'을 말하며, 이로부터 캄캄하다, 우매하다, 깊다, 이해하지 못하다, '남이 모르게' 등의 뜻도 나왔다.

字形 〔說文小篆〕

癌(암 암): ái, 疒-12, 17, 20

字解 형성. 疒^(병들어 기댈 녁)이 의미부고 嵒^(바위 암)이 소리부로, 중대한 질병의 하나인 '암'을 말하는데, 바위^(嵒)처럼 크고 무거운 병^(疒)이라는 의미를 담았다.

庵(암자 암): [菴], ān, 广-8, 11, 10

字解 형성. 广^(집 엄)이 의미부고 奄^(가릴 엄)이 소리부인데, 바위^(广) 언덕 아래로 비를 가릴 수 있게^(奄) 만든 조그만 '암자'를 말한다. 달리 广 대신 艸^(풀 초)가 들어간 菴으로 쓰기도 하는데, 그것이 草幕^(초막)임을 강조했다.

菴(풀이름 암): ān, 艸8, 12

字解 형성. 艸^(풀 초)가 의미부고 奄^(가릴 엄)이 소리부로, 풀이름이며, 葊^(풀이름 암)과 같이 쓰인다. 이후 풀^(艸)로 지붕을 덮은^(奄) 초막을 말했고, 다시 庵^(암자 암)과 같이 써 비구니가 사는 암자를 뜻하기도 했다.

唵(머금을 암): ān, ǎn, 口-8, 11

字解 형성. 口^(입 구)가 의미부고 奄^(가릴 엄)이 소리부로, 입^(口)에 무엇인가를 넣다는 뜻이며, 이로부터 '머금다'는 뜻이 나왔다. 불교에서 六字眞言^(육자진언)의 하나를 뜻하기도 하고, 감탄사로도 쓰였다.

盦(뚜껑 암): ān, 皿-11, 16

字解 형성. 皿^(그릇 명)이 의미부이고 盒^(술맛이 쓸 엄)이 소리부이다. 『설문해자』의 해설처럼, '기물을 덮는 뚜껑^(覆蓋)'을 말한다.

字形 盦 說文小篆

압

鴨(오리 압): 鸭, yā, 鳥-5, 16, 12

字解 형성. 鳥^(새 조)가 의미부고 甲^(첫째 천간 갑)이 소리부로, 새^(鳥)의 일종으로 갑옷처럼^(甲) 딱딱하고 납작한 입을 가진 '오리'를 말한다. 또 오리모양으로 만든 향로를 지칭하기도 하며, 욕설로도 쓰였다.

字形 鴨 說文小篆

押(누를 압): yā, 手-5, 8, 30

字解 형성. 手^(손 수)가 의미부고 甲^(첫째 천간 갑)이 소리부로, 손^(手)으로 누르다는 뜻이며, 이후 손으로 눌러 도장을 찍다는 뜻에서 서명하다 등의 뜻이 나왔다.

狎(익숙할 압): xiá, 犬-5, 8

字解 형성. 犬^(개 견)이 의미부고 甲^(첫째 천간 갑)이 소리부로, 사람 곁에서 사는 개^(犬)처럼 매우 친근하고 익숙함을 말하며, 가까우면 업신여기게 되므로 업신여기다의 뜻이 나왔다. 또 임금이 직접 자필서명^(手決수결)을 하거나 도장을 찍다는 뜻도 가진다.

字形 狎 說文小篆

壓(누를 압): 压, yā, 土-14, 17, 42

字解 형성. 土^(흙 토)가 의미부고 厭^(싫을 염)이 소리부로, 원래는 흙^(土)이 무너짐을 말했다. 흙이 무너지는 것은 누르는 힘에 의한 것이기 때문에 壓迫^(압박)에서처럼 '누르다'는 의미가 나왔다. 간화자에서는 厭을 厂^(기슭 엄)으로 줄이고 土에 점을 다하여^(圡) 压으로 쓴다.

字形 壓 說文小篆

앙

仰(우러를 앙): yǎng, 人-4, 6, 32

字解 형성. 人^(사람 인)이 의미부고 卬^(나 앙)이 소리부로, 사람^(人)을 올려다보는^(卬) 것을 말하고, 이로부터 '우러르다', 경모하다, 기대다, 信仰^(신앙) 등의 뜻이 나왔다. 원래는 卬^(나 앙)으로써, 앉은 사람^(卩·절)이 선 사람^(人)을 올려다보는 것을 형상화했는데, 卬이 일인칭 대명사로 쓰이자 人을 더해 분화한 글자이다. ☞ 卬^(나 앙)

字形 𝕴𝕴𝕴 說文小篆

昂(오를 앙): áng, 日-5, 9

字解 형성. 日^(날 일)이 의미부고 卬^(나 앙)이 소리부로, 태양^(日)을 올려다보다^(卬)는 뜻으로부터, 올라가다, 올리다 등의 뜻이 나왔다.

央(가운데 앙): yāng, 大-2, 5, 32

字解 상형. 목에 칼^(凵)을 쓴 사람^(大·대)의 모습을 그렸으며, 형벌을 받았다는 뜻에서 원래 '재앙'을 뜻했다. 이후 칼의 中央^(중앙)에 목이 위치함으로 해서 '中央^(중앙)'이라는 뜻으로 주로 쓰이게 되었고, 그러자 원래 뜻은 歹^(뼈 부서질 알)을 더한 殃^(재앙 앙)으로 분화했다.

字形 𝕩甲骨文 𝕩𝕩金文 𝕩𝕩𝕩簡牘文 𝕩 說文小篆

秧(모 앙): yāng, 禾-5, 10, 10

字解 형성. 禾^(벼 화)가 의미부고 央^(가운데 앙)이 소리부로, '모'를 말하는데, 벼^(禾)의 핵심적^(央) 존재라는 뜻을 담았다. 이후 기르다, 재배하다의 뜻이 나왔고, 막 태어난 작은 동물을 지칭하기도 했다.

字形 𝕩 說文小篆

殃(재앙 앙): yāng, 歹-5, 9, 30

字解 형성. 歹^(뼈 부서질 알)이 의미부고 央^(가운데 앙)이 소리부로, '재앙'이나 재난을 말하는데, 목에 칼을 쓴^(央) 죽음^(歹)과 진배없다는 뜻을 담았다. ☞ 央^(가운데 앙)

字形 𝕩 金文 𝕩 說文小篆

盎(동이 앙): àng, 皿-5, 10

字解 형성. 皿^(그릇 명)이 의미부이고 央^(가운데 앙)이 소리부이다. 『설문해자』의 해설처럼, 그릇^(皿)의 하나인 '동이^(盎)'를 말한다. 이후 옅은 색깔도 뜻하게 되었다. 그래서 盎齊^(앙제)는 제사 지낼 때 쓰던, 썩 옅은 푸른 빛깔의 술을 말하는데, 제사에 쓰던 다섯 가지 술^(五齊오주)의 하나로 세 번째로 얻는 술로 알려졌으며, 달리 盎酒^(앙주)라고도 한다. 이후 가득 차다, 넘치다 등의 뜻이 나왔다. 또 현대에 들어 '온스^(ounce; oz)'의 음역어인 盎司^(앙사)나 盎斯^(앙사)의 표기에 쓰였다.

字形 𨾊 𨾊 簡牘文 ⿱ 說文小篆 ⿱ 說文
或體

鴦(원앙 앙): yāng, 鳥-5, 16, 10

字解 형성. 鳥^(새 조)가 의미부고 央^(가운데 앙)이 소리
부로, 원앙새^(鴛)를 말한다. 암수 간에 금실
이 좋다고 하여 '부부'를 상징하기도 하고,
뜻을 같이하는 동지, 짝을 이루는 사물 등
을 뜻하기도 한다.

字形 ⿱ 說文小篆

怏(원망할 앙): yàng, 心-5, 8, 10

字解 형성. 心^(마음 심)이 의미부고 央^(가운데 앙)이 소
리부로, 원망하다는 뜻인데, 목에 칼을 쓴
^(央) 사람의 마음^(心)처럼 답답하고 원망스러
움을 그렸으며, 억지로 하다는 뜻까지 나왔
다.

字形 ⿰ 說文小篆

泱(끝없을 앙): yāng, 水-5, 8

字解 형성. 水^(물 수)가 의미부고 央^(가운데 앙)이 소리
부로, 물^(水)이 깊고 끝없는 모양을 말하며,
이로부터 광활하다, 기세가 대단하다는 뜻
도 나왔다.

字形 ⿰ 古陶文 ⿰ 說文小篆

碍(거리낄 애): [礙], ài, 石-8, 13, 20

字解 회의. 石^(돌 석)과 䖒^(얻을 득)으로 구성되었는데,
䖒은 得^(얻을 득)의 본래 글자로 손^(又·우)에 조
개^(貝·패)를 든 모습으로 '얻다'는 뜻을 그려
냈다. 그래서 碍는 돌^(石)과 같은 장애물에
막혀 자신이 얻어야^(䖒) 하는 부분에 어려움
을 겪는다는 뜻을 그렸다. 원래는 礙^{(거리낄}
^{애)}로 써 돌^(石)에 길이 막혀 갈 곳을 가지
못하는^(疑·의) 모습으로부터 隨碍^(장애)의 의미
를 그렸으나, 예서 이후 碍로 바뀌었다. ☞
礙^(거리낄 애)

字形 ⿰ 說文小篆

礙(거리낄 애): 碍, ài, 石-14, 19

字解 형성. 石^(돌 석)이 의미부이고 疑^(의심할 의)가 소
리부로, 돌^(石)에 길이 막혀 갈 곳을 가지
못하는^(疑) 모습으로부터 隨碍^(장애)의 의미를
그렸다. 예서 이후 石과 䖒^{(얻을 득, 得의 본래 글}
^{자)}으로 구성된 碍로 바뀌었으며, 간화자에
서도 碍로 쓴다.

字形 ⿰ 說文小篆

隘(좁을 애): ài, 阜-10, 13, 10

字解 형성. 阜^(언덕 부)가 의미부고 益^(더할 익)이 소리부로, 물이 흘러넘칠^(益, 溢의 원래 글자) 정도로 언덕^(阜) 사이가 좁은 곳을 말하며, 이후 험준하여 전투에서 중요한 곳을 말하기도 했다.

字形 [說文小篆] 說文小篆 [說文籀文] 說文籀文

埃(티끌 애): āi, 土-7, 10, 12

字解 형성. 土^(흙 토)가 의미부고 矣^(어조사 의)가 소리부로, 흙^(土)먼지를 말했는데, 이후 티끌이나 재 등의 의미가 생겼다.

字形 [說文小篆] 說文小篆

艾(쑥 애): ài, 艸-2, 6, 12

字解 형성. 艸^(풀 초)가 의미부고 乂^(벨 예)가 소리부로, 쑥을 말하는데, 역병을 없애주는^(乂) 효능을 가진 풀^(艸)이라는 의미를 담았으며, 이후 정지시키다, 단절시키다 등의 뜻도 나왔다.

字形 [說文小篆] 說文小篆

靄(아지랑이 애): 靄, ǎi, 雨-16, 24, 10

字解 형성. 雨^(비 우)가 의미부고 藹^(열매 많이 열릴 애)의 생략된 모습이 소리부로, 운무^(雨)를 말하며, 이로부터 운무가 가득함을 말했고, 다시 아지랑이의 뜻이 나왔다.

字形 [說文小篆] 說文小篆

哀(슬플 애): āi, 口-6, 9, 32

字解 형성. 口^(입 구)가 의미부고 衣^(옷 의)가 소리부인데, 口는 슬퍼 哭^(곡)하는 모습을, 衣는 그때 입는 '상복'을 상징하여 哀悼^(애도)와 '슬픔'의 의미를 그려냈으며, 비통하다는 뜻도 나왔다.

字形 [金文] [金文] 金文 [簡牘文] [簡牘文] [簡牘文] 簡牘文 [說文小篆] 說文小篆

厓(언덕 애): yá, 厂-6, 8

字解 회의. 厂^(기슭 엄)과 圭^(홀 규)로 구성되었는데, 圭는 높이 쌓은 흙^(土, 토)과 그 그림자를 그려 깎아지른 듯 '높은 언덕'을 그렸고, 이로부터 물가, 경계에 가까운 바깥쪽 부분이라는 뜻도 나왔다.

字形 [說文小篆] 說文小篆

涯(물가 애): yá, 水-8, 11, 30

字解 형성. 水^(물 수)가 의미부고 厓^(언덕 애)가 소리부로, 물^(水) 가에 생긴 절벽^(厓)을 말하며, 땅이나 물의 끝 부분이라는 뜻에서 경계, 함께, 끝 등의 뜻이 생겼다. ☞ 厓^(언덕 애)

字形 [說文小篆] 說文小篆

崖(벼랑 애): [崕], yá, 山-8, 11, 10

字解 형성. 山^(뫼 산)이 의미부고 厓^(언덕 애)가 소리부로, 산^(山)에 생긴 절벽^(厓)을 말하며, 이로부터 끝, 경계 등의 뜻도 나왔다. ☞ 厓^(언덕 애)

字形 崖 說文小篆

愛(사랑 애): 爱, [㤅], ài, 心-9, 13, 60

字解 회의. 원래는 旡^(목멜 기)와 心^(마음 심)과 夊^(뒤져서 올 치)로 구성되어, 머리를 돌려^(旡) 남을 생각하는 마음^(心)을 실천하는^(夊) 것이 바로 '사랑'임을 그려냈다. 금문에서는 旡와 心으로 구성되었으나, 이후 실천성을 강조하기 위해 夊가 더해져 지금의 자형이 되었다. 남에 대해 가지는 진실한 마음과 사랑이 원래 뜻이며, 이로부터 은혜를 베풀다, 좋아하다, 흠모하다, 아끼다의 뜻이, 또 사랑하는 사람, 남녀 간의 사랑 등을 지칭하게 되었다. 달리 㤅로 쓰기도 하며, 간화자에서는 心과 夊를 友^(벗 우)로 줄여 爱로 쓴다.

字形 𢛳 𢗓 金文 𢜼𢙴𢙴𢖊 簡牘文 𤔌 說文小篆 𢙴 說文古文

曖(가릴 애): 暧, ài, 日-13, 17, 10

字解 형성. 日^(날 일)이 의미부고 愛^(사랑 애)가 소리부로, 구름이 끼어 해^(日)를 가린 모습을 말하며, 이로부터 가리다, 어둡다, 은폐하다 등의 뜻이 나왔다. 간화자에서는 愛를 爱로 줄인 暧로 쓴다.

毒(음란할 애): ài, 毋-3, 7

字解 회의. 士^(선비 사)가 의미부이고 毋^(말 무)도 의미부이다. 『설문해자』에서는 이렇게 풀이했다. "품행이 좋지 않은 사람^(人無行)을 말한다. 가시중^(賈侍中)께서 '진시황^(秦始皇)의 어머니가 노애^(嫪毐)와 음란하게 놀았다가 목이 잘렸는데, 그 때문에 음란한 자를 욕할 때 노애^(嫪毐)라고 한다.'라고 했다." 毋는 母^(어미 모)의 변형이고, 母는 성인 여성을 상징한다. 윗부분인 士^(선비 사)는 원래 머리에 꽂은 두 개의 비녀를 그렸는데, 士로 변해 남성을 상징하게 되었다. 다소곳하게 꿇어 낮은 모습을 그린 女^(여자 녀), 양육의 기능을 강조하여 유방을 상징하는 두 점을 더한 母, 여기에 성인임을 뜻하는 비녀를 하나 꽂은 모습의 每^(매양 매), 두 개 꽂은 모습의 毒, 여럿 꽂은 모습이 毒^(독 독)임을 고려하면, 비녀를 두 개씩 꽂고 화려하게 치장하여 남성을 유혹하는 음란한 여성임을 그린 글자로 보인다. ☞ 每^(매양 매), 毒^(독 독)

字形 毒 說文小篆

액

液(진·겨드랑이 액): yè, 水-8, 11, 42

字解 형성. 水^(물 수)가 의미부고 夜^(밤 야)가 소리부로, 血液^(혈액)이나 唾液^(타액)에서처럼 液體^(액체)를 말하며, 얼음이 녹아 물로 변하는 것을 말했다. 이로부터 용해되다는 뜻도 나왔다. ☞ 亦^(또 역)

字形 說文小篆

腋(겨드랑이 액): [掖], yè, 肉-8, 12, 10

字解 형성. 肉^(고기 육)이 의미부고 夜^(밤 야)가 소리부로, 신체 부위^(肉)의 하나인 겨드랑이^(夜)를 말하며, 달리 대신 手^(손 수)가 들어간 掖^(겨드랑이 액)으로 쓰기도 한다.

字形 甲骨文 金文 簡牘文 石刻古文 說文小篆

掖(겨드랑이 액): yè, 手-8, 11

字解 형성. 手^(손 수)가 의미부고 夜^(밤 야)가 소리부로, 신체 부위 중 양편 팔^(手) 밑의 오목한 곳을 말하며, 腋^(겨드랑이 액)과 같은 글자이다. 이후 밀어 넣다, 감추다 등의 뜻도 나왔다.

字形 簡牘文 說文小篆

縊(목맬 액): 缢, yì, 糸-10, 16, 10

字解 형성. 糸^(가는 실 멱)이 의미부고 益^(더할 익)이 소리부로, 끈^(糸)으로 목을 매 죽는 것을 말한다.

字形 說文小篆

額(이마 액): 额, [頟], é, 頁-9, 18, 40

字解 형성. 頁^(머리 혈)이 의미부고 客^(손 객)이 소리부로, 얼굴^(頁)에서의 '이마'를 말하며, 이마가 얼굴의 윗부분에 있음으로써 '높다', '편액' 등을 뜻하였고, 다시 일정한 額數^(액수) 등의 뜻도 나왔다. 달리 客을 各^(각각 각)으로 바꾼 頟으로 쓰기도 한다.

厄(액 액): [軛], è, 厂-2, 4, 30

字解 상형. 이의 자원에 대해서는 의견이 분분하나, 청나라 말 때의 孫詒讓^(손이양)은 '멍에'를 그렸다고 했다. 厄은 원래 戶^(지게 호)가 의미부고 乙^(새 을)이 소리부인 구조의 戹으로 쓰기도 하였다. 厄이 '좁다'는 뜻으로 가차되어 쓰이게 되자, 원래의 뜻은 車^(수레 거)를 더한 軛^(멍에 액)으로 분화했다. 이후 재난, 재앙, 액 등의 뜻으로도 쓰여 어려움이나 곤란을 당하다 등의 뜻도 가진다.

字形 金文 簡牘文 說文小篆

扼(누를 액): [搤], è, 手-4, 7, 10

字解 형성. 手(손 수)가 의미부고 厄(戹·누를 액)이 소리부로, 멍에(厄)가 소나 말의 어깨를 누르듯 손(手)으로 어떤 물체를 누르는 것을 말하며, 달리 厄 대신 益(더할 익)이 들어간 搤(잡을 액)으로 쓰기도 한다. 이로부터 누르다, 잡다, 통제하다 등의 뜻이 나왔다.

字形  說文小篆  說文或體

앵

櫻(앵두나무 앵): 樱, yīng, 木-17, 21, 10

字解 형성. 木(나무 목)이 의미부고 嬰(갓난아이 영)이 소리부로, 앵두나무나 앵두꽃을 말한다. 앵두는 어린 아이(嬰)처럼 '작은 복숭(桃도)'으로 표현되기도 한다.

字形  說文小篆

鶯(꾀꼬리 앵): 莺, yīng, 鳥-10, 21, 10

字解 형성. 鳥(새 조)가 의미부고 榮(꽃 영)의 생략된 부분이 소리부로, 아름다운 무늬(榮)를 가진 새(鳥)의 깃털을 말하며, 이후 '꾀꼬리'의 통칭으로 쓰였다. 간화자에서는 윗부분을 줄여 莺으로 쓴다.

字形  說文小篆

鸚(앵무새 앵): 鹦, yīng, 鳥-17, 28

字解 형성. 鳥(새 조)가 의미부고 嬰(갓난아이 영)이 소리부로, 앵무새를 말하는데, 어린아이(嬰)처럼 간단한 말을 할 수 있는 새(鳥)라는 뜻을 담았다.

字形  說文小篆

罌(양병 앵): 罂, [甖], yīng, 缶-14, 20

字解 형성. 缶(장군 부)가 의미부고 賏(자개를 이어 꿴 목걸이 영)의 생략된 부분이 소리부로, 병 모양의 용기를 말하는데, 缶(장군 부)보다 크며, 배가 볼록하고 작은 아가리를 가졌다. 용량을 나타내는데도 쓰여, 『장자』에서는 40말(斗) 이상 되는 용량이라고 했다.

字形  說文小篆

야

夜(밤 야): [亱], yè, 夕-5, 8, 60

字解 형성. 夕(저녁 석)이 의미부고 亦(또 역, 腋의 원래 글자)이 소리부로, '밤(夕)'을 뜻하며, 이로부터 깊은 밤, 황혼, 해뜨기 전의 시간, 캄캄함, 밤 나들이 등의 뜻도 나왔다. ☞ 亦(또 역)

字形 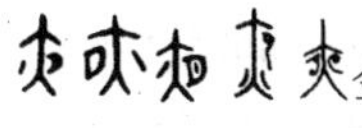金文 古陶文 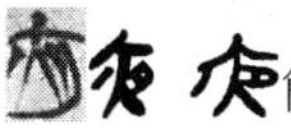簡牘文 古璽

文 說文小篆

耶(어조사 야): yé, 耳-3, 9, 30

字解 형성. 耳(귀 이)가 의미부이고 邪(간사할 사)의 생략된 모습이 소리부로 된 구조이지만, 문법소로만 쓰여 원래 뜻은 알 수가 없다. 소전체에서는 邪와 같이 썼으나, 이후 의문을 나타내는 어조사로 쓰였다. 또 爺(아비 야)와 같은 뜻으로 쓰이기도 하고, '예수(耶蘇Jesus)'를 나타내는 음역자로도 쓰인다.

字形 簡牘文 說文小篆

爺(아비 야): yé, 父-9, 13, 10

字解 형성. 父(아비 부)가 의미부고 耶(어조사 야)가 소리부로, 아비(父)를 말했는데, 현대 중국어에서는 '할아비'를 지칭하기도 한다.

倻(땅이름 야): yē, 人-9, 11, 12

字解 형성. 人(사람 인)이 의미부고 耶(어조사 야)가 소리부로, 지명으로 쓰이는데, 한국의 동남부에 있었던 伽倻(가야)를 말하며, 가야에서 나는 伽倻琴(가야금)을 표기할 때 쓰인다.

椰(야자나무 야): yē, 木-9, 13

字解 형성. 木(나무 목)이 의미부고 耶(어조사 야)가 소리부로, 종려과 상록교목인 椰子(야자) 나무를 말한다.

揶(희롱 짓거리 할 야): yé, 手-9, 12, 10

字解 형성. 手(손 수)가 의미부고 耶(어조사 야)가 소리부로, 손(手)으로 만지작거리며 희롱하다는 뜻이며, 이로부터 조롱하다, 그런 짓거리 등의 뜻이 나왔다.

野(들 야): [埜, 壄], yě, 里-4, 11, 60

字解 형성. 里(마을 리)가 의미부이고 予(나 여)가 소리부로, 마을(里)이 들어선 들판을 뜻한다. 원래는 林(수풀 림)과 土(흙 토)로 구성된 埜로써 숲(林)이 우거진 땅(土), 즉 아직 농경지로 개간되지 않은 교외의 들녘을 말했다. 이후 소리부인 予가 더해져 壄가 되었고, 다시 壄가 里로 바뀌어 野가 되었다. 그것은 그 당시 이미 그런 교외 지역(野)은 더는 개간되지 않아 숲으로 무성한 땅(埜)이 아니라 사람이 사는 마을(里)로 변했음을 보여준다. 野는 邑(고을 읍)과 대칭되어 성 밖의 주변지역을 말하는데, 이 때문에 野에는 거칠고 야생적이라는 뜻이 생겼고, 粗野(조야거침)나 野蠻(야만), 野心(야심) 등의 단어가 만들어졌다.

字形 甲骨文 金文 古陶文 簡牘文 古璽文 說文小篆 說文古文

冶(불릴 야): yě, 冫-5, 7, 10

字解 형성. 冫^(얼음 빙)이 의미부이고 台^(별 태)가 소리부로, 쇠를 녹여^(冫) 금속을 분리해 내는 작업을 형상화했으며, 이로부터 불리다, 冶金^(야금) 등의 뜻이 나왔다. 금문에서는 사람^(人인)이 쇳조각을 다듬는 모습으로부터 제련의 의미를 그렸으나, 소전체에서부터 지금의 자형으로 변했다. 필요한 금속을 광석에서 분리하려면 원석을 물처럼 액체로 녹여야 하고, 분리된 금속은 다시 얼음처럼 고체로 변하기 때문에 冫이 의미부가 되었다.

字形 𡊫簡牘文 𣃚說文小篆

也(어조사 야): yě, 乙-2, 3, 30

字解 상형. 자원이 불분명하다. 『설문해자』에서는 "여성의 음부를 그렸다"라고 했지만, 학자에 따라서는 뱀^(它사, 蛇의 원래 글자)을 그린 것으로, 혹은 여성들이 주로 사용하던 손 씻을 때 물을 따르던 그릇^(匜·이)을 그렸다고 한다. 아마도 匜라는 그릇을 위에서 본 모습으로 보이며, 匜가 여성 전용 그릇이라는 뜻에서 '여성'을 뜻하게 되었고, 이후 也가 서술이나 의문을 나타내는 조사나 어기사로 가차되어 쓰이게 되자 匚^(상자 방)을 더한 匜로 분화한 것으로 보인다.

字形 𢀏金文 𠃌𠃌簡牘文 𠃌秦刻石 𠃌說文小篆

若(반야 야) ☞ 若(같을 약)

惹(이끌 야): rě, 心-9, 13, 20

字解 형성. 心^(마음 심)이 의미부고 若^(같을 약)이 소리부로, 마음^(心)이 어떤 것과 같아지다^(若)는 뜻으로부터, 마음이 어떤 곳에 물들다, 이끌리다, 이끌다, 惹起^(야기)하다 등의 뜻이 나왔다.

字形 𢞝說文小篆

약

躍(뛸 약): 跃, yuè, 足-14, 21, 30

字解 형성. 足^(발 족)이 의미부고 翟^(꿩 적)이 소리부로, 꿩^(翟)처럼 폴짝폴짝 '뛰어오르는' 발^(足) 동작을 말하며, 이로부터 신속하다, 빠르다 등의 뜻도 나왔다. 간화자에서는 소리부 翟을 夭^(어릴 요)로 바꾼 跃으로 쓴다.

字形 𨆌說文小篆

藥(약 약): 药, yào, 艸-15, 19, 60

字解 형성. 艸^(풀 초)가 의미부고 樂^(음악 악즐거울 락)이 소리부로, '약'을 말하는데, 병을 치료해 즐거움^(樂)을 주는 식물^(艸)이라는 뜻을 담았다. 고통에서 벗어나게 해 주는 藥 그 약을 지금처럼 화학물질이나 가공된 약이 아니라

생활 주변에서 쉽게 찾을 수 있는 풀에서 찾았음을 알 수 있다. 약이라는 의미로부터 약으로 치료하다, 약물을 이용해 죽이다 등의 뜻도 나왔다. 간화자에서는 樂을 約^(묶을 약)으로 바꾼 葯^(구리대 잎 약)에 통합되어 药으로 쓴다.

字形 金文 簡牘文 古璽文
說文小篆 葯 玉篇

龠(피리 약): yuè, 龠-0, 17

字解 상형. 관이 여럿으로 된 多管^(다관) 악기를 그렸는데, 갑골문에서는 대로 만든 피리를 실로 묶었고, 피리의 소리를 내는 혀^(reed)까지 그려졌다. 위의 부분은 입으로 보기도 하고, 亼^(삼합 집)으로 보아 피리 여럿을 모아^(亼) 놓은 것을 상징하는 것으로 보기도 한다.

字形 甲骨文 金文
簡牘文 說文小篆

籥(피리 약): yuè, 竹-17, 23

字解 형성. 竹^(대 죽)이 의미부이고 龠^(피리 약)이 소리부이다. 『설문해자』에서는 '아이들이 글을 배울 때 쓰는 대쪽^(書僮竹笘)'을 말한다고 했지만, 관이 여럿인 대로 만든 다관 피리를 말한다. 원래 龠^(피리 약)으로 썼으나 竹을 더하여 형성구조로 변한 글자이다. ☞ 龠^(피리 약)

字形 說文小篆

若(같을 약반야 야): ruò, 艸-5, 9, 32

字解 회의. 艸^(풀 초)와 右^(오른쪽 우)로 구성되었는데, 艸는 머리칼이 잘못 변한 것이고, 右는 손을 뜻한다. 갑골문과 금문에서 꿇어앉은 여인이 산발한 머리칼을 두 손으로 다듬는 모습을 그렸다. 머리칼이 잘 정리되다는 뜻으로부터 온화하고 양순하다^(和順화순)는 뜻이 나왔고, 다시 따르다, 순응하다, 응락하다 등의 뜻까지 나왔으며, 풀이름으로도 쓰였다. 이후 응낙하다는 뜻은 言^(말씀 언)을 더하여 諾^(대답할 락)으로 분화했다. 원래는 艸^(풀 초)와 관계없는 글자였는데 현행 옥편에서는 艸부수에 귀속되었다. 또 불교의 般若^(반야)와 같이 음역자로도 쓰이는데, 이때에는 '야'로 읽힌다.

字形
甲骨文 金文
古陶文
簡牘文
石刻古文 汗簡 說文小篆

約(묶을 약): 约, yuē, 糸-3, 9, 52

字解 형성. 糸^(가는 실 멱)이 의미부고 勺^(구기 작)이 소리부로, 실^(糸)로 묶다는 뜻이다. 이로부터 묶다, 約束^(약속)하다, 속박하다, 規約^(규약) 등의 뜻이 나왔고, 다시 절제하다, 간소하다 등의 뜻이 나왔다.

字形 𦬣𦬣 簡牘文　𦰯 說文小篆　　　**字形** 𦬣 說文小篆

䔃(구리대 잎 약): 药, yào, 艸-9, 13, 10

字解 형성. 艸^(풀 초)가 의미부고 約^(묶을 약)이 소리부로, 식물^(艸)의 일종인 白芷^(백지)나 그 잎을 말하는데, 옛날에는 香草^(향초)라 부르며 뿌리를 약으로 썼다. 또 식물^(艸)의 꽃에서 수술의 볼록한 부분^(花葯화약)을 지칭하기도 하며, 현대 중국에서는 藥^(약 약)의 간화자로도 쓰인다. ☞ 藥^(약 약)

弱(약할 약): ruò, 弓-7, 10, 60

字解 회의. 두 개의 弓^(활 궁)과 두 개의 彡^(터럭 삼)으로 구성되어, 털^(彡)처럼 부드럽고 활^(弓)처럼 '약한' 것을 말하며, 이로부터 '어리다'의 뜻도 나왔다. 청나라 단옥재의 『설문해자주』에서는 "굽은 것은 대부분 약하기 마련이다"라고 주석을 달았다.

字形 𦵔古陶文　弱 弱 𦵔簡牘文　𦵔 說文小篆

蒻(부들 약): ruò, 艸-10, 14

字解 형성. 艸^(풀 초)가 의미부고 弱^(약할 약)이 소리부로, 부드러운^(弱) 풀^(艸)의 일종인 '부들'을 말한다. 부들은 개울가나 연못가에서 저절로 나며, 꽃가루는 지혈제로 쓰고, 잎과 줄기는 자리나 부채 따위를 만드는 재료로 쓴다.

양

養(기를 양): 养, yǎng, 食-6, 15, 52

字解 형성. 食^(밥 식)이 의미부고 羊^(양 양)이 소리부로, 고대 중국인들의 토템이었던 양^(羊)을 먹여가며^(食) 정성껏 보살피듯 잘 받들어 모시는 '봉양하는' 모습을 그렸다. 이로부터 '기르다'의 뜻이 나왔으며, 양육, 보양, 휴양 등의 뜻도 나왔다. 금문에서는 羊과 攴^(칠 복)으로 구성되어 양을 치는 모습을 그렸으나 이후 攴이 食으로 변해 지금의 자형이 되었으며, 간화자에서는 간단하게 줄여 养으로 쓴다.

字形 𦵔𦵔金文　𦵔𦵔𦵔 𦵔𦵔簡牘文　𦵔 說文小篆　𦵔 說文古文

瀁(내 이름 양): [漾], yàng, 水-15, 18

字解 형성. 水^(물 수)가 의미부고 養^(기를 양)이 소리부로, 강^(水)의 이름으로 감숙성 天水^(천수)시 서남쪽에서 흘러나와 섬서성 武都^(무도)에 이르러 漢水^(한수)에 합류된다. 또 漾^(출렁거릴 양)의 고문으로도 쓰이는데, 瀁瀁^(양양)은 물길이 광대무변한 모양을 말한다. 『설문해자』에서는 水가 의미부이고 羕이 소리부인 漾으로 썼다.

說文小篆 說文古文

昜(볕 양): yáng, 日-5, 9

회의. 日^(해 일)과 一^(한 일)과 勿^(말 물)이 모두 의미부이다. 昜은 제단 위로 햇빛이 화려하게 비치는 모습을 그렸는데, 자형이 변해 지금의 자형이 되었다. 그래서 '태양'이나 '햇볕'이 원래 뜻이다. 그러나 『설문해자』에서는 "열다^(開)라는 뜻이다. 일설에는 날아오르다^(飛揚)라는 뜻이라고도 한다. 또 일설에는 길다^(長)라는 뜻이라고도 한다. 또 일설에는 강한 것이 많은 모습^(彊者眾皃)을 말한다고도 한다."라고 했는데, 원래 뜻을 풀이한 것은 아니라 보인다. 이후 원래 뜻을 강조하기 위해 언덕을 뜻하는 阜^(언덕 부)를 더해 陽^(볕 양)으로 분화해, 햇볕이 드는 양지바른 곳을 말하며, 이로부터 빛, 밝음, 태양의 뜻도 나왔으며, 산의 남쪽이나 강의 북쪽을 지칭하기도 한다. 이후 드러난 곳이나 돌출 면을 말했고, 또 양성, 남성, 남성의 성기 등을 지칭했다. ☞ 陽^(볕 양)

昜 說文小篆

陽(볕 양): 阳, yáng, 阜-9, 12, 60

형성. 阜^(언덕 부)가 의미부고 昜^(볕 양)이 소리부로, 제단 위로 햇빛이 화려하게 비치는 모습^(昜)에 언덕을 뜻하는 阜가 더해져 그러한 양지바른 곳을 말하며, 이로부터 빛, 밝음, 태양의 뜻이 나왔으며, 산의 남쪽이나 강의 북쪽을 지칭하기도 한다. 이후 드러난 곳이나 돌출 면을 말했고, 또 양성, 남성,

남성의 성기 등을 지칭했다. 간화자에서는 소리부인 昜을 日^(날 일)로 바꾼 阳으로 써, 햇살^(日)이 비치는 언덕^(阜), 그것이 陽地^(양지)임을 나타냈다. ☞ 昜^(볕 양)

陽 說文小篆

楊(버들 양): 杨, yáng, 木-9, 13, 30

형성. 木^(나무 목)이 의미부고 昜^(볕 양)이 소리부로, '수양버들'을 말하는데, 봄 햇살^(昜)을 받아 제일 먼저 잎이 돋아나는 나무^(木)라는 뜻을 담았다. 나라 이름과 성씨, 새 이름으로도 쓰였으며, 전국 때의 철학자인 楊朱^(양주)와 그 학파를 지칭하기도 한다. 간화자에서는 昜을 㑆으로 줄여 杨으로 쓴다.

甲骨文 古陶文 簡牘文 古璽文 說文小篆

揚(오를 양): 扬, [敭, 颺], yáng, 手-9, 12, 32

형성. 手^(손 수)가 의미부고 昜^(볕 양)이 소리부로, '드날리다'는 뜻인데, 태양을 받들 듯^(昜) 손^(手)으로 높이 들어 올림을 말한다. 이로부터 천거하다, 인재를 들어 쓰다, 드러내다, 칭찬하다 등의 뜻도 나왔다. 원래는 달리 제단 위로 높이 비치는 태양을 그린 昜으로 썼으나 이후 手를 더해 의미를 강화한 글자이다. 달리 手 대신 攴^(칠 복)이 들어간 敭^(오를 양)으로 쓰기도 한다. 간화자에서는 昜을 㑆으로 줄여 扬으로 쓴다.

字形 甲骨文 金文 簡
牘文 楊 說文小篆 說文古文

瘍(종기 양): 疡, yáng, 疒-9, 14, 10

字解 형성. 疒^(병들어 기댈 녁)이 의미부고 昜^(볕 양)이 소리부로, 종기를 말하는데, 피부가 돋아 올라^(昜) 생기는 병^(疒)의 일종임을 반영했다. 간화자에서는 昜을 㲃으로 줄여 疡으로 쓴다.

字形 古璽文 說文小篆

暘(해돋이 양): 旸, yáng, 日-9, 13

字解 형성. 日^(날 일)이 의미부고 昜^(볕 양)이 소리부로, 해^(日)가 솟아오름^(昜)을 말하며, 이로부터 햇볕에 쬐다, 태양 등의 뜻이 나왔다. 간화자에서는 昜을 㲃으로 줄여 旸으로 쓴다.

字形 甲骨文 簡牘文 說文小篆

敭(오를 양): yáng, 攴-9, 13

字解 형성. 攴^(=攵, 칠 복)이 의미부고 昜^(볕 양)이 소리부로, 높이 솟은 태양처럼^(昜) 위로 오르게 하는^(攵) 것을 말하며, 이로부터 '올리다'의 뜻이 나왔고, 揚^(오를 양)의 고문으로도 쓰인다.

字形 楊 說文小篆 說文古文

煬(쬘 양): 炀, yáng, 火-9, 13

字解 형성. 火^(불 화)가 의미부고 昜^(볕 양)이 소리부로, 떠오른 햇빛^(昜)의 열기^(火)라는 뜻으로, 볕에 쬐다가 원래 뜻이고, 이후 불에 쬐다는 뜻까지 나왔다. 간화자에서는 昜을 㲃으로 줄여 炀으로 쓴다.

字形 煬 說文小篆

羊(양 양): yáng, 羊-0, 6, 42

字解 상형. 윗부분은 양의 굽은 뿔과 몸통과 꼬리를 그렸다. 양은 가축화된 이후 온순한 성질, 뛰어난 고기 맛, 그리고 유용한 털 때문에, 고대 중국인들에게는 단순한 가축을 넘어서 祥^(상)서러움과 善^(선)과 美^(미)와 正義^(정의)의 표상이며 신께 바치는 대표적 희생이었다. 그래서 군집생활을 하는 양을 직접 지칭한다. 또 양고기는 뛰어난 맛으로 정평이 나있으며, 일찍부터 인간에게 많은 도움을 주는 유용한 가축화된 동물이었기에 아름다움과 정의의 상징이었고, 이 때문에 양은 숭배의 대상이었으며, 신께 바치는 대표적 희생물의 하나였다.

字形 甲骨文 金文 古陶文 簡牘文 帛書 古璽文 說文小篆

痒(앓을 양): [瘍], yáng, 疒-6, 11, 10

字解 형성. 疒(병들어 기댈 녁)이 의미부고 羊(양 양)이 소리부로, 병(疒)을 앓다는 뜻이며, 이로부터 손해를 입다는 뜻도 나왔다. 달리 羊 대신 養(기를 양)을 쓴 瘍으로 쓰기도 한다.

字形 [疒+羊] 說文小篆

洋(바다 양): yáng, 水-6, 9, 60

字解 형성. 水(물 수)가 의미부고 羊(양 양)이 소리부로, 강(水) 이름을 말한다. 『설문해자』에서 齊(제)나라 臨朐(임구)의 高山(고산)에서 흘러 나와 동북쪽으로 흘러 鉅定(거정)으로 흘러 들어 간다고 했다. 이후 큰 강이라는 뜻에서 '바다'라는 뜻도 갖게 되었으며, 바다 건너의 나라라는 뜻에서 외국, 외국 것, 외국 돈, 현대화된 것 등을 지칭한다.

字形 [여러 갑골문 자형들]甲骨文 [古陶文 자형]古陶文 [說文小篆 자형]說文小篆

恙(근심 양): yàng, 心-6, 10, 10

字解 형성. 心(마음 심)이 의미부고 羊(양 양)이 소리부로, 마음(心) 속의 걱정이나 근심, 우환을 뜻한다.

字形 [簡牘文 자형들]簡牘文 [說文小篆 자형]說文小篆

佯(거짓 양): yáng, 人-6, 8

字解 형성. 人(사람 인)이 의미부고 羊(양 양)이 소리부로, 양(羊) 가죽을 덮어쓴 사람(人)의 모습에서부터 '가장하다'의 뜻이, 다시 속이다, 거짓 등의 뜻이 나왔다.

羕(강이 길 양): yàng, 羊-6, 12

字解 형성. 永(길 영)이 의미부이고 羊(양 양)이 소리부이다. 『설문해자』의 해설처럼, '강이 길다(水長)'라는 뜻이며 이로부터 '길다'는 뜻이 나왔다. 『사주남광한(廣漢)』에서 "장강은 길고도 길어서(江之羕矣)"라고 노래했는데, 羕은 『모씨』본에서는 永으로 표기되어 羕과 永이 옛날부터 통용되었음을 알 수 있다.

字形 [羕 자형] 說文小篆

樣(모양 양): 样, yàng, 木-11, 15, 40

字解 형성. 木(나무 목)이 의미부고 羕(강이 길 양)이 소리부로, 橡(상수리나무 상)의 원래 글자로, 상수리나무(木)의 열매를 말했는데, 이후 모양이나 견본(見樣·견양)이라는 뜻으로 가차되었고, 다시 형식이나 종류, 표준 기물 등의 뜻이 나왔다. 간화자에서는 羕을 羊(양 양)으로 바꾼 样으로 쓴다.

襄(도울 양): xiāng, 衣-11, 17, 12

(字解) 형성. 『설문해자』에서는 衣^(옷 의)가 의미부고 㲯이 소리부로, 옷^(衣)을 벗고 밭을 가는 것을 말한다고 했다. 하지만, 갑골문에 의하면 소가 끄는 쟁기를 두 손으로 잡은 모습과 쟁기에 의해 흙이 일어나는 모습을 그려, 쟁기로 흙을 뒤집는 모습을 형상화했다. 그래서 이는 解衣耕^(해의경)이라는 경작법을 반영한 것으로 추정된다. 즉 날이 가물 때 파종을 하려면 표층을 걷어내고 그 속의 습윤한 땅에 씨를 뿌리고 다시 마른 흙을 덮어 수분을 보존하게 하는데 이러한 경작법을 襄이라 불렀으며, 달리 解衣耕이라 했다. 땅의 표피 흙을 걷어낸다는 뜻에서 양보의 뜻이 나왔는데, 이후 言^(말씀 언)을 더한 讓^(사양할 양)으로 분화했다. 또 마른 흙을 걷어내면 부드러운 흙이 나온다는 뜻에서 '부드럽다는 뜻도 나왔는데, 이후 土^(흙 토)를 더한 壤^(흙 양)으로 분화했다. 그리고 '걷어내다'는 뜻은 手^(손 수)를 더한 攘^(물리칠 양)으로 분화했다.

(字形) 金文 古陶文 簡牘文 石刻古文 說文小篆 說文古文

讓(사양할 양): 让, ràng, 言-17, 24, 32

(字解) 형성. 言^(말씀 언)이 의미부고 襄^(도울 양)이 소리부로, 말^(言)로 사양함^(襄)을 말하며, 이로부터 피하다, 양보하다의 뜻이 나왔으며, 다른 사람의 좋은 점을 말해주다, 추천하다는 뜻도 나왔다. 간화자에서는 소리부 襄을 上^(위 상)으로 줄인 让으로 쓴다. ☞ 襄^(도울 양)

(字形) 古陶文 簡牘文 說文小篆

壤(흙 양): rǎng, 土-17, 20, 32

(字解) 형성. 土^(흙 토)가 의미부고 襄^(도울 양)이 소리부로, 겉을 걷어낸^(襄) 속의 부드러운 흙^(土)을 말하며, 이로부터 土壤^(토양), 흙을 걷어내다, 경작지, 땅, 영토 등의 뜻이 나왔다. ☞ 襄^(도울 양)

(字形) 簡牘文 說文小篆

孃(여자애 양): 娘, niáng, 女-17, 20, 20

(字解) 형성. 女^(여자 여)가 의미부고 襄^(도울 양)이 소리부로, 『설문해자』에서는 '걱정을 하다'는 뜻이라고 했는데, 이후 어머니^(女)라는 뜻으로 쓰였고, 다시 젊은 여성을 뜻하는 娘^(아가씨 낭)과 같이 혼용해 썼다. 현대 중국의 간화자에서는 娘에 통합되었다. ☞ 娘^(아가씨 낭)

(字形) 說文小篆

釀(빚을 양): 酿, niàng, 酉-17, 24, 10

(字解) 형성. 酉^(닭 유)가 의미부고 襄^(도울 양)이 소리부로, 지게미를 걷어내고^(襄) 걸러서 술^(酉)을 만드는 것을 말하며, 이후 그 비슷한 방법 때문에 간장이나 된장 등을 만드는 것도 지칭하게 되었다. 간화자에서는 소리부 襄을 良^(좋을 양)으로 바꾼 酿으로 쓴다.

(字形) 說文小篆

穰(볏짚 양): [穰], ráng, 禾-17, 22

字解 형성. 禾^(벼 화)가 의미부고 襄^(도울 양)이 소리부로, 벼^(禾)의 낟알을 떨어낸 줄기를 말하는데, 쟁기로 경작지를 뒤집어 밭갈이를 할 때^(襄) 수확 후 남겨진 벼^(禾)의 줄기임을 반영했다.

字形 說文小篆

攘(물리칠 양): ràng, 手-17, 20, 10

字解 형성. 手^(손 수)가 의미부고 襄^(도울 양)이 소리부로, 쟁기로 뒤엎어 겉의 흙을 걷어내듯^(襄) 손^(手)으로 물리침을 말한다. ☞ 襄^(도울 양)

字形 說文小篆

禳(제사 이름 양): ráng, 示-17, 22

字解 형성. 示^(보일 시)가 의미부고 襄^(도울 양)이 소리부로, 재앙을 떨쳐버리는^(襄) 제사^(示)의 하나를 말하며, 이로부터 '푸닥거리'의 뜻이 나왔다.

字形 簡牘文 說文小篆

魚(고기 어): 鱼, yú, 魚-0, 11, 50

字解 상형. 갑골문에서 물고기의 입, 몸통과 지느러미와 비늘, 꼬리 등이 구체적으로 표현되었다. 예서에 들면서 꼬리가 灬^(火·불 화)로 변했고, 현대 중국의 간화자에서는 다시 가로획으로 변해 鱼가 되었다. 그래서 '물고기'가 원래 뜻이고, 물고기를 잡는 행위는 물론 어부까지 뜻하기도 했는데, 이후 水^(물 수)를 더한 漁^(고기 잡을 어)로써 구분해 표시했다. 그래서 魚는 물고기의 종류, 고기잡이 행위와 관련되어 있으며, 물고기는 귀하고 맛난 음식의 대표였다.

字形 甲骨文 金文 古陶文 盟書 簡牘文 古璽文 說文小篆

漁(고기 잡을 어): 渔, [䰻], yú, 水-11, 14, 50

字解 형성. 水^(물 수)가 의미부고 魚^(고기 어)가 소리부로, 물^(水)에서 고기^(魚)잡이를 하다는 뜻이며, 어부, 찾아 나서다, 차지하다 등의 뜻도 나왔다. 달리 魚가 둘 중복된 䰻로 쓰기도 한다. 간화자에서는 魚를 鱼로 줄여 渔로 쓴다. ☞ 魚^(고기 어)

字形 甲骨文 金文 簡牘文 說文小篆 說文篆文

馭(말부릴 어): 驭, yù, 馬-2, 12

字解 형성. 馬^(말 마)가 의미부고 又^(또 우)가 소리부로, 손^(又)으로 말^(馬)을 부림을 말한다. 금문에서는 又대신 攴^(칠 복)이 들어가 채찍을 든 손^(攴)으로 말을 부리는 모습이 더욱 형상적으로 표현되었다. 말을 몰다가 원래 뜻이고, 수레를 타다, 수레를 모는 사람, 가마, 통치하다, 천하를 다스리는 道^(도) 등의 뜻이 나왔다.

字形 ![금문][簡牘文][說文古文][說文小篆]

圉(옥 어): yǔ, 囗-8, 11

字解 회의. 幸^(다행 행)과 囗^(에워쌀 위·나라 국)로 구성되어, 두 손이 쇠고랑에 채워진 사람^(幸)이 담장^(囗) 속에 갇힌 모습으로부터 '감옥'의 의미를 그렸고, 이로부터 가두다, 금지하다의 뜻이 나왔으며, 말을 키우다는 뜻으로도 쓰였다.

字形 ![古陶文][簡牘文][說文小篆]

御(어거할 어): yù, 彳-8, 11, 32

字解 회의. 원래 실^(幺·요)로 만든 채찍을 들고 앉은 사람^(卩·절)의 모습을 그려, 길에서 마차를 모는 모습을 형상화했다. 이후 길을 뜻하는 彳^(조금 걸을 척)이 더해졌고, 幺^(작을 요)가 소리부인 午^(일곱째 지지 오)로 바뀌어 지금의 형체

가 되었으며, 간혹 攴^(칠 복)을 더하여 채찍질하는 모습을 강조하기도 했다. 수레를 몰다는 뜻에서 制御^(제어)하다, 방어하다, 다스리다는 뜻까지 생겼으며, 임금과 관련된 것을 지칭하는 데도 쓰였다. 또 제사 이름으로 쓰였는데, 이때에는 示^(보일 시)를 더한 禦^(막을 어)로 분화했으나, 간화자에서는 御로 다시 돌아갔다. ☞ 禦^(막을 어)

字形 ![甲骨文][金文][古陶文][簡牘文][說文小篆][說文古文]

禦(막을 어): 御, yù, 示-11, 16, 10

字解 형성. 示^(보일 시)가 의미부고 御^(어거할 어)가 소리부로, 제사^(示)를 지내 재앙을 막다^(御)는 뜻이다. 이로부터 제어하다, 금지하다, 저항하다 등의 뜻이 나왔다. 달리 御와 같이 쓰여 어떤 물건을 바치다^(進獻·진헌)는 뜻으로도 쓰이며, 간화자에서는 御에 통합되었다. ☞ 御^(어거할 어)

字形 ![說文小篆]

語(말씀 어): 语, yǔ, 言-7, 14, 70

字解 형성. 言(말씀 언)이 의미부고 吾(나 오)가 소리부로, 말(言)로 논의하다는 뜻이다. 이로부터 말, 言語(언어), 문자라는 뜻까지 나왔다.

字形 ![金文] 金文 ![簡牘文] 簡牘文 ![전서]
![古璽文] 古璽文 ![說文小篆] 說文小篆

齬(어긋날 어): 龉, yǔ, 齒-7, 22

字解 형성. 齒(이 치)가 의미부고 吾(나 오)가 소리부로, 아래윗니(齒)가 서로 어긋남을 말하며, 이로부터 어긋나다, 들쭉날쭉 하다의 뜻이 나왔다.

字形 ![說文小篆] 說文小篆

圄(옥 어): yǔ, 囗-7, 10, 10

字解 형성. 囗(나라 국·에워쌀 위)이 의미부고 吾(나 오)가 소리부로, 사방이 담으로 둘러쳐진(囗) 감옥(囹圄영어)을 말하며, 이로부터 구금하다, 지키다는 뜻도 나왔다.

字形 ![說文小篆] 說文小篆

於(어조사 어): 于, [亏], wū, yú, 方-4, 8, 30

字解 상형. 『설문해자』에서 烏(까마귀 오)의 생략된 모습이라고 하여 까마귀가 원래 뜻이라고 했는데, 그렇다면 형체의 일부를 생략한 省體(생체) 상형에 해당한다. 까마귀를 그린 烏

가 烏乎(鳴呼오호)에서처럼 감탄사로 가차되어 쓰이자 이를 구체화하기 위해 형체를 변화시켰고, 이후 새를 그린 왼쪽 부분이 方(모 방)으로 변해 지금의 자형이 되었다. 하지만 於도 이후 대부분 가차 의미인 어기를 나타내는 어조사나 감탄사로 썼다. 간화자에서는 于(어조사 우)에 통합되었다. ☞ 于(어조사 우)

字形 ![金文] 金文 ![帛書 옆] ![簡牘文] 簡牘文 ![帛書] 帛書
![說文小篆] 說文小篆 ![說文古文] 說文古文 ![說文古文省形] 說文古文省形

瘀(병 어): yū, 疒-8, 13, 10

字解 형성. 疒(병들어 기댈 녁)이 의미부고 於(어조사 어)가 소리부로, 타박상 등으로 살 속에 피가 맺히는 병(疒)을 말한다.

字形 ![說文小篆] 說文小篆

억

億(억 억): 亿, yì, 人-13, 15, 50

字解 형성. 人(사람 인)이 의미부고 意(뜻 의)가 소리부로, 사람(人)의 마음(意)에 들다는 뜻이며, 이로부터 만족하다, 가득하다의 뜻이 나왔으며, 사람이 마음으로 만족하는 최고의 숫자라는 의미를 담게 되었다. 『설문해자』 당

시에는 최고의 숫자를 10만이라고 했으나, 청나라 단옥재의 『설문해자주』에서는 1억이라고 했다. 간화자에서는 소리부 意을 乙^(새 을)로 바꾸어 亿으로 쓴다.

字形 金文 說文小篆

憶(생각할 억): 忆, yì, 心-13, 16, 32

字解 형성. 心^(마음 심)이 의미부고 意^(뜻 의)가 소리부로, 뜻^(意)을 마음^(心)에 담아두다는 뜻으로부터 '생각하다'는 의미를 그렸으며, 이로부터 기억하다, 회억하다, 추측하다의 뜻도 나왔다. 또 抑^(누를 억)과 같이 쓰여, 抑制^(억제)하다는 뜻도 가진다. 간화자에서는 소리부 意을 乙^(새 을)로 바꾸어 忆으로 쓴다.

檍(감탕나무 억): yì, 木-13, 17

字解 형성. 木^(나무 목)이 의미부고 意^(뜻 의)가 소리부로, 감탕나무를 말하는데, 달리 木橿^(목강), 萬年木^(만년목)이라고도 하며, 재질이 단단해 수레나 활을 만드는 데 쓰였다.

字形 說文小篆

臆(가슴 억): [肊], yì, 肉-13, 17, 10

字解 형성. 肉^(고기 육)이 의미부고 意^(뜻 의)가 소리부로, 가슴을 말하는데, 마음^(意)을 담아두는 신체 부위^(肉)가 '가슴'임을 반영했다. 이후 추측하다, 불만을 표시하다는 뜻도 나왔다. 달리 소리부 意을 乙^(새 을)로 바꾼 肊으로 쓰기도 한다.

抑(누를 억): yì, 手-4, 7, 32

字解 형성. 手^(손 수)가 의미부고 卬^(나 앙)이 소리부이지만, 원래는 手와 印^(도장 인)으로 이루어졌고, 손으로 눌러 사람을 꿇어앉힌 모습^(印)에서 '누르다'는 뜻을 그렸는데, 이후 손동작을 강조하기 위해 手를 더했고, 印이 卬으로 잘못 변해 지금의 자형이 되었다. '누르다'가 원래 뜻이고, 이로부터 抑制^(억제)하다 등의 뜻이 나왔다.

字形 甲骨文 說文小篆 說文重文

언

言(말씀 언): yán, 言-0, 7, 60

字解 상형. 입과 혀 그리고 거기서 나오는 '말'을 상징하는 가로획이 더해진 것이 言^(말씀 언)이라는 해석이 일반적이지만, 사실 言은 피리 모양의 악기의 입^(reed)과 댓가지^(竹·죽) 그리고 거기서 나오는 '소리'를 형상화한 것이라고 舌^(혀 설)의 자형에서 풀이한 바 있다. 言이 악기의 '소리'에서 사람의 '말'로, 다시 말과 관련된 여러 뜻을 갖게 되었지만, 言으로 구성된 글자에는 일반적인 언어행위 외에도 말에 대한 고대 중국인들의 인식이 잘 반영되어 있다. 먼저, 말은 믿을 수 없는 거짓, 속임의 수단이었으며, 말을 잘하는 것은 능력이 아닌 간사함이자 교활함에 불과하였다. 그 때문에 말의 귀착점은 언제

나 다툼이었다. 이처럼 言에는 부정적 인식이 두드러진다.

甲骨文 金文 盟書 簡牘文 說文小篆

彦(선비 언): yàn, 彡-6, 9, 12

字解 형성. 彡^(털 길고 퍼런빛 문)이 의미부고 厂^(기슭 엄)이 소리부로, 재덕이 출중한 사람을 말하는데, 인문학적^(文-문) 자질이 크게^(厂) 빛나는^(彡-삼) 사람이라는 뜻을 담았으며, 이후 아름답다는 뜻도 나왔다. 시라카와 시즈카^(白川靜)는 아이가 태어나면 사악한 기운을 떨쳐내려고 이마^(厂)에다 화려한^(彡) 문신^(文)을 새겼는데, 이것이 彦의 자원이며, 문신한 부위를 명확하게 하려고 頁^(머리 혈)을 더한 것이 顔^(얼굴 안)이라고 풀이하기도 했다.

字形 說文小篆

諺(상말 언): 谚, yàn, 言-9, 16, 10

字解 형성. 言^(말씀 언)이 의미부고 彦^(선비 언)이 소리부로, 후대에 전해질 정도로 훌륭한^(彦) 옛말^(言) 즉 諺語^(언어)를 말했다. 그래서 段玉裁^(단옥재)는 "경전에서 諺이라 불렸던 말치고 전대의 교훈이 아닌 말이 없었다."라고 했다. 전대부터 전해지는 古語^(고어)는 당시의 말로 주석이 필요했을 것이고, 이 때문에 당시의 유행하는 말이라는 뜻이 생겼고, 속어라는 뜻도 나왔다.

字形 簡牘文 說文小篆

焉(어찌 언): yān, 火-7, 11, 30

字解 상형. 새의 모습을 그렸으며, 새의 이름으로 쓰였다. 長江^(장강)과 淮水^(회수) 등지에 사는 황색의 새^(焉鳥-언조)를 말했는데, 이후 '어찌'라는 의문 부사로 가차되었다.

字形 金文 簡牘文 說文小篆

偃(쓰러질 언): yǎn, 人-9, 11

字解 형성. 人^(사람 인)이 의미부고 匽^(엎드릴 언)이 소리부로, 사람^(人)이 나아가지 못하고^(匽) 엎어짐을 말했는데, 이로부터 쓰러지다, 멈추다, 그치다 등의 뜻도 나왔다.

字形 古陶文 簡牘文 說文小篆

堰(방죽 언): yàn, 土-9, 12, 10

字解 형성. 土^(흙 토)가 의미부고 匽^(엎드릴 언)이 소리부로, 물을 막으려고 쌓은 둑이나 둑으로 둘러싸 막은 못을 말하는데, '흐르는 물을 정지시키는^(匽) 흙^(土)으로 만든 둑'이라는 뜻을 담았다.

郾(고을이름 언): yǎn, 邑-9, 12

字解 형성. 邑^(고을 읍)이 의미부고 匽^(엎드릴 언)이 소리부로, 땅이름인데, 옛날 郾子國^(언자국)이 있었으며 秦^(진)나라 때 郾^(언)현이 설치되었다. 현재 하남성에 郾城^(언성)현이 있다.

字形 金文 古陶文
古璽文 說文小篆

甗(시루 언): yǎn, 瓦-16, 21

字解 형성. 瓦^(기와 와)가 의미부이고 鬳^(솥 권)이 소리부이다. 『설문해자』에서는 "시루^(甑)를 말한다. 한 개의 커다란 구멍이 있다^(一穿)."라고 했는데, 흙을 구워 만든^(瓦) 솥^(鬳)의 일종일 '시루'임을 고려하면 鬳은 의미의 결정에도 관여하고 있다. 고고발굴에서 출토된 실물을 보면 윗부분은 鼎^(솥 정)의 몸통, 아래쪽은 발이 셋 달리고 속이 빈 鬲^(솥 력)으로 되었고 중간에 구멍이 여럿 뚫린 가림막이 있어 음식물을 찌도록 고안되었다. 이후 '시루'를 지칭하는 일반적인 명칭으로 쓰였다.

字形 說文小篆

얼

臬(말뚝 얼): niè, 自-4, 10

字解 회의. 自^(스스로 자)와 木^(나무 목)으로 구성되어, 사람의 코^(自) 높이로 세운 나무^(木) 말뚝을 말했는데, 활 쏘는 과녁으로 사용되었으며, 이로부터 목표의 뜻이 나왔다. 또 해의 길이를 재는 해시계로도 사용되었는데, 이로부터, 준칙, 표준, 법규 등의 뜻이 나왔다.

字形 甲骨文 說文小篆

孽(서자 얼): 孼, niè, 子-16, 19

字解 형성. 子^(아들 자)가 의미부고 辥^(허물 설)이 소리부로, 서자를 말하는데, 풀이나 나무를 베고 남은 그루터기에서 싹튼 움처럼 직계가 아닌 방계에서 난 자식^(子)이라는 뜻을 담았다. 이후 거스르다, 不孝^(불효), 나쁘다 등의 뜻까지 나왔다. 속자로 辥^(설) 대신 薛^(맑은 대쑥 설)을 쓴 孼로 쓰기도 하는데, 간화자에서도 이를 따랐다.

字形 說文小篆

蘖(그루터기 얼): [櫱], niè, 艸-17, 21

字解 형성. 木^(나무 목)이 의미부고 薛^(맑은 대쑥 설)이 소리부로, 풀이나 나무^(木) 따위를 베고 남은 밑동^(그루터기)에서 새로 돋아난 싹이나 가지를 말한다. 『설문해자』에서는 木이 의미부이고 獻^(바칠 헌)이 소리부인 櫱^(그루터기서 난 싹 얼)로 쓰기도 했다.

字形 說文小篆 說文或體 說文古文

엄

로 구성된 글자들은 모두 집과 같은 건축물과 의미적 관련을 한다. 庵^(암자 암)은 广에 소리부인 奄^(가릴 엄)이 더해진 글자인데, 广의 의미를 더욱 강조하기 위해 만들어진 글자라고 보기도 한다. 广은 현대 중국에서는 廣^(넓을 광)의 간화자로도 쓰인다. ☞ 廣^(넓을 광)

厂(기슭 엄): [厈], ān, 厂-0, 2

字解 상형. 厂은 갑골문에서 깎아지른 바위 언덕을 그렸는데, 여기에 돌덩이가 더해지면 石^(돌 석)이 된다. 금문과 『설문해자』의 주문체에서는 소리부인 干^(방패 간)을 더해 厈^(굴 바위집 엄)으로 쓰기도 했는데, 이는 이후 山^(뫼 산)을 더한 岸^(언덕 안)으로 분화했다. 깎아지른 바위언덕은 초기 인류의 훌륭한 거주지였는데, 이 때문에 『설문해자』에서 厂을 두고 "사람이 살 수 있는 바위 언덕"이라 풀이했다. 그래서 厂은 바위나 돌, 깎아지른 절벽, 집 등을 뜻한다. 예컨대 厓^(언덕 애)는 厂과 圭^(홀 규)의 결합으로 깎아지른 '높은 언덕'을 말하고, 原^(근원 원)은 깎아지른 언덕^(厂)에서 물이 흘러나오는 모습^(泉·천)을 그려 샘물의 '근원'을 말했는데, 이후 水^(물 수)를 더하여 源^(근원 원)으로 분화했다. 또 厚^(두터울 후)는 厂과 旱^(두터울 후)로 구성되어, 산^(厂)처럼 두터움^(旱)을 말한다.

字形 厂 說文小篆 厈 說文籀文

广(집 엄): ān, 广-0, 3

字解 상형. 广은 금문에서 집의 모양인데, 한쪽 벽면이 생략된 모습이다. 이는 산이나 바위 언덕 쪽에 기대어 만든 집임을 보여준다. 그렇게 만들어진 '집'이 원래 뜻이며, 广으

字形 厂 說文小篆

奄(가릴 엄): yǎn, 大-5, 8, 10

字解 회의. 大^(큰 대)와 申^(아홉째 지지 신)으로 구성되어, 큰^(大) 번개^(申, 電의 원래 글자)가 치며 하늘을 '뒤덮다'는 뜻으로부터 '덮다'는 의미를 그렸다.

字形 金文 簡牘文 奄 說文小篆

俺(나 엄): ǎn, 人-8, 10

字解 형성. 人^(사람 인)이 의미부고 奄^(가릴 엄)이 소리부로, 큰^(奄) 사람^(人) 즉 위대한 존재라는 뜻이며, 이후 일인칭 대명사로 쓰였다.

字形 俺 說文小篆

淹(담글 엄): yān, 水-8, 11

字解 형성. 水^(물 수)가 의미부고 奄^(가릴 엄)이 소리부로, 사천성 서남부에 있는 강 이름으로, 발원지에서부터 사천성 攀枝花^(반지화)시에 이르는 지금의 金沙江^(금사강)을 말한다. 이후 물^(水)이 뒤덮다^(奄)는 뜻으로부터 물에

잠기다, 물이 가득하다 등의 뜻이 나왔다.

字形 [小篆] 說文小篆

掩(가릴 엄): yǎn, 手-8, 11, 10

字解 형성. 手^(손 수)가 의미부고 奄^(가릴 엄)이 소리부로, 손^(手)으로 덮어^(奄) '가리는' 행위를 말하며, 이로부터 덮다, 숨기다^(掩蔽엄폐), 꾸미다 등의 뜻도 나왔다.

字形 [小篆] 說文小篆

嚴(엄할 엄): 严, yán, 口-17, 20, 40

字解 형성. 敢^(감히 감)과 두 개의 口^(입 구)가 의미부이고 厂^(기슭 엄)이 소리부로, 바위 언덕^(厂)에서 광석 덩이^(口)를 캐내는^(敢) 모습을 그렸는데, 금문에서는 口가 세 개로 표현되기도 했다. 광석을 캐는 일은 대단히 위험하여 그 일에는 엄격한 규율이 요구되기에 '엄하다'는 뜻이 생겼다. 간화자에서는 전체 자형을 간단하게 줄인 严으로 쓴다.

字形 [金文] [金文] [金文] [金文] [金文] 金文 [小篆] [簡牘文] [古璽文] [說文小篆] 說文小篆 [說文古文] 說文古文

儼(의젓할 엄): 俨, yǎn, 人-20, 22, 10

字解 형성. 人^(사람 인)이 의미부고 嚴^(엄할 엄)이 소리부로, '의젓하다'는 뜻인데, 엄격하고^(嚴) 언행이 정중한 사람^(人)을 말한다. 이후 장엄

하다, 똑바로 서다, 아름답다, 가지런한 모습 등의 뜻이 나왔다. 간화자에서는 嚴을 严으로 줄인 俨으로 쓴다.

字形 [金文] 金文 [小篆] 說文小篆

業(업 업): 业, yè, 木-9, 13, 60

字解 상형. 『설문해자』에 의하면, "옛날 악기를 내걸기 위한 橫木^(횡목가로질러 놓은 나무)에 달아 놓은 장식용 널빤지"를 말하는데, 보통 톱니처럼 만들고 흰색으로 칠을 해 드러나 보이게 했다고 한다. 국가에 큰일이 있을 때 이루어지는 編鐘^(편종) 등이 동원된 성대한 곡을 연주할 악기 틀의 장식물을 만드는 일은 전문적이고 특별한 재주가 필요했을 것이며, 이로부터 '전문적인 일'이나 '위대한 일'이라는 뜻이, 다시 직업, 사업, 생업, 산업 등의 뜻이 나왔다. 이후 '이미'라는 부사로도 쓰였다. 또 불교에서 업보를 뜻하는데, 산스크리트어 '카르마^(Karma)'의 번역어이다. 몸^(身)과 입^(口)과 의지^(意)를 三業^(삼업)이라 한다. 간화자에서는 윗부분만 남기고 나머지는 줄인 형태인 业으로 쓴다.

字形 [金文] [金文] 金文 [簡牘文] 簡牘文 [小篆] 說文小篆 [古文] 說文古文

業(높고 험할 업): yè, 山-13, 16

字解 형성. 山^(뫼 산)이 의미부고 業^(업 업)이 소리부로, 악기를 내걸기 위한 장식용 널빤지^(業)처럼 산^(山)이 높고 험함을 말한다.

에

恚(성낼 에): huì, 心-6, 10

字解 형성. 心^(마음 심)이 의미부이고 圭^(홀 규)가 소리부로, 분노한 마음^(心)을 말하며, 성을 내다는 뜻이다.

字形 恚 古陶文 恚 說文小篆

엔

円(일본 화폐 단위 엔둥글 원): yuán, 冂-2, 4

字解 지사. 圓^(둥글 원)의 줄임 형으로, 일본의 화폐 단위를 말한다. 冂^(나라 국에워쌀 위)과 丨^(뚫을 곤)으로 구성되었는데, 자형이 丨은 員^(수효 원)을 줄인 지사 부호이다.

여

女(여자 여) ☞ 女(여자 녀)

汝(너 여): rǔ, 水-3, 3, 30

字解 형성. 水^(물 수)가 의미부고 女^(여자 여)가 소리부로, 弘農郡^(홍농군) 盧氏縣^(노씨현) 還歸山^(환귀산)에서 흘러나와 동쪽으로 흘러 淮水^(회수)로 흘러드는 강의 이름을 말했는데, 이후 이인칭 대명사로 가차되었다.

字形 甲骨文 簡牘文 石刻古文 說文小篆

如(같을 여): rú, 女-3, 6, 42

字解 형성. 口^(입 구)가 의미부고 女^(여자 여)가 소리부로, 남편이나 아버지의 명령^(口)대로 따라야 하는 여성^(女)이라는 의미로부터 '따르다'의 뜻이 나왔고, 다시 '뜻대로 따라 하다'는 의미로 쓰이게 되었다.

字形 甲骨文 金文 古陶文 簡牘文 石刻古文 說文小篆

茹(먹을 여): rú, 艸-6, 10

字解 형성. 艸^(풀 초)가 의미부고 如^(같을 여)가 소리부로, 말에게 먹이는 부드러운^(如) 풀^(艸)을 말하는데, 이로부터 먹이다, 먹다 등의 뜻

이 나왔다.

字形 ![字形] 說文小篆

與(더불 여): 与, yǔ, 臼-8, 14, 40

字解 형성. 与^(어조사 여)가 의미부고 舁^(마주들 여)가 소리부로, 서로 함께 '더불어' 힘을 합해 무거운 물건을 마주 드는^(舁) 모습을 그렸으며, 이후 주다는 뜻도 생겼다. 간화자에서는 초서체로 줄인 与로 쓴다. ☞ 舁^(마주들 여)

字形 ![字形] 金文 ![字形] 盟書 ![字形] 簡牘文 ![字形] 石刻古文 ![字形] 說文小篆 ![字形] 說文古文

輿(수레 여): 舆, [轝], yú, 車-10, 17, 30

字解 형성. 車^(수레 거차)가 의미부고 舁^(마주들 여)가 소리부로, 서로 함께 힘을 합해야만 들 수 있는^(舁) 것이 수레^(車)임을 말해 주고 있다. 이후 가마, 상여용 수레, 직위가 낮은 병졸 등을 지칭하기도 했다. 간화자에서는 舆로 쓴다. ☞ 舁^(마주 들 여)

字形 ![字形] 甲骨文 ![字形] 古陶文 ![字形] 簡牘文 ![字形] 說文小篆

轝(수레 여): 輿, yú, 車-10, 17

字解 형성. 車^(수레 거차)가 의미부고 輿^(줄 여)가 소리부로, 輿^(수레 여)와 같은 글자이며, 함께 더불어^(輿) 힘을 합해야만 들 수 있는 것이 수레^(車)임을 말해 주고 있다. 간화자에서는 輿에 통합되어 舆로 쓴다. ☞ 輿^(수레 여)

歟(어조사 여): 欤, yú, 欠-14, 18

字解 형성. 欠^(하품 흠)이 의미부고 輿^(줄 여)가 소리부로, 감탄이나 의문, 반어, 추측 등을 나타내는 어조사를 말하는데, 끝을 들어 올려^(輿) 발음한다^(欠)는 의미를 담았다. 간화자에서는 輿를 与로 줄여 欤로 쓴다.

字形 ![字形] 簡牘文 ![字形] 說文小篆 ![字形] 歟 玉篇

璵(옥 여): 玙, yú, 玉-14, 18

字解 형성. 玉^(옥 옥)이 의미부고 輿^(줄 여)가 소리부로, 璵璠^(여번)이라는 아름다운 옥^(玉)을 말하며, 이로부터 훌륭한 인품이나 고결한 사람을 뜻하게 되었다. 간화자에서는 輿를 与로 줄여 玙로 쓴다.

字形 ![字形] 說文小篆

礜(돌 이름 여): [礜], yù, yú, 石-14, 19

字解 형성. 石^(돌 석)이 의미부고 輿^(줄 여)가 소리부로, 돌^(石)의 일종인데, 상하구조로 된 礜^(독이 있는 돌 여)와 같이 쓰기도 한다.

予(나 여): yǔ, 亅-3, 4, 30

字解 상형. 『설문해자』에서는 "손으로 무엇인가를 다른 사람에게 내미는 모습"이라고 했지만, 베틀의 북 끝이 서로 교차한 모습을 그렸고, 한쪽 북에는 실이 달려진 모습으로 보는 것이 더 합리적이라 생각된다. 북은 베를 짤 때 씨실의 꾸리를 넣어 날실의 틈으로 오가게 하며 씨실을 풀어 주는 구실을 하는 장치로 배처럼 생긴 나무통을 말한다. 이로부터 '오가다', '북^(梭사)'의 뜻이 나왔다. 이후 일인칭 대명사로 가차되어 쓰였고 그러자 원래 뜻은 木^(나무 목)을 더해 杼^(북 저)로 분화했다.

字形 𢄼 說文小篆

余(나 여): yú, 人-5, 7, 30

字解 상형. 갑골문에서 임시로 만들어진 기둥과 지붕이 갖추어진 객사^(舍사)를 그렸는데, 아랫부분에 기단이 갖추어지면 숨가 된다. 이후 일인칭 대명사로 가차되어 '나'나 '우리'라는 뜻으로 쓰였다. 현대 중국에서는 餘^(남을 여)의 간화자로도 쓰인다.

字形 甲骨文 金文 古陶文 古幣文 盟書 簡牘文 古璽文 石刻古文 說文小篆 說文或體

餘(남을 여): 余, yú, 食-7, 16, 42

字解 형성. 食^(밥 식)이 의미부고 余^(나 여)가 소리부로, 객사^(余, 舍의 원래 글자)에서 손님을 위해 음식^(食)을 '남겨두다'는 뜻으로부터 '여유', 남다, 풍족함 등의 뜻을 그렸다. 간화자에서는 余에 통합되었다. ☞ 余^(나 여)

字形 餘 餘 簡牘文 䬓 說文小篆

艅(배 이름 여): yú, 舟-7, 13

字解 형성. 舟^(배 주)가 의미부고 余^(나 여)가 소리부로, 배^(舟)의 이름이다. 艅艎^(여황)은 吳^(오)나라 왕의 대형 전함의 이름이었는데, 이후 큰 배나 대형 전함을 말하는 데 쓰였다.

字形 艅 說文小篆

역

逆(거스를 역): nì, 辵-6, 10, 42

字解 형성. 辵^(쉬엄쉬엄 갈 착)이 의미부고 屰^(거스를 역)이 소리부로, 원래는 역으로 오는 사람^(屰)을 맞이하다는 뜻이었는데, 이후 역^(屰)으로 거슬러서 가다^(辵), 거꾸로 가다, 거역하다, 반역 등의 뜻으로 쓰이게 되었다.

字形 甲骨文 金文 古陶文 盟書

絲 簡牘文 ^(古璽文 글자)古璽文 ^{글자}說文小篆

로 간단하게 줄여 译으로 쓴다. ☞ 釋^(풀석)

字形 簡牘文 譯 說文小篆

疫(돌림병 역): yì, 疒-4, 9, 32

字解 형성. 疒^(병들어 기댈 녁)이 의미부고 殳^(창 수)가 소리부로, 전염병을 말하는데, 몰아내어야 할^(殳) 질병^(疒)이 바로 돌림병이자 疫病^(역병) 임을 그렸다.

字形 疫 簡牘文 膌 說文小篆

繹(풀어낼 역): 绎, yì, 糸-13, 19, 10

字解 형성. 糸^(가는 실 멱)이 의미부고 睪^(엿볼 역)이 소리부로, 엉킨 실 중 알맞은 실^(糸)을 골라^(睪) 풀어냄을 말하며, 이로부터 일의 실마리를 풀다는 뜻이 나왔다. 간화자에서는 睪을 圣으로 간단하게 줄여 绎으로 쓴다. ☞ 釋^(풀석)

字形 繹 䌁 繹 盟書 ^{글자} 睪 簡牘文 繹 說文小篆

役(부릴 역): yì, 彳-4, 7, 32

字解 형성. 殳^(창 수)가 의미부이고 彳^(조금 걸을 척)이 소리부로, 길^(彳, 行의 줄임형)에서 노역을 시키다^(殳) 뜻이다. 갑골문에서는 人^(사람 인)과 殳로 구성되어 사람^(人)의 뒤쪽으로 창^(殳)이 놓여, 사람^(人)을 강제로 몰아 부리는^(殳) 모습에서 負役^(부역)이나 勞役^(노역)의 의미를 그렸는데, 人이 彳^(조금 걸을 척)으로 변해 지금의 자형이 되었다. 이후 부리다, 강제하다, 병역, 戰役^(전역) 등의 뜻이 나왔다.

字形 甲骨文 說文小篆 說文古文

驛(역참 역): 驿, yì, 馬-13, 23, 32

字解 형성. 馬^(말 마)가 의미부고 睪^(엿볼 역)이 소리부로, 역마를 말하는데, '골라^(睪) 탈 수 있는 말^(馬)'이라는 의미를 담았고, 그런 말이 역마가 있는 역참이나 정거장을 말했다. 간화자에서는 睪을 圣으로 간단하게 줄여 驿으로 쓴다. ☞ 釋^(풀석)

譯(통변할 역): 译, yì, 言-13, 20, 32

字解 형성. 言^(말씀 언)이 의미부고 睪^(엿볼 역)이 소리부로, 말^(言)을 알맞게 골라^(睪) 다른 말로 통역함을 말한다. 이로부터 번역하다, 번역하는 사람, 말이 통하지 않는 다른 지역 등의 뜻이 나왔다. 간화자에서는 睪을 圣으로

懌(기뻐할 역): 怿, yì, 心-13, 16

字解 형성. 心^(마음 심)이 의미부고 睪^(엿볼 역)이 소리부로, 마음^(心)으로 기뻐함을 말한다. 간화자에서는 睪을 圣으로 간단하게 줄여 怿으로 쓴다.

字形 簡牘文 驛 說文小篆

亦(또 역): yì, 亠-4, 6, 32

字解 지사. 원래 팔을 벌린 사람^(大·대)과 양 겨드랑이 부분에 두 점이 찍힌 모습인데, 두 점은 그곳이 '겨드랑이'임을 나타낸다. 이후 '역시'라는 뜻으로 가차되었으며, 그러자 원래 뜻을 나타낼 때에는 人^(사람 인)과 소리부인 夕을 더하여 夜^(밤 야)가 되었다. 하지만, 夜도 다시 '밤'이라는 뜻으로 가차되어 쓰이게 되자, 또 水^(물 수)를 더한 液^(진·겨드랑이 액)을 만들어 분화했다. 게다가 겨드랑이에서 나는 땀이란 뜻으로부터 '진액'의 뜻까지 생겨났다.

字形

易(바꿀 역·쉬울 이): yì, 日-4, 8, 40

字解 상형. 자원이 불분명하다. 『설문해자』에서는 도마뱀을 그렸다고 했고, 곽말약은 그릇과 담긴 물을 그려 다른 그릇으로 옮기는 모습에서 '바뀌다'는 뜻이 나왔다고 했다. 아마도 도마뱀이 환경에 따라 몸의 보호색을 쉽게 바꾸기 때문에 '변하다'는 뜻이 나온 것으로 추정된다. 변하다고 할 때에는 變易^(변역)에서처럼 '역'으로, 쉽다고 할 때에는 容易^(용이)에서처럼 '이'로 구분해 읽는다.

字形

域(지경 역): yù, 土-8, 11, 40

字解 형성. 土^(흙 토)가 의미부고 或^(혹 혹)이 소리부로, 나라^(或, 國의 원래 글자)가 갖는 구역이나 땅^(土)을 말하며, 이로부터 경계, 區域^(구역), 범위, 봉읍, 한계 등의 뜻이 나왔다.

字形

轢(삐걱거릴 역): 轹, lì, 車-15, 22

字解 형성. 車^(수레 거·차)가 의미부고 樂^(풍류 악·즐길 락)이 소리부로, 악기^(樂)처럼 소리를 내며 수레^(車)가 삐걱거림을 말한다. 간화자에서는 樂을 乐으로 간단하게 줄인 轹으로 쓴다.

字形

연

研(갈 연): yán, yàn, 石-6, 11, 42

형성. 石(돌 석)이 의미부고 幵(평평할 견)이 소리부로, 돌(石)이 평평해지도록(幵) 갈다는 뜻이며, 이로부터 硏磨(연마)하다, 연구하다, 탐구하다 등의 뜻이 나왔다.

說文小篆

姸(고울 연): yán, 女-6, 9, 12

형성. 女(여자 여)가 의미부고 幵(평평할 견)이 소리부로, 모가 나지 않고 잘 갈린 돌처럼 평평한(幵) 여자(女)가 곱고 아름답다는 뜻을 반영했다.

說文小篆

然(그럴 연): rán, 火-8, 12, 70

회의. 犬(개 견)과 肉(고기 육)과 火(불 화)로 구성되어, 개(犬) 고기(肉)를 불(火)에 '굽다'는 뜻이다. 이후 '그렇다'는 뜻으로 가차되어 쓰이게 되자 원래 뜻은 다시 火를 더한 燃(사를 연)으로 분화했다.

金文 簡牘文 說文小篆 說文或體

燃(사를 연): rán, 火-12, 16, 40

형성. 火(불 화)가 의미부고 然(그럴 연)이 소리부로, 불(火)에 개고기를 굽는(然) 모습으로부터 '불사르다'는 뜻을 그렸다. ☞ 然(그럴 연)

金文 簡牘文 說文小篆 說文或體

撚(비틀 연): niǎn, 手-12, 15

형성. 手(손 수)가 의미부고 然(그럴 연)이 소리부로, 손으로 '비틀다'는 뜻인데, 개고기를 불에 구울 때(然) 손(手)으로 돌려가며 굽는 모습을 반영했다.

說文小篆

衍(넘칠 연): yǎn, 行-3, 9, 12

형성. 水(물 수)와 行(갈 행)으로 구성되어, 물길대로 흘러야 할 물(水)이 길(行)로 '넘쳐흐르는' 것을 말하며, 이로부터 넘치다, 많다, 흩어지다, 관대하다의 뜻이 나왔다.

說文小篆

延(끌 연): yán, 廴-4, 7, 40

회의. 갑골문에서 사방으로 난 길(彳·척, 行의 생략형)과 발(止·지)로 구성되어 먼 길(彳)을 가는(止) 모습을 형상화했는데, 止에 삐침 획(丿)이 더해져 지금의 자형이 되었다. '멀리가다'가 원래 뜻이고, 이로부터 延長(연장·길게 늘이다)의 뜻이 나왔다.

金文 簡牘文 說文小篆

ㅇ | 543

筵(대자리 연): yán, 竹-7, 13, 10

字解 형성. 竹^(대 죽)이 의미부고 延^(끌 연)이 소리부로, '대자리'를 말하며 이후 자리를 깔고 앉다, 宴會^(연회)를 베풀다 등의 뜻으로 확대되었는데, 땅에다 끌어서^(延) 까는 대^(竹)로 만든 자리라는 의미를 담았다.

字形 筵 說文小篆

挻(늘일 연): shān, 手-7, 10

字解 형성. 手^(손 수)가 의미부고 延^(끌 연)이 소리부로, '늘이다'는 뜻인데, 손^(手)으로 끌어 늘어지게^(延) 하다는 뜻을 담았다. 이후 부드럽다, 끌어당기다, 취하다 등의 뜻도 나왔다.

字形 挻 說文小篆

涎(침 연): xián, 水-7, 10

字解 형성. 水^(물 수)가 의미부고 延^(끌 연)이 소리부로, '침'을 말하는데, 입에서 축 늘어져^(延) 흘러내리는 타액^(水)이라는 의미를 담았다. 이후 침을 흘리다는 뜻은 물론 탐을 내다는 뜻까지 생겼다.

字形 甲骨文 金文 說文小篆 說文或體 說文籀文

硯(벼루 연): 砚, yàn, 石-7, 12, 20

字解 형성. 石^(돌 석)이 의미부고 見^(볼 견)이 소리부로, '벼루'를 말하는데, 눈에 보이도록^(見) 글씨를 쓰게 먹을 갈 수 있는 미끄러운 돌^(滑石·활석)이라는 뜻을 담았다.

字形 硯 說文小篆

椽(서까래 연): chuán, 木-9, 13, 10

字解 형성. 木^(나무 목)이 의미부고 彖^(단 단)이 소리부로, '서까래'를 말하는데, 지붕의 가장자리^(彖)로 삐져나온 나무^(木)로 된 구조물이라는 뜻을 담았다. ☞ 彖^(판단할 단)

字形 椽 說文小篆

緣(가선 연): 缘, yuán, 糸-9, 15, 40

字解 형성. 糸^(가는 실 멱)이 의미부고 彖^(단 단)이 소리부로, 옷의 가장자리^(彖)를 따라 실^(糸)로 장식하다가 원래 뜻이며, 가장자리는 외부와 연결되는 부위이므로 因緣^(인연)이라는 뜻까지 나왔다.

字形 簡牘文 緣 說文小篆

耎(가냘플 연): ruǎn, 而-3, 9

字解 형성. 大^(큰 대)가 의미부이고 而^(말 이을 이)가 소리부이다. 『설문해자』에서는 '점차 앞으로 갈수록 커지다^(稍前大)'라는 뜻이라고 했다. 그러나 而가 원래 수염을 그렸음을 고려하면 '크게 자란 수염'을 말했고, 길게 자란 수염은 연약하기 마련이므로, 이로부터 '연약하다', '부드럽다' 등의 뜻이 나온 것으로

추정된다. 그렇다면 而가 의미의 결정에 주도적으로 관여하고 있다. 耎으로 구성된 글자들은 대부분 '부드럽다', '연약하다'의 뜻을 가진다.

堧(빈 터 연): ruán, 土-9, 12

字解 형성. 土^(흙 토)가 의미부고 耎^(약할 연)이 소리부로, 壖^(공지 연)의 속자이며, 가장자리로 붙어 있는 빈 땅^(土)을 말한다.

軟(연할 연): 软, [輭], ruǎn, 車-4, 11, 32

字解 형성. 車^(수레 거차)가 의미부고 欠^(하품 흠)이 소리부로, 바퀴를 보드랍게 싼 수레라는 의미를 직접적으로 그렸다. 바퀴를 '보드랍게^(耎 연)' 싼 출상용 수레^(車)를 말했고, 이로부터 '부드러움'의 의미를 가져왔다. 이후 연하다는 뜻에서 쉽게 움직이다, 마음이 약하다, 귀가 얇다, 질이 나쁘다 등의 뜻이 나왔고, 영어의 'soft'의 대역어로도 쓰인다. 원래는 輭^(연할 연)으로 썼으며, 간화자에서는 軟으로 쓴다. ☞ 耎^(약할 연)

燕(제비 연): yàn, 火-12, 16, 32

字解 상형. 크게 벌린 입과 머리와 세차게 날아오르는 날개와 꼬리를 갖춘 '제비'의 모습을 형상했다. 아직도 대체적인 모습을 간직하고 있으나, 예서체에 들면서 꼬리 부분이

네 점^(灬)으로 변해 火^(불 화)와 혼용되어 버렸다.

嚥(삼킬 연): 咽, yān, 口-16, 19

字解 형성. 口^(입 구)가 의미부고 燕^(제비 연)이 소리부로, '삼키다'는 뜻인데, 입^(口)을 크게 벌리고 어미가 물어다 주는 먹이를 받아먹는 제비^(燕) 새끼의 모습을 연상하게 한다. 간화자에서는 咽^(목구멍 인)에 통합되었다.

沿(따를 연): [沿], yán, 水-5, 8, 32

字解 형성. 水^(물 수)가 의미부고 㕣^(산 속의 늪 연)이 소리부로, 강^(水)가를 따라 내려가다는 뜻으로부터 따르다, 이어받다, 沿岸^(연안) 등의 뜻이 나왔고, '길을 따라가다'의 뜻도 나왔다.

鉛(납 연): 铅, [鈆], qiān, 金-5, 13, 40

字解 형성. 金^(쇠 금)이 의미부고 㕣^(산 속의 늪 연)이 소리부로, 금속^(金)의 일종인 납^(Pb)을 말한다. 이후 黑鉛^(흑연)도 지칭하였고, 흑연으로 만든 鉛筆^(연필)이라는 뜻도 나왔다. 납의 무른 속성 때문에 '무르다'의 뜻도 나왔다.

捐(버릴 연): juān, 手-7, 10, 10

字解 형성. 手^(손 수)가 의미부고 肙^(장구벌레 연)이 소리부로, 손^(手)으로 버리다는 뜻이며, 이로부터 기부하다, 없애버리다, 소비하다 등의 뜻이 나왔다.

字形 [글자] 簡牘文 [글자] 說文小篆

涓(시내 연): juān, 水-7, 10

字解 형성. 水^(물 수)가 의미부고 肙^(장구벌레 연)이 소리부로, 장구벌레^(肙)가 놀 정도의 작고 천천히 흐르는 물길^(水)을 말하며, 이로부터 큰 강의 지류, '시내' 등의 뜻이 나왔고, '작음'의 상징으로도 쓰였다.

字形 [글자] 古陶文 [글자] 說文小篆

娟(예쁠 연): juān, 女-7, 10

字解 형성. 女^(여자 여)가 의미부고 肙^(장구벌레 연)이 소리부로, 여인^(女)의 아름다운 모습에서부터 '예쁘다', '훌륭하다' 등의 뜻이 나왔다.

字形 [글자] 說文小篆

演(멀리 흐를 연): yǎn, 水-11, 14, 42

字解 형성. 水^(물 수)가 의미부고 寅^(셋째 지지 인)이 소리부로, 길게 늘어뜨린 장신구^(寅)처럼 '강물^(水)이 길게 흐르다'는 뜻이며, 길게 흐르는 '강물 주위의 습지', '습윤하다' 등의 뜻이 나왔다. 강물이 주위의 땅을 적셔 습윤하게

만들듯 영향을 확대하다의 뜻을 갖게 되었고, 이로부터 끊임없이 변화하다, 演出^(연출)하다, 演繹^(연역) 등의 뜻이 나왔다. ☞ 寅^(셋째 지지 인)

字解 [글자] 說文小篆

縯(길 연): yǎn, 糸-6, 17

字解 형성. 糸^(가는 실 멱)이 의미부고 寅^(셋째 지지 인)이 소리부로, 길게 실^(糸)을 달아 늘어뜨린 장신구^(寅)로부터 '길다'는 뜻이 나왔다.

宴(잔치 연): [醼, 讌], yàn, 宀-7, 10, 32

字解 형성. 宀^(집 면)이 의미부고 晏^(편안할 안)이 소리부로, 집^(宀)에서 편안하게^(晏) 지냄을 말하고, 이로부터 편안한다, 즐겁다의 뜻이 나왔다. 또 술이나 음식으로 초대해 함께 식사하는 것을 말하여 '잔치'의 뜻도 나왔으며, 달리 酉^(닭 유, 술통을 그렸음)나 言^(말씀 언)이 들어간 醼^(잔치 연)이나 讌^(잔치 연) 등으로도 쓴다.

字形 [글자][글자][글자][글자][글자] 金文 [글자] 說文小篆

沇(강 이름 연): yǎn, 水-4, 7

字解 형성. 水^(물 수)가 의미부고 允^(진실로 윤)이 소리부로, 濟水^(제수)의 다른 이름으로, 하남성 濟源^(제원)현 王屋山^(왕옥산)에서 발원하여 溫^(온)현에서 황하로 흘러드는 강 이름이다. 이후 물이 흐르는 모양을 형용하는 데 쓰였고, 달리 兗^(바를 연)과 같이 써 兗州^(연주)를

지칭하기도 한다.

字形 （說文小篆）說文小篆

淵(못 연): 渊, [困], yuān, 水-8, 11, 12

字解 형성. 水(물 수)가 의미부고 㶍(못 연)이 소리부로, '못'을 말한다. 원래는 㶍(困)으로 써 물(水)을 가두어 놓은(口) 연못을 말했는데 이후 다시 水를 더해 淵이 되었다. 깊은 연못이 원래 뜻이고, 심오함을 뜻하기도 했다. 이후 물이 한곳으로 모이는 곳이 연못이라는 뜻에서 사람이나 물자가 모이는 곳을 말하기도 했다. 간화자에서는 㶍을 간단하게 줄여 渊으로 쓴다.

字形 （甲骨文）甲骨文 （金文）金文 （簡牘文）簡牘文 （說文小篆）說文小篆 （說文或體）說文或體 （說文古文）說文古文

烟(연기 연): yān, 火-6, 10

字解 형성. 火(불 화)가 의미부고 因(인할 인)이 소리부로, 불(火)로 인해(因) 생겨나는 연기를 말하며, 달리 因 대신 垔(막을 인)이 들어간 煙(연기 연)과 같이 쓰기도 하며, 현대 중국에서도 煙의 간화자로 쓰인다. ☞ 煙(연기 연)

字形 （說文小篆）說文小篆 （說文古文）說文古文 （說文或體）說文或體 （說文籒文）說文籒文

煙(연기 연): 烟, yān, 火-9, 13, 42

字解 형성. 火(불 화)가 의미부고 垔(막을 인)이 소리부로, 불(火)을 막아(垔) 생겨나는 연기를 말한다. 이후 연기 모양의 물체를 뜻하게 되었고, 담배까지 지칭하게 되었다. 달리 垔 대신 因(인할 인)이 들어간 烟(연기 연)으로 쓰기도 하는데, 간화자에서도 烟에 통합되었다. ☞ 烟(연기 연)

字形 （說文小篆）說文小篆 （說文古文）說文古文 （說文或體）說文或體 （說文籒文）說文籒文

鳶(솔개 연): 鸢, yuān, 鳥-3, 14, 10

字解 형성. 鳥(새 조)가 의미부고 弋(주살 익)이 소리부로, '솔개'를 말하는데, 주살(弋)로 잡을 수 있는 새(鳥)라는 뜻을 담았다. 이후 솔개처럼 바람을 따라 하늘 높이 날아다니는 '연'을 지칭하게 되었다.

열

閱(검열할 열): 阅, yuè, 門-7, 15, 30

字解 형성. 門(문 문)이 의미부고 說(말씀 설)의 생략된 모습이 소리부로, 관문(門)에서 드나드는 인력과 물자의 수량을 자세히 헤아려 말함(說)을 뜻한다. 이로부터 檢閱(검열)의 뜻이 나왔고, 다시 閱讀(열독)에서처럼 '훑어 살핌'을 뜻하게 되었다. 간화자에서는 阅로 쓴다.

字形 閱 簡牘文 閱 說文小篆

悅(기쁠 열): yuè, 心-7, 10, 32

字解 형성. 心(마음 심)이 의미부고 兌(기쁠 태)가 소리부로, 입을 벌리고 기뻐하듯(兌) 즐거운 심리적(心) 상태를 말하며, 이로부터 '즐겁다', '기꺼이' 등의 뜻이 나왔다. ☞ 兌(기쁠 태)

說(기꺼울 열) ☞ 說(말씀 설)

咽(목멜 열): yān, yàn, yè, 口-6, 9

字解 형성. 口(입 구)가 의미부고 因(인할 인)이 소리부로, 입(口)으로 통하는 목구멍이 막혀(堲) 목이 멤을 말한다.

字形 咽 說文小篆

涅(개흙 열): niè, 水-7, 10

字解 형성. 水(물 수)가 의미부이고 (막을 녈)이 소리부로 갯바닥이나 늪 바닥에 있는 거무스름하고 미끈미끈한 고운 흙을 말하는데, 물(水)이 많이 섞인 흙(토)이라는 의미를 담았으며, 이로부터 黑礬石(흑반석), 검은색, 검게 물들이다 등의 뜻이 나왔다. 또 음역어로 쓰여 涅槃(열반니르바나Nirvana)을 뜻하기도 한다.

字形 涅 說文小篆

熱(더울 열): 热, rè, 火-11, 15, 50

字解 형성. 火(불 화)가 의미부고 埶(심을 예)가 소리부인데, 갑골문에서는 손에 횃불을 들고 있는 모습으로, 횃불의 받침대와 타오르는 불꽃이 사실적으로 그려졌다. 금문에 들면서 횃불이 나무처럼 변함으로써 埶(심을 예)와 혼용하게 되었고, 『설문해자』에서는 금문의 자형을 계승하고 다시 火(불 화)를 더하여 지금처럼 熱로 변했다. 그래서 熱은 '불을 태우다'가 원래 뜻이며, 이후 加熱(가열)이나 熱情(열정), 붐(boom) 등의 뜻이 생겼다. 간화자에서는 埶를 执(執의 간화자)으로 줄인 热로 쓴다.

字形 熱 熱 簡牘文 熱 說文小篆

염

猒(싫을 염): 厌, [猒], yàn, 厂-12, 14, 20

字解 형성. 猒(물릴 염)이 의미부고 厂(기슭 엄)이 소리부로, '맛있는' 개고기를 '싫증날' 정도로 먹다(猒)는 뜻에서 싫증나다, 염증을 느끼다, 싫어하다의 뜻이 나왔다. 猒에서 犬(개 견)은 개를, 肉(고기 육)은 고기를, 口(입 구)는 고깃덩어리를 뜻한다. 간화자에서는 犬이 의미부이고 厂이 소리부인 厌으로 줄여 쓴다. ☞ 猒(물릴 염)

字形 猒 金文 猒 說文小篆

艶(고울 염): 艳, [豓, 豔], yàn, 色-13, 19, 10

字解 회의. 豐^(풍성할 풍)과 色^(빛 색)으로 구성되어, 풍만한^(豊豐) 여성^(色)이 곧 곱고 '요염함'을 말해주며, 이로부터 요염하다의 뜻이 나왔고, 애정행위의 비유로도 쓰였다. 지금이야 야윈 것을 아름다움으로 생각하여 누구나 다이어트에 목숨을 걸지만, 이러한 야윔^(瘦 수)은 옛날에는 병^(疒 녁)으로 여겼고 풍만함을 요염함으로 보았다. 원래는 豔^(고울 염)으로 썼다. 간화자에서는 豐을 丰^(예쁠 봉)으로 간단하게 바꾼 艳으로 쓴다. ☞ 豔^(고울 염)

字形 🔲 說文小篆

豔(고울 염): 艳, yàn, 豆-21, 28

字解 형성. 豐^(풍년 풍)이 의미부이고 盍^(덮을 합)이 소리부이다. 豐은 크다^(大)는 뜻이다. 『설문해자』에서는 '아름답고 키가 크다^(好而長)'라는 뜻이라고 했으며, 『춘추좌전』 환공 원년^(B.C. 711)에서 "아름답고 풍만하도다^(美而豔)"라고 하였다. 이로부터 곱다, 아름답다, 妖艶^(요염)하다, 탐내다 등의 뜻이 나왔다. 달리 艶^(고울 염)으로도 쓴다. 현대 중국의 간화자에서는 艳으로 바뀌었는데, 아름답다는 뜻의 丰^(예쁠 봉)과 여성을 뜻하는 色^(빛 색)이 결합한 구조이다. ☞ 艶^(고울 염)

字形 🔲 說文小篆

冄(늘어질 염): [冉, 苒], rǎn, 冂-3, 5

字解 상형. 갑골문부터 등장하는데, 축 늘어진 댓가지와 잎을 그렸다. 이후 의미를 더욱 명확하게 하고자 艸^(풀 초)를 더해 苒^(풀 우거질 염)을 만들었다. 木^(나무 목)이 아닌 艸가 더해진 것은 '대가 나무가 아닌 풀이라는 뜻인데, 대는 성장속도가 다른 식물보다 훨씬 빠르며, 1백 년 정도가 되어야 한 번 꽃을 피우고, 꽃을 피우고 나면 죽고 마는 특이한 '풀'에 속하는 식물이다.

字形 🔲🔲甲骨文 🔲🔲🔲金文 🔲 說文小篆

髯(구레나룻 염): 髯, [𩑣], rán, 髟-4, 14

字解 형성. 髟^(머리털 드리워질 표)가 의미부고 冄^(가는 털 늘어질 염)이 소리부로, 구레나룻을 말하는데, 귀밑에서 턱까지 잇따라 나 댓가지처럼 축 늘어져^(冄) 흩날리는 수염^(髟)이라는 뜻을 담았다.

苒(풀 우거질 염): rǎn, 艸-5, 9

字解 형성. 艸^(풀 초)가 의미부고 冄^(가는 털 늘어질 염)이 소리부로, 풀^(艸)이 우거져 댓가지처럼 늘어져^(冄) 있음을 말한다.

炎(불탈 염): [炏], yán, 火-4, 8, 32

字解 회의. 두 개의 火^(불 화)로 구성되어 불길이 위로 치솟아 강하게 타오름을 그렸으며, 이로부터 불꽃, 불타다, 열 등의 뜻이, 다시 붉다, 성대하다의 뜻이 나왔으며, 사람을 괴롭히는 권세의 비유로도 쓰였다.

字形 炎 炎 甲骨文 炎 炎 金文 炎 簡牘文 炎 說文小篆

焱(불꽃 염): yàn, 火-8, 12

字解 회의. 세 개의 火^(불 화)로 구성되어, 火가 둘 모인 炎^(불탈 염)보다 더욱 강하게 타오르는 '불꽃'을 말한다.

字形 焱 甲骨文 焱 說文小篆

琰(옥 갈 염): yǎn, 玉-8, 12

字解 형성. 玉^(옥 옥)이 의미부고 炎^(불탈 염)이 소리부로, 옥^(玉)을 갈 때 마찰에 의해 생겨나는 불꽃^(炎)을 형상화했다.

字形 琰 說文小篆

鹽(소금 염): 盐, yán, 鹵-13, 24, 32

字解 형성. 鹵^(소금 로)가 의미부고 監^(볼 감)이 소리부로, 소금을 통칭하는데, 소금^(鹵) 만드는 과정을 감독^(監)하고 국가의 전매품이었던 소금의 질과 유통을 감시^(監)한다는 뜻으로

부터 '소금'의 의미를 그려냈다. 이후 눈^(雪 설)의 비유로도 쓰였다. 간화자에서는 윗부분을 卜으로 간단하게 줄인 盐으로 쓴다.

字形 鹽 簡牘文 鹽 說文小篆

染(물들일 염): rǎn, 木-5, 9

字解 형성. 水^(물 수)가 의미부고 杂^(섞일 잡)이 소리부로, 나무^(木)에서 채취한 염료를 여러 번^(九·구) 물^(水)에 담가 물들이는^(染色·염색) 모습을 그렸으며, 이로부터 染色하다, 染料^(염료), 영향을 주다, 感染^(감염)되다 등의 뜻이 나왔다.

字形 染 說文小篆

焰(불 댕길 염): [爓, 燄, 熖], yàn, 火-8, 12, 10

字解 형성. 火^(불 화)가 의미부고 㐁^(함정 함)이 소리부로, 불꽃^(火)을 말하며, 이로부터 빛나다, 타오르다 등의 뜻이 나왔고 훨훨 타오르는 불꽃처럼 등등한 기세를 뜻하기도 한다. 달리 熖^(불 댕길 염), 燄^(불 댕길 염), 爓^(불꽃 염) 등으로 쓰기도 한다.

字形 爓 說文小篆 燄 說文小篆

閻(이문 염): 阎, yán, 門-8, 16, 12

字解 형성. 門^(문 문)이 의미부고 㐁^(함정 함)이 소리부로, 마을 안에 있는 문^(門)을 말했다. 이후

불교 유입 후 지옥을 관리하는 신인 閻羅^(염라) 대왕을 지칭하는 글자로 쓰였다.

字形 閻 說文小篆

殮(염할 염): liàn, 歹-13, 17

字解 형성. 歹^(뼈 부서질 알)이 의미부고 僉^(다 첨)이 소리부로, 죽은 사람^(歹)의 몸을 씻기고 나서 옷을 입히고 염포로 묶는 일을 말한다.

엽

葉(잎 엽): 叶, yè, 艹-9, 13, 50

字解 형성. 艹^(풀 초)가 의미부고 枼^(나뭇잎 엽)이 소리부로, 초목^(艹)에 달린 잎^(枼)을 말하며, 잎처럼 얇게 생긴 것, 책 등의 페이지^(쪽)를 지칭하기도 한다. 또 中葉^(중엽)에서처럼 한 세대나 시기를 뜻하기도 한다. 간화자에서는 叶^(화합할 협)에 통합되었다.

字形 枼 金文 葉 葉 簡牘文 枼 石刻古文 枼 漢印 枼 說文小篆

燁(빛날 엽): 烨, [爗], yè, 火-12, 16, 12

字解 형성. 火^(불 화)가 의미부고 華^(꽃 화)가 소리부로, 화사하게 핀 꽃^(華)처럼 불^(火)이 빛남을 말하며, 이로부터 밝다, 명료하다의 뜻이 나왔다. 『설문해자』에서는 火가 의미부이고

華^(빛날 엽)이 소리부인 爗^(빛날 엽)으로 썼고, 간화자에서는 華를 华로 줄인 烨으로 쓴다.

字形 爗 說文小篆

曄(빛날 엽): 晔, yè, 日-12, 16

字解 형성. 日^(날 일)이 의미부고 華^(꽃 화)가 소리부로, 화사하게 핀 꽃^(華)처럼 해^(日)가 '빛남'을 말하며, 이로부터 성대하다, 아름답다는 뜻도 나왔다. 간화자에서는 華를 华로 줄인 晔으로 쓴다.

영

英(꽃부리 영): yīng, 艹-5, 9, 60

字解 형성. 艹^(풀 초)가 의미부고 央^(가운데 앙)이 소리부로, 원래는 식물의 꽃을 의미했다. 이후 꽃이란 식물^(艹)에서 가장 중요하고 핵심적인^(央) 부분이라는 인식에서 뛰어난 사람^(英才·영재), 아름다운 문장의 비유로도 쓰였고, 정수, 광채 등의 뜻도 나왔다. 또 英國^(영국)을 지칭하기도 한다.

字形 苬 茵 簡牘文 芮 古璽文 茮 說文小篆

瑛(옥빛 영): yīng, 玉-9, 13, 12

字解 형성. 玉^(옥 옥)이 의미부고 英^(꽃부리 영)이 소리부로, 옥^(玉)의 빛이나 광채를 말하며, 옥과 같은 아름다운 돌을 뜻하기도 한다.

입자를 뜻하기도 한다.

暎(비칠 영): yìng, 日-9, 13, 12

字解 형성. 日^(날 일)이 의미부고 英^(꽃부리 영)이 소리부로, '映'과 같으며, 비추다, 비치다의 뜻으로 쓰였다. 간화자에서는 映^(비출 영)에 통합되었다. ☞ 映^(비출 영)

鍈(방울 소리 영): 锳, yīng, 金-9, 17

字解 형성. 金^(쇠 금)이 의미부고 英^(꽃부리 영)이 소리부로, 鉠^(방울 소리 앙)과 같으며, 쇠^(金)로 만든 방울^(鈴)의 소리를 말한다.

渶(물 이름 영): yīng, 水-9, 12

字解 형성. 水^(물 수)가 의미부고 英^(꽃부리 영)이 소리부로, 산동성 博興^(박흥)현 부근에 있던 강 이름으로 靑丘^(청구)산에서 흘러나온다.

煐(빛날 영): yīng, 火-9, 13

字解 형성. 火^(불 화)가 의미부고 英^(꽃부리 영)이 소리부로, 불꽃^(火)처럼 빛남을 말하며, 사람이름에 사용되는 글자이다.

霙(진눈깨비 영): yīng, 雨-9, 17

字解 형성. 雨^(비 우)가 의미부고 英^(꽃부리 영)이 소리부로, 진눈깨비, 즉 비^(雨)가 섞여 내리는 눈을 말한다. 눈의 꽃^(雪花·설화)이나 눈의 작은

映(비출 영): [暎], yìng, 日-5, 9, 40

字解 형성. 日^(날 일)이 의미부고 央^(가운데 앙)이 소리부로, 태양^(日)이 한가운데^(央)라는 뜻인데, 이후 빛^(日)이 상자의 정중앙^(央)을 통과하여 맺힌 상을 뜻하게 되었다. 카메라 옵스큐라^(camera obscura) 즉 사진기 발명 이전 스케치용으로 주로 쓰이던 어둠상자는 이의 원리를 응용했으며, 이후 映畵^(영화)로 발전했다.

字形 映 說文小篆

榮(꽃 영): 荣, róng, 木-10, 14, 42

字解 형성. 木^(나무 목)이 의미부고 熒^(등불 형)의 생략된 모습이 소리부인 구조인데, 금문에서는 활짝 핀 꽃을 가진 꽃나무 두 개를 교차시킨 모습이다. 소전체에 들면서 지금의 자형으로 변해, 등불^(熒)을 켠 듯 화사하게 핀 초목^(木)의 꽃을 말했으며, 이후 번영, 번성의 뜻을 갖게 되었다. 간화자에서는 윗부분을 간단하게 줄인 荣으로 쓴다.

字形 〔金文〕 榮古陶文 榮簡牘文 榮說文小篆

螢(경영할 영): 营, yíng, 火-13, 17, 40

字解 형성. 宮^(집 궁)의 생략된 모습이 의미부고 熒^(등불 형)의 생략된 모습이 소리부로, 궁실^(宮)처럼 주위를 담으로 쌓다는 뜻이다. 이로부터 집을 짓다, 군대의 주둔지, 군대의 편제 단위 등의 뜻이, 다시 계획하다 등의 뜻이 나왔고, 현대에서는 經營^(경영)의 의미까지 갖게 되었다. 간화자에서는 윗부분을 간단하게 줄인 营으로 쓴다.

字形 （金文） （簡牘文） （說文小篆）

塋(무덤 영): 茔, yíng, 土-10, 13

字解 형성. 土^(흙 토)가 의미부고 熒^(꽃 영)의 생략된 모습이 소리부로, 흙^(土)을 쌓아 만든 '무덤'을 말하며, 매장하다의 뜻도 나왔다. 간화자에서는 윗부분을 간단하게 줄인 茔으로 쓴다.

字形 （說文小篆）

嶸(가파를 영): 嵘, róng, 山-14, 17

字解 형성. 山^(뫼 산)이 의미부고 榮^(꽃 영)이 소리부로, 산이 험준하고 가파른 모양을 말하며, 달리 '峥'이나 '嶝' 등으로 쓰기도 한다. 간화자에서는 榮을 荣으로 줄인 嵘으로 쓴다.

字形 （說文小篆）

濚(물 돌아갈 영): [瀯, 濴], yíng, 水-14, 17

字解 형성. 水^(물 수)가 의미부고 榮^(꽃 영)이 소리부로, 물^(水)이 휘감아 도는 모양을 말하며 달리 瀯^(물 졸졸 흐를 영)으로 쓰기도 한다. 또 물이 위로 솟아오르는 모양을 말하기도 하는데, 달리 濴^(물 돌아갈 영)으로 쓰기도 한다.

瀯(물 졸졸 흐를 영): [濚], yíng, 水-17, 20

字解 형성. 水^(물 수)가 의미부고 營^(경영할 영)이 소리부로, 물이 휘도는 모양을 말하며, 달리 濚^(물 돌아갈 영)으로 쓰기도 한다. ☞ 濚^(물 돌아갈 영)

瑩(밝을 영): 莹, yíng, 玉-10, 15

字解 형성. 玉^(옥 옥)이 의미부고 熒^(등불 형)의 생략된 모습이 소리부로, 옥^(玉)의 색깔이 밝게 빛나^(熒의 생략된 모습) 영롱함을 말한다. 이로부터 옥의 빛나는 색깔, 광채가 나다, 밝다 등의 뜻이 나왔다. 또 옥에 버금가는 돌을 지칭하기도 했다. 간화자에서는 윗부분을 간단하게 줄인 莹으로 쓴다.

字形 （說文小篆）

盈(찰 영): [盁, 㿝], yíng, 皿-4, 9, 12

字解 형성. 皿^(그릇 명)과 夃^(이문 얻을 고)가 의미부이다. 『설문해자』의 해설처럼, '그릇을 가득 채우다^(滿器)'라는 뜻이다. 이로부터 가득 차다, 가득하다, 충만하다, 여유가 있다, 교만하다 등의 뜻이 나왔다. 우리 지명의 盈德^(영덕)은 덕이 가득한 땅이라는 뜻이다.

楹(기둥 영): yíng, 木-9, 13

字解 형성. 木^(나무 목)이 의미부고 盈^(찰 영)이 소리부로, 대청마루 앞의 나무^(木) 기둥을 말하며, 이후 집을 헤아리는 양사로도 쓰였다.

字形 說文小篆

影(그림자 영): yǐng, 彡-12, 15, 32

字解 형성. 彡^(터럭 삼)이 의미부고 景^(볕 경)이 소리부로, 태양^(日)의 강렬한 빛^(彡)에 의해 비치는 높은 집^(京)들의 '그림자'를 형상화했는데, 이후 그림자처럼 그대로 그려냈다는 뜻에서 복사하다^(影印·영인)는 뜻이 생겼으며, 다시 모습이나 형상 등의 의미로 확장되었다.

迎(맞이할 영): yíng, 辵-4, 8, 40

字解 형성. 辵^(쉬엄쉬엄 갈 착)이 의미부고 卬^(나 앙)이 소리부로, 나아가서^(辵) 상대를 올려다보듯^(卬) '맞이함'을 말한다. 이로부터 迎接^(영접)하다, 迎合^(영합)하다, 향하다, 만나다, 천거하다 등의 뜻이 나왔다.

字形 說文小篆

瀛(바다 영): yíng, 水-16, 19

字解 형성. 水^(물 수)가 의미부고 嬴^(찰 영)이 소리부로, 물^(水)이 가득 차 있는^(嬴) '못^(沼澤·소택)'을 말하며, 이로부터 '바다'의 뜻도 나왔다. 또 하북성 河間^(하간)현에 있던 지명으로도 쓰인다.

字形 說文小篆

嬴(찰 영): yíng, 女-13, 16

字解 형성. 금문에서 女^(여자 여)가 의미부이고 嬴^(짐승이름 라)가 소리부로, 여성^(女)의 풍만한^(嬴) 모습으로 아름다움 그렸다. 소전체에서는 女가 의미부이고 嬴^(여월 리)의 생략된 모습이 소리부인데, 야위고 몸매가 잘 빠진^(嬴) 여성^(女)의 모습을 형상화했고, 예서 이후 지금의 嬴으로 변했다. 주로 성씨로 쓰였는데, 少昊氏^(소호씨)의 후손으로 알려졌다. 또 옛날 지명으로 쓰였는데, 지금의 산동성 萊蕪^(내무)시 서북쪽에 있었다. 秦^(진)나라의 성씨가 嬴이었기에 진나라를 부르는 말로도 쓰인다. 또 女 대신 貝^(조개 패)가 들어간 贏^(이가 남을 영)과 같이 쓰여 더하다, 남다, 가득 차다 등의 뜻으로도 쓰인다.

字形 金文 帛書 說文小篆

贏(이가 남을 영): 赢, yíng, 貝-13, 20

字解 형성. 貝^(조개 패)가 의미부이고 嬴^(짐승이름 라)가 소리부로, 이익^(貝)이 남음^(嬴)을 말한다. 이로부터 차다, 가득하다, 넘치다 등의 뜻이 나왔고, 경기 등에서 '이기다'는 뜻도 나왔

다.

金文 簡牘文 說文小篆

嬰(갓난 아이 영): 嬰, yīng, 女-14, 17, 10

字解 형성. 女^(여자 여)가 의미부이고 賏^(자개를 이어 꿴 목걸이 영)이 소리부로, 장난감 조개 목걸이^(賏)를 할 정도의 어린 여자^(女) 아이를 말하는데, 이후 갓 태어난 아이를 지칭하게 되었으며, 여성의 목걸이, (목걸이 등을) 갖다는 뜻도 나왔다.

字形 甲骨文 金文 古陶文 簡牘文 說文小篆

瓔(구슬 목걸이 영): 瓔, yīng, 玉-17, 21

字解 형성. 玉^(옥 옥)이 의미부고 嬰^(갓난아이 영)이 소리부로, 구슬^(玉)로 꿰어 만든 장식 목걸이^(嬰)를 말한다.

纓(갓끈 영): 纓, yīng, 糸-17, 23

字解 형성. 糸^(가는 실 멱)이 의미부고 嬰^(갓난아이 영)이 소리부로, 목에 건 목걸이처럼^(嬰) 늘어진 갓끈^(糸)을 말한다. 이로부터 개나 말의 목에 달던 장식물을 뜻하기도 했고, 옛날 여자들이 결혼을 허락할 때 노리개를 달던 채색 끈을 말하기도 한다.

字形 簡牘文 說文小篆

潁(강 이름 영): yīng, 水-11, 15

字解 형성. 水^(물 수)가 의미부고 頃^(발 넓이 단위 경)이 소리부로, 강^(水)의 이름으로, 하남성 登封^(등봉)현 嵩山^(숭산) 서남쪽에서 발원하여 淮水^(회수)로 흘러드는 회수의 가장 큰 지류이다. 지명으로 쓰였는데, 하남성 登封 동쪽에 있었다.

字形 說文小篆

穎(이삭 영): 颖, yǐng, 禾-11, 16

字解 형성. 禾^(벼 화)가 의미부고 頃^(발 넓이 단위 경)이 소리부로, 익어 머리를 기울인^(頃) 곡식^(禾)의 '이삭'을 말한다. 이후 나락 끝처럼 뾰족한 것을 뜻했고, 다시 예리함과 인재를 뜻하게 되었다.

字形 古陶文 說文小篆

永(길 영): yǒng, 水-1, 5, 60

字解 회의. 원래 사람^(人)이 강^(水 수)에서 수영하는 모습을 그렸다. 길게 이어진 물줄기의 모습에서 長久^(장구)하다나 永遠^(영원)의 의미로 쓰이게 되었고, 그러자 원래 의미는 다시 水를 더해 泳^(헤엄칠 영)으로 분화했다. 금문에서는 의미부 永에 소리부 羊^(양 양)을 더한 구조인 羕^(강이 길 양)으로 쓰기도 했다.

字形 甲骨文 金文 盟書

石刻古文 🔆 說文小篆

泳(헤엄칠 영): yǒng, 水-5, 8, 30

字解 형성. 水^(물 수)가 의미부고 永^(길 영)이 소리부로, 원래 사람^(人)이 강^(水)에서 수영하는 모습을 그린 永에 다시 水를 더해 분화한 글자이다. ☞ 永^(길 영)

詠(읊을 영): 咏, yǒng, 言-5, 12, 30

字解 형성. 言^(말씀 언)이 의미부고 永^(길 영)이 소리부로, 말^(言)로 길게^(永) 읊조리는 가락이나 시를 말했고, 이로부터 '노래하다'는 뜻이 나왔다. 달리 言 대신 口^(입 구)가 들어간 咏^(읊을 영)으로 쓰기도 한다. 간화자에서는 咏에 통합되었다.

字形 金文 說文或體

郢(땅이름 영): yǐng, 邑-7, 10

字解 형성. 邑^(고을 읍)이 의미부고 壬^(좋을 정)이 소리부로, 춘추전국시대 때 楚^(초)나라의 수도를 말하며, 지금의 호북성 江陵^(강릉)에 있었다.

字形 金文 簡牘文 說文小篆 說文或體

預(미리 예): 预, yù, 頁-4, 13, 20

字解 형성. 頁^(머리 혈)이 의미부고 予^(나 여)가 소리부로, 베를 짜는 북^(予)처럼 머리^(頁)를 왔다 갔다 이리저리 흔들며 앞으로 일어날 일을 豫想^(예상·미리 생각함)하다는 뜻을 그렸다. 이로부터 미리, 참여하다, 간여하다 등의 뜻이 나왔다. ☞ 予^(나 여)

字形 說文小篆

豫(미리 예): [忬] yù, 豕-9, 16, 40

字解 형성. 象^(코끼리 상)이 의미부이고 予^(나 여)가 소리부로, 큰 코끼리^(象)를 뜻했다. 코끼리는 의심이 많은 동물이어서 일을 하기 전에 반드시 먼저 생각을 한다고 알려졌다. 이러한 특성에서 豫想^(예상)하다는 뜻이 생겼고 곧바로 결정하지 못한다는 의미에서 猶豫^(유예)의 뜻도 나왔다. 한편, 코끼리는 또 몸집이 대단히 큰 동물이지만 다른 동물을 해치지 않는다. 이러한 특성 때문에 逸豫^(일예)에서처럼 '관대하다'는 뜻도 나왔다. 상나라 때만 해도 중원 지역으로 불렸던 지금의 하남성에 야생 코끼리가 많이 살았고, 그 때문에 지금도 豫는 하남성의 상징어로 쓰이고 있으며, 코끼리는 하남성 성도인 鄭州^(정주)의 상징 동물이다.

字形 古陶文 簡牘文 說文小篆 說文古文

藝(심을 예): 艺, yì, 艸-15, 19, 42

字解 형성. 云(이를 운)이 의미부이고 埶(심을 예)가 소리부로, 심다는 뜻인데, 구름이 끼거나 흐린 날(云, 雲의 원래 글자)에 나무를 심다(埶)는 뜻을 담았다. 하지만, 갑골문과 금문에서는 나무 심는 모습을 대단히 사실적으로 그렸다. 한 사람이 꿇어앉아 두 손으로 어린 묘목(屮·철)을 감싸 쥔 모습이다. 간혹 屮이 木(나무 목)으로 바뀌기도 했지만, 의미에는 영향을 주지 않는다. 이후 土(흙 토)가 더해져 埶(심을 예)가 되었는데, 이는 땅(土)에 나무를 심는다는 것을 강조하기 위함이었다. 이후 다시 草木(초목)을 대표하는 艸(풀 초)가 더해져 蓺가 되었고, 다시 구름을 상형한 云이 더해져 지금의 藝가 완성되었다. 나무를 심다는 뜻에서 나무 심는 기술의 뜻이 나왔고, 다시 技藝(기예), 工藝(공예), 藝術(예술) 등의 뜻도 나왔다. 간화자에서는 소리부 埶를 乙(새 을)로 바꾼 艺로 쓴다.

字形 🌱 甲骨文 🌿金文 🌿🌿🌿🌿簡牘文 🌿 說文小篆

譽(기릴 예): 誉, yù, 言-14, 21, 32

字解 형성. 言(말씀 언)이 의미부고 與(줄 여)가 소리부로, 말(言)로써 공적을 들어 올려(與) 찬양하고 기림을 말하며, 이로부터 名譽(명예)의 뜻이 나왔다. 간화자에서는 윗부분을 간단하게 줄인 誉로 쓴다.

字形 🌿🌿簡牘文 🌿 說文小篆

芮(풀 뾰족뾰족 날 예): ruì, 艸-4, 8, 12

字解 형성. 艸(풀 초)가 의미부고 內(안 내)가 소리부로, 풀(艸)이 뾰족뾰족하게(內) 자라나는 모양을 말하며, 이로부터 작은 모양, 부드럽다 등의 뜻이 나왔다. 또 성씨로도 쓰인다.

字形 🌿金文 🌿古陶文 🌿古璽文 🌿 說文小篆

汭(물굽이 예): ruì, 水-4, 7

字解 형성. 水(물 수)가 의미부고 內(안 내)가 소리부로, 두 강(水)이 합쳐지거나 안(內)으로 굽이쳐 흐르는 물(水)을 말한다. 이로부터 물가나 물길의 북쪽의 뜻이 나왔다. 또 산서성 永濟(영제)현 부근에서 서쪽으로 흘러 황하에 합류하는 강 이름을 말하기도 한다.

字形 🌿 說文小篆

詣(이를 예): 诣, yì, 言-6, 13, 10

字解 형성. 言(말씀 언)이 의미부이고 旨(맛있을 지)가 소리부로, 옛날 조정으로 나아가거나 높은 사람을 찾아뵙고 인사를 여쭙는(言) 것을 말한다. 이로부터 나아가다, 進獻(진헌)하다, 학문이 일정한 수준에 이르다 등의 뜻이 나왔다.

字形 🌿🌿🌿簡牘文 🌿 說文小篆

裔(후손 예): yì, 衣-7, 13, 10

字解 형성. 衣(옷 의)가 의미부고 冏(빛날 경)이 소리부로, 의복(衣)의 가장자리를 말했고, 이후 가장자리라는 뜻에서 변방이나 먼 곳을 의미했다. 이로부터 먼 곳으로 퍼져나가 사는 후대나 후손의 뜻이 나왔다.

字形 [金文] 金文 [說文小篆] 說文小篆 [說文古文] 說文古文

乂(벨 예): yì, 丿-1, 2

字解 상형. 갑골문에서 가위 모양의 원시적인 풀 자르는 도구를 그렸으며, 이후 刀(칼 도)를 더한 刈(벨 예)로 의미를 더욱 명확하게 했다. 이후 뛰어나다는 뜻으로도 쓰였다.

字形 [甲骨文] 甲骨文 [石刻古文] 石刻古文 [說文小篆] 說文小篆 [說文或體] 說文或體

刈(벨 예): yì, 刀-2, 4

字解 형성. 刀(칼 도)가 의미부고 乂(벨 예)가 소리부로, 乂(벨 예)에서 분화한 글자로, 칼(刀)을 이용해 풀을 베다(乂)는 뜻이다. ☞ 乂(벨 예)

字形 [說文小篆] 說文小篆 [說文或體] 說文或體

虦(범의 모양 예): yí, 虍-4, 10

字解 형성. 虎(범 호)가 의미부고 乂(벨 예)가 소리부이다. 『설문해자』의 해설처럼, '호랑이의 모양(虎兒)'을 말한다.

字形 [說文小篆] 說文小篆

睿(밝을 예·천의 바닥을 깊이 파 올릴 준): jùn, 谷-5, 12

字解 회의. 谷(골 곡)이 의미부이고 𣦲(=歺·살 발린 뼈 알)도 의미부이다. 『설문해자』의 해설처럼, '깊게 파서 시내로 통하도록 하다(深通川)'라는 뜻이다. 『서우서(虞書)·고요모(皐陶謨)』에서 "[아홉 개의 강물을 터서 바다로 흘러들게 하고] 도랑과 운하를 깊이 파서 강으로 흘러들게 하였다(濬畎澮距川)"라고 했다. 濬渫(준설) 즉 배가 잘 드나들 수 있도록 강 등의 바닥에 쌓인 모래나 암석을 파내는 일을 말한다.

字形 [說文小篆] 說文小篆

睿(깊고 밝을 예): [叡], ruì, 目-9, 14, 12

字解 형성. 원래는 奴(뚫다 남을 잔)과 目(눈 목)이 의미부이고 谷(골 곡)의 생략된 모습이 소리부로, 시신을 갖다 버리는(奴) 골짜기(谷)처럼 속 깊은 눈(目)을 가졌다는 뜻으로부터 명철하다, 통달하다의 뜻이 나왔다. 『상서·홍범』에서 "보는 것을 明(명), 듣는 것을 聰(총), 생각하는 것을 睿라 한다."라고 한 것을 보면 통찰력(目)이 깊어 생각이 깊은 것을 말함을 알 수 있다. 叡(밝을 예)의 고문이며, 『설문해자』의 籀文(주문)에서는 土(흙 토)를 더한 壑로 쓰기도 했다.

字形 [金文] 金文 [繒帛文] 繒帛文 [說文小篆] 說文小篆 [說文小篆]

說文古文 說文籀文

叡(밝을 예): 睿, ruì, 又-14, 16

字解 형성. 又^(또 우)가 의미부고 睿^(깊고 밝을 예)가 소리부로, 밝다는 뜻이며, 睿^(깊고 밝을 예)와 같은 글자이며, 간화자에서도 睿로 쓴다. ☞ 睿^(깊고 밝을 예)

字形 說文小篆

曳(끌 예): yè, 曰-2, 6, 10

字解 지사. 소전체에서 申^(아홉째 지지 신)과 丿^(삐침 별)로 구성되었는데, 丿은 줄로 끄는 모습을 상징한다. 그래서 曳는 줄^(丿)로 길게^(申) '끌다는 뜻을 담았다.

字形 說文小篆

濊(깊을 예): huì, wèi, huò, 水-13, 16, 12

字解 형성. 水^(물 수)가 의미부고 歲^(해 세)가 소리부로, 물^(水)이 많은 모양을 말하며, 이로부터 넓고 깊다는 뜻이 나왔다. 濊貊^(예맥)을 이르는 종족 이름으로 쓰였다. 또 穢^(더러울 예)와 같이 써 '오염되다'의 뜻으로도 쓰인다.

字形 說文小篆

穢(더러울 예): 秽, huì, 禾-13, 18, 10

字解 형성. 禾^(벼 화)가 의미부고 歲^(해 세)가 소리부로, 잡초가 우거져 곡식 밭^(禾)이 더럽혀지고 오염됨을 말한다. 이로부터 '잡초', '더럽다', '음란하다', 부패하다' 등의 뜻이 나왔다. 간화자에서는 歲를 岁로 간략하게 줄인 秽로 쓴다.

蕊(꽃술 예): [蘂, 橤, 蘃], ruǐ, 艸-12, 16

字解 형성. 艸^(풀 초)가 의미부고 惢^(꽃술 쇄)가 소리부로, 식물^(艸)의 생장을 가능케 하는 '꽃술^(惢)'을 말하는데, 이는 식물에서의 가장 핵심적 존재라는 뜻이다. 심장^(心)은 몸의 한 가운데 자리 잡고 있고 생명을 유지하는 가장 중요한 기관이기에 心에 中心^(중심)이나 核心^(핵심)이라는 뜻이 들게 되었고, 다른 생물체에서의 핵심이라는 의미도 갖게 되었음을 볼 수 있다.

銳(날카로울 예): 锐, ruì, 金-7, 15, 30

字解 형성. 金^(쇠 금)이 의미부고 兌^(기쁠 태)가 소리부로, 끝이 날카롭다는 뜻인데, 쇠^(金)란 모름지기 날카로워 '銳利^(예리)한 상태여야 훌륭한 것임^(兌)을 말해 준다. 이후 예리한 무기, 감각이 뛰어나다, 精銳^(정예) 부대, 왕성하다, 급격하게 등의 뜻도 나왔다.

字形 說文小篆

例(보기 예): lì, 人-6, 8

字解 형성. 人^(사람 인)이 의미부고 列^(벌일 열)이 소리부로, 칼^(刀)로 갈라낸 뼈^(歹)에다 점을 치기 위한 홈을 가지런히 파 두듯^(列), 사람^(人)을 가지런히 나열해 분류한 것을 말한다.

字形 [篆] 說文小篆

倪(어린이 예): ní, 人-8, 10

字解 형성. 人^(사람 인)이 의미부고 兒^(아이 아)가 소리부로, 어린이를 말하는데, 아직 두개골이 완전하게 봉합되지 않은 아이^(兒) 같은 사람^(人)이라는 뜻이다.

字形 [篆] 說文小篆

霓(무지개 예): [蜺], ní, 雨-8, 16

字解 형성. 雨^(비 우)가 의미부고 兒^(아이 아)가 소리부로, 기상 현상^(雨)의 하나인 '무지개'나 彩雲^(채운)을 말하며, 황혼 때의 기운이라는 뜻도 나왔고 이 때문에 군주 곁에서 아첨하는 간신의 비유로도 쓰였다. 또 네온사인을 지칭하기도 한다.

字形 [篆] 說文小篆

猊(사자 예): ní, 犬-8, 11

字解 형성. 犬^(개 견)이 의미부고 兒^(아이 아)가 소리부로, 새끼^(兒) 사자^(犬)를 말한다. 달리 貌^(사자 예)로 쓰기도 한다.

오

烏(까마귀 오): 乌, wū, 火-6, 10, 32

字解 상형. 새를 그린 鳥^(새 조)에서 눈을 나타내는 점을 없애 만든 글자이다. 까마귀는 사실 눈이 없는 것이 아니라 온몸이 까매서 언뜻 보면 눈이 없는 것처럼 보이기 때문이다. 이후 烏乎^(오호)에서처럼 감탄사로 쓰였으며, 감탄을 나타낼 때에는 의미를 명확히 하고자 口^(입 구)를 더한 嗚^(탄식소리 오)로 분화했다. 간화자에서는 필획을 줄인 乌로 쓴다.

字形 [金文][簡牘文][帛書] 說文小篆 [說文古文]

嗚(탄식소리 오): 呜, wū, 口-10, 13, 30

字解 형성. 口^(입 구)가 의미부고 烏^(까마귀 오)가 소리부로, 놀람이나 탄식을 나타내는 감탄사를 말한다. 간화자에서는 烏를 乌로 줄인 呜로 쓴다.

塢(둑 오): 坞, [隖, 塢], wù, 土-10, 13

字解 형성. 土(흙 토)가 의미부고 烏(까마귀 오)가 소리부로, 흙(土)으로 만든 작은 둑이나 보루를 말한다. 또 사면이 높고 중간이 낮은 곳이나 촌락, 배를 대는 작은 부두 등을 뜻하기도 한다. 간화자에서는 烏를 乌로 줄인 坞로 쓴다.

午(일곱째 지지 오): wǔ, 十-2, 4, 70

字解 상형. 갑골문에서 절굿공이의 모습을 그렸는데, 이후 간지자로 가차되어 12지지 중의 7번째를, 또 午가 상징하는 11시-13시 사이의 시간대, 남쪽, 말(馬마) 등을 지칭하게 되었다. 그러자 원래의 절굿공이를 뜻할 때에는 다시 木을 더하여 杵(공이 저)로 분화했다.

字形
甲骨文 金文 盟書 簡牘文 古璽文 石刻古文 說文小篆

旿(밝을 오): wǔ, 日-4, 8

字解 형성. 日(날 일)이 의미부고 午(일곱째 지지 오)가 소리부로, 밝다는 뜻인데, 午時 즉 오전 11시~13시 사이에 태양(日)은 하늘의 정중앙에 자리하여 가장 '밝게' 빛날 때이기 때문이다.

汚(더러울 오): 污, [汙], wū, 水-3, 6, 30

字解 형성. 水(물 수)가 의미부고 亏(어조사 우)가 소리부로, 물(水)이 더럽다는 뜻으로부터 더럽다, 오염되다의 뜻이 나왔다. 달리 '작은 연못'이나 '도랑(涂)'이라는 뜻이라고도 한다. 汙(더러울 오), 洿(웅덩이 오) 등과 같이 쓰이며, 간화자에서는 污가 표준체로 채택되었다.

字形
說文小篆 說文小篆

杇(흙손 오): wū, 木-3, 7

字解 형성. 木(나무 목)이 의미부이고 亏(어조사 우)가 소리부이다. 『설문해자』의 해설처럼, '흙손 즉 이긴 흙을 떠서 바르고 그 겉 표면을 반반하게 하는 연장(所以涂)'을 말한다. 진(秦)나라 지역에서는 오(杇)라 하고, 함곡관 동쪽(關東) 지역에서는 만(槾)이라 했다고 한다. 흙손이라는 뜻으로부터 칠하다, 흙을 바르다 등의 뜻이 나왔다.

字形 說文小篆

奧(속 오): 奥, ào, 大-10, 13, 10

字解 형성. 『설문해자』에서는 宀(집 면)이 의미부고 釆(웅큼 권)이 소리부라고 했으나, 宀(집 면)이 의미부고 釆(분별할 변)과 廾(두 손 마주 잡을 공)으로 구성된 것으로 보아야 하며, 釆은 來(올 래, 麥의 원래 글자)가 변한 것으로 추정된다. 『설문해자』 고문체의 설명처럼, 宀과 來와 廾으로 이루어져 곡식(來)을 두 손으로 받들고(廾) 신에게 제사 드리는 집안(宀)의 '깊고 은밀한 곳임을 강조했으며, 그것이 본래 의미이다. 그래서 방의 은밀한 부분인 서남쪽

모퉁이를 지칭했으며, 이후 奧妙(오묘)에서처럼 속이 깊다는 일반적인 의미로 발전했다. 간화자에서는 釆을 米(쌀 미)로 바꾼 奥로 쓴다.

字形 〔說文小篆〕 說文小篆

奧(오만할 오): ào, 大-9, 12

字解 회의. 『설문해자』에서는 "宀(집 면)이 의미부이고 釆(밥 뭉칠 권)이 소리부이다. 움푹 들어간 곳을 말한다. 집의 서남쪽 모퉁이(室之西南隅)를 말한다."라고 했다. 그러나 釆을 소리부로 보기에는 奧와 독음 차이가 너무 크다. 그래서 宀이 의미부고 釆(분별할 변)과 廾(두 손 마주 잡을 공)으로 구성된 회의구조로 보아야 하며, 『설문해자』에 수록된 고문체에서처럼 釆은 來(올 래, 麥의 원래 글자)가 변한 것으로 추정된다. 그래서 奧는 곡식(來)을 두 손으로 받들고(廾) 신에게 제사 드리는 집안(宀)의 '깊고 은밀한' 곳이 원래 의미이다. 그래서 방의 은밀한 부분인 서남쪽 모퉁이를 지칭했으며, 이후 奧妙(오묘)에서처럼 속이 깊다는 일반적인 의미로 발전했다. 간화자에서는 釆을 米(쌀 미)로 바꾼 奥로 쓴다.
☞ 奧(속 오)

字形 〔說文小篆〕 說文小篆

墺(물가 오): ào, 土-13, 16, 12

字解 형성. 土(흙 토)가 의미부고 奧(속 오)가 소리부로, 사람이 살 수 있는 곳이 원래 뜻인데, '물가'가 그런 곳임을 말해준다. 달리 '圢(물

가 언덕 오)'로 쓰며, 절강성이나 복건성 등지에서는 사람들이 모여 사는 바닷가의 산간 평지를 지칭하기도 한다. 현대에 들어서는 오스트리아(Austria)의 음역어로 쓰인다.

字形 〔說文小篆〕 說文小篆

懊(한할 오): ào, 心-13, 16, 10

字解 형성. 心(마음 심)이 의미부고 奧(속 오)가 소리부로, 회한을 말하는데, 마음(心) 속 깊이(奧) 사무치는 한임을 반영했다. 이로부터 마음이 심란하다는 뜻까지 나왔다.

澳(깊을 오): ào, 水-13, 16

字解 형성. 水(물 수)가 의미부고 奧(속 오)가 소리부로, 물(水)이 깊은 곳(奧)이나 물이 굽이치는 곳을 말하며, 이로부터 배를 댈 수 있는 항구 등의 뜻이 나왔다. 달리 灣로 쓰기도 한다.

字形 〔說文小篆〕 說文小篆

惡(미워할 오) ☞ 惡(악할 악)

敖(놀 오): áo, 攴-7, 11

字解 회의. 원래는 出(날 출)과 放(놓을 방)으로 구성되었는데, 자형이 조금 변해 지금처럼 되었다. 바깥으로 쫓기어(放) 나가다(出)가 원래 뜻인데, 밖으로 나가 마음껏 놀다는 뜻이 생겼고, 이로부터 놀다는 뜻이 나왔다. 이

후 나가 놀다는 뜻을 강조하기 위해 辵^{(쉬엄}
^{쉬엄 갈 착)}을 더한 遨^(놀 오)를 만들어 분화했
다.

字形 ![금문] ![금문]金文 ![고도문]古陶文 ![간독문] ![간독문]簡牘
文 ![설문소전]說文小篆

獒(개 오): áo, 犬-11, 15

字解 형성. 犬^(개 견)이 의미부고 敖^(놀 오)가 소리부
로, 크고 사나운 개^(犬)를 말하는데, 원래 서
역 지역에서 공물로 바치던 개였다.

字形 ![설문소전]說文小篆

熬(볶을 오): áo, 火-11, 15

字解 형성. 火^(불 화)가 의미부고 敖^(놀 오)가 소리부
로, 불^(火)에 '볶는 것'을 말한다. 또 뭉근한
불에 오랫동안 삶는 요리법을 말하기도 하
며, 이로부터 참다, 인내하다의 뜻도 나왔
다. 『설문해자』의 혹체자에서는 麥^(보리 맥)을
더한 䵅로 씀으로써, 볶는 요리의 대상물이
보리 등이었음을 강조하기도 했다.

字形 ![금문]金文 ![설문소전]說文小篆 ![설문혹체]說文或體

傲(거만할 오): ào, 人-11, 13, 30

字解 형성. 人^(사람 인)이 의미부고 敖^(놀 오)가 소리
부로, 바깥으로 내쫓길^(敖) 정도의 사람^(人)이
란 뜻으로, 태도가 傲慢^(오만)함을 말했고,
이로부터 '굽히지 않다'는 뜻까지 나왔다.

字形 ![설문소전]說文小篆

鼇(자라 오): áo, 黽-11, 24

字解 형성. 黽^(힘쓸 민·맹꽁이 맹·땅이름 면)이 의미부고 敖
^(놀 오)가 소리부로, 양서류^(黽)의 일종인 '자
라'를 말한다.

五(다섯 오): wǔ, 二-2, 4, 80

字解 지사. 갑골문에서 두 획이 서로 교차된 X자
모양으로, '다섯'을 나타내는 약속 부호로
사용했다. 가로획을 다섯 개 나열하여 표시
하기도 했지만, 너무 번잡해 X자형의 교차
된 모양이나 X자형의 아래위로 가로획을
더하여 '다섯'을 나타냈다. 이후 五方^(오방)과
五帝^(오제), 五行^(오행) 등의 비유로도 쓰였다.

字形 ![갑골문] ![갑골문]甲骨文 ![금문] ![금문]金文 ![고도문]古陶
文 ![맹서]盟書 ![간독문] ![간독문] ![간독문] ![간독문]簡牘文 ![백서]
帛書 ![고새문] ![고새문] ![고새문]古璽文 ![석각고문]石刻古文 ![설문소전]
說文小篆 ![설문고문]說文古文

伍(대오 오): wǔ, 人-4, 6, 10

字解 형성. 人^(사람 인)이 의미부고 五^(다섯 오)가 소리
부로, 다섯^(五) 사람^(人)이 한 단위가 되는
고대 군사 편제의 최소단위를 말했는데, 10
명일 경우에는 什^(열 사람 십), 100명일 경우에
는 卒^(군사 졸)이라 했다.

字形 ![간독문] ![간독문]簡牘文 ![설문소전]說文小篆

吾(나 오): wú, 口-4, 7, 30

字解 형성. 口^(입 구)가 의미부고 五^(다섯 오)가 소리부로, 입^(口)으로 부르는 명칭으로, 일인칭 대명사인 '나'와 '우리'를 말한다.

字形 吾 吾 吾金文 吾簡牘文 䀁漢印 圄石刻古文 吾說文小篆

梧(벽오동 나무 오): wú, 木-7, 11, 20

字解 형성. 木^(나무 목)이 의미부고 吾^(나 오)가 소리부로, 오동나무^(木)를 말한다. 지붕의 서까래를 지칭하기도 하고 이로부터 지탱하다, 우람하다는 뜻도 나왔다.

字形 梧說文小篆

悟(깨달을 오): wù, 心-7, 10, 32

字解 형성. 心^(마음 심)이 의미부고 吾^(나 오)가 소리부로, 마음^(心)으로 깨닫다는 뜻이며, 이로부터 각성하다, 계발하다, 이해하다, 체득하다 등의 뜻이 나왔다.

字形 悟說文小篆

晤(밝을 오): wù, 日-7, 11

字解 형성. 日^(날 일)이 의미부고 吾^(나 오)가 소리부로, 『설문해자』에서 '깨닫다'는 뜻이라고 했는데, 어둡던 것을 열어 해^(日)처럼 환하게

밝게 하다는 뜻을 담았다.

字形 晤說文小篆

寤(깰 오): wù, 宀-11, 14, 10

字解 형성. 寢^(잠잘 침)의 생략된 모습이 의미부고 吾^(나 오)가 소리부로, 잠^(寢)에서 깨어났음을 말하며, 이로부터 깨우다, 일깨우다, 이해하다 등의 뜻이 나왔다. 또 꿈을 꾸다는 뜻도 가진다.

字形 寤說文小篆

俉(맞이할 오): wù, 人-7, 9

字解 형성. 人^(사람 인)이 의미부고 吾^(나 오)가 소리부로, 사람^(人)을 만나다, 맞이하다는 뜻으로 迕^(만날 오)와 같이 쓰인다. 또 일부 방언에서는 이인칭 대명사로도 쓰인다.

吳(나라 이름 오): 吴, wú, 口-4, 7, 12

字解 회의. 矢^(머리가 기울 녈)과 口^(입 구)로 구성되어, 머리를 흔들며 춤추고^(矢) 노래하는^(口) 사람을 그렸으며, 즐거워 큰 소리로 말하거나 노래하다가 원래 뜻이다. 이후 중국 동남쪽의 '오'나라를 뜻하게 되자 원래 의미를 나타낼 때에는 女^(여자 여)를 더한 娛^(즐거워할 오)로 분화했으며, 간화자에서는 矢을 天^(하늘 천)으로 바꾼 吴로 쓴다.

字形 吳甲骨文 吳吳吳吳吳金文 吳古

陶文 盟書 古璽文 說文小

篆 說文古文

娛(즐거워할 오): 娱, yú, 女-7, 10, 30

字解 형성. 女^(여자 여)가 의미부고 吳^(나라 이름 오)가 소리부로, 즐겁다, 음악을 즐기다는 뜻인데, 머리를 흔들며 춤추고 노래하는^(吳) 여인^(女)에서 이미지를 가져왔다. 간화자에서는 吳를 吴로 바꾼 娱로 쓴다.

字形 說文小篆

蜈(지네 오): 蜈, wú, 虫-7, 13

字解 형성. 虫^(벌레 충)이 의미부고 吳^(나라 이름 오)가 소리부로, 벌레^(虫)의 일종인 지네^(蜈蚣오공)를 말한다. 간화자에서는 吳를 吴로 바꾼 蜈로 쓴다.

筽(버들고리 오): wú, 竹-7, 13

字解 형성. 竹^(대 죽)이 의미부고 吳^(나라 이름 오)가 소리부로, 대^(竹)로 만든 기물을 말하며, 달리 땅이름이나 조^(粟속)이름으로도 쓰이는데, 한국 고유한자이다.

誤(그릇할 오): 误, [謏], wù, 言-7, 14, 42

字解 형성. 言^(말씀 언)이 의미부고 吳^(나라 이름 오)가 소리부로, 그릇되다, 잘못되다, 방해하다, 오해하다, 미혹시키다는 뜻을 갖는데, 그것

들이 즐거운^(吳) 말^(言)이 가지는 속성임을 반영했다. 간화자에서는 吳를 吴로 바꾼 误로 쓴다.

字形 簡牘文 說文小篆

옥

玉(옥 옥): yù, 玉-0, 5, 42

字解 상형. 원래 여러 개의 옥을 실로 꿴 모습이나, 이후 王^(왕 왕)과 형체가 비슷해지자 오른쪽에 점을 남겨 구분했다. "옥의 아름다움은 다섯 가지 德^(덕)을 갖추었는데, 윤기가 흘러 온화한 것은 仁^(인)의 덕이요, 무늬가 밖으로 흘러나와 속을 알 수 있게 하는 것은 義^(의)의 덕이요, 소리가 낭랑하여 멀리서도 들을 수 있는 것은 智^(지)의 덕이요, 끊길지언정 굽혀지지 않는 것은 勇^(용)의 덕이요, 날카로우면서도 남을 해치지 않는 것은 潔^(결)의 덕이다."라고 한 『설문해자』의 말처럼, 옥은 중국에서 최고의 덕목을 갖춘 물건으로 인식되었다. 그래서 옥은 珍^(보배진)에서처럼 단순한 보석을 넘어서 더없이 보배로운 吉祥^(길상)의 상징이었는데, 그것은 現^(나타날 현)에서처럼 옥이 가진 맑은소리와 영롱하고 아름다운 무늬 때문일 것이다. 이 때문에 옥은 몸에 걸치는 장신구는 물론 신분의 상징이자 권위를 대신하는 도장^(璽새)의 재료로 쓰였으며, 때로는 노리개로, 심지어 시신의 구멍을 막는 마개로도 쓰였다. 더 나아가 옥은 중요사의 예물로도 사용되

었다. '순자'의 말처럼, 사자를 파견할 때에는 홀^(珪규)을, 나랏일을 자문하러 갈 때에는 둥근 옥^(璧벽)을, 경대부를 청해올 때에는 도리옥^(瑗원)을, 군신관계를 끊을 때에는 패옥^(玦결)을, 유배당한 신하를 다시 부를 때에는 환옥^(環환)을 사용함으로써, 각각의 상징을 나타냈다.

字形 𦍌 𡘜 𤤴 甲骨文 王 金文 王 古陶文 王 王 貨幣文 玊玊 簡牘文 王 說文小篆 丙 說文古文

鈺(보배 옥): 钰, yù, 金-5, 13, 12

字解 형성. 金^(쇠 금)이 의미부고 玉^(옥 옥)이 소리부로, 寶玉^(보옥)을 말하는데, 쇠^(金)처럼 단단한 옥^(玉)이 보배로운 옥임을 말해주며, 이후 단단한 금속을 지칭하기도 했다.

沃(물 댈 옥): [澳], wò, 水-4, 7, 12

字解 형성. 水^(물 수)가 의미부고 夭^(어릴 요)가 소리부로, 물^(水)을 대다^(灌漑관개)는 뜻이며, 물을 댄 논이라는 뜻에서부터 곡식이 자라 무성한 모양을 말하며, '肥沃^(비옥)하다'의 뜻이 나왔다. 『설문해자』에서는 水가 의미부이고 芺^(영경퀴 요)가 소리부인 澳로 썼다.

字形 𤖲 說文小篆

獄(옥 옥): 狱, yù, 犬-11, 14, 32

字解 회의. 두 개의 犬^(개 견)과 言^(말씀 언)으로 구성되어, 개^(犬) 두 마리가 서로 싸우듯^(犾) 언쟁^(言)을 벌이는 모습을 그렸는데, 언쟁의 결과는 訟事^(송사)이고, 송사는 옥살이로 이어질 수밖에 없음을 보여준다. 이 때문에 監獄^(감옥), 소송을 벌이다 등의 뜻이 나왔다. 간화자에서는 狱으로 쓴다.

字形 𤣢 金文 𤟒 𤤗 簡牘文 𤤗 說文小篆

屋(집 옥): wū, 尸-6, 9, 50

字解 회의. 尸^(주검 시)와 至^(이를 지)로 구성되어, 시신^(尸)으로 대표되는 조상의 영혼이 이르는^(至) 곳을 말했는데, 이후 '집'의 일반적인 명칭을 변했고, 또 '방'을 뜻하게 되었다. 그래서 屋은 사람이 사는 室과는 달리 주로 시신을 안치했던 곳을 말하며, 그곳은 주로 지붕 없이 선반처럼 만들어졌고 위를 장막으로 둘러쳤다. 이로부터 屋에 '덮개'라는 뜻도 생겼고, 이를 더욱 분명하게 하고자 巾^(수건 건)을 더해 幄^(휘장 악)을 만들었다.

字形 屋 屋 簡牘文 屋 說文小篆 屋 說文籀文 𡊅 說文古文

온

溫(어질 온): wēn, 日-5, 9

字解 회의. 원래는 囚(가둘 수)와 皿(그릇 명)으로 구성되어, 『설문해자』의 해설처럼 죄수(囚)에게 먹을 것(皿)을 제공하는 행위, 즉 어질다(仁인)가 원래 뜻이다. 그래서 이는 죄수에게까지 溫情(온정)이 베풀어지는 '따뜻한 마음'을 뜻한다. 이후 중국에서는 囚가 日(해 일)로 변해 㬎이 되었다. 한국에서는 혼용해 쓰기도 하는데, 형체 통일이 필요한 부분이다.

字形 🥣 🥣 古璽文 🥣 說文小篆

㬎(어질 온) ☞ 溫(어질 온)

溫(따뜻할 온): wēn, 水-10, 13, 60

字解 형성. 水(물 수)가 의미부고 㬎(어질 온)이 소리부로, 원래는 강 이름으로 犍爲符(건위부)에서 나와 남쪽으로 흘러 黔水(검수)로 흘러들어 간다. 이후 따뜻한(㬎) 물(水)이라는 의미로부터, 온천물은 물론 溫暖(온난)에서처럼 따뜻함의 일반적인 개념까지 지칭하였으며 마음 상태의 溫柔(온유)함도 뜻하게 되었다.

字形 🥣 🥣石刻古文 🥣 說文小篆

慍(성낼 온): yùn, 心-9, 13

字解 형성. 心(마음 심)이 의미부이고 㬎(어질 온)이 소리부이다. 『설문해자』의 해설처럼, '성을 내다(怒)'라는 뜻인데, 속(心)이 끓어올라(㬎) '화를 내다'는 뜻을 담았다. 이로부터 성내다, 화를 내다, 원망하다, 괴로워하다 등의 뜻이 나왔다. 그렇다면 㬎은 의미의 결정에도 관여하고 있다.

字形 🥣 說文小篆

瑥(사람 이름 온): wēn, 玉-10, 14

字解 형성. 玉(옥 옥)이 의미부고 㬎(어질 온)이 소리부로, 인명에 사용되는 글자로, 晉(진)나라 때 翟瑥(적온)이라는 사람이 있었다.

瘟(염병 온): wēn, 疒-10, 15

字解 형성. 疒(병들어 기댈 녁)이 의미부고 㬎(어질 온)이 소리부로, 유행성 급성 전염병(疒)을 말하며, 재앙을 뜻하기도 한다. 또 '염병할 놈'과 같은 욕으로도 쓰인다.

縕(헌 솜 온): 缊, yùn, 糸-10, 16

字解 형성. 糸(가는 실 멱)이 의미부고 㬎(어질 온)이 소리부로, 새 솜(糸)과 헌 솜이 뒤섞인 것을 말하며, 이로부터 뒤섞이다의 뜻도 나왔다.

字形 🥣 說文小篆

蘊(쌓을 온): 蕴, yùn, 艸-16, 20, 10

字解 형성. 艸^(풀 초)가 의미부고 縕^(헌솜 온)이 소리부로, 새 솜과 헌 솜이 뒤섞인 것^(縕)처럼 풀^(艸)을 '쌓다'는 뜻이며, 사리의 깊은 곳을 뜻하게 되었다. 이후 불교의 '스칸다^(skandha)'의 번역어로 쓰여 인간을 구성하는 요소라 여겨지는 色^(색)·受^(수)·想^(상)·行^(행)·識^(식)의 다섯 가지를 말하는 '五蘊^(오온-panca-skandha)'을 뜻하게 되었다.

穩(평온할 온): 稳, wěn, 禾-14, 19, 20

字解 형성. 禾^(벼 화)가 의미부이고 㒩^(숨을 은隱의 원래 글자)이 소리부로, 곡식^(禾)을 발로 밟아 껍질로부터 숨겨진^(㒩) 알곡을 분리시키다가 원래 뜻이며, 이로부터 安穩^(안온)하다, 穩當^(온당)하다 등의 뜻이 나왔다. 간화자에서는 㒩을 형체가 비슷한 急^(급할 급)으로 바꾸어 稳으로 쓴다.

字形 [圖] 說文小篆

올

兀(우뚝할 올): wù, 儿-1, 3

字解 지사. 儿^(사람 인) 위에 가로획^(一)이 더해져, 서 있는 사람^(儿)의 머리 부분^(一)을 그려, 높게 우뚝한 모습을 말했으며, 이로부터 우뚝하다, 대머리, 무지한 모습 등의 뜻도 나왔다.

字形 [圖] 甲骨文 [圖] 金文 [圖] 說文小篆

옹

翁(늙은이 옹): wēng, 羽-4, 10, 30

字解 형성. 羽^(깃 우)가 의미부고 公^(공변될 공)이 소리부로, 羽는 화려한 깃을 가진 '수컷'을 公은 남성을 상징하여 '아버지'를 지칭했고, 이후 나이 든 사람이나 남자에 대한 존칭으로 의미가 확대되었다.

字形 [圖] 說文小篆

瓮(독 옹): [甕, 罋], wèng, 瓦-4, 9

字解 형성. 瓦^(기와 와)가 의미부고 公^(공변될 공)이 소리부로, 물건을 담는 커다란^(公) 질그릇^(瓦)을 말한다. 현대 중국에서는 甕^(독 옹), 罋^(독 옹)의 간화자로도 쓰인다.

字形 [圖] 說文小篆

雍(누그러질 옹): yōng, 隹-5, 13, 12

字解 형성. 원래는 雝^(할미새 옹)으로 써, 隹^(새 추)가 의미부고 邕^(화할 옹)이 소리부로, 새^(隹)의 울음소리가 흐르는 물처럼 온화하다^(邕)는 뜻에서 '화목하다'는 뜻을 그렸는데, 자형이 조금 변해 지금의 雍이 되었다.

甲骨文 簡牘文 雍 廣韻

甕(독 옹): wèng, 瓦-13, 18, 12

字解 형성. 瓦^(기와 와)가 의미부고 雍^(누그러질 옹)이 소리부로, 독을 말하는데, 흙을 동그랗게 쌓아올려^(雍) 구운 질그릇^(瓦)이라는 뜻을 담았다. 달리 소리부 雍을 公^(공변될 공)으로 바꾼 瓮^(독 옹)으로 쓰기도 한다.

字形 說文小篆

擁(안을 옹): 拥, yōng, 手-13, 16, 30

字解 형성. 手^(손 수)가 의미부고 雍^(누그러질 옹)이 소리부로, 손^(手)으로 감싸^(雍) 안는다는 뜻이다. 이로부터 抱擁^(포옹)하다, 둘러싸다, 차지하다, 보호하다 등의 뜻도 나왔다. 간화자에서는 소리부 雍을 用^(쓸 용)으로 바꾼 拥으로 쓴다.

雍(막을 옹): yōng, 土-13, 16, 10

字解 형성. 土^(흙 토)가 의미부고 雍^(누그러질 옹)이 소리부로, 흙^(土)으로 둘러싸^(雍) 막는 것을 말하며, 이로부터 '가리다'는 뜻도 나왔다.

饔(아침밥 옹): yōng, 食-13, 22

字解 형성. 食^(밥 식)이 의미부고 雍^(누그러질 옹)이 소리부로, 아침밥을 말하는데, 둘러앉아^(雍) 화목하게 함께 먹는 식사^(食)라는 뜻을 담았다. 이로부터 따뜻한 음식, 요리하다 등의

뜻도 나왔다.

字形 金文 說文小篆

臃(부스럼 옹): [癰], yōng, 肉-13, 17

字解 형성. 肉^(고기 육)이 의미부고 雍^(누그러질 옹)이 소리부로, 살갗^(肉)에 나는 부스럼을 말한다. 달리 疒^(병들어 기댈 녁)이 의미부이고 雝^(할미새 옹)이 소리부인 癰^(악창 옹)과 같이 쓴다.

字形 古陶文 簡牘文 古璽文 說文小篆

邕(화할 옹): [邕], yōng, 邑-3, 10, 12

字解 회의. 邑^(고을 읍)과 巛^(내 천)으로 구성되어, 성읍^(邑)의 둘레로 물^(巛)이 둘러쳐진 모습이며, 이로부터 '둘러싸다'는 뜻이 나왔고, 둘레로 성 막이 보호 물길이 설치된 성은 적의 침입에서 안전하므로 '화목하다'는 뜻이 나온 것으로 추정된다.

字形 甲骨文 金文 說文小篆 說文籀文

癰(악창 옹): 痈, [臃], yōng, 疒-18, 23

字解 형성. 疒^(병들어 기댈 녁)이 의미부고 雝^(할미새 옹)이 소리부로, 병^(疒)의 일종인 '악창'을 말한다. 이후 냄새를 구분 못하는 콧병을 말했고, 우환의 비유로도 쓰였다. 간화자에서는

소리부 雝을 用(쓸 용)으로 바꾼 痈으로 쓴다.

字形 古陶文 簡牘文 古璽文 說文小篆

와

訛(거짓 와): 讹, [譌], é, 言-4, 11, 10

字解 형성. 言(말씀 언)이 의미부고 化(될 화)가 소리부로, 거짓말이라는 뜻인데, 말(言)이란 진실이나 사실을 변화시켜(化) 왜곡하는 속성을 가졌음을 반영하고 있다. 달리 化를 爲(할 위)로 바꾸어 형성구조로 된 譌(거짓말 와)로 쓰기도 한다.

字形 說文小篆

瓦(기와 와): wǎ, 瓦-0, 5, 32

字解 상형. 『설문해자』에서는 "불에 구운 토기의 총칭이다"라고 풀이했는데, 기와가 서로 연이어져 있는 모습을 그렸다. 『설문해자』의 말처럼 항아리, 병, 단지, 동이는 물론 벽돌 등, 불에 구운 토기면 모두 瓦로 지칭했으나 이후 '기와'가 가장 대표적인 물품으로 남음으로써 '기와'를 지칭하게 되었다. 그래서 瓦로 구성된 글자들은 흙을 불에 구워 만든 각종 물품과 관련되어 있다.

字形 古陶文 簡牘文 說文小篆

臥(엎드릴 와): 卧, wò, 臣-2, 8, 30

字解 회의. 人(사람 인)과 臣(신하 신)으로 구성되어, 책상에 엎드려 머리를 숙인 사람(人)의 눈(臣)을 그려 '눕다'와 '자다'는 의미를 그렸다. 그래서 옛날에는 침대에 누워 자는 것을 寢(잠잘 침), 책상(几·궤)에 기대어 잠시 눈을 붙이는 것을 臥로 구분했다. 간화자에서는 人을 卜(점 복)으로 바꾼 卧로 쓴다.

字形 簡牘文 說文小篆

渦(소용돌이 와): 涡, wō, 水-9, 12, 10

字解 형성. 水(물 수)가 의미부고 咼(입 비뚤어질 괘)가 소리부로, 점복을 위해 가운데를 파낸 동물 뼈(咼)처럼 중간이 패어 돌아 흐르는 물(水)이나 그런 모양을 말한다. 또 하남성 通許(통허)현에서 발원하여 안휘성 서북부를 거쳐 懷遠(회원)현에서 회수로 흘러드는 강 이름이기도 하다. 간화자에서는 소리부 咼를 呙로 간단하게 줄인 涡로 쓴다.

蝸(달팽이 와): 蜗, wō, 虫-9, 15, 10

字解 형성. 虫(벌레 충)이 의미부고 咼(입 비뚤어질 괘)가 소리부로, 달팽이나 고둥을 말하는데, 소용돌이 모양의 움푹 파인(咼) 집을 가진 연체동물이라는 뜻을 담았다. 간화자에서는 소리부 咼를 呙로 간단하게 줄인 蜗로 쓴다.

窩(움집 와): 窝, wō, 穴-9, 14

字解 형성. 穴^(구멍 혈)이 의미부고 咼^(입 비뚤어질 괘)가 소리부로, 조수나 곤충의 둥지를 말했는데, 사람이 사는 집까지 뜻하게 되었다. 중간이 움푹 팬^(咼) 집^(穴)이라는 뜻을 담았다. 간화자에서는 소리부 咼를 呙로 간단하게 줄인 窝로 쓴다.

蛙(개구리 와): wā, 虫-6, 12

字解 형성. 虫^(벌레 충)이 의미부고 圭^(홀 규)가 소리부로, 양서류 동물^(虫)인 개구리를 말하는데, 임신한 것처럼 불룩한 배 때문에 '음란하다', '외설스럽다' 등의 뜻도 나왔다. 달리 虫 대신 黽^(맹꽁이 맹)을 쓴 鼃^(개구리 와)로 쓰기도 한다.

字形 𪓏 說文小篆

窪(웅덩이 와): wā, 穴-9, 14

字解 형성. 穴^(구멍 혈)이 의미부고 洼^(웅덩이 와)가 소리부로, 움푹 파인 굴^(穴) 모양의 웅덩이를 말한다. 원래 洼^(웅덩이 와)로 썼으나 다시 穴을 더해 의미를 강조했다.

字形 𣶒 說文小篆

완

緩(느릴 완): 缓, [繎], huǎn, 糸-9, 15, 32

字解 형성. 糸^(가는 실 멱)이 의미부고 爰^(이에 원)이 소리부로, 실^(糸)을 서로 끌어당겨^(爰) 느슨해진 상태를 말했으며, 이로부터 늘어나다, 느리다 등의 뜻을 갖게 되었다. 『설문해자』에서는 원래 素^(흴 소)가 의미부고 爰이 소리부인 繎으로 썼는데, 素가 糸으로 바뀌어 지금의 자형이 되었다. ☞ 爰^(이에 원)

字形 𦈧 簡牘文 𦈧 說文小篆 𦈧 說文或體

玩(희롱할 완): [翫], wán, 玉-4, 8, 10

字解 형성. 玉^(옥 옥)이 의미부고 元^(으뜸 원)이 소리부로, 옥^(玉)을 갖고 놀다는 뜻에서부터 감상하다, 감상용 볼거리, 희롱하다, 유희 등의 뜻이 나왔다. 소전체에서는 달리 玉 대신 習^(익힐 습)이 들어간 翫으로 쓰기도 하는데, 오랫동안 반복되어^(習) 습관이 되었음을 형상화했다.

字形 𤣩 說文小篆

頑(완고할 완): 顽, wán, 頁-4, 13, 10

字解 형성. 頁^(머리 혈)이 의미부고 元^(으뜸 원)이 소리부로, 제거해 내기 어려운 나무의 옹이가 원래 뜻인데, 커다란^(元) 머리^(頁) 모양의 덩어리라는 뜻을 담았다. 이로부터 단단하다, 고집스럽다, 頑固^(완고)하다 등의 뜻이 나왔

다.

字形 說文小篆

字形 古陶文 簡牘
文 說文小篆

阮(관 이름 완): ruǎn, 阜-4, 7, 10

字解 형성. 阜^(언덕 부)가 의미부고 元^(으뜸 원)이 소리부로, 땅^(阜)이름으로, 상나라 때의 隁^(언) 성^(姓)의 제후국으로 지금의 감숙성 涇川^(경천)현 부근에 있었다. 이후 성씨로도 쓰였으며, 지금의 하북성 宣化^(선화)현 서쪽에 설치된 五阮關^(오완관)을 지칭하기도 하였다.

字形 說文小篆

翫(가지고 놀 완): 玩, wán, 羽-9, 15

字解 형성. 習^(익힐 습)이 의미부고 元^(으뜸 원)이 소리부로, 익혀^(習) 습관이 된 것을 말하며, 이로부터 오랫동안 반복적^(習)으로 갖고 놀다, 감상하다, 갖고 놀다 등의 뜻이 나왔다. 간화자에서는 玩^(희롱할 완)에 통합되었다. ☞ 玩^(희롱할 완)

字形 說文小篆

完(완전할 완): wán, 宀-4, 7, 50

字解 형성. 宀^(집 면)이 의미부고 元^(으뜸 원)이 소리부로, '완전하게' 차려입어 성장한 사람^(元)이 종묘^(宀) 앞에 선 모습을 그렸고, 이로부터 完全^(완전)하다, 完成^(완성)하다, 完了^(완료)하다 등의 뜻이 나왔다.

莞(왕골 완): guān, 艸-7, 11, 12

字解 형성. 艸^(풀 초)가 의미부고 完^(완전할 완)이 소리부로, 풀^(艸)의 일종인 '왕골'을 말하며, 자리를 짜는 데 쓰인다. 또 지명으로 쓰이는데, 광동성에 東莞^(동완)이라는 곳이 있다.

字形 古璽文 說文小篆

浣(빨 완): [澣, 瀚], huàn, 水-7, 10

字解 형성. 水^(물 수)가 의미부고 完^(완전할 완)이 소리부로, 물^(水)에 '빠는' 행위를 말하며, 달리 澣^(빨 한)으로 쓰기도 한다. 당나라 때의 관리들은 10일에 한 번씩 목욕을 했는데, 이를 休浣^(휴완)이라 했고, 이 때문에 10일을 浣이라 부르기도 했다. 『설문해자』에서는 水가 의미부이고 榦^(붉은빛 한)이 소리부인 瀚으로 썼다.

字形 說文小篆 說文或體

脘(밥통 완): 肮, ruǎn, 肉-7, 11

字解 형성. 肉^(고기 육)이 의미부고 完^(완전할 완)이 소리부로, 장기^(肉)의 하나인 '밥통'을 말하며, 달리 소리부 完 대신 元^(으뜸 원)이 들어간 肮^(위 관)으로 쓰기도 한다.

字形 🦴 說文小篆

琬(옥 이름 완): wán, 玉-7, 11

字解 형성. 玉^(옥 옥)이 의미부고 宛^(완전할 완)이 소리부로, 옥^(玉)의 이름을 말한다.

梡(도마 완): huán, kuǎn, 木-7, 11

字解 형성. 木^(나무 목)이 의미부고 完^(완전할 완)이 소리부로, 옛날 제사에서 희생물을 통째 담던 나무^(木)로 만든 '도마'를 말하며, 나무 이름으로 쓰였다.

字形 🪵 說文小篆

宛(굽을 완): wǎn, 宀-5, 8, 10

字解 형성. 宀^(집 면)이 의미부고 夗^(누워 뒹굴 원)이 소리부로, 집안^(宀)에서 몸을 구부린 채 누워 뒹구는^(夗) 모습에서 '굽다는 뜻을 그렸고, 이로부터 곡절이 많다, 흡사하다, 방불케 하다 등의 뜻이 나왔다.

字形 🀄🀄簡牘文 🀄說文小篆 🀄說文或體

婉(순할 완): wǎn, 女-8, 11, 10

字解 형성. 女^(여자 여)가 의미부고 宛^(굽을 완)이 소리부로, 여성^(女)의 순종^(宛)과 온순함을 말했는데, 일반적인 의미로 확대되었고, 그러자 女 대신 人^(사람 인)을 넣은 倇^(즐거워할 원)으로

도 쓰게 되었다. 이후 아름답다, 婉曲^(완곡)하다 등의 뜻이 나왔다.

字形 🀄 說文小篆

碗(주발 완): [椀 盌], wǎn, 石-8, 13

字解 형성. 石^(돌 석)이 의미부고 宛^(굽을 완)이 소리부로, 주발이나 주발처럼 생긴 용기를 지칭하는데, 돌^(石)을 파내어^(宛) 만든 그릇이라는 뜻을 담았다. 盌^(주발 완)의 속자로 알려져 있으며, 달리 椀^(주발 완)이나 盌^(주발 완)으로 쓰기도 한다.

字形 🀄金文 🀄陶文 🀄說文小篆

豌(완두 완): wān, 豆-8, 15

字解 형성. 豆^(콩 두)가 의미부고 宛^(굽을 완)이 소리부로, 곱상하게 굽은^(宛) 콩^(豆)의 일종인 '완두'를 말한다. 『本草綱目^(본초강목)』에서는 "완두의 새싹이 너무나 부드러워^(宛宛) 이렇게 이름이 붙여졌다"라고 했으며, 서역 쪽에서 들어왔기에 胡豆^(호두)라고도 불렀다.

椀(주발 완): wǎn, 木-8, 12

字解 형성. 木^(나무 목)이 의미부고 宛^(굽을 완)이 소리부로, 속을 오목하고 둥글게^(宛) 깎아 만든 나무^(木) 주발을 말하며, 달리 盌^(주발 완)으로도 쓴다.

盌(주발 완): wǎn, 皿-5, 10

字解 형성. 皿(그릇 명)이 의미부이고 夗(누워 뒹굴 원)이 소리부이다. '작은 사발(小盂)'을 말하는데, 몸통을 구부리듯 둥글게(夗) 파내 만든 그릇(皿)이라는 뜻을 담았다. 그래서 茗盌(명완)은 찻물을 따라 마시는 데 쓰는 사발 모양의 그릇을 말한다.

字形 盌 說文小篆

腕(팔 완): wàn, 肉-8, 12, 10

字解 형성. 肉(고기 육)이 의미부고 宛(굽을 완)이 소리부로, 팔꿈치를 말하는데, 팔의 위아래 마디가 붙은 관절의 바깥쪽에 있어 팔을 굽게(宛) 하는 신체부위(肉)라는 뜻을 반영했다.

琬(홀 완): wǎn, 玉-8, 12

字解 형성. 玉(옥 옥)이 의미부고 宛(굽을 완)이 소리부로, 위가 둥글고(宛) 모가 나지 않은 옥(玉)으로 만든 '홀'을 말한다. 왕의 부절로 쓰여, 신임하는 제후에게 내려 왕명을 집행하게 하는 데 쓰였다.

字形 琬 說文小篆

왈

曰(가로 왈): yuē, 曰-0, 4, 30

字解 지사. 입(口·구)에 가로획을 더하여 입에서 '말'이 나오는 모습을 상징화했는데, 曷(어찌 갈)은 입을 쩍 벌린 모습에서 큰 소리로 '요구하다'의 뜻이 나왔다. 하지만, 현행 옥편에서 曰(가로 왈)부수에 귀속된 나머지 글자들은 대부분 '말하다'는 뜻과는 관계없이, 예서로 들면서 書(글 서)와 같이 '그릇', 最(가장 최)와 같이 '모자' 등을 그린 것들이 잘못 변한 글자들이다.

字形 〔甲骨文〕 〔金文〕 〔古陶文〕 簡牘文 帛書 石刻古文 說文小篆

왕

王(임금 왕): wáng, 玉-0, 4, 80

字解 상형. 『설문해자』에서는 三(석 삼)과 丨(뚫을 곤)으로 구성되어 "하늘(天)과 땅(地)과 사람(人)을 의미하는 三을 하나로 꿰뚫은(丨) 존재가 王이다."라고 했다. 하지만, 갑골문에 의하면 王은 어떤 신분을 상징하는 모자를 형상한 것으로 보이며, 혹자는 도끼를 그린 것으로 해석하기도 한다. 모자나 도끼는 권위의 상징이었을 것이며, 그래서 '왕'이라는 뜻이 생겼고, 이로부터 '크다', '위대하다' 등의 뜻도 나왔다.

字形 〔甲骨文〕 〔金文〕

王古陶文 王簡牘文 王貨幣文 王

說文小篆 王 說文古文

旺(성할 왕): [昳], wàng, 日-4, 8, 12

字解 형성. 日(날 일)이 의미부고 王(임금 왕)이 소리
부로, 태양(日) 빛이 대단히 성하여(王) '왕성
함'을 말하며, 성하게 하다는 뜻도 나왔다.
달리 王 대신 往(갈 왕)을 소리부로 사용한
昳으로 쓰기도 한다.

汪(넓을 왕): wāng, 水-4, 7, 12

字解 형성. 水(물 수)가 의미부고 王(임금 왕)이 소리
부로, 물(水)이 광활한(王) 모양을 말하며, 이
후 연못, 넘치다 등의 뜻이 나왔다.

字形 汪 洼洼金文 汪古陶文 汪古璽文
汪 說文小篆

枉(굽을 왕): wǎng, 木-4, 8, 10

字解 형성. 木(나무 목)이 의미부고 王(임금 왕)이 소리
부로, 나무(木)가 '굽다'는 뜻이며, 이로부터
왜곡이나 정직하지 않다 등의 뜻이 나왔다.

字形 枉簡牘文 枉 說文小篆

往(갈 왕): wǎng, 彳-5, 8, 42

字解 회의. 彳(조금 걸을 척)과 主(주인 주)로 구성되어,

어떤 주체(主)가 길을 가는 것(彳)을 말하며,
이로부터 '가다'의 뜻이, 다시 과거, 과거에
일어난 일, 왕왕, '…을 향해서' 등의 뜻이
나왔다. 원래는 之(갈 지)가 의미부고 王(임금
왕)이 소리부로, '가다(之)'는 뜻을 나타내었
는데, 이후 길을 뜻하는 彳(조금 걸을 척)을 더
해 의미를 강화했고, 형체가 줄어 지금의
자형이 되었다.

字形 往 說文小篆

尢(절름발이 왕): wāng, 尢-0, 3

字解 지사. 尢은 갑골문에서 손(又·우)에 가로획이
더해진 모습으로, 손을 내밀었으나 어떤 물
체(一)에 저지당하는 모습으로 추정되며, 이
로부터 뻗어나가지 못하다는 뜻이 생겼고,
다시 완전하지 못한 '절름발이'라는 뜻이 생
겼다. 이후 허물이나 과실이라는 뜻으로 확
장되었다. 특히 절름발이를 나타낼 때에는
소리부를 더해 尪(절름발이 왕)으로 구분해 쓰
기도 했다. 尢으로 구성된 한자는 그다지
많지 않은데, 尤(더욱 우)는 尢에다 점을 더하
여 '특이함'이나 '특히'라는 의미를 만들어
냈다. 尨(삽살개 방)은 사실 털이 많이 난 삽
살개를 그린 글자로, 犬(개 견) 부수에 귀속
되어야 할 글자이나 형체가 유사해 尢부수
에 잘못 귀속된 것으로 보인다.

字形 尺 說文小篆

왜

歪(비뚤 왜): wāi, 止-5, 9, 20

字解 회의. 不(아닐 불)과 正(바를 정)으로 구성되어, 옳지(正) 않음(不)을 말하며 이로부터 정당하지 않다, 歪曲(왜곡)되다, 옆으로 눕다 등의 뜻이 나왔다. ☞ 正(바를 정)

倭(왜국 왜): wō, 人-8, 10, 12

字解 형성. 人(사람 인)이 의미부고 委(맡길 위)가 소리부로, 볏단을 짊어진 여인(委)처럼 왜소한 사람(人)이라는 뜻인데, 키가 작고 왜소한 일본인이나 일본을 지칭하는 말로도 쓰였다.

字形 倭 說文小篆

矮(키 작을 왜): [躷], ǎi, 矢-8, 13, 10

字解 형성. 矢(화살 시)가 의미부고 委(맡길 위)가 소리부로, 키가 화살(矢) 길이 정도로 작고 왜소함(委)을 말한다. 달리 矢 대신 身(몸 신)이 들어간 躷로 써, 몸집(身)이나 키가 작음을 특별히 강조하기도 했다.

字形 矮 說文小篆

娃(예쁠 왜): wá, 女-6, 9

字解 형성. 女(여자 여)가 의미부고 圭(홀 규)가 소리

부로, 아름다운(圭, 佳와 통함) 여자(女)라는 뜻이며, 미인, 아가씨, 어린 여자 아이 등의 뜻이 나왔다. 옛날, 吳(오)·楚(초) 지역에서는 '좋다(好호)'는 뜻을 지칭하기도 했다.

字形 娃 說文小篆

외

嵬(높을 외): wéi, 山-10, 13

字解 형성. 山(뫼 산)이 의미부고 鬼(귀신 귀)가 소리부로, '높다'는 뜻인데, 가면을 둘러쓰고 무서운 모습을 한 채 사람 앞에 우뚝 선(鬼)것처럼 높은 산(山)이라는 뜻을 담았다. 이후 소리부인 委(맡길 위)를 더해 巍(높을 외)가 되었는데, 구조도 형성구조로 변했다. ☞ 巍(높을 외)

字形 嵬 古陶文 嵬 嵬 簡牘文 嵬 說文小篆

巍(높을 외): wēi, 山-18, 21, 10

字解 형성. 嵬(높을 외)가 의미부고 委(맡길 위)가 소리부로, 우뚝 솟은 높은 산(嵬)을 말했는데, 이후 나라 이름과 성씨 등으로 쓰이게 되었다. ☞ 嵬(높을 외)

字形 巍 說文小篆

外(밖 외): [外], wài, 夕-2, 5, 80

字解 회의. 夕^(저녁 석)과 卜^(점 복)으로 구성되어, 밤^(夕)에 출타할 때 치렀던 점^(卜)에서 '밖'이라는 뜻이 나왔으며, 이로부터 바깥, 外部^(외부), 外國^(외국), 外家^(외가) 등의 뜻이 나왔다. 인간의 활동이 밤까지 확대된 것은 얼마 되지 않은 최근의 일이며, 옛날에는 해가 뜨면 나가 일하고 해가 지면 들어가 잠을 잤다. 그래서 밤이 인간의 활동이 정지되던 시간대였던 옛날 긴급한 일로 부득이하게 '밖'으로 출타해야 할 때에는 그 시행 여부를 점으로 묻곤 했는데 그것을 반영한 것이 外이다. 현행 옥편에서는 夕^(저녁 석)부수에 귀속시켜 놓았다.

字形 [甲骨文] [金文] [古陶文] [簡牘文] [古璽文] [說文小篆] [說文古文]

畏(두려워할 외): [愄], wèi, 田-4, 9, 30

字解 회의. 갑골문에서 얼굴에 커다란 가면을 쓴 사람^(鬼)이 손에 창과 같은 무기를 든 모습을 그렸는데, 자형이 변해 지금처럼 되었다. 무서운 형상을 한 귀신^(鬼)이 손에 무기까지 들고 있으니 더더욱 공포감과 무서움을 더해 주었을 것이고, 이로부터 '두려워하다', 敬畏^(경외)하다 등의 뜻이 나왔다. 달리 두려움의 심리적 상태를 강조하기 위해 心^(마음 심)을 더한 愄^(맘 착할 외)로 쓰기도 한다.

字形 [金文] [古陶文] [簡牘文] [石刻古文] [說文小篆] [說文古文]

猥(함부로 외): wěi, 犬-9, 12, 10

字解 형성. 犬^(개 견)이 의미부고 畏^(두려워할 외)가 소리부로, 개^(犬)가 두려움^(畏)에 떨도록 '함부로' 짖어대는 소리를 말했으며, 이로부터 맹렬하다, 함부로, 猥褻^(외설)스럽다 등의 뜻이 나왔다.

字形 [說文小篆]

요

幺(작을 요): [幺], yāo, 幺-0, 3

字解 상형. 갑골문에서 작은 실타래를 그렸다. 실타래 아래쪽으로 실 묶음이 더해지면 糸^(가는 실 멱)이고, 糸이 둘 더해지면 絲^(실 사)가 되어 비단실^(실크·silk)을 나타낸다. 그래서 幺는 실타래에서 가장 작은 단위인 셈이고, 이로부터 '작다'의 뜻이, '막내'라는 뜻까지 나왔다. 하지만 幺의 원래 뜻은 실이며, 그래서 幺^(작을 요)로 구성된 글자들은 幾^(기미 기)에서처럼 대부분 '실과 의미적 관련을 갖는다.

字形 [金文] [古陶文] [帛書] [說文小篆]

夭(어릴 요): [殀], yāo, 大-1, 4, 10

字解 상형. 사람의 머리가 젖혀진 모습으로부터 '夭折^(요절)'의 의미를 그렸는데 자형이 변해 지금처럼 되었으며, 이로부터 꺾이다, 재앙 등의 뜻이 나왔다. 달리 죽다는 의미를 강조하기 위해 歹^(부서진 뼈 알)을 더한 殀^(일찍 죽을 요)로 쓰기도 했다.

字形 大甲骨文 大金文 夭簡牘文 夭石刻古文 夭說文小篆

妖(아리따울 요): [祅, 訞], yāo, 女-4, 7, 20

字解 형성. 女^(여자 여)가 의미부고 夭^(어릴 요)가 소리부로, 나이가 어린^(夭) 여자^(女)로부터 '아리 땁다'는 의미를 그렸는데, 妖艶^(요염)은 그런 뜻을 담았다. 일설에는 여자^(女)가 웃는 모습이라고 하기도 한다. 하지만 이후 바르지 않은^(夭) 여자^(女)라는 뜻에서 '요사스럽다'는 나쁜 뜻이 담기게 되었으며, 이로부터 妖怪^(요괴), 妖物^(요물) 등의 뜻이 나왔다. 『설문해자』에서는 女가 의미부이고 芺^(엉경퀴 요)가 소리부인 㚊로 썼다.

字形 妖簡牘文 妖說文小篆

要(구할 요): yāo, yào, 襾-3, 9, 52

字解 형성. 소전체에서 女^(여자 여)와 臼^(절구 구)가 의미부고 幺^(작을 요)가 소리부로, 두 손^(臼)을 여성^(女)의 잘록한^(幺) 허리에 댄 모습을 그려, 그곳이 '허리'임을 나타냈는데, 윗부분이 襾^(덮을 아)로 변해 지금의 자형이 되었다. 이후 신체의 중요한 부분이라는 뜻에서 '중요하다'는 뜻이 나왔고, 이후 그런 것을 구하다, '요구하다'는 뜻까지 생겼으며, 그러자 원래 뜻은 肉^(고기 육)을 더한 腰^(허리 요)로 분화했다.

字形 要金文 要簡牘文 要說文小篆 要說文古文

腰(허리 요): yāo, 肉-9, 13, 30

字解 형성. 肉^(고기 육)이 의미부고 要^(구할 요)가 소리부로, 신체^(肉)의 허리^(要) 부위를 말하며, 사물의 중간이나 중간 부분이 잘록한 물체를 말하기도 한다.

字形 腰金文 腰簡牘文 腰說文小篆 腰說文古文

臽(퍼낼 요): yāo, 臼-4, 10

字解 형성. 爪^(손톱 조)와 臼^(절구 구)가 모두 의미부이다. 『설문해자』의 해설처럼, '절구에서 찧은 곡식을 퍼내다^(抒臼)'라는 뜻이다. 『사·대아·생민^(生民)』에서 "[곡식을 찧고 빻고 해서] 까불고 퍼내서^(或簸或臽)"라고 노래했다. 곡식을 절구^(臼)에서 찧어 손^(爪)으로 '퍼내다'는 뜻인데, 이후 手^(손 수)를 더해 掐^(꺼낼 도)로 분화했다.

字形 臽說文小篆

謠(노래 요): 谣, yáo, 言-10, 17, 42

字解 형성. 言^(말씀 언)이 의미부고 䍃^(질그릇 요)가 소리부로, 노랫가락을 말하는데, 질그릇 등을 만들(䍃) 때 반주 없이 혼자 흥얼거리며 읊조리는 노랫가락(言)이라는 뜻을 담았다. 원래는 言과 䍃^(질그릇 요)로 구성되었는데, 䍃가 䍃로 변해 지금의 자형이 되었다. 䍃는 원래 손^(爪·조)으로 질그릇^(缶·부)을 빚는 모습을 그려 '질그릇'의 의미를 그렸는데, 소전체에 들면서 月^(고기 육)으로 바뀌어 䍃가 되었다.

字形 〔그림〕簡牘文 謠 玉篇

搖(흔들릴 요): yáo, 手-10, 13, 30

字解 형성. 手^(손 수)가 의미부고 䍃^(질그릇 요)가 소리부로, 빚은 흙을 손^(手)으로 물레를 돌려가며 질그릇을 만드는(䍃) 모습에서 흔들리다, '움직이다' 등의 뜻을 그렸다.

字形 〔그림〕 說文小篆

繇(역사 요): [繇], yáo, 糸-11, 17

字解 형성. 系^(이을 계)가 의미부고 䍃^(질그릇 요)가 소리부로, 고대 민족 이름을 말한다. 越^(월)의 지계로 원래는 閩越^(민월)족에 속했으나 잔한 때 지금의 복건 북부와 절강 남부 지역에 분포하게 되었다. 또 徭와 통하여 徭役^(요역)을, 謠와 통하여 歌謠^(가요)를, 搖와 통하여 動搖^(동요)함을, 遙와 통하여 멀다는 뜻

을 나타내기도 한다. 『설문해자』에서는 系^(이을 계)가 의미부이고 䍃^(노래 요)가 소리부인 繇로 적었다.

字形 〔그림들〕金文 〔그림들〕帛書 〔그림〕簡牘文 〔그림〕石刻古文 〔그림〕說文小篆

瑤(아름다운 옥 요): yáo, 玉-10, 14

字解 형성. 玉^(옥 옥)이 의미부고 䍃^(질그릇 요)가 소리부로, 옥^(玉) 비슷한 아름다운 돌을 말하며, 이로부터 귀하고 아름다움을 뜻하게 되었다. 또 중국의 소수민족 이름으로, 이전에는 莫徭^(막요), 徭^(요) 등으로 불렀으며, 광서성에 주로 거주한다.

字形 〔그림〕古璽文 〔그림〕說文小篆

遙(멀 요): yáo, 辵-10, 14, 30

字解 형성. 辵^(쉬엄쉬엄 갈 착)이 의미부고 䍃^(질그릇 요)가 소리부로, 질그릇을 만들 때 혼잣말로 노랫가락을 읊조리듯(䍃) 한가롭게 거니는 것을 말했고, 이로부터 逍遙^(소요·한가롭게 거닐다)하다는 뜻이, 다시 '멀리'라는 뜻까지 나왔다.

字形 〔그림〕石刻古文 〔그림〕說文新附字

窯(가마 요): 窑, [窰], yáo, 穴-10, 15, 10

字解 형성. 穴^(구멍 혈)이 의미부고 羔^(새끼 양 고)가 소리부로, 질그릇을 굽는^(羔) 굴^(穴)처럼 된 '가마'를 말한다. 이후 달리 窑^(가마 요)나 窰^(기와 굽는 가마 요)로 쓰기도 한다. 간화자에서는 窑에 통합되었다. ☞ 窑^(가마 요)

字形 說文小篆

姚(예쁠 요): yáo, 女-6, 9, 12

字解 형성. 女^(여자 여)가 의미부고 兆^(조짐 조)가 소리부로, 원래는 舜^(순)임금의 성을 지칭하는 고대의 성씨^(女)였는데, 이후 여성^(女)의 아름다움으로부터 아름답다, 예쁘다 등의 뜻이 나왔다.

字形 金文 古陶文 簡牘文 說文小篆

堯(요임금 요): 尧, yáo, 土-9, 12, 12

字解 형성. 兀^(우뚝할 올)이 의미부고 垚^(사람 이름 요)가 소리부인데, 垚는 土^(흙 토)가 셋 모여 높게 쌓인 흙더미를 말한다. 그래서 堯는 우뚝 솟은^(兀) 큰 흙더미^(垚)라는 뜻에서 '높고' 위대하다는 뜻을 담았으며, 위대하고 뛰어난 전설상의 임금이었던 요임금을 지칭하는 말로 쓰인다. 간화자에서는 윗부분의 垚를 간단히 줄여 尧로 쓴다.

字形 甲骨文 說文古籀文 說文小篆 說文古文

蟯(요충 요): 蛲, náo, 虫-12, 18

字解 형성. 虫^(벌레 충)이 의미부고 堯^(요임금 요)가 소리부로, 소장 아래와 대장에 기생하는 벌레^(虫) 이름이다. 간화자에서는 堯를 尧로 줄인 蛲로 쓴다.

字形 說文小篆

嶢(높을 요): 峣, yáo, 山-12, 15

字解 형성. 山^(뫼 산)이 의미부고 堯^(요임금 요)가 소리부로, 산^(山)이 우뚝 솟아^(堯) 높음을 말한다. 간화자에서는 堯를 尧로 줄인 峣로 쓴다.

字形 說文小篆

撓(꺾일 요): 挠, ráo, 木-12, 16

字解 형성. 木^(나무 목)이 의미부고 堯^(요임금 요)가 소리부로, 꺾이다는 뜻인데, 나무^(木)가 높이^(堯) 자라면 '꺾이기' 마련이기에 꺾이다는 뜻이 나왔다. 간화자에서는 堯를 尧로 줄인 挠로 쓴다.

字形 說文小篆

繞(두를 요): 绕, [遶], rào, 糸-12, 18

字解 형성. 糸^(가는 실 멱)이 의미부고 堯^(요임금 요)가

소리부로, 실^(糸)을 이용해 묶다는 뜻이며, 물건을 둘레로 묶듯 주위를 에워싸다, 둘러서 가다, 얽히다 등의 뜻이 나왔다. 달리 둘러서 가다는 뜻을 강조하고자 糸 대신 辵^(쉬엄쉬엄 갈 착)을 쓴 遶로 쓰기도 했다. 간화자에서는 堯를 尧로 줄인 绕로 쓴다.

字形 繞 說文小篆

僥(바랄 요): 侥, yáo, 人-12, 14, 10

字解 형성. 人^(사람 인)이 의미부고 堯^(요임금 요)가 소리부로, 사람^(人)은 항상 높은^(堯) 것을 바라기 마련이라는 뜻에서, 뜻밖의 행운을 바라다는 僥倖^(요행)의 뜻이 나왔다. 간화자에서는 堯를 尧로 줄인 侥로 쓴다.

字形 僥 說文小篆

饒(넉넉할 요): 饶, ráo, 食-12, 21, 10

字解 형성. 食^(밥 식)이 의미부고 堯^(요임금 요)가 소리부로, 풍성하고 많은^(堯) 음식^(食)으로부터 '넉넉함'을 그렸으며, 이로부터 너그러이 봐주다, 용서하다의 뜻도 나왔다. 간화자에서는 堯를 尧로 줄인 饶로 쓴다.

字形 饒 說文小篆

撓(어지러울 요): 挠, náo, 手-12, 15

字解 형성. 手^(손 수)가 의미부고 堯^(요임금 요)가 소리부로, 손^(手)을 사용해 휘젓다, 집다, 굽히다, 흔들다 등의 뜻을 가지며, 이로부터 어지럽

다의 뜻도 나왔다. 간화자에서는 堯를 尧로 줄인 挠로 쓴다.

字形 撓 說文小篆

凹(오목할 요): āo, 凵-3, 5, 10

字解 상형. 움푹 들어간 모습을 사실적으로 그려, 오목하다, 움푹하다는 뜻을 나타냈으며, 볼록 튀어나온 모습을 그린 凸^(볼록할 철)과 대칭을 이루어 凹凸이라는 말이 나왔다. 현대 옥편에서는 凵^(입 벌릴 감) 부수에 귀속시켰다.

拗(꺾을 요): [抝], ǎo, 手-5, 8, 10

字解 형성. 手^(손 수)가 의미부고 幼^(어릴 유)가 소리부로, 손^(手)으로 실타래를 힘주어 당겨 끊듯 '꺾다', '당기다'는 뜻이다. 남쪽 방언에서는 꺾는 것^(折)을 拗로 표현하기도 한다.

字形 拗 說文新附字

窈(그윽할 요): yǎo, 穴-5, 10, 10

字解 형성. 穴^(구멍 혈)이 의미부고 幼^(어릴 유)가 소리부로, 굴^(穴) 속처럼 깊고 그윽함을 말한다. 이후 조용한 모습을 말했고, 그런 여성이라는 뜻에서 窈窕淑女^(요조숙녀)의 뜻까지 나왔다.

字形 窈 說文小篆

耀(빛날 요): [燿], yào, shuò, 羽-14, 20, 12

字解 형성. 光(빛 광)이 의미부고 翟(꿩 적)이 소리부로, 불빛(光)이 꿩의 화려한 깃털(翟)처럼 빛나는 것을 말하며, 이로부터 빛나다, 드러내다, 빛, 영광 등의 뜻이 나왔다. 달리 光 대신 火(불 화)가 들어간 燿(빛날 요)로 쓰기도 한다. ☞ 翟(꿩 적)

字形 燿 說文小篆

曜(빛날 요): yào, 日-14, 18, 50

字解 형성. 日(날 일)이 의미부고 翟(꿩 적)이 소리부로, 꿩의 화려한 깃털(翟)처럼 햇빛(日)이 빛남을 말한다. 이후 일주일 동안의 각 날을 말하는 '요일'의 뜻으로 가차되어 쓰이게 되었다. ☞ 翟(꿩 적)

燿(빛날 요): yào, 火-14, 18

字解 형성. 火(불 화)가 의미부고 翟(꿩 적)이 소리부로, 불(火)이 꿩의 화려한 깃털(翟)처럼 빛나는 것을 말하며, 달리 火 대신 光(빛 광)이 들어간 耀(빛날 요)로 쓰기도 한다. ☞ 耀(빛날 요)

字形 燿 說文小篆

擾(어지러울 요): 扰, rǎo, 手-15, 18, 10

字解 형성. 手(손 수)가 의미부고 憂(근심할 우)가 소리부로, 어지럽다, 혼란스럽다, 골치 아프다는 뜻인데, 손(手)으로 마구 휘저어 걱정거리(憂)를 만든다는 뜻을 담았다. 『설문해자』에서는 手가 의미부고 夒(원숭이 노)가 소리부인 㺇로 적었다. 간화자에서는 소리부 憂를 尤(더욱 우)로 줄인 扰로 쓴다.

字形 㺇金文 㺇簡牘文 㺇說文小篆

邀(맞을 요): yāo, 辵-13, 17, 10

字解 형성. 辵(쉬엄쉬엄 갈 착)이 의미부고 敫(노래할 교)가 소리부로, 길을 나가(辵) 기쁜 마음으로(敫) 상대를 맞이함을 말하며, 이로부터 초대하다, 요청하다, 얻다 등의 뜻이 생겼다.

徼(구할 요): [儌, 邀, 僥], jiào, jiǎo, 彳-13, 16

字解 형성. 彳(조금 걸을 척)이 의미부고 敫(노래할 교)가 소리부로, 기쁜 마음으로(敫) 길을 가서(彳) 무엇인가를 '구하고 초치하다'는 뜻이다. 이로부터 시찰하다, 순시하다의 뜻이 나왔다. 또 옛날, 변방 국경 지대에 만들어 놓은 작은 보루를 말했고, 이로부터 변경, 작은 길 등의 뜻도 나왔다. 또 邀(맞을 요)와 같이 쓰이기도 하며, 구하다, 招致(초치)하다는 뜻을 가진다. 달리 僥(바랄 요)와 같이 쓰이기도 하여, 僥倖(요행)을 徼倖으로 쓰기도 한다.

字形 徼簡牘文 徼說文小篆

樂(좋아할 요) ☞ 樂(풍류 악)

욕

辱(욕볼 욕): rǔ, 辰-3, 10, 32

字解 회의. 辰^(지지 진날 신)과 寸^(마디 촌)으로 구성되어, 조개 칼^(辰)을 손^(寸)에 잡고 '김을 매는' 모습을 그렸다. 이로부터 그러한 일이 고되고 힘들어 '욕보다', 恥辱^(치욕) 등의 뜻이 나왔으며, 자신을 낮추는 말로도 쓰였다. 그러자 원래 의미는 耒^(쟁기 뢰)를 더한 耨^(김맬 누)로 분화했다.

字形 🔟 簡牘文 🔟 說文小篆

褥(요 욕): rù, 衣-10, 15

字解 형성. 衣^(옷 의)가 의미부고 辱^(욕볼 욕)이 소리부로, 짚이 아닌 베^(衣)로 만든 '깔개'나 '요'를 말한다. ☞ 辱^(욕볼 욕)

縟(화문 놓을 욕): 缛, rù, 糸-10, 16

字解 형성. 糸^(가는 실 멱)이 의미부고 辱^(욕볼 욕)이 소리부로, 옷감^(糸) 등에 힘들게^(辱) 무늬를 넣다는 뜻이며, 빽빽하게 힘들여 넣은 무늬라는 뜻에서 세밀하다, 번잡하다는 뜻도 나왔다.

字形 🔟 說文小篆

溽(무더울 욕): rù, 水-10, 13

字解 형성. 水^(물 수)가 의미부고 辱^(욕볼 욕)이 소리부로, 무덥다, 습윤하다는 뜻인데, 농사일을 할 때^(辱) 흐르는 땀^(水)처럼 무덥고 습윤하다는 뜻을 담았다.

字形 🔟 簡牘文 🔟 說文小篆

欲(하고자 할 욕): yù, 欠-7, 11, 32

字解 형성. 欠^(하품 흠)이 의미부고 谷^(골 곡)이 소리부로, 입을 크게 벌리고^(欠) 텅 빈 계곡^(谷)처럼 끝없이 바라는 것이 바로 '욕심'임을 그렸으며, 이로부터 '하고자 하다', 욕심, 수요, 필요 등의 뜻이 나왔으며, 그런 의미를 나타내는 조동사로도 쓰였다. 이후 慾望^(욕망)이나 慾心^(욕심)을 나타낼 때에는 그것이 마음에서부터 나온다고 해서 心^(마음 심)을 더하여 慾^(욕심 욕)으로 분화했다. 현대 중국에서는 慾^(욕심 욕)의 간화자로도 쓰인다.

字形 🔟 🔟 簡牘文 🔟 古璽文 🔟 說文小篆

浴(목욕할 욕): yù, 水-7, 10, 50

字解 형성. 水^(물 수)가 의미부고 谷^(골 곡)이 소리부로, 목욕하다는 뜻이며, 계곡^(谷)의 흐르는 물^(水)에 자신의 몸을 내맡기고 몸을 씻으며 정신을 가다듬는 모습을 담았다. 또 중국 서부의 고대 민족인 土谷渾^(토욕혼)을 지칭하기도 한다.

字形 🔟 🔟 🔟 🔟 簡牘文 🔟 帛書

說文小篆

慾(욕심 욕): 欲, yù, 心-10, 14, 32

字解 형성. 心(마음 심)이 의미부고 欲(하고자 할 욕)이 소리부로, 텅 빈 계곡처럼 끝없이(欲) 바라는 마음(心), 즉 욕망을 말하며, 이로부터 마음에서의 慾心(욕심), 慾望(욕망)의 뜻이 나왔다. 간화자에서는 欲(하고자 할 욕)에 통합되었다. ☞ 欲(하고자 할 욕)

용

用(쓸 용): yòng, 用-0, 5, 60

字解 회의. 이의 자원은 분명하지 않다. 희생에 쓸 소를 가두어 두던 우리를 그렸고 그로부터 '쓰다'의 뜻이 나왔다거나, 중요한 일의 시행을 알리는 데 쓰는 '종'으로부터 '시행'의 뜻이 나왔다고 하는 등 의견이 분분하다. 하지만, 자세히 살피면 가운데가 卜(점 복)이고 나머지가 骨(冎·뼈 발라 낼 과, 骨의 원래 글자)로 구성되어 점복에 쓰던 뼈를 그렸다는 설이 일리가 있어 보인다. 점(卜)은 고대 사회에서 중대사를 결정할 때 반드시 거쳐야 하는 절차였고, 특히 상나라 때에는 공동체에서 시행되던 거의 모든 일이 점을 통해 이루어졌다. 이 때문에 점을 칠 때 쓰던 뼈로써 시행의 의미를 그렸고, 여기서 使用(사용), 應用(응용), 作用(작용) 등의 뜻이 생겼다. 이후 중요한 일이 결정되어 모든 구성원에게 이의 시행을 알리는 행위로서 '종'이 주

로 사용되었기에 다시 '종'의 의미가 나온 것으로 보인다. 用에서 파생된 甬(길 용)은 윗부분이 종을 거는 부분으로 매달아 놓은 '종'의 모습인데, 고대문헌에서 用과 甬이 자주 통용되는 것도 이 때문이다. 그래서 用과 甬이 들어간 글자는 대부분 '종', 매달린 종처럼 '서다', 속이 빈 '종'처럼 '통하다', 큰 종소리처럼 '강력하다' 등의 의미를 갖는다.

字形 甲骨文 金文 簡牘文 帛書 石刻古文 說文小篆 說文古文

庸(쓸 용): yōng, 广-8, 11, 30

字解 형성. 원래는 庚(일곱째 천간 경)이 의미부고 用(쓸 용)이 소리부로, 종(用)으로써 일의 시행에 '쓰는' 것을 말하며 이로부터 필요하다, 고용하다, 노고 등의 뜻이 나왔다. 다만, 그 대상이 사람일 때에는 人(사람 인)을 더한 傭(품팔이 용)으로 구분해 썼다. 또 부사로 쓰여 대략, 혹시, 어찌 등의 의미를 나타내기도 했다. ☞ 用(쓸 용)

字形 甲骨文 金文 石刻古文 說文小篆

鏞(쇠북 용): 镛, yōng, 金-11, 19, 12

字解 형성. 金(쇠 금)이 의미부고 庸(쓸 용)이 소리부로, 종을 말하는데, 종(庸)을 강조하기 위해 金(쇠 금)을 더한 글자이며, 달리 庸을 甬(길 용)으로 쓴 鏞으로 쓰기도 한다.

字形 [說文小篆] 說文小篆

傭(품팔이 용): 佣, yōng, 人-11, 13, 20

字解 형성. 人(사람 인)이 의미부고 庸(쓸 용)이 소리부로, 품팔이를 말하는데, 어떤 필요한 일에 쓰기 위해(庸) 고용된 사람(人)을 말한다. 간화자에서는 庸을 用(쓸 용)으로 줄인 佣으로 쓰는데, 소개비라는 뜻도 가진다. ☞ 庸(쓸 용)

字形 [帛書] 帛書 [說文小篆] 說文小篆

墉(담 용): yōng, 土-11, 14

字解 형성. 土(흙 토)가 의미부고 庸(쓸 용)이 소리부로, 종(庸)처럼 크고 높게 쌓은 흙(土) 담을 말한다.

字形 [石篆] 石篆 [說文小篆] 說文小篆 [說文古文] 說文古文

鄘(나라이름 용): yōng, 邑-11, 14

字解 형성. 邑(고을 읍)이 의미부고 庸(쓸 용)이 소리부로, 옛날의 나라 이름으로, 하나는 지금의 호북성 竹山(죽산)현에 있었고, 다른 하나는 하남성 新鄉(신향)시에 있었다.

字形 [甲骨文] 甲骨文 [金文] 金文 [說文小篆] 說文小篆

甬(길 용): yǒng, 用-2, 7

字解 상형. 종(用용)의 윗부분에 종을 거는 고리가 달린 모습으로, '종'이 원래 뜻이며, 이후 큰 정원이나 묘지의 가운데 길(甬道용도)의 뜻으로 쓰였다. 고대문헌에서 用과 甬이 자주 통용된다. ☞ 用(쓸 용)

字形 [金文] 金文 [盟書] 盟書 [簡牘文] 簡牘文 [說文小篆] 說文小篆

俑(허수아비 용): yǒng, 人-7, 9

字解 형성. 人(사람 인)이 의미부고 甬(길 용)이 소리부로, 허수아비를 말하는데, 종(甬)처럼 세워 놓은 사람(人) 모양을 했다는 의미를 담았으며, 옛날 순장 대신 부장용으로 쓰던 인형을 지칭하기도 한다.

字形 [說文小篆] 說文小篆

埇(길 돋울 용): yǒng, 土-7, 10

字解 형성. 土(흙 토)가 의미부고 甬(길 용)이 소리부로, 흙(土)으로 곧게(甬) 돋워놓은 길을 말한다.

踊(뛸 용): [踴], yǒng, 足-7, 14, 10

〔字解〕 형성. 足^(발 족)이 의미부고 甬^(길 용)이 소리부로, 속 빈 기둥^(甬)처럼 곧게 '뛰어오르는' 발^(足) 동작을 말한다. 달리 甬^(길 용) 대신 勇^(날쌜 용)이 들어간 踴^(뛸 용)으로 쓰기도 한다.

〔字形〕 𨂙 說文小篆

恿(날랠 용): [恹, 勇], yǒng, 心-7, 11

〔字解〕 형성. 心^(마음 심)이 의미부고 甬^(길 용)이 소리부로, 용감한 마음을 말하며, 이로부터 재빨리 행동하다, 날래다 등의 뜻이 나왔다. 달리 甬^(길 용) 대신 永^(길 영)이나 臾^(잠간 유)가 들어간 恹이나 勇으로 쓰기도 한다.

〔字形〕 𢎨 𢍶 金文 𢂯 說文小篆 𢺰 說文或體 恿 說文古文

涌(샘솟을 용): yǒng, 水-7, 10

〔字解〕 형성. 水^(물 수)가 의미부이고 甬^(길 용)이 소리부이다. 『설문해자』의 해설처럼, '물이 위로 솟구치다^(滕)'라는 뜻이다. 물이 땅에서 나오다는 뜻으로부터 솟다, 솟구치다, 떠오르다, (물가가) 오르다 등의 뜻이 나왔다. 달리 땅 이름으로 용수^(涌水)를 말하는데, 초^(楚)나라 땅에 있었다고 한다.

〔字形〕 𣲷 說文小篆

慂(권할 용): yǒng, 心-7, 9

〔字解〕 형성. 心^(마음 심)이 의미부고 涌^(샘솟을 용)이 소리부로, 샘이 솟듯^(涌) 강력한 의지로^(心) 상대에게 권유함을 말한다.

勇(날쌜 용): yǒng, 力-7, 9, 60

〔字解〕 형성. 力^(힘 력)이 의미부고 甬^(길 용)이 소리부로, 勇敢^(용감)하다는 뜻인데, 무거운 청동 종^(甬)을 들 수 있는 힘^(力)은 용기^(勇氣)의 상징이었다. 이후 용감한 병사는 물론 사병, 과감하다, 결단력 있다는 뜻도 나왔다.

〔字形〕 𤰒 𤰓 金文 𢧐 簡牘文 𣂪 說文小篆 𤙺 說文或體 恿 說文古文

湧(샘솟을 용): [涌], yǒng, 水-9, 12

〔字解〕 형성. 水^(물 수)가 의미부고 勇^(날쌜 용)이 소리부로, 물^(水)이 힘차게^(勇) '솟구침'을 말한다. 『설문해자』에서는 水가 의미부이고 甬^(길 용)이 소리부인 涌으로 썼다. ☞ 勇^(날쌜 용)

〔字形〕 𣷩 說文小篆

容(얼굴 용): róng, 宀-7, 10, 42

〔字解〕 형성. 宀^(집 면)이 의미부고 谷^(골 곡)이 소리부로, 집^(宀)과 계곡^(谷)이 모든 것을 담고 받아들일 수 있는 큰 공간이라는 뜻에서 容納^(용납)하다, '받아들이다'는 뜻을 그렸다. 이로부터 寬容^(관용)을 베풀다, 許容^(허용)하다의

뜻이 나왔고, 관용은 얼굴색으로 나타나기에 얼굴의 뜻이, 다시 容貌^(용모) 등의 뜻이 나왔다.

字形 甲骨文 古_{金文} 宮窗 _{古陶文} 說文小篆 說文古文

鎔(녹일 용): 熔, róng, 金-10, 18, 20, 12

字解 형성. 金^(쇠 금)이 의미부고 容^(얼굴 용)이 소리부로, 모든 금속^(金)을 받아들여^(容) 하나로 '녹임'을 말한다. 쇳물을 녹이는 거푸집은 물론 형틀이 기물을 만들어 낸다는 뜻에서 규범과 모식의 비유로도 쓰였다. 달리 金 대신 火^(불 화)가 들어간 熔^(녹일 용)으로 쓰기도 하며, 간화자에서도 熔으로 쓴다. ☞ 熔^(녹일 용)

字形 說文小篆

熔(녹일 용): róng, 火-10, 14

字解 형성. 火^(불 화)가 의미부고 容^(얼굴 용)이 소리부로, 불^(火)로 금속 등을 받아들여^(容) 하나로 '녹임'을 말하며, 달리 火 대신 金^(쇠 금)이 들어간 鎔^(녹일 용)로 쓰기도 한다. 현대 중국에서는 鎔의 간화자로도 쓰인다. ☞ 鎔^(녹일 용)

字形 說文小篆

溶(질펀히 흐를 용): róng, 水-10, 13, 12

字解 형성. 水^(물 수)가 의미부고 容^(얼굴 용)이 소리부로, 물^(水)이 용기^(容)에 '가득 찬' 모습이며, 이로부터 가득하다, 넘치다, 물에 녹다^(溶解·용해) 등의 뜻이 나왔다.

字形 說文小篆

蓉(연꽃 용): róng, 艸-10, 14, 10

字解 형성. 艸^(풀 초)가 의미부고 容^(얼굴 용)이 소리부로, 식물^(艸)의 일종인 '연꽃'을 말한다. 달리 芙蓉^(부용)이라고도 하는데, 오대 때 後蜀^(후촉)의 孟昶^(맹창)이 宮苑城^(궁원성)에다 부용을 많이 심었던 데서 사천성 成都^(성도)시를 芙蓉城이라 부르기도 하며, 성도시를 줄여 부르는 이름으로도 쓰인다.

字形 說文小篆

瑢(패옥 소리 용): róng, 玉-10, 14, 12

字解 형성. 玉^(옥 옥)이 의미부고 容^(얼굴 용)이 소리부로, 패옥^(玉)이 부딪히는 소리를 말하며, 달리 瑢瑢^(종용)으로 쓰기도 한다.

榕(벵골보리수 용): róng, 木-10, 14

字解 형성. 木^(나무 목)이 의미부고 容^(얼굴 용)이 소리부로, 벵골보리수 나무^(木)를 말하며, 복건성 福州^(복주)시에는 이 나무가 많아 복주시를 줄여 부르는 이름으로도 쓰인다.

聳(솟을 용): 耸, sǒng, 耳-11, 17, 10

字解 형성. 耳^(귀 이)가 의미부고 從^(좇을 종)이 소리부로, 선천적으로 귀^(耳)가 먼 것을 말한다. 또 귀^(耳)를 쫑긋 세움을 말하고, 이로부터 '솟다'의 뜻도 나왔다. 간화자에서는 從을 从으로 줄여 耸로 쓴다.

茸(무성할 용): róng, 艸-6, 10, 10

字解 형성. 艸^(풀 초)가 의미부고 聰^(귀 밝을 총)의 생략된 모습이 소리부로, 갓 자라난 연한 풀^(艸)을 말했는데, 짐승의 보드라운 털까지 지칭하게 되었다. 그래서 鹿茸^(녹용)은 갓 자라난 풀^(茸)처럼 보드라운 연한 사슴^(鹿)의 뿔이라는 뜻을 담았다.

字形 [그림] 說文小篆

冗(쓸데없을 용): [宂], rǒng, 宀-2, 4

字解 회의. 소전체에서 宀^(집 면)과 儿^(사람 인)으로 이루어졌는데 자형이 조금 변해 지금처럼 되었다. 집 안^(宀)에 사람^(儿)이 있는 모습으로부터 농사일을 나가지 않은 채 하릴없이 집안에서 빈둥거림을 그렸고, 이로부터 한가하다, 여유롭다, 할 일 없다 등의 뜻이, 다시 '쓸데없다'는 뜻이 나왔다.

字形 [그림] 簡牘文 [그림] 說文小篆

舂(찧을 용): chōng, 臼-5, 11

字解 형성. 갑골문에서 두 손^(廾·공)으로 절굿공이^(午·오)를 들고 절구질^(臼)을 하는 모습에서 '찧다'는 뜻이 나왔는데, 소전체에 들면서 두 손^(廾)과 절굿공이^(午)가 舂의 윗부분으로 변해 지금처럼 되었다.

字形 [그림] [그림] 甲骨文 [그림] 金文 [그림] 古陶文 [그림] [그림] 簡牘文 [그림] 說文小篆

우

禺(긴 꼬리 원숭이 우): yú, 内-4, 9

字解 상형. 꼬리가 긴 원숭이를 그렸는데, 『설문해자』에서는 "머리가 귀신^(鬼·귀)을 닮았다"라고 했다. 이로부터 원숭이, 이상한 모습의 존재, 귀신 등을 뜻하게 되었다.

字形 [그림] 金文 [그림] 古陶文 [그림] [그림] 盟書 [그림] [그림] [그림] 簡牘文 [그림] 石刻古文 [그림] 說文小篆

愚(어리석을 우): yú, 心-9, 13, 32

字解 형성. 心^(마음 심)이 의미부고 禺^(긴 꼬리 원숭이 우)가 소리부로, 원숭이^(禺)처럼 단순한 생각^(心)을 하는 존재라는 뜻으로부터 '어리석음'을 그려냈다. 이후 자신을 낮추는 겸양어로 쓰였다. ☞ 禺^(긴 꼬리 원숭이)

字形 金文 說文小篆

偶(짝 우): ǒu, 人-9, 11, 32

字解 형성. 人^(사람 인)이 의미부고 禺^(긴 꼬리 원숭이 우)가 소리부로, 사람^(人)을 닮은 긴 꼬리 원숭이^(禺)를 말하며, 이로부터 원숭이처럼 사람을 닮은 '인형'의 뜻이, 다시 사람과 짝을 이룬다는 뜻에서 '짝'의 뜻이 나왔다.

字形 說文小篆

寓(머무를 우): [㝢], yù, 宀-9, 12, 10

字解 형성. 宀^(집 면)이 의미부고 禺^(긴 꼬리 원숭이 우)가 소리부로, 집^(宀)에 붙어사는 이상한 모양^(禺)의 귀신에서 '머무르다'는 의미를 그렸고, 이로부터 사는 곳, 기탁하다 등의 뜻이 나왔다. 달리 宀 대신 广^(집 엄)이 들어간 㢾^(머무를 우)로 쓰기도 했다.

字形 金文 簡牘文 說文小篆 說文或體

遇(만날 우): yù, 辵-9, 13, 40

字解 형성. 辵^(쉬엄쉬엄 갈 착)이 의미부고 禺^(긴 꼬리 원숭이 우)가 소리부로, 길을 가면서^(辵) 귀신처럼 생긴 이상한 존재^(禺)를 '만나다'는 뜻에서, 예기치 않고 우연하게 만남을 말하며, 이로부터 待遇^(대우), 기회 등의 뜻도 나왔다.

字形 金文 盟書 簡牘文 說文小篆

隅(모퉁이 우): yú, 阜-9, 12, 10

字解 형성. 阜^(언덕 부)가 의미부고 禺^(긴 꼬리 원숭이 우)가 소리부로, 산언덕^(阜)이 굽이치는 모퉁이를 말하며, 이로부터 모서리, 변두리, 곁 등의 뜻이 나왔다.

字形 說文小篆

禑(복 우): wú, 示-9, 14

字解 형성. 示^(보일 시)가 의미부고 禺^(긴 꼬리 원숭이 우)가 소리부로, 귀신^(禺)에게 비는^(示) '복'을 말한다.

耦(나란히 갈 우): ǒu, 耒-9, 15

字解 형성. 耒^(쟁기 뢰)가 의미부고 禺^(긴 꼬리 원숭이 우)가 소리부로, 짝^(禺)을 이루어 나란히 쟁기질^(耒)을 하다는 뜻이며, 이로부터 2인 1조, 짝, 상대, 적수 등의 뜻이 나왔다.

字形 簡牘文 說文小篆

藕(연뿌리 우): [蕅], ǒu, 艸-15, 19

字解 형성. 艸^(풀 초)가 의미부고 耦^(짝 우)가 소리부로, 식물^(艸)의 일종인 연의 뿌리를 말한다. 물에 서식한다고 해서 달리 耒^(쟁기 뢰) 대신

水^(물 수)가 들어간 藕^(연뿌리 우)로 적기도 한다.

어를 만들어 냈다.

字形

于^(어조사 우): [於], yú, 二-1, 3, 30

字解 상형. 일종의 취주 악기를 그렸는데, 초기의 간단한 피리^(竽 우)로 보인다. 『설문해자』에서는 "기가 펼쳐져 나오는 것을 그렸다"라고 했다. 악기에서 소리가 천천히 펼쳐져 나오는 모습에서 기운이나 소리가 퍼져 나오다는 뜻이 생겼다. 이후 문장에서 말의 속도를 조절하는 '어기사'로 쓰였고, 또 장소, 비교, 대상 등을 나타내는 다양한 의미의 조사로도 쓰였다. 그러자 원래 뜻은 竹^(대죽)을 더한 竽^(피리 우)로 분화했다. 현대 중국에서는 於^(어조사 어)의 간화자로도 쓰인다. ☞ 於^(어조사 어)

字形

迂^(멀 우): yū, 辵-3, 7, 10

字解 형성. 辵^(쉬엄쉬엄 갈 착)이 의미부고 于^(어조사 우)가 소리부로, 돌아서 가다^(辵)가 원래 뜻이고, 돌아가면 멀기 때문에 '멀다'는 뜻이 나왔다.

字形

宇^(집 우): yǔ, 宀-3, 6, 32

字解 형성. 宀^(집 면)이 의미부고 于^(어조사 우)가 소리부로, 집^(宀)의 '처마'를 말한다. 이와 짝을 이루는 宙^(집 주)는 '대들보'를 뜻하였는데, 고대 중국인들은 대들보와 처마 사이의 빈 곳으로써 확장 가능한 공간을 말했다. 철학자들은 여기서 더 나아가 宇를 무한히 늘어나는 공간으로, 宙를 극한을 향해 끝없이 뻗어가는 시간으로 인식하여, 宇宙라는 단

盂^(바리 우): yú, 皿-3, 8

字解 형성. 皿^(그릇 명)이 의미부고 于^(어조사 우)가 소리부이다. 『설문해자』의 해설처럼, '밥그릇^(飯器)'을 말한다. 주요한 청동 제기로, 물이나 술을 담던 커다란 사발^(皿)을 말하는데, 큰 배와 두루마리 발과 두 귀를 가진 기물이다. 이로부터 큰 사발이나 밥그릇, 주발 등을 지칭하게 되었다. 또 옛날 사냥할 때 치던 陣^(진)의 모습을 말하기도 한다.

字形

雩^(기우제 우): yú, 雨-3, 11

字解 형성. 雨^(비 우)가 의미부고 亏^(于·어조사 우)가 소리부로, 비^(雨)가 오기를 비는 제사를 말하는데, 于가 악기 소리임을 상징한 것을 보

면, 하늘에 비^(雨)를 내려 달라고 비는 제사^(于)를 말한 것으로 보인다.

字形 雩 說文小篆

芋(토란 우): [芌], yù, 艸-3, 7

字解 형성. 艸^(풀 초)가 의미부고 于^(어조사 우)가 소리부로, 식물^(艸)의 일종인 '토란'을 말한다. 이후 뿌리식물의 총칭으로 쓰였으며, 달리 于 대신 弓^(어조사 우)를 쓴 芌로 쓰기도 한다.

字形 芋 古陶文 芋 古璽文 芋 古璽文 芋 說文小篆

旰(클 우): xū, 日-3, 7

字解 형성. 日^(날 일)이 의미부고 于^(어조사 우)가 소리부로, 태양^(日)이 막 지면으로 나오는^(于) 모습을 말하며, 그때의 태양이 커 보이므로 '크다'는 뜻까지 나왔다. 달리 강서성의 旰江^(우강, 즉 撫河) 유역 일대를 지칭하기도 한다.

玗(옥돌 우): yú, 玉-3, 7

字解 형성. 玉^(옥 옥)이 의미부고 于^(어조사 우)가 소리부로, 옥^(玉)처럼 생긴 아름다운 돌을 말하며, 瑈玗琪^(순우기)를 줄여 쓰는 말로 쓰인다.

字形 玗 說文小篆

紆(굽을 우): 纡, yū, 糸-3, 9

字解 형성. 糸^(가는 실 멱)이 의미부고 于^(어조사 우)가 소리부로, 휘어지도록 실^(糸)로 감다, 묶다는 뜻이다. 이로부터 '굽다'는 뜻이 나왔다.

字形 紆 古璽文 紆 說文小篆

釪(악기 이름 우): yú, 金-3, 11

字解 형성. 金^(쇠 금)이 의미부고 于^(어조사 우)가 소리부로, 쇠^(金)로 만든 악기^(于)의 하나로, 종 비슷한 악기인 錞釪^(순우)를 말한다. 달리 鉢釪^(발우) 즉 절에서 쓰는 중의 공양 그릇을 말하기도 한다.

旴(쳐다볼 우): xū, 目-3, 8

字解 형성. 目^(눈 목)이 의미부고 于^(어조사 우)가 소리부로, 눈^(目)을 크게 뜨고 보다는 뜻인데, 이후 눈을 들어 쳐다 보다는 뜻도 나왔다. 또 지명으로 쓰여 강소성 서부에 旴眙^(우이)라는 곳이 있다.

字形 旴 金文 旴 古璽文 旴 說文小篆

竽(피리 우): yú, 竹-3, 9

字解 형성. 竹^(대 죽)이 의미부고 于^(어조사 우)가 소리부로, 대^(竹)로 만든 악기의 하나인 피리를 말한다. 원래 于로 썼는데, 于가 어조사로 쓰이자 竹^(대 죽)을 더해 분화한 글자이다. ☞ 于^(어조사 우)

字形 竽 簡牘文 竽 說文小篆

雨(비 우): yǔ, 雨-0, 8, 52

字解 상형. 갑골문에서 하늘에서 떨어지는 '비'를 그렸는데, 자형이 변해 지금처럼 되었다. 농경을 주로 했던 고대 중국에서 '비'는 생존과 직결되었기에 雨가 기상을 대표하는 글자가 되었다. 특히 가뭄은 농사에 치명적이었기에 기우제에 관한 의미와도 자주 연결된다.

字形 〔갑골문 자형들〕甲骨文 〔금문 자형들〕金文 〔고도문 자형들〕古陶文 〔석각고문 자형들〕石刻古文 〔간독문 자형들〕簡牘文 〔백서 자형들〕帛書 〔설문소전 자형〕說文小篆 〔설문고문 자형〕說文古文

憂(근심할 우): 忧, [㥑], yōu, 心-11, 15, 32

字解 회의. 윗부분은 頁(머리 혈), 중간부분은 心(마음 심), 아랫부분은 夊(뒤져서 올 치)로 구성되어, 화장한 얼굴에 춤을 추는 제사장의 마음을 그렸는데, 자형이 조금 변해 지금처럼 되었다. 비가 내리기를 빌거나 재앙을 없애려 춤을 추는 제사장의 근심 어린 마음으로부터 '걱정하다'는 뜻이 나왔고, 이후 의미를 더 강화하기 위해 心을 다시 더한 懮(느릿할 우)로 썼고, 간화자에서는 이를 줄여 忧로 쓴다.

字形 〔설문소전 자형〕說文小篆

優(넉넉할 우): 优, yōu, 人-15, 17, 40

字解 형성. 人(사람 인)이 의미부고 憂(근심할 우)가 소리부로, 풍족하다, 넉넉하다는 뜻이며, 이후 아름답다, 뛰어나다는 뜻도 나왔다. 달리 俳優(배우)를 뜻하기도 한다. 간화자에서는 憂를 尤(더욱 우)로 줄인 优로 쓴다.

字形 〔설문소전 자형〕說文小篆

耰(곰방메 우): [櫌], yōu, 耒-15, 21

字解 형성. 耒(쟁기 뢰)가 의미부고 憂(근심할 우)가 소리부로, 씨앗을 덮거나 흙을 고르는 데 쓰는 농기구(耒)의 하나인 '곰방메'를 말한다. 『설문해자』에서는 木(나무 목)이 의미부이고 憂가 소리부인 櫌(곰방메 우)로 썼다.

字形 〔설문소전 자형〕說文小篆

又(또 우): yòu, 又-0, 2, 30

字解 상형. 갑골문에서 오른손을 그렸는데, 다섯 손가락이 셋으로 줄었을 뿐 팔목까지 그대로 표현되었다. 그래서 又(또 우)는 取(취할 취)나 受(받을 수)와 같이 주로 손의 동작을 나타내는 데 쓰인다. 형체가 조금 변했지만 秉(잡을 병)이나 筆(붓 필)에도 又의 변형된 모습이 들어 있다. 하지만 又는 이후 '또'라는 의미로 가차되어 원래의 의미를 상실했는데, 지금은 단독으로 쓰이는 경우 주로 '또'라는 뜻으로 쓰인다.

字形 〔갑골문 자형들〕甲骨文 〔금문 자형들〕金文 〔고도문 자형들〕古陶文 〔간독문 자형들〕簡牘文 〔설문소전 자형〕說文小篆

友(벗 우): yǒu, 又-2, 4, 52

字解 형성. 오른손^(又) 두 개가 같은 방향으로 나란히 놓인 모습이다. 오른손은 도움을 상징하여, 어려울 때 도움을 줄 수 있는 관계가 友라는 의미를 형상화했다. 『주례』에서 "같은 스승을 모시는 관계가 朋^(붕)이요, 뜻을 같이하는 관계가 友이다."라고 한 것을 보면, 도움엔 뜻을 같이하는 것^(同志동지)보다 더 큰 것은 없어 보인다.

字形 甲骨文 金文 古陶文 盟書 簡牘文 說文小篆 說文古文

右(오른 우): yòu, 口-2, 5, 70

字解 회의. 원래는 오른손을 그려 돕다는 뜻을 그렸는데, 이후 오른손, 오른쪽, 돕다, 중시하다, 귀하다의 뜻이 나왔고, 다시 서쪽 즉 남쪽으로 보고 앉았을 때의 오른쪽을 지칭하게 되었다. 이후 그것이 오른쪽 손임을 더욱 명확하게 하려고 손의 왼쪽에 두 점을 첨가하였다가, 다시 口로 바꾸어 지금의 자형이 되었는데, 口는 입이나 기물의 아가리를 그렸다. 혹자는 이를 두고 오른손으로 입^(口)에 밥을 떠 넣거나, 그릇^(口)에서 음식을 더는 모습을 그렸다고 풀이하기도 한다.

字形 甲骨文 金文 古陶文 簡牘文 古璽文 說文小篆

佑(도울 우): yòu, 人-5, 7, 12

字解 형성. 人^(사람 인)이 의미부고 右^(오른쪽 우)가 소리부로, 다른 사람^(人)을 옆에서^(右) '돕다'는 뜻을 그렸고, 이로부터 保佑^(보우)하다, 보좌하다, 돕다는 뜻도 나왔다.

字形 簡牘文 佑 玉篇

祐(도울 우): yòu, 示-5, 10, 12

字解 형성. 示^(보일 시)가 의미부고 右^(오른쪽 우)가 소리부로, 돕다, 보좌하다는 뜻인데, 제사^(示)를 돕거나^(右) 신^(示)의 보살핌^(右)을 바란다는 의미를 담았다.

字形 說文小篆

禹(하우씨 우): yǔ, 内-4, 9, 12

字解 상형. 고대 중국에서 물길을 잘 다스렸다는 전설상의 우임금을 말하는데, 금문에서는 머리와 발과 꼬리가 갖추어진 벌레를 그렸다. 혹자는 물을 관장하는 신을 그린 것으로 추정하기도 한다.

字形 金文 古陶文 簡牘文 帛書 古璽文 石刻古文 說文小篆 說文古文

瑀(패옥 우): yǔ, 玉-9, 13

字解 형성. 玉(옥 옥)이 의미부고 禹(하우씨 우)가 소리부로, 옥(玉)에 버금가는 돌을 말하며, 패옥으로도 쓰였다. '瑀瑀'는 홀로 걷는 모습을 말한다.

字形 瑀 說文小篆

虞(헤아릴 우): yú, 虍-7, 13, 10

字解 형성. 虍(범 호)가 의미부고 吳(나라 이름 오)가 소리부인데, 吳는 머리를 흔들며 춤추고(夨녈) 노래하는(口·구) 사람을 그렸다. 그래서 虞는 범(虍) 가죽을 덮어쓰고 춤추는(吳) 모습을 그렸고, 이로부터 '假裝(가장)'의 뜻이, 다시 '가장' 속에 든 진실을 '추측하다'는 뜻까지 나왔다.
『설문해자』에서는 "추우(騶虞)라는 짐승을 말하는데, 흰 새의 호랑이 무늬에 검은 무늬가 들었으며, 꼬리가 몸통보다 길다. 의로운 짐승으로, 스스로 죽은 짐승의 고기만 먹는다."라고 했다. 『시·소남·추우(騶虞)』에서 "아! 추우여.(于嗟乎, 騶虞.)"라고 노래했는데, 여기에 등장하는 '추우'를 『모전』에서는 산 짐승은 먹지 않는 의로운 짐승이라 했다. 그러나 구양수는 騶가 임금의 사냥터를, 虞는 그곳을 관리하는 관원을 말한다고 했다. 이 때문에 추우를 천자의 새와 짐승을 관리하는 관원, 혹은 천자가 사냥을 가면 임금이 사냥하기 좋도록 짐승을 몰아주는 몰이꾼이라고 해석하게 되었다.

字形 金文 簡牘文 說文

郵(역참 우): 邮, yóu, 邑-8, 11, 40

字解 형성. 邑(고을 읍)이 의미부고 垂(드리울·변방 수)가 소리부로, 멀리 떨어진 변방(垂, 陲와 같은 글자)의 마을(邑)로 오가는 문서나 물건을 받아주던 '역'을 말하며, 이후 郵便(우편)이나 우편업무에 관한 일을 지칭하게 되었다. 간화자에서는 소리부 垂를 由(말미암을 유)로 간단히 줄인 邮로 쓴다.

字形 簡牘文 說文小篆

牛(소 우): niú, 牛-0, 4, 50

字解 상형. 소의 전체 모습으로도 보지만 자세히 관찰하면 사실은 소의 머리로 보인다. 갑골문과 금문을 비교해 볼 때, 위쪽은 크게 굽은 뿔을, 그 아래의 획은 두 귀를, 세로획은 머리를 간단하게 상징화한 것으로 볼 수 있다. 소는 犁(쟁기 려)에서처럼 정착 농경을 일찍 시작한 중국에서 농경의 주요 수단이었으며, 이 때문에 犧牲(희생)에서처럼 농사와 조상신에게 바치는 제물로 자주 사용되었다.

字形 甲骨文 金文 古陶文 貨幣文 盟書 簡牘文 古璽文 說文小篆

小篆

羽(깃 우): yǔ, 羽-0, 6, 32

字解 상형. 깃촉^(羽莖·우경)과 털이 갖추어진 깃털을 그렸으며, 이로부터 깃, 날개, 친구 등의 뜻이 나왔으며 五音^(오음)의 하나를 지칭하기도 한다. "날짐승의 털을 羽, 길짐승의 털을 毛^(털 모)라 한다."라는 말처럼, 새의 깃털은 날 수 있는 날개이자 자신을 뽐내는 수컷의 상징물이었으며, 활이나 붓을 만드는 재료가 되기도 했다.

字形 [甲骨文] [金文] [簡牘文] [說文小篆]

尤(더욱 우): yóu, 尢-1, 4, 30

字解 지사. 갑골문에서는 오른손^(又·우)에다 가로획^(一)을 더한 모습으로, 손^(又)이 뻗어나가지 못하고 가로막힘^(一)으로부터 할 수 없음이나 재앙을 뜻했다. 이후 이를 극복하기 위한 '특이한' 노력이 필요하다는 뜻에서 '더욱'이나 '특히' 등의 뜻이 나왔다. 『설문해자』에서는 乙^(새 을)이 의미부이고 又가 소리부인 구조로 변했으며, 자형이 조금 변해 지금처럼 되었다.

字形 [甲骨文] [金文] [石刻古文] [說文小篆]

욱

旭(밝을 욱): xù, 日-2, 6

字解 회의. 九^(아홉 구)와 日^(날 일)로 구성되어, 태양^(日)이 9개^(九)나 되어 더없이 밝음을 나타냈는데, 9는 중국에서 숫자의 완성을 상징한다. 이후 갓 떠오른 태양의 뜻이, 다시 새벽의 뜻도 나왔다.

字形 [說文小篆]

郁(성할 욱): [鬱], yù, 邑-6, 9, 12

字解 형성. 邑^(고을 읍)이 의미부이고 有^(있을 유)가 소리부로, 땅^(邑) 이름을 말했으나, 과실의 이름으로도 쓰여 郁李^(욱리)를 말하고, 씨가 없는 열매를 말하기도 한다. 또 鬱^(막힐 울)의 간화자로도 쓰이며, 향기, 진하다 등의 뜻으로도 쓰인다.

字形 [說文小篆]

昱(빛날 욱): yù, 日-5, 9, 12

字解 형성. 日^(날 일)이 의미부고 立^(설 립)이 소리부로, 우뚝 선^(立) 해^(日)로부터 빛을 발하는 '밝은 해'라는 의미를 그렸다. 이후 의미를 강조하기 위해 火를 더한 煜^(빛날 욱)으로 분화했다.

字形 [甲骨文] [金文] [說文小篆]

煜(빛날 욱): [熠], yù, 火-9, 13, 12

字解 형성. 火^(불 화)가 의미부고 昱^(빛날 욱)이 소리부로, 빛^(火)을 발하는 밝은 해^(昱)를 말하며, 昱에서 火를 더해 분화한 글자이다. ☞ 昱^(빛날 욱)

字形 煜 說文小篆

頊(삼갈 욱): 顼, xū, 頁-4, 13, 12

字解 형성. 頁^(머리 혈)이 의미부고 玉^(옥 옥)이 소리부로, 금문에서 손에 옥^(玉)을 들고서 신에게 바치는 머리^(頁)가 큰 제사장의 모습을 그렸다. 이로부터 '삼가고 공경하는 모양'이라는 뜻이 나왔다. 또 顓頊^(전욱)씨의 후손을 말하는데, 이는 전욱씨의 조상이 제사장에서 기원했음을 반영한다.

字形 頊金文 頊 說文小篆

彧(문채 욱): yù, 彡-7, 10

字解 형성. 彡^(터럭 삼)이 의미부고 或^(혹 혹)이 소리부로, 문채가 빛남^(彡)을 말하며, 이로부터 '성하다'의 뜻이 나왔다.

稶(서직 무성할 욱): yù, 禾-10, 15

字解 형성. 禾^(벼 화)가 의미부고 彧^(문채 욱)이 소리부로, 곡식^(禾) 등이 무성함^(彧)을 말하며, 稶^(서직 무성할 욱)의 원래 글자이기도 하다.

勖(힘쓸 욱): [勗, 勗], xù, 力-9, 11

字解 형성. 力^(힘 력)이 의미부고 冒^(무릅쓸 모)가 소리부로, 앞뒤 가리지 않고 위험을 무릅쓰고^(冒) 힘쓰다^(力)는 의미를 담았다.

字形 勖 說文小篆

楮(산 앵두 욱): yǒu, yù, 木-6, 10

字解 형성. 木^(나무 목)이 의미부고 有^(있을 유)가 소리부로, 산 앵두나무^(木)를 말하며, 이의 열매를 먹으면 질투를 하지 않는다는 전설이 전해진다. 이후 '앵두'를 통칭하기도 했다.

운

韻(운 운): 韵, yùn, 音-10, 19, 32

字解 형성. 音^(소리 음)이 의미부고 員^(수효 원)이 소리부로, 원래는 員 대신 勻^(적을 균)이 들어간 韵^(운 운)으로 썼으며, 운율이 맞도록 음^(音)을 고르게 배치하다^(勻·균)는 뜻인데, 勻이 員으로 바뀌었다. 이후 운, 韻母^(운모), 조화를 이루다 등의 뜻이 나왔다. 간화자에서는 다시 원래의 韵으로 돌아갔다. ☞ 勻^(고를 균)

字形 韻 說文小篆

隕(떨어질 운): 陨, yǔn, 阜-10, 13, 10

字解 형성. 阜^(언덕 부)가 의미부고 員^(수효 원)이 소리부로, 높은 언덕^(阜)에서 떨어진다는 뜻을 그렸고, 이로부터 추락하다, 훼손되다, 잃어버리다, 죽다 등의 뜻이 나왔다.

字形 隕 說文小篆

磒(떨어질 운): yǔn, 石-10, 15

字解 형성. 石^(돌 석)이 의미부이고 員^(수효 원)이 소리부이다. 『설문해자』의 해설처럼, '떨어지다^(落)'라는 뜻이다. 『춘추좌전』 희공 16년^(B.C.716)에서 "운석^(磒石)이 송^(宋)나라에 다섯 개 떨어졌다"라고 했다. 그렇다면 하늘에서 隕石^(운석)이 떨어진다는 뜻이다. 이로부터 '별똥'을 뜻하기도 했다.

字形 磒 說文小篆

殞(죽을 운): 殒, yǔn, 歹-10, 14, 10

字解 형성. 歹^(뼈 부서질 알)이 의미부고 員^(수효 원)이 소리부로, 사람^(員)이 죽다^(歹)는 뜻이며, 隕^(떨어질 운)과 같이 쓰여 떨어진다는 의미도 가진다.

熉(노란 모양 운): yún, 火-10, 14

字解 형성. 火^(불 화)가 의미부고 員^(수효 원)이 소리부로, 노란 모양을 말하는데, 불꽃^(火)이 누렇게 비치는 모습을 반영했다.

云(이를 운): [雲], yún, 二-2, 4, 30

字解 상형. 피어오르는 구름의 모습을 그렸는데, 이후 '말하다'는 뜻으로 가차되어 쓰이자 원래의 뜻은 다시 雨^(비 우)를 더한 雲^(구름 운)으로 분화했다. 현대 중국에서는 雲의 간화자로도 쓰인다. ☞ 雲^(구름 운)

字形 甲骨文 古陶文 簡牘文 古璽文 說文小篆 說文古文

雲(구름 운): 云, yún, 雨-4, 12, 52

字解 형성. 雨^(비 우)가 의미부고 云^(이를 운)이 소리부로, 비^(雨)가 오기 전에 생기는 구름^(云)을 말한다. 원래는 피어오르는 구름을 그린 云으로 썼는데, 이후 雨를 더해 지금의 자형이 되었고, 간화자에서는 다시 원래의 云으로 되돌아갔다. 구름이 원래 뜻이며, 구름처럼 모이다^(雲集·운집)의 뜻도 나왔다. ☞ 云^(이를 운)

字形 甲骨文 古陶文 簡牘文 古璽文 說文小篆 說文古文

橒(나무 무늬 운): yún, 木-12, 16

字解 형성. 木(나무 목)이 의미부고 雲(구름 운)이 소리부로, 나무(木) 이름으로 쓰이며, 구름(雲) 결같이 형성된 나무(木)의 무늿결을 말하기도 한다.

澐(큰 물결 일 운): 沄, yún, 水-12, 15

字解 형성. 水(물 수)가 의미부고 雲(구름 운)이 소리부로, 장강의 큰 물결(水)을 말하는데, 큰 물결이 구름(雲)처럼 넓게 일렁거리는 모습을 반영했다. 간화자에서는 雲을 云(이를 운)으로 바꾼 沄으로 쓴다.

字形 𤁬 說文小篆

蕓(평지 운): 芸, yún, 艸-12, 16

字解 형성. 艸(풀 초)가 의미부고 雲(구름 운)이 소리부로, 식물(艸)의 이름으로, 평지 즉 유채(꽃)를 말한다. 바람결에 구름(雲)처럼 일렁이는 넓게 펼쳐진 유채(艸) 밭을 연상하게 한다. 『설문해자』에서는 芸으로 썼고, 苜蓿(목숙) 비슷한 식물이라 풀이했다. 간화자에서는 雲을 云(이를 운)으로 바꾼 芸으로 쓴다.

字形 𦱕 說文小篆

耘(김맬 운): [䎬, 秐, 秗], yún, 耒-4, 10, 10

字解 형성. 耒(쟁기 뢰)가 의미부고 云(이를 운)이 소리부로, 농기구(耒)를 사용해 김을 매고 흙을 북돋아 주다는 뜻이며, 이로부터 '제거하다'

의 뜻이 나왔다. 뙤약볕보다는 구름(云, 雲)이 꼈을 때 김매기와 배토 작업을 하기에 云이 소리부로 채택되었을 것이다. 『설문해자』의 혹체자에서는 耒가 의미부이고 芸(향초 이름 운)이 의미부인 䎬으로 썼고, 소전체에서는 芸 대신 員(수효 원)이 들어간 䅥으로 쓰기도 했다.

字形 䅥 說文小篆 䎬 說文或體

芸(향초 이름 운): yún, 艸-4, 8, 12

字解 형성. 艸(풀 초)가 의미부고 云(이를 운)이 소리부로, 苜蓿(목숙) 비슷한 향초(艸)를 말한다. 달리 芸香(운향)이라 불리며, 노란색 작은 꽃을 피우는 다년생 초본이다. 또 芸蒿(운호)에서처럼 채소이름으로도 쓰인다.

字形 𦰩 說文小篆

運(돌릴 운): 运, yùn, 辵-9, 13, 60

字解 형성. 辵(쉬엄쉬엄 갈 착)이 의미부고 軍(군사 군)이 소리부로, 군대(軍)를 움직이는(辵) 것을 말한다. 이로부터 이동하다, 옮기다, 움직이다 등의 뜻이 나왔다. 간화자에서는 軍을 云(이를 운)으로 바꾼 运으로 쓴다.

字形 𨕚 說文小篆

暈(무리 운): 晕, yūn, yùn, 日-9, 13

字解 형성. 日^(날 일)이 의미부고 軍^(군사 군)이 소리부로, 구름이 태양^(日)의 표면을 가릴 때, 태양의 둘레^(軍)에 생기는 불그스름한 빛의 둥근 테를 말한다. 햇빛을 흐리게 하는 것이라는 뜻에서 혼미하다, 혼절하다, 멀리하다 등의 뜻도 나왔다. 간화자에서는 軍을 军으로 줄인 晕으로 쓴다.

字形 [金文] [說文新附字]

울

鬱(막힐 울): 郁, [欝], yù, 鬯-19, 29, 20

字解 회의. 林^(수풀 림)과 缶^(장군 부)와 冖^(덮을 멱)과 鬯^(울창주 창)과 彡^(터럭 삼)으로 이루어졌는데, 원래는 林 대신 臼^(절구 구)가 들어간 鬱에서 분화한 글자이다. 『설문해자』에서는 원래 글자인 鬱을 두고 "향초를 말한다. 10잎^(葉엽)을 1貫^(관)이라 하고, 1백20貫을 찧어 만든다. 臼^(절구 구), 冖^(덮을 멱), 缶^(장군 부), 鬯^(울창주 창)이 의미부고, 彡은 수식성분이다. 일설에 의하면, 鬱鬯은 중원지역의 온갖 풀^(百草·백초)의 꽃과 멀리 鬱人^(울인)이 공납해온 향초를 섞어 만든 降神祭^(강신제)에 쓰는 술을 말한다."라고 했다. 그래서 鬱은 두 손^(臼)으로 향기 가득한^(彡) 술^(鬯)을 섞어 용기^(缶)에 담고 뚜껑^(冖)을 덮는 모습을 형상화했고, 여기서 '향기 가득함'과 '빽빽하다'는 뜻이 나왔으며, 향기가 독 안에서 빠져나오지 못하고 '갇혀 있음'을 뜻했다. 이후 臼 대신 林을 사용해 숲^(林)이 빽빽하고 울창함을 나타냈다. 간화자에서는 郁^(성할 욱)에 통합되었다. ☞ 郁^(성할 욱)

字形 [金文] [簡牘文] [說文小篆]

蔚(풀이름 울): wèi, 艸-11, 15, 12

字解 형성. 艸^(풀 초)가 의미부고 尉^(벼슬 위)가 소리부로, 牡蒿^(모호·제비 쑥)를 말하며 다년생 약용 식물인데, 뜸^(尉)에 쓰는 풀^(艸)이라는 뜻을 담았다. 이후 무성하게 함께 자라는 제비쑥의 특성처럼 초목이 무성함을 말하게 되었고, 이로부터 성대하다, 雲氣^(운기)가 널리 가득 차다는 뜻도 나왔다.

字形 [說文小篆]

亏(땅이름 울): 一-2, 3

字解 음차. 우^(亐)에 '-ㄹ' 받침을 표시하는 을^(乙)이 첨가되어 '울'이라는 독음을 표시하기 위해 한국에서 만들어진 음역자인데, 모습이 조금 변했다.

웅

熊(곰 웅): xióng, 火-10, 14, 12

字解 형성. 能^(능할 능)이 의미부고 炎^(불탈 염)의 생략된 모습이 소리부로, 能에서 파생한 글자이다. 能은 큰 머리에 굵고 짧은 네 다리를 한 '곰'을 그렸는데, 能이 '곰'보다는 재능이나 능력이라는 의미로 주로 쓰이게 되자, 能에 소리부인 炎^(태울 염)의 생략된 형태^(灬)를 더해 분화했는데, 강렬하게 타오르는 불꽃^(炎)처럼 강력한 힘을 강조했다. ☞ 能^(능할 능)

字形 🔥石刻古文 🔥說文小篆

雄(수컷 웅): xióng, 隹-4, 12, 50

字解 형성. 隹^(새 추)가 의미부고 厷^(팔뚝 굉)이 소리부로, 새^(隹)의 수컷을 말하는데, 수컷은 팔뚝^(厷)처럼 강함을 특징으로 한다. 이후 수컷과 남성의 통칭이 되었으며, 힘이 있다, 걸출하다, 뛰어나다 등의 뜻이 생겼다.

字形 🔥說文小篆

원

原(근원 원): yuán, 厂-8, 10, 50

字解 회의. 깎아지른 언덕^(厂 엄)에서 물이 흘러나오

는 모습^(泉천)을 그려 샘물의 '근원'을 말했고, 이로부터 원래의, 최초의, 가공을 거치지 않은 등의 뜻이 나왔다. 『설문해자』에서는 "샘이 여럿이라는 뜻에서 세 개의 泉으로 구성되었는데, 이후 다시 줄어 지금처럼 되었다."라고 했다. 이후 原이 평원이라는 뜻으로 쓰이자 다시 水^(물 수)를 더하여 源^(근원 원)으로 분화했다.

字形 🔥🔥🔥金文 🔥🔥古陶文 🔥簡牘文 🔥說文小篆 🔥說文篆文

源(근원 원): yuán, 水-10, 13, 40

字解 형성. 水^(물 수)가 의미부고 原^(근원 원)이 소리부로, 언덕에서 물이 흘러나오는 모습을 그린 原^(근원 원)이 '평원'의 뜻으로 쓰이자 다시 水를 더해 물^(水)의 '근원^(原)'임을 말했으며, 이로부터 根源^(근원), 유래 등의 뜻이 나왔다. ☞ 原^(근원 원)

字形 🔥簡牘文 源 玉篇

愿(삼갈 원): [願], yuàn, 心-10, 14

字解 형성. 心^(마음 심)이 의미부고 原^(근원 원)이 소리부로, 마음^(心)이 진실 되고 마음으로 조심함을 말한다. 현대 중국에서는 좌우구조로 된 願^(원할 원)의 간화자로도 쓰인다.

字形 🔥石刻古文 🔥說文小篆

嫄(사람 이름 원): yuán, 女-10, 13

字解 형성. 女^(여자 여)가 의미부고 原^(근원 원)이 소리부로, 주나라의 시조인 后稷^(후직) 즉 棄^(기)의 어미^(女) 이름이다.

字形 𤰇 說文小篆

願(원할 원): 愿, yuàn, 頁-10, 19, 50

字解 형성. 頁^(머리 혈)이 의미부고 原^(근원 원)이 소리부로, 원래는 머리^(頁)가 큰^(原) 것을 말했는데, 이후 願望^(원망)에서처럼 '바라다'는 뜻으로 쓰였다. 간화자에서는 상하구조로 된 愿^(삼갈 원)에 통합되었다.

字形 𩕾 說文小篆

元(으뜸 원): yuán, 儿-2, 4, 52

字解 지사. 갑골문에서 사람의 측면 모습에 머리를 크게 키워 그렸고, 머리가 사람의 가장 위쪽에 있음으로써 '으뜸'이나 '처음'의 뜻이 생겼다. 이후 왕조이름으로 쓰여 원나라^(1278~1368년 존속)를 지칭하였다.

字形 𠫑 𠨍 𠉂 𠕎 甲骨文 𠀉 金文 𠀍 古幣文 元 帛書 元 簡牘文 𠑺 石刻古文 𠑷 說文小篆

沅(강 이름 원): yuán, 水-4, 7

字解 형성. 水^(물 수)가 의미부고 元^(으뜸 원)이 소리부로, 강^(水) 이름으로 호남성 서부의 沅江

---

^(원강)을 말한다. 옛날에는 沅水^(원수)라 불렸으며, 귀주성 雲霧山^(운무산)에서 발원하여 漢壽^(한수)에서 洞庭湖^(동정호)로 흘러든다.

字形 𣲐 金文 𣲂 說文小篆

阮(관 이름 원): ☞ **阮**(관 이름 완)

院(담 원): yuàn, 阜-7, 10, 50

字解 형성. 阜^(언덕 부)가 의미부고 完^(완전할 완)이 소리부로, 담^(阜)으로 완벽하게^(完) 둘러쳐진 궁실이나 정원을 말한다. 이후 궁녀의 뜻도 나왔고, 寺院^(사원)이나 관공서, 공공기관을 지칭하게 되었다.

字形 𨸐 說文小篆

爰(이에 원): yuán, 爪-5, 9

字解 회의. 큰 패옥^(瑗큰 패옥 원)처럼 생긴 물건을 서로 차지하려 손^(爪)과 손^(又)으로 '당기는' 모습을 그렸는데, 이후 '이에'라는 발어사로 가차되어 쓰였다. 그러자 원래 뜻은 다시 手^(손 수)를 더한 援^(당길 원)으로 분화했다.

字形 𤔲 𤔱 𤔰 𤔳 甲骨文 𤔴 𤔵 𤔶 金文 爰 𤔷 簡牘文 𤔸 說文小篆

瑗(도리옥 원): yuàn, 玉-9, 13, 12

字解 형성. 玉^(옥 옥)이 의미부고 爰^(이에 원)이 소리

부로, 서로 차지하려 손^(爪)과 손^(又)으로 당기고 있는^(爰) 큰 둥근 옥^(玉)인 '도리옥'을 말한다. ☞ 爰^(이에 원)

字形 [그림]古陶文 [그림][그림]簡牘文 [그림]說文小篆

媛(미인 원): yuàn, 女-9, 12, 12

字解 형성. 女^(여자 여)가 의미부고 爰^(이에 원)이 소리부로, 미녀를 말하며, 아름답다는 뜻도 나왔는데, 서로 끌어 당겨^(爰) 차지하고 싶은 여자^(女)라는 의미를 담았다. ☞ 爰^(이에 원)

字形 [그림]說文小篆

援(당길 원): yuán, 手-9, 12, 40

字解 형성. 手^(손 수)가 의미부고 爰^(이에 원)이 소리부로, 끌어 당기다는 뜻인데, 서로 차지하려 손톱^(爪)과 손^(又)으로 당기는^(爰) 손동작^(手)을 말한다. 이후 도와주다, 기어오르다는 뜻이 나왔고, 다시 권세가나 부유한 자에게 의지하여 출세하다, 천거하다 등의 뜻도 나왔다. ☞ 爰^(이에 원)

字形 [그림][그림][그림]簡牘文 [그림]說文小篆

湲(물 흐를 원): yuán, 水-9, 12

字解 형성. 水^(물 수)가 의미부고 爰^(이에 원)이 소리부로, 물^(水)이 졸졸 흐르는 소리를 말한다.

字形 [그림]說文小篆

員(수효 원): 员, yuán, 口-7, 10, 42

字解 회의. 원래는 口^(입 구)와 鼎^(솥 정)으로 구성되었는데, 口는 정^(鼎)의 아가리를 말한다. 그래서 정^(鼎)의 아가리^(口)처럼 '둥글다'가 원래 뜻이었다. 그러나 이후 '수효'와 '人員^(인원)'이라는 뜻으로 가차되자, 원래 뜻은 다시 囗^(나라 국·에워쌀 위)을 더한 圓^(둥글 원)으로 분화했고, 鼎도 자형이 비슷한 貝^(조개 패)로 변해 지금의 글자가 되었다.

字形 [그림][그림][그림]甲骨文 [그림][그림]金文 [그림][그림]古陶文 [그림]簡牘文 [그림]說文小篆 [그림]說文籒文

圓(둥글 원): 圆, yuán, 囗-10, 13, 42

字解 형성. 囗^(나라 국·에워쌀 위)이 의미부고 員^(수효 원)이 소리부로, 정^(鼎)의 아가리^(口)처럼 둥글다는 뜻의 員에다 테두리를 뜻하는 囗을 더해 '둥글다'는 의미를 더욱 강조했으며, 이로부터 圓滿^(원만)하다는 뜻이 나왔다. 간화자에서는 圆으로 쓴다. ☞ 員^(수효 원)

字形 [그림]簡牘文 [그림]說文小篆

袁(옷 길 원): yuán, 衣-4, 10, 12

字解 상형. 소전체에서 가운데는 장식 술이 달렸고 중간에 둥근 璧玉^(벽옥)으로 치장된 옷^(衣)의 모습을 그렸는데, 자형이 조금 변해 지금처럼 되었다. 길게 늘어뜨린 옷이라는 뜻

인데, 지금은 주로 성씨로 쓰인다.

字形 ⟨전서⟩ 說文小篆

猿(원숭이 원): [猨, 蝯], yuán, 犬-10, 13, 10

字解 형성. 犬^(개 견)이 의미부고 袁^(옷 길 원)이 소리부로, 영장류 동물^(犬)인 원숭이를 말하며, 달리 袁 대신 爰^(이에 원)이 들어간 猨^(원숭이 원)으로 쓰기도 한다.

遠(멀 원): 远, yuǎn, 辵-10, 14, 60

字解 형성. 辵^(쉬엄쉬엄 갈 착)이 의미부고 袁^(옷 길 원)이 소리부로, 긴^(袁) 거리를 가다^(辵)는 뜻으로부터 멀다, 遠大^(원대)하다, 深遠^(심원)하다, 차이가 많이 나다, 사이가 멀다 등의 뜻이 나왔다. 간화자에서는 소리부 袁을 元^(으뜸 원)으로 간단히 줄인 远으로 쓴다.

字形 ⟨금문⟩ 金文 ⟨간독문⟩ 簡牘文 ⟨석각고문⟩ 石刻古文 ⟨설문소전⟩ 說文小篆 ⟨설문고문⟩ 說文古文

園(동산 원): 园, yuán, □-10, 13, 60

字解 형성. □^(나라 국·에워쌀 위)이 의미부고 袁^(옷 길 원)이 소리부로, 둥글게^(袁) 담^(□)으로 에워싼 과실수를 심는 '동산'을 말하며, 이후 공원을 지칭하게 되었다. 간화자에서는 袁을 元^(으뜸 원)으로 간단히 줄인 园으로 쓴다.

字形 ⟨고도문⟩ 古陶文 ⟨간독문⟩ 簡牘文 ⟨설문소전⟩ 說文小篆

轅(끌채 원): 辕, yuán, 車-10, 17

字解 형성. 車^(수레 거·차)가 의미부고 袁^(옷 길 원)이 소리부로, 짐승이 수레^(車)를 끌 수 있도록 수레의 양쪽에 길게^(袁) 댄 채를 말한다. 옛날 임금이 순행을 나가 숙영할 때, 수레로써 우리처럼 만들고 그 드나드는 곳에는 수레를 세워 끌채가 서로 향하게 하여 문처럼 만들었는데 이를 轅門^(원문)이라 하였고, 이로부터 軍營^(군영)이나 陣營^(진영) 등의 뜻이 나왔다. 간화자에서는 辕으로 쓴다.

字形 ⟨간독문⟩ 簡牘文 ⟨설문소전⟩ 說文小篆

怨(원망할 원): [惌], yuàn, 心-5, 9, 40

字解 형성. 心^(마음 심)이 의미부고 夗^(누워 뒹굴 원)이 소리부로, 원망하는 마음^(心)을 말하며, 이로부터 원한을 가지다, 슬퍼하다, 哀怨^(애원·슬프게 원망하다)하다, 비웃다 등의 뜻이 나왔다.

字形 ⟨간독문⟩ 簡牘文 ⟨석각고문⟩ 石刻古文 ⟨설문소전⟩ 說文小篆 ⟨설문고문⟩ 說文古文

苑(나라 동산 원): yuàn, 艸-5, 9, 20

字解 형성. 艸^(풀 초)가 의미부고 夗^(누워 뒹굴 원)이 소리부로, 짐승이 누워 뒹굴며 노는^(夗) 정원^(艸)을 말했는데, 옛날에는 거기에 짐승을 기르며 사냥 등 유희를 즐기는 장소로 사용했다. 이후 한데 모여 있는 곳이라는 의미도 나왔다.

字形

鴛(원앙 원): 鸳, yuān, 鳥-11, 16, 10

字解 형성. 鳥^(새 조)가 의미부고 夗^(누워 뒹굴 원)이 소리부로, 원앙새^(鳥)를 말한다.

字形 說文小篆

洹(강 이름 원): huán, 水-6, 9

字解 형성. 水^(물 수)가 의미부고 亘^(뻗칠 궁베풀 선)이 소리부로, 하남성 북부에 있는 강^(水) 이름으로 安陽河^(안양하)라고도 부른다. 林縣^(임현)에서 발원하여 갑골문 출토지인 안양시를 끼고 흐르며 衛河^(위하)로 흘러든다.

字形 甲骨文 金文 說文小篆

垣(담 원): yuán, 土-6, 9

字解 형성. 土^(흙 토)가 의미부고 亘^(뻗칠 궁베풀 선)이 소리부로, 둘레를 따라^(亘) 낮게 쌓은 흙^(土) 담을 말했는데, 이후 성이라는 뜻도 생겼다.

字形 金文 簡牘文 石刻古文 說文小篆 說文籍文

冤(원통할 원): yuān, 宀-8, 11, 10

字解 형성. 宀^(집 면)이 의미부이고 免^(면할 면)이 소리부로, '원통하다'가 원래 뜻이며, 억울하다, 冤罪^(원죄·억울하게 뒤집어 쓴 죄), 원한, 원수, 누명 등을 뜻하며, 재앙을 뜻하기도 한다. 宀 대신 冖^(덮을 멱)을 쓴 寃^(원통할 원)의 속자이나, 현대에서는 冤이 대표적으로 쓰인다. ☞ 寃^(원통할 원)

字形 說文小篆

寃(원통할 원): [冤] yuān, 宀-8, 10

字解 형성. 冖^(덮을 멱)이 의미부이고 免^(면할 면)이 소리부로, '원통하다'가 원래 뜻이며, 억울하다, 원죄, 원한, 원수, 누명 등을 뜻하며, 재앙을 뜻하기도 한다. 冤이 원래 글자였으나, 현대에서는 宀^(집 면)을 쓴 冤^(원통할 원)이 주로 쓰인다. ☞ 冤^(원통할 원)

字形 說文小篆

월

月(달 월): yuè, 月-0, 4, 80

字解 상형. 달을 그렸는데, 태양^(日·일)과 쉽게 구분할 수 있도록 둥근 모습의 보름달이 아닌 반달을 그렸다. 月도 日처럼 중간에 들어간 점이 특징적이다. 이를 달 표면의 음영이라고도 하나 중국 신화에서 달에 산다고 하는 蟾餘^(섬여·두꺼비)의 상징으로 보기도 한다. 달이 원래 뜻이며, 달이 이지러지고 차는 주기라는 뜻에서 '한 달'을 지칭하였고, 달처럼 생긴 둥근 것을 말하기도 하였다.

字形 甲骨文 金 文 古陶文 簡牘文 石刻古文 說文小篆

刖(벨 월): yuè, 刀-4, 6

字解 형성. 刀^(칼 도)가 의미부이고 月^(달 월)이 소리부로, 칼^(刀)로 다리를 자르던 옛날 형벌의 하나이다. 원래는 刀와 肉^(고기 육)으로 구성된 회의구조였으나, 肉이 모습이 비슷한 月로 바뀌면서 형성구조로 변했다.

字形 簡牘文 說文小篆

戉(도끼 월): yuè, 戈-1, 5

字解 형성. 戈^(창 과)가 의미부이고 ╰^(새잡는 창애 궐)이 소리부이다. 『설문해자』의 해설처럼, '큰 도끼^(斧)'를 말한다. 『사마법^(司馬法)』에서 "하나라 때에는 검은 도끼를 잡았고, 은나라 때에는 흰 도끼를 잡았고, 주나라 때에는 왼쪽에 누른 도끼를 오른쪽에 흰 창을 잡았다^(夏執玄戉, 殷執白戚, 周左杖黃戉, 右秉白髦)."라고 했다. 이후 의미를 더 명확하게 하고자 金^(쇠 금)을 더하여 鉞^(도끼 월)을 만들어, 쇠^(金)로 만든 도끼^(戉)라는 의미를 그렸다.

字形 說文小篆

鉞(도끼 월): 钺, yuè, 金-5, 13

字解 형성. 金^(쇠 금)이 의미부고 戉^(도끼 월)이 소리부로, 쇠^(金)로 만든 도끼^(戉)를 말하는데, 날이 둥근 도끼를 그린 戉^(도끼 월)에서 의미를 강화하고자 金을 더해 분화한 글자이다. ☞ 戉^(도끼 월)

字形 說文小篆

越(넘을 월): yuè, 走-5, 12, 32

字解 형성. 走^(달릴 주)가 의미부고 戉^(도끼 월)이 소리부로, 빠른 걸음으로^(走) 건너감을 말하며, 이로부터 어떤 범위나 권한을 넘어나는 것을 말한다. 또 옛날 장강 하류에 있던 나라 이름으로도 쓰였다.

字形 金文 古陶文 簡牘文 說文小篆

粵(말 내킬 월): 粤, yuè, 米-7, 13

회의. 갑골문과 금문에서 雨^(비 우)와 于^{(어조사} ^{우)}로 구성되었는데, 소전체로 오면서 于가 亏^(어조사 우)로 바뀌고 雨도 변해 지금의 자형이 되었다. 비^(雨)를 내려달라고 악기를 동원해^(于) 빌던 제사를 말했으나, 이후 발어사로 가차되었다. 그러자 원래 글자는 雨^(비 우)와 亏^(어조사 우)로 구성된 雩^(기우제 우)로 분화했다. 또 중국의 동남부에 살던 이민족을 지칭하였으며, 지금은 광동 지역을 지칭하는 말로 쓰인다. 간화자에서는 粤로 줄여 쓴다.

字形 甲骨文 金文 說文小篆

위

尉(벼슬 위): wèi, 寸-8, 11, 20

字解 회의. 소전체에서 손에 불^(火·화)을 쥐고 엉덩이 부분을 지지는 모습인데, 상처부위를 砭石^(폄석돌침)으로 지지는 모습을 형상화한 것으로 보인다. 그래서 '불로 지지다'가 원래 뜻이며, 아픈 부위를 砭石으로 지져 치료해 통증을 줄여 주는 것은 환자에 대한 慰勞^(위로)였다. 이로부터 尉에는 慰安^(위안)의 뜻까지 생겼고, 그러자 心^(마음 심)을 더한 慰^(위로할 위)가 만들어졌다. 또 벼슬 이름으로 쓰였는데, 太尉^(태위)나 都尉^(도위) 같은 벼슬은 백성들을 慰撫^(위무)하는 임무를 가진 관직이었다.

字形 簡牘文 說文小篆

慰(위로할 위): wèi, 心-11, 15, 40

字解 형성. 心^(마음 심)이 의미부고 尉^(벼슬 위)가 소리부로, 돌 침으로 아픈 곳을 치료해^(尉) 마음^(心)을 편안하게 해주고 慰勞^(위로)함을 말하며, 이로부터 문안하다, 정착하다 등의 뜻이 나왔다. ☞ 尉^(벼슬 위)

字形 說文小篆

韋(에워쌀·다룸가죽 위): 韦, wéi, 韋-0, 9, 12

字解 회의. 갑골문에서 성^(口·국 위)을 두 발^(舛·천)로 '에워싼' 모습이다. 발은 간혹 셋이나 넷으로, 또 성곽은 네모가 아닌 둥근 모습으로 표현되기도 했지만 의미는 같다. 그래서 韋는 '에워싸다'가 원래 뜻이고, 각각 반대 방향에서 포위한다는 뜻에서 '背馳^(배치)되다'의 뜻도 가지게 되었다. 이후 韋가 무두질을 거친 가죽이라는 뜻으로 가차되자, 원래의 뜻은 다시 성곽^(口)을 더한 圍^(에워쌀 위), 그러한 동작^(辵·착)을 강조한 違^(어길 위), 그런 행위^(行·행)를 강조한 衛^(지킬 위) 등으로 분화했다. 하지만 幃^(휘장 위)에서와 같이 韋가 들어간 합성자에는 아직도 원래의 의미가 남아 있다. 즉 원래의 성을 포위한 모습으로부터 '에워쌈'이나 '둥글다'는 뜻을 갖는데, 이 경우에는 주로 소리부까지 겸한다. 간화자에서는 초서체로 간단히 줄인 韦로 쓴다.

甲骨文 金文 盟書 簡牘文 石刻古文 說文小篆 說文古文

衛(지킬 위): 卫, wèi, 行-9, 15, 42

字解 형성. 行^(갈 행)이 의미부고 韋^(에워쌀·다룸가죽 위)가 소리부로, 성을 에워싸고^(韋) 지키는 행위^(行)를 말하며, 이로부터 지키다, 보위하다, 방어하다 등의 뜻이 나왔다. 간화자에서는 초서체로 간단히 줄인 卫로 쓴다. ☞ 韋^(에워쌀·다룸가죽 위)

字形 甲骨文 金文 古陶文 簡牘文 石刻古文 說文小篆

圍(둘레 위): 围, wéi, □-9, 12, 40

字解 형성. □^(나라 국·에워쌀 위)이 의미부고 韋^(에워쌀·다룸가죽 위)가 소리부로, 성^(□) 둘레를 사방으로 에워싸^(韋) 지키는 모습을 그렸다. 이로부터 포위하다, 주위 등의 뜻이 나왔다. 간화자에서는 韋를 韦로 줄인 围로 쓴다. ☞ 韋^(에워쌀·다룸가죽 위)

字形 甲骨文 金文 簡牘文 石刻古文 說文小篆

違(떨어질 위): 违, wéi, 辵-9, 13, 30

字解 형성. 辵^(쉬엄쉬엄 갈 착)이 의미부고 韋^(에워쌀·다룸가죽 위)가 소리부로, 성을 지키려^(韋) 떠나다^(辵)는 뜻에서 떠나다의 뜻이, 떠나는 것은 본질에서 벗어나는 것이므로 '벗어나다', '위반하다'는 뜻이 나왔다. 간화자에서는 韋를 韦로 줄인 违로 쓴다. ☞ 韋^(에워쌀·다룸가죽 위)

字形 金文 古陶文 石刻古文 說文小篆

瑋(옥 이름 위): 玮, wěi, 玉-9, 13

字解 형성. 玉^(옥 옥)이 의미부고 韋^(에워쌀·다룸가죽 위)가 소리부로, '둥글게^(韋) 생긴 옥^(玉)을 말한다. 간화자에서는 韋를 韦로 줄인 玮로 쓴다.

暐(햇빛 위): 𬀩, wěi, 日-9, 13

字解 형성. 日^(날 일)이 의미부고 韋^(에워쌀·다룸가죽 위)가 소리부로, 태양^(日)의 주위^(韋)로 화려하게 빛나는 '햇빛'을 말한다. 간화자에서는 韋를 韦로 줄인 𬀩로 쓴다.

褘(아름다울 위): 袆, huī, 衣-9, 14

字解 형성. 衣^(옷 의)가 의미부고 韋^(에워쌀·다룸가죽 위)가 소리부로, 선왕의 제사 때 입는 꿩의 도안이 그려진 왕후의 의식용 복장^(衣)을 말하며, 이로부터 '아름답다'는 뜻도 나왔다. 간화자에서는 韋를 韦로 줄인 袆로 쓴다.

偉(훌륭할 위): 伟, wěi, 人-9, 11, 52

字解 형성. 人^(사람 인)이 의미부고 韋^(에워쌀·다룸가죽 위)가 소리부로, 훌륭하고 뛰어나다는 뜻인데, 옛날 고대사회에서 성을 지켜내어^(韋) 자신들을 안전하게 해 주는 사람^(人)이 훌륭하게 느껴졌을 것이고, 그런 사람은 키도 크고 몸도 좋은 사람이었을 것이기에 위인, 키가 크다, 건장하다 등의 뜻이 나왔다. 간화자에서는 韋를 韦로 줄인 伟로 쓴다.

字形　偉 說文小篆

緯(씨 위): 纬, wěi, 糸-9, 15, 30

字解 형성. 糸^(가는 실 멱)이 의미부고 韋^(에워쌀·다룸가죽 위)가 소리부로, 베를 짤 때의 가로로 들어가는 실^(糸)을 말하며, 經^(날 경)과 상대되는 개념으로 쓴다. 그래서 동서 방향을 緯라 하고 남북 방향을 經이라 한다. 또 經書^(경서)와는 달리 건강부회한 말을 일삼는 책을 이와 상대하여 緯書라 부르기도 한다. 간화자에서는 韋를 韦로 줄인 纬로 쓴다.

字形　緯 簡牘文　緯 說文小篆

葦(갈대 위): 苇, wěi, 艸-9, 13

字解 형성. 艸^(풀 초)가 의미부고 韋^(에워쌀·다룸가죽 위)가 소리부로, 식물^(艸)의 일종인 '갈대'를 말한다. 갈대 잎을 엮어 작은 배를 만들기에 조그만 배를 지칭하기도 한다. 간화자에서는 韋를 韦로 줄인 苇로 쓴다.

字形　葦 簡牘文　葦 說文小篆

威(위엄 위): wēi, 女-6, 9, 40

字解 회의. 女^(여자 여)와 戌^(개 술)로 구성되어, 여성^(女)이 무기^(戌)를 든 모습으로, '시어머니'가 원래 뜻이며, 이로부터 威嚴^(위엄)의 뜻이 나왔다. 이는 옛날 고대사회에서 마을의 우두머리가 여성이었고 그들이 권위를 가졌음을 보여준다.

字形　威 金文　威 簡牘文　威 說文小篆

爲(할 위): 为, [為], wéi, wèi, 爪-8, 12, 42

字解 회의. 爪^(손톱 조)와 象^(코끼리 상)으로 구성되어, 손^(爪)으로 코끼리^(象)를 부려 일을 시키는 모습을 그렸는데, 아랫부분의 형체가 변해 지금처럼 되었다. '일을 하다'가 원래 뜻이며, 이후 '…위하여', '…때문에'라는 문법소로 쓰였다. 속자에서는 為로 줄여 쓰며, 간화자에서는 초서체로 줄인 为로 쓴다.

字形　甲骨文　金文　古陶文　簡牘文　為 說文小篆　說文古文

僞(거짓 위): 伪, [偽], wěi, 人-12, 14, 32

(字解) 형성. 人(사람 인)이 의미부고 爲(할 위)가 소리
부로, 거짓을 말하는데, 사람(人)이 하는(爲)
일이라는 뜻을 담았다. 사람이 하는 것은
자연적인 것이 아닌 인위적인 것으로 이 모
두가 모두 '거짓'임을 반영했으며, 이로부터
속이다, 僞裝(위장)하다, 虛僞(허위) 등의 뜻이
나왔다. 간화자에서는 爲를 为로 줄인 伪로
쓴다.

(字形) 🖼🖼🖼🖼🖼簡牘文 🖼說
文小篆

蔿(애기풀 위): wěi, 艸-12, 16

(字解) 형성. 艸(풀 초)가 의미부고 爲(할 위)가 소리부
로, 풀(艸)의 일종인 애기 풀을 말한다. 한방
에서는 과자금(瓜子金)이라 부르며 식물체 전
체를 약재로 쓰는데, 진해나 거담 작용이
있고, 정신을 안정시키며 불면증에 효과가
있으며, 해독 작용이 있어 인후염·종기·부스
럼에도 사용한다.

(字形) 🖼 說文小篆

委(맡길 위): [萎], wěi, 女-5, 8, 40

(字解) 회의. 禾(벼 화)와 女(여자 여)로 구성되었는데,
女는 부드럽고 유약함을 상징하고 禾는 아
래로 늘어진 이삭을 그렸다. 이로부터 순종
하다, 예속되다, 부탁하다, 委任(위임)하다,
버리다, 방치하다, 아래로 늘어지다, 구불구

불하다 등의 뜻이 나왔다.

(字形) 🖼🖼甲骨文 🖼簡牘文 🖼 說文小篆

萎(마를 위): wěi, 艸-8, 12, 10

(字解) 형성. 艸(풀 초)가 의미부고 委(맡길 위)가 소리
부로, 소나 말에게 먹이를 먹이다는 뜻인데,
먹이로 쓰는 풀(艸)이 시들어 말라 축 늘어
졌음(委)을 반영했다. 이후 초목이 말라 죽
다는 뜻으로도 쓰였고, 약초 이름을 말하기
도 했다.

(字形) 🖼 說文小篆

魏(나라 이름 위): wèi, 鬼-8, 18, 12

(字解) 형성. 鬼(귀신 귀)가 의미부이고 委(맡길 위)가 소
리부로, 달리 궁문 바깥의 양쪽으로 높이
선(鬼) 누대가 원래 뜻이다. 이후 나라 이름
으로 쓰여 서주 때 제후국을 지칭했고, 전
국칠웅 중의 하나로, 기원전 225년 秦(진)에
멸망했다. 또 삼국의 하나로 曹魏(조위)를 말
한다.

位(자리 위): wèi, 人-5, 7, 50

(字解) 회의. 人(사람 인)과 立(설 립)으로 구성되어, 사
람(人)이 서 있는(立) 그곳이 '자리'이자 '위
치'임을 그렸다. 이후 職位(직위)나 地位(지위),
자리 등의 뜻이 나왔고, 옛날 임금 자리의
비유로도 쓰였다. 원래는 立으로 썼으나 人
을 더하여 '사람의 위치'임을 강조해 분화한
글자이다.

🔺甲骨文 🔺金文 🔮簡牘文 說文小篆

危(위태할 위): wēi, 卩-4, 6, 40

字解 형성. 소전체에서 卩^(병부절)이 의미부고 厃^(우러러볼 첨)이 소리부로, 바위^(厂·엄) 위에 선 사람^(人·인)을 그린 厃에다 앉은 사람을 그린 卩이 더해져 '위태함'을 그렸다. 이로부터 위태함과 위험의 뜻이 나왔고, 위급, 위해 등의 뜻이 나왔다. 또 위태하게 보일 정도로 허리를 꼿꼿하게 세워 앉는다는 뜻에서 危坐^(위좌)의 뜻도 나왔다. 또 별의 이름으로 쓰여 28수의 하나를 지칭하기도 한다.

字形 🔮古陶文 🔮危🔮簡牘文 🔮說文小篆

胃(밥통 위): wèi, 肉-5, 9, 32

字解 회의. 田^(밭 전)과 肉^(고기 육)으로 구성되었는데, 신체^(肉) 기관의 하나인 위장을 말한다. 田은 원래 쌀^(米·미) 같은 곡식이 위장^(○) 속에 든 모습을 그린 것인데, 이후 예서 단계에서 지금의 田으로 변했다.

字形 🔮金文 🔮胃 🔮簡牘文 🔮帛書 🔮說文小篆

謂(이를 위): 谓, wèi, 言-9, 16, 32

字解 형성. 言^(말씀 언)이 의미부고 胃^(밥통 위)가 소리

부로, 말^(言)로 '알리다'는 뜻이다. 이후 평론하다, 호칭, '…라고 여기다' 등의 뜻도 나왔다.

字形 🔮金文 🔮古陶文 🔮簡牘文 🔮說文小篆

渭(강 이름 위): wèi, 水-9, 12, 12

字解 형성. 水^(물 수)가 의미부고 胃^(밥통 위)가 소리부로, 강^(水) 이름인데, 황하의 가장 큰 지류인 '渭水'를 말한다. 감숙성 鳥鼠山^(조서산)에서 발원하여 섬서성 중부를 관통하여 潼關^(동관)에서 황하로 흘러든다.

字形 🔮古陶文 🔮簡牘文 🔮說文小篆

蝟(고슴도치 위): 猬, [彙], wèi, 虫-9, 15

字解 형성. 虫^(벌레 충)이 의미부고 胃^(밥통 위)가 소리부로, 짐승^(虫)의 하나인 고슴도치를 말한다. 『설문해자』에서는 希^(털이 긴 돼지 이)가 의미부이고 胃의 생략된 모습이 소리부로 된 彙로 썼다. 간화자에서는 虫 대신 犬^(개 견)을 쓴 猬^(고슴도치 위)에 통합되었다.

字形 🔮說文小篆 🔮說文或體

喟(한숨 위): kuì, 口-9, 12

字解 형성. 口^(입 구)가 의미부고 胃^(밥통 위)가 소리부로, 입^(口)으로 탄식하다, 한숨을 쉬다는 뜻이며 탄식 소리라는 뜻도 나왔다.

字形 漢印 說文小篆

유

内(짐승 발자국 유): róu, 内-0, 5

字解 상형. 内는 소전체에서 처음으로 나타나고, 『설문해자』에서는 "땅을 짓밟은 짐승의 발을 그렸다"라고 했다. 그렇다면, 이는 짓밟다는 뜻의 蹂躪^(유린)에서 보이는 蹂^(밟을 유)의 원래 글자로 보인다. 内의 경우 가운데 형체는 짐승의 발자국으로, 그것을 둘러싼 주위 부분은 九^(아홉 구)의 변형으로 소리부 기능을 했다고 풀이하지만, 분명하지 않다. 内는 단독으로 쓰이지 않고, 다른 글자와 결합된 경우 대부분 '짐승'이나 '벌레'와 관련된 의미가 있다. 예컨대 禹^(하후씨 우)는 원래는 벌레이름이었는데 우임금을 말하고, 禺^(긴 꼬리 원숭이)는 원숭이를 말하며, 禽^(날짐승 금)은 원래 손잡이와 그물이 갖추어진 뜰채를 그려 '날짐승'을 잡을 수 있는 도구나 행위를 나타냈다.

字形 說文小篆

酉(열째 지지 유): yǒu, 酉-0, 7, 30

字解 상형. 원래 배가 볼록하고 목이 잘록하며 끝이 뾰족한 술독을 그렸는데, 자형이 변해 지금처럼 되었다. 뾰족한 끝은 황하 유역을 살았던 고대 중국인들이 모래 진흙으로 된 바닥에 꽂아두기 좋게 하였기 때문이다. 그래서 '술독'이 원래 의미이나, 이후 간지자로 가차되었고, 열 두 띠의 하나인 '닭'을 뜻하게 되었다.

字形 甲骨文 金文 古陶文 簡牘文 古璽文 說文小篆 說文古文

猶(같을·오히려 유): 犹, yóu, 犬-9, 12, 32

字解 형성. 犬^(개 견)이 의미부고 酋^(두목 추)가 소리부로, 원숭이 류에 속하는 짐승^(犬)의 일종으로 다리가 짧고 절벽이나 나무를 잘 탔다고 한다. 이후 비슷하다, 같다는 뜻이 나왔고, 또 '오히려'라는 부사로도 쓰였다. 간화자에서는 소리부 酋를 尤^(더욱 우)로 줄인 犹로 쓴다.

字形 甲骨文 金文 盟書 簡牘文 石刻古文 說文小篆

猷(꾀할 유): yóu, 犬-9, 13

字解 형성. 犬^(개 견)이 의미부고 酋^(두목 추)가 소리부로, 猶^(같을·오히려 유)와 같이 쓰여 원숭이나

ㅇ | 611

개^(犬)와 같은 짐승을 말한다. 이후 도모하다, 계획을 세우다, 도^(道) 등의 의미로도 쓰였다.

字形 時 改 甲骨文 ⚌⚌⚌ ⚌⚌ ⚌⚌ 金文 ⚌⚌⚌ 盟書 ⚌⚌⚌⚌ ⚌⚌ 楢 簡牘 文 ⚌ 石刻古文 楢 說文小篆

楢(졸참나무 유): yóu, yǒu, 木-9, 13

字解 형성. 木^(나무 목)이 의미부고 酋^(두목 추)가 소리부로, 졸참나무 즉 굴밤나무를 말하는데, 성장이 빠르면서 재질이 단단하여 수레 등의 재료로, 열매는 식용으로, 껍질은 염료로 쓰이는 등, 최고^(酋)의 나무^(木)라는 뜻을 반영했다.

字形 楢 說文小篆

臾(잠깐 유): yú, 臼-2, 8

字解 형성. 『설문해자』에서 "申^(아홉째 지지 신)이 의미부이고 乙^(새 을)도 의미부이다. 결박할 때 머리채를 땅에까지 늘어지도록 묶는 것^(束縛捽抴)을 유^(臾)라고 한다."라고 했다. 그러나 금문을 보면, 人^(사람 인)이 의미부이고 臼^(절구 구)가 소리부로, 사람^(人)의 머리채를 두 손으로 집어^(臼) 끄는 모습을 그렸고, 이로부터 '종용하다'는 뜻이 나온 것으로 추정된다. 소전체에서 申과 乙이 합쳐진 구조로 변했고, 다시 지금의 자형처럼 변했다. 이후 須臾^(수유)에서처럼 매우 짧은 시간이라는 의미로 가차되었다.

字形 ⚌⚌ ⚌ 金文 ⚌ 說文小篆

庾(곳집 유): yǔ, 广-8, 11, 12

字解 형성. 广^(집 엄)이 의미부고 臾^(잠깐 유)가 소리부로, 들에다 지붕 없이 잠시^(臾) 임시로 쌓아두는 창고^(广) 격인 '낟가리'를 말하며, 이로부터 곳집이라는 뜻도 나왔다.

字形 庾 說文小篆

諛(아첨 유): yú, 言-8, 15, 10

字解 형성. 言^(말씀 언)이 의미부고 臾^(잠깐 유)가 소리부로, 아첨하다는 뜻인데, 아첨은 비위를 맞추기 위한 일시적인^(臾) 말^(言)임을 반영했다.

萸(수유 유): [茰], yú, 艸-8, 12

字解 형성. 艸^(풀 초)가 의미부고 臾^(잠깐 유)가 소리부로, 식물^(艸)의 일종인 茱萸^(수유)를 말하는데, 달리 茰로도 쓴다. 수유는 쉬나무의 열매로, 자주색을 띠며 차로 마시거나 기름을 짜서 머릿기름으로 쓴다.

字形 ⚌ 說文小篆

幽(그윽할 유): yōu, 幺-6, 9, 32

字解 회의. 갑골문에서 실타래^(幺) 두 개와 火^(불 화)로 구성되어 불빛^(火) 아래서 실타래^(幺)를 살펴보는 모습을 그렸고, 이로부터 '어둡다',

침침하다, 숨기다, 유폐하다는 뜻이 나온 것으로 추정된다. 이후 火가 자형이 비슷한 山^(뫼 산)으로 변해 지금의 幽가 되었는데, 높고 험준한 산^(山)은 깊고 그윽함의 상징이기 때문이었을 것이다. 이로부터 그윽하다, 조용하다 등의 뜻도 나왔다.

字形 ꠯꠯꠯꠯ 甲骨文 ꠯꠯꠯꠯ 金文 ꠯ 簡牘文 ꠯ 說文小篆

由(말미암을 유): yóu, 田-0, 5, 60

字解 미상. 자원이 분명하지 않다. 『설문해자』에는 보이지 않고, 『이아』에서 이미 '…로부터'라는 문법소로 쓰였으며, 『방언』에서는 법식^(式), 『광운』에서는 '경유하다', 『집운』에서는 '말미암다^(因)'는 뜻이라고 했는데, 이후 '…을 따라서', '…에 근거해' 등의 뜻도 나왔다. 일본의 『漢字源^(한자원)』에서는 卣^(술통 유)와 같은 데서 생겨난 글자로, 술그릇의 주둥이에서 술이 나오는 모습을 그려 상형자로 풀이하기도 했다.

油(기름 유): yóu, 水-5, 8, 60

字解 형성. 水^(물 수)가 의미부고 由^(말미암을 유)가 소리부로, 강^(水)의 이름으로, 武陵^(무릉)군 孱陵^(잔릉)현 서쪽에서 나와 동남쪽으로 흘러 장강으로 흘러드는 강을 말했다. 이후 피마자의 즙을 말했고, 이로부터 '기름'을 통칭하게 되었다.

字形 ꠯ 說文小篆

釉(윤 유): yòu, 釆-5, 12

字解 형성. 釆^(캘 채)가 의미부고 由^(말미암을 유)가 소리부로, 석영과 장석을 원료로 하여 도기 위에 바르는 '유약'을 말하는데, 기름처럼^(油) 번들번들하게 채색^(釆, 彩의 원래 글자)을 하는 것이라는 의미를 담았으며, 釆가 釆^(분별할 변)으로 변해 지금의 자형이 되었다.

柚(유자나무 유): yòu, 木-5, 9, 10

字解 형성. 木^(나무 목)이 의미부고 由^(말미암을 유)가 소리부로, 유자나무^(木)를 말하는데, 유자는 귤과 비슷하면서 크기가 크고 껍질은 두껍고 달고 신맛이 난다.

字形 ꠯ 說文小篆

俞(점점 유): yú, 入-7, 9, 12

字解 회의. 원래 스^(모일 집)과 舟^(배 주)와 巜^(큰 도랑 괴)로 구성되어, 배^(舟)들이 모여^(스) 강^(巜)을 항해하는 모습으로부터 '배가 나아가다'는 의미를 그렸는데, 舟가 예서 이후 月^(달 월)로 변해 지금처럼 되었다. 배^(舟)가 물살을 헤치고^(巜) 앞으로 '나아가는' 모습을 그렸고, 이로부터 '변화'와 '긍정'의 의미가 나왔으며, 동의나 허락을 나타내는 어기사로도 쓰였다. 여기서 파생된 逾^(건널 유)와 踰^(넘을 유)는 辵^(쉬엄쉬엄 갈 착)과 足^(발 족)을 더해 그런 동작을 강조해 표현했고, 輸^(나를 수)는 車^(수레 거·차)를 더해 수레에 의한 수송 수단임을 더했고, 愈^(나을 유)와 愉^(즐거울 유)는 心^(마음 심)

을 더해 심리적 치유를 강조했다.

字形 金文 盟書 簡牘
文 說文小篆

逾(건널 유): [踰], yú, 辵-9, 13

字解 형성. 辵^(쉬엄쉬엄 갈 착)이 의미부고 兪^(점점 유)가 소리부로, 앞으로^(兪) 나아감^(辵)을 말하며, 이로부터 남을 뛰어넘어 남보다 낫다는 뜻도 생겼다. 달리 발동작을 강조해 辵 대신 足^(발 족)이 들어간 踰^(넘을 유)로 쓰기도 했다. ☞ 兪^(점점 유)

字形 說文小篆

愈(나을 유): [癒], yù, 心-9, 13, 30

字解 형성. 心^(마음 심)이 의미부고 兪^(점점 유)가 소리부인 상하구조로, 병이 점차 낫다^(兪)는 뜻이며, 이후 훌륭하다는 뜻으로 쓰였다. 또 부사어로 쓰여 '…할수록…하다', 더더욱 등의 뜻으로 쓰였다. 달리 병이 낫다는 뜻에서 疒^(병들어 기댈 녁)을 더한 癒로 쓰기도 한다. ☞ 兪^(점점 유)

字形 金文 說文小篆

踰(넘을 유): 逾, yú, 足-9, 16, 12

字解 형성. 足^(발 족)이 의미부고 兪^(점점 유)가 소리부로, 뛰어넘다는 뜻인데, 발^(足)을 이용하여 뛰어 건너가다^(兪)는 의미를 담았다. 이로부

터 건너다, 초과하다, …보다 낫다 등의 뜻도 나왔다. 또 逾^(건널 유)와도 같이 쓰며, 간화자에서는 逾^(건널 유)에 통합되었다. ☞ 兪^(점점 유)

字形 簡牘文 說文小篆

愉(즐거울 유): yú, 心-9, 12, 10

字解 형성. 心^(마음 심)이 의미부고 兪^(점점 유)가 소리부인 좌우구조로, 즐겁다, 기쁘다, 마음이 느긋하다 등의 뜻을 가지는데, 마음^(心)이 점점 나아지다^(兪)는 뜻을 담았다. ☞ 兪^(점점 유)

字形 說文小篆

瑜(아름다운 옥 유): yú, 玉-9, 13

字解 형성. 玉^(옥 옥)이 의미부고 兪^(점점 유)가 소리부로, 아름다운 옥^(玉)이나 옥의 광채를 말한다.

字形 說文小篆

諭(깨우칠 유): 谕, yù, 言-9, 16, 10

字解 형성. 言^(말씀 언)이 의미부고 兪^(점점 유)가 소리부로, 깨우치다는 뜻인데, 말^(言)로써 앞으로 나아가도록^(兪) 하게 만들다는 뜻을 담았다. 이로부터 알게 하다, 알리다, 가르치다, 비유하다 등의 뜻이 나왔다. 달리 言 대신 口^(입 구)가 들어간 喻^(깨우칠 유)로 쓰기도 한다.

榆(느릅나무 유): yú, 木-9, 13, 12

字解 형성. 木^(나무 목)이 의미부고 俞^(점점 유)가 소리부로, 느릅나무를 말하는데, 목질이 단단해 기물 제작이나 건축용으로 쓰이고, 나무껍질은 섬유질이 부드럽고 질겨 삼^(麻마) 대신 쓸 수 있으며, 나무껍질과 잎은 약용으로 쓰여, '대단히 유용하고 좋은^(俞) 나무^(木)'라는 의미를 담았다.

字形 𣝣 𣝤 𣝥 甲骨文 𣝦 古陶文 𣝧
簡牘文 𣝨 說文小篆

癒(병 나을 유): yù, 疒-13, 18, 10

字解 형성. 疒^(병들어 기댈 녁)이 의미부고 愈^(나을 유)가 소리부로, 병^(疒)이 호전되어^(愈) 나음을 말한다. 달리 愈 대신 俞^(점점 유)가 들어간 瘉^(근심하여 앓을 유)로 쓰기도 한다.

字形 𤶩 說文小篆

鍮(놋쇠 유): tōu, 金-9, 17, 10

字解 형성. 金^(쇠 금)이 의미부고 俞^(점점 유)가 소리부로, 놋쇠^(鍮石유석)를 말하는데, 보통 '금^(金)'에 비견될 정도의 훌륭한^(俞) 합금으로 평가되고 있다.

喻(깨우칠 유): yù, 口-9, 12, 10

字解 형성. 口^(입 구)가 의미부고 俞^(점점 유)가 소리부로, 깨우치다는 뜻인데, 말^(口)로써 앞으로 나아가도록^(俞) 하게 만들다는 뜻을 담았다. 달리 口 대신 言^(말씀 언)이 들어간 諭와 같이 쓰인다. ☞ 諭^(깨우칠 유)

字形 𥄂 簡牘文 諭 說文小篆

揄(끌 유): yú, 手-9, 12, 10

字解 형성. 手^(손 수)가 의미부고 俞^(점점 유)가 소리부로, 앞으로 나가도록^(俞) 손^(手)으로 '끌다'는 뜻이며, 이로부터 이끌다, 움직이다 등의 뜻이 나왔다.

字形 𢱢 簡牘文 揄 說文小篆

裕(넉넉할 유): [褎], yù, 衣-7, 12, 32

字解 회의. 衣^(옷 의)와 谷^(골 곡)으로 구성되어, 입을 옷^(衣)이 골짜기^(谷)처럼 커 '餘裕^(여유)가 있음'을 말하며, 이로부터 넉넉하다, 풍족하다, 충분하다, 관대하다 등의 뜻이 나왔다.

字形 𧝮 說文小篆

柔(부드러울 유): róu, 木-5, 9, 32

字解 회의. 木^(나무 목)과 矛^(창 모)로 구성되어, 나무가 부드러워 휘어짐을 말했는데, 창^(矛)의 자루로 쓰는 나무^(木)는 유연성이 있어야 쓸모가 있음을 웅변해 준다. 훌륭한 창은 창의 재질도 강해야겠지만 그 못지않게 중요한 것이 나무자루의 柔軟^(유연)한 탄력성이

기 때문이다. 그래서 柔는 '나무의 성질이 柔軟함'이 원래 뜻이고, 이로부터 부드럽다, 온화하다 등의 뜻까지 생겼다.

字形 米 束 栗 鹨 簡牘文 柔 說文小篆

蹂(밟을 유): róu, 足-9, 16, 10

字解 형성. 足^(발 족)이 의미부고 柔^(부드러울 유)가 소리부로, 발^(足)로 밟아 부드러워지도록^(柔) 짓뭉개는 것을 말하며, 이로부터 짓밟다, 침탈하다 등의 뜻이 나왔다. 『설문해자』에서는 内^(발자국 유)와 같은 글자로 풀이했다.

字形 蹂 說文小篆

儒(선비 유): [仴], rú, 人-14, 16, 40

字解 형성. 人^(사람 인)이 의미부고 需^(구할 수)가 소리부로, 어떤 필요나 수요^(需)를 해결해 줄 수 있는 사람^(人)이라는 뜻을 담았다. 갑골문에서 떨어지는 물과 팔을 벌리고 서 있는 사람을 그려 목욕하는 제사장의 모습을 형상화했는데, 제사를 지내기 전 沐浴齋戒^(목욕재계)하는 모습이다. 이후 이러한 제사가 주로 祈雨祭^(기우제)였던 때문인지 금문에 들어 물이 雨로 바뀌었고, 이후 사람의 모습이 而^(말 이을 이)로 잘못 변해 需가 되었다. 이후 제사장이라는 의미를 강조하기 위해 人^(사람 인)을 더해 儒가 되면서 지금의 형성구조로 바뀌었다. 제사장은 그 집단의 지도자였으며, 지도자는 여러 경험과 학식을 갖춘 사람이어야 했다. 그래서 이후 儒는 학자나 지식인을 통칭하는 개념으로 쓰였으며, 그

러한 사람들의 집단을 儒, 그러한 학파를 儒家^(유가), 그러한 학문을 儒學^(유학)이라 부르게 되었다. 한국 속자에서는 이러한 인문성을 강조해 人과 文^(글월 문)으로 구성된 仴로 쓰기도 한다. ☞ 需^(구할 수)

字形 儒 說文小篆

濡(젖을 유): rú, 水-14, 17

字解 형성. 水^(물 수)가 의미부고 需^(구할 수)가 소리부로, 목욕재계하는 제사장^(需)에 水를 더하여 물^(水)에 몸이 젖음을 표현했다.

字形 需 簡牘文 濡 說文小篆

孺(젖먹이 유): rú, 子-14, 17

字解 형성. 子^(아들 자)가 의미부고 需^(구할 수)가 소리부로, 젖먹이를 말하는데, 목욕재계하는 제사장^(需)에 등장하는 물의 상징처럼 軟弱^(연약)하고 부드럽기 그지없는 보들보들한 갓난아이^(子)라는 뜻을 담았다.

字形 孺 說文小篆

襦(저고리 유): rú, 衣-14, 19

字解 형성. 衣(옷 의)가 의미부고 需(구할 수)가 소리부로, 부드러운(需) 옷감으로 만든 속옷(衣)을 말하며, 저고리, 윗옷 등의 뜻이 나왔다.

字形 ![字形] 簡牘文 ![字形] 說文小篆

攸(바 유): yōu, 攴-3, 7

字解 회의. 금문에 의하면 攸는 攴(칠 복)과 人(사람 인)과 水(물 수)로 구성되어 손에 솔처럼 생긴 나무막대를 쥐고(攴) 사람(人)의 등을 물(水)로 '씻는' 모습을 그려 '씻다'가 원래 뜻이고, 목욕재계를 위한 행위라는 뜻에서 '닦다'는 뜻이 나왔는데, 水가 세로획으로 변해 지금의 자형이 되었다. 이후 '…하는 바'라는 문법소로 쓰이게 되자, 원래 뜻은 다시 彡(터럭 삼)을 더해 지금의 修가 되었다. ☞ 修(닦을 수)

字形 ![字形] 甲骨文 ![字形] 金文 ![字形] 古陶文 ![字形] 簡牘文 ![字形] 繹山刻石 ![字形] 說文小篆

悠(멀 유): yōu, 心-7, 11, 32

字解 형성. 心(마음 심)이 의미부고 攸(바 유)가 소리부로, 물이 유유히 흐르는 모습에서 길다, 멀다의 뜻이 나왔고, 멀리 생각하는 마음(心)에서 '근심하다'는 뜻이 나왔다.

字形 ![字形] 簡牘文 ![字形] 說文小篆

幼(어릴 유): yòu, 幺-2, 5, 32

字解 회의. 幺(작을 요)와 力(힘 력)으로 구성되어, 쟁기를 끌 수 있는 성인 남성(男)에 비해 힘(力)이 아직 작은(幺) 미성장의 '어린 아이'를 말하며, 이로부터 힘이 적다, 어리다, 幼稚(유치)하다, 경험이 적다, 천박하다 등의 뜻이 나왔다.

字形 ![字形] 甲骨文 ![字形] 金文 ![字形] 簡牘文 ![字形] 說文小篆

唯(오직 유): wéi, wěi, 口-8, 11, 30

字解 형성. 口(입 구)가 의미부고 隹(새 추)가 소리부로, 원래는 새(隹)의 울음소리(口)를 뜻했으나, 이후 의미 없는 발어사로 쓰였고, 아무 의견 없이 소리만 낸다는 뜻에서 승낙하다의 뜻이 나왔다. 이후 維(바 유)나 惟(생각할 유) 등과 함께 통용되어 발어사로 쓰였으며, 또 '오직'이라는 부사로도 쓰였다.

惟(생각할 유): 维, wéi, 心-8, 11, 30

字解 형성. 心(마음 심)이 의미부고 隹(새 추)가 소리부로, 마음(心)으로 생각하다는 뜻인데, 이후 維(바 유)나 唯(오직 유) 등과 함께 통용되어 발어사로 쓰였다. 간화자에서는 維(바 유)에 통합되어 维로 쓴다.

字形 ![字形] 金文 ![字形] 石刻古文 ![字形] 說文小篆

維(바 유): 维, wéi, 糸-8, 14, 32

字解 형성. 糸^(가는 실 멱)이 의미부고 隹^(새 추)가 소리부로, 새를 잡는 그물처럼 수레의 지붕을 잡아매 주는 '밧줄'을 말했는데, 이후 매다, 유지하다 등의 뜻이 나왔고, 큰 기강^(四維사유)을 지칭하였다. 또 수학의 기본 개념으로 '차원'을 말하기도 한다. 또 唯^(오직 유)나 惟^(생각할 유)와 함께 통용되어 발어사로 쓰였다.

字形 維 說文小篆

帷(휘장 유): wéi, 巾-8, 11

字解 형성. 巾^(수건 건)이 의미부고 隹^(새 추)가 소리부로, 베^(巾)로 만든 장막이나 가림막을 말하며, 가리다는 뜻도 나왔다.

字形 帷 金文 帷 說文小篆 帷 說文古文

有(있을 유): yǒu, 月-2, 6, 70

字解 형성. 肉^(고기 육)이 의미부이고 又^(또 우)가 소리부로, 손^(又)으로 고기^(肉)를 잡은 모습을 그렸고, 이로부터 '所有^(소유)'의 의미를 그렸다. 이후 갖다, 얻다, 취하다, 있다 등의 뜻이 나왔다. 갑골문에서는 소^(牛우)의 머리를 그려 재산을 가졌음을 그리기도 했다. 현대 옥편에서는 月^(肉)과 유사한 月^(달 월) 부수에 귀속시켰다.

字形 有 甲骨文 有 金文 有 古陶文 有 簡

牘文 石刻古文 有 說文小篆

囿(동산 유): [圃], yòu, □-6, 9

字解 형성. □^(나라 국에워쌀 위)이 의미부고 有^(있을 유)가 소리부로, 동산을 말하는데, 둘러쳐진 담^(□) 안쪽에 무엇인가 존재함^(有)을 말한다. 갑골문에서는 둘러쳐진 담^(□) 안으로 풀이 빽빽하게 자라난^(茻망) 모습이었으냐, 이후 풀이 有로 바뀌어 지금의 자형이 되었다.

字形 囿 甲骨文 囿 金文 囿 簡牘文 囿 說文小篆 囿 說文籀文

宥(용서할 유): yòu, 宀-6, 9, 10

字解 형성. 宀^(집 면)이 의미부고 有^(있을 유)가 소리부로, 집안^(宀)에 어떤 것을 소유한^(有) 모습으로부터 '넉넉한 집'을 그렸다. 크고 넉넉함은 여유로움의 시작이고, 이로부터 다시 너그럽게 포용하고 용서함을 뜻하게 되었다.

字形 宥 金文 宥 說文小篆

侑(권할 유): yòu, 人-6, 8

🗨 字解 형성. 人^(사람 인)이 의미부고 有^(있을 유)가 소리부로, 술좌석에서 음식을 들어^(有) 먹여주며 시중을 드는 사람^(人)을 말하는데, 그런 일을 여성^(女여)이 주로 담당했으므로 『설문해자』에서는 人 대신 女가 들어간 姷^(짝 유)자와 같은 뜻이라고 했다.

🗨 字形 絹 說文小篆 𦙃 說文或體

洧(강 이름 유): wěi, 水-6, 9

🗨 字解 형성. 水^(물 수)가 의미부고 有^(있을 유)가 소리부로, 雙洎河^(쌍계하)라고도 불리는 강 이름으로, 하남성 登封^(등봉)현의 陽城山^(양성산)에서 발원하여 西華^(서화)현에서 潁水^(영수)로 흘러든다.

🗨 字形 𦏀 𦏀 甲骨文 𣲷 說文小篆

羑(착한 말 할 유): yǒu, 羊-3, 9

🗨 字解 형성. 羊^(양 양)이 의미부고 久^(오랠 구)가 소리부이다. 『설문해자』의 해설처럼, "착한 곳으로 인도하다^(進善)"라는 뜻이다. 문왕^(文王)이 유리^(羑里)라는 감옥에 감금되었었는데, 탕음^(湯陰)에 있다. 羊처럼 착하게 순종하도록 한다는 뜻에서 '착한 말을 하다', '인도하다', '권하다' 등의 뜻이 나왔다.

🗨 字形 羑 說文小篆

盉(바가지 유·회): yòu, 皿-6, 11

🗨 字解 형성. 皿^(그릇 명)이 의미부고 有^(있을 유)가 소리부이다. 『설문해자』의 해설처럼, '작은 동이^(小甌)'를 말한다고 했다. 이후 물을 담는 작은 동이, 당시 바가지를 지칭하게 되었다.

🗨 字形 盉 說文小篆

乳(젖 유): rǔ, 乙-7, 8, 40

🗨 字解 회의. 갑골문에서 아이를 안고 젖을 먹이는 모습을 사실적으로 그려, '젖을 먹이다'가 원래 뜻이며, 이로부터 母乳^(모유), 牛乳^(우유), 우유처럼 생긴 것 등을 지칭하였으며, 처음 생긴 것, 어리다 등의 뜻도 나왔다. 지금의 한자를 구성하는 爪^(손톱 조)는 손을, 子^(아들 자)는 젖을 먹는 아이를 말하고, 오른쪽의 乙^(새 을)은 사람의 몸통이 약간 변한 결과이다.

🗨 字形 𡗞 甲骨文 𡗞 簡牘文 𡗞 說文小篆

誘(꾈 유): 诱, yòu, 言-7, 14, 32

🗨 字解 형성. 言^(말씀 언)이 의미부고 秀^(빼어날 수)가 소리부로, 꼬드기다, 유혹하다, 속이다는 뜻인데, 빼어난^(秀) 말^(言)은 남을 誘惑^(유혹)하고 꼬드기고 속임의 속성을 가졌음을 반영했다.

🗨 字形 𧨜 簡牘文 羑 說文小篆 誘 說文或體 𦏦 𧨜 說文古文

莠(강아지풀 유): yǒu, 艸-7, 11

(字解) 형성. 艸^(풀 초)가 의미부이고 秀^(빼어날 수)가 소리부로, 일년생 초본식물^(艸)인 강아지풀을 말한다. 자주 보이는 잡초였기에 나쁘다는 뜻도 나왔다.

(字形) 簡牘文 說文小篆

遊(놀 유): 游, yóu, 辵-9, 13, 40

(字解) 형성. 辵^(쉬엄쉬엄 갈 착)이 의미부고 斿^(깃발 유)가 소리부로, 유람함을 말한다. 원래는 斿로 써, 깃발^(放언) 아래에 자손^(子자)들이 모여 다니는 모습을 형상했는데, 이후 물길을 따라 다니다는 뜻에서 水^(물 수)를 더해 游로, 가다는 뜻을 강조하기 위해 辵을 더해 遊^(놀 유)를 만들었다. 간화자에서는 游^(헤엄칠 유)에 통합되었다. ☞ 游^(헤엄칠 유)

(字形) 說文小篆 說文古文

游(헤엄칠 유): yóu, 水-9, 12, 10

(字解) 형성. 水^(물 수)가 의미부고 斿^(깃발 유)가 소리부로, 물길^(水)을 따라 유람함^(斿)을 말하며, 이로부터 수영하다, 한가롭게 노닐다, 사귀다 등의 뜻이 나왔고, 강의 한 부분을 지칭하기도 했다. 원래는 斿로 써, 깃발^(放언) 아래에 자손^(子자)들이 모여 다니는 모습을 형상했는데, 이후 물길을 따라 다니다는 뜻에서 水를 더해 游로, 다니는 행위를 강조해 辵^(쉬엄쉬엄 갈 착)을 더한 遊^(놀 유)로 분화했다. 현대 중국에서는 遊의 간화자로도 쓰인다.

☞ 遊^(놀 유)

(字形) 甲骨文 金文 古陶文 簡牘文 古璽文 說文小篆 說文古文

遺(끼칠 유): 遗, yí, 辵-12, 16, 40

(字解) 형성. 辵^(쉬엄쉬엄 갈 착)이 의미부고 貴^(귀할 귀)가 소리부로, 두 손에 삼태기를 들고 흙 속에서 뭔가를 건져내^(貴) 다른 곳으로 옮기는^(辵) 모습을 그렸다. 있던 것이 다른 곳으로 옮겨간다는 뜻에서 '없어지다', '잃어버리다'는 뜻이 생겼고, 그렇게 되지 않도록 해야 하는 것이 遺産^(유산)이자 遺物^(유물)이라는 뜻도 나왔다. ☞ 貴^(귀할 귀)

(字形) 金文 簡牘文 說文小篆

牖(창 유): yǒu, 片-11, 15

(字解) 형성. 片^(조각 편)과 戶^(지게 호)와 甫^(클 보)가 모두 의미부이다. 『설문해자』의 해설처럼, '벽을 관통하여 나무틀로 교차시켜 만든 창^(穿壁以木爲交窻)'을 말한다. 譚長^(담장)은 甫자 위에 놓인 글자는 戶가 아니라 日^(해 일)이라고 했는데, 牖는 해^(日)가 빛을 비추는 구조물이기 때문이다. 들창 즉 들어서 여는 창을 말하며, 이후 '깨우치다'는 뜻도 나왔다.

字形 𠕋 說文小篆

육

肉(月·고기 육): [宍], ròu, 肉-0, 6, 42

字解 상형. 살결이 갖추어진 고깃덩어리를 그렸으며, 고기나 과실의 과육 등을 말하는데, 따로 쓰거나 상하 구조에는 肉, 좌우구조에는 月으로 구분해 썼다. 肉이 둘 중복되면 多(많을 다), 손(又·우)에 고기(肉)를 쥔 모습이 有(있을 유)가 되는 것처럼 肉은 소유의 상징이었으며, 뼈와 살로 구성된 몸의 특징 때문에 각종 신체 부위를 지칭하기도 한다. 일부 방언에서는 행동이나 성질이 느린 것을 지칭하기도 한다. 현대 한자에서는 月과 자형이 비슷한 月(달 월)과 종종 혼용되기도 한다.

字形 ⟋ ⟍ 甲骨文 ⟨月 月 月 月 簡牘文 ⟨ 說文小篆

毓(기를 육): 育, yù, 母-9, 14

字解 형성. 每(매양 매)가 의미부이고 㐬(깃발 류)가 소리부로, 어머니(每)의 몸에서 머리부터 나오는 아이(㐬)의 모습을 사실적으로 그렸고, 이로부터 아이를 낳아 '기르다'는 뜻이 생겼다. 이후 아이의 머리(云·돌)와 몸체(肉·육)만 남아 育(기를 육)으로 변화했으며, 간화자에서는 育에 통합되었다. ☞ 育(기를 육)

字形 甲骨文 金文 古陶文 說文小篆 說文或體

育(기를 육): [毓], yù, 肉-4, 8, 70

字解 형성. 云(해산할 때 아이 돌아 나올 돌)이 의미부고 肉(고기 육)이 소리부로, 어미가 아이를 낳는 모습을 형상화한 毓(기를 육)의 줄임 형인데, 云은 큰 머리와 팔이 다 갖추어진 아이의 머리가 거꾸로 된 모습이고, 肉은 아이를 낳은 어미를 상징한다. 이로부터 아이를 낳아 기르다, 키우다, 양육하다 등의 뜻이 나왔다. 현대 중국에서는 毓(기를 육)의 간화자로도 쓰인다. ☞ 毓(기를 육)

字形 甲骨文 金文 古陶文 說文小篆 說文或體

堉(기름진 땅 육): yù, 土-8, 11

字解 형성. 土(흙 토)가 의미부고 育(기를 육)이 소리부로, '기름진 땅'을 말하는데, 만물을 길러(育) 줄 수 있는 비옥한 흙(土)이라는 뜻을 담았다.

^(평평할 만)이 들어간 璊^(붉은 옥 문)으로 쓰기도 한다.

尹(다스릴 윤): yǐn, 尸-1, 4, 12

字解 회의. 又^(또 우)와 丨^(뚫을 곤)으로 구성되어, 손^(又)으로 붓^(丨)을 잡은 모습을 그렸고, 이로부터 행정 사무의 관리자나 행정직의 우두머리, 관리를 지칭했으며, 관리하다, 다스리다는 뜻도 나왔다. 혹자는 손에 잡은 것을 막대로 보아 권위의 상징으로 해석하기도 한다.

字形 甲骨文 金文 古陶文 簡牘文 說文小篆 說文古文

允(진실로 윤): yǔn, 儿-2, 4, 12

字解 상형. 갑골문에서 머리를 앞으로 공손하게 구부린 사람의 모습을 그렸는데, 이로부터 공손함과 '진실됨'의 의미를 그렸고, 이후 허락하다, 공평하다 등의 뜻이 나왔다.

字形 甲骨文 金文 簡牘文 石刻古文 說文小篆

玧(붉은 구슬 윤): [璑], yún, 玉-4, 8

字解 형성. 玉^(옥 옥)이 의미부고 允^(진실로 윤)이 소리부로, 귀족의 冠冕^(관면) 양쪽으로 늘어뜨려 달던 붉은 색의 옥^(玉)을 말하며, 귀에 끼우는^(允) 데 쓰이기도 했다. 달리 允 대신 兩

鈗(병기 윤): yǔn, 金-4, 12, 12

字解 형성. 金^(쇠 금)이 의미부고 允^(진실로 윤)이 소리부로, 병기^(金)를 말한다. 측근의 충실한^(允) 신하들이 손에 쥐고 사용하는 창 등과 같은 병기라는 뜻을 담았다.

字形 說文小篆

奫(물 깊고 넓을 윤): yūn, 大-11, 14

字解 형성. 大^(큰 대)가 의미부고 淵^(못 연)이 소리부로, 큰^(大) 연못^(淵)이라는 의미로부터 물이 깊고 넓음을 그렸다.

胤(이을 윤): yìn, 肉-5, 9, 12

字解 회의. 肉^(고기 육)과 八^(여덟 팔)과 幺^(작을 요)로 구성되었는데, 肉은 혈육 즉 자손을 뜻한다. 자형을 구성하는 八은 나누어지다는 뜻을, 幺는 실을 말하여, 분화하여^(八) 자손^(혈육)이 실^(幺)처럼 끊이지 않고 계속 '이어짐'을 말한다. 이로부터 '대를 잇다'는 뜻이 나왔다.

字形 金文 說文小篆 說文古文

閏(윤달 윤): 闰, rùn, 門-4, 12, 30

字解 형성. 王^(임금 왕)이 의미부고 門^(문 문)이 소리부로, 왕^(王)이 연말에 문^(門) 안에 서서 이

듬해의 曆法^(역법)을 선포하고 이듬해의 달력을 나누어 주며 정령을 함께 내리는 正朔^(정삭) 의식을 거행하는 모습을 그렸다. 이 때문에 『설문해자』에서는 '윤달을 뜻한다고 했는데, "윤달은 5년에 한 번 오며, 正朔^(정삭) 의식을 거행할 때 천자는 종묘 안에 거처하지만, 윤달이 든 해에는 寢門^(침문)의 안에 머무르기 때문이다."라고 했다.

字形 閏 說文小篆

潤(젖을 윤): 润, rùn, 水-12, 15, 32

字解 형성. 水^(물 수)가 의미부고 閏^(윤달 윤)이 소리부로, 물^(水)에 적셔져 점차 습윤해짐을 말하며, 이로부터 恩澤^(은택)이나 薰陶^(훈도덕으로 사람의 품성이나 도덕을 가르쳐 선으로 나아가게 함) 등의 뜻이 나왔다.

字形 潤 說文小篆

贇(예쁠 윤): 赟, yūn, 貝-12, 19

字解 형성. 貝^(조개 패)가 의미부고 斌^(빛날 빈)이 소리부로, 아름답다는 뜻인데, 문무의 재주도 함께 가졌고^(斌) 여기에다 재물^(貝)까지 갖추었다는 의미를 담았다.

융

融(화할 융): [蝸, 驫], róng, 虫-10, 16, 20

字解 형성. 鬲^(솥 력,막을 격)이 의미부고 虫^(벌레 충)이 소리부로, 『설문해자』에서는 솥^(鬲)에서 김이 하늘로 올라가는 모습을 그렸다고 했는데, 올라가는 모습이 벌레^(虫)처럼 굽이친 모습 때문이었을 것이다. 하늘로 올라간 김은 공기와 섞이고^(融合·융합) 김은 공기 속을 흘러 다니기에 金融^(금융)에서처럼 유통의 뜻이 생겼다. 이후 融解^(융해)하다, 회통하다, 유통하다 등의 뜻도 나왔다. 달리 좌우구조로 된 蝸나 虫 대신 蟲^(벌레 충)이 들어간 驫으로 쓰기도 했다.

字形 融 說文小篆 驫 說文籀文

瀜(물 깊고 넓은 모양 융): róng, 水-16, 19

字解 형성. 水^(물 수)가 의미부고 融^(화활 융)이 소리부로, 김이 하늘로 올라가 넓게 퍼지듯^(融) 물^(水)이 넓고 깊은 모양을 말한다. 달리 融과 같이 쓰이기도 한다.

戎(오랑캐 융): [戎], róng, 戈-2, 6, 10

字解 회의. 갑골문에서부터 甲^(첫째 천간 갑)과 戈^(창 과)로 구성되었는데, 예서에 들면서 甲이 十^(열 십)으로 변해 지금의 자형이 되었다. 甲은 갑옷을, 戈는 창을 뜻해 모두 전쟁의 상징이다. 그래서 무기와 전쟁이라는 뜻이 나왔고, 이러한 무기를 사용해 전쟁을 치러야 하는 '오랑캐'라는 뜻이 나왔다. 특히 상나라 때부터 주요한 전쟁 대상이 서쪽의 이민족이었던 관계로 西戎^(서융)에서처럼 서쪽 이민족을 지칭하기도 한다.

甲骨文 金文 古陶文 簡牘文 說文小篆

하여 慇^(괴로워할 은)으로 분화했다.

字形 金文 石刻文 說文小篆

絨(융 융): 绒, róng, 糸-6, 12, 10

字解 형성. 糸^(가는 실 멱)이 의미부고 戎^(오랑캐 융)이 소리부로, 곱게 짠 베^(糸)나 작고 가는 털이 있는 방직품을 말한다.

慇(괴로워할 은): yīn, 心-10, 14

字解 형성. 心^(마음 심)이 의미부고 殷^(성할 은)이 소리부로, '괴로워함'을 말하는데, 병세가 심각해^(殷) 괴로워하는 마음^(心)임을 반영했다. ☞ 殷^(성할 은)

字形 說文小篆

은

恩(은혜 은): ēn, 心-6, 10, 42

字解 형성. 心^(마음 심)이 의미부고 因^(인할 인)이 소리부로, 은혜가 원래 뜻인데, 마음^(心)으로 의지할^(因인) 수 있는 존재라는 뜻에서 '은혜로움'의 의미를 그렸다. 이로부터 恩惠^(은혜)는 물론 총애, 사랑하는 사람 등의 뜻이 나왔다.

字形 說文小篆

銀(은 은): 银, yín, 金-6, 14, 60

字解 형성. 金^(쇠 금)이 의미부고 艮^(어긋날 간)이 소리부로, 쇠^(金)의 일반적인 속성인 단단함과 반대되는^(艮) 속성을 가진 '은'을 말하는데, 銀은 금속^(金) 중에서 물러 가장 잘 구부러지는 금속의 하나이기 때문이다. 이후 은으로 만든 화폐, 은색 등을 지칭하게 되었다.

字形 說文小篆

殷(성할 은): yīn, 殳-6, 10, 12

字解 회의. 원래 침을 들고^(殳) 불룩한 배^(身신)를 치료하는 모습을 그렸는데, 자형이 변해 지금처럼 되었고, 이로부터 병세가 대단히 '심각함'을, 다시 '크다'와 '성대하다'는 뜻이 나왔다. 그러자 원래 뜻은 또 心^(마음 심)을 더

垠(끝 은): yín, 土-6, 9, 12

字解 형성. 土^(흙 토)가 의미부고 艮^(어긋날 간)이 소리부로, 땅^(土)이 끝나는 곳을 말하며, 이로부터 언덕의 뜻까지 나왔다. 이는 땅^(土)의 속성이 끝나는 땅의 극한^(艮) 지점임을 반영했다.

說文小篆

隱(숨을 은): 隐, yǐ, 阜-14, 17, 40

形聲. 阜(고을 읍)이 의미부고 㥯(삼갈 은)이 소리부로, 숨다는 뜻인데, 언덕(阜)에 가려 보이지 않음을 말하며, 이로부터 숨기다, 숨다, 비밀, 隱語(은어) 등의 뜻이 나왔다. 간화자에서는 㥯을 㿬(급할 급)으로 줄여 隐으로 쓴다.

說文小篆

誾(온화할 은): yín, 言-8, 15, 12

形聲. 言(말씀 언)이 의미부고 門(문 문)이 소리부로, 『설문해자』에서는 "온화하면서도 정직하게 논쟁을 벌이는 것을 말한다"라고 했다. 이로부터 겸허하고 공경하는 모습을 말하게 되었는데, 마음이 커다란 문(門)처럼 열리고 너그럽게 말(言)을 한다는 뜻을 담았다.

說文小篆

虤(두 마리의 범이 싸우는 소리 은): yín, yìn, 虍-14, 20

形聲. 虤(범 성낼 현)이 의미부이고 日(가로 왈)이 의미부이다. 『설문해자』의 해설처럼, '호랑이 두 마리가 서로 싸우는 소리(兩虎爭聲)'를 말한다. 그렇다면 日도 호랑이가 서로 싸우며 내뱉는 으르렁거리는 소리를 뜻하여 의

미의 결정에도 관여하고 있는 셈이다.

說文小篆

㹴(범의 울음소리 은): jìn, yín, 虍-6, 12

形聲. 虎(범 호)가 의미부이고 斤(도끼 근)이 소리부이다. 『설문해자』의 해설처럼, '호랑이의 울음소리(虎聲)'를 말한다.

說文小篆

을

乙(새 을): yǐ, 乙-0, 1, 32

象形. 자원에 대한 의견이 분분하다. 다소곳하게 꼬부라진 모습이 새를 닮았다고도 하고, 『설문해자』에서처럼 "식물이 땅을 비집고 올라오는 모양을 그렸다"라고도 한다. 그런가 하면 적당하게 곡선을 이룬 흉골을 그려, 肊(흉골 억)의 원래 글자라고 하는가 하면, 달리 丙(남녘 병)이 물고기의 꼬리를 그렸다면 乙(새 을)은 물고기의 내장을 그렸다라고 하기도 한다. 하지만 어느 주장이 옳은지 확정하기 어렵다. 지금은 이미 원래의 의미로 쓰이지 않고, 간지자 혹은 순서를 나타내는 데 주로 사용되어 두 번째를 뜻한다.

甲骨文 金文 古陶文

ㄟ ㄟ 盟書　　ㄟ ㄥ ㄟ ㄟ 簡牘文

ㄟ 丆 石刻古文　ㄟ 說文小篆　ㄟ 說文或
體

虓(범의 모양 을): yì, 虍-5, 11

字解 형성. 虎^(범 호)가 의미부이고 气^(기운 기)가 소리부이다. 『설문해자』의 해설처럼, '호랑이의 기세등등한 모양^(虎兒)'을 말한다.

字形 ㄟ 說文小篆

음

音(소리 음): yīn, 音-0, 9, 60

字解 지사. 言^(말씀 언)과 가로획^(一)으로 구성되어, 피리^(言)에서 나오는 소리^(一)를 형상화했으며, 이로부터 소리, 음악, 소식 등의 뜻이 나왔다. 원래는 言과 자원이 같았지만, 금문에 들면서 추상부호인 가로획이 더해져 言과 구분되었다. 言은 대로 만든 피리를 그린 것으로 보인다. 音은 사람의 소리나 개인 차원의 의사소통 필요성보다는 공동체의 위기를 알리거나 마을의 중요한 회의를 소집하기 위한 도구였던 것으로 보인다. 이처럼 音은 악기를 이용하여 인간이 멀리 전달할 수 있는 '소리'가 원래 뜻이며, 이후 音樂^(음악)은 물론 모든 '소리'를 지칭하게 되었다. 그래서 音으로 구성된 글자들은 음악이나 '소리'와 관련을 갖는다. 나아가 음

악은 제사나 연회에서 주로 사용되었기에 연회와 관련된 음악을 지칭한다. ☞ 言^(말씀 언)

字形 ㄟ ㄟ ㄟ 金文 ㄟ古陶文 ㄟ ㄟ 盟書
ㄟ ㄟ ㄟ ㄟ ㄟ 簡牘文　ㄟ 說文
小篆

陰(응달 음): 阴, [霒, 霠], yīn, 阜-8, 11, 42

字解 형성. 阜^(언덕 부)가 의미부고 侌^(응달 음)이 소리부인데, 구름에 가려 볕이 들지 않는^(侌) 언덕^(阜)이라는 뜻에서 '응달'을 말하며, 산의 북쪽과 강의 남쪽을 말하기도 한다. 이후 날이 흐리다, 음전극, 그림자, 음험하다, 음모 등의 뜻이 나왔다. 간화자에서는 侌을 月^(달 월)로 바꾼 阴으로 써, 회의구조로 변했다.

字形 ㄟ 說文小篆

蔭(그늘 음): 荫, [廕], yìn, 艸-11, 15, 10

字解 형성. 艸^(풀 초)가 의미부고 陰^(응달 음)이 소리부로, 초목^(艸)이 가려 볕이 들지 않는^(陰) '그늘'을 말하며, 이로부터 해의 그림자, 가리다, 덮다, 은폐하다, 비호하다 등의 뜻이 나왔다. 간화자에서는 陰을 阴으로 줄인 荫으로 쓴다.

字形 ㄟ 說文小篆

飮(마실 음): 饮, [㱃], yǐn, 食-4, 13, 60

字解 형성. 食^(밥 식)이 의미부이고 欠^(하품 흠)이 소리부로, 입을 크게 벌려^(欠) 먹을 것^(食)을 마시다는 뜻을 그렸다. 원래는 술독^(酉유)과 대로 만든 빨대^(今금)와 벌린 입^(欠)으로 구성된 㱃^(마실 음)으로 써, 술독에 빨대를 꽂아 '술을 마시는 모습'을 그렸다. 그래서 '술을 마시다'가 원래 뜻이다. 이후 지금의 食과 欠으로 된 구조로 바뀌었고, 뜻도 술을 마시는 것에서 일반적인 의미로 확장되었고, 술 뿐 아니라 음료수 전체를 지칭하게 되었으며, 분을 삼키다 등의 뜻도 나왔다.

字形 [甲骨文] [金文] [古陶文] [簡牘文] [古璽文] [說文小篆] [說文古文]

吟(읊을 음): [訡, 訟], yín, 口-4, 7, 30

字解 형성. 口^(입 구)가 의미부고 今^(이제 금)이 소리부로, 입^(口)으로 읊조리다는 뜻이며, 달리 口 대신 音^(소리 음)이나 言^(말씀 언)이 들어간 訡^(읊을 음)이나 訟^(읊을 음)으로 쓰기도 한다.

字形 [說文小篆]

淫(음란할 음): [滛], yín, 水-8, 11, 32

字解 형성. 水^(물 수)가 의미부고 㸒^(가까이할 음)이 소리부로, 물^(水)이 스며들어 결을 따라 흐름을 말한다. 일설에는 오랫동안 비가 오는 것을 말한다고도 한다.

字形 [簡牘文] [石刻古文] [說文小篆]

읍

邑(고을 읍): [⻏], yì, 邑-0, 7, 70

字解 회의. 갑골문에서 위쪽이 口^(나라 국·에워쌀 위)로 성을, 아래쪽은 卩^(민·병부 절)로 꿇어앉은 사람을 그려, 이곳이 사람이 사는 지역이자 상주하는 인구를 가진 疆域^(강역)임을 상징적으로 그렸는데, 卩이 巴^(땅이름 파)로 변해 지금의 자형이 되었다. 그래서 邑은 성읍, 수도, 거주지, 행정 구역 등을 뜻하였고, 춘추 시대 때에는 30家^(가)를 1邑이라 했으며, 주로 지명을 나타내는 데 쓰였다. 다만 다른 글자들과 결합할 때에는 주로 오른쪽에 놓이며 글자의 균형을 고려해 ⻏으로 쓴다.

字形 [甲骨文] [金文] [古陶文] [簡牘文] [古璽文] [說文小篆]

挹(뜰 읍): yì, 手-7, 10

字解 형성. 手(손 수)가 의미부이고 邑(고을 읍)이 소리부로, 손(手)으로 술이나 장 등을 뜨다는 뜻이며, 이로부터 끌어들이다, 억제하다 등의 뜻이 나왔다.

字形 𣪘 𥃝 古陶文 挹 說文小篆

揖(읍 읍): yī, 手-9, 12, 10

字解 형성. 手(손 수)가 의미부고 咠(참소할 집)이 소리부로, 손(手)을 마주 잡고 가슴팍까지 올려 예를 표하며 하는 절을 말한다. 이로부터 사양과 양보의 뜻까지 나왔다.

字形 揖 說文小篆

泣(울 읍): qì, 水-5, 8, 30

字解 형성. 水(물 수)가 의미부고 立(설 립)이 소리부로, 소리 없이 혹은 낮은 소리로 눈물(水)을 흘리며 우는 것을 말하며, 이로부터 슬프다는 뜻도 나왔다.

字形 泣 說文小篆

응

凝(엉길 응): níng, 冫-14, 16, 30

字解 형성. 冫(얼음 빙)이 의미부고 疑(의심할 의)가 소리부로, 얼음(冫)인지 물인지 의심(疑)가는 상태라는 뜻으로부터 '凝固(응고)'의 의미를 그렸다. 『설문해자』에서는 冰(얼음 빙)의 속체자라고 풀이했다. ☞ 冫(얼음 빙)

字形 冰 說文小篆 凝 說文俗體

應(응할 응): 应, yīng, 心-13, 17, 42

字解 형성. 心(마음 심)이 의미부고 雁(매 응, 鷹의 옛날 글자)이 소리부로, 마땅하다, '응당'이라는 뜻이다. 응당 어떻게 해야 한다는 것은 마음(心)에서의 동의가 이루어져야 하는 심리활동이기에 心이 의미부로 채택되었다. 이후 상대에 대한 심리적 反應(반응), 나아가 對應(대응) 등의 뜻이 생겼다. 금문에서는 應으로, 소전에서는 疒(병들어 기댈 녁)으로 구성된 癰으로 썼으며, 간화자에서는 雁을 간단하게 줄인 应으로 쓴다.

字形 應 金文 癰 應 簡牘文 應 石刻古文 應 說文小篆

膺(가슴 응): yīng, 肉-13, 17, 10

字解 형성. 肉(고기 육)이 의미부고 雁(매 응, 鷹의 옛날 글자)이 소리부로, 신체(肉) 부위의 하나인 가슴을 말하며, 이후 가슴으로 느끼며 직접 한다는 뜻에서 '직접 책임지다'는 뜻도 가지게 되었다.

字形 膺 金文 膺 說文小篆

鷹(매 응): 鷹, yīng, 鳥-13, 24, 12

字解 형성. 鳥^(새 조)가 의미부고 雁^(매 응, 鷹의 옛날 글자)이 소리부로, 새^(鳥)의 일종인 매를 말한다. 금문에서는 손으로 새를 잡는 모습인데, 사냥에 쓸 매를 훈련하는 모습으로 추정된다.

字形 𣢲 𣢲 𣢲 𣢲 金文 𣢲 說文小篆 𣢲 說文籒文

의

矣(어조사 의): yǐ, 矢-2, 7, 30

字解 형성. 원래 矢^(화살 시)가 의미부고 以^(써 이)가 소리부로, 화살^(矢)이 날아가 버린 것처럼 말이 이미 종결되었음을 나타내는 어기사로 쓰였는데, 자형이 변해 지금처럼 되었다.

字形 𥝋 金文 𥝋 𥝋 𥝋 簡牘文 𥝋 說文小篆

毅(굳셀 의): yì, 殳-11, 15, 10

字解 형성. 殳^(창 수)가 의미부이고 豙^(돼지 성나 털 일어날 의)가 소리부로, 멧돼지^(豙)나 창^(殳)의 강인함처럼 '굳세고 강함'을 말한다. 원래는 豙로 써 멧돼지^(豕·시)의 털을 칼^(辛·신)로 깎는 모습을 그렸고 여기에 다시 殳가 더해졌는데, '멧돼지'는 강인함의 대표이고 그 '털'은 뻣뻣함의 상징이기에 '굳세다', '강인하다'는

뜻이 생겼다.

字形 𣢲 𣢲 金文 𣢲 說文小篆

意(뜻 의): yì, 心-9, 13, 60

字解 회의. 心^(마음 심)과 音^(소리 음)으로 구성되어, 마음^(心)의 소리^(音)가 '뜻'이자 '의지'임을 그려냈으며, 이로부터 생각하다, 마음속에 담아두다, 내심, 감정, 意味^(의미) 등의 뜻이 나왔다.

字形 𣢲 𣢲 𣢲 𣢲 𣢲 簡牘文 𣢲 說文小篆

薏(율무 억): yì, 艸-13, 17

字解 형성. 艸^(풀 초)가 의미부고 意^(뜻 의)가 소리부로, 식물^(艸)의 일종인 율무나 연밥을 말한다.

字形 𣢲 說文小篆

義(옳을 의): 义, yì, 羊-7, 13, 42

字解 회의. 羊^(양 양)과 我^(나 아)로 구성되어, 날이 여럿 달린 창^(我)에 양^(羊) 장식이 더해진 '의장용 창'으로부터, 종족 내부의 결속을 도모하고 배반을 응징하는 '정의로움'의 뜻을 그렸다. 이후 정의와 도덕에 부응하는 규범으로 자리 잡았으며, 명분, 이치, 선량함 등의 뜻까지 나왔다. 간화자에서는 초서체로 간단하게 줄인 义로 쓴다. ☞ 我^(나 아)

字形 𣢲 𣢲 𣢲 𣢲 甲骨文 𣢲 𣢲 𣢲 𣢲 𣢲 金

文 善 龘 古陶文 義 義 簡牘文 義 義

古璽文 義 說文小篆 善 說文或體

議(의논할 의): 议, yì, 言-13, 20, 42

字解 형성. 言(말씀 언)이 의미부고 義(옳을 의)가 소리부로, 정의로운(義) 말(言)로 '議論(의논)함'을 말하며, 이로부터 상의하다, 論議(논의)하다, 선택하다, 논평하다, 비방하다, 의견 등의 뜻이 나왔다. 간화자에서는 義를 义로 줄인 议로 쓴다.

字形 議 簡牘文 議 說文小篆

儀(거동 의): 仪, yí, 人-13, 15, 40

字解 형성. 人(사람 인)이 의미부고 義(옳을 의)가 소리부로, '거동'을 말하는데, 인간(人)이 지켜야 할 정의로운(義) 행동거지여야 함을 반영했다. 이후 의식의 뜻이 나왔고, 다시 예제나 법규, 예물 등의 뜻이 나왔다. 간화자에서는 義를 义로 줄인 仪로 쓴다.

字形 義 金文 儀 簡牘文 儀 說文小篆

蟻(개미 의): 蚁, yǐ, 虫-13, 19

字解 형성. 虫(벌레 충)이 의미부고 義(옳을 의)가 소리부로, 개미를 총칭하는 말인데, 곧이곧대로 부지런히 일하는 의로운(義) 곤충(虫)이라는 뜻을 담았다. 간화자에서는 義를 义로 줄인 蚁로 쓴다.

艤(배 댈 의): 舣, yǐ, 舟-13, 19

字解 형성. 舟(배 주)가 의미부고 義(옳을 의)가 소리부로, 배(舟)를 대다는 뜻이며, 달리 작은 배를 뜻하기도 한다. 간화자에서는 義를 义로 줄인 舣로 쓴다.

衣(옷 의): yī, 衣-0, 6, 60

字解 상형. 웃옷을 그렸다. 윗부분은 목둘레를 따라 만들어진 옷깃(領령)을 그렸고, 아랫부분에서 양쪽은 소매(袂몌)를, 나머지 중간 부분은 옷섶(衽임)인데, 안섶이 왼쪽으로 겉섶이 오른쪽으로 가도록 여며진 모습이다. 그래서 衣는 치마(裳상)에 대칭되는 '웃옷'이 원래 뜻이며, 여기서 옷감이나 의복을, 다시 사물의 외피를 뜻하게 되었고, 싸다, 덮다, 입다 등의 뜻까지 생겼다.

字形 衣 甲骨文 衣 金文 衣 古陶文 衣 衣 衣 衣 衣 簡牘文 衣 說文小篆

依(의지할 의): yī, 人-6, 8, 40

字解 형성. 人(사람 인)이 의미부고 衣(옷 의)가 소리부로, 사람(人)이 옷(衣)을 입다가 원래 뜻인데, 사람(人)이 옷(衣) 없이는 살 수 없듯, 언제나 의지하며 기대야 하는 것임을 그렸다. 이후 의지하다, 근거하다, 순종하다 등의 뜻도 나왔다.

字形 依 甲骨文 依 金文 依 依 簡

牘文 說文小篆

醫(의원 의): 医, yī, 酉-11, 18, 60

字解 형성. 酉^(닭 유)가 의미부고 殹^(앓는 소리 예)가 소리부로, 상자에 든 화살촉^(医·의)과 손에 든 수술도구^(殳·수)에 마취제나 소독제로 쓸 술^(酉)이 더해진 모습으로부터 상처를 치료하는 의사를 그렸으며, 이후 치료하다, 의학 등의 뜻이 나왔다. 간화자에서는 다시 医^(동개 예)로 줄여 쓴다. ☞ 医^(동개 예)

字形 簡牘文 說文小篆

劓(코 벨 의): [劓], yì, 刀-14, 16

字解 형성. 刀^(칼 도)가 의미부고 鼻^(코 비)가 소리부로, 고대의 형벌을 말하는데, 코^(鼻)를 칼^(刀)로 잘라내는 형벌이다. 달리 臬^(말뚝 얼)과 刀로 구성된 劓로 쓰기도 한다.

字形 甲骨文 金文 古陶文 簡牘文 說文小篆 說文或體

疑(의심할 의): yí, 疋-9, 14, 40

字解 회의. 갑골문에서 지팡이를 짚은 사람이 길에서 두리번거리며 어디를 가야 할지 몰라 주저하는 모습이며, 이로부터 疑心^(의심)하다는 뜻이 나왔다. 이후 금문에 이르면 발^(止)을 더하고 소리부인 牛^(소 우)를 더해 그런

행위를 강조하기도 했는데, 자형이 변해 지금처럼 되었다. 갈 길을 잃어 어디로 갈까 고민하는 모습으로부터 疑心은 물론 '주저하다', '迷惑^(미혹)되다' 등의 뜻까지 생겼다.

字形 金文 古陶文 簡牘文 說文小篆

擬(헤아릴 의): 拟, nǐ, 手-14, 17, 10

字解 형성. 手^(손 수)가 의미부고 疑^(의심할 의)가 소리부로, 손^(手)으로 의심나는^(疑) 것을 '가리키다'는 뜻으로부터 추측하다, 모방하다, 유사하다 등의 뜻이 나왔다. 간화자에서는 疑를 以^(써 이)로 간단하게 줄여 拟로 쓴다.

字形 說文小篆

宜(마땅할 의): [冝, 宐, 宜], yí, 宀-5, 8, 30

字解 회의. 宀^(집 면)과 且^(또 차)로 구성되었는데, 갑골문에서는 도마^(俎·조) 위에 고깃덩어리^(月·肉)들이 놓인 모습이었다. 이후 자형이 변해 宀과 夕^(肉의 변형)과 一로 변했고, 다시 자형이 줄어 지금의 구조로 되었다. 『설문해자』에서는 "집안^(宀)의 바닥^(一) 위로 고깃덩어리^(夕)가 놓인 모습"이라고 했는데, 원래의 자형까지 고려하면 집안에서 제기에 고기를 담아 놓은 모습이다. 제사를 드리려고 고깃덩어리를 제기에 담아 놓은 모습에서 '적합하다', '마땅하다'의 뜻이 나왔다.

字形 甲骨文 金

文 古陶文 金

盟書 簡牘文 古璽文

說文小篆 說文古文

誼(옳을 의): 谊, yì, 言-8, 15, 10

字解 형성. 言^(말씀 언)이 의미부고 宜^(마땅할 의)가 소리부로, 제기에 고깃덩어리를 담아 제사에 올리듯^(宜) 마땅한 말^(言)이라는 의미에서 '옳음'의 의미를 나타냈다.

字形 說文小篆

倚(의지할 의): yǐ, 人-8, 10

字解 형성. 人^(사람 인)이 의미부고 奇^(기이할 기)가 소리부로, 다른 사람^(人)에게 기울어져^(奇) '기댐'을 말하며, 이로부터 '의지하다'의 뜻이 나왔다.

字形 簡牘文 說文小篆

椅(의나무 의): yī, 木-8, 12, 10

字解 형성. 木^(나무 목)이 의미부고 奇^(기이할 기)가 소리부로, 의나무^(木)를 말한다. 산유자나무과의 낙엽 활엽 교목으로, 잎은 심장 모양 또는 넓은 달걀 모양으로 되어 있으며, 뒷면은 흰색을 띠며, 달리 山桐子^(산동자)라고도 한다. 이후 의자라는 뜻도 갖게 되었다.

字形 說文小篆

猗(아름다울 의): yī, 犬-8, 11

字解 형성. 犬^(개 견)이 의미부고 奇^(기이할 기)가 소리부로, 거세를 해 절뚝거리는^(奇) 개^(犬)를 말하는데, 거세를 하면 잘 자라고 순해지므로 자라다, 아름답다의 뜻이 나왔다.

字形 古陶文 古璽文 說文小篆

懿(아름다울 의): yì, 心-18, 22

字解 형성. 壹^(한 일)과 恣^(방자할 자)가 의미부인데, 壹은 소리부도 겸한다. 만물의 시발이 되는 하나^(壹)와 강한 의지를 뜻하는 恣로부터 '아름다움'과 생명의 탄생을 가져다준 '미덕'이라는 뜻이, 그러한 이치의 오묘함으로부터 '깊고' '크다' 등의 의미가 나왔다. ☞ 壹^(한 일)

字形 金文 說文小篆

이

耳(귀 이): ěr, 耳-0, 6, 50

字解 상형. 귓바퀴와 귓불이 갖추어진 '귀'를 그렸으며, 이후 木耳^(목이) 버섯처럼 귀 모양의 물체나 솥의 귀^(鼎耳·정이)처럼 물체의 양쪽에 붙은 것을 지칭하기도 했다. 또 소용돌이 모양의 귀는 여성의 성기와 닮아 생명과 연계 지어지기도 했으며, 신의 말씀을 들을

수 있는 총명함을 상징하기도 한다. 둘째, 귀는 총명함의 상징이다. 원시 시절, 적이나 야수의 접근을 남보다 먼저 감지할 수 있는 남다른 청각을 가진 자는 집단의 우두머리가 되기에 충분했을 것이다. 또 신체의 중요 부위로서의 귀, 특히 축 늘어진 귀는 제왕의 권위나 위대함, 吉祥^(길상)을 상징하였다.

字形 甲骨文 金文 古陶文 簡牘文 古璽文 石刻古文 說文小篆

珥(귀엣 고리 이): 珥, ěr, 玉-6, 10, 12

字解 형성. 玉^(옥 옥)이 의미부고 耳^(귀 이)가 소리부로, 귀(耳)에 다는 옥(玉)으로 만든 장식을 말한다. 이후 해나 달의 양쪽으로 비치는 빛이나 검의 손잡이 양쪽으로 돌출된 부분 등도 지칭하게 되었다.

字形 簡牘文 說文小篆

餌(먹이 이): 饵, ěr, 食-6, 15, 10

字解 형성. 食^(밥 식)이 의미부고 耳^(귀 이)가 소리부로, 음식물^(食)의 총칭이며, 떡, 물고기 등을 유인하기 위한 미끼 등을 말한다.

字形 簡牘文 說文小篆 說文或體

二(두 이): èr, 二-0, 2, 80

字解 지사. 갑골문에서 一^(한 일)을 둘 포갠 것으로 '두 개'를 나타냈다. 1615년 만들어진 『字彙^(자휘)』에서부터 시작해 현대 옥편에서는 二를 따로 부수로 세웠지만, 一이 이미 부수로 설정된 상태에서 二를 독립된 부수로 세워야 하는지에 대해서는 의문이 남는다. 『설문해자』에서는 짝수를 말하며 '땅의 숫자' 즉 陰^(음)의 숫자를 상징한다고 했다.

字形 甲骨文 金文 古陶文 盟書 簡牘文 帛書 說文小篆 說文古文

貳(두 이): 贰, [弍], èr, 貝-5, 12, 20

字解 형성. 貝^(조개 패)가 의미부고 弋^(주살 익)이 소리부로, 조개^(貝)가 양쪽으로 갈라져 대칭되듯 '둘'을 뜻한다. 二^(두 이)의 갖은 자이며, 달리 二와 弋으로 구성된 弍로 쓰기도 한다.

字形 金文 簡牘文 說文小篆

彝(떳떳할 이): [彝], yí, 크-15, 18

字解 형성. 彑(크고슴도치 머리 계)와 糸(가는실 멱)과 廾(두 손으로 받들 공)이 의미부이고 米(쌀 미)가 소리부로, 실(糸)로 묶은 돼지머리(彑)와 쌀(米)을 두 손으로 받들고(廾) 제단에 바치는 모습을 그렸는데, 갑골문과 금문에서 날개가 묶인 닭이나 새를 두 손으로 받든 모습을 그렸고, 아래쪽으로 핏방울이 떨어지는 모습과 머리 부분에 삐침 획(丿)이 더해져 제사상에 바쳐지는 죽인 희생물임을 형상화하기도 했다. 이로부터 신에게 드리는 제사처럼 '반드시 지켜져야 할 법칙', 제사에 사용되는 청동 기물을 뜻하게 되었고, 그러한 제사가 가지는 정당성으로부터 '옳고' '떳떳하다'는 뜻까지 나왔다. 그래서 彝器(이기)는 제사에 쓰는 청동그릇을, 彝倫(이륜)이나 彝訓(이훈) 등은 사람이 항상 지켜야 할 윤리(倫)와 교훈(訓)을 말한다.

字形 甲骨文 金文 說文小篆 說文古文

彝(떳떳할 이): yí, 크-13, 16

字解 형성. 彝(떳떳할 이)의 속자이다. ☞ 彝(떳떳할 이)

而(말 이을 이): ér, 而-0, 6, 30

字解 상형. 위쪽 가로획(一)은 코를, 그 아래 세로획은 人中(인중)을 상징하며, 나머지 늘어진 획의 바깥은 콧수염을, 안쪽은 턱수염을 형상화한 것으로 보인다. 전통적으로 수염은 남자다움과 힘과 권력의 상징이다. 그래서 서구에서도 아스타르테(astarte, 즉 아슈토레스(ashtoreth)) 여신처럼 턱수염을 가진 여신은 이중의 性(성)을 가진 것을 상징하며, 한자에서도 여자(女여)의 수염(而)이라는 뜻을 그린 耍(희롱할 사)로써 '놀림'과 '희롱'의 뜻을 담아냈다. 이처럼 而의 원래 뜻은 '수염'이다. 하지만 而가 가차되어 접속사로 쓰이게 되면서 원래 뜻을 나타낼 때에는 彡(터럭 삼)을 더하여 耏(구레나룻 이)로 분화했다. 또 耏에서의 而가 이미 '수염'의 뜻을 상실했기에 의미를 더 분명하게 하고자 頁(머리 혈)로 대신한 須(모름지기 수)로써 얼굴(頁)에 난 털(彡)이라는 의미를 그렸다. 하지만 須도 남성이 반드시 갖추어야 할 것이라는 의미에서 必須(필수)의 뜻을 갖게 되자 다시 髟(머리털 드리워질 표)를 더하여 鬚(수염 수)로 분화했다.

字形 金文 古陶文 簡牘文 石刻古文 說文小篆

以(써 이): [㠯, 㠯], yǐ, 人-3, 5, 52

字解 상형. 자원에 대해서는 의견이 분분하지만, 갑골문에서 쟁기(耜사) 같이 땅 파는 농기구를 그린 것으로 보는 것이 일반적이다. 갑골문 당시 이미 방법이나 이유를 나타내는 문법소로 쓰였기 때문에 본래 뜻을 확정하기 어렵다. 혹자는 人(사람 인)이 의미부이고 㠯(써 이)가 소리부인 형성구조로 보기도 한다.

字形 甲骨文 金文

盟書 帛書

簡牘文 石刻古文

說文小篆

苡(질경이 이): yǐ, 艸-5, 9

字解 형성. 艸(풀 초)가 의미부고 以(써 이)가 소리부로, 식물(艸)의 일종인 '질경이'를 말하며, 苢(질경이 이)의 이체자이다. 달리 율무와 연밥을 뜻하여 薏(율무 억)와 같이 쓰기도 한다.

字形 說文小篆

已(이미 이): yǐ, 己-0, 3, 32

字解 상형. 자원이 불분명하나, 갑골문에서는 쟁기를 그린 것으로 추정된다. 하지만 당시에 이미 원래의 뜻을 상실하고 완료나 도구를 나타내는 문법소와 '이미'라는 부사로 쓰였다. 예서 이후로는 已와 以(써 이)의 두 글자로 분화되었다. 식사를 끝내고 머리를 돌린 모습을 그린 旣(이미 기)와 독음과 의미가 같은 동원자(同源字)였을 것으로 추정된다.

字形 甲骨文 金文 盟書 簡牘文 石刻古文 說文小篆

隶(미칠 이·태): dài, yì, 隶-0, 8

字解 회의. 隶는 손(又·우)으로 짐승의 꼬리를 잡은 모습인데, 『설문해자』에서는 "又와 尾(꼬리 미)의 생략된 모습이 의미부"라고 했다. 짐승을 뒤쫓아 꼬리 부분을 손으로 잡은 모습에서 '미치다'와 '따라잡다'라는 뜻이 나왔다. 이후 辵(쉬엄쉬엄 갈 착)을 더해 逮(미칠 체)를 만들었는데, 의미는 같다. 그래서 隶로 구성된 글자들에는 모두 잡은 짐승이라는 뜻이 있다. 예컨대, 隸(종 례)는 손에 잡힌 짐승이란 뜻에서 '隸屬(예속)'의 뜻이 나왔고, 肆(늘어놓을 사)는 镸(長길 장)과 隶로 구성되어 잡아온 짐승(隶)을 길게(镸) 늘어놓고 파는 '가게'를 말했다.

字形 說文小篆

肄(익힐 이): yì, 聿-7, 13

字解 회의. 원래 隶(미칠 이)에 巾(수건 건)이 더해진 모습이었는데, 巾은 아마도 짐승을 손질할 때 묻은 피 등을 닦는 '수건'을 말했을 것이다. 그래서 肄는 '손질하다'가 원래 뜻이고, 짐승의 손질에는 상당히 숙련된 기술이 필요했기에 肄에 '연습하다'의 뜻이, 나아가 '학습하다'의 뜻까지 담기게 되었다.

字形 甲骨文 金文 古陶文 簡牘文 說文小篆 說文籒文 說文篆文

ㅇ

爾(너 이): 尔, [尒], ěr, 爻-10, 14, 10

字解 회의. 갑골문부터 등장함에도 자원은 잘 밝혀져 있지 않지만, 爾는 누에가 실을 토해 고치를 만드는 모습으로 추정되며, 글자를 구성하는 冖(덮을 멱)은 어떤 테두리를, 爻(효효)는 실이 교차한 모습을, 나머지 윗부분은 실을 토해 내는 누에의 모습으로 해석될 수 있다. 누에는 성충이 되면서 몸무게가 태어날 때의 1만 배로 증가하며, 누에 한 마리가 토해내는 실의 길이가 무려 1천5백 미터에 이르는 신비한 존재이다. 하지만 누에는 온도를 단계별로 정밀하게 조절해야 하는 환경에 대단히 민감한 벌레이기에 항상 방안에서 곁에 두고 조심스레 관리해야만 했다. 누에가 실을 토해 가득하고 촘촘한 고치를 만들어 간다는 뜻에서 爾에는 '가득하다', '성대하다'의 뜻이 담겼고, 언제나 곁에 두고 보살펴야 한다는 뜻에서 '가깝다'는 뜻이 생겼다. 그래서 爾(尒)는 나에게 가장 '가까운' 존재인 당신의 뜻으로 쓰였고, 이때에는 人(사람 인)을 더한 儞(你녀 이)로 구분하기도 했다. 그것은 누에가 실을 토해 고치를 만들지만 내가 그 실을 교차시켜 옷감을 만들 때 가능하다. 이인칭 대명사 '당신'은 누에와 같은 남이지만 나의 기술과 엉켜 이렇게 실이 될 때 비로소 나에게 남이 아닌 이인칭이 될 수 있으며, 그때 '당신'은 나와 가까운 가장 가까운 존재로 변한다. 간화자에서는 초서체로 간단하게 줄인 尔로 쓴다.

字形 𠇍 𠇍 𠇍 金文 𠇍 簡牘文 𠇍 石刻古文 爾 說文小篆

邇(가까울 이): 迩, ěr, 辵-14, 18

字解 형성. 辵(쉬엄쉬엄 갈 착)이 의미부고 爾(너 이)가 소리부로, 가까운(爾) 거리(辵)를 말했고, 이로부터 가깝다는 뜻이 나왔다. 간화자에서는 爾를 尔로 줄인 迩로 쓴다.

字形 𨙨 簡牘文 𨙨 區說文小篆 𨙨 說文古文

異(다를 이): 异, yì, 田-6, 11, 40

字解 회의. 얼굴에 커다란 가면을 걸치고 손을 위로 들어 춤을 추고 있는 모습을 그렸는데, 윗부분이 田(밭 전)으로 아랫부분이 共(함께 공)으로 변해 지금의 자형이 되었다. 커다란 가면을 걸치고 춤을 추는 모습이 보통의 형상과는 달랐으므로 異常(이상)하다, 特異(특이)하다, 奇異(기이)하다, 다르다는 뜻이 생겼다. 간화자에서는 윗부분의 田을 巳(여섯째지지 사)로 아랫부분의 共을 廾(두 손으로 받들 공)으로 바꾸어 异로 쓴다.

字形 𡴑 𡴑 𡴑 甲骨文 𡴑 𡴑 𡴑 金文 𡴑 𡴑 簡牘文 𡴑 說文小篆

移(옮길 이): [迻], yí, 禾-6, 11, 42

字解 형성. 禾(벼 화)가 의미부고 多(많을 다)가 소리부로, 『설문해자』에서는 "모를 옮겨 심다"라는 뜻이라고 했는데, 모판에다 밀집되게(多) 키운 벼(禾)의 모를 논에다 '옮겨 심다'는 뜻을 담았으며, 이로부터 옮기다, 고치다 등의 뜻이 나왔다. 달리 옮기는 동작을 강조하여 辵(쉬엄쉬엄 갈 착)을 더한 迻(옮길 이)로 쓰

기도 한다.

🖼簡牘文 🖼說文小篆

伊(저 이): yī, 人-4, 6, 12

字解 회의. 人^(사람 인)과 尹^(다스릴 윤)으로 구성되어, 붓을 들고 사무를 보는 행정직에 있는^(尹) 사람^(人)을 뜻했으며, 갑골문에서는 상나라 초기 때의 재상인 伊尹^(이윤)이라는 사람이 등장한다. 이후 '이것'이라는 뜻이 나왔고, 제삼자를 지칭하는 인칭대명사로 주로 쓰였다. 또 '…로부터'라는 의미를 나타내는 문법소로도 쓰였다.

字形 🖼甲骨文 🖼金文 🖼簡牘文 🖼說文小篆 🖼說文古文

易(쉬울 이): ☞ 易^(바꿀 역)

夷(오랑캐 이): yí, 大-3, 6, 30

字解 회의. 大^(큰 대)와 弓^(활 궁)으로 구성되어, 큰^(大) 활^(弓)을 가진 동쪽 이민족^(東夷)을 말했다. 중원의 민족과 가장 강력하게 대항했던 이민족이었기 때문인지 이들은 정벌의 대상이 되었고, 그 때문에 평정하다, 제거하다, 평평하다 등의 뜻까지 생겼다.

字形 🖼甲骨文 🖼金文 🖼盟書 🖼簡牘文 🖼帛書 🖼說文小篆

痍(상처 이): yí, 疒-6, 11, 10

字解 형성. 疒^(병들어 기댈 녁)이 의미부고 夷^(오랑캐 이)가 소리부로, 몸에 난 상처^(疒)를 말하며, 상처를 입다, 상처를 내다는 뜻도 나왔다.

字形 🖼簡牘文 🖼說文小篆

姨(이모 이): yí, 女-6, 9, 10

字解 형성. 女^(여자 여)가 의미부고 夷^(오랑캐 이)가 소리부로, 어머니^(女)의 여형제를 말했으며, 아내^(女)의 여형제를 말하기도 했다.

字形 🖼說文小篆

荑(벨 이): tí, 艸-6,

字解 형성. 艸^(풀 초)가 의미부고 夷^(오랑캐 이)가 소리부로, 풀^(艸)을 베다^(夷)는 뜻이며, 식용으로 쓸 어린 싹을 벤다는 뜻에서 '막 자라난 어린 싹'이라는 뜻까지 생겼다.

字形 🖼古璽文 🖼說文小篆

弛(늦출 이): chí, 弓-3, 6, 10

字解 회의. 弓^(활 궁)과 也^(어조사 야)로 구성되었는데, 弓은 활을 그렸고, 也는 여성이 사용하던 물 그릇^(匜·이)으로 여성을 상징한다. 전장에서 경계를 느슨하게 하는 것을 弛라 하는데, 이는 활^(弓)시위를 당겨 팽팽히 하고, 美人計^(미인계)로 대표되는 여성^(也)의 유혹을

경계한 글자로 추정된다. ☞ 也^(어조사 야)

字形 ![글자] 說文小篆

匜(주전자 이): yí, 匚-3, 5

字解 형성. 匚^(상자 방)이 의미부이고 也^(어조사 야)가 소리부로, 손을 씻거나 세수를 하려고 물을 따르던, 여성^(也·야)이 주로 사용하던 물주전자를 말한다. ☞ 也^(어조사 야)

字形 ![글자들] 金文 ![글자] 簡牘文 ![글자] 說文小篆

飴(엿 이): 饴, yí, 食-5, 14

字解 형성. 食^(밥 식)이 의미부이고 台^(별 태)가 소리부로, 기쁨^(台)을 주는 먹을거리^(食)라는 뜻으로 단맛을 내는 '엿'을 말한다.

字形 ![글자들] 金文 ![글자] 說文小篆 ![글자] 說文籀文

怡(기쁠 이): yí, 心-5, 8, 12

字解 형성. 心^(마음 심)이 의미부이고 台^(별 태)가 소리부로, 마음^(心)으로 기뻐함^(台)을 말하며, 이로부터 기뻐하다, 즐거워하다 등의 뜻이 나왔다.

字形 ![글자] 簡牘文 ![글자] 說文小篆

貽(끼칠 이): 贻, yí, 貝-5, 12

字解 형성. 貝^(조개 패)가 의미부고 台^(별 태)가 소리부로, 남에게 돈^(貝)을 주다는 뜻이며, 이로부터 어떤 영향 등을 '남기다', '끼치다' 등의 뜻이 나왔다.

字形 ![글자] 說文小篆

詒(보낼 이): 诒, yí, 言-5, 12

字解 형성. 言^(말씀 언)이 의미부고 台^(별 태)가 소리부로, 말^(言)을 전해주다는 뜻이며, 이로부터 선물 등을 보내다의 뜻이 나왔다.

字形 ![글자] 金文 ![글자들] 簡牘文 ![글자] 說文小篆

頤(턱 이): 颐, yí, 頁-6, 15

字解 형성. 頁^(머리 혈)이 의미부이고 臣^(턱 이)가 소리부로, 머리^(頁) 부위에서 뺨^(臣) 아래 있는 부위인 '턱'을 말한다.

字形 ![글자들] 金文 ![글자] ![글자] 說文篆文 ![글자] 說文籀文

익

弋(주살 익): yì, 弋-0, 3

字解 상형. 弋은 주살, 즉 오뉘^(화살 머리를 활시위에 끼우도록 에워 낸 부분)에 줄을 매어 쏘는 화살을 말한다. 고대 중국에서 화살을 아끼려고 화살에다 줄을 매고 화살을 쏜 후 다시 회수하여 쓸 수 있도록 고안한 장치이다. 이런 화살로 하는 활쏘기를 弋射^(익사)라고 했다. 활 쏘는 연습을 할 때도 자주 사용되었다.

字形 [金文] [簡牘文] [古璽文] [說文小篆]

益(더할 익): yì, 皿-5, 10, 42

字解 회의. 水^(물 수)와 皿^(그릇 명)으로 구성되어, 물^(水)이 그릇^(皿)에서 '넘치는' 모습을 그렸고, 여기에서 '더하다'는 뜻이 나오자 원래 뜻은 다시 水를 더한 溢^(넘칠 일)로 분화했다. 『설문해자』에서는 "넉넉하다^(饒)라는 뜻이다. 그릇^(皿)에 물이 차서 넘친다는 뜻이다."라고 했다. 물이란 가득 찬 후 넘치게 되므로, 점차 증가하다의 뜻이 나왔고, 다시 부유하다, 利益^(이익) 등을 뜻하게 되었다. ☞ 溢^(넘칠 일)

字形 [甲骨文] [金文] [簡牘文] [古璽文] [石刻古文] [說文小篆]

謚(웃을 익): 谥, shì, 言-10, 17

字解 형성. 言^(말씀 언)이 의미부고 益^(더할 익)이 소리부로, 입^(口구, 言과 통합)으로 웃다는 뜻이다. ☞ 謚^(시호 시)

字形 [說文小篆]

翼(날개 익): yì, 羽-11, 17, 32

字解 형성. 羽^(깃 우)가 의미부고 異^(다를 이)가 소리부로, 깃^(羽)으로 이루어진 날개를 뜻하고, 이후 날 수 있는 날개라는 뜻에서 '보좌하다'는 뜻이 생겼다. 또 별 이름으로도 쓰여 28宿^(수)의 하나를 지칭했다. 『설문해자』에서는 달리 飛^(날 비)가 의미부이고 異가 소리부인 구조로 쓰기도 했다.

字形 [簡牘文] [說文小篆] [說文篆文]

瀷(강 이름 익): yì, 水-17, 20

字解 형성. 水^(물 수)가 의미부고 翼^(날개 익)이 소리부로, 강 이름으로 하남성 密^(밀)현에서 발원하여 潁水^(영수)로 흘러든다. 또 세차게 흐르는 물길을 말하기도 하고, 비 온 뒤 땅에 고인 물을 뜻하기도 한다.

字形 [說文小篆]

翊(도울 익): yì, 羽-5, 11, 12

字解 형성. 羽^(깃 우)가 의미부고 立^(설 립)이 소리부인 좌우구조로, 나려고 날개^(羽)를 세우다^(立)는 뜻으로부터 '돕다'의 의미를 그렸다.

字形 🖾 說文小篆

翌(다음날 익): yì, 羽-5, 11, 10

字解 형성. 원래는 羽^(깃 우)가 의미부고 立^(설 립)이 소리부인 좌우구조였지만, 이후 상하구조로 변해 지금의 자형이 되었다. 날^(日·일)이 밝아 새들이 깃^(羽)을 세워^(立) 날갯짓을 시작하다는 뜻에서 '다음날^(翌日)'의 의미를 그렸다.

字形 🖾🖾🖾🖾 甲骨文 🖾 說文小篆

溺(빠질 익) ☞ **溺**(빠질 닉)

인

儿(사람 인): rén, 儿-0, 2,

字解 상형. 儿은 원래 사람의 측면을 그린 人^(사람 인)과 같은 글자였으나 이후 형체를 조금 바꾸어 분화되었고, 주로 합성자에서 글자의 아래쪽에 쓰였다. 그래서 儿은 人과 뜻이 같고 모두 '사람과 의미적 관련을 맺는다. 예컨대, 元^(으뜸 원)은 갑골문에서 사람의 측면 모습에 머리를 크게 키워 그렸고, 머리가 사람의 가장 위쪽에 자리함으로써 壯元^(장원)에서처럼 '으뜸'이나 '처음'의 뜻이 생

겼다. 이와 같은 자원을 가진 兀^(우뚝할 올)도 같은 이치에서 '우뚝하다'는 뜻이 나왔다. 또 兄^(맏 형)은 입^(口·구)을 벌리고 꿇어앉은 사람으로, 제단에서 축원하는 모습을 그렸고, 제사를 드려 축원하는 것은 장자의 몫이었기에 '형'이라는 뜻이 생겼다. 그런가 하면 允^(진실로 윤)은 머리를 앞으로 구부린 모습에서 공손함과 진실함을 그렸으며, 充^(찰 충)은 『설문해자』에서 儿과 育^(낳을 육)의 생략된 모습이 결합한 구조로 사람이 태어나 '자라' 充滿^(충만)해 가는 모습을 그렸다고 했다. 현대 중국에서는 兒^(아이 아)의 간화자로도 쓰인다. ☞ 兒^(아이 아)

字形 🖾 說文小篆

廴(길게 걸을 인): yǐn, 廴-0, 3

字解 지사. 『설문해자』에서는 "먼 길을 가다^(長行·장행)"라는 뜻이라고 하면서, 彳^(조금 걸을 척)에 아랫부분의 획을 확장시켜 만든 글자로 풀이했다. 彳과 廴의 고대 독음이 비슷한 것으로 보아, 『설문해자』의 해석은 일리가 있다. 廴으로 구성된 글자들은 延^(끌 연)이나 廻^(돌 회) 등에서처럼 '길을 가다'나 '길다' 등의 뜻이 있다.

字形 🖾 說文小篆

引(끌 인): yǐn, 弓-1, 4, 42

字解 회의. 弓^(활 궁)과 丨^(뚫을 곤)으로 구성되었는데, 『설문해자』에서 활^(弓)의 시위가 직선^(丨)으로 팽팽하게 당겨진 상태를 말한다고 했다.

팽팽하게 조율된 활시위는 곧 당겨지게 될 터, 이로부터 '당기다'나 '끌다'의 뜻이 나왔다.

🗨字形 𢎺 簡牘文　弓 說文小篆

蚓(지렁이 인): [螾], yǐn, 虫-4, 10, 10

🗨字解 형성. 虫^(벌레 충)이 의미부고 引^(끌 인)이 소리부로, 몸을 구부렸다 펴면서^(引) 움직이는 벌레^(虫)인 '지렁이'를 말한다. 『설문해자』에서는 引 대신 寅^(셋째지지 인)이 들어간 螾^(지렁이 인)의 혹체자라고 했다. ☞ 引^(끌 인)

🗨字形 𧌂 說文小篆　𧔦 說文或體

靷(가슴걸이 인): yǐn, 革-4, 13

🗨字解 형성. 革^(가죽 혁)이 의미부고 引^(끌 인)이 소리부로, 가죽^(革)으로 만든 가슴걸이를 말한다.

🗨字形 靷 說文小篆　𩍿 說文籀文

刃(날 인): rèn, 刀-1, 3, 20

🗨字解 지사. 刀^(칼 도)와 점^(丶)으로 구성되어, 칼^(刀)에 '날'이 있는 날카로운 쪽을 가리켜, '칼의 날'을 뜻했다. 이후 칼이나 검처럼 예리한 날을 가진 무기를 뜻하였으며, 그런 무기로 죽이다, 베다의 뜻도 나왔다.

🗨字形 𠛃 甲骨文　𠛏 𠛏 簡牘文　𠛏 說文小篆

忍(참을 인): rěn, 心-3, 7, 32

🗨字解 형성. 心^(마음 심)이 의미부고 刃^(날 인)이 소리부로, 참다, 인내하다, 견디다는 뜻인데, 칼날^(刃)의 아픔을 견뎌내는 마음^(心)이라는 뜻을 담았다. ☞ 刃^(날 인)

🗨字形 𢖩 簡牘文　𢖊 說文小篆

認(알 인): 认, rèn, 言-7, 14, 42

🗨字解 형성. 言^(말씀 언)이 의미부고 忍^(참을 인)이 소리부로, 말^(言)이 칼날^(刃)처럼 마음속^(心)에 각인되어 인지되는 것을 말하며, 이로부터 인식하다, 알다의 뜻이 나왔다. 간화자에서는 소리부 忍을 人^(사람 인)으로 바꾸어 认으로 쓴다. ☞ 刃^(날 인)

🗨字形 𧭭 說文小篆

靭(질길 인): 韧, [韌], rèn, 革-3, 12, 10

🗨字解 형성. 革^(가죽 혁)이 의미부고 刃^(날 인)이 소리부로, 칼날^(刃)로 가죽^(革)을 잘라보면 가죽이 얼마나 '질긴'지 알 수 있다는 뜻에서 해당 의미를 그렸으며, 달리 革 대신 韋^(무두질할 위)가 들어간 韌^(질길 인)으로 쓰기도 한다. 간화자에서는 韧으로 쓴다.

🗨字形 𩍝 簡牘文　韌 說文新附字

紉(새끼 인): 纫, rèn, 糸-3, 9

(字解) 형성. 糸^(가는 실 멱)이 의미부고 刃^(날 인)이 소리부로, 실^(糸) 모양으로 새끼를 꼬다는 뜻이며, 이로부터 연결하다, 깁다 등의 뜻이 나왔다.

(字形) 𣌏 𣌏 𣌏古陶文 紉簡牘文 紉說文小篆

因(인할 인): yīn, 囗-3, 6, 50

(字解) 회의. 囗^(나라 국에워쌀 위)과 大^(큰 대)로 이루어져, 네모 틀^(囗) 속에 사람^(大)이 그려진 모습으로, 네모 틀은 자리나 깔개를 뜻한다. 자리를 깔고 앉거나 눕는다는 뜻에서 '기대다'는 뜻이, 다시 起因^(기인)하다, 原因^(원인) 등의 뜻이 나왔다. 그러자 원래 뜻은 艸^(풀초)를 더한 茵^(자리 인)으로 분화했다.

(字形) 因 因因因因甲骨文 因金 金文 大金簡牘文 因說文小篆

姻(혼인 인): [㛣], yīn, 女-6, 9, 30

(字解) 형성. 女^(여자 여)가 의미부고 因^(인할 인)이 소리부로, 신랑 집^(壻家·서가)을 뜻하는데, 여자^(女)가 기대야 하는^(因) 곳이라는 의미를 그렸다. 이후 결혼, 姻親^(인친) 등을 뜻하게 되었다.

(字形) 姻說文小篆

咽(목구멍 인): yān, yàn, yè, 囗-6, 9, 10

(字解) 형성. 口^(입 구)가 의미부고 因^(인할 인)이 소리부로, 목구멍을 말하는데, 식도와 기도로 통하는 입속의 깊숙한 곳을 말하고, 목구멍이 시작되는^(因) 곳이 입^(口)임을 반영했다. 이후 삼키다 등의 뜻이 나왔고, 입속 깊숙한 곳이라는 뜻에서 형세가 험준하고 방어에 중요한 곳을 비유하기도 하였다.

(字形) 咽說文小篆

絪(기운 인): yīn, 糸-6, 12

(字解) 형성. 糸^(가는 실 멱)이 의미부고 因^(인할 인)이 소리부로, 음양의 기운이 뒤섞여 충만함을 말하며, 달리 '絪氲^(인온)'이나 '絪縕^(인온)'으로 표현하기도 한다.

茵(자리 인): yīn, 艸-6, 10

(字解) 형성. 艸^(풀 초)가 의미부고 因^(인할 인)이 소리부로, 수레 위에 까는 짚^(艸)으로 만든 자리를 말한다. 이로부터 부드러운 풀의 뜻이 나왔고, '자리'를 통칭하기도 했다. 『설문해자』의 혹체자에서는 가죽^(革·혁)으로 만든다고 해서 革이 의미부로 채택되기도 했다.

(字形) 茵甲骨文 茵茵簡牘文 茵說文小篆 鞇說文或體

寅(셋째 지지 인): yín, 宀-8, 11, 30

字解 상형. 자형에 대해서는 의견이 분분하다. 갑
골문에서는 화살(矢^(화살 시))을 그리거나 矢에 특
정 표시를 위해 사용되는 표시인 네모(口)를
덧붙인 모습을 하기도 하였고, 금문에서처
럼 두 손을 그린 臼^(절구 구)를 더해 화살(矢)
을 잡은 모습을 그렸다. 원래 뜻은 '화살'로
추정되나, 갑골문 당시에 이미 간지자로 쓰
여, 의미의 변화 과정을 살피기가 어렵다.

字形 ![甲骨文 금문 고도문 간독문 백서 고새문 설문소전 설문고문 자형들]

夤(조심할 인): yín, 夕-11, 14

字解 형성. 夕^{(저녁 석, 月(肉)의 변형)}이 의미부이고 寅
^(셋째 지지 인)이 소리부로, 『옥편』에서는 등뼈
의 살^(脊肉), 『집운』에서는 등뼈 사이의 살이
라고 했다. 금문에서는 肉^(고기 육)이 의미부
이고 寅이 소리부인 구조로 되었는데, 자형
이 변해 지금처럼 되었다.

字形 ![金文 古陶文 說文小篆 說文籀文 자형들]

湮(잠길 인): yān, 水-9, 12, 10

字解 형성. 水^(물 수)가 의미부고 垔^(막을 인)이 소리
부로, 물^(水)에 빠지다, 잠기다의 뜻이다. 이

후 '막다'는 뜻도 나왔는데, 둑으로 막으면
물에 잠기게 되기 때문이다. 또 하남성 登
封^(등봉)현 서쪽에서 발원하여 伊水^(이수)로
흘러드는 강을 말한다. 달리 소리부 垔 대
신 因^(인할 인)이 들어간 洇^(잠길 인)으로 쓰기
도 한다.

印(도장 인): yìn, 卩-4, 6, 42

字解 회의. 爪^(손톱 조)와 卩^(병부절)로 구성되어, 손
^(爪)으로 사람을 꿇어 앉혀^(卩) 굴복시키는
모습을 그렸다. 도장은 손으로 눌러 찍기도
하고 그 자체가 사람을 복종시키는 권력의
상징이기도 하다. 그래서 印에 도장의 뜻이,
초기의 印刷^(인쇄)가 도장처럼 눌러 이루어
졌기에 '찍다'는 뜻도 생겼다. 그러자 원래
뜻은 手^(손 수)를 더하여 抑^(누를 억)으로 분화
했다.

字形 ![甲骨文 金文 古陶文 簡牘文 說文小篆 자형들]

人(사람 인): rén, 人-0, 2, 80

字解 상형. 『설문해자』에서는 "천지의 성정 중에
가장 귀한 존재"가 바로 사람이라고 하여
만물의 영장이 사람임을 선언했다. 갑골문
에서는 서 있는 사람의 측면 모습을 그렸
다. 人^(사람 인)이 둘 모이면 从<sup>(따를 종, 從의 원래
글자)</sup>, 셋 모이면 众^(무리 중衆의 원래 글자)이 된
다. 人은 먼저 사람 그 자체를 지칭하기도
하고, 이 때문에 인칭 대명사를 나타낼 때

도 쓰여 일인칭의 余^(나 여), 이인칭의 你^(너 이, 爾의 파생자), 삼인칭의 他^(그 타)와 伊^(저 이)를 구성하기도 한다. 둘째, 企^(꾀할 기)처럼 인간의 행위를 나타내며, 셋째 信^(믿을 신)처럼 인간 행위의 규범성을 나타내기도 한다.

字形

仁(어질 인): rén, 人-2, 4, 40

字解 형성. 二^(두 이)가 의미부이고 人^(사람 인)이 소리부인데, 二는 두 사람^(人) 사이의 관계를 상징한다. 仁의 자형에 관해 지금까지 확인된 가장 이른 자료는 갑골문과 전국시대 중산국^(中山國)에서 발견된 네모꼴 병에 새겨진 명문인데, 거기서는 선 사람 혹은 앉은 사람과 어떤 부호로 보이는 =로 구성되었으며, =는 人人의 생략된 형태로, 仁이란 바로 '사람^(人)과 사람^(人) 사이의 마음', 즉 사람이 사람을 대할 때의 마음을 바로 仁이라 해석할 수 있다. 그러나 여기서의 '사람의 마음'이란 바로 다른 사람을 걱정하고 위하는 마음이다. 그래서 맹자도 仁이란 남을 어여삐 여기는 측은지심^(惻隱之心)이 바로 그 시작점이라 했던 것이다. 그렇게 볼 때 仁은 사람과 사람 사이에 지켜야 할 관계를 말한다. 『汗簡^(한간)』 등 다른 고문자 자료에 의하면 윗부분은 身^(몸 신)의 간략화 된 모습, 아랫부분은 心^(마음 심)으로 되어 있다. 身은 사람의 몸체를 그렸으며, '사람'을 뜻하고, 여기서는 소리부의 기능도 겸한다. 이후 身

이 『설문해자』의 고문체에서 千^(일천 천)으로 변해 소리부의 기능을 더 강화했다.

字形

隣^(이웃 인) ☞ 隣^(이웃 린)

鄰^(이웃 인) ☞ 隣^(이웃 린)

일

日(날 일): rì, 日-0, 4, 80

字解 상형. '태양'을 그렸는데, 중간의 점이 특징적이다. 이를 태양의 흑점으로도 보지만 중국 신화에서 태양에 산다고 하는 다리가 셋 달린 까마귀^(三足烏삼족오)의 상징으로도 풀이한다. 태양은 인류가 볼 수 있는 가장 강한 빛과 만물을 생장케 하는 무한한 에너지를 가졌다. 태양의 위치로 시간대를 확정하고, 뜨고 지는 주기로 '하루'를 나타냈으며, 이 때문에 시간의 총칭이자 달력^(曆력)의 의미까지 갖게 되었다.

字形

古文 ⊟ 說文小篆 ⊝ 說文古文

字形 [金文 글자들] 金文 [石刻古文] [石刻古文]
說文小篆

馹(역말 일): rì, 馬-4, 14

字解 형성. 馬^(말 마)가 의미부고 日^(날 일)이 소리부로, '역말'을 뜻하는데, 하루^(日)를 달릴 수 있는 말^(馬)이라는 의미를 담았다.

字形 [古文] 說文小篆

溢(넘칠 일): yì, 水-10, 13, 10

字解 형성. 水^(물 수)가 의미부고 益^(더할 익)이 소리부로, 그릇에 물이 넘치는 모습을 그린 益에 다시 水를 더하여 물이 넘침을 강조한 글자이다. 이로부터 넘치다, 범람하다, 가득 차다 등의 뜻이 나왔다. ☞ 益^(더할 익)

字形 [古文] 說文小篆

鎰(중량 일): 镒, yì, 金-10, 18, 12

字解 형성. 金^(쇠 금)이 의미부고 益^(더할 익)이 소리부로, 금속^(金)의 무게를 재는 단위로, 20냥, 혹은 24냥이라고도 한다.

逸(잃을 일): yì, 辵-8, 12, 32

字解 회의. 辵^(쉬엄쉬엄 갈 착)과 兔^(토끼 토)로 구성되어, 잘 달아나는 ^(辵) 토끼^(兔·토끼 토)를 가져와 사냥감을 놓치거나 '잃어버리다'는 의미를 나타냈다. 이후 도망가다, 석방하다, 은둔하다, 초월하다, 한적하다 등의 뜻이 나왔다.

一(한 일): yī, [弌], 一-0, 1, 80

字解 지사. 갑골문에서부터 가로획을 하나 그려 '하나'의 개념을 나타냈다. 一이 둘 모이면 二^(두 이)요, 셋 모이면 三^(석 삼)이 된다. 一은 숫자의 시작이다. 하지만 한자에서의 一은 단순한 숫자의 개념을 넘어선 오묘한 철학적 개념을 가진다. 一은 인간의 인식체계로 분화시킬 수 없는 카오스^(chaos)이자 분리될 수 없는 전체이다. 그래서 一은 하나이자 모두를 뜻하고, 만물을 낳는 道^(도)이자, 우주 만물 전체를 의미하며, 劃一^(획일)에서처럼 통일됨도 의미하는 숭고한 개념을 가진다. 달리 弋^(주살 익)이 더해진 弌로 쓰기도 하는데, 弋은 가끔 형체가 비슷한 戈^(창 과)로 바뀌기도 했다.

字形 [甲骨文] 甲骨文 [金文] 金文 [古陶文] 古陶文 一 盟書 [簡牘文] 簡牘文 [古幣文] 古幣文 一 古璽文 [石刻古文] 石刻古文 一 說文小篆 弌 說文古文

壹(한 일): yī, 士-9, 12, 20

字解 형성. 소전체에서 壺^(병 호)가 의미부고 吉^(길할 길)이 소리부로 되었는데, 자형이 변해 지금처럼 되었다. 壺는 중국 고대신화에서 사람을 탄생할 수 있게 한 호리병박의 원형이고, 吉은 남성 생식기와 관련되었다. 그래서 壹은 모든 만물을 생성해 내는 상징적

존재이다. 이 때문에 壹은 단순한 숫자 '하나'를 넘어서 만물 창조의 근원인 元氣^(원기)는 물론 최고의 개념인 道^(도)까지 뜻하는 심오한 글자다. 이후 호리병의 두루마리 발^(卷足·권족)과 볼록한 몸통 부분이 豆로, 뚜껑이 士^(선비 사)로 변해 지금의 자형이 되었다.
☞ 壺^(병 호)

字形 ![字形] 古陶文 ![字形] 簡牘文 ![字形] 說文小篆

佾(춤 일): yì, 人-6, 8, 12

字解 형성. 人^(사람 인)이 의미부고 肻^(뜰릴 훌)이 소리부로, 옛날 춤에서 한 줄에 8명^(人)씩 서서^(肻) 추는 춤을 말했는데, 천자는 8佾(64명), 제후는 6佾(48명), 대부는 4佾(32명)의 춤을 출 수 있었다.

字形 ![字形] 說文小篆

佚(편안할 일): yì, 人-5, 7, 10

字解 형성. 人^(사람 인)이 의미부고 失^(잃을 실)이 소리부로, 세상을 피해 사라진^(失) 사람^(人)이라는 뜻으로부터 '은거하다'와 '없어지다', '잃어버리다' 등의 뜻이 나왔다. 번잡한 세상을 떠나 한적하게 은거하는 것은 편안함의 상징이었기에 '편안하다'는 뜻까지 나왔다.

字形 ![字形] 說文小篆

임

壬(아홉째 천간 임): rén, 士-1, 4, 32

字解 상형. 갑골문에서 이미 간지자로만 쓰여 그것이 무엇을 그렸는지 정확하게 알 수는 없으나, 날실^(세로 방향으로 놓인 실)이 장착된 베틀의 모습으로 추정된다. 특히 금문에서는 중간에 점을 더해 베를 짤 때 날실 사이로 들락거리는 북^(杼·저)을 형상화함으로써, 이것이 베틀임을 강하게 시사하고 있다. 그래서 壬은 베틀을 그렸으며, 베 짜기는 대단히 정교한 기술이 요구되기에 한 사람이 책임을 지고 도맡아서 해야만 가능한 일이었다. 그래서 壬에 '맡다'는 뜻이 생겼고, 壬이 간지자로 가차되어 쓰이자 다시 人을 더해 任^(맡길 임)으로 원래의 뜻을 나타낸 것으로 추정된다.

字形 ![字形] 甲骨文 ![字形] 金文 ![字形] 古陶文 ![字形] 簡牘文 ![字形] 古璽文 ![字形] 說文小篆

任(맡길 임): rèn, 人-4, 6, 52

字解 형성. 人^(사람 인)이 의미부고 壬^(아홉째 천간 임)이 소리부로, 사람^(人)에게 맡겨^(壬) 일을 책임지고 하도록 하는 것을 말하며, 이로부터 責任^(책임)과 任務^(임무)의 뜻이 나왔다.

字形 ![字形] 甲骨文 ![字形] 金文 ![字形] 古陶文 ![字形] 簡牘文

任 說文小篆

妊(아이 밸 임): [姙, rèn, 女-4, 7, 20]

(字解) 형성. 女(여자 여)가 의미부고 壬(아홉째 천간 임)이 소리부로, 아이를 배는 것은 여성(女)이 책임을 지고 도맡아 해야(壬) 하는 일임을, 또 임신을 하면 그 어느 때보다 책임을 다하여 조심하고 세심해야 함을 반영했다. 그러한 의미를 더욱 강조하기 위해 壬 대신 任(맡길 임)을 쓴 姙으로 쓰기도 한다.

(字形) 妊 說文小篆

紝(짤 임): [絍, rèn, 糸-4, 10]

(字解) 형성. 糸(가는 실 멱)이 의미부이고 壬(아홉째 천간 임)이 소리부로, 베틀(壬)로 짠 베(糸)를 말하며, 이로부터 베를 짜다는 뜻이 나왔다. 달리 壬 대신 任(맡길 임)을 쓴 絍으로 쓰기도 한다.

(字形) 紝 古陶文 絍 簡牘文 紝 古璽文 紝 說文小篆

姙(아이 밸 임): 妊, rèn, 女-4, 7

(字解) 형성. 女(여자 여)가 의미부고 任(맡길 임)이 소리부로, 임신은 여성(女)이 책임을 지고 도맡아 해야(任) 하는 일을 말했다. 달리 任 대신 壬(아홉째 천간 임)을 쓴 妊과 같이 쓰이며, 간화자에서는 妊에 통합되었다. ☞ 妊(아이 밸 임)

(字形) 𡰥𡰥 𡰥 甲骨文 𡊨𡊨𡊨𡊨 金文 姙 說文小篆

荏(들깨 임): rěn, 艸-6, 10

(字解) 형성. 艸(풀 초)가 의미부고 任(맡길 임)이 소리부로, 식물(艸)의 일종인 '들깨'를 말하며, 들깨 잎처럼 '부드럽다'는 뜻도 나왔다.

(字形) 荏 荏 荏 古璽文 荏 說文小篆

恁(생각할 임): rèn, nín, 心-6, 10

(字解) 형성. 心(마음 심)이 의미부고 任(맡길 임)이 소리부로, 곰곰이 생각하다(心)는 뜻이며, 이후 '이것'이라는 대명사로도 쓰였다. 또 你(너 니)나 您(너 니)와 같이 쓰여 이인칭 대명사로도 쓰였다.

(字形) 恁 王孫鐘 恁 中山王鼎 恁 古璽文 恁 說文小篆

賃(품팔이 임): 赁, lìn, 貝-6, 13, 32

(字解) 형성. 貝(조개 패)가 의미부고 任(맡길 임)이 소리부로, 고용하다가 원래 뜻인데, 돈(貝)을 주고 일을 맡기다(任)는 뜻을 담았다.

(字形) 賃 賃 金文 賃 賃 簡牘文 賃 說文小篆

袵(옷깃 임): 衽, rèn, 衣-6, 11

字解 형성. 衣(옷 의)가 의미부이고 任(맡길 임)이 소리부로, 옷(衣)의 깃을 말하며, 이후 옷의 소매까지 뜻하게 되었다.

字形 [金文] [簡牘文] [說文小篆]

입

立(설 입) ☞ 立(설 립)

入(들 입): rù, 入-0, 2, 70

字解 상형. 자원에 대해서는 의견이 분분하다. 땅속에 박아 놓은 막대나 뾰족한 물건을 그렸다고들 하지만 금문을 보면 동굴 집으로 들어가는 굴의 입구라는 것이 자형과 실제 상황에 가장 근접해 보인다. 동굴 집은 황하 유역에서 초기 중국인들의 대표적인 거주 형태였기에 入에 出入(출입)에서처럼 동굴 집으로 '들어가다'의 뜻이, 다시 참가하다, 적합하다, 맞다 등의 뜻이 나왔다. 또 옛날 사성의 하나로 입성을 말하기도 한다.

字形 [甲骨文] [金文] [盟書] [簡牘文] [說文小篆]

廿(스물 입): [卄], niàn, 十-2, 4

字解 회의. 두 개의 十(열 십)으로 구성되어, 숫자 '20'을 나타낸다. 달리 卄으로도 쓴다. ☞ 十(열 십)

字形 [甲骨文] [金文] [古陶文] [簡牘文] [說文小篆]

잉

孕(아이 밸 잉): yùn, 子-2, 5, 10

字解 회의. 뱃속(乃)에 아이(子)가 든 모습인데 머리와 두 팔이 이미 다 자라 곧 출산하게 될 모습을 그렸으며, 이로부터 임신하다, 분만하다, 태아 등의 뜻이 나왔으며, 동식물의 부화는 물론 싸다, 포함하다 등의 뜻까지 나왔다.

字形 [甲骨文] [石刻古文] [說文小篆]

仍(인할 잉): réng, 人-2, 4

字解 형성. 人^(사람 인)이 의미부고 乃^(이에 내)가 소리부로, 옛날 그대로 일을 하다는 뜻에서 '여전하다'라는 뜻이 나왔다.

芿(새 풀싹 잉): rèng, 艸-4, 8

字解 형성. 艸^(풀 초)가 의미부고 仍^(인할 잉)이 소리부로, 죽지 않은 옛날^(仍) 풀^(艸)에서 다시 싹이 돋아나다는 뜻인데, 이후 토란을 뜻하기도 하였다. 달리 仍을 乃^(이에 내)로 줄인 艿^(풀이름 잉)으로도 쓴다.

字形 〔甲骨文〕 〔金文〕 〔說文小篆〕

扔(당길 잉): rēng, 手-2, 5

字解 형성. 手^(손 수)가 의미부고 乃^(이에 내)가 소리부로, 손^(手)을 이용해 끌어 당기다는 뜻이며, 부수다의 뜻도 나왔다.

字形 〔甲骨文〕 〔說文小篆〕

剩(남을 잉): [賸], shèng, 刀-10, 12, 10

字解 형성. 刀^(칼 도)가 의미부고 乘^(탈 승)이 소리부로, 원래는 賸^(남을 잉승)으로 써 재화^(貝)가 남음을 말했는데, 소리부인 朕^(나 짐)이 乘으로 변하고 의미부인 貝^(조개 패)가 刀로 변해 지금의 자형이 되었다.

字形 〔簡牘文〕 剩 〔玉篇〕

자

炙(고기 구울 자적): [燔], zhì, 火-4, 8, 10

字解 회의. 肉^(고기 육)과 火^(불 화)로 구성되어, 고기^(肉)를 불^(火)에 굽는 모습을 형상화했으며, 이로부터 불에 굽다는 뜻이 나왔고, 다시 불에 익힌 고기, 볕에 말리다, 안주 등의 뜻이 나왔다. 달리 火 대신 庶^(여러 서)가 들어간 燔^(구울 자적)로 쓰기도 한다.

字形 （簡牘文 （古璽文 （說文小篆

（說文籍文

藉(깔개 자): 借, jiè, 艸-14, 18, 10

字解 형성. 艸^(풀 초)가 의미부고 耤^(갈빌릴 적)이 소리부로, 옛날 제사 등에서 예물 진열할 때 깔던 자리라는 뜻으로, 풀^(艸)로 만든 '깔개'를 말하는데, 이로부터 '…을 받치다', '…을 깔고 앉다' 등의 뜻이 나왔다. 간화자에서는 借^(빌 차)에 통합되었다. ☞ 耤^(갈빌릴 적)

字形 （古璽文 （說文小篆

資(재물 자): 资, [貲], zī, 貝-6, 13, 40

字解 형성. 貝^(조개 패)가 의미부고 次^(버금 차)가 소리부로, 재물^(貝)이나 물자를 말하며, 이로부터 식량이나 생활비, 제공하다, 경력 등의 뜻이 나왔다. 달리 次 대신 此^(이 차)가 들어간 貲^(재물 자)로 쓰기도 한다.

字形 （（簡牘文 （說文小篆

姿(맵시 자): zī, 女-6, 9, 40

字解 형성. 女^(여자 여)가 의미부고 次^(버금 차)가 소리부로, 여성^(女)의 자태나 모양을 말했는데, 이후 '맵시'를 지칭하는 일반적인 의미로 바뀌었으며, 또 아름답다, 자질, 재간 등의 뜻도 나왔다.

字形 （說文小篆

恣(방자할 자): zì, 心-6, 10, 30

字解 형성. 心^(마음 심)이 의미부고 次^(버금 차)가 소리부로, 제멋대로 하는^(次) 마음^(心)을 말하며, 이로부터 放恣^(방자)하다, 방임하다, 만족하다 등의 뜻이 나왔다. ☞ 次^(버금 차)

字形 （說文小篆

咨(물을 자): zī, 口-6, 9

字解 형성. 口^(입 구)가 의미부고 次^(버금 차)가 소리부로, 어떤 일을 전문가에게 묻는다^(諮問·자문)는 뜻인데, 침을 튀기듯^(次) 열띠게 물어보는^(口) 것을 말하며, 이후 의미의 강조를 위해 言^(말씀 언)을 더한 諮^(물을 자)가 만들어졌

다. 또 감탄이나 탄식을 나타내는 말로도 쓰였으며, 옛날 동급기관에서의 일급 공문을 지칭하기도 하였다. ☞ 次^(버금 차)

字形 古幣文 漢印 說文小篆

諮(물을 자): zī, 言-9, 16, 20

字解 형성. 言^(말씀 언)이 의미부고 咨^(물을 자)가 소리부로, 말^(言)로 물어보는^(咨) 것을 말하며, 이로부터 諮問^(자문)이나 상의하다는 뜻이 나왔다. ☞ 次^(버금 차)

茨(가시나무 자): cí, 艸-6, 10

字解 형성. 艸^(풀 초)가 의미부고 次^(버금 차)가 소리부로, 띠나 갈대^(艸)로 이은 지붕이나 그런 초막을 말하는데, 임시로 머물 수 있도록^(次) 띠^(艸)로 덮어 만든 집임을 반영했다. 또 풀의 일종인 남가새^(蒺藜·질려)를 말하기도 한다. ☞ 次^(버금 차)

字形 說文小篆

粢(기장 자): [齋, 穄], zī, 米-6, 12

字解 형성. 米^(쌀 미)가 의미부고 次^(버금 차)가 소리부로, 기장을 말하는데, 쌀^(米)에 버금가는^(次) 곡식이라는 뜻을 담았으며, 이후 곡물의 총칭으로 쓰였다. 『설문해자』에서는 禾^(벼 화)가 의미부이고 齊^(가지런할 제)가 소리부인 齋로 썼고, 이의 이체자로 米 대신 禾^(벼 화)가 들어간 穄를 제시하기도 했다.

字形 古璽文 說文小篆 說文或體

瓷(오지그릇 자): [珁], cí, 瓦-6, 11, 10

字解 형성. 瓦^(기와 와)가 의미부고 次^(버금 차)가 소리부로, 오지그릇을 말하는데, 고령토로 구운 다음^(次) 유약을 발라 다시 구운 질그릇^(瓦)이라는 뜻이며, 단단함의 비유로도 쓰인다. 달리 瓦 대신 玉^(옥 옥)이 들어간 珁^(오지그릇 자)로 적기도 하는데, 옥^(玉)처럼 구운 질그릇^(瓦)이란 뜻의 회의구조로 변화하였다.

字形 說文小篆

子(아들 자): zǐ, 子-0, 3, 70

字解 상형. 갑골문에서 머리칼이 달린 큰 머리와 몸체를 그려 갓 태어난 '아이'를 형상화했다. 금문에 들면서 머리와 두 팔을 벌린 모습으로 변했지만, 머리를 몸체보다 크게 그려 어린 아이의 신체적 특징을 잘 나타냈다. 이로부터 子는 '아이', '자식'이라는 뜻을, 나아가 種子^(종자)에서처럼 동식물의 '씨'라는 의미까지 갖게 되었다. 그리고 부계사회가 확립되면서 '남자' 아이라는 의미가 되었고, 다시 '孔^(클 공)씨 집안의 대단한 자손'이라는 뜻의 孔子에서처럼 남성에 대한 극존칭이 되었다. 이는 개인보다는 집안과 공동체가 훨씬 중시되었던 시절 그 가문에서 태어나 그 가문을 대표하는 사람의 지위를 보여주기도 한다. 그래서 子는 孕^(첫 유)에서처럼 '성인'이 아닌 '아이'가 원래 뜻이다.

아이의 탄생은 存^(있을 존)에서처럼 인간의 존재를 확인시켜주는 실존적 체험이자 아이는 다음 세대로 이어지는 상징이기에 충분했다. 이렇게 태어난 아이는 學^(배울 학)에서처럼 교육을 거쳐 사회의 정식 구성원이 되고 주체로서 성장하게 된다. 이후 후계자는 물론 스승이나 남성을 높여 부르던 말, 작위 명칭, 이인칭 대명사 등으로도 쓰였고, 12지지의 첫 번째로 쓰여 쥐와 북방을 상징하며 23시~1시의 시간대를 지칭하기도 했다.

字形 ⊕⊕⊕⊕⊕⊕⊕甲骨文 ⊕⊕⊕ ⊕⊕⊕金文 ⊕⊕古陶文 ⊕⊕⊕⊕⊕簡牘文 ⊕⊕盟書 ⊕⊕古璽文 ⊕⊕石刻古文 ⊕說文小篆 ⊕說文古文 ⊕說文籀文

字(글자 자): zì, 子-3, 6, 70

字解 형성. 宀^(집 면)이 의미부고 子^(아들 자)가 소리부로, 집^(宀)에서 아이^(子)를 낳아 자손을 키워가듯 점점 '불려 나가다'는 뜻이며, 이로부터 키우다의 뜻이 나왔다. 예컨대 文^(글월 문)이 다시는 분리되지 않는 기초자를 말하는 데 비해 字는 이들이 둘 이상 결합하여 만들어진 글자를 지칭하였고, 지금은 이를 합쳐 文字라는 단어로 쓴다. 이후 글자, 글씨, 서예 작품, 계약서, 본이름 외에 부르는 이름 등의 뜻도 나왔다.

字形 ⊕⊕⊕金文 ⊕⊕簡牘文 ⊕古璽文

說文小篆

仔(자세할 자): zǐ, 人-3, 5, 10

字解 형성. 人^(사람 인)이 의미부고 子^(아들 자)가 소리부로, 사람^(人) 중에서도 어린 아이^(子)를 말하는데, 이후 '새끼'의 통칭이 되었고, 다시 작다, 세밀하다, 仔細^(자세)하다 등의 뜻이 나왔다.

字形 ⊕⊕⊕甲骨文 ⊕⊕金文 ⊕⊕古陶文 ⊕說文小篆

孜(힘쓸 자): zī, 子-4, 7

字解 형성. 攴^(칠 복)이 의미부고 子^(아들 자)가 소리부로, 맡은 직책이나 임무 따위를 능히 감당하다는 뜻이었으나, 이후 어린 가축 등을 지칭하였다.

字形 ⊕古陶文 ⊕說文小篆

茲(이 자): cí, zī, 艸-6, 10, 30

字解 회의. 두 개의 玄^(검을 현)으로 구성되어, '검다^(玄)'는 뜻을 말했으나, 이후 '이곳'이라는 의미로 가차되어 쓰였다. 그러자 원래 뜻은 다시 水^(물 수)를 더해 滋^(불을 자)로 분화했다.

字形 ⊕⊕甲骨文 ⊕⊕金文 ⊕簡牘文 ⊕古幣文 ⊕古璽文 ⊕石刻古文 ⊕說文小篆

磁(자석 자): [磁], cí, 石-9, 14, 20

🗨 형성. 石^(돌 석)이 의미부고 茲^(이 자)가 소리부로, 자기장을 이용해 다른 물체를 붙여 체적을 불어나게^(茲, 滋의 원래 글자) 하는 광물질^(石)을 말한다. 달리 茲 대신 慈^(사랑할 자)가 들어간 磁로 쓰기도 하며, 瓷^(오지그릇 자)와 통용하기도 한다. ☞ 滋^(불을 자)

滋(불을 자): zī, 水-9, 12, 12

🗨 형성. 水^(물 수)가 의미부고 茲^(이 자)가 소리부로, 갑골문에서는 물^(水)에 실타래^(幺)를 담가 놓은 모습인데, 染色^(염색)한 실타래를 물에 씻는 모습으로 추정된다. 염색한 실타래를 냇물에 담그면 색깔이 주위로 퍼져 나가 물이 검고 혼탁해 지기에, 滋에 '불어나다'는 뜻이, 玆에는 '검다'는 뜻이 생겼다. 따라서 玄^(검을 현)과 玄이 둘 모인 玆나, 茲에 水가 더해진 滋는 모두 같은 어원을 가지는 글자들이다.

🗨 字形 ❖甲骨文 ❖簡牘文 ❖說文小篆

孳(불어날 자): zī, 子-10, 13

🗨 형성. 子^(아들 자)가 의미부고 茲^(이 자)가 소리부로, 『설문해자』의 해설처럼, '나날이 생겨나다^(汲汲生)'라는 뜻이다. 염색한 실타래를 물에 풀면 색깔이 퍼져 나가듯^(茲) 자식들^(子)이 '불어난다'는 의미를 담았다. ☞ 滋^(불을 자)

🗨 字形 ❖金文 ❖說文小篆 ❖說文籒文

慈(사랑할 자): cí, 心-9, 13, 32

🗨 형성. 心^(마음 심)이 의미부고 茲^(이 자)가 소리부로, 마음^(心)을 한없이 불려^(茲) 남에게 베푸는 자애로운 '사랑^(愛)'을 말하며, 이로부터 위에서 아래로 베푸는 사랑을 지칭하였고, 어머니의 비유로 쓰였다. ☞ 滋^(불을 자)

🗨 字形 ❖金文 ❖說文小篆

鶿(가마우지 자): cí, 鳥-10, 21

🗨 형성. 鳥^(새 조)가 의미부고 茲^(이 자)가 소리부로, 검은색^(玆, 幺의 중복형) 깃털을 가진 새^(鳥)의 하나인 가마우지를 말한다. 어부들이 물고기를 잡을 때 이용하는 새라고 하여 魚鷹^(어응)이나 烏鬼^(오귀)라고도 부른다.

🗨 字形 ❖金文 ❖說文小篆

者(놈 자): zhě, 老-5, 9, 60

🗨 회의. 금문에서 솥에다 콩^(叔숙)을 삶는 모습을 그렸는데, 이후 윗부분의 콩이 耂^(늙을 로)로, 아랫부분의 솥이 日^(가로 왈)로 변해 지금의 자형으로 되었으며, '삶다'가 원래 뜻이다. 하지만, 이후 '…하는 사람'이나 '…하는 것'의 의미로 가차되어 쓰였고, 그러자 원래 뜻은 火^(불 화)를 더한 煮^(삶을 자)를 만들어 분화했다.

字形 🔡🔡🔡🔡🔡金文　🔡🔡古陶文

🔡🔡🔡🔡　🔡🔡🔡簡牘文　🔡

帛書　🔡 說文小篆

煮(삶을 자): [煑], zhǔ, 火-9, 13, 10

字解 형성. 火^(불 화)가 의미부고 者^(놈 자)가 소리부로, 불^(火)에 음식물을 삶다^(者)는 뜻이며, 바닷물을 졸여서 만든 소금^(煮鹽·자염)을 말하기도 한다. 『설문해자』에서는 의미를 강조하기 위해 鬲^(솥 력)을 더해 '솥에 삶는다'라는 의미를 강조했고, 혹체자에서는 水^(물 수)를 더해 '솥^(鬲)'에 물^(水)을 넣고 삶는다라는 의미를 강조하기도 했다. ☞ 者^(놈 자)

字形 🔡 說文小篆 🔡 說文或體

自(스스로 자): zì, 自-0, 6, 70

字解 상형. 코를 그렸는데, 앞에서 본 모습을 그렸다. 서양인들이 코를 그릴 때 주로 측면의 모습을 그리는 데 반해, 동양인들은 정면의 모습을 그리는 것이 전통이었다. 그것은 서양인들의 코가 높지만, 동양인들은 납작하기 때문이었을 것이다. 코는 후각 기관이자 숨을 내쉬는 기관이기에 自는 '냄새'나 '호흡'과 관련되어 있다. 코는 얼굴에서 개인적 차이가 가장 심한 부위이기에 개인을 대표하는 것으로 인식되었고, 여기에서 自己^(자기), 自身^(자신)이라는 뜻이, 自由^(자유)는 물론 自然^(자연·스스로 그러함)의 뜻까지 생겼다. 그러자 원래의 '코'는 소리부인 畀^(줄 비)를

더해 鼻^(코 비)로 분화했다. 중국인들이 자신을 가리킬 때 우리와는 달리 코를 손가락으로 가리키는 습관도 이와 관련된 듯 보인다.

字形 🔡🔡甲骨文 🔡🔡🔡🔡🔡金文

🔡🔡古陶文 🔡盟書 🔡🔡🔡

🔡🔡🔡簡牘文 🔡石刻古文 🔡說

文小篆 🔡 說文古文

紫(자줏빛 자): zǐ, 糸-5, 11, 32

字解 형성. 糸^(가는 실 멱)이 의미부고 此^(이 차)가 소리부로, 자주색 비단^(糸)을 말하며, 이로부터 '자주색'을 뜻하게 되었다.

字形 🔡金文 🔡簡牘文 🔡 說文小篆

雌(암컷 자): cí, 隹-6, 14, 20

字解 형성. 隹^(새 추)가 의미부고 此^(이 차)가 소리부로, 새^(隹)의 암컷을 말하는데, 이후 '암컷'의 통칭이 되었고, '여자다움'까지 뜻하게 되었다.

字形 🔡 說文小篆

疵(흠 자): cī, 疒-6, 11, 10

字解 형성. 疒(병들어 기댈 녁)이 의미부고 此(이 차)가 소리부로, 작은 병(疒)을 말하며, 이로부터 과실이나 잘못의 뜻이 나왔다.

字形 疪疵疵簡牘文 疵 說文小篆

訾(헐뜯을 자): zǐ, 言-6, 13

字解 형성. 言(말씀 언)이 의미부고 此(이 차)가 소리부로, 다른 사람을 흉보거나 나쁜 말(言)을 하는 것을 말하며, 이로부터 헐뜯다의 뜻이 나왔다.

字形 訾簡牘文 訾 說文小篆

姊(손윗누이 자): 姊, zǐ, 女-5, 8, 40

字解 형성. 원래 姊(손윗누이 자)로 써, 女(여자 여)가 의미부고 弟(그칠 제)가 소리부인 구조로, 언니(女兄)를 말했는데, 弟가 市(저자 시)로 바뀌어 지금의 자형이 되었다. 달리 어머니라는 뜻도 가지며, 간화자에서는 姊(손윗누이 자)에 통합되었다. ☞ 姊(손윗누이 자)

字形 姉金文 姊 說文小篆

姉(손윗누이 자): [姊], zǐ, 女-5, 8

字解 형성. 女(여자 여)가 의미부고 弟(그칠 제)가 소리부로, 姊(손윗누이 자)와 같은 글자이다.
☞ 姊(손윗누이 자)

字形 秭 說文小篆

秭(부피 이름 자): zǐ, 禾-5, 10

字解 형성. 禾(벼 화)가 의미부고 弟(그칠 제)가 소리부로, 곡식(禾)의 용량을 헤아리는 단위로, 16말(斛 곡)을 말하며, 1만 억의 숫자를 지칭하기도 한다. 또 지명으로 쓰였는데, 호북성에 秭歸(자귀)라는 곳이 있다.

字形 秭金文 秭 說文小篆

朿(가시 자): cì, 木-2, 6

字解 상형. 가시가 난 나무를 그렸다. 『설문해자』의 해설처럼, '나무의 가시(木芒)'를 말한다. 朿가 상하로 둘 모이면 棗(대추나무 조)가 되고, 가로로 둘 모이면 棘(멧대추나무 극)이 된다.

字形 朿 說文小篆

刺(죽일 자): cì, 刀-6, 8, 32

字解 형성. 刀(칼 도)가 의미부고 朿(가시 자)가 소리부로, 가시(朿) 같은 예리한 칼(刀)로 찔러 죽임을 말하는데, 『설문해자』에서는 "임금이 대부를 죽이는 것을 말한다"라고 했다.

字形 刺簡牘文 刺 說文小篆

蔗(사탕수수 자): zhè, 艸-11, 15, 10

字解 형성. 艸^(풀 초)가 의미부고 庶^(여러 서)가 소리부로, 식물^(艸)의 일종인 사탕수수를 말하며, 단 것의 비유로 쓰인다.

字形 蔗 說文小篆

鼒(옹달솥 자): zī, 鼎-3, 16

字解 형성. 鼎^(솥 정)이 의미부고 才^(재주 재)가 소리부로, 옹달솥을 말하는데, 겨우^(才) 솥^(鼎)의 범주에 넣을 수 있는 '조그마한 솥'이라는 의미를 담았다.

字形 鼒鼒鼒金文 鼒 說文小篆 鼒 說文俗字

齍(제기 자): zá, 齊-5, 19

字解 형성. 皿^(그릇 명)이 의미부이고 齊^(가지런할 제)가 소리부이다. 『설문해자』의 해설처럼, '제사 지낼 때 서직을 담는 그릇^(黍稷在器以祀者)'을 말한다.

字形 齍 說文小篆

작

勺(구기 작): sháo, 勹-1, 3, 10

字解 지사. 국자를 그렸는데, 굽어진 국자 속에

어떤 물체가 들어 있음을 상징적으로 표현했으며, 간독문자에서는 金^(쇠 금)을 더하여 그것이 청동으로 만들어졌음을 형상했다. 또 용량 단위로 쓰여, 한 되^(升 승)의 1백 분의 1을 말한다.

字形 勺簡牘文 勺 說文小篆

酌(따를 작): zhuó, 酉-3, 10, 30

字解 형성. 酉^(닭 유)가 의미부고 勺^(구기 작)이 소리부로, 국자^(勺)로 술^(酉)을 떠서 술잔에 따르는 행위를 말하며, 이로부터 술, 술잔치, 술을 마시다, 선택하다 등의 뜻이 나왔다.

字形 酌金文 酌 說文小篆

灼(사를 작): zhuó, 火-3, 7, 10

字解 형성. 火^(불 화)가 의미부고 勺^(구기 작)이 소리부로, 불^(火)로 태우거나 지지는 것을 말하며, 이로부터 조급하다, 밝다, 분명하다 등의 뜻이 나왔다.

字形 灼 說文小篆

芍(함박꽃 작): sháo, 艸-3, 7, 10

字解 형성. 艸^(풀 초)가 의미부고 勺^(구기 작)이 소리부로, 식물^(艸)의 일종으로 함박꽃을 말한다.

字形 芍 說文小篆

妁(중매 작): shuò, 女-3, 6

字解 형성. 女^(여자 여)가 의미부고 勺^(구기 작)이 소리부로, '중매쟁이'를 말하는데, 여자^(女)를 골라^(勺) 결혼하게 해 주는 매파라는 뜻을 담았으며, 이로부터 '중매하다'의 뜻도 나왔다.

字形 簡牘文 說文小篆

斫(벨 작): zhuó, 斤-5, 9

字解 형성. 斤^(도끼 근)이 의미부고 石^(돌 석)이 소리부로, 돌^(石)로 된 도끼^(斤)나 칼로 '자르거나', '베다'는 뜻이다. 이후 도끼를 쇠^(金)로 만드는 것이 보편화하였지만, 명칭은 처음 때의 돌^(石)로 된 모습을 그대로 유지했다.

字形 說文小篆

綽(너그러울 작): 綽, [繛], chuò, 糸-8, 14, 10

字解 형성. 糸^(가는 실 멱)이 의미부고 卓^(높을 탁)이 소리부로, '너그럽다'는 뜻인데, 코가 큰^(卓) 그물^(糸)로써 큰 고기 외에는 다 빠져나가도록 허용하는 너그럽고 여유로움의 의미를 그렸다. 이로부터 잡다, 체포하다, 물에 살짝 담그다 등의 뜻이 나왔다. 『설문해자』에서는 糸대신 素^(흴 소)를 의미부로 써 繛으로 썼다.

字形 金文 說文小篆 說文或體

鵲(까치 작): 鹊, [䧿], què, 鳥-8, 19, 10

字解 형성. 鳥^(새 조)가 의미부고 昔^(옛 석)이 소리부로, 새^(鳥)의 일종인 까치를 말한다. 까치가 울면 좋은 일이 생긴다고 해서 喜鵲^(희작), 습한 곳을 싫어한다고 해서 乾鵲^(건작) 등으로 불리며, 명성이 알려지기 시작함의 비유로도 쓰인다. 『설문해자』에서는 鳥 대신 隹^(새 추)를 쓴 䧿으로 썼다.

字形 金文 簡牘文 說文小篆 說文篆文

雀(참새 작): què, 隹-3, 11, 10

字解 회의. 小^(작을 소)와 隹^(새 추)로 구성되어, '참새'를 말하는데, 작은^(小) 새^(隹)라는 의미를 담았다.

字形 甲骨文 簡牘文 雀 說文小篆

爵(술잔 작): jué, 爪-14, 18, 30

字解 상형. 옛날 제사에 쓰던 의식용 '술잔'을 그렸는데, 윗부분에 주둥이와 꼬리를, 중간에 손잡이와 불룩한 배를, 아랫부분에 세 개의 발을 가진, 마치 참새^(雀작)가 앉은 듯한 아름다운 자태의 술잔을 형상적으로 그렸다. 이후 윗부분이 술잔을 잡는 손^(爪조)으로 바뀌고 자형이 변해 지금처럼 되었으며, 그런 잔이 지위를 대변해 준다 하여 官爵^(관작)이나 爵位^(작위)에서와 같이 직위를 뜻

하게 되었다.

嚼(씹을 작): jiáo, 口-18, 21, 10

- 形聲. 口^(입 구)가 의미부고 爵^(술잔 작)이 소리부로, 입^(口)에 음식물을 넣고 씹다는 뜻이며, 이로부터 입에 물다, 술잔을 다 비우다 등의 뜻이 나왔다.

作(지을 작): zuò, 人-5, 7, 60

- 形聲. 人^(사람 인)이 의미부이고 乍^(잠깐 사)가 소리부이지만, 원래는 乍로 썼다. 乍는 옷을 만들고자 베를 깁는 모습에서 '만들다'는 뜻을 그린 글자다. 이후 乍가 '잠깐'이라는 뜻으로 가차되어 쓰이자 옷을 만드는 주체인 사람^(人)을 더해 作으로 분화했다. 만들다, 하다, 시작하다는 뜻으로부터 作品^(작품), (시나 악곡) 짓다, 거행하다 등의 뜻이 나왔다. ☞ 乍^(잠깐 사)

昨(어제 작): zuó, 日-5, 9, 60

- 形聲. 日^(날 일)이 의미부고 乍^(잠깐 사)가 소리부로, '어제'라는 뜻이며, 과거를 지칭하기도

하는데, 고대사회에서 해^(日)는 시간을 나타내는데 가장 중요한 잣대가 되었음을 보여준다.

炸(터질 작): zhà, 火-5, 9, 10

- 形聲. 火^(불 화)가 의미부고 乍^(잠깐 사)가 소리부로, '터지다'는 뜻이며, 이로부터 폭발하다는 뜻도 나왔는데, 폭약이 터져 불꽃^(火)을 만든다^(乍, 作의 원래 글자)는 뜻을 담았다.

柞(나무이름 작): zuò, 木-5, 9

- 形聲. 木^(나무 목)이 의미부고 乍^(잠깐 사)가 소리부로, 떡갈나무^(木)를 말한다.

잔

孱(잔약할 잔): chán, 子-9, 12

- 形聲. 尸^(주검 시)가 의미부이고 孨^(삼갈 전)이 소리부로, 『설문해자』에서는 "오그라들다^(迮책)가 원래 뜻으로, 신음하다는 뜻도 가지는데 孨이 尸의 아래에 놓인 모습이다."라고 했다. 아이^(子)를 많이 낳아^(孨) 몸^(尸)이 매우 '쇠약해짐'을 뜻하며, 이로부터 孱弱^(잔약)하다의 뜻이 나왔다.

漣(물 흐르는 소리 잔): chán, 水-12, 15

字解 형성. 水^(물 수)가 의미부고 孱^(잔약할 잔)이 소리부로, 물^(水)이 약하게 잔잔히^(孱) 흐르는 소리나 모습을 말한다.

字形 ⿰ 說文新附字

殘(해칠 잔): 残, cán, 歹-8, 12

字解 형성. 歹^(뼈 부서질 알)이 의미부고 戔^(쌓일 전)이 소리부로, 심한 전쟁^(戔)에 의해 잔해^(歹)가 쌓였음을 말하며, 이로부터 흉악하다, 불완전하다, 문제가 있다, 남은 등의 뜻이 나왔다. 원래는 戔^(쌓일 전)에서 분화한 글자이다. 간화자에서는 戔을 간단하게 초서체로 줄여 残으로 쓴다. ☞ 戔^(쌓일 전)

字形 ⿰⿰ 甲骨文 ⿰ ⿰ 古璽文 ⿰ 說文小篆

棧(잔도 잔): 栈, zhàn, 木-8, 12

字解 형성. 木^(나무 목)이 의미부고 戔^(쌓일 전)이 소리부로, 산이나 계곡의 낭떠러지에 나무^(木)를 옆으로 이어서^(戔) 선반처럼 만든 길을 말한다. 간화자에서는 戔을 초서체로 간단하게 줄여 栈으로 쓴다.

字形 ⿰ 說文小篆

盞(잔 잔): 盏, [琖], zhǎn, 皿-8, 13

字解 형성. 皿^(그릇 명)이 의미부고 戔^(쌓일 전)이 소리부로, 속이 얕고 작은 그릇^(皿)이나 술잔을 말한다. 『설문해자』에서는 琖^(옥잔 잔)으로 썼는데, "하나라 때에는 琖, 은나라 때에는 斝^(술잔 가), 주나라 때에는 爵^(잔 작)이라 불렀다."라고 했다. 간화자에서는 戔을 초서체로 줄여 간단하게 盏으로 쓴다.

字形 ⿰ 說文小篆

虥(털이 몽근 범 잔): zhàn, 虍-10, 16

字解 형성. 虎^(범 호)가 의미부이고 戔^(쌓일 전)이 소리부이다. 『설문해자』에서는 "호랑이의 털이 얕은 것^(虎竊毛)을 잔묘^(虥苗)라고 한다."라고 했다.

字形 ⿰ 說文小篆

잠

蠶(누에 잠): 蚕, cán, 虫-18, 24

字解 형성. 蚰^(벌레 곤)이 의미부고 朁^(일찍이 참)이 소리부로, 실을 만들어 내는 곤충^(蚰)인 누에를 말했다. 갑골문에서는 누에를 그렸고, 소전체에 들면서 소리부 朁이 더해져 지금의 형성구조로 바뀌었다. 이후 귀하디귀한 비단 실을 토해내는 하늘^(天)이 내린 신비한 벌레^(虫)라는 뜻의 형성구조인 蚕으로 바꾸

어 쓰기도 했는데, 간화자에서도 蚕으로 쓴
다.

甲骨文 簡牘文 說文小篆

潛(자맥질할 잠): 潜, qián, 水-12, 15

(字解) 형성. 水(물 수)가 의미부고 朁(일찍이 참)이 소리
부로, 물(水)을 건너다는 뜻이다. 일설에는
감추다는 뜻이라고도 하고, 漢水(한수)를 달
리 부르는 말이라고도 한다. 간화자에서는
朁을 替(쇠퇴할 체)로 간단하게 바꾸어 潜으로
쓴다.

(字形) 古璽文 說文小篆

簪(비녀 잠): [兂, 篸, 簮], zān, 竹-12, 18

(字解) 형성. 竹(대 죽)이 의미부고 朁(일찍이 참)이 소리
부로, 쪽 찐 머리가 풀어지지 않도록 꽂는
대(竹)로 만든 비녀를 말하며, 이후 '꽂다'는
뜻도 나왔다. 소전체에서는 兂(비녀 잠)으로
썼는데, 兂은 人(사람 인)과 匕(비수 비)로 구성
되어 사람(人)의 머리에 꽂는 숟가락(匕)처럼
생긴 길쭉한 비녀를 말한다.

暫(잠시 잠): 暂, [蹔], zàn, 日-11, 15

(字解) 형성. 日(날 일)이 의미부고 斬(벨 참)이 소리부
로, 잠깐의 짧은 시간(日)을 말한다. 달리 日
대신 足(발 족)이 들어간 蹔(잠시 잠)으로 쓰기
도 하는데, 발걸음(足)이 잠시 머무름을 형
상화했다.

(字形) 說文小篆

岑(봉우리 잠): cén, 山-4, 7

(字解) 형성. 山(뫼 산)이 의미부고 今(이제 금)이 소리
부로, 원래는 작고 높은 산(山)을 말했는데,
점차 높은 산, 험준한 돌산 등까지 지칭하
게 되었다.

(字形) 簡牘文 說文小篆

箴(바늘 잠): [鍼], zhēn, 竹-9, 15

(字解) 형성. 竹(대 죽)이 의미부고 咸(다 함)이 소리부
로, 바늘을 말하는데, 천을 흩어지지 않도
록 한곳으로 모으는(咸) 기능을 하는 대(竹)
로 만든 침이라는 뜻을 담았다. 이로부터
의료용 침을 뜻하게 되었고, 아픈 곳에 꽂
다는 뜻도 나왔다. 이후 침을 주로 쇠(金금)
로 만들게 되어 竹 대신 金을 넣은 鍼(침 침)
으로 쓰기도 했다.

(字形) 簡牘文 說文小篆

잡

雜(섞일 잡): 杂, [襍], zá, 隹-10, 18

(字解) 형성. 원래 衣(옷 의)가 의미부고 集(모일 집)이
소리부인 襍(섞일 잡)으로 썼는데, 자형이 조
금 변해 지금처럼 되었다. 여러 색이 함께

모여^(集) '뒤섞인' 옷^(衣)을 말했다. 이후 '뒤섞이다'는 뜻으로 확장되었고, 간화자에서는 초서체로 간단하게 줄여 杂으로 쓴다.

字形 雜 襍 簡牘文　襍 說文小篆

장

爿(나무 조각 장): qiáng, 爿-0, 4

字解 상형. 爿은 나무로 만든 침상을 그렸는데, 세로쓰기 때문에 세로로 놓였다. 왼쪽이 침상 다리고 오른쪽이 침상 바닥이다. 이후 의미를 더욱 강화하기 위해 木^(나무 목)을 더하여 牀^(床·평상 상)을 만들었다. 『설문해자』에서는 爿이 부수로 설정되지 않았는데, 그것은 爿이 의미부로 쓰인 글자가 많지 않았기 때문이다. 하지만, 명나라 때의 『字彙^(자휘)』에 들면서 처음으로 부수로 설정되었고, 이후 『康熙字典^(강희자전)』 등이 이 체계를 계승했다. 그러나 『강희자전』에서 爿부수에 귀속시킨 壯^(씩씩할 장), 狀^(형상 상·장), 臧^(착할 장), 牆^(담 장), 牂^(암양 장) 등에서 각각 士^(선비 사), 犬^(개 견), 臣^(신하 신)과 戈^(창 과), 嗇^(아낄 색), 羊^(양 양) 등이 의미부이고 爿은 모두 소리부로 쓰였다. 다만 將^(장차 장)의 경우 손^(寸촌)으로 고깃덩어리^(肉육)를 잡고 탁자^(爿) 위로 올리는 모습을 그려 爿이 의미에 관여하기는 하나 이 역시 소리부를 겸하고 있어 寸부수에 귀속되었다. 나머지, 牀도 木부수에 귀속시키면 된다. 그렇게 되면 爿부수에 귀속된 귀속자가 없는 셈이며, 이 때문에 爿

은 다음 부수인 片^(조각 편)에 귀속시키고 부수를 폐지해도 좋을 것이다.

章(글 장): zhāng, 立-6, 11

字解 회의. 『설문해자』에서 "音^(소리 음)과 十^(열 십)으로 구성되었다"라고 했으나, 원래는 辛^(매울 신)과 田^(밭 전)으로 구성되어 문신 칼^(辛)로 문양을 새겨 넣은^(田) 모습을 해 이로써 문양이나 글자를 새겨넣는다는 의미를 그렸다. 이후 音과 숫자의 끝을 상징하는 十이 결합한 구조로 바뀌어 음악^(音)이 끝나는^(十) 단위 즉 樂章^(악장)이라는 뜻이 생겼고, 이후 어떤 사물의 단락이나 章節^(장절), 법규, 조리, 문채 등을 말하게 되었다. 그러자 원래 뜻은 彡^(터럭 삼)을 더한 彰^(밝을 창)으로 분화했다.

字形 𢆶 𢆶 𢆶 𢆶 𢆶 金文
𢆶 𢆶 𢆶 𢆶 古陶文　𢆶 𢆶 簡牘文
𢆶 帛書　章 說文小篆

障(가로막을 장): zhàng, 阜-11, 14

字解 형성. 阜^(언덕 부)가 의미부고 章^(글 장)이 소리부로, 언덕^(阜)이나 흙벽으로 형성된 장애물을 말하며, 이로부터 가리다, 가리개, 가림벽, 병풍, 제방 등의 뜻이 나왔다.

字形 𨸏 說文小篆

樟(녹나무 장): zhāng, 木-11, 15

(字解) 형성. 木^(나무 목)이 의미부고 章^(글 장)이 소리부로, 녹나무(木)를 말한다. 녹나뭇과의 상록 활엽 교목으로, 높이는 20~30미터이며, 줄기와 가지는 약용하고 나무는 건축재, 가구재, 樟腦^(장뇌)의 원료로 쓴다.

獐(노루 장): [麞], zhāng, 犬-11, 14

(字解) 형성. 犬^(개 견)이 의미부고 章^(글 장)이 소리부로, 짐승(犬)의 하나인 노루를 말한다. 달리 犬 대신 鹿^(사슴 록)이 들어간 麞^(노루 장)으로 쓰기도 하며, 옛날에는 麕^(노루 균)이라 했다. 특히 수컷은 송곳니가 입술 바깥까지 나와 있어 牙獐^(아장)이라 부르기도 한다.

(字形) 麞 說文小篆

暲(해 돋아올 장): zhāng, 日-11, 15

(字解) 형성. 日^(날 일)이 의미부고 章^(글 장)이 소리부로, 해^(日)가 돋으면서 빛을 발하는^(章, 彰의 원래 글자) 모습이며, 이로부터 밝다의 뜻도 나왔다.

璋(반쪽 홀 장): zhāng, 玉-11, 15

(字解) 형성. 玉^(옥 옥)이 의미부고 章^(글 장)이 소리부로, 반쪽 홀을 말하는데, 옥^(玉)으로 만든 화려한^(章, 彰의 원래 글자) 기물이라는 뜻을 담았으며, 반쪽으로 된 홀^(圭) 모양으로 옛날 조회나 제사, 장례, 군사 의식 때 예물이나 신표로 사용되었다. 또 빛나다, 밝다는 뜻

도 가진다.

(字形) 璋 金文 璋 古陶文 璋 古璽文 璋 說文小篆

掌(손바닥 장): zhǎng, 手-8, 12

(字解) 형성. 手^(손 수)가 의미부고 尙^(오히려 상)이 소리부로, '손바닥'을 말하는데, 위로^(尙) 향한 손^(手)이라는 의미이다. 손바닥은 발바닥과 마찬가지로 아래로 향해 있기에, 이를 뒤집어 위로 향하게 할 때 분명하게 드러나며 그것이 손바닥의 특징으로 인식되어, 분명하다, 확실하다 등의 뜻도 나왔다.

(字形) 掌 說文小篆

葬(장사지낼 장): [塟, 𣧮], zàng, 艸-9, 13

(字解) 회의. 死^(죽을 사)와 茻^(풀 우거질 망)으로 구성되어, 풀숲^(茻)에 시체^(死)를 내버린 '숲장'의 장례 풍속을 그렸는데, 艸^(풀 초)와 死와 廾^(두 손으로 받들 공)으로 구성되어 지금의 자형이 되었다. 이후 埋葬^(매장), 火葬^(화장), 水葬^(수장), 天葬^(천장), 鳥葬^(조장), 風葬^(풍장), 樹木葬^(수목장) 등을 포함한 일반적인 '장례'의 의미로 쓰였다. 달리 廾 대신 土^(흙 토)가 들어간 塟으로 쓰기도 하는데, '숲장'에서 흙속에 묻는 매장으로 장례법이 바뀌었음을 반영한다. 한국 속자에서는 入^(들 입)과 土가 상하 구조인 𣧮으로 써, 흙^(土)속으로 들어감^(入)을 상징화했다. ☞ 死^(죽을 사)

字形 🔖🔖🔖🔖 甲骨文 🔖 金文 葬

葬 簡牘文 🔖🔖 石刻古文 🔖 說文小
篆

匠(장인 장): jiàng, 匚-4, 6

字解 형성. 斤^(도끼 근)이 의미부고 匚^(상자 방)이 소
리부로, 자귀^(斤) 같은 연장을 상자^(匚) 속에
넣어 둔 모습을 그려, 그것이 공구함임을
보여준다. 斤은 목공에 쓰이던 대표적인 연
장이었기에, 이로부터 수공업에 종사하는
일이나 사람을 뜻하게 되었고, 匠人^(장인) 정
신을 뜻하기도 하였다.

字形 🔖🔖 古陶文 🔖 古璽文 🔖 說文小篆

丈(어른 장): zhàng, 一-2, 3

字解 회의. 又^(또 우)와 十^(열 십)으로 구성되어, 10자
^(尺)를 말한다. 又는 손이고, 손을 편 한 뼘
의 길이가 尺^(자 척)임을 고려하면, 丈은 10
뼘 즉 10자를 말한다. 옛날에는 1자가 22
센티미터 정도였음이 이를 반영한다. 하지
만, 간독문자에서는 손^(又)에 나무 막대를
쥔 모습으로, 나무 막대는 지팡이를 상징한
다. 그래서 지팡이를 丈의 원래 뜻으로 보
기도 한다. 지팡이를 짚은 사람이라는 뜻에
서 노인과 어른의 뜻이 나왔고 나이 든 사
람의 존칭으로 쓰였다. 그러자 원래 뜻은
木^(나무 목)을 더한 杖^(지팡이 장)으로 분화했다.
☞ 杖^(지팡이 장)

字形 🔖 🔖 簡牘文 🔖 說文小篆

杖(지팡이 장): zhàng, 木-3, 7

字解 형성. 木^(나무 목)이 의미부고 丈^(어른 장)이 소리
부로, 어른 한쪽 팔^(丈) 길이의 나무^(木) 지
팡이를 말한다.

字形 🔖 說文小篆

仗(무기 장): zhàng, 人-3, 5

字解 형성. 人^(사람 인)이 의미부고 丈^(어른 장)이 소리
부로, 사람^(人) 어른^(丈) 크기의 몽둥이를 말
하며, 몽둥이는 가장 원시적인 '무기'였기에
儀仗^(의장)에서처럼 '무기'라는 뜻이 나왔고,
무기에 기대어 방어한다는 뜻에서 倚仗^(의장)
에서처럼 '기대다', '의지하다'의 뜻도 나왔
다.

腸(창자 장): 肠, [膓], cháng, 肉-9, 13

字解 형성. 肉^(고기 육)이 의미부고 昜^(볕 양)이 소리
부로, 신체^(肉) 부위의 하나인 큰창자^{(大腸대}
^{장)}와 작은창자^(小腸소장)를 말한다. 달리 膓
으로 쓰기도 하며, 간화자에서는 昜을 㐆으
로 줄여 肠으로 쓴다.

字形 🔖 說文小篆

場(마당 장): 场, [塲], cháng, 土-9, 12

字解 형성. 土^(흙 토)가 의미부고 昜^(볕 양)이 소리부로, 신에게 제사 지내는 흙^(土)을 쌓아 만든 평평한 땅을 말하는데, 아마도 태양신^(昜, 陽의 원래 글자)에게 제사를 지냈던 데서 유래한 것으로 보인다. 이로부터 극장이나 시장처럼 사람이 많이 모이는 場所^(장소)를 지칭하게 되었다. 이후 사물의 경과를 나타내는 단위사로도 쓰였다. 달리 塲으로 쓰기도 하며, 간화자에서는 昜을 汤으로 줄여 场으로 쓴다.

字形 ⟨글자 이미지⟩ 簡牘文 場 說文小篆

牂(암양 장): zāng, 爿-6, 10

字解 형성. 羊^(양 양)이 의미부이고 爿^(나무 조각 장)이 소리부로, 양^(羊)의 암컷을 말한다. 또 지명으로 쓰여 牂牁^(장가)는 고대의 郡^(군)이름으로 지금의 貴州^(귀주)에 있었다.

字形 ⟨글자 이미지⟩ 簡牘文 牂 說文小篆

將(장차 장): 将, jiàng, 寸-8, 11

字解 형성. 肉^(月·고기 육)과 寸^(마디 촌)이 의미부이고 爿^(나무 조각 장)이 소리부로, 제사에 쓸 솥에 삶아 낸 고기^(月=肉)를 손^(寸)으로 잡고 탁자^(爿) 앞으로 올리는 모습이며, 이로부터 '바치다'의 뜻이 나왔다. 바치려면 갖고 나아가야 하므로 將帥^(장수)에서처럼 '이끌다'의 뜻이, 다시 將次^(장차)에서와 같이 미래 시제를 나타내게 되었다. 간화자에서는 爿을 간단

하게 줄이고 月을 夕^(저녁 석)으로 줄여 将으로 쓴다.

字形 ⟨글자 이미지⟩ 金文 ⟨글자⟩ 古陶文 ⟨글자⟩ 簡牘文 ⟨글자⟩ 說文小篆

醬(젓갈 장): 酱, jiàng, 酉-11, 18

字解 형성. 酉^(닭 유)가 의미부고 將^(장차 장)이 소리부로, 된장이나 간장과 같이 액체^(酉)로 된 '장'을 말한다. 『설문해자』의 혹체에서는 將 대신 爿^(나무 조각 장)이 들어갔고, 주문에서는 다시 皿이 추가되었다. 간화자에서는 將을 간단하게 줄인 酱으로 쓴다.

字形 ⟨글자 이미지들⟩ 金文 ⟨글자⟩ 古陶文 ⟨글자⟩ 簡牘文 ⟨글자⟩ 古璽文 ⟨글자⟩ 說文小篆 ⟨글자⟩ 說文古文 ⟨글자⟩ 說文籀文

蔣(줄 장): 蒋, jiǎng, 艸-11, 15

字解 형성. 艸^(풀 초)가 의미부고 將^(장차 장)이 소리부로, 식물^(艸)의 일종인 줄^(菰·고)을 말했으며 달리 茭白^(교백)이라고도 한다. 또 주나라 때 지금의 하남성 固始^(고시)현 동북쪽에 있던 제후국이며, 성씨로도 쓰였다. 또 獎^(권면할 장)과 같이 쓰여 장려하다는 뜻도 가진다. 간화자에서는 將을 将으로 간단하게 줄여 蒋으로 쓴다.

字形 ⟨글자 이미지⟩ 古璽文 ⟨글자⟩ 說文小篆

漿(미음 장): 浆, jiāng, 水-11, 15

字解 형성. 水^(물 수)가 의미부고 將^(장차 장)이 소리부로, 약간 신맛이 나는 옛날 음료^(水)의 일종이다. 이후 액즙이나 미음 등을 지칭하였다. 간화자에서는 浆으로 쓴다.

獎(권면할 장): 奖, jiǎng, 犬-11, 15

字解 형성. 원래는 犬^(개 견)이 의미부고 將^(장차 장)이 소리부로, 앞으로 나아갈 수 있도록^(將) 개고기^(犬)를 주어 '격려하고' '장려함'을 나타냈다. 이후 犬을 大^(큰 대)로 바꾸어 앞으로 나아갈 수 있도록^(將) 크게^(大) 권하고 '장려하다'는 뜻을 그렸으며, 이로부터 찬미하다, 표창하다, 賞狀^(상장) 등의 뜻이 나왔다. 간화자에서는 將을 간단하게 줄인 奖으로 쓴다.

字形 [說文小篆]

臧(착할 장): zāng, 臣-8, 14

字解 형성. 臣^(신하 신)과 戈^(창 과)가 의미부이고 爿^(나무 조각 장)이 소리부인데, 자형이 조금 변해 지금처럼 되었다. 한쪽 눈^(臣)이 창^(戈)에 찔린 모습에 독음을 나타내는 爿이 더해진 구조로, 반항능력을 줄이고자 한쪽 눈을 뺀 '남자 노예'를 말했으며, 고분고분한 노예라는 의미에서 '착하다'의 뜻이 나왔다. 나아가 타인 소유의 사람을 포로로 잡아와 노예를 삼는다는 뜻에서 臟物^(장물)의 뜻이, 남에게서 빼앗아온 물건은 숨겨두게 마련이라

는 뜻에서 '숨기다'는 뜻도 나왔다.

字形 甲骨文 金文 古陶文 簡牘文 帛書 古璽文 [說文小篆] [說文籀文]

藏(감출 장): [匨], cáng, 艸-14, 18

字解 형성. 艸^(풀 초)가 의미부고 臧^(착할 장)이 소리부로, 풀^(艸) 속에 숨기고^(臧) 감추다는 뜻이며, 달리 匸^(감출 혜)가 의미부이고 壯^(씩씩할 장)이 소리부인 匨으로 쓰기도 한다. 이로부터 숨겨두는 곳, 숨겨둘 정도의 보물 등의 뜻이 나왔다.

字形 金文 簡牘文 [說文新附字]

臟(오장 장): 脏, zāng, 肉-18, 22

字解 형성. 肉^(고기 육)이 의미부고 藏^(감출 장)이 소리부로, 몸^(肉) 속에 감추어진^(藏) 내장을 말하여, 오장육부의 총칭이다. 간화자에서는 藏을 庄으로 줄인 脏으로 쓴다.

欌(장롱 장): 椊, zàng, 木-18, 22

字解 형성. 木^(나무 목)이 의미부고 藏^(감출 장)이 소리부로, 옷이나 이불 등을 감추어^(藏) 넣어두는 나무^(木)로 만든 欌籠^(장롱)을 말한다. 간화자에서는 藏을 庄으로 줄인 椊으로 쓴다.

贓(장물 장): 赃, [臧], zāng, 貝-14, 21

字解 형성. 貝^(조개 패)가 의미부고 藏^(감출 장)이 소리부로, 불법으로 남 몰래^(藏) 얻은 물품^(貝)을 말하며, 藏 대신 臧^(착할 장)을 쓴 贓^(장물 장)으로 쓰기도 한다. 간화자에서는 藏을 庄으로 줄여 赃으로 쓴다.

長(길 장): 长, [镸], cháng, zhǎng, 長-0, 8

字解 상형. 머리칼을 길게 늘어뜨린 노인이 지팡이를 짚은 모습을 그렸는데, 때로 지팡이는 생략되기도 한다. 긴 머리칼은 나이가 들어 자신의 머리를 정리하지 못하고 산발한 것으로, 성인이 되면 남녀 모두 머리칼을 정리해 비녀를 꽂았던 夫^(지아비 부)나 妻^(아내 처)와 대비되는 모습이다. 이로부터 長에는 長久^(장구)에서처럼 '길다'는 뜻과 長幼^(장유)에서처럼 '연장자'라는 뜻이 생겼다. 정착 농경을 일찍부터 함으로써 경험이 무엇보다 중시되었던 중국에서, 그 누구보다 오랜 세월 동안 겪었던 나이 많은 사람의 다양한 경험은 매우 귀중한 지식이었기에, 이러한 경험의 소유자가 그 사회의 '우두머리'가 됐던 것은 당연했다. 달리 镸으로 쓰기도 하며, 간화자에서는 초서체로 간단하게 줄인 长으로 쓴다.

字形 [甲骨文] [金文] [古陶] [簡牘文] [帛書] [說文小篆] [說文古文]

帳(휘장 장): 帐, zhàng, 巾-8, 11

字解 형성. 巾^(수건 건)이 의미부고 長^(길 장)이 소리부로, 베^(巾)를 길게^(長) 늘어뜨린 帳幕^(장막)을 말한다. 당나라 때부터는 금전의 출입을 기록하는 것도 말했는데, 이 경우는 이후 五代^(오대) 시기에 이르러 貝^(조개 패)를 더한 賬^(치부책 장)으로 분화했다. 간화자에서는 長을 长으로 줄인 帐으로 쓴다.

字形 [說文小篆]

賬(치부책 장): 账, zhàng, 貝-8, 15

字解 형성. 貝^(조개 패)가 의미부고 長^(길 장)이 소리부로, 帳^(휘장 장)에서 분화한 글자로, 긴 베 조각^(長)에 금전^(貝) 출납을 기록한다는 뜻을 담았으며, 이로부터 기장하다, 장부, 채무 등의 뜻이 나왔다. 간화자에서는 長을 长으로 줄인 账으로 쓴다.

張(베풀 장): 张, zhāng, 弓-8, 11

字解 형성. 弓^(활 궁)이 의미부고 長^(길 장)이 소리부로, 활시위^(弦현)를 '길게^(長) 늘어뜨려 활^(弓)에 거는 것을 말하여, 이로부터 확대하다, 擴張^(확장)하다', '誇張^(과장)하다', 길게 늘어지다 등의 뜻이 생겼다. 이후 활이나 종이를 헤아리는 단위사로도 쓰였고, 별 이름으로도 쓰여 28수의 하나를 말한다. 간화자에서는 長을 长으로 줄인 张으로 쓴다.

字形 [金文] [簡牘文] [古璽文] [說文小篆]

壯(씩씩할 장): 壮, zhuàng, 士-4, 7

字解 형성. 士^(선비 사)가 의미부고 爿^(나무 조각 장)이 소리부로, 나무토막^(爿)처럼 강인한 '남성^(士)'을 말하며, 이로부터 強壯^(강장굳세고 씩씩함)하다, 성대하다, 튼튼하다, 용맹하다, 볼만하다 등의 뜻이 나왔다. 달리 세 개의 士로 구성된 壵로 쓰기도 한다. 간화자에서는 爿을 간단하게 줄여 壮으로 쓴다.

字形 [金文] [古陶文] [簡牘文] [古璽文] [汗簡] [說文小篆]

裝(꾸밀 장): 装, zhuāng, 衣-7, 13

字解 형성. 衣^(옷 의)가 의미부고 壯^(씩씩할 장)이 소리부로, 화려한 옷^(衣)을 입어 장대하게^(壯) 꾸밈을 말하며, 이로부터 '포장하다'의 뜻이 생겼다. 간화자에서는 壯을 壮으로 줄인 装으로 쓴다.

字形 [簡牘文] [說文小篆]

莊(풀 성할 장): 庄, zhuāng, 艸-7, 11

字解 형성. 艸^(풀 초)가 의미부고 壯^(씩씩할 장)이 소리부로, 풀^(艸)이 성하여 장대함^(壯)을 말하며, 이로부터 풀이 무성한 곳에 생겨난 촌락을 지칭했다. 달리 흙^(土)으로 만든 농막^(广)이라는 뜻에서 庄^(농막 장)으로 쓰기도 하며, 또 큰 상점이나 전문점을 지칭하기도 한다. 간화자에서도 庄으로 쓴다.

字形 [金文] [古陶文] [簡牘文] [說文小篆] [說文古文]

庄(농막 장): zhuāng, 广-3, 6

字解 회의. 广^(집 엄)과 土^(흙 토)로 구성되어, 흙^(土)으로 만든 집^(广)인 농막을 말하며, 莊^(풀 성할 장)의 속자나 간화자로 쓰인다. ☞ 莊^(풀 성할 장)

粧(단장할 장): zhuāng, 米-6, 12

字解 형성. 米^(쌀 미)가 의미부고 庄^(농막 장)이 소리부로, 몸이 성한^(莊) 모습으로 보이도록 가루^(米)로 만든 분 등으로 단장하여 '꾸미다'는 뜻이다. 원래는 妝^(꾸밀 장)으로 써 화장의 주체가 여성^(女여)임을 강조했는데, 女가 米로 바뀌어 지금의 자형이 되었다.

字形 [甲骨文] [金文] [簡牘文] [說文小篆]

狀(형상 장) ☞ **狀**(형상 상)

戕(죽일 장): qiāng, 戈-4, 8

字解 형성. 戈^(창 과)가 의미부고 爿^(나무 조각 장)이 소리부로, 무기^(戈)로 죽이다는 뜻이다.

字形 [甲骨文] [說文小篆]

牆(담 장): 墙, qiáng, 爿-13, 17

字解 형성. 嗇^(아낄 색)이 의미부고 爿^(나무 조각 장)이 소리부로, 집이나 정원 등을 둘러싼 담벼락^(嗇)을 말하는데, 처음에는 나무 조각^(爿)을 사용했으나 이후 흙이나 벽돌, 돌 등이 사용되었다. 이후 담을 쌓다, 가로막다, 장애물 등의 뜻이 나왔다. 간화자에서는 墙^(담 장)에 통합되었고, 墙의 간화자인 墙으로 쓴다. ☞ 墙^(담 장)

字形 牆 說文小篆

墙(담 장): 墙, [牆], qiáng, 土-13, 16

字解 형성. 土^(흙 토)가 의미부고 牆^(담 장)의 생략된 모습이 소리부로, 흙^(土)으로 만든 담벼락^(嗇, 색)을 말한다. 『설문해자』에서는 牆으로 썼고, 『광운』에서는 牆의 속자라고 했으며, 현대 중국에서는 牆의 간화자로도 쓰인다.

字形 甲骨文 金文 簡牘文 墙 說文小篆 說文籀文 墙 玉篇

檣(돛대 장): qiáng, 木-13, 17

字解 형성. 木^(나무 목)이 의미부고 嗇^(아낄 색)이 소리부로, 돛을 달도록 배 바닥에 세운 나무^(木) 기둥을 말하며, 이후 돛이나 범선을 지칭하기도 했다.

薔(장미 장물 여뀌 색): 蔷, qiáng, sè, 艸-13, 17

字解 형성. 艸^(풀 초)가 의미부고 牆^(담 장)의 생략된 모습이 소리부로, 담벼락^(嗇, 牆의 원래 글자)을 따라 잘 자라는 넝쿨 식물^(艸)인 薔薇^(장미)를 말한다. 달리 艸가 의미부고 牆이 소리부인 牆^(장미 장)으로 쓰기도 한다. 간화자에서는 嗇^(아낄 색)을 啬으로 줄인 蔷으로 쓴다.

字形 簡牘文 薔 說文小篆

駔(준마 장): 驵, zǎng, 馬-5, 15

字解 형성. 馬^(말 마)가 의미부이고 且^(또 차)가 소리부로, 駿馬^(준마)나 건장한 말을 말하는데, 최고^(且, 祖의 원래 글자)의 말^(馬)이라는 뜻을 담았다.

字形 古陶文 駔 說文小篆

재

才(재주 재): [纔], cái, 手-0, 3

字解 지사. 屮^(싹날 철)과 가로획^(一)으로 구성되어, 싹^(屮)이 땅^(一)을 비집고 올라오는 모습으로부터 그 위대한 '재주'를 형상화했다. 단단한 땅을 비집고 올라오는 새싹의 힘겨운 모습에서 '겨우'라는 뜻도 나왔다. 이후 능력을 갖춘 유능한 사람을 뜻하게 되었다. '겨우'라는 부사어는 纔^(겨우 재)를 만들어 따

로 표시하기도 했다. 현대 옥편에서는 手^{(손}
^{수)}가 편방으로 쓰일 때의 扌^(손 수)와 유사한
형태이고, 재주 하면 손재주가 대표적이기
에 手부수에 귀속시켰다. 현대 중국에서는
纔의 간화자로도 쓰인다.

字形 甲骨文
金文 古陶文 簡牘文
石刻古文 說文小篆

材(재목 재): cái, 木-3, 7

字解 형성. 木^(나무 목)이 의미부고 才^(재주 재)가 소리
부로, '材木^(재목)'이나 材料^(재료)를 말하는데,
기물의 재료로 유용한^(才) 나무^(木)라는 뜻을
담았으며, 이후 자질, 능력 등의 뜻도 나왔
다.

字形 簡牘文 說文小篆

財(재물 재): cái, 貝-3, 10

字解 형성. 貝^(조개 패)가 의미부고 才^(재주 재)가 소리
부로, '재물'이나 물자를 말하는데, 돈^(貝)이
되는 유용한^(才) 물품이라는 뜻이다. 유용한
나무는 材^(재목 재), 유능한 사람을 才^(재주 재)
라고 한다.

字形 說文小篆

纔(겨우 재): 才, cái, 糸-17, 23

字解 형성. 糸(가는 실 멱)이 의미부이고 毚^{(토끼}
^{참)}이 소리부이다. 『설문해자』의 해설처럼,
'참새 머리색이 나는 비단^(帛雀頭色)'을 말한
다. 일설에는 '약간 검은색^(微黑色)'이라고도
한다. 감색^(紺)과 비슷하나, 재^(纔)는 더 옅은
색을 말한다. 이후 '겨우'라는 뜻으로 가차
되었고, '비로소'라는 뜻도 나왔다. 현대 중
국어에서는 才^(재주 재)에 통합되었다. ☞ 才
^(재주 재)

字形 說文小篆

再(다시 재): zài, 冂-4, 6

字解 상형. 갑골문에서부터 등장하지만 이의 자원
은 아직 분명하지 않다. 물고기^(魚·어)의 생
략된 모습이라 하고, 뒤집어 놓은 그릇, 풀
을 쌓아 놓은 모습^(冓·구)이라고 하기도 하며,
중간은 물고기를 아래위의 두 가로획은 둘
을 상징하여 '둘'을 뜻한다고 풀이하는 등
의견이 분분하다. '둘'이 원래 뜻이고, 이로
부터 다시, 再次^(재차), 더 이상 등의 뜻이
나왔다.

字形 甲骨文 金文 簡
牘文 說文小篆

哉(어조사 재): zāi, 口-6, 9

字解 형성. 口^(입 구)가 의미부고 𢦏^(다칠 재)가 소리부로, 말하는^(口) 것을 잘라^(𢦏) 중간에 쉬도록 하는 것을 말했는데, 이후 감탄이나 의문을 나타내는 어기사로 쓰였다.

字形 𢦏𢦏 金文 ㆍㆍ㆔ 簡牘文 𢦏 說文小篆

裁(마름질할 재): cái, 衣-6, 12

字解 형성. 衣^(옷 의)가 의미부고 𢦏^(다칠 재)가 소리부로, 옷감^(衣)을 칼^(戈)로 재주껏^(才) '마름질' 하는^(𢦏) 모습을 그렸다. 이로부터 裁斷^(재단)하다, 자르다, 결정하다, 결단을 내리다 등의 뜻이 나왔다.

字形 𧝬 說文小篆

栽(심을 재): zāi, 木-6, 10

字解 형성. 木^(나무 목)이 의미부고 𢦏^(다칠 재)가 소리부로, 나무^(木)를 칼로 잘라^(戈) 재주껏^(才) 심는다는 뜻인데, 이후 盆栽^(분재)에서처럼 나무^(木)를 잘라^(𢦏) 담을 쌓을 때 양쪽에 대어 쓸 수 있는 긴 널판자를 말했다.

字形 𣞄 金文 𣟒𣟒 簡牘文 𣟒 說文小篆

溨(맑을 재): zāi, 水-9, 12

字解 형성. 水^(물 수)가 의미부고 哉^(어조사 재)가 소리부로, 岷江^(민강)의 지류로 지금의 大渡河^{(대}

도하)를 말하며 달리 沫水^(말수)로도 불린다. 사천성 서남부에 있다. 상류는 大金川^(대금천)이라 불리며, 남쪽으로 흘러 甘孜^(감자) 藏族^(장족) 자치주의 丹巴^(단파)에서 小金川^(소금천)과 합류하고, 樂山^(낙산)현에서 靑衣江^(청의강)과 합류하여 岷江으로 흘러들고, 전장 9백여 킬로미터에 이른다.

載(실을 재): 载, zài, 車-6, 13

字解 형성. 車^(수레 거차)가 의미부고 𢦏^(다칠 재)가 소리부로, 수레^(車)에 싣는다는 뜻이며, 이로부터 실어 나르다는 뜻이 나왔다. 이후 歲星^(세성·목성)이 한번 운행하는 주기가 1년이었으므로 '한 해'를 뜻하기도 하였다. 또 문장의 앞이나 중간에 들어가 어감을 강조하는데도 사용되었다. 간화자에서는 载로 쓴다.

字形 𨍸𨊎𨊎𨍸 金文 𨍸 簡牘文 𨍸 說文小篆

在(있을 재): zài, 土-3, 6

字解 형성. 土^(흙 토)가 의미부이고 才^(재주 재)가 소리부로, '있다'는 뜻인데, 才에서 분화한 글자이다. 풀이 자라나는 모습을 그린 才에 土가 더해져, 새싹이 움트고^(才) 있는 곳^(土)이 바로 대지이며, 그 대지 위로 생명이 탄생하고 존재함을 나타냈다. 이로부터 存在^(존재), 實在^(실재), 실존 등의 뜻이 생겼다. 또 시간, 장소, 정황, 범위 등을 나타내는 문법소로도 쓰였으며, 현대 중국어에서는 동사 앞에 놓여 현재 진행을 나타내는 문법소로도 쓰인다.

字形 中 中 甲骨文 中 出 出 金文 住 古陶文 十 中 主 立 立 簡牘文 主 中 古璽文 十 石刻古文 主 說文小篆

災(재앙 재): 灾, [烖, 菑], zāi, 火-3, 7

字解 형성. 火^(불 화)가 의미부고 巛^(재앙 재)가 소리부로, 홍수^(巛)와 가뭄이나 화재^(火)에 의한 '재앙'이나 재해나 불행을 뜻하는데, 巛에서 분화한 글자이다. 자신을 지켜주고 편히 쉴 수 있는 공간이자 안식처인 집이 물에 떠내려가고 불에 타버리는 것이 '재앙'임을 그렸으며, 그것을 강조하기 위해 巛 대신 宀^(집 면)이 들어간 灾^(재앙 재)로 쓰기도 했다. 또 巛 대신 戈^(다칠 재)가 들어간 烖로 쓰기도 하여 전쟁^(戈)에 의한 재앙을 강조하기도 했으며, 菑^(묵정밭 치)로 써 홍수^(巛)에 밭^(田전)의 농작물^(艸초)이 다 황폐했음을 표현하기도 했다. 간화자에서는 灾로 쓴다.

字形 災 囲 恭 巛 巛 甲骨文 災 簡牘文 燅 說文小篆 灾 說文或體 烖 說文古文 災 說文籀文

齋(재계할 재): 斋, zhāi, 齊-3, 17

字解 형성. 示^(보일 시)가 의미부고 齊^(가지런할 제)가 소리부로, 옛날 제사^(示)를 지내기 전 목욕을 하여 몸과 마음을 가지런히^(齊) 하던 것을 말한다. 이로부터 齋戒^(재계)하다의 뜻이 나왔고, 그런 장소를 뜻했으며, 다시 집, 書

齋^(서재), 상점 등을 지칭하게 되었다. 간화자에서는 초서체로 줄인 斋로 쓴다.

字形 林 金文 齊 石刻古文 禬 說文籀文 齋 說文小篆

齎(가져올 재): 赍, [賫], jī, 齊-7, 21

字解 형성. 貝^(조개 패)가 의미부고 齊^(가지런할 제)가 소리부로, 재물^(貝)을 보내다, 휴대하다, 구비하다, 가슴 속에 품다 등의 뜻이다. 간화자에서는 賫^(가져올 재)에 통합되었고 이의 간화자인 赍로 쓴다. ☞ 賫^(가져올 재)

字形 齎 齎 齎 齎 古陶文 齎 齎 簡牘文 齎 說文小篆

賫(가져올 재): 赍, jī, 貝-8, 15

字解 형성. 齎^(가져올 재)의 속자이다. 원래는 貝^(조개 패)가 의미부고 齊^(가지런할 제)가 소리부로, 재물^(貝)을 보내다는 뜻인데, 자형이 변해 지금처럼 되었다. ☞ 齎^(가져올 재)

宰(재상 재): zǎi, 宀-7, 10

字解 회의. 宀^(집 면)과 辛^(매울 신)으로 구성되어, 집안^(宀)에서 칼^(辛)을 갖고 있다는 뜻에서 짐승을 죽이다, 고기를 자르다 등의 뜻이 나왔고, 다시 생살권을 가진 사람이라는 뜻에서 '宰相^(재상)'을 뜻하게 되었으며, 主宰^(주재)하다의 뜻이 나왔다.

쟁

梓(가래나무 재): zǐ, 木-7, 11

字解 형성. 木^(나무 목)이 의미부이고 辛^(재상 재)의 생략된 모습이 소리부로, 가래나무^(木)를 말하는데, 형벌 칼^(辛)을 만들 정도로 단단한 재질의 나무^(木)라는 뜻을 담았다. 가래나무의 재질은 회갈색으로 가구재는 물론 기계재·총대·조각재로 쓰일 정도로 치밀하여 단단하고 뒤틀리지 않는 특징을 가진다.

字形 說文小篆

滓(찌끼 재): zǐ, 水-10, 13

字解 형성. 水^(물 수)가 의미부이고 宰^(재상 재)가 소리부로, 물^(水)에 침전되는 찌꺼기를 말한다. 이로부터 오염되다, 더러운 사상이나 생각 등의 뜻도 나왔다.

字形 說文小篆

縡(일 재): zài, 糸-10, 16

字解 형성. 糸^(가는 실 멱)이 의미부이고 宰^(재상 재)가 소리부로, 일^(事)을 말하는데, 베^(糸)를 짜는 일의 관리^(宰) 등이 옛날에는 대표적 일상사의 하나였음을 보여준다.

字形 說文小篆

爭(다툴 쟁): 争, zhēng, zhèng, 爪-4, 8

字解 회의. 손^(爪조)과 손^(又우)으로 중간의 물건을 서로 빼앗으려 '다투는' 모습이었는데, 자형이 변해 지금처럼 되었으며, 이로부터 빼앗다, 다투다, 鬪爭^(투쟁), 戰爭^(전쟁) 등의 뜻이 나왔다. 간화자에서는 윗부분의 爪를 간단히 줄여 争으로 쓴다.

字形 甲骨文 簡牘文 說文小篆

錚(쇳소리 쟁): 铮, zhēng, 金-8, 16

字解 형성. 金^(쇠 금)이 의미부이고 爭^(다툴 쟁)이 소리부로, 쇠^(金)가 서로 다투듯^(爭) 부딪히며 나는 소리를 말하며, 달리 소리부 爭 대신 曾^(일찍 증)이 들어간 鐳^(옥 소리 쟁)으로 쓰기도 한다. 간화자에서는 铮으로 줄여 쓴다.

字形 說文小篆

箏(쟁 쟁): 筝, zhēng, 竹-8, 14

字解 형성. 竹^(대 죽)이 의미부이고 爭^(다툴 쟁)이 소리부로, 여러 가닥의 악기 줄이 서로 다투어^(爭) 소리를 내는 대^(竹)로 만든 악기의 하나인 '쟁'을 말하며, 瑟^(슬)과 닮았다. 秦^(진)나라 때 蒙恬^(몽염)이 만들었다 전해지며, 명주

실로 된 筝으로 소리를 내는데, 5현에서부터 12현, 13현, 16현을 거쳐 지금은 18현, 21현, 25현 등이 있다. 간화자에서는 箏으로 줄여 쓴다.

字形 筝 說文小篆

諍(간할 쟁): 诤, [諍], zhèng, 言-8, 15

字解 형성. 言(말씀 언)이 의미부고 爭(다툴 쟁)이 소리부로, 정의를 다투며(爭) 잘못된 일에 대해 바른 말(言)로 충고하는 일을 말한다. 이로부터 소송을 벌이다는 뜻도 나왔다. 간화자에서는 诤으로 줄여 쓴다.

字形 諍 說文小篆

저

杵(공이 저): chǔ, 木-4, 8

字解 형성. 木(나무 목)이 의미부고 午(일곱째 지지 오)가 소리부로, 곡식 따위를 찧거나 흙을 다지거나 옷을 두드리는 데 쓰는 나무(木)로 만든 '공이'를 말한다. 이로부터 찧다, 두드리다의 뜻이 나왔다. 또 몽둥이 모양의 무기를 지칭하기도 한다. ☞ 午(일곱째 지지 오)

字形 杵 杵 簡牘文 杵 說文小篆

宁(쌓을 저): [貯], zhù, 宀-2, 5

字解 형성. 宀(집 면)이 의미부고 丁(넷째 천간 정)이 소리부이지만, 원래는 宀과 가로획(一)으로 이루어졌다. 갑골문에서는 궤짝 속에 어떤 물건(一)이 들어 있는 모습이었는데, 어떤 경우에는 조개(貝·패)를 그려 넣어 그것이 조개임을 구체화했다. 금문에 들면서 貝가 궤짝 바깥으로 나와 아래쪽에 놓였고, 소전체에서 다시 좌우구조로 되었다가, 이후 궤짝이 宀으로 변해 지금의 貯(쌓을 저)가 완성되었다. 그래서 宁나 貯는 궤짝 속에 조개 화폐(貝)와 같은 재물을 모아 둔 모습으로써 '쌓아두다'는 의미를 그려냈으며, 저축은 하루아침에 이루어지는 것이 아니라 오랜 세월동안 '축적'해야만 가능한 것이기에 '오래'라는 뜻도 가지게 되었다.

字形 甲骨文 金文 說文小篆

貯(쌓을 저): 贮, zhù, 貝-5, 12

字解 형성. 貝(조개 패)가 의미부고 宁(쌓을 저)가 소리부로, 조개 화폐(貝)를 쌓아(宁) 저축함을 말하며, 이로부터 비축하다, 성하다, 비축한 재물, 副本(부본) 등의 뜻이 나왔다. 간화자에서는 宁를 宀으로 줄인 贮로 쓴다. ☞ 宁(쌓을 저)

字形 甲骨文 金文 古陶文 盟書 簡牘文 說文小篆

盨(그릇 저): zhù, 皿-5, 10

字解 형성. 皿^(그릇 명)이 의미부이고 宁^(쌓을 저)가 소리부이다. 『설문해자』에서는 '그릇^(器)'을 말한다고 했는데, 어떤 물체를 쌓아 저장해 두는^(宁) 그릇^(皿)이라는 의미를 담았다. 그렇다면 宁는 의미의 결정에도 관여하고 있다.

字形 盨 說文小篆

甋(그릇 저): zhù, 虍-17, 23

字解 형성. 虘^(옛 질그릇 회)가 의미부이고 盨^(그릇 저)는 소리부인, 녕^(盨)은 소리부도 겸한다. 『설문해자』의 해설처럼, '기물^(器)'을 말한다.

字形 甋 說文小篆

苧(모시 저): 苎, zhù, 艸-5, 9

字解 형성. 艸^(풀 초)가 의미부고 宁^(쌓을 저)가 소리부로, 식물^(艸)의 일종인 모시풀^(苧麻저마)을 말하는데, 쐐기풀과의 여러해살이풀로 줄기의 껍질에서 섬유를 뽑아 여름 옷감, 선박의 밧줄, 어망 따위를 만든다. 간화자에서는 宁를 亠로 줄인 苎로 쓴다.

佇(우두커니 저): 伫, zhù, 人-5, 7

字解 형성. 人^(사람 인)이 의미부고 宁^(쌓을 저)가 소리부로, 사람^(人)이 오랫동안^(宁) 우두커니 서 있는 것을 말한다. 人 대신 서 있는 사람을 그린 立^(설 립)이 들어가 竚^(우두커니 저)로 쓰기도 한다. 간화자에서는 伫로 쓴다.

佇 說文新附字

紵(모시 저): 纻, zhù, 糸-5, 11

字解 형성. 糸^(가는 실 멱)이 의미부고 宁^(쌓을 저)가 소리부로, 모시풀^(苧)을 이용해 짠 베^(糸)나 밧줄을 말하며, 모시풀^(苧麻저마) 자체를 뜻하기도 한다. 간화자에서는 宁를 亠로 줄인 纻로 쓴다.

字形 紵 說文小篆

氐(근본 저): dǐ, 氏-1, 5

字解 지사. 氏^(성씨 씨)와 가로획^(一)으로 이루어졌는데, 氏는 씨 뿌리는 사람을, 가로획은 해당 부분의 위치를 가리켜, 아랫부분의 의미를 형상했으며, 이로부터 근본, 나무의 뿌리 등의 뜻이 나왔다.

字形 氐 金文 氐氐 簡牘文 氐 說文小篆

底(밑 저): dǐ, 广-5, 8

字解 형성. 广^(집 엄)이 의미부고 氐^(근본 저)가 소리부로, 집^(广)의 아래^(氐)인 밑바닥을 말한다. 이로부터 하층, 底本^(저본) 등의 뜻도 나왔다.

字形 底 石刻古文 底 說文小篆

低(밑 저): dī, 人-5, 7

字解 형성. 人(사람 인)이 의미부고 氐(근본 저)가 소리부로, 사람(人)의 아래(氐)라는 뜻으로부터 '아래'라는 개념을 그렸고, 키가 작다, 질이 낮다, 머리를 숙이다 등의 뜻도 나왔다.

字形 [低] 說文新附字

抵(거스를 저): [牴, 觝], dǐ, 手-5, 8

字解 형성. 手(손 수)가 의미부고 氐(근본 저)가 소리부로, 손(手)으로 밀쳐 아래로 떨어뜨리다는 뜻으로부터 '밀쳐내다', '거스르다', '막다' 등의 뜻이 나왔다.

字形 [抵]簡牘文 [抵]說文小篆

邸(집 저): dǐ, 邑-5, 8

字解 형성. 邑(고을 읍)이 의미부고 氐(근본 저)가 소리부로, 땅의 바닥(氐)을 다지고서 크게 지은 집(邑)이라는 뜻인데, 옛날에는 제후들이 조회에 나가 천자를 알현할 때 머무는 집을 말했으며, 이후 官邸(관저), 邸宅(저택) 등의 뜻이 나왔다.

字形 [邸]簡牘文 [邸]說文小篆

柢(뿌리 저): dǐ, 木-5, 9

字解 형성. 木(나무 목)이 의미부고 氐(근본 저)가 소리부로, 나무(木)의 근본(氐)이 되는 '뿌리'를 말하며, 이로부터 사물의 근원이나 기초를 뜻하게 되었다.

字形 [柢]簡牘文 [柢]說文小篆

羝(숫양 저): dī, 羊-5, 11

字解 형성. 羊(양 양)이 의미부고 氐(근본 저)가 소리부로, 양(羊)의 수컷을 말한다.

字形 [羝]金文 [羝]說文小篆

杼(북 저): zhù, 木-4, 8

字解 형성. 木(나무 목)이 의미부고 予(나 여)가 소리부로, 베틀 북을 말하는데, 베틀에서 날실의 틈으로 왔다 갔다 하면서(予) 씨실을 푸는 나무(木)로 만든 배 모양의 기구라는 뜻을 담았다. ☞ 予(나 여)

字形 [杼]古璽文 [杼]說文小篆

猪(돼지 저): [豬], zhū, 犬-9, 12

字解 형성. 犬(개 견)이 의미부고 者(놈 자)가 소리부로, 짐승(犬)의 일종인 돼지를 말하며, 달리 犬 대신 豕(돼지 시)를 의미부로 쓴 豬(돼지 저)와 같이 쓴다.

字形 [猪] [猪]簡牘文 [猪]說文小篆

箸(젓가락 저): [筯], zhù, 竹-9, 15

字解 형성. 竹(대 죽)이 의미부고 者(놈 자)가 소리부로, 삶은(者, 煮의 원래 글자) 것을 집어내는 대(竹)로 만든 도구를 형상했다. 이후 竹이 艸로 변해 著(분명할 저)를 만들어 젓가락으로 들어내 따로 '놓다'는 뜻을 그렸고, 이로부터 '분명하다'는 뜻이 나오게 되었다. 송나라 때쯤 해서는 다시 著를 간략화해 着(붙을 착)이 만들어졌는데, 着地(착지)에서처럼 어떤 곳에 '내려놓다'는 뜻을 말했고, 다시 附着(부착)하다 등의 뜻이 나오게 되었다.

字形 箸 簡牘文 箸 說文小篆

著(분명할 저): 着, zhuó, zhù, 艸-9, 13

字解 형성. 艸(풀 초)가 의미부고 者(놈 자)가 소리부로, 드러나다, 옷을 입다, 附着(부착)하다 등의 뜻인데, 箸(젓가락 저)에서 분화한 글자이다. 간화자에서는 着(붙을 착)에 통합되었다. ☞ 箸(젓가락 저)

楮(닥나무 저): 楮, chǔ, 木-9, 13

字解 형성. 木(나무 목)이 의미부고 者(놈 자)가 소리부로, 닥나무를 말하는데, 삶아(者, 煮의 원래 글자) 종이를 만드는 나무(木)임을 반영했다. 이후 종이, 지폐 등의 뜻도 나왔다.

字形 楮 楮 簡牘文 楮 說文小篆 柠 說文或體

渚(물가 저): 渚, zhǔ, 水-9, 12

字解 형성. 水(물 수)가 의미부고 者(놈 자)가 소리부로, 물(水) 속의 작은 모래톱을 말하며, 이후 海島(해도)나 물가 등을 지칭했다.

字形 渚 簡牘文 渚 說文小篆

躇(머뭇거릴 저): [躕], chú, 足-13, 20

字解 형성. 足(발 족)이 의미부고 著(분명할 저)가 소리부로, 나아가지(足) 못하고 머뭇거림(躊躇·주저)을 말한다. 『설문해자』에서는 足이 의미부이고 屠(잡을 도)가 소리부인 躕로 썼다.

字形 躕 說文小篆

儲(쌓을 저): 储, chǔ, 人-16, 18

字解 형성. 人(사람 인)이 의미부고 諸(모든 제)가 소리부로, 여러(諸) 사람(人)을 한데 '모으다'는 뜻이다. 이로부터 준비하다, 비축하다, 기다리다, 쌓다 등의 뜻이 나왔다. 또 儲君(저군)은 다음의 임금이 될 태자를 지칭하는데, 이로부터 2인자, 보좌하다 등의 뜻이 나왔다. 간화자에서는 储로 쓴다.

字形 儲 說文小篆

沮(막을 저): jǔ, jù, jū, 水-5, 8

字解 형성. 水^(물 수)가 의미부고 且^(또 차)가 소리부로, '저지하다'는 뜻인데, 강^(水)과 같은 지형지물과 조상^(且. 祖의 원래 글자)의 힘으로 적의 침입 등을 '막다'는 뜻을 담았다. 또 강 이름으로 쓰여 산서성, 상동성, 호북성 등에 있는 강을 지칭하기도 한다.

字形 _{甲骨文} _{金文} _{簡牘文} _說 文小篆

姐(누이 저): jiě, 女-5, 8

字解 형성. 女^(여자 여)가 의미부고 且^(또 차)가 소리부로, 여성^(女)인 어머니나 누이를 말하며, 나아가 나이 많은 여성이나 동년배의 여성을 높여 부를 때 쓰이는데, 여성^(女)의 선조^(且. 祖의 원래 글자)라는 의미를 담았다.

字形 _{說文小篆}

咀(씹을 저): jǔ, 口-5, 8

字解 형성. 口^(입 구)가 의미부고 且^(또 차)가 소리부로, 입^(口)으로 음식물 등을 씹는 것을 말하며 이로부터 맛보다 등의 뜻이 나왔다. 또 口 대신 言^(말씀 언)을 쓴 詛^(저주할 저)와 같이 쓰여 '저주하다'의 뜻도 가진다.

字形 _{說文小篆}

狙(원숭이 저): jū, 犬-4, 8

字解 형성. 犬^(개 견)이 의미부고 且^(또 차)가 소리부로, 짐승^(犬)의 일종인 원숭이를 말한다. 이후 교활하다, 몰래 살피다, 엿보다 등의 뜻까지 나왔다.

字形 _{說文小篆}

疽(등창 저): jū, 疒-5, 10

字解 형성. 疒^(병들어 기댈 녁)이 의미부고 且^(또 차)가 소리부로, 질병^(疒)의 일종인 등창이나 악창을 말한다.

字形 _{說文小篆}

詛(저주할 저): 诅, zǔ, 言-5, 12

字解 형성. 言^(말씀 언)이 의미부고 且^(또 차)가 소리부로, 말^(言)로 조상신^(且. 祖의 원래 글자)에게 남을 못되게 해달라고 빌다는 뜻에서, 詛呪^(저주)하다의 뜻이 나왔다. 이 때문에 이후 신에게 말로 '맹서하다'는 뜻도 생겼다.

字形 _{簡牘文} _{說文小篆}

菹(채소절임 저): zū, 艸-8, 12

字解 형성. 艸^(풀 초)가 의미부고 沮^(막을 저)가 소리부로, 채소^(艸)를 소금물에 절이는 것을 말하며, 이후 肉醬^(육장)도 뜻하게 되었다. 또 식물 이름으로 芭蕉^(파초)를 지칭하기도 했다.

字形 _{古璽文} _{說文小篆} _{說文}

或體

蒩(젓갈 저): zú, 血-12, 18

字解 형성. 血^(피 혈)이 의미부이고 菹^(채소 절임 저)가 소리부이다. 『설문해자』의 해설처럼, '육장^(醢)'을 말한다.

字形 蒩 說文小篆

雎(물수리 저): jū, 隹-5, 13

字解 형성. 隹^(새 추)가 의미부고 且^(또 차)가 소리부로, 새^(隹)의 일종일 물수리^(雎鳩저구)를 말한다. 또 疽^(등창 저)와 같이 쓰여 '악창'을 말하기도 한다.

字形 雎 說文小篆

齟(어긋날 저): 龃, jǔ, 齒-5, 20

字解 형성. 齒^(이 치)가 의미부고 且^(또 차)가 소리부로, 이^(齒)가 어긋나 맞지 않다는 뜻이며, 또 이빨^(齒)로 씹다는 뜻으로도 쓰인다. 간화자에서는 齒를 齿로 줄여 龃로 쓴다.

這(이 저): 这, zhè, 辵-7, 11

字解 형성. 辵^(쉬엄쉬엄 갈 착)이 의미부이고 言^(말씀 언)이 소리부로, 원래는 나가^(辵) 맞아들이다는 뜻이었으나, 이후 '이것'이라는 지시대명사로 가차되었다. 간화자에서는 言을 文^(글월 문)으로 줄여 这로 쓴다.

樗(가죽나무 저): chū, 木-11, 15

字解 형성. 木^(나무 목)이 의미부이고 雩^(기우제 우)가 소리부로, 가죽나무^(木)를 말한다. 달리 臭椿^(취춘)이라고도 하며, 苦木^(고목)과의 낙엽교목이다. 땔감 외에는 달리 쓸모가 없어 쓸데없는 인물을 뜻하기도 한다.

字形 樗 說文小篆

詆(꾸짖을 저): 诋, dǐ, 言-5, 12

字解 형성. 言^(말씀 언)이 의미부이고 氐^(근본 저)가 소리부로, 낮잡아보며^(氐) 말^(言)로 '꾸짖음'을 말하며, 이로부터 무시하다, 멸시하다의 뜻이 나왔다.

字形 詆 金文 詆 說文小篆

ㅈ

적

的(과녁 적): dì, de, 白-3, 8, 52

字解 형성. 白^(흰 백)이 의미부고 勺^(구기 작)이 소리부로, 『광아』에서는 하얀색을 말한다고 했으며, 『옥편』에서는 화살 과녁 중심점을 말한다고 했다. 과녁의 중심을 흰색^(白)으로 칠한 것에서부터 '과녁'의 뜻이, 다시 的中^(적중)하다, 的確^(적확)하다 등의 뜻이 나온 것으로 보인다. 이후 소속이나 소유를 나타내는 구조 조사나 명사화 접미사로도 쓰였

다.

積(쌓을 적): 积, jī, 禾-11, 16, 40

字解 형성. 禾^(벼 화)가 의미부고 責^(꾸짖을 책)이 소리부로, 곡식^(禾)을 모으다는 뜻으로부터 축적하다, 누적되다, 모으다 등의 뜻이 나왔다. 곡식을 쌓아 놓은 무더기나 모아 놓은 재산이라는 뜻이 나왔고, 마음속에 쌓인 감정 등을 뜻하기도 했다. 간화자에서는 責을 只^(다만 지)로 줄여 쓴 积으로 쓴다.

字形 簡牘文 說文小篆

績(실 낳을 적): 绩, jī, 糸-11, 17, 40

字解 형성. 糸^(가는 실 멱)이 의미부고 責^(꾸짖을 책)이 소리부로, 실^(糸)을 꼬아 만든 새끼줄을 말한다. 이후 누에가 토해낸 실을 뜻하기도 하였는데, 이로부터 한 올 한 올 토해서 실을 만들듯, 노력을 계속해 功績^(공적)을 쌓다는 뜻까지 생겼다. 특별히 공적을 나타낼 때에는 糸 대신 力^(힘 력)이 들어간 勣^(공적 적)을 만들기도 했다.

字形 金文 古陶文 石刻古文 說文小篆

蹟(자취 적): 迹, jī, 足-11, 18, 32

字解 형성. 足^(발 족)이 의미부고 責^(꾸짖을 책)이 소리부로, 발^(足)의 자취를 말하며, 迹^(자취 적), 跡^(자취 적)의 이체자이다. 간화자에서는 迹^{(자취}

적)에 통합되었다. ☞ 迹^(자취 적)

字形 說文小篆 說文或體 說文籀文

勣(공적 적): [績], jī, 力-11, 13

字解 형성. 力^(힘 력)이 의미부고 責^(꾸짖을 책)이 소리부로, 힘들여^(力) 쌓은 공로의 실적을 말하는데, 績^(실 낳을 적)과 같이 쓰인다.

赤(붉을 적): chì, 赤-0, 7, 50

字解 회의. 갑골문에서 大^(큰 대)와 火^(불 화)로 구성되어, 사람^(大)을 불^(火)에 태우는 모습인데, 예서 이후로 지금의 자형으로 변했다. 赤은 갑골문에서 이미 붉은색을 지칭했지만, 비를 바라며 사람을 희생으로 삼아 지내는 제사 이름으로도 쓰였는데, 다리를 꼬아 묶은 사람^(交 교)을 불에 태우는 모습이 炂^(태울 교)와 닮았다. 사람을 태울 정도라면 시뻘건 불꽃이 훨훨 타오르는 대단한 모습이었을 것이다. 이로부터 '벌겋다'는 뜻이 나왔고, 이 때문에 赤을 커다란^(大) 불^(火)로 해석하기도 한다. 한편, 붉은색은 피의 색깔이고 심장의 상징이기도 하다. 그래서 핏덩이로 태어난 아기를 赤子^(적자)라 하며, 갓난아기처럼 아무것도 걸치지 않은 자연 그대로의 모습을 '赤裸裸^(적나라)'라고 한다. 赤子는 옛날 임금에 대칭하여 백성을 지칭하는 말로 쓰기도 했고, 赤心^(적심)이라는 말은 '조금도 거짓이 없는 참된 마음'이라는 뜻으로 마음속에서 우러나오는 충성심을 말한다.

甲骨文 金文 古陶文
簡牘文 帛書
古璽文 說文小篆 說文古文

跡(자취 적): 迹, jī, 足-6, 13, 32

字解 형성. 足^(발 족)이 의미부고 亦^(또 역)이 소리부로, 발길^(足)이 머무는 곳을 말하며, 迹^(자취 적)이나 蹟^(자취 적)과 같이 쓴다. 간화자에서는 足 대신 辵^(쉬엄쉬엄 갈 착)이 들어간 迹^(자취 적)에 통합되었다. ☞ 迹^(자취 적)

字形 說文小篆 說文或體 說文籍文

迹(자취 적): [跡, 蹟], jī, 辵-6, 10, 10

字解 형성. 辵^(쉬엄쉬엄 갈 착)이 의미부고 亦^(또 역)이 소리부로, 지나가면서 남긴 표시나 자리를 말하며, 이로부터 蹤迹^(종적), 痕迹^(흔적), 足跡^(족적) 등의 뜻이 나왔다. 이후 발걸음을 강조하기 위해 辵 대신 足^(발 족)으로 구성된 跡^(자취 적), 소리부인 亦 대신 責^(꾸짖을 책)을 넣은 蹟^(자취 적) 등이 만들어졌는데, 간화자에서는 모두 迹으로 통일되었다. ☞ 跡^(자취 적)

字形 金文 簡牘文 說文小篆 說文或體 說文籍文

寂(고요할 적): [宋, 誄, 家], jì, 宀-8, 11, 32

字解 형성. 宀^(집 면)이 의미부고 叔^(아재비 숙)이 소리부로, 집안^(宀)에 사람의 말소리가 들리지 않음에서 '고요하고' '적막하다'는 뜻이 나왔다. 『설문해자』에서는 宀이 의미부이고 尗이 소리부인 宋으로 썼고, 『설문해자』의 혹체자에서는 宀 대신 言^(말씀 언)이 들어간 誄으로 쓰기도 했다.

字形 說文小篆 說文或體

迪(나아갈 적): dí, 辵-5, 9

字解 형성. 辵^(쉬엄쉬엄 갈 착)이 의미부고 由^(말미암을 유)가 소리부이다. 何九盈^(하구영)의 『漢字古音手冊^(한자고음수책)』에 의하면, 迪의 상고음은 定^(정)과 覺^(각)의 반절음으로 /diə³uk/으로 재구되며, 由의 상고음은 余^(여)와 幽^(유)의 반절음으로 /ʎĭəu/로 재구되어, 서로 통용 가능하다. 가야 하는^(辵) 연유^(由)라는 뜻에서 나아가야 할 길을 뜻한다. 나아가야 할 길은 지키고 준수해야 할 준칙이었고, 이로부터 선도하다 등의 뜻이 나왔다.

字形 簡牘文 石刻古文 說文小篆

笛(피리 적): [篴], dí, 竹-5, 11, 32

字解 형성. 竹^(대 죽)이 의미부고 由^(말미암을 유)가 소리부로, 대^(竹)로 만든 악기인 '피리'를 말하며, 이후 警笛^(경적)이나 汽笛^(기적)처럼 높은 소리를 내는 기계를 말하게 되었다.

狄(오랑캐 적): dí, 犬-4, 7, 10

字解 회의. 금문에서 犬(개 견)과 大(큰 대)로 구성되었으나, 이후 大가 火(불 화)로 바뀌어 지금의 구조로 되었다. 원래는 赤狄(적적)이라는 큰(大) 개(犬)를 말했으나, 이후 개를 키우며 사는 북방 이민족을 지칭했으며, 또 빠른 속도로 오고 감을 말하기도 했다.

字形 金文 古陶文 石刻古文 說文小篆

荻(물 억새 적): dí, 艸-7, 11

字解 형성. 艸(풀 초)가 의미부고 狄(오랑캐 적)이 소리부로, 화본과의 다년생 초본 식물(艸)로, 갈대와 비슷하며 물가에 살며, 사방용으로 이용된다.

吊(이를 적·조상할 조): [弔, 甼], diào, 口-3, 6

字解 회의. 口(입 구)와 巾(수건 건)으로 구성되어, 슬피 우는 울음소리(口)와 초상을 알리는 만장 등 여러 베(巾) 조각으로 '조문함'을 나타냈으며, 이로부터 위문하다, 매달다의 뜻이 나왔다. 弔(조상할 조)의 이체자인데, 간화자에서는 吊가 정자로 채택되었다. ☞ 弔(조상할 조)

炙(고기구울 적): ☞ 炙(고기구울 자)

翟(꿩 적): dí, 羽-8, 14

字解 회의. 羽(깃 우)와 隹(새 추)로 구성되어, 꿩을 말하는데, 멋진 깃털(羽)을 가진 새(隹)라는 의미를 담았다.

字形 金文 簡牘文 說文小篆

糴(쌀 사들일 적): 籴, dí, 米-16, 22

字解 형성. 米(쌀 미)와 入(들 입)이 의미부이고 翟(꿩 적)이 소리부로, 쌀(米)을 사들임(入)을 말한다. 원래는 籴으로 써 쌀(米)을 사들이다(入)는 뜻을 그렸는데, 이후 소리부인 翟을 더해 지금의 형성구조로 변화했다. 간화자에서는 籴으로 쓴다.

字形 簡牘文 說文小篆

賊(도둑 적): 贼, [賊], zéi, 貝-6, 13, 40

字解 회의. 원래 貝(조개 패)와 人(사람 인)과 戈(창 과)로 구성되어, 무기(戈)로써 사람(人)에게 해를 입히고 재산(貝)을 빼앗는 도둑이나 강도를 말한다. 이로부터 盜賊(도적), 상해를 입히다, 도둑놈, 사악하다 등의 뜻이 나왔다. 『설문해자』에서는 戈(창 과)가 의미부고 則(법칙 칙·곧 즉)이 소리부라고 했다.

字形 金文 簡牘文 帛書 說文小篆

耤(적전 적): jí, 耒-8, 14

字解 형성. 耒^(쟁기 뢰)가 의미부이고 昔^(옛 석)이 소리부이다. 藉田^(적전) 즉 '임금이 몸소 농민을 두고 농사를 지어 거두어들인 곡식으로 신에게 지사를 지내던 제전의 한 가지'를 말한다. 『설문해자』에서는 이렇게 해석했다. '천자가 직접 백성을 이끌고 1천 무의 땅을 갈다^(帝耤千畝)는 뜻이다. 옛날에는 백성들을 부리는 것이 빌려와^(借) 쓰는 것과 같았으므로, 적^(耤)이라고 한다.'

字形 耤 說文小篆

籍(장부 적): jí, 竹-14, 20, 40

字解 형성. 竹^(대 죽)이 의미부고 耤^(갈빌릴 적)이 소리부로, 장부를 말하는데, 세금 부과를 위해 땅을 갈아^(耤) 먹고 사는 농민에 관한 정보를 죽간^(竹)에 적은 '장부'를 말하며, 이로부터 '書籍^(서적)'은 물론 戶籍^(호적)의 뜻까지 나왔다. ☞ 耤^(갈빌릴 적)

字形 籍 籍簡牘文 籍 說文小篆

鏑(살촉 적): 镝, dí, 金-11, 19

字解 형성. 金^(쇠 금)이 의미부고 商^(밑동 적)이 소리부로, 쇠^(金)로 만든 화살의 '촉'을 말한다.

字形 鏑 說文小篆

適(갈 적): 适, shì, 辵-11, 15, 40

字解 형성. 辵^(쉬엄쉬엄 갈 착)이 의미부고 商^(밑동 적)이 소리부로, 어떤 곳으로 가다^(辵)는 뜻이다. 이후 여자가 적당한 곳을 골라 시집가다는 뜻이 나왔고, 다시 적합하다, 적당하다 등의 뜻이 나왔다. 간화자에서는 适^(빠를 괄)에 통합되었다.

字形 適金文 適 適簡牘文 適石刻古文 適 說文小篆

摘(딸 적): [擿], zhāi, 手-11, 14, 32

字解 형성. 手^(손 수)가 의미부고 商^(밑동 적)이 소리부로, 손^(手)으로 씨나 열매^(商)를 따다는 뜻이다. 이로부터 선택하다, 잘라내다, 제거하다 등의 뜻이 나왔으며, 달리 商 대신 適^(갈 적)을 쓴 擿^(들출 적)으로 쓰기도 한다.

字形 摘 說文小篆

敵(원수 적): 敌, dí, 攴-11, 15, 42

字解 형성. 攴^(칠 복)이 의미부고 商^(밑동 적)이 소리부로, 원수를 말하는데, 매를 쳐^(攴) 몰아내고 꺾어^(商) 제거해야 할 대상인 '원수'를 말하며, 이로부터 상대하다, 대등하다 등의 뜻도 나왔다. 간화자에서는 商을 舌^(혀 설)로 간단하게 줄인 敌으로 쓴다.

字形 敵金文 敵 說文小篆

滴(물방울 적): dī, 水-11, 14, 30

字解 형성. 水^(물 수)가 의미부고 啇^(밑동 적)이 소리부로, 양동이 같은 기물의 밑바닥으로부터 떨어지는 물방울^(水)을 말한다. 이로부터 '떨어지다'의 뜻이 나왔고, 물방울을 헤아리는 단위사로도 쓰였다.

字形 甲骨文 說文小篆

謫(귀양 갈 적): 谪, [讁], zhé, 言-11, 18, 10

字解 형성. 言^(말씀 언)이 의미부고 啇^(밑동 적)이 소리부로, 나무라다, 처벌하다, 귀양가다^(貶謫폄적) 등의 뜻을 갖는데, 말^(言)로써 떨어져 나가도록^(啇) 만드는 것임을 반영했다.

字形 說文小篆

嫡(정실 적): dí, 女-11, 14, 10

字解 형성. 女^(여자 여)가 의미부고 啇^(밑동 적)이 소리부로, 정식 아내^(女)를 말하며, 여기에서 난 아들을 말해 嫡子^(적자)의 뜻이 나왔으며, 이로부터 가까운 혈친, 친근한, 정통 등의 뜻을 갖게 되었다.

字形 說文小篆

覿(볼 적): 觌, dí, 見-15, 22

字解 형성. 見^(볼 견)이 의미부이고 賣^(팔 매)가 소리부로, 만나보다는 뜻인데, 물건을 팔려고^(賣) 서로 만나다^(見)는 의미를 담았다. 간화자에서는 觌으로 줄여 쓴다.

字形 金文 說文新附字

전

前(앞 전): qián, 刀-7, 9, 70

字解 회의. 원래는 舟^(배 주)와 止^(발 지)로 이루어져, 배^(舟)를 타고 발^(止)이 앞으로 나가는 모습에서 '前進^(전진)하다'는 뜻이 만들어졌으나 자형이 변해 지금처럼 되었다. 혹자는 舟를 배 모양의 나막신으로 보아 신을 신고 가는 모습을 그린 것으로 풀이하기도 한다. 앞으로 나아가다가 원래 뜻이며, 이로부터 공간적인 의미의 앞이, 다시 시간상의 이전과 추상적 의미의 '앞'까지 뜻하게 되었다.

字形 甲古文 金文 古陶文 簡牘文 石刻古文 說文小篆

剪(자를 전): jiǎn, 刀-9, 11, 10

字解 형성. 刀^(칼 도)가 의미부고 前^(앞 전)이 소리부로, '가위'를 말하는데, 앞으로 나아가며^(前) 물건을 자르는 칼^(刀)이라는 뜻을 담았다.

字形 說文小篆

煎(달일 전): jiān, 火-9, 13, 10

字解 형성. 火(불화)가 의미부고 前(앞전)이 소리부로, 오랫동안 불(火)에 '달이다'는 뜻이며 이로부터 탕약의 뜻이 나왔다. 이후 요리법의 하나로 煎餅(전병)에서처럼 기름으로 달구고서 음식물을 넣어 표면이 누레지도록 굽는 것을 말하며, 이로부터 '굽다'는 뜻도 나왔다.

字形 煎 說文小篆

箭(화살 전): jiàn, 竹-9, 15, 10

字解 형성. 竹(대죽)이 의미부고 前(앞전)이 소리부로, '화살대'를 말하는데, 화살이 앞으로 나갈 수 있도록(前) 대(竹)로 만든 살이라는 뜻을 담았다.

字形 箭 金文 箭 說文小篆

翦(자를 전): jiǎn, 羽-9, 15

字解 형성. 羽(깃우)가 의미부고 前(앞전)이 소리부로, 깃(羽)이 처음 날 때 칼로 자른 것(前, 剪과 통합)처럼 가지런함을 말한다. 이로부터 가지런하다, 가지런하게 자르다, 잘라내다 등의 뜻이 나왔다.

字形 翦 古陶文 翦 說文小篆

氈(모전 전): 毡, [氊], zhān, 毛-13, 17, 10

字解 형성. 毛(털모)가 의미부고 亶(믿음단)이 소리부로, 털(毛)로 짠 모직물을 말한다. 간화자에서는 亶 대신 占(차지할점)이 들어간 毡으로 쓴다.

字形 氈 說文小篆

顫(떨릴 전): 颤, chàn, 頁-13, 22, 10

字解 형성. 頁(머리혈)이 의미부고 亶(믿음단)이 소리부로, 머리(頁)가 고정되어 있지 않고 흔들리는 것을 말했으나, 이후 몸이 떨리는 것을 뜻하게 되었으며, 두려워 몸을 떨다는 뜻도 나왔다.

字形 顫 古璽文 顫 說文小篆

旃(기 전): zhān, 方-15, 19

字解 형성. 㧱(깃발 나부끼는 모양 언)이 의미부고 亶(믿음단)이 소리부로, 장식이 없는 굽은 손잡이를 가진 적색의 기(㧱)를 말하며, 달리 亶 대신 丹(붉을단)으로 구성된 旃(기전)으로 쓰기도 한다.

字形 旃 旃 金文 旃 說文小篆 旃 說文或體

旃(기 전): [旃], zhān, 方-6, 10

字解 형성. 㧱(깃발 나부끼는 모양 언)이 의미부고 丹(붉을단)이 소리부로, 장식이 없는 굽은 손잡이를 가진 적색(丹)의 기(㧱)를 말하며, 달리 丹 대신 亶(믿음단)으로 구성된 旃(기전)으로 쓰기도 한다.

字形 𣑄 說文小篆 爐 說文或體

廛(가게 전): 㢆, chán, 广-12, 15, 10

字解 회의. 广^(집 엄)과 里^(마을 리)와 八^(여덟 팔)과 土^(흙 토)로 구성되어, 흙^(土)을 쌓아 만든 성의 안에 흩어져^(八) 살던 서민들의 집^(广)이나 마을^(里)을 말했는데, 이후 그런 곳에서 펼쳐졌던 노점 형태의 '가게'를 말하게 되었다. 간화자에서는 广과 里로 구성된 㢆으로 쓴다.

字形 𢋹 說文小篆

纏(얽힐 전): 缠, chán, 糸-15, 21, 10

字解 형성. 糸^(가는 실 멱)이 의미부고 廛^(가게 전)이 소리부로, 이리저리 복잡하게 흩어 진 난전^(廛)처럼 실^(糸)이 '얽힘'을 말하며, 이로부터 일이 뒤얽히다의 뜻도 나왔다. 간화자에서는 廛을 㢆으로 간단하게 줄여 缠으로 쓴다.

字形 𦇚 簡牘文 纏 說文小篆

田(밭 전): tián, 田-0, 5, 42

字解 상형. 가로 세로로 경지 정리가 잘 된 농지의 모습을 그렸다. 이로부터 농경지, 들판, 경작하다, 개간하다 등의 뜻이 나왔으며, 농사와 관련된 일이나 땅바닥에서 하는 운동, 필드 경기 등을 지칭하게 되었다. 또 옛날에는 들판의 일정한 구역을 정해 놓고

거기서 전쟁 연습 겸 사냥을 즐겼으므로 사냥이라는 뜻도 가졌는데, 이후 '사냥하다'는 뜻은 攵^(칠 복)을 더해 畋^(밭 갈사냥할 전)으로 분화했다.

字形 甲骨文 金文 古陶文 簡牘文 石刻古文 田 說文小篆

甸(경기 전): diàn, 田-2, 7, 12

字解 형성. 勹^(포·包의 생략된 모습)가 의미부고 田^(밭 전)이 소리부로, 王京^(왕경) 5백 리 이내의 경작지^(田)를 포함한^(勹) 땅과 영역, 즉 京畿^(경기)를 말한다.

字形 金文 簡牘文 甸 說文小篆

佃(밭갈 전): tián, 人-5, 7

字解 형성. 人^(사람 인)이 의미부고 田^(밭 전)이 소리부로, 밭^(田)을 가는 사람^(人)으로부터 '밭을 갈다'는 의미를 그렸다.

字形 金文 古璽文 石刻古文 佃 說文小篆

畑(화전 전): tián, 火-5, 9

字解 형성. 火^(불 화)가 의미부고 田^(밭 전)이 소리부로, 산간 지대에서 풀과 나무를 불살라 버리고^(火) 그 자리를 파 일구어 농사를 짓는

밭^(田)을 말하는데, 일본에서 만들어진 한자이다.

鈿(비녀 전): 钿, tián, 金-5, 13

字解 형성. 金^(쇠 금)이 의미부고 田^(밭 전)이 소리부로, 쇠^(金)로 만든 비녀를 말하는데, 이후 비녀의 총칭으로 쓰였다.

字形 鈿 說文小篆

畋(밭갈 전): tián, 田-4, 9

字解 형성. 攴^(칠 복)이 의미부고 田^(밭 전)이 소리부로, '사냥하다'가 원래 뜻인데, 들판^(田)에서 손에 몽둥이를 들고^(攴) 사냥을 하는 모습을 그렸으며, 달리 봄철 사냥을 특별히 지칭하기도 하였다. 이후 밭^(田)에서 농기구를 들고^(攴) 경작하다는 뜻으로 해석되어 '밭을 갈다'는 뜻으로도 쓰이게 되었다. ☞ 田^(밭 전)

字形 甲骨文 古陶文 古璽文 說文小篆

典(법 전): [笧], diǎn, 八-6, 8, 52

字解 회의. 冊^(책 책)과 廾^(두 손 마주잡을 공)이나 丌^(대 기)로 구성되어 대로 엮은 책^(冊)을 두 손으로 받쳐 들거나^(廾) 탁자^(丌) 위에다 올려놓은 모습을 그렸다. 받쳐 든 책은 중요한 책이라는 뜻에서 典範^(전범)이 되는 중요한 책의 뜻이, 다시 '經典^(경전)'이라는 의미가 생

겨났다. 이후 상도, 준칙, 제도, 법규 등의 뜻이 나왔고, 다시 전아하다는 뜻도 나왔다. 『설문해자』에서는 "五帝^(오제) 때의 책을 말한다"라고 했으며, 혹체에서는 竹^(대 죽)을 더한 笧로 쓰기도 했다. ☞ 冊^(책 책)

字形 甲骨文 金文 簡牘文 石刻古文 說文小篆 說文古文

琠(귀막이 전): tiǎn, 玉-8, 12

字解 형성. 玉^(옥 옥)이 의미부고 典^(법 전)이 소리부로, 귀막이 즉 면류관의 양쪽으로 비녀 끝에 구슬을 꿴 줄을 귀까지 늘어뜨린 물건에 쓰는 옥^(玉)을 말한다.

字形 琠 說文小篆

戰(싸울 전): 战, zhàn, 戈-12, 16, 60

字解 형성. 戈^(창 과)가 의미부고 單^(홑 단)이 소리부로, 무기^(戈)를 동원한 '전쟁'을 말하는데, 單이 사냥 도구의 일종임을 고려하면 싸움이라는 것이 戰爭^(전쟁)과 사냥에서 출발하였음을 보여준다. 이후 다투다, 싸우다의 뜻이, 다시 戰慄^(전율)에서처럼 두려워하다의 뜻도 나왔다. 간화자에서는 單을 占^(차지할 점)으로 간단하게 줄인 战으로 쓴다. ☞ 單^(홑 단)

字形 金文 簡牘文 石刻古

文 說文小篆

專(오로지 전): 专, [耑], zhuān, 寸-8, 11, 40

字解 회의. 갑골문에서 맨 위쪽은 여러 가닥의 실을 단순화하여 표현한 세 가닥의 실이고, 중간 부분은 실을 감은 실패, 아래쪽의 원형은 실패 추(紡輪방륜)를, 옆쪽은 이를 쥔 손(寸)을 그렸다. 그래서 專은 실패를 돌려가며 베를 짜는 모습을 상징화했으며, 베 짜기는 예로부터 專門的(전문적)인 기술에 속했고 정신을 집중해야만 원하는 베를 짤 수 있었다. 그리하여 專門的, 專心(전심) 등의 뜻이 생겼다. 간화자에서는 초서체로 간단하게 줄인 专으로 쓴다.

字形 甲骨文 說文小篆

傳(전할 전): 传, chuán, zhuàn, 人-11, 13, 52

字解 형성. 人(사람 인)이 의미부고 專(오로지 전)이 소리부로, 베 짜기와 같은 전문적인 기술(專)을 다른 사람(人)에게 전해 줌을 말하고, 이로부터 傳受(전수)하다, 전하다, 전달하다, 전설, 전기 등의 뜻이 생겼다. 간화자에서는 專을 专으로 줄인 传으로 쓴다.

字形 甲骨文 金文 簡牘文 說文小篆

轉(구를 전): 转, zhuǎn, 車-11, 18, 40

字解 형성. 車(수레 거,차)가 의미부고 專(오로지 전)이 소리부로, 수레(車)를 이용하여 옮기다는 뜻으로부터 운반하다, 이동하다의 뜻이 생겼다. 간화자에서는 專을 专으로 줄인 转으로 쓴다.

字形 金文 帛書 簡牘文 說文小篆

塼(벽돌 전): 砖, [甎, 甋], zhuān, 土-11, 14

字解 형성. 土(흙 토)가 의미부고 專(오로지 전)이 소리부로, 흙(土)을 구워 만든 '벽돌'을 말한다. 달리 土 대신 石(돌 석)이나 瓦(기와 와)를 쓴 磚(벽돌 전)이나 甎(벽돌 전)으로 쓰기도 한다. 간화자에서는 專을 专으로 줄인 砖으로 쓴다.

全(완전할 전): quán, 入-4, 6, 70

字解 회의. 소전체에서 入(들입)과 玉(옥 옥)으로 구성되어, '온전하다'는 뜻인데, 집안으로 들여 놓은(入) 玉(옥)이라는 의미를 그렸다. 고대 사회에서 집 '안'은 특히 사람을 외부의 침입으로부터 보호해 주고 중요한 물건을 보관할 수 있는 장소이기도 했다. 고대 중국인들이 더없이 귀중하게 여겼던 옥, 그 옥은 집안으로 들여 놓았을 때 온전하게 보존될 수 있었기에 完全(완전)하다, 保全(보전)하다, 대단히 훌륭하다 등의 의미가 생겼다. 『설문해자』에서는 玉 대신 工(장인 공)이 들어간 수으로도 썼다.

銓(저울질할 전): 铨, quán, 金-6, 14, 10

字解 형성. 金(쇠 금)이 의미부고 仝(완전할 전)이 소리
부로, 무게를 재는 쇠로 만든 저울을 말하
며, 이로부터 무게를 재다는 뜻이 나왔는데,
무게를 정확하게 구분해 주는 쇠(金)로 만든
완벽한(全) 기구라는 뜻을 담았다.

字形 **銓** 說文小篆

詮(설명할 전): 诠, quán, 言-6, 13

字解 형성. 言(말씀 언)이 의미부고 仝(완전할 전)이 소
리부로, 어떤 개념이나 글자(단어)를 말(言)로
풀어서 온전하게(全) 밝힘을 말하며, 이로부
터 상세하게 해석하다의 뜻이 나왔다.

字形 **詮** 說文小篆

佺(신선 이름 전): quán, 人-6, 8

字解 형성. 人(사람 인)이 의미부고 仝(완전할 전)이 소
리부로, 偓佺(악전)이라는 고대 전설 속의 신
선을 말하는데, 온전한(全) 사람(人)이라는
뜻을 담았다.

字形 **佺** 說文小篆

筌(통발 전): quán, 竹-6, 12

字解 형성. 竹(대 죽)이 의미부고 仝(완전할 전)이 소리
부로, 물고기가 들어가 나오지 못하도록 가
는 댓조각(竹)을 엮어서 통처럼 만든 기구를
말하는데, 대(竹)로 만든 완벽한(全) 고기잡
이 기구라는 뜻을 담았다.

栓(나무못 전): shuān, 木-6, 10, 10

字解 형성. 木(나무 목)이 의미부고 仝(완전할 전)이 소
리부로, 나무(木)로 만든 못을 말하는데, 벌
어지거나 비틀어진 목재 따위를 접합하거나
고정해 온전하게(全) 만들어 주는 것이라는
의미를 담았다.

篆(전자 전): [篆], zhuàn, 竹-9, 15, 10

字解 형성. 竹(대 죽)이 의미부고 彖(단 단)이 소리부
로, 진시황 때의 통일 서체인 '소전체(小篆體)'
를 지칭하는데, 이는 이전의 서체 즉 대전
체(大篆體)를 길쭉하게(彖) 끌어서 세로가 긴
직사각형으로 개량해 대(竹)에다 쓴 서체라
는 뜻을 담았다. ☞ 彖(판단할 단)

字形 **篆** 說文小篆

奠(제사지낼 전): diàn, 大-9, 12, 10

字解 회의. 酋(두목 추)와 廾(두 손으로 받들 공)으로 구성
되었으나, 廾이 大(큰 대)로 변해 지금처럼
되었다. 조상이나 신께 바치고자 술독(酉유)
을 받침대나 탁자 등에 올려놓거나 두 손
으로 받쳐 든(廾공) 모습이며, 귀신이나 망

령에 제사를 드리는 모습을 형상화했다. 이로부터 제사를 드리다, 進獻^(진헌·예물이나 제수를 바치다)하다, 놓다, 제수품 등의 뜻이 나왔다.
☞ 鄭^(나라 이름 정) ☞ 酋^(두목 추)

字形 甲骨文 金 金文 古陶文 簡牘文 石刻古文 說文小篆

戔(쌓일 전·해칠 잔): 戋, cán, jiān, chǎn, 戈-4, 8

字解 회의. 갑골문에서 두 개의 戈^(창 과)로 구성되었는데, 戈는 전쟁의 상징이다. 그래서 반복되는 전쟁^(戈)을 거쳐 시체들이 즐비하게 쌓였음을 말하였고, 이로부터 '해치다'는 뜻도 나왔다. 이후 의미를 더욱 명확하게 하려고 歹^(부서진 뼈 알)을 더한 殘^(해칠 잔)으로 분화했다. 간화자에서는 초서체로 간단하게 줄여 戋으로 쓴다.

字形 甲骨文 簡牘文 古璽文 說文小篆

錢(돈 전): 钱, qián, 金-8, 16, 40

字解 형성. 金^(쇠 금)이 의미부고 戔^(쌓일 전)이 소리부로, 쇠^(金)로 만든 흙을 파헤치거나 떠서 던지는 삽처럼 생긴 기구인 가래^(銚요)를 말한다. 옛날 가래 모양으로 돈을 만들었기에 '돈'을 뜻하게 되었고, 이후 동전을^(布錢포전) 뜻하게 되었고, 이후 동전을

뜻하게 되었다. 간화자에서는 戔을 戋으로 줄인 钱으로 쓴다.

字形 說文小篆

箋(찌지 전): 笺, [牋], jiān, 竹-8, 14, 10

字解 형성. 竹^(대 죽)이 의미부고 戔^(쌓일 전)이 소리부로, 책 속에 꽂아 두는 작은^(戔) 대^(竹) 쪽지로부터 글에 다는 주석이나 註疏^(주소)의 의미가 나왔다. 간화자에서는 戔을 戋으로 줄인 笺으로 쓴다.

字形 說文小篆

餞(전별할 전): 饯, jiàn, 食-8, 17, 10

字解 형성. 食^(밥 식)이 의미부고 戔^(쌓일 전)이 소리부로, 떠나는 사람을 위하여 조그만^(戔) 술과 음식^(食)을 베풀어 작별하는 행위를 말하며, 이로부터 '보내다'의 뜻도 생겼다. 간화자에서는 戔을 戋으로 줄인 饯으로 쓴다.

字形 說文小篆

展(펼 전): [展], zhǎn, 尸-7, 10, 52

字解 형성. 소전체에서 屐으로 써 尸^(주검 시)와 衣^(옷 의)가 의미부고 㠭^(펼 전)이 소리부인 구조였는데, 자형이 조금 변해 지금처럼 되었다. 시신^(尸)을 '돌려가며' 수의^(衣)를 입히고 입과 귀와 코 등을 옥으로 채워^(㠭) 막는 데서부터 '돌리다'의 뜻이 나왔으며, (시신을) 진설하다, 전시하다, 두루 내보이다 등의 뜻

도 나왔다. 珡은 『옥편』에서 展의 원래 글
자라 했고, 시라카와 시즈카^(白川靜)는 이를
시신의 구멍을 옥으로 막을 때 쓰던 주술
도구라고 풀이하기도 했다.

字形 展 說文小篆

輾(구를 전): 辗, zhǎn, 車-10, 17, 10

字解 형성. 車^(수레 거차)가 의미부고 展^(펼 전)이 소
리부로, 수레^(車)의 바퀴가 돌아가다^(展)는
뜻으로부터 굴리다, 돌리다, 연자방아 등의
뜻이 나왔다.

殿(큰 집 전): diàn, 殳-9, 13, 32

字解 형성. 殳^(창 수)가 의미부고 展^(펼 전)이 소리부
로, 원래는 칠 것^(殳)으로 때리거나 두드리
는 소리를 말했는데, 이후 宮殿^(궁전)이라는
의미로 가차되었고, 큰 집을 뜻하게 되었다.
간독문자에서는 殳가 攵^(칠 복)으로 표현되기
도 했는데, 의미는 같다.

字形 殿 簡牘文 殿 說文小篆

澱(앙금 전): 淀, diàn, 水-13, 16, 10

字解 형성. 水^(물 수)가 의미부고 殿^(큰 집 전)이 소리
부로, 물에 가라앉는 찌꺼기를 말하며, 이
로부터 沈澱物^(침전물), 앙금, 가라앉다 등의
뜻이 나왔다. 간화자에서는 淀^(얕은 물 정)에
통합되었다.

字形 澱 說文小篆

電(번개 전): 电, diàn, 雨-5, 13, 70

字解 형성. 雨^(비 우)가 의미부고 申^(아홉째 지지 신)이
소리부로, 비^(雨)가 올 때 하늘을 가르면서
번쩍이는 번개^(申)를 말한다. 번개로부터 電
氣^(전기)를 뜻하게 되었고, 이후 電子^(전자),
電報^(전보), 感電^(감전)되다 등의 뜻이 나왔다.
원래는 申으로만 썼는데, 申이 간지자로 쓰
이자, 雨를 더해 電으로 분화했다. 간화자
에서는 원래의 电으로 쓴다.

字形 電 金文 電 電 帛書 電 說文小篆
電 說文古文

塡(메울 전): tián, 土-10, 13, 10

字解 형성. 土^(흙 토)가 의미부고 眞^(참 진)이 소리부
로, 흙^(土)으로 표면을 채워 넣거나 덧바를
것을 말하며, 이로부터 보충하다의 뜻도 나
왔다.

字形 塡 說文小篆

顚(정수리 전): 颠, [顛], diān, 頁-10, 19, 10

字解 형성. 頁^(머리 혈)이 의미부고 眞^(참 진)이 소리
부로, 머리 위의 숨구멍이 있는 자리를 말
하는데, 머리^(頁) 중에서도 진짜^(眞) 중요한
부분이라는 뜻을 담았다.

字形 顚 顚 顚 古陶文 顚 說文小篆

癲(미칠 전): 癫, diān, 疒-19, 24, 10

字解 형성. 疒^(병들어 기댈 녁)이 의미부고 顚^(정수리 전)이 소리부로, 머리^(顚)에 이상이 생겨 지각, 기억, 주의, 사고 따위의 지적 능력을 일시적으로 잃어버리는 병적인^(疒) 상태를 말하며, 이로부터 이상하다, 경이롭다, 흥분이 극에 달하다 등의 뜻도 나왔다.

鐫(새길 전): 镌, [鎨, 鐫, 鑴], juān, 金-13, 21

字解 형성. 金^(쇠 금)이 의미부고 雋^(영특할 준)이 소리부로, 쇠^(金)에다 글씨 등을 새기는 것을 말하는데, 달리 雋 대신 夋^(천천히 걷는 모양 준)이 들어간 '鎨', 隽^(새가 살찔 전)이 들어간 '鐫', 巂^(새 이름 휴)가 들어간 '鑴' 등으로 쓰기도 한다. 이후 판각도 뜻하게 되었고, 판각에 의한 인쇄물, 정교하게 필사하다 등의 뜻도 나왔다.

字形 鐫 說文小篆

悛(고칠 전): quān, 心-7, 10, 10

字解 형성. 心^(마음 심)이 의미부고 夋^(천천히 걷는 모양 준)이 소리부로, 회개하다는 뜻인데, 마음^(心)을 훌륭하게^(夋) 고쳐 먹다는 뜻을 담았다. 이후 깨우치다, (잘못을) 그만두다, 공경하다 등의 뜻도 나왔다.

字形 悛 說文小篆

절

卩(병부 절): [卪], jié, 卩-0, 2

字解 상형. 卩^(卪)은 갑골문에서 꿇어앉은 사람의 모습이다. 예컨대 印^(도장 인)은 손^(爪 조)으로 꿇어앉은 사람을 눌러 굴복시키는 모습을 그렸다. 도장은 손으로 눌러 찍기도 하고 그 자체가 사람을 복종시키는 권력의 상징이기도 하다. 그래서 印에 도장의 뜻이, 초기의 印刷^(인쇄)가 도장처럼 눌러 이루어졌기에 '찍다'는 뜻도 생겼다. 또 卽^(곧 즉)은 밥이 소복하게 담긴 그릇^(皀 간) 앞에 앉은 사람^(卩)을 그려 '곧' 식사하려는 모습을 그렸다. 여기에 식사를 '끝내고' 머리를 뒤로 홱 돌린 모습이 旣^(이미 기)이며, 식기를 중앙에 두고 마주 앉은 모습이 卿^(벼슬 경)이다. 그런가 하면 卬^(나 앙)은 앉은 사람^(卩)이 선 사람^(人 인)을 '올려다' 보는 모습이며, 卻^(물리칠 각)은 谷^(웃을 각)이 소리부이고 卩이 의미부로, '물리치다'가 원래 뜻이고, 이후 '물러나다'는 의미가 생겼다. 이외에도 令^(영 령)은 모자를 쓰고 앉은 사람의 모습을 하였는데, 지금은 人부수에 귀속되었고, 邑^(고을 읍)도 성을 그린 囗^(나라 국)과 앉은 사람의 卩로 구성되어, 사람이 살 수 있는 성 그곳이 바로 고을임을 그린 글자이다.

字形 卩 說文小篆

絕(끊을 절): 绝, [纃], jué, 糸-6, 12, 42

字解 형성. 원래는 纃으로 써 4개의 糸(가는 실 멱)과 刀(칼 도)로 구성되어, 칼(刀)로 실(糸)을 자르는 모습을 그려, '끊다'의 의미를 나타냈다. 소전체에서 들면서 소리부 卩(병부 절)이 추가되어, 사람이 앉아(卩) 칼(刀)로 실(糸)을 자르는 모습을 강조했고, 이후 刀와 卩이 합쳐져 色(빛 색)으로 변해 지금의 자형이 되었다. 그래서 실(糸)을 칼(刀)로 끊다가 원래 뜻이며, 이로부터 斷絕(단절)되다, 끊기다 등의 뜻이 나왔고, 막다른 곳이라는 뜻도 나왔다. 이후 다시 絕對(절대)와 絕色(절색)의 뜻이 나왔고, 8구로 된 律詩(율시)의 절반을 끊어 만든 시라는 뜻에서 絕句(절구)를 뜻하기도 하였다.

字形 ⟨金文⟩ ⟨簡牘文⟩ ⟨說文小篆⟩ ⟨說文古文⟩

竊(훔칠 절): 窃, qiè, 穴-17, 22, 30

字解 형성. 穴(구멍 혈)과 釆(분별할 변)이 의미부이고 㒼(사람 이름 설)이 소리부로, 훔치다는 뜻이다. 원래는 전갈(萬(만), 蠆의 원래 글자)처럼 생긴 벌레가 구멍(穴)을 뚫고 곡식(米미)을 몰래 '훔쳐' 먹는 것을 그렸으며, 米가 釆으로, 萬이 㒼로 변해 지금의 자형이 되었다. 이로부터 훔치다(竊盜(절도)), 부정한 수단으로 취득하다, 몰래의 뜻이 나왔고, 자신을 낮추는 겸양어로도 쓰인다. 간화자에서는 穴이 의미부이고 切(끊을 절)이 소리부인 窃로 쓴다.

字形 ⟨說文小篆⟩

折(꺾을 절): [摺], zhé, shé, 手-4, 7, 40

字解 회의. 手(손 수)와 斤(도끼 근)으로 구성되어, 손(手)으로 도끼(斤)를 들고 나무 등을 절단함을 말한다. 원래는 斷로 써, 도끼(斤)로 잘라 놓은 풀이나 나뭇가지를 그렸다. 이로부터 절단하다, 꺾다, 반전, 굴복하다, 挫折(좌절)하다, 夭折(요절)하다 등의 뜻이 나왔다.

字形 ⟨甲骨文⟩ ⟨金文⟩ ⟨簡牘文⟩ ⟨帛書⟩ ⟨印璽文⟩ ⟨說文小篆⟩ ⟨說文籒文⟩

浙(강 이름 절): [淛], zhè, 水-7, 10

字解 형성. 水(물 수)가 의미부고 折(꺾을 절)이 소리부로, 절강성을 대표하는 강(水)의 이름으로 錢塘江(전당강)으로도 불린다.

字形 ⟨說文小篆⟩

節(마디 절): 节, jié, 竹-9, 15, 52

字解 형성. 竹(대 죽)이 의미부고 卽(곧 즉)이 소리부로, 대나무(竹)의 마디가 원래 뜻이며, 이로부터 關節(관절), 骨節(골절) 등의 뜻이 나왔다. 마디와 마디 사이의 부분이라는 뜻에서 章節(장절)에서처럼 단락의 뜻이, 마디마디 지어진 단계, 절도, 節制(절제) 등의 뜻이 나왔고, 대를 쪼개 만든 부절을 뜻하기도 했다. 간화자에서는 竹을 ++(풀 초)로, 卽을 卩

^(병부 절)로 간단히 줄여 节로 쓴다.

字形 **蒻 蒻 蒻**金文 **蒻**古陶文 **蒻 蒻 蒻**簡牘文 **蒻** 說文小篆

癤(부스럼 절): 疖, jiē, 疒-15, 20

字解 형성. 疒^(병들어 기댈 녁)이 의미부고 節^(마디 절)이 소리부로, 피부에 나는 병^(疒)의 일종인 종기나 뾰루지를 말한다. 간화자에서는 節을 卩^(병부 절)로 간단히 줄여 疖로 쓴다.

切(끊을 절·온통 체): qiē, 刀-2, 4, 52

字解 형성. 刀^(칼 도)가 의미부고 七^(일곱 칠)이 소리부로, 칼^(刀)로 자르다^(七)는 뜻이며, 밀접하다, 모두, 절박하다 등의 뜻이 나왔다. 갑골문에서는 七을 십자모양^(十)으로 썼는데 십자형의 칼집을 낸 모습이다. 이후 七이 7이라는 숫자로 쓰이게 되자 원래 뜻은 刀를 더해 切로 분화했다. 一切^(일체)에서처럼 '전체'를 말할 때에는 '체'로 구분해 읽는다.

字形 **切** 說文小篆

截(끊을 절): jié, 戈-10, 14, 10

字解 형성. 隹^(새 추)가 의미부이고 㦿^(다칠 재)가 소리부로, '끊다'는 뜻이다. 소전체에서는 戈^(창 과)가 의미부고 雀^(참새 작)이 소리부였는데, 자형이 변해 지금처럼 되었다. 칼^(戈)로 끊다는 뜻이며, 이로부터 나가지 못하도록 막다는 뜻도 나왔다.

字形 **戳** 說文小篆

점

占(점칠 점): zhān, 卜-3, 5, 40

字解 회의. 卜^(점 복)과 口^(입 구)로 구성되어, 거북을 불로 지져 갈라진 무늬^(卜)를 보고 길흉을 말^(口)로 해석함을 말하며, 이로부터 점치다, 예측하다, 점, 징조, 징험, 운명 등의 뜻이 나왔다.

字形 **占 占 占 占**甲骨文 **占 占**古陶文 **占** **占 占**簡牘文 **占** 說文小篆

店(가게 점): diàn, 广-5, 8, 52

字解 형성. 广^(집 엄)이 의미부고 占^(차지할 점)이 소리부로, '가게'를 말하는데, 어떤 고정된 위치를 차지한^(占) 곳에서 물건을 사고파는 건물^(广)이라는 뜻을 담았다.

粘(끈끈할 점): zhān, nián, 米-5, 11, 10

字解 형성. 米^(쌀 미)가 의미부고 占^(차지할 점)이 소리부로, 끈끈하다, 아교나 풀로 붙이다, 접촉하다 등의 뜻을 갖는데, 점성이 뛰어난 차진 곡식^(米)으로 죽을 쒀서 풀로 사용하였음을 반영했다. 달리 米 대신 黍^(기장 서)가 들어간 黏^(차질 점)으로 쓰기도 한다. ☞ 黍^{(기장}

서)

黏 說文小篆

點(점 점): 点, diǎn, 黑-5, 17, 40

字解 형성. 黑^(검을 흑)이 의미부고 占^(차지할 점)이 소리부로, 점을 말하는데, 검은 색^(黑)이 차지해^(占) 만들어지는 작은 공간이라는 의미를 담았다. 흰 부분에 검은 점이 찍혔다는 뜻에서 오점의 뜻이, 검게 칠해 글자를 지워 버린다는 뜻에서 삭제하다, 글자 옆에 점을 찍어 중요한 부분을 강조한다는 뜻에서 드러나다, 평론하다 등의 뜻이 나왔고, 시간을 나타내는 단위로도 쓰였다. 간화자에서는 火^(불 화)가 의미부고 占^(차지할 점)이 소리부인 구조의 点으로 쓴다.

黑占 說文小篆

点(점 점): diǎn, 火-5, 9

字解 형성. 火^(불 화)가 의미부고 占^(차지할 점)이 소리부로, 點^(점 점)의 속자이다. ☞ 點^(점 점)

霑(젖을 점): 沾, zhān, 雨-8, 16 10

字解 형성. 雨^(비 우)가 의미부고 沾^(더할 첨)이 소리부로, 비^(雨)가 내려^(沾) 땅 등이 '젖음'을 말한다. 간화자에서는 沾에 통합되었다.

霑 說文小篆

岾(절 이름 점·고개 재): diàn, 山-5, 8

字解 형성. 山^(뫼 산)이 의미부고 占^(차지할 점)이 소리부로, 산^(山)의 '고개'를 말하는데, 한국에서 만들어진 한자이다. 또 절 이름을 말하는데, '절'이 주로 산^(山) 속에 자리를 차지한^(占) 한국의 속성을 반영했다.

鮎(메기 점): 鲇, nián, 魚-5, 16

字解 형성. 魚^(고기 어)가 의미부고 占^(차지할 점)이 소리부로, 몸에 불규칙한 반점^(占, 點과 통합)이 있고 긴 수염을 가진 물고기^(魚)의 일종인 '메기'를 말한다.

鮎 說文小篆

漸(점점 점): 渐, jiàn, 水-11, 14, 32

字解 형성. 水^(물 수)가 의미부고 斬^(벨 참)이 소리부로, 강^(水) 이름으로, 丹陽^(단양)군 黟^(이)현 남쪽 변경에서 나와 동쪽으로 흘러 바다로 들어간다. 이후 '나아가다', '漸次^(점차)' 등의 뜻으로 쓰였다. 간화자에서는 渐으로 쓴다.

漸 古陶文 **漸** 說文小篆

簟(삿자리 점): diàn, 竹-12, 18

字解 형성. 竹^(대 죽)이 의미부이고 覃^(미칠 담)이 소리부로, 대^(竹)를 짜서 만든 자리를 말했으나, 이후 풀을 엮어 만든 자리도 뜻하게 되었다.

字形 [금문] [금문] 金文 [맹서] 盟書 [소전] 說文小篆

接(사귈 접): jiē, 手-8, 11, 42

字解 형성. 手^(손 수)가 의미부고 妾^(첩 첩)이 소리부로, '끌어들이다'는 뜻인데, 손^(手)으로 첩^(妾)을 당겨 가까이 오게 하다는 뜻을 담았다. 이로부터 接近^(접근)하다의 뜻이, 다시 접을 붙이다, 사귀다 등의 뜻도 나왔다.

字形 [소전] 說文小篆

摺(접을 접): 折, zhé, 手-11, 14

字解 형성. 手^(손 수)가 의미부고 習^(익힐 습)이 소리부로, 새의 날개^(習)처럼 손^(手)으로 꺾어서 겹치게 하는 것을 말한다. 이로부터 꺾어 부러뜨리다, 접다, 부채 등의 뜻이 나왔다. 간화자에서는 折^(꺾을 절)에 통합되었다.

字形 [갑골문] [갑골문] [갑골문] 甲骨文 [금문] [금문] [금문] 金文 [간독문] 簡牘文 [백서] 帛書 [인새문] [인새문] 印璽文

[소전] 說文小篆

蝶(나비 접): [蜨], dié, 虫-9, 15, 30

字解 형성. 虫^(벌레 충)이 의미부고 枼^(나뭇잎 엽)이 소리부로, '나비'를 말하는데, 나뭇잎^(枼, 葉의 원래 글자)처럼 생긴 곤충^(虫)이라는 뜻을 담았다.

靜(고요할 정): 静, jìng, 靑-8, 16, 40

字解 형성. 靑^(푸를 청)이 의미부이고 爭^(다툴 쟁)이 소리부인데, 원래는 화장의 농염을 표현할 때 쓰던 단어로, 그런 순색^(靑)을 다투어^(爭) 취함을 말하여 자연색에 가까운 화장 색깔을 말했다. 화려한 화장은 사람의 마음을 흔들리게 하고 욕정을 움직이게 하지만, 그런 자연색에 가까운 화장은 안정되고 '靜肅^(정숙)됨'을 보여준다. 이 때문에 靜에 맑고 고요하다, 정지하다, 안정되다 등의 뜻이 나왔다. 간화자에서는 静으로 줄여 쓴다.

字形 [소전] 說文小篆

瀞(맑을 정): jìng, 水-16, 19

字解 형성. 水^(물 수)가 의미부고 靜^(고요할 정)이 소리부로, 물^(水)이 움직이지 않고 고요하여^(靜) 맑은 상태를 말한다.

淨(깨끗할 정): 浄, jìng, 水-8, 11, 32

字解 형성. 水^(물 수)가 의미부고 爭^(다툴 쟁)이 소리
부로, 물이 다투어^(爭) 쟁취해야 할 속성이
맑고 깨끗한 것임을 표현했다. 간화자에서
는 爭을 争으로 간단히 줄인 浄으로 쓴다.

字形 說文小篆

情(뜻 정): qíng, 心-8, 11, 52

字解 형성. 心^(마음 심)이 의미부고 靑^(푸를 청)이 소리
부로, 깨끗하고 순수한^(靑) 마음^(心)에서 우
러나오는 '정'을 말하며, 이로부터 愛情<sup>(애
정)</sup>, 情況^(정황), 狀況^(상황) 등의 뜻이 나왔다.

字形 簡牘文 說文小篆

睛(눈동자 정): jīng, 目-8, 13, 10

字解 형성. 目^(눈 목)이 의미부고 靑^(푸를 청)이 소리
부로, 깨끗하고 순수한^(靑) 눈빛^(目)을 내 비
추는 '눈동자'를 말한다.

精(찧은 쌀 정): jīng, 米-8, 14, 42

字解 형성. 米^(쌀 미)가 의미부고 靑^(푸를 청)이 소리
부로, 나락의 껍질을 깨끗하게^(靑) 벗겨내
찧은^(搗精도정) 쌀^(米)을 말하며, 이로부터 精
米^(정미), 搗精^(도정)하다, 精華^(정화), 정통하다,
精子^(정자), 精靈^(정령) 등의 뜻이 나왔다.

字形 精 精簡牘文 說文小篆

靖(편안할 정): jìng, 靑-5, 13, 10

字解 형성. 立^(설 립)이 의미부고 靑^(푸를 청)이 소리
부로, 그런 평정된 깨끗하고 순수한^(靑) 마
음이라면 서^(立) 있어도 '편안함'을 말하며,
이로부터 안정되다, 평안하다 등의 뜻이 나
왔다.

字形 說文小篆

定(정할 정): dìng, 宀-5, 8, 60

字解 회의. 宀^(집 면)과 正^(발 소)로 구성되어, 집안
^(宀)에서 발^(正)을 멈추고 안정을 취하며 쉬
다는 의미를 그렸으며, 이로부터 安定^(안정)
되다, 平定^(평정)되다, 확정하다, 규정하다,
정하다 등의 뜻이 나왔다. 원래는 宀^(집 면)
과 正^(바를 정)으로 구성되었는데, 『설문해자』
에서는 宀과 正을 모두 의미부로 보아 회
의구조로 해석했으나, 단옥재는 宀이 의미
부이고 正이 소리부인 형성구조로 보았으
며, 집안^(宀)으로 나아가^(正) 자리를 잡고 편
안하게 쉬다는 뜻을 그렸다고 했다. 예서
이후 正이 발을 뜻하는 疋로 바뀌어 지금
의 자형이 되었다.

字形 甲骨文 金文 古陶文 簡牘文 說文小篆

淀(얕은 물 정): diàn, 水-8, 11

字解 형성. 水(물 수)가 의미부고 定(정할 정)이 소리
부로, 배가 움직이지 않고 안정되게 정박할
수 있는(定) 얕은 물(水), 혹은 그런 곳을 말
한다. 현대 중국에서는 澱(앙금 전)의 간화자
로도 쓰인다. ☞ 澱(앙금 전)

碇(닻 정): [矴], dìng, 石-8, 13, 10

字解 형성. 石(돌 석)이 의미부고 定(정할 정)이 소리
부로, '닻'을 말하는데, 배를 움직이지 않고
한 곳에 머물도록 정착시키는(定) 돌(石)을
말한다.

錠(제기이름 정): 锭, dìng, 金-8, 16, 10

字解 형성. 金(쇠 금)이 의미부고 定(정할 정)이 소리
부로, 뜨거운 음식을 데우는 데 쓰는 다리
가 달린 쇠(金)로 만든 그릇을 말한다.

字形 說文小篆

旌(기 정): [旍], jīng, 方-7, 11, 12

字解 형성. 㫃(깃발 나부끼는 모양 언)이 의미부고 生(날
생)이 소리부로, 소 꼬리털과 오색의 깃털을
꽂아 장식한 수레에 꽂는 깃발(㫃)을 말하는
데, 이후 깃발의 총칭으로 쓰였다. 또 그러
한 기가 신분을 드러내므로 밝히다, 드러내
다의 뜻도 나왔다. 신분과 명령(令령)을 나
타내는 깃발(㫃)이라는 뜻에서 旍(깃발 정)으로
쓰기도 한다.

字形 說文小篆

檉(위성류 정): 柽, chēng, 木-13, 17

字解 형성. 木(나무 목)이 의미부고 聖(성스러울 성)이
소리부로, 위성류과의 낙엽 활엽 교목(木)인
渭城柳(위성류)를 말한다. 간화자에서는 聖을
圣(힘쓸 골)로 줄여 柽으로 쓴다.

字形 說文小篆

鄭(나라 이름 정): 郑, zhèng, 邑-12, 15, 12

字解 형성. 邑(고을 읍)이 의미부고 奠(제사지낼 전)이
소리부로, 하남성에 있는 지명(邑)과 그곳에
있던 나라 이름을 말하며, 성씨로도 쓰였는
데, 술(奠)을 빚던 곳(邑)이라는 의미를 담았
다. 간화자에서는 奠을 关으로 간단히 줄
여 郑으로 쓴다.

字形 甲骨文 金文 簡牘文
 古璽文 石刻古文 說文小
篆

貞(곧을 정): 贞, zhēn, 貝-2, 9, 32

字解 형성. 원래는 卜(점 복)이 의미부고 鼎(솥 정)이
소리부로, 청동 제기(鼎)를 차려 제사를 지
내고 점을 쳐(卜) '신에게 물어보던' 것을 말
했는데, 이후 곧다, 곧은 절개, 貞節(정절),
충절 등의 뜻이 나왔다. 鼎은 불을 때 음식
을 익히던 대표적인 조리 기구를, 卜은 거

북점 등에서 부룰 지져 갈라진 금의 모양^(卜)을 뜻한다. 거북 점^(卜) 등을 칠 때 불로 지지면 딱딱한 뼈가 열을 받아 '곧바른' 모습으로 갈라지게 되는데, 그 모습에서 '곧다'는 뜻이 나왔다. 이후 전국시대에 들면서 鼎은 자형이 비슷한 貝^(조개 패)로 잘못 변해 지금의 자형이 되었다. 이 때문에 현행 옥편에서 貝^(조개 패) 부수에 귀속시켜 놓았다. 貞은 眞^(참 진)과 같은 데서 근원한 글자로 보인다. 간화자에서는 贞으로 쓴다. ☞ 眞^(참 진)

字形 甲骨文 金文 古陶文 簡牘文 貞 說文小篆

禎(상서 정): 祯, zhēn, 示-9, 14, 12

字解 형성. 示^(보일 시)가 의미부고 貞^(곧을 정)이 소리부로, 점을 쳐^(貞) 신^(示)이 내려주는 복되고 길한 일이 일어날 조짐을 말한다.

字形 禎 說文小篆

偵(정탐할 정): 侦, [遉], zhēn, 人-9, 11, 20

字解 형성. 人^(사람 인)이 의미부고 貞^(곧을 정)이 소리부로, 점을 쳐 신의 의지를 살펴보듯^(貞) 남의 사정을 정탐하는 사람^(人)을 말하며, 이로부터 偵探^(정탐)하다, 探偵^(탐정) 등의 뜻이 나왔다.

字形 偵 說文小篆

楨(광나무 정): 桢, zhēn, 木-9, 13, 12

字解 형성. 木^(나무 목)이 의미부고 貞^(곧을 정)이 소리부로, 광나무^(木)를 말하며, 이의 열매를 女貞實^(여정실)이라 부른다.

字形 簡牘文 楨 說文小篆

幀(그림 족자 정): 帧, zhēng, 巾-9, 12, 10

字解 형성. 巾^(수건 건)이 의미부고 貞^(곧을 정)이 소리부로, 베^(巾)에다 그린 족자 형식의 그림을 말한다.

湞(물 이름 정): 浈, zhēn, 水-9, 12

字解 형성. 水^(물 수)가 의미부고 貞^(곧을 정)이 소리부로, 광동성 南雄^(남웅)현에서 나와 바다로 흘러드는 강^(水)의 이름을 말한다.

字形 湞 說文小篆

壬(줄기 정·맑을 제): tǐng, zhēng, 土-1, 4

字解 회의. 土^(흙 토)와 丿^(삐침 별)로 구성되었는데, 『설문해자』에서는 人^(사람 인)과 士^(선비 사)로 구성되었다고 하면서 이렇게 해석했다. "훌륭하다^(善)라는 뜻이다. 사^(士)는 사^(事)와 같아 '일을 하다'라는 뜻이다. 일설에는 '식물이 땅에서 꼿꼿하게 자라나는 모습을 그렸다^(象物出地挺生)라고도 한다." 壬은 壬^(아홉째 천간 임)과 다른 글자임에 유의해야 한다. 전자는 土부수에 귀속되어 廷^(조정 정), 庭^(뜰 정), 重^(무거울 중), 望^(바랄 망), 淫^(음란할 음), 徵^{(부를}

징), 聽^(들을 청) 등을 구성하는 글자이고, 후자는 士부수에 귀속되어 任^(맡길 임), 妊^(아이 밸 임), 飪^(익힐 임), 賃^(품팔이 임) 등을 구성하는 글자인데, 중간의 가로획이 길다. 이들은 예서체에 들면서 통합되어 구분이 없어졌다. ☞ 壬^(아홉째 천간 임)

字形 **呈** 說文小篆

呈(드릴 정): chéng, 口-4, 7, 20

字解 형성. 口^(입 구)가 의미부고 壬^(좋을 정)이 소리부로, 다른 사람에게 공경스럽게 드리다는 뜻인데, 발을 곧추세우고^(壬) 공손하게 말하며^(口) 남에게 건네 '주는' 모습을 담았다.

字形 **呈 呈** 盟書 **呈** 古璽文 **呈** 說文小篆

程(단위 정): chéng, 禾-7, 12, 42

字解 형성. 禾^(벼 화)가 의미부고 呈^(드릴 정)이 소리부로, 곡식^(禾)을 분류하고 등급을 매기는 단위로 쓰였는데, 1치^(寸)는 10분^(分)이고, 1分은 10程^(정)이라고 했으니, 100분의 1치^(寸)를 말한다. 이로부터 단위라는 뜻이 나왔고, 곡식^(禾)에 대해 등급을 매기려면 엄정해야 하기에 '법'의 뜻이 나왔으며, 다시 過程^(과정)에서처럼 정해진 코스나 길을 뜻하게 되었다.

字形 **程** 簡牘文 **程** 說文小篆

廷(조정 정): tíng, 廴-4, 7, 32

字解 형성. 廴^(길게 걸을 인)이 의미부고 壬^(좋을 정)이 소리부로, 조정을 말하는데, 壬은 사람이 발을 돋우고 선 모습이다. 신하들이 발을 길게^(廴) 돋우고 서서^(壬) 뜰에 도열한 곳이라는 뜻에서 '朝廷^(조정)', 궁정의 의미가 나왔으며, 이로부터 관서, 사무실, 공평무사하다 등의 뜻도 나왔다.

字形 **廷廷廷廷廷** 金文 **廷廷** 簡牘文 **廷** 說文小篆

庭(뜰 정): tíng, 广-7, 10, 60

字解 형성. 广^(집 엄)이 의미부고 廷^(조정 정)이 소리부로, 뜰이나 정원 등을 말하는데, 사람들이 길게 늘어설 수 있는^(廷) 건축물^(广)이라는 뜻을 담았다. 원래는 안채의 한가운데 있는 방^(堂屋·당옥)을 말했으며, 이후 집 앞의 뜰, 법정, 심판하는 기구나 장소 등의 뜻이 나왔다.

字形 **庭** 金文 **庭** 簡牘文 **庭** 說文小篆

艇(거룻배 정): tǐng, 舟-7, 13, 20

字解 형성. 舟^(배 주)가 의미부고 廷^(조정 정)이 소리부로, 배^(舟)의 일종으로 돛을 달지 않고 갑판도 없으며 노를 저어 움직이는데, 이물^(船首)은 뾰족한 편이고 고물^(船尾)은 편평한 특징을 가진 '거룻배'를 말한다. 이후 가볍고 편리한 작은 배라는 뜻도 나왔다.

字形 **艇** 說文小篆

挺(뺄 정): tǐng, 手-7, 10, 10

字解 형성. 手(손 수)가 의미부고 廷(조정 정)이 소리부로, 손(手)으로 곧게(廷) 뽑아내다는 뜻이며, 이로부터 빼다, 곧다, 곧게 펴다 등의 뜻도 나왔다.

字形 [說文小篆]

霆(천둥소리 정): tíng, 雨-7, 15

字解 형성. 雨(비 우)가 의미부고 廷(조정 정)이 소리부로, 천둥, 천둥소리, 번개, 진동 등을 뜻하는데, 비(雨) 올 때 곧게(廷) 내리치는 소리나 불기둥이라는 뜻을 담았다.

字形 [說文小篆]

珽(옥홀 정): [理], tǐng, 玉-7, 11, 12

字解 형성. 玉(옥 옥)이 의미부고 廷(조정 정)이 소리부로, 천자가 사용하는 3자 길이의 곧추선(廷) 큰 옥(玉) 홀을 말하며, 달리 廷 대신 呈(드릴 정)이 들어간 理(옥이름 정)으로 쓰기도 한다.

字形 [說文小篆]

綎(띠 술 정): tīng, tíng, yán, 糸-7, 13

字解 형성. 糸(가는 실 멱)이 의미부고 廷(조정 정)이 소리부로, 패옥을 다는 데 쓰는 끈(糸)을 말하는데, 패옥을 달아 곧게(廷) 늘어뜨리는 끈

이라는 의미를 담았다.

字形 [說文小篆]

鋌(쇳덩이 정): 铤, dǐng, 金-7, 15

字解 형성. 金(쇠 금)이 의미부고 廷(조정 정)이 소리부로, 기물을 주조하기 위해 만든 덩어리 상태의 쇠(金)를 말한다. 이후 덩어리 상태의 금이나 은도 뜻하게 되었고, 그런 모양의 덩어리를 세는 단위사로 쓰였다.

字形 [說文小篆]

梃(몽둥이 정): tǐng, 木-7, 11

字解 형성. 木(나무 목)이 의미부고 廷(조정 정)이 소리부로, 나무(木)의 줄기를 말했는데, 이후 몽둥이나 창문 등의 세로 틀을 말하기도 했다.

字形 [簡牘文] [說文小篆]

丁(넷째 천간 정): dīng, 一-1, 2, 40

字解 상형. 원래 ■으로 그려 못의 머리를 그린 독립된 상형자였으나, 못의 옆모습을 그린 지금의 자형으로 변했다. 현행 옥편에서는 유사성에 의하여 一(한 일)부수에 귀속시켜 놓았다. 이후 丁이 간지자로 가차되어 쓰이자 원래의 '못'을 나타낼 때에는 다시 金(쇠 금)을 더한 釘(못 정)으로 구분했다. 못은 물체를 단단하게 고정하는 역할을 한다. 그 때문에 丁에는 '단단하다'나 '건강하다'는 뜻

이 생겼고, 이후 壯丁^(장정)처럼 건장한 성년 남자를 뜻하기도 했다.

字形 [갑골문 이미지] 甲骨文 [금문 이미지] 金文 [고도문 이미지] 古陶文 [고도문 이미지]
[간독문 이미지] 簡 牘 文
[고새문 이미지] 古璽文 [석각고문 이미지] 石刻古文
[설문소전 이미지] 說文小篆

頂(정수리 정): 顶, dǐng, 頁-2, 11, 32

字解 형성. 頁^(머리 혈)이 의미부고 丁^(넷째 천간 정)이 소리부로, 못^(丁, 釘의 원래 글자)의 핵심인 머리 부분처럼 머리^(頁)의 가장 윗부분인 '정수리'를 말하며, 최고, 극점, 頂點^(정점), 대단히 등의 뜻이 나왔다. 이후 물건을 지탱하다, 담당하다, 부딪히다, 맞닥뜨리다 등의 뜻이 나왔다.

字形 [금문 이미지] 金文 [설문소전 이미지] 說文小篆 [설문혹체 이미지] 說文或體
[설문주문 이미지] 說文籀文

汀(물가 정): tīng, 水-2, 5, 12

字解 형성. 水^(물 수)가 의미부고 丁^(넷째 천간 정)이 소리부로, 물^(水)의 표면처럼 평평함을 말하는데, 평평함이 못^(丁, 釘의 원래 글자)의 머리 부분을 닮았음을 반영했다. 이후 평평한 물가의 평지를 가리킨다.

字形 [설문소전 이미지] 說文小篆

釘(못 정): 钉, dīng, 金-2, 10, 10

字解 형성. 金^(쇠 금)이 의미부고 丁^(넷째 천간 정)이 소리부로, 쇠^(金)로 만든 못^(丁)을 말하며, 연결하다의 뜻도 나왔다. 원래는 丁으로 썼는데, 丁이 간지자로 쓰이게 되자 다시 金을 더해 분화한 글자이다. ☞ 丁^(넷째 천간 정)

字形 [설문소전 이미지] 說文小篆

町(밭두둑 정): [甼], tǐng, 田-2, 7, 10

字解 형성. 田^(밭 전)이 의미부고 丁^(넷째 천간 정)이 소리부로, 밭^(田) 사이로 길을 내려고 쌓아 올린^(丁) 흙 언덕을 말하며, 이로부터 경계라는 뜻이 나왔다. 면적단위로도 쓰여 9夫^(부)가 1町이고 3町이 1井^(정)에 해당한다. 일본에서는 길이단위로 쓰여 9.167町이 1킬로미터에 해당한다.

字形 [설문소전 이미지] 說文小篆

訂(바로잡을 정): 订, dìng, 言-2, 9, 30

字解 형성. 言^(말씀 언)이 의미부고 丁^(넷째 천간 정)이 소리부로, 못^(丁, 釘의 원래 글자)을 박아 고정하듯 논의하여^(言) 바로 잡다는 뜻이다. 이로부터 訂正^(정정)하다, 확정하다, 책 등을 장정하다, 제본하다 등의 뜻이 나왔다.

字形 [설문소전 이미지] 說文小篆

酊(술 취할 정): dǐng, 酉-2, 9, 10

字解 형성. 酉^(닭 유)가 의미부고 丁^(넷째 천간 정)이 소리부로, 술^(酉)에 크게 취하다는 뜻이며, 酩^(술 취할 명)과 결합하여 酩酊으로 자주 쓰인다.

字形 說文小篆

玎(옥 소리 정): dīng, 玉-2, 6

字解 형성. 玉^(옥 옥)이 의미부고 丁^(넷째 천간 정)이 소리부로, 옥^(玉)이 부딪히며 내는 소리를 말하며, 주로 玎玎^(정정·딸랑딸랑), 玎玲^(정령·댕그랑) 등의 형태로 쓰인다.

字形 說文小篆

亭(정자 정): tíng, 亠-7, 9, 32

字解 형성. 高^(높을 고)의 생략된 부분이 의미부고 丁^(넷째 천간 정)이 소리부로, 정자를 말하는데, 똑바로 선 못^(丁, 釘의 원래 글자)처럼 곧추선 높다란 건축물^(高)이라는 뜻을 담았다. 이후 간단하게 지은 작은 집을 지칭하였으며, 알맞다, 적당하다의 뜻도 나왔다.

字形 古陶文 簡牘文 說文小篆

停(머무를 정): tíng, 人-9, 11, 50

字解 형성. 人^(사람 인)이 의미부고 亭^(정자 정)이 소리부로, 정자^(亭)가 있는 길을 가다 사람들^(人)이 머무르다는 뜻이며, 이로부터 停止^(정지)하다, 체류하다, 쉬다 등의 뜻이 나왔다.

字形 說文小篆

諪(조정할 정): tíng, 言-9, 16

字解 형성. 言^(말씀 언)이 의미부고 亭^(정자 정)이 소리부로, 조정하다는 뜻인데, 정자^(亭)에 모여 말씀^(言)을 나누며 이견을 조율함을 형상했다.

渟(물 괼 정): tíng, 水-9, 12

字解 형성. 水^(물 수)가 의미부고 亭^(정자 정)이 소리부로, 물이 모여 있는 곳을 말하는데, 정자^(亭)가 세워지는 곳은 주로 물^(水)이 고여 있는 곳임을 그렸다.

甹(숨 안정될 정): tíng, 血-2, 8

字解 형성. 血^(피 혈)이 의미부이고, 甹^(말이 잴 병)의 생략된 모습이 소리부이다. 『설문해자』의 해설처럼, '안정하여 휴식을 취하다^(定息)'라는 뜻이다. 이로부터 숨이 안정되다는 뜻이 나왔다.

字形 說文小篆

正(바를 정): [㸒, 𤴓], zhēng, 止-1, 5, 70

字解 회의. 원래는 囗(나라 국에위쌀 위)과 止(발 지)로 구성되어, 성(囗)을 정벌하러 가는(止) 모습을 그렸는데, 이후 囗이 가로획으로 변했다. 정벌은 언제나 정당하고 정의로울 때만 가능했기에 '정의'의 뜻이 생겼고, 그러자 원래 뜻은 彳(조금 걸을 척)을 더한 征(칠 정)으로 분화했다. 이후 치우치지 않다, 바르다, 곧다, 정직하다, 正義(정의)롭다, 정확하다, 한가운데, 표준 등의 뜻이 나왔고, 표준이라는 뜻에서 첫 번째 달인 正月(정월)도 지칭하게 되었다.

字形
甲骨文 金文 古陶文 盟書 簡牘文 古璽文 石刻古文 說文小篆 說文古文

政(정사 정): zhèng, 攴-5, 9, 42

字解 형성. 攴(칠 복)이 의미부고 正(바를 정)이 소리부로, 회초리로 쳐(攴) 가며 바르게(正) 되게 하는 것이 정치이자 정사임을 말하며, 이로부터 다스리다, 바로잡다, 政治(정치), 政事(정사), 政黨(정당), 政務(정무) 등의 뜻이 나왔다.

字形
甲骨文 金文 盟書 簡牘文 說文小篆

征(칠 정): [迊], zhēng, 彳-5, 8, 32

字解 형성. 彳(조금 걸을 척)이 의미부고 正(바를 정)이 소리부로, 상대의 성을 정벌하러(正) 가는(彳) 행위를 그렸으며, 이로부터 '정벌하다'와 '토벌하다'의 뜻이 나왔다. 이후 세금을 징수하다, 탈취하다, 제재하다의 뜻도 나왔다. 『설문해자』에서는 辵(쉬엄쉬엄 갈 착)이 의미부이고 正이 소리부인 迊으로 썼다. 현대 중국에서는 徵(부를 징)의 간화자로도 쓰인다. ☞ 正(바를 정), 徵(부를 징)

字形
甲骨文 古陶文 簡牘文 帛書 說文小篆 說文或體

整(가지런할 정): zhěng, 攴-12, 16, 40

字解 형성. 攴(칠 복)과 束(묶을 속)이 의미부고 正(바를 정)이 소리부로, 가지런히 하다는 뜻인데, 손(攴)으로 허리띠를 묶어(束) 단정하게(正) 정리하는 모습을 형상했다. 이로부터 정돈하다, 整理(정리)하다, 결점이 없다, 사람을 힘들게 하다 등의 뜻이 나왔다.

字形
金文 說文小篆

晸(해 뜨는 모양 정): zhěn, 日-8, 12

字解 형성. 日(날 일)이 의미부고 政(정사 정)이 소리부로, 해(日)가 뜨는 모양을 말하는데, 그때가 정사(政)가 시작되는 시간대임을 반영했

다.

姃(단정할 정): zhēng, 女-5, 8

(字解) 형성. 女^(여자 여)가 의미부고 正^(바를 정)이 소리부로, 여성^(女)의 용모가 단정함^(正)을 말하며, 이름자에 주로 쓰인다.

鉦(징 정): 钲, zhēng, 金-5, 13

(字解) 형성. 金^(쇠 금)이 의미부고 正^(바를 정)이 소리부로, 고대 청동^(金) 악기의 하나로 종과 비슷하나 좁고 길고 손잡이가 달렸다. 이후 종의 몸체의 정면 위쪽을 뜻하기도 했고, 징을 지칭하기도 했다.

(字形) 鉦 說文小篆

柾(나무 바를 정): jiū, jiù, 木-5, 9

(字解) 형성. 木^(나무 목)이 의미부고 正^(바를 정)이 소리부로, 나무^(木)의 결이 곧바른^(正) 것을 말하며, 나뭇결이 곧바른 나무로 널을 만들어야 함을 반영했다. 달리 柩^(널 구)의 속자로도 쓰인다. ☞ 柩^(널 구)

炡(빛날 정): zhēng, 火-5, 9

(字解) 형성. 火^(불 화)가 의미부고 正^(바를 정)이 소리부로, 불^(火)이 번쩍거림을 말하며, 뜨거운 물에 넣어 살짝 익히는 요리법을 말하기도 한다.

井(우물 정): jǐng, 二-2, 4, 32

(字解) 상형. 원래 네모지게 겹쳐 놓은 우물의 난간을 그렸으며, 이로부터 '우물'을 지칭하였고, 다시 우물처럼 생긴 것, 네모꼴로 잘 정리된 질서정연함을 뜻하게 되었다. 혹자는 우물의 난간을 그린 것이 아니라 우물 속을 파고들어 갈 때 옆의 흙이 무너지지 않도록 설치한 우물 바닥의 나무틀을 그린 것이라고도 하는데, 참고할 만하다.

(字形) 井井井 甲骨文 井井 金文 井井 古陶文 井 盟書 井井 簡 牘文 井 說文小篆

穽(허방다리 정): 阱, jǐng, 穴-4, 9, 10

(字解) 형성. 穴^(구멍 혈)이 의미부고 井^(우물 정)이 소리부로, 아래로 우물^(井) 모양의 구덩이^(穴)를 판 陷穽^(함정)을 말한다. 『설문해자』에서는 阜^(언덕 부)가 의미부이고 井^(우물 정)이 소리부인 阱^(함정 정)으로 썼다. 간화자에서는 阱에 통합되었다.

(字形) 阱 說文小篆 阱 說文或體 𡇩 說文古文

晶(밝을 정): [曐], jīng, 日-8, 12, 12

(字解) 회의. 원래는 별을 셋 그려 반짝반짝 밝게 빛나는 '별'을 뜻했는데, 자형이 변해 지금처럼 되었다. 이후 晶이 밝고 빛나다는 뜻으로 주로 쓰이게 되자, 원래의 뜻은 소리부인 生^(날 생)을 더해 曐^(별 성)을 만들어 분

화했고, 형체가 줄어 지금의 星^(별 성)이 되었다. ☞ 星^(별 성)

字形 甲骨文 說文小篆

鼎(솥 정): dǐng, 鼎-0, 13, 12

字解 상형. 고대 청동기 중 가장 대표적인 기물로, 세 발^(足족)과 볼록한 배^(腹복)와 두 귀^(耳이)를 가졌는데, 발에 무늬를 그려 화려함을 돋보이게 하기도 했다. 소전체로 오면서 두 귀와 몸통이 합쳐져 目^(눈 목)으로 잘못 변해 지금의 자형이 되었다. 세 발은 균형을 잡는데 가장 이상적인 구도로 알려졌다. 그래서 鼎立^(정립)은 솥^(鼎)의 세 발이 균형을 잡고 선^(立) 것처럼 세 나라나 세력이 팽팽하게 대립하는 것을 말한다. 네 발로 된 것도 보이지만 세 발로 된 것이 정형이며, 네발로 된 것은 方鼎^(방정)이라 불렀다. 鼎으로 대표되는 청동기는 권력의 상징이었기 때문에, 고대 중국이 9개의 주^(州주)로 나뉘었던 것처럼 九鼎^(구정)은 국가 정통성의 대명사였다. 그래서 鼎革^(정혁)은 국가 정통성의 상징인 솥^(鼎)을 바꾼다^(革)는 뜻으로 革命^(혁명)과 같은 뜻이다. 또 定鼎^(정정)은 솥^(鼎)을 제자리에 놓았다^(定)는 뜻으로부터 나라를 다스리는 대업을 시작했다는 뜻이 나왔고, 問鼎^(문정)은 "솥^(鼎)에 대해 수소문한다^(問)."는 뜻으로부터 '권력을 넘보다'는 뜻이 나왔다. 이 때문에 고대 중국에서는 鼎의 사용도 엄격하게 규정되었는데, 천자는 9세트, 제후는 7세트, 사대부는 5세트의 솥을 사용하게 했다고 한다. 鼎으로 구성된 글자들은 모두 '솥'이라는 의미가 들어 있다.

字形 甲骨文 金文 簡牘文 說文小篆

제

齊(가지런할 제): 齐, [亝, 斉], qí, 齊-0, 14, 32

字解 회의. 갑골문에서 가지런히 帇와 같이 써 자라난 이삭을 여럿 그렸는데, 끝이 뾰족한 것으로 보아 보리 이삭으로 추정되며, 셋 혹은 넷으로 많음을 표시했다. 소전에 들면서 자형의 균형을 위해서 가로획이 둘^(二이) 더해져 지금처럼 되었다. 그래서 '가지런하다'가 원래 뜻이고, 이로부터 바르게 정돈된, 엄숙한, 삼가다 등의 뜻까지 나왔다. 간화자에서는 초서체로 간단하게 줄여 齐로 쓴다.

字形 甲骨文 金文 簡牘文 古陶文 石刻古文 說文小篆

薺(냉이 제): 荠, jì, 艸-14, 18

字解 형성. 艸^(풀 초)가 의미부고 齊^(가지런할 제)가 소리부로, 봄나물^(艸)의 일종인 냉이를 말한다. 간화자에서는 齊를 齐로 간단하게 줄여 荠로 쓴다.

字形 [古陶文] [簡牘文] [說文小篆]

臍(배꼽 제): 脐, [臍], qí, 肉-14, 18

字解 형성. 肉^(고기 육)이 의미부고 齊^(가지런할 제)가 소리부로, 신체^(肉)의 일부인 배꼽을 말하며, 배꼽처럼 생긴 것을 지칭하며, 게의 배 쪽 딱지를 말하기도 한다. 『설문해자』에서는 좌우구조가 아닌 내외구조로 된 臍로 썼다. 간화자에서는 齊를 齐로 간단하게 줄여 脐로 쓴다.

字形 [金文] [說文小篆]

劑(벨 제): 剂, jì, 刀-14, 16, 20

字解 형성. 刀^(칼 도)가 의미부고 齊^(가지런할 제)가 소리부로, 칼^(刀)로 가지런하게^(齊) 자른다는 뜻을 그렸고, 이로부터 약을 만들려고 약초를 일정한 크기로 잘라 약을 만들다^(調劑조제)는 뜻도 가지게 되었으며, 약을 헤아리는 단위사로도 쓰였다. 간화자에서는 齊를 齐로 간단하게 줄여 剂로 쓴다.

字形 [說文小篆]

濟(건널 제): 济, [済, 𤅣], jì, 水-14, 17, 42

형성. 水^(물 수)가 의미부고 齊^(가지런할 제)가 소리부로, 강^(水) 이름인데 하북성 常山^(상산) 房子^(방자)현에 있는 贊皇山^(찬황산)에서 나와 동쪽으로 흘러 泜水^(제수)로 들어간다. 이후 물^(水)을 건너다는 뜻으로 쓰였다. 간화자에서는 齊를 齐로 간단하게 줄여 济로 쓴다.

字形 [金文] [石刻古文] [說文小篆]

霽(갤 제): 霁, jì, 雨-14, 22

字解 형성. 雨^(비 우)가 의미부고 齊^(가지런할 제)가 소리부로, 비^(雨)나 바람, 눈 등이 그치고 날이 갬을 말하며, 이후 날씨 등이 청명함을 뜻하게 되었다. 간화자에서는 齊를 齐로 간단하게 줄여 霁로 쓴다.

字形 [說文小篆]

躋(오를 제): 跻, jī, 足-14, 21

字解 형성. 足^(발 족)이 의미부고 齊^(가지런할 제)가 소리부로, 발^(足)을 이용해 어떤 곳을 올라가다는 뜻이다. 간화자에서는 齊를 齐로 간단하게 줄여 跻로 쓴다.

字形 [金文] [說文小篆]

ㅈ

祭(제사 제): jì, 示-6, 11, 42

字解 회의. 月^(肉·고기 육)과 又^(또 우)와 示^(보일 시)로 구성되어, 고기^(肉)를 손^(又)에 들고 제단^(示)에 올리는 모습을 그렸다. 원래는 고기를 올려 지내는 제사를 말했으나, 이후 제사를 통칭하게 되었다.

字形 甲骨文 金文 古陶文 簡牘文 帛書文 說文小篆

際(사이 제): 际, jì, 阜-11, 14, 42

字解 형성. 阜^(언덕 부)가 의미부고 祭^(제사 제)가 소리부로, 두 개의 담이나 언덕^(阜)이 서로 만나 그 사이로 난 '틈'을 말하며, 이로부터 서로 간의 사이, 시간, 어떤 때나 시대를 만나다 등의 뜻이 나왔다. 간화자에서는 祭를 示^(보일 시)로 줄여 际로 쓴다.

字形 說文小篆

制(마를 제): [製], zhì, 刀-6, 8, 42

字解 회의. 원래 刀^(칼 도)와 未^(끝 말)로 구성되어, 칼^(刀)로 나무의 끝가지^(未)를 정리하는 모습을 그렸는데, 자형이 변해 지금처럼 되었다. 이후 옷감이나 재목 따위를 치수에 맞도록 재거나 자르는 일을 뜻하게 되었고, 이로부터 제정하다, 규정하다, 제지하다, 제도 등의 뜻이 나왔다. 현대 중국에서는 製^(지을 제)의 간화자로도 쓰인다. ☞ 製^(지을 제)

字形 金文 簡牘文 說文小篆 說文古文

製(지을 제): 制, zhì, 衣-8, 14, 42

字解 형성. 衣^(옷 의)가 의미부고 制^(마를 제)가 소리부로, 옷감^(衣)을 마름질^(制)하는 모습을 그렸고, 이로부터 '만들다'는 일반적 의미를 뜻하게 되었다. 간화자에서는 制^(마를 제)에 통합되었다.

字形 說文小篆

帝(임금 제): dì, 巾-6, 9, 40

字解 상형. 帝가 무엇을 형상한 것인지에 대해서는 아직 정론은 없지만, 크게 부푼 씨방을 가진 꽃의 모습을 형상한 것으로 보는 것이 일반적이다. 즉 蒂^(꼭지 체)의 본래 글자로, 역삼각형 모양으로 부풀어 있는 윗부분이 씨방이고, 중간 부분은 꽃받침, 아랫부분은 꽃대를 형상했다. 꽃꼭지는 식물 번식의 상징이다. 수렵과 채집 생활을 끝내고 농작물에 의해 생계를 꾸려 가는 정착 농경 사회로 들어서자 곡물이 인간의 생계를 이어주는 더없이 중요한 존재가 되었고, 그 과정에서 그들은 자연스레 식물을 숭배하게 되었다. 또한, 번식은 동식물의 생명을 이어주는 가장 근본이 되는 것으로 애초부터 중요한 숭배 대상이었으니, 식물 중에서도 번식을 상징하는 꽃꼭지를 최고의 신으로 숭배하게 된 것으로 보인다. 이로부터 天帝^(천제), 上帝^(상제), 帝王^(제왕), 皇帝^(황제) 등을 뜻하게 됨으로써 帝는 고대 중국에서 최고

의 신을 지칭하게 되었다.

甲骨文 金文 帛書 簡牘文 漢印 石刻古文 說文小篆 說文古文

蹄(굽 제): [蹏], tí, 足-9, 16, 10

(字解) 형성. 足^(발 족)이 의미부고 帝^(임금 제)가 소리부로, 말, 소, 양 따위 짐승의 발^(足) 끝에 있는 두껍고 단단한 발톱을 말하며, 이로부터 빨리 달리다, 짐승 등의 뜻도 나왔다. 『설문해자』에서는 足^(발 족)이 의미부이고 虒^(뿔 범 사)가 소리부인 蹏^(굽 제)로 썼는데, 虒가 帝로 바뀌어 지금의 자형이 되었다.

(字形) 說文小篆

嗁(울 제): [嚌], tí, 口-9, 12, 10

(字解) 형성. 口^(입 구)가 의미부고 帝^(임금 제)가 소리부로, 목 놓아 슬피 울다^(口)는 뜻이며, 이후 새가 우는 것도 뜻하게 되었다. 『설문해자』에서는 嗁를 口가 의미부이고 虒^(뿔 범 사)가 소리부인 嚌^(울 제)로 썼는데, 虒가 帝로 바뀌어 지금의 자형이 되었다.

(字形) 說文小篆

提(끌 제): tí, 手-9, 12, 42

(字解) 형성. 手^(손 수)가 의미부고 是^(옳을 시)가 소리부로, 손^(手)에 들다는 뜻이며, 이후 손으로

들어서 위로 끌어 올리다는 뜻이, 다시 앞당기다 등의 뜻이 나왔다.

(字形) 簡牘文 說文小篆

題(표제 제): 题, tí, 頁-9, 18, 60

(字解) 형성. 頁^(머리 혈)이 의미부고 是^(옳을 시)가 소리부로, 얼굴^(頁)의 바로 정면^(是)인 이마를 말했는데, 題目^(제목)에서처럼 '드러나다', 問題^(문제), 署名^(서명) 등의 뜻까지 갖게 되었다.

(字形) 說文小篆

堤(둑 제): [隄], dī, dǐ, tí, 土-9, 12, 30

(字解) 형성. 土^(흙 토)가 의미부고 是^(옳을 시)가 소리부로, 흙^(土)을 쌓아 물이 머물거나 들지 않게 만든 堤防^(제방)을 말한다. 달리 土 대신 阜^(언덕 부)가 들어간 隄^(둑 제)로 쓰기도 한다.

(字形) 簡牘文 說文小篆

醍(맑은 술 제): [緹], tí, 酉-9, 16

(字解) 형성. 酉^(닭 유)가 의미부고 是^(옳을 시)가 소리부로, 붉은색을 띠는 맑은 술^(酉)을 말한다. 색깔이 붉다고 해서 緹^(붉은 비단 제)와 같이 쓰기도 한다.

(字形) 說文小篆

緹(붉은 비단 제): 缇, tí, 糸-9, 15

字解 형성. 糸^(가는 실 멱)이 의미부고 是^(옳을 시)가 소리부로, 귤 홍색의 비단^(糸)을 말했는데, 이후 그런 색깔을 지칭하게 되었다.

字形 [簡牘文] [說文小篆] [說文或體]

弟(아우 제): dì, 弓-4, 7, 80

字解 회의. 갑골문과 금문에서 弋^(주살 익)과 己^(몸 기)로 구성되어, 주살^(弋)을 끈^(己)으로 묶은 모습인데, 자형이 변해 지금처럼 되었다. 주살의 끈을 묶을 때에는 일정한 순서가 필요하므로 '차례'와 '순서'를 뜻하게 되었고, 여기서 다시 兄弟^(형제)에서처럼 '동생'이라는 뜻이 나왔고, 다시 자기보다 나이가 적은 남성을 지칭하게 되었다. 그러자 원래의 '순서'라는 뜻은 竹^(대 죽)을 더한 第^(차례 제)로 분화했다.

字形 [甲骨文] [金文] [盟書] [簡牘文] [古璽文] [石刻古文] [說文小篆] [說文古文]

第(차례 제): [苐], dì, 竹-5, 11, 60

字解 형성. 竹^(대 죽)이 의미부고 弟^(아우 제)가 소리부인데, 자형이 줄어 지금처럼 되었다. 弟^(아우 제)에서 분화한 글자로, 순서나 차례^(弟)가 원래 뜻이며, 이후 과거에 及第^(급제)하다

는 뜻이 나왔으며, 귀족이나 관료의 저택을 지칭하기도 한다. ☞ 弟^(아우 제)

字形 [甲骨文] [金文] [簡牘文] [古璽文] [石刻古文] [說文小篆] [說文古文]

悌(공경할 제): tì, 心-7, 10, 10

字解 형성. 心^(마음 심)이 의미부고 弟^(아우 제)가 소리부로, 동생^(弟)이 형에 대해 가져야 하는 마음^(心)을 말하며, 이로부터 그런 덕목과 공경함, 화합함의 뜻이 나왔다.

字形 [說文小篆]

梯(사다리 제): tī, 木-7, 11, 10

字解 형성. 木^(나무 목)이 의미부고 弟^(아우 제)가 소리부로, 한 계단 한 계단 차례^(弟)로 올라가게 한 나무^(木)로 만든 구조물인 '사다리'를 말하며, 사다리 모양으로 된 것을 통칭하기도 한다.

字形 [說文小篆]

除(섬돌덜 제): chú, 阜-7, 10, 42

💬字解 형성. 阜^(언덕 부)가 의미부고 余^(나 여)가 소리부로, 흙 언덕^(阜)을 오르내릴 수 있도록 놓은 돌층계나 궁전의 계단을 말한다. 또 섬돌이나 돌계단을 놓으려면 흙을 파내야 하므로 '덜다'는 뜻도 갖게 되었다.

💬字形 除 說文小篆

諸(모든 제): 诸, zhū, 言-9, 16, 32

💬字解 형성. 言^(말씀 언)이 의미부고 者^(놈 자)가 소리부로, 『설문해자』에서는 변론하다^(辯)는 뜻이라고 했고, 『설문해자주』에서는 분별하다^(辨)는 뜻이라고 했는데, '모든 말^(言)'들을 함께 모아 솥에 삶듯^(者, 煮의 원래 글자) 뒤섞여 변론하다는 뜻을 반영했다. 이로부터 여러, 모두 등의 뜻이 나왔고, '之于^(지우)'나 '之於^(지어)'의 줄임말로 쓰여 '(…을) …에 …하다'라는 문법소로 쓰였으며, 이때에는 '저'로 읽는다.

💬字形 諸 金文 諸 古陶文 諸 簡牘文 諸 石刻古文 諸 說文小篆

조

助(도울 조): zhù, 力-5, 7, 42

💬字解 형성. 力^(힘 력)이 의미부고 且^(할아비 조또 차)가 소리부로, 조상^(且)의 힘^(力)을 빌려 도움을

받는 것을 말하며, 이로부터 '돕다'의 뜻이 나왔다.

💬字形 助 簡牘文 助 說文小篆

組(끈 조): 组, zǔ, 糸-6, 11, 40

💬字解 형성. 糸^(가는 실 멱)이 의미부고 且^(할아비 조또 차)가 소리부로, 실^(糸)로 만든 끈의 일종을 말하는데, 작은 것은 갓끈으로 쓰며, 이로부터 官印^(관인)을 매는 끈과 관직의 비유로 쓰였다. 또 실을 꼬아 끈을 만들다는 뜻에서 짜다, 組織^(조직)하다, 구성하다 등의 뜻도 나왔다.

💬字形 組 組 金文 組 組 古陶文 組 簡牘文 組 說文小篆

粗(거칠 조): [觕, 麤], cū, 米-5, 11, 10

💬字解 형성. 米^(쌀 미)가 의미부고 且^(할아비 조또 차)가 소리부로, 찧지 않은 크고 거친 상태의 쌀^(米)을 말하는데, 가공하지 않은 상태로 조상^(且, 祖의 원래 글자)의 제사에 바치던 쌀임을 반영했다. 이후 정미하지 않았다는 뜻에서 거칠다, 조악하다 등의 뜻이 나왔다. 달리 소^(牛우)의 뿔^(角각)이라는 뜻의 觕^(거칠 추), 사슴^(鹿록)이 떼 지어 내달리는 모습을 그린 麤^(거칠 추) 등으로 써, 거칠다, 실하고 튼튼하다는 뜻을 그리기도 했다.

💬字形 粗 說文小篆

俎(도마 조): zǔ, 人-7, 9

字解 형성. 仌^(얼음 빙)이 의미부이고 且^(할아비 조또 차)가 소리부로, 도마를 말하는데, 제사에 쓰도록 도마 위에 썰어 놓은 고깃덩어리^(肉·육)를 그렸다. 仌은 고깃덩어리를 그린 刖^(肉)이 잘못 변한 것이고, 且는 원래 도마를 그렸으나 조상신을 상징하는 남근으로 변해, 썬 고기를 올려 조상신을 모시는 모습을 형상화했다.

字形 甲骨文 金文 簡牘文 說文小篆

租(구실 조): zū, 禾-5, 10, 32

字解 형성. 禾^(벼 화)가 의미부고 且^(할아비 조또 차)가 소리부로, 토지세를 말하는데, 조상^(且. 祖의 원래 글자)에게 바칠 구실로 받는 곡식^(禾)이라는 뜻을 담았다. 이로부터 세금을 징수하다, 돈을 받고 빌리다, 빌려주다 등의 뜻이 나왔다.

字形 簡牘文 說文小篆

祖(조상 조): zǔ, 示-5, 10, 70

字解 형성. 示^(보일 시)가 의미부고 且^(할아비 조또 차)가 소리부인데, 且는 남근을 형상한 것으로 자손을 이어지게 해주는 상징물이다. 처음에는 且로만 표기하였으나, 且가 '또'나 '장차'라는 추상적 의미로 가차되어 쓰이게 되자, 이후 제사를 통한 숭배 의식이 강화되면서 示가 더해져 오늘날의 글자로 만들어졌다.

제사의 대상이 되는 할아비^(且)라는 뜻으로부터 祖上^(조상), 先祖^(선조), 始祖^(시조), 祖國^(조국), 鼻祖^(비조) 등의 뜻이 나왔다.

字形 甲骨文 金文 陶文 簡牘文 說文小篆

阻(험할 조): zǔ, 阜-5, 8, 10

字解 형성. 阜^(언덕 부)가 의미부고 且^(할아비 조또 차)가 소리부로, 조상^(且. 祖의 원래 글자)의 힘을 빌려 적을 막아낼 수 있는 흙 담^(阜)을 쌓아 만든 험준한 지형을 말하며, 이로부터 막다, 단절하다, 방해하다 등의 뜻도 나왔다.

字形 說文小篆

曺(성 조): cáo, 曰-6, 10, 12

字解 형성. 曹^(마을 조)의 속자로, 曰^(가로 왈)이 의미부고 棘^(밤샐 조)가 소리부로, 함께 모여^(棘) 이야기를 하다^(曰)는 뜻에서 그런 곳이 '마을'임을 그렸는데, 자형이 줄어 지금처럼 되었다. 한국의 성씨를 나타내는 데 쓰기도 한다. ☞ 曹^(마을 조)

曹(마을 조): [曺], cáo, 曰-7, 11, 10

字解 형성. 曰^(가로 왈)이 의미부고 棘^(밤샐 조)가 소리부로, 함께 모여^(棘) 이야기를 하다^(曰)는 뜻에서 그런 곳이 '마을'임을 그렸다. 또 송사가 벌어져 서로 간의 결백을 따지는 곳이라는 뜻에서 '관아'라는 뜻이 나왔으며,

吏曹^(이조), 戶曹^(호조)처럼 그런 일을 담당하는 정부 관서를 지칭하기도 했다. 棘는 동여매 놓은 포대기^(東)가 두 개 모인 모습으로부터 '함께', '한 곳으로 모이다'는 뜻이, 다시 '무리'라는 뜻이 나온 것으로 보인다. 한국에서 한국의 성씨를 나타낼 때는 이를 줄인 曺^(성 조)로 써 용법을 구분하기도 했다.

字形 〔갑골문·금문·고도문·간독문·고새문·석각고문·설문소전 이미지〕 甲骨文 金文 古陶文 簡牘文 古璽文 石刻古文 說文小篆

槽(구유 조): cáo, 木-11, 15, 10

字解 형성. 木^(나무 목)이 의미부고 曹^(마을 조)가 소리부로, 구유를 말하는데, 큰 나무토막^(木)을 길쭉하게 파내어 소나 말 따위의 가축들에게 먹이를 한곳으로 모아^(曹) 담아 주는 그릇이라는 뜻을 담았다. 이후 그런 모양의 지형이나 물길을 뜻하기도 하였다.

字形 〔설문소전 이미지〕 說文小篆

漕(배로 실어 나를 조): cáo, 水-11, 14, 10

字解 형성. 水^(물 수)가 의미부고 曹^(마을 조)가 소리부로, 漕運^(조운)을 말하는데, 군량미로 쓰려고 세금으로 걷은 곡식을 서울로 실어 날라 한곳에 모으다^(曹)는 뜻을 담았으며, 이로부터 군량미나 배를 뜻하게 되었다. 대운하가 완성되었던 송원 때에는 그런 업무를

담당하던 기구^(漕運司조운사)를 지칭하기도 했다.

字形 〔설문소전 이미지〕 說文小篆

遭(만날 조): zāo, 辵-11, 15, 10

字解 형성. 辵^(쉬엄쉬엄 갈 착)이 의미부고 曹^(마을 조)가 소리부로, 길을 가다^(辵) 서로^(曹) '만나다'는 뜻이며, 이후 어떤 일을 만나다는 뜻도 생겼다.

字形 〔설문소전 이미지〕 說文小篆

糟(전국 조): [蹧], zāo, 米-11, 17, 10

字解 형성. 米^(쌀 미)가 의미부고 曹^(마을 조)가 소리부로, 쌀^(米)로 만든 술 따위에 물을 타지 아니한 진한 순액을 말하는데, 거르지 않고 술과 지게미가 함께 섞여 있는^(曹) 상태임을 반영했다. 이후 술 찌꺼기, 썩다의 뜻이 나왔고, 일이 잘못되다, 나쁘다 등의 뜻도 나왔다. 달리 蹧^(잘못될 조)로 쓰기도 한다.

字形 〔설문소전 이미지〕 說文小篆

釣(낚시 조): 钓, diào, 金-3, 11, 20

字解 형성. 金^(쇠 금)이 의미부고 勺^(구기 작)이 소리부로, 쇠^(金)로 만든 국자^(勺) 모양의 '낚시'를 말하며, 이로부터 낚다, 꾀다, 유인하다 등의 뜻이 나왔다. ☞ 魡^(낚을 조)

字形 〔설문소전 이미지〕 說文小篆

蚤(벼룩 조): zǎo, 虫-4, 10

字解 형성. 虫^(벌레 충)이 의미부고 叉^(손톱 조, 爪의 옛글자)가 소리부로, 손^(叉)으로 벼룩^(虫)을 잡는 모습을 그렸고, 이로부터 '벼룩'을 뜻하게 되었다. 이후 독음이 같은 早^(일찍 조)와 통용되어 새벽이나 아침을 뜻하기도 하였다. 『설문해자』에서는 蚰^(벌레 곤)이 의미부이고 叉가 소리부인 蠶로 썼으나, 蚰이 虫으로 줄어 지금의 자형이 되었다.

字形 [금문] 簡牘文 [전서] 說文小篆 [전서] 說文或體

蠶(벼룩 조): zǎo, 虫-10, 16

字解 형성. 蚰^(벌레 곤)이 의미부이고 叉^(손톱 조)가 소리부이다. 손^(叉)으로 이^(蚰)를 잡는 모습을 그렸고, 이로부터 '이'를 뜻하게 되었으며, 이후 '벼룩'이라는 뜻까지 나왔다. 『설문해자』에서는 "사람을 물고 잘 뛰는 벌레^(齧人跳蟲)이며, 叉는 爪^(손톱 조)의 고문체이다."라고 했다. 이후 蚰이 虫으로 줄어 蚤^(벼룩 조)가 되었는데, 蚤가 더 많이 쓰였다. 또 독음이 같은 早^(일찍 조)와 통용되어 새벽이나 아침을 뜻하기도 하였다. ☞ 蚤^(벼룩 조)

字形 [금문] 簡牘文 [전서] 說文小篆

祚(복 조): zuò, 示-5, 10, 12

字解 형성. 示^(보일 시)가 의미부고 乍^(잠깐 사, 作의 원래 글자)가 소리부로, 신^(示)이 내려 만들어주는

^(乍) '복'을 말하며, 이로부터 복을 내리다, 보답하다 등의 뜻이 나왔고, 왕위와 국통의 비유로도 쓰였다.

字形 [금문] 簡牘文 [전서] 說文小篆

竈(부엌 조): 灶, zào, 穴-16, 21

字解 회의. 穴^(구멍 혈)과 䵂^(힘쓸 만맹꽁이 맹·땅이름 면)으로 구성되어, 진흙^(土토)을 발라 구멍^(穴)을 만든 아궁이가 있는 '부엌'은 습하기 때문에 개구리나 두꺼비^(䵂) 같은 것들이 자주 나타나는 곳이기도 하다. 부엌이 원래 뜻이며, 약자와 현대 중국의 간화자에서는 土와 火^(불 화)로 구성된 灶^(부엌 조)로 쓰는데, 진흙^(土)을 발라 만든 불 때는^(火) 아궁이라는 뜻을 담았다.

字形 [금문] 金文 [전서] 簡牘文 [전서] 說文小篆

肇(비롯할 조): zhào, 聿-8, 14, 10

字解 회의. 聿^(붓 률)과 啓^(열 계)의 생략된 모습으로 구성되어, '붓^(聿)으로 쓴 글을 열다^(啓)'는 의미를 담았으며, 이로부터 '시작'의 의미를 그려냈다. 원래는 戶^(지게 호)와 攴^(칠 복)으로 구성되어, 문^(戶)을 열다^(攴)는 뜻으로 썼으며, 이후 의미를 강조하기 위해 聿을 더해 지금의 자형이 되었다. 이는 자신의 몸으로써 武王^(무왕)의 병을 대신하고자 신께 기도 드렸던 周公^(주공)의 祝辭^(축사)가 담긴 궤짝을 연다는 金滕神話^(금등신화)의 반영으로 알려져 있다. 주공이 쓴^(聿) 글이 담긴 궤짝이

'열림'으로써 주공의 저주 때문에 무왕이 죽
었다는 오해가 '처음' 풀리게 되었다는 뜻에
서 '비롯하다'의 뜻이 생겼을 것으로 추정된
다.

字形 金文 說文小篆

鳥(새 조): 鸟, niǎo, 鳥-0, 11, 42

字解 상형. 갑골문에서 부리, 눈, 꽁지, 발을 갖춘
새를 그렸다. 『설문해자』에서는 꽁지가 긴
새의 총칭이 鳥^(새 조)라고 했다. 하지만, 꽁
지가 짧은 두루미^(鶴학)에 鳥가 들었고 꽁지
가 긴 꿩^(雉치)에 隹^(새 추)가 든 것을 보면
반드시 꽁지가 긴 새만을 지칭한 것도 아
니다. 소전체에 들면서 눈이 가로획으로 변
해 더욱 두드러졌고, 예서체에서는 꼬리가
네 점^(灬火·불 화)으로 변했다. 鳥에서 눈을 없
애 버리면 烏^(까마귀 오)가 된다. 烏는 눈이
없어서가 아니라 몸이 검은색이어서 눈이
잘 구분되지 않기 때문이다. 까마귀는 다
자라면 자신을 키워준 어미에게 먹이를 갖
다 먹이는^(反哺반포) 효성스런 새^(孝鳥효조)로
알려졌다. 새는 하늘과 땅 사이를 마음대로
오가는 영물로, 하늘의 해를 움직이게 하는
존재로, 바람을 일으키는 신으로 간주하기
도 했다. 그래서 다리가 셋 달린 三足烏<sup>(삼
족오)</sup>가 태양에 등장하고, 장대 위에 나무로
만든 새를 앉힌 솟대를 만들기도 했다. 간
화자에서는 필획을 간단하게 줄인 鸟로 쓴
다.

字形 甲骨文 金文

簡牘文 說文小篆

彫(새길 조): 凋, [琱], diāo, 彡-8, 11, 20

字解 형성. 彡^(터럭 삼)이 의미부고 周^(두루 주)가 소
리부로, 조밀하고^(周) 화려하게^(彡) 무늬를
새기다는 뜻이며, 이로부터 회칠하다<sup>(塗飾도
식)</sup>, 채색으로 장식하다의 뜻도 나왔다. 또
凋^(시들 조)나 琱^(옥 다듬을 조)와 통용되기도 하
였는데, 간화자에서는 凋에 통합되었다.

字形 古陶文 簡牘文 說文
小篆

調(고를 조): 调, tiáo, diào, 言-8, 15, 52

字解 형성. 言^(말씀 언)이 의미부고 周^(두루 주)가 소리
부로, 순조롭고 고르다는 뜻인데, 말^(言)을
여러 사람에게 두루^(周) 통하게 하려고 '조
화롭게' 한다는 뜻을 담았다. 이로부터 調和
^(조화)롭다, 적합하다, 調劑^(조제)하다, 調整<sup>(조
정)</sup>하다 등의 뜻이 나왔다.

字形 說文小篆

稠(빽빽할 조): chóu, 禾-8, 13, 10

字解 형성. 禾^(벼 화)가 의미부고 周^(두루 주)가 소리부로, 곡식^(禾)을 밭에 빼곡히 심어 놓은^(周) 것처럼 '조밀^(稠密)함'을 말하며, 이로부터 빽빽하다, 촘촘하다, 농도가 짙다 등의 뜻이 나왔다.

字形 [簡牘文] [說文小篆]

凋(시들 조): [彫], diāo, 冫-8, 10, 10

字解 형성. 冫^(얼음 빙)이 의미부고 周^(두루 주)가 소리부로, 시들다는 뜻인데, 빼곡히 자란 곡식^(周)이 얼음^(冫) 같은 서리를 맞아 시들어 가는 모습을 반영했다. 현대 중국에서는 彫^(새길 조)의 간화자로도 쓰인다.

字形 [說文小篆]

雕(독수리 조): [鵰, 彫, 琱], diāo, 隹-8, 16

字解 형성. 隹^(새 추)가 의미부고 周^(두루 주)가 소리부로, 새^(隹)의 일종인 독수리를 말하며, 이로부터 사납다의 뜻도 나왔으며, 달리 隹 대신 鳥^(새 조)가 들어간 鵰^(수리 조)로 쓰기도 한다. 또 彫^(새길 조)와 통용하여 조각하다는 뜻도 가지는데, 옥을 다듬는 것을 나타낼 때에는 琱^(옥 다듬을 조)로 구분해 썼다.

字形 [說文小篆]

爪(손톱 조): zhǎo, 爪-0, 4, 10

字解 상형. 손발톱을 그렸는데, 금문의 자형은 손톱이 대단히 사실적으로 표현되었다. 인간의 손발톱은 퇴화해 기능을 많이 상실했지만, 동물에게서는 아직도 살아남기 위한 필수도구이다. 그래서 爪는 손동작 중에서도 공격, 방어, 명령, 선택 등의 뜻을 갖는다. 이후 이러한 동작을 강조하고자 手^(손 수)를 더한 抓^(긁을 조)를 만들어 분화하기도 했다.

字形 [甲骨文] [金文] [古陶文] [說文小篆]

鼌(바다거북·아침 조): [晁], cháo, zhāo, 黽-5, 18

字解 형성. 日^(날 일)이 의미부고 黽^(힘쓸 민·맹꽁이 맹·땅 이름 면)이 소리부로, 바다거북^(黽)을 말한다. 또 朝^(아침 조)와 통용되어 해^(日)가 뜨는 아침을 말하기도 한다.

字形 [說文小篆]

朝(아침 조): [鼂], zhāo, cháo, 月-8, 12, 60

字解 회의. 日^(날 일)과 艸^(풀 초)와 月^(달 월)로 구성되어, 해^(日)가 수풀^(艸) 사이로 떠올랐으나 아직 달^(月)이 지지 않은 아침 시간대를 말하며, 이로부터 날이 밝다, 날이 밝는 방향인 동쪽의 뜻이 나왔으며, 날, 시작, 처음 등의 뜻도 나왔다. 또 아침 시간대에 여는 회의라는 뜻에서 朝會^(조회)가, 조회가 열리는 곳이라는 뜻에서 '朝廷^(조정)'이, 다시 朝代^(조대), 王朝^(왕조) 등의 뜻도 나왔다. 그리고 방향을 나타내는 문법소로도 쓰인다. 『설문해

자』에서는 倝^(해 처음 빛날 간)이 의미부이고 舟^(배 주)가 소리부인 韓로 쓰기도 했다.

倝倝倝倝倝倝倝金文 倝石鼓文 倝古璽文 倝古陶文 倝簡牘文 倝說文小篆

嘲^(비웃을 조): cháo, 口-12, 15, 10

字解 형성. 口^(입 구)가 의미부고 朝^(아침 조)가 소리부로, 입^(口)으로 비웃고 조롱함을 말하며, 이후 읊조리다는 뜻도 나왔다.

字形 嘲說文小篆

潮^(조수 조): [淖], cháo, 水-12, 15, 40

字解 형성. 水^(물 수)가 의미부고 朝^(아침 조)가 소리부로, 강물^(水)이 바다로 흘러들어 가는 것을 말하며, 이로부터 潮水^(조수)의 뜻이 나왔다. 또 思潮^(사조)나 風潮^(풍조)에서처럼 일정한 기복을 가진 흐름을 지칭하기도 한다. 『설문해자』에서는 水가 의미부이고 朝의 생략된 모습이 소리부인 淖로 썼다.

字形 潮潮潮潮金文 潮潮古陶文 潮帛書 潮石刻古文 潮說文小篆

趙^(나라 이름 조): 赵, zhào, 走-7, 14, 12

字解 형성. 走^(달릴 주)가 의미부고 肖^(닮을 초)가 소리부로, 빠르게 달리다^(走)는 뜻이며, 빨리 달리려면 가볍고 작아야^(肖) 한다는 뜻에서 작다는 뜻도 나왔다. 또 산서성 북부와 하북성 서부와 남부에 걸쳐 있던 나라 이름으로 전국 칠웅 중의 하나였으며, 성씨로도 쓰였다. 간화자에서는 소리부인 肖를 간단한 부호로 바꾸어 赵로 쓴다.

字形 趙趙金文 趙古陶文 趙趙趙盟書 趙簡牘文 趙石刻古文 趙說文小篆

造^(지을 조): zào, 辵-7, 11, 42

字解 형성. 辵^(쉬엄쉬엄 갈 착)이 의미부고 告^(알릴 고)가 소리부로, 어떤 곳으로 나아가^(辵) 알린다^(告)는 뜻을 그렸다. 금문 단계에서만 해도 지금의 자형^(造)에 舟^(배 주)나 宀^(집 면), 혹은 金^(쇠 금)이나 貝^(조개 패) 등이 더해지기도 했는데, 소전체로 오면서 지금의 자형으로 통일되었다. 辵^(쉬엄쉬엄 갈 착)이 가다는 행위를 나타내고, 告가 소^(牛 우) 같은 희생물을 제단에 올려 어떤 상황을 신에게 알리는^(口 구) 모습을 그린 것임을 고려하면, 造는 작업장^(宀)에서 배^(舟)나 청동 기물^(金)이나 화폐^(貝) 등을 만들었을 때 조상신에게 그의 완성을 알리는 모습을 그린 것으로 추정할 수 있다. 그래서 어떤 물건의 製造^(제조)나 완성이 造의 원래 뜻이며, 이로부터 만들다, 제작하다, 성취, 깊이 알다 등의 뜻이 나왔다.

字形 造造造造造造造造金文 造造古陶文 造造簡牘文

曲 說文小篆 舛 說文古文

條(가지 조): 条, tiáo, 木-7, 11, 40

字解 형성. 木^(나무 목)이 의미부고 攸^(바 유)가 소리부로, 목욕재계하면서^(攸) 때를 밀 때 사용하던 가늘고 긴 나뭇가지^(木)를 말했다. 이후 그런 모양으로 생긴 물건을 말했고, 여러 개념이 길게 이어져 체계를 이룬다는 뜻에서 條理^(조리), 질서, 층차 등의 뜻이 나왔고, 강이나 소식 등을 헤아리는 단위사로도 쓰인다. 간화자에서는 條의 왼쪽 부분을 생략한 채 条로 쓴다. ☞ 修^(닦을 수)

字形 ⿰ 簡牘文 ⿰ 說文小篆

操(잡을 조): [撡], cāo, 手-13, 16, 50

字解 형성. 手^(손 수)가 의미부고 喿^(울 소)가 소리부로, 손^(手)으로 잡아 통제하고 操縱^(조종)하다는 뜻이며, 이로부터 잡다, 조련하다, 악기를 연주하다, 언어를 구사하다, 품행 등의 뜻이 나왔다.

字形 ⿰ 簡牘文 ⿰ 說文小篆

躁(성급할 조): [趮], zào, 足-13, 20, 10

字解 형성. 足^(발 족)이 의미부고 喿^(울 소)가 소리부로, 발^(足)이 빨리 움직임으로부터 성급하다, 躁急^(조급)하다의 뜻을 그렸으며, 이후 안정되지 못하다의 뜻도 나왔다. 달리 足 대신 走^(달릴 주)가 들어간 趮^(조급할 조)로 쓰기도 한다.

字形 ⿰ 古璽文 ⿰ 說文小篆

繰(야청 통견 조): 缲, qiāo, 糸-13, 19, 10

字解 형성. 糸^(가는 실 멱)이 의미부고 喿^(울 소)가 소리부로, 어두운 청색에 붉은색을 띤 비단^(糸)을 말하며, 그런 비단으로 만든 면류관의 끈을 지칭하기도 했다.

字形 ⿰ 簡牘文 ⿰ 說文小篆

璪(면류관 드림 옥 조): zǎo, 玉-13, 17

字解 형성. 玉^(옥 옥)이 의미부고 喿^(울 소)가 소리부로, 옛날 왕관의 앞으로 드리우던 옥^(玉) 장식으로, 여러 색깔의 실로 옥을 꿰어서 만들었는데, 水藻^(수조마름)를 담았다.

字形 ⿰ 說文小篆

燥(마를 조): zào, 火-13, 17, 30

字解 형성. 火^(불 화)가 의미부고 喿^(울 소)가 소리부로, 불^(火)로 말리는 것을 말하며, 이로부터 건조하다, 수분이 없다 등의 뜻이 나왔다.

字形 ⿰ 說文小篆

澡(씻을 조): zǎo, 水-13, 16

字解 형성. 水^(물 수)가 의미부고 喿^(울 소)가 소리부로, 물^(水)로 손을 씻는다는 뜻이며, 이후 목욕하다는 뜻으로 의미가 확장되었다.

字形 澡 簡牘文 澡 說文小篆

藻(말 조): zǎo, 艸-16, 20, 10

字解 형성. 艸^(풀 초)가 의미부고 澡^(씻을 조)가 소리부로, 마름^(藻類조류)과의 한해살이 식물^(艸)인 '마름'을 말하며, 마름의 아름다운 자태로부터 화려한 무늬, 문채, 아름답다, 장식 등의 뜻이 나왔다. 또 옛날 왕관의 앞으로 드리우던 다섯 색깔의 비단 끈을 말하기도 한다. 『설문해자』에서는 水^(물 수)가 의미부이고 巢^(집 소)가 소리부인 藻로 썼다.

字形 藻 說文小篆 藻 說文或體

棗(대추나무 조): 枣, zǎo, 木-8, 12, 10

字解 회의. 두 개의 朿^(가시 자)가 상하로 결합한 구조로, 대추나무를 말하며, 하늘을 향해 높이 자라는 가시^(朿)를 가진 키 큰 나무라는 뜻을 담았다. 간화자에서는 아래쪽의 朿를 중복부호로 바꾸어 枣로 쓴다.

字形 棗 金文 棗 簡牘文 棗 說文小篆

兆(조짐 조): zhào, 儿-4, 6, 32

字解 상형. 거북점을 칠 때 갈라지는 '금'을 그렸

는데, 자형이 변해 지금처럼 되었다. 소전체에서는 의미를 강조하기 위해 卜^(점 복)을 더하기도 했다. 거북 딱지나 동물 뼈를 불로 지져 점을 칠 때^(卜) 갈라지는 금의 모양은 길흉을 예견해 주는 '조짐'이었다. 이 때문에 조짐, 미리 드러내다는 뜻이 나왔다. 이후 억의 만 배를 말하는 '조'를 나타내는 단위로 가차되었으며 대단히 많은 숫자를 뜻하였다.

字形 兆 簡牘文 兆 說文小篆 兆 說文古文

眺(바라볼 조): [覜], tiào, 目-6, 11, 10

字解 형성. 目^(눈 목)이 의미부고 兆^(조짐 조)가 소리부로, 점을 칠 때 갈라지는 금^(兆)을 눈^(目)으로 살펴보는 모습에서 '바라보다'는 뜻을 그렸다. 달리 目 대신 見^(볼 견)이 들어간 覜^(뵐 조)로 쓰기도 한다.

字形 眺 說文小篆

晁(아침 조): cháo, 日-6, 10

字解 형성. 日^(날 일)이 의미부고 兆^(조짐 조)가 소리부로, 朝^(아침 조)의 이체자로, 해^(日)가 떠오르는 아침을 말했으나, 이후 성씨의 하나로 쓰이게 되었다. 그러자 원래 의미는 다시 소리부인 兆를 黽^(힘쓸 민·맹꽁이 맹·땅이름 면)으로 바꾼 鼂^(아침 조)로 쓰기도 했다.

字形 鼂 說文小篆 鼂 說文小篆

窕(정숙할 조): tiǎo, 穴-6, 11

字解 형성. 穴^(구멍 혈)이 의미부고 兆^(조짐 조)가 소리부로, 깊은 굴^(穴)의 끝을 말하며, 조용하고 아름다운 여자를 형용하는 말로 쓰였는데, 대단히^(兆) 깊은 곳에 있는 굴^(穴)의 끝이 가지는 조용하고 신비한 속성을 반영했다. 굴의 속성으로부터 비다, 허상, 간극 등의 뜻도 나왔다.

字形 說文小篆

照(비출 조): [炤], zhào, 火-9, 13, 32

字解 형성. 火^(불 화)가 의미부고 昭^(밝을 소)가 소리부로, 불^(火)로 밝게^(昭) 비추다는 뜻이며, 이로부터 비치다, 밝다, 햇빛, 거울을 보다, 관리하다, 보살피다 등의 뜻이 나왔으며, 현대에 들어서는 사진, 신분증 등의 뜻도 나왔다. 달리 火 의미부고 김^(부를 소)가 소리부인 炤^(밝을 소)로 쓰기도 한다.

字形 金文 說文小篆

詔(고할 조): 诏, zhào, 言-5, 12, 10

字解 형성. 言^(말씀 언)이 의미부고 김^(부를 소)가 소리부로, 말^(言)로써 어떤 사실을 알리다는 뜻이며, 이끌다는 뜻도 나왔다. 또 특별히 황제의 명령을 지칭하기도 한다.

字形 古陶文 盟書 說文小篆

措(둘 조): cuò, 手-7, 11, 20

字解 형성. 手^(손 수)가 의미부고 昔^(옛 석)이 소리부로, 어떤 정해진 자리에 놓다^(手)는 뜻이며, 이로부터 다스리다, 시행하다, (법령 등을) 제정하다, 措置^(조치)하다 등의 뜻이 나왔다.

字形 說文小篆

厝(둘 조숫돌 착): cuò , 厂-8, 10

字解 형성. 厂^(기슭 엄)이 의미부고 昔^(옛 석)이 소리부이다. 『설문해자』의 해설처럼, '숫돌^(厲石)'을 말한다. 『사소아학명^(鶴鳴)』에서 "다른 산의 돌이 이곳의 옥을 가는 숫돌이 되네^(他山之石, 可以爲厝)."라고 노래했다.

字形 說文小篆

弔(조문할 조): 吊, diào, 弓-1, 4, 30

字解 회의. 원래 人^(사람 인)과 弓^(활 궁)으로 구성되었는데 자형이 조금 변해 지금처럼 되었다. 사람^(人)들이 활^(弓)을 들고 가 '조문'하던 모습을 그렸는데, 그것은 당시의 장례 습관이 시신을 숲에다 내다 버렸고, 그 때문에 야수들이 시신을 훼손하는 것을 활로써 막아주던 것이 '조문'이었기 때문이다. 이후 조등을 내 걸다는 뜻도 나왔다. 달리 곡소리를 상징하는 口^(입 구)와 조등이나 상복을 상징하는 巾^(수건 건)으로 구성된 吊^(조상할 조)로 쓰기도 하는데, 간화자에서는 吊^(조상할 조)에 통합되었다. ☞ 吊^(조상할 조)

字形 甲骨文 金文 石刻古文 說文小篆

盄(그릇 조): zhāo, 皿-4, 9

字解 형성. 皿^(그릇 명)이 의미부이고 弔^(조상할 조)가 소리부이다. 『설문해자』에서 '그릇^(器)'을 말한다고 했다.

字形 盄 說文小篆

早(일찍 조): zǎo, 日-2, 6, 42

字解 회의. 금문에서 日^(날 일)이 의미부이고 棗^(대추나무 조)가 소리부였고, 간독문에서는 棗가 朿^(가시 자)로 줄었다. 소전체에서는 日과 甲^(첫째 천간 갑)으로 구성되어, 해^(日)가 처음^(甲) 뜰 때의 시간대로부터 새벽을 뜻했고, 이로부터 '아침'과 '일찍'의 뜻까지 나왔다. 이후 甲은 다시 甲의 옛 형태인 十^(열 십)으로 바뀌어 지금의 자형이 되었다.

字形 棗 金文 棗棗早 簡牘文 早 說文小篆

皁(하인 조): 皂, zào, 白-2, 7

字解 회의. 白^(흰 백)과 十^(열 십)으로 구성되었다. 草^(풀 초)의 속체자로 '풀'을 뜻한다. 달리 白과 匕^(변할 화, 化의 본래 글자)로 구성된 皂^(하인 조)로 쓰기도 하는데, 상수리나무의 열매를 말하며, 흰^(白) 비단을 물들여 검게 변화시키는^(匕) 데 쓰기 때문에 '검다'는 뜻이 나왔다. 『옥편』에서도 검은색을 말한다고 했으며, 또 천한 사람이 자신을 지칭하는 말로 쓰였으며, 이로부터 하급관리나 잡역부라는

뜻도 나왔다.

字形 草 簡牘文 草 石刻古文 草 說文小篆

罩(보쌈 조): zhào, 网-8, 13

字解 형성. 网^(그물 망)이 의미부이고 卓^(높을 탁)이 소리부이다. '물고기를 잡는 기구^(捕魚器)'를 말한다. '보쌈^(대나무나 가시나무로 결어서 만든 고기를 잡는 그물)'이나 '가리^(물고기를 잡는 기구의 하나)'를 말하며 이로부터 이들 그물로 물고기를 잡다는 뜻도 나왔다.

字形 罩 說文小篆

족

足(발 족): zú, 足-0, 7, 70

字解 상형. 지금은 '발'의 뜻으로 쓰이지만, 갑골문에서는 '다리'를 형상화했다. 윗부분은 금문에서처럼 둥근 꼴이 변한 것으로 膝蓋骨^(슬개골·무릎 앞 한가운데 있는 작은 접시 같은 뼈)을, 아랫부분은 발^(止지, 趾의 원래 글자)을 상징해, 『설문해자』의 해석처럼 "사람 몸의 아래에 있는 무릎 밑의 다리"를 말했다. 하지만 足은 이후 '발'까지 뜻하게 되었으며, 畵蛇添足^(화사첨족·원래 없는 뱀의 발까지 쓸데없이 그려 넣음)이나 鼎足^(정족·솥발)처럼 다른 동물이나 기물의 발을, 때로는 山足^(산족·산기슭)처럼 山麓^(산록)도 뜻하게 되었다. 그리고 다리는 몸을 지탱해주는 기초였기에 充足^(충족)이나 滿足^(만족)처럼 '충실하다'는 뜻이, 다시 '충분하다'는 의미가 나왔다. 그러자 '다리'는 무릎 아래 다리 전체를 그렸던 또 다른 글자인 疋^(발 소필 발)에 의해 주로 표현되었다. 그래서 足으로 구성된 한자는 다리나 발, 이의 동작과 관련된 뜻을 갖는데, 발은 다른 공간으로 이동할 수 있는 움직임의 상징이었고 발에 의해 남은 발자국은 시간의 경과와 인간이 걸어온 길을 나타낸다.

字形 [甲骨文] [金文] [古陶文] [簡牘文] [說文小篆]

族(겨레 족): zú, 方-7, 11, 60

字解 회의. 㫃^(깃발 나부끼는 모양 언)과 矢^(화살 시)로 구성되었는데, 갑골문에서는 나부끼는 깃대^(㫃) 아래에 사람^(大대)이나 화살^(矢)이 놓인 모습이고, 때로는 두 개씩 그려 그것이 여럿임을 강조하기도 했다. 화살은 가장 대표적 무기이기에 전쟁을 상징한다. 그래서 族은 '화살'이라는 의미로부터 함께 모여 전쟁을 치를 수 있도록 같은 깃발 아래에 함께 모일 수 있는 '공동체'를 뜻하게 되었으며, 가족, 씨족, 부족, 민족 등 혈연관계의 통칭이 되었다. 그러자 원래의 화살이라는 의미는 金^(쇠 금)을 더한 鏃^(살촉 족)으로 '화살촉'의 의미를, 竹^(대 죽)을 더한 簇^(조릿대 족)으로 '화살 대'를 구분해 표현했다. 현행 옥편에서 方^(모 방)부수에 귀속되었지만 나부끼는 깃발을 그린 㫃이 의미부로 方과는 의미적 관련이 없는 글자이다.

字形 [甲骨文] [金文] [族] [古陶文] [簡牘文] [說文小篆]

鏃(살촉 족): 镞, [鈚], zú, 金-11, 19

字解 형성. 金^(쇠 금)이 의미부고 族^(겨레 족)이 소리부로, 쇠^(金)로 만든 화살^(族)의 '촉'을 말한다. ☞ 族^(겨레 족)

字形 [說文小篆]

簇(조릿대 족): cù, 竹-11, 17, 10

字解 형성. 竹^(대 죽)이 의미부고 族^(겨레 족)이 소리부로, 조릿대를 말하는데, 화살^(族)의 대를 만드는 대나무^(竹)라는 뜻을 담았다. ☞ 族

(겨레 족)

존

尊(높을 존): zūn, 寸-9, 12, 42

字解 형성. 酋^(두목 추)가 의미부이고 寸^(마디 촌)이 소리부로, 술독^(酋)을 두 손^(寸)으로 높이 받쳐 든 모습으로부터 '尊貴^(존귀)하다'는 의미를 그렸으며, 술을 저장해 두는 기물 이름도 지칭하게 되었다. 이로부터 尊重^(존중)하다, 지위가 높다는 뜻도 나왔고, 상대를 높이는 경어로 쓰였다. 원래는 酋으로 썼는데, 酋^(닭 유)가 酋로, 廾^(두 손 마주잡을 공)이 寸^(마디 촌)으로 바뀌어 지금의 자형이 되었다. ☞ 酋^(두목 추)

字形 [그림] 甲骨文 [그림] 金文 [그림] 古陶文 [그림] 簡牘文 [그림] 古璽文 [그림] 石刻古文 [그림] 說文小篆 [그림] 說文或體

存(있을 존): cún, 子-3, 6, 40

字解 회의. 才^(재주 재)와 子^(아들 자)로 구성되었는데, '존재하다'가 원래 뜻이다. 才가 새싹이 딱딱한 대지를 뚫고 올라오는 모습을 그렸음을 고려하면, 아이^(子)가 처음 태어난다는 것^(才)으로써 存在^(존재)의 의미를 그린 것으로 보이며, 이로부터 保存^(보존)하다, 세우다, 놓다 등의 뜻이 나왔다. 존재를 확인하다는 뜻에서 '문후를 드리다'의 뜻이 나왔으며, 다시 위무하다, 생각하다, 유념하다, 관심을 두다 등의 뜻이 나왔다.

字形 [그림] 古陶文 [그림] 簡牘文 [그림] 說文小篆

졸

卒(군사 졸): [卆], zú, 十-6, 8, 52

字解 상형. 원래 ×나 ╱같은 표시가 더해진 웃옷^(衣의)을 그렸는데, 자형이 변해 지금처럼 되었다. 『설문해자』에서는 "노역에 종사하는 노예들이 입는 옷을 卒이라 하였는데, 옛날에는 옷에 색깔을 넣어 이들이 兵卒^(병졸)임을 나타냈다."라고 했다. 이처럼 卒의 원래 뜻은 兵卒, 士卒^(사졸)에서 그 뿌리를 찾아야 하며, 이 때문에 卒은 군대 편제의 단위가 되어, 1백 명을 1卒이라 부르기도 했다. 말단의 兵卒들이 전쟁에서 가장 죽기 쉬웠던 존재였던지 卒에 '죽다'는 뜻이 생겼고, 그로부터 '끝내', '마침내', 마치다 등의 뜻도 나왔다. 달리 卆^(군사 졸)로 쓰기도 한다.

字形 [그림] 甲骨文 [그림] 金文 [그림] 古陶文 [그림] 簡牘文 [그림] 石刻古文 [그림] 說文小篆

猝(갑자기 졸): cù, 犬-8, 11, 10

字解 형성. 犬^(개 견)이 의미부고 卒^(군사 졸)이 소리부로, 개^(犬)가 풀숲에서 갑자기 뛰어나와 사람을 쫓아가다는 뜻이며, 이로부터 갑자기, 창졸간에, 돌발 상황 등의 뜻이 나왔다.

字形 [說文小篆]

拙(졸할 졸): zhuō, 手-5, 8, 30

字解 형성. 手^(손 수)가 의미부고 出^(날 출)이 소리부로, 손^(手)이 서툴다는 뜻인데, 손^(手)에서 벗어나 버려^(出) 통제가 되지 않음을 반영했다. 이후 모자라다, 열악하다는 뜻이 나왔고, 자신을 낮추어 부르는 말로도 쓰였다.

字形 [簡牘文] [說文小篆]

종

从(쫓을 종): cóng, 人-2, 4

字解 회의. 두 개의 人^(사람 인)으로 구성되어, 뒷사람이 앞사람을 따라가는 모습을 그렸다. 『설문해자』의 해설처럼, '서로 따르다^(相聽)'가 원래 뜻이다. 이후 의미를 더 정확하게 하기 위해 길을 뜻하는 彳^(조금 걸을 척, 行의 줄임형)과 발을 뜻하는 止^(발 지)가 더해져 從^(쫓을 종)이 되었다. 현대 중국의 간화자에서는 다시 从으로 돌아갔다. ☞ 從^(쫓을 종)

字形 [說文小篆]

從(따를 종): 从, cóng, 彳-8, 11, 40

字解 형성. 彳^(조금 걸을 척)과 止^(발 지)가 의미부이고 从^(따를 종)이 소리부인데, 원래는 从으로 써, 두 사람^(人)이 나란히 따르는 모습으로부터 따르다, 따라가다는 의미를 그렸는데, 이후 길을 뜻하는 彳과 발을 뜻하는 止가 더해져 從이 되었다. 따라가다는 뜻에서 부차적이라는 뜻이 나왔고, 혈연관계에서 사촌을 지칭하기도 했으며, 남의 말을 따르다는 뜻에서 온순하다, 조용하다는 뜻도 나왔다. 간화자에서는 원래의 从으로 되돌아갔다.

字形 [甲骨文] [金文] [古陶文] [盟書] [簡牘文] [說文小篆]

縱(늘어질 종): 纵, zòng, 糸-11, 17, 32

字解 형성. 糸^(가는 실 멱)이 의미부고 從^(따를 종)이 소리부로, 실^(糸)을 팽팽히 늘였다가 '놓음'을 말한다. 이로부터 쏘다, 출발하다 등의 뜻이 나왔으며, 긴장된 상태에서 풀어져 느슨함, 放縱^(방종), 석방 등도 뜻하게 되었다. 간화자에서는 從을 从으로 줄인 纵으로 쓴다.

字形 [簡牘文] [說文小篆]

慫(권할 종): sǒng, 心-11, 15, 10

字解 형성. 心^(마음 심)이 의미부고 從^(따를 종)이 소리부로, 권하여 마음^(心)까지 따르도록^(從) 함을 말한다.

字形 說文小篆

宗(마루 종): zōng, 宀-5, 8, 42

字解 회의. 宀^(집 면)과 示^(보일 시)로 구성되어, 조상의 위패를 모신 제단^(示)이 설치된 집^(宀) 즉 종묘를 말하며, 이로부터 동일 종족이나 가족, 종파, 종갓집 등을 말하게 되었고, 다시 으뜸, 정통 등의 뜻이 나왔다.

字形 甲骨文 金文 古陶文 盟書 簡牘文 說文小篆

綜(잉아 종): 綜, zèng, 糸-8, 14, 20

字解 형성. 糸^(가는 실 멱)이 의미부고 宗^(마루 종)이 소리부로, 베틀의 날실을 한 칸씩 걸러서 끌어올리도록 맨 굵고 중심이 되는^(宗) 실^(糸)을 말한다.

字形 說文小篆

琮(옥홀 종): cóng, 玉-8, 12, 12

字解 형성. 玉^(옥 옥)이 의미부고 宗^(마루 종)이 소리부로, 직선으로 우뚝한^(宗) 사각형의 기둥 모양에 중간에 둥근 구멍이 뚫린 옥^(玉)으로 만든 의식용 기물의 하나를 말하며, 사각기둥은 땅을, 둥근 구멍은 하늘을 상징한다.

字形 說文小篆

淙(물소리 종): cóng, 水-8, 11

字解 형성. 水^(물 수)가 의미부고 宗^(마루 종)이 소리부로, 물^(水)이 우뚝한^(宗) 곳에서 곧장 쏟아져 내리는 높은 절벽, 혹은 거기서 떨어지는 물을 말한다.

字形 說文小篆

棕(종려나무 종): [椶], zōng, 木-8, 12

字解 형성. 木^(나무 목)이 의미부고 宗^(마루 종)이 소리부로, 棕櫚^(종려)나무를 말하는데, 위패처럼 우뚝한 모양^(宗)으로 자라는 나무^(木)라는 뜻을 담았다. 달리 宗 대신 嵏^(다리 오므릴 종)을 쓴 椶^(종려나무 종)으로도 쓴다.

字形 說文小篆

倧(옛날 신인 종): zōng, 人-8, 10

字解 형성. 人^(사람 인)이 의미부고 宗^(마루 종)이 소리부로, 전설상의 神人^(신인)을 말하는데, 최고의 으뜸가는^(宗) 사람^(人)이라는 뜻을 담았다.

悰(즐길 종): cóng, 心-8, 12

字解 형성. 心^(마음 심)이 의미부고 宗^(마루 종)이 소리부로, 마음^(心)이 즐거움을 말하는데, 그것이 으뜸가는^(宗) 심리^(心) 상태임을 반영했다.

字形 ⿰ 說文小篆

踪(자취 종): [蹤], zōng, 足-8, 15, 10

字解 형성. 足^(발 족)이 의미부고 宗^(마루 종)이 소리부로, 발자취^(足)를 말하며, 이로부터 종적, 흔적 등의 뜻이 나왔다. 蹤^(자취 종)의 속자인데, 소리부인 宗이 從^(따를 종)으로 바뀐 글자이다. ☞ 蹤^(자취 종)

種(씨 종): 种, zhǒng, 禾-9, 14, 52

字解 형성. 禾^(벼 화)가 의미부고 重^(무거울 중)이 소리부로, 곡물^(禾)의 파종을 위해 남겨둔 중요한^(重) '씨'를 말한다. 이로부터 播種^(파종)하다, 자라다, 品種^(품종), 人種^(인종)의 뜻이 나왔다. 간화자에서는 소리부 重을 中^(가운데 중)으로 바꾼 种으로 쓴다.

字形 ⿰⿰⿰⿰⿰簡牘文 ⿰說文小篆

鐘(종 종): 钟, [鍾], zhōng, 金-12, 20

字解 형성. 金^(쇠 금)이 의미부고 童^(아이 동)이 소리부로, 쇠^(金)로 만든 악기의 하나인 종을 말하는데, 걸잇대에 걸어 놓고 채로 쳐서 소리를 낸다. 이후 불교가 들어오면서 절에서 쓰는 종을 뜻하게 되었으며, 시간을 알릴 때 쓴다고 해서 이후 '시계'를 지칭하기도 했다. 달리 소리부인 童이 重^(무거울 중)으로 바뀐 鍾^(종 종)으로 쓰기도 하며, 간화자에서는 소리부 童을 中^(가운데 중)으로 바꾼 钟으로 쓴다.

字形 ⿰ 說文小篆

鍾(종 종): 钟, zhōng, 金-9, 17, 40

字解 형성. 金^(쇠 금)이 의미부고 重^(무거울 중)이 소리부로, 쇠^(金)로 만든 술그릇을 말했는데, 이후 鐘과 혼용하여 구별 없이 함께 쓰이게 되었다. 간화자에서는 소리부인 重을 中^(가운데 중)으로 바꾼 钟으로 쓴다. ☞ 鐘^(종 종)

字形 ⿰ 說文小篆

腫(부스럼 종): 肿, zhǒng, 肉-9, 13, 10

字解 형성. 肉^(고기 육)이 의미부고 重^(무거울 중)이 소리부로, 피부^(肉)가 곪으면서 부풀어 오르는 심각한^(重) 부스럼을 말하며, 이로부터 붓다, 부종 등의 뜻이 나왔다. 간화자에서는 소리부인 重을 中^(가운데 중)으로 바꾼 肿으로 쓴다.

字形 ⿰ 說文小篆

踵(발꿈치 종): zhǒng, 足-9, 16, 10

字解 형성. 足^(발 족)이 의미부고 重^(무거울 중)이 소리부로, 발^(足)의 뒤쪽 발바닥과 발목 사이의

불룩한 부분을 말하며, 이로부터 물체의 밑부분, 뒤따라가다 등의 뜻이 나왔다.

字形 🐾 說文小篆

終(끝날 종): 终, zhōng, 糸-5, 11, 50

字解 형성. 糸^(가는 실 멱)이 의미부고 冬^(겨울 동)이 소리부로, 실^(糸) 끝에 달린 실패^(冬)를 그려, 베 짜기^(糸)를 하는 겨울^(冬)이 계절의 '마지막임을 그렸다. 이로부터 끝, 죽다, 궁극, 다하다는 뜻이 나왔고, 또 12년을 헤아리는 시간 단위로도 쓰였다. ☞ 冬^(겨울 동)

字形 🐾 甲骨文 🐾 金文 🐾 古陶文 🐾 簡牘文 🐾 說文小篆 🐾 說文古文

좌

坐(앉을 좌): zuò, 土-4, 7, 32

字解 회의. 土^(흙 토)와 두 개의 人^(사람 인)으로 구성되어, 쌓은 흙^(土)을 중심으로 양쪽으로 사람^(人)이 앉아 제사를 드리는 모습을 그렸으며, 이로부터 그런 자리를 지칭하게 되었다. 이후 사람이 앉을 수 있는 좌석, 탈것을 타다, 제자리에 놓다 등의 뜻도 나왔는데, 구조물을 뜻할 때에는 广^(집 엄)을 더해 座^(자리 좌)로 분화했다.

字形 🐾 簡牘文 🐾 說文小篆 🐾 說文古文

座(자리 좌): zuò, 广-7, 10, 40

字解 형성. 广^(집 엄)이 의미부고 坐^(앉을 좌)가 소리부로, '좌석'을 말하는데, 坐^(앉을 좌)에서 분화한 글자로, 사람이 앉을^(坐) 수 있는 구조물^(广)이라는 뜻을 담았다. 또 현대 중국어에서 커다란 구조물을 헤아리는 단위사로도 쓰인다. ☞ 坐^(앉을 좌)

挫(꺾을 좌): cuò, 手-7, 10, 10

字解 형성. 手^(손 수)가 의미부고 坐^(앉을 좌)가 소리부로, 손^(手)으로 부러뜨려 제자리에 앉히는^(坐) 것을 말하며, 이로부터 부러지다, 挫折^(좌절)하다, 꺾이다, 실패하다 등의 뜻이 나왔다.

字形 🐾 說文小篆

左(왼 좌): zuǒ, 工-2, 5, 70

字解 회의. 屮^(왼손 좌)와 工^(장인 공)으로 구성되어, 왼손^(屮)으로 공구^(工)를 든 모습을 그렸다. 원래는 왼손^(屮)만을 그렸는데, 이후 그것이 왼손임을 더욱 명확하게 하고자 손의 오른쪽에 두 점을 더했으며, 두 점이 다시 工으로 바뀌어 지금의 자형이 되었다. 왼손이 원래 뜻이고, 이로부터 왼쪽, 곁의 뜻이 나왔다. 또 오른쪽과 반대된다는 뜻에서 반대하다, 옳지 않다, 편파적이다 등의 부정적

인 뜻도 나왔다.

甲骨文 金文
古陶文 簡牘文
說文小篆

佐(도울 좌): zuǒ, 人-5, 7, 30

字解 형성. 人^(사람 인)이 의미부고 左^(왼 좌)가 소리부로, 임금의 옆^(左)에서 보좌하는 사람^(人)을 말했고, 이로부터 돕다, 輔佐^(보좌)하다는 뜻이 나왔다.

字形 簡牘文 佐 玉篇

죄

辠(허물 죄): 罪, zuì, 辛-6, 13, 50

字解 회의. 自^(스스로 자)와 辛^(매울 신)으로 구성되었는데, 코^(自, 鼻의 원래 글자)를 형벌 칼^(辛)로 자르던 형벌을 말하며, 罪^(허물 죄)의 본래 글자이다. 이로부터 죄, 허물 등의 뜻이 나왔다. 이후 진시황 때 이 글자가 자신을 부르던 皇子와 닮았다고 해서 罪로 고쳤다고 하며, 그 이후로 辠는 폐기되었다. 간화자에서도 罪에 통합되었다.

字形 金文 簡牘文
石刻古文 說文小篆

罪(허물 죄): [辠], zuì, 网-8, 13

字解 회의. 罒^(网-그물 망)과 非^(아닐 비)로 구성되어, 옳은 것에 위배되는^(非) 것들을 모조리 그물^(网)로 잡아들임을 말하며, 이로부터 죄, 죄를 짓다, 과실, 고통 등의 뜻이 나왔다. 원래는 코^(自자, 鼻의 원래 글자)를 형벌 칼^(辛신)로 자르던 형벌을 뜻하는 辠^(허물 죄)로 썼는데, 진시황 때에 罪로 바뀌었다고 한다. ☞ 辠^(허물 죄)

字形 簡牘文 說文小篆

주

朱(붉을 주): [硃], zhū, 木-2, 6, 40

字解 지사. 木^(나무 목)에 지사부호^(丶)가 더해져 나무의 줄기 부분임을 지칭했는데, 『설문해자』에 의하면 "소나무의 일종으로, 속이 붉은 나무^(赤心木·적심목)를 말한다."라고 했으며, 이로부터 '붉다'는 뜻이 나왔다. 이후 붉은색을 내는 광물인 '단사'를 뜻하기도 했는데, 이때에는 石^(돌 석)을 더한 硃^(주사 주)로 구분해 쓰기도 한다.

字形 甲骨文
金文 盟書 簡牘文 說文小篆

株(그루 주): zhū, 木-6, 10, 32

字解 형성. 木^(나무 목)이 의미부고 朱^(붉을 주)가 소리부로, 지면으로 돌출된 나무^(木)의 뿌리나 줄기, 식물 등을 말하며, 나무를 헤아리는 단위로 쓰였다.

字形 ※※簡牘文 ※※古璽文 ※※說文小篆

珠(구슬 주): zhū, 玉-6, 10, 32

字解 형성. 玉^(옥 옥)이 의미부고 朱^(붉을 주)가 소리부로, 구슬이나 구슬처럼 생긴 물체를 말한다. 『설문해자』에서는 "조개가 가진 음기의 정수에 의해 만들어 지는 것"이라고 한 것으로 보아 '진주'가 원래 뜻으로 보이며, 진주를 옅은 붉은색^(朱)을 띠는 옥^(玉)의 일종으로 보았음을 알 수 있다.

字形 ※古陶文 珠 珠珠 ※※珠 珠 珠 古幣文 珠簡牘文 ※汗簡 珠說文小篆

誅(벨 주): 诛, zhū, 言-6, 13, 10

字解 형성. 言^(말씀 언)이 의미부고 朱^(붉을 주)가 소리부로, 말^(言)로 잘못을 나무라다는 뜻이며, 이로부터 징벌하다, 목을 베다, 제거하다 등의 뜻이 나왔다.

字形 ※金文 ※簡牘文 ※說文小篆

侏(난쟁이 주): zhū, 人-6, 8

字解 형성. 人^(사람 인)이 의미부고 朱^(붉을 주)가 소리부로, 侏儒^(주유·난쟁이)라는 단어에 쓰이는데, 발육이 비정상적이어서 키가 작은 사람^(人)을 말한다.

姝(예쁠 주): shū, 女-6, 9

字解 형성. 女^(여자 여)가 의미부고 朱^(붉을 주)가 소리부로, 아름다운 여자^(女), 미녀, 아름다운 얼굴색을 말하며, 이로부터 예쁘다의 뜻이 나왔으며, 얼굴색이 불그스레한^(朱) 여자^(女)가 미인이라는 의미를 담았다.

字形 ※說文小篆

蛛(거미 주): [鼄], zhū, 虫-6, 12

字解 형성. 虫^(벌레 충)이 의미부고 朱^(붉을 주)가 소리부로, 절지동물^(虫)의 일종인 거미를 말한다. 『설문해자』에서는 虫 대신 黽^(맹꽁이 맹)이 들어간 鼄^(거미 주)로 썼다. ☞ 鼄^(거미 주)

字形 ※說文小篆

邾(나라이름 주): zhū, 邑-6, 9

字解 형성. 邑^(고을 읍)이 의미부고 朱^(붉을 주)가 소리부로, 옛날의 나라 이름이자 땅 이름으로 지금의 호북성 黃岡^(황강)현 경계에 있었으며, 성씨로도 쓰였다.

字形 ※※金文 ※ ※古陶文 ※ ※ ※古璽文 ※說文小篆

晝(낮 주): 昼, zhòu, 日-7, 11, 60

字解 회의. 갑골문에서 聿^(붓 률)과 日^(날 일)로 구성되어, 붓^(聿)으로 글을 쓸 수 있는 햇빛^(日)이 있는 시간대인 '낮'을 말했는데, 자형이 변해 지금처럼 되었다. 이후 정오 시간대를 뜻하였으며, 다시 낮의 뜻이 나왔다. 간화자에서는 윗부분의 聿을 尺^(자 척)으로 간단하게 줄여 昼로 쓴다.

字形 金文 古陶文 簡牘文 帛書 說文小篆 說文籀文

走(달릴 주): zǒu, 走-0, 7, 42

字解 회의. 갑골문에서 윗부분이 팔을 흔드는 사람의 모습이고 아랫부분은 발^(止·지)을 그려 '빠른 걸음으로 달려가는 모습'을 형상화했다. 소전체에 들면서 윗부분이 머리가 꺾인 사람을 그린 夭^(어릴 요)로 변했고, 예서에 들면서 土^(흙 토)로 잘못 변해 지금처럼 되었다. 빠른 걸음으로 달려가다가 원래 뜻이며, 이로부터 달려가다, 걷다, 왕래하다, 어떤 길을 가다, 떠나다, 원래의 맛을 잃어버리다 등의 뜻이 나왔다.

字形 金文 簡牘文 說文小篆

丶(점 주): zhǔ, 丶-0, 1

字解 상형. 상형. 『설문해자』에서는 "끊기는 곳이 있어, 점으로 표시하다^(有所絕止、而識之)."라는 뜻이라고 했고, 청나라 주준성의 『설문통훈정성』에 의하면, "오늘날 책을 읽을 때, 점을 찍어 끊기는 곳을 표시하는데, 이도 이러한 것의 하나이다."라고 했다. 그러나 丶는 主^(주인 주)와 炷^(심지 주)의 원래 글자임을 고려하면, "등잔 속의 불꽃 심지"를 그대로 그린 상형자이다. 그러나 이후 소전체에 들면서 의미를 더욱 명확하게 하고자, 아랫부분에다 등잔대와 등잔 받침을 그려 넣어 분화했는데, 그것이 지금의 主^(주인 주)가 되었다. 『설문해자』에 수록된 主의 다른 자형에서는 아랫부분이 나무^(木·목)로 이루어져 타오르는 횃불로 그리기도 했는데, 등잔이 등장하기 전 나무를 모아 불을 피우던 '횃불'을 그렸다. 등잔은 어둠을 밝히기 위한 존재이다. 어둠을 밝히려면 가장 중요한 것이 불빛을 내는 심지이다. 그래서 主에는 주위를 밝히는 중심이라는 뜻이, 다시 主人^(주인)에서처럼 사람^(人)에게서의 중심^(主)이라는 의미가 생겼다. '노블레스 오블리제^(noblesse oblige-높은 신분에 따른 도의상의 의무)'라는 말처럼, 主人은 모름지기 자신을 불태워 주위를 밝히는 등잔불처럼 언제나 주위를 위해 자신을 바치는 희생정신이 담보되어야 하는 사람이어야 한다는 뜻을 담고자 했는지도 모를 일이다. 主가 불꽃의 심지보다는 주인이라는 일반적인 의미로 더 자주 쓰이자, 원래의 뜻은 다시 火^(불 화)를 더한 炷^(심지 주)로 구분해 표현했다. 그렇게 되자 丶는 원래의 뜻을 상실하고 '점'이라는 의미로 쓰이게 되었다. ☞ 主^(주인 주)

字形 說文小篆

主(주인 주): zhǔ, ﹨-4, 5, 70

字解 형성. 윗부분의 ﹨^(점 주)가 의미부이고, 아랫부분(主)이 소리부인데, ﹨는 소리부도 겸한다. 『설문해자』의 해설처럼, '등잔 속의 심지(鐙中火主)'를 말한다. 이후 아랫부분이 王^(임금 왕)으로 변해 지금의 자형이 되었다. 그래서 主는 등잔대와 등잔 받침과 불꽃 심지를 그렸는데, 그것이 등잔불의 핵심이라는 뜻에서 핵심, 주인, 주류 등의 뜻이 나왔으며, 이로부터 가장 중요한 것, 주장, 주의 등의 뜻도 나왔다. 이후 主가 '주인'이라는 뜻으로 자주 쓰이자, 원래 뜻은 다시 火^(불 화)를 더한 炷^(심지 주)로 구분해 표현했다.

字形 ![古陶文] 古陶文 ![簡牘文] 簡牘文 ![說文小篆] 說文小篆

住(살 주): zhù, 人-5, 7, 70

字解 형성. 人^(사람 인)이 의미부고 主^(주인 주)가 소리부로, 불을 밝혀(主) 거주하는 사람(人)의 모습을 그렸다. 갑골문에서는 집안(宀)에 사람(人)이 누워 서로 포옹한 모습을 그려 잠자리에 들 시간대임을 그렸는데, 이후 지금의 자형이 되었다. 주거하다는 뜻으로부터 머물다, 쉬다, 멈추다 등의 뜻이 나왔다.

字形 ![說文小篆] 說文小篆

注(물댈 주): zhù, 水-5, 8, 60

字解 형성. 水^(물 수)가 의미부고 主^(주인 주)가 소리부로, 물(水)을 대다는 뜻인데, 물을 부어 막힌 곳을 통하게 하다는 뜻에서 '주석'을 뜻하기도 하며 그때에는 註^(주낼 주)와 같이 쓴다.

字形 ![簡牘文] 簡牘文 ![說文小篆] 說文小篆

柱(기둥 주): zhù, 木-5, 9, 32

字解 형성. 木^(나무 목)이 의미부고 主^(주인 주)가 소리부로, 나무(木)로 만든 버팀목(主)인 '기둥'을 말하며, 기둥처럼 생긴 것이나 붓대 등을 지칭하였다.

字形 ![說文小篆] 說文小篆

駐(머무를 주): 驻, zhù, 馬-5, 15, 20

字解 형성. 馬^(말 마)가 의미부고 主^(주인 주)가 소리부로, 말을 멈추어 한곳에 머물도록(主) 하는 것을 말하며, 이로부터 주도하다의 뜻이 나왔는데, 머무르는 것이 '주인'이고 옮겨 다니는 것이 '객'임을 반영했다.

字形 ![簡牘文] 簡牘文 ![說文小篆] 說文小篆

註(주낼 주): 注, zhù, 言-5, 12, 10

字解 형성. 言(말씀 언)이 의미부고 主(주인 주)가 소리부로, 글의 뜻을 말(言)로 풀다(註解주해)는 뜻인데, 숨겨진 내용을 불을 밝혀(主, 炷의 원래 글자) 드러내듯 풀이하다는 뜻을 담았다. 간화자에서는 注(물댈 주)에 통합되었다. ☞ 注(물댈 주)

炷(심지 주): zhù, 火-5, 9

字解 형성. 火(불 화)가 의미부고 主(주인 주)가 소리부로, 불꽃(火)의 주된 부분(主)인 심지를 말한다. 원래는 主로 썼는데 火를 더해 분화한 글자이다. ☞ 主(주인 주)

字形 🌱古陶文 🌿簡牘文

周(두루 주): [週], zhōu, 口-5, 8, 40

字解 상형. 이의 자원은 아직 정확하게 밝혀지지 않은 상태이다. 어떤 이는 砂金(사금)을 채취하는 뜰채를 그렸다고 하며, 어떤 이는 물체에 稠密(조밀)하게 조각을 해 놓은 모습이라고도 한다. 하지만 稠(빽빽할 조)나 凋(시들 주) 등과의 관계를 고려해 볼 때 이는 밭(田전)에다 곡식을 빼곡히 심어 놓은 모습을 그린 것으로 보인다. 곡식을 밭에 빼곡히 심어 놓은 것처럼 '稠密하다'가 周의 원래 뜻으로 추정된다. 이후 나라 이름으로 쓰이게 되자 원래 뜻을 나타낼 때에는 禾(벼 화)를 더한 稠로 분화함으로써 그것이 곡식(禾)임을 구체화했다. 곡식을 심는 곳은 도성의 중심에서 벗어난 주변이므로 '주위'라는 뜻도 갖게 되었다. 현대 중국에서는 週(돌 주)

의 간화자로도 쓰인다.

字形 甲骨文 金文 古陶文 簡牘文 古璽文 石刻古文 說文小篆 說文古文

週(돌 주): 周, zhōu, 辵-8, 12, 52

字解 형성. 辵(쉬엄쉬엄 갈 착)이 의미부고 周(두루 주)가 소리부로, 곡식을 조밀하게 심어 경작하던(周) 곳까지 가다(辵)는 의미인데, 성을 중심으로 국가를 형성했던 고대 중국에서 중심지에 식량을 제공하는 경작지는 성을 둘러싼 '주변'에서 이루어졌는데, 그런 주변까지 가다는 의미에서 '두루'의 뜻이, 곡식의 수확에서 수확까지의 한 '週期(주기)'를 뜻하게 되었다. 간화자에서는 周(두루 주)에 통합되었다. ☞ 周(두루 주)

綢(얽힐 주): 绸, chóu, 糸-8, 14

字解 형성. 糸(가는 실 멱)이 의미부고 周(두루 주)가 소리부로, 얇은 비단 실(糸)로 조밀하게(周) 짜낸 '명주'를 말하며, 이로부터 얽히다의 뜻도 나왔다.

字形 綢 說文小篆

舟(배 주): zhōu, 舟-0, 6, 30

字解 상형. "중국의 배는 매우 독특하다. 바닥은

평평하거나 원형이고, 용골(keel)도 없이 단지 튼튼한 노만 하나 있을 뿐이다. 이물(船頭·선두)과 고물(船尾·선미)은 직선을 이루고, 약간 위쪽을 향해 치켜들었다. 뱃전(舷·현)의 위쪽 가장자리부터 배의 바닥까지는 배를 다른 부분과 갈라주는 견실한 방수벽으로 돼 있다. 이런 구조는 세계의 어느 곳에서도 찾아볼 수 없다." 중국의 과학사에 평생을 바쳤던 세계적 석학 조지프 니덤(Joseph Needham, 1900~1995)이 중국의 배를 두고 한 말이다. 갑골문에서의 舟는 독특한 구조의 중국 배를 너무나 사실적으로 그렸다. 소위 平底船(평저선)이라는 것인데, 이러한 배는 아직도 중국의 전역에서 강과 강을 오가며 물자를 실어 나르고 있으며, 수송의 주요 수단이 되고 있다.

字形 ⟨甲骨文⟩ ⟨金文⟩ ⟨簡牘文⟩ 月 說文小篆

壴(악기 이름 주): zhǔ, 士-6, 9

字解 회의. 屮(떡잎 날 철)이 의미부이고 豆(콩 두)도 의미부이다. '북'을 말하는데, 豆는 세워 놓은 북을, 屮은 그 위로 달린 장식물을 말한다. 『설문해자』에서는 "악기를 진설하면서 세워 놓아 윗부분의 장식이 보이게 하다(陳樂立而上見)라는 뜻이다."라고 했다. 이후 손과 북채를 그려 '치다'는 뜻의 攴(칠 복)을 더한 鼓(북 고)로 분화했다. ☞ 鼓(북 고)

字形 壴 說文小篆

廚(부엌 주): 厨, chú, 广-12, 15, 10

字解 형성. 广(집 엄)이 의미부고 尌(세울 주)가 소리부로, 요리를 하는 공간(广)인 주방을 말하는데, 달리 广을 厂(기슭 엄)으로 바꾸어 厨(부엌 주)로 쓰기도 한다.

字形 ⟨古陶文⟩ 廚 說文小篆

澍(단비 주): shù, 水-12, 15

字解 형성. 水(물 수)가 의미부고 尌(세울 주)가 소리부로, 만물이 자라날 수 있도록(尌) 때에 맞게 내리는 비(水)를 말한다. 이로부터 비가 내리다, 물이 가득하다, 습기에 젖다 등의 뜻이 나왔다.

字形 ⟨簡牘文⟩ ⟨說文小篆⟩

宙(집 주): zhòu, 宀-5, 8, 32

字解 형성. 宀(집 면)이 의미부고 由(말미암을 유)가 소리부로, 집(宀)이 집으로 기능을 할 수 있도록(由) 해 주는 대들보(棟梁·동량)를 뜻했는데, 이후 이러한 공간으로부터 '宇宙(우주)'라는 의미를 그려냈다. ☞ 宇(집 우)

字形 ⟨甲骨文⟩ 宙 說文小篆

紬(명주 주): 绸, chōu, 糸-5, 11, 10

字解 형성. 糸(가는 실 멱)이 의미부고 由(말미암을 유)가 소리부로, 굵은 비단 실(糸)을 말하는데, 고치에서 뽑아낸 실로 짠 베를 지칭하기도

한다.

字形 𦁐 說文小篆

奏(아뢸 주): zòu, 大-6, 9, 32

字解 회의. 원래는 㞢^(나아갈 도)와 廾^(두 손 마주잡을 공)과 屮^(떡잎 날 철)로 구성되었는데, 예서 이후 지금의 자형이 되었다. 어떤 물체^(屮)를 두 손으로 받들고^(廾) 앞으로 나아가는^(㞢) 모습에서 '나아가 아뢰다'는 뜻을 그렸고, 이로부터 바치다, 演奏^(연주)하다 등의 뜻이 나왔다.

字形 𡙡 簡牘文 𡙹 說文小篆 𡙾 𦭣 說文古文

輳(모일 주): 辏, còu, 車-9, 16, 10

字解 형성. 車^(수레 거차)가 의미부고 奏^(아뢸 주)가 소리부로, 수레^(車)바퀴의 안을 향해 집중하는 것을 말하며, 이로부터 한곳으로 '모이다'는 뜻이 나왔다.

湊(모일 주): 凑, còu, 水-9, 12

字解 형성. 水^(물 수)가 의미부고 奏^(아뢸 주)가 소리부로, 물^(水)이 한 곳으로 모이는 것을 말하며, 이로부터 모이다, 모이는 곳이라는 의미가 나왔다. 간화자에서는 水^(氵) 대신 冫^(얼음 빙)을 쓴 凑로 쓴다.

字形 𤀤 說文小篆

冑(맏아들 주): zhòu, 肉-5, 9, 10

字解 형성. 冃^(쓰개 모)가 의미부이고 由^(말미암을 유)가 소리부로, 쓰개^(冃)의 일종인 '투구'를 나타 냈는데, 금문에서는 눈만 내놓은 채 투구를 덮어쓴 모습이었고, 소전체에서는 투구가 由로 변하고 눈이 冃로 변했다. 이후 귀족 자제의 후예, 후손이라는 뜻으로 쓰였고, 맏아들이라는 뜻까지 나왔다.

字形 𦥑 𦥓 𦥔 𦥕 金文 𦥖 簡牘文 𦥗 說文 小篆

呪(빌 주): 咒, zhòu, 口-5, 8, 10

字解 회의. 口^(입 구)와 兄^(맏 형)으로 구성되어, 입을 벌려^(兄) 소리^(口) 내 축원하며 비는 것을 말하며, 이로부터 주문, 저주하다의 뜻이 나왔다. 이후 왼쪽의 口와 오른쪽의 兄의 윗 부분이 나란한 위치에 서고 아랫부분이 조금 변해 咒^(빌 주)가 되었으며, 呪의 속자로 쓰이기도 했다. 간화자에서는 咒로 쓴다.

做(지을 주): zuò, 人-9, 11, 10

字解 형성. 人^(사람 인)이 의미부고 故^(옛 고)가 소리 부로, 사람^(人)들이 옛것^(故)을 모범 삼아 '만 들다'는 뜻으로 作^(지을 작)과 같이 쓰이기도 하며, 이후 '어떤 일을 맡다'는 물론 看做^(간 주)에서처럼 '…라고 여기다'는 뜻으로도 쓰 였다.

酒(술 주): jiǔ, 酉-3, 10, 40

字解 형성. 水^(물 수)가 의미부고 酉^(닭 유)가 소리부로, 술독^(酉)에 담긴 액체^(水)라는 이미지를 통해 '술'을 그렸고, 이로부터 술, 술을 마시다, 술자리 등의 뜻이 나왔다.

字形 甲骨文 金文 古陶文 簡牘文 石刻古文 說文小篆

酎(진한 술 주): zhòu, 酉-3, 10

字解 형성. 寸^(마디 촌)이 의미부고 酉^(닭 유)가 소리부로, 반복해서 여러 번 거른^(寸) '독한 술^(酉)'을 말하며, 이로부터 토호나 비적의 우두머리라는 뜻도 나오게 되었다.

字形 說文小篆

紂(껑거리 끈 주): 纣, zhòu, 糸-3, 9, 10

字解 형성. 糸^(가는 실 멱)이 의미부고 寸^(마디 촌)이 소리부로, 수레 끄는 말의 뒤쪽에 거는 가죽 끈^(馬纚마추)을 말한다. 또 상나라 마지막 임금의 이름으로도 쓰였다.

字形 說文小篆

肘(팔꿈치 주): zhǒu, 肉-3, 7

字解 형성. 肉^(고기 육)이 의미부고 寸^(마디 촌)이 소리부로, 신체 부위^(肉)로 팔^(寸)의 한 부분인 '팔꿈치'를 말한다.

字形 簡牘文 說文小篆

州(고을 주): zhōu, 巛-3, 6, 52

字解 상형. 굽이쳐 흐르는 강^(川) 사이로 형성된 '모래톱'을 그렸는데, 이전에는 큰 강을 경계로 행정구획이 결정되었기에 九州^(구주)에서처럼 행정단위로 쓰였고, 그러자 원래의 뜻은 水를 더한 洲^(섬 주)로 분화했다.

字形 甲骨文 金文 簡牘文 帛書 古璽文 說文小篆 說文古文

洲(섬 주): zhōu, 水-6, 9, 32

字解 형성. 水^(물 수)가 의미부고 州^(고을 주)가 소리부로, 물^(水) 길에 생긴 모래톱^(州)을 말하는데, 부속 도서, 물속의 육지, 대륙의 총칭으로도 쓰였다. 원래는 州로 썼으나 의미의 분화를 위해 水를 더해 분화한 글자이다. ☞ 州^(고을 주)

鑄(쇠 부어 만들 주): 铸, zhù, 金-14, 22, 32

字解 형성. 金^(쇠 금)이 의미부고 壽^(목숨 수)가 소리부로, 쇠^(金)를 녹여 기물을 만들다, 주조하다는 뜻인데, 금문에서는 녹인 쇳물을 거푸집^(金)에 부어 기물을 만드는 모습을 형상적으로 그렸다. 간화자에서는 소리부 壽를 초

서체인 壽로 줄여 铸로 쓴다.

字形 甲骨文 金文 古陶文 簡牘文 說文小篆

疇(밭두둑 주): 畴, chóu, 田-14, 19, 12

字解 형성. 田^(밭 전)이 의미부고 壽^(목숨 수)가 소리부로, 작물을 심기 위해 갈아 놓은 밭^(田)을 말한다. 이후 밭과 밭^(田) 사이의 경계를 말했고, 이로부터 사물의 경계의 뜻이 나왔고, 다시 속성에 따라 구분짓는 '範疇^(범주)'라는 뜻까지 나왔다. 간화자에서는 소리부 壽를 초서체인 寿로 줄여 畴로 쓴다.

字形 甲骨文 簡牘文 說文小篆 說文或體

躊(머뭇거릴 주): 踌, chóu, 足-14, 21, 10

字解 형성. 足^(발 족)이 의미부고 壽^(목숨 수)가 소리부로, 나아가지^(足) 못하고 머뭇거리며 망설이다^(躊躇·주저)는 뜻이다. 간화자에서는 소리부 壽를 초서체인 寿로 줄여 踌로 쓴다.

籌(투호 살 주): 筹, chóu, 竹-14, 20

字解 형성. 竹^(대 죽)이 의미부고 壽^(목숨 수)가 소리부로, 옛날 투호 놀이에 사용하던 대^(竹)로 만든 화살을 말한다. 몇 개나 꽂혔는지를 계산해야 하므로, 셈하다, 검수하다, 계획을

세우다 등의 뜻이 나왔다. 간화자에서는 소리부 壽를 초서체인 寿로 줄여 筹로 쓴다.

字形 說文小篆

嗾(부추길 주): sǒu, 口-11, 14, 10

字解 형성. 口^(입 구)가 의미부고 族^(겨레 족)이 소리부로, 개 등을 부를 때 내는 소리^(口)를 말하며, 이로부터 시키다, 부추기다 등의 뜻이 나왔다. 옛날 부족^(族)들을 모아 놓고 전쟁을 치르도록 명령을 내리는^(口) 모습을 반영했다.

字形 說文小篆

犨(소 헐떡거리는 소리 주): [犫], chōu, 牛-16, 20

字解 형성. 牛^(소 우)가 의미부고 雔^(가죽나무 고치 수)가 소리부로, 소^(牛)의 헐떡거리는 소리를 말한다. 달리 소리부 雔 대신 讎^(짝 수)를 쓴 犫로 쓰기도 한다.

字形 古璽文 說文小篆

籀(주문 주): zhòu, 竹-15, 21

字解 형성. 竹^(대 죽)이 의미부고 擂^(끌 추담 쌓고 흙바를 류)가 소리부이다. 『설문해자』에서는 "글을 읽다^(讀書)라는 뜻이다"라고 했고, 『춘추좌전』 희공 4년^(B.C. 656)에서 "점복관이 점괘를 읽었다^(卜籀)"라고 했다. 글을 읽다가 원

래 뜻이며, 이후 한자 서체의 하나를 지칭하게 되었는데, 진시황이 통일했던 서체인 小篆^(소전)의 모태가 되었던 大篆^(대전)을 다른 말로 籒文^(주문)이라 부른다.

字形 𥷣 說文小篆

죽

竹(대 죽): zhú, 竹-0, 6, 42

字解 상형. 곧게 뻗은 대와 양옆으로 난 잔가지를 그렸다. 갑골문이 쓰였던 기원전 13세기쯤의 황하 유역은 야생 코끼리가 살 정도로 기후가 따뜻해 대나무도 많았다. 대는 지금도 생활의 유용한 재료이듯, 당시에도 생필품은 물론 다양한 악기, 나아가 서사의 재료가 되기도 했다. 그리고 곧게 자라는 대는 貞節^(정절)의 상징이기도 했고, 대로 만든 말을 타며 함께 놀던 옛 친구^(竹馬故友·죽마고우)를 연상케 하는 篤^(도타울 독)처럼 깊고 '도타운' 정을 뜻하기도 한다. 그래서 대는 생활 용품의 대표적 재료였으며, 가늘게 쪼갠 대는 점치는 도구로 쓰이기도 했으며, 絲竹^(사죽)이라는 말로 음악을 상징할 정도로 악기의 주요 재료가 되었다. 그런가 하면 대는 종이가 나오기 전 대표적인 필사 재료로 쓰였다. 대를 쪼게 푸른 겉면을 불에 구우면 대의 진액이 빠지고 훌륭한 서사 재료가 되는데 이를 竹簡^(죽간)이라 했다.

字形 𥫗金文 𥫗古陶文 𥫗𥫗 竹 𥫗

簡牘文 𥫗 說文小篆

粥(죽 죽): zhōu, 米-6, 12

字解 회의. 米^(쌀 미)와 두 개의 弓^(활 궁)으로 구성되어, 쌀로 끓인 '죽'을 말한다. 원래는 粥에 鬲^(솥 력)이 더해진 鬻^(죽 죽)으로 써 솥^(鬲)에 쌀^(米)을 넣고 '죽'을 끓이는 모습을 형상화했다. 여기서 양쪽에 더해진 弓은 원래 죽을 끓일 때 피어오르는 김을 그린 것인데 잘못 변했고, 아래의 솥^(鬲)도 생략되어 지금의 자형이 되었다. 소전체에서는 米 대신 毓^(기를 육)이 들어가기도 했다.

字形 鬻 說文小篆 鬻 說文或體

준

蠢(꿈틀거릴 준): chǔn, 虫-15, 21, 10

字解 형성. 䖵^(벌레 곤)이 의미부고 春^(봄 춘)이 소리부로, 벌레^(䖵)들이 봄날^(春춘) 긴 겨울잠에서 깨어나 '꿈틀대며' 蠢動^(준동)하는 모습을 그렸으며, 이로부터 꿈틀거리다, 우둔하다 등의 뜻이 나왔다.

字形 蠢 說文小篆

遵(쫓을 준): zūn, 辵-12, 16, 30

字解 형성. 辵^(쉬엄쉬엄 갈 착)이 의미부고 尊^(높을 존)이 소리부로, 존중하고 받들며^(尊) 따라 가는^(辵) 것을 말하며, 이로부터 쫓다, 따르다 등의 뜻이 나왔다.

字形 ⟨그림⟩ 說文小篆

樽(술통 준): zūn, 木-12, 16, 10

字解 형성. 木^(나무 목)이 의미부고 尊^(높을 존)이 소리부로, 나무^(木)로 만든 술통^(尊)을 말한다.

俊(준걸 준): [儁], jùn, 人-7, 9, 30

字解 형성. 人^(사람 인)이 의미부고 夋^(천천히 걷는 모양 준)이 소리부로, 재덕이 뛰어난^(夋) 사람^(人) 즉 俊傑^(준걸)을 말하며, 이로부터 걸출하다, 아름답다의 뜻이 나왔다.

字形 ⟨그림⟩ 說文小篆

竣(마칠 준): jùn, 立-7, 12, 10

字解 형성. 立^(설 립)이 의미부고 夋^(천천히 걷는 모양 준)이 소리부로, 물러나다, 완성하다 등의 뜻이 있는데, 뛰어난^(夋) 공적을 세워^(立) 임무를 완성하고 물러난다는 뜻을 담았다.

字形 ⟨그림⟩ 說文小篆

埈(가파를 준): jùn, 土-7, 10, 12

字解 형성. 土^(흙 토)가 의미부고 夋^(천천히 걷는 모양 준)이 소리부로, 산^(土)이 높아^(夋) 가파름을 말하며, 峻^(높을 준)과 통용된다.

浚(깊을 준): [濬, 濬], jùn, 水-7, 10, 12

字解 형성. 水^(물 수)가 의미부고 夋^(천천히 걷는 모양 준)이 소리부로, 물길^(水)을 깊이^(夋) 파다는 뜻이며, 이로부터 浚渫^(준설)하다, 개발하다, 깊다 등의 뜻이 나왔다. 현대 중국에서는 濬^(칠 준)의 간화자로도 쓰인다.

字形 ⟨그림⟩簡牘文 ⟨그림⟩ 說文小篆

峻(높을 준): [嶲], jùn, 山-7, 10, 12

字解 형성. 山^(뫼 산)이 의미부고 夋^(천천히 걷는 모양 준)이 소리부로, 산^(山)이 높음^(夋)을 말한다. 『설문해자』에서는 山이 의미부이고 陵^(가파를 준)이 소리부인 嶘^(산 높을 준)으로 썼다.

字形 ⟨그림⟩ 說文小篆 ⟨그림⟩ 說文或體

晙(밝을 준): jùn, 日-7, 11, 12

字解 형성. 日^(날 일)이 의미부고 夋^(천천히 걷는 모양 준)이 소리부로, 밝다는 뜻인데, 해^(日)가 높이^(夋) 솟아 밝게 비춘다는 뜻을 반영했다.

字形 ⟨그림⟩ 說文小篆

畯(농부 준): jùn, 田-7, 12

字解 형성. 田(발 전)이 의미부이고 夋(천천히 걷는 모양 준)
이 소리부로, 농사를 관리하던 신이나 관리
를 뜻했는데, 농사(田)를 관장하던 뛰어난(夋)
사람이라는 뜻을 반영했으며, 농부라는 뜻
까지 나왔다.

字形 𤲬 甲骨文 𤰫 金文 畯 說文小篆

逡(뒷걸음질 칠 준): qūn, 辵-7, 11

字解 형성. 辵(쉬엄쉬엄 갈 착)이 의미부이고 夋(천천히 걷는
모양 준)이 소리부로, 물러나 양보하다는 뜻인
데, 뒷걸음질 치는(辵) 것이 최고(夋)의 양보
임을 반영했다.

字形 逡 說文小篆

焌(태울 준): jùn, 火-7, 11

字解 형성. 火(불 화)가 의미부이고 夋(천천히 걷는 모양 준)
이 소리부로, 불(火)을 붙이다는 뜻이며, 요
리법의 하나로 채소를 달군 기름에 넣어
재빨리 볶아내는 방법을 말한다. 달리 夋
대신 尊(높을 존)이 들어간 燇(불 존)으로 쓰기
도 한다.

字形 焌 說文小篆

駿(준마 준): 骏, jùn, 馬-7, 17, 12

字解 형성. 馬(말 마)가 의미부이고 夋(천천히 걷는 모양 준)
이 소리부로, 뛰어난(夋) 말(馬)을 말한다.

字形 駿 說文小篆

准(승인할 준): [準], zhǔn, 冫-8, 10, 20

字解 형성. 冫(얼음 빙)이 의미부이고 隼(새매 준)의
생략된 모습이 소리부로, 균형을 잘 잡는
새매(隼)나 물(水·수)을 넣어 수평의 기울기를
재는 '수준기'를 말하며, 이로부터 표준, 법
칙, 근거 등의 뜻이 나왔으며, 준거에 근거
해 허가한다는 뜻에서 비분하다, 확실하다
의 뜻도 나왔다. 이후 冫(水)가 冫으로 줄어
지금의 자형이 되었으며, 準(수준기 준)과 같
이 쓴다. 또 현대 중국에서는 準(수준기 준)의
간화자로도 쓰인다. ☞ 準(수준기 준)

准(수준기 준): 准, zhǔn, 水-10, 13, 42

字解 형성. 水(물 수)가 의미부이고 隼(새매 준)이 소리
부로, 평평하다는 뜻인데, 균형을 잘 잡는
새매(隼)처럼 물(水)을 이용해 땅의 기울기를
재는 기구인 '수준기'를 말하기도 했다. 이
로부터 基準(기준), 水準(수준), 準則(준칙), 규
칙 등의 뜻이 나왔고, 어떤 기준에 부합함
을 말하기도 했다. 간화자에서는 准(승인할 준)
에 통합되었다.

字形 準 說文小篆

濬(칠 준): 浚, [濬], jùn, 水-14, 17, 12

字解 형성. 水(물 수)가 의미부이고 睿(깊고 밝을 예)가 소리부로, 물길(水)을 깊게(睿) 파서 소통시키다는 뜻이며, 이로부터 깊이 파다, 개통하다, 깊게 만들다 등의 뜻이 나왔다. 간화자에서는 浚(깊을 준)에 통합되었다. ☞ 浚(깊을 준)

字形 ![說文小篆] 說文小篆 ![說文古文] 說文古文 ![說文俗體] 說文俗體

雋(영특할 준): 隽, juàn, 隹-5, 13

字解 회의. 원래 弓(활 궁)과 隹(새 추)로 구성되어, 활(弓)로 잡을 수 있는 살찐 새(隹)를 말했는데, 자형이 조금 바뀌어 지금처럼 되었으며, 영특하다, 뛰어나다는 뜻이 나왔다. 간화자에서는 隽으로 쓴다.

字形 ![說文小篆] 說文小篆

寯(모일·준걸 준): jùn, 隹-5, 13

字解 형성. 宀(집 면)이 의미부고 雋(영특할 준)이 소리부로, 집안(宀)으로 '모여드는' 것을 말했는데, 儁(준걸 준)과 같이 쓰여 뛰어난 재주를 가진 사람을 말하기도 했다.

儁(준걸 준): jùn, 人-13, 15

字解 형성. 人(사람 인)이 의미부고 雋(영특할 준)이 소리부로, 재주가 뛰어난 영특한(雋) 사람(人)을 말하며, 이로부터 걸출하다와 특이한 물

건 등의 뜻이 나왔다.

줄

茁(풀 처음 나는 모양 줄): zhuó, 艸-5, 9

字解 형성. 艸(풀 초)가 의미부고 出(날 출)이 소리부로, 풀(艸)이 처음 나는(出) 모양을 말한다.

字形 ![說文小篆] 說文小篆

중

重(무거울 중): zhòng, 里-2, 9, 70

字解 형성. 금문에서 人(사람 인)이 의미부이고 東(동녘 동)이 소리부인 구조였으나, 소전체에서는 壬(좋을 정)이 의미부이고 東이 소리부인 구조로 바뀌었으며, 자형이 줄어 지금처럼 되었다. 원래 童(아이 동)에서 분화된 글자로, 그러한 노예(童)들이 짊어져야 하는 힘들고 과중한 노동력을 그렸으며, 이로부터 무겁다, 過重(과중)하다, 힘들다, 심하다, 重視(중시)하다, 重要(중요)하다 등의 뜻이 나왔다. ☞ 童(아이 동)

字形 ![金文 古陶文 盟書 簡牘文 古璽文 石刻] 金文 古陶文 盟書 簡牘文 古璽文 石刻

古文 說文小篆

眾(무리 중): 众, [㸟], zhòng, 血-6, 12, 42

字解 회의. 血^(피 혈)이 의미부이고 仦^{(무리 중, 衆의 본래}_{글자)}이 소리부로, 피땀^(血) 흘려 힘든 노동을 하는 사람들^(仦)을 그렸다. 갑골문에서는 日^(날 일)과 사람^(人·인)이 셋 모인 모습인 仦으로 구성되어, 뙤약볕^(日) 아래서 무리지어^(仦) 힘든 일을 하는 '노예'들을 지칭했다. 이후 금문에 들면서 日이 目^(눈 목)으로 바뀌어, 그런 노예들에 대한 감시^(目)의 의미가 강조되었으며, 目이 다시 血로 바뀌어 지금처럼 되었다. 이후 일반 大衆^(대중)의 의미로 확대되었고, '많다'는 뜻까지 가지게 되었다. 간화자에서는 人이 셋 모인 众으로 표기한다.

字形

中(가운데 중): zhōng, zhòng, ㅣ-3, 4, 80

字解 상형. 갑골문에서 볼 수 있듯이 바람에 나부끼는 깃발을 그렸다. 자신의 씨족임을 표시하기 위해 깃발에다 상징 부호^(토템)를 그려 넣었다는 『주례司常^(사상)』의 기록을 볼 때 이는 아마도 씨족 표지 깃발이었던 것으로 보인다. 옛날 집단 사이에 중대사가 있으면 넓은 터에 먼저 깃발^(中)을 세우고 이를 중심으로 민중들을 집합시켰다. 민중들은 사

방 각지로부터 몰려들었을 터이고 그들 사이로 깃발이 꽂힌 곳이 '中央^(중앙)'이자 '中心^(중심)'이었다. 이로부터 中에는 '중앙'이라는 뜻이 생겨났고 다시 모든 것의 중앙이라는 뜻으로 확대되었다. 여기서 다시 '마침맞은'이라는 뜻을 갖게 되었는데, 마침맞다는 것은 어느 한 쪽으로도 치우치지 않고 가장 적절하다는 뜻이다. 이로부터 的中^(적중)하다, 정확하다의 뜻도 나왔다.

字形

仲(버금 중): zhòng, 人-4, 6, 32

字解 형성. 人^(사람 인)이 의미부고 中^(가운데 중)이 소리부로, 사람의 항렬에서 가운데^(中)에 속한 사람^(人)을 말하며, 이로부터 순서상 가운데를 지칭했다.

字形

즉

卽(곧 즉): 即, jí, 卩-7, 9, 32

字解 회의. 皀^(어긋날 간)과 卩^(병부 절)로 구성되어, 밥이 소복하게 담긴 그릇^(皀) 앞에 앉은 사람^(卩)이 밥을 막 먹으려는 모습을 그렸고, 여기서 '곧'의 의미가 나왔으며, 자리에 앉다, 즉위하다, 나아가다 등의 뜻도 나왔다. 여기에 식사를 '끝내고' 머리를 뒤로 획 돌린 모습이 旣^(이미 기)이며, 식기를 중앙에 두고 마주 앉은 모습이 卿^(벼슬 경)이다. 겸상은 손님이 왔을 때 차리기에 卿에는 '손님'이라는 뜻이 생겼고, 다시 상대를 높여 부르는 글자로, 급기야 卿大夫^(경대부)에서처럼 '벼슬'의 뜻까지 갖게 되었다. 사실 卿과 鄕^(시골 향)은 같은 데서 분화한 글자다. 겸상을 차려 손님을 '대접하는' 것이 鄕이었는데, 이후 '시골'이라는 뜻으로 가차되자 다시 食^(밥 식)을 더해 饗^(잔치 향)으로 분화했다. 간화자에서는 即으로 쓴다.

字形 甲骨文 金文 古陶文 簡牘文 石刻古文 說文小篆

則(곧 즉) ☞ 則(법칙 칙)

즐

櫛(빗 즐): 栉, zhì, 木-15, 19, 10

字解 형성. 木^(나무 목)이 의미부이고 節^(마디 절)이 소리부로, 나무로 만든 빗이나 빗치개^(簾) 등 머리칼을 정리하는 도구를 말했으며, 이로부터 정리하다, 제거하다 등의 뜻도 나왔다. 간화자에서는 節을 节로 줄인 栉로 쓴다.

字形 甲骨文 說文小篆

즙

汁(즙 즙): zhī, 水-2, 5, 10

字解 형성. 水^(물 수)가 의미부고 十^(열 십)이 소리부로, 물방울^(水)이 여럿^(十) 모인 것을 말하여 물 같은 액체를 말한다.

字形 說文小篆

楫(노 즙집): [檝], jí, 木-9, 13

字解 형성. 木^(나무 목)이 의미부고 咠^(참소할 집)이 소리부로, 나무^(木)로 만든 노를 말하여, 짧은 것을 楫, 긴 것을 櫂^(노 도)라 구분해 불렀다. 이로부터 노를 젓다는 뜻이 나왔고, 배를 직접 지칭하기도 했다.

字形 說文小篆

葺(기울 즙): qì, 艸-9, 13, 10

字解 형성. 艸(풀 초)가 의미부고 咠(참소할 집)이 소리부로, 풀(艸)로 덮은 집이 원래 뜻이며, 띠집은 기와집 등에 비해 지붕을 자주 이고 수리해야 하므로, 덮다, 수리하다, 기울다 등의 뜻이 나왔다.

字形 葺 說文小篆

증

曾(일찍 증): zēng, céng, 日-8, 12, 32

字解 상형. 甑(시루 증)의 원래 글자로, 김이 솟아나는 시루를 그렸으며, 그릇을 포개 놓은 시루의 특징으로부터 '중첩되다', 더하다 등의 뜻이 나왔다. 이후 '일찍'이라는 뜻으로 가차되었고, 그러자 원래 뜻은 질그릇이란 의미를 강조해 瓦(기와 와)를 더한 甑(시루 증)으로 분화했다. 현대 옥편에서는 曾의 의미와 관계없이 日(가로 왈) 부수에 귀속되었다.

字形 𦥝𦥑甲骨文 𦥝曾金文 曾𦥝古陶文 曾 說文小篆

憎(미워할 증): zēng, 心-12, 15, 32

字解 형성. 心(마음 심)이 의미부고 曾(일찍 증)이 소리부로, 憎惡(증오)하다, 미워하다는 뜻인데, 미워하는 마음(心)이 겹겹이 쌓였음(曾)을 반영했다.

字形 憎 說文小篆

贈(보낼 증): 赠, zèng, 貝-12, 19, 30

字解 형성. 貝(조개 패)가 의미부고 曾(일찍 증)이 소리부로, 돈(貝) 되는 여러 물건을 겹겹이(曾) 싸서 보내는 행위를 말해, 재물(貝)이 더해짐(曾)을 말하며, 이로부터 보내다, 贈呈(증정)하다 등의 뜻이 나왔다.

字形 贈簡牘文 贈 說文小篆

增(불을 증): zēng, 土-12, 15, 42

字解 형성. 土(흙 토)가 의미부고 曾(일찍 증)이 소리부로, 흙(土)이 겹겹이 쌓여 늘어남(曾)을 말하며, 이로부터 增加(증가)하다, 더하다, 다시라는 뜻이 나왔다.

字形 增石篆 增 說文小篆

繒(비단 증): 缯, zēng, zèng, 糸-12, 18

字解 형성. 糸(가는 실 멱)이 의미부고 曾(일찍 증)이 소리부로, 가는 실(糸)을 겹겹이(曾) 교차시켜 만들어 낸 '비단'을 말한다.

字形 繒繒古陶文 繒 說文小篆 緝 說文籀文

甑(시루 증): zèng, 瓦-12, 17

🗨 字解 형성. 瓦^(기와 와)가 의미부고 曾^(일찍 증)이 소리부로, 층층이 포개^(曾) 만든 질그릇^(瓦)으로 된 시루를 말한다. 원래는 시루를 그린 曾으로 썼는데, 曾이 '일찍이'라는 부사어로 가차되어 쓰이자, 瓦를 더해 분화한 글자이다. ☞ 曾^(일찍 증)

🗨 字形 ⟨甑⟩ 說文小篆

烝(찔 증): zhēng, 火-6, 10

🗨 字解 형성. 火^(불 화)가 의미부고 丞^(도울 승)이 소리부로, 원래는 겨울에 지내던 제사의 이름으로, 음식을 쪄서 바쳤기에 '찌다'는 뜻이 생겼는데, 불^(火)에 의해 증기가 위로 올라가다^(丞)는 뜻을 담았다. 금문에서는 위가 米^(쌀 미)이고 아래가 豆^(콩 두)로, 굽 높은 그릇^(豆)에 곡식^(米)을 담은 모습을 그렸다.

🗨 字形 ⟨烝⟩金文 ⟨烝⟩ 說文小篆

蒸(찔 증): zhēng, 艸-10, 14, 32

🗨 字解 형성. 艸^(풀 초)가 의미부고 烝^(찔 증)이 소리부로, 원래는 벗겨 낸 삼^(麻마)의 껍질을 말했는데, 식물^(艸)의 일종인 삼은 불에 쪄서^(烝) 껍질을 벗겨 내기에 '찌다'는 뜻이, 다시 증기나 증기처럼 위로 올라가다의 뜻이 나왔다.

🗨 字形 ⟨蒸⟩簡牘文 ⟨蒸⟩ 說文小篆 ⟨蒸⟩ 說文或體

拯(건질 증): zhěng, 手-6, 9

🗨 字解 형성. 手^(손 수)가 의미부고 丞^(도울 승)이 소리부로, 손^(手)을 잡아 건져내다^(丞)는 뜻이며, 丞에서 손동작을 강조한 手를 더해 분화한 글자이다. 이후 위로 들어 올리다, 구조하다 등의 뜻이 나왔다.

🗨 字形 ⟨拯⟩甲骨文 ⟨拯⟩古陶文 ⟨拯拯拯⟩ ⟨拯⟩簡牘文 ⟨拯⟩ 說文小篆

證(증거 증): 证, zhèng, 言-12, 19, 40

🗨 字解 형성. 言^(말씀 언)이 의미부고 登^(오를 등)이 소리부로, 알리다는 뜻인데, 말^(言)을 신전에 올리다^(登)는 뜻으로부터 '보고하다'의 뜻이 나왔고, 그것은 확실한 증거가 있을 때 가능했기에 '證據^(증거)'의 뜻도 함께 나왔다. 간화자에서는 소리부인 登 대신 正^(바를 정)을 쓴 证으로 쓰는데, 증거란 오로지 정확한^(正) 말^(言)이어야 함을 말했다.

🗨 字形 ⟨證⟩簡牘文 ⟨證⟩ 說文小篆

症(증세 증): [癥], zhēng, 疒-5, 10, 32

🗨 字解 형성. 疒^(병들어 기댈 녁)이 의미부고 正^(바를 정)이 소리부로, 질병^(疒)의 증세^(病症병증)를 말하는데, '증세'는 질병^(疒)의 정확한^(正) 속성을 보여 주기 때문이다. 현대 중국에서는 癥^(적취 징)의 간화자로도 쓰인다.

지

支(지탱할 지): zhī, 支-0, 4, 42

● 字解 회의. 又^(또 우)와 十^(열 십)으로 구성되었는데, 十은 원래 댓가지를 그린 것이 변한 것으로 추정되며, 『설문해자』에서는 "댓가지를 제거한다는 뜻이다"라고 풀이했다. 그렇다면 支는 손으로 대의 몸체로부터 꺾어 낸 '가지'를 말한다. 그래서 支는 '나뭇가지'가 원래 뜻이고, 가지는 나무의 몸체에서 갈라져 나온 것이라는 의미에서 '갈라지다'의 뜻이, 몸체에 붙어 있다는 뜻에서 '곁'과 '지탱하다'의 의미가 나왔다. 支가 순수한 의미부로 기능을 하여 구성된 글자들은 그다지 많지 않아 현대 중국의 『신화자전』에서는 따로 부수로 세우지 않고, 十부수에 통합시켰다. 원래 뜻인 '나뭇가지'의 의미를 더욱 구체화하기 위해 木^(나무 목)을 더한 枝^(가지 지)로 분화했다.

● 字形 支支簡牘文 　說文小篆 　說文古文

枝(가지 지): zhī, 木-4, 8, 32

● 字解 형성. 木^(나무 목)이 의미부고 支^(지탱할 지)가 소리부로, 나무^(木)의 갈라진^(支) 가지를 말하며, 이로부터 갈라져 나온 지부, 적장자 이외의 나머지 자손을 지칭하게 되었다. ☞ 支^(지탱할 지)

● 字形 　簡牘文 　說文小篆

肢(사지 지): [胑], zhī, 肉-4, 8, 10

● 字解 형성. 肉^(고기 육)이 의미부고 支^(지탱할 지)가 소리부로, 몸통^(肉) 곁으로 뻗어 난^(支) 팔 다리 등 '사지'를 말한다. 『설문해자』에서는 肉이 의미부고 只^(다만 지)가 소리부인 胑^(사지 지)로 썼다.

● 字形 　說文小篆 　說文或體

紙(종이 지): 纸, zhǐ, 糸-4, 10, 70

● 字解 형성. 糸^(가는 실 멱)이 의미부고 氏^(각시 씨, 氐와 같은 글자)가 소리부로, '종이'를 말하며, 공문을 헤아리는 단위사로도 쓰였다. 지금은 종이를 나무로 만들지만, 紙에는 실^(糸)과 같은 섬유질을 잘게 분쇄하여 물속에 가라앉혔다가^(氏) 발로 떠서 말려 만들던 초기 단계의 종이 제작 방법이 반영되었다.

● 字形 　簡牘文 　說文小篆

祗(공경할 지): zhī, 示-5, 10

● 字解 형성. 示^(보일 시)가 의미부고 氐^(근본 저)가 소리부로, 씨^(氏)를 제사^(示) 대상으로 하여 숭배하는 모습을 담았으며, 이로부터 공경하다, 신 등의 뜻이 나왔다.

● 字形 　金文 　古璽文 　石刻古文 　說文小篆

砥(숫돌 지): dǐ, 石-5, 10

(字解) 형성. 石(돌 석)이 의미부고 氐(근본 저)가 소리
부로, '숫돌'을 말하는데, 돌(石)을 밑받침(氐)
으로 삼아 칼을 가는 도구라는 뜻을 담았
다.

(字形) 𥐣 說文小篆

地(땅 지): [坔, 墬, 埊], dì, 土-3, 6, 70

(字解) 형성. 土(흙 토)가 의미부이고 也(어조사 야)가 소
리부로 '땅'을 말하는데, 만물을 생산하는
(也) 대지(土)라는 의미를 담았으며, 이로부
터 대지, 지구, 육지, 영토, 토지, 지방, 지
위, 바탕 등의 뜻이 나왔다. 달리 '대지'는
물(水수)과 흙(土)으로 구성되었다는 뜻에서
坔, 산(山)과 물(水)과 흙(土)으로 구성되었다
는 뜻에서 墬, 혹은 흙(土)으로 둘러싸였다
(防방)는 뜻에서 埊 등으로 쓰기도 했다.

(字形) 𡊂金文 𡊄 𡊅盟書 𡊆𡊇 𡊈
簡牘文 𡊉 說文小篆 𡊊 說文籀文

池(못 지): chí, 水-3, 6, 32

(字解) 형성. 水(물 수)가 의미부고 也(어조사 야)가 소리
부로, 못이나 소택이나 垓字(해자성 밖으로 둘러
판 못) 등을 말하는데, 여성(也)의 품처럼 물
(水)이 한 곳으로 모인 곳이라는 뜻을 담았
다.

(字形) 𣶃簡牘文 池 玉篇

志(뜻 지): [誌], zhì, 心-3, 7, 42

(字解) 형성. 원래는 心(마음 심)이 의미부고 之(갈 지)
가 소리부인 구조로, 마음(心)이 가는(之) 그
것이 '뜻'임을 그렸다. 이후 心이 의미부고
士(선비 사)가 소리부로 바뀌어, 선비(士) 같은
마음(心)이라는 의미를 강조했다. 이후 의지,
표지, 잊지 않다 등의 뜻이 나왔으며, 현대
중국에서는 誌(기록할 지)의 간화자로도 쓰인
다.

(字形) 𢖻金文 𢗀古陶文 𢗁 𢗂盟書 𢗃
𢗄簡牘文 𢗅 𢗆古璽文 𢗇 說文小
篆

誌(기록할 지): 志, zhì, 言-7, 14, 40

(字解) 형성. 言(말씀 언)이 의미부고 志(뜻 지)가 소리
부로, 뜻(志)이 담긴 말(言)을 '기록하다'는
뜻이다. 이로부터 기호, 기록된 문장, 雜誌
(잡지) 등의 뜻이 나왔다. 간화자에서는 志에
통합되었다. ☞ 志(뜻 지)

(字形) 𧭈 說文小篆

持(가질 지): chí, 手-6, 9, 40

(字解) 형성. 手(손 수)가 의미부고 寺(절 사)가 소리부
로, 손(手)으로 어떤 일을 하다(寺)는 뜻에서
손에 쥐다는 뜻이 나왔고, 다시 '쥐다'는 일
반적인 의미로 확장되었으며, 持續(지속)하
다, 다스리다, 관리하다 등의 뜻도 나왔다.
☞ 寺(절 사)

字形 說文小篆

遲(늦을 지): 迟, chí, 辵-12, 16, 30

字解 형성. 辵^(쉬엄쉬엄 갈 착)이 의미부고 犀^(무소 서)가 소리부로, 무소^(犀)처럼 느릿느릿한 걸음^(辵)을 말하며, 이로부터 느리다, 둔하다, 늦다 등의 뜻이 나왔다. 그전 갑골문에서는 사람이 사람을 업고 가는^(彳·척) 모습으로써 혼자 걸을 때보다 '더딘' 모습을 그렸다. 금문에 들면서 彳에 止^(발 지)가 더해져 辵이 되었고, 소전체에서 사람을 업은 모습이 무소^(犀)로 대체되어 지금처럼 되었다. 간화자에서는 소리부 犀를 尺^(자 척)으로 간단히 고친 迟로 쓴다.

字形 甲骨文 金文 說文小篆 說文籍文

摯(잡을 지): 挚, zhì, 手-11, 15, 10

字解 형성. 手^(손 수)가 의미부고 執^(잡을 집)이 소리부로, 손으로 잡다는 뜻인데, 포로를 체포하듯^(執) 손^(手)으로 잡음을 말한다. 이후 사람을 찾아갈 때 갖고 가는 예물이라는 뜻과 정성 가득하다는 뜻도 나왔다. 간화자에서는 執을 执으로 간단히 줄인 挚로 쓴다.

字形 甲骨文 簡牘文 說文小篆

贄(폐백 지): 贽, zhì, 貝-11, 18

字解 형성. 貝^(조개 패)가 의미부고 執^(잡을 집)이 소리부로, 윗사람을 처음 뵐 때 가져가는 예물을 말하는데, 패물^(貝)을 갖고 가다^(執)는 뜻을 담았다.

漬(담글 지): 渍, zì, 水-11, 14

字解 형성. 水^(물 수)가 의미부고 責^(꾸짖을 책)이 소리부로, 물^(水)에다 '담그다'는 뜻이며, (색깔 등이) 스며들다, 영향을 받다 등의 뜻도 나왔다.

字形 簡牘文 說文小篆

識(표할 지) ☞ **識**(알 식)

只(다만 지): zhǐ, 口-2, 5, 30

字解 회의. 口^(입 구)와 八^(여덟 팔)로 구성되어, 말^(口)의 기운이 갈라져^(八) 입 아래로 내려가는 모습을 그렸다. 이로부터 말이 끝났음을 나타내는 어기사로 쓰였고, 다시 '단지'라는 부사의 의미도 나왔다. 현대 중국에서는 隻^(새 한 마리 척), 祇^(가사 기), 祗^(마침 지) 등의 간화자로도 쓰인다.

字形 說文小篆

枳(탱자나무 지): zhǐ, 木-5, 9, 10

(字解) 형성. 木^(나무 목)이 의미부고 只^(다만 지)가 소리부로, 낙엽 관목에 속하는 탱자나무를 말하며, 枸橘^(구귤), 臭橘^(취귤)이라고도 불린다. 귤나무와 비슷하나 그보다 작고 가지에 가시가 있다. 봄에 흰 꽃을 피우고 가을에 열매가 익는다. 울타리용으로 자주 쓰여 둘러싸다, 막다 등의 뜻도 나왔다.

(字形) 枳 枳 簡牘文 枳 古璽文 枳 說文小篆

咫(길이 지): zhǐ, 口-6, 9, 10

(字解) 형성. 尺^(자 척)이 의미부고 只^(다만 지)가 소리부로, 한 뼘^(尺) 정도에 불과한^(只) 대단히 짧은 거리를 말했는데, 8치^(寸)가 1咫였다.

(字形) 咫 說文小篆

旨(맛있을 지): zhǐ, 日-2, 6, 20

(字解) 회의. 원래 입^(口)과 숟가락^(匕)을 그려, 맛있는 음식을 떠먹는 모습을 그렸다. 이후 입을 그린 부분이 甘^(달 감)으로 변했다가 다시 曰^(가로 왈)로 변했으며, 다시 日^(날 일)로 잘못 변하게 되어, 현대 옥편에서는 日부수에 귀속되었다.

(字形) 旨 旨 甲骨文 旨 旨 金文 旨 旨 古陶文 旨 簡牘文 旨 說文小篆 旨 說文古文

脂(기름 지): zhǐ, 肉-6, 10, 20

(字解) 형성. 肉^(고기 육)이 의미부고 旨^(맛있을 지)가 소리부로, 신체^(肉)의 '지방'을 말하며, 이로부터 기름, 기름을 칠하다, 얼굴이나 입술 등에 칠하는 화장품 등의 뜻이 나왔다. 또 덧칠을 하다는 뜻에서 봉록이 후하다는 뜻도 나왔다.

(字形) 脂 簡牘文 脂 脂 古璽文 脂 說文小篆

指(손가락 지): zhǐ, 手-6, 9, 42

(字解) 형성. 手^(손 수)가 의미부고 旨^(맛있을 지)가 소리부로, 손가락^(手指)을 말하는데, 맛있는 음식물을 찍어서 맛보는^(旨) 손^(手)의 부위라는 의미를 담았다.

(字形) 指 金文 指 簡牘文 指 說文小篆

止(발 지): zhǐ, 止-0, 4, 50

(字解) 상형. 사람의 '발'을 그렸는데, 이후 발가락을 셋으로 상징화해 지금처럼 되었다. 발은 신체의 일부기도 하지만 가야 할 때와 멈출 때를 결정하고, 나아가 역사를 일구어 나가는 것 또한 인간의 발에서 시작된다. 그래서 止는 '가다'와 '그치다'는 물론 인간의 과거 흔적으로부터 다가올 미래까지를 포함하는 개념으로 발전했다.

(字形) 止 止 止 甲骨文 止 金文 止 古陶文 止 止 止

止 **址** 簡牘文 山 說文小篆

趾(발 지): zhǐ, 足-4, 11

字解 형성. 足^(발 족)이 의미부고 止^(발 지)가 소리부로, 원래는 止^(그칠 지)로 썼는데, 止가 '발' 이외에 '멈추다'는 뜻으로 쓰이게 되자 다시 足을 더해 원래의 뜻을 그렸다. ☞ 止^(그칠 지)

址(터 지): [阯], zhǐ, 土-4, 7, 12

字解 형성. 土^(흙 토)가 의미부고 止^(발 지)가 소리부로, 터를 말하는데, 멈추어^(止) 집을 짓고 살 수 있는 땅^(土)이라는 뜻을 담았다. 달리 土 대신 阝^(阜언덕 부)를 사용한 阯^(터 지)로 쓰기도 한다.

字形 阯 說文小篆 址 說文或體

沚(물가 지): zhǐ, 水-4, 7

字解 형성. 水^(물 수)가 의미부고 止^(발 지)가 소리부로, 물^(水)속의 작은 모래톱을 말하는데, 물이 가다가 멈추어^(止) 만들어진 곳이라는 의미를 담았다.

字形 沚 甲骨文 沚 說文小篆

芷(구릿대 지): zhǐ, 艸-4, 8

字解 형성. 艸^(풀 초)가 의미부고 止^(발 지)가 소리부로, 미나리과의 여러해살이풀^(艸)의 하나로

뿌리를 약용하며, 달리 白芷^(백지)라고도 불린다.

祉(복 지): zhǐ, 示-4, 9, 10

字解 형성. 示^(보일 시)가 의미부고 止^(발 지)가 소리부로, 제사^(示)를 통해 빌고 신이 내려 인간에게 머물게 하는^(止) '복'을 말한다.

字形 祉 甲骨文 祉 古璽文 祉 說文小篆

知(알 지): [智], zhī, 矢-3, 8, 52

字解 형성. 口^(입 구)가 의미부고 矢^(화살 시)가 소리부로, '알다'는 뜻인데, 화살^(矢)이 과녁을 꿰뚫듯 상황을 날카롭게 판단하고 의중을 정확하게 꿰뚫어 말^(口)할 수 있는 능력이 '지식'에서 나옴을 그렸다. 여기서 파생된 智^(슬기 지)는 그러한 지식^(知)이 세월^(日·일)을 지나야만 진정한 '지혜'로 변함을 잘 보여준다.

字形 知 說文小篆

智(슬기 지): [㺉], zhì, 日-8, 12, 40

字解 형성. 日^(날 일)이 의미부고 知^(알 지)가 소리부로, 슬기를 말하는데, 지식^(知)이 일정한 세월^(日)을 지나야만 '슬기'이자 '지혜'가 됨을 반영했다. 『설문해자』에서는 白^(흰 백)과 亏^(어조사 우)가 의미부고 知가 소리부인 㺉로 썼다. ☞ 知^(알 지)

字形 [甲骨文 字形들] 金文 [字形들]

[字形들] 簡牘文 [字形] 帛書 [字形] 石

刻古文 [字形] 說文小篆 [字形] 說文古文

蜘(거미 지): [鼅, 䵓], zhī, 虫-8, 14

字解 형성. 虫^(벌레 충)이 의미부고 知^(알 지)가 소리
부로, 거미를 영특하고 지혜로운^(知) 벌레^(虫)
로 인식했던 옛 사람들의 인식을 반영한다.
거미가 만들어 내는 거미줄의 다양한 모양
과 쓰임새, 그리고 인류가 만들어 낸 가장
강한 섬유인 케블라 섬유보다도 더 튼튼한
거미줄의 특성이 거미를 영특하고 지혜로운
^(知) 벌레^(虫)로 인식하게 했을 것이다. 달리
虫 대신 黽^(힘쓸 민·맹꽁이 맹·땅이름 면)으로 구성
된 鼅로 쓰기도 한다. 또 『설문해자』에서는
黽이 의미부고 㫑^(智)의 생략된 모습이
소리부로 된 䵓로 썼다.

字形 [字形] 說文小篆 [字形] 說文或體

至(이를 지): zhì, 至-0, 6, 42

字解 지사. 『설문해자』에서는 "새가 땅에 내려앉
는 모습이며, 아래쪽의 가로획^(一)은 땅이
다."라고 풀이했지만 믿기 어렵다. 사실은
矢^(화살 시)와 가로 획^(一)으로 구성되어, 화살
^(矢)이 날아와 땅^(一)에 꽂힌 모습을 그렸는
데, 한나라 때의 예서에 이르러 화살의 촉
과 꼬리 부분이 가로획으로 변해 지금처럼
되었다. '이르다'가 원래 뜻이며, 어떤 목표
에 도달하다는 의미에서 '끝'이나 '지극의

뜻이 생겼고, '최고'의 뜻까지 생겼다. 그러
자 원래의 의미는 발음을 나타내는 刀^(칼 도)
를 더해 到^(이를 도)로 분화했다. 또 손에 막
대를 든 모습으로 '강제하다'는 의미가 있는
攵^(칠 복)을 더하여 어떤 곳에 이르게 하
는 사역의 의미인 致^(보낼 치)를 만들어 냈다.
그래서 至로 구성된 글자들은 대부분 '이르
다'는 원래의 뜻을 담고 있다.

字形 [字形들] 甲骨文 [字形들] 金文 [字形] 帛書 [字形]

[字形들] 簡牘文 [字形] 石刻

古文 [字形] 說文小篆 [字形] 說文古文

之(갈 지): zhī, 丿-3, 4, 32

字解 상형. 갑골문에서 발^(止·발 지, 趾의 원래 글자)이 땅
^(一)에 닿은 모습을 그려, 어떤 지점으로 나
아가 도착함을 말했으며, '가다'의 뜻이 나
왔다. 이후 대명사로 가차되었고, 관형격이
나 주격을 나타내는 문법소로도 쓰였다.

字形 [字形들] 甲骨文 [字形들] 金文

[字形들] 古

陶文 [字形들] 盟書 [字形들] 古

[字形들] 簡牘文 [字形들] 古璽文

[字形] 說文小篆

芝(지초 지): zhī, 艸4, 8, 12

字解 형성. 艸^(풀 초)가 의미부고 之^(갈 지)가 소리부로, 식물^(艸)의 일종인 靈芝^(영지)를 말하며, 달리 향초^(艸)의 일종인 白芷^(백지)를 말하기도 한다.

字形 [그림] 古璽文 [그림] 說文小篆

직

直(곧을 직): 直, zhí, 目-3, 8, 70

字解 회의. 갑골문에서 눈^(目) 위로 세로획이 곧게 그려진 모습인데, 세로획은 똑바른 시선을 상징한다. 이후 세로획이 十^(열 십)으로 바뀌었고, 길을 뜻하는 彳^(조금 걸을 척)의 변형인 乚이 더해져 지금의 자형이 되었다. '똑바로 보다'가 원래 뜻이고 이로부터 '곧다', 正直^(정직)하다, 합리적이다, 직접, 있는 그대로 등의 뜻이 나왔다. 간화자에서는 直으로 쓴다.

字形 [그림] 甲骨文 [그림] 金文 [그림] 古陶文 [그림] 盟書 [그림] 簡牘文 [그림] 說文小篆 [그림] 說文古文

職(벼슬 직): 职, [軄], zhí, 耳-12, 18, 42

字解 형성. 耳^(귀 이)가 의미부고 戠^(찰진 흙 시)가 소리부로, 직무, 직책이라는 뜻인데, 남의 말을 귀^(耳)에 새기는^(戠) 직책을 말해, 언제나 남의 자세한 사정을 귀담아듣고 남을 위해 봉사하는 것이 職務^(직무)의 원뜻임을 웅변해 주고 있다. 달리 耳 대신 身^(몸 신)이 들어간 軄으로 쓰기도 하는데, 이러한 직무는 몸소 실천해야 함을 강조했다. 간화자에서는 소리부 戠를 只^(다만 지)로 간단히 바꾸어 职으로 쓴다.

字形 [그림] 金文 [그림] 簡牘文 [그림] 說文小篆

織(짤 직): 织, zhī, 糸-12, 18, 40

字解 형성. 糸^(가는 실 멱)이 의미부고 戠^(찰진 흙 시)가 소리부로, 비단 실^(糸)로 무늬를 새겨 넣으며^(戠) 베를 짜는 것을 말한다. 간화자에서는 소리부 戠을 只^(다만 지)로 간단히 바꾸어 织으로 쓴다.

字形 [그림] 金文 [그림] 簡牘文 [그림] 說文小篆

稙(일찍 심은 벼 직): 稙, zhī, 禾-8, 13, 12

字解 형성. 禾^(벼 화)가 의미부고 直^(곧을 직)이 소리부로, 일찍 심은 곡식^(禾)이라는 뜻이며, 일찍 심다는 뜻으로도 쓰였다. 이에 대칭하여 늦게 심은 곡식은 稚^(어린 벼 치)라 한다.

字形 [그림] 說文小篆

稷(기장 직): [穄], jì, 禾-10, 15, 12

字解 형성. 禾^(벼 화)가 의미부고 畟^(보습 날카로울 측)이 소리부로, 옛날부터 중국에서 전통적으로 재배되어 오던 대표적 농작물^(禾)의 하나인 기장이나 수수를 말한다. 稷이 대표적 농작물이었기에 자연스레 사람들의 숭배 대상이 되었을 것이고, 이후 오곡의 대표로 인식되었음은 물론 后稷^(후직)처럼 온갖 곡식을 관장하는 신으로 지위가 격상되기도 했다. 달리 禾 대신 示^(보일 시)가 들어간 禝으로 쓰기도 하는데, 제사 행위를 강조한 결과로 보인다.

字形 金文 簡牘文 說文小篆

진

眞(참 진): 真, zhēn, 目-5, 10, 42

字解 형성. 匕^(될 화, 化의 생략된 모습)가 의미부이고 鼎^(솥 정)의 생략된 모습이 소리부인 것으로 추정된다. 『설문해자』에서는 "眞은 신선이 모습을 변화시켜 승천하는 것을 말한다. 匕와 目^(눈 목)과 乚과 八^(여덟 팔)로 구성되었는데, 八은 신선의 탈 것을 말한다."라고 했지만, 금문의 자형과 어떤 연계도 지을 수 없다. 眞이 금문에 들어 등장하는 것으로 보아 이의 개념은 전국시대 말부터 유행한 신선 사상과 관련 있는 것으로 보이지만 그 근원은 상나라 때의 貞人^(정인·점복관)에서부터 찾을 수 있을 것이다. 貞은 갑골문에서 의미부인 卜^(점 복)과 소리부인 鼎으로 구성되었지만 이후 鼎이 貝^(조개 패)로 잘못 변했다. 卜은 거북점을 칠 때 불로 지져 열에 의해 갈라지는 거북 딱지의 형상이고, 그 갈라진 각도나 모양으로 점괘를 판단한 데서 '점'이라는 뜻이 나왔다. 그래서 貞은 원래 신에게 '물어보다'는 뜻으로 사용되었다. 이후 불에 지져진 거북 딱지가 직선을 그리며 갈라진 데서 '곧다'는 뜻이 나왔고, 지금은 '곧다'는 의미가 주로 쓰인다. 그래서 貞人은 상나라 당시 최고의 점인 거북점을 주관하고 점괘를 판단하던 점복관을 말한다. 때로는 상나라 왕이 직접 貞人의 구실을 한 것으로 보아 그 지위가 대단히 높았음을 알 수 있다. 신과 교통하고 신의 말을 인간세계에 전달해 주던 상나라의 貞人처럼, 주나라에 들면서 천지간의 道^(도)를 체득한 仙人^(선인)을 부를 다른 명칭이 필요해졌다. 그것은 신탁의 시대로부터 인문의 시대로 역사가 진전했음의 상징이기도 했다. 그래서 貞으로부터 분화된 글자가 眞이고, 이후 眞人^(진인)은 이러한 사람의 최고 호칭이 되었다. 그래서 眞은 신의 소리를 듣고자 점복을 행할 때의 몸과 마음가짐처럼 '眞實^(진실)됨'과 '참됨', 그리고 眞理^(진리)라는 뜻으로까지 확장되었던 것으로 보인다. 간화자에서는 真으로 쓴다.

字形 金文 古陶文 簡牘文 說文小篆 說文古文

鎭(진압할 진): 镇, zhèn, 金-10, 18, 32

- (字解) 형성. 金(쇠 금)이 의미부고 眞(참 진)이 소리부로, 무거운 쇠(金) 같은 것으로 누르다는 뜻이며 이로부터 鎭壓(진압)하다는 뜻도 나왔다. 鎭山(진산)은 지덕으로써 한 지방을 진정하는 명산대악을 말한다.

- (字形) 鎭 說文小篆

嗔(성낼 진): 嗔, chēn, 口-10, 13, 10

- (字解) 형성. 口(입 구)가 의미부고 眞(참 진)이 소리부로, 성이 나서 입(口)에 욕을 하며 씩씩거림을 말하며, 나무라다는 뜻도 나왔다.

- (字形) 嗔 說文小篆

瞋(부릅뜰 진): 瞋, chēn, 目-10, 15

- (字解) 형성. 目(눈 목)이 의미부고 眞(참 진)이 소리부로, 눈(目)을 크게 뜨다는 뜻인데, 화가 나서 눈을 부릅뜸을 말한다.

- (字形) 瞋 說文小篆

縝(삼실 진): 缜, zhěn, 糸-10, 16

- (字解) 형성. 糸(가는 실 멱)이 의미부고 眞(참 진)이 소리부로, 삼으로 짠 실을 말하며, 이로부터 세밀하다는 뜻도 나왔다. 또 糸 대신 髟(머리털 드리워질 표)가 들어간 鬒(숱 많을 진)과 같이 쓰여 黑髮(흑발)이라는 뜻도 가진다.

進(나아갈 진): 进, jìn, 辵-8, 12, 42

- (字解) 회의. 隹(새 추)와 辵(쉬엄쉬엄 갈 착)으로 구성되어, 나아가다는 뜻인데, 뒤로 가지 못하고 앞으로만 가는(辵) 새(隹)의 걸음을 말한다. 이로부터 출사하다, 승진하다, 추천하다, 발전하다 등의 뜻이 나왔다. 간화자에서는 隹를 井(우물 정)으로 간단하게 줄인 进으로 쓴다.

- (字形) 隹 甲骨文 德 慂 金文 雁 雞 古陶文 逡 簡牘文 瀁 帛書 雜 說文小篆

璡(옥돌 진): jīn, 玉-12, 16

- (字解) 형성. 玉(옥 옥)이 의미부고 進(나아갈 진)이 소리부로, 옥(玉) 비슷한 돌을 말하며, 인명에 자주 쓰인다.

- (字形) 璡 說文小篆

辰(지지 진·때 신): chén, 辰-0, 7, 32

- (字解) 형성. 흡수관을 내민 채 땅 위를 기어가는 '조개'를 그렸다. 하지만 이후 간지자의 이름으로 가차되어 사용되자 원래의 뜻은 虫(벌레 충)을 더한 蜃(대합조개 신)으로 구분해 표현했다. 농기구가 발달하기 전, 조개껍데기는 땅을 일구는 데 유용한 도구로 사용되었다.

- (字形) 辰 說文小篆

振(떨칠 진): zhèn, 手-7, 10, 32

字解 형성. 手^(손 수)가 의미부고 辰^(지지 진·때 신)이 소리부로, 먹이를 포착한 조개^(辰)가 갑자기 움직이는 것과 같이 손^(手)에 의한 振動^(진동)을 말한다. 손^(手)을 펼쳐 남을 구제한다는 뜻에서 '구제'의 뜻도 함께 가진다.

字形 說文小篆

震(벼락 진): zhèn, 雨-7, 15, 32

字解 형성. 雨^(비 우)가 의미부고 辰^(지지 진·때 신)이 소리부로, 꿈쩍도 하지 않다가 먹이를 포착하는 순간 갑자기 육중한 몸을 움직이며 모래 먼지를 일으키는 조개^(辰)의 인상적인 모습이 震을 만들어냈는데, 비^(雨)가 올 때 우렛소리를 내며 천지를 뒤엎을 듯한 기세의 '벼락'은 물속에서의 조개의 격렬한 움직임에 다름 아니기 때문이다.

字形 說文小篆

唇(놀랄 진): chún, 口-7, 10

字解 형성. 口^(입 구)가 의미부고 辰^(지지 진·때 신)이 소리부로, 입^(口)을 벌리고 놀람을 말한다. 또 脣^(입술 순)과 혼용하여 쓰기도 한다.

字形 說文小篆

賑(구휼할 진): 赈, zhèn, 貝-7, 14

字解 형성. 貝^(조개 패)가 의미부고 辰^(지지 진·때 신)이 소리부로, 원래는 돈^(貝)이 많다는 뜻이었는데, 이후 돈^(貝)을 풀어 활발하게^(辰) '구제함'을 말했다.

字形 金文 說文小篆

桭(평고대 진): [榐], zhén, 木-7, 11

字解 형성. 木^(나무 목)이 의미부고 辰^(지지 진·때 신)이 소리부로, 처마 끝에 가로로 놓은 가늘고 길게 켠 목재^(木)를 말하며, 달리 소리부 辰 대신 臣^(신하 신)을 사용한 榐으로 쓰기도 한다.

秦(벼 이름 진): qín, 禾-5, 10, 12

字解 회의. 갑골문에서부터 두 손^(廾)으로 절굿공이^(午, 杵의 원래 글자)를 들고 벼^(禾·화)를 찧는 모습인데, 자형이 변해 지금처럼 되었다. 벼를 수확하여 搗精^(도정)하는 모습을 그렸으며, 秦나라를 말한다. 秦나라는 중국의 서부 陝西^(섬서)지역에 위치했으며, "8백 리 秦州^(진주)"라는 말이 있듯 이곳은 예로부터 대단히 비옥하여 곡식이 풍부한 지역으로 알려졌다. 쌀, 즉 곡물의 풍부함은 국가를 부강할 수 있게 했고 이것이 秦나라로 하여금 전국을 제패하게 하였던 기본적인 요인의 하나였다. 따라서 秦이라는 나라 이름은 秦이 위치했던 그곳의 풍부한 곡물생산에 의해 붙여진 이름이다.

字形 甲骨文 金文 古陶文 簡牘文

古璽文 石刻古文 說文小篆
說文籒文

臻(이를 진): zhēn, 至-10, 16

字解 형성. 至^(이를 지)가 의미부고 秦^(벼 이름 진)이 소리부로, '이르다^(至)'는 뜻이며, 모이다, 늘어나다, 가득하다 등의 뜻도 나왔다.

字形 說文小篆

榛(개암나무 진): zhēn, 木-10, 14

字解 형성. 木^(나무 목)이 의미부고 秦^(벼 이름 진)이 소리부로, 개암나무^(木)나 그 열매를 말한다. 낙엽과목에 속하며, 밤처럼 생긴 열매가 열리며 식용이나 기름 짜는 데 쓰인다. 한데 모여 무리지어 자란다는 뜻에서 叢木^(총목)이라는 뜻도 나왔다.

字形 說文小篆

溱(많을 진): zhēn, 水-10, 13

字解 형성. 水^(물 수)가 의미부고 秦^(벼 이름 진)이 소리부로, 강 이름이다. 옛날의 溱水^(이수)로, 호남성 臨武^(임무)현의 서남에서 발원하여 북쪽으로 武溪水^(무계수)로 흘러든다. 또 물이 세차게 흐르는 모양을 말하며, 이로부터 '많다'는 뜻도 나왔다.

字形 說文小篆

陳(늘어놓을 진): 陈, chén, 阜-8, 11, 32

字解 회의. 阜^(언덕 부)와 東^(동녘 동)으로 구성되어, 흙을 파 만든 집^(阜) 앞에 물건을 담은 포대기^(東)들이 늘려진 모습으로부터 '진설하다'의 뜻이 나왔다. 이후 땅 이름과 나라 이름으로 가차되었는데, 하남성 宛丘^(완구) 지역을 말하며 舜^(순)의 후손인 嬀滿^(규만)이 봉해진 곳이라 한다. 간화자에서는 東을 초서체 东으로 줄인 陈으로 쓴다.

字形 說文小篆

蔯(더위지기 진): chén, 艸-11, 15

字解 형성. 艸^(풀 초)가 의미부고 陳^(늘어놓을 진)이 소리부로, 사철 쑥^(艸)의 하나로, 茵蔯^(인진사철 쑥의 어린잎)은 發汗^(발한), 해열, 이뇨에 효과가 있다.

陣(진영 진): 阵, zhèn, 阜-7, 10, 40

字解 회의. 阜^(언덕 부)와 車^(수레 가차)로 구성되어, 진을 치기 좋은 높다란 흙 언덕배기^(阜)를 중심으로 전차^(車)들이 줄지어 '배치된' 모습을 그렸다. 간화자에서는 車를 초서체 车로 줄인 阵으로 쓴다.

珍(보배 진): [珎, 鉁, 鑫], zhēn, 玉-5, 9, 40

字解 형성. 玉^(옥 옥)이 의미부고 㐱^(숱 많을 진)이 소리부로, 옥^(玉)과 같은 귀중한 보배를 말하며, 이로부터 진귀한 음식, 귀중하다, 珍貴^(진귀)하다의 뜻이 나왔고, 인재나 미덕의 비유로도 쓰였다.

字形 ⟨甲骨文⟩ ⟨古陶文⟩ ⟨古璽文⟩ ⟨說文小篆⟩

診(볼 진): 诊, zhěn, 言-5, 12, 20

字解 형성. 言^(말씀 언)이 의미부고 㐱^(숱 많을 진)이 소리부로, 병을 診斷^(진단)하다는 뜻인데, 증세 등을 말^(言)로 물어서^(問診문진) 병을 판단하는 방법을 말하며, 이로부터 '살피다' 등의 뜻이 나왔다.

字形 ⟨簡牘文⟩ ⟨說文小篆⟩

軫(수레 뒤턱 나무 진): 轸, zhěn, 車-5, 12

字解 형성. 車^(수레 거차)가 의미부고 㐱^(숱 많을 진)이 소리부로, 수레^(車)의 뒤쪽에 대는 나무를 말하며, 이로부터 수레의 뜻이, 다시 네모꼴 등의 뜻이 나왔다. 간화자에서는 轸으로 쓴다.

字形 ⟨金文⟩ ⟨簡牘文⟩ ⟨說文小篆⟩

疹(홍역 진): zhěn, 疒-5, 10, 10

字解 형성. 疒^(병들어 기댈 녁)이 의미부고 㐱^(숱 많을 진)이 소리부로, 질병^(疒)의 하나인 홍역을 말하며, 병세를 살피다^(診察진찰)는 뜻도 나왔다.

殄(다할 진): tiǎn, 歹-5, 9

字解 형성. 歹^(뼈 부서질 알)이 의미부고 㐱^(숱 많을 진)이 소리부로, 목숨이 다해 죽어^(歹) 사라짐을 말한다.

字形 ⟨說文小篆⟩

畛(두렁길 진): zhěn, 田-5, 10

字解 형성. 田^(밭 전)이 의미부고 㐱^(숱 많을 진)이 소리부로, 밭^(田) 사이의 경계를 나눈 작은 길을 말하며, 이로부터 길, 경계, 농지 등의 뜻이 나왔다.

字形 ⟨說文小篆⟩

袗(홑옷 진): zhěn, 衣-5, 10

字解 형성. 衣^(옷 의)가 의미부고 㐱^(숱 많을 진)이 소리부로, 아래위 색깔이 같은 옷^(衣)을 말하며, 홑옷, 홑옷을 입다, 수놓은 옷 등의 뜻도 나왔다.

字形 ⟨說文小篆⟩

塵(티끌 진): 尘, chén, 土-11, 14, 20

(字解) 회의. 원래 麤^(거칠 추)와 土^(흙 토)의 결합으로 이루어져 사슴이 떼 지어^(麤) 달리면서 일으키는 흙^(土) '먼지'를 그렸는데, 이후 麤가 鹿^(사슴 록)으로 줄어 지금의 자형이 되었다. 불교에서는 속세를 비유하기도 한다. 간화자에서는 尘으로 써, 작은^(小소) 흙^(土) 먼지라는 뜻의 새로운 회의구조로 변했다.

(字形) 🔲簡牘文　🔲說文小篆　🔲說文籀文

晉(나아갈 진): 晋, jìn, 日-6, 10

(字解) 회의. 갑골문에서 거꾸로 놓인 두 개의 화살^(矢)과 기물의 입구^(日왈)를 그려, 화살촉을 만드는 거푸집에 청동 용액을 붓는 모습을 그렸으나 예서 이후 자형이 변해 지금처럼 되었다. 이로부터 거꾸로 '붓다'나 '넣다', '나아가다' 등의 뜻을 그렸으며, 이후 나라 이름으로 쓰이게 되었다. 그러자 원래 뜻은 손동작을 강조한 手^(손 수)를 더해 搢^(꽂을 진)으로 분화했다. 속자나 현대 중국의 간화자에서는 필획을 줄인 晋^(나아갈 진)으로 쓰기도 한다.

(字形) 🔲🔲🔲甲骨文　🔲🔲🔲金文
🔲🔲🔲🔲古陶文 🔲 🔲盟
書 🔲簡牘文　🔲石刻古文　🔲說文小篆

晋(나아갈 진): jìn, 日-6, 10, 12

(字解) 회의. 晉의 속자이다. ☞ 晉^(나아갈 진)

瑨(아름다운 돌 진): jìn, 玉-10, 14

(字解) 형성. 玉^(옥 옥)이 의미부고 晉^(나아갈 진)이 소리부로, 옥^(玉)에 버금가는 돌을 말하며, 인명에 자주 쓰인다.

縉(꽂을 진): 缙, jìn, 糸-10, 16

(字解) 형성. 糸^(가는 실 멱)이 의미부고 晉^(나아갈 진)이 소리부로, 옷감^(糸)의 연한 붉은색을 말한다. '꽂다'는 뜻도 가지는데, 옛날 관리들이 자신의 신분을 표시하는 홀^(笏)을 실로 만든 띠^(紳帶신대) 사이에다 꽂았던^(縉) 습관을 반영했다. 사대부를 뜻하는 縉紳^(진신)이나 紳士^(신사)라는 말도 여기서 유래했다. 간화자에서는 缙으로 쓴다.

(字形) 🔲說文小篆

搢(꽂을 진): jìn, 手-10, 13

(字解) 형성. 手^(손 수)가 의미부고 晉^(나아갈 진)이 소리부로, 거푸집에 청동 용액을 붓듯^(晉) 손^(手)을 이용해 거꾸로 붓거나 꽂음을 말한다. ☞ 晉^(나아갈 진)

(字形) 🔲說文小篆

盡(다할 진): 尽, jìn, 皿-9, 14, 40

(字解) 형성. 皿^(그릇 명)이 의미부이고 㶳^(타고난 나머지 신)이 소리부이다. 『설문해자』에서는 '기물 속이 비었다^(器中空)'라는 뜻이라고 했다. 㶳

은 다시 聿^(붓 률, 筆의 원래 글자)과 火^(불 화)로 구성되었는데, 聿은 붓을, 火는 찌꺼기를 뜻한다. 또 皿^(그릇 명)은 그릇을 뜻해, 붓^(聿)으로 그릇^(皿) 속의 찌꺼기^(火)까지 깨끗하게 청소하는 모습이며, 이로부터 '끝까지', 모든, 완벽하다, 극단에 이르다 등의 뜻이 나왔다. 청동 그릇 속에는 일반적으로 그 청동기를 제작하게 된 경위를 기록해 두었는데, 이를 청동기^(金)에 주조한 글^(文)이라는 뜻에서 金文이라 부른다. 금문은 보통 음각으로 되어 음식을 삼거나 사용 후에는 그곳에 찌꺼기가 끼기 마련이었고, 이 부분은 솔로 깨끗하게 청소해야 했다. 간화자에서는 尽으로 간단하게 줄여 쓴다.

字形 甲骨文 金文 古陶文 盟書 簡牘文 說文小篆

津(나루 진): [津], jīn, 水-6, 9, 20

字解 회의. 水^(물 수)와 聿^(붓 률)로 구성되어 배를 타고 물을 건너는 모습을 그렸다. 갑골문에서는 손에 삿대를 쥐고 배 위에 선 사람의 모습을 그려 '강을 건너다'나 강을 건너는 곳^(나루터)의 의미를 그렸고, 금문에서는 淮^(강이름 회)와 舟^(배 주)로 구성되어 배^(舟)를 타고 건너는 강이 회수^(淮)임을 구체화했다. 소전체 이후 水가 의미부이고 聿^(붓을 꾸밀 진)이 소리부인 구조로 변했다가, 예서 이후 지금의 자형이 되었다. 현대에 들어서는 침이나 분비물, 물에 젖어 촉촉하다는 뜻도 가진다.

字形 金文 古陶文 簡牘文 說文小篆 說文古文

盡(진액 진): jīn, 血-9, 15

字解 형성. 血^(피 혈)이 의미부이고 聿^(붓으로 꾸밀 진)이 소리부이다. 『설문해자』의 해설처럼, '기혈의 진액^(氣液)'을 말한다.

字形 說文小篆

질

質(바탕 질): 质, zhì, 貝-8, 15, 52

字解 회의. 斦^(모탕 은)과 貝^(조개 패)로 구성되었는데, 貝는 조개 화폐로 돈이나 재물 등을 뜻하고 斦은 도끼를 그린 斤^(도끼 근)이 둘 모여서 나무를 패거나 자를 때 받쳐 놓는 나무 토막을 말한다. 그래서 質은 '돈^(貝)으로 바꿀 수 있는 것의 밑받침^(斦)이나 바탕이 될 수 있는 것'이라는 뜻에서 처음에는 '抵當^(저당 담보로 잡힘)'의 뜻으로 쓰였다. 따라서 '質이 좋다'나 '質이 나쁘다'의 쓰임에서처럼 質에는 질 좋은 원자재가 나중에 실제로 쓰일 수 있는 물건으로 가공되었을 때 화폐 가치가 높은 잠재성을 가진다는 뜻을 내포되어 있다. 이렇듯 質은 화폐나 돈 자체를 말하는 것이 아니라 많은 돈을 벌게 해 줄 수 있는 밑바탕을 의미한다. 실재하는 현상물의 실체가 바로 밑바탕이라는 의미에서

質에는 '실체'라는 의미가 생겼고, 바탕은 언제나 가공되기 전의 소박함을 특징으로 하기에 다시 質朴^(질박)이라는 의미까지 생겼다. 한편 質의 원래 의미가 돈을 빌리고자 저당 잡히는 재물이나 물건 등을 뜻했던 것처럼, 人質^(인질)은 사람^(人)을 볼모로 잡아^(質) 어떤 대가를 요구하다는 뜻이다. 간화자에서는 所을 간단하게 줄인 质로 쓴다.

字形 盟書 簡牘文 說文小篆

璡(사람 이름 질): zhì, 玉-15, 19

字解 형성. 玉^(옥 옥)이 의미부고 質^(바탕 질)이 소리부로, 옥^(玉)의 이름으로 추정되나, 사람의 이름자로만 쓰였다.

窒(막을 질): zhì, 穴-6, 11, 20

字解 형성. 穴^(구멍 혈)이 의미부고 至^(이를 지)가 소리부로, 굴^(穴)의 끝에 이른다^(至)는 의미로부터 '막힌 곳'이 바로 굴의 '끝'임을 그려냈으며, 이로부터 '지극'이라는 뜻까지 담게 되었다.

字形 簡牘文 說文小篆

桎(차꼬 질): zhì, 木-6, 10, 10

字解 형성. 木^(나무 목)이 의미부고 至^(이를 지)가 소리부로, '차꼬'를 말하는데, 대단히 큰^(至) 죄를 지었을 때 발에 채우는 나무^(木)로 만든 형틀이라는 뜻을 반영했다.

字形 簡牘文 說文小篆

蛭(거머리 질): zhì, 虫-6, 12

字解 형성. 虫^(벌레 충)이 의미부고 至^(이를 지)가 소리부로, 벌레^(虫)의 하나인 거머리를 말하는데, 끝까지 들러붙어 피를 빨아먹는 지독한 ^(至) 벌레^(虫)라는 뜻을 담았다.

字形 說文小篆

侄(어리석을 질): [姪, 妷], zhí, 人-6, 8

字解 형성. 人^(사람 인)이 의미부고 至^(이를 지)가 소리부로, 姪^(조카 질)과 같은 글자로, 원래는 여자들이 조카를 부를 때 쓰는 것으로 한정되었으나 晉^(진) 이후 남자들도 부르게 되면서 女^(여자 여)가 人으로 바뀌어 侄로 된 것으로 추정된다.

字形 甲骨文 金文 簡牘文 說文小篆 妷 玉篇 侄 玉篇

姪(조카 질): zhì, 女-6, 9, 30

字解 형성. 女^(여자 여)가 의미부고 至^(이를 지)가 소리부로, 형제·자매의 아들을 말한다. 옛날에는 여자가 형제의 자녀를 부르는 말이었으나 晉^(진) 이후로 남자도 형제의 아들을 姪이라 불렀다. 이후 동년배 남성의 친구의 자녀를 부르는 칭호로 쓰였다.

字形 〔篆〕 說文小篆

膣(새살 돋을 질): zhí, 肉-11, 15, 10

字解 형성. 肉^(고기 육)이 의미부고 窒^(막을 질)이 소리부로, 여성의 음도를 말하는데, 신체 부위^(肉)에서 막다른 구멍^(窒)이라는 뜻을 담았다.

疾(병 질): jí, 疒-5, 10, 32

字解 회의. 疒^(병들어 기댈 녁)과 矢^(화살 시)로 구성되어, 화살^(矢)을 맞아 생긴 상처를 말하며, 이로부터 질병의 일반적 명칭이 되었고, 고통이나 원한의 뜻도 나왔다. 갑골문에서는 사람의 몸^(大)에 화살^(矢)이 박힌 모습을 그렸는데, 소전체에 들면서 사람^(大)이 병상^(疒)으로 변해 지금처럼 되었다. 화살에 맞으면 재빨리 치료해야 목숨을 건질 수 있었기에 疾에는 疾走^(질주)와 같이 '빠르다', '민첩하다'는 뜻도 생겼다.

字形 〔甲骨文〕 〔金文〕 〔古陶文〕 〔簡牘文〕 〔古璽文〕 說文小篆 說文古文 說文籒文

嫉(시기할 질): jí, 女-10, 13, 10

字解 형성. 女^(여자 여)가 의미부고 疾^(병 질)이 소리부로, 猜忌^(시기)나 嫉妬^(질투)를 말하며, 증오하다는 뜻도 나왔는데, 시기와 질투가 여자^(女)의 병폐^(疒)라는 인식을 반영했다. 『설문해자』에서는 女 대신 人^(사람 인)이 들어간 㑣로 썼다.

字形 〔篆〕 說文小篆 〔篆〕 說文或體

秩(차례 질): zhì, 禾-5, 10, 32

字解 형성. 禾^(벼 화)가 의미부고 失^(잃을 실)이 소리부로, '볏단^(禾)을 쌓다'는 뜻이며, 옛날에는 곡식을 봉록으로 받았으므로 봉록의 뜻이, 또 봉록은 계급에 따라 정해지므로 순서나 차례 등의 뜻이 나왔다. 달리 10년을 지칭하기도 한다.

字形 〔簡牘文〕 簡牘文 〔篆〕 說文小篆

迭(갈마들 질): dié, 辵-5, 9, 10

字解 형성. 辵^(쉬엄쉬엄 갈 착)이 의미부고 失^(잃을 실)이 소리부로, 更迭^(경질)에서처럼 서로가 번갈아 들어가다^(辵)는 뜻이며, 이후 '여러 차례' 등의 뜻이 생겼다.

字形 〔篆〕 說文小篆

跌(넘어질 질): diē, 足-5, 12, 10

(字解) 형성. 足^(발 족)이 의미부고 失^(잃을 실)이 소리부로, 발^(足)을 잘못 디뎌^(失) 넘어지다는 뜻이며, 이로부터 失足하다, 떨어지다의 뜻이 나왔으며, 바로 서지 못하고 치우치다는 의미에서 편파라는 뜻도 나왔다.

(字形) 跌 說文小篆

帙(책갑 질): zhì, 巾-5, 8, 10

(字解) 형성. 巾^(수건 건)이 의미부고 失^(잃을 실)이 소리부로, 베^(巾)를 붙여 만든 책을 넣어 두도록 책의 크기에 맞추어 만든 작은 상자나 집을 말한다. 이후 여러 권으로 된 책의 한 벌을 세는 단위로 쓰이게 되었다.

(字形) 帙 說文小篆

叱(꾸짖을 질): chì, 口-2, 5, 10

(字解) 회의. 口^(입 구)와 匕^(비수 비)로 구성되어, 잘못에 대해 말^(口)로 비수^(匕)처럼 날카롭게 꾸짖고 叱責^(질책)함을 말한다.

(字形) 叱 說文小篆

豑(잔의 차례 질): zhì, 豆-13, 20

(字解) 회의. 豊^(굽 높은 그릇 례)가 의미부이고 弟^(아우 제)도 의미부이다. 『설문해자』의 해설처럼, '술잔을 놓는 순서^(爵之次弟)'를 말한다. 아마도 제사를 지낼 때 놓는 술잔의 순서를 말했

을 것이다. 그렇다면 弟도 의미의 결정에 관여하고 있다.

(字形) 豑 說文小篆

짐

朕(나 짐): zhèn, 月-6, 10, 10

(字解) 회의. 갑골문에서 배를 그린 舟^(배 주)와 두 손으로 무엇인가를 든 모습을 그렸다. 손에 든 것을 두고 불, 도끼, 祭器^(제기), 상앗대라는 다양한 주장이 있다. 소전체에서 두 손으로 불을 든^(关 선) 모습으로 변했고, 예서 이후 지금의 자형이 되었다. 갑골문 때부터 朕은 이미 商^(상)나라 왕 자신을 지칭하거나 '나'·'우리' 등의 의미로만 쓰였기 때문에 이의 정확한 자원을 살피기가 쉽지 않아, '우리'를 가차 의미로 보는 것이 일반적이다. 하지만, 朕에 배에 난 구멍이라는 뜻이 있고, 두 손에 불을 들고^(关) 배^(舟)를 고치는 모습이거나 배가 순항할 수 있도록 제사를 지내는 모습을 그린 것이라 볼 때, 배의 항로나 그 안전을 책임지는 자는 바로 배의 주인인 '자신', 혹은 자신이 속한 '우리'일 수밖에 없다는 의미에서 朕이 일인칭 대명사, 특히 존중의 의미가 포함된 의미로 사용되었을 가능성도 배제할 수 없다.

(字形) 朕 甲骨文 朕朕朕朕 朕 朕朕朕 金文 朕 說文小篆

斟(짐작할 짐): zhēn, 斗-9, 13, 10

字解 형성. 斗^(말 두)가 의미부고 甚^(심할 심)이 소리부로, 甚은 葚^(오디 심)椹^(오디 심)黮^(오디 담) 등과 관계 지어볼 때 '오디'로 만든 술을 말한다. 그래서 '술^(甚)을 국자^(斗)로 나누어 담음'이 斟의 원래 뜻이며, 이로부터 斟酌^(짐작)하다의 뜻이 나왔다. ☞ 甚^(심할 심)

字形 𣁗 說文小篆

집

集(모일 집): [雧], jí, 隹-4, 12, 60

字解 회의. 木^(나무 목)과 隹^(새 추)로 구성되어, 나무^(木) 위에 새^(隹)가 모여 앉은 모습을 그렸는데, 옛날 글자에서는 隹가 셋 모인 雧으로 쓰기도 했다. 이는 떼 지어 살길 좋아하는 새의 특성을 그렸고 이로부터 '모이다', 쉬다, 시장, 집회, 연회 등의 뜻을 나타냈다.

字形 𪇳 說文小篆 𨾔 說文或體

潗(샘솟을 집): jí, 水-12, 15

字解 형성. 水^(물 수)가 의미부고 集^(모일 집)이 소리부로, 물^(水)이 한 곳으로 모여^(集) 솟아오름을 말한다. 이후 샘물이 졸졸 흐르는 소리, 물결이 부딪히며 치솟는 모양 등의 뜻이 나왔다.

鏶(판금 집): jí, 金-12, 15

字解 형성. 金^(쇠 금)이 의미부고 集^(모일 집)이 소리부로, 쇳조각^(金)을 말하며, 조각낸 금속^(金)을 한데^(集) 이어 만든다는 뜻을 담았다.

字形 鏶 說文小篆

輯(모을 집): 辑, jí, 車-9, 16, 20

字解 형성. 車^(수레 거차)가 의미부고 咠^(참소할 집)이 소리부로, 수레^(車)의 짐칸을 말했는데, 짐칸은 각종 목재를 모아 만들었다는 의미에서 '모으다'의 뜻이 나왔다. 간화자에서는 辑으로 쓴다.

字形 𫐄 古陶文 輯 說文小篆

緝(낳을 집): 缉, jí, qī, 糸-9, 15

字解 형성. 糸^(가는 실 멱)이 의미부고 咠^(참소할 집)이 소리부로, 실^(糸)을 꼬거나 낳는다는 뜻이며, 이로부터 '잇다' 등의 뜻이 나왔다.

字形 緝 說文小篆

執(잡을 집): 执, zhí, 土-8, 11, 32

字解 회의. 갑골문에서 꿇어앉은 사람의 두 손에 쇠고랑이 채워진 모습으로, 죄인을 '체포하다'는 뜻을 그렸다. 예서 이후 㚔^(매울 신)과 丸^(알 환)의 구성으로 변했는데, 㚔은 쇠고랑을 찬 모습을, 丸은 꿇어앉은 사람^(卩·절)이 변한 모습이다. 붙잡혀 두 손에 쇠고랑이

채워졌으니 꼼짝달싹할 수도 없을 것이고, 이 때문에 체포하다, '움직이지 않고 자리를 지키다'라는 뜻이 들어 있으며, 執行^(집행)하다, 집필하다, 固執^(고집) 등의 뜻이 생겼다. 간화자에서는 幸을 扌^(손수)로 간단하게 줄여 执으로 쓴다.

字形 甲骨文 金文 簡牘文 說文小篆

什(세간 집) ☞ 什(열사람 십)

징

澄(맑을 징): chéng, 水-12, 15, 10

字解 형성. 水^(물 수)가 의미부고 登^(오를 등)이 소리부로, 맑다는 뜻인데, 물속에 포함된 이물질은 가라앉고 물^(水)만 위로 '올라가^(登)' '맑게' 된 상태임을 말한다. ☞ 登^(오를 등)

澂(맑을 징): chéng, 水-12, 15

字解 형성. 水^(물 수)가 의미부이고, 徵^(부를 징)의 생략된 부분이 소리부이다. 『설문해자』의 해설처럼, '물이 맑다^(淸)'라는 뜻이다.

字形 說文小篆

徵(부를 징·치성 치): 征, zhēng, 彳-12, 15, 32

字解 형성. 微^(작을 미)의 생략된 모습이 의미부이고 壬^(좋을 정)이 소리부인데, 『설문해자』에 의하면 은밀한^(微) 곳에 숨어 살면서 이름이 난 사람^(壬)을 청해와 '불러내다'는 뜻이라고 했다. 이로부터 부르다, 구하다, 징험 등의 뜻이 나왔다. 또 오음^(궁상각치우)의 하나를 말하기도 하는데, 이때에는 '치'로 읽는다. 간화자에서는 征^(칠 정)에 통합되었다. ☞ 征^(칠 정)

字形 說文小篆

懲(혼날 징): 惩, chéng, 心-15, 19, 30

字解 형성. 心^(마음 심)이 의미부고 徵^(부를 징)이 소리부로, 징계하다는 뜻인데, 마음^(心)까지 불러내^(徵) 혼을 내고 경각심을 일으킨다는 뜻을 담았다. 간화자에서는 徵을 征^(칠 정)으로 줄인 惩으로 쓴다.

字形 說文小篆

ㅈ

차

叉(깍지 낄 차): chā, chá, chǎ, chà, 又-1, 3, 10

字解 지사. 又(또 우)와 지사부호(丶)로 구성되어, 손가락(又) 사이로 무엇인가 끼워져 있는 모습을 그렸고, 이로부터 손가락 사이로 '끼우다'는 뜻이 나왔다.

字形 說文小篆

車(수레 차) ☞ **車**(수레 거)

次(버금 차): cì, 欠-2, 6, 42

字解 회의. 欠(하품 흠)과 冫(얼음 빙)으로 구성되었는데, 欠은 입을 크게 벌린 사람의 모습을, 冫은 두 점을 상징하여, 침을 튀기며 이야기하거나 재채기를 하여 침이 튕기는 모습을 그렸다. 이야기를 할 때 침을 튀기거나 다른 사람 앞에서 재채기하는 것은 예의에 어긋난 放恣(방자)한 행동이 아닐 수 없다. 그래서 次는 放恣한 행동과 같이 '제멋대로 하다'가 원래 뜻이다. 하지만 소전체에 들면서 冫이 二(두 이)로 변했으며, 의미도 순서상 첫 번째의 다음(二)이라는 뜻이 나왔으며, 이로부터 버금가다, 질이 떨어지다

등의 뜻이 나왔다. 그러자 원래 의미는 心(마음 심)을 더한 恣(방자할 자)로 분화했다.

字形 甲骨文 金文 簡牘文 說文小篆 說文古文

借(빌릴 차): jiè, 人-8, 10, 32

字解 형성. 人(사람 인)이 의미부고 昔(옛 석)이 소리부로, 오래된(昔) 사람(人)이어야만 그로부터 무엇인가를 '빌릴' 수 있음을 그렸으며, 이로부터 빌리다, 빌려주다, 가져오다, 얻다, 이용하다, 사용하다 등의 뜻이 나왔다. 현대 중국에서는 藉(깔개 자)의 간화자로도 쓰인다. ☞ 藉(깔개 자)

字形 說文小篆

差(어긋날 차): [差], chā, 工-7, 10, 40

字解 회의. 금문에서 左(왼 좌)와 나머지 부분으로 구성되었는데, 左는 왼손을, 나머지 부분은 짚을 그렸다. 그래서 差는 왼손으로 새끼를 꼬는 모습을 형상화하였으며, 왼손으로 꼬는 새끼는 오른손으로 하는 것에 비해 정확하지도 못하고 굵기가 가지런하지 못하기 마련이다. 이로부터 差에는 參差(참차·들쭉날쭉하여 가지런하지 못한 모양)에서와 같이 '들쭉날쭉하다'나 差異(차이)에서처럼 '모자라다'는 뜻이 생겼으며, 이후 자리를 비우고 출장을 가다는 뜻도 나왔다. 그러자 원래의 '꼬다'는 뜻은 手(손 수)를 더하여 搓(비빌 차)로 분화했다.

字形 金文 簡牘文

說文小篆 說文籀文

蹉(넘어질 차): cuō, 足-10, 17, 10

字解 형성. 足^(발 족)이 의미부고 差^(어긋날 차)가 소리부로, 발^(足)이 잘못되어^(差) '넘어지다'는 뜻이며, 이로부터 잘못, 실수 등의 뜻도 나왔다.

字形 說文小篆

嗟(탄식할 차): jiē, 口-10, 13, 10

字解 형성. 口^(입 구)가 의미부고 差^(어긋날 차)가 소리부로, 잘못되어^(差) 탄식하는 말^(口)을 말하며, 이로부터 탄식하다의 뜻이 나왔다. 『설문해자』에서는 口 대신 言^(말씀 언)이 들어갔다.

字形 說文小篆

嵯(우뚝 솟을 차): cuó, 山-10, 13

字解 형성. 山^(뫼 산)이 의미부고 差^(어긋날 차)가 소리부로, 산^(山)이 삐죽삐죽 삐져나와^(差) 험준함을 말한다.

字形 說文小篆

磋(갈 차): cuō, 石-10, 15

字解 형성. 石^(돌 석)이 의미부고 差^(어긋날 차)가 소리부로, 삐죽삐죽 삐져나온^(差) 돌^(石)을 편평하게 하고자 문질러 '갈다'는 뜻이며, 노력함의 비유로도 쓰였다.

此(이 차): cǐ, 止-2, 6, 32

字解 회의. 止^(발 지)와 匕^(변할 화, 化의 원래 글자)로 구성되어, 사람^(匕)이 발^(止)로 밟고 멈추어 서 있는 모습을 그렸으며, 바고 그곳이 '이곳'임을 말하며, 인간이 서 있는 이 자리는 바로 '현재'에 해당한다. 이로부터 이곳, 이때, 이렇게, 곧 등의 뜻이 나왔다.

字形 甲骨文 金文 古陶文 盟書 簡牘文 說文小篆

茶(차 차) ☞ **茶**(차 다)

遮(막을 차): zhē, 辵-11, 15, 20

字解 형성. 辵^(쉬엄쉬엄 갈 착)이 의미부고 庶^(여러 서)가 소리부로, 가는^(辵) 길을 '막다'는 뜻이며, 이로부터 '遮斷^(차단)하다'는 뜻이 나왔다. 근대 중국어에서는 '이것'을 뜻하는 지시대명사로 사용되기도 했다.

字形 說文小篆

且(또 차): qiě, 一-4, 5, 30

字解 상형. 갑골문자의 자형을 두고 남성의 생식기를 그렸다, 신위를 그렸다, 고기를 담은 도마를 그렸다는 등 자원에 대한 의견이 분분하지만, 남근을 그렸다는 것이 통설이다. 남성의 생식기는 자손을 이어지게 해주는 상징물이어서 고기를 바치며 제사를 모시던 대상이 되었고, 이로부터 '조상'이라는 뜻이 나왔다. 하지만, 이후 '또'나 '장차'라는 추상적 의미로 가차되어 쓰이게 되자, 제사를 통한 숭배 의식의 의미를 강화하면서 제단을 뜻하는 示^(보일 시)를 더해 祖^(조상 조)로 분화했다.

字形 甲骨文 金文 簡牘文 說文小篆

眮(모질 차): cuó, 虍-5, 11

字解 형성. 虍^(호피 무늬 호)가 의미부이고 且^(또 차)가 소리부이다. 『설문해자』의 해설처럼, '유약하지 않고 다른 것을 믿지 않는 호랑이의 모진 성질^(虎不柔不信)'을 말한다. 이로부터 모질다, 사납다 등의 뜻이 나왔다. 또 차현^(鄌縣)이라는 지명을 말했는데, 오늘날의 하남성 영성현^(永城縣) 서쪽에 있던 지명이다.

字形 說文小篆

箚(차자 차): 扎, zhā, 竹-8, 14

字解 형성. 刀^(칼 도)가 의미부이고 答^(대답할 답)이 소리부로, 신하가 임금에게 답해^(答) 올리던 칼날^(刀) 같이 예리한 비평을 담은 간단한 서식의 상소문을 말한다. 간화자에서는 扎^(뺄 찰)에 통합되었다.

侘(실의할 차): chà, 人-6, 8

字解 형성. 人^(사람 인)이 의미부고 宅^(집 택)이 소리부로, 사람^(人)이 실의 하여 정신이 없는 모양을 말한다. 이후 실성한 듯 뽐내다, 자랑하다 등의 뜻도 나왔다.

착

辵(쉬엄쉬엄 갈 착): [辶], chuò, 辵-0, 7

字解 회의. 갑골문에서 辵은 사거리^(行행)에 발^(止지)이 놓여 '길 가는 모습'을 형상화했다. 금문에서는 좌우 동형인 行의 한쪽 부분이 줄어 彳^(조금 걸을 척)으로 변했고, 소전체에 들면서 아래위의 간격이 줄어 지금의 자형으로 변했다. 이후 다른 글자들과 결합할 때는 공간 이용의 효율을 위해 辶으로 썼다. 이 때문에 辵으로 구성된 글자들은 逐^(쫓을 축)이나 追^(쫓을 추), 返^(돌아올 반)이나 迴^(돌아올 회) 등에서처럼 '걷는' 동작을 나타낸다.

字形 說文小篆

錯(어긋날 착): 错, cuò, 金-8, 16, 32

🗨️ 字解 형성. 金^(쇠 금)이 의미부고 昔^(옛 석)이 소리부로, 『설문해자』에서는 "도금을 하다"는 뜻이라고 했는데, 쇠^(金)가 오래되어^(昔) '어긋나' 못쓰게 됨을 뜻하고, 이를 꾸미고자 겉에다 칠을 하는 것을 말한다. 이후 뒤섞이다, 부정확하다, 잘못되다, 나쁘다 등의 뜻이 나왔다. ☞ 昔^(옛 석)

🗨️ 字形 𨥔 說文小篆

着(붙을 착): [著], zhuó, zhāo, zháo, zhe, 羊-5, 11, 52

🗨️ 字解 형성. 원래는 著^(분명할 저)로 써 艸^(풀 초)가 의미부이고 者^(놈 자)가 소리부였는데, 윗부분이 羊^(양 양)으로 아랫부분이 目^(눈 목)으로 변해 지금의 자형이 되었다. 이 때문에 일부 자전에서는 着을 目부수에 귀속시키기도 한다. 풀^(艸)이 뿌리를 내리듯^(着根·착근) 어떤 물체에 들어붙다, 附着^(부착)하다, 접근하다, 시작하다, 바둑알 등을 놓다는 뜻이며, 현대 중국어에서는 진행을 나타내는 시태 조사로도 쓰인다. 현대 중국에서는 著^(분명할 저)의 간화자로도 쓰인다. ☞ 著^(분명할 저)

窄(좁을 착): [厏], zhǎi, 穴-5, 10, 10

🗨️ 字解 형성. 穴^(구멍 혈)이 의미부고 乍^(잠깐 사)가 소리부로, '좁다'는 뜻인데, 구멍^(穴)이 만들어 내는^(乍, 作의 원래 글자) 협소한 속성을 반영했다. 달리 穴 대신 厂^(기슭 엄)이 들어간 厏^{(끼}

일 차)로 쓰기도 한다.

搾(짤 착): zhà, 手-10, 13, 10

🗨️ 字解 형성. 手^(손 수)가 의미부고 窄^(좁을 착)이 소리부로, 억지로 짜내다^(搾取·착취), 압박하다는 뜻인데, 손^(手)을 이용해 비좁은 관 같은 통로^(窄)를 통해 짜내는 것임을 반영했다.

鑿(뚫을 착·끌 조): 凿, záo, 金-20, 28, 10

🗨️ 字解 형성. 金^(쇠 금)이 의미부이고 䜌^(정한 쌀 착)의 생략된 모습이 소리부로, 망치로 한쪽 끝을 때려서 나무에 구멍을 뚫거나 겉면을 깎고 다듬는 데 쓰는 쇠^(金)로 만든 연장을 말하며, 이로부터 구멍을 뚫다는 뜻도 나왔다. 간화자에서는 殳^(창 수)와 金을 생략하고 나머지를 간단하게 줄여 凿으로 쓴다.

🗨️ 字形 𣪊 𥖤 簡牘文 𥼭金 說文小篆

捉(잡을 착): zhuō, 手-7, 10, 30

🗨️ 字解 형성. 手^(손 수)가 의미부고 足^(발 족)이 소리부로, 손^(手)으로 발^(足)을 붙잡는 행위를 말하며, 이로부터 붙잡다, 捕捉^(포착)하다, 체포하다 등의 뜻이 나왔다.

🗨️ 字形 𢫦 說文小篆

齪(악착할 착): 龊, chuò, 齒-7, 22

字解 형성. 齒^(이 치)가 의미부고 足^(발 족)이 소리부로, 잘 뽑히지 않는 이빨^(齒)의 뿌리^(足)가 '齺齝^(악착)같음'을 그렸다.

찬

粲(정미 찬): càn, 米-7, 13

字解 형성. 米^(쌀 미)가 의미부이고 奴^(뚫다 남을 잔)이 소리부로, 손^(又)으로 뼈^(歹·알)를 갈듯^(奴) 쌀^(米)을 찧어 白米^(백미)로 만드는 것을 말했는데, 찧은 쌀은 하얗고 깨끗한 색깔을 내비친다는 뜻에서 '찬란하다'는 뜻이 나온 것으로 추정된다.

字形 𥻆 𥼶 簡牘文 𥼲 說文小篆

餐(먹을 찬): [飧, 飱, 湌, 殘], cān, 食-7, 16, 20

字解 형성. 食^(밥 식)이 의미부이고 奴^(뚫다 남을 잔)이 소리부로, 음식물^(食)을 '먹다'는 뜻인데, 손^(又·우)으로 뼈^(歹·알)를 부수듯^(奴) 음식^(食)을 '잘게 씹는' 것이 식사의 속성임을 그렸다. 이로부터 먹다, 마시다, 식사, 간식 등의 뜻이 나왔다. 달리 湌^(먹을 찬), 飧^(저녁밥 손), 飱^(저녁밥 손), 殘^(저녁밥 손) 등으로 쓰기도 한다.

字形 𩜋 說文小篆

璨(빛날 찬): càn, 玉-13, 17, 12

字解 형성. 玉^(옥 옥)이 의미부고 粲^(정미 찬)이 소리부로, 갓 찌어낸 쌀^(粲)처럼 옥^(玉)이 찬란하게 빛남을 말한다. ☞ 粲^(정미 찬)

字形 璨 說文小篆

燦(빛날 찬): 灿, càn, 火-13, 17, 12

字解 형성. 火^(불 화)가 의미부고 粲^(정미 찬)이 소리부로, 갓 찌어낸 쌀^(粲)처럼 불꽃^(火)이 번쩍임을 말하며, 이로부터 밝게 빛나다, 찬란하다 등의 뜻이 나왔다. 간화자에서는 소리부 粲을 山^(뫼 산)으로 간단하게 줄여 灿으로 쓴다. ☞ 粲^(정미 찬)

字形 燦 說文小篆

澯(맑을 찬): càn, 水-13, 16

字解 형성. 水^(물 수)가 의미부고 粲^(정미 찬)이 소리부로, 갓 찌어낸 쌀^(粲)처럼 티 없이 맑은 물^(水)을 말한다. ☞ 粲^(정미 찬)

纂(모을 찬): [蟇, 繢], zuǎn, 糸-14, 20, 10

字解 형성. 糸^(가는 실 멱)이 의미부고 算^(셀 산)이 소리부로, 여러 사람의 글을 계산해^(算)가며 한데 모아 실^(糸)로 '엮어' 책을 만드는 것을 말하며 이로부터 編纂^(편찬)의 뜻이 나왔다.

字形 纂 說文小篆

篡(빼앗을 찬): 篡, cuàn, 竹-11, 17, 10

(字解) 형성. 厶^(작을 요)가 의미부고 算^(셀 산)이 소리부로, 사적인^(厶, 私의 원래 글자) 속셈^(算)으로 자리 등을 빼앗는 것을 말하며, 이로부터 篡奪^(찬탈)하다는 뜻이 나왔다. 간화자에서는 厶를 厶로 줄인 篡으로 쓴다.

(字形) 篡 說文小篆

饌(반찬 찬): 馔, [籑], zhuàn, 食-11, 21, 10

(字解) 형성. 食^(밥 식)이 의미부고 巽^(공손할손괘 손)이 소리부로, 음식^(食)을 골라^(巽) 진설하거나 준비하다는 뜻이며, 이로부터 먹고 마시다, 음식, 반찬 등의 뜻이 나왔다. 『설문해자』에서는 食이 의미부이고 算^(셀 산)이 소리부인 籑으로 썼다. ☞ 巽^(공손할손괘 손)

(字形) 璺簡牘文 籑 說文小篆 䬸 說文或體

撰(지을 찬): zhuàn, 手-11, 14, 10

(字解) 형성. 手^(손 수)가 의미부고 巽^(공손할손괘 손)이 소리부로, 손^(手)으로 어떤 것을 골라^(巽) 만드는 것을 말하며, 이로부터 적당한 단어를 골라 글을 짓다, 저술하다, 편찬하다, 撰述^(찬술)하다의 뜻이 나왔다. 달리 手 대신 言^(말씀 언)이 들어간 譔^(가르칠 선)으로 쓰기도 한다. ☞ 巽^(공손할손괘 손)

贊(도울 찬): 赞, [賛], zàn, 貝-12, 19, 32

(字解) 회의. 貝^(조개 패)와 兟^(나아갈 신)으로 구성되어, 재물^(貝)을 갖고 예를 갖추어 나아가^(兟) 뵙는 것을 말하고, 이로부터 '알현하다'의 뜻이 나왔다. 이로부터 贊助^(찬조)하다, '돕다'의 뜻이 나왔고, 다시 贊成^(찬성)과 稱讚^(칭찬)의 뜻도 나왔다.

(字形) 贊 說文小篆

讚(기릴 찬): zàn, 言-19, 26, 40

(字解) 형성. 言^(말씀 언)이 의미부고 贊^(도울 찬)이 소리부로, 아름답고 훌륭한 것이나 위대한 것을 말^(言)로 칭송함^(贊)을 말하며, 이로부터 도우다의 뜻이 나왔다. 또 문체의 이름으로, 사람을 찬양하는 글을 말한다.

瓚(제기 찬): zàn, 玉-19, 23, 12

(字解) 형성. 玉^(옥 옥)이 의미부고 贊^(도울 찬)이 소리부로, 옛날 제사에 사용하던 옥으로 만든 술 푸는 국자를 말하며, 또 바탕이 순수하지 않고 다른 것이 섞인 옥^(玉)을 지칭하기도 한다.

(字形) 瓚 說文小篆

纘(이을 찬): 缵, zuǎn, 糸-19, 25

(字解) 형성. 糸^(가는 실 멱)이 의미부고 贊^(도울 찬)이 소리부로, 실^(糸)로 '잇다'는 뜻이며, 이로부터 계승하다의 뜻이 나왔다. 달리 纂^{(모을}

^찬과도 같이 쓰여, 죽간 등을 여럿 실^(糸)로 이어 편집하다는 뜻으로도 쓰인다.

字形 𧗱 說文小篆

鑽(끌 찬): 钻, zuàn, zuān, 金-19, 27, 12

字解 형성. 金^(쇠 금)이 의미부고 贊^(도울 찬)이 소리부로, 구멍을 뚫는 쇠^(金)로 만든 도구인 '끌'을 말한다. 정강이뼈를 잘라내는 데 사용하던 도구나 갑골 점복에서 불로 지져 잘 갈라지도록 둥글게 판 홈을 말하기도 하며, 다이아몬드를 지칭하기도 한다. 간화자에서는 소리부 贊을 占^(차지할 점)으로 간단하게 줄인 钻으로 쓴다.

字形 鑽 說文小篆

竄(숨을 찬): 窜, cuàn, 穴-13, 18

字解 회의. 穴^(구멍 혈)과 鼠^(쥐 서)로 구성되어, 쥐^(鼠)가 구멍^(穴) 속으로 '숨는' 모습을 그렸으며, 이로부터 숨다, 도망하다, 제멋대로 달리다, 내쫓다 등의 뜻이 나왔다. 간화자에서는 의미부 鼠를 소리부 串^(꼬챙이 찬)으로 바꾼 窜으로 쓰는데, 구멍^(穴)을 꿰뚫고^(串) 들어가 숨다는 뜻을 그렸다.

字形 竄 說文小篆

爨(불 땔 찬): cuàn, 火-25, 29

字解 회의. 臼^(절구 구)와 同^(한가지 동)과 冖^(덮을 멱)과 林^(수풀 림)과 廾^(두 손 마주잡을 공)과 火^(불 화)로 구성되어, 두 손^(臼)으로 그릇^(同)을 아궁이^(冖) 위에 올려놓고 두 손^(廾)으로 땔감^(林)으로 불^(火)을 때는 모습을 그렸다. 불을 지펴 밥을 하다는 뜻이며, 이로부터 아궁이라는 뜻도 나왔다.

字形 爨 爨 簡牘文 爨 說文小篆 爨 說文籀文

찰

剎(절 찰): chà, 刀-6, 8, 20

字解 형성. 刀^(칼 도)가 의미부고 殺^(죽일 살)의 생략된 모습이 소리부로, 칼^(刀)로 '죽이다^(殺)'는 뜻이었는데, 이후 불교가 유입되면서 산스크리트의 '절^(伽藍·가람)'을 뜻하는 '상가라마^(Saṅghārāma)'를 줄여 번역한 말로 쓰여 寺剎^(사찰)을 지칭하게 되었다. 또 대단히 짧은 시간^(剎那·찰나)을 말하기도 한다.

字形 剎 說文小篆

察(살필 찰): [詧], chá, 宀-11, 14, 42

字解 회의. 宀^(집 면)과 祭^(제사 제)로 구성되어, 집안^(宀)에서 제사^(祭)를 지낼 때 갖추어야 할 물품이 제대로 갖추어졌는지를 '자세히 살피다'는 뜻이며, 이로부터 고찰하다, 잘 알다, 점검하다 등의 뜻이 나왔다.

字形 察 古陶文 察 察 簡牘文 察 說文小篆

擦(비빌 찰): cā, 手-14, 17, 10

字解 형성. 手^(손 수)가 의미부고 察^(살필 찰)이 소리부로, 손과 손을 비비는 것으로부터 물체와 물체를 비비다, 손으로 (눈물 등을) 훔치다는 뜻이 나왔고, 손에 쥐고 玩賞^(완상)하다 등의 뜻도 나왔다.

札(패 찰): 扎, [紮], zhá, 木-1, 5, 20

字解 형성. 木^(나무 목)이 의미부고 乙^(새 을)이 소리부로, 옛날 종이가 보편화되기 전, 글자를 쓰던 작고 얇은 나무판을 말했는데, 이후 書札^(서찰)에서처럼 편지나 공문서라는 뜻이 생겼다. 달리 실이나 끈으로 묶었다는 뜻에서 糸^(가는 실 멱)이 들어간 紮^(감을 찰)로 쓰기도 한다. 또 간화자에서는 木 대신 手^(손 수)가 들어간 扎로 쓴다.

字形 𥝊簡牘文 𣏮說文小篆 扎玉篇 紮集韻

紮(감을 찰): 扎, [札], zhá, 糸-5, 11

字解 형성. 糸^(가는 실 멱)이 의미부고 札^(패 찰)이 소리부로, 서찰^(札) 같은 서류 뭉치를 실^(糸)로 감아 묶다는 뜻이며, 한 묶음이라는 뜻도 나왔다. 달리 札^(패 찰)로 쓰기도 하며, 간화자에서는 扎로 쓴다. ☞ 札^(패 찰)

字形 扎玉篇 紮集韻

參(간여할 참) ☞ **參**(석 삼)

慘(참혹할 참): 惨, cǎn, 心-11, 14, 30

字解 형성. 心^(마음 심)이 의미부고 參^(석 삼삼성 참간여할 참)이 소리부로, 마음^(心)이 비참하고 끔찍함을 말하며, 이로부터 지독하다, 얼굴을 찌푸리다, 고민하다 등의 뜻도 나고 정도가 많음을 지칭하게 되었다. 간화자에서는 參을 参으로 줄여 惨으로 쓴다.

字形 𢡖說文小篆

驂(곁마 참): 骖, cān, 馬-11, 21

字解 형성. 馬^(말 마)가 의미부고 參^(석 삼삼성 참간여할 참)이 소리부로, 수레를 끄는 세^(參, 三의 갖은 자)마리 말^(馬)을 말하며, 세 마리 말이 끄는 수레를 뜻하기도 한다. 간화자에서는 參을 参으로 줄여 骖으로 쓴다.

字形 𩢸簡牘文 𩣽說文小篆

懺(뉘우칠 참): 忏, chàn, 心-17, 20, 10

字解 형성. 心^(마음 심)이 의미부고 韱^(산 부추 섬)이 소리부로, 심장을 결결이 칼질하듯^(韱) 마음^(心)으로 '뉘우치고 반성함을 말한다. 이로부터 참회하다, 참회를 위해 베푸는 기도, 참회할 때 읽는 경전 등의 의미가 나

왔다. 간화자에서는 소리부 韱^(일천 천)을 千^(일천 천)으로 간단하게 바꾼 忏으로 쓴다.

讖(예언서 참): 谶, chèn, 言-17, 24, 10

(字解) 형성. 言^(말씀 언)이 의미부고 韱^(산 부추 섬)이 소리부로, 앞일의 길흉화복에 대하여 세밀하게^(韱) 예언하는 말^(言), 혹은 그런 것을 기록한 책을 말한다.

(字形) 讖 說文小篆

斬(벨 참): 斩, zhǎn, 斤-7, 11, 20

(字解) 회의. 車^(수레 거차)와 斤^(도끼 근)으로 구성되어, 수레^(車)에 죄인의 팔다리를 하나씩 묶고 그 줄을 마차로 당기게 하여 찢어 죽이던 참혹한 형벌^(車裂차거열형)을 말했으며 이로부터 죽이다, 베다, 자르다 등의 뜻이 나왔다. 하지만 이후 이런 형벌이 너무 참혹해, 그 정신은 유지하되 법의 집행은 다소 완화된 도끼^(斤)로 행함으로써 지금의 斬이 만들어졌고, 의미도 斬首^(참수목을 벰)베어 죽임을 뜻하게 되었다. 간화자에서는 斩으로 쓴다.

(字形) 斬 斬 斬 簡牘文 斬 說文小篆

塹(구덩이 참): 堑, qiàn, 土-11, 14, 10

(字解) 형성. 土^(흙 토)가 의미부고 斬^(벨 참)이 소리부로, 시신을 찢어 죽인^(斬) 후 묻는 흙^(土) 구덩이를 말했는데, 이후 적의 침입을 막고자 성 둘레를 따라 판 구덩이를, 다시

塹壕^(참호)에서처럼 적과 싸우도록 방어선을 따라 판 구덩이를 뜻하게 되었다. 간화자에서는 堑으로 쓴다.

(字形) 塹 說文小篆

慚(부끄러울 참): 惭, [慙], cán, 心-11, 15, 30

(字解) 형성. 心^(마음 심)이 의미부고 斬^(벨 참)이 소리부로, 거열형^(斬)에 처할 정도로 부끄러운 심리적^(心) 상태라는 뜻을 담았으며, 달리 慙^(부끄러울 참)으로 쓰기도 하며, 간화자에서는 좌우구조로 된 惭으로 쓴다.

(字形) 慙 說文小篆

僭(참람할 참): jiàn, 人-12, 14, 10

(字解) 형성. 人^(사람 인)이 의미부고 朁^(일찍이 참)이 소리부로, 다른 사람^(人)에게 자신의 본분을 뛰어넘어 직권을 남용함을 말하며, 이로부터 허위라는 뜻이 나왔다. 또 자신을 낮출 때 쓰는 말이다.

(字形) 僭 說文小篆

站(우두커니 설 참): zhàn, 立-5, 10, 10

(字解) 형성. 立^(설 립)이 의미부고 占^(차지할 점)이 소리부로, 자리를 차지하고^(占) 서 있음^(立)을 말했다. 하지만 원나라 이후 몽골어 '잠^(jam 역)'의 번역어로서 말을 갈아탈 수 있는 곳

^(驛站역참)을 말하였고, 지금은 기차역이나 정류소까지 뜻하게 되었다.

讒(참소할 참): 谗, chán, 言-17, 24, 10

字解 형성. 言^(말씀 언)이 의미부고 毚^(토끼 참)이 소리부로, 다른 사람을 악의적으로 나쁘게 말하다^(言)는 뜻이다. 이로부터 그런 사람이나 사악한 인간 등을 지칭하게 되었다. 간화자에서는 毚을 간단히 줄여 谗으로 쓴다.

字形 讒 說文小篆

창

倉(곳집 창): 仓, cāng, 人-8, 10, 32

字解 상형. 갑골문에서 지붕과 문과 기단이 갖추어져 습기나 쥐 등의 침입을 막도록 대 위에 만들어진 곡식 '창고'를 그렸다. 곳집이 원래 뜻이며, 이후 倉卒^(창졸)에서처럼 몹시 급박하다는 뜻으로 가차되었고, 또 蒼^(푸를 창)과 통용되어 푸른색을 뜻하기도 하였다. 간화자에서는 초서체로 줄인 仓으로 쓴다.

字形 倉倉甲骨文 倉倉金文 倉倉古陶文 倉倉簡牘文 金金古幣文 倉說文小篆

創(비롯할 창): 创, [刱剙], chuàng, 刀-10, 12, 42

字解 형성. 刀^(칼 도)가 의미부고 倉^(곳집 창)이 소리부로, 칼^(刀) 같은 도구로 곳집^(倉)에 채울 곡식의 경작을 '시작'하다는 뜻인데, 금문에서는 밭을 가는 쟁기를 그려 이를 더욱 구체화 했다. 創의 이체자인 刱^(비롯할 창)은 칼 같은 도구^(刀)로 우물^(井정)을 파는 모습에서 이것이 정착의 '시작'임을 나타냈는데, 이후 創에 통합되었다. 정착을 위해 우물을 파고, 밭을 가는 과정에서 상처를 입기 일쑤였고, 이 때문에 다치다, 상처를 입다는 뜻도 나왔다. 『설문해자』에서는 刱^(비롯할 창)으로 썼다. 간화자에서는 倉을 仓으로 간단하게 줄인 创으로 쓴다. ☞ 刱^(비롯할 창)

字形 刱刱金文 刱說文小篆

蒼(푸를 창): 苍, cāng, 艸-10, 14, 32

字解 형성. 艸^(풀 초)가 의미부고 倉^(곳집 창)이 소리부로, 풀^(艸)처럼 푸른색을 말한다. 이후 남색의 뜻도 나왔고, 하늘을 뜻하기도 했다. 간화자에서는 倉을 仓으로 간단하게 줄인 苍으로 쓴다.

字形 蒼蒼古陶文 蒼蒼簡牘文 蒼蒼古璽文 蒼古璽文 蒼石刻古文 蒼說文小篆

槍(창 창): 枪, [鎗], qiāng, 木-10, 14, 10

字解 형성. 木^(나무 목)이 의미부고 倉^(곳집 창)이 소리부로, 나무(木)로 만든 대의 끝에 뾰족한 창이 달린 기다란 모양의 무기를 말했는데, 이후 창과 같이 길게 생긴 '총'도 지칭하였다. 간화자에서는 倉을 仓으로 간단하게 줄인 枪으로 쓴다.

字形 [이미지] 簡牘文 [이미지][이미지] 古璽文 [이미지] 說文小篆

滄(찰 창): 沧, [凔], cāng, 水-10, 13, 20

字解 형성. 水^(물 수)가 의미부고 倉^(곳집 창)이 소리부로, 물이 차갑다는 뜻에서 '차다'는 의미를 말했으나, 원래는 凔^(찰 창)으로 써 冫^(얼음 빙)이 水로 바뀐 형태이다. 간화자에서는 倉을 仓으로 간단하게 줄인 沧으로 쓴다.

字形 [이미지] 簡牘文 [이미지] 說文小篆

瘡(부스럼 창): 疮, chuāng, 疒-10, 15, 10

字解 형성. 疒^(병들어 기댈 녁)이 의미부고 倉^(곳집 창)이 소리부로, 상처(疒)를 말하며, 또 궤양이나 고통 등의 뜻도 가진다. 간화자에서는 倉을 仓으로 간단하게 줄인 疮으로 쓴다.

艙(선창 창): 舱, cāng, 舟-10, 16, 10

字解 형성. 舟^(배 주)가 의미부고 倉^(곳집 창)이 소리부로, 선창을 말하는데, 배(舟)에다 만든 창고(倉)처럼 생긴 공간을 말한다. 간화자에

서는 倉을 仓으로 간단하게 줄인 舱으로 쓴다.

愴(슬퍼할 창): 怆, chuàng, 心-10, 13, 10

字解 형성. 心^(마음 심)이 의미부고 倉^(곳집 창)이 소리부로, 마음(心)이 비통함을 말하며, 이로부터 어지럽고 뒤숭숭하다는 뜻도 나왔다. 간화자에서는 倉을 仓으로 간단하게 줄인 怆으로 쓴다.

字形 [이미지] 說文小篆

脹(배부를 창): 胀, [痕], zhàng, 肉-8, 12, 10

字解 형성. 肉^(고기 육)이 의미부고 長^(길 장)이 소리부로, 몸(肉)이 불어남(長)을 말하며, 이로부터 팽창하다, 물체의 체적이 불어나다 등의 뜻이 나왔다. 간화자에서는 長을 长으로 간단하게 줄인 胀으로 쓴다.

漲(불을 창): 涨, zhǎng, 水-11, 14, 10

字解 형성. 水^(물 수)가 의미부고 張^(베풀 장)이 소리부로, 물(水)이 크게 불어남(張)을 말하며, 이로부터 물체의 체적이 불어나다의 뜻이 나왔고 다시 불어남의 일반적 지칭이 되었다. 달리 涱으로 쓰기도 한다. 간화자에서는 張을 张으로 간단하게 줄인 涨으로 쓴다. ☞ 張^(베풀 장)

鬯(울창주 창): chàng, 鬯-0, 10

字解 상형. 지금은 잘 쓰이지 않지만, 옛날에는 매우 중요한 글자로, 갑골문부터 등장한다. 鬯을 『설문해자』에서는 "찰기장과 향초를 섞어 향기가 나게 한 술로 신을 내리게 할 때 쓴다. 凵(입 벌릴 감)은 그릇을, 중간부분의 ※은 쌀을, 아래쪽의 匕(비수 비)는 술을 뜨는 국자를 그렸다."라고 풀이했지만, 소전체에 근거한 풀이로 보인다. 갑골문을 살펴보면, 위쪽은 두 귀를 가진 시루 모양의 용기이고, 아래쪽은 국자(匕)가 아닌 내린 술을 받는 그릇이며, 중간의 ※나 ×로 표시된 부분은 기장과 누룩 등을 버무린 술의 재료로 보인다. 중국의 술은 전통적으로 과일주가 아닌 곡주였는데, 기장이나 수수쌀조 등의 곡물과 이를 발효시킬 누룩을 섞어 일정기간 동안 보관하면서 발효를 시키고, 술이 익으면 대나무 등으로 만든 용수를 박고 고인 맑은 술을 떠내면 그것이 淸酒(청주)가 되고 남은 찌꺼기에 물을 섞어 걸러내면 濁酒(탁주)가 된다. 그러지 않고 익은 술을 솥에 넣고 끓여 증류시켜 만든 것이 燒酒(소주)이고, 이 과정을 반복하면 도수가 높은 술을 얻을 수 있다. 중국술은 燒酒가 주를 이루었고, 鬯은 그런 모습을 그린 것으로 추정된다.

字形 甲骨文 金文 說文小篆

囪(창 창굴뚝 총): cōng, 囗-4, 7

字解 상형. 통풍 장치인 창을 그렸는데, 창살도 표현되었다. 원시 시절 살던 동굴집의 '창'을 그린 것으로 알려졌다. 『설문해자』의 해설처럼, "벽에 내는 창(在牆)을 유(牖)라 하고, 집에 내는 창(在屋)을 창(囪)이라 한다." 이후 동굴 집을 뜻하는 穴(구멍 혈)이 더해져 窗(창 창)이 만들어졌고, 다시 핵심임을 뜻하는 心(마음 심)이 더해져 窻(창 창)이 되었는데, 동굴 집(穴)에 통풍을 위해 만든 핵심(心) 장치가 창문(囪)임을 말했다. ☞ 窗(창 창)

字形 說文小篆

窓(창 창): 窗, [囪, 窻, 牕, 牎, 蔥], chuāng, 穴-6, 11, 60

字解 형성. 穴(구멍 혈)과 心(마음 심)이 의미부이고 囪(천장 창)이 소리부로, 동굴 집(穴)에 통풍을 위해 만든 핵심(心) 장치인 창문(囪)을 말하는데, 囪이 厶(사사 사)로 변해 지금의 자형이 되었으며, 원래는 窗의 속자이다. 원래는 囪으로 썼는데, 동굴 집에서부터 설치되었다는 뜻에서 穴을 더해 窗이 되었고, 그것이 집의 핵심장치라는 뜻에서 다시 心이 더해져 窻이 되었고, 자형이 줄어 지금의 窓이 되었다. 간화자에서는 心이 빠진 窗을 쓴다. ☞ 囪(창 창)

敞(높을 창): chǎng, 攴-8, 12, 12

字解 형성. 攴(칠 복)이 의미부고 尙(오히려 상)이 소리부로, 높은(尙) 곳에다 멀리 내다볼 수 있는 누대를 짓는(攴) 모습을 그렸고, 이로부터 '높다'와 '앞이 활짝 트였다'의 뜻이 나왔다.

說文小篆

廠(헛간 창): 厂, chǎng, 广-12, 15, 10

형성. 广^(집 엄)이 의미부고 敞^(높을 창)이 소리부로, 잡동사니를 넣어 놓을 수 있는 커다란^(敞) 공간^(广)을 말하며, 이로부터 헛간, 공장, 작업실 등의 뜻이 나왔으며, 물건을 야적할 수 있는 큰 공터를 지칭하기도 했다. 간화자에서는 厂^(기슭 엄)에 통합되었다.

昌(창성할 창): chāng, 日-4, 8, 32

회의. 日^(날 일)과 曰^(가로 왈)로 구성되어, 『설문해자』에서는 "태양^(日)처럼 빛나는 좋은 말^(曰)을 뜻한다"라고 했으나, 근대의 林義光^(임의광)은 두 개의 日로 구성되어 태양처럼 '밝음'과 찬란한 햇빛처럼 '창성함'을 말한다고 했다. '창성하다'는 뜻으로 쓰이게 되자 원래의 뜻은 口를 더한 唱^(노래 창)으로 분화했다.

金文 古陶文 簡牘文 古璽文 說文小篆 說文籀文

唱(노래 창): chàng, 口-8, 11, 50

형성. 口^(입 구)가 의미부고 昌^(창성할 창)이 소리부로, 입^(口)으로 노래를 부르다^(昌)는 뜻이며, 이로부터 노래, 소리 높여 부르다,

이끌어 내다는 뜻도 나왔다.

說文小篆

娼(몸 파는 여자 창): chāng, 女-8, 11, 10

형성. 女^(여자 여)가 의미부고 昌^(창성할 창)이 소리부로, 기녀를 말하는데, 노래를 부르는^(昌) 여자^(女)라는 뜻을 담았다.

猖(미쳐 날뛸 창): chāng, 犬-8, 11, 10

형성. 犬^(개 견)이 의미부고 昌^(창성할 창)이 소리부로, 입으로 괴성을 내며^(昌) 개^(犬)처럼 '미쳐 날뜀'을 말한다. 이로부터 제멋대로 하다의 뜻이 나왔고, 그런 사람을 지칭하기도 한다.

倡(여광대 창): chāng, 人-8, 10, 10

형성. 人^(사람 인)이 의미부고 昌^(창성할 창)이 소리부로, 기녀를 말했는데, 노래를 하는^(昌) 사람^(人)이라는 뜻이며, 달리 人 대신 女^(여자 여)가 들어간 娼^(몸 파는 여자 창)으로 쓰기도 했다.

簡牘文 說文小篆

菖(창포 창): chāng, 艸-8, 12, 10

📌 字解 형성. 艸^(풀 초)가 의미부고 昌^(창성할 창)이 소리부로, 식물^(艸)의 일종인 菖蒲^(창포)를 말한다.

彰(밝을 창): zhāng, 彡-11, 14, 20

📌 字解 형성. 彡^(터럭 삼)이 의미부고 章^(글 장)이 소리부로, 새긴 무늬^(章)가 화려하게^(彡) 드러나 빛남을 말한다. 이로부터 번성하다, 분명하다 등의 뜻이 나왔다.

📌 字形 𩰚古陶文 𩰚簡牘文 彰說文小篆

昶(밝을 창): chǎng, 日-5, 9, 12

📌 字解 회의. 日^(날 일)과 永^(길 영)으로 구성되어, 햇빛^(日)이 오랫동안^(永) 비추다는 뜻으로부터 '밝은 시간이 지속되다'는 뜻을 그렸다.

📌 字形 昶金文 昶說文小篆

暢(펼 창): 畅, chàng, 日-10, 14, 30

📌 字解 형성. 申^(아홉째 지지 신)이 의미부이고 昜^(볕 양)이 소리부로, 『옥편』에서는 도달하다^(達)는 뜻이라고 했는데, 햇살^(昜)이 뻗어 나와^(申) 화사하게 내 비추는 모습에서 和暢^(화창)에서처럼 '화사하다'는 뜻, 流暢^(유창)에서처럼 '거침없이 내닫다'는 뜻이 나왔다. 그러나 『설문해자』에서는 暘^(곡식 나지 않을 창)으로 써, 田^(밭 전)이 의미부이고 昜이 소리부로, 농작물이 자라지 않는 광활한 논밭^(田)을

말했으며, 이로부터 아무런 장애가 없다, 탁 트였다, 막힘이 없다 등의 뜻이 나왔다고 했다. 간화자에서는 昜을 㣺으로 간단하게 줄인 畅으로 쓴다.

채

采(딸 채): cǎi, 采-1, 8, 12

📌 字解 회의. 爪^(손톱 조)와 木^(나무 목)으로 구성되어, 손^(爪)으로 나무^(木)의 열매나 잎을 따는 모습을 그렸다. 현행 옥편에서는 편의상 형체가 비슷한 釆^(분별할 변)부수에 귀속시켰지만, 전혀 별개의 글자이다. 이후 의미를 더욱 강화하기 위해 手^(손 수)를 더한 採^(딸 채)로 의미를 더 구체화했으며, 모든 채집 행위를 통칭하게 되었다.

📌 字形 采采甲骨文 采采金文 采古陶文 采采采簡牘文 采唐寫本 采說文小篆

菜(나물 채): cài, 艸-8, 12, 32

📌 字解 형성. 艸^(풀 초)가 의미부고 采^(딸 채)가 소리부로, 채취^(采)의 대상인 식용 '채소^(艸)'를 말하며, 이후 菜蔬^(채소)의 총칭이 되었고 요리나 반찬을 뜻하게 되었다. 또 유채를 지칭하기도 한다. ☞ 采^(딸 채)

採(딸 채): 采, cǎi, 手-8, 11, 40

字解 형성. 手^(손 수)가 의미부고 采^(딸 채)가 소리부로, 손^(手)으로 나무의 열매나 잎을 따는^(采) 모습을 그렸는데, 원래는 采에서 手를 더해 분화한 글자이다. 현대 중국의 간화자에서는 다시 采^(딸 채)에 통합되었다. ☞ 采^(딸 채)

彩(무늬 채): cǎi, 彡-8, 11, 32

字解 형성. 彡^(터럭 삼)이 의미부고 采^(딸 채)가 소리부로, 손^(爪·조)으로 나무^(木)의 과실을 따는 형상을 그린 采에 彡이 더해져, 화사하게 비치는 햇살^(彡) 아래 이루어지는 채집^(采) 행위를 그렸다. 이로부터 채색이나 色彩^(색채), 문채, 주목을 받다 등의 뜻이 나왔다. 또 옛날 도박의 일종인 주사위 놀이에서의 주사위 색깔을 뜻했으며, 이로부터 노름돈, 경품, 행운 등의 뜻이 나왔고, 훌륭한 기예 등을 칭찬하는 말로도 쓰였다. ☞ 采^(딸 채)

字形 彩 說文小篆

埰(영지 채): cài, 土-8, 11, 12

字解 형성. 土^(흙 토)가 의미부고 采^(딸 채)가 소리부로, '領地^(영지)'를 말하는데, 물산의 채취권^(采)이 부여된 토지^(土)라는 뜻을 담았다. ☞ 采^(딸 채)

綵(비단 채): cǎi, 糸-8, 14

字解 형성. 糸^(가는 실 멱)이 의미부고 采^(딸 채)가 소리부로, 채색^(采, 彩의 원래 글자)이 된 비단^(糸)을 말한다. 이로부터 무늬, 광채 등의 뜻이 나왔다.

寀(녹봉 채): cài, 宀-8, 11

字解 형성. 宀^(집 면)이 의미부고 采^(딸 채)가 소리부로, 관직이나 관리, 采地^(채지) 등을 뜻하는데, 영지^(采) 즉 수확 가능한 땅^(采地)을 가진 관리가 사는 집^(宀)이라는 뜻을 담았다.

字形 寀 說文小篆

債(빚 채): zhài, 人-11, 13, 32

字解 형성. 人^(사람 인)이 의미부고 責^(꾸짖을 책)이 소리부로, 다른 사람^(人)에게 갚아야 할^(責) '빚'이나 債務^(채무)를 말한다. ☞ 責^(꾸짖을 책)

字形 債 簡牘文 債 說文新附字

蔡(거북 채): cài, 艸-11, 15, 12

字解 형성. 艸^(풀 초)가 의미부고 祭^(제사 제)가 소리부로, 야생풀^(艸)을 말한다. 또 나라 이름으로, 지금의 하남성 上蔡^(상채) 서남쪽에 있던 나라인데 기원전 447년 초나라에 의해 멸망했다. 달리 점복에 쓰는 '커다란 거북'

을 말하는데, 蔡 지역에서 나는 특산이었기 때문으로 보인다.

字形 甲骨文 金文 簡牘文 古璽文

石刻古文 說文小篆

塞(울짱 채): zhài, 宀-11, 14, 10

字解 형성. 木^(나무 목)이 의미부고 塞^(변방 새·막힐 색)의 생략된 모습이 소리부로, 적의 침입을 막고자 변방^(塞)에 잇따라 박은 말뚝^(木)을 말한다. 이후 짐승을 키우는 우리, 사람들이 모여 사는 촌락 등을 뜻하기도 하였다.

砦(울타리 채): zhài, 石-5, 10

字解 형성. 石^(돌 석)이 의미부고 此^(이 차)가 소리부로, 방어용 울타리^(木柵)를 말하는데, 처음에는 나무로 만들었으나 이후 견고함을 위해 돌^(石)로 만들게 되었다. 이후 '성을 쌓다'는 뜻 외에도 그 울타리 안에서 함께 산다는 뜻에서 '촌락'이라는 뜻도 나왔다.

蠆(전갈 채): 虿, chài, 虫-13, 19

字解 형성. 虫^(벌레 충)이 의미부고 萬^(일만 만)이 소리부로, 전갈^(萬)에 벌레를 뜻하는 虫이 더해져 만들어졌다. 『설문해자』에서는 萬의 아랫부분^(内·유)이 빠진 萬로 썼다. 간화자에서는 萬을 万^(일만 만)으로 줄여 虿로 쓴다.
☞ 萬^(일만 만)

字形 金文 簡牘文 說文小篆

說文或體

釵(비녀 채): 钗, chāi, 金-3, 11

字解 형성. 金^(쇠 금)이 의미부고 叉^(깍지 낄 차)가 소리부로, 머리를 묶고 그 사이를 찔러^(叉) 머리를 고정하는 쇠^(金)로 만든 '비녀'를 말한다.

字形 說文小篆

茝(구리때 채): chǎi, 艸-7, 10

字解 형성. 艸^(풀 초)가 의미부이고 臣가 소리부로, 향 풀^(艸)의 이름으로, 白芷^(백지)라고도 한다.

字形 古陶文 簡牘文 說文小篆

瘥(나을 채·앓을 차): chài, 疒-10, 15

字解 형성. 疒^(병들어 기댈 녁)이 의미부이고 差^(어긋날 차)가 소리부로, 병^(疒)이 낫다는 뜻이다. 또 가벼운 유행성 질병을 뜻하기도 하며, 이로부터 피로하다의 뜻도 나왔다.

字形 古璽文 說文小篆

책

策(채찍 책): [筞, 箂, 筴], cè, 竹-6, 12, 32

字解 형성. 竹^(대 죽)이 의미부이고 朿^(가시 자)가 소리부로, 대^(竹)로 만든 말채찍을 말했다. 이로부터 채찍질을 하다는 뜻도 나왔는데, 가시^(朿)처럼 아프게 만드는 것이라는 뜻을 담았다. 이후 글자를 쓸 수 있는 대쪽^(竹)을 지칭하게 되었으며, 이로부터 簡冊^(간책)이나 對策^(대책)의 뜻이, 다시 計策^(계책), 책략, 의견 등의 뜻도 나왔다.

字形 🈂️簡牘文 🈂️說文小篆

冊(책 책): cè, 冂-3, 5, 40

字解 상형. 갑골문에서 竹簡^(죽간)을 실로 매어 놓은 모습을 그렸으며, 이로부터 책, 서적의 뜻이 나왔다. 종이가 나오기 전 대나무가 서사의 재료로 보편적으로 쓰였고, 이를 묶은 것이 옛날 '책'의 모습임을 말해준다. 지금은 종이가 보편화 되었고, 심지어는 종이가 없는 전자 '책'까지 등장했지만, 여전히 冊이라는 이름으로 이를 지칭하고 있다.

字形 🈂️甲骨文 🈂️金文 🈂️簡牘文 🈂️說文小篆 🈂️說文古文

柵(울짱 책): zhà, shān, 木-5, 9, 10

字解 형성. 木^(나무 목)이 의미부고 冊^(책 책)이 소리부로, 나무^(木)를 책^(冊)처럼 엮어 둘러친 울타리를 말한다.

字形 🈂️說文小篆

責(꾸짖을 책): 责, zé, 貝-4, 11, 52

字解 형성. 貝^(조개 패)가 의미부고 朿^(가시 자)가 소리부인데, 자형이 변해 지금처럼 되었다. 貝는 조개 화폐를 말하고, 朿는 원래 화살처럼 하늘로 솟은 나무^(木·목) 모양에 양쪽으로 가시가 그려진 모습이고 이로써 '가시나무'를 형상화했는데, 가시는 아픔과 어려움과 叱責^(질책)의 상징이다. 이로부터 責務^(책무), 叱責^(질책), 責任^(책임), 질문 등의 뜻이 나왔다. 이렇게 볼 때, 責은 인간의 가장 어렵고 힘든^(朿) 것이 경제^(貝)와 관련된 문제이며, 분란이라는 것도 언제나 財貨^(재화)와 관련된 이익에서 출현함을 보여준다.

字形 🈂️甲骨文 🈂️🈂️金文 🈂️盟書 🈂️🈂️ 🈂️🈂️🈂️簡牘文 🈂️說文小篆

磔(책형 책): zhé, 石-10, 15

字解 형성. 桀^(뛰어날 걸)이 의미부이고 石^(돌 석)이 소리부로, 옛날 희생의 사지를 갈라 제사 지내던 방법을 말했으며, 이후 이러한 방식에 의한 형벌을 뜻하게 되었다. 또 한자 서예에서 파임 획^(捺·날)을 지칭하기도 한다.

처

處(살 처): 処, chǔ, 虍-5, 11, 42

字解 회의. 갑골문 등에서 호랑이(虎)가 뒷발(夊)을 꿇은 채 웅크리고 앉은 모습을 그렸는데, 이후 호랑이(虎)의 뒷발(夊)이 받침대(几·궤)로 변해 지금처럼 되었다. 거대한 덩치에도 비호처럼 달리던 호랑이가 웅크리고 앉은 모습에서 '멈추다'의 뜻이, 다시 멈추어 기거하는 곳이라는 뜻에서 居處(거처)와 處所(처소) 등의 의미가 나왔다. 간화자에서는 虍(호피무늬 호)를 생략하고 나머지를 변형시킨 処로 쓴다.

字形 金文 古陶文 簡牘文 古璽文 說文小篆 說文或體

妻(아내 처): qī, 女-5, 8, 32

字解 회의. 女(여자 여)와 又(또 우)와 가로획(一)으로 구성되어, 꿇어앉은 여자(女)의 뒤쪽에서 머리를 다듬어 주면서 비녀(一)를 꽂아 주는(又) 모습을 형상하여, 여성의 성인식을 반영한 글자인데, 자형이 변해 지금처럼 되었다. 『예기』에 의하면 여자가 15살이 되면 친지 친구들이 모인 가운데 가장인 아버지가 여식의 머리를 빗고서 비녀를 꽂

아 준다고 했다. 이 나이를 지나면 여자는 성인의 대접을 받을 수 있었음과 동시에 다른 사람의 아내가 될 수 있었다. 이 때문에 妻에 '아내'나 아내로 삼다 등의 뜻이 담기게 되었다.

字形 金文 簡牘文 說文小篆 說文古文

悽(슬퍼할 처): 凄, qī, 心-8, 11, 20

字解 형성. 心(마음 심)이 의미부고 妻(아내 처)가 소리부로, 슬퍼하다는 뜻인데, 가부장제에서 시집살이를 심하게 하는 아내(妻)의 마음(心)이 바로 '슬픔'이자 비통함의 상징임을 그렸다. 현대 중국의 간화자에서는 凄(쓸쓸할 처)에 통합되었다. ☞ 凄(쓸쓸할 처)

字形 說文小篆

凄(쓸쓸할 처): [凄, 悽], qī, 冫-8, 10, 10

字解 형성. 冫(얼음 빙)이 의미부고 妻(아내 처)가 소리부로, 쓸쓸하다는 뜻인데, 가부장제에서 심한 시집살이를 했던 아내(妻)의 얼음(冫) 같은 마음이 바로 슬프고 '쓸쓸함'의 상징임을 그렸다. 현대 중국에서는 悽(슬퍼할 처)의 간화자로도 쓰인다.

字形 說文小篆

척

彳(조금 걸을 척): chì, 彳-0, 3

字解 상형. 彳은 사거리를 그린 行^(갈 행)에서 오른쪽 부분을 생략한 모습으로 '길'을 그렸는데, 『설문해자』에서부터 '작은 걸음^(小步소보)'으로 풀이했다. 따라서 彳으로 구성된 글자들은 모두 '길'이나 '가는' 행위와 관련되어 있다. 예컨대, 彷^(거닐 방), 循^(좇을 순), 從^(따를 종) 등은 '가다'는 의미가 있으며, 後^(뒤 후)나 徑^(지름길 경) 등은 '길'을 뜻한다.

字形 彳 說文小篆

剔(바를 척): tī, 刀-8, 10

字解 형성. 刀^(칼 도)가 의미부고 易^(바꿀 역)이 소리부로, 칼^(刀)로 고기를 뼈에서 발라내다는 뜻인데, 이후 맞지 않거나 불필요한 부분을 잘라내고^(刀) 다른 것으로 바꾼다^(易)는 의미가 들게 되었다.

字形 剔 說文小篆

惕(두려워할 척): [悐, 悬], tì, 心-8, 11

字解 형성. 心^(마음 심)이 의미부고 易^(바꿀 역)이 소리부로, 두려워하는 마음^(心)을 말하며, 이로부터 놀라다, 신속하다 등의 뜻이 나왔다.

字形 ⊍ 書 金文 ⊌ 簡牘文沛 ⊍ 文小篆 ⊌ 說文或體

斥(물리칠 척): [庐], chì, 斤-1, 5, 30

字解 지사. 斤^(도끼 근)에 지사부호^(ヽ)를 더해 '도끼의 날'을 상징화했고, 이로부터 '도려내 추방하다'는 의미를 그려냈으며, 이 때문에 배척하다, 물리치다, 비난하다 등의 뜻이 나왔다. 원래는 庐으로 써, 집^(广엄)으로부터 거꾸로^(屰역) 나온다는 뜻에서 '추방'과 排斥^(배척)의 의미를 그렸는데, 이후 지금의 자형으로 변했다.

字形 庐 簡牘文 庐 說文小篆

陟(오를 척): zhì, 阜-7, 10, 12

字解 회의. 阜^(언덕 부)와 步^(걸을 보)로 구성되어, 올라가다는 뜻인데, 흙 계단^(阜)의 위를 향해 '올라가는 발걸음^(步)'을 그렸다. 이후 제위에 오르다, 발탁하다, 승천하다, 들어가다 등의 뜻이 생겼고, 다시 높다, 높은 산의 뜻도 나왔다.

字形 陟 說文小篆

尺(자 척): chǐ, 尸-1, 4, 32

字解 상형. 손가락을 벌렸을 때의 엄지와 검지 사이의 거리 즉 한 뼘을 말하는데, 옛날에는 한 뼘을 한 자의 단위로 사용했다. 그

래서 현존하는 상나라 때의 상아로 만든 자$^{(尺)}$의 길이는 약 15.8센티미터로 알려졌다. 하지만, 이후 한 자의 단위는 시대에 따라 변했는데, 한나라에 들어서는 엄지와 중지 사이의 거리를 말하였기 때문인지 1척이 약 22센티미터 정도 되었다.

字形 𠃚 金文 尺 簡牘文 尺 說文小篆

拓(주울 척·밀칠 탁): 托, [攉], zhí, tuò, tà, 手-5, 8, 32

字解 형성. 手$^{(손 수)}$가 의미부고 石$^{(돌 석)}$이 소리부로, 손$^{(手)}$으로 '줍다'는 뜻이며, 물건을 손으로 밀어 젖히다는 뜻도 가져 開拓$^{(개척)}$하다는 뜻이 나왔다. 또 종이를 먹으로 밀쳐서 인쇄한다는 뜻에서 墨拓$^{(목탁)}$이라는 뜻도 나왔는데, 이때에는 '탁'으로 읽힘에 유의해야 한다. 간화자에서는 托$^{(밀 탁)}$에 통합되었다. ☞ 托$^{(밀 탁)}$

字形 拓 說文小篆

隻(새 한 마리 척): 只, zhī, 隹-2, 10, 20

字解 회의. 又$^{(또 우)}$와 隹$^{(새 추)}$로 구성되어, 새$^{(隹)}$를 손$^{(又)}$으로 잡은 모습이며, 이후 새나 배를 헤아리는 단위사로 쓰이기도 했다. 간화자에서는 只$^{(다만 지)}$에 통합되었다. ☞ 只$^{(다만 지)}$

字形 𦐇 甲骨文 𨿸 𨿸 金文 𨿸 𨿸 𨿸 𨿸 𨿸 古陶文 隻 說

文小篆

戚(겨레 척): [鏚], qī, 戈-7, 11, 32

字解 형성. 戉$^{(다섯째 천간 무)}$가 의미부이고 叔$^{(아재비 숙)}$이 소리부로, '겨레'를 말한다. 소전체에서는 戉$^{(도끼 월)}$이 의미부고 尗$^{(콩 숙)}$이 소리부로, 도끼$^{(戉)}$를 말했는데, 예서에서 戉이 같은 뜻의 戊로 변해 지금의 자형이 되었다. 이후 친근하다, 친밀하다는 뜻으로 쓰였고, 가까운 '겨레'라는 뜻도 가지게 되었다.

字形 戚 金文 戚 簡牘文 戚 說文小篆

慽(근심할 척): qī, 心-11, 14

字解 형성. 心$^{(마음 심)}$이 의미부고 戚$^{(겨레 척)}$이 소리부로, 같은 핏줄을 이어받은 민족$^{(戚)}$이 서로를 걱정해 주는 마음$^{(心)}$을 말하며, 이로부터 근심하다, 걱정하다의 뜻이 나왔다.

字形 慽 說文小篆

滌(씻을 척): 涤, dí, 水-11, 14, 10

字解 형성. 水$^{(물 수)}$가 의미부고 條$^{(가지 조)}$가 소리부로, 솔$^{(條)}$을 가지고 물$^{(水)}$에 '세척하다'는 뜻인데, 條는 원래 목욕재계$^{(攸유)}$ 때 쓰던 나무$^{(木)}$ 솔을 말한다. 간화자에서는 條를 条로 간단하게 줄여 涤으로 쓴다. ☞ 條$^{(가지 조)}$

字形 滌 說文小篆

脊(등성마루 척): jǐ, 肉-6, 10, 10

字解 회의. 윗부분은 등골을 그렸고 아랫부분은 肉(고기 육)으로 구성되어 신체(肉)의 일부분인 '등골'을 말한다. 등골은 신체의 중추적 역할을 하는 부분이므로 이후 가장 중요한 부분이라는 뜻도 나왔다.

字形 脊 脊簡牘文 脊說文小篆

瘠(파리할 척): [膌], jí, 疒-10, 15, 10

字解 형성. 疒(병들어 기댈 녁)이 의미부고 脊(등성마루 척)이 소리부로, 파리하거나 그런 사람을 말하는데, 수척하여 등뼈(脊)가 다 드러날 정도의 야윈 병(疒)이라는 뜻을 담았다.

擲(던질 척): 掷, zhì, 手-15, 18, 10

字解 형성. 手(손 수)가 의미부고 鄭(나라 이름 정)이 소리부로, 내던지는 손(手) 동작을 말하며, 이로부터 '버리다', 던지다 등의 뜻이 나왔다. 간화자에서는 鄭을 郑으로 줄여 掷으로 쓴다.

刺(찌를 척) ☞ 刺(찌를 자)

倜(대범할 척): tì, 人-8, 10

字解 형성. 人(사람 인)이 의미부고 周(두루 주)가 소리부로, 주위를 두루(周) 살필 수 있는 사람(人)이 대범한 사람임을 반영했으며, 이로부터 '뛰어나다'의 뜻이 나왔고, 다시 세상 물정에 어둡다(迂闊·우활), 멀다는 뜻까지 나왔다.

字形 倜說文小篆

蹠(밟을 척): zhí, 足-11, 18

字解 형성. 足(발 족)이 의미부고 庶(여러 서)가 소리부로, 발(足)의 뒤쪽 발바닥과 발목 사이의 불룩한 부분인 발꿈치를 말하며, 이로부터 발바닥, 밟다, 다리, 타다 등의 뜻이 나왔다.

字形 蹠說文小篆

摭(주울 척): 拓, zhí, 手-11, 14

字解 형성. 手(손 수)가 의미부고 庶(여러 서)가 소리부로, 손(手)으로 줍다는 뜻이다. 달리 拓(주울 척·밀칠 탁)으로 쓰기도 하는데, 간화자에서는 拓에 통합되었다.

字形 拓簡牘文 拓說文小篆 摭說文或體

천

舛(어그러질 천): chuǎn, 舛-0, 6

字解 상형. 반대 방향으로 놓인 두 발을 그렸는데,『설문해자』에 이르러서야 부수로 독립되었고, 그전에는 다른 형상과 결합한 모습으로 등장한다. 두 발은 동작을 말하고, 반대 방향은 배치되어 '어그러짐'을 뜻한다.

字形 𣥠 說文小篆

闡(열 천): 阐, chǎn, 門-12, 20, 10

字解 형성. 門^(문 문)이 의미부고 單^(홑 단)이 소리부로, 사냥^(單)이나 전쟁에 나갔던 군사가 들어올 때 문^(門)을 '활짝 열어' 환영하는 모습을 그렸고, 이로부터 闡明^(천명·입장 따위를 드러내서 밝히다), 열어젖히다, 속을 열어 보이다 등의 뜻이 나왔다. 간화자에서는 單을 单으로 줄인 阐으로 쓴다.

字形 闡 說文小篆

千(일천 천): [韆], qiān, 十-1, 3, 70

字解 형성. 갑골문에서 상징부호인 가로획^(一)에 소리부인 人^(사람 인)을 더해 1천이라는 숫자를 나타냈고, 이로부터 '많다'는 뜻이 나왔다. 혹자는 벼^(禾)를 그렸으며, 벼에 달린 낟알이 매우 많음으로부터 1천이란 숫자를 나타냈다고 풀이하기도 한다. 현대 중국에서는 韆^(그네 천)의 간화자로도 쓰인다.

字形 ![갑골문 등] 甲骨文 ![금문] 金文 ![고도문] 古陶文 ![인장문] ![간독문] 簡牘文 ![고새문] 古璽文 䏍 說文小篆

仟(일천 천): qiān, 人-3, 5

字解 형성. 人^(사람 인)이 의미부고 千^(일천 천)이 소리부로, 사람^(人) 1천^(千) 명을 헤아리는 단위를 말한다. 이후 千의 갖은 자로도 쓰였다.

阡(두렁 천): qiān, 阜-3, 6

字解 형성. 阜^(언덕 부)가 의미부고 千^(일천 천)이 소리부로, 밭 사이로 남북으로 난 작은 흙길^(阜)을 말하며, 이로부터 길, 교외, 농지 등의 뜻까지 나왔다.

字形 阡 說文小篆

賤(천할 천): 贱, jiàn, 貝-8, 15, 32

字解 형성. 貝^(조개 패)가 의미부고 戔^(쌓일 전)이 소리부로, 값이 싸다는 뜻으로, 재산^(貝)이 얼마 남지 않은^(戔) 상태를 말하며, 이로부터 가난하다, '천하다', 멸시하다 등의 뜻이 나왔다. 간화자에서는 戔을 戋으로 간단하게 줄인 贱으로 쓴다.

字形 ![간독문1] ![간독문2] 簡牘文 賤 說文小篆

踐(밟을 천): 践, jiàn, 足-8, 15, 32

字解 형성. 足(발 족)이 의미부고 戔(쌓일 전)이 소리
부로, 발(足)로 부스러지도록(戔) '밟다'는 뜻
이며, 이로부터 유린하다, 달려가다 등의
뜻이 나왔다. 간화자에서는 戔을 戋으로
간단하게 줄인 践으로 쓴다.

字形 帛書 簡牘文 石刻古文
說文小篆

淺(얕을 천): 浅, qiǎn, 水-8, 11, 32

字解 형성. 水(물 수)가 의미부고 戔(쌓일 전)이 소리
부로, 물(水)이 많지 않아(戔) '깊지 않음'을
말하며, 상하 혹은 내외간의 거리가 짧음
도 뜻하게 되었다. 간화자에서는 戔을 戋
으로 간단하게 줄인 浅으로 쓴다.

字形 金文 說文小篆

泉(샘 천): quán, 水-5, 9, 40

字解 상형. 갑골문에서 바위틈으로 솟아나는 물
의 모습을 그렸는데, 자형이 조금 변하여
지금처럼 되었다. 그래서 '샘물'이 원래 뜻
이며, 지하수를 지칭하기도 했다. 또 고대
중국인들은 황토 지대를 살아서 그랬는지
땅속에는 누런 강물이 흐르고 있으며 사람
이 죽으면 그곳으로 간다고 생각했는데,
그곳을 黃泉(황천)이라 불렀다.

字形 甲骨文 古陶文
簡牘文 石篆文 說文小篆

薦(천거할 천): 荐, jiàn, 艸-13, 17, 30

字解 형성. 금문에서 茻(풀 우거질 망)이 의미부이고
廌(법 치)가 소리부인데, 茻은 풀이 우거진
모습을, 廌는 해치(해태)를 그렸으며, 소전
체에서 茻이 艸(풀 초)로 줄어 지금의 자형
이 되었다. 『설문해자』에서는 해치(獬廌) 같
은 "짐승이 먹는 풀을 말한다."라고 했다.
그래서 薦은 이러한 풀로 만든 깔개, 즉
돗자리를 의미했다. 하지만, 해치는 法(법
법)자에서도 볼 수 있듯 정의로운 동물의
상징이다. 그래서 薦은 신성한 해치가 먹
는다는 신성한 풀로 만든 돗자리로 주로
제사 때 사용되었다. 그래서 『廣雅(광아)』나
『左傳(좌전)』 등을 살펴보면, 소나 양과 같
은 희생물을 바치는 제사를 祭(제사 제)라고
하지만 이러한 희생물이 없는 제사를 薦이
라고 했다. 희생물이 동원되지 아니한 薦
이라는 제사는 제수를 돗자리(薦)에 받쳐
올렸기 때문에 붙여진 이름일 것이다. 그
래서 薦은 '신에게 제수를 올리다'의 뜻을
갖는다. 이후 이와 연관되어 임금에게 올
리는 것을 薦이라 일컬었는데, 그것은 다
름 아닌 인재의 薦擧(천거)였다. 그리하여
薦에는 推薦(추천)하다는 뜻이 생겼다. 이렇
게 되자 원래의 '돗자리'는 荐으로 분화했
다. 간화자에서는 廌를 存(있을 존)으로 바꾼
荐(거듭·자리 깔 천)으로 쓴다.

字形 金文 說文小篆

荐(거듭·자리 깔 천): jiàn, 艸-6, 10

字解 형성. 艸^(풀 초)가 의미부고 存^(있을 존)이 소리부로, 깔개나 자리를 말하는데, 풀^(艸)로 만든 앉을 수 있는^(存) 것이라는 뜻을 담았다. ☞ 薦^(천거할 천)

字形 [簡牘文] [說文小篆]

穿(뚫을 천): chuān, 穴-4, 9, 10

字解 회의. 穴^(구멍 혈)과 牙^(어금니 아)로 구성되어, 이빨^(牙)로 구멍^(穴)을 뚫음을 말하며, 이로부터 뚫다, 날카롭다, 통과하다, (옷 등을) 입다 등의 뜻이 나왔다.

字形 [簡牘文] [古璽文] [說文小篆]

喘(헐떡거릴 천): chuǎn, 口-9, 12, 10

字解 형성. 口^(입 구)가 의미부고 耑^(시초 단)이 소리부로, 입^(口)으로 숨을 가쁘고 거칠게 내쉬다는 뜻이며, 호흡이나 기침을 뜻하기도 한다. 달리 口 대신 欠^(하품 흠)이 들어간 歂^(헐떡거릴 천)으로 쓰기도 한다.

擅(멋대로 천): shàn, 手-13, 16, 10

字解 형성. 手^(손 수)가 의미부고 亶^(믿음 단)이 소리부로, 홀로 마음대로 하는 행위^(手)를 말하며, 이로부터 전횡이나 독단의 뜻이 나왔다.

字形 [簡牘文] [說文小篆]

遷(옮길 천): 迁, qiān, 辵-12, 16, 32

字解 형성. 辵^(쉬엄쉬엄 갈 착)이 의미부이고 𢍰^(오를 선)이 소리부로, 옮겨^(𢍰) 가다^(辵), 옮기다, 바꾸다는 뜻이다. 금문에서 왼쪽은 얼금얼금한 광주리 같은 것을 네 손으로 마주 든^(舁·여) 모습으로, 무거운 물건을 함께 들거나 집단 노동을 함께하는 모습을 그렸다. 여기에다 앉은 사람^(卩·절)과 성곽^(囗·위)이 결합해 '사람이 거주하는 곳을 그린 邑^(고을 읍)이 더해진 것으로 보아 遷은 사람들이 새로 살 城^(성)을 만드는 모습을 형상화한 것으로 보인다. 그래서 遷의 원래 뜻은 築城^(축성)이다. 城을 쌓는 것은 새로운 삶터를 위해서이고 성이 만들어지면 그곳으로 옮겨가기 마련이다. 그래서 '옮기다'는 뜻도 생겼다. 소전체로 오면서 '옮기다'는 뜻을 강조하기 위해 辵^(쉬엄쉬엄 갈 착)이 더해졌고, 자형의 균형을 위해 오른쪽에 있던 邑이 준 채 𢍰으로 통합되어 지금의 遷이 완성되었다. 간화자에서는 辵이 의미부고 千^(일천 천)이 소리부로 된 迁으로 쓴다.

字形 [金文] [石刻古文] [說文小篆] [說文古文]

韆(그네 천): 千, qiān, 革-16, 25

字解 형성. 革^(가죽 혁)이 의미부고 遷^(옮길 천)이 소리부로, 가죽 끈^(革)으로 줄을 매어 허공을 가로지르며 이리저리 옮겨가도록^(遷) 만든

장치'인 그네를 말한다. 간화자에서는 千^{(일}
^{천 천)}에 통합되었다. ☞ 千^(일천 천)

川(내 천): [〈〈〈], chuān, 〈〈〈-0, 3, 70

字解 상형. 갑골문에서 양쪽의 강 언덕 사이로
흐르는 물^(水·수)을 그려 '강'을 형상화했다.
川은 원래의 '강'이라는 기본 개념 이외에
도, 강 주위로 넓게 펼쳐진 '평야'를 뜻한
다. 강은 문화권을 경계 짓는 지리적 요소
이기도 하지만 다른 문화와의 교류와 교통
이 '강'을 따라 이루어졌다는 점에서 '소통'
의 의미까지 가지는데, 巡^(돌 순)이 이를 말
해 준다. 또 四川省^(사천성)을 뜻하여 이를
줄여 부르는 말로도 쓰인다.

字形 甲骨文 金文 帛
書簡牘文 說文小篆

釧(팔찌 천): 钏, chuàn, 金-3, 11, 12

字解 형성. 金^(쇠 금)이 의미부고 川^(내 천)이 소리부
로, 팔목에 끼는 금속^(金)으로 만든 고리
모양의 장식품^(臂環·비환)을 말한다.

字形 說文小篆

玔(옥고리 천): chuān, 玉-3, 7

字解 형성. 玉^(옥 옥)이 의미부고 川^(내 천)이 소리부
로, 팔목에 끼는 옥^(玉)으로 만든 고리 모
양의 장식품^(臂環·비환)을 말한다.

天(하늘 천): tiān, 大-1, 4, 70

字解 상형. 원래 사람^(大·대)의 머리를 크게 그렸는
데, 머리가 가로획^(一)으로 변해 지금의 자
형이 되었다. 머리끝에 맞닿은 것이 '하늘'
임을 나타냈고, 이로부터 위에 있는 것, 꼭
대기, 최고 등의 뜻이 나왔으며, 이후 하
늘, 자연적인 것, 기후, 하느님 등의 뜻도
나왔다. '하늘'을 존재하는 자연물 그대로
그리지 않고 사람의 신체에 머리를 크게
그려놓고 거기와 맞닿은 곳이 '하늘'임을
그려낸 중국인들의 사유 방식이 의미 있어
보인다.

字形 甲骨文 金文
簡牘文 古幣文 古
璽文 說文小篆

철

凸(볼록할 철): tū, 凵-3, 5, 10

字解 상형. 볼록 튀어나온 물체를 그렸고, 凹^{(오목}
^{할 요)}와 대칭을 이룬다. ☞ 凹^(오목할 요)

徹(통할 철): 彻, chè, 彳-12, 15, 32

字解 회의. 원래 세 발 솥의 하나인 鬲^{(솥 력·막을}
^{격)}과 攴^(칠 복)으로 이루어져, 식사를 마치
고 솥^(鬲)을 치우는 모습으로부터 '撤去^{(철}
^{거)}'와 '撤收^(철수)'의 의미를 그렸다. 이후

手^(손 수)를 더해 撤^(거둘 철)로 만들었고, 그
러한 행위가 주로 길에서 행해졌기에 手
대신 彳^(조금 걸을 척)을 더해 徹을 만들었는
데, 자형이 조금 변해 지금처럼 되었다. 간
화자에서는 彳이 의미부이고 切^(끊을 절)이
소리부인 구조의 彻로 쓴다.

字形 𣄰 甲骨文 𣄰 𣄰 𣄰 金文 徹 簡
牘文 徹 說文小篆 𢼷 說文古文

撤(거둘 철): chè, 手-12, 15, 20

字解 형성. 手^(손 수)가 의미부고 徹^(통할 철)의 생략
된 모습이 소리부로, 손^(手)으로 솥을 치우
다^(徹)는 뜻이며, 이로부터 철거하다, 撤收
^(철수)하다 등의 뜻이 나왔다. ☞ 徹^(통할 철)

澈(물 맑을 철): chè, 水-12, 15, 12

字解 형성. 水^(물 수)가 의미부고 徹^(통할 철)의 생략
된 모습이 소리부로, 물^(水) 속까지^(徹) 다
보일 정도로 '물이 맑음'을 말한다. 이후
물이 다하다, 투명하다의 뜻도 나왔다.

轍(바퀴 자국 철): 辙, zhé, 車-12, 19, 10

字解 형성. 車^(수레 거차)가 의미부고 徹^(통할 철)의
생략된 모습이 소리부로, 수레^(車)의 바퀴
가 지나가면서^(徹) 남긴 자국을 말한다. 이
후 길이라는 뜻이 나왔고, 다시 행동의 방
침 등을 뜻하게 되었다.

字形 轍 說文小篆

鐵(쇠 철): 铁, [或, 鈇, 銕], tiě, 金-13, 21, 50

字解 형성. 金^(쇠 금)이 의미부이고 戜^(날카로울 질)이
소리부로, 쇠를 말한다. 원래는 戜로 써,
모루 위에 놓인 쇳덩이와 이것으로 만든
무기^(戈·과)로써 '철'을 상징했는데, 다시 金
을 더해 의미를 구체화했다. 구리에다 납,
주석, 아연 등을 넣으면 용해점이 내려가
고 강도는 훨씬 높아져 '청동'이 만들어진
다. 철^(Fe)이 원래 뜻이며, 철로 만든 기구,
철의 색깔을 지칭하였으며, 철의 속성으로
부터 강함과 무거워 움직이지 않음의 비유
로도 쓰였다. 달리 戜이나 銕이나 鈇로도
쓰며, 간화자에서는 鈇을 간화한 铁로 쓴
다.

字形 鐵 鐵 簡牘文 鐵 說文小篆 鐵 說
文或體 銕 說文金文

哲(밝을 철): [喆, zhé, 口-7, 10, 32

字解 형성. 口^(입 구)가 의미부고 折^(꺾을 절)이 소리
부로, 명석하다는 뜻이다. 折은 판단하다는
뜻을 가져, 사고나 언사를 통해 정확한 판
단을 할 수 있는 것, 혹은 그런 사람을 말
하며, 이는 大智^(대지)의 표현으로 인식되었
다. 哲은 달리 折과 心^(마음 심)이 상하로 결
합한 구조로도 쓰는데 마음^(心)이 명석함
^(折)을 말했다. 또 哲人의 언사나 행동은
극히 순조롭고 길하다는 뜻에서 吉^(길할 길)
이 셋 결합한 모습으로 쓰기도 했고, 하나
를 줄여서 喆로 쓰기도 했다. 현대 중국에

서는 喆^(밝을 철)의 간화자로도 쓰인다.

金文

古璽文 古四

說文小篆 說文或體 說文古文

喆(밝을 철): zhé, 口-9, 12, 12

字解 회의. 두 개의 吉^(길할 길)로 구성되어, 명석 하고 밝음을 말하며, 哲^(밝을 철)과 같은 글 자이며, 간화자에서는 哲에 통합되었다. ☞ 哲^(밝을 철)

輟(그칠 철): 辍, chuò, 車-8, 15

字解 형성. 車^(수레 거차)가 의미부고 叕^(연할 철)이 소리부로, 수레^(車)가 물러^(叕) 끝까지 가지 못하고 중도에서 그만두다는 뜻이다. 이로 부터 중단하다, 취소하다, 버리다, 폐지하 다, 양보하다 등의 뜻이 나왔다.

字形 說文小篆

綴(꿰맬 철): 缀, zhuì, 糸-8, 14, 10

字解 형성. 糸^(가는 실 멱)이 의미부고 叕^(연할 철)이 소리부로, 헤져 못쓰게^(叕) 된 것을 실^(糸)로 '꿰매다'는 뜻이며, 여러 글을 꿰어 책을 만든다는 뜻에서 저작이나 집록 등을 뜻하 기도 했다.

字形 說文小篆

掇(주울 철): duō, 手-8, 11

字解 형성. 手^(손 수)가 의미부고 叕^(연할 철)이 소리 부로, 떨어진^(叕) 것을 손^(手)으로 줍는다는 뜻 이며, 이로부터 긁어모으다, 갈취하다, 빼 앗다 등의 뜻이 나왔다.

字形 簡牘文 說文小篆

詹(이를 첨): zhān, 言-6, 13

字解 형성. 소전체에서 言^(말씀 언)과 八^(여덟 팔)이 의미부고 厃^(우러러볼 첨)이 소리부인 구조로, 『설문해자』에서의 풀이처럼 '말이 많다'는 뜻인데, 말^(言)이 나뉘어^(八) 극단에까지^(厃) 이른다는 뜻이며, 이로부터 '이르다', '미치 다'는 뜻이 나온 것으로 추정된다.

字形 古璽文 說文小篆

瞻(볼 첨): zhān, 目-13, 18, 12

字解 형성. 目^(눈 목)이 의미부고 詹^(이를 첨)이 소리 부로, 시선^(目)이 어떤 사물에까지 이르다 ^(詹)는 뜻으로부터 '보다'는 의미를 그렸다.

字形 說文小篆

檐(처마 첨): [簷], yán, 木-13, 17

字解 형성. 木(나무 목)이 의미부고 詹(이를 첨)이 소리부로, 집에서 도리 밖으로 내밀어 하늘에 이른(詹) '처마'를 말하는데, 나무(木)로 지붕을 이었기 때문에 木이 의미부로 채택되었다. 달리 木 대신 竹(대 죽)으로 구성된 簷(처마 첨)으로 쓰기도 하는데, 의미는 같다.

字形 檐 檐 檐 金文 檐 簡牘文 檐 說文小篆

沾(더할 첨): zhān, 水-5, 8

字解 형성. 水(물 수)가 의미부고 占(차지할 점)이 소리부로, 수분(水)이 스며들어 젖음(浸潤침윤)을 말하는데, 수분(水)이 어떤 물체 속으로 들어가 차지함(占)을 말한다. 이로부터 감화시키다, 미세한 접촉 등의 뜻이 생겼다.

字形 沾 說文小篆

僉(다 첨): 佥, qiān, 人-11, 13, 10

字解 회의. 亼(삼합 집)과 두 개의 口(입 구)와 두 개의 人(사람 인)으로 구성되어, 여러 사람(人)이 함께 모여(亼) 하나같이 모두 각자의 말을 하다(口)는 뜻을 그렸으며, 이로부터 '모두', '함께'라는 뜻이 나왔다. 간화자에서는 초서체로 줄인 佥으로 쓴다.

字形 僉 僉 金文 僉 說文小篆

簽(서명할 첨): 签, [籤], qiān, 竹-13, 19

字解 형성. 竹(대 죽)이 의미부고 僉(다 첨)이 소리부로, 함께(僉) 인정하거나 알아볼 수 있도록 '서명'하는 대(竹)쪽지를 말하는데, 종이가 보편화하기 전 대를 갈라 만든 쪽에다 글씨를 썼기 때문이다. 이로부터 '서명하다'는 뜻이 나왔고, 대 쪽지나 그처럼 생긴 물건 등을 지칭하게 되었다. 간화자에서는 僉을 佥으로 줄인 签으로 쓴다. ☞ 僉(다 첨)

甜(달 첨): tián, 甘-6, 11

字解 형성. 舌(혀 설)이 의미부고 甘(달 감)이 소리부로, 혀(舌)로 느끼는 단맛(甘)을 말하고 이로부터 감미로움과 아름다움의 뜻이 생겼다.

字形 甜 說文小篆

添(더할 첨): [沾], tiān, 水-8, 11, 30

字解 형성. 水(물 수)가 의미부고 忝(더럽힐 첨)이 소리부로, 물(水)을 더하다는 뜻에서 증가시키다의 뜻이 나왔으며, 송나라 이후로는 아이를 낳다는 뜻으로도 쓰였다. 옛날에는 忝 대신 占(차지할 점)이 들어간 沾(더할 첨)으로 쓰기도 했다.

尖(뾰족할 첨): jiān, 小-3, 6, 30

字解 회의. 小^(작을 소)가 위에 大^(큰 대)가 아래에 놓여, 아래쪽이 크고 위쪽이 작은 尖塔^(첨탑)의 이미지를 그렸다. 이로부터 尖에는 '뾰족하다'는 뜻과 '예리하다'는 뜻이 나오게 되었고, 다시 尖端^(첨단)에서처럼 그 뾰족한 첨탑의 제일 끝에 있는 '최고'라는 의미도 가지게 되었다.

諂(아첨할 첨): 谄, [謟], chǎn, 言-8, 15, 10

字解 형성. 言^(말씀 언)이 의미부고 臽^(함정 함)이 소리부로, 아첨하다는 뜻인데, 말^(言)로 빠지게 하는^(臽) 것이 아첨^(諂첨)임을 표현했다. 『설문해자』에서는 言이 의미부이고 閻^(마을 문 염)이 소리부인 謟^(아첨할 첨)으로 썼다.

字形 [圖] 說文小篆 [圖] 說文或體

첩

帖(표제 첩): tiè, tiě, tiē, 巾-5, 8, 10

字解 형성. 巾^(수건 건)이 의미부고 占^(차지할 점)이 소리부로, 종이가 보편화하기 전 공적이나 일을 기록했던 베^(巾)를 말하는데, 이후 그런 식으로 쓴 문서를 말하게 되었다. 이로부터 초청장 등의 뜻까지 나왔으며, 또 적절하다, 따르다, 순종하다 등의 뜻도 나왔다.

字形 [圖] 說文小篆

貼(붙을 첩): 贴, tiē, 貝-5, 12, 10

字解 형성. 貝^(조개 패)가 의미부고 占^(차지할 점)이 소리부로, 기한 내에 돈을 갚지 못하면 맡긴 물건을 마음대로 처분하여도 좋다며 맡긴 물건을 차지한^(占) 대가로 빌려주는 돈^(貝)을 말하여, 이로부터 보상하다, 보조금 등의 뜻이 나왔다.

字形 [圖] 說文小篆

捷(이길 첩): [捷], jié, 手-8, 11, 10

字解 형성. 手^(손 수)가 의미부고 疌^(베틀 디딜판 섭)이 소리부로, 捷報^(첩보)에서처럼 전쟁에서 '이기다'는 뜻이다. 전쟁에서 이긴 소식을 재빨리^(疌) 전해야 하는 행위^(手)이기 때문에 敏捷^(민첩)에서처럼 '빠르다'는 뜻이 나왔다.

字形 [圖] 金文 [圖] 說文小篆

睫(속눈썹 첩): [睞], jié, 目-8, 13

字解 형성. 目^(눈 목)이 의미부고 疌^(베틀 디딜판 섭)이 소리부로, 눈^(目)의 움직임을 따라 민첩하게 재빨리 움직이는 '속눈썹'을 말한다. ☞ 疌^(베틀 디딜판 섭)

牒(서판 첩): dié, 片-9, 13, 10

字解 형성. 片(조각 편)이 의미부고 枼(나뭇잎 엽)이
소리부로, 옛날 글씨를 쓸 수 있도록 얇게
만든 나무판(片)을 말하며, 이로부터 서적,
문서, 증서 등의 뜻이 나왔다.

字形 牒 簡牘文 牒 說文小篆

諜(염탐할 첩): 谍, dié, 言-9, 16, 20

字解 형성. 言(말씀 언)이 의미부고 枼(나뭇잎 엽)이
소리부로, 몰래 남의 말(言)을 엿들어 사정
을 살피는 것을 말하며, 이로부터 염탐하
다, 정탐하다, 間諜(간첩), 간편한 복장을 한
병사 등의 뜻이 나왔다.

字形 諜 簡牘文 諜 說文小篆

堞(성가퀴 첩): [堞], dié, 土-9, 12

字解 형성. 土(흙 토)가 의미부고 枼(나뭇잎 엽)이 소
리부로, 몸을 숨기고 적을 감시하거나 공
격하기 위해 성 위에 낮게 쌓은 담(土)을
말한다. 『설문해자』에서는 土가 의미부이
고 葉(잎 엽)이 소리부인 堞으로 썼다.

字形 堞 說文小篆

疊(겹쳐질 첩): 叠, [曡], dié, 田-17, 22, 10

字解 회의. 원래는 晶(밝을 정)과 宜(마땅할 의)의 결
합이었는데, 晶이 畾(밭 갈피 뢰)로 宜가 宜(마
땅할 의)로 변해 지금의 자형이 되었다. 晶이

나 畾나 모두 별(日)이나 논밭(田)이 '중첩'
된 모습이며, 宜도 소전체의 경우 夕(저녁
석)이 둘 겹쳐진 모습이 들어 있기 때문에,
'重疊(중첩)되다', '중복되다'의 뜻이 나왔다.
간화자에서는 畾를 㐱로 간단하게 줄여
叠으로 쓴다.

字形 疊 說文小篆

輒(문득 첩): 辄, [輙], zhé, 車-7, 14

字解 형성. 車(수레 거·차)가 의미부고 耴(귀뿌리 첩)이
소리부로, 사람이 기댈 수 있도록 수레(車)
양쪽으로 귀뿌리처럼(耴) 덧댄 나무판을 말
했는데, '문득'이나 '언제나' 등의 부사로
가차되었다. 간화자에서는 辄으로 쓴다.

字形 輒 輒 簡牘文 輒 說文小篆

妾(첩 첩): qiè, 女-5, 8, 30

字解 회의. 원래는 辛(매울 신)과 女(여자 여)의 결합
으로, 묵형을 받은(辛) 천한 여자(女)를 말했
는데, 이후 '첩'의 뜻으로 쓰였고, 자형도
조금 변했다.

字形 妾 說文小篆

청

靑(푸를 청): 青, qīng, 靑-0, 8, 80

字解 형성. 금문에서 丹^(붉을 단)이 의미부이고 生^(날 생)이 소리부였는데, 자형이 변해 지금처럼 되었다. 生은 싹^(屮·철)이 흙^(土·토)을 비집고 올라오는 모습이고, 丹은 광정^(井·정)에서 캐낸 염료^(丶·주)를 상징한다. 『설문해자』의 해석처럼 靑은 음양오행에서 東方^(동방)의 색을 말하는데, 동방은 초목이 생장하기 시작할 때의 상징이다. 그래서 靑은 바다나 하늘처럼 파랑이 아닌 봄날 피어나는 초목의 어린 싹에서 볼 수 있는 그런 '초록색'을 말한다. 막 피어나는 새싹의 색깔보다 더 순수하고 아름다운 색이 있을까? 그래서 靑은 푸른색 즉 자연의 순색을 말하며 이 때문에 '순수'와 '純正^(순정)'의 뜻이 담겼으며, 그런 순수함은 '깨끗함'과 '빛남'의 상징이며, 이로부터 젊음, 청춘, 청년을 지칭하게 되었다. 간화자에서는 青으로 쓴다.

字形 青青金文 𡧍𡧍𡧍𡧍簡牘文 𡧍帛書 靑說文小篆 𡧍說文古文

淸(맑을 청): 清, qīng, 水-8, 11, 60

字解 형성. 水^(물 수)가 의미부고 靑^(푸를 청)이 소리부로, 물^(水)이 깨끗하여^(靑) 맑고 명징함을 말한다. 이로부터 다른 불순물이 들지 않은 순수하고 정결함을 뜻하게 되었고, 분명하다, 조용하다, 깨끗하다, 청렴하다의 뜻도 나왔다. 또 왕조 이름으로 1644~1911년까지 존속했으며 北京^(북경)에 수도를 두었다.

字形 清清簡牘文 清說文小篆

菁(우거질 청): jīng, 艸-8, 12

字解 형성. 艸^(풀 초)가 의미부고 靑^(푸를 청)이 소리부로, 푸른색^(靑)을 내뿜는 풀^(艸·초)이 '우거짐'을 말한다. 또 부추의 꽃을 말하며, 이후 꽃의 범칭으로도 쓰였다.

字形 菁簡牘文 菁說文小篆

鯖(청어 청): 鲭, qīng, 魚-8, 19

字解 형성. 魚^(고기 어)가 의미부고 靑^(푸를 청)이 소리부로, 청어를 말하는데, 푸른색^(靑)을 띠는 물고기^(魚)라는 뜻이다.

請(청할 청): 请, qīng, 言-8, 15, 42

字解 형성. 言^(말씀 언)이 의미부고 靑^(푸를 청)이 소리부로, 찾아뵙다, 청하다, 모셔오다 등의 뜻인데, 순수한^(靑) 상태에서의 말^(言)이 무엇보다 간곡한 '청'임을 웅변해 준다. 『설문해자』에서는 찾아뵙다^(謁·알)는 뜻이라고 했다.

字形 請金文 請簡牘文 請說文小篆

晴(갤 청): [姓], qíng, 日-8, 12, 30

字解 형성. 日^(날 일)이 의미부고 靑^(푸를 청)이 소리부이지만, 해^(日)가 맑게^(靑) 비추다는 의미를 그렸다. 원래는 夕^(저녁 석)이 의미부이고 生^(날 생)이 소리부인 姓으로 써, 밤^(夕)에 날이 맑게 개어 별이 생겨남^(生)을 말했다.

字形 〔圖〕 說文小篆

聽(들을 청): 听, tīng, 耳-16, 22, 40

字解 형성. 耳^(귀 이)와 悳^(덕 덕)이 의미부이고 壬^(좋을 정)이 소리부로, 귀^(耳)로 듣다는 뜻이다. 금문에서는 耳와 口^(입 구)로 이루어져 말^(口)을 귀^(耳)로 듣다는 뜻을 그렸는데, 口가 두 개로 변하기도 했다. 소전에 들어 소리부인 壬이 더해졌으며, 곧은 마음^(悳)으로 발돋움 한 채^(壬) 귀^(耳) 기울여 듣고 청을 들어준다는 뜻을 반영했다. 듣다는 뜻 이외에도 받아들이다, 판결하다, 판단하다 등의 뜻이 나왔다. 간화자에서는 听으로 쓰는데, 口가 의미부이고 斤^(도끼 근)이 소리부인 구조로 변했다.

字形 〔圖〕〔圖〕金文 〔圖〕〔圖〕簡牘文 〔圖〕〔圖〕古璽文 〔圖〕說文小篆

廳(관청 청): 厅, tīng, 广-22, 25, 40

字解 형성. 广^(집 엄)이 의미부고 聽^(들을 청)이 소리부로, 大廳^(대청) 마루가 갖추어진 관아를 말했는데, 관아는 일반 민중들의 의견을 잘 청취하고 아픈 사연들을 귀담아들어야^(聽) 하며, 그런 사람들이 머무는 큰 집이나^(广) 장소를 말한다. 간화자에서는 广을 厂^(기슭 엄)으로 바꾸고 聽을 丁^(넷째 천간 정)으로 줄인 厅으로 쓴다. ☞ 聽^(들을 청)

체

體(몸 체): 体, [軆], tǐ, 骨-13, 23, 60

字解 회의. 骨^(뼈 골)과 豊^(풍년 풍)으로 구성되어, 튼튼하고 풍만한^(豊) 뼈^(骨)를 갖춘 '몸'을 형상화했는데, 豊이 豊으로 변해 지금의 자형이 되었다. 달리 身^(몸 신)이 들어간 軆로도 쓰는데, 이는 살이 붙어 풍만한^(豊·豊 풍) 몸체^(身)를 상징화했다. 이후 이를 줄여 体^(몸 체體의 약자)로 쓰기도 했는데 몸이 사람^(人·인)의 근본^(本·본)이라는 뜻을 담았으며, 간화자에서도 体로 쓴다.

字形 〔圖〕金文 〔圖〕〔圖〕簡牘文 〔圖〕說文小篆

逮(미칠 체): dài, 辵-8, 12, 30

字解 형성. 辵^(쉬엄쉬엄 갈 착)이 의미부고 隶^(미칠 이)가 소리부로, 따라가서^(辵) 대상물의 꼬리를 붙잡음^(隶)을 형상화했고, 이로부터 목표물에 '미치다'와 逮捕^(체포)하다는 뜻이 나왔다. ☞ 隶^(미칠 이)

字形 簡牘文 說文小篆

替(없앨 체): tì, 曰-8, 12, 30

字解 회의. 용기에 담긴 목 잘린 돼지를 그려 희생물로 쓰고 난 후 '폐기'하는 모습을 형상했고, 이로부터 '없애다'의 뜻이 나왔는데, 그릇이 曰(가로 왈)로 변하고 목 잘린 돼지가 夫(지아비 부)로 변해 지금의 자형이 되었다. 『설문해자』에서는 竝이 의미부이고 白(흰 백)이 소리부인 暜로 썼고, 이의 이체자로 竝(나란히 병)과 曰로 구성된 구조와 兟(나아갈 신)과 曰로 구성된 두 가지를 제시했다.

字形 金文 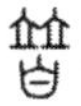說文小篆 說文或體

滯(막힐 체): 滞, zhì, 水-11, 14, 32

字解 형성. 水(물 수)가 의미부고 帶(띠 대)가 소리부로, '막히다'는 뜻이다. 띠처럼 넓고 길게(帶) 흐르는 강물(水)은 무엇에 막힌 듯 천천히 느리게 흐르기 마련이고 언뜻 보면 마치 서로 엉기어(凝) 정지해 있는 듯한데, 이 때문에 '막히다', 정체되다, 흐르지 않다 등의 뜻이 나왔다. 간화자에서는 帶를 带로 줄인 滞로 쓴다.

字形 說文小篆

遰(떠날 체): dì, 辵-11, 15

字解 형성. 辵(쉬엄쉬엄 갈 착)이 의미부이고 帶(띠 대)가 소리부이다. 『설문해자』의 해설처럼, '떠나다(去)'라는 뜻이다.

字形  說文小篆

遞(갈마들 체): 递, dì, 辵-10, 14, 30

字解 형성. 辵(쉬엄쉬엄 갈 착)이 의미부고 虒(뿔 범 사)가 소리부로, 임무 등을 차례로 가서(辵) 바꾸는 것을 말하며, 이로부터 교체하다, 보내다, 차례 등의 뜻이 나왔다. 간화자에서는 소리부 虒를 弟(아우 제)로 줄인 递로 쓴다.

字形 說文小篆

締(맺을 체): 缔, dì, 糸-9, 15, 20

字解 형성. 糸(가는 실 멱)이 의미부고 帝(임금 제)가 소리부로, 크게 부푼 씨방(帝)이 씨를 맺듯 실(糸)을 맺음을 말한다.

字形 說文小篆

諦(살필 체): 谛, dì, 言-9, 16, 10

字解 형성. 言(말씀 언)이 의미부고 帝(임금 제)가 소리부로, 자세히 살피다는 뜻이며, 이로부터 세밀하다, 자세하다 등의 뜻도 나왔다. 또 불교 유입 후 산스크리트어의 '사티야(Satya)'의 번역어로 '영원히 변하지 않는 성스러운 진리'를 말하는데, 이때에는 四聖諦(사성제)에서처럼 '제'로 읽는다.

ㅊ

涕(눈물 체): tì, 水-7, 10, 10

字解 형성. 水^(물 수)가 의미부고 弟^(아우 제)가 소리부로, 눈물^(水)을 말하며, 이후 울다, 콧물, 콧물을 훔치다 등의 뜻이 나왔다.

字形 [金文] [簡牘文] [說文小篆]

剃(머리 깎을 체): [薙, 鬀], tì, 刀-7, 9

字解 형성. 刀^(칼 도)가 의미부고 弟^(아우 제)가 소리부로, 칼^(刀)로 '머리칼을 깎다'는 뜻인데, 『설문해자』에서는 刀 대신 髟^(머리털 드리워질 표)가 들어간 鬀^(머리 깎을 체)로 쓰기도 했다.

字形 [說文小篆]

切(온통 체) ☞ **切**(끊을 절)

彘(돼지 체): zhì, 彐-9, 12

字解 회의. 갑골문에서 돼지^(豕)에 화살^(矢)이 꽂힌 모습을 그려, 화살로 잡은 멧돼지를 형상했으며, 금문에서는 이를 더욱 구체화했다. 소전체에 들면서 화살의 윗부분은 크^(고슴도치 머리 계)로 아랫부분은 矢로 변하고, 돼지^(豕)는 두 개의 匕^(비수 비)로 변해 지금의 자형이 되었다. 사냥으로 잡을 수 있는 멧돼지를 말한다.

字形 [甲骨文] [金文] [盟書] [說文小篆]

초

艸(풀 초): cǎo, 艸-0, 6

字解 회의. 갑골문에서 屮^(싹 날 철)이 둘 모인 모습인데, 屮은 떡잎을 피운 '싹'의 모습이다. 屮이 셋 모이면 卉^(풀 훼)가 되고 넷 모이면 茻^(풀 우거질 망)이 되어, 屮의 숫자가 많을수록 정도가 강화되었다. 艸^(풀 초)의 경우, 금문부터는 소리부인 早^(일찍 조)를 더해 草^(풀 초)로 분화해, 단독으로 쓰일 때에는 草, 다른 글자와 결합할 때에는 艸^(艹)로 썼다. 풀은 식물의 대표이기 때문에, 艸는 풀의 총칭은 물론 풀의 구체적 명칭, 나아가 식물의 특정 부위를 지칭한다. ☞ 屮^(싹틀 철)

字形 [古陶文] [簡牘文] [說文小篆]

草(풀 초): [艸], cǎo, 艸-6, 10, 70

字解 형성. 艸^(풀 초)가 의미부고 早^(일찍 조)가 소리부로, 식물을 뜻하며, 부드러운 식물의 뜻으로부터 여성을 지칭하게 되었다. 또 이리저리 눕는 풀의 속성으로부터 대강대강하다, 거칠다, 草稿^(초고), 起草^(기초)하다 등의 뜻이 나왔다. 원래는 艸로 썼으나 소리

부인 무를 더해 형성구조로 변화했는데, 빨리(早) 자라는 식물(艸)이라는 의미를 담았다. ☞ 艸(풀 초)

字形 草簡牘文 艸石刻古文 艸說文小篆

焦(그을릴 초): jiāo, 火-8, 12, 20

字解 형성. 火(불 화)가 의미부고 隹(새 추)가 소리부로, 불(火)에 그을리다, 타다, 솥, 조급하다는 뜻인데, 작은 새(隹)를 구울(火) 때에는 혹시나 타버릴까 봐 언제나 '조바심을 내며' 잘 지켜보아야 한다는 뜻을 담았다. 『설문해자』에서는 원래 火가 의미부이고 雥(새 때 지어 모일 잡)이 소리부인 爒로 썼다.

字形 爒說文小篆 焦說文或體

蕉(파초 초): jiāo, 艸-12, 16, 10

字解 형성. 艸(풀 초)가 의미부고 焦(그을릴 초)가 소리부로, 식물(艸)의 일종인 '芭蕉(파초)'를 말한다.

字形 蕉說文小篆

樵(땔나무 초): qiáo, 木-12, 16, 10

字解 형성. 木(나무 목)이 의미부고 焦(그을릴 초)가 소리부로, 땔감을 말하는데, 불을 태울(焦) 때 쓰는 나무(木)라는 뜻을 담았다. 이후 나무를 베다, 나무꾼 등의 뜻이 나왔다.

字形 樵說文小篆

憔(수척할 초): [癄, 顦, 瘏], qiáo, 心-12, 15, 10

字解 형성. 心(마음 심)이 의미부고 焦(그을릴 초)가 소리부로, 조바심하며(焦) 마음(心)을 태워 '수척함'을 말하며, 이로부터 여위다, 얼굴색이 좋지 않다, 걱정하다, 어려움 등의 뜻이 나왔다.

醮(초례 초): jiào, 酉-12, 19

字解 형성. 酉(닭 유)가 의미부고 焦(그을릴 초)가 소리부로, 초례 즉 옛날의 冠禮(관례)나 婚禮(혼례)에서의 술(酉)에 관한 간단한 의식을 말하는데, 윗사람이 아랫사람에게 술을 따라주면 아랫사람은 술을 받아 공경을 표하며 다 마셔야 하지만 잔을 돌려줄 필요는 없다. 이후 시집가다, 신에게 제사를 드리다, 제단을 차려놓고 기도를 하다 등의 뜻이 나왔다.

字形 醮說文小篆

礁(물에 잠긴 바위 초): jiāo, 石-12, 17, 10

字解 형성. 石(돌 석)이 의미부고 焦(그을릴 초)가 소리부로, 바다나 물에 잠긴 바위(石)를 말하며, 물위로 모습을 드러낸 바위를 뜻하기도 한다.

秒(초 초까끄라기 묘): miǎo, 禾-4, 9

字解 형성. 禾^(벼 화)가 의미부고 少^(적을 소)가 소리부로, 벼^(禾)의 잔잔한^(少, 小와 통용됨) '까끄라기'를 말한다. 벼^(禾)의 가장 작은 부분을 지칭하던 데서 시간의 가장 작은 단위인 '초'도 뜻하게 되었다.

字形 秒 說文小篆

炒(볶을 초): [鬻], chǎo, 火-4, 8, 10

字解 형성. 火^(불 화)가 의미부고 少^(적을 소)가 소리부로, 요리법의 하나로 음식 재료를 잘게 썰어^(少) 불^(火)에 '볶는' 요리법을 말한다. 소전체에서는 鬻^(다리굽은 솥 력)이 의미부이고 芻^(꼴 추)가 소리부인 구조의 鬻로 써, 채소^(芻)를 솥에 볶다^(鬻)는 의미를 형상화했다.

字形 鬻 說文小篆

抄(베낄 초): [鈔, 杪, 吵], chāo, 手-4, 7, 30

字解 형성. 手^(손 수)가 의미부고 少^(적을 소)가 소리부로, '베끼다'는 뜻인데, 원래는 手 대신 金^(쇠 금)이 들어간 鈔^(노략질할 초)로 썼고, 이의 속자이다. 『설문해자』에서는 "쇠숟가락^(金)이나 손^(手)으로 낱알로 된 작은^(少) 물체를 긁어모으는 것을 말한다."라고 했으며, 이로부터 '긁어모으다'의 뜻이, 다시 '약탈하다'의 뜻이 나왔다. 또 손으로 작은 미세한 부분까지 그대로 옮겨 적는다는 뜻에서 '베끼다'는 의미가 나왔다.

字形 鈔 簡牘文 鈔 說文小篆

肖(닮을 초): xiào, 肉-3, 7, 32

字解 형성. 肉^(月·고기 육)이 의미부고 小^(작을 소)가 소리부로, 잘게^(小) 썰어 놓은 고깃덩어리^(肉)를 말했다. 고기를 잘게 썰어 놓으면 고기의 종류에 관계없이 대체로 비슷해 보이며 구분이 힘들어진다. 이로부터 肖에는 '작다'는 뜻 이외에도 '닮다'는 뜻이 나오게 되었다. 보통 不肖^(불초)라고 하면 자식이 부모 앞에서 자신을 낮추어 부르는 말인데, '선조만큼 훌륭하게 닮지^(肖) 못한^(不) 못난이'라는 뜻이다. 이로부터 肖에는 다시 어리석고 별 볼일 없는 사람이라는 뜻이 생겼다.

字形 肖 金文 肖 古陶文 肖 肖 肖 盟書 肖 簡牘文 肖 說文小篆

哨(망볼 초): shào, 口-7, 10, 20

字解 형성. 口^(입 구)가 의미부고 肖^(닮을 초)가 소리부로, 가늘고 길다는 뜻인데, 대나무흙쇠 등으로 만든 입^(口)으로 불어 소리를 내는 악기를 말하며, 이로부터 휘파람, 불다 등의 뜻도 나왔다. 또 옛날 군사 용어로, 戰陣^(전진)의 兩翼^(양익)이나 군대의 支隊^(지대)를 말하며, 이로부터 군대의 편대단위를 지칭하게 되었고, 또 순찰하다 등의 뜻도 나왔다.

字形 哨 說文小篆

梢(나무 끝 초): shāo, 木-7, 11, 10

字解 형성. 木(나무 목)이 의미부고 肖(닮을 초)가 소리부로, 나무(木)나 식물의 끝부분(肖)을 말하며, 이로부터 사물이나 시간의 끝 부분이라는 뜻도 나왔다. 또 나무의 가지, 장대 등을 지칭하기도 한다.

字形 梢 說文小篆

硝(초석 초): xiāo, 石-7, 12, 10

字解 형성. 石(돌 석)이 의미부고 肖(닮을 초)가 소리부로, 광석(石)의 이름을 말하는데, 芒硝(망초), 硝石(초석, niter), 朴硝(박초) 등이 있다. 芒硝는 풀이 웃자랐을 때 죽이는 기능을 하기도 하며, 가죽을 부드럽게 하는 데 쓰이기도 한다.

稍(벼 줄기 끝 초): [蕱], shāo, 禾-7, 12, 10

字解 형성. 禾(벼 화)가 의미부고 肖(닮을 초)가 소리부로, 벼(禾) 줄기의 끝부분(肖)을 말하며, 艸(풀 초)가 더해진 蕱로 쓰기도 한다. 이후 사물의 뜻이나 지엽적인 것을 뜻하기도 하였다.

字形 稍 稍 簡牘文 稍 說文小篆

剿(노곤할 초): [劋, 勦], jiǎo, 刀-11, 13

字解 형성. 刀(칼 도)가 의미부고 巢(집 소)가 소리부로, 칼(刀)로 끊어버리다는 뜻이며, 이로부터 절단하다, 토벌하다는 뜻이 나왔다. 달리 巢 대신 梟(올 소)가 들어간 劋(끊을 초)와 같으며, 刀 대신 力(힘 력)이 들어간 勦(노곤할 초)로 쓰기도 한다.

字形 剿 說文小篆

楚(모형 초): [檚], chǔ, 木-9, 13, 12

字解 형성. 林(수풀 림)이 의미부이고 疋(발 소필 발)가 소리부로, 가시나무의 일종인 牡荊(모형)이라는 나무를 가리키는 글자였다. 牡荊은 가시가 많아 그 자체로도 아픔이나 어려움의 상징이 되기에도 충분하지만, 나무의 재질이 단단하여 곤장을 치는 매의 재료로 쓰기에 알맞았다. 그래서 楚에는 가시나무라는 원래 뜻 이외에도 刑杖(형장죄인을 심문할 때 쓰던 몽둥이)의 뜻이, 다시 苦楚(고초)에서와 같이 아픔과 어려움의 의미가 생겼다. 나아가 고대 중국에서 남방 문명의 상징이자 북방의 한나라와 마지막까지 대결했던 楚나라를 지칭하기도 했는데, 초나라가 荊山(형산) 일대에서 건국되었기 때문이다.

字形 甲骨文 金文 古陶文 簡牘文 說文小篆

礎(주춧돌 초): 础, chǔ, 石-13, 18, 32

字解 형성. 石(돌 석)이 의미부고 楚(모형 초)가 소리부로, 모형나무(楚)처럼 재질이 단단한 기둥을 받치는 주춧돌(石)을 뜻하며, 이로부터 기초의 뜻이 나왔다. 간화자에서는 소리부 楚를 出(날 출)로 간단하게 바꾼 础로 쓴다.

字形 礎 說文小篆

超(뛰어넘을 초): chāo, 走-5, 12, 32

字解 형성. 走(달릴 주)가 의미부고 召(부를 소)가 소리부로, 뛰어 올라(走) 넘어감을 말한다. 이후 일정 범위를 넘어나는 것을 뜻하게 되었다.

字形 超古璽文 超說文小篆

招(부를 초): zhāo, 手-5, 8, 40

字解 형성. 手(손 수)가 의미부고 召(부를 소)가 소리부로, 손짓(手)으로 부르는(召) 것을 말하며, 이로부터 招待(초대)의 뜻이 생겼다. 손으로 부르는 것을 招, 말로 부르는 것을 召(부를 소)라 구분해 쓰기도 했다.

字形 招金文 招說文小篆

貂(담비 초): diāo, 豸-5, 12, 10

字解 형성. 豸(발 없는 벌레 치)가 의미부고 召(부를 소)가 소리부로, 담비를 말하는데, 털이 뛰어

나 사람의 유혹을 불러내는(召) 짐승(豸)으로 족제비처럼 생긴 동물이라는 의미를 담았다.

字形 貂簡牘文 貂說文小篆

苕(능소화 초): tiáo, 艸-5, 9

字解 형성. 艸(풀 초)가 의미부고 召(부를 소)가 소리부로, '능소화'를 말하는데, 사람의 마음을 매혹해 불러내는(召) 꽃(艸)이라는 의미를 담았다.

字形 苕說文小篆

初(처음 초): chū, 刀-5, 7, 50

字解 형성. 衣(옷 의)가 의미부이고 刀(칼 도)가 소리부로, 칼(刀)로 옷감(衣)을 마름질하는 모습을 그렸고, 마름질이 옷을 짓는 '처음'임을 말했다. 게다가 衣食住(의식주)라는 말에서 보듯, 인간 생활에서 옷의 제작은 무엇보다 중요한 일이었으며, 이로부터 '처음'이라는 의미가 나왔다. 이후 시작하다, 첫 번째, 당초, 애초 등의 뜻이 나왔다.

字形 初 初甲骨文 初初金文 初古陶文 初初初初簡牘文 初說文小篆

酢(초 초): zuò, 酉-5, 12

字解 형성. 酉(닭 유)가 의미부고 乍(잠깐 사)가 소리

부로, 술^(酉)에 의해 만들어지는^(乍, 作의 원래 글자) 것이 '초'임을 말해준다.

字形 醋 金文 醋醋 簡牘文 醋 說文小篆

醋(초 초): cù, 酉-8, 15, 10

字解 형성. 酉^(닭 유)가 의미부고 昔^(옛 석)이 소리부로, 식초를 말하는데, 술^(酉)이 오래되어^(昔) 만들어지는 것임을 반영했다. 이후 신맛을 뜻하게 되었고, 질투의 비유로 쓰이게 되었다.

字形 醋 說文小篆

椒(산초나무 초): [茮], jiāo, 木-8, 12

字解 형성. 木^(나무 목)이 의미부고 叔^(아재비 숙)이 소리부로, 산초나무로, 운향과의 낙엽관목 혹은 소교목으로 향기를 갖고 있다. 이후 산초나무의 열매를 뜻했고, 다시 후추나 고추도 뜻하게 되었다.

촉

蜀(나라이름 촉): [蠋], shǔ, 虫-7, 13, 12

字解 상형. 원래는 머리가 크게 돌출된 구부린 모양의 애벌레를 그렸으나, 이후 사천성 지역에 있던 나라 이름을 지칭하게 되었고, 그러자 다시 虫^(벌레 충)을 더한 蠋^(나비애벌레 촉)으로 분화했다. 角^(뿔 각)이 더해진

觸^(닿을 촉)은 애벌레^(蜀)가 더듬이^(角 각)를 내밀어 다른 물체와 '접촉함'을 그렸고, 金^(쇠 금)이 더해진 鐲^(팔찌 탁)은 애벌레^(蜀)가 구부린 모양처럼 둥글게 만들어진 금속^(金 금) 팔찌를 말한다.

字形 甲骨文 蜀 金文 蜀 蜀古陶文 蜀 蜀簡牘文 蜀 說文小篆

觸(닿을 촉): 触, chù, 角-13, 20, 32

字解 형성. 角^(뿔 각)이 의미부고 蜀^(나라 이름 촉)이 소리부로, 애벌레^(蜀)에 돌출된 뿔^(角)처럼 생긴 觸手^(촉수)를 말하며, 이로부터 '接觸^(접촉)하다', 부딪히다, 촉각 등의 의미가 생겼다. 간화자에서는 蜀을 虫^(벌레 충)으로 줄인 触으로 쓴다. ☞ 蜀^(나라이름 촉)

字形 觸 金文 觸 說文小篆

燭(촛불 촉): 烛, zhú, 火-13, 17, 30

字解 형성. 火^(불 화)가 의미부고 蜀^(나라 이름 촉)이 소리부로, 밤에 대궐의 뜰에 피우는 횃불^(火)을 말했는데, 이후 '촛불'을 지칭하게 되었으며, 불을 밝히다, 자세히 살피다 등의 뜻이 나왔다. 간화자에서는 蜀을 虫^(벌레 충)으로 줄인 烛으로 쓴다.

字形 燭 說文小篆

囑(부탁할 촉): 嘱, zhǔ, 口-21, 24, 10

字解 형성. 口^(입 구)가 의미부고 屬^(엮을 속)이 소리부로, 계속 되도록^(屬) 부탁 말을 하다^(口)는 뜻이며, 이로부터 보살피다, 부탁하다의 뜻이 나왔다. 간화자에서는 屬을 属으로 줄여 嘱으로 쓴다.

矗(우거질 촉): 矗, chù, 目-19, 24

字解 회의. 세 개의 直^(곧을 직)으로 구성되어, 하늘 높이 곧바르게^(直) 솟은 모습을 그렸고, 이로부터 높이 솟다, 정직하다 등의 뜻이 나왔다. 간화자에서는 矗으로 쓴다.

促(재촉할 촉): cù, 人-7, 9, 32

字解 형성. 人^(사람 인)이 의미부고 足^(발 족)이 소리부로, 압박하다, 급박하다, 促迫^(촉박)하다, 促進^(촉진)하다는 뜻인데, 사람^(人)의 발걸음^(足)을 '재촉하다'는 뜻을 담았다.

字形 [簡牘文] [說文小篆]

촌

寸(마디 촌): cùn, 寸-0, 3, 80

字解 지사. 오른손을 그린 又^(또 우)에 짧은 가로획을 더해, 그것이 손의 마디임을 형상화했다. 손의 마디를 뜻하는 寸은 길이의 단위로 쓰이게 되었는데, 한자^(尺·척)의 10분

의 1을 나타내기도 했고, 一寸光陰^(일촌광음, 짧은 시간)이라는 말에서처럼 매우 짧음도 뜻한다. 그래서 寸으로 구성된 한자는 손이나 손동작, 그리고 짧음과 의미적 관련을 갖는다.

字形 [古陶文] [簡牘文] [汗簡] [說文小篆]

村(마을 촌): [邨], cūn, 木-3, 7, 70

字解 형성. 木^(나무 목)이 의미부고 寸^(마디 촌)이 소리부로, '마을'을 말하는데, 옛날 마을과 마을 사이로 나무^(木)를 심어 경계로 삼은 작은^(寸) 마을을 말하며, 말단의 작은 마을을 나타내는 행정단위로도 쓰인다. 『설문해자』에서는 邑^(고을 읍)이 의미부이고 屯^(진 칠 둔)이 소리부인 邨^(마을 촌)으로 썼다.

字形 [說文小篆]

忖(헤아릴 촌): cǔn, 寸-3, 6, 10

字解 형성. 心^(마음 심)이 의미부고 寸^(마디 촌)이 소리부로, '헤아리다'는 뜻인데, 작은^(寸) 부분까지 하나하나 세심하게 헤아리는 마음^(心)을 말한다.

字形 [說文小篆]

邨(마을 촌): cūn, 邑-4, 7

字解 형성. 邑^(고을 읍)이 의미부고 屯^(진 칠 둔)이 소리부로, 싹이 돋아나는^(屯) 언덕으로 성^(邑)

을 쌓아 만든 거주지를 말한다.

字形 🔣 說文小篆

총

塚(무덤 총): zhǒng, 宀-8, 10

字解 형성. 勹(쌀 포)가 의미부이고 豖(발 얽은 돼지 걸음 축)이 소리부이다. 『설문해자』의 해설처럼, '높게 쌓은 무덤(高墳)'을 말한다. 이후 흙으로 봉분을 만든다는 뜻에서 土(흙 토)를 더하여 塚(무덤 총)을 만들었다. 간화자에서는 다시 塚에 통합되었다. ☞ 塚(무덤 총)

字形 🔣🔣金文 🔣簡牘文 🔣 說文小篆

塚(무덤 총): zhǒng, 土-10, 13, 10

字解 형성. 土(흙 토)가 의미부고 塚(무덤 총)이 소리부로, 흙(土)을 쌓아 만든 무덤(塚)을 말한다. 이후 산꼭대기, 크다 등의 뜻도 나왔다. 간화자에서는 塚에 통합되었다. ☞ 塚(무덤 총)

字形 🔣🔣金文 🔣簡牘文 🔣 說文小篆

寵(사랑할 총): 宠, chǒng, 宀-16, 19, 10

字解 형성. 宀(집 면)이 의미부고 龍(용 룡)이 소리부로, 사랑하다는 뜻인데, 집안(宀)에 토템으

로 삼았던 용(龍)의 형상을 모셔 놓고 신의 축복을 빌었던 데서 은총, 총애 등의 뜻이 나왔고, 다시 존중하다 등의 뜻이 나왔다. 간화자에서는 龍을 龙으로 줄인 宠으로 쓴다.

字形 🔣🔣金文 🔣🔣簡牘文 🔣 說文小篆

悤(바쁠 총): 匆, cōng, 心-7, 11

字解 형성. 心(마음 심)이 의미부이고 囪(천장 창)이 소리부로, 마음(心)이 '급하고 바쁨'을 말한다. 금문에서 심장을 그린 心에 점이 더해진 모습인데, 심장에다 점을 더함으로써 마음(心)이 '급하고 바쁨'을 형상화했다. 이후 의미를 강화하기 위해 다시 心을 더해 지금의 자형이 되었는데, 예서에서는 忩(바쁠 총, 悤의 속자)으로 변하기도 했다. 간화자에서는 匆(바쁠 총)에 통합되었다.

字形 🔣🔣金文 🔣古璽文 🔣 說文小篆

聰(귀 밝을 총): 聪, cōng, 耳-11, 17, 30

字解 형성. 耳(귀 이)가 의미부고 悤(바쁠 총)이 소리부로, 훤히 뚫린 밝은(悤) 귀(耳)로써 남의 말을 잘 들어 살핌을 말했고, 이로부터 '聰明(총명)함'의 뜻이 나왔다. 간화자에서는 悤을 总으로 줄여 聪으로 쓴다.

字形 🔣🔣🔣簡牘文 🔣 說文小篆

總(거느릴 총): 总, zǒng, 糸-11, 17, 42

字解 형성. 糸^(가는 실 멱)이 의미부고 悤^(바쁠 총)이 소리부로, 실이나 머리 등을 한데 모아서 실^(糸)로 묶는 것을 말했고, 이로부터 함께 모으다, 한데 모으다, 총괄하다, 개괄하다 의 뜻이 나왔고, 언제나, 줄곧, 여하튼 간에 등의 뜻도 나왔다. 總角^(총각)은 머리를 뿔^(角)처럼 묶은^(總) 사람이라는 뜻인데, 이는 결혼하지 않았음의 표지였다. 간화자에서는 总으로 간단하게 줄여 쓴다.

字形 〔甲骨文 簡牘文〕 〔說文小篆〕

摠(모두 총): zǒng, 手-11, 14

字解 형성. 手^(손 수)가 의미부고 悤^(바쁠 총)이 소리부로, 실이나 머리 등을 한데 모아서 손^(手)으로 묶는 것을 말하며, 總^(거느릴 총)과 같은 글자이다.

憁(바쁠 총): còng, 心-10, 14

字解 형성. 心^(마음 심)이 의미부고 悤^(바쁠 총)이 소리부로, 마음^(心)이 바쁜^(悤) 것을 말하며, 悤에 心이 더해져 분화한 글자이다. ☞ 悤^(바쁠 총)

蔥(파 총): 葱, cōng, 艸-11, 15

字解 형성. 艸^(풀 초)가 의미부고 悤^(바쁠 총)이 소리부로, 식물^(艸)의 하나인 파를 말하며, 파의 색깔인 청록색을, 또 그런 색깔을 띠는 劍^(검)을 말한다. 그런가 하면 파의 속살처럼 가느다랗고 하얀 연인의 손을 비유하기도 한다. 간화자에서는 悤을 忩^(바쁠 총)으로 바꾼 葱^(파 총)에 통합되었다.

字形 〔說文小篆〕

銃(총 총): 铳, chòng, 金-6, 14, 42

字解 형성. 金^(쇠 금)이 의미부고 充^(찰 충)이 소리부로, 도낏자루를 끼우도록 도끼머리에 뚫은 구멍을 말하는데, 쇠^(金) 도끼에 뚫어놓은 구멍을 채워 넣다^(充)는 뜻이다. 이 때문에 쇠 구멍에 화약을 채워 넣어 사용하는 무기인 '총'도 뜻하게 되었다.

叢(모일 총): 丛, cóng, 又-16, 18, 10

字解 형성. 丵^(풀 무성할 착)이 의미부고 取^(취할 취)가 소리부로, 떼를 지어 자라는 풀^(丵)을 말했으며, 이로부터 한데 모여 있다, 모여 살다 등의 뜻이 나왔다. 간화자에서는 从^(따를 종)과 가로획^(一)으로 구성된 丛으로 줄여 쓴다.

字形 〔簡牘文〕 〔說文小篆〕

撮(취할 촫): cuō, 手-12, 15, 10

字解 형성. 手(손 수)가 의미부고 最(가장 최)가 소리부로, 새 손가락(手)으로 물건을 집다는 뜻이며, 이로부터 모으다, 끌어당기다 등의 뜻이 나왔다. 한 움큼을 나타내는 단위사로도 쓰이며, 용량 단위로 쓰여 1되의 1천분의 1을 지칭하기도 한다.

字形 (說文小篆) 說文小篆

啐(맛볼 쵀): cuì, 口-8, 11

字解 형성. 口(입 구)가 의미부이고 卒(군사 졸)이 소리부로, 입(口)으로 맛보다는 뜻이다. 또 힘껏 토해 내다의 뜻도 가지며, 감탄사로도 쓰인다.

字形 (漢印) 漢印 (說文小篆) 說文小篆

最(가장 최): [寂, 取], zuì, 曰-8, 12, 50

字解 형성. 冃(쓰개 모)가 의미부고 取(취할 취)가 소리부로, 머리의 상징인 모자(冃)를 빼앗음(取)에서 '최고'의 軍功(군공)을 세우다는 뜻이 나왔으며, 이로부터 最高(최고), 가장 중요하다 등의 뜻이 나왔다.

字形 (簡牘文) 簡牘文 (說文小篆) 說文小篆

崔(높을 최): cuī, 山-8, 11, 12

字解 형성. 山(뫼 산)이 의미부고 隹(새 추)가 소리부로, 산(山)이 높고 큼을 말했는데, 이후 성씨로 쓰이게 되었다.

字形 (說文小篆) 說文小篆

催(재촉할 최): cuī, 人-11, 13, 32

字解 형성. 人(사람 인)이 의미부고 崔(높을 최)가 소리부로, 사람(人)을 재촉하다는 뜻이며, 이로부터 사람을 부리다 등의 뜻이 나왔다.

字形 (說文小篆) 說文小篆

秋(가을 추): [秌, 穐], qiū, 禾-4, 9, 70

字解 회의. 禾(벼 화)와 火(불 화)로 구성되어, 곡식(禾)을 불(火)로 태우는 모습을 그렸다. 갑골문에서는 메뚜기를 불(火)로 태우는 모습을

그려, 가을 수확 때 습격한 메뚜기 떼의 퇴치를 형상화했다. 이후 금문에서 禾가 더해졌고 예서에서 지금의 자형이 되었다. 秋收^(추수), 수확이 원래 뜻이며, 수확하는 계절이라는 뜻에서 가을의 의미가, 다시 수확에서 수확까지의 한 사이클이라는 뜻에서 한 해를 뜻하기도 하였다.

字形 甲骨文 古陶文 古璽文 簡牘文 說文小篆 說文籒文

楸(개오동나무 추): qiū, 木-9, 13, 12

字解 형성. 木^(나무 목)이 의미부고 秋^(가을 추)가 소리부로, '개오동나무'를 말하는데, 이 나무가 가을^(秋)을 느끼게 해주는 가장 대표적 나무^(木)임을 말해준다.

字形 說文小篆

鰍(미꾸라지 추): 鳅, qiū, 魚-9, 20, 10

字解 형성. 魚^(고기 어)가 의미부고 秋^(가을 추)가 소리부로, 미꾸라지를 말하는데, 이 물고기가 가을^(秋)의 대표적 물고기^(魚)임을 말해준다.

萩(사철 쑥 추): qiū, 艹-9, 13

字解 형성. 艹^(풀 초)가 의미부고 秋^(가을 추)가 소리부로, 사철 쑥^(애탕 쑥)을 말하는데, 가을^(秋)에도 죽지 않고 사철 계속 자라는 식물^(艹)

의 하나임을 반영했다.

字形 說文小篆

湫(다할 추): jiǎo, 水-9, 12

字解 형성. 水^(물 수)가 의미부고 秋^(가을 추)가 소리부로, 물^(水)이 가을^(秋) 하늘처럼 '맑음'을 말하며, 물속 밑까지 다 들여다보인다는 뜻에서 '아래', '끝'의 뜻이, 다시 깊다, 다하다는 뜻이 나왔다.

字形 說文小篆

芻(꼴 추): 刍, chú, 艹-4, 10, 10

字解 회의. 갑골문에서 艹^(풀 초)와 又^(또 우)로 구성되어, 손^(又)으로 풀^(艹)을 뜯는 모습을 그렸고, 소전체에서는 풀단을 손으로 쥔 모습을 그렸는데 자형이 변해 지금처럼 되었다. 이로부터 가축에게 먹일 '풀'이나 풀을 뜯다의 뜻이, 다시 사료 등의 뜻이 나왔다. 간화자에서는 刍로 간단하게 줄여 쓴다.

字形 甲骨文 金文 簡牘文 古璽文 說文小篆

皺(주름 추): 皱, zhòu, 皮-10, 15

字解 형성. 皮^(가죽 피)가 의미부고 芻^(꼴 추)가 소리부로, 주름진 가죽^(革)을 말하는데, 이후 주

름을 통칭하게 되었으며, 치마 등에 주름을 지우다는 뜻도 나왔다. 간화자에서는 芻를 刍로 간단하게 줄인 皱로 쓴다.

趨(달릴 추): 趋, qū, 走-10, 17, 20

字解 형성. 走^(달릴 주)가 의미부고 芻^(꼴 추)가 소리부로, 빠른 걸음으로^(走) 달리다는 뜻이며, 이로부터 달려가다, 종종걸음 치다 등의 뜻이 나왔다. 간화자에서는 芻를 刍로 간단하게 줄인 趋로 쓴다.

字形 🈂漢印 🈂說文小篆

鄒(나라 이름 추): 邹, zōu, 邑-10, 13, 12

字解 형성. 邑^(고을 읍)이 의미부고 芻^(꼴 추)가 소리부로, 지명^(邑)의 하나로, 춘추 때의 邾^(주)나라를 말하는데, 曹^(조)씨 성의 나라로, 子爵^(자작)에 해당하며 武王^(무왕) 때 처음으로 제후국에 봉해졌다. 魯^(노)나라 穆公^(목공) 때 鄒로 바뀌었으며 지금의 산동성 鄒縣^(추현) 일대를 말한다. 간화자에서는 芻를 刍로 간단하게 줄인 邹로 쓴다.

字形 🈂說文小篆

騶(말 먹이는 사람 추): 驺, zōu, 馬-10, 20

字解 형성. 馬^(말 마)가 의미부고 芻^(꼴 추)가 소리부로, 말^(馬)에게 꼴^(芻)을 먹이는 사람이라는 뜻이며, 말을 관리하는 사람이라는 뜻으로부터 마차를 모는 사람, 騎士^(기사), 시종 등의 뜻도 나왔다. 간화자에서는 芻를 刍로

로 간단하게 줄인 驺로 쓴다.

字形 🈂🈂古陶文 🈂簡牘文 🈂說文小篆

隹(새 추): 隹, zhuī, 隹-0, 8

字解 상형. 隹는 새를 그렸는데, 갑골문에서는 뾰족한 부리와 머리, 날개와 발까지 자세히 그려졌다. 『설문해자』에서는 "꼬리가 짧은 새를 隹라 하고, 꼬리가 긴 새를 鳥^(새 조)라 한다."라고 했지만, 대단히 긴 꼬리를 가진 꿩^(雉치)에 隹가 들었고, 꼬리가 짧은 학^(鶴)이나 해오라기^(鷺로) 등에 鳥가 뜬 것을 보면 꼭 그렇지도 않다. 또 '닭은 鷄^(닭 계)나 雞^(닭 계)로 써 둘을 혼용하기도 한다. 그래서 자형에 근거해 목이 잘록하여 소리를 잘 내는 새를 鳥, 목이 짧아 잘 울지 못하는 새를 隹라 한다는 해석도 나왔다. 그러므로 隹로 구성된 글자들은 먼저, 雀^(참새 작)이나 雁^(기러기 안)이나 雅^(메 까마귀 아)처럼 새의 종류를 나타내기도 하고, 集^(모일 집)이나 雜^(섞일 잡)처럼 새의 특성을 나타내기도 한다.

字形 🈂甲骨文 🈂金文 🈂石鼓文 🈂中山王鼎 🈂說文小篆

雛(병아리 추): 雏, chú, 隹-10, 18

字解 형성. 隹^(새 추)가 의미부고 芻^(꼴 추)가 소리부로, 병아리^(隹)를 말한다. 이로부터 어린이, 유치하다, 경험이 없는 초보자 등의 뜻이

나왔다. 간화자에서는 芻를 刍로 간단하게 줄인 雛로 쓴다.

說文小篆

崔(풀 많을 추): huán, 艸-8, 12

字解 형성. 艸^(풀 초)가 의미부이고 崔^(새 추)가 소리부로, 풀^(艸)이 많은 모양을 말하며, 또 약초의 이름으로도 쓰여 益母草^(익모초)를 말하기도 한다.

甲骨文 說文小篆

墜(떨어질 추): 坠, zhuì, 土-12, 15, 10

字解 형성. 土^(흙 토)가 의미부고 隊^(대 대)가 소리부로, 높은 곳에서부터 땅^(土)으로 墜落^(추락)함을 말했고, 이후 잃어버리다는 뜻까지 나왔다. 간화자에서는 隊를 队로 간단하게 줄인 坠로 쓴다. ☞ 隊^(무리 대)

甲骨文 金文

推(밀 추): tuī, 手-7, 11, 40

字解 형성. 手^(손 수)가 의미부고 崔^(새 추)가 소리부로, 밀다는 뜻인데, 새^(崔)의 속성처럼 앞으로 나아가도록^(崔) 손^(手)으로 밀다는 뜻을 담았다. 이후 類推^(유추)하다, 미루다, 사양하다 등의 뜻도 나왔다.

說文小篆

錐(송곳 추): 锥, zhuī, 金-8, 16, 10

字解 형성. 金^(쇠 금)이 의미부고 崔^(새 추)가 소리부로, 송곳을 말하는데, 안으로 들어가도록^(崔) 구멍을 뚫는 금속^(金) 도구라는 뜻을 담았다.

說文小篆

椎(몽치 추): zhuī, 木-8, 12, 10

字解 형성. 木^(나무 목)이 의미부고 崔^(새 추)가 소리부로, 물체를 안으로 들어가도록^(崔) 두드리는 짧막하고 단단한 나무^(木) 몽둥이를 말한다.

簡牘文 古璽文 說文小篆

騅(오추마 추): 骓, zhuī, 馬-8, 18

字解 형성. 馬^(말 마)가 의미부고 崔^(새 추)가 소리부로, 검푸른 털에 흰털이 섞인 말을 말하며, 項羽^(항우)의 애마 이름으로도 쓰였다.

簡牘文 說文小篆

追(쫓을 추): zhuī, 辵-6, 10, 32

字解 형성. 辵^(쉬엄쉬엄 갈 착)이 의미부고 自^(사, 師의 본래 글자)가 소리부로, 군사^(自)를 따라가^(辵) 추격함을 말하며, 이로부터 뒤따라 잡다, 소급해 제거하다, 탐구하다 등의 뜻이 나

왔다. 옛날에는 군대를 쫓는 것을 追, 짐승을 쫓는 것을 逐^(쫓을 축)이라 구분해 불렀다.

^{字形} 甲骨文 徃追追追 金文 簡牘文 說文小篆

鎚(쇠망치 추): 锤, [鎚, chuí, 金-10, 18, 10

^{字解} 형성. 金^(쇠 금)이 의미부고 追^(쫓을 추)가 소리부로, 두드리는 쇠^(金)로 만든 망치를 말한다. 또 追 대신 垂^(드리울 수)를 쓴 錘^(저울 추)와 같이 쓰여, 저울이나 중량의 단위를 말하기도 하는데, 8銖^(수)에 해당한다. 간화자에서는 錘에 통합되어 锤로 쓴다.

^{字形} 說文小篆

醜(추할 추): 丑, chǒu, 酉-10, 17, 30

^{字解} 형성. 鬼^(귀신 귀)가 의미부고 酉^(닭 유)가 소리부로, 악귀를 쫓고자 가면을 쓴 모습^(鬼)에서 '흉측하고 추악함'을 그렸다. 간화자에서는 丑^(소 축)에 통합되었다. ☞ 丑^(소 축)

^{字形} 古陶文 簡牘文 說文小篆

酋(두목 추): qiú, 酉-2, 9, 10

^{字解} 형성. 八^(여덟 팔)이 의미부고 酉^(닭 유)가 소리부로, 오래된 술독^(酉) 위로 향기가 퍼져 나오는^(八) 모습을 형상화했다. 이처럼 오래된 술은 신께 올렸으며, 이의 관리자가 바로 그 집단의 '우두머리'였으며, 여기에서 두목의 뜻이 나왔다. 酋에 손이 하나^(寸촌) 더해지면 尊^(높을 존), 손이 두 개^(卄공) 더해지면 奠^(제사지낼 전)이 된다. 오래된 술을 '높이' 받들어 신전에 바치는 것이 尊이요, 두 손으로 술을 올리고 제사지내는 것이 奠이다.

^{字形} 古璽文 說文小篆

樞(지도리 추): 枢, shū, 木-11, 15, 10

^{字解} 형성. 木^(나무 목)이 의미부고 區^(지경 구)가 소리부로, 문짝을 문설주에 달아 여닫는 데 쓰는 두 개의 쇠붙이를 말하는데, 이전에는 나무^(木)로 만들었다. 이를 중심축으로 움직이기 때문에, 중심, 중심축의 뜻이 나왔고, 다시 중요한 기관이나 천자의 지위 등을 뜻하게 되었다. 간화자에서는 區를 区로 간단히 줄여 枢로 쓴다.

^{字形} 說文小篆

諏(꾀할 추): 诹, zōu, 言-8, 15

^{字解} 형성. 言^(말씀 언)이 의미부고 取^(취할 취)가 소리부로, 자문하다, 심문하다, 의논하다는 뜻인데, 말^(言)로 물어서 의견을 취하다^(取)는 뜻을 담았다.

錘(저울 추): chuí, 金-8, 16

字解 金(쇠 금)이 의미부고 垂(드리울 수)가 소리부로, 무게를 재려고 아래쪽으로 축 늘어져 드리우는(垂) 쇠(金)로 된 저울의 추를 말한다. 현대 중국에서는 鎚(쇠망치 추)의 간화자로도 쓰인다.

字形 錘 說文小篆

抽(뽑을 추): [擂], chōu, 手-5, 8, 30

字解 형성. 手(손 수)가 의미부고 由(말미암을 유)가 소리부로, 손(手)으로 끌어당겨 뽑아냄을 말한다. 『설문해자』에서는 원래 擂(뽑을 추)로 썼는데, 由 대신 留(머물 류)가 들어갔다. 『설문해자』의 혹체에서는 手가 의미부고 秀(빼어날 수)가 소리부인 구조로 되기도 했다.

字形 擂 說文小篆 拻 軸 說文或體

帚(비 추): zhǒu, 巾-5, 8

字解 회의. 又(또 우)와 冂(먼데 경)과 巾(수건 건)으로 구성되었는데, 『설문해자』에서는 이렇게 풀이했다. "청소하다(糞)는 뜻이다. 손(持)으로 걸레(巾)를 쥐고 경계 내(冂內)를 청소하다 뜻이다. 먼 옛날, 소강(少康)이 처음으로 키(箕)와 빗자루(帚)와 차조로 빚은 술(秫酒)을 만들었다. 소강(少康)은 바로 두강(杜康)인데, 장원(長垣)에 묻혔다." 원래는 손잡이와 솔로 구성된 '빗자루'를 그린 상형자였는데, 소전체에 오면서 지금의 구조로 변했다.

이후 의미를 더 정확하게 하기 위해 竹(대 죽)을 더한 箒(비 추)를 만들어 분화했는데, 대(竹)로 만든 비(帚)를 말한다. ☞ 箒(비 추)

字形 帚 說文小篆

箒(비 추): 帚, zhǒu, 竹-8, 14

字解 형성. 竹(대 죽)이 의미부고 帚(비 추)가 소리부로, 대(竹)로 만든 비(帚)를 말한다. 원래는 帚(비 추)였으나 이후 분화한 글자이다. 간화자에서는 帚(비 추)에 통합되었다. ☞ 帚(비 추)

瘳(나을 추): chōu, 疒-11, 16

字解 형성. 疒(병들어 기댈 녁)이 의미부고 翏(높이 날 료)가 소리부로, 병(疒)이 다 낫다, 치유되다는 뜻이다.

字形 瘳 簡牘文 瘳 瘳 古璽文 瘳 說文小篆

축

軸(굴대 축): 轴, zhóu, 車-5, 12, 20

字解 형성. 車(수레 거,차)가 의미부고 由(말미암을 유)가 소리부로, 수레(車)의 굴대를 말하는데, 수레(車)로서의 기능을 하게 하는(由) 부위라는 뜻을 담았다. 이후 원기둥꼴의 기계 부품이나 수레를 지칭하기도 했다.

竺(대나무 축): [竺], zhú, 竹-2, 8

字解 형성. 二^(두 이)가 의미부고 竹^(대 죽)이 소리부로, 대나무^(竹)를 말하며, 대^(竹)로 만든 고대 악기를 말하기도 한다. 옛날 인도를 天竺^(천축)이라 번역하기도 한다.

字形 𝉂 說文小篆

祝(빌 축): zhù, 示-5, 10, 50

字解 회의. 示^(보일 시)와 兄^(맏 형)으로 구성되어, 제사를 주관하는 사람이 제단^(示) 앞에서 입을 벌린 채 꿇어앉아^(兄) 축원하는 모습을 그렸다. 제사 때 축도를 올리는 사람이 원래 뜻이며, 이로부터 巫祝^(무축), 박수^(남자 무당), 祝禱^(축도)하다, 축송하다, 慶祝^(경축)하다, 祝文^(축문) 등의 뜻이 나왔다. ☞ 兄^(맏 형)

字形 𝆃 甲骨文 𝆃 金文 𝆃 簡牘文 𝆃 說文小篆

豕(발 얽은 돼지 걸음 축): chù, 豕-1, 8

字解 지사. 豕^(돼지 시)와 ﹨^(점 주)로 구성되었는데, ﹨는 돼지발을 묶은 줄을 형상화 했다. 그래서 『설문해자』에서도 "돼지의 발이 묶여 잘 가지 못하는 모양^(豕絆足行豕豕)을 말한다.

돼지의 두 다리를 줄로 묶은 모습을 그렸다^(豕繫二足)."라고 했다.

字形 𝄃 說文小篆

逐(쫓을 축): zhú, 辵-7, 11, 30

字解 형성. 豕^(돼지 시)가 의미부고 辵^(쉬엄쉬엄 갈 착)이 소리부로, 멧돼지^(豕)를 쫓아가는^(辵) 사냥 법을 그렸고, 이로부터 짐승을 뒤쫓다, 몰아내다, 추구하다, 경쟁하다, 따르다 등의 뜻이 나왔다.

字形 𝆃 甲骨文 𝆃 金文 𝆃 古陶文 𝆃 簡牘文 𝆃 說文小篆

蹴(찰 축): [蹙], cù, 足-12, 19, 20

字解 형성. 足^(발 족)이 의미부고 就^(이룰 취)가 소리부로, 앞으로 나아가도록^(就) 발^(足)로 '차다'는 뜻이며, 이후 밟다, 뒤쫓다 등의 뜻도 나왔다.

字形 𝄃 說文小篆

筑(악기 이름 축): zhú, 竹-6, 12

字解 형성. 巩^(알 공)이 의미부고 竹^(대 죽)이 소리부로, 箏^(쟁 쟁)과 비슷한 옛날의 대^(竹)로 만든 악기를 말하며, 貴州^(귀주)성 貴陽^(귀양)시의 간칭으로도 쓰인다. 또 築^(쌓을 축)의 간화자로도 쓰인다. ☞ 築^(쌓을 축)

字形 （金文）… 簡牘文 … 帛
書 … 說文小篆

築(쌓을 축): 筑, zhù, 竹-10, 16, 42

字解 형성. 木^(나무 목)이 의미부고 筑^(악기 이름 축)이
소리부로, 쌓다는 뜻인데, 곁 나무(木)를 대
고 황토를 넣고서 달구로 다져가며 담이나
성을 '쌓는' 모습을 그렸다. 금문에서는 대
^(竹·죽) 나무(木)와 두 손으로^(丮·극) 달구^(工·공)
를 잡은 모습이 생생하게 그려졌다. 간화
자에서는 筑^(악기 이름 축)에 통합되었다.

字形

畜(쌓을 축): chù, 田-5, 10, 32

字解 상형. 창자와 연이어진 胃^(밥통 위)의 형상이
었는데 자형이 변해 지금처럼 되었으며,
식품을 저장하여 쌓아둘 수 있음을 형상화
했다. 이로부터 육류의 저장을 가능하기
해주는 가축의 사육이라는 의미로 확대되
었으며, 그렇게 되자 원래의 '저장하다'는
의미는 다시 곡식^(禾·화)을 더한 稸^(쌓을 축)이
나 풀^(艹·초)을 더한 蓄^(쌓을 축)으로 분화되었
다.

字形

蓄(쌓을 축): xù, 艹-10, 14, 42

字解 형성. 艹^(풀 초)가 의미부고 畜^(쌓을 축)이 소리
부로, 채소(艹) 같은 것을 저장하다(畜)는 뜻
이다. 달리 稸으로도 쓰는데, 곡식(禾)의 저
장임을 강조했다.

字形

縮(오므라들 축): 缩, suō, 糸-11, 17, 40

字解 형성. 糸^(가는 실 멱)이 의미부고 宿^(묵을 숙)이
소리부로, 오므라들다는 뜻인데, 실(糸)을
묶어 물체의 속성을 잠재워^(宿) 펼쳐지지
못하도록 하다는 뜻을 담았다. 이로부터
묶다, 오므라들다, 줄어들다, 물러나다, 부
족하다 등의 뜻이 나왔다.

字形

丑(소 축사람 이름 추): chǒu, —-3, 4, 30

字解 상형. 갑골문에서는 손을 그렸는데, 손가락
이 다소 굽은 모습이다. 학자들은 爪<sup>(손톱
조)</sup>나 手^(손 수)의 고문으로 풀이하기도 한다.
갑골문에서 이미 간지자로 쓰여 본래의 뜻
을 상실했다. 12지지의 두 번째인 丑은
'소'를 상징하며, 새벽 1시부터 3시까지를
지칭하기도 한다. 현대 중국에서는 醜^{(추할}
^{추)}의 간화자로도 쓰인다. ☞ 醜^(추할 추)

字形

書 𦔻 簡牘文　ヨ 古璽文

刃 刃 刃 石刻古文　刄 說文小篆

蹙(대지를 축): cù, 足-11, 18

字解 형성. 足^(발 족)이 의미부고 戚^(겨레 척)이 소리부로, 다가가다^(足)는 뜻이며, 이로부터 핍박하다, 찌를 듯이 대들다의 뜻이 나왔다.

字形 蹙 說文小篆

춘

春(봄 춘): [萅, 旾], chūn, 日-5, 9, 70

字解 형성. 원래는 艸^(풀 우거질 망)과 日^(날 일)이 의미부고 屯^(진 칠 둔)이 소리부로, 따스한 햇살^(日) 아래 땅을 비집고 돋아나는^(屯) 풀^(艸)을 그려 놓고 그러한 때가 '봄'임을 그렸는데, 예서에 들면서 지금의 형태로 바뀌었다. 달리 艸 대신 艸^(풀 초)가 들어간 萅으로 쓰기도 한다. 봄이 원래 뜻이며, 만물이 자라나는 계절이므로 욕정이나 춘정의 뜻이 나왔다. 또 봄부터 다음 봄까지의 시간인 한 해를 뜻하기도 하며, 동쪽을 상징하며, 술을 지칭하기도 한다.

字形 [갑골문·금문 자형들] 甲骨文 金文

𦔻 𦔻 𦔻 春 旾 簡牘文　𦔻 漢

𦔻 帛書 旾 古璽文 萅 旾 萅 漢

印 旾 萅 石刻古文 旾 汗簡 萅 說文小篆

椿(참죽나무 춘): [櫄], chūn, 木-9, 13, 12

字解 형성. 木^(나무 목)이 의미부고 春^(봄 춘)이 소리부로, 참죽나무^(木)를 말하는데, 식용하는 여린 잎은 寒食^(한식) 때의 佳品^(가품)이라고 한 것으로 보아, 봄^(春)을 대표하는 나무^(木)라는 뜻을 담았다. 달리 春 대신 熏^(연기 낄 훈)이 들어간 櫄으로 적기도 한다.

瑃(옥 이름 춘): chūn, 玉-9, 13

字解 형성. 玉^(옥 옥)이 의미부고 春^(봄 춘)이 소리부로, 옥^(玉)의 이름이다.

출

出(날 출): [齣], chū, 凵-3, 5, 70

字解 회의. 갑골문에서는 반지하 식으로 파서 만든 움집^(凵)과 발^(止·지, 趾의 원래 글자)을 그려, 집^(凵)으로부터 나가는 동작을 그린 글자인데, 자형이 변해 지금처럼 되었다. 밖으로 나가다가 원래 뜻이며, 이로부터 발생하다, 태어나다, 出土^(출토)되다, 넘어나다, 出版^(출판)하다 등의 뜻이 나왔다.

字形
🌿🌿🌿🌿🌿 甲骨文 🌿🌿🌿🌿
金文 🌿🌿🌿 古陶文 🌿🌿🌿
盟書 🌿🌿🌿🌿🌿🌿 簡牘
文 🌿 帛書 🌿🌿 石刻古文 🌿 說文
小篆

说文或體

충

黜(물리칠 출): chù, 黑-5, 17, 10

字解 형성. 黑^(검을 흑)이 의미부고 出^(날 출)이 소리부로, '물리치다'는 뜻인데, 묵형을 당한 불량배^(黑)들을 내치듯^(出) 몰아냄을 말한다.

字形 說文小篆

絀(물리칠 출): 绌, chù, 糸-5, 11

字解 형성. 糸^(가는 실 멱)이 의미부고 出^(날 출)이 소리부로, 베^(糸)의 진한 홍색을 말했는데, 이후 꿰매다는 뜻으로 쓰였고, 이로부터 짧다, 부족하다, 모자라다 등의 뜻으로 가차되었다.

字形 帛書 說文小篆

秫(차조 출): 秫, shú, 禾-5, 10

字解 형성. 禾^(벼 화)가 의미부고 朮^(차조 출)이 소리부로, 곡식^(禾)의 일종인 차조^(朮)를 말한다. 간화자에서는 朮에 통합되었다. ☞ 朮^(차조 출)

字形 甲骨文 簡牘文 說文小篆

虫(벌레 충훼): chóng, 虫-0, 6

字解 상형. 갑골문에서 세모꼴의 머리에 긴 몸통을 가진 살모사를 닮았다. 그래서 虫^(벌레 충)은 '뱀'이 원래 뜻이고, 이후 파충류는 물론 곤충, 나아가 "기어 다니거나 날아다니는, 털이 있거나 없는, 딱지나 비늘을 가진" 모든 생물을 지칭하게 되었다. 그러자 원래 뜻은 它^(뱀 타·사)를 더해 蛇^(뱀 사)로 분화했고, 虫을 둘 합해 虫^(벌레 곤), 셋 합해 蟲^(벌레 충)을 만들었다. 현대 중국에서는 蟲의 간화자로도 쓰인다. ☞ 蟲^(벌레 충)

字形 甲骨文 金文 簡牘文 說文小篆

蟲(벌레 충): 虫, chóng, 虫-12, 18, 42

字解 회의. 세 개의 虫^(벌레 충)으로 구성되어, '벌레'를 말하며, 간화자에서는 虫에 통합되었다. ☞ 虫^(벌레 충훼)

字形 簡牘文 石刻古文 說文小篆

衷(속마음 충): zhōng, 衣-4, 10, 20

字解 형성. 衣^(옷 의)가 의미부고 中^(가운데 중)이 소리부로, 속^(中)에 입는 옷^(衣)을 말했으며, 이후 衷心^(충심)에서처럼 '속마음'이라는 의미가 있게 되었다.

字形 ![衷] 說文小篆

忠(충성할 충): zhōng, 心-4, 8, 42

字解 형성. 心^(마음 심)이 의미부고 中^(가운데 중)이 소리부로, 어느 한 쪽으로도 치우치지 않은^(中) 공평무사한 원칙을 견지하는 마음^(中)이 바로 '충'이라는 뜻을 담았다. 이로부터 충성, 충심 등의 뜻이 나왔고, 孝^(효)와 짝을 이루어 유가의 중요한 철학 개념이 되었다.

字形 ![忠 金文] 金文 ![古陶文] 古陶文 ![簡牘文] 簡牘文 ![古璽文] 古璽文 ![說文小篆] 說文小篆

沖(빌 충): 冲, [冲], chōng, 水-4, 7, 12

字解 형성. 水^(물 수)가 의미부고 中^(가운데 중)이 소리부로, 물^(水)이 용솟음치며 요동침을 말했으며, 이후 '비다'는 뜻까지 나왔다. 水를 冫^(얼음 빙)으로 줄여 冲^(빌 충)으로 쓰기도 하는데, 간화자에서도 冲으로 쓴다.

字形 ![甲骨文] 甲骨文 ![金文] 金文 ![古璽文] 古璽文 ![沖 說文小篆] 說文小篆 ![冲 玉篇] 玉篇

盅(빌 충): chōng, 皿-4, 9

字解 형성. 皿^(그릇 명)이 의미부이고 中^(가운데 중)이 소리부이다. 『설문해자』의 해설처럼, '기물이 비었다^(器虛)'라는 뜻이다. 『노자』는 말했다. "도라는 것은 비었기 때문에 그것을 사용할 수 있는 법이다^(道盅而用之)." 그릇^(皿)의 빈 부분을 말하며, 이로부터 '비다'는 뜻이 나왔다. 이후 손잡이가 없는 작은 술잔이나 찻잔을 지칭하기도 했다.

字形 ![盅 金文들] 金文 ![盅 說文小篆] 說文小篆

充(찰 충): chōng, 儿-3, 5, 52

字解 회의. 『설문해자』에서 儿^(사람 인) 과 育^(낳을 육)의 생략된 모습이 결합한 구조라고 했는데, 사람이 태어나 '자라고' 充滿^(충만)해 가는 모습을 그렸다. 이로부터 가득하다, 充足^(충족)하다, 살찌다, 많다, 기르다 등의 뜻이 나왔다.

字形 ![充 說文小篆] 說文小篆

衝(찌를 충): 冲, chōng, 行-9, 15, 32

字解 형성. 行^(갈 행)이 의미부고 重^(무거울 중)이 소리부로, 큰길^(行)을 말하며 교통의 요지라는 뜻도 나왔다. 또 직선으로 난 길을 따라 달려가다, 돌격하다의 뜻도 나왔다. 『설문해자』에서는 行이 의미부이고 童^(아이 동)이 소리부인 衝으로 썼고, 간화자에서는 冲^(빌 충)에 통합되었다.

字形 衝 簡牘文 衝 說文小篆

췌

萃(모일 췌): cuì, 艸-8, 12, 10

字解 형성. 艸^(풀 초)가 의미부고 卒^(군사 졸)이 소리부로, 떼 지어 모인 병졸^(卒)처럼 군락을 이룬 풀^(艸)이라는 의미를 담았고, 이로부터 한곳에 모이다, 모으다, 군집을 이룬 사물이나 사람 등을 뜻하게 되었다.

字形 萃 萃金文 萃古陶文 萃 萃 萃古璽文 萃 說文小篆

膵(췌장 췌): cuì, 肉-12, 16, 10

字解 형성. 肉^(고기 육)이 의미부고 萃^(모일 췌)가 소리부로, 장기^(肉)의 일종인 膵臟^(췌장)을 말하는데, 영어의 "pancreas"에 대한 일본어 번역자이다.

悴(파리할 췌): cuì, 心-8, 11, 10

字解 형성. 心^(마음 심)이 의미부고 卒^(군사 졸)이 소리부로, 걱정, 憔悴^(초췌)하다, 뜻을 얻지 못해 우울한 사람 등의 뜻인데, 힘들고 지친 병사^(卒)들의 마음^(心)이라는 뜻을 담았다.

字形 悴 說文小篆

贅(혹 췌): 赘, zhuì, 貝-11, 18, 10

字解 회의. 貝^(조개 패)와 敖^(놀 오)로 구성되어, 원래는 바깥으로 보내^(敖) 돈^(貝)으로 바꾸어 올 수 있는 것이라는 뜻으로, 저당이나 저당 잡힘을 말했다. 이후 여분의, 쓸데없는, 귀찮다, 번거롭다 등의 뜻으로 가차되었다.

字形 贅 贅簡牘文 贅 說文小篆

취

臭(냄새 취): xiù, 自-4, 10, 30

字解 회의. 犬^(개 견)과 自^(스스로 자, 鼻의 원래 글자)로 구성되어, '냄새'를 말했는데, 후각이 인간보다 1백만 배 이상 발달했다고 알려진 개^(犬)의 코^(自)에서 그 이미지를 가져왔다. 臭는 원래 좋고 나쁨에 관계없이 모든 '냄새'를 부르는 통칭이었으나, 한나라 이후 나쁜 냄새만을 뜻하게 되면서 香^(향기 향)과 대칭적으로 사용되었다. 그러자 원래의 동사

적 의미는 口^(입 구)를 더한 嗅^(냄새 맡을 후)로
분화했는데, 口는 냄새를 구분하기 위해
코로 냄새 맡고 입으로 맛을 보는 이미지
를 반영해 주고 있다.

字形 ![甲骨文] 甲骨文 ![簡牘文] 簡牘文 ![說文小篆] 說文小篆

取(취할 취): qǔ, 又-6, 8, 42

字解 회의. 耳^(귀 이)와 又^(또 우)로 구성되어, 전공
을 세우려 적의 귀^(耳)를 베어 손^(又)에 쥔
모습이며, 이로부터 (귀를) 베다, 가지다,
'빼앗다', 채택하다 등의 뜻이 나왔다.

字形 ![甲骨文] 甲骨文 ![金文] 金文 ![帛書] 帛書 ![簡牘文] 簡牘文 ![說文小篆]
說文小篆

娶(장가들 취): qǔ, 女-8, 11, 10

字解 형성. 女^(여자 여)가 의미부고 取^(취할 취)가 소
리부로, 장가들다, 결혼하다는 뜻인데, 여
성^(女)을 강제로 빼앗아^(取) 가는 방식으로
결혼하던 '奪取婚^(탈취혼)'의 모습을 담았다.

字形 ![甲骨文] 甲骨文 ![簡牘文] 簡牘文 ![說文小篆] 說文小篆

趣(달릴 취): qù, 走-8, 15, 40

字解 형성. 走^(달릴 주)가 의미부고 取^(취할 취)가 소
리부로, 목적한 것을 쟁취하기^(取) 위해 빠
른 걸음^(走)으로 '달려감'을 말하며, 이로부
터 의향이나 趣向^(취향), 지향, 뜻 등의 뜻

이 나왔다.

字形 ![金文] 金文 ![簡牘文] 簡牘文 ![說文小篆] 說文小篆

聚(모일 취): jù, 耳-8, 14, 12

字解 형성. 乑^(나란히 설 음무리 중)이 의미부고 取<sup>(취할
취)</sup>가 소리부로, 사람을 모아서^(取) 여럿 세
워 놓았다^(乑)는 뜻에서 '모이다'는 뜻을 그
렸다. 이로부터 대중, 사람들이 모여 사는
촌락^(聚落취락), 모이다, 붕당 등의 뜻이 나
왔다.

字形 ![簡牘文] 簡牘文 ![帛書] 帛
書 ![古璽文] 古璽文 ![說文小篆] 說文小篆

驟(달릴 취): 骤, zhòu, 馬-14, 24

字解 형성. 馬^(말 마)가 의미부고 聚^(모일 취)가 소리
부로, 말^(馬)이 떼 지어^(聚) 함께 달리는 모
습을 그렸으며, 이로부터 달리다, 바르다,
촉급하다 등의 뜻이 나왔다.

字形 ![簡牘文] 簡牘文 ![說文小篆] 說文小篆

炊(불 땔 취): chuī, 火-4, 8, 20

字解 회의. 火^(불 화)와 欠^(하품 흠)으로 구성되어, 입
으로 불며^(欠) 불^(火)을 일으키는 모습을 말
하며, 이로부터 음식을 끓이다는 뜻이 나
왔다.

字形 ![說文小篆] 說文小篆

吹(불 취): chuī, 口-4, 7, 32

字解 회의. 口(입 구)와 欠(하품 흠)으로 구성되어, 입
(口)을 크게 벌리고(欠) 바람을 부는 모습으
로부터 '불다'는 뜻을 그렸으며, 입으로 부
는 악기를 지칭하였다. 또 공기를 불어 넣
어 물체를 불리다는 뜻으로부터 '과장하다'
의 뜻도 나왔다.

字形 甲骨文 金文 說文
小篆

毳(솜털 취): cuì, 毛-8, 12

字解 회의. 세 개의 毛(털 모)로 구성되어, 털(毛)이
여럿 자라나는 모습을 그렸으며, 이로부터
새나 짐승에 돋아나는 '솜털'의 뜻이 나왔
다.

字形 金文 說文小篆

就(이룰 취): jiù, 尤-9, 12, 40

字解 회의. 京(서울 경)과 尤(더욱 우)로 구성되었는
데, 京은 높다랗게 지어진 집을, 尤는 평범
하지 않은 특이함을 말한다. 그래서 就는
높은 곳(京)으로 '나아가다'가 원래 뜻이며,
높은 곳으로 나아갈 때는 언제나 장애물을
만나고 좌절하기 마련이다. 하지만 온갖
장애물과 좌절을 극복하고 앞으로 나아갔
을 때 소망했던 것을 이루게 된다. 그것은
누구나 가지고 경험할 수 있는 것은 아니
며 자기 노력에 철저한 몇몇 특이한(尤) 사

람에게만 허용되는 선물이다. 이렇게 되자
성취를 뜻하는 就는 어떤 물체에 부딪혀
나아가지 못하는 모습을 그린 尢(절름발이 왕)
보다는 그런 성공을 이룬 尤가 더욱 적합
해졌고, 이를 수용하여 지금의 자형이 된
것으로 추정되지만, 현대 옥편에서는 尤
부수에 귀속되었다.

字形 古陶文 簡牘
文 說文小篆 說文籀文

鷲(수리 취): 鹫, [鳩], jiù, 鳥-12, 23

字解 형성. 鳥(새 조)가 의미부고 就(이룰 취)가 소리
부로, 새(鳥)의 일종인 수리를 말하며, 달리
雕(독수리 조)로 쓰기도 한다. 또 인도에 있는
불교의 성지인 靈鷲山(영취산)의 간칭인데,
영취산에 수리가 많아, 혹은 그 봉우리가
수리를 닮아 붙여진 이름이라 한다. 『설문
해자』에서는 좌우구조로 썼다.

字形 說文小篆

醉(취할 취): zuì, 酉-8, 15, 32

字解 형성. 酉(닭 유)가 의미부고 卒(군사 졸)이 소리
부로, (술에) 취하다는 뜻인데, 술(酉) 마시
는 것의 마지막(卒) 단계가 '취함'임을 말해
준다.

字形 說文小篆

翠(물총새 취): cuì, 羽-8, 14, 10

字解 형성. 羽^(깃 우)가 의미부고 卒^(군사 졸)이 소리부로, 물총새나 물총새의 깃^(羽)을 말한다. 이로부터 그 색깔인 청록색을 말하며 그런 색의 옥인 翡翠^(비취)라는 뜻도 나왔다.

字形 簡牘文 說文小篆

脆(무를 취): [脃], cuì, 肉-6, 10, 10

字解 형성. 肉^(고기 육)이 의미부고 危^(위태할 위)가 소리부로, 무르다는 뜻인데, 부서지기 쉬운^(危) 살점^(肉)이라는 뜻을 담았다. 이로부터 脆弱^(취약)하다는 뜻이 나왔고, 비스킷처럼 잘 부서지는 맛있는 음식이라는 뜻도 나왔다. 『설문해자』에서는 肉이 의미부이고 絶^(끊을 절)의 생략된 부분이 소리부로 된 구조의 脃로 썼다.

字形 說文小篆

嘴(부리 취): zuǐ, 口-13, 16

字解 형성. 口^(입 구)가 의미부고 觜^(털 뿔 자)가 소리부로, 새의 부리^(口)를 말했는데, 사람이나 동물이나 기물의 입이라는 뜻으로 확장되었고, 부리처럼 뾰족하게 돌출된 부위나 부분을 말하기도 한다.

측

仄(기울 측): zè, 人-2, 4

字解 회의. 厂^(기슭 엄)과 人^(사람 인)으로 구성되어 사람^(人)이 바위기슭^(厂)의 낭떠러지에 선 모습을 그렸는데, 人은 머리를 구부린 모양의 夭^(어릴 요)로 표현되기도 한다. 낭떠러지는 좁아 제대로 몸을 펼 수 없기 때문에 몸을 세우고 머리를 기울이기 마련이고, 이 때문에 '기울다'는 뜻이 나왔다. 平^(평평할 평)과 대칭 개념으로 쓰였으며, 이 때문에 시의 운율을 따질 때 쓰는 '仄聲^(측성)'을 뜻하기도 한다.

字形 簡牘文 說文小篆 說文籀文

昃(기울 측): zè, 日-4, 8

字解 형성. 日^(날 일)이 의미부이고 仄^(기울 측)이 소리부로, 해^(日)가 기울다^(仄)는 뜻으로부터 날이 저물다는 의미를 그렸다. 갑골문에서는 지는 해^(日)에 길게 비추어진 사람의 그림자를 그려 해가 저무는 시간대를 형상화했다.

字形 甲骨文 金文 古陶文 簡牘文 石刻古文 說文小篆

側(곁 측): 側, cè, 人-9, 11, 32

字解 형성. 人^(사람 인)이 의미부고 則^(법칙 칙곧 즉)이 소리부로, 사람^(人)의 곁^(則)을 말하며, 곁은 중심이 아니므로 側室^(측실)에서처럼 정식이 아니라는 뜻도 갖게 되었다.

字形 [小篆] 說文小篆

測(잴 측): 測, cè, 水-9, 12, 42

字解 형성. 水^(물 수)가 의미부고 則^(법칙 칙곧 즉)이 소리부로, 물^(水)의 깊이를 재다는 뜻으로부터 '測定^(측정)하다'는 뜻이 나왔고, 다시 推測^(추측)하다, 알다, 방문하다 등의 뜻이 나왔다.

字形 [金文] 金文 [說文小篆] 說文小篆

惻(슬퍼할 측): 恻, cè, 心-9, 12, 10

字解 형성. 心^(마음 심)이 의미부고 則^(법칙 칙곧 즉)이 소리부로, 마음^(心)이 아픔을 말하는데, 이로부터 동정하다, 惻隱^(측은)하게 여기다, 간청하다 등의 뜻이 나왔다.

字形 [帛書] 帛書 [說文小篆] 說文小篆

厠(뒷간 측): 厕, [廁], cè, 厂-9, 11

字解 형성. 厂^(기슭 엄)이 의미부고 則^(법칙 칙곧 즉)이 소리부로, 변소를 말하는데, 집의 곁^(則)에 만들어진 구조물^(厂)이라는 의미이다. 달리 厂 대신 广^(집 엄)이 들어간 廁^(뒷간 측)으로

쓰기도 한다.

字形 [簡牘文] 簡牘文 [說文小篆] 說文小篆

층

層(층 층): 层, céng, 尸-12, 15, 40

字解 형성. 尸^(주검 시)가 의미부고 曾^(일찍 증)이 소리부로, 시루^(曾, 甑의 원래 글자)처럼 층층이 포개서 쌓은 집^(尸)을 말하며, 이로부터 중첩되다, 포개다, 높다, 깊다 등의 뜻이 나왔다. 간화자에서는 曾을 云^(이를 운)으로 간단하게 줄인 层으로 쓴다.

字形 [說文小篆] 說文小篆

치

夂(뒤져서 올 치): zhǐ, 夂-0, 3

字解 상형. 夂는 발^(止지)을 거꾸로 그려, 뒤처져 옴을 나타냈지만, 夂는 단독으로 쓰이지도 않고, 이로 구성된 글자도 많지 않다. 그래서 현대 중국의 한자자전에서는 이어지는 부수인 夊^(천천히 걸을 쇠)와 형체와 의미가 비슷해 통합하기도 한다. 이로 구성된 各^(각각 각)은 원래 집의 입구^(口구)와 夂로 구성되어 집으로 도착함을 그렸는데, 지금의 옥편에서는 口부수에 귀속되었다. 麥^(보리 맥)

에도 夊가 들어 있지만, 麥도 독립된 부수로 설정되었다. 다만 夅^(내릴 강)은 降^(내릴 강, 항복할 항)의 원래 글자인데, 두 발^(止)이 거꾸로 나란히 선 모습을 그려, 정상적으로 나아가는 모습을 그린 이의 반대 모습인 步^(걸음 보)와 대칭적 의미를 그렸다. 이후 흙 계단을 '내려오는' 것임을 강조하기 위해 阜^(阝·언덕 부)를 더해 降으로 발전했다.

字形 𡕥 說文小篆

幟(기 치): 帜, zhì, 巾-12, 15, 10

字解 형성. 巾^(수건 건)이 의미부고 戠^(찰진 흙 시)가 소리부로, 자신의 부족을 상징하는 토템을 그려 넣은^(戠) 베^(巾)로 만든 '깃발'을 말하며, 이로부터 표지의 뜻도 나왔다. 간화자에서는 戠를 只^(다만 지)로 간단하게 줄여 帜로 쓴다.

字形 𢁦甲骨文 幟說文新附字

熾(성할 치): 炽, chì, 火-12, 16, 10

字解 형성. 火^(불 화)가 의미부고 戠^(찰진 흙 시)가 소리부로, 불^(火)이 왕성함을 말하며, 이로부터 성하다, 창성하다의 뜻이 나왔으며, 불을 사르다, 붉다 등의 뜻이 나왔다. 간화자에서는 戠를 只^(다만 지)로 간단하게 줄여 炽로 쓴다.

字形 �金文 熾說文小篆 𤏶說文古文

雉(꿩 치): [�, 鴙, 𢑑], zhì, 隹-5, 13, 12

字解 형성. 隹^(새 추)가 의미부고 矢^(화살 시)가 소리부로, '꿩'을 말하는데, 그물이 아닌 화살^(矢)로 잡을 만큼 큰 새^(隹)라는 뜻을 반영했다. 『설문해자』에만 나열된 꿩^(雉)의 종류가 14가지나 될 정도로, 꿩은 옛날의 대표적인 사냥감이었다.

字形 雉說文小篆

稚(어릴 치): [稺, 穉], zhì, 禾-8, 13, 32

字解 형성. 禾^(벼 화)가 의미부고 隹^(새 추)가 소리부로, 새^(隹)가 쪼아 먹길 좋아하는 곡식^(禾)의 '어린싹'을 말하며, 이로부터 '어리다', 작다, 어린이, 幼稚^(유치)하다 등의 뜻이 나왔다. 달리 稺나 穉로 쓰기도 한다.

字形 稚 稚 稚古陶文 稚說文小篆

穉(어릴 치): zhì, 禾-12, 17

字解 형성. 禾^(벼 화)가 의미부고 犀^(무소 서)가 소리부로, 稚^(어릴 치)와 같은 글자이다. ☞ 稚^(어릴 치)

豸(발 없는 벌레 치): zhì, 豸-0, 7

字解 상형. 갑골문에서 입을 크게 벌리고 이빨을 드러낸 짐승을 그렸는데, 네 발은 둘로 줄였고 등은 길게 커다란 꼬리까지 잘 갖추어졌다. 『설문해자』에서는 "긴 등뼈를 가진 짐승이 잔뜩 웅크린 채 먹이를 노려보

며 죽이려 하는 모습을 그렸다."라고 했는데, 대단히 생동적으로 해설했다. 그래서 豸는 고양이 과에 속하는 육식 동물을 지칭한다. 하지만, 한나라 때의 『爾雅^(이아)』에서는 "발이 있는 벌레를 蟲^(벌레 충)이라 하고 발이 없는 것을 豸라고 한다."라고 하여, 지렁이 같은 벌레를 말했으나, 실제 복합 한자에서는 이러한 용례를 찾아보기 어렵다.

字形 甲骨文 金文 簡牘文 說文小篆

致(보낼 치): [緻, zhì, 至-4, 10, 50

字解 형성. 攵^(칠 복)이 의미부고 至^(이를 지)가 소리부로, 회초리로 쳐^(攵) 어떤 목적한 곳에 이르도록^(至) 보내는 것을 말하며, 이로부터 드리다, 봉헌하다, 알리다, 招致^(초치)하다, 소집하다, 귀환하다 등의 뜻이 나왔다. 현대 중국에서는 緻^(밸 치)의 간화자로도 쓰인다. ☞ 至^(이를 지)

字形 古陶文 說文小篆

緻(밸 치): 致, zhì, 糸-10, 16, 10

字解 형성. 糸^(가는 실 멱)이 의미부고 致^(보낼 치)가 소리부로, 촘촘하게 짠 베^(糸)로부터 정밀하다, 세밀하다의 뜻이 나왔고, 흰 명주를 지칭하기도 한다. 간화자에서는 致^(보낼 치)에 통합되었다. ☞ 致^(보낼 치)

字形 說文小篆

癡(어리석을 치): 痴, chī, 疒-14, 19

字解 형성. 疒^(병들어 기댈 녁)가 의미부고 疑^(의심할 의)가 소리부로, 의심스러운^(疑) 병^(疒), 즉 병명이 의심스러워 확실히 알지 못해 治癒^(치유)하기 어려운 병을 말했다. 달리 疑가 知^(알 지)로 대체되어 痴로 변하기도 했다. 이는 智力^(지력)에 병^(疒)이 있는 상태, 즉 지적 능력^(知)이 모자라는 병^(疒)을 지칭한다. 간화자에서도 痴로 쓴다.

字形 簡牘文 說文小篆

痴(어리석을 치): chī, 疒-8, 13

字解 형성. 疒^(병들어 기댈 녁)이 의미부고 知^(알 지)가 소리부로, 아는 것^(知)에 병^(疒)이 있는 것을 말하며, 癡^(어리석을 치)와 같은 글자이다. ☞ 癡^(어리석을 치)

峙(우뚝 솟을 치): zhì, 山-6, 9, 12

字解 형성. 山^(뫼 산)이 의미부고 寺^(절 사)가 소리부로, 산^(山)이 우뚝 솟음을 말한다.

痔(치질 치): zhì, 疒-6, 11, 10

字解 형성. 疒^(병들어 기댈 녁)이 의미부고 寺^(절 사)가 소리부로, 질병^(疒)의 일종인 '痔疾^(치질)'을 말한다.

字形 說文小篆

齒(이 치): 齿, chǐ, 齒-0, 15, 42

(字解) 형성. 입속의 이를 그린 아랫부분에 소리부
인 止^(발 지)가 더해진 구조로, '이'를 그렸
다. 갑골문에서 입속의 이빨을 사실적으로
그렸으며, 전국시대 때의 금문에서부터 소
리부인 止^(발 지)가 더해졌는데, 이후 자형이
조금 변해 지금처럼 되었다. 그래서 齒는
이빨의 통칭으로 쓰이며, 깨무는 도구를
말하기도 한다. 이후 齒輪^(치륜)에서처럼 톱
니나 써레의 이빨 등과 같이 이빨처럼 들
쭉날쭉하게 생긴 것을 모두 齒로 표현했으
며, 齡^(나이 령)에서처럼 '나이'를 뜻하기도
한다. 간화자에서는 齿로 간단하게 줄여
쓴다.

(字形) [甲骨文] [金文] [古陶文] [簡牘文] [古璽文] [說文小篆]

治(다스릴 치): zhì, 水-5, 8, 42

(字解) 형성. 水^(물 수)가 의미부고 台^(별 태)가 소리부
로, 원래는 강^(水)의 이름으로, 東萊^(동래)군
曲城^(곡성) 陽丘山^(양구산)에서 나와 남쪽으로
흘러 바다로 들어가는 강을 말했다. 이후
물길^(水)을 다스리다는 뜻으로 쓰였고, 다
시 사람도 물길을 다스리듯 해야 한다는
뜻에서 政治^(정치)의 뜻이 나왔다.

(字形) [簡牘文] [說文小篆]

置(둘 치): 置, [寘], zhì, 网-8, 13, 42

(字解) 형성. 网^(그물 망)이 의미부고 直^(곧을 직)이 소
리부로, 그물^(网)에서 풀어놓아 주다는 뜻
이며, 석방하다, 버리다, 폐기하다의 뜻이
나왔으며, 이후 이와 대칭되는 개념인 設
置^(설치)라는 뜻으로도 쓰였다. 간화자에서
는 置로 쓴다.

(字形) [簡牘文] [說文小篆]

值(값 치): 值, zhí, 人-8, 10, 32

(字解) 형성. 人^(사람 인)이 의미부고 直^(곧을 직)이 소
리부로, 사람과 사람^(人)이 똑바로^(直) 맞대
어 선 모습에서 서로 마주치다, 만나다, 대
하다의 뜻이 나왔고, 다시 동등한 양쪽의
'價値^(가치)', 상품의 가격 등을 뜻하게 되었
다. 간화자에서는 值로 쓴다.

(字形) [說文小篆]

恥(부끄러워할 치): 耻, chǐ, 心-6, 10, 32

(字解) 형성. 心^(마음 심)이 의미부이고 耳^(귀 이)가 소
리부로, 부끄러워하다, 수치스럽게 여기다
는 뜻인데, 수치는 마음^(心)으로부터 느끼
며 수치를 당하면 귀^(耳)가 붉어진다는 의
미를 그렸다. 고대 중국에서 수치심이 생
기면 귀뿌리가 붉어진다고도 하며, 귀를
가리키는 손짓은 수치스런 행동을 하지 말
라는 뜻이기도 하여, 귀는 수치의 상징이
었다. 달리 耳가 의미부이고 止^(발 지)가 소
리부인 耻로 쓰기도 하는데, 간화자에서는
耻에 통합되었다.

侈(사치할 치): chǐ, 人-6, 8, 10

字解 회의. 人^(사람 인)과 多^(많을 다)로 구성되어, 떠벌리다와 奢侈^(사치)하다는 뜻인데, 스스로 많다^(多)고 여기는 사람^(人)이라는 뜻을 담았다.

字形 ▨ 說文小篆

馳(달릴 치): 驰, chí, 馬-10, 13, 10

字解 형성. 馬^(말 마)가 의미부고 也^(어조사 야)가 소리부로, 말^(馬)이 빨리 달리는 것을 말하며, 이로부터 신속하게 움직이다, 뒤쫓다 등의 뜻이 나왔다.

字形 ▨ 簡牘文 ▨ 說文小篆

甾(따비 밭뙈기 치): zī, zāi, 田-3, 8

字解 상형. 갑골문과 금문에서 항아리 모양을 그렸으며, 간장 등을 담는 도기를 지칭한다. 또 산동성에 있던 강 이름과 지명으로도 쓰였으며, '꿩'의 일종을 지칭하기도 했다. 또 菑^(묵정밭 치)와 같이 쓰여 재앙이나 재해를 뜻하기도 하였다.

字形 ▨ ▨ 甲骨文 ▨ ▨ 金文 ▨ 說文小篆 ▨ 說文古文

淄(검은빛 치): zī, 水-8, 11

字解 형성. 水^(물 수)가 의미부고 甾^(꿩 치)가 소리부인데, 淄로도 쓰며, 강^(水) 이름으로 지금의 산동성에 있는 淄河^(치하)를 말한다. 또 緇^(검은 비단 치)와도 통하여 검은색을 뜻하기도 한다.

緇(검은 비단 치): 缁, zī, 糸-8, 14

字解 형성. 糸^(가는 실 멱)이 의미부고 甾^(꿩 치)가 소리부로, 검은색 비단^(糸)으로 만든 朝服^(조복)을 말하며, 이로부터 검은색, 검은색으로 물들이다, 검은색의 승복 등의 뜻이 나왔다.

字形 ▨ 說文小篆

輜(짐수레 치): 辎, zī, 車-8, 15

字解 형성. 車^(수레 거차)가 의미부고 甾^(꿩 치)가 소리부로, 짐을 싣는 휘장을 친 수레^(車)를 말했으며, 수레에 실은 짐^(輜重·치중)이라는 뜻도 나왔다.

字形 ▨ 說文小篆

巵(잔 치): zhī, 卩-3, 5

字解 회의. 卩^(병부 절)과 나머지 부분으로 구성되었는데, 卩은 꿇어앉은 사람의 모습을 그렸다. 『설문해자』에서는 이렇게 풀이했다. "둥글게 생긴 기물^(圜器)을 말한다. 일명 단^(觛)이라고도 한다. 음식을 절제하도록 고

안된 기물이다. 사람(人)이 그 아래쪽으로 꿇어앉은 모습이다(卪在其下). 『역·이괘(履卦)』(상전)에서 '군자는 음식을 절제하여야 한다(君子節飮食)'라고 했다." 『옥편』에서는 4되들이 술이나 미음을 담는 그릇을 말한다고 했다(酒漿器也, 受四升). 일설에는 일정 정도까지 차면 기울어지고 비면 바로 서도록 만든 큰 술 그릇을 말한다고 한다.

字形 卮 說文小篆

栀(치자나무 치): zhī, 木-7, 11

字解 형성. 木(나무 목)이 의미부고 卮(잔 치)가 소리부로, 치자나무(木)를 말하며, 치자 열매의 색인 노란 색으로 물을 들이다는 뜻도 가진다. 또 卮(잔 치)와 통하여 나무(木)로 만든 술잔을 뜻하기도 한다.

字形 栀 說文小篆

蚩(어리석을 치): chī, 虫-4, 10

字解 형성. 虫(벌레 충)이 의미부이고 屮(떡잎 날 철)이 소리부로, 바다에 사는 전설상의 동물(虫) 이름이다. 또 전설 상의 고대 九黎族(구려족)의 우두머리로 炎帝(염제)의 신하로 알려져 있으며 涿鹿(탁록)에서 黃帝(황제)와 싸웠고, 전쟁의 신으로 추앙되었다.

字形 蚩 說文小篆

嗤(웃을 치): chī, 口-10, 13, 10

字解 형성. 口(입 구)가 의미부고 蚩(어리석을 치)가 소리부로, 비웃다(口)는 뜻이며, 이로부터 조롱하다, 속이다의 뜻도 나왔다.

黹(바느질 할 치): zhǐ, 黹-0, 12

字解 상형. 금문에서 아래위의 옷감을 바느질해 연결한 모습을 그렸으며, 이로부터 '바느질'의 의미를 그렸다. 소전체에 들어 자형이 가지런하게 변하면서 지금의 자형이 되었다. 그래서 黹로 구성된 글자들은 모두 '바느질'이나 '수(繡)'와 관련된 의미가 들어 있다.

字形 黹 金文 黹 說文小篆

칙

則(법칙 칙·곧 즉): 则, zé, 刀-7, 9, 50

字解 회의. 원래 鼎(솥 정)과 刀(칼 도)로 이루어졌는데, 鼎이 貝(조개 패)로 바뀌어 지금처럼 되었다. 청동 기물의 대표인 세 발 솥(鼎)과 무기의 대표인 칼(刀)을 만들 때 그 용도에 따라 엄격히 지켜져야 할 합금 비율을 말한 데서 '法則(법칙)'의 뜻이 생겼으며, 이로부터 規則(규칙), 準則(준칙), 표준, 등급, 법규, 모범 등의 뜻이 생겼다. 이러한 준칙이나 모범을 곧바로 시행하고 따라야 한다는 뜻에서 곧바로, 즉시의 뜻이 생겼고, '바로'라는 부사적 의미로도 쓰였는데, 이러할

때에는 '즉'으로 구분해 읽었다. 간화자에서는 则으로 쓴다.

𣍞 𣍞 𣍞 𣍞 𣍞 𣍞 金文 𣍞 古陶文 𣍞 𣍞 𣍞 𣍞 𣍞 𣍞 𣍞 帛書 𣍞 𣍞 𣍞 𣍞 𣍞 簡牘文 𣍞 石刻古文 𣍞 說文小篆 𣍞 說文籀文 𣍞 𣍞 說文古文

勅(조서 칙): [敕, 勑], chì, 力-7, 9, 10

字解 형성. 力^(힘 력)이 의미부고 束^(묶을 속)이 소리부로, 임금이 내리는 명령을 말하는데, 사람을 구속하고 속박할^(束) 수 있는 권력이자 힘^(力)이라는 의미를 담았다. 달리 力을 攴^(칠 복)으로 바꾼 敕^(조서 칙)으로 쓰기도 한다.

字形 𣍞金文 𣍞說文小篆

敕(조서 칙): [勅], chì, 攴-7, 11

字解 형성. 攴^(칠 복)이 의미부고 束^(묶을 속)이 소리부로, 임금이 내리는 명령을 말하는데, 사람을 강제로^(攴) 속박할^(束) 수 있는 명령이라는 의미를 담았다. 달리 攴을 力^(힘 력)으로 바꾼 勅^(조서 칙)으로 쓰기도 한다. ☞ 勅^(조서 칙)

字形 𣍞金文 𣍞說文小篆

飭(신칙할 칙): 饬, chì, 食-4, 13

字解 형성. 人^(사람 인)과 力^(힘 력)이 의미부이고 食^(밥 식)이 소리부로, 사람이 억지로 다스림을 말하며, 이로부터 명령하다, 경고하다의 뜻이, 다시 飭令^(칙령·상급 기관에서 내리는 명령)의 뜻이 나왔다.

字形 𣍞說文小篆

친

親(친할 친): 亲, qīn, 見-9, 16, 60

字解 형성. 금문에서 見^(볼 견)이 의미부이고 辛^(매울 신)이 소리부인 구조였는데, 辛이 立^(설 립)으로 잘못 변하고 木^(나무 목)이 들어가 지금의 자형이 되었다. "나무^(木) 위에 올라서서^(立) 멀리 떠나는 자식을 안타까운 마음으로 바라다보는 것이 부모^(親)"라고 풀이하기도 하지만, 서로 붙어서 자라는 가시나무^(亲)처럼 친근하게 서로 보살펴주다^(見)가 親의 원래 뜻이다. 여기에서 가장 가까이서 보살펴주는 부모라는 뜻이 생겼고, 다시 親戚^(친척)과 같이 혈통이나 혼인 관계와 관련된 지칭으로도 쓰이게 되었다. 간화자에서는 見을 생략한 亲으로 줄여 쓴다.

字形 𣍞 𣍞金文 𣍞說文小篆

七(일곱 칠): qī, 一-1, 2, 80

字解 지사. 갑골문에서 十^(열 십)자 모양으로 그려져 어떤 물건에 칼집을 낸 모습이었는데, 이후 '일곱'이라는 뜻으로 가차되었다. 세월이 흐르면서 十자와 자형이 비슷해지자 구분하기 위해 끝 부분을 늘어뜨려 지금의 七이 되었다. 그러자 원래의 의미를 표시하기 위해 刀^(칼 도)를 더해 切^(끊을 절)을 만들었다.

字形 甲骨文 金文 古陶文 簡牘文 石刻古文 說文小篆

柒(일곱 칠): qī, 木-5, 9

字解 형성. 水^(물 수)와 木^(나무 목)이 의미부이고 七^(일곱 칠)이 소리부로, 옻나무^(木)를 말하는데, 桼^(옻 칠)이나 漆^(옻 칠)과 같은 글자이며, 또 七^(일곱 칠)의 갖은 자로도 쓰인다.

桼(옻 칠): qī, 木-7, 11

字解 회의. 木^(나무 목)과 水^(물 수)로 이루어져, 나무 속에서 흘러나오는 옻의 즙^(水)을 형상했는데, 중간의 양쪽으로 난 두 획은 껍질이 벌어진 모습으로 나무를 갈랐음을 보여준다. 옻은 옻나무^(rhus verniciflua) 껍질의 상처에서 분비되는 젖 모양의 액체로 천연의 니스로 부패를 방지하는데 특효를 가진다. 중국에서는 옛날부터 이 옻으로 漆器^(칠기)를 만들고 또 일반 칠감으로도 썼다. 이후 의미를 더 분명하게 하고자 다시 水를 더해 漆^(옻 칠)로 분화했는데, 水가 의미부고 桼이 소리부인 형성구조로 변화했다.

字形 簡牘文 說文小篆

漆(옻 칠): qī, 水-11, 14, 32

字解 형성. 水^(물 수)가 의미부고 桼^(옻 칠)이 소리부로, 원래는 石扶風^(석부풍) 杜陵^(두릉)현에서 나와 동쪽으로 흘러 渭水^(위수)로 흘러드는 강 이름이었다. 이후 옻나무^(桼)의 즙^(水)을 이용해 칠을 하는 '옻칠'을 말하게 되었고, 현대에 들어서는 '페인트'도 뜻하게 되었다.
☞ 桼^(옻 칠)

字形 簡牘文 說文小篆

침

侵(범할 침): qīn, 人-7, 9, 42

字解 회의. 人^(사람 인)과 帚^(비 추)와 又^(또 우)로 구성되어, 사람^(人)이 손^(又)에 빗자루^(帚)를 든 모습으로, 사당을 청소하는 모습을 그렸는데, 해서 이후 巾^(수건 건)이 생략되어 지금의 자형이 되었다. 이로부터 들어가다, 侵入^(침입)하다, 侵犯^(침범)하다 등의 뜻이 나왔다. 갑골문에서는 간혹 牛^(소 우)가 더해져 희생을 사당으로 몰고 가는 모습을 상징적으로 표현했으며, 금문에서는 尸^(주검 시)가 더해져 그곳이 조상의 영혼이 있는 곳임을 표현하기도 했다.

字形 [甲骨文] [金文] [帛書] [說文小篆]

寢(잠잘 침): qǐn, 宀-9, 12

字解 형성. 宀^(집 면)이 의미부이고 侵^(침노할 침)이 소리부이다. 『설문해자』에서는 '누워 자다^(臥)'라는 뜻이라고 했다. 이로부터 쉬다, 눕다, 병상이나 자리에 눕다, 안방, 사당, 陵寢^(능침) 등의 뜻까지 나왔다. 고문자에서는 侵을 구성하는 人^(사람 인)이 침상을 뜻하는 爿^(나뭇조각 장)으로 바뀌어 寢^(잠잘 침)으로 쓰기도 했다. ☞ 寢^(잠잘 침)

字形 [甲骨文] [金文] [簡牘文] [說文小篆]

浸(담글 침): [濅, 寖], jìn, 水-7, 10, 32

字解 형성. 원래는 濅으로 써, 水^(물 수)가 의미부이고 寖^(잘 침, 寢의 籀文)이 소리부였는데, 자형이 줄어 지금처럼 되었다. 액체^(水) 속에 담그다가 원래 뜻이며, 물에 잠기다, 액체나 기체 등이 스며들다의 뜻이 나왔다.

字形 [甲骨文] [說文小篆]

寢(잠잘 침): 寝, [寢], qīn, 宀-11, 14, 40

字解 형성. 爿^(나뭇조각 장)이 의미부이고 寖^(잘 침, 寢의 籀文)이 소리부로, 침상^(爿)에서 잠을 자다^(寖)는 뜻을 그렸고, 이로부터 '잠자다'의 뜻이 나왔고, 잠자는 곳을 지칭하게 되었다. 간화자에서는 寝으로 줄여 쓴다. ☞ 寢^(잠잘 침)

字形 [甲骨文] [金文] [簡牘文] [說文小篆] [說文籀文]

針(바늘 침): 针, [鍼], zhēn, 金-2, 10, 40

字解 형성. 金^(쇠 금)이 의미부고 十^(열 십)이 소리부로, 옷을 꿰맬 때 쓰는 쇠^(金)로 만든 '바늘'을 말하는데, 十 대신 咸^(다 함)이 들어간 鍼^(침 침)의 속자이다. ☞ 咸^(다 함)

字形 [說文小篆]

鍼(침 침): 针, [針], zhēn, 金-9, 17, 10

字解 형성. 金^(쇠 금)이 의미부고 咸^(다 함)이 소리부로, 옷을 꿰맬 때 쓰는 쇠^(金)로 만든 '바늘'을 말하는데, 달리 咸 대신 十^(열 십)이 들어간 針^(바늘 침)으로 쓰기도 한다. 간화자에서는 針을 다시 간화하여 针으로 쓴다. ☞ 針^(바늘 침)

字形 鍼 說文小篆

沈(가라앉을 침): 沉, chén, 水-4, 7, 32

字解 형성. 水^(물 수)가 의미부고 尤^(머뭇거릴 유)가 소리부로, 물에 '가라앉히다'는 뜻이다. 갑골문에서는 소나 양 등 희생이 강물^(水)에 빠진^(尤) 모습인데, 소나 양을 강에 '빠트려' 산천에 제사를 지내던 모습을 그렸다. 간화자에서는 沉으로 쓴다.

字形 甲骨文 金文 古陶文 說文小篆

枕(베개 침): zhěn, 木-4, 8, 30

字解 형성. 木^(나무 목)이 의미부고 尤^(머뭇거릴 유)가 소리부로, 누울 때 머리를 받혀주는 나무로 만든 '베개'를 말하며, 이로부터 높다, 자다의 뜻이 나왔다. 수레의 짐칸 아래쪽에 대는 가름 목을 말하며, 철로에 까는 침목의 뜻도 나왔다.

字形 枕 說文小篆

忱(정성 침): chén, 心-4, 7

字解 형성. 心^(마음 심)이 의미부고 尤^(머뭇거릴 유)가 소리부로, 정성스런 마음^(心)을 말하며, 이로부터 신임, 믿음 등의 뜻이 나왔다.

字形 石刻古文 說文小篆

琛(보배 침): chēn, 玉-8, 12

字解 형성. 玉^(옥 옥)이 의미부고 深^(깊을 심)의 생략된 부분이 소리부로, 천연 옥^(玉)을 말하며, 이로부터 진귀한 보물이라는 뜻이 나왔다.

字形 琛 說文小篆

칩

蟄(숨을 칩): 蛰, zhé, 虫-11, 17, 10

字解 형성. 虫^(벌레 충)이 의미부고 執^(잡을 집)이 소리부로, 벌레^(虫)들이 체포된 죄수처럼^(執) 冬眠^(동면)에 들어가 틀어박혀 꼼짝하지 않고 나오지 않는 것을 말하며, 이로부터 蟄居^(칩거)와 '숨다'는 뜻이 나왔다. 간화자에서는 執을 执으로 줄여 蛰으로 쓴다.

字形 簡牘文 說文小篆

秤(저울 칭): [稱], chèng, 禾-5, 10, 10

字解 회의. 禾^(벼 화)와 平^(평평할 평)으로 구성되어, 저울을 말하는데, 곡물^(禾)을 저울^(平)로 다는 모습을 그렸다. 달리 平 대신 爯^(두 가지를 한꺼번에 들 칭)이 들어가 형성구조로 된 稱^(일컬을 칭)으로도 쓰는데, 곡물을 손으로 다는^(爯) 모습을 그렸다.

稱(저울 칭): 秤, 称, chēng, 禾-9, 14

字解 형성. 禾^(벼 화)가 의미부고 爯^(둘을 한꺼번에 들을 칭)이 소리부로, 곡물^(禾) 등을 손에 들고서 ^(爯) 무게를 짐작해 보는 모습을 그렸다. 원래는 爯^(두 가지를 한꺼번에 들 칭)으로 썼으나, 이후 무게를 달아야 했던 가장 중요한 대상이 곡물^(禾)이었기에 禾가 더해져 지금처럼 되었다. 이후 무게나 가격 등을 부르다는 뜻에서 부르다, 호칭 등의 뜻이 나왔다. 간화자에서는 저울을 뜻할 때에는 爯 대신 平^(평평할 평)이 들어가 회의구조로 된 秤^(저울 칭)으로, 또 호칭을 뜻할 때에는 爯을 尔^(너 이, 爾의 간화자)로 줄인 称^(일컬을 칭)으로 쓴다.

字形 ![甲骨文] 甲骨文 ![金文] 金文 ![簡牘文] 簡牘文 ![說文小篆] 說文小篆

쾌

快(쾌할 쾌): kuài, 心-4, 7, 42

字解 형성. 心^(마음 심)이 의미부고 夬^(터놓을 쾌)가 소리부로, 마음^(心)이 기쁨을 말하며, 이로부터 愉快^(유쾌)하다, 편안하다, 기쁘다, 爽快^(상쾌)하다, 신속하다, 건방지다 등의 뜻이 나왔다.

字形 簡牘文 說文小篆

夬(터놓을 쾌) ☞ 夬(깍지 결)

타

朶(늘어질 타): duǒ, 木-2, 6

字解 회의. 乃^(이에 내)와 木^(나무 목)으로 구성되었는
데, 木은 나무를 말하고, 乃는 가지나 꽃봉
오리가 늘어져 흔들리는 모습이 변한 것으
로, 이로부터 '늘어지다'의 뜻이 나왔다. 또
꽃을 헤아리는 단위사로 쓰였고, 꽃이나
꽃처럼 생긴 물건을 지칭하기도 한다.

字形 說文小篆

打(칠 타): dǎ, 手-2, 5, 50

字解 회의. 手^(손 수)와 丁^(넷째 천간 정)으로 이루어져,
못^(丁)을 치는 손동작^(手)을 그렸다. 이로부
터 '때리다'는 뜻이 나왔으며, 이후 공격하
다, 전쟁을 치르다, 사격하다, 붙잡다 등의
뜻이 나왔다.

字形 說文小篆

他(다를 타): tā, 人-3, 5, 50

字解 형성. 人^(사람 인)이 의미부고 也^(어조사 야)가
소리부로, 다른 사람^(人)을 부르는 삼인칭
대명사이다. 원래는 它^(다를 타)로 썼으나,

지금은 사람을 지칭할 때는 他 사물을 지
칭할 때는 它로 구분해 쓴다.

字形 簡牘文 他 玉篇

拖(끌 타): [拕], tuō, 手-5, 8

字解 형성. 手^(손 수)가 의미부고 也^(다를 타)가 소리
부로, 손^(手)을 이용해 '끌다'는 뜻이다. 원
래 갑골문에서는 又^(또 우)와 它^(다를 타)의 결
합으로 되었다. 그러다 『설문해자』에서는
手와 它의 결합으로 변했고, 예서 이후 지
금의 자형이 되었는데, 拕와 它는 같은 뜻
이다.

字形 甲骨文 說文小篆

它(다를 타뱀 사): tā, 宀-2, 5

字解 상형. 갑골문에서 큰 뱀을 그렸는데 자형이
변해 지금처럼 되었다. 뱀 입 위로 사람의
발을 그리기도 했고, 거기에다 길이 더해
지기도 하여, 길에 나타나 사람의 발을 무
는 뱀임을 형상화하기도 했다. 이후 '다른
것'이나 '기타'라는 대명사로 가차되자 원
래 뜻은 虫을 더한 蛇^(뱀 사)로 분화했다.
☞ 蛇^(뱀 사)

字形 甲骨文 金
文 古陶文 簡牘文
說文小篆 說文或體

陀(비탈질 타): tuó, 阜-5, 8, 10

(字解) 형성. 阜^(언덕 부)가 의미부이고 它^(다를 타뱀 사)가 소리부로, 산의 언덕^(阜)을 말하며, 이로부터 비탈지다, 평평하지 않다는 뜻이 나왔다.

駝(낙타 타): 驼, tuó, 馬-5, 15, 10

(字解) 형성. 馬^(말 마)가 의미부이고 它^(다를 타뱀 사)가 소리부로, 駱駝^(낙타)를 말하는데, 짐을 실어 나르는 낙타를 말^(馬)의 일종으로 보았기에 馬가 의미부로 채택되었다. 낙타를 달리 峰牛^(봉우)라고도 하는데, 이는 '봉우리^(峰)가 있는 소^(牛)'라는 뜻으로, 이때에는 낙타를 소의 일종으로 보았음을 알 수 있다.

(字形) 𩢲 簡牘文 馳 玉篇

舵(키 타): duò, 舟-5, 11, 10

(字解) 형성. 舟^(배 주)가 의미부이고 它^(다를 타뱀 사)가 소리부로, 배^(舟)나 비행기의 방향을 조절하는 장치를 말한다.

沱(물 이름 타): tuó, 水-5, 8

(字解) 형성. 水^(물 수)가 의미부이고 它^(다를 타뱀 사)가 소리부로, 長江^(장강)의 상류에 있는 지류로 사천성에 있는 沱江^(타강)을 말한다. 지류로부터 물이 굽이치는 곳이라는 뜻이 나왔고, 지명에도 쓰인다. 滂沱^(방타)는 쏟아지는 큰 비를 말한다.

(字形) 金文 簡牘文 說文小篆

妥(온당할 타): tuǒ, 女-4, 7, 30

(字解) 회의. 爪^(손톱 조)와 女^(여자 여)로 구성되어, 편안하다는 뜻인데, 손^(爪)으로 여자^(女)를 어루만지다는 뜻을 그렸다. 이로부터 편안하다, 안치하다, 적당하다, 적합하다, 妥當^(타당)하다 등의 뜻이 나왔다.

(字形) 甲骨文 金文

唾(침 타): tuò, 口-8, 11, 10

(字解) 형성. 口^(입 구)가 의미부이고 垂^(드리울변방 수)가 소리부로, 입^(口)의 침을 말하는데, 침을 뱉다, 토하다, 가래 등의 뜻도 나왔다.

(字形) 說文小篆

楕(길쭉할 타): tuǒ, 木-9, 13, 10

(字解) 형성. 木^(나무 목)이 의미부이고 隋^(수나라 수제사고기 나머지 타)의 생략된 모습이 소리부로, 나무^(木)로 만든 타원형의 용기를 말하며, 이로부터 타원형과 길쭉하다는 뜻이 나왔다. 『설문해자』에서는 木이 의미부이고 隋가 소리부인 橢^(길쭉한 타)로 썼다.

(字形) 說文小篆

惰(게으를 타): [憜, 媠], duò, 心-9, 12, 10

字解 형성. 心^(마음 심)이 의미부고 隋^(수나라 수제사고기 나머지 타)의 생략된 모습이 소리부로, 마음^(心) 상태가 나태해 게으른 것을 말하며, 이로부터 궁핍하다, 불경스럽다, (행동거지 등이) 가볍다 등의 뜻이 나왔다. 달리 女^(여자 여)나 心^(마음 심)으로 구성된 媠^(게으를 타), 憜^(게으를 타)로 쓰기도 한다.

字形 〔說文小篆〕 〔說文或體〕 〔說文古文〕

墮(떨어질 타): 堕, duò, 土-12, 15, 30

字解 형성. 土^(흙 토)가 의미부고 隋^(수나라 수제사고기 나머지 타)가 소리부로, 땅^(土)으로 떨어지다는 뜻이며, 이로부터 추락하다, 탈락하다, 墮落^(타락)하다 등의 뜻이 나왔다. 간화자에서는 堕로 줄여 쓴다.

咤(꾸짖을 타): 吒, [咓], zhà, 口-6, 9

字解 형성. 口^(입 구)가 의미부고 宅^(집 택)이 소리부로, 입^(口)으로 꾸짖음을 말한다. 『설문해자』에서는 口가 의미부고 乇^(부탁할 탁)이 소리부인 吒^(꾸짖을 타)로 썼으며, 간화자에서도 吒로 쓴다.

字形 〔說文小篆〕

馱(실을 타): 驮, tuó, duò, 馬-3, 13

字解 형성. 馬^(말 마)가 의미부고 大^(큰 대)가 소리부

로, 말^(馬)에 물건을 실음을 말하는데, 말이 짐을 나르는 데 주요한 수단이었음을 보여준다. 이후 짐을 짊어지다, 물건을 얹어놓는 시렁 등의 뜻이 나왔다.

字形 〔說文小篆〕

탁

卓(높을 탁): zhuó, 十-6, 8, 50

字解 회의. 금문에서 人^(사람 인)과 早^(새벽 조)로 구성되어, 일찍^(早) 서는 아이^(人)라는 의미를 담았는데, 자형이 변해 지금처럼 되었다. 금문의 다른 자형에서는 早가 子^(아이 자)로 바뀌어 일찍 서는 아이임을 더욱 강조하기도 했다. 直立^(직립)이 인간을 동물과 구별해 주는 중요한 특징의 하나이듯, 일찍부터 설 수 있다는 것은 조숙함으로, 나아가 뛰어난 것으로 인식되었을 것이다. 이로부터 卓越^(탁월)하다, 뛰어나다, 높다 등의 뜻이 생겼다.

字形 〔金文〕 〔說文小篆〕 〔說文古文〕

倬(클 탁): zhuō, 人-8, 10

字解 형성. 人^(사람 인)이 의미부고 卓^(높을 탁)이 소리부로, 뛰어난^(卓) 사람^(人)을 말하며, 이로부터 탁월하다, 뛰어나다의 뜻이 나왔다.

晫(밝을 탁): zhuó, 日-8, 12

字解 형성. 日^(날 일)이 의미부고 卓^(높을 탁)이 소리부로, '밝다'는 뜻인데, 태양^(日)이 높이^(卓) 떠 강하게 빛남을 말한다.

琸(사람 이름 탁): tuō, 玉-8, 12

字解 형성. 玉^(옥 옥)이 의미부고 卓^(높을 탁)이 소리부로, 사람 이름에 쓰는 글자인데 송나라 때에 劉琸^(유탁)이라는 사람이 있었다.

桌(탁자 탁): [槕], zhuō, 木-6, 10

字解 형성. 木^(나무 목)이 의미부고 卓^(높을 탁)의 생략된 모습이 소리부로, 높게^(卓) 만든 나무 탁자를 말한다. 이후 의미를 더욱 강화하기 위해 木을 다시 더한 槕^(탁상 탁)으로 쓰기도 했다. 또 식사나 요리 한 상을 헤아리는 단위사로도 쓰였다.

字形 🔲 簡牘文 桌 廣韻

琢(쫄 탁): zhuó, 玉-8, 12, 20

字解 형성. 玉^(옥 옥)이 의미부고 豖^(발 얽은 돼지 걸음 축)이 소리부로, 옥^(玉)을 갈라내^(豖) 다듬는 것을 말하며, 이로부터 다듬다, 연마하다는 뜻이 나왔다. 쇠를 다듬는 것은 鏤^(새길 루), 나무를 깎는 것은 刻^(새길 각), 뼈를 자르는 것은 切^(끊을 절), 돌을 가는 것은 磨^(갈 마)라

고 구분해 불렀다.

字形 🔲 說文小篆

啄(쫄 탁): zhuó, 口-8, 11

字解 형성. 口^(입 구)가 의미부고 豖^(발 얽은 돼지 걸음 축)이 소리부로, '쪼다'는 뜻인데, 부리나 입^(口)으로 물거나 쪼아 갈라내는^(豖) 것을 말한다.

字形 🔲 說文小篆

涿(들을 탁): [氶], zhuó, 水-8, 11

字解 형성. 水^(물 수)가 의미부고 豖^(발 얽은 돼지 걸음 축)이 소리부로, 떨어지는 물방울을 말하는데, 쪼아 갈라낸 듯^(豖) 뚝뚝 떨어지는 물방울^(水)이라는 뜻을 담았다. 또 하북성에 있는 강 이름을 말하는데, 涿州^(탁주), 涿鹿^(탁록) 등의 지명은 여기에서 연유한다. 『설문해자』에서는 달리 日과 乙^(새 을)로 구성된 氶으로 쓰기도 했다.

字形 🔲🔲 甲骨文 🔲 說文小篆 🔲 說文奇字

濁(흐릴 탁): 浊, zhuó, 手-13, 16, 30

字解 형성. 水^(물 수)가 의미부고 蜀^(나라 이름 촉)이 소리부로, 齊^(제)군 廣^(광)현 爲山^(위산)에서 나와 동북쪽으로 흘러 鉅定^(거정)으로 들어가는 강^(水)을 말했으나, 이후 물^(水)이 맑지

않다, 혼탁하다, 혼란하다 등의 뜻으로 쓰였으며, 탁음 즉 유성음^(성대 떨림소리)을 지칭하기도 한다. 간화자에서는 蜀을 虫^(벌레 충)으로 줄여 浊으로 쓴다.

字形 〔金文〕 〔說文小篆〕

鐸(방울 탁): 铎, duó, 金-13, 21, 10

字解 형성. 金^(쇠 금)이 의미부고 睪^(엿볼 역)이 소리부로, 옛날의 금속^(金) 악기로 大鈴^(대령)의 일종이다. 또 방울 울리는 소리라는 뜻도 나왔다. 간화자에서는 睪을 圣으로 간단하게 줄여 铎으로 쓴다.

字形 〔說文小篆〕

濯(씻을 탁): zhuó, 水-14, 17, 30

字解 형성. 水^(물 수)가 의미부고 翟^(꿩 적)이 소리부로, 물^(水)에 씻다, 빨다는 뜻이다.

字形 〔金文〕 〔說文小篆〕

擢(뽑을 탁): zhuó, 手-14, 17, 10

字解 형성. 手^(손 수)가 의미부고 翟^(꿩 적)이 소리부로, '뽑다'는 뜻인데, 손^(手)으로 꿩의 깃털^(翟)을 뽑다는 뜻을 그렸다. 이후 拔擢^(발탁)하다, 승진하다, 끌다 등의 뜻이 나왔다.

字形 〔說文小篆〕

托(밀 탁): [託], tuō, 手-3, 6, 30

字解 형성. 手^(손 수)가 의미부고 乇^(부탁할 탁)이 소리부로, 손^(手)으로 '밀다'는 뜻이며, 拓^(미칠 탁)과 같이 쓰인다. 현대 중국에서는 託^(부탁할 탁)의 간화자로도 쓰인다.

託(부탁할 탁): 托, tuō, 言-7, 10, 20

字解 형성. 手^(손 수)가 의미부고 乇^(부탁할 탁)이 소리부로, 말^(言)로 부탁함^(乇)을 말한다. 간화자에서는 托^(밀 탁)에 통합되었다. ☞ 托^(밀 탁)

字形 〔簡牘文〕 〔說文小篆〕

柝(열 탁): [欜], tuò, 木-5, 9

字解 형성. 木^(나무 목)이 의미부고 斥^(물리칠 척)이 소리부로, 옛날 밤에 순찰할 때 치는 나무^(木) 막대를 말했는데, 이후 開拓^(개척)하다는 뜻으로 가차되었다.

字形 〔金文〕 〔說文小篆〕

坼(터질 탁): 拆, chè, 土-5, 8

字解 형성. 土^(흙 토)가 의미부고 斥^(물리칠 척)이 소리부로, 山崩地坼^(산붕지탁)에서처럼 흙^(土)이 터져 갈라짐을 말한다. 간화자에서는 拆^(터질 탁)에 통합되었다.

字形 〔說文小篆〕

度(헤아릴 탁) ☞ 度(법도 도)

拓(밀칠 탁주울 척): [摭], tuō, zhí, 手-5, 8

字解 형성. 手^(손 수)가 의미부고 石^(돌 석)이 소리부로, 돌덩이^(石)를 손^(手)으로 '밀치다'는 뜻이며, 이로부터 확대하다, 확장하다, 開拓^(개척)하다의 뜻이 나왔다. 또 拓本^(탁본)을 말하기도 하는데, 손^(手)으로 종이를 돌^(石) 등에 밀착시켜 먹을 발라 새겨진 글씨나 무늬를 종이에 그대로 떠내는 방법을 말한다. 『설문해자』에서는 石 대신 庶^(여러 서)로 구성된 摭^(주울 척)으로 쓰기도 했다.

字形 𥎒簡牘文 𥎒說文小篆 𥎒說文重文

橐(전대 탁): [囿], tuó, 木-12, 16

字解 형성. 橐^(묶을 본)의 생략된 모습이 의미부고 石^(돌 석)이 소리부로, 속에다 물체를 넣고 묶을^(橐) 수 있는 '전대'나 '포대기'를 말한다. 원래는 囿으로 써 어떤 물체를 속에 넣고 겉을 에워싸^(□위) 양끝을 동여매어 놓은 전대를 형상적으로 그렸다.

字形 𦉥 𥡴 𥡴簡牘文 𥡴說文小篆

탄

吞(삼킬 탄): tūn, □-4, 7, 10

字解 형성. 口^(입 구)가 의미부고 天^(하늘 천)이 소리부로, 씹지 않고 그대로^(天) 입^(口) 속으로 삼키는 것을 말하며, 이로부터 併吞^(병탄)의 뜻이 나왔다.

字形 𠀐 說文小篆

歎(읊을 탄): 叹, [嘆], tàn, 欠-11, 15, 40

字解 형성. 欠^(하품 흠)이 의미부고 堇^(노란 진흙 근)이 소리부로, 입을 크게 벌리고^(欠) 하늘에 도와 달라고 탄식하는^(堇) 모습을 그렸다. 이로부터 탄식하다, 찬미하다, 읊조리다, 노래 부르다 등의 뜻도 나왔다. 달리 欠 대신 口^(입 구)가 들어간 嘆으로 쓰기도 했다. 간화자에서는 堇을 간단한 부호 又^(또 우)로 바꾸어 叹으로 쓴다. ☞ 堇^(노란 진흙 근)

字形 𣥳 說文小篆

嘆(탄식할 탄): 叹, [歎], tàn, □-11, 14

字解 형성. 口^(입 구)가 의미부고 歎^(읊을 탄)의 생략된 모습이 소리부로, 탄식하다는 뜻인데, 입^(口)을 크게 벌리고 탄식하는^(歎) 모습을 그렸다. 간화자에서는 堇을 간단한 부호 又^(또 우)로 바꾸어 叹으로 쓴다. ☞ 歎^(읊을 탄)

字形 𡄣 說文小篆

灘(여울 탄): 滩, tān, 水-19, 22, 12

字解 형성. 水^(물 수)가 의미부고 難^(어려울 난)이 소리부로, 여울을 말하는데, 돌이 많아 물길^(水)이 나아가기 어려워^(難) 급류를 이루는 곳이란 의미를 담았으며, 이로부터 있는 힘을 다하다는 뜻도 나왔다. 『설문해자』에서는 灘으로 썼으며, 간화자에서는 難을 难으로 간단히 줄여 滩으로 쓴다.

字形 [그림]簡牘文 [그림]說文小篆 [그림]說文俗體

誕(태어날 탄): 诞, dàn, 言-7, 14, 30

字解 형성. 言^(말씀 언)이 의미부고 延^(끌 연)이 소리부로, 말^(言)을 끌어 장황하게 늘여 놓는 것^(延)을 말하며, 이로부터 떠벌리다, 확대하다, 허망하다, 속이다의 뜻이 나왔다. 또 아이를 낳으면 크게 떠벌린다는 뜻에서 誕生^(탄생)하다의 뜻도 나왔다. ☞ 延^(끌 연)

字形 [그림]金文 [그림]石刻古文 [그림]說文小篆 [그림]說文籒文

炭(숯 탄): tàn, 火-5, 9, 50

字解 형성. 원래는 火^(불 화)가 의미부고 屵^(언덕 안, 屵의 생략된 모습)이 소리부였으나, 예서 이후 灰^(재 회)가 의미부고 山^(뫼 산)이 소리부인 구조로 바뀌었다. 목탄을 말하는데, 산^(山)에서 나는 재^(灰)라는 뜻을 담았다.

字形 [그림]簡牘文 [그림]說文小篆

綻(옷 터질 탄): 绽, zhàn, 糸-8, 14, 10

字解 형성. 糸^(가는 실 멱)이 의미부고 定^(정할 정)이 소리부로, 실^(糸)로 기운 곳이 터지다는 뜻이며, 이로부터 터진 곳을 깁다는 뜻도 나왔고, 피부나 꽃봉오리가 터지다는 뜻도 나왔다.

坦(평평할 탄): tǎn, 土-5, 8, 10

字解 형성. 土^(흙 토)가 의미부고 旦^(아침 단)이 소리부로, 해가 지평선 위로 뜨는^(旦) 모습을 볼 수 있을 정도의 평평한 땅^(土)을 말한다. 이후 확 트인 땅처럼 대단히 솔직하고 직설적이며 마음이 넓음도 뜻하게 되었다.

字形 [그림]簡牘文 [그림]說文小篆

彈(탄알 탄): 弹, tán, dàn, 弓-12, 15, 40

字解 형성. 弓^(활 궁)이 의미부고 單^(홑 단)이 소리부로, 갑골문에서는 활^(弓)에 돌 구슬이 장착된 모습을 그렸고, 이후 單이 더해져 지금의 자형이 되었다. 사냥이나 전쟁^(單)에 쓰는 활^(弓)로부터 '彈丸^(탄환)'이라는 의미를 그렸으며, 이로부터 '튕기다', 발사하다, 탄성 등의 뜻이 나왔으며, (악기나 솜 등을) 타다는 뜻도 나왔다. 간화자에서는 單을 单으로 간단히 줄여 弹으로 쓴다.

字形 [그림]甲骨文 [그림]說文小篆

說文或體

憚(꺼릴 탄): 惮, dàn, 心-12, 15, 10

字解 형성. 心(마음 심)이 의미부고 單(홑 단)이 소리부로, 꺼리다는 뜻인데, 전쟁(單, 戰과 통함)에 대한 두려운 마음(心)이라는 의미를 담았다. 간화자에서는 單을 单으로 간단히 줄여 惮으로 쓴다.

字形 說文小篆

撣(손에 들 탄민족이름 선): 掸, dǎn, shàn, 手-12, 15

字解 형성. 手(손 수)가 의미부고 單(홑 단)이 소리부로, 손(手)에 사냥도구(單)를 들다는 뜻에서 손에 들다는 뜻이 나왔다. 또 중국 서남부의 이민족 이름으로 쓰이며, 이때에는 '선'으로 읽는다. 간화자에서는 單을 单으로 간단히 줄여 掸으로 쓴다.

字形 甲骨文 說文小篆

탈

脫(벗을 탈): 脱, tuō, 肉-7, 11, 40

字解 형성. 肉(고기 육)이 의미부고 兌(기쁠 태)가 소리부로, 『설문해자』에서는 "살(肉)이 빠져 수척함을 말한다"라고 했고, 『이아』에서는

"살(肉)에서 뼈를 제거하는 것을 말한다"라고 했다. 곤충이나 뱀이 허물을 벗듯 육신(肉)을 벗어 버리고 기쁘게(兌) 새로운 모습으로 태어나는 것을 말한 것으로 추정된다. 가죽을 벗기고 뼈를 제거하다는 뜻에서 벗어나다, 떠나다, 사면하다, 해제하다, 脫落(탈락)하다, 免脫(면탈죄를 벗음)하다 등의 뜻이 나왔다.

字解 脫 簡牘文 說文小篆

奪(빼앗을 탈): 夺, duó, 大-11, 14, 32

字解 회의. 원래는 衣(옷 의)와 隹(새 추)와 寸(마디 촌)으로 이루어져, 손(寸)으로 잡은 새(隹)를 옷(衣)으로 덮어 놓았으나 날아가 버린 모습을 형상화했으며, 이로부터 '벗어나다', '잃어버리다', '빼앗다' 등의 뜻이 나왔다. 이후 衣가 大(큰 대)로 변해 지금의 자형이 되었으며, 간화자에서는 隹를 생략하여 夺로 쓴다.

字形 金文 簡牘文 說文小篆

탐

耽(즐길 탐): dān, 耳-4, 10, 12

字解 형성. 耳(귀 이)가 의미부고 尤(머뭇거릴 유)가 소리부로, 귓불(耳)이 아래로 늘어진(尤, 沈의

^{원래 글자)} 모습으로부터 어떤 것에 耽溺^(탐닉) 하여 '좋아함'과 '즐기다'는 의미를 그렸다.

字形 👁️ 說文小篆

眈(노려볼 탐): dān, 目-4, 9, 10

字解 형성. 目^(눈 목)이 의미부고 尤^(머뭇거릴 유)가 소리부로, 눈^(目)을 내리깔고^(尤. 沈의 원래 글자) '노려보다'는 뜻이며, 이후 좋아하다, 미련 을 두다는 뜻도 나왔다.

字形 👁️ 說文小篆

探(찾을 탐): tān, 手-8, 11, 40

字解 형성. 手^(손 수)가 의미부고 深^(깊을 심)의 생략 된 부분이 소리부로, 손^(手)으로 깊숙이 감 추어진 것을 '찾다'는 뜻이며, 이로부터 취 하다, 멀리서 가져오다, 探索^(탐색)하다, 探 問^(탐문)하다, 정찰하다 등의 뜻이 나왔다.

字形 🔍 說文小篆

貪(탐할 탐): 贪, tān, 貝-4, 11, 30

字解 형성. 貝^(조개 패)가 의미부고 今^(이제 금)이 소 리부로, 아끼다, 탐하다는 뜻인데, 지금^(今) 눈앞에 보이는 재물^(貝)에 '욕심을 내다'는 뜻을 담았으며, 이로부터 貪慾^(탐욕), 욕망 등의 뜻이 나왔다.

字形 🐚 說文小篆

탑

塔(탑 탑): [墖], tǎ, 土-10, 13, 32

字解 형성. 土^(흙 토)가 의미부고 荅^(좀 콩 답)이 소리 부로, 흙이나 흙을 구운 벽돌로 쌓은 탑을 말하는데, '부도로 번역되는 산스크리트어 의 'stupa^(스투파) 혹은 팔리어의 'Thūpo'의 음역어이다.

字形 塔 說文小篆

搭(탈 탑): dā, 手-10, 13, 10

字解 형성. 手^(손 수)가 의미부고 荅^(좀 콩 답)이 소리 부로, 손^(手)으로 잡고 수레 등에 '올라타다' 는 뜻이며, 이로부터 '싣다', '연결하다' 등 의 뜻이 나왔다.

榻(걸상 탑): tà, 木-10, 14

字解 형성. 木^(나무 목)이 의미부고 羽^(성하게 나는 모양 탑)이 소리부로, 좁직하고 나지막한 낮거나 누울 수 있는 나무^(木)로 된 용구를 말한 다. 또 앉은 책상을 말하기도 했는데, 이로 부터 (책상에 앉아 글씨를) 베끼다는 뜻이, 다시 탁본하다의 뜻이 나왔다.

字形 榻 說文小篆

E

E | 843

탕

湯(끓일 탕): 汤, tāng, 水-9, 12, 32

字解 형성. 水^(물 수)가 의미부고 昜^(볕 양)이 소리부로, 햇볕처럼^(昜, 陽의 원래 글자) 뜨거운 국물^(水)을 말한다. 이로부터 뜨겁게 끓이다의 뜻도 나왔으며, 탕을 지칭하기도 한다. 간화자에서는 昜을 汤으로 간단하게 줄여 汤으로 쓴다.

字形 (금문, 고도문, 간독문, 백서, 고새문, 석각고문, 설문소전 자형들)
金文 古陶文 簡牘文 帛書 古璽文 石刻古文 說文小篆

蕩(쓸어버릴 탕): 荡, dàng, 艸-12, 16, 10

字解 형성. 艸^(풀 초)가 의미부고 湯^(끓일 탕)이 소리부로, 원래는 하남성 湯씀^(탕음)의 북쪽에서 발원한 강 이름이었으나, 이후 '쓸어버리다'는 뜻으로 쓰였다. 간화자에서는 湯을 汤으로 간단하게 줄여 荡으로 쓴다.

字形 簡牘文 說文小篆

盪(씻을 탕): tāng, 皿-12, 17

字解 형성. 皿^(그릇 명)이 의미부고 湯^(넘어질 탕)이 소리부이다. '목욕 대야^(滌器)'를 말한다. 이후 씻다, 흔들다, 진동하다, 소탕하다 등의 뜻이 나왔다. 그래서 盪日^(탕일)은 씻은 듯

이 환하고 밝은 해를, 擊盪^(격탕)은 심하게 뒤흔들림을 말한다.

字形 說文小篆

宕(방탕할 탕): dàng, 宀-5, 8, 10

字解 회의. 宀^(집 면)과 石^(돌 석)으로 구성되어, 바위^(石)에 굴을 뚫어 만든 집^(宀)을 말했는데, 이런 집은 앞뒤가 다 통하도록 만들어졌기에 '통하다'는 뜻이 나왔다. 이후 거침없이 통하다는 뜻에서 '방탕하다'는 뜻도 나왔다.

字形 甲骨文 金文 說文小篆

帑(금고 탕·처자 노): [孥], tǎng, 巾-5, 8

字解 형성. 巾^(수건 건)이 의미부고 奴^(종 노)가 소리부로, 재물이나 비단^(巾)을 말하며, 金帛^(금백)을 넣어두는 금고를 말하며, 이로부터 주머니의 뜻도 나왔다. 또 巾 대신 子^(아들 자)가 들어간 孥^(자식 노)와 같이 쓰여 자녀의 통칭으로 쓰이며, 처나 자식, 포로나 노예 등을 뜻하기도 한다.

字形 說文小篆

糖(사탕 탕): [餹], táng, 米-10, 16

字解 형성. 米(쌀 미)가 의미부고 唐(당나라 당)이 소리부로, 쌀이나 밀 등 곡물(米)을 고아 만든 설탕을 말하며, 이로부터 사탕이나 단 것을 통칭하였다. 달리 음식물이라는 뜻에서 食(먹을 식)을 의미부로 한 餹(엿 당)으로 쓰기도 한다.

字形 糖 說文新附字

태

台(별·기뻐할 태): [臺], tái, 口-2, 5, 12

字解 형성. 口(입 구)가 의미부고 以(써 이)가 소리부인데 자형이 조금 변해 지금처럼 되었다. 입(口)에서 웃음이 나오는 모습처럼, '기쁘다'가 원래 뜻으로, 독음은 怡(기쁠 이), 貽(끼칠 이), 飴(엿 이)에서처럼 '이'로 읽혔다. 하지만 '별이름'을 말할 때에는 '태'로 읽혔는데, 三台星(삼태성)은 옛날 핵심 권력을 장악했던 三公(삼공)을 상징하는 별이었다. 현대 중국에서는 臺(돈대 대), 檯(등대 대), 颱(태풍 태) 등의 간화자로도 쓰인다.

字形 台 簡牘文 台 說文小篆

胎(아이 밸 태): [囼, 㣗], tāi, 肉-5, 9, 20

字解 형성. 肉(고기 육)이 의미부고 台(별 태)가 소리부로, 사람이나 포유동물의 신체(肉) 속에서 자라는 '胎兒(태아)'를 말하는데, 기쁨을 안겨주는(台) 존재라는 뜻을 담았으며, 이로부터 母胎(모태), 기르다, 사물의 근원이나 기초 등의 뜻이 나왔다.

字形 胎 說文小篆

苔(이끼 태): tái, 艸-5, 9, 10

字解 형성. 艸(풀 초)가 의미부고 台(별 태)가 소리부로, 이끼를 말하는데, 隱花(은화) 식물류(艸)에 속한다. 뿌리와 줄기와 잎의 구분이 불분명하고 응달의 습지에서 자라며 지면에 붙어서 자라기 때문에 地衣(지의)라고도 불린다. 『설문해자』에서는 台 대신 治(다스릴 치)가 들어간 菭(이끼 태)로 썼다.

字形 菭 說文小篆

殆(위태할 태): dài, 歹-5, 9, 32

字解 형성. 歹(뼈 부서질 알)이 의미부고 台(별 태)가 소리부로, 죽음(歹)에 이를 정도로 '위태로움'을 말하며, 이로부터 위험하다, 危殆(위태)롭다, 두렵다, 의혹 등의 뜻이 나왔다.

字形 殆 說文小篆

笞(볼기칠 태): chī, 竹-5, 11, 10

字解 형성. 竹(대 죽)이 의미부고 台(별 태)가 소리부로, 볼기를 치던 형벌(笞刑태형)에 사용하던 대(竹)로 만든 매를 말하며, 이로부터 '볼기를 치다'는 뜻이 나왔다.

邰(나라 이름 태): tái, 邑-5, 8

字解 형성. 邑^(고을 읍)이 의미부고 台^(별 태)가 소리부로, 나라^(邑) 이름으로, 周^(주)나라의 시조인 后稷^(후직)부터 公劉^(공류) 때까지 도읍으로 삼았던 곳으로, 지금의 섬서성 武功^(무공)현 서남쪽에 있었다.

字形 [서체] 說文小篆

跆(밟을 태): tái, 足-5, 12, 10

字解 형성. 足^(발 족)이 의미부고 台^(별 태)가 소리부로, 발^(足)로 밟다는 뜻이다.

怠(게으를 태): dài, 心-5, 9, 30

字解 형성. 心^(마음 심)이 의미부고 台^(별 태)가 소리부로, 즐거워^(台) 마음^(心)이 풀어짐을 말하며, 이로부터 怠慢^(태만)하다, 해이하다 등의 뜻이 나왔다.

字形 [서체] 金文 [서체] 說文小篆

颱(태풍 태): 台, tái, 風-5, 14, 20

字解 형성. 風^(바람 풍)이 의미부고 台^(별 태)가 소리부로, 크게^(台, 臺의 속자) 부는 강한 바람^(風)을 말한다. 달리 대만^(台, 臺) 지역에서 부는 강한 바람^(風)으로 풀이하기도 한다. 간화자에서는 台^(별·기뻐할 태)로에 통합되었다. ☞ 台^(별·기뻐할 태)

駘(둔마 태): 骀, tái, 馬-5, 15

字解 형성. 馬^(말 마)가 의미부고 台^(별 태)가 소리부로, 말^(馬)의 재갈이 빠지다는 뜻이며, 이후 둔한 말^(馬)을 말했고, 평범하고 졸렬한 재주^(庸才·용재)의 비유로도 쓰였다.

字形 [서체] 古陶文 [서체] 說文小篆

太(클 태): tài, 大-1, 4, 60

字解 지사. 大^(큰 대)에서 분화한 글자로, 크다, 위대하다, 극단, 최고라는 뜻인데, 단순히 큰 '사람'이 아니라 '고상하다'와 '위대함'을 나타내고자 大에다 구별을 위한 지사 부호인 점^(丶)을 더해 만든 글자이다. 이후 상대를 극존칭 하는 말로도 쓰였다. 『설문해자』에서는 泰^(클 태)의 고문체라고 했다.

字形 [서체] 甲骨文 [서체] 簡牘文 [서체] 說文小篆 [서체] 說文古文 太 廣韻

汰(사치할 태): tài, 水-4, 7, 10

字解 형성. 水^(물 수)가 의미부고 太^(클 태)가 소리부로, 쌀이나 콩 등을 물^(水)에 씻다는 뜻이며, 이후 미끄럽다, 지나가다, 淘汰^(도태), 선택하다, 물결 등의 뜻이 나왔다. 또 泰^(클 태)와 통하여 사치스럽다, 驕泰^(교태) 등의 뜻으로도 쓰였다.

字形 甲骨文 說文小篆

泰(클 태): tài, 水-5, 10, 32

字解 형성. 원래 水^(물 수)와 廾^(두 손 마주잡을 공)이 의미부고 大^(큰 대)가 소리부였는데, 예서 이후 지금의 자형으로 바뀌었다. 두 손^(廾)으로 물^(水)을 건져 올렸을 때 손가락 사이로 물이 크게^(大) 빠져나가는 모습을 형상화했으며, 이로부터 '대단히', '크다' 등의 뜻이 나왔다.

字形 古陶文 石刻古文 說文小篆 說文古文

態(모양 태): 态, tài, 心-10, 14, 42

字解 형성. 心^(마음 심)이 의미부고 能^(능할 능)이 소리부로, 상태나 정황, 모양, 자태 등을 말하는데, 이러한 것이 심리 상태^(心)의 반영임을 말해준다. 『설문해자』에서는 회의구조로 보았으며, 청나라 때의 段玉裁^(단옥재)도 마음^(心) 속에 있는 재능^(能)이 밖으로 드러나는 법이며, 이것이 모양이라고 해 회의구조로 설명했다. 하지만 桂馥^(계복)은 能의 고대음이 耐^(견딜 내)와 같다는데 근거해 能이 소리부라고 했다. 간화자에서는 态로 써, 心이 의미부고 太^(클 태)가 소리부인 형성구조로 변했다.

字形 說文小篆

兌(기쁠 태): 兑, duì, 儿-5, 7, 12

字解 회의. 儿^(사람 인)과 口^(입 구)와 八^(여덟 팔)로 구성되어, 사람^(儿)의 벌린 입^(口)에서 웃음이 퍼져나가는^(八) 모습을 형상적으로 그렸으며, 이로부터 웃다, 기쁘다의 뜻이 나왔다. 이후 기쁘다는 심리 상태를 강화하기 위해 心^(마음 심)을 더한 悅^(기쁠 열)로 분화했다.

字形 甲骨文 金文 古陶文 簡牘文 說文小篆

蛻(허물 태세): tuì, 虫-7, 13

字解 형성. 虫^(벌레 충)이 의미부이고 兌^(빛날 태)가 소리부이다. 『설문해자』에서는 "虫도 의미부이고 挩^(해탈할 탈)의 생략된 모습도 의미부이다"라고 했으며, "뱀이나 매미 같은 것들이 벗는 껍질, 즉 허물^(蛇蟬所解皮)"을 말한다고 했다. 허물, 허물을 벗다는 뜻으로부터 신선이 되다는 뜻까지 나왔다.

字形 說文小篆

택

擇(가릴 택): 择, zé, zhái, 手-13, 16, 40

字解 형성. 手^(손 수)가 의미부고 睪^(엿볼 역)이 소리부로, 눈으로 자세히 살펴^(睪) 손^(手)으로 가려냄을 말하며, 이로부터 선택하다, 구별하다, 붙잡다 등의 뜻이 나왔다. 간화자에서는 睪을 圣으로 간단하게 줄여 择으로 쓴다. ☞ 釋^(풀 석)

字形 [金文] [帛書] [簡牘文] [說文小篆]

澤(못 택): 泽, zé, 水-13, 16, 32

字解 형성. 水^(물 수)가 의미부고 睪^(엿볼 역)이 소리부로, 광택이 나다가 원래 뜻인데, 흐르지 않고 고여 있는 물^(水)은 잔잔하여 햇살을 반사해 광택이 난다는 뜻을 담았다. 이후 '못'이나 '沼澤^(소택)'의 일반적인 지칭이 되었고, 은혜나 恩澤^(은택) 등의 뜻도 나왔다. 간화자에서는 睪을 圣으로 간단하게 줄여 泽으로 쓴다.

字形 [古璽文] [石刻古文] [說文小篆]

宅(집 택): [宺, 厇], zhái, 宀-3, 6, 52

字解 형성. 宀^(집 면)이 의미부고 乇^(부탁할 탁)이 소리부로, 집을 말하는데, 몸을 의탁하는^(乇) 곳^(宀)이라는 뜻을 담았다. 『설문해자』의 고문에서는 土^(흙 토)를 더한 宺으로, 또 宀 대신 广^(집 엄)이 들어간 厇으로 쓰기도 했다.

字形 [說文小篆] [說文古文]

터

攄(펼 터): shū, 手-15, 18, 10

字解 형성. 手^(손 수)가 의미부고 慮^(생각할 려)가 소리부로, 손^(手)을 이용해 넓게 펼치다는 뜻이다. 이로부터 펴다, 표현하다는 뜻도 나왔는데, 생각^(慮)이나 말을 늘어놓다^(手)는 뜻을 담았다.

탱

撑(버틸 탱): 撑, [牚], chēng, 手-12, 15

字解 형성. 手^(손 수)가 의미부고 牚^(버틸 탱)이 소리부로, 버티다, 지탱하다는 뜻인데, 손^(手)으로 받쳐 버티다^(牚)는 뜻을 담았다. 원래는 手가 빠진 牚으로 썼는데, 손동작을 강조하고자 手를 더해 분화한 글자이다. 달리 撑으로도 쓴다. ☞ 牚^(버틸 탱)

토

土(흙 토): tǔ, 土-0, 3, 80

字解 상형. 갑골문에서 땅^(一) 위에 뭉쳐 세워 놓은 흙의 모습으로부터 흙, 土地^(토지), 대지

등의 뜻을 그렸다. 어떤 경우에는 처럼 그려 그 주위로 점을 그려 술을 뿌리며 숭배하던 토지 신의 모습을 형상화하기도 했다. 황토 대지 위에서, 정착 농경을 일찍부터 시작했던 고대 중국인이었기에 흙^(土)은 중요한 숭배대상이자 다양한 상징을 담게 되었다. 地^(땅 지)에서와 같이 흙^(土)은 만물을 낳고 자라게 하는 생산성의 상징이었으며, 在^(있을 재)와 같이 만물을 존재하게 하는 상징이었다. 하지만, 이후 흙은 농촌의 상징이었고, 이로부터 향토색이 짙다, 土俗^(토속)적이라는 뜻이, 다시 촌스럽다, 사투리, 촌뜨기 등의 뜻도 나왔다.

字形 甲骨文 金文 古陶文 簡
牘文 帛書 說文小篆

吐(토할 토): tǔ, 口-3, 6, 32

字解 형성. 口^(입 구)가 의미부고 土^(흙 토)가 소리부로, 입^(口) 속의 것을 토해 땅^(土)에다 내뱉는 것을 말하며, 이로부터 버리다, 吐說^(토설: 숨겼던 사실을 비로소 밝혀서 말함)하다, 드러내다 등의 뜻이 나왔다.

字形 說文小篆

討(칠 토): 讨, tǎo, 言-3, 10, 40

字解 회의. 言^(말씀 언)과 寸^(마디 촌)으로 구성되어, 다스리다, 정벌하다가 원래 뜻이다. 적을 칠 때에는 먼저 여론을 조성하고 그 다음에 행동에 옮긴다. 言은 치고자 하는 대상의 죄상을 말로 하여 정벌의 당위성을 조성함을, 寸은 손을 뜻하여 실제 행동을 상징한다. 정벌은 반드시 다양한 각도에서 논의가 필요하다는 뜻에서 '討議^(토의)하다', 연구하다, 탐구하다, (상대방의 기분을) 건드리다 등의 뜻이 나왔다.

字形 說文小篆

兎(토끼 토): 兔, [兔, 菟], tù, 儿-5, 7

字解 형성. 앉는 모습의 토끼를 그렸으며, 이로부터 토끼, 토끼를 잡다의 뜻이 나왔고, 중국의 신화에서 달 속에 옥토끼가 산다는 뜻에서 달의 비유로도 쓰였다. 원래 兔^(토끼 토)로 썼는데, 간화자에서도 兔로 쓴다.

字形 甲骨文 簡牘文 說文小篆

통

痛(아플 통): tòng, 疒-7, 12, 40

字解 형성. 疒^(병들어 기댈 녁)이 의미부고 甬^(길 용)이 소리부로, 온몸을 관통하듯 큰^(甬) 아픔^(疒)을 말하며, 이로부터 苦痛^(고통)이나 심한 충격 등의 뜻이, 다시 대단히, 한껏, '철저하게'라는 뜻도 나왔다.

字形 睡虎秦簡 說文小篆

桶(통 통): tǒng, 木-7, 11, 10

字解 형성. 木^(나무 목)이 의미부고 甬^(길 용)이 소리부로, 나무^(木)로 만든 종^(甬)처럼 생긴 큰 '통'을 말한다. 옛날에는 용기 이름으로 쓰여, 네모꼴의 斛^(곡, 열 말들이)을 지칭하기도 했다.

字形 [그림] 簡牘文 [그림] 說文小篆

通(통할 통): tōng, 辵-7, 11, 60

字解 형성. 辵^(쉬엄쉬엄 갈 착)이 의미부고 甬^(길 용)이 소리부로, 종^(甬)으로 정책을 시행하듯 사방팔방으로 퍼져나감^(辵)으로부터 '통용되다'의 뜻을 그렸다. 이로부터 도달하다, 通達^(통달)하다, 通行^(통행)하다, 流通^(유통)되다, 왕래하다, 통하게 하다, 開通^(개통)하다, 설치하다, 모두 다 알다, 보편적인 등의 뜻이 나왔다.

字形 [그림] [그림] [그림] 甲骨文 [그림] [그림] 金文 [그림] [그림] 古陶文 [그림] 盟書 [그림] [그림] [그림] 簡牘文 [그림] 說文小篆

洞(꿰뚫을 통) ☞ **洞**(골 동)

筒(대통 통): tǒng, dòng, 竹-6, 12, 10

字解 형성. 竹^(대 죽)이 의미부고 同^(한 가지 동)이 소리부로, 대^(竹)로 만든 대통을 말하며, 그런 모양의 기물을 통칭하게 되었으며, 통소라는 뜻도 나왔다. 현대 중국에서는 箐^(전동 용, 대통 통)의 간화자로도 쓰인다. ☞ 箐^(전동 용, 대통 통)

字形 [그림] 說文小篆

統(큰 줄기 통): 统, tǒng, 糸-6, 12, 42

字解 형성. 糸^(가는 실 멱)이 의미부고 充^(찰 충)이 소리부로, 실^(糸)의 첫머리를 말했는데, 이로부터 총괄하다, 우두머리, 계통, 전통 등의 뜻이 나왔다.

字形 [그림] 說文小篆

慟(서럽게 울 통): tòng, 心-11, 14, 10

字解 형성. 心^(마음 심)이 의미부고 動^(움직일 동)이 소리부로, 통곡하다, 감동하다의 뜻인데, 마음^(心)을 움직일^(動) 정도로 비통하게 울다는 뜻을 담았다.

字形 [그림] 說文小篆

퇴

退(물러날 퇴): [復, 彶], tuì, 辵-6, 10, 42

字解 회의. 辵^(쉬엄쉬엄 갈 착)과 艮^(어긋날 간)으로 구성되어, 앞으로 나아가는 걸음걸이^(辵)와 배

치되는^(艮) 걸음걸이인 '물러섬'을 말한다. 이로부터 退却^(퇴각)하다, 後退^(후퇴)하다, 떠나다, 몰아내다, 계약 등을 물리다 등의 뜻이 나왔다. 『설문해자』에서는 彳^(조금 걸을 척)과 日^(날 일)과 夊로 구성된 復로 썼으며, 달리 彳^(조금 걸을 척)과 內^(안 내)로 구성된 彳內로 쓰기도 했다.

字形 ᄒ^{金文} ᄒ^{簡牘文} ᄒ^{說文小篆} ᄒ^{說文或體} ᄒ^{說文古文}

腿(넓적다리 퇴): [骽], tuǐ, 肉-10, 14, 10

字解 형성. 肉^(고기 육)이 의미부고 退^(물러날 퇴)가 소리부로, 넓적다리를 말하는데, 물러서는^(退) 걸음을 가능하게 하는 신체 부위^(肉)라는 뜻을 담았다. 현대 중국에서는 '햄'을 '휘투이^(火腿)'라 부른다.

褪(바랠 퇴): tuì, 衣-10, 15, 10

字解 형성. 衣^(옷 의)가 의미부고 退^(물러날 퇴)가 소리부로, 옷^(衣)의 색깔이 원래 색에서 후퇴하여^(退) '바래다'는 뜻이며, 이로부터 퇴색하다, 탈락하다 등의 뜻이 나왔다.

隤(무너질 퇴): tuí, 阜-12, 15

字解 형성. 阜^(언덕 부)가 의미부고 貴^(귀할 귀)가 소리부로, 흙 언덕^(阜)이 무너져 내린다는 뜻이며, 이로부터 떨어지다, 내려가다, 무너지다 등의 뜻이 나왔다. ☞ 貴^(귀할 귀)

字形 ᄒ^{說文小篆}

堆(언덕 퇴): duī, 土-8, 11, 10

字解 형성. 土^(흙 토)가 의미부고 隹^(새 추)가 소리부로, 흙^(土) 언덕을 말하는데, 새^(隹)가 앉아 먹이를 쪼며 놀 수 있는 조그만 흙무더기라는 의미를 담았다. 이후 한데 수북이 쌓였거나 뭉쳐 있는 더미나 무리를 지칭하게 되었다.

頹(무너질 퇴): [頽], tuí, 頁-7, 16, 10

字解 회의. 頁^(머리 혈)과 禿^(대머리 독)으로 구성되어, 머리털이 많이 빠져서^(禿) 벗어진 머리^(頁)를 말했는데, 이후 산에 나무가 없어 벌거벗은 민둥산은 '무너지기 쉽다'는 뜻에서 '무너지다'는 뜻이 나왔다. 『설문해자』 소전체에서는 頁 대신 貴^(귀할 귀)를 더한 隤^(쇠퇴할 퇴)로 써 형성구조로 되었는데, 나무 등을 들어내어^(貴) 만들어진 민둥산^(禿)으로부터 '무너지다'는 뜻을 그렸다. ☞ 貴^(귀할 귀)

字形 ᄒ ᄒ^{古陶文} ᄒ^{說文小篆}

槌(망치 퇴): chuí, 木-10, 14, 10

字解 형성. 木^(나무 목)이 의미부고 追^(쫓을 추)가 소리부로, 못 등을 내리치는^(追) 나무^(木) 망치를 말하며, 두드리다, 치다의 뜻도 가진다. 달리 椎^(몽치 추)로 쓰기도 한다.

투

套(덮개 투): [㢋], tào, 大-7, 10, 120

字解 회의. 大^(큰 대)와 長^(길 장)으로 구성되어, 대상물보다 크고^(大) 길어^(長) 덮을 수 있는 '덮개'나 外套^(외투)를 말하며, 이후 도구나 가구 따위의 한 벌을 뜻하였고, 한 벌을 나타내는 단위사로도 쓰였다. 원래는 㢋^(활집 도)로 써, 弓^(활 궁)이 의미부고 㢱^(미끄러울 도)가 소리부로, 술이 달린^(㢱) 활집^(弓)을 말했는데, 이후 套로 대신했다.

妬(시샘할 투): 妒, dù, 女-5, 8, 10

字解 형성. 女^(여자 여)가 의미부고 石^(돌 석)이 소리부로, 시샘하다는 뜻인데, 시샘을 여성^(女)의 특징으로 간주했음을 알 수 있다. 이후 石이 독음을 잘 나타내지 못하자 戶^(지게문 호)를 대신 넣은 妒^(투기할 투)를 만들었다. 간화자에서도 妒로 쓴다.

字形 妬 簡牘文 妒 說文小篆

鬥(싸울 투): 斗, dòu, 鬥-0, 10

字解 회의. 鬥는 갑골문에서 두 사람이 서로 상대하여 싸우는 모습을 그렸는데, 마주한 사람의 머리칼이 위로 치솟아 화를 내며

싸우는 모습임을 구체화했다. 『설문해자』에서는 소전체에 근거해 "병사가 싸우는 모습인데, 무기가 뒤에 놓인 모양이다."라고 했지만, 맨손으로 싸우는 모습이지 무기를 가진 병사의 싸움이라 보기는 어렵다. 해서에 들면서는 소리부인 豆^(콩 두)와 손동작을 강조한 寸^(마디 촌)이 더해져 鬪^(싸움 투)가 되었다. 이 때문에 鬥가 든 글자는 鬨^(싸울 홍), 鬩^(고함지를 함), 鬧^(시끄러울 뇨), 鬩^(다툴 혁)에서처럼 모두 '싸움'과 관련되어 있다. 현대 중국의 간화자에서는 발음이 같은 斗^(말 두)에 통합되었다. ☞ 斗^(말 두)

字形 [갑골문] 甲骨文 [간독문][간독문] 簡牘文 [설문소전] 說文小篆

鬪(싸움 투): 斗, [鬭, 鬦], dòu, 鬥-10, 20, 40

字解 형성. 원래는 서로 마주 보며 두 손으로 싸우는 모습을 그린 鬥^(싸울 투)로 썼는데, 예서에 들면서 소리부인 豆^(콩 두)와 손동작을 강조한 寸^(마디 촌)이 더해져 지금의 鬪가 되었다. 달리 鬭나 鬦로 쓰기도 한다. 간화자에서는 斗^(말 두)에 통합되었다. ☞ 鬥^(싸울 투)

字形 [갑골문] 甲骨文 [간독문][간독문] 簡牘文 [설문소전][설문소전] 說文小篆

投(던질 투): tóu, 手-4, 7, 40

字解 형성. 手^(손 수)가 의미부고 殳^(창 수)가 소리부

로, 손^(手)으로 창^(殳)을 '던지다'는 뜻이며, 이로부터 投擲^(투척)의 뜻이 나왔고, 손에 들었던 창을 내던지고 항복하는 뜻에서 投降^(투항)하다, 意氣投合^(의기투합·마음이나 뜻이 서로 맞음)하다 등의 뜻도 나왔다.

字形 投 炆 簡牘文 𣪊 說文小篆

透(통할 투): tòu, 辵-7, 11, 32

字解 형성. 辵^(쉬엄쉬엄 갈 착)이 의미부고 秀^(빼어날 수)가 소리부로, 뛰어서 넘어가다^(辵)는 뜻이며, 달리 통과하다^(辵)는 뜻이라고도 한다. 속까지 통했다는 뜻에서 透徹^(투철)하다와 기밀을 누설하다 등의 뜻이 나왔다.

字形 䟽 說文小篆

偷(훔칠 투): 偷, tōu, 人-9, 11

字解 형성. 人^(사람 인)이 의미부고 俞^(점점 유)가 소리부로, 구차한 사람^(人)이 원래 뜻인데, 사람^(人)의 구차한 행동을 말했으며, 이로부터 구차하다는 뜻이, 다시 '훔치다', 속이다는 뜻이 나왔으며, 도둑을 지칭하게 되었다. 간화자에서는 偷로 쓴다.

渝(달라질 투): yú, 水-9, 12

字解 형성. 水^(물 수)가 의미부이고 俞^(성씨 유)가 소리부이다. 『설문해자』의 해설처럼, '더러운 물로 변하다^(變汙)'라는 뜻이다. 이로부터 변하다, 바뀌다, 변경하다 등의 뜻이 나왔다.

그래서 渝盟^(투맹)은 '맹세한 언약을 저버리다'는 뜻이다. 또 강 이름으로 쓰여 '유수^(渝水)를 말하는데, 요서^(遼西)군 임유^(臨渝)현에서 발원하여, 동쪽으로 국경으로 흘러간다.'라고도 한다.

字形 渝 說文小篆

특

特(수컷 특): tè, 牛-6, 10, 60

字解 형성. 牛^(소 우)가 의미부고 寺^(절 사)가 소리부로, 희생에 쓰는 수소^(牛)를 말했는데, 寺^(절 사)는 원래 寸^(마디 촌)과 之^(갈 지)로 이루어져 손^(寸)으로 잡고 가는^(之) 모습을 그렸다. 신에게 바칠 희생 소는 단연 가장 질 좋은 소여야 했기에 特에는 '特出^(특출)나다', 특수하다, 특화되다 등의 뜻이 나왔고, 특수한 것은 유일하다는 뜻에서 '단지'라는 의미도 나왔다. 또 '세 살짜리 소'를 주로 썼기에 '세 살 된 짐승'이라는 의미까지 나왔다.

字形 特 汗簡 特 說文小篆

慝(사특할 특): [恧], tè, 心-11, 15, 10

字解 형성. 心^(마음 심)이 의미부고 匿^(숨을 닉)이 소리부로, 사악함이나 사악한 사람을 말하는데, 속마음^(心)을 숨겨^(匿) 사특하게 하다는 뜻을 담았다.

忒(변할 특): tè, 心-3, 7

字解 형성. 心(마음 심)이 의미부이고 弋(주살 익)이 소리부이다. 『설문해자』의 해설처럼, '바꾸다(更)'라는 뜻이다. 이로부터 변하다, 틀리다, 어긋나다, 사악하다 등의 뜻까지 나왔다. 그래서 乖忒(괴특)은 '사리에 어긋나 맞지 아니하다'는 뜻이다.

字形 說文小篆

틈

闖(쑥 내밀 츰틈): 闯, chèn, 門-10, 18

字解 회의. 門(문 문)과 馬(말 마)로 구성되어, 말(馬)이 문(門)에서 나오는 모습을 말하며, 이로부터 쑥 내밀다, 돌입하다, 난입하다는 뜻이 생겼다. 한국에서는 '틈'으로 읽히기도 한다. 간화자에서는 馬를 马로 줄여 闯으로 쓴다.

字形 說文小篆

派(물갈래 파): pài, 水-6, 9, 40

字解 형성. 水^(물 수)가 의미부고 辰^{(물 갈래져 흐를 파,} ^{永을 뒤집은 모습)}가 소리부로, 물^(水)의 갈래^(辰)를 그려 '지류'를 나타냈다. 이후 갈래의 뜻이 나왔고, 다시 정치적 입장이나 학문적 주장, 學派^(학파), 여러 다른 스타일 등을 뜻하게 되었으며, 할당하다, 배분하다, 派遣^(파견)하다의 뜻도 나왔다.

字形 𣲖金文 𣲥說文小篆

罷(그만둘 파): 罢, bà, 网-10, 15, 30

字解 회의. 网^(그물 망)과 能^(능할 능)으로 구성되어, 그만두다는 뜻인데, 재주꾼인 곰^{(能, 熊의 본래} ^{글자)}을 그물^(网)에 가두어 제 능력을 쓰지 못하게 함을 말하며, 이로부터 끝내다, '고달프다'의 뜻이 나왔으며, 어기사로도 쓰였다. 간화자에서는 能을 去^(갈 거)로 간단하게 줄여 罢로 쓴다.

字形 罷簡牘文 罷說文小篆

擺(열릴 파): 摆, bǎi, 手-15, 18

字解 형성. 手^(손 수)가 의미부고 罷^(그만둘 파)가 소리부로, 분리시키다는 뜻인데 그물에 갇힌 곰^(罷)을 손^(手)으로 열어젖혀 풀어주다는 뜻을 담았으며, 이로부터 격파하다, 흔들다, 배열하다, 배제하다 등의 뜻이 나왔다. 간화자에서는 罷를 罢로 간단하게 줄여 摆로 쓴다.

破(깨트릴 파): pò, 石-5, 10, 42

字解 형성. 石^(돌 석)이 의미부고 皮^(가죽 피)가 소리부로, 돌^(石)의 표피^(皮, 피)가 몸체에서 분리되어 돌이 잘게 '부서지다'는 뜻을 그렸으며, 이로부터 깨지다, 쳐부수다, 분열하다, 완전하지 않다, 어떤 범위를 벗어나다, 돈을 많이 쓰다 등의 뜻이 나왔다.

字形 破說文小篆

坡(고개 파): pō, 土-5, 8, 12

字解 형성. 土^(흙 토)가 의미부고 皮^(가죽 피)가 소리부로, 산의 경사면을 말하는데, 흙^(土)의 표피^(皮)를 드러낸 곳이라는 의미를 담았다. 이로부터 산의 고개, 평원, 경사도가 낮다는 뜻이 나왔고, 중국의 북방지역에서는 토지를 뜻하기도 한다.

字形 坡說文小篆

波(물결 파): bō, 水-5, 8, 42

字解 형성. 水^(물 수)가 의미부고 皮^(가죽 피)가 소리부로, 물^(水)의 표면^(皮)에 이는 '물결'을 말

하며, 이로부터 물이 흐르다, 파도를 일으키다는 뜻이 나왔고, 심한 분쟁이나 분란^(風波·풍파)을 비유하게 되었다.

字形 [그림] 古陶文 [그림] 簡牘文 [그림] 古璽文 [그림] 說文小篆

婆(할미 파): [媻], pó, 女-8, 11, 10

字解 형성. 女^(여자 여)가 의미부고 波^(물결 파)가 소리부로, 나이 든 여성^(女)을 말하며, 어미 항렬, 조모 항렬, 시어머니, 아내 등을 지칭한다. 달리 『설문해자』에 실린 媻^(비틀거릴·첩 반)을 婆의 원래 글자로 보기도 한다.

字形 [그림] 說文小篆

頗(자못 파): 颇, pō, 頁-5, 14, 30

字解 형성. 頁^(머리 혈)이 의미부고 皮^(가죽 피)가 소리부로, 머리^(頁)가 한쪽으로 치우침을 말했는데, 이로부터 偏頗^(편파)적이나 불완전함이라는 뜻이 나왔으며, 이로부터 자못, 상당히 등의 뜻도 갖게 되었다.

字形 [그림][그림] 古陶文 [그림] 說文小篆

跛(절뚝발이 파): bǒ, 足-5, 12, 10

字解 형성. 足^(발 족)이 의미부고 皮^(가죽 피)가 소리부로, 다리^(足)가 평형을 이루지 못하고 '절다'는 뜻을 그렸고, 이로부터 절름발이, 跛行^(파행) 등의 뜻이 나왔다.

字形 [그림] 說文小篆

巴(땅 이름 파): bā, 己-1, 4, 10

字解 상형. 큰 뱀의 모양을 그렸는데, 원래 뜻으로는 이미 쓰이지 않고 중국의 서남쪽^(지금의 사천성 동부와 중경시 일대)에 위치했던 나라의 이름으로 가차되었다. 이후 뱀처럼 기어가다, 굽다 등의 뜻도 가지게 되었다.

字形 [그림] 說文小篆

把(잡을 파): bǎ, 手-4, 7, 30

字解 형성. 手^(손 수)가 의미부고 巴^(땅 이름 파)가 소리부로, 꽉 쥐다는 뜻인데, 손^(手)을 굽혀^(巴) 단단히 쥐다는 뜻을 담았다. 이후 把握^(파악)하다의 뜻이 나왔고, 손에 쥘 수 있는 것을 헤아리는 단위로 쓰였다. 당나라 이후로는 목적어를 전치할 때 쓰는 문법소로도 쓰였다.

字形 [그림] 說文小篆

芭(파초 파): bā, 艸-4, 8, 10

字解 형성. 艸^(풀 초)가 의미부고 巴^(땅 이름 파)가 소리부로, 芭蕉^(파초)를 말하는데, 손가락을 굽힌^(巴) 모양과 비슷한 열매가 열리는 식물^(艸)이라는 뜻을 담았으며, 일본의 류큐^(琉球) 열도와 대만이 원산이며, 중국에서는 당나라 이후에 등장한다.

爬(긁을 파): pá, 爪-4, 8, 10

字解 형성. 爪^(손톱 조)가 의미부고 巴^(땅 이름 파)가 소리부로, 손가락을 굽혀^(巴) 손톱^(爪)으로 '긁다'는 뜻이며, 이로부터 사람이나 동물이 땅에 엎드려 기어가다, 기어오르다 등의 뜻이 나왔다.

杷(비파나무 파): pá, 木-4, 8

字解 형성. 木^(나무 목)이 의미부고 巴^(땅 이름 파)가 소리부로, 耙^(써레 파)와 같이 쓰여, 흙덩이를 부수어 흙을 고르는 기구인 써레를 말하는데, 손가락을 굽힌^(巴) 모양의 목제^(木) 농기구라는 뜻을 담았다. 이후 枇杷^(비파)나무를 뜻하게 되었다. ☞ 耙^(써레 파)

字形 [小篆] 說文小篆

耙(써레 파): pá, 耒-4, 10

字解 형성. 耒^(쟁기 뢰)가 의미부고 巴^(땅 이름 파)가 소리부로, 흙덩이를 부수어 흙을 고르는 기구인 '써레'를 말하는데, 손가락을 굽힌^(巴) 모양처럼 된 농기구^(耒)라는 뜻을 담았다.

爸(아비 파): bà, 父-4, 8

字解 형성. 父^(아비 부)가 의미부고 巴^(땅이름 파)가 소리부로, 아비^(父)를 말한다. 일부 방언에서는 숙부를 지칭하기도 한다.

琶(비파 파): pá, 玉-8, 12, 10

字解 형성. 珡^(거문고 금)이 의미부고 巴^(땅 이름 파)가 소리부로, 페르시아와 아랍 등지에서 유행하다 한나라 때 중국으로 수입된 악기인 琵琶^(비파)를 말한다. 명나라 때는 잔혹한 형벌의 하나를 지칭하기도 했다.

字形 [小篆] 說文小篆

葩(꽃 파): pā, 艸-9, 13

字解 형성. 艸^(풀 초)가 의미부고 皅^(꽃흴 파)가 소리부로, 식물^(艸)의 꽃을 말하며, 이로부터 아름답다는 뜻이 나왔다.

字形 [古璽文] 古璽文 [小篆] 說文小篆

播(뿌릴 파): bō, 手-12, 15, 30

字解 형성. 手^(손 수)가 의미부고 番^(순서 번)이 소리부로, 播種^(파종)하다, 널리 퍼트리다는 뜻인데, 손^(手)을 이용해 밭^(番)에다 씨를 뿌리다는 뜻을 담았다. 금문에서는 手 대신 攴^(칠 복)이 들어가 손에 도구를 쥔 모습을 형상적으로 그렸다.

字形 [金文] [金文] 金文 [簡牘文] 簡牘文 [小篆] 燼說文小篆 [古文] 說文古文

鄱(고을이름 파): pó, 邑-12, 15

字解 형성. 邑^(고을 읍)이 의미부고 番^(순서 번)이 소

리부로, 옛날의 고을이름으로, 지금의 강서성 鄱陽^(파양) 동쪽에 있었다.

字形 ⬚ 古璽文 ⬚ 說文小篆

怕(두려워할 파): pà, 心-4, 8

字解 형성. 心^(마음 심)이 의미부이고 白^(흰 백)이 소리부이다. 『설문해자』의 해설처럼, '억지로 하지 않다^(無爲)'라는 뜻이다. 이후 두려워하다, 부끄러워하다 등의 뜻이 나왔고, 현대 중국어에서는 두려워하다는 뜻 외에도 '아마도'라는 추정의 뜻으로도 자주 쓰인다. 一日狗不怕虎^(일일구불파호)는 하룻강아지 범 무서운 줄 모른다는 뜻이다.

字形 ⬚ 說文小篆

판

版(널 판): [板, bǎn, 片-4, 8, 32

字解 형성. 片^(조각 편)이 의미부고 反^(되돌릴 반)이 소리부로, 성이나 담 등을 쌓을 때 흙을 다지도록 흙의 양쪽에 대던 널판자를 말한다. 보통 10센티미터 정도 되도록 다져지면, 널판자를 떼서 올리고 다시 흙을 채워 다지는 식으로 반복한다. 版은 그런 식으로 반복해^(反) 사용하는 나무판자^(片)라는 뜻이다. 이후 나무판자는 활자가 나오기 전 나무판에 글을 새겨 인쇄하던 木版^(목판)을 지칭하게 되었고, 初版^(초판), 再版^(재판)

등과 같이 그렇게 인쇄된 횟수를 나타낼 때에도 쓰이게 되었다. 달리 片 대신 木^(나무 목)이 들어간 板으로 쓰기도 한다.

字形 ⬚ 簡牘文 ⬚ 說文小篆

販(팔 판): 贩, fàn, 貝-4, 11, 30

字解 형성. 貝^(조개 패)가 의미부고 反^(되돌릴 반)이 소리부로, 싼 값^(貝)에 사서 비싸게 되파는^(反, 返의 원래 글자) 것을 말하며, 사리사욕으로 외국 자본과 결탁하여 제 나라의 이익을 해치는 일이나 그런 일을 하는 사람^(買辦매판)을 지칭하게 되었으며, 소규모 상인의 뜻도 나왔다.

字形 ⬚ 說文小篆

板(널판자 판): [版, bǎn, 木-4, 8, 50

字解 형성. 木^(나무 목)이 의미부고 反^(되돌릴 반)이 소리부로, 널판자를 말하며, 달리 木 대신 片^(조각 편)이 들어간 版으로 쓰기도 한다. 현대 중국에서는 闆^(주인 반)의 간화자로 쓴다. ☞ 闆^(주인 반)

字形 ⬚ 簡牘文 板 玉篇

阪(비탈 판): bǎn, 阜-4, 7, 12

字解 형성. 阜^(언덕 부)가 의미부고 反^(되돌릴 반)이 소리부로, 언덕^(阜)의 비탈을 말하며, 달리 阜 대신 土^(흙 토)나 山^(뫼 산)을 쓴 坂^(비탈 판)이나 岅^(언덕 판)으로 쓰기도 한다. 이후 산

허리의 작은 길이라는 뜻도 나왔다.

字形 𣚾 簡牘文 𨸏 說文小篆 坂 玉篇

坂(비탈 판): bǎn, 土-4, 7

字解 형성. 土^(흙 토)가 의미부고 反^(되돌릴 반)이 소리부로, 언덕^(土)의 비탈을 말하며, 土 대신 阝^(阜언덕 부)가 들어간 阪^(비탈 판)과 같은 글자이다. ☞ 阪^(비탈 판)

鈑(금박 판): 钣, bǎn, 金-4, 12

字解 형성. 金^(쇠 금)이 의미부고 反^(되돌릴 반)이 소리부로, 동그란 떡 모양의 금은^(金) 덩어리나 덩어리 모양의 금속^(金)을 말한다. 이후 얄팍한 판자 모양의 황금이라는 뜻도 나왔다.

辦(힘쓸 판): 办, bàn, 辛-9, 16, 10

字解 형성. 力^(힘 력)이 의미부고 辡^(따질 변)이 소리부로, 힘써^(力) 노력해 다스림을 말하는데, 辡은 진실을 주장하는 죄인들을 옳고 그른 '두 쪽으로 나누다'는 뜻이다. 이로부터 일을 이루다, 징계하다, 어떤 일을 거행하다 등의 뜻이 나왔다. 간화자에서는 초서체로 간단히 줄인 办으로 쓴다.

瓣(꽃잎 판): bàn, 瓜-14, 19

字解 형성. 瓜^(오이 과)가 의미부고 辡^(따질 변)이 소리부로, 외^(瓜)의 씨를 말하며, 이후 花瓣^{(화}

판⁾의 뜻이 나왔고, 다시 花瓣처럼 얇은 편으로 된 물체의 부분을 지칭하게 되었다.

字形 𤩇 說文小篆

判(판가름할 판): pàn, 刀-5, 7, 40

字解 형성. 刀^(칼 도)가 의미부고 半^(반 반)이 소리부로, 칼^(刀)을 이용해 절반^(半)으로 나누듯 갈라 판가름함을 말한다. 이로부터 가르다, 구분하다, 判別^(판별)하다, 判斷^(판단)하다 등의 뜻이 나왔다.

字形 𠜂 說文小篆

팔

八(여덟 팔): bā, 八-0, 2, 80

字解 지사. 갑골문에서부터 어떤 물체가 두 쪽으로 대칭되게 나누어진 모습이다. 지금은 '여덟'이라는 숫자로 쓰이지만, "나누다"는 뜻으로 풀이한 『설문해자』의 말처럼 "어떤 물체가 두 쪽으로 대칭되게 나누어진 모습을 그렸다"라는 것이 정설이다.

字形)l)l)( )l)( )l 甲骨文 丿l 丿l 金文 丿 l)(古陶文)l)(古幣文 丿 八 八 簡牘文)(說文小篆

叭(입 벌릴 팔): bā, 口-2, 5

字解 형성. 口^(입 구)가 의미부고 八^(여덟 팔)이 소리부로, 입^(口)을 벌리고^(八) 속으로 음식물을 넣다는 뜻이며, 이로부터 머금다의 뜻이 나왔다. 또 입의 벌린 모습을 닮았다는 뜻에서 喇叭^(나팔)을 지칭하기도 한다.

捌(깨트릴 팔): [扒], bā, 手-7, 10

字解 형성. 手^(손 수)가 의미부고 別^(나눌 별)이 소리부로, 손^(手)으로 끄는 날 없는 써레^(無齒耙·무치파)를 말한다. 또 別 대신 八^(여덟 팔)이 들어간 扒^(뺄 배)와 같이 쓰여 부수다, 나누다 등의 뜻을 가진다. 또 숫자 八의 갖은 자로도 쓰인다.

字形 ![小篆] 說文小篆

패

貝(조개 패): 贝, bèi, 貝-0, 7, 30

字解 상형. 껍데기를 양쪽으로 벌린 조개를 그렸다. 금문에 들어 아래로 세로획이 둘 더해졌는데, 이를 두고 조개를 꿰놓은 줄이라고도 하지만 조개의 입수관과 출수관으로 보인다. 조개는 고대인들이 즐겨 먹던 음식이었지만, 일찍부터 화폐로도 사용되었으며, 이 때문에 貝는 '조개' 외에 화폐, 재산, 부, 상행위 등과 관련된 의미를 가진다. 간화자에서는 贝로 쓴다.

字形 ![甲骨文金文古陶文簡牘文說文小篆]

敗(깨트릴 패): [贁], bài, 攴-7, 11, 50

字解 형성. 攴^(칠 복)이 의미부고 貝^(조개 패)가 소리부로, 조개^(貝)를 막대로 쳐 깨트림을 그렸다. 조개는 화폐로 쓰였기에 재산을 뜻했고 이의 파괴는 파산의 상징이었다. 그전 갑골문에서는 敗가 鼎^(솥 정)과 攴으로 구성되어, 당시 가장 중요한 가재도구였던 솥^(鼎)의 파괴로써 파산을 그려냈다. 나아가 鼎은 크게는 九鼎^(구정)의 전설에서 보듯 한 국가의 정통성을, 작게는 한 종족이나 가족의 상징이기도 했다.

字形 ![甲骨文金文簡牘文說文小篆說文籀文]

狽(이리 패): 狈, bèi, 犬-7, 10

字解 형성. 犬^(개 견)이 의미부고 貝^(조개 패)가 소리부로, 앞다리가 특히 짧다는 전설상의 짐승^(犬)을 말하는데, 다리가 짧아서 항상 이리^(狼·랑)에 의지해야 하고, 이리가 없으면 넘어지고 말았기에 狼狽^(낭패·일이 잘못됨)라는 말이 나왔다.

唄(찬불 패): 呗, bài, 口-7, 10, 10

字解 형성. 口^(입 구)가 의미부고 貝^(조개 패)가 소리부로, 불교에서 석가여래의 공덕을 찬송하는^(口) 노래인 梵唄^(범패)를 번역하기 위해 만든 글자이다.

浿(강 이름 패): pèi, 水-7, 10

字解 형성. 水^(물 수)가 의미부고 貝^(조개 패)가 소리부로, 지금의 淸川江^(청천강)으로 평양 북쪽에 있는 강^(水) 이름이다. 일설에는 지금의 大同江^(대동강)이나 鴨綠江^(압록강)이라 하기도 한다.

字形 [그림] 說文小篆

沛(늪 패): pèi, 水-4, 7, 10

字解 형성. 水^(물 수)가 의미부고 巿^(슬갑 불)이 소리부로, 수초가 무성한 늪을 말하는데, 물이 고여 슬갑처럼^(巿) 넓적하게 퍼진 늪이라는 뜻을 담았다. 이후 물이 충족하다는 뜻에서 충족하다, 비 등이 충분하게 내리다 등의 의미가 나왔다.

字形 [그림] 說文小篆

孛(살별 패): bèi, 子-4, 7

字解 회의. 巿^(슬갑초목 무성할 불)과 子^(아들 자)로 이루어져, 아이^(子)들처럼 풀이 무성하게 자라는^(巿) 모습을 그렸는데, 자형이 조금 변했다. 이후 혜성을 뜻하기도 하였는데, 혜성

의 꼬리가 무성하게 자란 풀처럼 보였기 때문으로 추정된다. 그러자 무성하다는 뜻을 나타낼 때에는 力^(힘 력)을 더한 勃^(성할 발)로 분화했다.

字形 [그림] 帛書 [그림] 簡牘文 [그림] 說文小篆

悖(어그러질 패): [誖, 鵓], bèi, 心-7, 10, 10

字解 형성. 心^(마음 심)이 의미부고 孛^(살별 패)가 소리부로, 마음^(心)이 혼란스러움을 말하며, 이로부터 거스르다, 위배하다, 반역, 잘못 등의 뜻이 나왔다. 욕심^(心)이 지나치게 성하면^(孛, 勃의 원래 글자) 평상심을 위배하게 됨을 반영했다. 『설문해자』에서는 心 대신 言^(말씀 언)이 들어간 誖^(어지러울 패)로 썼다.

字形 [그림] 簡牘文 [그림] 說文小篆 [그림] 說文籒文 [그림] 說文或體

牌(패 패): pái, 片-8, 12, 10

字解 형성. 片^(조각 편)이 의미부고 卑^(낮을 비)가 소리부로, 기념패나 牌札^(패찰)처럼 어떤 표식을 위해 나무 조각^(片)으로 만든 '패'를 말한다. 옛날 신분용으로 작은 나무판이나 금속판을 말하기도 했으며, 이후 '상표'라는 뜻도 나왔다.

稗(피 패): [稗], bài, 禾-8, 13, 10

字解 형성. 禾^(벼 화)가 의미부고 卑^(낮을 비)가 소리부로, 벼^(禾)와 비슷하되 질이 떨어지는^(卑) '피'를 말하며, 이로부터 작다, 좋지 않다, 지위가 낮다 등의 뜻이 나왔다.

字形 [稗]簡牘文 [稗]說文小篆

霸(으뜸 패): [覇], bà, 雨-13, 21, 20

字解 회의. 䩯^(비에 적신 가죽 박)과 月^(달 월)로 이루어졌는데, 䩯은 가죽^(革·혁)이 비^(雨)에 젖어 '뿌옇게' 변함을 말한다. 그래서 霸는 달^(月) 주위로 달빛이 뿌옇게^(䩯) 형성되는 때를 말했으나, 이후 제멋대로 하다, '霸者^(패자)' 등의 뜻으로 가차되었다.

字形 [霸]說文小篆

佩(찰 패): [珮], pèi, 人-6, 8, 10

字解 회의. 人^(사람 인)과 凡^(무릇 범)과 巾^(수건 건)으로 구성되어, 사람^(人)의 몸에 차는 수건^(巾)처럼 늘어지는 베^(凡)로 만든 패찰을 말한다. 이후 몸에 다는 장식물을 통칭하게 되었으며, 주로 옥 장식물을 많이 달았기에 人 대신 玉^(옥 옥)을 더해 珮^(찰 패)를 만들기도 했다.

字形 [佩][佩][佩]金文 [佩][佩]簡牘文 [佩]說文小篆 珮 玉篇

彭(성 팽): péng, 彡-9, 12, 12

字解 회의. 壴^(북 주)와 彡^(터럭 삼)으로 구성되어, 강하게 퍼져 나가는^(彡) 북^(壴) 소리를 형상화했는데, 이후 성씨, 땅이름 등으로 가차되었다.

字形 [彭][彭][彭][彭]甲骨文 [彭][彭][彭]金文 [彭][彭]古陶文 [彭]簡牘文 [彭]說文小篆

澎(물 부딪칠 팽): péng, 水-12, 15, 10

字解 형성. 水^(물 수)가 의미부고 彭^(성 팽)이 소리부로, 북소리가 퍼져 나가듯^(彭) 물^(水)이 불어 서로 부딪히며 세차게 흐름을 말한다. 이후 땅이름으로 쓰여, 대만에 있는 澎湖^(팽호) 열도를 지칭하였다. ☞ 彭^(성 팽)

膨(부풀 팽): péng, 肉-12, 16, 10

字解 형성. 肉^(고기 육)이 의미부고 彭^(성 팽)이 소리부로, 창자 같은 내장^(肉)이 팽팽하게 부풀어^(彭) 있음으로부터 '부풀다'는 뜻을 그렸다. ☞ 彭^(성 팽)

烹(삶을 팽): [亨], pēng, 火-7, 11

字解 형성. 火^(불 화)가 의미부고 亨^(형통할 형)이 소리부로, 亨^(누릴 향)에서 火를 더해 분화한

글자이다. 잔치^(享, 亨의 분화자)나 제사를 위해 음식을 불^(火)에 삶음을 말하며, 사람을 물에 삶는 형벌을 지칭하기도 했다. 이후 달군 기름에 약간 볶았다가 간장 등의 소스를 넣어 재빨리 섞어 내는 요리법을 말하게 되었다.

팍

愎(괴팍할 팍): bì, 心-9, 12, 10

💬 형성. 心^(마음 심)이 의미부고 夏^(돌아올 복)이 소리부로, '괴팍함'을 말하는데, 마음^(心)이 일정치 않고 왔다갔다^(夏) 해 심성이 괴팍함을 말한다. '괴팍'은 원래 乖愎^(괴팍)에서 왔으나 지금은 '괴팍'으로 쓴다.

편

扁(넓적할 편): biǎn, 戶-5, 9, 12

💬 회의. 戶^(지게 호)와 冊^(책 책)으로 구성되어, 문^(戶) 위에 거는 가로로 된 글^(冊), 즉 扁額^(편액)을 말했는데, 이후 편액처럼 가로로 길고 납작한 것을 뜻하게 되었다.

💬 扁 說文小篆

遍(두루 편): [徧], biàn, 辵-9, 13, 30

💬 형성. 辵^(쉬엄쉬엄 갈 착)이 의미부고 扁^(넓적할 편)이 소리부로, 원래는 사거리^(彳·척)에 내걸린 글^(扁)을 말했는데, 이후 彳이 같은 뜻의 辵으로 변하고 의미도 '두루 퍼지다', '普遍^(보편) 등의 뜻을 갖게 되었다. 이는 사람의 왕래가 빈번한 사거리에 내걸린 글이 온 사방으로 퍼져 나가 일반화될 수 있었기 때문으로 보인다. 이후 횟수를 헤아리는 단위사로도 쓰였다. ☞ 扁^(넓적할 편)

編(엮을 편): 编, biān, 糸-9, 15, 32

💬 형성. 糸^(가는 실 멱)이 의미부고 扁^(넓적할 편)이 소리부로, 납작한 조각 편^(扁)을 실^(糸)로 '엮다'는 뜻이며, 옛날에는 글을 대나 나무 조각 편에 썼기 때문에 서적의 뜻이 나왔고, 책을 헤아리는 단위로 쓰였으며, 編輯^(편집)하다, 순서대로 엮다, 조직하다 등의 뜻이 나왔다. ☞ 扁^(넓적할 편)

💬 𢆉 甲骨文 編 說文小篆

篇(책 편): piān, 竹-9, 15, 40

💬 형성. 竹^(대 죽)이 의미부고 扁^(넓적할 편)이 소리부로, 납작한^(扁) 대 조각^(竹)에 쓴 글을 묶어 만든 '책'을 말하며, 이후 시가 등의 문예 저작이나 글을 헤아리는 단위 등을 지칭하게 되었다.

💬 篇 說文小篆

偏(치우칠 편): piān, 人-9, 11, 32

字解 형성. 人^(사람 인)이 의미부고 扁^(넓적할 편)이 소리부로, 치우치다, 공평하지 않다, 부정확하다는 뜻으로, 내 걸린 편액^(扁)처럼 '두드러진' 사람^(人인)을 말했다. 이는 개성이 뚜렷하거나 일반적 표준과 차이를 보이는 존재를 '치우친 인간'으로 보아 부정적으로 평가했던 고대 중국인들의 가치관을 보여준다. ☞ 扁^(넓적할 편)

字形 [說文小篆]

翩(빨리 날 편): piān, 羽-9, 15

字解 형성. 羽^(깃 우)가 의미부고 扁^(넓적할 편)이 소리부로, 길고 납작한^(扁) 깃^(羽)을 이용해 빨리 나는 것을 말하며, 이로부터 바람에 날리다, 빨리 걷다 등의 뜻이 나왔다.

字形 [說文小篆]

騙(속일 편): 骗, piàn, 馬-9, 19, 10

字解 형성. 馬^(말 마)가 의미부고 扁^(넓적할 편)이 소리부로, 말^(馬)에 올라타다가 원래 뜻인데, 이후 '과장하다', '내빼다' 등의 뜻이, 다시 '속이다'는 뜻까지 나왔다.

諞(말 교묘히 할 편): 谝, piǎn, 言-9, 16

字解 형성. 言^(말씀 언)이 의미부고 扁^(넓적할 편)이 소리부로, 말^(言)을 교묘하게 하다는 뜻이며, 이로부터 과장하다, 뽐내다의 뜻도 나

왔다.

字形 [簡牘文] [說文小篆]

片(조각 편): piàn, 片-0, 4, 32

字解 상형. 나무의 조각을 말하는데, 木^(나무 목)을 절반으로 쪼개 놓은 모습이다. 왼쪽의 세로획은 나무줄기를, 오른쪽의 위 획은 나뭇가지를 아래 획은 나무뿌리를 말한다. 나무를 조각 내 만든 널빤지는 종이가 없던 시절 대나무 쪽으로 만든 竹簡^(죽간)과 함께 유용한 서사 도구였다. 이를 牘^(편지 독)이라 하고, 나무로 만들었다고 해서 木牘이라 불렀다. 牋^(편지 전)이나 牒^(서판 첩) 등도 모두 木牘에 쓴 편지를 말한다.

字形 [甲骨文] [說文小篆]

便(편할 편): biàn, 人-7, 9, 70

字解 회의. 人^(사람 인)과 更^(고칠 경·다시 갱)으로 구성되어, 채찍을 말했다. 채찍이란 말 등과 같은 짐승을 인간^(人)이 편리하도록 바꾸고^(更) 길들이는 도구라는 의미를 담았으며, 이로부터 '편리하다'는 뜻이 나왔다. 그러자 원래 뜻은 革^(가죽 혁)을 더하여 鞭^(채찍 편)으로 분화했다. ☞ 鞭^(채찍 편)

字形 [金文] [古陶文] [簡牘文] [說文小篆]

鞭(채찍 편): biān, 革-9, 18, 10

字解 형성. 革^(가죽 혁)이 의미부고 便^(편할 편)이 소리부로, 채찍을 말하는데, 말을 편리하게^(便) 부릴 수 있도록 가죽^(革)으로 만든 것이라는 뜻을 담았다. 또 채찍처럼 길게 연이어 만든 폭죽을 지칭하기도 한다.

字形 金文 古陶文
說文小篆 說文古文

폄

貶(떨어뜨릴 폄): 贬, biǎn, 貝-5, 12, 10

字解 형성. 貝^(조개 패)가 의미부고 乏^(가난할 핍)이 소리부로, 돈^(貝)이 부족하다^(乏)는 뜻으로부터 '줄어들다'의 뜻을 그렸고, 이로부터 가치를 깎아내리다, 貶下^(폄하)하다 등의 뜻이 나왔다.

字形 說文小篆

평

平(평평할 평): píng, 干-2, 5, 70

字解 상형. 저울을 그렸다거나 평지에서 쓰는 농기구를 그렸다거나 나무를 평평하게 깎는 손도끼를 그렸다는 등 의견이 분분하지만, 『설문해자』에서는 원래는 亐^(亏)와 八^(여덟 팔)로 이루어져 악기^(亐)에서 소리가 고르게 퍼져^(八) 나오듯 말이 평탄하게 잘 나오는 것을 말한다고 했다. 平平^(평평)하다가 원래 뜻이고, 이로부터 균분하다, 公平^(공평)하다, 안정되다, 일반적이다 등의 뜻이 나왔다.

字形 金文 古陶文 盟書 簡牘文 說文小篆 說文古文

評(꿇을 평): 评, píng, 言-5, 12, 40

字解 형성. 言^(말씀 언)이 의미부고 平^(평평할 평)이 소리부로, 공평한^(平) 말^(言)로 평가하고 품평함을 말한다. 이로부터 評論^(평론), 評語^(평어), 옥의 평결을 담당하던 관직 이름 등의 뜻이 나왔다.

字形 簡牘文 評 廣韻

坪(평평할 평): píng, 土-5, 8, 20

字解 형성. 土^(흙 토)가 의미부고 平^(평평할 평)이 소리부로, 평평한^(平) 땅^(土)을 말했는데, 이후 토지의 면적을 헤아리는 단위로 쓰였으며, 1坪은 약 3.3제곱미터에 해당한다.

字形 金文 古陶文 帛書 簡牘文 古璽文 說文小篆

枰(바둑판 평): píng, 木-5, 9

(字解) 형성. 木(나무 목)이 의미부고 平(평평할 평)이
소리부로, '바둑판'을 말하는데, 평평하게
만든 나무 판이라는 의미를 담았다.

(字形) 枰 古璽文 枰 說文小篆

萍(부평초 평): [蘋], píng, 艸-8, 12, 10

(字解) 형성. 艸(풀 초)가 의미부고 泙(물소리 평)이 소
리부로, 부평초를 말하는데, 물 위로 떠다
니는(泙) 풀(艸)이라는 뜻을 담았다. 현대 중
국에서는 蘋(네가래 빈)의 간화자로도 쓰인다.
☞ 蘋(네가래 빈)

(字形) 萍 說文小篆

폐

閉(닫을 폐): 闭, bì, 門-3, 11, 40

(字解) 형성. 門(문 문)이 의미부고 才(재주 재)가 소리
부로, 문(門)에 빗장을 채워 놓은 모습으로
부터 '닫다', '걸어 잠그다', 마치다, 멈추다,
막다, 통하지 않다 등의 의미를 그렸는데,
스스로 마음의 문을 닫아 외부세계와의 모
든 교류를 단절해 버리는 것을 自閉(자폐)라
한다. 간화자에서는 闭로 쓴다.

(字形) 閉 閉 金文 閉 簡牘文 閉 說文
小篆

廢(폐할 폐): 废, fèi, 广-12, 15, 32

(字解) 형성. 广(집 엄)이 의미부고 發(쏠 발)이 소리부
로, 쏠 수 있는 활(發)을 집(广) 속에 넣어
둠으로써 쓰지 않고 폐기하다는 뜻을 그렸
다. 간화자에서는 發을 发로 간단히 줄여
废로 쓴다. ☞ 發(쏠 발)

(字形) 廢 簡牘文 廢 說文小篆

弊(해질 폐): bì, 廾-11, 14, 32

(字解) 형성. 廾(두 손 마주잡을 공)이 의미부고 敝(해질
폐)가 소리부인 구조이지만, 갑골문에서는
베 조각(巾)을 나무막대로 치는데(攴·攵·복) 조
각편들이 떨어지는 모습을 그려, 이것이
낡아 '해진' 베임을 형상화했으며, 두 손을
그린 廾(두 손 마주잡을 공)을 더해 동작을 더욱
강조했다. 이로부터 (옷이) 해지다의 뜻이,
다시 病弊(병폐)라는 뜻이 나왔다.

(字形) 弊 說文小篆

幣(비단 폐): 币, bì, 巾-11, 14, 30

(字解) 형성. 巾(수건 건)이 의미부고 敝(해질 폐)가 소
리부로, 새로운(敝) 옷감(巾)이라는 의미로,
幣帛(폐백)에서처럼 예물로 보내는 비단을
말하며, 이로부터 예물이나 貨幣(화폐)의 뜻
까지 생겨났다. 간화자에서는 币로 간단하

게 줄여 쓴다.

㡀 簡牘文 㡀 說文小篆

蔽(덮을 폐): bì, 艸-11, 15, 30

字解 형성. 艸^(풀 초)가 의미부고 敝^(해질 폐)가 소리부로, 『설문해자』에서는 '작은 풀^(艸)'이라고 했는데, 『광아』에서는 감추다는 뜻이라고 한 것을 참작하면, 풀^(艸)로 덮어 감추는 것을 말한다. 이로부터 덮다, 가리다, 隱蔽^(은폐)하다, 비호하다, 폐단 등의 뜻이 나왔다.

字形 蔽 簡牘文 蔽 說文小篆

斃(넘어질 폐): 毙, [獘], bì, 攴-12, 18, 10

字解 형성. 死^(죽을 사)가 의미부고 敝^(해질 폐)가 소리부로, 때려서^(敝) 죽이다^(死)는 뜻이며, 이로부터 죽다의 뜻이 나왔다. 또 실패하다, 좌절하다, 넘어지다의 뜻도 나왔다. 『설문해자』에서는 犬^(개 견)이 의미부고 敝가 소리부인 獘^(넘어질 폐)로 썼다. 간화자에서는 소리부 敝를 比^(견줄 비)로 바꾼 毙로 쓴다. ☞ 敝^(해질 폐)

字形 斃 說文小篆 獘 說文或體

敝(해질 폐): bì, 攴-7, 11

字解 형성. 갑골문에서 攴^(칠 복)이 의미부고 㡀^(옷 해진 모양 폐)가 소리부로, 베 조각^(巾·건)을 나무막대로 치는데^(攴·攵·복) 조각편들이 떨어지

는 모습을 그려, 이것이 낡아 '해진' 베임을 형상화했는데, 자형이 조금 변해 지금처럼 되었다. 이후 동작을 강조하기 위해 두 손을 그린 廾^(두 손 마주잡을 공)을 더해 弊로 분화했다. ☞ 弊^(해질 폐)

字形 敝 甲骨文 敝 簡牘文 敝 說文小篆

肺(허파 폐): fèi, 肉-4, 8, 32

字解 형성. 肉^(고기 육)이 의미부고 市^(슬갑 불)이 소리부로, '허파'를 말하는데, 슬갑^(市)처럼 넓적하게 퍼진 모양의 장기^(肉)라는 뜻을 담았다.

字形 肺 說文小篆

陛(섬돌 폐): bì, 阜-7, 10, 10

字解 형성. 阜^(언덕 부)가 의미부고 坒^(섬돌 비)가 소리부로, 높은 언덕^(阜)에 놓은 계단^(坒)을 말하는데, 이는 왕궁으로 통하는 계단이다. 그래서 陛下^(폐하)는 그런 '계단 아래 엎드린 자'라는 뜻으로 신하들이 임금을 부를 때 쓰는 말이 되었다.

字形 陛 說文小篆

吠(짖을 폐): fèi, 口-4, 7

字解 회의. 口^(입 구)와 犬^(개 견)으로 구성되어, 개^(犬)가 짖음^(口)을 말하며, 이후 동물이나 새

가 짖다는 뜻으로도 쓰였으며, 나쁜 말로 상대를 공격함의 비유로도 쓰였다.

說文小篆

嬖(사랑할 폐): bì, 女-13, 16

字解 형성. 女^(여자 여)가 의미부고 辟^(임금 벽)이 소리부로, 임금^(辟)이 총애하는 여자^(女)라는 뜻에서, 총애의 뜻이 나왔으며 총애를 받다, 총애를 받는 사람을 뜻하게 되었다.

說文小篆

포

勹(쌀 포): bāo, 勹-0, 2

字解 상형. 勹를 『설문해자』에서는 단순히 '싸다'는 뜻이라고 했지만, 자형을 자세히 살피면 배가 불룩한 사람의 측면 모습을 그려, 태아를 싼 모습을 그렸다. 이로부터 '(둘러) 싸다'나 둘러싸여 '둥그런' 모습을 말하게 되었다. 예컨대 包^(쌀 포)는 아직 팔이 생기지 않은 아이^(巳사)가 뱃속에서 어미의 몸에 둘러싸인 모습이다. 또 勻^(고를 균)은 원래 손^(又우)과 두 점^(二)으로 이루어졌는데, 두 점은 동등함을 상징하고 두 손은 그것을 균등하게 나눈다는 뜻이었는데, 이후 손^(又)이 勹로 변해 지금의 勻이 되었다. 그런가 하면, 勺^(구기 작)은 갑골문에서 국자를 그렸으며, 굽어진 국자 속에 어떤

물체가 들어 있음을 상징적으로 표현한 글자이다.

說文小篆

包(쌀 포): bāo, 勹-3, 5, 42

字解 형성. 巳^(여섯째 지지 사)가 의미부고 勹^(쌀 포)가 소리부로, 아직 팔이 생기지 않은 아이^(巳사)가 뱃속에서 어미의 몸에 둘러싸인 모습이다. 包가 일반적인 의미로 쓰이자 원래 뜻은 肉^(고기 육)을 더한 胞^(태보 포)로 만들어 분화했다. ☞ 胞^(태보 포)

簡牘文 說文小篆

抱(안을 포): bào, 手-5, 8, 30

字解 형성. 手^(손 수)가 의미부고 包^(쌀 포)가 소리부로, 태아를 감싸듯^(包) 손^(手)으로 끌어당겨 안음^(抱擁포옹)을 말한다. 또 인체에서 가슴과 배 사이의 부분을 지칭하는데, 이로부터 흉금, 생각, 가슴에 묻어두다 등의 뜻이 나왔다.

說文小篆

鮑(전복 포): 鮑, bào, 魚-5, 16, 12

字解 형성. 魚^(고기 어)가 의미부고 包^(쌀 포)가 소리부로, 둥근 껍질에 둘러싸인^(包) '전복'을 말한다.

說文小篆

胞(태보 포): bāo, 肉-5, 9, 40

字解 형성. 肉^(고기 육)이 의미부고 包^(쌀 포)가 소리부로, 몸체^(肉)에 둘러싸인^(包) 태보^(자궁 속에서 태아를 감싸주는 난막)를 말한다. 이로부터 자궁의 뜻이 나왔고, 같은 뱃속에서 나온 형제, 同胞^(동포)를 지칭하게 되었다. ☞ 包^(쌀 포)

字形 𦙄 說文小篆

泡(거품 포): pào, pāo, 水-5, 8, 10

字解 형성. 水^(물 수)가 의미부고 包^(쌀 포)가 소리부로, 점막에 둘러싸여 둥그렇게^(包) 만들어지는 물^(水) 거품을 말하며, 이후 물의 거품처럼 생긴 것의 범칭이 되었다.

字形 𣲳 說文小篆

砲(대포 포): 炮, [礮], pào, 石-5, 10, 42

字解 형성. 石^(돌 석)이 의미부고 包^(쌀 포)가 소리부로, 둥그런^(包) 돌^(石)을 쏘아 적을 공격하는 무기를 말했으며, 이후 폭죽을 지칭하기도 했다. 지금의 大砲^(대포)는 이미 돌이 아닌 화약을 사용하고 있음에도 글자는 아직도 돌을 사용하던 옛 모습을 담고 있다. 『옥편』에서는 소리부가 駁^(짐승이름 박)으로 된 礮^(돌쇠뇌 포)로 쓰기도 했으며, 간화자에서는 炮^(통째로 구울 포)에 통합되었다.

字形 𥐐 說文小篆

飽(물릴 포): 饱, bǎo, 食-5, 14, 30

字解 형성. 食^(밥 식)이 의미부고 包^(쌀 포)가 소리부로, 음식^(食)을 배불리^(包) 먹었음을 말하며, 이로부터 충분하다, 만족하다의 뜻이 나왔다.

字形 𩙿 說文小篆

庖(부엌 포): páo, 广-5, 8

字解 형성. 广^(집 엄)이 의미부이고 包^(쌀 포)가 소리부이다. 『설문해자』의 해설처럼, '주방^(廚)'을 말한다. 부엌이라는 뜻으로부터 요리사, 요리한 음식까지 지칭하게 되었다. 그래서 庖丁^(포정)은 白丁^(백정)을 말하고, 포주^(庖廚)는 푸줏간을 말한다. 또 庖丁解牛^(포정해우)는 솜씨가 뛰어난 庖丁이 소의 뼈와 살을 발라낸다는 뜻으로, 기술이 매우 뛰어남을 비유하는 말로 쓰인다.

字形 庖 說文小篆

匏(박 포): páo, 勹-9, 11

字解 형성. 夸^(자랑할 과)가 의미부고 包^(쌀 포)가 소리부로, 모든 것을 다 담을 수 있는^(包) 둥그런 큰 열매의 상징인 '박'을 말하는데, '박은 중국 신화에서 인류를 포함한 모든 물체를 만들어 낸 상징적 존재이다.

字形 匏 說文小篆

袍(핫옷 포): [裒], páo, 衣-5, 10, 10

〔字解〕 형성. 衣^(옷 의)가 의미부고 包^(쌀 포)가 소리부로, 아이가 뱃속에 들어 있듯^(包) 몸을 둘러쌀 수 있도록 속에 솜을 넣어 만든 큰 겨울옷^(衣)을 말한다.

〔字形〕 〔그림〕 說文小篆

咆(으르렁거릴 포): páo, 口-5, 8, 10

〔字解〕 형성. 口^(입 구)가 의미부고 包^(쌀 포)가 소리부로, 맹수가 몸을 웅크린 채^(包) 으르렁거리며 울부짖음^(口)을 말하며, 화를 내다, 화가 나 울부짖다는 뜻도 나왔다.

〔字形〕 〔그림〕 說文小篆

疱(천연두 포): [皰], pào, 疒-5, 10, 10

〔字解〕 형성. 疒^(병들어 기댈 녁)이 의미부고 包^(쌀 포)가 소리부로, '천연두'를 말하는데, 물방울처럼 물집이 볼록볼록^(包) 생기는 병^(疒)이라는 의미를 담았다. 달리 疒 대신 皮^(가죽 피)가 들어간 皰로 쓰기도 하는데, 피부^(皮)에 볼록볼록한^(包) 기포가 생기는 병을 형상화했다.

苞(그령 포): bāo, 艸-5, 9

〔字解〕 형성. 艸^(풀 초)가 의미부고 包^(쌀 포)가 소리부로, 자리나 짚신을 짤 수 있는 식물^(艸) 이름이다. 또 꽃을 아직 피우지 않은 '꽃^(艸) 봉우리^(包)'를 말하기도 한다.

〔字形〕 〔그림〕 說文小篆

布(베 포): bù, 巾-2, 5, 42

〔字解〕 형성. 금문에서 巾^(수건 건)이 의미부고 父^(아비 부)가 소리부였는데, 자형이 조금 변해 지금처럼 되었다. 모시로 짠 대표적인^(父) 직물^(巾)을 말했는데, 이후 '베'의 총칭으로 쓰이게 되었다.

〔字形〕 〔그림〕金文 〔그림〕簡牘文 〔그림〕說文小篆

怖(두려워할 포): [悑], bù, 心-5, 8, 20

〔字解〕 형성. 心^(마음 심)이 의미부고 布^(베 포)가 소리부로, 두려워하는 심리^(心) 상태를 말하며, 놀라게 하다의 뜻도 가진다. 『설문해자』에서는 心이 의미부고 甫^(클 보)가 소리부인 悑로 썼다.

〔字形〕 〔그림〕 說文小篆 〔그림〕 說文或體

佈(펼 포): 布, bù, 人-5, 7

〔字解〕 형성. 人^(사람 인)이 의미부고 布^(베 포)가 소리부로, 선포하다, 알리다, 대중들에게 설명하다는 뜻이다. 종이가 귀하던 시절 베^(巾)에다 포고문 등을 적어 사람^(人)들에게 알렸던 모습을 담았으며, 이로부터 '알리다'는 뜻을 그렸다. 간화자에서는 布^(베 포)에 통합되었다.

暴(사나울 포) ☞ 暴(사나울 폭)

甫(채소밭 포) ☞ 甫(클 보)

虣(사나울 포): bào, 虍-9, 15

字解 형성. 虎(범 호)가 의미부이고 武(굳셀 무)도 의미부이다. 『설문해자』의 해설처럼, '잔학하다(虐)'라는 뜻인데, 굳센 호랑이라는 뜻을 담았다. 이로부터 침범하다, 날쌔다 등의 뜻도 나왔다. 또 '급박하다(急)'라는 뜻으로도 쓰였는데, 『주례』에 보인다. 달리 虣(사나울 포)로 쓰기도 한다.

字形 虣 說文小篆

浦(개 포): pǔ, 水-7, 10, 32

字解 형성. 水(물 수)가 의미부고 甫(클 보)가 소리부로, 채소밭(甫)처럼 넓게 형성된 물 가(水)를 말하며, 이로부터 강가나 바닷가라는 뜻이 나왔다.

字形 𣵽 簡牘文 浦 說文小篆

褒(기릴 포): [襃], bāo, 衣-9, 15, 10

字解 형성. 衣(옷 의)가 의미부고 保(지킬 보)가 소리부로, 옷(衣)의 소매가 매우 크다는 뜻이었으나, 이후 찬양하다, 상을 내려 공을 기리다 등의 뜻으로 쓰였다. 『설문해자』에서는 襃(기릴 포)로 썼다.

字形 襃 簡牘文 褒 說文小篆

蒲(부들 포): pú, 艸-10, 14, 10

字解 형성. 艸(풀 초)가 의미부고 浦(개 포)가 소리부로, 부들이나 菖蒲(창포)를 말하는데, 물가(浦)에 흔히 자라는 식물(艸)이라는 의미를 담았다. 현대 중국어에서는 곡물이나 과실 등의 양을 재는 단위인 부셀(bushel)의 음역어에 쓰인다.

字形 蒲 蒲 簡牘文 蒲 說文小篆

抛(던질 포): [抱, 拋], pāo, 手-4, 7, 20

字解 회의. 원래는 手(손 수)와 尤(더욱 우)와 力(힘 력)으로 구성되어, 손(手)을 구부려(尤) 힘껏(力) 내던지다, 내다 버리다는 뜻이었는데, 尤가 자형이 비슷한 九(아홉 구)로 변해 지금처럼 바뀌었다. 달리 抱(안을 포)로 쓰기도 한다.

字形 抛 說文小篆

舖(펼 포): 铺, [鋪], pū, 舌-9, 15

字解 형성. 舍(집 사)가 의미부고 甫(클 보)가 소리부로, 물건 등을 널따랗게(甫) 펼치다는 뜻이다. 이로부터 진열하다, 전시하다, 店鋪(점포) 등의 뜻이 나왔으며, 시장의 임시 막사(舍)에다 각종 물건을 채소밭(甫)처럼 넓게 펼쳐 놓았다는 의미를 담았다. 이후 舍가 철골 구조물(金)로 바뀌면서 舍 대신 金이 들어간 鋪(펼 포)를 만들어 舖와 같이 쓰이

게 되었다.

字形 鋪 說文小篆

匍(길 포): pú, 勹-7, 9, 10

字解 형성. 勹^(쌀 포)가 의미부고 甫^(클 보)가 소리부로, 기다, 기어가다, 엎드리다는 뜻인데, 몸^(勹)을 납작하게^(甫) 엎드리다는 뜻을 담았다.

字形 匍 匍 匍 金文 匍 說文小篆

葡(포도 포): pú, 艸-9, 13, 12

字解 형성. 艸^(풀 초)가 의미부고 匍^(길 포)가 소리부로, 중앙아시아 쪽에서 들어온 식물^(艸)의 하나인 葡萄^(포도)를 말한다.

捕(사로잡을 포): bǔ, 手-7, 10, 32

字解 형성. 手^(손 수)가 의미부고 甫^(클 보)가 소리부로, 손^(手)으로 '사로잡다'는 뜻이며, 이로부터 붙잡다, 逮捕^(체포)하다의 뜻이 나왔다.

字形 捕 捕 捕 捕 簡牘文 捕 說文小篆

鋪(펼 포): 铺, [舖], pū, 金-9, 17, 20

字解 형성. 金^(쇠 금)이 의미부고 甫^(클 보)가 소리부로, 옛날의 豆^(두)처럼 생긴 청동기^(金)의 하나를 말했다. 기물을 진설하다는 뜻에서 펴다, 진열하다의 뜻이 나왔고, 다시 물건

을 진열해 놓고 파는 가게를 말했으며, 金 대신 舍^(집 사)가 들어간 舖^(펼 포)와 같이 쓰인다. ☞ 舖^(펼 포)

字形 鋪 說文小篆

圃(밭 포): pǔ, □-7, 10, 10

字解 형성. □^(나라 국에워쌀 위)이 의미부고 甫^(클 보)가 소리부로, 갑골문에서는 밭^(田) 위로 풀^(屮·철)이 자라난 모습^(甫)으로 '채소밭'을 그렸으나, 甫가 남성을 지칭하는 말로 쓰이게 되자, 금문에 들면서 담장이나 울^(□)을 다시 더하여 圃로 분화했다. ☞ 甫^(클 보)

字形 甫 甫 甫 甲骨文 甫 甫 甫 圃 圃 金文 圃 簡牘文 圃 說文小篆

脯(포 포): fǔ, 肉-7, 11, 10

字解 형성. 肉^(고기 육)이 의미부고 甫^(클 보)가 소리부로, 포를 말하는데, 고기^(肉)를 널따랗게^(甫) 펼쳐 말린 것이라는 의미를 담았다. 이후 말린 고기^(肉脯·육포)뿐 아니라 말린 과육이나 과실 등을 총칭하게 되었다.

字形 脯 脯 簡牘文 脯 說文小篆

哺(먹을 포): bǔ, 口-7, 10, 10

字解 형성. 口^(입 구)가 의미부고 甫^(클 보)가 소리부로, 아이에게 젖 등을 먹이다^(口)는 뜻인데, 새끼를 먹이다, 먹이 등의 뜻으로 확장되었다.

字形 ![哺] 說文小篆

逋(달아날 포): bū, 辵-7, 11

字解 형성. 辵^(쉬엄쉬엄 갈 착)이 의미부고 甫^(클 보)가 소리부로, 다른 곳으로 달아남^(辵)을 말하며, 이로부터 도망하다, 빚지다 등의 뜻이 나왔다.

字形 ![逋] 金文 ![逋] 簡牘文 ![逋] 說文小篆 ![逋] 說文籒文

脬(오줌통 포): pāo, 肉-7, 11

字解 형성. 肉^(고기 육)이 의미부고 孚^(미쁠 부)가 소리부로, 신체부위^(肉)의 하나인 방광, 즉 오줌통을 말한다.

字形 ![脬] 古陶文 ![脬] 說文小篆

폭

幅(폭 폭): fú, 巾-9, 12, 30

字解 형성. 巾^(수건 건)이 의미부고 畐^(가득할 복)이 소리부로, 베^(巾)로 된 '옷감의 넓이'를 말했는데, 이후 비단^(巾)에 축복하는^(畐, 福의 원래 글자) 글을 쓴 '족자'를 뜻하게 되었다.

字形 ![幅] 簡牘文 ![幅] 說文小篆

暴(사나울 폭포): [曓], bào, pù, 日-11, 15, 42

字解 회의. 원래는 日^(날 일)과 出^(날 출)과 廾^(두 손 마주잡을 공)과 米^(쌀 미)로 구성된 曓으로 써, 해^(日)가 나오자^(出) 벼^(米)를 두 손으로 들고^(廾) 말리는 모습을 그려 '강한 햇살'을 나타냈는데, 米가 氺^(水의 변형)로 변하고 전체 자형도 조금 변해 지금처럼 되었다. 이후 강렬하다는 의미로부터 '포악하다'는 뜻으로 쓰이게 되자 원래 뜻은 다시 日을 더한 曝^(쬘 폭)으로 분화했다. 햇빛에 말리다나 폭로하다는 뜻으로 쓰일 때에는 '폭'으로, '사납다'나 '포악하다'나 '횡포' 등을 뜻할 때에는 '포'로 구분해 읽었다. 하지만 暴力^(폭력), 暴言^(폭언), 暴炎^(폭염), 暴風^(폭풍), 暴行^(폭행) 등과 같이 '사납다'는 뜻인데도 습관적으로 '폭'으로 읽음에 유의해야 한다. 『설문해자』에서는 日과 出과 収^(손들 공)과 米로 구성된 曓로 썼고, 고문체에서는 日이 의미부고 麃^(큰사슴 포)가 소리부인 구조로 썼다.

字形 ![暴] 簡牘文 ![暴] 說文小篆 ![暴] 說文古文

爆(터질 폭): bào, 火-15, 19, 40

字解 형성. 火^(불 화)가 의미부고 暴^(사나울 폭포)이 소리부로, 세찬 햇빛^(暴)처럼 불^(火)을 일으키며 爆發^(폭발)하다는 뜻이다. 이로부터 爆竹^(폭죽), 갑자기 터지다, 갑자기 등의 뜻도 나왔다.

字形 ![爆]{} 說文小篆

瀑(폭포 폭): bào, pù, 水-15, 18, 10

字解 형성. 水^(물 수)가 의미부고 暴^(사나울 폭포)이 소리부로, 세찬 햇빛^(暴)처럼 물^(水)을 내리 뿜는 '瀑布^(폭포)'를 말한다.

字形 暴 暴 簡牘文 ![瀑]{} 說文小篆

曝(쬘 폭): pù, 日-15, 19, 10

字解 형성. 日^(날 일)이 의미부고 暴^(사나울 폭포)이 소리부로, 태양^(日)이 세찬 햇빛^(暴)을 내리 쬐는 것을 말한다. ☞ 暴^(사나울 폭포)

표

髟(머리털 드리워질 표): biāo, 髟-0, 10

字解 회의. 髟는 소전체에서부터 등장하는데, 왼쪽은 長^(길 장)의 변형이고 오른쪽은 彡^(터럭 삼)이다. 髟는 사실 지팡이를 짚고 머리를 길게 드리운 나이 든 사람을 그린 長에서

분화한 글자인데, 長이 '길다'와 '나이 든 사람' 즉 '우두머리'라는 뜻으로 쓰이게 되자 다시 彡을 더했다. 그래서 髟로 구성된 한자는 髮^(터럭 발), 鬚^(수염 수), 髡^(머리 깎을 곤), 鬃^(상투 종) 등에서처럼 주로 '머리칼과 관련된 뜻이 있다.

字形 ![髟]{} 說文小篆

彪(무늬 표): biāo, 彡-8, 11

字解 회의. 虎^(범 호)와 彡^(터럭 삼)으로 구성되어, 번뜩이는 화려한^(彡) 범^(虎)의 무늬를 말하며, 이로부터 체격이 우람하다는 뜻도 나왔다. 『설문해자』에서도 虎가 의미부이고, 彡은 그 무늬를 형상했으며, '호랑이의 무늬^(虎文)'를 말한다고 했다.

字形 ![彪]{} 金文 ![彪]{} 說文小篆

豹(표범 표): bào, 豸-3, 10, 10

字解 회의. 豸^(발 없는 벌레 치)와 勺^(구기 작)으로 구성되어, 표범을 말하는데, 먹잇감을 정확하게 잡아내는^(勺) 짐승^(豸)이라는 의미를 담았다.

字形 ![豹]{} ![豹]{} ![豹]{} 簡牘文 ![豹]{} 說文小篆

杓(자루 표): biāo, 木-3, 7, 12

字解 회의. 木(나무 목)과 勺(구기 작)으로 구성되어, 국자(勺)의 나무(木) 손잡이를 말하며, 국자로 국을 떠내듯 끌어당기다, 북두칠성의 국자 손잡이에 해당하는 세 개의 별 등을 뜻하게 되었다.

字形 杓 說文小篆

票(불똥 튈 표): piào, 示-6, 11, 42

字解 형성. 원래는 燻(가벼울 표)로 써 火(불 화)가 의미부고 甂(오를 선)이 소리부로, 불길(火)이 위로 솟구치는(甂) 모습을 그렸는데 자형이 줄어 지금처럼 되었으며, 날아다니는 불똥으로부터 '유통되다', '빠르다' 등의 뜻이 나왔다. 이후 어떤 물건의 값을 보증하며 유통되는 쪽지라는 의미에서 郵票(우표)나 車票(차표)에서와 같이 '표'를 뜻하게 되었다. 그러자 원래 의미는 火를 더한 熛(불똥 표)로 분화했고, 또 '표'라는 의미를 더욱 명확하게 하고자 木을 더한 標(우듬지 표)로 분화했는데, 종이가 보편화하기 전 나무(木) 조각에다 글을 써 징표로 삼았기 때문이다.

字形 票 票 簡牘文

標(우듬지 표): 标, biāo, 木-11, 15, 40

字解 형성. 木(나무 목)이 의미부고 票(불똥 튈 표)가 소리부로, 나무의 윗부분 끝을 말했으나, 나무(木) 조각으로 만든 '표'를 뜻하게 되었다. 票(불똥 튈 표)에서 분화했으며, 간화자에

서는 票를 示(보일 시)로 간단하게 바꾼 标로 쓴다. ☞ 票(불똥 튈 표)

字形 標 說文小篆

漂(떠돌 표): piāo, 水-11, 14, 30

字解 형성. 水(물 수)가 의미부고 票(불똥 튈 표)가 소리부로, 물(水)에 위로 불꽃 날리듯(票) 가볍게 떠 다닌다는 뜻이다. 이로부터 漂流(표류)하다, 유랑하다, 날리다의 뜻이 나왔고, 가벼운 모양, 높고 먼 모양 등을 지칭하게 되었다.

字形 漂 說文小篆

慓(날랠 표): piāo, 心-11, 14, 10

字解 형성. 心(마음 심)이 의미부고 票(불똥 튈 표)가 소리부로, 마음(心)이 불꽃 날리듯(票) 급함을 말하며, 이후 용맹함을 뜻하기도 했다.

字形 慓 說文小篆

剽(빠를 표): piāo, 刀-11, 13, 10

字解 형성. 刀(칼 도)가 의미부고 票(불똥 튈 표)가 소리부로, 칼(刀)이 불꽃 날리듯(票) 재빨리 움직임을 말하며, 이로부터 찌르다, 공격하다, 재빠르다 등의 뜻이 나왔다.

字形 剽 簡牘文 剽 說文小篆

驃(표절따 표): 骠, biāo, 馬-11, 21

字解 형성. 馬^(말 마)가 의미부고 票^(불똥 튈 표)가 소리부로, 몸이 누런색 바탕에 흰 털이 섞이고 갈기와 꼬리가 흰 말을 말하는데, 날아오를 듯^(票) 빨리 달리는 말^(馬)이라는 의미를 담았다.

字形 𩢷 說文小篆

瓢(박 표): piáo, 瓜-11, 16

字解 형성. 瓜^(오이 과)가 의미부고 票^(불똥 튈 표)가 소리부로, 배처럼 떠다닐 수 있는^(票) '박^(瓜)'을 말하는데, '박'은 중국 신화에서 대홍수 시절 배가 되어 여와와 복희를 살아남게 했던 도구이며 인류 시조의 상징이기도 하다.

字形 𤓯 說文小篆

飄(회오리바람 표): 飘, [飈], piāo, 風-11, 20, 10

字解 형성. 風^(바람 풍)이 의미부고 票^(불똥 튈 표)가 소리부로, 불꽃이 치솟듯^(票) 휘말려 하늘로 솟아오르는 '회오리바람'을 말하며, 이로부터 바람에 날리다는 뜻도 나왔다. 간화자에서는 風을 风으로 줄여 飘로 쓴다.

字形 𩙪 說文小篆

表(겉 표): [襮, 錶], biǎo, 衣-3, 8, 60

字解 회의. 원래 衣^(옷 의)와 毛^(털 모)로 이루어졌는데, 자형이 조금 변해 지금처럼 되었다. 옛날에는 가죽옷을 입을 때 털 있는 부위를 밖으로 나오게 입었는데, 이로부터 表彰^(표창)에서처럼 '드러내다'의 뜻이, 다시 表面^(표면)에서처럼 '바깥쪽'이나 '겉'이라는 뜻이 나왔다. 또 年表^(연표)에서와 같이 항목을 나누어 기록한 것을 지칭하기도 하였고, 이로부터 시계, 온도계 등의 뜻도 나왔다. 그리고 '사촌' 간을 지칭하는 친족 호칭으로도 쓰였다. 『설문해자』에서는 衣와 毛로 구성된 내외구조로 썼고, 고문에서는 衣가 의미부고 麃^(큰 사슴김 맬 포)가 소리부인 襮로 썼다.

字形 𧘝 簡牘文 𧘝 說文小篆 𧟁 說文古文

俵(흩을 표): biào, 人-8, 10

字解 형성. 人^(사람 인)이 의미부고 表^(겉 표)가 소리부로, 사람^(人)들에게 '나누어주다'는 뜻이다.

飆(폭풍 표): [飙], biāo, 風-12, 21

字解 형성. 風^(바람 풍)이 의미부고 猋^(개가 달리는 모양 표)가 소리부로, 폭풍을 말하는데, 사나운 개가 여럿 달려들듯^(猋) 휘몰아치는 '폭풍^(風)'을 말하며, 『설문해자』에서는 飆^(폭풍 표)로 썼다.

字形 𩙱 說文小篆

稟(곳집 름받을 품): 稟, bǐng, 禾-8, 13, 10

字解 형성. 禾^(벼 화)가 의미부고 亩^(곳집 름)이 소리부로, 곡물^(禾)을 저장한 창고^(亩)를 말한다. 또 관가에서 곡식을 상으로 내리다는 뜻으로부터 '받다'의 뜻도 나왔다. 간화자에서는 禾를 示^(보일 시)로 바꾼 禀으로 쓴다.

字形

品(물건 품): pǐn, 口-6, 9, 52

字解 회의. 세 개의 口^(입 구)로 구성되었는데, 口는 기물의 아가리를 상징한다. 많이 모여 있는 기물^(口)로부터 제사 등에 쓸 '用品^(용품)'의 의미를 그렸으며, 이로부터 商品^(상품)의 뜻이 나왔다. 또 人品^(인품), 상품이나 사람의 성질, 上品^(상품), 등급 등을 지칭하였고, 品茶^(품차)에서처럼 자세히 살피다는 뜻도 나왔다.

字形

風(바람 풍): 风, fēng, 風-0, 9, 60

字解 형성. 虫^(벌레 충)이 의미부고 凡^(무릇 범)이 소리부로, 붕새^(虫)가 일으키는 바람^(凡)을 말한다. 갑골문에서 鳳^(봉새 봉)과 같이 쓰였는데, 높다란 볏과 화려한 날개와 긴 꼬리를 가진 붕새를 그렸다. 어떤 경우에는 발음을 표시하기 위해 凡^(帆의 원래 글자)을 첨가하기도 했는데, 돛을 그린 凡이 더해진 것은 돛단배를 움직이는 바람의 중요성을 강조하려는 것이기도 했다. 소전체에 들면서 鳳의 鳥^(새 조)를 虫으로 바꾸어 風으로 분화시켰는데, 한자에서 새나 물고기나 곤충이나 짐승 등이 모두 '虫'의 범주에 귀속될 수 있었기 때문이다. 중국의 신화에서처럼 고대 중국인들은 바람의 생성원리를 잘 이해하지 못해 커다란 붕새의 날갯짓에 의해 '바람'이 만들어진다고 생각했고 그래서 鳳과 風이 같이 쓰였다. 상나라 때의 갑골문에 이미 동서남북의 사방 신이 등장하며 사방 신이 관장하는 바람에 제사를 올렸다는 기록도 보이는데, 바람은 비와 함께 농작물의 수확에 가장 영향을 주는 요소 중의 하나였던 때문이다. 이처럼 風의 원래 뜻은 '바람'이다. 바람은 한꺼번에 몰려와 만물의 생장에 영향을 주기 때문에 風俗^(풍속), 風氣^(풍기), 作風^(작풍)에서처럼 한꺼번에 몰려다니는 '유행'이라는 뜻을 갖게 되었고, 國風^(국풍)에서처럼 특정 지역의 풍속을 대표하는 노래나 가락을 뜻하기도 했으며,

다시 風聞^(풍문)에서처럼 '소식'이라는 뜻도 갖게 되었다. 風으로 구성된 한자는 '바람'의 종류를 지칭하기도 한다. 간화자에서는 风으로 줄여 쓴다. ☞ 鳳^(봉새 봉)

字形 甲骨文
簡牘文 說文小篆 說文古文

楓(단풍나무 풍): 枫, fēng, 木-9, 13, 32

字解 형성. 木^(나무 목)이 의미부고 風^(바람 풍)이 소리부로, 단풍나무를 말하는데, 가을바람^(風)에 잎이 빨갛게 변하는 나무^(木)라는 뜻을 담았다. 간화자에서는 風을 风으로 줄여 枫으로 쓴다.

字形 說文小篆

諷(풍자할 풍): 讽, fěng, 言-9, 16, 10

字解 형성. 言^(말씀 언)이 의미부고 風^(바람 풍)이 소리부로, 풍자하다는 뜻인데, 지역에서 바람처럼^(風) 떠다니는 것을 노래한 말^(言)이나 노래에는 백성의 솔직한 감정으로 諷刺^(풍자)한 내용이 담겼다는 의미를 그렸다. 또 책을 보지 않고 외우다는 뜻도 가진다. 간화자에서는 風을 风으로 줄여 讽으로 쓴다.

字形 說文小篆

馮(성 풍뽐낼 빙): 冯, píng, 馬-2, 12

字解 형성. 馬^(말 마)가 의미부고 冫^(얼음 빙)이 소리부로, 얼음^(冫) 위를 쏜살같이 달려가는 대단한 말^(馬)로부터 '뽐내다'는 뜻을 그렸으며, 성씨로도 쓰였다.

字形 說文小篆

豊(풍성할 풍) ☞ 豐(풍성할 풍)

豐(풍성할 풍): 丰, fēng, 豆-11, 18

字解 회의. 원래 악기의 상징인 북^(효주)에다 보물의 상징인 실로 꿴 옥^(丰-玉의 갑골문 자형)이 여럿 합쳐진 모습으로부터, 신에게 바칠 '풍성한' 제물이라는 의미를 그렸고, 이로부터 풍성하다, 풍만하다, 훌륭하다, 아름답다는 뜻이 나왔다. 그래서 『설문해자』에서도 '제기에 예물을 가득 담은 모습^(豆之豐滿者)'을 말한다고 했다. 지명으로도 쓰였는데, 주나라의 옛 수도였던 풍^(豐)을 지칭한다. 豐에 들어간 丰^(예쁠 봉)의 가로획은 옥을, 3개는 많음을 상징해, 옥구슬을 여럿 꿰놓은 모습을 했는데, 옥은 고대 중국인들이 무척 좋아하고 아끼던 보물이었으며 대단히 '예쁘고' 사랑스러운 존재였다. 속자로 豊^(풍성할 풍예도 례)으로 쓰기도 하지만, 豊은 사실 '예도'가 원래 뜻이다. 현대 중국의 간화자에서는 丰에 통합되었다. ☞ 丰^(예쁠 봉)

字形 甲骨文
金文 簡牘文
說文小篆 說文古文

酆(나라이름 풍): fēng, 邑-18, 21

字解 형성. 邑^(고을 읍)이 의미부고 豐^(풍성할 풍)이 소리부로, 옛날의 지명이다. 『설문해자』에서는 "周^(주)나라 文王^(문왕)이 도읍을 했던 곳"이라 했는데, 지금의 섬서성 戶^(호)현에 있었다.

字形 甲骨文 金文 古陶文 說文小篆

피

皮(가죽 피): pí, 皮-0, 5, 32

字解 회의. 손^(又,우)으로 짐승의 가죽을 벗기는 모습을 그렸다. 금문에서처럼 오른쪽 아래는 손이고, 왼쪽의 윗부분은 짐승의 머리이며 오른편으로 동그랗게 표현된 것은 짐승의 가죽인데 완전한 모습이 아니라 일부만 표현함으로써, '벗기고 있음'을 강조했다. 소전체에 들어서는 가죽이 짐승의 몸체에서 분리되었음을 형상적으로 그렸다. 이는 革^(가죽 혁)과 비교해 보면 형상이 더욱 분명해지는데, 革은 짐승의 머리와 벗겨 낸 가죽이 양쪽으로 대칭을 이루는 모습으로 표현되었다. 皮가 그래서 가죽을 벗기는 모습이라면 革은 완전히 벗겨 말리는 모습이라 할 수 있다. 그래서 皮는 털이 그대로 붙어 있는 상태의 가죽을, 革은 털을 제거하고 말린 상태의 가죽을 말한다. 또 皮는 짐승의 몸 바깥을 싼 가죽이므로, '겉', 表

皮^(표피)라는 뜻이 나왔다. 皮로 구성된 글자들은 '가죽'이나 '표면', '겉' 등의 뜻이 있다.

字形 金文 古陶文 簡牘文 說文小篆 說文古文 說文籒文

被(이불 피): [帔], bèi, 衣-5, 10, 32

字解 형성. 衣^(옷 의)가 의미부고 皮^(가죽 피)가 소리부로, 겉^(皮)에 덮는 베^(衣)로 만든 이불을 말하며, 이로부터 표면이나 덮개라는 뜻이 나왔다. 또 피동을 나타내는 문법소로도 쓰인다.

字形 簡牘文 說文小篆

彼(저 피): bǐ, 彳-5, 8, 32

字解 형성. 彳^(조금 걸을 척)이 의미부고 皮^(가죽 피)가 소리부로, '다른 곳으로 나아가다^(彳)'는 뜻에서부터 '상대방'과 '저 (곳)'이라는 의미가 생겼다.

字形 金文 簡牘文 說文小篆

疲(지칠 피): pí, 疒-5, 10, 40

字解 형성. 疒^(병들어 기댈 녁)이 의미부고 皮^(가죽 피)가 소리부로, 피로해 지치면 피부^(皮)가 병든^(疒) 것처럼 꺼칠꺼칠해짐을 말한다. 이로부터 疲勞^(피로)하다, 쇠약하다 등의 뜻이 나왔다.

字形 𤕫 𤕫簡牘文 𤕫古璽文 𤕫 說文小篆

披(나눌 피): pī, 手-5, 8, 10

字解 형성. 手^(손 수)가 의미부고 皮^(가죽 피)가 소리부로, 겉^(皮)에서 손^(手)으로 끄는 것을 말했으며, 이로부터 '겉'의 뜻이, 다시 끌어당기다, 분할하다, 절단하다 등의 뜻이 나왔다.

字形 𢫦 說文小篆

陂(비탈 피): bēi, 阜-5, 8

字解 형성. 阜^(언덕 부)가 의미부고 皮^(가죽 피)가 소리부로, 흙으로 쌓은^(阜) 제방을 말하며, 제방을 쌓다, 제방을 쌓아 만든 못, 제방 등으로 에워싸다 등의 뜻이 나왔다.

字形 𨻳 說文小篆

避(피할 피): bì, 辵-13, 17, 40

字解 형성. 辵^(쉬엄쉬엄 갈 착)이 의미부고 辟^(임금 벽)이 소리부로, 갈라놓은^(辟) 다른 영역으로의 옮겨 감^(辵)을 말하며, 이로부터 '피하다'

의 뜻이 나왔다. ☞ 辟^(임금 벽)

字形 𨗲 𨗲 𨗲 簡牘文 𨗲 說文小篆

필

匹(필 필): [疋], pǐ, 匚-2, 4, 30

字解 상형. 현행 옥편에서 匚^(상자 방)부수에 귀속되었지만, 상자^(匚)와는 관련이 없으며, 원래는 주름이 여러 갈래로 진 '베'의 모습을 그린 상형자이다. 그래서 '베'가 원래 뜻이고, 베를 헤아리는 단위로 쓰였다. 베 1필은 4丈^(장)의 길이를 말한다. 이후 말^(馬마)을 헤아리는 단위로까지 확대되었다. 베는 중요한 혼수품이었던지 配匹^(배필)에서처럼 짝이나 배우자의 의미로까지 쓰이게 되었다.

字形 𠤲𠤲𠤲𠤲𠤲金文 𠤲匹簡牘文 𠤲 說文小篆

疋(필 필·발 소): 匹, shū, 疋-0, 5, 10

字解 상형. 갑골문에서 다리를 그렸다. 아래쪽에 발과 발가락이 그려졌고, 위로는 정강이 아래까지의 다리가 그려졌다. 『설문해자』에서도 "다리를 그렸으며, 아랫부분은 止^(발 지)로 구성되었다."라고 했다. '다리'라는 뜻 이외에 '짝'이라는 뜻도 가지며, 사물을 세는 데 쓰는 단위로 쓰여 말^(馬마)이나 피륙을 헤아리는 단위로 쓰인다. 간화자에서는

匹^(필 필)에 통합되었다. ☞ 匹^(필 필)

字形 𠁣 說文小篆

必^(반드시 필): bì, 心-1, 5, 52

字解 형성. 『설문해자』에서는 八^(여덟 팔)이 의미부
고 弋^(주살 익)이 소리부로, 기준을 나누다
^(八)는 뜻이라고 했다. 하지만, 금문을 보면
꼭 그렇지도 않고, 금문 당시에 이미 '반드
시'라는 뜻으로만 쓰여 그것이 무엇을 그
렸는지 분명하지 않다. 그러나 금문에 의
하면 戈^(창 과)가 의미부고 八이 소리부로,
갈라진^(八) 틈 사이로 낫창^(戈)을 끼우는 모
습을 그린 것으로 추정되며, 이로부터 무
기의 자루라는 뜻이 나온 것으로 보인다.
낫창 같은 무기는 반드시 자루에 끼워야만
사용할 수 있기에, '반드시'라는 뜻이 나왔
을 것이다. 이 때문에 곽말약은 必이 柲<sup>(자
루 비)</sup>의 원래 글자인 것으로 추정했다.

字形 𢍺𢍺金文 𣎴古陶文 𢍺𢍺𢍺簡
牘文 𢍺漢印 𢍺說文小篆

珌^(칼 장식 옥 필): bì, 玉-5, 9

字解 형성. 玉^(옥 옥)이 의미부고 必^(반드시 필)이 소
리부로, 칼 장식에 쓰는 옥을 말하는데, 칼
집 끝의 장식에 반드시^(必) 필요한 옥^(玉)이
라는 뜻을 담았다.

字形 珌 說文小篆

泌^(샘물 흐르는 모양 필·비): bì, 水-5, 8

字解 형성. 水^(물 수)가 의미부고 必^(반드시 필)이 소
리부로, 샘물^(水)이 흐르는 모양을 말하며,
달리 강 이름으로 하남성 서남부에 있는
唐河^(당하)의 상류를 일컫는 말이다. 또 찌
꺼기를 거르다, 分泌^(분비) 등의 뜻도 가진
다.

字形 泌 說文小篆

苾^(향기로울 필): bì, 艸-5, 9

字解 형성. 艸^(풀 초)가 의미부고 必^(반드시 필)이 소
리부로, 향기로운 풀^(香草·향초)을 말하는데,
식물^(艸)이 반드시^(必) 갖추어야 할 것이 '향
기'임을 반영했다.

字形 苾 說文小篆

馝^(향기로울 필): bì, 香-5, 14

字解 형성. 香^(향기 향)이 의미부고 必^(반드시 필)이
소리부로, 짙은 향기^(香)를 말한다. 苾<sup>(향기로
울 필)</sup>과 같은 글자로 추정되는데, 식물^(艸·초)
이 반드시^(必) 갖추어야 할 것이 '향기'라는
뜻에서 艸^(초)가 香으로 바뀐 것으로 보인
다.

筆(붓 필): 笔, bǐ, 竹-6, 12, 52

字解 형성. 竹^(대 죽)이 의미부고 聿^(붓 률)이 소리부로, 대^(竹)로 만든 붓대를 가진 필기구인 '붓'을 말한다. 원래는 聿^(붓 률)로 써 손으로 붓을 쥔 모습을 그렸는데, 이후 竹을 더해 筆이 되었고, 간화자에서는 聿를 毛^(털 모)로 바꾸어 笔로 쓴다. 이후 筆記具^(필기구)의 통칭이 되었고, 다시 문구를 뜻했다. 또 붓으로 글을 쓴다는 뜻에서 기술하다, 서사하다, 수필, 산문 등의 뜻이 나왔고, 한자의 筆劃^(필획)을 뜻하기도 했다.

字形 𥬒 說文小篆

畢(마칠 필): 毕, bì, 田-6, 11, 32

字解 상형. 새를 잡는 기구를 그렸다. 윗부분은 그물^(网)을, 아랫부분은 손잡이를 형상했으며, 이런 사냥용 그물이면 모든 사냥감을 다 잡을 수 있다는 뜻에서 '마치다', 완성하다, 결국, 모두, 완전하다 등의 뜻이 나왔다. 간화자에서는 比^(견줄 비)와 十^(열 십)으로 구성된 毕로 줄여 쓴다.

字形 𤼈 𤼈 𤼈 甲骨文 𤼈 𤼈 𤼈 𤼈 金文 𤼈 古陶文 𤼈 簡牘文 畢 說文小篆

弼(도울 필): bì, 弓-9, 12, 12

字解 형성. 弜^(강할 강)이 의미부고 丙^(핥을 첨)이 소리부였는데, 丙이 百^(일백 백)으로 변해 지금의 자형이 되었다. 원래는 뒤틀린 활^(弓)이나 쇠뇌를 바로잡는 도구를 말했으며, 뒤

틀린 것을 바로잡아준다는 뜻에서 輔弼^(보필)에서처럼 '돕다'는 뜻이 나왔다.

字形 𢎺 𢎺 金文 𢎺 簡牘文 𢎺 帛書 𢎺 石刻 古文 𢎺 說文小篆 𢎺 說文或體 𢎺 𢎺 說文古文

觱(악기이름 필): [觱], bì, 角-9, 16

字解 회의. 角^(뿔 각)과 咸^(다 함)으로 구성되어, 서역에서 중국으로 수입된 가로로 된 피리^(觱篥·필률)를 음역한 글자인데, 음역 과정에서 모두 함께^(咸) 들을 수 있는 뿔을 깎아 만든 뿔피리^(胡角·호각)처럼 생긴 악기라는 의미를 담았다. 『설문해자』에서는 角이 의미부고 戾^(거스를 패)가 소리부인 𧤸로 썼는데, 戾은 誖^(어지러울 패)의 고문체이다.

字形 𧤸 𧤸 盟書 𧤸 𧤸 簡牘文 𧤸 說文小篆

乏(떨어질 핍): fá, ノ-4, 5, 10

字解 지사. 之^(갈 지)에 삐침 획^(ノ)이 더해진 모습이지만, 소전체에 의하면 正^(바를 정, 征의 원래 글자)을 뒤집어 놓은 모습으로, (사기나 맛이) 떨어지다, 부족하다, 피로하다는 뜻으로, '정벌^(正)'의 반대 의미를 그렸다. 오랜 정벌 탓에 사기도 물자도 모두 떨어져 '정벌^(正)을 그만두다'는 의미를 그려낸 글자이다.

字形 ［금문 그림］金文 ［간독문 그림］簡牘文 ［설문소전 그림］說文小篆

逼(닥칠 핍): [偪], bī, 辵-9, 13, 10

字解 형성. 辵^(쉬엄쉬엄 갈 착)이 의미부고 畐^(가득할 복)이 소리부로, 가까이 가도록^(辵) 압박하고 逼迫^(핍박)함을 말하며, 이후 몰아내다 등의 뜻이 나왔다. 『廣韻^(광운)』에 의하면, 달리 偪^(다가올 핍)으로 쓰기도 한다.

字形 ［설문소전 그림］說文小篆

하

河(강 하): hé, 水-5, 8, 50

字解 형성. 水^(물 수)가 의미부고 可^(옳을 가)가 소리
부로, 원래 黃河^(황하)를 지칭하는 고유명사
였는데, 이후 '강'의 통칭이 되었다. 북쪽의
몽골어에서 온 외래어로 알려졌으며, 그
때문에 지금도 북쪽의 黃河 유역에 있는
강들은 '河'로 이름 붙여진 경우가 일반적
이다. 이외에도 銀河^(은하), 강가를 뜻하였
고, 강의 신인 河伯^(하백)을 지칭하기도 했
다.

字形

何(어찌 하): hé, 人-5, 7, 32

字解 형성. 人^(사람 인)이 의미부고 可^(옳을 가)가 소
리부인데, 갑골문에서 긴 자루가 달린 괭
이를 어깨에 멘 사람^(人)의 모습을 그렸는
데, 이후 괭이에 입^(口·구)이 더해진 可로 변
했다. '메다'가 원래 뜻이며, 이로부터 荷重
^(하중) 등의 뜻이 생겼다. 이후 '어찌'라는
의문사와 부사어로 가차되자 원래 뜻은 艸

(풀초)를 더해 荷^(연 하)로 분화했다.

字形

荷(연 하): hé, hè, 艸-7, 11, 32

字解 형성. 艸^(풀 초)가 의미부고 何^(어찌 하)가 소리
부로, 식물^(艸)인 연꽃의 잎을 말하는데, 이
후 '연'을 뜻하게 되었다. 또 何^(어찌 하)에서
艸를 더해 분화한 글자이기 때문에 '짊어
지다'는 뜻도 가진다. ☞ 何^(어찌 하)

字形

下(아래 하): xià, 一-2, 3, 70

字解 지사. 가로획 두 개로 어떤 것이 어떤 기준
점보다 '아래'에 있음을 나타냈는데, 금문
에서 T자형으로 변했고, 다시 형체가 변화
하여 지금의 下가 되었다. '아래'가 원래
뜻이며, 아래로 내려가다, 알이나 새끼를
낳다, 순서상의 뒤, 질이 낮다 등의 뜻이
나왔고, 이후 시간적 개념에서 '뒤'라는 뜻
도 나왔다. 현대 중국어에서는 방향을 나
타내거나 동작의 횟수를 나타내는 문법소
로도 쓰인다.

字形

ㅎ | 885

丅 說文古文　丆 說文篆文

蝦(새우 하): 虾, xiā, há, 虫-9, 15, 10

字解 형성. 虫^(벌레 충)이 의미부고 叚^(빌 가)가 소리부로, '새우'를 말하는데, 구우면 붉게^(叚) 변하는 갑각류 생물^(虫)이라는 뜻을 담았다. 또 새우가 물속에 살기 때문에 어류로 인식되어 魚가 더해진 鰕^(새우 하)로 쓰기도 하며, 간화자에서는 叚를 下^(아래 하)로 바꾼 虾로 쓴다.

字形 🖼 說文小篆

鰕(새우 하): xiā, 魚-9, 20

字解 형성. 魚^(고기 어)가 의미부고 叚^(빌 가)가 소리부로, 어류^(魚)의 일종인 새우를 말하며, 蝦^(새우 하)와 같다. ☞ 蝦^(새우 하)

字形 🖼 說文小篆

瑕(티 하): xiá, 玉-9, 13, 10

字解 형성. 玉^(옥 옥)이 의미부고 叚^(빌 가)가 소리부로, 옥^(玉)의 반점이나 갈라진 흔적을 말하며, 이로부터 '티'라는 뜻이 나왔고, 사물이 결점이나 사람의 흠을 비유한다. 또 붉은색^(叚)의 옥돌^(玉)을 말하기도 한다.

字形 🖼🖼🖼🖼古璽文　🖼石刻古文
🖼 說文小篆

霞(노을 하): xiá, 雨-9, 17, 10

字解 형성. 雨^(비 우)가 의미부고 叚^(빌 가)가 소리부로, '노을'을 말하는데, 하늘을 붉게^(叚) 물들게 하는 기상현상^(雨)이라는 뜻을 담았다.

字形 🖼 說文小篆

遐(멀 하): xiá, 辵-9, 13, 10

字解 형성. 辵^(쉬엄쉬엄 갈 착)이 의미부고 叚^(빌 가)가 소리부로, 멀리 가다^(辵)는 뜻이며, 이로부터 멀다, 소원하다 등의 뜻이 나왔다.

字形 🖼 說文小篆

昰(여름 하옳을 시): xià, shì, 日-5, 9

字解 회의. 日^(날 일)과 正^(바를 정)으로 구성되어, 해^(日)가 한가운데^(正) 위치할 때를 지칭했고 이로부터 '곧바르다'의 뜻이, 다시 '옳다'의 뜻이 나왔다. 이후 자형이 변해 是^(옳을 시)로 쓰게 되었으며, 현재 통용되는 是의 본래 글자이다. 또 夏^(여름 하)의 고자로도 쓰인다. ☞ 是^(옳을 시)

夏(여름 하): xià, 夂-7, 10, 70

字解 회의. 頁^(머리 혈)의 생략된 모습과 夂^(뒤져서 올 치)로 구성되었다. 금문에서는 크게 키워 그린 얼굴^(頁)에 두 팔과 두 발^(夂)이 그려진 사람의 모습을 했는데, 자형이 변해 지금처럼 되었다. 크게 그려진 얼굴은 고대

한자에서 주로 분장을 한 제사장의 모습이며 두 팔과 발은 율동적인 동작을 의미하기에, 夏는 祈雨祭^(기우제)를 지내려고 춤추는 제사장의 모습을 그린 것으로 추정된다. 그래서 '춤'이 원래 뜻이며, 기우제는 신을 즐겁게 하기 위한 盛大^(성대)한 춤이 필요하기에 크다, 성대하다는 뜻이 나왔고, 중국인들이 자기 민족을 부르는 이름이 되었다. 또 기우제가 주로 여름철에 이루어졌기 때문에 '여름'도 뜻하게 되었다.

字形 金文 簡牘文 帛書 古璽文 石刻古文 說文小篆 說文古文

廈(처마 하): 廈, shà, xià, 广-10, 13

字解 형성. 广^(집 엄)이 의미부고 夏^(여름 하)가 소리부로, 큰^(夏) 집^(广)을 말한다. 달리 속자나 현대 중국의 간화자에서는 广을 厂^(기슭 엄)으로 바꾼 廈^(큰 집 하)로 쓰기도 한다.

字形 說文小篆

廈(큰 집 하): xià, 厂-10, 12

字解 형성. 厂^(기슭 엄)이 의미부고 夏^(여름 하)가 소리부로, 큰 집^(厂)을 말하며, 廈^(처마 하)와 같은 글자이다. ☞ 廈^(처마 하)

字形 說文小篆

賀(하례 하): 贺, hè, 貝-5, 12, 32

字解 형성. 貝^(조개 패)가 의미부고 加^(더할 가)가 소리부로, 재물^(貝) 등을 더해 줌^(加)으로써 祝賀^(축하)함을 말하며, 이로부터 포상하다, 더하다 등의 뜻이 나왔다.

字形 金文 簡牘文 說文小篆

학

學(배울 학): 学, [孝], xué, 子-13, 16, 80

字解 회의. 집 안^(宀)에서 두 손^(臼)으로 새끼 매듭^(爻) 지우는 법을 아이^(子)가 배우는 모습을 그렸다. 문자가 만들어지기 전 기억의 보조 수단이었던 새끼 매듭^(결승) 짓는 법을 배우는 모습이다. 배우다가 원래 뜻이며, 모방하다, 본받다, 배우는 사람, 학교, 학과, 학문, 학설, 학파 등의 뜻이 나왔다. 속자에서는 윗부분을 文^(글월 문)으로 줄인 孝으로 쓰기도 하는데, 아이^(子)가 글자^(文)를 배운다는 뜻을 담았다. 간화자에서는 윗부분을 간단하게 줄여 学으로 쓴다.

字形 甲骨文 金文 簡牘文 說文小篆 說文篆文

鶴(학 학): 鶴, hè, 鳥-10, 21, 32

字解 형성. 鳥^(새 조)가 의미부고 隺^(뜻 고상할 각)이 소리부로, '학'을 말하는데, 높이 나는^(隺) 새^(鳥)라는 뜻을 담았으며, 이후 학의 색깔이 희기 때문에 흰색의 비유로도 쓰였다.

字形 🖼 說文小篆

虐(사나울 학): nüè, 虍-3, 9, 20

字解 회의. 虍^(호피 무늬 호)와 又^(또 우)의 뒤집은 모습으로 구성되었는데, 소전체에서 범^(虍)이 발톱^(爪)을 세워 사람^(人·인)을 할퀴는 모습을 형상적으로 그렸고, 이후 사람^(人)은 없어지고 발톱이 뒤집힌 모습으로 변해 지금의 자형이 되었다. 『설문해자』에서도 '잔학하다^(殘)'라는 뜻이며, 호랑이가 발을 뒤집어 사람을 잡은 모습^(虎足反爪人)을 그렸다고 했다. 이로부터 虐政^(학정)이나 虐待^(학대)처럼 잔악하게 해치다는 뜻이 나왔다.

字形 🖼🖼🖼🖼🖼🖼古璽文 🖼

說文小篆 🖼 說文古文

瘧(학질 학): 疟, nüè, 疒-9, 14

字解 형성. 疒^(병들어 기댈 녁)이 의미부고 虐^(사나울 학)이 소리부로, 학질을 말하는데, 잔학한^(虐) 병^(疒)이라는 뜻을 담았다. 간화자에서는 소리부 虐의 虍^(호피 무늬 호)를 생략하여 疟으로 쓴다.

字形 🖼 說文小篆

謔(희롱할 학): 谑, xuè, 言-9, 16, 10

字解 형성. 言^(말씀 언)이 의미부고 虐^(사나울 학)이 소리부로, 놀리다는 뜻인데, 말^(言)로 상대를 학대하다^(虐)는 뜻을 담았다. 간화자에서는 谑으로 줄여 쓴다.

字形 🖼 說文小篆

壑(골 학): hè, 土-14, 17, 10

字解 형성. 土^(흙 토)가 의미부고 叡^(골 학)이 소리부로, 산에 난 골짜기를 말하는데, 흙이 많은 쪽으로 골짜기가 나기 때문에 土가 의미부로 채택되었다. 이후 크게 팬 골이라는 뜻에서 '못'이나 '흙구덩이'도 뜻하게 되었다. 『설문해자』에서는 奴^(뚫다 남을 잔)이 의미부고 谷^(골 곡)이 소리부인 叡^(골 학)으로 썼는데, 혹체에서 土가 더해졌다.

字形 🖼 說文小篆 🖼 說文或體

貉(담비 학오랑캐 맥): hé, 豸-6, 13

字解 형성. 豸^(발 없는 벌레 치)가 의미부고 各^(각각 각)이 소리부로, 담비를 말하는데, 굴을 파서 속으로 잘 들어가는^(各) 짐승^(豸)이라는 의미를 담았다. 또 옛날 중국 북방의 소수민족을 얕잡아 부르던 이름으로, 이때에는 '맥'으로 읽힌다.

字形 🖼🖼🖼金文 🖼🖼古陶文

🖼🖼簡牘文 🖼古璽文 🖼說文

小篆

한

漢(한수 한): 汉, hàn, 水-11, 14, 70

字解 형성. 水^(물 수)가 의미부고 難^(어려울 난)의 생략된 모습이 소리부로, 漢水^(한수)를 말하는데, 장강의 가장 긴 지류로 섬서성 寧強^(녕강)현에서 발원하여 호북성을 거쳐 武漢^(무한)시에서 장강으로 흘러든다. 또 중국의 한나라를 지칭하며, 이로부터 중국의 최대 민족인 한족을, 다시 중국의 상징이 되었다. 또 남자를 부르는 말로 쓰이며, 일부 방언에서는 남편을 지칭하기도 한다. 간화자에서는 오른쪽 부분을 간단한 부호 又^(또우)로 줄여 汉으로 쓴다.

字形 𦰧 𦰧 𣿩金文 𣷾古陶文 𣶵說文小篆 𣶆說文古文

寒(찰 한): hán, 宀-9, 12, 50

字解 회의. 금문에서 宀^(집 면)과 人^(사람 인)과 茻^(잡풀 우거질 망)과 冫^(얼음 빙)으로 구성되어, 집^(宀) 안에 사람^(人)의 옆으로 짚단^(茻)과 발아래에 얼음^(冫)을 그려 놓았는데, 자형이 변해 지금처럼 되었다. 좌우 양쪽으로 놓인 풀^(茻)은 짚단이거나 깔개로 보이며, 얼음^(冫)이 어는 추위를 막고자 "집 안^(宀) 곳곳을 짚단^(茻)으로 둘러쳐 놓은 모습이다." 차다,

춥다가 원래 뜻이며, 이로부터 냉담하다, 貧寒^(빈한)하다, 슬프다 등의 뜻이 나왔고, 추운 계절을 지칭하기도 했다.

字形 𡫄 𡫄金文 𡫄𡫄簡牘文 𡫄說文小篆

邯(땅이름 한감): hán, 邑-5, 8, 12

字解 형성. 邑^(고을 읍)이 의미부고 甘^(달 감)이 소리부로, 땅^(邑) 이름인 邯鄲^(한단)을 말한다. 인생의 덧없음과 榮華^(영화)의 헛됨을 비유하여 이르는 말인 邯鄲之夢^(한단지몽)이나 제 분수를 잊고 무턱대고 남을 흉내 내다가 이것저것 다 잃음을 비유하는 말인 邯鄲之步^(한단지보)에도 등장하는 邯鄲은 전국시대 趙^(조)나라의 수도로, 지금의 하북성 邯鄲市^(한단시)에 위치했었다.

字形 邯盟書 邯簡牘文 邯說文小篆

韓(나라 이름 한): 韩, hán, 韋-8, 17, 80

字解 형성. 원래 韓으로 써, 韋^(에워쌀다룸가죽 위)가 의미부고 倝^(해 처음 빛날 간)이 소리부로, 황토를 다져 담을 쌓을 때 황토가 빠져나가지 못하도록 '담 곁에 대는 큰 나무^(倝)'를 말했는데, 자형이 줄어 지금처럼 되었다. 이로부터 '크다'와 '해가 밝게 비치다'는 뜻이 나왔고, 이후 나라 이름으로 쓰였다. 또 韋 대신 木^(나무 목)이 들어간 榦^(담 곁 기둥 간)과 같이 쓰이기도 했는데, 榦은 황토를 다져 담을 쌓을 때 황토가 빠져나가지 못하도록 '담 곁에 대는 큰 나무'를 말했다. 간화자

에서는 韋를 韦로 간단히 줄여 韩으로 쓴
다.

字形 ^韓 說文小篆

翰(깃 한): hàn, 羽-10, 16, 20

字解 형성. 羽^(깃 우)가 의미부고 倝^(해 처음 빛날 간)이
소리부로, 새의 깃털^(羽)로 만든 붓을 말했
으며, 붓은 글의 상징이었기에 시문이나
편지를 뜻했고, 다시 翰林^(한림)처럼 학자라
는 뜻이 나왔다.

字形 ^翰 說文小篆

瀚(넓고 큰 모양 한): hàn, 水-16, 19

字解 형성. 水^(물 수)가 의미부고 翰^(깃 한)이 소리부
로, 당나라 때의 몽골 고원 고비사막 이북
지역 일대의 광활한 지역을 통칭하며, 이
로부터 '사막', '광활한 모습' 등의 뜻이 나
왔다.

澣(빨 한): hàn, 水-13, 16, 10

字解 형성. 水^(물 수)가 의미부고 幹^(줄기 간)이 소리
부로, 물^(水)에 빨다는 뜻이며, 이로부터 세
척하다의 뜻이 나왔다. 달리 浣^(빨 완)으로
쓰기도 하는데, 당나라 때의 관리들은 10
일마다 쉬고 목욕을 했는데, 이를 休浣<sup>(휴
완)</sup>이라 불렀고, 이 때문에 10일이라는 뜻
도 나왔다.

汗(땀 한): hàn, 水-3, 6, 32

字解 형성. 水^(물 수)가 의미부고 干^(방패 간)이 소리
부로, '땀'을 말하는데, 몸^(干)에 흐르는 물
^(水)이라는 의미를 담았다. 또 중국 북방
민족의 우두머리를 일컫는 '칸^(可汗가한)의
음역자로도 쓰였다.

罕(그물 한): hǎn, 网-3, 7, 10

字解 형성. 网^(그물 망)이 의미부고 干^(방패 간)이 소
리부로, 장대^(干)처럼 긴 손잡이가 달린 작
은 그물^(网)을 말하며, 이로부터 적다, 드물
다의 뜻이 나왔다. ☞ 干^(방패 간)

字形 ^罕 說文小篆

旱(가물 한): hàn, 日-3, 7, 30

字解 형성. 日^(날 일)이 의미부고 干^(방패 간)이 소리
부로, 해^(日)가 장대^(干)처럼 높이 떠올라 날
이 가물다는 뜻이며, 日이 干 위에 놓이는
상하구조로써 해가 하늘 한가운데 높이 떠
있는 모습을 강조했다. 이에 비해 좌우구
조로 된 旰^(해 질 간)은 해^(日)가 장대^(干) 옆
에 있어 해가 넘어가는 모습을 강조했다.

字形 ^旱古陶文 ^{旱旱}簡牘文 ^旱說文小
篆

悍(사나울 한): [猂], hàn, 心-7, 10, 10

字解 형성. 心(마음 심)이 의미부고 旱(가물 한)이 소리부로, 흉포한 심성(心)을 말하며, 이로부터 사납다, 흉포하다, 맹렬하다, 용감하다 등의 뜻이 나왔다. 달리 心을 犬(개 견)으로 바꾼 猂(사나울 한)으로 쓰기도 한다.

字形 悍(簡牘文) 悍(簡牘文) 猂(說文小篆)

捍(막을 한): [扞], hàn, 手-7, 10

字解 형성. 手(손 수)가 의미부고 旱(가물 한)이 소리부로, 손(手)으로 막다는 뜻이다. 『설문해자』에서는 손(手)에 방패(干)를 들고 '막다'는 뜻에서 扞(막을 한)으로 썼다.

字形 扞(帛書) 扞(說文小篆) 捍(玉篇)

豻(들개 한): 犴, àn, 豸-3, 10

字解 형성. 豸(발 없는 벌레 치)가 의미부고 干(방패 간)이 소리부로, 들개를 말하는데, 곧고 큰(干) 몸통을 가진 짐승(豸)이라는 뜻을 담았다. 간화자에서는 豸를 犬(犭·개 견)으로 바꾼 犴으로 쓴다.

字形 豻(簡牘文) 豻(古璽文) 豻(說文小篆) 犴(說文或體)

閑(막을 한): 闲, xián, 門-4, 12, 40

字解 회의. 門(문 문)과 木(나무 목)으로 구성되어, 문(門) 사이에 나무(木)를 질러 울을 친 '마구간'을 그렸는데, 이후 사람이 들어오지 못하도록 문을 걸어 잠그다는 뜻에서 閑暇(한가)하다는 뜻이 생겼고, '겨를'이나 '틈'까지 뜻하게 되었다. 간화자에서는 闲으로 쓴다.

字形 閑(簡牘文) 閑(帛書) 閑(說文小篆)

閒(틈 한·사이 간) ☞ 間(사이 간)

限(한계 한): xiàn, 阜-6, 9, 42

字解 형성. 阜(언덕 부)가 의미부고 艮(어긋날 간)이 소리부로, 머리를 돌려 부릅뜬 눈으로 노려보는 시선(艮) 앞에 높다란 언덕(阜)이 가로막혀 있음으로부터, 장벽에 부딪힘과 限界(한계), 限度(한도), 制限(제한) 등의 뜻을 그렸다.

字形 限(說文小篆)

恨(한할 한): hèn, 心-6, 9, 40

字解 형성. 心(마음 심)이 의미부고 艮(어긋날 간)이 소리부로, 서로 노려보며(艮) 원망하는 마음(心)을 말하며, 이로부터 怨恨(원한)을 가지다, 원수처럼 보다, 유감스럽다의 뜻이 나왔다.

字形 恨(說文小篆)

割(나눌 할): gē, 刀-10, 12, 32

字解 형성. 刀^(칼 도)가 의미부고 害^(해칠 해)가 소리부로, 칼^(刀)로 깎아 내다는 뜻인데, 금문에서는 청동 기물을 만드는 거푸집^(金)과 칼^(刀)로 이루어져, 거푸집을 묶었던 끈을 칼로 '잘라내는' 모습을 그렸다. 이로부터 자르다, 분할하다, 끊다, 살해하다, 짐승을 죽이다, 요리하다 등의 뜻이 나왔다.

字形 金文 簡牘文 石刻古文 說文小篆

轄(비녀장 할): 辖, xiá, 車-10, 17, 10

字解 형성. 車^(수레 거차)가 의미부고 害^(해칠 해)가 소리부로, 수레^(車)의 바퀴가 벗어나지 않도록 굴대 머리 구멍에 끼는 큰 못을 말하며, 이로부터 管轄^(관할)의 뜻이 나왔다.

字形 說文小篆

咸(다 함): xián, 口-6, 9, 30

字解 회의. 口^(입 구)와 戌^(개 술)로 구성되어, 무기^(戌)를 들고 입^(口)으로 '함성'을 지르는 모습을 그렸다. 喊聲^(함성)은 '모두'가 함께 질러야 한다는 뜻에서 모두, 함께라는 뜻이 나왔다. 그러자 원래 뜻은 다시 口를 더한 喊^(소리 함)으로 분화했다. 현대 중국에서는 鹹^(짤 함)의 간화자로도 쓰인다.

字形 甲骨文 金文 古陶文 簡牘文 古璽文 石刻古文 說文小篆

喊(소리 함): hǎn, 口-9, 12, 10

字解 형성. 口^(입 구)가 의미부고 咸^(다 함)이 소리부로, 입^(口)을 모아 함께^(咸) 지르는 '喊聲^(함성)'을 말한다. ☞ 咸^(다 함)

鹹(짤 함): 咸, xián, 鹵-9, 20, 10

字解 형성. 鹵^(소금 로)가 의미부고 咸^(다 함)이 소리부로, '짠맛'을 말하는데, 소금^(鹵)으로 대표되는 짠 맛은 단맛, 쓴맛, 신맛, 매운맛 등에 비해 모두가 함께^(咸) 느낄 수 있는 '공통'의 맛임을 말해 주고 있다. 간화자에서는 咸에 통합되었다. ☞ 咸^(다 함)

字形 石刻古文 說文小篆

緘(봉할 함): jiān, 糸-9, 15, 10

字解 형성. 糸^(가는 실 멱)이 의미부고 咸^(다 함)이 소리부로, 기물을 함께 통째로^(咸) 묶는 끈^(糸)을 말한다. 이후 관을 묶는 끈이라는 뜻도 나왔고, 묶다, 속박 등을 의미하게 되었다.

字形 金文 說文小篆

臽(함정 함): xiàn, 臼-2, 8

字解 형성. 『설문해자』의 해설처럼, '작은 함정^(小阱)'을 말한다. 사람^(人)이 구덩이^(臼) 위에 자리하여 거기에 빠졌음을 그렸다. 이후 흙구덩이임을 강조하기 위해 阜^(언덕 부)를 더해 陷^(빠질 함)으로 분화했다. 구덩이에 발이 빠진 모습으로부터 빠지다, 함정, 음모, 음해 등의 뜻이 나왔다. ☞ 陷^(빠질 함)

字形 說文小篆

陷(빠질 함): xiàn, 阜-8, 11, 32

字解 형성. 阜^(언덕 부)가 의미부고 臽^(함정 함)이 소리부로, 흙^(阜) 구덩이에 사람의 발이 빠진^(臽) 모습을 그렸고, 이로부터 빠지다, 함정, 음모, 음해 등의 뜻이 나왔다. ☞ 臽^(함정 함)

字形 說文小篆

函(함 함): [圅, 肣], hán, 凵-6, 8, 10

字解 상형. 원래 화살이 든 동개를 그렸는데, 자

형이 변해 지금처럼 되었다. 이로부터 무엇을 넣어두는 '상자'라는 뜻을 갖게 되었으며, 편지, 싸다 등의 뜻도 나왔다. 달리 圅^(함 함)으로 쓰기도 한다. 『설문해자』의 속체에서는 肣^(혀 함)으로 쓰기도 했으며, 含^(머금을 함)과 통용해 쓰기도 했다.

字形 甲骨文 金文 說文小篆 說文俗體

涵(젖을 함): hán, 水-8, 11, 10

字解 형성. 水^(물 수)가 의미부고 函^(함 함)이 소리부로, 보관함^(函) 속으로 물^(水)이 스며들다는 뜻이다. 이로부터 물^(水)에 젖다는 뜻이 나왔고, 이후 포함하다와 관용의 뜻도 나왔다.

字形 甲骨文 說文小篆

含(머금을 함): hán, 口-4, 7, 32

字解 형성. 口^(입 구)가 의미부고 今^(이제 금)이 소리부로, 입^(口) 속에 무엇인가를 머금은 모습을 그렸다. 머금은 채 내놓지 않는다는 뜻에서 包含^(포함)에서처럼 포용하다는 뜻이, 含蓄^(함축)에서처럼 감정을 표출하지 않다, 어떤 감정적 색채를 지니다는 뜻까지 나왔다.

字形 漢印 石刻古文 說文小篆

頷(턱 함): 颔, hàn, 頁-7, 16

字解 형성. 頁^(머리 혈)이 의미부고 숌^(머금을 함)이 소리부로, 머리^(頁)의 아랫부분인 '턱'을 말한다. 이후 머리를 끄덕이다는 뜻이 나왔고, 이로부터 긍정하다, 알아듣다 등을 뜻하게 되었다. 또 절레절레 흔들다, 부정하다 등의 뜻도 가진다.

字形 金文 說文小篆

啣(재갈 함): hǎn, 口-8, 11

字解 회의. 口^(입 구)와 御^(어거할 어)의 생략된 모습으로 구성되어, 말^(馬) 등을 제대로 부리기^(御) 위해 입^(口)에 물리는 '재갈'을 말하며, 銜^(재갈 함)과 같은 뜻이다. ☞ 銜^(재갈 함)

銜(재갈 함): xián, 金-6, 14, 10

字解 회의. 金^(쇠 금)과 行^(갈 행)으로 구성되어, 길을 갈 때^(彳) 말 등이 다른 짓을 못하도록 입에 물리는 쇠^(金)로 만든 '재갈을 말한다. 달리 啣^(재갈 함)으로 쓰기도 한다.

字形 說文小篆

檻(우리 함): jiàn, kǎn, 木-14, 18, 10

字解 형성. 木^(나무 목)이 의미부고 監^(볼 감)이 소리부로, 동물을 가두어 감시하는^(監) 나무^(木)로 만든 울타리를 말한다. 이로부터 우리, 울에 갇히다, 짐승을 잡는 도구 등의 뜻이 나왔다.

字形 說文小篆

艦(싸움배 함): 舰, jiàn, 舟-14, 20, 20

字解 형성. 舟^(배 주)가 의미부고 監^(볼 감)이 소리부로, 싸움에서 휘하의 다른 배들을 감시하며^(監) 지휘하는 큰 배^(舟)를 말한다. 간화자에서는 소리부인 監을 見^(볼 견)으로 바꾸어 舰으로 쓴다.

虓(흰 범 함): hàn, kǎn, 虍-7, 13

字解 회의. 虎^(범 호)가 의미부이고 去^(갈 거)가 소리부이다. 『설문해자』의 해설처럼, '흰 호랑이의 일종이다^(皏屬).'

字形 說文小篆

합

合(합할 합): [閤], hé, 口-3, 6, 60

字解 회의. 갑골문에서 윗부분은 뚜껑을, 아랫부분은 입^(口)을 그렸는데, 장독 등 단지의 아가리를 뚜껑으로 덮어놓은 모습을 했다. 뚜껑은 단지와 꼭 맞아야만 속에 담긴 내용물의 증발이나 변질을 막을 수 있다. 고대사회에서 단지와 그 뚜껑의 크기를 꼭 맞추는 것도 기술이었을 것이다. 그래서 合에 符合^(부합)하다, 합치다는 뜻이 생겼다. 몸체와 뚜껑이 합쳐져야 완전한 하나가 되

기에 '모두', '함께'라는 뜻도 함께 가지고
있다.

字形 甲骨文 金文

簡牘文 說文小篆

蛤(대합조개 합): [盍], gé, 虫-6, 12, 10

字解 형성. 虫^(벌레 충)이 의미부고 合^(합할 합)이 소
리부로, 대합조개를 말하는데, 아래위가 합
쳐지는^(合) 껍데기를 가진 연체동물^(虫)이라
는 뜻을 담았다. 『설문해자』에서는 상하구
조로 된 盦으로 썼다.

字形 說文小篆

閤(쪽문 합): gé, 門-6, 14

字解 형성. 門^(문 문)이 의미부고 合^(합할 합)이 소리
부로, 정문 옆의 작은 문^(門)을 말한다. 이
로부터 궁중의 작은 문을, 다시 내실이나
궁궐 등을 뜻하게 되었다.

字形 說文小篆

哈(씹는 소리 합고기 우물거릴 삽): hā, 口
-6, 9

字解 형성. 口^(입 구)가 의미부고 合^(합할 합)이 소리
부로, 입^(口)으로 마시다는 뜻이며, 입으로
씹는 소리, 크게 마시다, 웃음소리 등의 뜻
도 나왔다.

盒(합 합): hé, 皿-6, 11, 10

字解 형성. 皿^(그릇 명)이 의미부고 合^(합할 합)이 소
리부로, 뚜껑과 몸체가 합쳐질^(合) 수 있는
찬합 같은 그릇^(皿)을 말한다.

盍(덮을 합): [盇], hé, 皿-5, 10

字解 회의. 去^(갈 거)와 皿^(그릇 명)으로 구성되어, 그
릇^(皿)의 뚜껑^(去)을 말하는데, 去는 그릇의
뚜껑이 잘못 변한 것이다. 금문에서는 아
래가 그릇, 중간이 그릇에 담긴 물체, 위가
뚜껑의 모습이다. 『설문해자』 소전체에서
는 大^(큰 대)와 血^(피 혈)의 결합으로 변해 그
릇^(皿) 위를 크게^(大) 덮다는 뜻을 담았다.
'덮다'는 뜻으로부터 합하다, 모으다의 뜻
이 나왔다. 이후 '何不^(하불)'의 합음으로 가
차되어, '어찌…하지 않는가'라는 뜻의 부
사로 쓰였다.

字形 金文 古璽文 說
文小篆

闔(문짝 합): 阖, hé, 門-10, 18

字解 형성. 門^(문 문)이 의미부고 盍^(덮을 합)이 소리
부로, 문^(門)에 끼워서 여닫게 되어 있는
문짝을 말한다. 이후 문^(門)을 닫다^(盍)는 뜻
으로 쓰였고, 문을 닫으면 그 속에 든 사
람은 모두 하나가 된다는 뜻에서 '모두'라
는 뜻도 나왔다.

字形 說文小篆

盇(덮을 합): hé, 皿-4, 9

字解 회의. 血(피 혈)과 大(큰 대)가 모두 의미부이다. 血은 피를 그릇에 담아 놓은 모습을 그렸고, 大는 뚜껑이 잘못 변한 글자이다. 『설문해자』에서는 '덮다(覆)'라는 뜻이라고 했는데, 맹약 등을 거행하기 위해 피를 담은 그릇을 뚜껑으로 덮다는 뜻에서 덮다, 합하다, 모이다 등의 뜻이 나왔고, 문법소로 쓰여 '어찌 ~아니한가(何不)'의 부정 반어법을 나타내는데 쓰인다.

字形 盇 說文小篆

陜(땅 이름 합좁을 협): xiá, 阜-7, 10, 12

字解 형성. 阜(언덕 부)가 의미부고 夾(낄 협)이 소리부로, 좁은 언덕(阜)이라는 뜻에서 협소하다는 뜻이 있어 狹(좁을 협)과 통용되고, 협곡을 뜻하여 峽(좁을 협)과 통용된다. 한국의 경상도에 있는 지명인 陜川(합천)을 말하기도 하는데, 이때에는 '합'으로 읽는다.

字形 陜 說文小篆

항

巷(거리 항): [衖], xiàng, 己-6, 9, 30

字解 회의. 共(함께 공)과 巳(여섯째 지지 사)로 구성되어, 사람(巳)들이 함께(共) 걸어 다니고 공유할 수 있는 '거리'나 '골목'을 말하며, 광산의 갱도를 지칭하기도 한다. 원래는 𨒰(거리 항)으로 써 마을(邑) 사람들이 함께 걸어 다니고 공유하는(共) '골목길'을 말했는데, 이후 邑(고을 읍)이 巳로 변해 지금의 자형이 되었다. 『설문해자』에서는 달리 䢼과 共으로 구성된 衖으로 쓰기도 했다.

字形 𧀳古陶文 𧀳𧀳 𧀳簡牘文 𧀳說文小篆 𧀳說文篆文

港(항구 항): gǎng, 水-9, 12, 42

字解 형성. 水(물 수)가 의미부고 巷(거리 항)이 소리부로, 항구를 말하는데, 물길(水)이 닿아있는 거리(巷)라는 의미를 담았다. 또 홍콩(Hong Kong)의 한자 이름인 香港(향항)의 줄임형으로도 쓰인다.

字形 港 說文新附字

恒(항상 항): [恆], héng, 心-6, 9, 32

字解 형성. 心(마음 심)이 의미부고 亘(걸칠 긍)이 소리부로, 언제나 변치 않는(亘) 일정한 마음(心)을 말했다. 이로부터 恒常(항상), 항구, 영원, 일상의, 보편적인, 오래가다 등의 뜻이 나왔다. 갑골문에서는 二(두 이)와 月(달 월)로 구성된 亙으로 썼는데, 아래위의 두 획(二)은 하늘과 땅을, 중간의 달(月)은 이지러졌다가 다시 차기를 반복하는 영원불변의 달을 뜻하여, 변하지 않는 영원함을 말했다. 이후 心을 더해 변하지 않는(亘) 마

음^(心)임을 강조했고, 소전체에서는 月이 형체가 비슷한 舟^(배 주)로 변했다가 예서 이후 다시 日^(날 일)로 변해 지금의 자형이 되었다.

字形 甲骨文 金文 簡牘文 帛書 古璽文 說文小篆 說文古文

姮(항아 항): [嫦], héng, 女-6, 9

字解 형성. 女^(여자 여)가 의미부고 亘^(걸칠 궁)이 소리부로, 중국 신화에서 后羿^(후예)의 부인으로 달로 가 두꺼비가 되었다고 전해지는 여인^(女)인 '항아'를 말한다. 달리 亘 대신 常^(항상 상)이 들어간 嫦^(항아 항)으로 쓰기도 한다. ☞ 嫦^(항아 항)

降(항복할 항·내릴 강): xiàng, jiàng, 阜-6, 9, 40

字解 형성. 阜^(언덕 부)가 의미부고 夅^(내릴 강)이 소리부로, 흙 계단^(阜)을 내려오는^(夅) 모습을 그려, 내려오다, 降伏^(항복)하다, 投降^(투항)하다의 의미를 그렸다. 다만 '내려오다'고 할 때에는 '강'으로, 투항하다고 할 때에는 '항'으로 읽음에 유의해야 한다. ☞ 降^(내릴 강)

字形 甲骨文 金文 古陶文 簡牘文 帛書 說文小篆

肛(똥구멍 항): gāng, 肉-3, 7, 10

字解 형성. 肉^(고기 육)이 의미부고 工^(장인 공)이 소리부로, 신체^(肉)의 부위인 '肛門^(항문)'을 말한다.

項(목 항): 项, xiàng, 頁-3, 12, 32

字解 형성. 頁^(머리 혈)이 의미부고 工^(장인 공)이 소리부로, 머리^(頁)의 뒤쪽 아래에 있는 '목덜미'를 말한다. 이후 사물의 종류나 조목을 말해 '項目^(항목)'이라는 뜻이 나왔고, 經費^(경비)를 뜻하기도 했다.

字形 簡牘文 說文小篆

缸(항아리 항): [䍼], gāng, 缶-3, 9, 10

字解 형성. 缶^(장군 부)가 의미부고 工^(장인 공)이 소리부로, 질그릇^(缶)으로 된 항아리를 말하며, 도기를 통칭하기도 했다.

字形 說文小篆

嫦(항아 항): cháng, 女-11, 14

字解 형성. 女^(여자 여)가 의미부고 常^(항상 상)이 소리부로, 달 속에 산다는 전설상의 여인^(女)인 '항아'를 말하며, 달의 상징으로 쓰인다. 달리 常 대신 亘^(걸칠 궁)이 소리부인 姮^(항아 항)으로 쓰기도 한다.

行(항렬 항) ☞ 行(갈 행)

桁(차꼬 항): héng, 木-6, 10

字解 형성. 木^(나무 목)이 의미부고 行^(갈 행)이 소리부로, 도망가지^(行) 못하도록 발이나 목에 채우던 나무^(木)로 만든 옛날의 형벌 기구를 말한다. 또 문틀이나 대들보 위에 가로로 길게 건너 놓은 나무를 말하며, 가름목에다 거꾸로 걸다는 뜻도 가진다.

亢(목 항): kàng, 亠-2, 4, 12

字解 지사. 이의 자원에 대해서는 이견이 많지만, 갑골문을 보면 사람의 정면 모습^(大)과 발 사이로 비스듬한 획이 더해졌음은 분명하다. 『설문해자』에서는 "사람의 목을 그렸다"라고 했고, 곽말약은 높은 곳에 선 사람을 그렸다고 했지만, 차꼬^(죄수의 발에 채우던 형구)를 찬 사람의 모습이라는 설이 원래의 자형에 근접해 보인다. 그래서 亢은 죄수가 차꼬를 찬 채 형벌을 당당하게 견뎌내듯, 버티다, 저항하다, 맞서다 등의 의미가 있다.

字形 甲骨文 金文 簡牘文 亢 說文小篆 說文或體

抗(막을 항): kàng, 手-4, 7, 40

字解 형성. 手^(손 수)가 의미부고 亢^(목 항)이 소리부로, 손^(手)으로 버텨^(亢) 내다는 뜻이며, 이

로부터 항거하다, 대적하다, 거절하다 등의 뜻이 나왔다.

字形 抗 說文小篆

航(배 항): háng, 舟-4, 10, 42

字解 형성. 舟^(배 주)가 의미부고 亢^(목 항)이 소리부로, 원래 물의 부력을 견딜^(亢) 수 있도록 배^(舟)를 나란히 잇대어 만든 다리 즉 浮橋^(부교)를 말했다. 이로부터 물 위를 건너다, 항해하다는 뜻이 있게 되었다.

杭(건널 항): kàng, háng, 木-4, 8

字解 형성. 木^(나무 목)이 의미부고 亢^(목 항)이 소리부로, 물의 부력을 견딜 수 있도록^(亢) 나무^(木)를 잇대어 만든 다리로부터 '건너다'는 의미를 그렸다. 『설문해자』에서는 抗^(막을 항)의 이체자라고 했다.

字形 杭 說文小篆 說文或體

伉(짝 항): kàng, 人-4, 6

字解 형성. 人^(사람 인)이 의미부고 亢^(목 항)이 소리부로, 서로 맞서^(亢) 짝이 되는 사람^(人)을 말한다.

字形 伉 說文小篆

沆(넓을 항): hàng, 水-4, 7, 12

字解 형성. 水^(물 수)가 의미부고 亢^(목 항)이 소리부로, 물^(水)이 광활하고 끝이 없는 모양을 말한다. 물^(水) '넓을수록' 부력을 많이 받을^(亢) 수 있다는 의미를 담았으며, 이로부터 큰 나루터, 큰 못, 넓게 퍼진 안개 등을 뜻하게 되었다.

字形 🏛 說文小篆

해

海(바다 해): [㲉], hǎi, 水-7, 10, 70

字解 형성. 水^(물 수)가 의미부고 每^(매양 매)가 소리부로, 모든 하천이 흘러들어 가는 곳인 '바다'를 말하는데, 물^(水)에게서 어머니^(每) 같은 존재가 '바다'임을 그렸다. 이후 바다처럼 큰 호수나 못, 혹은 수많은 사람이나 사물, 사방 주위, 온 사람에게 알리는 광고 등을 지칭하기도 했다. 달리 상하구조로 된 㲉로 쓰기도 한다.

字形 🏛🏛🏛金文 🏛🏛🏛🏛🏛簡牘文 🏛 說文小篆

亥(돼지 해): hài, 亠-4, 6, 30

字解 상형. 이의 갑골문 자형에 대해서는 의견이 분분하지만, 머리와 발이 잘린 제사에 쓸 돼지라는 설이 유력하며, 이후 간지자로 쓰이면서 원래의 뜻을 상실했다. 간지자의 마지막 순서에 해당하기에 밤 9시-11시 사이의 시간대를 지칭하며, 완성의 의미도 가지게 되었다.

字形 🏛🏛🏛🏛甲骨文 🏛🏛🏛🏛 🏛🏛古陶文 🏛 🏛🏛🏛 🏛🏛🏛🏛🏛🏛🏛簡牘文 🏛 古璽文 🏛 說文小篆 🏛 說文古文

該(그 해): 该, gāi, 言-6, 13, 30

字解 형성. 言^(말씀 언)이 의미부고 亥^(돼지 해)가 소리부로, 군대 안에서의 언약^(言)을 말했는데, 이후 '그'라는 대명사와 '반드시'라는 부사로 가차되었다.

字形 🏛 說文小篆

咳(어린아이 웃을 해): [㰤], hái, ké, 口-6, 9, 10

字解 형성. 口^(입 구)가 의미부고 亥^(돼지 해)가 소리부로, 어린 아이가 웃는 소리^(口)를 말했는데, 의미를 더 강조하기 위해 口 대신 子^(아들 자)를 더한 孩^(어린아이 해)를 만들었다. ☞ 孩^(어린아이 해)

字形 🏛 說文小篆

駭(놀랄 해): 骇, hài, 馬-6, 16, 10

　字解 형성. 馬^(말 마)가 의미부고 亥^(돼지 해)가 소리부로, 말^(馬)이 기침을 해대며^(亥, 咳와 통함) 놀람을 말했는데, 이후 놀라다는 일반적인 의미로 변했다.

　字形 𩣛 說文小篆

垓(지경 해): gāi, 土-6, 9

　字解 형성. 土^(흙 토)가 의미부고 亥^(돼지 해)가 소리부로, 온 천하의 8極^(극)과 9州^(주)의 땅^(土)을 다 갖추다^(亥)는 뜻이며, 이로부터 대단히 큰 숫자인 '해(億^(억)의 10배가 兆^(조)이고, 조의 10배가 京^(경)이며, 경의 10배가 垓이다)를 가리키는 단위로도 쓰였다.

　字形 垓 說文小篆

孩(어린아이 해): hái, 子-6, 9

　字解 형성. 子^(아들 자)가 의미부고 亥^(돼지 해)가 소리부로, 원래는 아이의 웃음소리를 말해 咳^(어린아이 웃을 해)의 이체자였는데, '아이'라는 뜻으로 의미가 확장되었다. 아마도 어린아이의 해맑은 웃음소리가 아이의 특징으로 인식되었기 때문일 것이다. 이후 '자녀'라는 뜻도 갖게 되었다.

　字形 㔣 說文小篆 𡢴 說文古文

骸(뼈 해): hái, 骨-6, 16, 10

　字解 형성. 骨^(뼈 골)이 의미부고 亥^(돼지 해)가 소리부로, '뼈'를 말하는데, 살을 발라낸^(亥) 앙상한 뼈^(骨)라는 뜻을 담았으며, 이로부터 해골, 잔해 등의 뜻이 나왔다.

　字形 骹 說文小篆

奚(어찌·여자 종 해): xī, 大-7, 10, 30

　字解 회의. 爪^(손톱 조)와 幺^(작을 요)와 大^(큰 대)로 구성되어, 사람^(大)을 줄^(幺)로 묶어 손^(爪)으로 끌며 일을 시키는 '여자 노예'를 그렸다. 이후 '어찌'라는 의문사로 가차되면서 본래의 뜻은 상실했다.

　字形 𡚉 𡚉 𡚉 甲骨文 𡚉 𡚉 𡚉 金文 簡牘文 奚 說文小篆

害(해칠 해): hài, 宀-7, 10, 52

　字解 회의. 자형에 대해 의견이 분분하다. 금문에 근거해 口^(입 구)가 의미부고 余^(나 여)가 소리부로 보아, 口는 기물의 아가리를 말한다고 하였고, 혹자는 끈으로 동여매어 놓은 거푸집을 그렸고 아래의 口는 청동 녹인 물을 부어 넣을 수 있는 입구^(口)를 말한다고 보기도 한다. 하지만 割^(나눌 할) 등과 연계해 볼 때 청동 기물을 만드는 거푸집을 그린 것으로 보이며, 청동 물이 굳고 나면 겉을 묶었던 끈을 칼로 잘라야 하는데, 여기에서 '칼로 자르다'의 뜻이 나온 것으로 추정된다. 이후 칼에 의한 상처를, 다시 '해치다', 해를 끼치다, 해를 입다 등의 뜻으로 쓰이게 되었고, 損害^(손해), 災害

^(재해), 질병, 심리적으로 느끼는 좋지 않은 감정 등의 의미까지 나왔다. ☞ 割^(나눌 할)

다, 解剖^(해부)하다, 분할하다, 풀이하다, 이해하다 등의 뜻이 나왔다. 또 옛날 하급기관이 상급기관에 보내던 보고서를 말하며, 이로부터 압송하다의 뜻이 나왔고, 저당을 잡히다는 뜻도 가진다.

字形 ⟨金文⟩ ⟨簡牘文⟩ ⟨說文小篆⟩

字形 ⟨甲骨文⟩ ⟨金文⟩ ⟨古陶文⟩ ⟨簡牘文⟩ ⟨古璽文⟩ ⟨說文小篆⟩

瀣(이슬 기운 해): xiè, 水-16, 19

字解 형성. 水^(물 수)가 의미부고 瀣^(과감할 해)가 소리부로, 밤 동안에 생기는 물기^(水)를 말한다.

字形 ⟨說文新附字⟩

蟹(게 해): [蠏], xiè, 虫-13, 19

字解 형성. 虫^(벌레 충)이 의미부고 解^(풀 해)가 소리부로, 갑각류 절지동물^(虫)인 '게'를 말하는데, 살을 파먹으려면 모든 뼈를 해체해야^(解) 하는 해산물^(虫)이라는 뜻을 반영했다. 『설문해자』에서는 좌우구조로 썼고, 혹체에서는 虫 대신 魚^(물고기 어)가 들어갔다.

字形 ⟨說文小篆⟩ ⟨說文或體⟩

醢(육장 해): [醓], hǎi, 酉-10, 17

字解 회의. 간독문자에서는 酉^(닭 유)와 有^(있을 유)로 구성되어, 고기를 손에 들고^(有) 담가 발효시키는^(酉) 모습을 형상화했고, 소전체에서는 다시 皿^(그릇 명)을 더해 그릇에 담그는 모습을 강조했다. 이로부터 고기를 잘게 썰어 발효시킨 '육장'을 뜻하게 되었으며, 살점을 잘라내어 젓갈로 담그는 고대의 형벌 중의 하나를 지칭하기도 했다.

字形 ⟨簡牘文⟩ ⟨說文小篆⟩ ⟨說文籀文⟩

邂(만날 해): xiè, 辵-13, 17, 10

字解 형성. 辵^(쉬엄쉬엄 갈 착)이 의미부고 解^(풀 해)가 소리부로, 邂逅^(해후)에서처럼 길을 가다가^(辵) 뜻밖에 '만나는 것'을 말한다.

解(풀 해): jiě, 角-6, 13, 42

字解 회의. 角^(뿔 각)과 刀^(칼 도)와 牛^(소 우)로 구성되어, 소^(牛)의 뿔^(角)을 뽑고 칼^(刀)로 해체하는 모습을 그렸고, 이로부터 解體^(해체)하

懈(게으를 해): xiè, 心-13, 16, 10

字解 형성. 心^(마음 심)이 의미부고 解^(풀 해)가 소리부로, 게으르다는 뜻인데, 마음^(心)이 풀어져^(解) 해이함을 말한다. 이로부터 나태하다, 피곤하다, 풀어지다의 뜻도 나왔다.

字形 <金文> <說文小篆>

楷(나무이름 해): jiē, 木-9, 13, 10

字解 형성. 木^(나무 목)이 의미부고 皆^(다 개)가 소리부로, 楷木^(자공이 공자 무덤에 심었다는 나무로 黃連木을 말한다)을 말한다. 이후 강직함의 상징이 되었고, 이로부터 모범, 법식, 규범, 단정함 등의 뜻이 나왔다.

字形 <說文小篆>

諧(화합할 해): 谐, xié, 言-9, 16, 10

字解 형성. 言^(말씀 언)이 의미부고 皆^(다 개)가 소리부로, 말^(言)이 잘 어우러져^(皆) 화합함을 말하며, 이로부터 和諧^(화해), 골계 등의 뜻이 나왔다. ☞ 皆^(다 개)

字形 <金文> <說文小篆>

偕(함께 해): xié, 人-9, 11, 10

字解 형성. 人^(사람 인)이 의미부고 皆^(다 개)가 소리부로, 사람^(人)이 함께 하는^(皆) 것을 말하며, 이로부터 함께 하다의 뜻이 나왔다. ☞ 皆^(다 개)

字形 <簡牘文> <說文小篆>

핵

劾(캐물을 핵): hé, 力-6, 8, 10

字解 형성. 亥^(돼지 해)가 의미부고 力^(힘 력)이 소리부로, 彈劾^(탄핵)하다는 뜻인데, 잘라내듯^(亥) 힘껏^(力) 캐묻다는 뜻이다. 亥의 갑골문 자형에 대해서도 의견이 분분하지만, 머리와 발이 잘린 돼지라는 설이 유력하며, 제사에 쓰일 희생물로서의 돼지를 말한 것으로 보이며, 力은 쟁기를 그려 힘을 쓰다는 의미를 그렸다.

字形 <簡牘文> <說文小篆>

核(씨 핵): [覈], hé, 木-6, 10, 40

字解 형성. 木^(나무 목)이 의미부고 亥^(돼지 해)가 소리부로, '씨'를 말하는데, 『설문해자』에서는 나무^(木)의 이름이며 이민족들은 이 나무의 껍질로 상자를 만든다고 했다. 단옥재의 『설문해자주』에서도 이미 '과실의 씨'라는 의미로만 쓰이고 원래 뜻은 상실했다고 했다.

字形 <說文小篆>

覈(핵실할 핵): hé, 襾-14, 19

字解 형성. 襾^(덮을 아)가 의미부이고 敫^(노래할 교)가 소리부이다. 『설문해자』의 해설처럼, '핵실하다^(實)'라는 뜻이다. 사건의 실상을 조사할 때는 여러 번 반복해야 하며^(襾), 때로는 핍박하기도 하며^(攴) 때로는 믿음을 줄 방법을 만들기도 하며^(敫) 때로는 은폐할 생각을 없애기도 해야만^(遷), 그 송사가 사실 그대로 밝혀지게 되는데, 이를 핵^(覈)이라 한다. 覈實^(핵실) 즉 사실을 조사하여 밝히다가 원래 뜻이며, 이로부터 엄격하다는 뜻도 나왔다. 그래서 査覈^(사핵)은 실정을 자세히 조사하여 밝히다는 뜻이다.

字形 覈 說文小篆

행

行(갈 행•항렬 항): xíng, háng, 行-0, 6, 60

字解 상형. 사거리를 그렸고, 길은 여러 사람이 모이고 오가는 곳이기에 '가다', 운행하다, 떠나다, 실행하다, 가능하다, 행위, 품행 등의 뜻이 생겼다. 사람들로 붐비는 길은 갖가지 물건을 사고팔며 새로운 정보를 주고받는, 교류와 소통의 장이기도 하다. 또 길을 함께 가는 것은 뜻을 같이하거나 또래들의 일이기에, 行에 '줄'이나 '行列^(항렬)', 순서, 대오 등의 뜻이 나왔는데, 이때는 '항'으로 구분해 읽는다. 그래서 行은 '길'이나 사람이 붐비는 '사거리', '가다'는 뜻이 있으며, 한길은 갖가지 물건을 사고팔

며 재주를 뽐내는 장소를 뜻하기도 하여 교역장소, 직업 등의 뜻도 나왔다.

字形 甲骨文 金文 古陶文 盟書 簡牘文 帛書 說文小篆

荇(마름 행): [莕], xìng, 艸-6, 10

字解 형성. 艸^(풀 초)가 의미부고 行^(갈 행)이 소리부로, 식물^(艸)의 일종인 '마름'을 말하는데, 물 위를 떠다니는^(行) 풀^(艸)이라는 의미를 담았다. 『설문해자』에서는 艸가 의미부고 杏^(살구나무 행)이 소리부인 莕^(마름 풀 행)으로 썼다.

字形 簡牘文 古璽文 說文小篆 說文或體

幸(다행 행): xìng, 干-5, 8, 60

字解 회의. 소전체에서 屰^(거스를 역)과 夭^(어릴 요)로 구성되었는데 자형이 조금 변해 지금처럼 되었다. 屰은 거꾸로 선 사람을 그렸고 이로부터 '거꾸로'라는 뜻이 나왔다. 그래서 幸은 불행의 상징인 요절과 반대되는^(屰) 의미로부터 '다행'이라는 뜻을 그려냈다. 이로부터 뜻밖의 행운이나 화를 면하다는 뜻에서 多幸^(다행)과 幸福^(행복), 총애, 희망 등의 뜻이 나왔다. 현대 중국에서는 倖^(요행 행)의 간화자로도 쓰인다.

甲骨文 簡牘文 古

石刻文 古璽文 說文小篆

倖(요행 행): 幸, xìng, 人-8, 10

字解 형성. 人^(사람 인)이 의미부고 幸^(다행 행)이 소리부로, 행운^(幸)을 가진 사람^(人)을 말했고, 이후 '요행'이라는 뜻이 나왔다. 간화자에서는 幸^(다행 행)에 통합되었다. ☞ 幸^(다행 행)

杏(살구나무 행): xìng, 木-3, 7, 12

字解 회의. 木^(나무 목)과 口^(입 구)로 구성되어, 살구나무^(木)나 그 열매인 살구를 말하는데, 입^(口)에 침을 흐르게 하는 과실임을 그렸다. 이후 살구를 닮은 은색 열매라는 뜻에서 銀杏^(은행)도 지칭하게 되었다.

字形 古陶文 說文小篆

향

享(드릴 향): [亯], xiǎng, 亠-6, 8, 30

字解 형성. 子^(아들 자)가 의미부고 亯^(누릴 향)의 생략된 부분이 소리부로, 종묘^(亯)에서 자손들^(子)이 제사를 드리는 모습을 그렸고, 이로부터 제사를 드리다, 누리다의 뜻이 나왔다. 원래는 亯으로 써, 제사를 드리는

종묘를 그린 상형자였으나 子를 더해 지금의 자형이 되었다. 자손들^(子)이 종묘^(亯) 등에서 제사를 지내고 신에게 제물을 바친다는 뜻에서 '드리다'의 뜻이, 제사를 받는 조상신의 처지에서 '누리다'의 뜻이 나왔다. ☞ 亨^(형통할 형)

字形 甲骨文 金文 古陶文 帛書 簡 牘文 石刻古文 說文小篆

鄕(시골 향): 乡, xiāng, 邑-10, 13, 42

字解 회의. 식기를 가운데 두고 손님과 주인이 마주 앉은 모습을 그렸다. 손님에게 식사를 대접하다는 뜻이며, 饗^(잔치할 향)의 원래 글자이다. 이후 함께 모여 식사를 함께하는 씨족집단이라는 의미에서 '시골'이나 '고향'을 뜻하게 되었고 말단 행정단위까지 지칭하게 되었다. 그러자 원래 뜻은 食^(밥 식)을 더한 饗으로 분화했다. 『설문해자』에서는 𨞯으로 썼고, 간화자에서는 乡으로 줄여 쓴다. ☞ 卽^(곧 즉)

字形 甲骨文 古陶文 簡 牘文 說文小篆

響(울림 향): 响, xiǎng, 音-8, 22, 32

字解 형성. 音^(소리 음)이 의미부고 鄉^(시골 향)이 소리부로, 식사 대접^(鄉)이나 잔치 때 연주하는 음악^(音)으로부터 음악을 울리다의 뜻이, 다시 音響^(음향)에서처럼 음악 소리의 뜻이 나왔고 소리가 나다, 소리가 크다는 뜻도 있게 되었다. 간화자에서는 鄉을 向^(향할 향)으로 줄여 响으로 쓴다. ☞ 鄉^(시골 향)

字形 [說文小篆]

嚮(향할 향): 向, [曏, 䜩], xiàng, 口-16, 19, 10

字解 형성. 向^(향할 향)이 의미부고 鄉^(시골 향)이 소리부로, 어떤 방향을 향해^(向) 나아가다는 뜻이며, 이로부터 취향, 방향, 영합하다 등의 뜻이 나왔다. 또 饗^(잔치할 향)과 같이 쓰여 대접하다, 향유하다의 뜻도 가진다. 간화자에서는 向에 통합되었다. ☞ 向^(향할 향)

饗(잔치할 향): 飨, xiǎng, 食-13, 22, 10

字解 형성. 食^(밥 식)이 의미부고 鄉^(시골 향)이 소리부로, 음식^(食)을 가운데 두고 손님과 마주 앉은 모습^(鄉)에 다시 食이 더해져 잔치를 베풀어 음식을 드리는 것을 그렸다. 간화자에서는 鄉을 乡으로 줄이고 좌우구조로 바꾸어 飨으로 쓴다.

字形 [甲骨文] [金文] [簡牘文] [說文小篆]

香(향기 향): xiāng, 香-0, 9, 42

字解 회의. 禾^(벼 화)와 日^(가로 왈)로 구성되어, 햅쌀로 갓 지은 향기로운 밥이 입으로 들어가는 모습을 형상화했다. 갑골문에서는 용기에 담긴 곡식^(禾)의 모습을 그렸는데, 윗부분은 곡식을 아랫부분은 그릇이고, 점은 곡식의 낱알을 상징한다. 이후 소전체에 들면서 윗부분은 黍^(기장 서)로 아랫부분은 甘^(달 감)으로 변해, 이러한 곡식이 어떤 곡식인지를 더욱 구체적으로 표현했고, 향기로움을 단맛 나는 모습으로 변화시켰다. 예서에 들어서는 윗부분이 이미 가장 대표적 곡식으로 자리 잡은 벼^(禾)로, 아랫부분은 입에 무엇인가 든 모습^(日)으로 변했다. 그래서 香의 원래 뜻은 새로 수확한 곡식으로 갓 지어낸 밥의 '향기'이다. 이후 향기로운 모든 것을 지칭하게 되었고, 향기로움으로부터 향기, 향료, '훌륭하다', 맛이 좋다. 편안하다, 인기가 있다는 뜻까지 갖게 되었다. 香이 조상신에게 새로 수확한 곡식으로 밥을 지어 추수에 대한 감사를 표하기 위한 제례의 모습을 그린 때문인지, '향은 신에 대한 경의와 정화를 상징하며, 인간과 신이 대화할 때 신의 '분신'을 전해주는 매체로 기능하기도 한다. 그래서 香이 든 한자들은 모두 '향과 관련된 뜻을 가진다.

字形 [說文小篆]

向(향할 향): xiàng, 口-3, 6, 60

字解 회의. 갑골문에서부터 宀(집 면)과 口(입 구)로 구성되어, 집(宀)에 낸 창문(口)의 모습을 그렸다. 이로부터 창을 낸 방향이라는 의미가 나왔고, 다시 '향하다'의 뜻이 나왔는데, 자형이 조금 변해 지금처럼 되었다. 이후 方向(방향), 목표, 추세, 가깝다, 이전, '이전부터 지금까지 줄곧' 등의 뜻이 나왔다. 현대 중국에서는 嚮(향할 향)의 간화자로도 쓰인다. ☞ 嚮(향할 향)

字形 甲骨文 金文 古陶文 盟書 簡牘文 古璽文 說文小篆

珦(옥 이름 향): xiàng, 玉-6, 10

字解 형성. 玉(옥 옥)이 의미부고 向(향할 향)이 소리부로, 옥(玉)의 이름이며, 조선의 제5대 임금인 문종의 이름으로도 쓰였다.

字形 說文小篆

餉(건량 향): 饷, [饟], xiǎng, 食-6, 15

字解 형성. 食(밥 식)이 의미부고 向(향할 향)이 소리부로, 어떤 곳을 향해(向) 먹을 것(食)을 보내다는 뜻이다. 이로부터 보내다, 밥을 먹이다, 밥을 먹이는 사람 등의 뜻이 나왔다.

字形 說文小篆

허

許(허락할 허): 许, xǔ, 言-4, 11, 50

字解 형성. 言(말씀 언)이 의미부고 午(일곱째 지지 오)가 소리부로, 말(言)을 들어줌을 말했고, 여기서 허락하다의 뜻이 나왔다. 이후 믿다, 존경하다, 기대하다의 뜻이 나왔고, 다시 기대하는 숫자라는 뜻에서 대략의 숫자의 뜻이 나왔고, 다시 許多(허다)에서처럼 많은 숫자를 뜻하게 되었다.

字形 金文 古陶文 簡牘文 說文小篆

虛(빌 허): 虚, [虗], xū, 虍-6, 12, 42

字解 형성. 소전체에서 의미부인 丘(언덕 구)와 소리부인 虍(호피 무늬 호, 虎의 생략된 모습)로 이루어졌는데, 자형이 조금 변해 지금처럼 되었다. 丘는 갑골문에서 언덕과 언덕 사이의 움푹 들어간 丘陵地(구릉지)를 그려 커다란 언덕을 뜻했으며, 虎(범 호)는 입을 크게 벌리고 울부짖는 호랑이의 모습을 그린 상형자이다. 황토 평원 지역에서 언덕은 동굴 집을 짓기에 대단히 편리한 곳이었으며, 많은 사람이 거기에다 집을 지어 살았다. 『설문해자』에서 "옛날 아홉 집마다 우물 하나를 파고, 우물 네 개마다 邑(읍)을 세웠다. 네 邑이 하나의 丘를 이루었으며, 丘는 달리 虛라고도 했다."라고 한 것으로 보아 虛는 대단히 큰 거주 단위였음을 알 수 있다. 아울러 丘나 虛는 원래 같은 글

자였으나 이후 丘는 언덕의 의미로만 쓰이고, 소리부인 虍가 더해진 虛는 '비다'는 뜻으로 쓰이게 되었음도 추정할 수 있다. 그래서 虛는 '커다란 언덕'이 원래 뜻이다. 이후 그곳에 많은 사람이 굴을 뚫어 동굴집을 만들어 살았으므로, 空虛^(공허)와 같이 '비다'는 뜻이 나왔고, 다시 盈虛^(영허·차고 이지러짐)처럼 '차지 않다'나 虛僞^(허위)와 같이 '거짓' 등의 뜻까지 생겼다. 그러자 원래의 뜻을 나타낼 때에는 土^(흙 토)를 더한 墟^(폐허 허)를 사용하였다. 간화자에서는 虚로 쓴다.

字形 [古陶文·簡牘文·說文小篆 자형들]

墟(언덕 허): 墟, xū, 土-12, 15, 10

字解 형성. 土^(흙 토)가 의미부고 虛^(빌 허)가 소리부로, 동굴 집처럼 빈^(虛) 공간을 만들 수 있는 흙^(土) 언덕을 말하며, 이로부터 사람이 모여 살던 곳이라는 뜻도 나왔다. 간화자에서는 虛를 虚로 줄여 墟로 쓴다.

噓(불 허): xū, 口-11, 14, 10

字解 형성. 口^(입 구)가 의미부고 虛^(빌 허)가 소리부로, 허공^(虛)을 향해 천천히 숨을 내 뿜는^(口) 것을 말하며, 이로부터 '토하다'의 뜻이, 다시 '불다'의 뜻이 나왔다.

字形 [說文小篆]

헌

獻(바칠 헌): 献, xiàn, 犬-16, 20, 32

字解 회의. 원래 鬲^(솥 력·막을 격)과 犬^(개 견)으로 구성되어, 제사에 '바칠' 개고기^(犬)를 솥^(鬲)에 삶는 모습을 그렸는데, 금문에 들면서 소리부인 虍^(호랑이 호)가 더해져 獻이 되었다. 바치다, 봉헌하다가 원래 뜻이며, 제수품이라는 뜻도 나왔다. 간화자에서는 鬳^(솥 권)을 南^(남녘 남)으로 줄여 献으로 쓴다.

字形 [甲骨文·金文·盟書·簡牘文·說文小篆 자형들]

軒(초헌 헌): 轩, xuān, 車-3, 10, 30

字解 형성. 車^(수레 거·차)가 의미부고 干^(방패 간)이 소리부로, 옛날 대부 이상이 타던 높고 큰^(干) 수레^(車)를 말했으며, 아름답게 치장한 수레를, 나아가 높은 집 등을 뜻하게 되었다. 간화자에서는 車를 车로 줄여 轩으로 쓴다.

字形 [古陶文·說文小篆]

憲(법 헌): 宪, [憲], xiàn, 心-12, 16, 40

字解 회의. 금문에서 선명한 모습의 눈^(目·목)과 눈 위로는 투구 같은 모양이 그려졌고 아랫부분은 心^(마음 심)이다. 心은 경우에 따라서는 더해지지 않은 때도 있어 자형을 구성하는 결정적인 요소는 아닌 것으로 보인다. 『설문해자』에서는 憲을 두고 "穎敏^(영민)함을 뜻하며 心과 目이 의미부고 害의 생략된 모습이 소리부이다"라고 했지만 그다지 설득력이 있어 보이지는 않는다. 금문의 자형에 근거한다면 쓴 冠^(관)에 장식물이 늘어져 눈을 덮은 모습이 憲이며, 이 때문에 화려한 장식을 단 冕旒冠^(면류관)이 원래 뜻이고, 이로부터 '덮다'나 '드리우다'는 뜻이 생긴 것으로 추정할 수 있다. 憲은 이후 온 세상을 덮는다는 뜻에서 어떤 중요한 법령을 公表^(공표)하다는 뜻도 생겼다. 그리고 憲에 心이 더해진 것은 세상 사람들이 마음으로 복종할 수 있는 그러한 법령이어야 한다는 뜻에서였을 것이다. 이후 떠나다, 법령, 헌법 등의 뜻이 나왔다. 간화자에서는 宀^(집 면)이 의미부고 先^(먼저 선)이 소리부인 宪으로 쓴다.

字形 [金文] [甲骨文] [說文小篆]

櫶(나무 이름 헌): xiàn, 木-16, 20

字解 형성. 木^(나무 목)이 의미부고 憲^(법 헌)이 소리부로, 나무^(木) 이름으로, 상록교목인 蜆木^(현목)을 말한다. 목질이 단단하고 치밀해 주로 건축용 자재나 기계의 제작에 쓰인다.

헐

歇(쉴 헐): xiē, 欠-9, 13, 10

字解 형성. 欠^(하품 흠)이 의미부고 曷^(어찌 갈)이 소리부로, 입을 크게 벌리고^(曷) 숨을 가다듬으며^(欠) 쉬는 것을 말하며, 이로부터 잠자다, 짧은 시간, 잠시 등의 뜻도 나왔다. ☞ 曷^(어찌 갈)

字形 [古璽文] [說文小篆]

험

驗(증험할 험): 验, yàn, 馬-13, 23, 42

字解 형성. 馬^(말 마)가 의미부고 僉^(다 첨)이 소리부로, 말^(馬)의 이름을 말했는데, 이후 效驗^(효험)이나 經驗^(경험), 효과 등의 뜻으로 가차되었다. 간화자에서는 僉을 佥으로 줄여 验으로 쓴다.

字形 [說文小篆]

險(험할 험): 险, xiǎn, 阜-13, 16, 40

字解 형성. 阜^(언덕 부)가 의미부고 僉^(다 첨)이 소리부로, '험한' 언덕^(阜)을 말하며, 이로부터 험준하다, 어렵다, 危險^(위험)하다 등의 뜻이 나왔다. 간화자에서는 僉을 佥으로 줄여 险으로 쓴다.

字形 𨼚 說文小篆

혁

革(가죽 혁): gé, 革-0, 9, 40

字解 상형. 벗겨 내 말리는 짐승의 가죽의 모습을 그렸다. 가죽은 털을 제거하고 무두질을 거쳐야 새로운 제품이 만들어진다. 그래서 革에는 革職^(혁직)처럼 '제거하다'의 뜻이, 또 가공해 다른 제품을 만든다는 의미에서 變革^(변혁)이나 革命^(혁명)처럼 '바꾸다'의 뜻이, 다시 皮革^(피혁)처럼 '가죽제품' 등의 뜻이 있게 되었다. 革으로 구성된 글자들을 보면 먼저, 가죽은 질김과 구속의 상징이었다. 또 가죽 제품을 지칭하는데, 특히 북방에서는 말이 주요한 운송과 수송 수단이었던지라, 말에 쓰는 제품에 관련된 것이 많다.

字形 𩍝 𩍝金文 𩌷 革 革簡牘文 革石刻古文 革說文小篆 革說文古文

奕(클 혁): yì, 大-6, 9

字解 형성. 大^(큰 대)가 의미부고 亦^(또 역)이 소리부로, 대단히 크다^(大)는 뜻을 그렸고, 이후 奕奕^(혁혁)에서처럼 '뛰어나다'는 뜻이 나왔다.

字形 𡘋 說文小篆

赫(붉을 혁): hè, 赤-7, 14, 12

字解 회의. 두 개의 赤^(붉을 적)으로 구성되어, 큰 불꽃^(赤)에서 나는 강한 붉은빛을 말하며, 그의 색깔인 붉은색을 뜻한다. 이후 의미를 강화하기 위해 火^(불 화)를 다시 더하여 爀^(붉을 혁)을 만들었다. ☞ 赤^(붉을 적)

字形 赫 說文小篆

爀(붉을 혁): hè, 火-14, 17, 12

字解 형성. 火^(불 화)가 의미부고 赫^(붉을 혁)이 소리부로, 불^(火)의 붉은색^(赫)을 말하며, 赫에서 火를 더해 분화한 글자이다. ☞ 赤^(붉을 적)

虩(두려워하는 모양 혁): xì, 虍-12, 18

字解 虎^(범 호)가 의미부이고 𡿺^(담 틈 극)이 소리부이다. 『역·리괘^(履卦)』에서 "호랑이의 꼬리를 밟았으니, 두려움에 벌벌 떠는구나^(履虎尾虩虩)"라고 한 것처럼 '두려워하는 모양^(恐懼)'을 말한다. 범이 놀란 모양에서 두려워하다, 벌벌 떨다의 뜻이 나왔다. 일설에는 '蠅虎^(승호)', 즉 '파리잡이거미'를 말한다고도

한다. 蠅虎는 蠅狐^(승호)라고도 부르는데 회백색의 거미를 말하며 파리를 잘 잡아 이렇게 이름이 붙여졌다. 달리 蠅蝗^(승황), 蠅豹^(승표)라고도 부른다.

𧍙 說文小篆

衋(애통해할 혁): hé, 血-19, 24

字解 형성. 血^(피 혈)과 聿^(붓 율)이 의미부이고, 皕^(이백 벽)이 소리부이다. 『설문해자』의 해설처럼, '슬퍼 애통해하다^(傷痛)'라는 뜻이다. 『상서·주서·주고^(酒誥)』에서 "백성들 중 슬퍼 애통해 하지 않는 자가 없었다^(民罔不盡傷心)"라고 했다.

字形 衋 說文小篆

현

絢(무늬 현): 绚, xuàn, 糸-6, 12, 10

字解 형성. 糸^(가는 실 멱)이 의미부고 旬^(열흘 순)이 소리부로, 비단^(糸)의 무늬가 다채롭고 화려한 모습을 말한다. 이로부터 찬란하게 비추다, 눈을 현혹시키다의 뜻이 나왔다.

字形 絢 說文小篆

賢(어질 현): 贤, [賢], xián, 貝-8, 15, 42

字解 형성. 貝^(조개 패)가 의미부고 臤^(굳을 간·현)이

소리부로, 노비를 잘 관리하고^(臤) 재산^(貝)을 잘 지키는 재능이 많은 사람을 말했으며, 이후 재산이 많다, 총명하다, 재주가 많다, 현명하다, 현자 등을 뜻하게 되었다. 또 또래나 후배를 높일 때도 쓴다. 속자에서는 달리 윗부분을 臣^(신하 신)과 忠^(충성 충)으로 바꾸어 賢으로 쓰기도 하는데, 忠臣이 바로 '어진 사람'임을 강조했다. 간화자에서는 臤을 간단하게 줄여 贤으로 쓴다.

字形 𦥔 𦥑 臤 賢 𦥑 陷金文 賢簡牘文 賢古璽文 𦥑石刻古文 賢說文小篆

玄(검을 현): xuán, 玄-0, 5, 32

字解 상형. 『설문해자』에서는 '아직 덜 자란 아이'라고 풀이했지만, 자형과 그다지 맞아 보이지 않으며, 오히려 玄^(검을 현)이 실타래를 그린 幺^(작을 요)의 변형으로 보는 것이 더 합당해 보인다. 즉 幺는 糸^(가는 실 멱)의 아랫부분을 줄인 형태이고, 糸은 絲^(실 사)의 반쪽이다. 다시 말해 絲를 절반으로 줄인 것이 糸이요, 糸을 절반으로 줄인 것이 幺이며, 이로부터 幺에 '작다'는 뜻이 나온 것으로 풀이할 수 있다. 검붉은 색으로 염색한 실타래를 말했으며, 이로부터 검다는 뜻이, 속이 검어 깊이를 알 수 없다는 의미에서 깊다, '심오하다', 이해하기 어렵다는 뜻이, 다시 진실하지 않아 믿을 수 없다는 뜻도 나왔다.

字形 𢆶甲骨文 𢆨金文 玄玄簡牘文 玄石刻古文

說文小篆 說文古文

舷(뱃전 현): xián, 舟-5, 11

字解 형성. 舟^(배 주)가 의미부고 玄^(검을 현)이 소리부로, 배^(舟)나 비행기의 양쪽 가를 말하며, 배의 꼬리에서 보았을 때 오른쪽을 右舷^(우현), 왼쪽을 左舷^(좌현)이라 한다.

弦(시위 현): xián, 弓-5, 8, 20

字解 형성. 弓^(활 궁)이 의미부고 玄^(검을 현)이 소리부로, 실^(玄)이 활^(弓)에 매여진 것으로부터 '활의 시위'라는 뜻을 그렸으며, 이후 현악기의 줄이나 반월형을 지칭하기도 했다. 때로는 玄이 糸^(가는 실 멱)으로 대체되어, 絃^(악기 줄 현)으로 쓰기도 하는데 의미는 같다. 현대 중국에서는 絃의 간화자로도 쓰인다.

字形 簡牘文 說文小篆

衒(팔 현): [衒], xuàn, 行-5, 11, 10

字解 형성. 行^(갈 행)이 의미부고 玄^(검을 현)이 소리부로, 길^(行)에서 물건을 '파는' 행위를 말하는데, 玄은 달리 言^(말씀 언)으로 대체되어 衒으로 쓰기도 하는데, 이는 말^(言)로 자랑 삼아 남을 '현혹시킴'을 말한다.

字形 說文小篆 說文或體

炫(빛날 현): xuàn, 火-5, 9, 12

형성. 火^(불 화)가 의미부고 玄^(검을 현)이 소리부로, 불꽃^(火)이 빛나 눈이 아려 캄캄하게^(玄) 느껴지게 하다는 뜻이며, 자신을 뽐내다는 뜻도 나왔다.

字形 說文小篆

絃(악기 줄 현): 弦, xián, 糸-5, 11, 30

字解 형성. 糸^(가는 실 멱)이 의미부고 玄^(검을 현)이 소리부로, 악기의 줄을 말한다. 원래는 弦으로 써 실^(玄)이 활^(弓)에 매여진 것을 말했다. 간화자에서는 弦^(시위 현)에 통합되었다. ☞ 弦^(시위 현)

字形 說文小篆

眩(아찔할 현): xuàn, 目-5, 10, 10

字解 형성. 目^(눈 목)이 의미부고 玄^(검을 현)이 소리부로, 눈이 가물가물 하다는 뜻인데, 아찔하여 눈앞이 캄캄함을 그렸다. 이로부터 미혹시키다, 眩惑^(현혹)시키다, 눈을 어지럽게 하다 등의 뜻이 나왔다.

字形 說文小篆

泫(빛날 현): xuàn, 水-5, 8

字解 형성. 水^(물 수)가 의미부고 玄^(검을 현)이 소리부로, 물^(水)이 아래로 떨어지다는 뜻이며, 이로부터 눈물을 흘리다의 뜻이 나왔다. 다시 이슬을 뜻하게 되었고, 이슬방울이 수정체처럼 반짝이다는 뜻도 가진다.

鉉(솥귀 현): 铉, xuàn, 金-5, 13, 12

字解 형성. 金^(쇠 금)이 의미부고 玄^(검을 현)이 소리부로, 청동^(靑) 鼎^(정)의 귀를 말하며, 鼎의 발이 세 개이므로 해서 三公^(삼공)의 비유로도 쓰인다.

字形 說文小篆

玹(옥돌 현): xuàn, 玉-5, 9

字解 형성. 玉^(옥 옥)이 의미부고 玄^(검을 현)이 소리부로, 옥^(玉)에 버금가는 아름다운 돌을 말하며, 사람의 이름으로도 쓰인다.

見(나타날 현) ☞ 見(볼 견)

俔(염탐할 현): qiàn, xiàn, 人-7, 9

字解 형성. 人^(사람 인)이 의미부고 見^(볼 견)이 소리부로, 간첩을 말하는데, 염탐하는^(見) 사람^(人)이라는 뜻을 담았다.

字形 說文小篆

晛(햇살 현): xiàn, 日-7, 11

字解 형성. 日^(날 일)이 의미부고 見^(볼 견)이 소리부로, 햇살^(日)이 드러나^(見) '밝음'을 말한다.

峴(재 현): 岘, xiàn, 山-7, 10, 12

字解 형성. 山^(뫼 산)이 의미부고 見^(볼 견)이 소리부로, 원래는 호북성 襄陽^(양양)에 있는 산 이름을 말했는데, 이후 작고 험한 산을, 다시 산^(山)이 서로 마주 보이는^(見) 곳이라는 뜻에서 산의 '고개'를 뜻하게 되었다.

睍(불거진 눈 현): xiàn, 目-7, 12

字解 형성. 目^(눈 목)이 의미부고 見^(볼 견)이 소리부로, 불거진 눈을 말하는데, 눈^(目)이 바깥으로 드러났음^(見)을 말한다.

字形 說文小篆

現(나타날 현): 现, xiàn, 玉-7, 11, 60

字解 형성. 玉^(옥 옥)이 의미부고 見^(볼 견)이 소리부로, 玉의 무늬가 드러남^(見)을 말하며, 이로부터 드러나다, 나타나다의 뜻이 나왔다. 이후 눈앞에 드러난 실재^(現實·현실)를 뜻하게 되었고, 다시 現在^(현재), 실재적인 것, 당시 등의 뜻도 나왔다.

縣(매달 현): 县, [縣], xuán, xiàn, 糸-10,

16, 30

字解 형성. 系(이을 계)가 의미부고 県(거꾸로 매달 교, 首의 거꾸로 된 모습)가 소리부로, 머리를 거꾸로 (県) 실에 매단(系) 모습을 그렸다. 금문에서는 木(나무 목)이 더해져, 눈이 달린 '머리'를 줄로 나무 끝에 매달았음을 더욱 형상적으로 그려, '매달다'는 뜻을 그렸다. 이후 가차되어 행정 조직의 하나인 '현'으로 지칭하게 되었다. 그러자 원래 뜻은 다시 心(마음 심)을 더해 懸(매달 현)으로 분화했다. 간화자에서는 县으로 쓴다.

字形 金文 簡牘文 說文小篆

懸(매달 현): 悬, xuán, 心-16, 20, 32

字解 형성. 心(마음 심)이 의미부고 縣(매달 현)이 소리부로, 머리(首)를 자르고 심장(心)을 꺼내어 나무에 매달아 놓은 것으로부터 '매달다'는 뜻을 그렸다. 간화자에서는 縣을 县으로 줄여 悬으로 쓴다.

字形 金文 簡牘文 說文小篆

顯(나타날 현): 显, xiǎn, 頁-14, 23, 40

字解 형성. 頁(머리 혈)이 의미부고 㬎(드러날 현)이 소리부로, 머리(頁)를 드러내(㬎) 살피다는 뜻을 그렸다. 『설문해자』에서는 '머리의 장식물을 드러내다'는 뜻으로 해석했지만, 금문을 보면 햇볕(日·일)에 실(絲·사)을 말리면서 얼굴(頁)을 내밀어 살피는 모습을 그린 것이 분명해 보인다. 비단실은 가늘어서 햇빛 아래서 보면 잘 '드러나기'에 '드러내다', '밝다' 등의 뜻이 나왔다. 간화자에서는 显으로 줄여 쓴다.

字形 金文 盟書 簡牘文 說文小篆

虤(범 성낼 현): yán, 虍-10, 16

字解 회의. 두 개의 虎(범 호)로 구성되었다. 『설문해자』의 해설처럼, '호랑이가 성을 내다(虎怒)'라는 뜻이다.

字形 說文小篆

贙(나눌 현): xuàn, 貝-16, 23

字解 형성. 貝(조개 패)가 의미부이고 虤(범 성낼 현)이 소리부이다. 『설문해자』의 해설처럼, '나누다(分別)'라는 뜻이다. 호랑이 두 마리가 맞서 '조개'를 서로 빼앗는 모습을 그렸다. 이로부터 서로 다투어 나누다, 맞붙어 싸우다, 나누다, 나뉘다 등의 뜻이 나왔다. 짐승의 이름으로도 쓰인다.

字形 說文小篆

혈

孑(외로울 혈): jié, 子-0, 3

字解 상형. 子^(아들 자)에서 오른쪽 팔이 빠진 모습으로, 도움을 줄 수 없는 외로운 아이라는 의미를 그렸다.

字形 ♀ 說文小篆

穴(구멍 혈): [岤], xué, 穴-0, 5, 32

字解 상형. 입구 양쪽으로 받침목이 갖추어진 동굴 집을 그렸는데, 동굴 집은 지상 건축물이 만들어지기 전의 초기 거주형식이다. 특히 질 좋은 황토 지역에서 쉽게 만들 수 있었던 동굴 집은 온도나 습도까지 적당히 조절되는 훌륭한 거주지였다. 따라서 穴의 원래 뜻은 동굴 집이고, 여기서 '굴과 사람이 살 수 있는 '공간'의 뜻이 나왔고, 이후 인체나 땅의 '혈'까지 지칭하게 되었다. 달리 岤로 쓰기도 하는데, 동굴이 산^(山)에 만들어진 것임을 강조했다.

字形 內 簡牘文 ⋔ 說文小篆

頁(머리 혈): 页, xié, yè, 頁-0, 9

字解 상형. 갑골문에서 사람의 머리를 형상적으로 그렸는데, 위의 首^(머리 수)와 아래의 儿^(사람 인)으로 이루어졌다. 소전체에 들면서 首의 윗부분을 구성하는 머리칼이 없어지면서 지금의 모습이 되었다. 그래서 頁은

'머리'가 원래 뜻이며, 이후 '얼굴'이나 얼굴 부위의 명칭이나 이와 관련된 의미가 있다. 하지만, 頁이 책의 '쪽^(페이지)'이라는 뜻으로 가차되면서 豆^(콩 두)를 더한 頭^(머리 두)가 만들어졌는데, 豆는 굽이 높고 위가 둥그런 제사 그릇을 그려 사람의 머리를 연상하게 한다. 頁로 구성된 글자들을 보면 머리나 얼굴의 여러 부위를 나타내거나 머리와 관련된 속성을 말한다. 간화자에서는 页로 줄여 쓴다.

字形 🐦🐦🐦🐦 甲骨文 🐦 金文 🐦 簡牘文 🐦 說文小篆

血(피 혈): xuè, 血-0, 6, 42

字解 지사. 원래는 皿^(그릇 명)과 一^(한 일)로 구성되었는데, 一은 피를 상징하여, 그릇^(皿) 속에 담긴 피를 형상화했다. 이후 一이 丿^(삐침 별)로 변해 지금의 자형이 되었다. 『설문해자』의 해설처럼, '제사 때 신에게 바치는 쓰는 희생물의 피^(祭所薦牲血)'를 말한다. 갑골문에서는 이를 더욱 사실적으로 그려, 피가 둥근 원이나 세로획으로 표현되기도 했고, 소전체에 들면서 가로획으로, 해서체에서 삐침 획으로 변해 지금의 자형이 되었다. 『설문해자』에서 "血은 제사 때 바치는 희생의 피를 말하며, 가로획은 피를 그렸다."라고 했고, 조상신을 모실 宗廟^(종묘)가 만들어지면 "먼저 앞마당에서 희생을 죽이고, 그 피를 받아 집안에서 降神祭^(강신제)를 지내고, 그 후 곡을 연주하고, 시신을 들이고, 왕은 술을 올린다."라고 한 옛날 제도를 참조하면, 血은 이러한 제사 때

쓸 그릇에 담긴 '피'를 그렸다. 이후 제사
뿐 아니라 맹약에도 이런 절차를 거쳤는
데, 盟^(맹세할 맹)에 皿이 든 것은 바로 이
때문이다. 이후 血은 血淚^(혈루)에서처럼 '눈
물'을, 다시 血緣^(혈연)에서처럼 가까운 관계
를, 피처럼 붉은색 등을 뜻하게 되었다. 그
래서 血로 구성된 한자는 '피'와 관련되어
있지만, 그 기저에는 제사 때 쓸 희생의
피라는 의미가 들어 있다.

字形 ⚊甲骨文 ⚊金文 ⚊古陶文 ⚊⚊
簡牘文 ⚊ 說文小篆

夾(낄 협): 夹, jiā, 大-4, 7

字解 회의. 大^(큰 대)와 두 개의 人^(사람 인)으로 구
성되어, 양쪽으로 두 사람^(人)을 끼고 있는
사람의 모습^(大)을 그렸으며, 이로부터 끼
우다, 끼우는 기구, 보좌하다, 끼어들다 등
의 뜻도 나왔다. 이후 끼우다는 손동작을
강조하고자 手^(손 수)를 더한 挾^(낄 협)으로
분화했다. 간화자에서는 夹으로 줄여 쓴다.

字形 ⚊⚊甲骨文 ⚊⚊金文 ⚊帛書
⚊簡牘文 ⚊ 說文小篆

혐

嫌(싫어할 혐): xián, 女-10, 13, 30

字解 형성. 女^(여자 여)가 의미부고 兼^(겸할 겸)이 소
리부로, 사람^(女)에 대한 불평이나 의혹이
나 의심 등을 말한다. 이로부터 미워하다,
싫어하다, 혐의를 두다 등의 뜻이 나왔는
데, 사람의 상징으로 여자^(女)가 채택된 것
은 남성중심 사회의 일면을 엿보게 해 준
다.

字形 ⚊簡牘文 ⚊ 說文小篆

峽(골짜기 협): 峡, xiá, 山-7, 10, 20

字解 형성. 山^(뫼 산)이 의미부고 夾^(낄 협)이 소리부
로, 양쪽의 산^(山) 사이로 물을 낀^(夾) 협곡
을 말한다. 간화자에서는 夾을 夹으로 줄
여 峡으로 쓴다.

頰(뺨 협): 颊, jiá, 頁-7, 16, 10

字解 형성. 頁^(머리 혈)이 의미부고 夾^(낄 협)이 소리
부로, 뺨을 말하는데, 얼굴^(頁)의 양쪽^(夾)
부위라는 뜻을 담았다. 간화자에서는 夾을
夹으로 줄여 颊으로 쓴다.

字形 ⚊簡牘文 ⚊ 說文小篆 ⚊ 說文籒文

狹(좁을 협): 狭, xiá, 犬-7, 10, 10

〔字解〕 형성. 犬^(개 견)이 의미부고 夾^(낄 협)이 소리부로, 동물^(犬)들이 친밀하게 모여 친근하다는 뜻이다. 이로부터 거리가 '좁다'의 뜻이 나왔고, 다시 협소하다, 지식이나 속이 좁다는 뜻으로 발전하였다. 간화자에서는 夾을 夹으로 줄여 狭으로 쓴다.

〔字形〕 陜古陶文 陜說文小篆 狹玉篇

俠(호협할 협): 侠, xiá, 人-7, 9, 10

〔字解〕 형성. 人^(사람 인)이 의미부고 夾^(낄 협)이 소리부로, 협객을 말하는데, 사람^(人)을 양 겨드랑이에 낀^(夾) 모습으로 표현하여, 세상의 불공평함을 평정하고 약한 자를 도와 구해주는 俠客^(협객)의 이미지를 그렸다. 간화자에서는 夾을 夹으로 줄여 侠으로 쓴다.

〔字形〕 俠說文小篆

浹(두루 미칠 협): 浃, jiā, 水-7, 10

〔字解〕 형성. 水^(물 수)가 의미부고 夾^(낄 협)이 소리부로, 가득 차다, 두루 미치다, 침투하다 등의 뜻을 가지는데, 좁은 협곡^(夾, 峽과 통합)에서는 물^(水)의 수위가 높아 높은 곳까지 가득차고 평소에 미치지 못하는 곳까지 두루 미침을 반영했다. 간화자에서는 夾을 夹으로 줄여 浃으로 쓴다.

〔字形〕 浹說文小篆

挾(낄 협): 挟, xié, jiā, 手-7, 10, 10

〔字解〕 형성. 手^(손 수)가 의미부고 夾^(낄 협)이 소리부로, 손^(手)으로 양쪽을 끼다^(夾)는 뜻이다. 夾에서 끼우는 동작을 강조하기 위해 手를 더해 분화한 글자이다. 간화자에서는 夾을 夹으로 줄여 挟으로 쓴다. ☞ 夾^(낄 협)

〔字形〕 挾說文小篆

鋏(집게 협): 铗, jiá, 金-7, 15

〔字解〕 형성. 金^(쇠 금)이 의미부고 夾^(낄 협)이 소리부로, 집게를 말하는데, 물건을 양쪽으로 끼워^(夾) 집는 금속^(金) 도구라는 뜻을 담았다. 간화자에서는 夾을 夹으로 줄여 铗으로 쓴다.

〔字形〕 鋏說文小篆

莢(풀 열매 협): 荚, jiá, 艸-7, 11

〔字解〕 형성. 艸^(풀 초)가 의미부고 夾^(낄 협)이 소리부로, 콩과 식물^(艸)의 열매를 지칭하는데, 길쭉한 꼬투리 안쪽으로 콩알이 끼여^(夾) 있음을 형상했다. 간화자에서는 夾을 夹으로 줄여 荚으로 쓴다.

〔字形〕 莢說文小篆

篋(상자 협): 箧, [匧], qiè, 竹-9, 15

〔字解〕 형성. 竹^(대 죽)이 의미부고 匧^(상자 협)이 소리부로, 물건을 넣어두는 대^(竹)로 만든 상자

^(医)를 말한다. 간화자에서는 夾을 夹으로
줄여 箧으로 쓴다.

字形 医^{簡牘文} 匽^{說文小篆} 箧^{說文篆}
文

協(화합할 협): 协, [叶], xié, 十-6, 8, 42

字解 형성. 十^(열 십)이 의미부고 劦^(힘 합할 협)이 소
리부로, 叶^(화합할 협)과 같은 글자이며, 여럿
이^(十) 함께 쟁기질^(力력)을 하면서 '화합함'
을 말하며, 이로부터 協力^(협력)하다, 연합
하다, 힘을 모으다, 協助^(협조)하다, 協議^{(협}
^{의)}하다 등의 뜻이 나왔다. 간화자에서는
劦을 办으로 줄여 协으로 쓴다. ☞ 叶^{(화합}
^{할 협)}

字形 (甲骨文) 協^{說文小篆}
叶^{說文古文} 叶^{說文或體}

叶(화합할 협): xié, 口-2, 5

字解 형성. 口^(입 구)가 의미부고 十^(열 십)이 소리부
로, 協^(화합할 협)과 같은 글자인데, 여럿이
^(十) 함께 입^(口)으로 노동가를 부르며 '화합
함'을 말한다. 『설문해자』에서는 協의 혹체
자라고 했다. ☞ 協^(화합할 협)

字形 (甲骨文) 協^{說文小篆}
叶^{說文古文} 叶^{說文或體}

脅(옆구리 협): xié, 肉-6, 10, 32

字解 형성. 肉^(고기 육)이 의미부고 劦^(힘 합할 협)이
소리부인 상하구조로, 양쪽 겨드랑이 아래
쪽의 신체부위^(肉)인 옆구리를 말하며, 좌
우구조로 된 脇^(옆구리 협)과 같이 쓴다. ☞
脇^(옆구리 협)

字形 脅^{說文小篆}

脇(옆구리 협): 胁, [脅], xié, 肉-6, 10

字解 형성. 肉^(고기 육)이 의미부고 劦^(힘 합할 협)이
소리부인 좌우구조로, 양쪽 겨드랑이 아래
쪽의 신체부위^(肉)인 옆구리를 말하며, 상
하구조로 된 脅^(옆구리 협)과 같이 쓴다. 간화
자에서는 劦을 办으로 줄여 胁으로 쓴다.

字形 脇^{說文小篆}

馨(향기 형): xīn, 香-11, 20, 12, 10

字解 형성. 香^(향기 향)이 의미부고 殸^(소리 성)이 소
리부로, 향기^(香)가 악기의 연주 소리^(殸)처
럼 멀리 퍼져 나감을 말하며, 이로부터 향
기, 아름다움 등의 뜻이 나왔다.

字形 馨^{說文小篆}

兄(맏 형): xiōng, 儿-3, 5, 80

字解 회의. 儿^(사람 인)과 口^(입 구)로 구성되어, 입^(口)을 벌리고 꿇어앉은 사람^(儿)이 제단에서 축원하는 모습을 그렸다. 제사를 드려 축원하는 사람은 장자의 몫이었기에 '형'이라는 뜻이 생겼으며, 상대를 존중할 때 쓰는 말로도 쓰였다. 그러자 원래 뜻은 示^(제사 시)를 더한 祝^(빌 축)으로 분화했다.

字形 甲骨文 金文 盟書 簡牘文 石刻古文 說文小篆

衡(저울대 형): héng, 行-10, 16, 32

字解 회의. 원래 行^(갈 행)과 角^(뿔 각)과 大^(큰 대)로 이루어져, 사거리^(行)에서 수레를 끄는 소의 뿔^(角)에 큰^(大) '가름대'를 묶은 모습을 그렸다. 이는 붐비는 사거리를 지날 때 사람이 소뿔에 받힐까 염려되어 뿔에 커다란 가름대를 단 모습으로 추정되며, 가름대가 옛날의 저울을 닮아 '저울'을 뜻하게 되었고, 무게를 달다는 뜻도 생겼다.

字形 金文 簡牘文 說文小篆 說文古文

珩(노리개 형): héng, 玉-6, 10

字解 형성. 玉^(옥 옥)이 의미부고 行^(갈 행)이 소리부로, 패옥^(玉)을 말하며, 관에 다는 장식을 뜻하기도 한다.

字形 說文小篆

刑(형벌 형): xíng, [荆], 刀-4, 6, 40

字解 형성. 지금은 刀^(칼 도)가 의미부고 幵^(평평할 견)이 소리부인 구조로 '형벌'을 나타내나, 원래는 사람^(人)이 네모꼴의 감옥^(井)에 갇힌 모습에서 형벌의 의미를 그렸다. 이후 금문 등에서 人이 井의 바깥으로 나와 좌우구조로 변했고, 소전체에 이르러 다시 人이 刀로 잘못 변해 지금처럼 되었다. 이로부터 징벌, 토벌하다, 상해, 죽이다, 死刑^(사형), 刑法^(형법) 등의 뜻이 나왔다.

字形 金文 古陶文 簡牘文 說文小篆

形(모양 형): xíng, 彡-4, 7, 60

字解 형성. 彡^(터럭 삼)이 의미부고 幵^(평평할 견)이 소리부로, 물건을 만들어 내기 위한 틀^(模型·모형)을 말한다. 전국 문자에서는 土^(흙 토)가 의미부고 井^(우물 정)이 소리부인 구조로 되어 기물을 주조해 내는 진흙^(土)으로 만든 거푸집을 말했으나, 거푸집을 깨트리고 탄생한 청동 기물이 화려한 모습을 드러낸다는 뜻에서 土가 彡으로, 井이 형체가 비슷한 幵으로 변해 지금의 자형이 되었다. 뜻도 모형이나 형틀에서 '形體^(형체)'나 '모양'으로 확장되었고, 形成^(형성)에서처럼 만들어지다는 뜻도 가지게 되었다.

字形 簡牘文 說文小篆

邢(나라이름 형): xíng, 邑-4, 7, 12

字解 형성. 邑^(고을 읍)이 의미부고 幵^(평평할 견)이 소리부로, 서주 때의 나라^(邑) 이름으로 하북성 邢臺^(형대)시에 위치했었다.

字形 甲骨文 共 金文 古陶文 說文小篆

型(거푸집 형): xíng, 土-6, 9, 20

字解 형성. 土^(흙 토)가 의미부고 刑^(형벌 형)이 소리부로, 황토 흙^(土)을 이겨 만든 거푸집을 말하며, 이로부터 모형의 뜻이, 다시 模式^(모식), 유형, 양식 등의 뜻이 나왔다. 또 形과도 통해 일정한 모습^(形)을 만들어내는 것이 '거푸집'이라는 의미를 담았다.

字形 金文 古陶文 帛書 簡牘文 古璽文 說文小篆

荊(모형나무 형): jīng, 艸-6, 10

字解 형성. 艸^(풀 초)가 의미부고 刑^(형벌 형)이 소리부로, 초목^(艸)의 일종인 가시나무를 말하는데, 형벌^(刑)을 집행할 때 쓰는 곤장으로 쓰였다. 이후 중국 남쪽의 楚^(초)나라를 지칭하는 말로도 쓰였는데, 초나라가 荊山^(형산) 일대에서 건국되었기 때문이다. 금문에서는 손발이 가시에 찔린 모습으로, 가시나무의 이미지를 형상화했다.

字形 金文 古陶文 古璽文 汗簡 說文小篆 說文古文

亨(형통할 형): hēng, 亠-5, 7, 30

字解 상형. 享^(드릴 향)은 같은 자원에서 출발한 글자로 宗廟^(종묘)의 모습을 그려 모두 '祭物^(제물)로 드리는 삶은 고기'가 원래 뜻이었다. 하지만, 이후 둘로 분화하여, 享은 제사를 받는 처지에서 '누리다'는 뜻을, 亨은 제사를 드리는 처지에서 제사를 잘 모시면 만사가 亨通^(형통)한다고 해서 亨通의 의미로 쓰였다. 그러자 '삶다'는 뜻을 나타낼 때에는 다시 火^(불 화)를 더하여 烹^(삶을 팽)이 되었다. 烹은 兎死狗烹^(토사구팽)이라는 고사로 우리에게 익숙한 글자이기도 하다.

鎣(줄 형): 鎣, yìng, 金-10, 18

字解 형성. 金^(쇠 금)이 의미부고 熒^(등불 형)의 생략된 모습이 소리부로, '줄'을 말하는데, 쇠 등을 쓸거나 갈아 반짝반짝 빛나게^(熒) 만드는 금속^(金) 도구라는 뜻을 담았다. 이로부터 갈아서 빛이 나게 하다, 밝다 등의 뜻이 나왔다. 간화자에서는 윗부분의 炊^(불성할 개)를 ⁺⁺^(풀 초)로 줄여 鎣으로 쓴다.

字形 金文 說文小篆

ㅎ | 919

螢(개똥벌레 형): 萤, yíng, 虫-10, 16, 30

字解 형성. 虫^(벌레 충)이 의미부고 熒^(등불 형)의 생략된 모습이 소리부로, 밝은 빛을 내는^(熒) 벌레^(虫), 즉 반딧불을 말한다. 간화자에서는 윗부분의 炊^(불 성할 개)를 ++^(풀 초)로 줄여 萤으로 쓴다.

瑩(밝을 형): 莹, yíng, 玉-10, 15, 12

字解 형성. 玉^(옥 옥)이 의미부고 熒^(등불 형)의 생략된 모습이 소리부로, 반짝반짝 광택이 나는^(熒) 아름다운 옥돌^(玉)을 말하며, 주옥의 광채, 깨끗하고 투명함, 깨끗한 마음 등의 뜻이 나왔다. 간화자에서는 윗부분의 炊^(불 성할 개)를 ++^(풀 초)로 줄여 莹으로 쓴다.

滎(실개천 형): 荥, xíng, 水-10, 14

字解 형성. 水^(물 수)가 의미부고 熒^(꽃 영)의 생략된 모습이 소리부로, 폭이 매우 좁고 작은 개천^(水)을 말한다. 또 하남성에 있는 강 이름으로 쓰여 滎水^(형수)를, 못 이름으로 쓰여 滎澤^(형택)을 말한다. 간화자에서는 윗부분의 炊^(불 성할 개)를 ++^(풀 초)로 줄여 荥으로 쓴다.

字形 𤋱 𤏻 古陶文 𤎫 說文小篆

熒(등불 형): 荧, yíng, 火-10, 14

字解 형성. 火^(불 화)가 의미부고 熒^(꽃 영)의 생략된 모습이 소리부로, 활짝 핀 꽃처럼^(熒) 불빛^(火)이 환한 모습을 말하며, 불이 타는 모습, 등불 등의 뜻이 나왔다. 간화자에서는 윗부분의 炊^(불 성할 개)를 ++^(풀 초)로 줄여 荧으로 쓴다.

字形 𤎫 古陶文 𤎫 說文小篆

瀅(물 이름 형): yíng, 水-18, 21

字解 형성. 水^(물 수)가 의미부고 瀅^(줄 형)이 소리부로, 강^(水)의 이름을 말한다.

瀅(맑을 형): 滢, yíng, 水-15, 18, 12

字解 형성. 水^(물 수)가 의미부고 瑩^(밝을 영)이 소리부로, 거울같이 맑은 옥돌^(瑩)처럼 물^(水)이 맑음을 말한다. 간화자에서는 瑩을 莹으로 줄여 滢으로 쓴다.

泂(멀 형): jiǒng, 水-5, 8

字解 형성. 水^(물 수)가 의미부고 同^(들 경)이 소리부로, 강^(水) 이름으로, 潁^(강이름 영)과 같은 뜻이다. 또 물이 깊고 넓다는 뜻도 가지며, 멀다는 뜻도 나왔다.

字形 𤄷 說文小篆

炯(빛날 형): [烱], jiǒng, 火-5, 9, 12

字解 형성. 火^(불 화)가 의미부고 同^(들 경)이 소리부로, 불빛^(火)을 말하며, 이로부터 밝다, 빛나다 등의 뜻이 나왔다. 烱^(빛날 경)의 속자이다.

字形 〔篆書〕 說文小篆

逈(멀 형): jiŏng, 辵-5, 9

字解 형성. 辵^(쉬엄쉬엄 갈 착)이 의미부고 同^(들 경)이 소리부로, 중심에서 멀리 떨어진 들판처럼^(同) 먼 곳을 말하며, 이로부터 차이가 크다는 뜻도 가지게 되었다. 현대한자에서는 同 대신 向^(향할 향)이 들어간 逈^(멀 형)으로 쓰기도 하는데, 同과 向이 자형이 비슷해 생긴 오류이다.

字形 〔篆書〕 說文小篆

逈(멀 형): jiŏng, 辵-6, 10

字解 형성. 辵^(쉬엄쉬엄 갈 착)이 의미부고 向^(향할 향)이 소리부로, 중심에서 멀리 떨어진 들판처럼 먼 곳을 말하며, 이로부터 차이가 크다는 뜻도 가지게 되었는데, 원래는 逈^(멀 형)으로 썼던 것이 同^(들 경)과 向의 자형 유사로 잘못 변한 글자이다. ☞ 逈^(멀 형)

혜

匸(감출 혜): xǐ, 匸-0, 2

字解 상형. 匸도 匚^(상자 방)과 마찬가지로 어떤 물건을 넣어둘 수 있는 상자를 그렸고, 이로부터 '넣어두다', '감추다' 등의 뜻이 나왔다. 匚와 匸은 匸이 각진 획으로 그려졌다

는 것을 제외하면 별다른 의미적, 형태적 차이를 갖지 않는다. 그래서 현대 중국의 많은 한자사전에서는 구분 없이 통합해 쓰고 있다. 匸부수에 귀속된 글자를 보면, 區^(지경 구)가 대표적인데, 이는 많은 물품^(品품)들이 상자^(匸) 속에 든 모습으로부터, '물건을 감추다'는 뜻을 그렸고, 이로부터 물건을 감추어 두는 곳이라는 뜻이, 다시 어떤 일정한 區域^(구역)이라는 뜻이 나왔다. 또 医^(동개 예)는 활과 화살을 꽂아 넣어 등에 짊어지도록 한 箭介^(통개)를 말하는데, 흔히 가죽을 사용하여 활은 반만 들어가고 화살은 아랫부분만 들어가게 한다. 나머지 匿^(숨을 닉)은 若^(같을 약)이 소리부로, 상자^(匸) 속에 '숨기다'는 뜻이다. 하지만 匹^(필 필)은 상자와는 관련이 없으며, 주름이 여러 갈래로 진 '베'의 모습을 그린 상형자이다. 그래서 '베'가 원래 뜻이고, 베를 헤아리는 단위로 쓰였다.

字形 〔篆書〕 說文小篆

彗(비 혜): [篲, 篲], huì, 彐-8, 11, 10

字解 회의. 원래 손에 비^(箒추)를 잡고 눈^(雪설)을 쓸어내는 모습으로 '눈'을 형상화했는데, 자형이 변해 지금처럼 되었다. 이후 꼬리를 길게 그리면서 날아가는 彗星^(혜성)이 빗자루를 닮았기에 '혜성'을 뜻하게 되었다. 『설문해자』 혹체에서는 竹^(대 죽)이 더해진 篲로, 고문에서는 竹과 習^(익힐 습)으로 구성된 篲로 썼다.

字形 〔篆書〕 說文小篆 〔篆書〕 說文或體 〔篆書〕 說文古文

慧(슬기로울 혜): huì, 心-11, 15, 32

字解 형성. 心(마음 심)이 의미부이고 彗(비 혜)가 소리부로, 총명하다는 뜻이다. 혜성(彗)처럼 반짝이는 지혜를 가졌다는 뜻에서 '슬기롭다'는 의미가 나왔고, 슬기와 지혜는 심장에서 나온다는 뜻에서 心이 더해졌다.

字形 🏺🏺簡牘文 🏺 說文小篆

暳(별 반짝일 혜): huì, 日-11, 15

字解 형성. 日(날 일)이 의미부이고 彗(비 혜)가 소리부로, 별(彗)이 해(日)처럼 밝게 빛나 반짝거림을 말한다.

醯(초 혜): xī, 酉-12, 19, 10

字解 회의. 鬻(팔 육)과 酒(술 주)의 생략된 모습이 의미부이고, 皿(그릇 명)도 의미부이다. 皿은 기물을 뜻한다. 『설문해자』의 해설처럼, '식초(酸)'를 말한다. 쌀이나 술을 사용해 식초를 만든다. 이후 食醯(식혜)도 뜻하게 되었는데, 食醯는 쌀밥에 엿기름가루를 우린 물을 부어 삭힌 것에, 생강과 설탕을 넣고 끓여 식힌 다음, 건져 둔 밥알을 띄운 우리 전통의 음료이다.

字形 🏺簡牘文 🏺 說文小篆

蹊(지름길 혜): [徯], xī, 足-10, 17

字解 형성. 足(발 족)이 의미부이고 奚(어찌 해)가 소리부로, 사람이 다니는(足) 작은 길을 말하며, 이후 밟다, 길, 노선 등의 뜻이 나왔다. 『설문해자』에서는 足 대신 彳(조금 걸을 척)이 들어간 徯(샛길 혜)로 썼다.

字形 🏺說文小篆 🏺說文或體

鼷(생쥐 혜): xī, 鼠-10, 23

字解 형성. 鼠(쥐 서)가 의미부이고 奚(어찌 해)가 소리부로, 생쥐(鼠)를 말한다.

字形 🏺🏺簡牘文 🏺 說文小篆

兮(어조사 혜): xī, 八-2, 4, 30

字解 회의. 丂(공교할 교)와 八(여덟 팔)로 구성되어, 악기(丂)에서 나온 소리가 퍼지는(八) 모습을 그렸다. 일찍부터 어기사로 쓰였으며, 문장의 중간이나 끝에 들어가 말을 잠시 멈추어 운율을 조정하는 역할을 했다.

字形 🏺🏺🏺🏺甲骨文 🏺🏺🏺 金文 🏺 說文小篆

鞋(신 혜): [鞵], xié, 革-6, 15

(字解) 형성. 革(가죽 혁)이 의미부이고 圭(홀 규)가 소리부인데, 홀(圭) 모양으로 만든 가죽(革) 신을 말한다.

惠(은혜 혜): [僡, 憓], huì, 心-8, 12, 42

(字解) 형성. 心(마음 심)이 의미부고 叀(은혜 혜, 惠의 원래 글자)가 소리부인데, 叀는 베를 짤 때 쓰는 실패를 그렸다. 그래서 베를 짜는(叀) 세심한 마음(心)으로 남을 배려하는 어진 마음을 말한다. 이로부터 남을 배려하는 마음, 사랑, 恩惠(은혜), 부드럽다 등의 뜻이 나왔으며, 상대를 공경할 때 쓰는 말로도 사용되었다.

(字形) 金文 古陶文 簡牘文 帛書 石刻古文 說文小篆 說文古文

蕙(혜초 혜): huì, 艸-12, 16

(字解) 형성. 艸(풀 초)가 의미부고 惠(은혜 혜)가 소리부로, 향초(艸)의 이름이며, 아름다움의 비유로 쓰인다. 향기로운 냄새가 나도록 몸에 지니고 다니거나, 태워서 전염병을 물리치는 데 사용하는 은혜로운(惠) 풀(艸)이라는 뜻을 담았다.

嵇(산 이름 혜): jī, 山-9, 12

(字解) 형성. 山(뫼 산)이 의미부이고, 稽(머무를 계)의 생략된 부분이 소리부이다. 『설문해자』의 해설처럼, '산의 이름(山名)'을 말하는데, 일반적으로 절강성 소흥시에 있는 회계산을 말한다. 또 "嵇씨(氏)가 난을 피하기 위해 이 글자를 특별히 만들었다고 하니 옛날부터 내려오던 글자는 아니다."라고 했다. 보통 嵇씨는 먼 옛날 하나라 임금 少康(소강)이 즉위하자 禹(우) 임금의 근거지였던 會稽(회계, 지금의 절강성 소흥) 땅에 그의 아들 季杼(계서)를 봉하게 되었고, 그 후 이들의 후손이 會稽氏(회계씨)가 되었으며, 한나라 초기 이들이 豫州(예주)의 남부 譙郡(초군)의 嵇山(지금의 안휘성 亳州 蒙城 일대)로 이사하여 嵇氏로 바꾸었다 한다. 또 위진 남북조 시기, 北魏(북위)의 선비족 중 統嵇(통계)씨와 紇奚(흘해)씨가 중원으로 이주하여 한족의 성씨로 바꾸면서 嵇씨라 하였다고 한다. 『설문해자』에서는 奚씨가 난을 피해 嵇로 변신했다고 했는데, 상세한 내막은 분명하지 않다.

(字形) 說文小篆

호

毫(가는 털 호): háo, 毛-7, 11, 30

(字解) 형성. 毛(털 모)가 의미부고 高(높을 고)의 생략된 모습이 소리부로, 높게(高) 자란 털(毛)을 말했다. 키가 큰 털일수록 더 가늘게 보이기 때문에 대단히 작은 물건이나 그런 것을 재는 척도와 단위를 말하게 되었다. 옛

문헌에 의하면, 10絲^(사)를 1毫, 10毫를 1 釐^(리)라 했다.

字形 〔그림〕 簡牘文 毫 玉篇

豪(호걸 호): [豪], háo, 豕-7, 14, 32

字解 형성. 豕^(돼지 시)가 의미부고 高^(높을 고)의 생략된 모습이 소리부로, 호걸을 말하는데, 멧돼지^(豕) 등에 난 높고^(高) 거센 털처럼 '힘센 사람'이 호걸이자 우두머리임을 그렸다. 이로부터 豪傑^(호걸), 豪放^(호방)하다의 뜻이, 다시 특수한 힘을 가진 사람을 지칭하게 되었다. 『설문해자』에서는 소리부인 希^(털이 긴 돝 이)가 의미부고 高가 소리부인 구조인 豪로 써, 소리부인 高가 생략되지 않은 채 사용되었다.

字形 〔그림〕古陶文 〔그림〕簡牘文 〔그림〕說文小篆 〔그림〕說文籀文 豪 玉篇

濠(해자 호): háo, 水-14, 17, 20

字解 형성. 水^(물 수)가 의미부고 豪^(호걸 호)가 소리부로, 해자를 말하는데, 성을 둘러싸 적의 침입으로부터 막아주는 훌륭한^(豪) 물길^(水)이라는 뜻을 담았다. 또 안휘성 鳳陽^(봉양)현 동북쪽에 있는 강 이름을 말한다.

壕(해자 호): háo, 土-14, 17, 12

字解 형성. 土^(흙 토)가 의미부고 豪^(호걸 호)가 소리부로, 해자를 말하는데, 적의 침입을 막으려고 성 둘레로 땅^(土)을 파 만든 훌륭한^(豪) 물길이라는 뜻을 담았다.

虎(범 호): [乕, 俿], hǔ, 虍-2, 8, 32

字解 상형. 호랑이를 그렸는데, 쩍 벌린 입, 날카로운 이빨, 얼룩무늬가 잘 갖추어진 범이 모습이다. 다른 글자와 상하로 결합할 때에는 꼬리 부분을 생략하여 虍^(호피무늬 호)로 줄여 썼다. 동양에서의 범은 서양의 사자에 맞먹는 상징으로서, 힘과 권위와 용기와 무용을 대표해 왔다. 이 때문에 『설문해자』에서도 '산에 사는 짐승 중 우두머리이다^(山獸之君)'라고 했다. 이후 용맹하다, 위풍당당하다, 사람을 놀라게 하다 등의 뜻이 나왔다. ☞ 虍^(호피무늬 호)

字形 〔그림〕甲骨文 〔그림〕金文 〔그림〕簡牘文 〔그림〕 〔그림〕說文小篆 〔그림〕說文古文

琥(호박 호): hǔ, 玉-8, 12, 10

字解 형성. 玉^(옥 옥)이 의미부고 虎^(범 호)가 소리부로, 호랑이^(虎) 모양으로 조각한 옥기^(玉)를 말하며, 옥의 일종인 琥珀^(호박)을 말하기도 한다.

字形 〔그림〕簡牘文 〔그림〕說文小篆

號(부르짖을 호): 号, háo, hào, 虍-7, 13, 60

字解 형성. 虎^(범 호)가 의미부고 号^(부를 호)가 소리부로, 범^(虎)의 울음^(号) 소리처럼 큰 소리로 외치다는 뜻이다. 이로부터 부르다, 호칭, 명칭, 符號^(부호), 횟수를 기록하다, 등급 등의 뜻이 나왔다. 간화자에서는 号로 줄여 쓴다.

字形 𩒰 𩒦 古陶文 𩒱 簡牘文 𩒲 說文小篆

唬(범이 울 호): hǔ, 口-8, 11

字解 형성. 口^(입 구)가 의미부고 虎^(범 호)가 소리부로, 범^(虎)의 울음^(口)을 말한다. 이로부터 놀라다, 놀라게 하다의 뜻이 나왔고, 허장 성세로 남을 겁박하다의 뜻도 나왔다.

字形 𤜶𤜼 金文 𤜽 說文小篆

虍(호피 무늬 호): hū, 虍-0, 6

字解 상형. 『설문해자』의 해설처럼, '호랑이의 무늬^(虎文)'를 말한다. 虎^(범 호)가 다른 글자와 결합할 때 사용되는 줄임 형이기도 하다. ☞ 虎^(범 호)

字形 𧆞 說文小篆

虖(울부짖을 호): hū, 虍-5, 11

字解 형성. 虍^(호피 무늬 호)가 의미부이고 乎^{(어조사}

호⁾가 소리부이다. 『설문해자』의 해설처럼, '포효하다^(哮虖)'라는 뜻이다.

字形 虖 說文小篆

號(흙 냄비 호): hào, 虍-12, 18

字解 형성. 虘^(옛 질그릇 희)가 의미부이고 号^(부를 호)가 소리부이다. 『설문해자』의 해설처럼, '흙으로 만든 가마솥^(土釜)'을 말한다. 주준성의 『설문통훈정성』에서 "아가리가 큰 흙으로 만든 가마솥^(大口土釜)"을 말한다고 했다.

字形 號 說文小篆

護(보호할 호): 护, hù, 言-14, 21, 42

字解 형성. 言^(말씀 언)이 의미부고 蒦^(자 확)이 소리부로, 말^(言)로 변호하고 비호하다는 뜻이었는데, 보호하다의 뜻으로 발전했다. 간화자에서는 蒦을 戶^(지게 호)로 줄여 护로 쓴다.

字形 護 說文小篆

濩(퍼질 호): hùo, 水-14, 17

字解 형성. 水^(물 수)가 의미부고 蒦^(자 확)이 소리부로, 물길^(水)이 세차게 퍼져 나가는 모양을 말하며, 처마에서 물이 떨어지다는 뜻도 가진다.

字形 濩 說文小篆

뜻이 나왔다.

顥 說文小篆

護(구할 호): hù, 音-14, 23

字解 형성. 音^(소리 음)이 의미부고 蒦^(자 확)이 소리부로, 상나라 湯^(탕) 임금 때의 음악^(音)이름이라 하는데, 이후 고아한 고대음악을 지칭하게 되었다.

昊(하늘 호): [昦], hào, 日-4, 8, 12

字解 회의. 금문에서는 日^(날 일)과 大^(큰 대)로 구성된 昦로 썼고, 『설문해자』에서는 日이 의미부고 夵^(높을 호)가 소리부인 昦^(밝을 호)로 썼으나, 예서에 들어오면서 日과 天^(하늘 천)으로 구성된 지금의 자형이 되었다. 태양^(日)이 하늘^(天) 위에 놓여 태양이 광활한 하늘을 비춘다는 뜻에서 '하늘'의 의미를 그렸다.

字形 昦金文 昦古陶文 昦簡牘文 昦石刻 古文 昦說文小篆

淏(맑을 호): hào, 水-8, 11

字解 형성. 水^(물 수)가 의미부고 昊^(하늘 호)가 소리부로, 높은 하늘^(昊)처럼 물^(水)이 맑음을 말한다.

顥(클 호): 颢, hào, 頁-12, 21

字解 회의. 頁^(머리 혈)과 景^(볕 경)으로 구성되어, 태양이 높은 집을 비추듯^(景) 이마^(頁)가 넓어 '환한 모양'을 말하며, 이로부터 '크다'의

灝(넓을 호): 灏, hào, 水-21, 24

字解 형성. 水^(물 수)가 의미부고 顥^(클 호)가 소리부로, 물^(水)이 끝없이 넓고^(顥) '광활한 모양'을 말하며, 달리 콩의 즙을 뜻하기도 한다.

字形 灝 說文小篆

滸(물가 호): 浒, [汻], hǔ, 水-11, 14

字解 형성. 水^(물 수)가 의미부고 許^(허락할 허)가 소리부로, 물^(水)의 가를 말하는데, 물^(水)이 있어 살 수 있도록 허락된^(許) 땅이라는 의미를 담았다. 또 지명으로도 쓰였는데, 강소성에 滸墅關^(허야관)과 滸浦^(허포)가 있고 강서성에 滸灣^(허만)이 있다. 『설문해자』에서는 水가 의미부고 午가 소리부인 汻^(물 이름 오)로 썼다.

字形 汻 說文小篆

胡(턱밑 살 호): [鬍], hú, 肉-5, 9, 32

字解 형성. 肉^(고기 육)이 의미부고 古^(옛 고)가 소리부로, '턱밑에 늘어진 살'을 뜻했다. 이후 턱살이 축 늘어졌다는 뜻에서 서북쪽 이민족을 지칭하게 되었고, 그러자 원래 뜻은 髟^(머리털 드리워 질 표)를 더해 鬍^(수염 호)로 분화했다. 현대 중국에서는 鬍의 간화자로도 쓰인다. ☞ 鬍^(수염 호)

等의 뜻이 나왔다. 달리 告 대신 高^(높을 고)가 들어간 暠로 쓰기도 한다.

祜(복 호): hù, 示-5, 10, 12

字解 형성. 示^(보일 시)가 의미부고 古^(옛 고)가 소리부로, 신^(示)이 내려주는 큰 복을 말한다.

字形 祜 甲骨文 祜古而金文 祜 說文小篆

岵(산 호): hù, 山-5, 8

字解 형성. 山^(뫼 산)이 의미부고 古^(옛 고)가 소리부로, 초목이 무성한 산^(山)을 말하는데, 일설에는 초목이 없는 산을 말한다고도 한다.

字形 岵 說文小篆

浩(클 호): [澔], hào, 水-7, 10, 32

字解 형성. 水^(물 수)가 의미부고 告^(알릴 고)가 소리부로, 물^(水)이 크고 넓음을 말하며, 크다, 높다, 물결이 도도하다 등의 뜻도 가진다. 달리 告 대신 皓^(흴 호)가 들어간 澔^(클 호)로 쓰기도 한다.

字形 浩 古璽文 浩 說文小篆

皓(흴 호): [暠], hào, 白-7, 12, 12

字解 형성. 白^(흰 백)이 의미부고 告^(알릴 고)가 소리부로, 흰색^(白)처럼 빛나 밝음을 말하며, 희다, 머리가 흰 노인, 반사되다, 결백하다

皓(밝을 호): hào, 日-7, 11, 12

字解 형성. 日^(날 일)이 의미부고 告^(알릴 고)가 소리부로, 햇빛^(日)처럼 빛나 밝음을 말하며, 결백하다의 뜻도 나왔다.

字形 皓 說文小篆

澔(클 호): hào, 水-12, 15, 12

字解 형성. 水^(물 수)가 의미부고 皓^(흴 호)가 소리부로, 浩^(클 호)와 같다. ☞ 浩^(클 호)

鬍(수염 호): hú, 髟-9

字解 형성. 髟^(머리털 드리워질 표)가 의미부이고 胡^(턱 밑살 호)가 소리부인 구조로, 턱 아래로 늘어진 살을 뜻했다. 이후 멀다, 오래 살다 등의 뜻이 더했는데, 호(胡)에서 분화한 글자로, 호(胡)와 같이 쓴다. 그래서 胡壽^(호수)는 장수하다는 뜻이다. 또 서북 이민족을 부를 때도 쓰였는데, 胡族^(호족)이나 胡虜^(호로) 등이 그런 뜻이다.

湖(호수 호): hú, 水-9, 12, 50

字解 형성. 水^(물 수)가 의미부고 胡^(턱밑 살 호)가 소리부로, 물^(水)을 저장하는 호수를 말한다. 또 호남성과 호북성을 뜻하거나, 절강성의

湖州^(호주)시를 지칭하기도 한다.

金文 簡牘文 說文小篆

糊^(풀 호): [餬], hú, 米-9, 15, 10

字解 형성. 米^(쌀 미)가 의미부고 胡^(턱밑 살 호)가 소리부로, 식품이나 옷을 삶아 색깔을 변하게 하다는 뜻인데, 이후 쌀^(米)이나 밀가루 따위를 고아 만든 '풀'을 말했다. 달리 米 대신 食^(밥 식)이 들어간 餬로 쓰기도 한다.

瑚^(산호 호): hú, 玉-9, 13, 10

字解 형성. 玉^(옥 옥)이 의미부고 胡^(턱밑 살 호)가 소리부로, 옛날 종묘에서 黍稷^(서직)을 담던 옥^(玉)으로 만든 기물로 보통 璉^(호련 련)과 연용해 瑚璉이라 부른다. 또 珊瑚^(산호)를 뜻하기도 한다.

說文小篆

葫^(마늘 호): hú, 艸-9, 13

字解 형성. 艸^(풀 초)가 의미부고 胡^(턱밑 살 호)가 소리부로, '마늘'을 말하는데, 서북 이민족 지역^(胡)에서 수입된 식물^(艸)이라는 뜻을 담았다. 또 葫蘆^(호려.호리병 박)를 말하기도 한다.

蝴^(나비 호): hú, 虫-9, 15

字解 형성. 虫^(벌레 충)이 의미부고 胡^(턱밑 살 호)가 소리부로, 곤충^(虫)의 일종인 나비^(蝴蝶.호접)를 말한다.

壺^(병 호): 壷, [壼], hú, 士-9, 12

字解 상형. 잘록한 목과 볼록한 배와 두루마리 발에 뚜껑을 가진 호리병을 그렸다. 士^(선비 사)는 원래 호리병의 뚜껑을 그린 것인데 예서에 들면서 지금처럼 잘못 변했다. 그래서 호리병이 원래 뜻이며, 호리병처럼 생긴 기물의 총칭이 되었다. 또 호리병박을 본떠 만들었기에 호리병박을 지칭하기도 한다. 간화자에서는 壶로 줄여 쓴다.

甲骨文 金文 古陶文

簡牘文 說文小篆

乎^(어조사 호): hū, 丿-4, 5, 30

字解 지사. 이의 자원에 대해서는 의견이 분분하지만, 아랫부분은 악기를, 윗부분의 세 점은 악기에서 나오는 소리를 상징하여, 악기로부터 나오는 소리를 형상화한 것으로 보인다. 소리 내 '부르다'가 원래 뜻이며, 일찍부터 어감을 조절해 주는 어기사로 쓰였다. 그러자 원래 뜻은 口^(입 구)를 더한 呼^(부를 호)로 분화했는데, 口는 言^(말씀 언)으로 바꾸어 쓰기도 한다.

甲骨文 金文 古陶文 簡牘文 說文小篆

呼(부를 호): [虖, 嘑, 謼], hū, 口-5, 8, 42

字解 형성. 口(입 구)가 의미부고 乎(어조사 호)가 소리부로, 숨을 입(口) 밖으로 내 쉬는(乎) 것을 말하며, 들이쉬는 것은 吸(숨 들이쉴 흡)이라 한다. 이로부터 크게 부르다, 명령하다, 呼稱(호칭) 등의 뜻이 나왔다. ☞ 乎(어조사 호)

字形 甲骨文 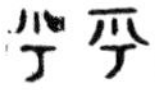金文 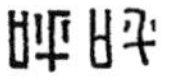漢印 說文小篆

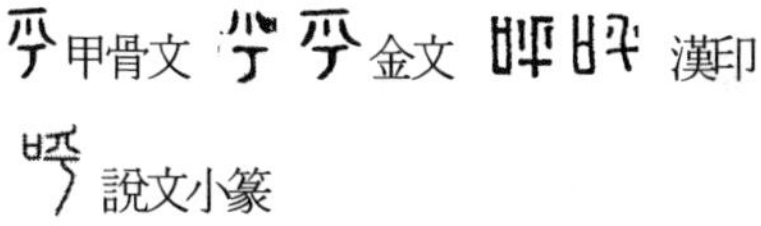

狐(여우 호): hú, 犬-5, 8, 10

字解 형성. 犬(개 견)이 의미부고 瓜(오이 과)가 소리부로, 짐승(犬)의 하나인 '여우'를 말하며, 소인배나 나쁜 사람의 비유로 쓰였다.

字形 甲骨文 金文 說文小篆

弧(활 호): hú, 弓-5, 8, 10

字解 형성. 弓(활 궁)이 의미부고 瓜(오이 과)가 소리부로, 활(弓)을 말했는데, 활은 굽은 모양이 특징이므로 활등 모양으로 굽은 선(弧線·호선)을 말하게 되었다.

字形 說文小篆

瓠(표주박 호): hù, 瓜-6, 11

字解 형성. 瓜(오이 과)가 의미부고 夸(자랑할 과)가 소리부로, 외(瓜)의 일종인 '표주박'을 말하며 성씨로도 쓰였다.

字形 說文小篆

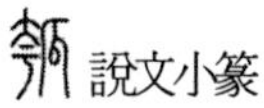

好(좋을 호): hǎo, hào, 女-3, 6, 42

字解 회의. 女(여자 여)와 子(아들 자)로 구성되어, 자식(子)을 안은 어미(女)를 그려 자식에 대한 어미의 사랑, 혹은 아이(子)를 생산하는 여자(女)가 좋다는 뜻에서 선호하다, 좋다, '좋아하다', 훌륭하다는 의미를 그렸으며, 이후 '매우'나 '잘'이라는 정도를 나타내는 부사어로도 쓰였다.

字形 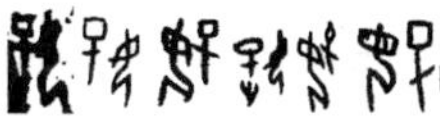甲骨文 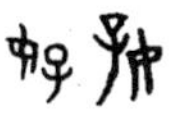金文 古陶文 簡牘文 說文小篆

戶(지게 호): hù, 戶-0, 4, 42

字解 상형. 갑골문에서 '외짝 문'을 그렸고 이로부터 '집'의 뜻이 나왔다. 하지만, 戶는 창이 아래위로 난 규모 있는 집을 그린 宮(집 궁)이나 가축과 사람이 아래 위층으로 살도록 고안된 家(집 가)와는 달리, 문짝 하나만 달린 극히 서민적인 '방'에 가까운 집을 뜻한다.

字形 甲骨文 簡牘文 說文小篆

ㅎ

芦(지황 호): [苇], hú, lú, 艸-4, 8

字解 형성. 艸^(풀 초)가 의미부고 戶^(지게 호)가 소리부로, 약초^(艸)의 하나인 地黃^(지황)을 말하며, 달리 苄^(지황 하)로 쓰기도 한다. 현대 중국에서는 蘆^(갈대 로)의 간화자로도 쓰인다. ☞ 蘆^(갈대 로)

扈(뒤따를 호): hù, 戶-7, 11, 12

字解 형성. 邑^(고을 읍)이 의미부고 戶^(지게 호)가 소리부로, 옛날의 농사를 관리하던 관리로, 마을^(邑)의 집집^(戶)을 찾아다니며 권농하던 관리라는 의미를 담았다. 이후 제왕 등을 뒤따르며 수발을 드는 것을 말했고, 이로부터 뒤따르다, 보살피다 등의 뜻이 나왔다.

字形 扈 說文小篆

鎬(호경 호): 镐, hào, 金-10, 18, 12

字解 형성. 金^(쇠 금)이 의미부고 高^(높을 고)가 소리부로, 섬서성 서안 부근에 있었던 周^(주)나라의 수도를 말했지만, 원래는 '데우는 데 쓰는 용기'라고 풀이한 『설문해자』의 해석처럼 "키가 큰^(高) 청동기^(金)"를 말했다. 커다란 청동기는 九鼎^(구정)의 전설에서 보듯한 왕국의 상징이었고, 그러한 상징 기물이 보관된 곳, 그곳이 '수도'였을 것이다.

字形 鎬 說文小篆

蒿(쑥 호): hāo, 艸-10, 14

형성. 艸^(풀 초)가 의미부고 高^(높을 고)가 소리부로, 쑥을 말하는데, 쑥쑥 곧게 높이^(高) 자라는 식물^(艸)이라는 특성을 반영했다.

字形 蕎 蕎 蕎 甲骨文 蕎 蒿 金文 蒿 古陶文 蒿 蒿 簡牘文 蒿 古璽文 蒿 說文小篆

縞(명주 호): 缟, gǎo, 糸-10, 16

字解 형성. 糸^(가는 실 멱)이 의미부고 高^(높을 고)가 소리부로, 가늘고 흰 비단을 말하는데, 높은^(高) 품질의 비단^(糸)이라는 뜻을 담았다.

字形 縞 縞 簡牘文 縞 說文小篆

互(서로 호): [笘], hù, 二-2, 4, 30

字解 상형. 자형에 대한 의견이 분분하지만, 소전체에서 아래위의 두 획^(二) 사이로 밧줄 같은 것이 서로 걸려 있는 모습으로 추정되며, 밧줄을 걸려면 양쪽 모두에 거는 데가 필요하므로 이로부터 相互^(상호)에서처럼 '서로'라는 뜻이 생긴 것으로 보인다. 『설문해자』에서는 竹^(대 죽)을 더한 笘로 쓰기도 했다.

字形 笘 說文小篆 互 說文或體

혹

酷(독할 혹): kù, 酉-7, 14, 20

字解 형성. 酉^(닭 유)가 의미부고 告^(알릴 고)가 소리부로, 맛이 진한 술^(酉)을 말하는데, 신에게 기도하며^(告) 제사지낼 때 올리는 오래된 독한 술^(酉)이라는 뜻을 담았다. 이로부터 정도가 매우 심함을 나타내기도 하고, 酷毒^(혹독)함의 뜻도 나왔다. 현대 중국어에서는 '쿨하다'는 의미를 나타내는 영어 'cool'의 대역어로도 쓰인다.

字形 古陶文 簡牘文 說文小篆

或(혹시 혹): huò, 戈-4, 8, 40

字解 형성. 원래는 戈^(창 과)가 의미부고 □^(나라 국, 에워쌀 위)이 소리부로, 國^(나라 국)의 원래 글자이며, 창^(戈)을 들고 성곽^(□)을 지키는 모습을 그렸다. 이후 땅을 상징하는 가로획^(一)이 다시 더해졌으며, 或이 '혹시'라는 뜻으로 쓰이게 되자 원래의 '나라'라는 뜻은 다시 □을 더한 國, 土^(흙 토)를 더한 域^(지경 역) 등으로 분화했다. ☞ 國^(나라 국)

字形 甲骨文 金文 古陶文 盟書 簡牘文 帛書 說文小篆

說文或體

惑(미혹될 혹): huò, 心-8, 12, 32

字解 형성. 心^(마음 심)이 의미부고 或^(혹시 혹)이 소리부로, 혹시^(或)라도 미련을 가지며 미혹되는 마음^(心)을 말하며, 이로부터 疑惑^(의혹), 어지럽다 등의 뜻이 나왔다. ☞ 國^(나라 국)

字形 金文 古陶文 簡牘文 古璽文 說文小篆

혼

魂(넋 혼): hún, 鬼-4, 14, 32

字解 형성. 鬼^(귀신 귀)가 의미부고 云^(이를 운)이 소리부로, 넋을 말하는데, 사람이 죽어 귀신^(鬼)이 되어 하늘로 올라간다^(云)는 뜻을 담았다. 魄^(넋 백)도 '넋'을 말하지만, 魂보다 뒤에 등장한 글자이다. 고대 중국인들은 육체에서 영혼^(魂)이 분리되면 죽게 되며, 분리된 영혼은 땅속에 머문다고 생각했다. 이후 天神^(천신)과 地神^(지신)의 개념이 형성되면서 魂은 천신에 대응되고 지신에 대응할 魄이 만들어졌고, 이렇게 魂과 魄이 분리되어 魂은 정신을 魄은 육체를 담당하는 존재로 여겨졌다. 사람이 죽으면 魂은 하늘로 올라가고 魄은 땅으로 내려가게 되고, 하늘로 올라가는 魂을 神으로 일컫고,

땅으로 돌아가는 魄을 鬼라 부르기도 했다.

字形 說文小篆

圂(뒷간 환혼): hùn, □-7, 10

字解 회의. □(에워쌀 위)와 豕(돼지 시)로 구성되어, 돼지(豕)가 담장(□) 속에 든 모습을 형상했는데, 『설문해자』의 해설처럼 '측간, 즉 화장실(廁)'을 말한다. 이후 의미를 명확하게 하기 위해, 水(물 수)를 더하여 溷(어지러울 혼)으로 분화했다. 돼지우리는 항상 배설물 등으로 축축하기에 水가 더해 의미를 강화했다. ☞ 溷(어지러울 혼)

字形 古陶文 說文小篆

溷(뒷간 혼): 混, hùn, 水-10, 13

字解 형성. 水(물 수)가 의미부고 圂(뒷간 혼)이 소리부로, '뒷간'을 말하는데, 원래 圂으로 써 돼지(豕)가 우리(□국) 속에 갇힌 모습을 그렸다. 돼지우리는 항상 배설물 등으로 축축하기에 水(물 수)를 더해 의미를 강화했다. 간화자에서는 混(섞을 혼)에 통합되었다. ☞ 混(섞을 혼)

字形 古陶文 說文小篆

昏(어두울 혼): hūn, 日-4, 8, 30

字解 회의. 氏(성씨 씨)와 日(날 일)로 구성되어, 해(日)가 씨 뿌리는 사람(氏)의 발아래로 떨어

진 시간대를 말하였다. 해가 지면 '어두워' 사물을 제대로 분간할 수 없으므로 昏은 '흐릿함'도 뜻하게 되었다. 또 옛날의 결혼은 이 시간대에 이루어졌는데, 이때에는 女(여자 여)를 더하여 婚(혼인할 혼)으로 구분해 표현했다.

字形 甲骨文 簡牘文 說文小篆

惛(어리석을 혼): hūn, 心-8, 11

字解 형성. 心(마음 심)이 의미부고 昏(어두울 혼)이 소리부로, 마음(心)이 흐려(昏) 분명하지 못하고 어리석음을 말한다. ☞ 昏(어두울 혼)

字形 說文小篆

婚(혼인할 혼): hūn, 女-8, 11, 40

字解 형성. 女(여자 여)가 의미부고 昏(어두울 혼)이 소리부로, 신부(女)를 맞이하여 결혼함을 말하는데, 고대의 결혼은 주로 날이 어두워지는 시간대인 昏時(혼시)에 이루어졌기에 昏이 소리부로 쓰였다. ☞ 昏(어두울 혼)

字形 金文 盟書 說文小篆 說文籀文

混(섞을 혼): hùn, 水-8, 11, 40

字解 형성. 水^(물 수)가 의미부고 昆^(형 곤)이 소리부로, 『설문해자』에서 "물^(水)이 많이 흐른다는 뜻이라"라고 했는데, 많은 물이 흐르게 되면 각지에서 흘러나온 갖가지 물들이 서로 '뒤섞여야' 가능했기에 섞이다는 뜻이 나왔다. 이후 흐리멍덩하다, 구차하게 지내다는 뜻도 나왔다. 현대 중국에서는 溷^(뒷간 혼)의 간화자로도 쓰인다. ☞ 溷^(뒷간 혼)

字形 [小篆] 說文小篆

渾(흐릴 혼): 浑, hún, 水-9, 12, 10

字解 형성. 水^(물 수)가 의미부고 軍^(군사 군)이 소리부로, 큰 물결^(水)이 용솟음치면서 흐르는 모양을 말하며, 이로부터 뒤섞이다, 混濁^(혼탁)하다 등의 뜻이 나왔다. 간화자에서는 軍을 军으로 줄여 浑으로 쓴다.

字形 [小篆] 說文小篆

琿(아름다운 옥 혼): 珲, hún, 玉-9, 13

字解 형성. 玉^(옥 옥)이 의미부고 軍^(군사 군)이 소리부로, 아름다운 옥^(玉)을 말하며, 지명에도 쓰여, 길림성에 琿春^(혼춘)시가 있다. 간화자에서는 軍을 军으로 줄여 珲으로 쓴다.

홀

笏(홀 홀): hù, 竹-6, 10, 10

字解 형성. 竹^(대 죽)이 의미부고 勿^(말 물)이 소리부로, '홀'을 말한다. 홀은 옛날 신하가 임금을 알현할 때 손에 쥐던 대^(竹)나 나무로 된 긴 판자를 말하는데, 이후 옥이나 상아로 만들었으며, 手板^(수판)이라고도 불렀다.

字形 [小篆] 說文小篆

忽(소홀히 할 홀): hū, 心-4, 8, 32

字解 형성. 心^(마음 심)이 의미부고 勿^(말 물)이 소리부로, 마음^(心)에 두지 않고^(勿) '잊어버리다'는 뜻이다. 또 잊어버렸다가 갑자기 생각나다는 뜻에서 '갑자기'라는 의미도 나왔다.

字形 [金文] 金文 [小篆] 說文小篆

惚(황홀할 홀): hū, 心-8, 11, 10

字解 형성. 心^(마음 심)이 의미부고 忽^(소홀히 할 홀)이 소리부로, 흐릿하여 분명하지 아니한^(忽) 마음^(心)을 말하며, 이로부터 흐리멍덩하다는 뜻도 나왔다.

홍

弘(넓을 홍): hóng, 弓-2, 5, 30

- 字解 지사. 갑골문에서 활(弓)에 지사 부호(一)가 더해졌는데, 이후 이 부호가 厶(사사 사)로 변해 지금의 자형이 되었다. 이 부호는 화살이 시위를 떠날 때 내는 큰 소리를 상징하였으며, 이로부터 '크다', '강력하다', '확대하다'의 뜻이 나왔다.

- 字形 ![甲骨文] 甲骨文 ![金文] 金文 ![說文小篆] 說文小篆

泓(깊을 홍): hóng, 水-5, 8, 12

- 字解 형성. 水(물 수)가 의미부고 弘(넓을 홍)이 소리부로, 물(水)이 깊고 넓은(弘) 모양을 말하며, 이로부터 깊은 물, 맑고 깨끗하다 등의 뜻이 나왔다.

- 字形 ![說文小篆] 說文小篆

洪(큰 물 홍): hóng, 水-6, 9, 32

- 字解 형성. 水(물 수)가 의미부고 共(함께 공)이 소리부로, '홍수'를 말한다. 이로부터 '크다'는 뜻도 나왔는데, 모두가 함께(共) 손을 맞잡고 막아야 하는 큰물(水) 즉 洪水(홍수)임을 그렸다.

- 字形 ![說文小篆] 說文小篆

哄(떠들썩할 홍): [叿], hòng, 口-6, 9, 10

- 字解 형성. 口(입 구)가 의미부고 共(함께 공)이 소리부로, 함께(共) 소리 내어(口) 떠들다는 뜻이며, 이로부터 떠들썩하다, 함께 소리치다 등의 뜻이 나왔다.

烘(횃불 홍): hōng, 火-6, 10

- 字解 형성. 火(불 화)가 의미부고 共(함께 공)이 소리부로, 함께(共) 횃불(火) 등을 들어 불을 밝히다는 뜻이며, 이로부터 태우다, 불을 쬐다 등의 뜻이 나왔다.

- 字形 ![說文小篆] 說文小篆

紅(붉을 홍): 红, hóng, 糸-3, 9, 40

- 字解 형성. 糸(가는 실 멱)이 의미부고 工(장인 공)이 소리부로, 옅은 붉은색의 면직물(糸)을 말했는데, 이후 분홍색과 선홍색 등 붉은색을 지칭하게 되었다. 붉은색은 중국에서 길상의 상징이기에 좋은 일, 경사라는 뜻이 나왔고, 현대 중국에서는 중국 공산당과 혁명의 상징으로 쓰였으며, 이로부터 '인기가 있다'는 뜻도 나왔다.

- 字形 ![簡牘文] 簡牘文 ![說文小篆] 說文小篆

鴻(큰 기러기 홍): 鸿, hóng, 鳥-6, 17, 30

- 字解 형성. 鳥(새 조)가 의미부고 江(강 강)이 소리부로, 기러기를 말한다. 기러기는 큰 새이기

에 크다는 뜻이 나왔는데, 長江^(장강)처럼 큰^(江) 새^(鳥)라는 뜻을 담았다.

字形 [그림] 說文小篆

虹(무지개 홍): hóng, 虫-3, 9, 10

字解 형성. 虫^(벌레 충)이 의미부고 工^(장인 공)이 소리부인데, 갑골문에서는 두 마리의 용^(虫)이 물을 내 뿜어 '무지개'를 만드는 모습을 그렸는데, 이후 지금처럼 형성구조로 변했다.

字形 [그림] 甲骨文 [그림] 說文小篆 [그림] 說文籀文

訌(무너질 홍): 讧, hòng, 言-3, 10, 10

字解 형성. 言^(말씀 언)이 의미부고 工^(장인 공)이 소리부로, 말^(言)로만 하는 공사^(工)라는 의미를 담아, 성과 없이 실패하다, 혼란스럽다, 소란을 일으키다는 뜻을 그렸다.

字形 [그림] 說文小篆

汞(수은 홍): gǒng, 水-3, 7

字解 형성. 水^(물 수)가 의미부고 工^(장인 공)이 소리부로, 금속원소의 하나인 '수은^(Hg)'을 말한다. 상온에서는 은백색^(銀은)의 액체^(水)로 되어 있기에 水銀이라 불리며, 이 때문에 水가 의미부로 채택되었다.

洚(큰물 홍): jiàng, 水-6, 9

字解 형성. 水^(물 수)가 의미부고 夅^(내릴 강)이 소리부로, 홍수를 말하는데, 洪^(큰물 홍)과 어원이 같은 글자이며, 큰물^(水)이 내려오다^(夅)는 뜻을 담았다.

字形 [그림] 甲骨文 [그림] 說文小篆

화

華(꽃 화): 华, huá, 艸-8, 12, 40

字解 상형. 화사하게 꽃을 드리운 꽃나무를 형상했으며, 이로부터 '꽃'이라는 뜻이 나왔다. 정착 농경을 일찍부터 시작했던 고대 중국인들에게 꽃은 곡식을 생장할 수 있게 해준다는 점에서 꽃과 씨를 숭배했으며, 이로부터 자신의 상징어가 되었고 이후 '중국'을 지칭하게 되었다. 또 화사하고 아름답다는 뜻도 나왔으며, 축하를 나타내는 높임말로도 쓰였다. 그러자 일반적인 '꽃'은 艸^(풀 초)가 의미부고 化^(될 화)가 소리부인 花^(꽃 화)를 만들어 구분해 표현했다. 간화자에서는 华로 줄여 쓰는데, 化는 소리부로 나타내고, 十^(열 십)은 아랫부분을 줄인 것이다. ☞ 花^(꽃 화)

字形 [그림] 古陶文 [그림] 簡牘文 [그림] 說文小篆

嫿(여자 이름 화): huà, 女-12, 15, 12

字解 형성. 女^(여자 여)가 의미부고 華^(꽃 화)가 소리

부로, 아름다운^(華) 여자^(女)라는 뜻으로, 여자의 이름에 쓰이는 글자이다.

樺(자작나무 화): 桦, huà, 木-12, 16, 12

字解 형성. 木^(나무 목)이 의미부고 華^(꽃 화)가 소리부로, 자작나무^(木)를 말한다. 간화자에서는 華를 华로 줄여 桦로 쓴다.

譁(시끄러울 화): 哗, [嘩], huá, 言-12, 19

字解 형성. 言^(말씀 언)이 의미부고 華^(꽃 화)가 소리부로, 흐드러지게 핀 꽃^(華)처럼 말^(言)이 많다는 뜻이다. 이로부터 시끄럽다, 떠들다, 떠벌리다 등의 의미가 나왔다. 달리 言 대신 口^(입 구)가 들어간 嘩로도 쓰며, 간화자에서는 嘩의 華를 华로 줄여 哗로 쓴다.

字形 譁 說文小篆

匕(될 화): huà, 匕-0, 2

字解 상형. 人^(사람 인)의 거꾸로 된 모습이다. 정면으로 선 사람과 비교해 거꾸로 선 사람은 죽은 사람을 상징한다. 사람이 태어나 살면서 죽는 과정을 '변화'로 인식했으며, 그래서 '변화하다'가 원래 뜻이다. 이후 의미를 명확하게 하기 위해 人을 더해 化^(될 화)로 분화했다. ☞ 化^(될 화)

字形 匕 說文小篆

化(될 화): huà, 匕-2, 4, 52

字解 형성. 人^(사람 인)이 의미부고 匕^(될 화, 化의 원래 글자)가 소리부로, 변화하다, 바꾸다는 뜻이다. 匕는 거꾸로 선 사람, 즉 죽은 사람을 뜻하여, 바로 선 사람^(人)과 거꾸로 선 사람^(匕)의 조합으로 삶과 죽음 간의 끊임없는 轉化^(전화)를 그렸다. 이로부터 '변화'의 의미가 나왔으며, 現代化^(현대화)에서처럼 그런 의미를 나타내는 명사화 접미사로도 쓰인다. 化로 구성된 다른 글자들은 모두 '變化^(변화)'와 의미적 관련을 가지는데, 花^(꽃화), 貨^(재화 화), 靴^(신 화) 등이 그러하다.

字形 𠤎 𠤎 𠤎 𠤎 𠤎 𠤎甲骨文 𠤎金文 𠤎 𠤎古陶文 𠤎簡牘文 𠤎說文小篆

花(꽃 화): [苍, 蘤], huā, 艸-4, 8, 70

字解 형성. 艸^(풀 초)가 의미부고 化^(될 화)가 소리부로, 씨를 맺어 새로운 생명으로 변화시키는^(化) 꽃을 말한다. 『설문해자』에서는 瓜^(늘어질 수)가 의미부고 亏^(어조사 우)가 소리부인 蕚^(꽃 화)로 썼고, 간혹 艸를 더하기도 했다. 원래 華^(꽃 화)로 쓰던 것을 華가 중국민족을 지칭하게 되자 일반적인 '꽃'을 지칭하기 위해 따로 만들어 분화한 글자다. 이후 꽃처럼 생긴 것을 지칭하는 말이 되었고, 이로부터 기생, 돈을 쓰다 등의 뜻도 나왔다. ☞ 華^(꽃 화)

字形 蕚 說文小篆 蘤 說文或體

靴(신 화): [鞾], xuē, 革-4, 13, 20

(字解) 형성. 革^(가죽 혁)이 의미부고 化^(될 화)가 소리부로, 구두를 말하는데, 가죽을 변화시켜^(化) 만든 것이라는 의미를 담았다. 『설문해자』에서는 革이 의미부고 華^(꽃 화)가 소리부인 鞾^(신 화)로 썼으나, 華가 化로 바뀌어 지금의 자형이 되었다.

(字形) 鞾 說文小篆

貨(재화 화): 货, huò, 貝-4, 11, 42

(字解) 형성. 貝^(조개 패)가 의미부고 化^(될 화)가 소리부로, 화폐나 통화를 말한다. 이로부터 화물, 상품, 팔다 등의 뜻이 나왔는데, 필요한 물품으로 바꿀^(化) 수 있는 화폐^(貝)라는 뜻을 담았다.

(字形) 貨貨貨貨貨 簡牘文 貨 貨 貨 貨 貨 貨 古幣文 貨 說文小篆

話(말할 화): 话, [語, 譮], huà, 言-6, 13, 70

(字解) 회의. 言^(말씀 언)과 舌^(혀 설)로 구성되어, '혀^(舌)를 잘 놀려 하는 말^(言)'을 뜻하며, 이로부터 화제, 이야기, 담론 등의 뜻이 나왔다. 『설문해자』에서는 語^(이야기 화)로 썼고, 『설문해자』의 주문체에서는 譮^(말할 화)로 쓰기도 했다.

(字形) 話 簡牘文 語 說文小篆 譮 咶說文籀文

禾(벼 화): hé, 禾-0, 5, 30

(字解) 상형. 갑골문에서 익어 고개를 숙인 곡식의 모습인데, 이를 주로 '벼'로 풀이하지만 벼가 남방에서 수입된 것임을 고려하면 갑골문을 사용하던 황하 중류의 중원 지역에서 그려낸 것은 야생 '조'일 가능성이 높다. 하지만, 벼가 수입되면서 오랜 주식이었던 조를 대신해 모든 곡물의 대표로 자리하게 된다. 그래서 '벼', '수확'과 관련되어 있으며, 곡물은 중요한 재산이자 세금으로 내는 물품이었기에 稅金^(세금) 등에 관련된 글자를 구성하기도 한다.

(字形) 禾禾禾禾禾 甲骨文 禾禾禾 金文 禾禾 古陶文 禾 簡牘文 禾 說文小篆

和(화할 화): [龢, 咊], hé, hè, 口-5, 8, 60

(字解) 형성. 口^(입 구)가 의미부고 禾^(벼 화)가 소리부로, 다관 피리를 말하는데, 조화롭다, 화합하다, 화목하다, 강화를 맺다, 섞다 등의 뜻이 나왔다. 원래는 龢^(풍류 조화될 화)로 써여러 개의 피리^(龠약)에서 나는 소리가 조화를 이루는 모습을 형상했으나, 다관 피리를 그린 龠을 口로 줄여 지금의 자형이 되었다. ☞ 龢^(풍류 조화될 화)

(字形) 和 甲骨文 和 和 和 和 簡牘文 咊

說文小篆

盉(조미할 화): hé, 皿-5, 10

字解 형성. 皿^(그릇 명)이 의미부고 禾^(벼 화)가 소리부로, 주전자처럼 긴 주둥이를 가진 옛날의 술그릇을 말하는데, 여러 맛을 섞어 맛을 낼 수 있는^(禾, 和와 통함) 그릇^(皿)이라는 뜻을 담았다. 『설문해자』에서는 '조미하다^(調味)'라는 뜻이라고 했다.

字形 金文 說文小篆

火(불 화): [灬], huǒ, 火-0, 4, 80

字解 상형. 불은 인류의 문명 생활을 가능하게 한 중요한 도구인데, 火는 넘실거리며 훨훨 타오르는 불꽃을 그렸다. '불'과 불에 의한 요리법, 강렬한 열과 빛, 화약, 무기, 火星^(화성), 재앙을 뜻하며, 나아가 식사를 함께하는 군사 단위인 10명을 지칭하며 이로부터 '동료'라는 뜻도 나왔다. 또 불같이 성질을 내다는 뜻도 가진다. 상하구조로 된 합성자에서는 공간을 고려해 灬로 쓴다.

字形 甲骨文 簡牘文 石刻古文 說文小篆

禍(불행 화): 祸, huò, 示-9, 14, 32

字解 형성. 示^(보일 시)가 의미부고 咼^(뼈 발라낼 과)가 소리부로, 제사^(示)를 지낼 때 썼던 점복용 뼈^(咼)로써 '재앙'의 의미를 그렸는데, 재앙이 닥쳐올까 신에게 도움을 청하며 점을 쳤던 때문으로 보인다. 재앙으로부터 해, 과실 등의 뜻이 나왔다. 간화자에서는 咼를 呙로 줄여 祸로 쓴다.

字形 甲骨文 金文 簡牘文 說文小篆

畫(그림 화): 画, [畵], huà, 田-8, 13, 60

字解 회의. 갑골문에서 붓^(聿·율, 筆의 원래 글자)으로 그림이나 도형을 그리는 모습이며, 이로부터 그림이나 그림을 그리다는 뜻이 나왔다. 금문에서는 도형 대신 농사지을 땅^(周·주)의 경계를 그리는 모습으로 변화되었고, 이후 周가 田^(밭 전)로 변해 지금의 자형이 되었다. 달리 畵^(그림 화)로 쓰기도 하며, 간화자에서는 画로 줄여 쓴다.

字形 甲骨文 金文 簡牘文 古璽文 說文小篆 說文古文

確(굳을 확): 确, què, 石-10, 15, 42

字解 형성. 石^(돌 석)이 의미부고 隺^(뜻 고상할 각)이 소리부로, 굳다는 뜻인데, 큰^(隺) 돌^(石)처럼 견고하다는 뜻을 담았다. 『설문해자』에서는 石이 의미부고 角^(뿔 각)이 소리부인 确으로 썼고, 혹체에서는 소리부가 㱿^(내려칠 각)으로 바뀌었다. 간화자에서도 『설문해자』처럼 确으로 쓴다.

字形 𥖨 說文小篆 𥔿 說文或體

擴(넓힐 확): 扩, kuò, 手-15, 18, 30

字解 형성. 手^(손 수)가 의미부고 廣^(넓을 광)이 소리부로, 손^(手)으로 잡아당겨 넓게^(廣) 펼치다는 뜻이며, 이로부터 擴大^(확대)하다, 擴張^(확장)하다 등의 뜻이 나왔다. 간화자에서는 廣을 广^(집 엄)으로 줄여 扩으로 쓴다.

穫(벼 벨 확): huò, 禾-14, 19, 30

字解 형성. 禾^(벼 화)가 의미부고 蒦^(자 확)이 소리부로, '收穫^(수확)함'을 말하는데, 곡식^(禾)을 거두어 들여 획득하다^(蒦)는 뜻을 담았다.

字形 𤔔 甲骨文 𤉡 𤔲 簡牘文 𥢶 說文小篆

碻(굳을 확): [塙, 碻], què, 石-10, 15

字解 형성. 高^(높을 고)가 의미부고 石^(돌 석)이 소리부로, 키가 큰^(高) 돌^(石)처럼 견고하다는 뜻이며, 이로부터 튼튼하다, 견실하다는 뜻이 나왔다.

字形 𡎚 簡牘文 塙 說文小篆

攫(붙잡을 확): jué, 手-20, 23

字解 형성. 手^(손 수)가 의미부고 矍^(두리번거릴 확)이 소리부로, 조수가 두리번거리며^(矍) 먹잇감을 발톱^(手)으로 움켜쥐는 것을 말한다. 이로부터 잡다, 탈취하다 등의 뜻이 나왔다.

字形 𢶍 說文小篆

廓(둘레 확): kuò, 广-11, 14

字解 형성. 广^(집 엄)이 의미부고 郭^(성곽 곽)이 소리부로, 내성의 바깥 둘레로 축조해 만든 외성^(郭)처럼 둘레를 친 건축물^(广)을 말한다. 이로부터 물체의 둘레, 주위, 輪廓^(윤곽) 등의 뜻이 나왔고, 확대하다, 제거하다는 뜻도 나왔다.

圜(두를 환): yuán, □-13, 16

字解 형성. □^(에워쌀 위)가 의미부이고 睘^(놀라서 볼 경)이 소리부이다. 『설문해자』의 해설처럼,

'천체^(天體)'를 말하며, 이로부터 하늘, 둥글다, 에워싸다, 빙 돌다 등의 뜻이 나왔고, 다시 원형, 감옥 등도 뜻하게 되었다. 그래서 圜丘壇^(환구단)은 '하늘에 제사지내기 위하여 둥글게 쌓은 단'을 말한다. 또 우리나라의 옛 화폐 단위로 대한제국과 해방 후 1953~1962년까지 사용되었다.

字形 圜 說文小篆

還(돌아올 환): 还, huán, 辵-13, 17, 32

字解 형성. 辵^(쉬엄쉬엄 갈 착)이 의미부고 睘^(놀라서 볼 경)이 소리부로, 갔다가^(辵) 둥근 원을 그리듯^(睘) 한 바퀴 돌아서 오다는 뜻이며, 이로부터 돌아오다, (군사 등을) 되돌리다, 돌려주다는 뜻이 나왔고, 다시 여전히, 더욱더 등의 뜻도 나왔다. 간화자에서는 睘을 不^(아닐 불)로 간단히 줄여 还으로 쓴다.

字形 睘 睘 睘 睘 金文 睘 睘 簡牘文 睘 說文小篆

環(고리 환): 环, huán, 玉-13, 17, 40

字解 형성. 玉^(옥 옥)이 의미부고 睘^(놀라서 볼 경)이 소리부로, 가운데가 뚫린 둥근 모양^(睘)의 옥^(玉)을 말하며, 이후 '고리', 둘러싸다 등의 뜻이 생겼다. 간화자에서는 睘을 不^(아닐 불)로 간단히 줄여 环으로 쓴다.

字形 睘 睘 環 金文 環 環 簡牘文 環 古璽文 環 說文小篆

繯(옅은 비단 환): 缳, huán, 糸-13, 19

字解 형성. 糸^(가는 실 멱)이 의미부고 睘^(놀라서 볼 경)이 소리부로, 옅은 비단^(糸)을 말하며, 또 끈^(糸)을 둥글게 하여^(睘) 목 등을 묶다는 뜻으로도 쓰였다.

字形 繯 古陶文 繯 盟書 繯 繯 古璽文

患(근심 환): huàn, 心-7, 11, 50

字解 형성. 心^(마음 심)이 의미부고 串^(꿸 천)이 소리부로, 꼬챙이^(串)가 심장^(心)을 찌르는 것과 같은 아픔이나 고통을 말하며, 이로부터 걱정거리, 병, 재앙 등의 뜻이 나왔다. ☞ 串^(꽂 꽂/꿸 천)

字形 患 患 患 簡牘文 患 說文小篆 患 說文古文

歡(기뻐할 환): 欢, [懽, 讙, 驩], huān, 欠-18, 22, 40

字解 형성. 欠^(하품 흠)이 의미부고 雚^(황새 관)이 소리부로, 눈을 동그랗게 뜨고^(雚) 입을 크게 벌려^(欠) 좋아할 만큼 기쁘고 즐거움을 말한다. 달리 심리적 상태를 강조한 懽^(기뻐할 환)이나, 기쁨을 강조한 讙^(시끄러울 환) 등으로 쓰기도 하며, 간화자에서는 雚을 간단한 부호 又^(또 우)로 줄여 欢으로 쓴다.

字形 歡 古璽文 歡 簡牘文 歡 說文小篆

驩(기뻐할 환): huān, 馬-18, 28, 10

● 字解 형성. 馬^(말 마)가 의미부고 雚^(황새 관)이 소리부로, 말^(馬)의 이름이었는데, 歡^(기뻐할 환)과 통용되어 즐겁다, 기뻐하다, 환심을 사다 등의 뜻도 가진다. 간화자에서는 歡에 통합되어 欢으로 쓴다.

● 字形 驩 說文小篆

晥(환할 환): wǎn, 日-7, 11

● 字解 형성. 日^(날 일)이 의미부고 完^(완전할 완)이 소리부로, 햇빛^(日)이 환하게 비치다는 뜻이다. 달리 皖^(샛별 환)의 이체자로도 쓰인다.

宦(벼슬 환): huàn, 宀-6, 9, 10

● 字解 회의. 宀^(집 면)과 臣^(신하 신)으로 구성되어, 집^(宀) 속에 갇힌 신하^(臣)를 뜻한다. 이로부터 궁궐의 제한된 공간 속에 갇혀 일하는 말단 관리, 즉 宦官^(환관)을 말했으며, 제왕의 신하, 말단 관리, 관리가 되다 등의 뜻도 나왔다.

● 字形 宦 金文 宦 古陶文 宦 宦 簡牘文 宦 說文小篆

豢(기를 환): huàn, 豕-6, 13

● 字解 형성. 豕^(돼지 시)가 의미부고 龹^(밥 뭉칠 권)이 소리부로 '기르다'는 뜻인데, 龹은 釆^{(분별}

할 변⁾과 廾^(두 손으로 받들 공)으로 구성되어 두 손^(廾)으로 자세히 살펴가며^(釆) 돼지^(豕)를 키우는 모습에서 '기르다'는 의미를 그렸다.

● 字形 豢 簡牘文 豢 說文小篆

丸(알 환): wán, 丶-2, 3, 30

● 字解 지사. 소전체에서부터 나타나는데, 『설문해자』에서는 仄^(기울 측)의 뒤집은 모습으로 써 "기울어진 채 빙빙 돌아가는 것을 말하며, 둥글다는 뜻이다."라고 풀이했다. 이는 기울어지지^(仄) 않음을 상징하고, 따라서 사람이 손으로 무언가를 돌리는 모습으로 추정된다. 둥근 것은 빙빙 돌아가며 바로 서지 못한다. 그래서 丸에 '둥글다'는 뜻이 들었고, 다시 丸藥^(환약)과 같이 둥글게 만든 알약을 부르게 되었다. 현대 옥편에서 丶^(점 주)부수에 편입되었지만 丶와는 의미적 관련이 없는 글자이다.

● 字形 丸 說文小篆

紈(흰 비단 환): 纨, wán, 糸-3, 9

● 字解 형성. 糸^(가는 실 멱)이 의미부고 丸^(알 환)이 소리부로, 흰색의 가는 비단^(糸)을 말한다.

● 字形 紈 說文小篆

桓(푯말 환): huán, 木-6, 10, 12

- 字解 형성. 木^(나무 목)이 의미부고 亘^(걸칠 긍)이 소리부로, 옛날 절이나 무덤, 다리, 성문 등에 표시해 둔 나무(木) 푯말이나 문 양쪽에 심었던 키 큰 나무를 말하기도 하며 이로부터 크다는 뜻도 나왔다.

- 字形 桓 桓 古璽文 桓 說文小篆

幻(변할 환): huàn, 幺-1, 4, 20

- 字解 상형. 『설문해자』에서는 베틀의 북을 그린 予^(나 여, 杼의 원래 글자)를 거꾸로 그린 모습이라 했는데, 금문에서는 실타래^(幺)의 끝에 실이 이어진 모습을 했으며, 자형이 변해 지금처럼 되었다. 베틀의 북을 거꾸로 그려 놓음으로써 '변화'라는 뜻을 그렸고, 이로부터 사람의 눈을 현란하게 함을, 다시 허상, 變幻^(변환갑자기 나타났다 없어짐), 속이다 등의 뜻이 나왔다.

- 字形 𣄐 𣄐 金文 𣄐 𣄐 古陶文 𣄐 說文小篆

奐(빛날 환): huàn, 大-6, 9

- 字解 회의. 소전체에서 人^(사람 인)과 穴^(구멍 혈)과 廾^(두 손으로 받들 공)으로 구성되었는데, 자형이 조금 변해 지금처럼 되었다. 『설문해자』에서는 "사람^(人)이 높은 동굴 집^(穴) 위에 서 있는 모습이다"라고 풀이했다. 따라서 奐은 인간이 살던 집의 가장 원시적 형태인 동굴에 두 손^(廾)의 형상을 더함으로써, 어떤 것을 집으로 가져와 '바꾸다', 교환하

다, 변환하다는 의미를 그린 것으로 추정된다. 이후 '빛나다'는 뜻으로 쓰이게 되자 원래 의미는 手^(손 수)를 더하여 換^(바꿀 환)으로 분화했다.

- 字形 奐 盟書 奐 說文小篆

煥(불꽃 환): 焕, huàn, 火-9, 13, 12

- 字解 형성. 火^(불 화)가 의미부고 奐^(빛날 환)이 소리부로, 불^(火)이 빛나 밝음을 말하며, 광채를 발하다는 뜻도 나왔다.

- 字形 煥 說文小篆

換(바꿀 환): huàn, 手-9, 12, 32

- 字解 형성. 手^(손 수)가 의미부고 奐^(빛날 환)이 소리부로, 奐에서 분화한 글자이다. 어떤 것을 집으로 가져와 바꾸는^(奐) 행위^(手)를 말하며, 이로부터 변경하다, 交換^(교환)하다, 바꾸다의 뜻이 나왔다. ☞ 奐^(빛날 환)

- 字形 換 說文小篆

喚(부를 환): huàn, 口-9, 12, 10

- 字解 형성. 口^(입 구)가 의미부고 奐^(빛날 환)이 소리부로, 소리 내어^(口) 부른다는 뜻이며, 이로부터 초청하다, 새나 짐승이 울다의 뜻도 나왔다.

- 字形 喚 說文小篆

渙(흩어질 환): 涣, huàn, 水-9, 12

字解 형성. 水^(물 수)가 의미부고 奐^(빛날 환)이 소리부로, 물^(水)이 세차게 흐르는 모양을 말하며, 이로부터 흩어진다는 뜻이 나왔다. 또 『주역』 64괘 이름의 하나이다.

字形 說文小篆

鰥(환어 환): 鳏, guān, 魚-10, 21, 10

字解 형성. 魚^(고기 어)가 의미부고 眔^(눈으로 뒤따를 답)이 소리부로, 鰥魚^(감어)를 말하는데, 홀로 돌아다니기를 좋아하는 습성을 갖고 있다. 이러한 속성 때문에 나이가 들어 처가 없거나 상처한 '홀아비'를 지칭하게 되었다.

字形 說文小篆

활

活(살 활): [湉], huó, 水-6, 9, 70

字解 형성. 水^(물 수)가 의미부고 舌^(혀 설)이 소리부로, 살다, 생존하다, 살아있다, 활발하다는 뜻이다. 원래는 水가 의미부고 昏^(입 막을 괄)이 소리부인 湉^(입 막을 괄)로 써 물^(水)이 흘러감을 말했는데, 昏이 舌로 변해 지금의 자형이 되었으며, 혀^(舌)에 수분^(水)이 더해지면 부드럽고 원활하게 '살아나' 잘 움직인다는 뜻을 그렸다.

字形 說文小篆

闊(넓을 활): 阔, [濶], kuò, 門-9, 17, 10

字解 형성. 門^(문 문)이 의미부고 活^(살 활)이 소리부로, '넓다', 廣闊^(광활)하다는 뜻인데, 문^(門)이란 모름지기 '넓게' 트였을 때 살아있는^(活) 존재임을 웅변해 준다. 이후 시간이나 공간적 거리가 크다, 돈이 많다 등의 뜻도 나왔다. 간화자에서는 阔로 쓴다.

字形 說文小篆

豁(뚫린 골 활): huò, 谷-10, 17

字解 형성. 谷^(골 곡)이 의미부고 割^(나눌 할)의 생략된 모습이 소리부로, 칼로 잘라낸 듯^(割) 깊게 패 '확 트인 계곡^(谷)'을 말하며, 마음이 확 트여 豁達^(활달)함을 말하게 되었다. 『설문해자』에서는 좌우가 바뀐 구조의 𥥻로 썼다.

字形 說文小篆

滑(미끄러울 활): huá, 水-10, 13, 20

字解 형성. 水^(물 수)가 의미부고 骨^(뼈 골)이 소리부로, 매끄럽다는 뜻인데, 반들반들한 뼈^(骨)에 물이 떨어졌을 때의 '미끄러움'이라는 뜻을 반영했다. 이후 스케이트나 스키를 타다, 狡猾^(교활)하다 등의 뜻도 나왔다.

字形 簡牘文 說文小篆

猾(교활할 활): huá, 犬-10, 13, 10

(字解) 형성. 犬^(개 견)이 의미부고 骨^(뼈 골)이 소리부로, 반들반들한 뼈^(骨)의 미끄러움만큼이나 '교활한' 여우^(犭)로부터 狡猾^(교활)하다는 의미를 그려냈다.

(字形) 猾 說文小篆

황

荒(거칠 황): huāng, 艸-6, 10, 32

(字解) 형성. 艸^(풀 초)가 의미부고 巟^(망할 황)이 소리부로, 잡초^(艸)만 끝없이 펼쳐져 있는^(巟) 황무지를 말한다.

(字形) 荒 金文 荒 石刻古文 荒 說文小篆

慌(어렴풋할 황): huāng, 心-10, 13, 10

(字解) 형성. 心^(마음 심)이 의미부고 荒^(거칠 황)이 소리부로, 마음^(心)이 거칠고^(荒) 두려움을 말한다. 이로부터 마음이 바쁘고 혼란스러움을, 다시 분명하지 못하고 어렴풋함을 뜻하게 되었다.

謊(잠꼬대 황): 谎, [諕], huǎng, 言-10, 17

(字解) 형성. 言^(말씀 언)이 의미부고 荒^(거칠 황)이 소리부로, 거짓말을 말하는데, 잠꼬대처럼 분

명하지 못하고 어렴풋한^(荒) 말^(言)이라는 뜻을 담았으며, 이후 흥정을 고려하여 실제가보다 비싸게 매겨 부르는 값을 뜻하기도 하였다.

衁(피 황): huāng, 血-3, 9

(字解) 형성. 血^(피 혈)이 의미부이고 亡^(망할 망)이 소리부이다. 『설문해자』의 해설처럼, '피^(血)'를 말한다. 『춘추좌전』 희공 15년^(B.C. 645)에서 "무사가 양을 찔렀지만 피가 나지 않습니다^(士刲羊, 亦無衁也)."라고 했다.

(字形) 衁 說文小篆

黃(누를 황): 黄, huáng, 黃-0, 12, 60

(字解) 상형. 갑골문에서 옥^(玉·옥)을 실로 꿰어 매듭을 지은 자락이 두 갈래 아래쪽까지 늘어진 아름다운 장식 옥^(佩玉·패옥)을 그렸는데, 자형이 변해 지금처럼 되었다. 장식 옥이 원래 뜻이고, 길상을 뜻하는 황색의 옥을 패옥으로 주로 썼고, 이 때문에 누르다는 뜻이 나왔고, 이후 황하 강을 지칭하기도 했다. 그러자 원래 뜻은 玉^(옥 옥)을 더한 璜^(서옥 황)을 만들어 분화했다. 간화자에서는 필획을 줄인 黄으로 쓴다.

(字形) 黃 黃 黃 黃 甲骨文 黃 黃 黃 黃 黃 黃 黃 黃 金文 黃 古陶文 黃 簡牘文 黃 帛書 黃 說文古文 黃 說文小篆

潢(웅덩이 황): 潢, huáng, 水-12, 15

字解 형성. 水^(물 수)가 의미부고 黃^(누를 황)이 소리부로, 물^(水)이 고인 웅덩이를 말하며, 작은 물길이라는 뜻도 가진다. 또 종이에 물^(水)을 들이다는 뜻도 가져 도배하다, 표구하다의 뜻도 나왔다.

字形 ![갑골문] 甲骨文 ![설문소전] 說文小篆

璜(서옥 황): huáng, 玉-12, 16

字解 형성. 玉^(옥 옥)이 의미부고 黃^(누를 황)이 소리부로, 옥기^(玉)의 이름으로, 반쪽으로 된 璧^(벽)처럼 생겼는데, 옛날 조회나 제사, 상례 등의 의식 때 썼다.

字形 ![금문] 金文 ![설문소전] 說文小篆

簧(혀 황): 簧, huáng, 竹-12, 18

字解 형성. 竹^(대 죽)이 의미부고 黃^(누를 황)이 소리부로, 관악기의 부리에 장치하여 그 진동으로 소리를 내던 대^(竹)나 쇠로 만든 얇은 조각을 말하며, 용수철^(彈簧탄황)처럼 탄성을 가진 기계 부속품을 뜻하게 되었다.

字形 ![금문] 金文 ![설문소전] 說文小篆

皇(임금 황): huáng, 白-4, 9, 32

字解 형성. 白^(흰 백)이 의미부고 王^(임금 황)이 소리부로, 황제를 말하는데, 왕^(王) 중에서도 우두머리^(白)라는 뜻을 담았다. 금문의 자형

에 대해서는 혹자는 해가 땅 위로 솟아오르는 모습을 그렸다고도 하지만, 왕관^(王)에다 윗부분에 화려한 장식이 더해진 것으로, 王보다 더욱 화려함을 강조한 것으로 보이며, 이 때문에 王보다 한 단계 위의 지위인 황제를 지칭하는 개념으로 쓰이게 된 것으로 보인다. 『설문해자』에서는 自^(스스로 자)와 王의 결합으로 이루어져, 왕^(王)이 秦^(진) 始皇^(시황)에서부터 시작된다^(自)는 뜻에서 '皇帝^(황제)'라는 뜻이 나온 것으로 풀이했다. 이후 크다, 위대하다, 아름답다, 휘황찬란하다 등의 뜻이 나왔다. 이후 찬란하게 빛남을 말할 때에는 火^(불 화)를 더해 煌^(빛날 황)으로 분화했다.

字形 ![금문] 金文 ![고도문] 古陶文 ![간독문] 簡牘文 ![고새문] 古璽文 ![설문소전] 說文小篆

凰(봉황새 황): huáng, 几-9, 11, 10

字解 형성. 几^(무릇 범)이 의미부고 皇^(임금 황)이 소리부로, 암컷 봉새를 말하는데, 바람^(几, 帆의 원래 글자)을 일으킨다는 전설상의 새로서, 새의 제왕^(皇)으로 알려졌다. 원래는 皇^(임금 황)으로 썼으나 鳳^(봉새 봉)과 주로 짝을 이루어 쓰임으로써 鳳의 영향을 받아 几을 더해 凰이 되었고, 다시 几의 한 획이 줄어 几^(안석 궤)가 되어 지금의 자형이 되었다.

惶(두려워할 황): huáng, 心-9, 12, 10

字解 형성. 心(마음 심)이 의미부고 皇(임금 황)이 소리부로, 지체 높은 절대 권력을 가진 황제(皇) 앞에서의 마음(心)으로부터 惶恐(황공)함과 '두려워하다'는 의미를 그렸다.

字形 ⿰忄皇 說文小篆

煌(빛날 황): huáng, 火-9, 13, 10

字解 형성. 火(불 화)가 의미부고 皇(임금 황)이 소리부로, '빛나다'는 뜻인데, 화려한 왕관(皇)처럼 불(火)이 환하게 빛남을 말한다. ☞ 皇(임금 황)

字形 ⿰火皇 說文小篆

篁(대숲 황): huáng, 竹-9, 15

字解 형성. 竹(대 죽)이 의미부고 皇(임금 황)이 소리부로, 대(竹)밭이나 '대숲'을 말하며, 대로 만든 악기를 뜻하기도 한다.

字形 ⿱竹皇 說文小篆

遑(허둥거릴 황): huáng, 辵-9, 13, 10

字解 형성. 辵(쉬엄쉬엄 갈 착)이 의미부고 皇(임금 황)이 소리부로, 이리저리 왔다 갔다 하며(辵) 여유롭게 거닐다는 뜻이며, 달리 급박하다는 뜻도 가진다.

字形 ⿺辶皇 說文小篆

隍(해자 황): [湟], huáng, 阜-9, 12

字解 형성. 阜(언덕 부)가 의미부고 皇(임금 황)이 소리부로, 해자를 말하는데, 임금(皇)이 사는 성을 따라 흙(阜)을 파내고 만든 물길을 말한다. 달리 물길(水)을 판 곳이라는 뜻에서 水(물 수)를 더한 湟(해자 황)으로 쓰기도 한다. ☞ 湟(해자 황)

字形 ⿰阝皇 說文小篆

蝗(누리 황): huáng, 虫-9, 15

字解 형성. 虫(벌레 충)이 의미부고 皇(임금 황)이 소리부로, 곤충(虫)의 일종인 메뚜기를 말하며, 메뚜기에 의한 재해도 뜻한다.

字形 ⿰虫皇 說文小篆

徨(노닐 황): huáng, 彳-9, 12, 10

字解 형성. 彳(조금 걸을 척)이 의미부고 皇(임금 황)이 소리부로, 마음이 놀라 안정되지 못해 이리저리 거닐다(彳)는 뜻이다.

湟(해자 황): [隍], huáng, 水-9, 12

字解 형성. 水(물 수)가 의미부고 皇(임금 황)이 소리부로, 해자를 말하는데, 임금(皇)이 사는 성을 따라 흙을 파내고 만든 물길(水)을 말한다. 달리 水 대신 阜(阝·언덕 부)를 더한 隍(해자 황)으로 쓰기도 한다.

恍(황홀할 황): [怳], huǎng, 心-5, 9, 10

字解 형성. 心^(마음 심)이 의미부고 光^(빛 광)이 소리부로, 황홀하다는 뜻인데, 모호한 상태에서 한 줄기 빛^(光)을 발견하듯 갑자기 깨달음을 얻는 마음^(心)의 상태를 말한다. 이로부터 홀연히, '마치……와 같다', 무엇인지 구분되지 않고 몽롱하다 등의 뜻도 나왔다. 달리 光 대신 兄^(맏 형)이 들어간 怳으로 쓰기도 한다.

晄(밝을 황): huǎng, 日-6, 10

字解 형성. 日^(날 일)이 의미부고 光^(빛 광)이 소리부로 된 좌우구조로, 태양^(日)의 빛^(光)이라는 뜻으로부터 '밝다', '번쩍이다'는 뜻이 나왔으며, 상하구조로 된 晃^(밝을 황)과 같다.

字形 ⟨篆⟩ 說文小篆

晃(밝을 황): huǎng, 日-6, 10, 12

字解 형성. 日^(날 일)이 의미부고 光^(빛 광)이 소리부로 된 상하구조로, 태양^(日)의 빛^(光)이라는 뜻으로부터 '밝다', '번쩍이다'는 뜻이 나왔으며, 좌우구조로 된 晄^(밝을 황)과 같다.

字形 ⟨篆⟩ 說文小篆

滉(물 깊고 넓을 황): huàng, 水-10, 13, 12

字解 형성. 水^(물 수)가 의미부고 晃^(밝을 황)이 소리부로, 물^(水)이 깊고 넓은 모양을 말하며, 물결이 치다, 물결^(水)에 불빛^(晃)이 흔들리듯 '흔들거리다'는 뜻도 가진다.

幌(휘장 황): huǎng, 巾-10, 13

字解 형성. 巾^(수건 건)이 의미부고 晃^(밝을 황)이 소리부로, 베^(巾)로 만든 옆이 트이고 위만 가려진 장막을 말하는데, 이후 상점이나 주점 등에 내건 간판을 말하기도 했다.

愰(밝을 황): huàng, huǎng, 心-10, 13

字解 형성. 心^(마음 심)이 의미부고 晃^(밝을 황)이 소리부로, 마음^(心)이 밝음^(晃)을 말하며, 심신이 안정되지 못하고 황홀한 상태를 말하기도 한다.

榥(책상 황): huàng, 木-10, 14

字解 형성. 木^(나무 목)이 의미부고 晃^(밝을 황)이 소리부로, 햇빛이 환하게^(晃) 들어오게 하는 나무^(木)로 만든 들창이나 격자창을 말한다. 또 책상을 말하는데, 햇빛이 잘 드는 환한^(晃) 곳에 두는 기물^(木)이라는 뜻을 담았다.

況(하물며 황): 况, kuàng, 水-5, 8, 40

字解 형성. 水^(물 수)가 의미부고 兄^(맏 형)이 소리부로, 원래는 況으로 써 얼음^(冫·빙)처럼 차가운 물을 말했는데, 이후 '하물며'라는 부사로 가차되었고, 冫이 형체가 비슷한 氵^(水)로 변해 況이 되었다. 간화자에서는 원래의 況으로 쓴다.

字形 甲骨文 說文小篆 況 玉篇

회

回(돌 회): [囘, 囬, 逥, huí, 囗-3, 6, 42

字解 상형. 갑골문에서 물이 소용돌이치는 모양을 그렸고, 이로부터 回轉^(회전), 돌다, 돌아가다, 회신하다 등의 뜻이 나왔다. 이후 이슬람 족^(回族·회족)을 지칭하는 말로도 쓰였으며, 현대 중국어에서는 사건의 횟수를 나타내는 단위사로도 쓰였다. 그러자 원래의 뜻은 水^(물 수)를 더한 洄^(물이 빙빙 돌 회)로 분화했다.

字形 金文 簡牘文 說文古文 說文小篆

洄(거슬러 올라갈 회): huí, 水-6, 9

字解 형성. 水^(물 수)가 의미부이고 回^(돌 회)도 의미부이다. 『설문해자』의 해설처럼, '소회^(遡洄) 즉 물을 거슬러 올라가다'가 원래 뜻이다.

이로부터 돌아 흐르다, 어리석다 등의 뜻도 나왔다. 回^(회)는 원래 물이 소용돌이치는 모양을 그렸고, 이로부터 回轉^(회전), 돌다, 돌아가다, 회신하다 등의 뜻이 나온 글자이다. ☞ 回^(돌 회)

字形 說文小篆

逥(돌 회): huí, 辶-6, 9, 20

字解 형성. 辶^(길게 걸을 인)이 의미부고 回^(돌 회)가 소리부로, 물길이 도는 모습을 형상화한 回^(돌 회)와 辶으로 구성되어, 물길이 휘도는 모습을 그렸으며, 이로부터 '돌다'와 '돌아가다'의 뜻이 생겼다.

徊(노닐 회): huí, 彳-6, 9, 10

字解 형성. 彳^(조금 걸을 척)이 의미부고 回^(돌 회)가 소리부로, 길^(彳)을 갔다가 다시 돌아오는^(回) 등 이리저리 오가며 徘徊^(배회)함을 말한다.

蛔(회충 회): [蛕, 蛔, 痐, 蚘], huí, 虫-6, 12, 10

字解 형성. 虫^(벌레 충)이 의미부고 回^(돌 회)가 소리부로, 회충을 말하는데, 몸속에 기생하는 선형^(回) 동물^(虫)이라는 뜻을 담았다. 달리 痐^(회충 회), 蚘^(회충 회), 蛕^(회충 회) 등으로 쓰기도 한다.

字形 金文 說文小篆

茴(회향풀 회): huí, 艸-6, 10

字解 형성. 艸(풀 초)가 의미부고 回(돌 회)가 소리부로, '회향풀'을 말하는데, 원래는 향기를 품었다는 뜻에서 懷香(회향)으로 썼으나 북방 사람들이 茴香으로 고쳤으며, 고기를 삶을 때 넣어 향기를 되돌아오게(回, 迴와 같은 글자) 하는 풀(艸)이라는 뜻을 담았다.

懷(품을 회): 怀, huái, 心-16, 19, 32

字解 형성. 心(마음 심)이 의미부고 褱(품을 회)가 소리부로, 가슴(心) 속에 품고 있는(褱) 생각을 말했는데, 품다, 가슴 앞 등의 뜻으로 확장되었다. 간화자에서는 褱를 不(아닐 불)로 간단하게 줄여 怀로 쓴다.

字形 𢛪 說文小篆

淮(강 이름 회): huái, 水-8, 11, 12

字解 회의. 水(물 수)와 隹(새 추)로 구성되어, 강(水)의 이름인 淮水를 말하는데, 길이가 1천 킬로미터에 이르는 중국에서 세 번째로 긴 강이다. 그 지역이 새(隹)를 숭상하여 토템으로 삼던 모습을 반영했다.

字形 𤓰 𨿠甲骨文 𤃬 𤁯 𤂅金文 𤂅 𤃂古陶文 𤄒說文小篆

匯(물 합할 회): 汇, [滙], huì, 匚-11, 13

字解 형성. 匚(상자 방)이 의미부고 淮(강 이름 회)가 소리부로, 강물이 상자(匚) 속으로 들어가듯 한 곳으로 모이다는 뜻이며, 이로부터 한데 모으다의 뜻이 생겼다. 간화자에서는 水(물 수)와 匚으로 구성된 汇로 쓰며, 彙(무리 휘)의 간화자로도 쓰인다.

字形 𣀓說文小篆

誨(가르칠 회): 诲, huì, 言-7, 14, 10

字解 형성. 言(말씀 언)이 의미부고 每(매양 매)가 소리부로, '가르치다'는 뜻인데, 어머니(每)의 말씀(言)이 바로 '가르침'임을 그렸다. 이로부터 깨우치다, 교도하다, 권하다 등의 뜻도 나왔다. 每는 母(어미 모)에서 분화한 글자로, 비녀를 꽂은 성인 여성을 그렸는데, 단독으로 쓰일 때에는 '매양'으로만 쓰이고 원래 뜻은 사라졌으나, 합성자에서는 '어미'의 뜻이 남아 있다. ☞ 每(매양 매)

字形 𣎵 𣎶甲骨文 𣎷 𣎸 𣎹金文 𣎺 說文小篆

悔(뉘우칠 회): huǐ, 心-7, 10, 32

字解 형성. 心(마음 심)이 의미부고 每(매양 매)가 소리부로, 후회하고 뉘우침을 말한다. 어머니(每)에 대한 마음(心)은 다 자라고 철이 들어서야 뒤늦게 느끼게 되는 법, 어머니의 깊은 마음을 잘 헤아리지 못했음을 후회하고 뉘우치다는 뜻을 반영했다. 每는 母(어미 모)에서 분화한 글자로, 비녀를 꽂은 성인 여성을 그렸는데, 단독으로 쓰일 때에는

'매양'으로만 쓰이고 원래 뜻은 사라졌으나, 敏^(민첩할 민) 같은 합성자에서는 '어미'의 뜻이 남아 있다. ☞ 每^(매양 매)

字形 金文 簡牘文 說文小篆

晦(그믐 회): huì, 日-7, 11, 10

字解 형성. 日^(날 일)이 의미부고 每^(매양 매)가 소리부로, 음력으로 달이 끝나는 마지막 날^(日)을 말하며, 그날이 가장 깜깜하므로 '어둡다'의 뜻이, 다시 '밤중'이라는 뜻이 나왔다.

字形 甲骨文 簡牘文 帛書 說文小篆

賄(뇌물 회): 贿, huì, 貝-6, 13, 10

字解 형성. 貝^(조개 패)가 의미부고 有^(있을 유)가 소리부로, '뇌물'을 말하는데, 재물^(貝)을 갖게 되었음^(有)을 말하며, 남에게 재물^(貝)을 갖게 하여^(有) 부탁하다의 뜻도 나왔다.

字形 說文小篆

灰(재 회): huī, 火-2, 6, 40

字解 회의. 又^(또 우)와 火^(불 화)로 구성되어, 불^(火)을 손^(又)으로 잡은 모습을 그렸는데, 불을 손으로 잡는 것은 불이 꺼져 '재'가 되었을 때 가능하다는 의미에서 재의 뜻이 나왔고, 이로부터 잿빛, 먼지, 石灰^(석회) 등을

지칭하게 되었다.

字形 簡牘文 說文小篆

恢(넓을 회): huī, 心-6, 9, 10

字解 형성. 心^(마음 심)이 의미부고 灰^(재 회)가 소리부로, 마음^(心)이 넓다는 뜻인데, 가슴^(心)이 재^(灰)가 되도록 참는 넓은 마음이라는 의미를 담았다.

字形 簡牘文 說文小篆

會(모일 회): 会, huì, kuài, 日-9, 13, 60

字解 상형. 저장 용기와 내용물과 몸통과 덮개를 갖춘 모습을 형상화했다. 몸통과 덮개가 맞다는 뜻에서 합치되다, 합하다, 모으다, 만나다, 會合^(회합), 會議^(회의) 등의 뜻이 나왔다. 또 훌륭한 사람들을 두루 모으는 친화력이 동양사회에서의 전통적인 '능력'이었기에 '…할 수 있다'는 뜻까지 나왔으며, 가능을 나타내는 조동사로도 쓰였다. 간화자에서는 会로 줄여 쓴다.

字形 金文 古陶文 簡牘文 帛書 石刻古文 說文小篆 說文古文

膾(회 회): 脍, kuài, 肉-13, 17, 10

字解 형성. 肉^(고기 육)이 의미부고 會^(모일 회)가 소리부로, 생고기^(肉)를 한데 모은^(會) 모습을 그렸는데, 膾炙^(회자널리 입에 오르내림)에서처럼 예로부터 고기는 귀하고 맛난 음식이었다. 간화자에서는 會를 会로 줄여 脍로 쓴다.

字形 [膾] 說文小篆

檜(노송나무 회): 桧, guì, 木-13, 17, 12

字解 형성. 木^(나무 목)이 의미부고 會^(모일 회)가 소리부로, 노송나무^(木)를 말하며, 관 덮개의 장식으로 사용되었다. 방언에서는 멧돼지가 자는 굴을 말하기도 한다. 간화자에서는 會를 会로 줄여 桧로 쓴다.

字形 [檜]簡牘文 [檜]說文小篆

繪(그림 회): 绘, huì, 糸-13, 19, 10

字解 형성. 糸^(가는 실 멱)이 의미부고 會^(모일 회)가 소리부로, 비단^(糸)에다 놓은 채색 수를 말한다. 수를 놓으려면 밑그림을 그려야 하기에, 그림을 그리다, 묘사하다, 繪畵^(회화) 등의 뜻이 나왔다. 간화자에서는 會를 会로 줄여 绘로 쓴다.

字形 [繪] 說文小篆

澮(봇도랑 회): 浍, huì, 水-13, 16

字解 형성. 水^(물 수)가 의미부고 會^(모일 회)가 소리부로, 봇물^(水)을 대거나 빼게 만든 도랑을 말한다. 또 산서성에서 翼城^(익성)현 동쪽에서 발원하여 汾河^(분하)로 흘러드는 澮水를 말한다. 간화자에서는 會를 会로 줄여 浍로 쓴다.

字形 [澮]簡牘文 [澮]說文小篆

獪(교활할 회): 狯, kuài, 犬-13, 16

字解 형성. 犬^(개 견)이 의미부고 會^(모일 회)가 소리부로, 여우^(犬)처럼 교활함을 말하며, 그런 사람까지 지칭하게 되었다. 간화자에서는 會를 会로 줄여 狯로 쓴다.

字形 [獪] 說文小篆

鄶(나라이름 회): kuài, 邑-13, 16

字解 형성. 邑^(고을 읍)이 의미부고 會^(모일 회)가 소리부로, 周^(주)나라 때의 제후국 이름으로, 지금의 하남성 密^(밀)현 부근에 있었다. 또 성씨로도 쓰였다.

字形 [鄶]金文 [鄶]古陶文 [鄶]說文小篆

劃(그을 획): 划, huá, huà, 刀-12, 14, 32

(字解) 형성. 刀^(칼 도)가 의미부고 畫^(그림 화)가 소리부로, 칼^(刀)로 도형을 그리는 것^(畫)을 말하며, 칼은 붓처럼 유연하지 않아 직선으로 나타나기에 '획을 긋다', 획분하다, 나누다, 설계하다, 計劃^(계획)하다 등의 뜻이 나왔다. 간화자에서는 畫를 戈^(창 과)로 간단히 줄인 划^(삿대 화)에 통합되었다. ☞ 畫^(그림 화)

(字形) 劃 說文小篆

獲(얻을 획): 获, huò, 犬-14, 17, 32

(字解) 형성. 犬^(개 견)이 의미부고 蒦^(자 확)이 소리부로, 사냥개^(犬)를 동원해 새^(隹환)를 잡다^(又우)는 뜻을 그렸고, 이로부터 획득하다, 취득하다의 뜻이 나왔다. 갑골문에서는 손^(又)으로 새^(隹)를 잡은 모습으로써 '획득하다'는 의미를 그렸는데, 이후 隹^(새 추)가 볏을 가진 새^(崔)로 변해 蒦이 되었고, 다시 사냥에 동원되던 개^(犬)를 더해 지금의 獲이 되었다. 간화자에서는 蒦을 犬으로 줄여 获으로 쓰며, 穫^(벼 벨 확)의 간화자로도 쓰인다.

(字形) 甲骨文 金文 簡牘文 石刻古文 獲 說文小篆

橫(가로 횡): héng, 木-12, 16, 32

(字解) 형성. 木^(나무 목)이 의미부고 黃^(누를 황)이 소리부로, 빗장을 거는 나무^(木)를 말했는데, 빗장은 가로로 걸기에 '가로', 물체의 길이라는 뜻이 나왔다.

(字形) 橫 古璽文 橫 說文小篆

鐄(종 횡): [鍠], huáng, 金-12, 20

(字解) 형성. 金^(쇠 금)이 의미부고 黃^(누를 황)이 소리부로, 청동^(金)으로 만든 종이나 종소리를 말하며, 달리 黃 대신 皇^(임금 황)이 들어간 鍠^(종소리 굉)으로 쓰기도 한다.

(字形) 鐄 說文小篆

竑(집 울릴 횡): héng, 宀-5, 8

(字解) 형성. 宀^(집 면)이 의미부고 弘^(넓을 홍)이 소리부로, 소리가 울릴 정도로 집^(宀)이 큰^(弘) 것을 말하며, 이로부터 편안하다의 뜻도 나왔다.

(字形) 竑 說文小篆

效(본받을 효): [効], xiào, 攴-6, 10, 52

字解 형성. 攴^(칠 복)이 의미부고 交^(사귈 교)가 소리부로, 매로 다스려가며^(攴) 본받도록 하다는 뜻이며, 이로부터 效果^(효과) 등의 뜻이 나왔다.

字形 甲骨文 金文 古陶文 簡牘文 說文小篆

曉(새벽 효): 晓, xiǎo, 日-12, 16, 30

字解 형성. 日^(날 일)이 의미부고 堯^(요임금 요)가 소리부로, 해^(日)가 높이^(堯) 떠올라 날이 밝다는 뜻이며, 이로부터 '새벽'의 의미가 나왔다. 해가 떠오르면 보이지 않던 것이 분명하게 보이므로, 이후 '알다'는 뜻까지 갖게 되었다. 간화자에서는 堯를 초서체인 尧로 줄인 晓로 쓴다.

字形 說文小篆

驍(날랠 효): 骁, xiāo, 馬-12, 22

字解 형성. 馬^(말 마)가 의미부고 堯^(요임금 요)가 소리부로, 키가 커 높이 우뚝 선^(堯) 말^(馬)로부터, 그런 말이 잘 달리고 날쌔다는 의미를 담았다. 간화자에서는 堯를 초서체인 尧로 줄인 骁로 쓴다.

字形 說文小篆

嚆(울릴 효): hāo, 口-14, 17, 10

字解 형성. 口^(입 구)가 의미부고 蒿^(쑥 호)가 소리부로, 소리를 내며 우는^(口) 화살을 말한다. 이 화살을 쏘면 소리가 활보다 먼저 도착하기에 嚆矢^(효시·어떤 사물의 맨 처음)라는 뜻이 생겼다.

鴞(올빼미 효): xiāo, 木-7, 11

字解 형성. 木^(나무 목)이 의미부고 鳥^(새 조)의 생략된 모습이 소리부로, 새^(鳥)의 머리가 나무^(木)에 올려진 모습으로, 몸 전체가 얼굴처럼 보이는 '올빼미'의 특징을 그렸다. 올빼미는 어미를 잡아먹는다고 해서 食母^(식모)로, 또 '불효의 새'라는 뜻의 不孝鳥^(불효조)로 불리기도 한다.

字形 說文小篆

斅(가르칠 효): xiào, 攴-16, 20

字解 형성. 攴^(칠 복)이 의미부고 學^(배울 학)이 소리부로, 가르치다는 뜻인데, 學과 같은 글자이다. 집^(宀·면)에서 아이^(子·자)에게 두 손^(臼·구)을 이용해 새끼 매듭 지우는 법^(爻·효)을 회초리^(攴)로 때려가며 '가르치는' 모습을 그렸다. ☞ 學^(배울 학)

字形 說文小篆 說文小篆

爻(효 효): yáo, 爻-0, 4, 10

字解 상형. 실이나 새끼를 교차하게 짜거나 매듭

짓는 모습이며, 이로부터 그렇게 짠 면직물이나 '섞인 것'을 뜻하게 되었다.

字形 ╳ 說文小篆

肴(안주 효): [餚], yáo, 肉-4, 8

字解 형성. 肉^(고기 육)이 의미부고 爻^(효 효)가 소리부로, 고기^(肉) 등 여러 음식을 섞어^(爻) 만든 '안주'를 말한다. 달리 食^(밥 식)을 더한 餚^(반찬 효)로 쓰기도 한다.

字形 肴 說文小篆

淆(뒤섞일 효): [殽], xiáo, 水-8, 11

字解 형성. 水^(물 수)가 의미부고 肴^(안주 효)가 소리부로, 물^(水)이 한데 뒤섞임^(肴)을 말하며, 이로부터 혼탁한 물 등을 지칭하게 되었다. 또 지명으로 쓰여 전국시대 때 秦^(진)과 晉^(진)나라 사이에 있어 자주 전쟁이 일어났던 곳으로 유명하다. ☞ 肴^(안주 효)

字形 殽 簡牘文 殽 石刻古文 殽 說文小篆 淆 玉篇

孝(효도 효): xiào, 子-4, 7, 70

字解 회의. 老^(늙을 로)의 생략된 모습과 子^(아들 자)로 구성되어, 자식^(子)이 늙은이^(老)를 등에 업은 모습으로, '효'의 개념을 그렸다. '효'는 유교권 국가에서 국가를 지탱하는 중심 이념으로 설정하기도 했는데, 이 글자는 노인을 봉양하고 부모를 모시는 孝가 어떤

것인지를 매우 형상적으로 보여준다.

字形 甲骨文 金文 簡牘文 說文小篆

酵(술밑 효): jiào, 酉-7, 14, 10

字解 형성. 酉^(닭 유)가 의미부고 孝^(효도 효)가 소리부로, 발효시켜 술^(酉)을 만드는^(孝) '효모'를 말하며, 이후 酵母^(효모)를 가진 유기물도 뜻하게 되었다.

哮(으르렁거릴 효): xiāo, 口-7, 10, 10

字解 형성. 口^(입 구)가 의미부고 孝^(효도 효)가 소리부로, 짐승이 화가 나 큰 소리로 울부짖거나^(口) 으르렁거림을 말한다.

字形 哮 說文小篆

滃(물 이름 효): xiào, 水-7, 10

字解 형성. 水^(물 수)가 의미부고 孝^(효도 효)가 소리부로, 하남성 南陽^(남양)에 있는 강 이름이며, 호남성 道縣^(도현)에는 滃泉^(효천)이라는 샘이 있다.

囂(들렐 효): 嚻, xiāo, 口-18, 21

字解 회의. 네 개의 口^(입 구)와 頁^(머리 혈)로 구성되어, 여러 사람^(頁)들이 모여 소리^(口)가 시끄러워 떠들썩함을 말한다.

虓(울부짖을 효): xiāo, 虍-4, 10

字解 형성. 虎^(범 호)가 의미부이고 九^(아홉 구)가 소리부이다. 『설문해자』의 해설처럼, '호랑이가 울부짖다^(虎鳴)'라는 뜻이며, 이로부터 울부짖다는 뜻이 나왔다. 일설에는 獅子^(사자)를 말한다고도 한다.

字形 說文小篆

후

嗅(냄새 맡을 후): xiù, 口-10, 13, 10

字解 형성. 口^(입 구)가 의미부고 臭^(냄새 취)가 소리부로, 코로 냄새를 맡아^(臭) 맛^(口)을 분별하다는 뜻이며, 이로부터 嗅覺^(후각)의 뜻이 나왔고, 감각이 예민함을 비유하기도 했다. ☞ 臭^(냄새 취)

字形 說文小篆

後(뒤 후): 后, hòu, 彳-6, 9

字解 회의. 彳^(조금 걸을 척)과 幺^(작을 요)와 夂^(뒤져서 올 치)로 구성되어, 발의 뒤쪽^(夂)을 실^(幺)로 묶은 모습으로써 남보다 뒤처져 길을 가다^(彳)는 의미를 형상화했다. 이후 시간, 공

간, 순서상의 '뒤'를 말했고, 후계자, 후손을 뜻하기도 했다. 간화자에서는 后^(임금 후)에 통합되었다. ☞ 后^(임금 후)

字形 金文 古陶文 盟書 簡牘文 石刻古文 說文小篆 說文古文

后(임금 후): hòu, 口-3, 6, 12

字解 회의. 갑골문에서 여성이 아이를 낳는 모습이었는데 금문에 들면서 자형이 줄고 변해 지금처럼 되었다. 아이를 낳는 여인이 최고라는 뜻에서 后稷^(후직·곡식의 신)에서처럼 임금을 비롯한 '최고'를 지칭하게 되었으나, 이후 皇后^(황후)에서처럼 임금의 부인이라는 뜻으로 의미가 축소되었다. 현대 중국에서는 後^(뒤 후)의 간화자로도 쓰인다. ☞ 後^(뒤 후)

字形 甲骨文 金文 古陶文 簡牘文 古璽文 說文小篆

逅(만날 후): hòu, 辵-6, 10, 10

字解 형성. 辵^(쉬엄쉬엄 갈 착)이 의미부고 后^(임금 후)가 소리부로, 예기치 않게 길을 가다가^(辵) 만나다는 뜻이다.

字形 簡牘文 說文新附字

厚(두터울 후): hòu, 厂-7, 9, 40

字解 형성. 厂^(기슭 엄)이 의미부고 旱^(두터울 후)가 소리부로, 산^(厂)처럼 두터움^(旱)을 말하며, 이로부터 깊다, 무겁다, 진하다, 크다, 후하다 등의 뜻이 나왔다. "높은 산에 올라보지 않으면 하늘의 높음을 알 수 없고, 깊은 계곡에 가 보지 않으면 땅의 두터움을 알 수 없고, 선현의 말씀을 들어보지 않으면 학문의 위대함을 알 수 없다.^(不登高山, 不知天之高也. 不臨深谿, 不知地之厚也. 不聞先王之遺言, 不知學問之大也.)라고 했던 『荀子^(순자)』의 말처럼, 땅의 두터움을 아는 데는 계곡의 깎아지른 절벽만 한 것이 없었기에 '산처럼 두터움'에 厂이 의미부로 채택되었을 것으로 보인다.

字形 厚厚厚厚厚厚厚金文 厚簡牘文 厚說文小篆

矦(임금 후): hóu, 矢-4, 9

字解 회의. 矢^(화살 시)와 나머지로 구성되었는데, 矢는 화살을, 나머지는 과녁을 뜻한다. 그래서 활쏘기의 과녁을 그렸으며, 옛날 잔치 때 하던 활쏘기를 형상화했다. 활쏘기가 公矦伯子男^(공후백자남) 등 제후들의 전용 놀이였기에 '제후'라는 뜻이 나왔다. 이후 諸矦^(제후)라는 의미를 더욱 강화하기 위해 人을 더해 矦가 되었다. 그러자 원래의 의미는 巾^(수건 건)을 더한 帿^(과녁 후)로 분화했는데, 과녁을 베^(巾)로 만들었다는 뜻을 담았다.

『설문해자』에서 이런 해설을 덧붙였다. "봄날, 향음주례를 행할 때 사용하는 베

로 된 화살 과녁^(春饗所躲矦)을 말한다. 천자는 곰^(熊)이나 호랑이^(虎)나 표범^(豹)으로 장식된 과녁을 사용하는데, 맹수를 복종시킨다는 의미를 담았다. 제후는 곰^(熊)이나 멧돼지^(豕)나 호랑이^(虎)로 장식된 과녁을 사용한다. 대부는 큰사슴^(麋)으로 장식된 과녁을 사용하는데, 큰 사슴^(麋)은 미혹됨^(惑)을 상징한다. 선비^(士)는 사슴^(鹿)이나 멧돼지^(豕)로 장식된 과녁을 사용하는데, 농지에 해악을 제거한다는 의미를 담았다. 그들이 활을 쏠 때는 다음과 같이 축원한다. '불안정한 제후들처럼 되어 왕이 계신 곳에 조회를 하지 않는 법이 없도록 하라. 그래서 너희들을 화살로 쏘느니라^(毋若不寧矦, 不朝于王所, 故伉而躲汝.)"

字形 矦矦矦矦甲骨文 矦矦矦金文 矦矦矦古陶文 矦盟書 矦矦 矦簡牘文 矦帛書 矦石刻古文 矦 說文小篆

侯(과녁 후): hóu, 人-7, 9, 30

字解 형성. 人^(사람 인)이 의미부고 矦^(임금 후)가 소리부인데, 갑골문에서는 矦로 써, 과녁과 화살^(矢)을 그렸으며, 옛날 잔치 때 하던 활쏘기를 형상화했다. 활쏘기가 公矦伯子南^(공후백자남) 등 제후들의 전용 놀이였기에 '제후'라는 뜻이 나왔다. 이후 諸侯^(제후)라는 의미를 더욱 강화하기 위해 人을 더해 侯가 되었다. 그러자 원래의 의미는 巾^(수건 건)을 더한 帿^(과녁 후)로 분화했는데, 과녁을 베^(巾)로 만들었다는 뜻을 담았다.

屏屏屏 甲骨文　　凡凡屏 金文

屏庚庚 古陶文　屏 盟書　屏屏 屏

簡牘文 庚 帛書　屏 石刻古文　屏 說文

小篆　屏 說文古文

帿(과녁 후): hóu, 巾-9, 12

形聲. 巾(수건 건)이 의미부고 侯(과녁 후)가 소리부로, 베(巾)로 만든 과녁(侯)을 말한다. ☞ 侯(과녁 후)

候(물을 후): [俟], hòu, 人-8, 10, 40

形聲. 人(사람 인)이 의미부고 侯(과녁 후)가 소리부로, 활 쏘는(侯) 것을 옆에서 가만히 지켜보다는 뜻이었는데, 이후 안부를 묻다는 뜻으로 쓰였다. 옛날에는 5일을 1候라고 했으며 이 때문에 時候(시후)에서처럼 '때'를 뜻하기도 했다. 『설문해자』에서는 侯 대신 后(임금 후)가 들어간 俟로 썼다.

字形　屏侯 簡牘文　俟 說文小篆

喉(목구멍 후): hóu, 口-9, 12, 20

形聲. 口(입 구)가 의미부고 侯(과녁 후)가 소리부로, 입(口) 속에 위치한 목구멍을 말한다.

字形　喉 說文小篆

朽(썩을 후): [殠], xiǔ, 木-2, 6, 10

形聲. 木(나무 목)이 의미부고 丂(공교할 교)가 소리부로, 나무(木)가 오래되어(丂, 考와 통합) '썩다'는 뜻이다. 이후 노쇠하다, 문드러지다 등의 뜻이 나왔다. 『설문해자』에서는 歺(부서진 뼈 알)이 의미부고 丂가 소리부인 殠로 썼다.

字形　朽 金文　朽 朽 簡牘文　朽 說文小篆　朽 說文或體

吼(울 후): [呴], hǒu, 口-4, 7, 10

形聲. 口(입 구)가 의미부고 孔(구멍 공)이 소리부로, 소리 내어 울다(口)는 뜻인데, 맹수가 울부짖거나 사람이 감정에 북받치어 큰 소리로 울다는 뜻으로 쓰였다. 또 아이가 젖을 달라고(孔) 큰 소리로 울다(口)는 뜻을 담았다. 『설문해자』에서는 口가 의미부고 后(임금 후)가 소리부인 呴로 썼다.

字形　呴 說文小篆

煦(따뜻하게 할 후): xù, 火-9, 13

形聲. 火(불 화)가 의미부고 昫(해 돋아 따뜻할 구)가 소리부로, 해가 돋아(昫) 열기(火)를 더해 따뜻하다는 뜻이며, 새벽의 떠오르는 햇빛, 남을 따뜻하게 해 주는 은혜 등의 뜻도 가진다.

字形　煦 說文小篆

珝(옥 이름 후): xù, 玉-6, 10

字解 형성. 玉(옥 옥)이 의미부고 羽(깃 우)가 소리부로, 옥(玉)의 이름이며, 조선 선조 임금의 여덟 째 아들인 義昌君(의창군)의 이름으로도 쓰였다.

字形 珝 說文小篆

훈

訓(가르칠 훈): 训, xùn, 言-3, 10, 60

字解 형성. 言(말씀 언)이 의미부고 川(내 천)이 소리부로, 가르치다, 풀이하다, 訓練(훈련)하다, 해석하다는 뜻이다. 말(言)을 강물(川)처럼 잘 소통될 수 있도록 풀이하는 것을 말하며, 그것이 가르침의 본질임을 웅변해 준다.

字形 [글자들] 簡牘文 [글자] 石刻古文 訓 說文小篆

熏(연기 낄 훈): [燻 爋], xūn, 火-10, 14, 12

字解 회의. 『설문해자』에서 屮(싹틀 철)과 黑(검을 흑)으로 구성되어 "검은(黑) 연기가 위로 올라감(屮)을 말한다"라고 했는데, 자형이 변해 지금처럼 熏으로 되었다. 금문에서는 무엇인가를 포대기에 싸서(東) 불에 굽는 모습

을 그렸고, 이로부터 '훈제'의 뜻이 나왔다. 이후 의미를 더 강화하기 위해 火(불 화)를 더한 燻(연기 낄 훈)을 만들었다.

字形 東 東 東 金文 熏 說文小篆

勳(공 훈): xūn, 力-14, 16, 20

字解 형성. 力(힘 력)이 의미부고 熏(연기 낄 훈)이 소리부로, 힘써(力) 노력하여 세운 '공'을 말하며, 원래는 勛(공 훈)으로 썼다. ☞ 勛(공 훈)

字形 勳 說文小篆

薰(향 풀 훈): xūn, 艸-14, 18, 12

字解 형성. 艸(풀 초)가 의미부고 熏(연기 낄 훈)이 소리부로, 향초를 말하며 달리 蕙(혜초 혜)와 같이 쓴다. 이후 향기, 향료, 훈증하다 등의 뜻이 나왔는데, 훈제할(熏) 때 넣는 향초(艸)라는 의미를 담았다.

字形 薰 說文小篆

壎(질나발 훈): 埙, [坑, 塤, 壧], xūn, 土-14, 17, 12

字解 형성. 土(흙 토)가 의미부고 熏(연기 낄 훈)이 소리부로, 달리 坑, 塤, 壧 등으로도 적는데, 흙(土)을 구워 만든 고대 취주 악기의 하나이다. 돌이나 뼈, 상아 등으로 만든 것도 있으며, 크기는 거위 알만 하며, 머리 부분이 조금 뾰족하고 아래쪽은 편평하며 속은

비었다. 타원형이거나 원형이며 앞에 3~5
개, 뒤에 2개의 구멍이 뚫려 있다.

字形 ±燹 說文小篆

燻(연기 낄 훈): huī, 火-14, 18

字解 형성. 火^(불 화)가 의미부고 熏^(연기 낄 훈)이 소
리부로, 불^(火) 때문에 연기가 끼다^(熏)는 뜻
이며, 熏에서 火를 더해 분화한 글자이다.
☞ 熏^(연기 낄 훈)

焄(연기에 그을릴 훈): xūn, 火-7, 11

字解 형성. 火^(불 화)가 의미부고 君^(임금 군)이 소리
부로, 熏^(연기 낄 훈)과 같은 글자인데 형성구
조로 바뀌었으며, 불^(火)의 연기에 그을리
다는 뜻이다.

壎(질나발 훈): 埙, xūn, 土-10, 13

字解 형성. 土^(흙 토)가 의미부고 員^(수효 원)이 소리
부로, '훈'이라는 악기를 말하는데, 취주 악
기의 하나로 구멍이 6개이며 진흙^(土)을 구
워 만들었다. 『설문해자』에서는 員 대신
熏^(연기 낄 훈)을 쓴 壎^(질나발 훈)으로 썼다. ☞
壎^(질나발 훈)

字形 絽簡牘文 ±燹 說文小篆 壎 玉篇

勛(공 훈): xūn, 力-10, 12

字解 형성. 力^(힘 력)이 의미부고 員^(수효 원)이 소리

부로, 힘써^(力) 노력하여 세운 '공'을 말하
며, 이후 발음 부호를 더욱 명확하게 하고
자 소전체에 들면서 員을 熏^(연기 낄 훈)으로
바꾼 勳^(공 훈)을 만들었다. ☞ 勳^(공 훈)

字形 勳 說文小篆

暈(무리 훈): 晕, yūn, 日-9, 13, 10

字解 형성. 日^(날 일)이 의미부고 軍^(군사 군)이 소리
부인 상하구조로, 태양^(日)의 사방 주위^(軍)
로 형성되는 '햇무리'를 말하는데, 금문에
서는 태양의 사방으로 점을 하나씩 더하여
태양의 주위로 형성된 햇무리를 표시하기
도 했다. 간화자에서는 晕으로 줄여 쓴다.

字形 暈 說文小篆

훙

薨(죽을 훙): hōng, 艸-13, 17

字解 형성. 歹^(뼈 부서질 알)이 의미부고 夢^(꿈 몽)의
생략된 모습이 소리부로, 왕이나 제후 등
의 죽음^(歹)을 특별히 구분해 지칭하는 글
자로 쓰였다. ☞ 死^(죽을 사)

字形 薨石刻古文 薨說文小篆

훤

喧(의젓할 훤): [誼], xuān, 口-9, 12, 10

字解 형성. 口^(입 구)가 의미부고 宣^(베풀 선)이 소리부로, 시끄러운 소리를 내며^(口) 싸우다는 뜻이며, 이로부터 번잡하다, 시끌벅적하다 등의 뜻이 나왔다.

萱(원추리 훤): [蕿, 蘐, 藼, 蕙], xuān, 艸-9, 13

字解 형성. 艸^(풀 초)가 의미부고 宣^(베풀 선)이 소리부로, 식물^(艸)의 하나인 원추리를 말하는데, 원추리가 근심을 잊게 해준다고 해서 忘憂草^(망우초)로도 불린다. 또 모친이 기거하는 방을 萱堂^(훤당)이라 불렀기에 모친이나 모친이 기거하는 곳의 비유로 쓰였다. 『설문해자』에서는 艸가 의미부고 憲^(법 헌)이 소리부인 蕙^(원추리 훤)으로 썼고, 혹체에서는 소리부가 煖^(따뜻할 훤)으로 바뀌어 蕿^(원추리 훤)으로 쓰기도 했다.

字形 蕙 說文小篆 蕿 蕿 說文或體

暄(따뜻할 훤): xuān, 日-9, 13

字解 형성. 日^(날 일)이 의미부고 宣^(베풀 선)이 소리부로, 햇살^(日)처럼 '따뜻함'을 말하며, 이후 그런 계절인 '봄'을 뜻하게 되었다.

煊(따뜻할 훤): [煖], xuān, 火-9, 13

字解 형성. 火^(불 화)가 의미부고 宣^(베풀 선)이 소리부로, 불^(火)처럼 따뜻함을 말하며, 이후 '빛'이라는 뜻도 나왔다.

字形 煊 說文小篆

훼

毁(헐 훼): [譭, 燬], huǐ, 殳-9, 13, 30

字解 회의. 臼^(절구 구)와 土^(흙 토)와 殳^(창 수)로 구성되었는데, 흙^(土)을 절구^(臼)에 넣고 창이나 몽둥이^(殳)로 부수는 모습을 그린 것으로 추정되며, 이로부터 부수다, 훼멸하다, 비방하다의 뜻이 나왔다. 금문에서는 土 대신 壬^(좋을 정)이 들어갔고, 예서 이후 工^(장인 공)으로 변해 지금의 자형이 되었는데, 工은 옛날 흙을 다지는 달구를 그렸다.

字形 毀金文 毀簡牘文 毀說文小篆 毀說文古文

喙(부리 훼): huì, 口-9, 12, 10

字解 회의. 口^(입 구)와 彖^(단 단)으로 구성되어, 멧돼지 입^(彖)처럼 길게 튀어나온 주둥이^(口)라는 뜻이며, 이로부터 주둥이나 부리의 뜻이 나왔다.

字形 喙 喙甲骨文 喙漢印 喙說文小篆

卉(풀 훼): huì, 十-3, 5, 10

字解 회의. 세 개의 屮^(싹틀 철)로 구성되어, 풀^(艸)이 여럿 돋아남을 그렸다. ☞ 屮^(싹틀 철)

字形 帛書 說文小篆

휘

麾(대장기 휘): huī, 麻-4, 15, 10

字解 회의. 麻^(삼 마)와 毛^(털 모)로 구성되어, 대장의 깃발이라는 뜻인데, 삼대^(麻)처럼 곧게 높이 솟은 털^(毛)로 만든 수로 장식된 깃발을 말한다.

字形 說文小篆

彙(무리 휘): 汇, huì, 彐-10, 13, 10

字解 형성. 『설문』에서는 希^(털 긴 짐승 이)가 의미부고 胃^(밥통 위)의 생략된 모습이 소리부라고 했는데, 자형이 조금 변해 지금처럼 되었다. 털을 가진 짐승^(希)의 일종으로 고슴도치를 말하는데, 고슴도치의 머리가 멧돼지를 닮아 彐^(고슴도치 머리 계)부수에 귀속되었다. 고슴도치는 무리를 지어 다니기에 彙集^(휘집)에서와 같이 '한데 모으다', 분류하다는 뜻이 나왔다. 匯^(물 합할 회)와 통용하여 쓰이고, 간화자에서는 匯를 다시 줄여 汇로 쓴다.

字形 說文小篆 說文或體

徽(아름다울 휘): huī, 彳-14, 17, 12

字解 형성. 糸^(가는 실 멱)이 의미부고 微^(작을 미)의 생략된 모습이 소리부로, 실^(糸)로 미세하게^(微) 새겨 넣은 '徽章^(휘장)'을 말한다. ☞ 微^(작을 미)

字形 石刻古文 說文小篆

揮(휘두를 휘): 挥, huī, 手-9, 12, 40

字解 형성. 手^(손 수)가 의미부고 軍^(군사 군)이 소리부로, 손^(手)을 움직여 군대^(軍)를 지휘하듯, 크게 휘두름을 말하며, 이로부터 指揮^(지휘)하다, 發揮^(발휘)하다 등의 뜻이 나왔다. 간화자에서는 挥로 줄여 쓴다.

字形 說文小篆

輝(빛날 휘): 辉, [煇, 暉], huī, 車-8, 15, 30

字解 형성. 光^(빛 광)이 의미부고 軍^(군사 군)이 소리부로, 태양의 둘레^(軍)로 발산되는 빛^(光)을 말하며, 光 대신 日^(날 일)이나 火^(불 화)가 들어간 暉^(빛날 휘)나 煇^(빛날 휘)와 같이 쓴다. 간화자에서는 辉로 줄여 쓴다.

暉(빛 휘): 辉, huī, 日-9, 13

字解 형성. 日^(날 일)이 의미부고 軍^(군사 군)이 소리부로, 태양^(日)의 둘레^(軍)로 발산되는 '빛'을 말한다. 輝^(빛날 휘)와 같으며, 지금은 光 대신 火^(불 화)가 들어간 煇^(빛날 휘)로 많이 쓰며, 간화자에서는 輝^(빛날 휘)에 통합되어 辉로 줄여 쓴다.

字形 暉 說文小篆

煇(빛날 휘): 辉, huī, 火-9, 13

字解 형성. 火^(불 화)가 의미부고 軍^(군사 군)이 소리부로, 태양의 둘레^(軍)로 불^(火)을 내뿜어 발산되는 '빛'을 말하며, 火 대신 日^(날 일)이나 光^(빛 광)이 들어간 暉^(빛날 휘)나 輝^(빛날 휘)와 같다. 간화자에서는 輝^(빛날 휘)에 통합되어 辉로 줄여 쓴다.

字形 煇 說文小篆

諱(꺼릴 휘): 讳, huì, 言-9, 16, 10

字解 형성. 言^(말씀 언)이 의미부고 韋^(에워쌀·다룸가죽 위)가 소리부로, 말^(言)로 언급하기를 꺼리다는 뜻이며, 이로부터 피하다의 뜻이 나왔다. 손윗사람의 이름을 직접 부를 수 없었으므로, 돌아가신 연장자의 이름이나 존경하는 선배의 이름이라는 뜻도 나왔다. 간화자에서는 韋를 韦로 줄여 讳로 쓴다.

字形 諱 金文 諱 簡牘文 諱 說文小篆

休(쉴 휴): xiū, 人-4, 6, 70

字解 회의. 갑골문에서부터 人^(사람 인)과 木^(나무 목)으로 구성되어, 사람^(人)이 나무^(木)에 기대고 쉬는 모습을 그렸고, 이로부터 훌륭하다, 아름답다 등의 뜻이 나왔고, 하던 일을 그만두고 쉬다는 뜻에서 '그만두다', '…하지 말라'는 뜻도 나왔다. 금문에서는 가끔 宀^(집 면)이 더해지기도 했는데, 이는 집^(宀)에서 쉬는 것을 강조하기 위함이었다.

字形 休 甲骨文 休 休 休 休 休 休 金文 休 古陶文 休 休 古璽文 休 石刻古文 休 說文小篆 麻 說文或體 休 麻 說文唐寫本

烋(경사로울 휴): xiū, 火-6, 10, 12

字解 형성. 火^(불 화)가 의미부고 休^(쉴 휴)가 소리부로, 연기^(火)가 평화롭게^(休) 피어오르다는 뜻이며, 이로부터 평화로움, 경사, 아름다움 등의 뜻이 나왔다.

麻(그늘 휴): xiū, 广-6, 9

字解 형성. 广^(집 엄)이 의미부고 休^(쉴 휴)가 소리부로, 건축물^(广)의 그늘에서 쉬다^(休)는 뜻으로, 休^(쉴 휴)의 다른 글자로 쓰인다.

字形 金文 說文小篆 說文或體

攜(끌 휴): [㩗], xié, 手-10, 13, 30

字解 형성. 手^(손 수)가 의미부고 舊^(제비 휴)가 소리부로, '손으로 잡고 끌다'는 뜻인데, 자형이 줄어 지금처럼 되었으며, 㩗^(끌 휴)의 속자이다. 손^(手)에 쥐다는 뜻으로부터 끌고 가다, 携帶^(휴대)하다 등의 뜻이 나왔다.

字形 說文小篆

虧(이지러질 휴): 亏, kuī, 虍-11, 17

字解 형성. 亏^(어조사 우, 于의 원래 글자)가 의미부고 雐^(새 이름 호)가 소리부로, 기운^(亏)이 부족하다, 기가 허약하다는 뜻이며, 이로부터 부족하다, 모자라다, 손상, 손해 등의 뜻이 나왔다. 간화자에서는 亏에 통합되었다. ☞ 亏^(어조사 우)

字形 說文小篆 說文或體

畦(밭두둑 휴): qí, 田-6, 11

字解 형성. 田^(밭 전)이 의미부고 圭^(홀 규)가 소리부로, 밭과 밭^(田) 사이에 길을 내려고 흙으로 쌓아 올린 언덕을 말하며, 논밭을 헤아리는 면적 단위로 50畝^(무)를 말했다. 이후 시골이나 교외, 염전, 밭의 경계 등을 지칭하기도 했다.

字形 說文小篆

휼

恤(구휼할 휼): [卹], xù, 心-6, 9, 10

字解 형성. 心^(마음 심)이 의미부고 血^(피 혈)이 소리부로, 마음^(心)으로 걱정해 주다는 뜻이며, 이로부터 동정하다, 구제하다의 뜻이 나왔다. 달리 心 대신 貝^(조개 패)가 들어간 賉^(구휼할 휼)로도 쓰는데, 재물^(貝)을 보내어 救恤^(구휼)하는 것을 말한다. 또 임금이나 아버지가 주는 상을 지칭하기도 한다.

字形 簡牘文 說文小篆

卹(가엾이 여길 술휼): xù, 卩-6, 8

字解 형성. 血^(피 혈)이 의미부이고 卩^(병부 절)이 소리부이다. 『설문해자』의 해설처럼, '걱정하다^(憂)'가 원래 뜻이다. 이로부터 돌보다, 가엾게 여기다, 賑恤^(진휼)하다, 구제하다 등의 뜻이 나왔다. 일설에는 '드물다^(鮮少)'라는 뜻이라고도 한다.

字形 說文小篆

譎(속일 휼): 谲, jué, 言-12, 19

字解 형성. 言^(말씀 언)이 의미부고 矞^(송곳질 할 율)이 소리부로, 송곳처럼 예리한^(矞) 말^(言)로 '속이다'는 뜻이며, 직접적으로 말하지 않고 완곡하게 에둘러 말하다는 뜻도 가진다.

字形 譎 說文小篆

鷸(도요새 휼): 鹬, yù, 鳥-12, 23

字解 형성. 鳥^(새 조)가 의미부고 矞^(송곳질 할 율)이 소리부로, 도요새를 말하는데, 송곳 부리 도요새라는 이름에서처럼 송곳처럼 뾰족하고^(矞) 긴 부리를 가진 새^(鳥)라는 뜻을 담았다. 또 물총새의 별칭으로도 쓰이며, 빨리 나는 모습을 뜻하기도 한다.

字形 鷸 說文小篆

흉

凶(흉할 흉): xiōng, 凵-2, 4, 52

字解 지사. 원래 죽은 사람의 가슴 부위에다 영혼이 육체에서 분리될 수 있도록 칼집^(문신)을 새겨 놓은 것을 그린 글자로, 해, 흉, 액, 지나치다 등을 뜻하는데, 고대사회에서 액을 막으려는 조치였던 것으로 보인다. 이후 의미를 명확하게 하고자 凶에다 사람의 모습^(儿, 인)을 더한 것이 兇^(흉악할 흉)이며, 凶은 다시 勹^(쌀 포)를 더하여 匈^{(흉흉할 흉, 胸의}

원래 글자)으로 변하고, 다시 肉^(=月, 고기 육)을 더하여 胸^(가슴 흉)으로 발전하였다. ☞ 胸^(가슴 흉)

字形 凶 凶 簡牘文 凶 凶 帛書 凶 說文小篆

兇(흉악할 흉): 凶, xiōng, 儿-4, 6, 10

字解 형성. 儿^(사람 인)이 의미부고 凶^(흉할 흉)이 소리부로, 사람^(儿)의 가슴^(凶)에 낸 칼집을 말하며, 이로부터 흉악하다, 나쁘다, 두렵다 등의 뜻이 나왔으며, 죽는 것과 같은 나쁜 일을 지칭하기도 한다. 간화자에서는 다시 凶^(흉할 흉)으로 쓴다. ☞ 凶^(흉할 흉)

字形 兇 兇 簡牘文 兇 說文小篆

匈(오랑캐 흉): xiōng, 勹-4, 6, 12

字解 형성. 勹^(쌀 포)가 의미부고 凶^(흉할 흉)이 소리부로, 사람^(勹)의 가슴^(凶)에 낸 칼집을 말하며, 胸^(가슴 흉)의 원래 글자였다. 이후 匈奴^(흉노)족을 지칭하게 되었고, 이로부터 북방 이민족을 지칭하게 되었다. ☞ 胸^(가슴 흉)

字形 匈 說文小篆 匈 說文或體

胸(가슴 흉): [胷], xiōng, 肉-6, 10, 32

字解 형성. 肉^(고기 육)이 의미부고 匈^(오랑캐 흉)이 소리부이다. 이는 凶^(흉할 흉)에서 출발했는데, 凶은 영혼이 육체에서 분리되도록 X자 모양의 칼집이나 무늬를 시신의 가슴에 새겼던 것인데, 이후 사람을 뜻하는 儿^(사람 인)과 勹^(쌀 포)가 더해져 각각 兇^(흉악할 흉)과 匈^(오랑캐 흉)이 되었고 다시 肉이 보태져 胸으로 발전하였다.

字形 🄌 說文小篆 🄌 說文或體

洶(물살 세찰 흉): 汹, xiōng, 水-6, 9, 10

字解 형성. 水^(물 수)가 의미부고 匈^(오랑캐 흉)이 소리부로, 물살^(水)이 세차다는 뜻이다. 이로부터 물결이 용솟음치다, 소리가 크다, 기세가 등등하다 등의 뜻이 나왔는데, 새 생명이 돋아나듯^(凶) 분탕질 치는 물^(水)의 모습을 담았다. 간화자에서는 匈을 凶^(흉할 흉)으로 줄여 汹으로 쓴다.

字形 🄌 說文小篆

흑

黑(검을 흑): hēi, 黑-0, 12, 50

字解 상형. 금문에서 얼굴에 墨刑^(묵형)을 당한 사람을 그렸다. 墨刑은 옛날 형벌 중 비교적 가벼운 형벌로, 얼굴에다 문신을 새기는 형벌이다. 소전체에 들면서 아랫부분은 炎^(불 탈 염)으로 윗부분은 네모꼴의 굴뚝이나

창문^(囪 창)으로 바뀌어, 불을 땔 때의 그을음이 창문이나 굴뚝에 묻어 있음을 표시했다. 『설문해자』에서는 이 자형에 근거해 "불에 그슬린 색깔을 말한다"라고 했다. 어쨌든 '검은' 색을 나타내는 데는 문제가 없다. 그래서 黑으로 구성된 글자들은 검은색을 대표하며, 검은색이 주는 더럽고 부정적 인식을 반영하기도 한다. 또 검은색으로 표시된 것이라는 점에서 '점'이나 '주근깨', 나아가 '잠잠함'을 뜻하기도 한다.

字形 🄌 🄌 🄌 金文 🄌 🄌 古陶文 🄌 盟書 🄌 🄌 🄌 簡牘文 🄌 🄌 古璽 🄌 說文小篆

흔

痕(흉터 흔): hén, 疒-6, 11, 10

字解 형성. 疒^(병들어 기댈 녁)이 의미부고 艮^(어긋날 간)이 소리부로, 상처^(疒)가 나은 뒤 남는 흉터를 말하며, 이로부터 痕迹^(흔적), 그림자 특히 그늘의 의미가 나왔다.

字形 🄌 說文小篆

欣(기뻐할 흔): [俽], xīn, 欠-4, 8, 10

字解 형성. 欠^(하품 흠)이 의미부고 斤^(도끼 근)이 소리부로, 입을 크게 벌리고^(欠) 기뻐하는 모습을 담았고, 이로부터 기뻐하다, 즐거이 추대하다 등의 뜻이 나왔다.

字形 說文小篆

昕(아침 흔): xīn, 日-4, 8

字解 형성. 日^(날 일)이 의미부고 斤^(도끼 근)이 소리부로, '아침'을 말하는데, 해^(日)가 가까워졌다^(斤, 近과 통함)는 뜻을 담았다.

字形 甲骨文 說文小篆

炘(화끈거릴 흔): [焮], xīn, 火-4, 8

字解 형성. 火^(불 화)가 의미부고 斤^(도끼 근)이 소리부로, 불^(火)이 활활 타오르는 모습을 말하며, 이로부터 뜨겁다, 화끈거리다의 뜻이 나왔다. 焮^(불사를 흔)과 같이 쓰기도 한다.

忻(기뻐할 흔): xīn, 心-4, 7

字解 형성. 心^(마음 심)이 의미부이고 斤^(도끼 근)이 소리부이다. 『설문해자』에서는 '열다^(闓)'라는 뜻이라고 했다. 또 『司馬法^(사마법)』에 의하면, "가장 훌륭한 통치는 백성들의 선함을 열어 주고, 백성들의 악함을 틀어막는 것이다^(善者, 忻民之善, 閉民之惡)."라고 했다. 사람들의 훌륭하고 좋은 부분을 드러내 주면 이는 기쁘고 즐거워해야 할 일임이 분

명하다. 이로부터 기쁘다, 기뻐하다, 즐거워하다, 받들다, 흠모하다 등의 뜻이 나왔다.

字形 說文小篆

釁(피 바를 흔): xìn, 酉-18, 25

字解 회의. 釁^(불 땔 찬)의 생략된 모습과 酉^(닭 유)로 구성되어, 부뚜막^(釁) 신에게 지낼 때 쓰는 술^(酉) 등을 포함한 제수를 말한다. 그래서 『설문해자』에서는 "혈제, 피를 바쳐 지내는 제사^(血祭)를 말한다. 제사를 드리는 부뚜막^(祭竈)을 그렸다. 유^(酉)는 제사드릴 때 쓰는 제수^(所以祭)를 말한다."라고 했다. 이후 피를 바치다, 犧牲의 피 그릇에 발라 제사를 지내다는 뜻도 나왔다.

字形 說文小篆

흘

屹(산 우뚝 솟을 흘): yì, 山-3, 6

字解 형성. 山^(뫼 산)이 의미부고 乞^(빌 걸)이 소리부로, 산^(山)이 높이 우뚝 솟은 것을 말한다.

紇(질 낮은 명주실 흘): 纥, hé, 糸-3, 9

字解 형성. 糸^(가는 실 멱)이 의미부고 乞^(빌 걸)이 소리부로, 질이 낮은 저급의 명주실^(糸)을 말한다. 또 사람 이름으로 쓰여 공자의 아버

지 이름이 叔梁紇^(숙량흘)이었다. 또 回紇^(회흘)을 말하여 위구르족을 지칭한다.

字形 〓 說文小篆

吃(말 더듬을 흘): chī, 口-3, 6

字解 형성. 口^(입 구)가 의미부고 乞^(빌 걸)이 소리부로, 말^(口)을 더듬는 것을 말했는데, 이후 喫^(마실·먹을 끽)의 줄임 형으로 쓰여 '먹다'는 뜻으로 쓰이게 되었다.

字形 〓 古陶文 〓 說文小篆

訖(이를 흘): 讫, qì, 言-3, 10

字解 형성. 言^(말씀 언)이 의미부고 乞^(빌 걸)이 소리부로, 있는 것을 다 말하다^(言)는 뜻으로부터, 일러주다, 다하다, 완전히 등의 뜻이 나왔다.

字形 〓 說文小篆

흠

欠(하품 흠): qiàn, 欠-0, 4, 10

字解 상형. 갑골문에서 입을 크게 벌린 형상이며, 입에서 나오는 무엇인가를 강조하기 위해 점이 더해지기도 했다. 그래서 欠^(하품 흠)은 '말하기'를 제외한 마시며, 노래하고, 호흡

을 가다듬는 등 입과 관련된 수많은 행위를 나타낸다. 나아가 欲^(하고자 할 욕)에서처럼 부러워함과 欠缺^(흠결)처럼 아무리 많아도 '부족함'까지 뜻하기도 한다. 다만, 말과 관련된 행위는 주로 口^(입 구)나 言^(말씀 언)으로 표현되었다.

字形 〓 〓 甲骨文 〓 說文小篆

欽(공경할 흠): 钦, qīn, 欠-8, 12, 12

字解 형성. 金^(쇠 금)이 의미부고 欠^(하품 흠)이 소리부로, 값비싼 청동기물^(金)을 보면서 입을 벌려^(欠) 군침을 흘리며 '부러워하는 모습'을 그렸고, 다시 欽慕^(흠모)의 뜻이 담겼다.

字形 〓 說文小篆

歆(받을 흠): xīn, 欠-9, 13, 10

字解 형성. 音^(소리 음)이 의미부고 欠^(하품 흠)이 소리부로, 제사에서 사용되는 음악^(音)을 입을 벌리고^(欠) 마음껏 받아들이는 신의 모습을 형상화 해 '歆饗^(흠향·신이 제물을 받아들임)'의 뜻을 그렸다.

字形 〓 說文小篆

흡

恰(마치 흡): qià, 心-6, 9, 10

字解 형성. 心^(마음 심)이 의미부고 合^(합할 합)이 소리부로, 마음^(心)이 합쳐진^(合) 것으로 恰似^(흡사)함을 그렸다.

字形 帢 說文小篆

洽(윤택하게 할 흡): qià, 水-6, 9, 10

字解 형성. 水^(물 수)가 의미부고 合^(합할 합)이 소리부로, '윤택하게 하다'는 뜻인데, 물^(水)과 합쳐지면^(合) 습기가 더해져 윤기가 흐르게 되고, 이로부터 洽足^(흡족)함의 의미가 나왔다.

字形 洽 說文小篆

翕(합할 흡): xī, 羽-6, 12

字解 형성. 羽^(깃 우)가 의미부고 合^(합할 합)이 소리부로, 깃^(羽)을 오므려 합치다^(合)는 뜻으로부터 모으다, 거두어들이다, 위축되다, 순종하다 등의 뜻이 나왔다.

字形 翕 說文小篆

吸(숨 들이쉴 흡): xī, 口-4, 7, 42

字解 형성. 口^(입 구)가 의미부고 及^(미칠 급)이 소리부로, 숨을 입^(口)으로 들이쉬다는 뜻이며, 이로부터 빨아들이다, 악기를 연주하다 등의 뜻이 나왔다.

字形 吸 漢印 吸 說文小篆

흥

興(일어날 흥): 兴, xīng, 臼-9, 16, 42

字解 회의. 同^(한가지 동)과 舁^(마주들 여)로 구성되어, 모두가 함께^(同) 힘을 합쳐 함께 드는 것을 말하며, 이로부터 일으키다의 뜻이 나왔다. 간화자에서는 초서체로 간단히 줄여 兴으로 쓴다. ☞ 共^(함께 공), 舁^(마주들 여)

字形 (甲骨文) (金文) (古陶文) (盟書) (簡牘文) 興 說文小篆

희

希(바랄 희): xī, 巾-4, 7, 42

字解 형성. 巾^(수건 건)이 의미부고 爻^(효 효)가 소리부로, 올을 성기게^(爻) 짠 베^(巾)를 말하며, 이로부터 '드문드문하다'의 뜻이 나왔다. 이후 바람이란 이루기 힘든^(希) 것이라는

뜻에서 希望^(희망)의 의미가 생겼고, 그러자 원래 뜻은 禾^(벼 화)를 더해 稀^(드물 희)로 분화했다.

字形 ![簡牘文] 簡牘文 希 玉篇

稀(드물 희): xī, 禾-7, 12, 32

字解 형성. 禾^(벼 화)가 의미부고 希^(바랄 희)가 소리부로, 곡식^(禾)이 드문드문^(希) 심겨진 모습으로부터 드물다, 성기다, 적다, 稀少^(희소) 등의 뜻을 그렸다.

字形 ![簡牘文] 簡牘文 ![說文小篆] 說文小篆

晞(마를 희): xī, 日-7, 11

字解 형성. 日^(날 일)이 의미부이고 希^(바랄 희)가 소리부로, 태양^(日) 빛이 희미한^(希, 稀의 원래 글자) 때를 말해 날이 희미하게 밝을 때를 말했으며, 이때부터 대지가 마르기 시작하므로 '마르다'의 뜻이 나온 것으로 보인다.

字形 ![說文小篆] 說文小篆

羲(숨 희): xī, 羊-10, 16, 12

字解 형성. 丂^(숨 내쉴 교)가 의미부고 義^(옳을 의)가 소리부로, 의장용 칼^(義)로 희생의 목을 자른 모습을 그렸으며, 이로부터 목숨과 犧牲^(희생)의 뜻이 나왔다. 또 전설상의 伏羲氏^(복희씨)를 지칭하기도 하고, 羲和氏^(희화씨)를 지칭하여 태양의 비유로도 쓰인다.

字形 ![說文小篆] 說文小篆

犧(희생 희): 牺, xī, 牛-16, 20, 10

字解 형성. 牛^(소 우)가 의미부고 羲^(숨 희)가 소리부로, 원래는 羲로 써, 의장용 칼^(義의)에 목이 잘린 돼지의 모습으로 제사에 쓸 희생을 그렸고, 이후 소^(牛)가 더해져 지금의 글자가 되었다. 간화자에서는 羲를 西^(서녘 서)로 간단히 줄여 牺로 쓴다. ☞ 我^(나 아)

字形 ![簡牘文] 簡牘文 ![石刻古文] 石刻古文 ![說文小篆] 說文小篆

曦(햇빛 희): xī, 日-16, 20

字解 형성. 日^(날 일)이 의미부고 羲^(숨 희)가 소리부로, 햇빛^(日)을 말하며, 햇빛을 비추다는 뜻이다. 달리 日 대신 火^(불 화)가 들어간 爔^(불 희)로도 쓴다.

熙(빛날 희): [熙, 熙], xī, 火-9, 13, 20

字解 형성. 巳^(여섯째 지지 사)와 火^(불 화)가 의미부고 叵^(턱 이)가 소리부로, 달리 熙나 熙 등으로도 쓴다. 자손^(巳, 子와 같은 데서 나온 글자)이 불^(火)처럼 번성한다는 뜻으로부터, 흥성하다, 빛나다, 화목하고 즐겁다 등의 뜻이 나왔다.

字形 ![說文小篆] 說文小篆

姬(성 희): jī, 女-6, 9, 20

字解 형성. 女^(여자 여)가 의미부고 臣^(턱 이)가 소리부로, 중국에서 가장 오래된 주나라의 시조 성이다. 오래된 성에 女가 들어간 것은 모계 중심으로 혈통을 계산하던 모계사회의 반영이다. 이후 여성을 아름답게 부르거나 아내를 부르는 말로도 쓰였다.

字形 甲骨文 金文 簡牘文 說文小篆

熙(빛날 희): xì, 冫-14, 16

字解 형성. 冫^(얼음 빙)이 의미부고 熙^(빛날 희)가 소리부로, 화목하여 빛나다^(熙)는 뜻이다.

盧(옛 질그릇 희): xī, 虍-7, 13

字解 형성. 豆^(콩 두)가 의미부이고 虍^(호피 무늬 호)가 소리부이다. 『설문해자』의 해설처럼, '오래된 도기^(古陶器)'를 말한다. 『설문해자』에서 설정한 540부수의 하나이다.

字形 說文小篆

戲(놀 희): 戏, [戲], xì, 戈-12, 16

字解 형성. 戈^(창 과)가 의미부고 虛^(빌 허)가 소리부인데, 虛는 원래 盧^(옛 질그릇 희)로 쓰던 것이 변해서 된 것이다. 원래는 받침대 위에 호랑이를 올려놓고^(盧) 창^(戈)으로 희롱하며 장난질 치던 모습에서 遊戲^(유희)라는 뜻을 그렸다. 간화자에서는 虛를 간단한 부호 又^(또 우)로 바꾸어 戏로 쓴다.

字形 金文 古陶文 簡牘文 古璽文 說文小篆

噫(탄식할 희): yī, 口-13, 16, 20

字解 형성. 口^(입 구)가 의미부고 意^(뜻 의)가 소리부로, 배가 불러 입^(口)으로 나오는 숨소리, 즉 트림을 말했는데, 이후 탄식하다는 뜻으로 쓰였다.

字形 說文小篆

喜(기쁠 희): xǐ, 口-9, 12, 40

字解 회의. 壴^(북 주)와 口^(입 구)로 구성되어, 북^(壴)으로 대표되는 음악의 즐거움과 口로 대표되는 맛있는 것의 즐거움을 더해 '즐겁다'는 뜻을 그렸다. 이로부터 기뻐하다, 적합하다, 좋아하다 등의 뜻이 나왔고, 아이를 배거나 결혼의 비유로도 쓰였다.

字形 甲骨文 子璋鐘 金文 古陶文 盟書 簡牘文 說文小篆 說文古文

嬉(즐길 희): [娭], xī, 女-12, 15, 12

字解 형성. 女^(여자 여)가 의미부고 喜^(기쁠 희)가 소리부로, '즐기다'는 뜻인데, 여성^(女)과 북으로 대표되는 음악^(喜)이 동원된 모습을 담았다. 『설문해자』에서는 女가 의미부고 矣^(어조사 의)가 소리부인 娭로 썼다.

字形 🦌甲骨文 娭簡牘文 嬉說文小篆

禧(복 희): xǐ, 示-12, 17, 12

字解 형성. 示^(보일 시)가 의미부고 喜^(기쁠 희)가 소리부로, 음악과 제수를 올려^(喜) 신에게 지내는 제사^(示)의 이름이며, 이로부터 '복'과 '길상'의 뜻이 나왔다.

字形 禧說文小篆

熹(성할 희): [熺], xī, 火-12, 16

字解 형성. 火^(불 화)가 의미부고 喜^(기쁠 희)가 소리부인 상하구조로, 『설문해자』에서 고기를 불^(火)에 굽다는 뜻이라고 했는데, 고기를 불^(火)에 구울 때 타오르는 불꽃처럼 '성하다'는 뜻이다. 이로부터 타오르다, 빛나다, 성하다 등의 뜻이 나왔다. 좌우구조로 된 熺^(성할 희)와 같은 글자이다.

字形 熹熹甲骨文 熹說文小篆

僖(기쁠 희): xī, 人-12, 14

字解 형성. 人^(사람 인)이 의미부고 喜^(기쁠 희)가 소리부로, 즐거워하다는 뜻인데, 기뻐하는^(喜) 사람^(人)의 의미를 담았다. 또 옛날의 시호법에 사용되던 글자로 재임 중에 잘못을 저지른 임금에게 붙이는 시호였다.

字形 僖說文小篆

憙(기쁠 희): [憘], xǐ, 心-12, 16, 12

字解 형성. 心^(마음 심)이 의미부고 喜^(기쁠 희)가 소리부인 상하구조로, 마음^(心)이 기쁨^(喜)을 말하며, 이로부터 기뻐하다, 좋아하다 등의 뜻이 나왔다. 좌우구조로 된 憘^(기쁠 희)와 같은 글자이다.

字形 憙說文小篆

熺(성할 희): 熹, xī, 火-12, 16, 12

字解 형성. 火^(불 화)가 의미부고 喜^(기쁠 희)가 소리부인 좌우구조로, 고기를 불^(火)에 구울 때 타오르는 불꽃처럼 '성하다'는 뜻이다. 상하구조로 된 熹^(성할 희)와 같은 글자이다.

字形 熺說文小篆

詰(물을 힐): 诘, jí, jié, 言-6, 13, 10

字解 형성. 言^(말씀 언)이 의미부고 吉^(길할 길)이 소리부로, 말^(言)로 추궁하여 따져 물음을 말하며, 이로부터 힐난하다, 나무라다, 추궁하다 등의 뜻이 나왔다.

字形 簡牘文 說文小篆

頡(곧은 목 힐): 颉, xié, 頁-6, 15

字解 형성. 頁^(머리 혈)이 의미부고 吉^(길할 길)이 소리부로, 목덜미^(頁)가 강한 모양을 말한다. 또 사람 이름으로 쓰여, 한자를 창제했다는 신화적 인물인 倉頡^(창힐)이 있다.

字形 金文 簡牘文 說文小篆

한자어원사전 (색인편)

(1) 부수색인
(2) 한글독음색인
(3) 한어병음색인
(4) 총획수색인

2	仄	821	5	佑	593	7	保	352
3	代	183	5	位	609	7	俟	402
3	仝	201	5	佚	646	7	俗	454
3	令	231	5	作	659	7	信	498
3	付	362	5	佇	675	7	俄	506
3	仕	397	5	低	676	7	俉	564
3	仙	433	5	佃	686	7	俑	585
3	以	634	5	佐	728	7	俎	712
3	仔	653	5	住	731	7	俊	738
3	仗	664	5	佈	870	7	促	804
3	仟	786	5	何	885	7	侵	830
3	他	835	6	佳	005	7	便	864
4	价	028	6	侃	012	7	倪	912
4	仮	136	6	供	076	7	俠	916
4	伎	140	6	侊	090	7	俟	956
4	企	145	6	佶	152	8	軌	011
4	仿	328	6	來	216	8	個	029
4	伐	339	6	例	234	8	倨	032
4	伏	352	6	侖	252	8	倞	055
4	仰	516	6	佰	337	8	俱	101
4	伍	563	6	使	393	8	倦	117
4	伊	637	6	侍	486	8	倒	192
4	任	646	6	侁	498	8	倆	219
4	仲	741	6	佯	528	8	倫	253
4	伉	898	6	例	560	8	們	308
4	休	962	6	侑	619	8	倣	328
5	伽	003	6	依	630	8	俳	332
5	估	063	6	侚	646	8	倍	334
5	佞	164	6	佺	689	8	併	348
5	但	173	6	侏	729	8	俸	360
5	伶	233	6	侄	759	8	俯	363
5	伴	323	6	侘	767	8	俾	382
5	伯	336	6	侈	826	8	修	463
5	佛	372	6	佩	862	8	俺	536
5	似	389	7	係	061	8	倪	560
5	伺	390	7	侶	222	8	倭	576
5	伸	496	7	俚	259	8	倚	632
5	余	540	7	侮	293			

8	倧	725	11	僉	792	4	兌	964	
8	借	765	11	催	807	5	克	130	
8	倉	774	12	僑	098	5	免	285	
8	倡	777	12	僚	244	5	兑	847	
8	個	785	12	僕	353	5	兎	849	
8	値	825	12	像	414	6	兜	491	
8	倬	837	12	僧	485	6	兒	507	
8	俵	876	12	僥	581	9	兜	202	
8	倖	904	12	偪	609	12	兢	137	
8	候	957	12	僭	773				
9	假	006	12	僖	971				

9	健	036
9	偈	041
9	偰	522
9	偓	534
9	偶	589
9	偉	608
9	偵	699
9	停	703
9	做	734
9	側	822
9	偸	853
9	偏	864
9	偕	902

13	價	005
13	儉	039
13	徼	051
13	僻	343
13	儳	402
13	億	532
13	儀	630
13	儔	740
14	儒	616
15	儡	242
15	償	413
15	優	592
16	儲	677

10	傑	038
10	傀	091
10	傍	330
10	傅	361
10	備	377
10	傘	405
11	傾	053
11	僅	132
11	傷	415
11	傯	433
11	傲	563
11	備	585
11	傳	688
11	債	779

19	儺	156
19	儷	221
20	儻	537

부
수

9	勘	019
9	動	200
9	勒	255
9	務	302
9	勖	596
10	勞	235
10	勝	485
10	勛	959
11	勤	132
11	募	291
11	勢	444
11	勣	680
14	勳	958
15	勵	222
18	勸	118

020_포(勹) 부수

0	勹	868
1	勺	657
2	勾	102
2	匀	127
2	勿	308
3	匃	030
3	包	868
4	匈	964
6	匍	193
7	匐	872
9	匒	355
9	匏	869

021_비(匕) 부수

0	匕	375
0	匕	936
2	化	936
3	北	368
9	匙	488

022_방(匚) 부수

0	匚	326
3	匜	638
4	匡	088
5	匣	021
8	匪	379
9	區	107
9	匫	170

023_혜(匸) 부수

0	匸	921
2	匹	880
4	匠	664
11	匯	949

024_십(十) 부수

0	十	503
1	千	786
2	升	484
2	午	561
2	卄	648
3	半	322
3	卉	961
4	卍	270
6	卑	381
6	卒	723
6	卓	837
6	協	917
7	南	158
10	博	317

025_복(卜) 부수

0	卜	356
2	卞	344
3	占	694
6	卦	090
9	卨	435

026_절(卩) 부수

0	卩	692
3	卯	299
3	卮	826
4	危	610
4	印	643
5	却	007
5	卵	211
6	卷	116
6	卹	963
7	卽	742
9	卾	510
10	卿	053

027_엄(厂) 부수

0	厂	536
2	厄	520
6	厓	518
7	厘	260
7	厖	331
7	厚	956
8	原	600
8	厝	720
9	厠	822
10	厥	118
10	厦	887
12	厭	548
13	厲	222

028_사(厶) 부수

0	厶	389
3	去	032
9	參	407
9	參	407

029_우(又) 부수

0	又	592
1	叉	765
2	及	136
2	反	322
2	友	593
6	受	465
6	叔	473
6	取	819
7	叚	005
7	叛	323
7	叙	424
8	叟	462
14	叡	559
16	叢	806

030_구(口) 부수

0	口	108
2	可	001
2	古	062
2	叩	066
2	句	102
2	句	102
2	叫	124
2	司	389
2	史	393
2	召	450
2	右	593
2	只	747
2	叱	761
2	台	845
2	叭	860
2	叶	917
3	各	007
3	扣	108
3	吉	152
3	同	201
3	吏	261
3	名	288

3	吊	682
3	吐	849
3	合	894
3	向	906
3	后	955
3	吃	967
4	告	065
4	君	113
4	呂	221
4	吝	264
4	吻	308
4	否	360
4	吩	370
4	吾	564
4	吳	564
4	吟	627
4	呈	700
4	吹	820
4	呑	840
4	吠	867
4	含	893
4	吼	957
4	吸	968
5	呵	001
5	呱	069
5	咎	109
5	命	287
5	味	310
5	咅	362
5	咐	363
5	呻	496
5	咀	678
5	周	732
5	呪	734
5	咆	870
5	呼	929
5	和	937
6	咬	096

6	咢	510
6	哀	518
6	咽	642
6	咨	651
6	哉	671
6	咫	748
6	咤	837
6	品	877
6	咸	892
6	哈	895
6	咳	899
6	哄	934
7	哥	002
7	哭	071
7	唐	181
7	唎	261
7	唜	274
7	唆	394
7	員	602
7	唇	754
7	哲	790
7	哨	800
7	唄	861
7	哺	873
7	哮	954
8	啓	060
8	啖	177
8	問	307
8	商	414
8	售	473
8	啞	508
8	唵	515
8	唯	617
8	唱	777
8	啐	807
8	唾	836
8	啄	838

8	唧	894	11	噓	907	10	園	603
8	唬	925	12	噴	371	11	團	175
9	喝	016	12	嘯	448	11	圖	193
9	喀	030	12	嘶	488	13	圜	939
9	喬	097	12	嘲	717			

9	喫	154	13	器	144
9	喇	156	13	噩	511
9	單	175	13	嘴	821
9	喪	414	13	噫	970
9	善	430	14	嚆	953
9	啻	491	16	嚬	386
9	喟	611	16	嚥	545
9	喻	615	16	嚮	905
9	啼	709	17	嚴	537
9	喘	788	18	嚼	659
9	喆	791	18	嚚	954
9	喊	892	19	囊	160
9	喚	942	21	囑	804
9	喉	957			
9	喧	960			
9	喙	960			
9	喜	970			
10	嗜	146			
10	嗣	390			
10	嗇	417			
10	嗚	560			
10	嗔	753			
10	嗟	766			
10	嗤	827			
10	嗅	955			
11	嘉	004			
11	嘔	107			
11	嘍	248			
11	鳴	289			
11	嘗	412			
11	嗽	472			
11	嗾	736			
11	嘆	840			

7	埋	278	10	塑	449	16	壞	092
7	城	442	10	塍	485	16	壨	241
7	埃	518	10	塋	553	17	壤	529
7	埇	585	10	塢	561			
7	埈	738	10	塡	691		**033_사(士) 부수**	
8	堈	024	10	塚	805	0	士	397
8	堅	045	10	塔	843	1	壬	646
8	堀	114	10	塤	959	4	壯	668
8	堇	131	11	境	052	6	壴	733
8	基	141	11	墓	300	9	壻	421
8	埼	145	11	墅	424	9	壹	645
8	堂	181	11	塾	474	9	壺	928
8	培	334	11	墉	585	11	壽	469
8	埠	368	11	塼	688			
8	埤	383	11	塵	757		**034_치(夂) 부수**	
8	埴	493	11	塹	773	0	夂	822
8	堊	510	12	墩	197	7	夏	886
8	域	542	12	墨	305	10	夔	257
8	堉	621	12	墳	371			
8	執	762	12	墠	432		**035_쇠(夊) 부수**	
8	埰	779	12	增	743	0	夊	459
8	堆	851	12	墜	810	5	夋	256
9	堪	019	12	墮	837	6	复	353
9	堺	057	12	墟	907	15	夒	166
9	堵	189	13	墾	013	17	夔	139
9	報	352	13	壇	173	17	夒	139
9	堡	352	13	壁	342			
9	堰	534	13	墺	562		**036_석(夕) 부수**	
9	堧	545	13	壅	569	0	夕	426
9	堯	580	13	墻	669	2	外	577
9	場	665	14	壂	416	3	多	171
9	堤	709	14	壓	515	3	夙	475
9	堞	794	14	壑	888	5	夜	521
10	塏	027	14	壕	924	11	夢	297
10	塊	091	14	壎	958	11	夤	643
10	塘	181	15	壙	089			
10	塗	190	15	壘	248		**037_대(大) 부수**	
10	塞	415				0	大	185

1	夬	045		3	妃	378		6	姝	729
1	矢	163		3	如	538		6	姪	759
1	夫	367		3	妁	658		6	姮	897
1	夭	578		3	好	929		6	姬	970
1	天	789		4	妗	135		7	娜	156
1	太	846		4	妓	140		7	娩	270
2	失	500		4	妞	168		7	娑	391
2	央	516		4	妙	299		7	娠	495
3	夸	081		4	妨	328		7	娥	506
3	夷	637		4	妣	375		7	娟	546
4	夾	915		4	妖	578		7	娛	565
5	奇	144		4	妊	647		8	婪	214
5	奈	161		4	姙	647		8	婁	247
5	奉	359		4	妥	836		8	婦	364
5	奄	536		5	姑	063		8	婢	382
6	契	058		5	妹	279		8	婉	573
6	奎	125		5	姆	293		8	娼	777
6	奔	371		5	姓	441		8	娶	819
6	奏	734		5	始	489		8	婆	856
6	奕	909		5	委	609		8	婚	932
6	奐	942		5	姊	656		9	媒	279
7	套	852		5	姉	656		9	媻	303
7	奚	900		5	姐	678		9	媚	309
9	奢	396		5	妊	705		9	媤	490
9	奧	562		5	妻	782		9	媛	602
9	奠	689		5	妾	794		10	嫁	006
10	奥	561		5	妬	852		10	媾	106
11	奫	622		6	姦	009		10	嫂	462
11	奪	842		6	姜	022		10	嫄	600
12	奭	427		6	姞	153		10	嫉	760
13	奮	371		6	妍	543		10	嫌	915
				6	娃	576		11	嫩	168
038_녀(女) 부수				6	姚	580		11	嫡	684
				6	威	608		11	嫦	897
0	女	161		6	姨	637		12	嬌	098
2	奴	165		6	姻	642		12	嫣	126
3	奸	010		6	姿	651		12	嬋	432
3	娘	216						12	嬅	935
3	妄	275								

12	嬉	971
13	嬴	554
13	嬖	868
14	嬪	385
14	嬰	555
17	孀	412
17	孃	529
19	戀	227
19	變	227

039_자(子) 부수

0	子	652
0	孑	914
1	孔	079
2	孕	648
3	字	653
3	存	723
4	孚	365
4	孜	653
4	孛	861
4	孝	954
5	季	058
5	孤	069
5	孟	281
6	孩	900
7	孫	454
8	孰	474
9	孱	659
10	孳	654
11	孵	365
13	學	887
14	孺	616
16	孼	535

040_면(宀) 부수

0	宀	284
2	宄	123

2	宁	674
2	它	835
3	宅	186
3	守	468
3	安	512
3	宇	590
3	宅	848
4	宏	094
4	宋	457
4	完	572
5	官	084
5	宓	356
5	宛	573
5	宜	631
5	定	697
5	宗	725
5	宙	733
5	宕	844
5	宖	952
6	客	030
6	宣	428
6	室	500
6	宥	618
6	宦	941
7	家	006
7	宮	115
7	成	443
7	宵	445
7	宸	495
7	宴	546
7	容	586
7	宰	672
7	害	900
8	寇	104
8	寄	144
8	密	315
8	宿	475

8	寃	604
8	寅	643
8	寂	681
8	案	779
9	寐	279
9	富	362
9	寔	494
9	寓	589
9	寢	830
9	寒	889
10	寗	164
11	寡	080
11	寧	164
11	寞	269
11	實	500
11	寤	564
11	察	771
11	寨	780
11	寢	830
12	寬	085
12	寮	245
12	寫	392
12	審	501
16	寵	805
17	寶	351

041_촌(寸) 부수

0	寸	804
3	寺	402
3	忖	804
6	封	357
7	專	361
7	射	397
8	尉	606
8	將	665
8	專	688
9	尋	502
9	尊	723

부수

5	恍	947	8	悥	186	10	愷	026
6	恪	008	8	悼	188	10	慊	047
6	恭	076	8	惇	197	10	慣	084
6	恐	078	8	惘	274	10	愧	091
6	恝	088	8	悶	314	10	慄	254
6	恕	424	8	悲	378	10	愼	499
6	恂	477	8	悆	458	10	慾	584
6	恃	486	8	惡	510	10	愿	600
6	息	493	8	惟	617	10	慇	624
6	羞	528	8	情	697	10	愴	775
6	恚	538	8	悰	726	10	憁	806
6	恩	624	8	悽	782	10	態	847
6	恁	647	8	惕	783	10	慌	944
6	恣	651	8	悴	818	10	愰	947
6	恥	825	8	惠	923	11	慤	009
6	恨	891	8	惑	931	11	慷	025
6	恒	896	8	惛	932	11	愫	029
6	恢	950	8	惚	933	11	慨	029
6	恤	963	9	感	017	11	慶	051
6	恰	968	9	慾	037	11	憬	056
7	悧	261	9	惱	167	11	慮	223
7	惜	426	9	慜	314	11	憐	227
7	悚	457	9	想	411	11	慢	271
7	悉	499	9	惺	439	11	慕	291
7	悅	548	9	愁	471	11	憂	592
7	悟	564	9	愕	510	11	慰	606
7	悪	586	9	愛	519	11	慫	725
7	憑	586	9	惹	523	11	慘	772
7	悠	617	9	愠	567	11	慙	773
7	悛	692	9	愚	588	11	慽	784
7	悌	710	9	愈	614	11	慟	850
7	悤	805	9	愉	614	11	慝	853
7	悖	861	9	意	629	11	慓	875
7	悍	891	9	慈	654	11	慧	922
7	患	940	9	惻	822	12	憩	041
7	悔	949	9	惰	837	12	憧	199
8	悻	058	9	愎	863	12	憮	302
			9	惶	946	12	憫	314

부수

6	括	087	8	掾	422	11	摸	291
6	拳	117	8	掃	449	11	摹	291
6	拮	152	8	授	465	11	摣	395
6	拿	155	8	被	520	11	摘	683
6	挑	188	8	掩	537	11	摺	696
6	拾	483	8	掌	663	11	摰	747
6	拭	493	8	接	696	11	撰	770
6	按	512	8	採	779	11	摭	785
6	拯	744	8	掇	791	11	摠	806
6	持	746	8	捷	793	12	撚	163
6	指	748	8	探	843	12	撞	182
7	捲	117	9	揀	014	12	撈	236
7	捏	158	9	揭	041	12	撫	302
7	挽	270	9	揆	123	12	撲	318
7	挺	544	9	描	298	12	撥	326
7	捐	546	9	揷	408	12	撒	406
7	把	628	9	握	509	12	撚	543
7	挺	701	9	揶	522	12	撓	581
7	措	720	9	揚	526	12	撤	790
7	挫	727	9	援	602	12	撮	807
7	振	754	9	揄	615	12	揮	842
7	捉	768	9	揖	628	12	撑	848
7	推	810	9	提	709	12	播	857
7	捌	860	9	換	942	13	擧	032
7	捕	872	9	揮	961	13	據	035
7	捍	891	10	搗	192	13	擊	042
7	挾	916	10	搏	317	13	擎	051
8	据	033	10	搬	321	13	擒	134
8	掛	090	10	搔	446	13	撻	176
8	掘	115	10	損	455	13	擔	178
8	捺	158	10	搜	462	13	擄	237
8	捻	163	10	搖	579	13	擘	342
8	掉	188	10	搢	757	13	擁	569
8	掠	217	10	榨	768	13	操	718
8	排	333	10	搭	843	13	擅	788
8	捧	360	10	携	963	13	濁	838
8	捨	400	11	搏	176	13	擇	848
			11	摩	267	14	擾	184

4	昆	072	6	晋	757	10	暢	778
4	昑	135	6	晄	947	11	暮	290
4	旽	197	6	晃	947	11	暫	661
4	明	289	7	晩	270	11	暲	663
4	旼	314	7	晟	442	11	暴	873
4	旻	315	7	晨	495	11	晴	922
4	昉	329	7	晤	564	12	曔	056
4	昐	370	7	晝	730	12	曇	179
4	昔	426	7	晙	738	12	暾	197
4	昇	484	7	睍	912	12	曆	224
4	易	542	7	晧	927	12	暹	438
4	昨	561	7	晥	941	12	曄	551
4	旺	575	7	晦	950	12	曉	953
4	昌	777	7	晞	969	13	曖	519
4	昃	821	8	景	055	14	曙	419
4	昊	926	8	暑	122	14	曜	582
4	昏	932	8	普	351	15	曠	088
4	昕	966	8	晳	425	15	曝	874
5	昧	278	8	晸	704	16	曦	969
5	昴	299	8	晶	705			
5	昞	347	8	智	749		**073_왈(曰) 부수**	
5	昺	347	8	晴	796	0	曰	574
5	星	439	8	晫	838	2	曲	071
5	昭	451	9	暇	006	2	曳	559
5	是	487	9	暖	157	3	更	054
5	昂	516	9	暑	419	3	更	054
5	昜	526	9	暗	514	5	曷	014
5	映	552	9	暘	527	6	曹	712
5	盈	567	9	暎	552	7	曼	270
5	昱	595	9	暈	599	7	書	420
5	昨	659	9	暐	607	7	曺	712
5	昶	778	9	暈	959	8	曾	743
5	春	815	9	暄	960	8	替	797
5	是	886	9	暉	962	8	最	807
6	時	486	10	暠	068	9	會	950
6	晏	513	10	暨	151	10	竭	039
6	晁	719	10	瞑	288			
6	晉	757	10	瞑	289			

6	栽	671	8	棄	140
6	栓	689	8	棋	142
6	株	729	8	棠	182
6	桎	759	8	棹	188
6	桌	838	8	棟	199
6	桁	898	8	椋	218
6	核	902	8	棱	257
6	桓	942	8	棉	286
7	桿	011	8	棆	288
7	梗	054	8	棚	374
7	械	058	8	棐	379
7	梏	072	8	椑	382
7	梱	073	8	森	408
7	梁	219	8	棲	421
7	梨	260	8	植	493
7	梅	277	8	椀	573
7	梶	309	8	椅	632
7	梵	340	8	棧	660
7	桴	365	8	棗	719
7	梭	394	8	椶	725
7	梳	448	8	椒	803
7	梧	564	8	椎	810
7	梡	573	9	楗	036
7	梓	673	9	極	129
7	梃	701	9	楠	159
7	梯	710	9	楞	257
7	條	718	9	楸	303
7	棖	754	9	楣	310
7	梢	801	9	楔	435
7	梔	827	9	楯	478
7	棻	829	9	椰	522
7	桶	850	9	楊	526
7	梟	953	9	業	537
8	棨	060	9	椽	544
8	棍	073	9	楹	554
8	棺	084	9	楮	612
8	棘	129	9	楡	615
			9	楮	677

9	楨	699
9	楫	742
9	楚	801
9	楸	808
9	椿	815
9	楕	836
9	楓	878
9	楷	902
10	榤	038
10	槁	068
10	槐	091
10	槊	104
10	構	106
10	榴	251
10	槃	322
10	榜	330
10	榧	379
10	榭	398
10	榮	552
10	榕	587
10	榛	755
10	槍	775
10	榻	843
10	槌	851
10	榥	947
11	槪	029
11	槨	083
11	槻	126
11	槿	132
11	樑	220
11	樓	247
11	槾	272
11	模	291
11	樊	338
11	樂	508
11	樂	508
11	樣	528

11	樟	663	16	櫶	908	

부수

081_비(比) 부수

0	比	375
5	毗	375
5	毘	375
5	毖	377

082_모(毛) 부수

0	毛	293
7	毬	110
7	毫	923
8	毳	820
13	氈	685

083_씨(氏) 부수

0	氏	504
1	民	313
1	氐	675
5	氓	282

084_기(气) 부수

0	气	138
6	氣	139

085_수(水) 부수

0	水	464
1	氷	387
1	永	555
2	汀	702
2	汁	742
3	江	021
3	求	109
3	汎	340
3	汑	351
3	汾	369
3	氾	401
3	汕	404
3	汐	426

3	汝	538
3	汚	561
3	池	746
3	汗	890
3	汞	935
4	決	045
4	汨	075
4	汲	136
4	汽	138
4	沂	148
4	沓	180
4	沌	198
4	沔	285
4	沐	295
4	沒	297
4	汶	306
4	沕	309
4	泯	313
4	沸	380
4	沙	391
4	沁	501
4	沈	501
4	沆	546
4	汭	557
4	沃	566
4	汪	575
4	沅	601
4	沚	749
4	沖	817
4	沈	831
4	汰	846
4	沛	861
4	沆	899
5	沽	063
5	泥	169
5	沫	273
5	泊	319

5	泛	341
5	法	341
5	泌	377
5	泗	396
5	泄	436
5	泝	450
5	沼	451
5	泅	460
5	泱	517
5	沿	545
5	泳	556
5	油	613
5	泣	628
5	沮	678
5	注	731
5	泉	787
5	沾	792
5	治	825
5	沱	836
5	泰	847
5	波	855
5	泡	869
5	泌	881
5	河	885
5	泫	911
5	洞	920
5	泓	934
5	況	948
6	洎	062
6	洸	090
6	洞	202
6	洛	210
6	洌	229
6	洩	436
6	洗	445
6	洙	468
6	洵	476
6	洋	528

부수

10	滕	207		11	潰	747		13	澹	179
10	溜	250		11	漲	775		13	濂	230
10	滅	286		11	滌	784		13	澧	234
10	溟	289		11	滯	797		13	減	559
10	滂	330		11	漆	829		13	澳	562
10	溥	361		11	漂	875		13	澈	691
10	溯	450		11	漢	889		13	澡	719
10	溫	567		11	滸	926		13	濈	769
10	滹	583		12	澗	012		13	澤	848
10	溶	587		12	潔	046		13	澣	890
10	源	600		12	潰	120		13	澮	951
10	溢	645		12	潭	178		14	潯	164
10	滓	673		12	潼	199		14	濤	191
10	準	739		12	潦	245		14	濫	213
10	溱	755		12	潾	263		14	濮	353
10	滄	775		12	潘	323		14	濱	386
10	滎	920		12	潑	326		14	濕	483
10	涸	932		12	潛	351		14	濚	553
10	滑	943		12	潛	405		14	濡	616
10	滑	943		12	澁	409		14	濟	707
10	滉	947		12	潟	427		14	濬	740
11	漑	029		12	瀟	474		14	濯	839
11	滾	074		12	澐	598		14	濠	924
11	漣	228		12	潤	623		14	濩	925
11	漏	249		12	潺	660		15	瀆	194
11	漠	269		12	潜	661		15	濼	211
11	滿	270		12	潮	717		15	濾	223
11	漫	271		12	澍	733		15	瀏	250
11	滲	407		12	潥	762		15	瀉	392
11	漱	472		12	澄	763		15	潘	501
11	漁	530		12	澂	763		15	瀁	525
11	演	546		12	澈	790		15	瀑	874
11	潁	555		12	澎	862		15	瀅	920
11	漿	666		12	澔	927		16	瀝	225
11	滴	684		12	潢	945		16	瀘	236
11	漸	695		13	激	042		16	瀧	241
11	漕	713		13	濃	166		16	瀨	242
				13	澾	176				

16	瀨	386		5	炷	732		9	煥	942
16	瀟	448		5	炭	841		9	煌	946
16	瀛	554		5	炫	911		9	煦	957
16	瀜	623		5	炯	921		9	煊	960
16	瀞	696		6	烙	210		9	煇	962
16	瀚	890		6	烈	229		9	熙	969
16	瀅	901		6	烟	547		10	熥	432
17	瀾	211		6	烏	560		10	熄	494
17	瀯	553		6	烝	744		10	熔	587
17	瀷	639		6	烘	934		10	熉	597
18	灌	085		6	烋	962		10	熊	600
18	灌	086		7	烱	048		10	熒	920
18	瀿	920		7	烽	358		10	熏	958
19	灑	458		7	焉	491		11	熢	359
19	灘	841		7	焉	534		11	熟	474
21	灝	926		7	焌	739		11	熱	548
22	灣	272		7	烹	862		11	熬	563
				7	焄	959		12	燉	197

086_화(火) 부수

0	火	938		8	焞	197		12	燈	206
2	灰	950		8	無	301		12	燎	244
3	灸	105		8	焙	334		12	燐	263
3	灼	657		8	焚	370		12	燔	338
3	災	672		8	然	543		12	燒	448
4	炅	056		8	焱	550		12	燃	543
4	映	089		8	焰	550		12	燕	545
4	炎	550		8	焦	799		12	燁	551
4	炙	651		9	煖	157		12	熾	823
4	炒	800		9	煉	226		12	熹	971
4	炊	819		9	煤	279		12	熺	971
4	炘	966		9	煩	337		13	燮	438
5	炬	034		9	煞	406		13	燧	461
5	炳	347		9	煬	527		13	營	553
5	炤	451		9	煙	547		13	燥	718
5	炸	659		9	焕	552		13	燦	769
5	畑	686		9	煜	596		13	燭	803
5	点	695		9	煮	655		14	燾	191
5	炡	705		9	煎	685		14	燹	434
				9	照	720		14	爐	497

14	燿	582
14	爀	909
14	燻	959
15	爆	874
16	爐	236
17	爛	212
25	爨	771

087_조(爪) 부수

0	爪	716
4	爭	673
4	爬	857
5	爰	601
8	爲	608
14	爵	658

088_부(父) 부수

0	父	366
4	爸	857
9	爺	522

089_효(爻) 부수

0	爻	953
7	爽	412
10	爾	636

090_장(爿) 부수

0	爿	662
6	牂	665
13	牆	669

091_편(片) 부수

0	片	864
4	牁	409
4	版	858
8	牌	861
9	牒	794
11	牖	620

15	牘	195

092_아(牙) 부수

0	牙	506

093_우(牛) 부수

0	牛	594
2	牟	292
2	牝	385
3	牢	242
3	牡	292
4	牧	296
4	物	308
5	牲	419
6	特	853
7	牽	043
7	犁	261
8	犂	224
8	犀	425
11	犛	260
15	犢	195
16	犨	736
16	犧	969

094_견(犬) 부수

0	犬	043
2	犯	340
4	狂	089
4	狃	168
4	狀	410
4	狙	678
4	狄	682
5	狗	103
5	狎	515
5	狐	929
6	狡	095
6	狩	468

7	狼	216
7	狸	260
7	狽	860
7	狹	916
8	猛	281
8	猜	487
8	猊	560
8	猗	632
8	猝	724
8	猖	777
9	猫	298
9	猩	440
9	猥	577
9	猶	611
9	猷	611
9	猪	676
10	獅	394
10	猿	603
10	猾	944
11	獒	563
11	獄	566
11	獐	663
11	獎	666
12	獗	119
13	獨	196
13	獪	951
14	獲	952
15	獵	230
15	獸	468
16	獺	177
16	獻	907

095_옥(玉) 부수

0	玄	910
6	率	455

096_현(玄) 부수

0	玉	565

0	王	574	7	琉	251	9	瑕	886
2	玎	703	7	理	258	9	瑚	928
3	玕	011	7	琁	431	9	瑋	933
3	玖	105	7	珹	443	10	瑰	091
3	玘	147	7	琇	465	10	瑯	215
3	玗	591	7	琡	473	10	瑠	250
3	玔	789	7	琬	573	10	瑪	268
4	珏	009	7	斑	701	10	瑩	553
4	玦	046	7	現	912	10	瑥	567
4	玫	278	8	琨	073	10	瑤	579
4	玭	385	8	琯	085	10	瑢	587
4	珊	403	8	琴	134	10	瑨	757
4	玩	571	8	琪	142	10	瑩	920
4	玧	622	8	琦	144	11	瑾	132
5	珂	002	8	琳	264	11	璉	228
5	玳	184	8	斌	301	11	璃	258
5	玲	233	8	琺	341	11	璇	431
5	珉	313	8	琫	360	11	璋	663
5	玟	314	8	琶	375	12	璟	056
5	珀	319	8	琰	550	12	璣	149
5	珍	756	8	琬	574	12	璘	263
5	玼	881	8	琪	687	12	璞	318
5	玹	912	8	琮	725	12	璀	753
6	珙	077	8	琛	831	12	璜	945
6	珖	090	8	琸	838	13	璬	051
6	珪	125	8	琢	838	13	璧	342
6	珞	211	8	琶	857	13	璲	461
6	班	320	8	琥	924	13	璪	718
6	珚	351	9	瑁	290	13	璨	769
6	珣	477	9	瑞	423	13	環	940
6	珥	633	9	瑄	428	14	璽	416
6	珠	729	9	瑟	481	14	璿	429
6	珦	906	9	瑛	551	14	璸	475
6	珩	918	9	瑀	594	14	璵	539
6	翊	958	9	瑗	601	15	瓊	056
7	球	110	9	瑋	607	15	瓚	759
7	琅	216	9	瑜	614	16	瓏	241
			9	瑎	815	17	瓔	555

18	瓘	086
19	瓚	770

097_과(瓜) 부수

0	瓜	080
6	瓠	929
11	瓢	876
14	瓣	859

098_와(瓦) 부수

0	瓦	570
4	瓮	568
6	瓶	349
6	瓷	652
9	甄	043
12	甌	744
13	甕	569
16	甒	535

099_감(甘) 부수

0	甘	018
4	甚	502
6	甜	792

100_생(生) 부수

0	生	418
6	産	404
7	甥	418
7	甦	446

101_용(用) 부수

0	用	584
2	甫	350
2	甬	585

102_전(田) 부수

0	甲	020
0	申	495
0	由	613
0	田	686
2	男	159
2	甸	686
2	町	702
3	畁	384
3	甾	826
4	界	057
4	畇	127
4	畚	180
4	畏	577
4	畋	687
5	留	250
5	畝	304
5	畔	323
5	畛	756
5	畜	814
6	略	217
6	異	636
6	畢	882
6	畦	963
7	番	337
7	畯	739
8	畺	025
8	畸	145
8	當	182
8	畫	938
10	畿	149
14	疆	024
14	疇	736
17	疊	794

103_필(疋) 부수

0	疋	880
7	疏	448
7	疎	449
9	疑	631

104_녁(疒) 부수

0	疒	162
3	疝	404
4	疥	028
4	疫	541
5	痂	004
5	疳	018
5	疸	176
5	疼	201
5	病	347
5	疽	678
5	症	744
5	疹	756
5	疾	760
5	疱	870
5	疲	880
6	痒	528
6	痍	637
6	疵	656
6	痔	824
6	痕	965
7	痙	049
7	痘	204
7	痢	261
7	痛	849
8	痼	064
8	痰	177
8	痲	268
8	痺	382
8	瘀	532
8	痴	824
9	瘍	527
9	癆	888
10	瘤	251
10	瘢	322
10	瘙	446

10	瘦	462
10	瘟	567
10	瘡	775
10	瘥	780
10	瘠	785
11	瘻	248
11	瘳	812
12	癇	013
12	療	244
12	癃	254
12	癌	514
13	癘	223
13	癖	343
13	癒	615
14	癡	824
15	癤	694
16	癩	155
16	癲	209
17	癬	430
18	癰	569
19	癲	692

105_발(癶) 부수

0	癶	324
4	癸	060
7	登	206
7	發	325

106_백(白) 부수

0	白	335
1	百	336
2	皃	294
2	皁	721
3	的	679
4	皆	027
4	皇	945
5	皐	066
6	皎	095
7	皓	927

107_피(皮) 부수

0	皮	879
10	皺	808

108_명(皿) 부수

0	皿	287
3	盂	590
4	盃	334
4	盆	369
4	盈	553
4	盉	721
4	盅	817
4	盇	896
5	盌	315
5	盍	325
5	盎	516
5	盌	574
5	益	639
5	盒	675
5	盍	895
5	盉	938
6	盖	029
6	盒	619
6	盒	895
7	盜	192
7	盛	442
8	盟	281
8	盞	660
9	監	019
9	盡	757
10	盤	321
11	盬	064
11	盥	087
11	盧	236
11	盦	515
12	盪	467

12	盪	844
14	灩	099

109_목(目) 부수

0	目	295
3	盲	281
3	盰	591
3	直	751
4	看	011
4	眄	286
4	眉	309
4	盼	320
4	相	411
4	省	440
4	盾	478
4	眈	843
5	眠	286
5	眚	418
5	眞	752
5	眩	911
6	眷	117
6	眸	292
6	眼	511
6	眺	719
7	睍	912
8	督	196
8	睦	296
8	睡	460
8	睛	697
8	睫	793
9	睾	067
9	睽	124
9	睹	189
9	睿	558
10	瞋	753
11	瞞	270
12	瞰	017

부수

12	瞳	200
12	瞭	245
12	瞥	346
12	瞬	480
13	瞼	040
13	瞿	101
13	瞻	791
19	矗	804

110_모(矛) 부수

0	矛	293
4	矜	137

111_시(矢) 부수

0	矢	490
2	矣	629
3	知	749
4	矤	956
5	矩	104
7	短	173
8	矮	576
12	矯	097

112_석(石) 부수

0	石	425
4	砒	376
4	砂	391
5	磬	052
5	硈	165
5	砬	265
5	砥	746
5	砦	780
5	破	855
5	砲	869
6	硅	125
6	硏	542
7	硬	054

7	硫	251
7	硯	544
7	硝	801
8	碁	143
8	碌	239
8	硼	374
8	碑	381
8	碎	458
8	碏	517
8	碗	573
8	碇	698
9	碣	016
9	破	172
9	碧	344
9	碩	425
9	磁	654
10	磽	059
10	磊	243
10	碼	268
10	磐	321
10	磅	331
10	碩	597
10	磋	766
10	礫	781
10	確	939
10	磝	939
11	磨	267
12	磵	012
12	磯	149
12	磷	263
12	磻	324
12	礁	799
13	礎	802
14	礙	517
14	礦	539
15	礪	222
15	礫	225
15	礬	321

113_시(示) 부수

0	示	487
3	祁	151
3	祀	399
3	社	400
4	祈	148
4	祇	151
4	祉	749
5	祛	032
5	祠	390
5	祟	465
5	神	496
5	祐	593
5	祖	712
5	祚	714
5	祇	745
5	祝	813
5	祜	927
6	祥	410
6	祭	708
6	票	875
8	禁	135
8	祺	142
8	祿	239
9	福	355
9	禍	589
9	禎	699
9	禍	938
11	禦	531
12	禪	432
12	禧	971
13	禮	234
14	禱	191
17	禳	530

114_유(内) 부수

0	内	611

부수

5	笞	845	9	篇	863	6	粦	262
6	筐	088	9	篋	916	6	粟	454
6	筋	133	9	篁	946	6	粱	652
6	答	180	10	篤	196	6	粧	668
6	等	207	10	篚	379	6	粥	737
6	筏	339	10	篩	394	7	粳	031
6	筒	476	10	篠	452	7	粮	219
6	筌	689	10	築	814	7	粱	220
6	策	781	11	簋	121	7	粤	606
6	筑	813	11	簇	722	7	粲	769
6	筒	850	11	簏	770	8	粼	263
6	筆	882	12	簡	012	8	粹	470
6	笏	933	12	簞	175	8	精	697
7	筠	128	12	簠	350	9	糊	928
7	筭	404	12	簫	447	10	糢	111
7	筮	422	12	簪	661	10	糖	181
7	筬	443	12	簟	696	10	糖	845
7	筵	544	12	簧	945	11	糠	025
7	筥	565	13	簾	229	11	糜	311
8	箇	029	13	簿	361	11	糞	371
8	箝	047	13	簽	792	11	糟	713
8	箜	078	14	籃	214	12	糧	218
8	管	084	14	籍	683	14	糯	155
8	箕	142	14	籌	736	15	糲	223
8	箔	319	15	籍	736	16	糴	682
8	算	403	16	籠	240			
8	箏	673	17	籥	524	**120_멱(糸) 부수**		
8	箋	690	19	籬	258			
8	箚	767				0	糸	283
8	箒	812	**119_미(米) 부수**			1	系	061
9	範	341				2	糾	124
9	箱	411	0	米	310	3	紀	146
9	箐	492	4	粉	369	3	約	524
9	箴	661	4	粃	376	3	紆	591
9	箸	677	5	粒	265	3	紉	642
9	箭	685	5	粕	319	3	紂	735
9	篆	689	5	粘	694	3	紅	934
9	節	693	5	粗	711	3	紈	941
						3	紇	966

13	繩	483
13	繹	541
13	繰	718
13	纊	940
13	繪	951
14	繼	060
14	纂	769
15	續	453
15	纏	686
17	纖	437
17	纓	555
17	纔	670
19	纛	195
19	纘	770
21	纜	213

121_부(缶) 부수

0	缶	367
3	缸	897
4	缺	045
14	罌	521
18	罐	085

122_망(网) 부수

0	网	274
3	罔	274
3	罕	890
4	罘	360
5	罟	064
8	罫	090
8	罩	721
8	罪	728
8	置	825
9	罰	339
9	署	419
10	罵	278
10	罷	855

11	罹	257
14	羅	209
19	羈	141

123_양(羊) 부수

0	羊	527
2	羌	022
3	美	311
3	羑	619
4	羔	068
5	羚	233
5	羞	464
5	羝	676
5	着	768
6	羡	528
7	群	113
7	羣	113
7	羨	432
7	義	629
10	羲	969
13	羹	030
13	羸	262

124_우(羽) 부수

0	羽	595
4	翅	485
4	翁	568
5	翎	233
5	習	482
5	翊	639
5	翌	640
6	翔	410
6	翕	968
8	翡	380
8	翟	682
8	翠	821
9	翫	572

9	翦	685
9	翩	864
10	翰	890
11	翼	639
12	翹	099
12	翻	338
14	耀	582

125_노(老) 부수

0	考	065
0	老	237
4	耆	145
5	耈	103
5	者	654

126_이(而) 부수

0	而	634
3	耐	161
3	耑	172
3	耎	544

127_뢰(耒) 부수

0	耒	243
4	耕	053
4	耗	294
4	耘	598
4	耙	857
5	耝	003
5	耡	394
8	耤	683
9	耦	589
10	耨	167
12	耬	149
15	耰	592

128_이(耳) 부수

0	耳	632
3	耶	522

4	耿	056
4	耽	842
5	聃	179
5	聆	232
5	聊	245
7	聘	387
7	聖	440
8	職	093
8	聞	307
8	聚	819
11	聯	226
11	聲	441
11	聳	588
11	聰	805
12	聶	439
12	職	751
16	聾	241
16	聽	796

129_율(聿) 부수

0	聿	254
6	肅	473
7	肆	392
7	肄	635
8	肇	714

130_육(肉) 부수

0	肉	621
2	肌	150
2	肋	255
3	肝	010
3	肘	735
3	肖	800
3	肛	897
4	肩	044
4	股	070
4	肱	094
4	肯	137

4	肪	329
4	肥	378
4	育	621
4	肢	745
4	肺	867
4	肴	954
5	胛	021
5	背	333
5	胚	335
5	胥	420
5	胃	610
5	胤	622
5	胄	734
5	胎	845
5	胞	869
5	胡	926
6	胱	090
6	能	169
6	胴	202
6	脈	280
6	脂	748
6	脊	785
6	脆	821
6	脅	917
6	脇	917
6	胸	965
7	脚	007
7	脛	049
7	豚	198
7	脩	463
7	脣	478
7	脘	572
7	脫	842
7	脯	872
7	脬	873
8	腔	026
8	腑	363

8	腐	364
8	脾	382
8	腎	499
8	腋	520
8	腕	574
8	脹	775
9	腱	036
9	腦	167
9	腹	354
9	腺	431
9	腥	440
9	腰	578
9	腸	664
9	腫	726
10	膈	041
10	膏	067
10	臍	221
10	膊	317
10	臍	330
10	腿	851
11	膠	099
11	膜	269
11	膚	360
11	膝	482
11	腔	760
12	膳	430
12	膵	818
12	膨	862
13	膿	166
13	膽	178
13	臀	205
13	臂	383
13	臆	533
13	臃	569
13	膺	628
13	膾	951
14	朦	297
14	臍	707

부
수

11	蔣	665
11	陳	755
11	蔡	779
11	蔥	806
11	蔽	867
12	蕎	098
12	蕨	119
12	蕁	179
12	蕪	302
12	蕃	337
12	蕭	448
12	蕣	480
12	蕊	559
12	蕓	598
12	蔦	609
12	蕉	799
12	蕩	844
12	蕙	923
13	薑	025
13	薄	317
13	薛	435
13	薪	497
13	薏	629
13	薔	669
13	薦	787
13	薨	959
14	薰	068
14	藍	214
14	薩	406
14	薯	419
14	薑	497
14	藉	651
14	藏	666
14	薺	707
14	薰	958
15	藤	207
15	藜	220
15	藩	337

15	藪	472
15	藥	523
15	藝	557
15	藕	589
16	藿	083
16	蘆	236
16	蘭	264
16	蘇	447
16	蘊	568
16	藻	719
17	蘭	211
17	蘗	343
17	蘚	429
17	蘖	535
19	蘿	209

141_호(虍) 부수

0	虍	925
2	虎	924
3	虐	888
4	虔	037
4	虓	402
4	虒	558
4	虖	955
5	處	356
5	號	626
5	盧	767
5	處	782
5	虗	925
6	虜	237
6	魁	284
6	虤	625
6	虛	906
7	虢	093
7	虞	594
7	虓	894
7	號	925
7	虡	970

10	麁	194
10	虩	660
10	虪	913
11	彪	324
11	虧	963
12	虞	035
12	虢	909
12	虩	925
14	譬	625
15	虪	030
17	虪	675
20	虪	207
20	虪	475

142_충(虫) 부수

0	虫	816
3	虹	935
4	蚣	075
4	蚊	307
4	蚌	332
4	蚓	641
4	蚤	714
4	蚩	827
5	蛋	174
5	蛇	392
6	蛟	095
6	蛙	571
6	蛛	729
6	蛭	759
6	蛤	895
6	蛔	948
7	蜂	358
7	蜃	495
7	蛾	506
7	蜈	565
7	蜀	803
7	蛻	847
8	蜀	315

부수

11	褶	483
11	襄	529
12	褊	022
12	襟	135
13	褻	436
14	襤	214
14	襦	617
15	襪	273
16	襲	482

146_아(襾) 부수

0	西	421
0	襾	505
3	要	578
6	覃	178
7	賈	005
12	覆	354
14	覉	903

147_견(見) 부수

0	見	043
4	規	125
4	覓	283
5	視	487
7	覡	042
9	覯	189
9	親	828
10	覦	106
11	覲	133
13	覺	008
14	覽	213
15	覿	684
18	觀	085

148_각(角) 부수

0	角	008
5	觚	069
6	觥	094

6	解	901
9	觭	882
11	觴	415
13	觸	803

149_언(言) 부수

0	言	533
2	計	058
2	訃	365
2	訂	702
3	記	146
3	訊	499
3	討	849
3	訌	935
3	訓	958
3	訖	967
4	訣	046
4	訥	168
4	訪	328
4	設	435
4	訟	456
4	訝	507
4	訛	570
4	許	906
5	詞	002
5	詁	064
5	詈	261
5	詞	390
5	詐	397
5	訴	450
5	詠	556
5	詒	638
5	詛	678
5	詆	679
5	詔	720
5	註	731
5	診	756
5	評	865

6	誇	082
6	詭	120
6	詳	410
6	詵	433
6	詢	477
6	詩	486
6	試	490
6	詣	557
6	誓	656
6	詮	689
6	誅	729
6	詹	791
6	該	899
6	話	937
6	詰	972
7	誠	057
7	誥	065
7	誣	300
7	誓	424
7	說	436
7	誠	442
7	誦	457
7	語	532
7	誤	565
7	誘	619
7	認	641
7	誌	746
7	託	839
7	誕	841
7	誨	949
8	課	081
8	談	177
8	諒	218
8	論	240
8	誹	379
8	誰	461
8	諄	470
8	諄	479

8	諛	612		10	謊	944		8	豌	573
8	誾	625		11	謳	107		11	豐	878
8	誼	632		11	謹	132		13	艶	761
8	諍	674		11	謬	249		21	豔	549
8	調	715		11	謨	291				

5	買	277
5	貿	304
5	貢	370
5	費	377
5	貰	444
5	貳	633
5	貽	638
5	貯	674
5	貼	793
5	貶	865
5	賀	887
6	賂	242
6	賂	242
6	賃	647
6	資	651
6	賊	682
6	賄	950
7	賦	364
7	賓	385
7	賒	400
7	賑	754
8	資	243
8	賣	277
8	賠	334
8	賜	392
8	賞	413
8	賬	667
8	賚	672
8	質	758
8	賤	786
8	賢	910
9	賭	189
9	賴	242
10	購	106
10	賻	361
10	賽	416
11	贄	747
11	贅	818

12	贇	623
12	贈	743
12	贊	770
13	贍	437
13	贏	554
14	贓	667
15	贖	452
16	贊	913
17	贛	079

155_적(赤) 부수

0	赤	680
4	赦	398
7	赫	909

156_주(走) 부수

0	走	730
2	起	124
2	赴	366
3	起	147
5	越	605
5	超	802
7	趙	717
8	趣	819
10	趨	809

157_족(足) 부수

0	足	722
4	趺	367
4	趾	749
5	跏	004
5	距	033
5	跋	325
5	跌	761
5	跆	846
5	跛	856
6	跨	082
6	跳	188

6	路	235
6	跣	433
6	跡	681
7	踉	147
7	踊	585
8	踞	033
8	踏	180
8	踪	726
8	踐	787
9	踰	614
9	踩	616
9	蹄	709
9	踵	727
10	蹇	037
10	蹈	187
10	蹉	766
10	蹊	922
11	蹟	680
11	蹠	785
11	蹙	815
12	蹶	119
12	蹴	813
13	蹼	677
13	躁	718
14	躍	523
14	躋	707
14	躊	736
20	躪	264

158_신(身) 부수

0	身	498
3	躬	115
11	軀	108

159_차(車) 부수

0	車	031
1	軋	513
2	軍	113

부
수

부수

20	鑿	768

부수

182_비(飛) 부수		
0	飛	380
12	飜	338

183_풍(風) 부수		
0	風	877
5	颯	408
5	颱	846
11	飄	876
12	飀	876

184_식(食) 부수		
0	食	492
2	飢	151
2	飧	455
4	飯	322
4	飲	627
4	飭	828
5	飼	390
5	飾	492
5	飴	638
5	飽	869
6	餃	096
6	養	525
6	餌	633
6	餉	906
7	餓	505
7	餘	540
7	餐	769
8	館	084
8	餅	349
8	餞	690
11	饉	132
11	饅	271
11	饌	770
12	饋	120
12	饑	150

12	饍	430
12	饒	581
13	饗	194
13	饔	569
13	饗	905

185_수(首) 부수		
0	首	463
8	馘	093

186_향(香) 부수		
0	香	905
5	馝	881
9	馥	354
11	馨	917

187_마(馬) 부수		
0	馬	268
2	馮	387
2	馭	531
2	馮	878
3	馴	476
3	馱	837
4	駁	318
4	駌	645
5	駕	003
5	駒	103
5	駑	165
5	駟	395
5	駔	669
5	駐	731
5	駝	836
5	駘	846
6	駢	344
6	駭	900
7	騁	388
7	騂	443
7	駿	739

8	騏	143
8	騎	144
8	騑	380
8	騅	810
9	騙	864
10	騫	038
10	驚	051
10	騰	207
10	駱	210
10	騚	363
10	騷	446
10	驕	809
10	馳	826
11	驅	107
11	驀	281
11	驂	772
11	驃	876
12	驍	953
13	驛	541
13	驗	908
14	驟	819
16	驢	223
17	驥	148
18	驩	941
19	驪	220

188_골(骨) 부수		
0	骨	074
6	骸	900
11	髏	247
13	髓	460
13	體	796

189_고(高) 부수		
0	高	067

190_표(髟) 부수		
0	髟	874

부수

3	黎	220

203_흑(黑) 부수

0	黑	965
4	黔	040
4	默	305
5	黛	184
5	點	695
5	黜	816
8	黥	055
8	黨	182
11	黴	312

204_치(黹) 부수

0	黹	827
5	黻	373

205_민(黽) 부수

0	黽	282
5	鼂	716
11	鼇	563
12	鼈	346

206_정(鼎) 부수

0	鼎	706
3	鼐	657

207_고(鼓) 부수

0	鼓	068

208_서(鼠) 부수

0	鼠	422
10	鼷	922

209_비(鼻) 부수

0	鼻	383

210_제(齊) 부수

0	齊	706
3	齋	672
5	齏	657
7	齎	672

211_치(齒) 부수

0	齒	825
5	齡	231
5	齟	679
6	齩	095
6	齧	436
7	齬	532
7	齪	768
9	齷	509

212_룡(龍) 부수

0	龍	246
3	龐	331
6	龕	017
6	龔	077

213_귀(龜) 부수

0	龜	121

214_약(龠) 부수

0	龠	524

한 글 독 음

한 글 독 음

한 글 독 음

한 글 독 음

○

한
글
독
음

한 글 독 음

cháng	常	413	chēng	樫	698	chì	翅	485
cháng	腸	664	chēng	稱	832	chì	啻	491
cháng	場	665	chēng	撐	848	chì	敕	491
cháng	長	667	chéng	橙	207	chì	赤	680
cháng	嫦	897	chéng	成	441	chì	叱	761
chǎng	敞	776	chéng	城	442	chì	斥	783
chǎng	廠	777	chéng	盛	442	chì	彳	783
chǎng	昶	778	chéng	誠	442	chì	熾	823
chàng	悵	776	chéng	宬	443	chì	勅	828
chàng	唱	777	chéng	珹	443	chì	飭	828
chàng	暢	778	chéng	筬	443	chì	敕	828
chāo	抄	800	chéng	乘	483	chōng	憧	199
chāo	超	802	chéng	承	484	chōng	舂	588
cháo	巢	452	chéng	丞	485	chōng	充	817
cháo	朝	716	chéng	塍	485	chōng	沖	817
cháo	鼂	716	chéng	呈	700	chōng	盅	817
cháo	嘲	717	chéng	程	700	chōng	衝	818
cháo	潮	717	chéng	澂	763	chóng	崇	481
cháo	晁	719	chéng	懲	763	chóng	蟲	816
chǎo	炒	800	chéng	澄	763	chóng	虫	816
chē	車	031	chěng	逞	231	chǒng	寵	805
chè	徹	789	chěng	騁	388	chòng	銃	806
chè	撤	790	chèng	秤	832	chōu	紬	733
chè	澈	790	chī	喫	154	chōu	犨	736
chè	坼	839	chī	魑	257	chōu	抽	812
chēn	嗔	753	chī	痴	824	chōu	瘳	812
chēn	瞋	753	chī	癡	824	chóu	讐	462
chēn	琛	831	chī	嗤	827	chóu	酬	470
chén	辰	494	chī	蚩	827	chóu	愁	471
chén	宸	495	chī	笞	845	chóu	稠	716
chén	晨	495	chī	吃	967	chóu	綢	732
chén	臣	498	chí	匙	488	chóu	疇	736
chén	諶	502	chí	弛	637	chóu	籌	736
chén	辰	753	chí	持	746	chóu	躊	736
chén	蔯	755	chí	池	746	chǒu	醜	811
chén	陳	755	chí	遲	747	chǒu	丑	814
chén	塵	757	chí	馳	826	chū	樗	679
chén	沈	831	chǐ	尺	783	chū	初	802
chén	忱	831	chǐ	恥	825	chū	出	815
chèn	讖	773	chǐ	齒	825	chú	鋤	421
chèn	闖	854	chǐ	侈	826	chú	蹰	677

chú	除	711	chuí	槌	851	cóng	叢	806
chú	廚	733	chūn	春	815	còng	憁	806
chú	芻	808	chūn	椿	815	còu	湊	734
chú	雛	809	chūn	瑃	815	còu	輳	734
chǔ	杵	674	chún	淳	478	cū	粗	711
chǔ	儲	677	chún	純	478	cù	簇	722
chǔ	楮	677	chún	脣	478	cù	猝	724
chǔ	處	782	chún	醇	479	cù	醋	803
chǔ	楚	801	chún	錞	479	cù	促	804
chǔ	礎	802	chún	蓴	480	cù	蹴	813
chù	琡	473	chún	唇	754	cù	麤	815
chù	觸	803	chǔn	蠢	737	cuàn	篡	770
chù	矗	804	chuò	綽	658	cuàn	竄	771
chù	豕	813	chuò	辵	767	cuàn	爨	771
chù	畜	814	chuò	齪	768	cuī	夊	459
chù	黜	816	chuò	輟	791	cuī	催	807
chù	絀	816	cī	疵	656	cuī	崔	807
chuān	穿	788	cí	祠	390	cuì	粹	470
chuān	川	789	cí	詞	390	cuì	啐	807
chuān	玔	789	cí	辭	401	cuì	悴	818
chuán	舡	022	cí	瓷	652	cuì	膵	818
chuán	船	434	cí	茨	652	cuì	萃	818
chuán	椽	544	cí	玆	653	cuì	毳	820
chuán	傳	688	cí	慈	654	cuì	翠	821
chuǎn	舛	786	cí	磁	654	cuì	脆	821
chuǎn	喘	788	cí	鶿	654	cūn	村	804
chuàn	串	079	cí	雌	655	cūn	邨	804
chuàn	釧	789	cǐ	此	766	cún	存	723
chuāng	瘡	775	cì	賜	392	cǔn	忖	804
chuāng	窓	776	cì	刺	656	cùn	寸	804
chuáng	幢	182	cì	束	656	cuō	磋	766
chuáng	牀	409	cì	次	765	cuō	蹉	766
chuáng	床	410	cōng	囪	776	cuō	撮	807
chuàng	創	774	cōng	悤	805	cuó	嵯	766
chuàng	愴	775	cōng	聰	805	cuó	虘	767
chuī	夊	459	cōng	蔥	806	cuò	厝	720
chuī	炊	819	cóng	從	724	cuò	措	720
chuī	吹	820	cóng	从	724	cuò	挫	727
chuí	垂	459	cóng	淙	725	cuò	錯	768
chuí	鎚	811	cóng	琮	725			
chuí	錘	812	cóng	悰	726			

한어병음

fū	專	361	fù	縛	317	gān	疳	018
fū	孵	365	fù	复	353	gǎn	桿	011
fū	夫	367	fù	復	353	gǎn	稈	011
fū	趺	367	fù	腹	354	gǎn	感	017
fú	洑	351	fù	複	354	gǎn	敢	017
fú	伏	352	fù	覆	354	gǎn	橄	017
fú	匐	355	fù	輹	354	gàn	幹	010
fú	服	355	fù	馥	354	gàn	杆	010
fú	福	355	fù	鰒	354	gàn	骭	011
fú	輻	355	fù	傅	361	gàn	紺	018
fú	蝠	355	fù	賻	361	gàn	贛	079
fú	虙	356	fù	付	362	gāng	杠	022
fú	罘	360	fù	副	362	gāng	剛	023
fú	符	363	fù	富	362	gāng	岡	023
fú	孚	365	fù	咐	363	gāng	崗	023
fú	浮	365	fù	附	363	gāng	堈	024
fú	桴	365	fù	駙	363	gāng	綱	024
fú	莩	365	fù	婦	364	gāng	鋼	024
fú	枹	365	fù	負	364	gāng	缸	897
fú	扶	367	fù	賦	364	gāng	肛	897
fú	芙	367	fù	訃	365	gǎng	崗	023
fú	髱	368	fù	父	366	gǎng	港	896
fú	佛	372	fù	赴	366	gāo	皋	066
fú	弗	372	fù	阜	368	gāo	睾	067
fú	彿	373	**G**			gāo	膏	067
fú	拂	373	gāi	該	899	gāo	高	067
fú	韍	373	gāi	垓	900	gāo	羔	068
fú	黻	373	gǎi	改	027	gǎo	暠	068
fú	市	373	gài	蓋	028	gǎo	槁	068
fú	幅	873	gài	概	029	gǎo	稿	068
fŭ	撫	302	gài	溉	029	gǎo	藁	068
fŭ	甫	350	gài	盖	029	gǎo	杲	070
fŭ	輔	350	gài	匄	030	gǎo	縞	930
fŭ	簠	350	gān	干	009	gào	告	065
fŭ	俯	363	gān	奸	010	gào	誥	065
fŭ	府	363	gān	竿	010	gào	郜	066
fŭ	腑	363	gān	肝	010	gē	哥	002
fŭ	腐	364	gān	玕	011	gē	歌	002
fŭ	斧	366	gān	柑	018	gē	謌	002
fŭ	釜	366	gān	甘	018	gē	戈	080
fŭ	脯	872				gē	割	892

한어병음

gé	閣	008	gǒng	汞	935	gù	雇	069
gé	葛	015	gòng	共	076	gù	顧	070
gé	轕	030	gòng	貢	078	gù	梏	072
gé	膈	041	gōu	勾	102	guā	瓜	080
gé	隔	041	gōu	鉤	103	guā	刮	087
gé	格	042	gōu	溝	106	guǎ	寡	080
gé	鬲	225	gǒu	狗	103	guà	卦	090
gé	靃	320	gǒu	苟	103	guà	掛	090
gé	蛤	895	gǒu	耉	103	guà	罫	090
gé	閤	895	gòu	垢	104	guāi	乖	092
gé	革	909	gòu	冓	105	guǎi	拐	092
gè	各	007	gòu	構	106	guài	夬	045
gè	個	029	gòu	購	106	guài	怪	092
gè	箇	029	gòu	媾	106	guān	冠	083
gēn	根	131	gòu	覯	106	guān	官	084
gèn	艮	013	gòu	遘	106	guān	棺	084
gèn	亙	138	gū	姑	063	guān	觀	085
gēng	羹	030	gū	沽	063	guān	關	086
gēng	耕	053	gū	辜	063	guān	莞	572
gēng	庚	054	gū	估	063	guān	鰥	943
gēng	更	054	gū	鴣	064	guǎn	管	084
gěng	梗	054	gū	呱	069	guǎn	館	084
gěng	耿	056	gū	孤	069	guǎn	琯	085
gèng	更	054	gū	苽	069	guàn	冠	083
gōng	公	075	gū	菰	069	guàn	貫	083
gōng	蚣	075	gū	觚	069	guàn	毌	083
gōng	供	076	gǔ	賈	005	guàn	慣	084
gōng	恭	076	gǔ	古	062	guàn	灌	085
gōng	功	077	gǔ	罟	064	guàn	罐	085
gōng	工	077	gǔ	詁	064	guàn	鸛	086
gōng	龔	077	gǔ	鹽	064	guàn	瓘	086
gōng	攻	078	gǔ	蠱	067	guàn	盥	087
gōng	肱	094	gǔ	鼓	068	guāng	光	089
gōng	觥	094	gǔ	股	070	guāng	䉤	089
gōng	宮	115	gǔ	谷	070	guāng	侊	090
gōng	弓	115	gǔ	穀	071	guāng	洸	090
gōng	躬	115	gǔ	骨	074	guāng	珖	090
gǒng	廾	075	gù	故	062	guāng	胱	090
gǒng	拱	076	gù	固	064	guǎng	廣	088
gǒng	珙	077	gù	痼	064	guī	傀	091
gǒng	鞏	079	gù	錮	064	guī	瑰	091

guī	龜	121	hái	孩	900	hào	耗	294
guī	歸	123	hái	骸	900	hào	號	925
guī	圭	124	hǎi	海	899	hào	虢	925
guī	珪	125	hǎi	醢	901	hào	昊	926
guī	硅	125	hài	亥	899	hào	淏	926
guī	規	125	hài	害	900	hào	灝	926
guī	閨	125	hài	駭	900	hào	顥	926
guī	槻	126	hán	邯	889	hào	晧	927
guī	嬀	126	hán	寒	889	hào	浩	927
guǐ	癸	060	hán	韓	889	hào	澔	927
guǐ	詭	120	hán	函	893	hào	皓	927
guǐ	軌	120	hán	含	893	hào	好	929
guǐ	簋	121	hán	涵	893	hào	鎬	930
guǐ	鬼	121	hǎn	罕	890	hē	呵	001
guǐ	晷	122	hǎn	喊	892	hē	訶	002
guǐ	宄	123	hǎn	唴	894	hé	曷	014
guì	桂	058	hàn	憾	017	hé	鞨	015
guì	櫃	120	hàn	漢	889	hé	何	885
guì	貴	122	hàn	旱	890	hé	河	885
guì	劌	123	hàn	汗	890	hé	荷	885
guì	檜	951	hàn	澣	890	hé	貉	888
gǔn	丨	072	hàn	瀚	890	hé	合	894
gǔn	輥	073	hàn	翰	890	hé	盒	895
gǔn	滾	074	hàn	悍	891	hé	闔	895
gǔn	袞	074	hàn	捍	891	hé	盍	895
gùn	棍	073	hàn	頷	894	hé	盉	896
guō	鍋	081	hàn	壏	894	hé	劾	902
guō	郭	082	háng	杭	898	hé	核	902
guó	馘	093	háng	航	898	hé	覈	903
guó	虢	093	háng	行	903	hé	盡	910
guó	聝	093	hàng	沆	899	hé	和	937
guó	國	112	hāo	蒿	930	hé	禾	937
guǒ	果	080	hāo	嚆	953	hé	盉	938
guǒ	菓	081	háo	皐	066	hé	紇	966
guǒ	槨	083	háo	毫	923	hè	喝	016
guò	過	081	háo	壕	924	hè	褐	016
	H		háo	濠	924	hè	荷	885
			háo	豪	924	hè	賀	887
hā	哈	895	háo	號	925	hè	壑	888
há	蝦	886	hǎo	好	929	hè	鶴	888
hái	咳	899	hào	暠	068	hè	爀	909

한 어 병 음

hè	赫	909	hū	惚	933	huái	淮	949
hè	和	937	hú	斛	071	huài	壞	092
hēi	黑	965	hú	鵠	072	huān	歡	940
hén	痕	965	hú	胡	926	huān	驩	941
hèn	恨	891	hú	湖	927	huán	梡	573
hēng	亨	919	hú	壺	928	huán	洹	604
héng	恒	896	hú	瑚	928	huán	萑	810
héng	姮	897	hú	糊	928	huán	繯	940
héng	桁	898	hú	葫	928	huán	環	940
héng	珩	918	hú	蝴	928	huán	還	940
héng	衡	918	hú	弧	929	huán	桓	942
héng	宖	952	hú	狐	929	huǎn	緩	571
héng	橫	952	hú	芦	930	huàn	浣	572
hōng	轟	094	hǔ	琥	924	huàn	患	940
hōng	烘	934	hǔ	虎	924	huàn	宦	941
hōng	薨	959	hǔ	唬	925	huàn	豢	941
hóng	宏	094	hǔ	滸	926	huàn	喚	942
hóng	紘	094	hù	護	925	huàn	奐	942
hóng	弘	934	hù	護	926	huàn	幻	942
hóng	泓	934	hù	岵	927	huàn	換	942
hóng	洪	934	hù	祜	927	huàn	煥	942
hóng	紅	934	hù	戶	929	huàn	澣	943
hóng	鴻	934	hù	瓠	929	huāng	慌	944
hóng	虹	935	hù	扈	930	huāng	荒	944
hòng	哄	934	hù	互	930	huāng	肓	944
hòng	訌	935	hù	笏	933	huáng	黃	944
hóu	侯	956	huā	花	936	huáng	凰	945
hóu	矦	956	huá	華	935	huáng	潢	945
hóu	喉	957	huá	譁	936	huáng	璜	945
hóu	猴	957	huá	滑	943	huáng	皇	945
hǒu	吼	957	huá	猾	944	huáng	簧	945
hòu	后	955	huá	劃	952	huáng	徨	946
hòu	後	955	huà	嬅	935	huáng	惶	946
hòu	逅	955	huà	化	936	huáng	湟	946
hòu	厚	956	huà	樺	936	huáng	煌	946
hòu	候	957	huà	七	936	huáng	篁	946
hū	乕	925	huà	話	937	huáng	蝗	946
hū	庨	925	huà	畫	938	huáng	遑	946
hū	乎	928	huà	劃	952	huáng	隍	946
hū	呼	929	huái	槐	091	huáng	鐄	952
hū	忽	933	huái	懷	949	huǎng	謊	944

jiàn	荐	788	jiāo	徼	582	jiě	姐	678
jiàn	檻	894	jiāo	剿	801	jiě	解	901
jiàn	艦	894	jiāo	湫	808	jiè	介	027
jiāng	江	021	jiào	較	095	jiè	价	028
jiāng	姜	022	jiào	教	096	jiè	疥	028
jiāng	疆	024	jiào	餃	096	jiè	芥	028
jiāng	畺	025	jiào	校	096	jiè	塏	057
jiāng	薑	025	jiào	轎	097	jiè	戒	057
jiāng	繮	025	jiào	窖	099	jiè	界	057
jiāng	漿	666	jiào	叫	124	jiè	誡	057
jiǎng	講	026	jiào	徼	582	jiè	届	061
jiǎng	蔣	665	jiào	醮	799	jiè	藉	651
jiǎng	獎	666	jiào	酵	954	jiè	借	765
jiàng	絳	023	jiē	街	005	jīn	巾	037
jiàng	降	023	jiē	皆	027	jīn	斤	130
jiàng	匠	664	jiē	揭	041	jīn	筋	133
jiàng	將	665	jiē	階	061	jīn	金	133
jiàng	醬	665	jiē	癤	694	jīn	今	134
jiàng	洚	897	jiē	接	696	jīn	衿	135
jiàng	洚	935	jiē	嗟	766	jīn	襟	135
jiāo	交	094	jiē	楷	902	jīn	瑾	753
jiāo	蛟	095	jié	竭	015	jīn	津	758
jiāo	教	096	jié	碣	016	jīn	盡	758
jiāo	郊	096	jié	傑	038	jǐn	堇	131
jiāo	鮫	096	jié	杰	038	jǐn	菫	131
jiāo	嬌	098	jié	桀	038	jǐn	僅	132
jiāo	膠	099	jié	榤	038	jǐn	槿	132
jiāo	焦	799	jié	劫	040	jǐn	瑾	132
jiāo	礁	799	jié	偈	041	jǐn	謹	132
jiāo	蕉	799	jié	潔	046	jǐn	饉	132
jiāo	椒	803	jié	結	046	jǐn	槿	133
jiáo	嚼	659	jié	絜	046	jǐn	錦	135
jiǎo	脚	007	jié	拮	152	jǐn	緊	152
jiǎo	角	008	jié	桔	152	jìn	勁	050
jiǎo	狡	095	jié	卪	692	jìn	近	130
jiǎo	皎	095	jié	節	693	jìn	劤	131
jiǎo	絞	095	jié	截	694	jìn	靳	131
jiǎo	矯	097	jié	捷	793	jìn	覲	133
jiǎo	攪	099	jié	睫	793	jìn	禁	135
jiǎo	盤	099	jié	子	914	jìn	燼	497
jiǎo	敎	099	jié	詰	972	jìn	藎	497

jìn	虤	625	jìng	鏡	052	jū	据	033
jìn	進	753	jìng	競	053	jū	俱	101
jìn	搢	757	jìng	倞	055	jū	拘	102
jìn	晉	757	jìng	瀞	696	jū	駒	103
jìn	晋	757	jìng	靜	696	jū	鞠	111
jìn	瑨	757	jìng	淨	697	jū	鞫	112
jìn	盡	757	jìng	靖	697	jū	沮	678
jìn	縉	757	jiōng	坰	048	jū	狙	678
jìn	浸	830	jiōng	冂	048	jū	疽	678
jīng	粳	031	jiǒng	焗	048	jū	雎	679
jīng	經	049	jiǒng	絅	048	jú	菊	111
jīng	莖	049	jiǒng	炅	056	jú	局	112
jīng	涇	050	jiǒng	窘	114	jú	橘	128
jīng	驚	051	jiǒng	泂	920	jǔ	舉	032
jīng	京	055	jiǒng	炯	921	jǔ	柜	034
jīng	鯨	055	jiǒng	逈	921	jǔ	枸	102
jīng	兢	137	jiǒng	迥	921	jǔ	矩	104
jīng	睛	697	jiū	究	101	jǔ	欅	104
jīng	精	697	jiū	鳩	101	jǔ	咀	678
jīng	旌	698	jiū	糾	124	jǔ	沮	678
jīng	晶	705	jiū	赳	124	jǔ	齟	679
jīng	菁	795	jiū	柾	705	jù	倨	032
jīng	荊	919	jiǔ	九	100	jù	巨	033
jǐng	頸	050	jiǔ	久	104	jù	距	033
jǐng	儆	051	jiǔ	韭	104	jù	踞	033
jǐng	璥	051	jiǔ	灸	105	jù	鋸	033
jǐng	警	051	jiǔ	玖	105	jù	拒	034
jǐng	景	055	jiǔ	酒	735	jù	炬	034
jǐng	憬	056	jiù	廐	105	jù	鉅	034
jǐng	暻	056	jiù	柩	105	jù	劇	034
jǐng	璟	056	jiù	咎	109	jù	醵	035
jǐng	井	705	jiù	臼	109	jù	據	035
jǐng	穽	705	jiù	舅	109	jù	遽	035
jìng	痙	049	jiù	舊	109	jù	虡	035
jìng	脛	049	jiù	救	110	jù	具	101
jìng	徑	050	jiù	廏	111	jù	瞿	101
jìng	敬	050	jiù	柾	705	jù	句	102
jìng	逕	050	jiù	就	820	jù	懼	102
jìng	璥	051	jiù	鷲	820	jù	屨	111
jìng	境	052	jū	車	031	jù	劇	129
jìng	竟	052	jū	居	032	jù	沮	678

jù	聚	819	jùn	埈	738	kàng	抗	898
juān	鵑	044	jùn	峻	738	kàng	杭	898
juān	娟	546	jùn	晙	738	kāo	尻	066
juān	捐	546	jùn	浚	738	kǎo	拷	065
juān	涓	546	jùn	竣	738	kǎo	考	065
juān	鐫	692	jùn	焌	739	kǎo	攷	066
juǎn	卷	116	jùn	畯	739	kào	靠	065
juǎn	捲	117	jùn	駿	739	kē	柯	001
juàn	絹	044	jùn	儁	740	kē	苛	001
juàn	卷	116	jùn	雋	740	kē	軻	001
juàn	倦	117	jùn	濬	740	kē	珂	002
juàn	圈	117				kē	科	079
juàn	淃	117	**K**			kē	顆	081
juàn	睠	117				ké	咳	899
juàn	雋	740	kā	喀	030	kě	可	001
jué	覺	008	kāi	開	028	kě	渴	015
jué	珏	009	kǎi	凱	026	kè	刻	007
jué	抉	045	kǎi	愷	026	kè	恪	008
jué	決	045	kǎi	塏	027	kè	客	030
jué	訣	046	kǎi	鎧	027	kè	課	081
jué	玦	046	kǎi	慨	029	kè	克	130
jué	掘	115	kǎi	鍇	030	kè	剋	130
jué	厥	118	kài	愾	029	kēi	剋	130
jué	丿	118	kān	刊	011	kěn	墾	013
jué	獗	119	kān	龕	017	kěn	懇	014
jué	蕨	119	kān	勘	019	kěn	肯	137
jué	蹶	119	kān	堪	019	kēng	坑	031
jué	爵	658	kān	戡	019	kōng	空	078
jué	絶	693	kǎn	侃	012	kōng	箜	078
jué	攫	939	kǎn	凵	016	kǒng	恐	078
jué	譎	964	kǎn	坎	019	kǒng	孔	079
jūn	君	113	kǎn	檻	894	kǒu	口	108
jūn	軍	113	kǎn	琥	894	kòu	叩	066
jūn	龜	121	kàn	看	011	kòu	寇	104
jūn	均	127	kàn	瞰	017	kòu	扣	108
jūn	鈞	127	kàn	崁	020	kū	枯	063
jūn	麋	128	kāng	康	025	kū	哭	071
jùn	郡	114	kāng	慷	025	kū	堀	114
jùn	菌	128	kāng	糠	025	kū	窟	114
jùn	容	558	kāng	鱇	026	kǔ	苦	062
jùn	俊	738	kàng	亢	898	kù	庫	066
			kàng	伉	898			

kù	袴	070	kūn	鯤	073	lǎn	攬	213
kù	酷	931	kūn	坤	074	lǎn	欖	213
kuā	夸	081	kǔn	梱	073	lǎn	纜	213
kuā	誇	082	kùn	困	073	lǎn	覽	213
kuà	跨	082	kuò	廓	082	làn	爛	212
kuài	塊	091	kuò	刮	087	làn	濫	213
kuài	块	092	kuò	括	087	láng	廊	215
kuài	凷	092	kuò	适	087	láng	浪	215
kuài	快	833	kuò	栝	087	láng	瑯	215
kuài	會	950	kuò	鄠	939	láng	螂	215
kuài	獪	951	kuò	擴	939	láng	郎	215
kuài	膾	951	kuò	闊	943	láng	狼	216
kuài	鄶	951				láng	琅	216
kuān	寬	085		**L**		lǎng	朗	215
kuǎn	款	086	lā	拉	214	lāo	撈	236
kuǎn	梡	573	lá	砬	265	láo	勞	235
kuāng	匡	088	lǎ	喇	156	láo	牢	242
kuāng	筐	088	là	剌	212	lǎo	老	237
kuáng	狂	089	là	辣	212	lǎo	潦	245
kuàng	曠	088	là	臘	214	lào	烙	210
kuàng	框	088	là	蠟	214	lào	酪	210
kuàng	壙	089	lái	來	216	lē	肋	255
kuàng	鑛	089	lái	萊	216	lè	勒	255
kuàng	況	948	lái	峽	217	lè	樂	508
kuī	窺	126	lái	徠	217	le	了	244
kuī	虧	963	lài	癩	155	léi	儡	242
kuí	魁	090	lài	癲	209	léi	雷	243
kuí	揆	123	lài	瀨	242	léi	羸	262
kuí	葵	123	lài	賴	242	lěi	磊	243
kuí	暌	124	lài	賚	243	lěi	耒	243
kuí	奎	125	lán	欄	211	lěi	壘	248
kuí	逵	126	lán	瀾	211	lěi	累	248
kuí	夔	139	lán	蘭	211	lèi	淚	249
kuí	蘷	139	lán	讕	212	lèi	類	249
kuì	愧	091	lán	嵐	212	lèi	肋	255
kuì	潰	120	lán	籃	214	léng	楞	257
kuì	饋	120	lán	藍	214	léng	稜	257
kuì	喟	611	lán	襤	214	léng	棱	257
kūn	昆	072	lán	婪	214	lěng	冷	217
kūn	崑	073	lǎn	懶	155	lí	藜	220
kūn	琨	073	lǎn	嬾	213	lí	驪	220

한 어 병 음

lín	霖	264	liú	瘤	251	lù	輅	238
lín	臨	265	liú	硫	251	lù	碌	239
lǐn	凜	255	liǔ	柳	250	lù	祿	239
lǐn	廩	255	liù	坴	126	lù	綠	239
lǐn	亩	255	liù	溜	250	lù	菉	239
lìn	吝	264	liù	六	252	lù	錄	239
lìn	藺	264	lóng	籠	240	lù	彔	239
lìn	躪	264	lóng	朧	241	lù	鹿	240
lìn	賃	647	lóng	瀧	241	lù	麓	240
líng	霝	230	lóng	瓏	241	lù	逯	240
líng	靈	231	lóng	聾	241	lù	賂	242
líng	齡	231	lóng	龍	246	lù	戮	252
líng	鈴	232	lóng	隆	254	lù	陸	252
líng	零	232	lóng	癃	254	lú	閭	222
líng	軨	232	lǒng	籠	240	lú	驢	223
líng	怜	232	lǒng	壟	241	lǚ	呂	221
líng	聆	232	lóu	婁	247	lǚ	旅	221
líng	伶	233	lóu	樓	247	lǚ	膂	221
líng	答	233	lóu	髏	247	lǚ	侶	222
líng	翎	233	lóu	蔞	248	lǚ	稆	222
líng	囹	233	lóu	嘍	248	lǚ	屢	247
líng	玲	233	lòu	瘻	248	lǚ	縷	247
líng	羚	233	lòu	鏤	248	lǚ	褸	248
líng	凌	256	lòu	嘍	248	lǚ	履	261
líng	綾	256	lòu	漏	249	lǜ	慮	223
líng	菱	256	lòu	陋	249	lǜ	濾	223
líng	陵	256	lú	盧	223	lǜ	綠	239
líng	夌	256	lú	臚	224	lǜ	律	254
líng	棱	257	lú	瀘	236	lǜ	率	455
lǐng	嶺	232	lú	爐	236	luán	鸞	157
lǐng	領	232	lú	盧	236	luán	欒	157
lǐng	岭	233	lú	蘆	236	luán	鑾	212
lìng	令	231	lú	芦	930	luán	孿	227
liú	劉	250	lǔ	魯	236	luán	攣	227
liú	瀏	250	lǔ	擄	237	luán	孿	272
liú	瑠	250	lǔ	櫓	237	luǎn	卵	211
liú	留	250	lǔ	虜	237	luàn	亂	158
liú	旒	251	lǔ	鹵	238	lüě	掠	217
liú	榴	251	lù	路	235	lüè	掠	217
liú	流	251	lù	露	235	lüè	略	217
liú	琉	251	lù	鷺	235	lún	論	240

한 어 병 음

qiǎo	巧	097		qíng	情	697		qǔ	娶	819
qiào	殼	009		qíng	晴	796		qù	去	032
qiào	竅	126		qǐng	請	795		qù	趣	819
qiē	切	694		qìng	慶	051		quān	悛	692
qié	伽	003		qìng	磬	052		quán	拳	117
qiě	且	766		qióng	瓊	056		quán	權	118
qiè	揭	039		qióng	穹	115		quán	全	688
qiè	怯	040		qióng	窮	116		quán	佺	689
qiè	法	041		qióng	竆	116		quán	筌	689
qiè	竊	693		qiū	丘	100		quán	詮	689
qiè	切	694		qiū	坵	100		quán	銓	689
qiè	妾	794		qiū	邱	100		quán	泉	787
qiè	篋	916		qiū	龜	121		quǎn	犬	043
qīn	衾	134		qiū	秋	807		quàn	奍	118
qīn	親	828		qiū	楸	808		quàn	勸	118
qīn	侵	830		qiū	萩	808		quē	缺	045
qīn	欽	967		qiū	鰍	808		què	却	007
qín	芹	131		qiú	仇	100		què	愨	009
qín	勤	132		qiú	求	109		què	闕	119
qín	懃	132		qiú	毬	110		què	鳥	427
qín	禽	133		qiú	球	110		què	雀	658
qín	擒	134		qiú	絿	110		què	鵲	658
qín	檎	134		qiú	逑	110		què	確	939
qín	琴	134		qiú	裘	110		què	碻	939
qín	芩	135		qiú	錄	111		qūn	囷	128
qín	矜	137		qiú	囚	460		qūn	逡	739
qín	秦	754		qiú	泅	460		qún	群	113
qǐn	吟	135		qiú	酋	811		qún	羣	113
qǐn	寢	830		qiǔ	糗	111		qún	裙	114
qǐn	寑	830		qū	祛	032			**R**	
qìn	沁	501		qū	曲	071		rán	然	543
qīng	輕	049		qū	區	107		rán	燃	543
qīng	傾	053		qū	驅	107		rán	髥	549
qīng	卿	053		qū	嶇	108		rǎn	苒	549
qīng	頃	053		qū	軀	108		rǎn	冉	549
qīng	清	795		qū	麴	112		rǎn	染	550
qīng	靑	795		qū	屈	114		ráng	禳	530
qīng	鯖	795		qū	趨	809		ráng	穰	530
qíng	擎	051		qú	渠	034		rǎng	壤	529
qíng	勍	055		qú	衢	102		ràng	讓	529
qíng	黥	055		qǔ	取	819				

한어병음

shì	奭	427	shū	抒	423	shù	鉥	481
shì	釋	427	shū	舒	423	shù	澍	733
shì	世	444	shū	梳	448	shuā	刷	458
shì	勢	444	shū	疏	448	shuāi	衰	459
shì	笹	444	shū	疎	449	shuài	率	455
shì	貰	444	shū	蔬	449	shuài	帥	470
shì	侍	486	shū	輸	461	shuān	栓	689
shì	恃	486	shū	殊	467	shuāng	霜	411
shì	蒔	486	shū	殳	469	shuāng	孀	412
shì	是	487	shū	叔	473	shuāng	雙	504
shì	示	487	shū	淑	473	shuǎng	爽	412
shì	視	487	shū	菽	473	shuí	誰	461
shì	市	488	shū	姝	729	shuǐ	水	464
shì	柿	489	shū	樞	811	shuì	說	436
shì	弑	490	shū	攄	848	shuì	稅	443
shì	試	490	shū	疋	880	shuì	睡	460
shì	謚	491	shú	贖	452	shǔn	楯	478
shì	戠	491	shú	塾	474	shùn	順	475
shì	飾	492	shú	孰	474	shùn	舜	479
shì	式	493	shú	熟	474	shùn	橓	480
shì	拭	493	shú	秫	816	shùn	瞬	480
shì	軾	493	shǔ	暑	419	shùn	蕣	480
shì	室	500	shǔ	曙	419	shuō	說	436
shì	氏	504	shǔ	署	419	shuò	朔	403
shì	謚	639	shǔ	薯	419	shuò	碩	425
shì	適	683	shǔ	黍	420	shuò	數	472
shì	是	886	shǔ	鼠	422	shuò	耀	582
shōu	收	469	shǔ	數	472	shuò	妁	658
shǒu	首	463	shǔ	蜀	803	sī	司	389
shǒu	手	466	shù	庶	422	sī	厶	389
shǒu	守	468	shù	墅	424	sī	絲	391
shòu	瘦	462	shù	恕	424	sī	思	396
shòu	受	465	shù	束	453	sī	私	396
shòu	授	465	shù	戍	468	sī	斯	399
shòu	綬	465	shù	樹	469	sī	虒	402
shòu	狩	468	shù	竪	471	sī	嘶	488
shòu	獸	468	shù	數	472	sī	媤	490
shòu	壽	469	shù	漱	472	sǐ	死	399
shòu	售	473	shù	鸏	475	sì	似	389
shòu	璹	475	shù	術	480	sì	伺	390
shū	書	420	shù	述	481	sì	嗣	390

한 어 병 음

tū	突	198	tuó	陀	836	wàn	卍	270
tū	凸	789	tuó	駝	836	wàn	萬	272
tú	屠	189	tuó	沱	836	wàn	万	273
tú	塗	190	tuó	馱	837	wàn	腕	574
tú	徒	190	tuó	橐	840	wāng	汪	575
tú	途	190	tuǒ	妥	836	wāng	尢	575
tú	涂	190	tuǒ	楕	836	wáng	亡	275
tú	荼	190	tuò	拓	784	wáng	王	574
tú	圖	193	tuò	唾	836	wǎng	罔	274
tú	麀	194	tuò	柝	839	wǎng	輞	274
tǔ	土	848				wǎng	惘	274
tǔ	吐	849		**W**		wǎng	网	274
tù	兔	849				wǎng	網	275
tuān	湍	172	wā	窪	571	wǎng	往	575
tuán	團	175	wā	蛙	571	wǎng	枉	575
tuán	摶	176	wá	娃	576	wàng	妄	275
tuàn	彖	174	wǎ	瓦	570	wàng	忘	275
tuī	焞	197	wà	襪	273	wàng	望	276
tuī	推	810	wāi	歪	576	wàng	旺	575
tuí	頹	851	wài	外	577	wēi	微	312
tuí	隤	851	wān	彎	272	wēi	巍	576
tuǐ	腿	851	wān	灣	272	wēi	威	608
tuì	焞	197	wān	豌	573	wēi	危	610
tuì	蛻	847	wán	玩	571	wéi	嵬	576
tuì	退	850	wán	頑	571	wéi	韋	606
tuì	褪	851	wán	完	572	wéi	圍	607
tūn	旽	197	wán	翫	572	wéi	違	607
tūn	暾	197	wán	琓	573	wéi	爲	608
tūn	焞	197	wán	丸	941	wéi	唯	617
tūn	吞	840	wán	紈	941	wéi	惟	617
tún	燉	197	wǎn	綰	085	wéi	維	618
tún	豚	198	wǎn	娩	270	wéi	帷	618
tún	屯	204	wǎn	挽	270	wěi	尾	309
tún	臀	205	wǎn	晚	270	wěi	梶	309
tún	芚	205	wǎn	輓	270	wěi	猥	577
tuō	拖	835	wǎn	婉	573	wěi	暐	607
tuō	琸	838	wǎn	宛	573	wěi	瑋	607
tuō	托	839	wǎn	椀	573	wěi	偉	608
tuō	託	839	wǎn	碗	573	wěi	緯	608
tuō	拓	840	wǎn	琬	574	wěi	葦	608
tuō	脫	842	wǎn	盌	574	wěi	僞	609
			wǎn	晥	941			

wěi	委	609	wǒ	倭	576	wù	戊	303	
wěi	萎	609	wǒ	我	505	wù	霧	303	
wěi	薳	609	wò	偓	509	wù	婺	303	
wěi	唯	617	wò	握	509	wù	勿	308	
wěi	洧	619	wò	渥	509	wù	物	308	
wèi	味	310	wò	齷	509	wù	汤	309	
wèi	未	310	wò	斡	513	wù	塢	561	
wèi	濊	559	wò	沃	566	wù	俉	564	
wèi	畏	577	wò	臥	570	wù	寤	564	
wèi	蔚	599	wū	巫	300	wù	悟	564	
wèi	尉	606	wū	誣	300	wù	晤	564	
wèi	慰	606	wū	惡	510	wù	誤	565	
wèi	衛	607	wū	於	532	wù	兀	568	
wèi	爲	608	wū	鳴	560				
wèi	位	609	wū	烏	560	**X**			
wèi	魏	609	wū	汚	561	xī	溪	059	
wèi	渭	610	wū	枵	561	xī	磎	059	
wèi	胃	610	wū	屋	566	xī	谿	059	
wèi	蝟	610	wú	無	301	xī	扱	136	
wèi	謂	610	wú	无	302	xī	棲	421	
wēn	溫	567	wú	蕪	302	xī	西	421	
wēn	瑥	567	wú	毋	304	xī	犀	425	
wēn	瘟	567	wú	吾	564	xī	晳	425	
wēn	盌	567	wú	吳	564	xī	析	425	
wén	文	305	wú	梧	564	xī	夕	426	
wén	紋	306	wú	筽	565	xī	惜	426	
wén	聞	307	wú	蜈	565	xī	昔	426	
wén	蚊	307	wú	禑	589	xī	汐	426	
wén	雯	307	wǔ	侮	293	xī	淅	426	
wěn	紊	306	wǔ	武	300	xī	錫	427	
wěn	刎	308	wǔ	斌	301	xī	膝	482	
wěn	吻	308	wǔ	舞	301	xī	息	493	
wěn	穩	568	wǔ	鵡	301	xī	熄	494	
wèn	汶	306	wǔ	廡	301	xī	悉	499	
wèn	問	307	wǔ	憮	302	xī	奚	900	
wēng	翁	568	wǔ	午	561	xī	兮	922	
wèng	瓮	568	wǔ	旿	561	xī	蹊	922	
wèng	甕	569	wǔ	五	563	xī	醯	922	
wō	渦	570	wǔ	伍	563	xī	鼷	922	
wō	蝸	570	wù	鶩	296	xī	吸	968	
wō	窩	571	wù	務	302	xī	翕	968	

한
어
병
음

xī	希	968		xiá	匣	021		xiǎn	鐵	437
xī	晞	969		xiá	狎	515		xiǎn	險	909
xī	曦	969		xiá	瑕	886		xiǎn	顯	913
xī	熙	969		xiá	遐	886		xiàn	見	043
xī	犧	969		xiá	霞	886		xiàn	霰	405
xī	稀	969		xiá	轄	892		xiàn	線	431
xī	羲	969		xiá	陝	896		xiàn	腺	431
xī	虛	970		xiá	峽	915		xiàn	羨	432
xī	僖	971		xiá	俠	916		xiàn	限	891
xī	嬉	971		xiá	狹	916		xiàn	陷	893
xī	熹	971		xiǎ	兩	505		xiàn	召	893
xī	憙	971		xià	下	885		xiàn	獻	907
xí	檄	042		xià	夏	886		xiàn	憲	908
xí	覡	042		xià	昰	886		xiàn	檻	908
xí	席	428		xià	厦	887		xiàn	倪	912
xí	蓆	428		xià	廈	887		xiàn	峴	912
xí	習	482		xiān	鮮	429		xiàn	睍	912
xí	襲	482		xiān	鱻	429		xiàn	現	912
xí	隰	483		xiān	仙	433		xiàn	晛	912
xǐ	徙	398		xiān	僊	433		xiàn	縣	913
xǐ	璽	416		xiān	先	433		xiāng	廂	411
xǐ	壐	416		xiān	纖	437		xiāng	湘	411
xǐ	銑	434		xiān	暹	438		xiāng	相	411
xǐ	洗	445		xián	癇	013		xiāng	箱	411
xǐ	匸	921		xián	慊	047		xiāng	襄	529
xǐ	喜	970		xián	涎	544		xiāng	鄉	904
xǐ	憙	971		xián	閑	891		xiāng	香	905
xǐ	禧	971		xián	閒	891		xiáng	降	023
xì	係	061		xián	咸	892		xiáng	庠	410
xì	系	061		xián	鹹	892		xiáng	祥	410
xì	隙	129		xián	銜	894		xiáng	翔	410
xì	氣	139		xián	賢	910		xiáng	詳	410
xì	潟	427		xián	弦	911		xiǎng	想	411
xì	舄	427		xián	絃	911		xiǎng	享	904
xì	細	444		xián	舷	911		xiǎng	響	905
xì	虩	909		xián	嫌	915		xiǎng	饗	905
xì	熙	970		xiǎn	蘚	429		xiǎng	餉	906
xì	戲	970		xiǎn	鮮	429		xiàng	相	411
xiā	蝦	886		xiǎn	跣	433		xiàng	象	413
xiā	鰕	886		xiǎn	銑	434		xiàng	像	414
xiá	暇	006		xiǎn	燹	434		xiàng	橡	414

xiàng	巷	896	xié	挾	916	xīng	騂	443
xiàng	降	897	xié	協	917	xīng	興	968
xiàng	項	897	xié	脅	917	xíng	行	903
xiàng	嚮	905	xié	脇	917	xíng	刑	918
xiàng	向	906	xié	叶	917	xíng	形	918
xiàng	珦	906	xié	鞋	923	xíng	型	919
xiāo	霄	445	xié	携	963	xíng	邢	919
xiāo	宵	445	xié	頡	972	xíng	滎	920
xiāo	消	445	xiě	寫	392	xǐng	醒	439
xiāo	逍	445	xiè	械	058	xǐng	省	440
xiāo	銷	445	xiè	瀉	392	xìng	姓	441
xiāo	簫	447	xiè	謝	398	xìng	性	441
xiāo	瀟	448	xiè	榭	398	xìng	幸	903
xiāo	蕭	448	xiè	髙	435	xìng	荇	903
xiāo	硝	801	xiè	屑	436	xìng	倖	904
xiāo	梟	953	xiè	泄	436	xìng	杏	904
xiāo	驍	953	xiè	洩	436	xiōng	芎	116
xiāo	囂	954	xiè	渫	436	xiōng	兄	918
xiāo	虓	955	xiè	褻	436	xiōng	兇	964
xiáo	淆	954	xiè	燮	438	xiōng	凶	964
xiǎo	小	447	xiè	瀣	901	xiōng	匈	964
xiǎo	篠	452	xiè	蟹	901	xiōng	洶	965
xiǎo	曉	953	xiè	邂	901	xiōng	胸	965
xiào	校	096	xiè	懈	902	xióng	熊	600
xiào	嘯	448	xīn	辛	496	xióng	雄	600
xiào	笑	449	xīn	新	497	xiū	修	463
xiào	肖	800	xīn	莘	497	xiū	脩	463
xiào	效	953	xīn	薪	497	xiū	蓚	463
xiào	斅	953	xīn	心	500	xiū	羞	464
xiào	哮	954	xīn	芯	501	xiū	休	962
xiào	孝	954	xīn	馨	917	xiū	烋	962
xiào	涍	954	xīn	昕	966	xiū	庥	963
xiē	些	399	xīn	欣	966	xiǔ	朽	957
xiē	楔	435	xīn	炘	966	xiù	琇	465
xiē	歇	908	xīn	歆	967	xiù	秀	465
xié	蝎	015	xin	信	498	xiù	繡	466
xié	斜	393	xīng	惺	439	xiù	銹	466
xié	斜	400	xīng	星	439	xiù	岫	471
xié	偕	902	xīng	猩	440	xiù	峀	472
xié	諧	902	xīng	腥	440	xiù	袖	472
xié	頁	914	xīng	鮏	440	xiù	臭	818

한 어 병 음

yíng	迎	554	yōu	優	592	yú	歟	539
yíng	贏	554	yōu	憂	592	yú	璵	539
yíng	贏	554	yōu	穋	592	yú	礜	539
yíng	瀅	920	yōu	幽	612	yú	輿	539
yíng	瀅	920	yōu	悠	617	yú	轝	539
yíng	熒	920	yōu	攸	617	yú	余	540
yíng	瑩	920	yóu	郵	594	yú	艅	540
yíng	螢	920	yóu	尤	595	yú	餘	540
yǐng	影	554	yóu	猶	611	yú	娛	565
yǐng	潁	555	yóu	猷	611	yú	禺	588
yǐng	穎	555	yóu	楢	612	yú	愚	588
yǐng	郢	556	yóu	油	613	yú	隅	589
yìng	硬	054	yóu	由	613	yú	于	590
yìng	映	552	yóu	游	620	yú	盂	590
yìng	暎	552	yóu	遊	620	yú	雩	590
yìng	鎣	919	yǒu	友	593	yú	玗	591
yōng	雍	568	yǒu	栯	596	yú	釪	591
yōng	壅	569	yǒu	酉	611	yú	竽	591
yōng	擁	569	yǒu	槱	612	yú	虞	594
yōng	癰	569	yǒu	有	618	yú	臾	612
yōng	邕	569	yǒu	羑	619	yú	黄	612
yōng	饔	569	yǒu	牖	620	yú	諛	612
yōng	臃	569	yǒu	莠	620	yú	俞	613
yōng	庸	584	yòu	又	592	yú	愉	614
yōng	傭	585	yòu	佑	593	yú	瑜	614
yōng	墉	585	yòu	右	593	yú	踰	614
yōng	鏞	585	yòu	祐	593	yú	逾	614
yōng	鄘	585	yòu	柚	613	yú	揄	615
yǒng	永	555	yòu	釉	613	yú	榆	615
yǒng	泳	556	yòu	幼	617	yú	渝	853
yǒng	詠	556	yòu	宥	618	yǔ	嶼	424
yǒng	俑	585	yòu	囿	618	yǔ	圉	531
yǒng	埇	585	yòu	侑	619	yǔ	圄	532
yǒng	甬	585	yòu	誘	619	yǔ	語	532
yǒng	踊	585	yòu	薷	619	yǔ	齬	532
yǒng	勇	586	yū	瘀	532	yǔ	與	539
yǒng	慂	586	yū	迂	590	yǔ	予	540
yǒng	湧	586	yū	紆	591	yǔ	宇	590
yǒng	恿	586	yū	漁	530	yǔ	雨	592
yǒng	涌	586	yú	魚	530	yǔ	禹	593
yòng	用	584	yú	於	532	yǔ	瑀	594

zài	載	671	zèng	綜	725	zhàn	戰	687
zài	縡	673	zèng	繒	743	zhàn	站	773
zān	簪	661	zèng	贈	743	zhàn	綻	841
zàn	暫	661	zèng	甑	744	zhāng	章	662
zàn	瓉	770	zhā	渣	395	zhāng	暲	663
zàn	讚	770	zhā	摣	395	zhāng	樟	663
zàn	贊	770	zhā	笡	767	zhāng	獐	663
zāng	牂	665	zhá	閘	021	zhāng	璋	663
zāng	臟	666	zhá	札	772	zhāng	張	667
zāng	臧	666	zhá	紮	772	zhāng	彰	778
zāng	贓	667	zhà	乍	397	zhǎng	掌	663
zǎng	駔	669	zhà	詐	397	zhǎng	長	667
zàng	葬	663	zhà	炸	659	zhǎng	漲	775
zàng	蘵	666	zhà	搾	768	zhàng	障	662
zāo	糟	713	zhà	柵	781	zhàng	丈	664
zāo	遭	713	zhà	咤	837	zhàng	仗	664
záo	鑿	768	zhāi	齋	672	zhàng	杖	664
zǎo	蚤	714	zhāi	摘	683	zhàng	帳	667
zǎo	蝨	714	zhái	宅	186	zhàng	賬	667
zǎo	璪	718	zhái	宅	848	zhàng	脹	775
zǎo	棗	719	zhái	擇	848	zhāo	昭	451
zǎo	藻	719	zhǎi	窄	768	zhāo	釗	459
zǎo	澡	719	zhài	債	779	zhāo	朝	716
zǎo	早	721	zhài	寨	780	zhāo	鼂	716
zào	竈	714	zhài	砦	780	zhāo	蠲	721
zào	造	717	zhān	氈	685	zhāo	着	768
zào	燥	718	zhān	旃	685	zhāo	招	802
zào	躁	718	zhān	氊	685	zháo	着	768
zào	皁	721	zhān	占	694	zhǎo	沼	451
zé	責	781	zhān	粘	694	zhǎo	爪	716
zé	則	827	zhān	霑	695	zhǎo	棹	188
zé	擇	848	zhān	瞻	791	zhào	櫂	193
zé	澤	848	zhān	詹	791	zhào	召	450
zè	仄	163	zhān	沾	792	zhào	炤	451
zè	仄	821	zhǎn	盞	660	zhào	肇	714
zè	昃	821	zhǎn	展	690	zhào	趙	717
zéi	賊	682	zhǎn	輾	691	zhào	兆	719
zēng	增	743	zhǎn	斬	773	zhào	照	720
zēng	憎	743	zhàn	湛	178	zhào	詔	720
zēng	曾	743	zhàn	棧	660	zhào	罩	721
zēng	繒	743	zhàn	虥	660	zhē	甄	043

zhē	遮	766	zhèn	賑	754	zhí	殖	492
zhé	謫	684	zhèn	震	754	zhí	埴	493
zhé	折	693	zhèn	陣	755	zhí	植	493
zhé	摺	696	zhèn	朕	761	zhí	直	751
zhé	磔	781	zhēng	爭	673	zhí	職	751
zhé	哲	790	zhēng	箏	673	zhí	侄	759
zhé	轍	790	zhēng	錚	673	zhí	膣	760
zhé	喆	791	zhēng	幀	699	zhí	執	762
zhé	輒	794	zhēng	壬	699	zhí	拓	784
zhé	蟄	831	zhēng	征	704	zhí	蹠	785
zhě	褶	483	zhēng	正	704	zhí	摭	785
zhě	者	654	zhēng	姃	705	zhí	值	825
zhè	蔗	657	zhēng	炡	705	zhí	拓	840
zhè	這	679	zhēng	鉦	705	zhǐ	紙	745
zhè	浙	693	zhēng	烝	744	zhǐ	只	747
zhe	着	768	zhēng	症	744	zhǐ	咫	748
zhēn	箴	661	zhēng	蒸	744	zhǐ	指	748
zhēn	貞	698	zhēng	徵	763	zhǐ	旨	748
zhēn	偵	699	zhēng	整	704	zhǐ	枳	748
zhēn	楨	699	zhēng	拯	744	zhǐ	止	748
zhēn	湞	699	zhèng	爭	673	zhǐ	址	749
zhēn	禎	699	zhèng	諍	674	zhǐ	沚	749
zhēn	眞	752	zhèng	鄭	698	zhǐ	祉	749
zhēn	榛	755	zhèng	政	704	zhǐ	芷	749
zhēn	溱	755	zhèng	證	744	zhǐ	趾	749
zhēn	臻	755	zhī	氏	504	zhǐ	夂	822
zhēn	珍	756	zhī	汁	742	zhǐ	黹	827
zhēn	斟	762	zhī	支	745	zhì	識	494
zhēn	針	830	zhī	枝	745	zhì	炙	651
zhēn	鍼	830	zhī	祇	745	zhì	制	708
zhén	桭	754	zhī	肢	745	zhì	製	708
zhěn	聅	704	zhī	脂	748	zhì	櫛	742
zhěn	縝	753	zhī	知	749	zhì	志	746
zhěn	畛	756	zhī	之	750	zhì	誌	746
zhěn	疹	756	zhī	蜘	750	zhì	摯	747
zhěn	袗	756	zhī	芝	751	zhì	贄	747
zhěn	診	756	zhī	稙	751	zhì	智	749
zhěn	軫	756	zhī	織	751	zhì	至	750
zhěn	枕	831	zhī	隻	784	zhì	質	758
zhèn	鎭	753	zhī	卮	826	zhì	姪	759
zhèn	振	754	zhī	梔	827	zhì	桎	759

한 어 병 음

zhuì	隊	810		zǐ	紫	655		zuì	皋	728
zhuì	贅	818		zǐ	姉	656		zuì	最	807
zhūn	屯	204		zǐ	呰	656		zuì	醉	820
zhūn	諄	479		zǐ	姊	656		zūn	尊	723
zhǔn	准	739		zǐ	秭	656		zūn	樽	738
zhǔn	準	739		zǐ	梓	673		zūn	遵	738
zhùn	旽	197		zǐ	滓	673		zuó	昨	659
zhuō	拙	724		zì	恣	651		zuǒ	左	727
zhuō	捉	768		zì	字	653		zuǒ	佐	728
zhuō	倬	837		zì	自	655		zuò	作	659
zhuō	桌	838		zì	漬	747		zuò	柞	659
zhuó	灼	657		zōng	倧	725		zuò	祚	714
zhuó	酌	657		zōng	宗	725		zuò	坐	727
zhuó	斫	658		zōng	椶	725		zuò	座	727
zhuó	著	677		zōng	踪	726		zuò	做	734
zhuó	茁	740		zǒng	摠	806		zuò	酢	802
zhuó	着	768		zǒng	總	806				
zhuó	卓	837		zòng	縱	724				
zhuó	啄	838		zōu	鄒	809				
zhuó	晫	838		zōu	騶	809				
zhuó	濁	838		zōu	諏	811				
zhuó	琢	838		zǒu	走	730				
zhuó	涿	838		zòu	奏	734				
zhuó	擢	839		zū	菹	678				
zhuó	濯	839		zū	租	712				
zī	咨	651		zú	蕴	679				
zī	姿	651		zú	族	722				
zī	資	651		zú	足	722				
zī	諮	652		zú	鏃	722				
zī	粢	652		zú	卒	723				
zī	孜	653		zǔ	俎	678				
zī	兹	653		zǔ	組	711				
zī	滋	654		zǔ	徂	712				
zī	孳	654		zǔ	祖	712				
zī	鼒	657		zǔ	阻	712				
zī	淄	826		zuān	鑽	771				
zī	緇	826		zuǎn	纂	769				
zī	輜	826		zuǎn	纘	770				
zī	甾	826		zuàn	鑽	771				
zǐ	子	652		zuǐ	嘴	821				
zǐ	仔	653		zuì	罪	728				

총
획
수

총 획 수

총획
수

총
획
수

총 획 수

총획수

총
획
수

총획수

총
획
수

총
획
수

총
획
수

총획수

하영삼(河永三)

경남 의령 출생으로, 경성대학교 중문학과 교수, 한국한자연구소 소장, 한국중어중문학회 부회장, 세계한자학회(WACCS) 상임이사로 있다. 부산대학교 중문과를 졸업하고, 대만 정치대학에서 석박사 학위를 취득했으며, 한자에 반영된 문화 특징을 연구하고 있다.

저서에 『한자와 에크리튀르』, 『한자야 미안해』(부수편, 어휘편), 『연상 한자』, 『한자의 세계: 기원에서 미래까지』, 『第五游整理與研究』 등이 있고, 역서에 『중국 청동기 시대』, 『허신과 설문해자』, 『갑골학 일백 년』, 『한어문자학사』, 『한자 왕국』(공역), 『언어와 문화』, 『언어지리유형학』, 『고문자학 첫걸음』, 『상주 금문』(공역), 『洙泗考信錄』(공역), 『釋名』(선역), 『觀堂集林』(선역) 등이 있으며, "域外漢字傳播書系-韓國卷"(6冊, 上海人民出版社), "(표전교감전자배판)韓國歷代字典叢書"(16책), "中韓傳統字書彙纂"(21冊, 北京九州出版社) 등을 공동 주편했다.